ESPERANTO

日本エスペラント運動
人名事典

柴田巌・後藤斉=編　峰芳隆=監修

Biografia Leksikono
de la Esperanto-Movado
en Japanio

ひつじ書房

Biografia Leksikono
de la Esperanto-Movado en Japanio
redaktita de SHIBATA Iwao kaj GOTOO Hitosi
sub kontrolo de MINE Yositaka

Who was Who
in the Esperanto Movement in Japan
edited by SHIBATA Iwao and GOTOO Hitosi
under the supervision by MINE Yositaka

First published 2013

All rights reserved. Except for the quotation of short passages for the purposes of criticism and review, no part of this publication may be reproduced, stored in a retrieval system, or transmitted in any form or by any means, electronic, mechanical, photocopying, recording or otherwise, without the written prior permission of the publisher.
In case of photocopying and electronic copying and retrieval from network personally, permission will be given on receipts of payment and making inquiries. For details please contact us through e-mail. Our e-mail address is given below.

Hituzi Syobo Publishing
Yamato bldg. 2F, 2-1-2
Sengoku Bunkyo-ku Tokyo, Japan
112-0011
phone: +81-3-5319-4916
fax: +81-3-5319-4917
e-mail: toiawase@hituzi.co.jp
http://www.hituzi.co.jp/
postal transfer: 00120-8-142852

ISBN978-4-89476-664-8
Printed in Japan

まえがき

　1984年に刊行された田中貞美・峰芳隆・宮本正男編の『日本エスペラント運動人名小事典』(日本エスペラント図書刊行会．以下『小事典』と略す)は，新書判本文120ページという小冊子ながら，エスペラント運動に積極的に関わった主要人物の経歴をまとめた事典として類書のないこともあって，エスペランティスト以外からも好評を受け，短期間で売り切れになった。本書は，それを受けつぎつつ，収録対象や記述内容を大幅に拡充した改訂増補版に相当する。もはや「小」を冠する必要がなくなったものと考え，新たに『日本エスペラント運動人名事典』と題することになった。

　エスペラント運動は際立った性質を備えた文化運動である。1887年にザメンホフにより特定の民族集団に属さない国際語としてエスペラントが提案されると，早くにそれを使う一定規模の集団—言語共同体—が形成された。それは，自分の母語に加えて，自由意思によりエスペラントを選択して学習して，母語を異にする人との間でのコミュニケーションに使用するという，共通の意思と行動を基礎にして，国や民族の境を越えてゆるやかに結ばれている。

　エスペラントは「人工語」として理念の面において語られることが多い。エスペラントの実際を知らない人が，想像と推測のみに基づいて，あるいはせいぜい付け焼刃の断片的な知識に尾鰭をつけるようにして，エスペラントを論じることは，しばしば見受けられる現象である。一方，エスペランティストの中にも，定型化された文言を繰り返すだけの人は少なくない。

　「エスペラント運動」は，往々にして，エスペラントの普及活動ないし組織運営活動と同一視されがちであった。それに対して精神科医でシャーロック・ホームズ研究家としても知られたエスペランティスト小林司はこれをより広く捉えるよう提唱した。それによれば，エスペラント運動とは「外部と自己に対するエスペラントのすすめと働きかけ」と規定され，その中に個人レベルと社会レベルの2つの単位において，それぞれ「広める，深める，使う，変える」の4つの側面があることになる。本書においても「エスペラント運動」を多面的にかつ広く捉える。

　世界のエスペランティストたちは，エスペラントをより効果的なものにするために，数世代にわたって多くの試みを積み重ねてきた。出版，定期刊行

i

物の発行，規模や性格の異なる諸団体，大小の大会・シンポジウム・集会・合宿ほかの催し，さらに人的接触や情報交換を活発にするための様々な仕組みなどである。125年以上に及ぶその営みは，エスペラントの言語共同体に特徴的な要素を多く含んでおり，エスペランティストの多くに共有されている。これを「文化」と呼ぶことは決して不当でない。

　日本に限ってみても，この間にエスペラントを使って行われた活動，エスペラントのために行われた活動，その他エスペラントを契機として行われた活動はきわめて多彩である。それに加わった人々も数多い。

　そのような歴史的事実としてのエスペラント運動を，人物を単位として記述することが本事典の目的である。原則として2013年初めまでの物故者を対象として，その人の全体像の概要を伝えるとともに，特にエスペラントに関連して行われた活動を事実に基づいて，なるべく具体的に紹介するよう努めた。著名人については，一般的な人名事典から容易に得られる種類の情報は略述するにとどめたが，国際的な活動や言語への関心など，エスペラントとの関連が推測できる事柄については注意を払うようにした。

　関西エスペラント連盟（日本エスペラント図書刊行会はその出版部門）には『小事典』が品切れになってからも注文が寄せられ，再刊を要望する声も聞こえていた。しかし，内容に関して修正や増補の必要が早くから感じられていたため，編者の一人であった峰芳隆が1988年から調査を再開していた。

　2006年の日本エスペラント運動百周年を前にして，関西エスペラント連盟は記念事業として改訂増補版を刊行することを決め，2005年にその編纂作業を柴田巌に委託した。柴田は平和学と日中関係史を研究するなかでエスペラントへ関心を広げていたが，峰と連絡をとって改訂増補版のための調査執筆活動を実質的にはすでに始めていたのであった。柴田は意欲的な編纂方針を設定し，峰の助言を受けつつ精力的な編纂活動を進めた。

　2006年後半には後藤斉が恒常的な協力者として加わった。後藤は言語学者として『エスペラント日本語辞典』（日本エスペラント学会，2006）に編集副主幹として参画しつつ，エスペラントの言語運用の実態にも関心を深めていた。『エスペラント日本語辞典』が完成を見たことで，協力が可能になった。

大幅な増補を目標としたため百周年記念事業としての時期は失してしまったが，柴田を中心とした調査執筆活動は完成に向かって順調に進みつつあった。しかし，そのさなかの2008年に柴田は肺癌に倒れ，2010年に不帰の客となった。

　遺言として柴田から本事典の後事を託された後藤は，峰の助言を得ながら，原稿と資料を引き継いで柴田の編纂方針に基づいて調査執筆活動を継続した。柴田から引き継いだ原稿はすでに相当の量に達しており，これにおおむね1割を付け加えれば完成するだろうと見積もられた。そのまま完成に至らせることも可能であったろう。

　2011年3月11日に起きた東日本大震災では，後藤も被災した。自身も周囲においても大きな被害を受けたというほどではなかったが，相当の期間にわたって不便と不安の生活を送らねばならなかった。後藤にとって比較的身近な地域が壊滅的な打撃を受け，多数の死者・行方不明者を出したことは，原発事故とともに，重苦しい現実であった。

　そのような非常事態の中で世界のエスペランティストから示された様々な形での配慮は，後藤にエスペラントの意義を再認識させることになった。国際語エスペラントが作り出してきたエスペラントならではの人々のつながりについてである。

　この観点から原稿を見直すと，不十分な点が目立つように後藤には思えた。そこで，国や民族の境を越えて人々をつなぐ言語としてエスペラントが現実に果たしてきた役割をよりよく反映できるように，原稿全体の記述を見直し，充実を図ることを決意した。そのために2012年度には勤務大学から研究休暇を取得して多くの時間と精力をこれに充て，刊行を2013年10月の第100回日本エスペラント大会に合わせるべく作業を進めた。

　このようにして出来上がったのが本書である。「柴田巌・後藤斉編」と表記したが，上述の経緯によって一般的な共編書とは事情が異なる。本文のおおむね三分の二が柴田が執筆した部分にあたり，その寄与の大きさから第一編者としてふさわしい。後藤は残りの部分を執筆しただけでなく，柴田の執筆部分にもかなりの加筆修正を施し，さらに全体の調整を行った。柴田が調査した一次史料を再検討するまでの余裕はなかったが，柴田が物故し

ていることもあり，本書全体についての最終的な責任は後藤が負うものである。

　本事典の編纂方針として，物故者を対象に，氏名，生没年月日，出身地，主な学歴，別名(旧姓・筆名など)，事績(主な経歴とエスペラント活動歴)，著作，参考文献を記載する。対象は狭い意味のエスペランティストに限定せず，側面からまた外部から積極的に関係した人をも含むものとする。
　この方針は『小事典』と根本的に異なるわけではない。しかし，収録人数は大きく増加している。『小事典』刊行以後に没した人を含めただけでなく，それに漏れていた名前を数多く拾い上げ，さらに「外部から積極的に関係した人」の解釈を拡大したためでもある。
　また，『小事典』では記述において簡潔を旨としていたのに対し，本事典では記述の具体化，詳細化を図った。特にエスペラント活動歴，著作，参考文献の欄の記述を大幅に充実させ，エスペラント運動に大きな貢献をなした人や他の分野においても特徴的な活動をなした人には相応の記述量を充てるようにした。また，重要人物については，可能な範囲において，時代背景の中での位置づけ，それぞれの人生におけるエスペラントの意義，人と人とのつながりを描きだそうとするとともに，没後に及ぼした影響にも触れた。
　記述にあたっては社会状況などを踏まえた上での重要度を考慮している。その時々に際立った活動はできるだけ具体的に記述する一方で，極めて日常的に行われた活動などは積極的な記述の対象にはならない。例えば，戦前における海外旅行はそれだけで特筆に値する活動であるが，1960年代半ばに海外旅行が自由化された以降においてはそうではない。来訪外国人との交歓も同様である。外形的に類似した活動であっても，一貫して類似した記述をすることにはならない。
　著作の欄については，当該人物の全体像およびエスペラント活動を代表するものを中心として，著書，編著，雑誌寄稿，翻訳などを挙げた。決して網羅的なリストではないが，その関心や発表媒体の広がりなどがよく表わされるように選ぼうとしている。著作の少ない人物においては，新聞雑誌の「読者の声」欄への投稿など瑣末な文章を含むことがある。

参考文献については，編纂において実際に参考にした文献や当該人物に関してさらに知ろうとする読者にとって有益と思われる文献を挙げた。時として本事典と見解を異にし，あるいは部分的には記述に問題があると考えられる文献を含むことがある。当該の人物に対する多方面からの関心を示すことを意図している。

　『日本エスペラント運動人名事典』である以上，日本における，また日本人によるエスペラント運動が記述の対象である。朝鮮，台湾，満洲などの旧領有地等における活動を含みうるが，記述はほぼ日本人，ないし日本との密接な関係の下に活動した人に限られることになった。それを越える部分については，韓国エスペラント運動史や台湾エスペラント運動史に委ねるのが適切であろう。

　外国人は，原則として，日本におおむね数週間以上滞在し，日本のエスペラント運動に相当の寄与をした人物を対象に含めることとし，短期的な旅行者は採らない。例外的に滞日歴のない人を数人採り上げたが，いずれにせよ外国人については日本との関係に記述の重点を置く。

　編者として，本書の編纂には時間の許す限り最善を尽くしたものと考えている。しかし，資料と調査活動の限界から，また最終的には紙幅の制約から，本事典に十分に記述することができなかった事実が相当に残っていることは否定できない。

　本事典の潜在的な収録対象者，すなわち日本のエスペラント運動になんらかの形で関係した人は，実際に収録できた人の数十倍を下らないであろう。しかし，その大部分は「参加者○名」という記録に埋没しており，せいぜい種々の名簿に名前が残るだけであって，実際の活動ぶりや経歴全般が不明である。エスペラントに関して著作を物した人の中にさえ，その他の事績が不明であるため収録にいたらなかった人物は少なくない。

　対象者の大部分は世間的な基準から言えば無名の人である。そのため，同時代に記録に残された範囲を越える情報を求めようとしても，縁者を探すことも文献に頼ることも極めて困難なケースが大半である。また，個人として行われるエスペラント活動は，そもそも広く報告されて記録にとどめられる

とは限らない。収録できた人の多くについて，その基本的な情報や具体的なエスペラント活動を十分に記述することができない状態に留まっている。

とりわけ残念なのは，国際的な活動—国際団体における活動，外国訪問中の活動，外国人との交流，外国雑誌への寄稿など—について至らない点が多いことである。エスペラントが国際語である以上，この種の活動について委細を尽くしたいところではあるが，徹底した調査を行うことは不可能であった。

一方において，日本エスペラント協会図書館には，長期にわたる多数の一次史料が残されている。地方や専門分野ごとのエスペラント会の機関誌類（古いものの多くはガリ版刷り）も多く，そこには草の根のエスペラント運動に関する細々とした情報が膨大な量で含まれている。しかし，それらを咀嚼して系統的に記述に生かすことも，編者の能力を超えていた。

国語学者寿岳章子は父寿岳文章との対談の中で「市井の人々がどう受け止めて自分のライフヒストリーとどう絡ませてエスペラントが書き残されているかをやればおもしろい」（寿岳文章・寿岳章子『父と娘の歳月』人文書院，1988）と述べていた。その願望に近い記述が可能であったのは，例外的な好条件にある，限られた数の人物に対してのみであった，と言わざるをえないであろう。

その意味で，残念ながら，本事典は決定版ではない。編者としては，これがさらなる歴史的事実の調査と再評価につながるであろうことを期待したい。

本事典の編纂には，監修者峰芳隆から折に触れて助言を受けながら，編者の2人がそれぞれ中心となってあたったのであるが，多方面からの協力に負うところも大きい。個別の項目への協力者は，各項目の末尾に記載しておいた。中には，単なる情報提供を越えた関係を編者と結んでくださった方も少なくなく，編纂において大きな励みとなった。

そのほか，東北大学大学院文学研究科言語学研究室の留学生諸氏には，中国および韓国の史料の読解を助けていただいた。ほかに執筆の中間段階で，森川多聞氏（当時東北大学大学院文学研究科専門研究員）から近代日

本思想史の立場から意見を受けた。また，原稿がほぼ出来上がった段階で，石野良夫，蒲豊彦，北川昭二，染川隆俊，手塚登士雄，硲大福，三浦伸夫の各氏から様々なご指摘やご教示を受けることができ，記述の精度を向上させるのに有益であった。記して感謝申し上げる。

仙台エスペラント会の所蔵資料，とりわけ菅原慶一文庫を自由に使える便宜は，歴史を本職としない筆者が日本エスペラント運動史の概略を把握するにあたり，この上なくありがたいものであった。日本エスペラント協会図書館の所蔵資料も大いに利用させていただいた。

東北大学大学院文学研究科には，本書の編纂のために2012年度に研究休暇の取得を認めていただいた。深く感謝するとともに，1年間，とりわけ言語学研究室の教員と学生の諸氏には，多大なるご迷惑をお掛けすることになったことをお詫びしたい。

本事典の中心的な目的は，上述の通り，個々の人物の活動を記録することであるが，それを全体として眺めた場合には，日本近現代史の中でのエスペラントの位置づけが見えてくるであろう。エスペラントは大きな役割を果たしたとまで言うことはできないが，様々な分野で多くの役割を果たしたとは言えるのではなかろうか。

評論家石堂清倫は大島義夫・宮本正男『反体制エスペラント運動史』新版（三省堂，1987）について「不当に低く見られたエスペラントとその運動の日本の文化の中での位置づけを直すには，どうしてもこの本が必要であった」と著者に書き伝えたという。本書によってそれを別の視点から補うことができるとするならば，編者としてこの上ない喜びである。

2013年7月26日
後藤　斉

Antaŭparolo

En 1984 aperis el la Japana Esperanta Librokooperativo (JELK) 120-paĝa japanlingva libreto, titolita "Biografia Leksikoneto de la Japana Esperanto-Movado" kaj redaktita de TANAKA Sadami, MINE Yositaka kaj MIYAMOTO Masao. Enhavante bazajn informojn pri certa nombro da esperantistoj, ĝi ricevis bonvenigon ne nur de esperantistoj kaj baldaŭ elĉerpiĝis.

Ĉi tiu volumo estas ĝia funde reviziita kaj ampleksigita eldono, retitolita sen la sufikso -et- kiel "Biografia Leksikono de la Esperanto-Movado en Japanio".

Esperanto estas ja kultura movado kun unikaj karakteroj. Ĝi estas kunigita per leĝeraj ligoj trans la limo de ŝtatoj kaj nacioj surbaze de la komuna volo kaj ago alpreni kaj lerni Esperanton propravole kaj uzi ĝin kiel komunikilon inter alilingvanoj.

Nelonge post ĝia lanĉo fare de Zamenhof estiĝis Esperanta lingvo-komunumo, kaj dum pli ol 125 jaroj esperantistoj akumulis diversajn provojn efikigi la uzon de la internacia lingvo. Ankaŭ en Japanio buntaj estis agadoj uzantaj Esperanton, agadoj favore al Esperanto aŭ agadoj inspiritaj de Esperanto. Aliĝis al tio diversaj personoj.

Ĉi tiu leksikono celas priskribi laŭ personoj faktojn en la historio de la Japana Esperanto-Movado. Ĉiu artikolo konsistas el informoj de la koncerna persono pri la nomo, la naskiĝ- kaj mortodato, naskiĝloko, lernejoj, alinomoj, kariero kaj esperantaj agadoj, verkoj, referencoj, kaj kunlaborantoj. La principo ne draste diferencas de tiu de la malnova eldono, sed la amplekso de eventualaj pritraktatoj estis vastigitaj. Krome, kontraste al ties sobra koncizeco, ĉi tiu leksikono intencas laŭeblan konkretecon en la informoj, precipe pri la kariero kaj esperantaj agadoj, verkoj kaj referencoj.

Post la elĉerpiĝo de la malnova eldono ĝian reviziadon iniciatis Mine, unu el la redaktintoj, kaj daŭrigis la preparan laboron. En 2005 la Kansaja Ligo de Esperanto-Grupoj (kies eldona fako estas JELK) oficiale komisiis la revizian taskon al SHIBATA Iwao, kiu en efektiveco estis jam praktike komencinta koncernajn laborojn en kontakto kun Mine. Origine esploristo pri la studo pri paco kaj pri la rilathistorio inter Japanio kaj Ĉinio, Shibata energie kondukis ambi-

ix

cian projekton de grandskala reviziado, ricevante konsilojn de Mine.

GOTOO Hitosi sin anoncis kiel konstanta kunlaboranto en 2006, post kiam eldoniĝis nova "Esperanto-Japana Vortaro"(JEI, 2006), kiun li kunredaktis kiel la vicestro de la redakta komisiono. Dum la redaktado li eksentis pli da interesiĝo en efektivaj uzoj de Esperanto, tiel en socia kiel en lingva kunteksto.

Kvankam la antaŭvidita eldono en 2006 estis maltrafita, la revizia laboro, kun Shibata kiel la centra figuro, glate progresis al la celo. Montriĝis en 2008 tamen ke Shibata suferas de kancero, kaj li forpasis en 2010, testamente konfidinte la manuskripton kaj materialojn al Gotoo por kompletigo. La kvanto de la manuskripto estis jam konsiderinde granda, kaj la finpretigo de la manuskripto ŝajnis ne tre malproksima.

En la 11-a de marto 2011 granda tertremo kaŭzis gravajn damaĝojn al la Orienta Japanio kaj Gotoo, loĝanto de la urbo Sendai, estis envolvita en la katastrofon. En tia eksterordinara situacio mondaj esperantistoj afablis montri al li diversformajn zorgemojn, kaj Gotoo estis instigita rekonscii pri la signifo de Esperanto, ĝia rolo kiel interligilo de homoj.

Rerigardate el tia vidpunkto la priskriboj en la manuskripto nun aspektis palaj. Gotoo decidis funde prilabori la manuskripton por igi la priskribojn pli vivecaj, kaj por tio havigis al si sabatan jaron en la akademia jaro 2012 (aprilo 2012 – marto 2013).

Jen ĉi tiel estiĝis la reviziado. Laŭkvante Shibata verkis proksimume du trionojn de la manuskripto kaj li meritas esti la unua redaktinto. Gotoo ne nur aldonis la ceteran parton, sed ankaŭ konsiderinde modifis la artikolojn preparitajn de Shibata kaj aranĝis la tuton. Pri la tuta volumo do respondecas Gotoo.

La redaktintoj ja sincere faris sian plejeblon, sed estas vero, ke multaj aspektoj restas nesufiĉe priskribitaj. Aparte bedaŭrinde estas ke internaciaj agadoj — agadoj en internaciaj organizoj, agadoj dum vizitoj al eksterlando, interrilatoj kun eksterlandanoj, kontribuoj al eksterlandaj gazetoj, ktp. — estas nesufiĉe menciitaj.

Ĉi tio do neniel estas definitiva eldono. Espereble ĉi tiu leksikono donos stimulon al pliaj esploroj de historiaj faktoj kaj al iliaj retaksoj.

Kvankam la ĉefa celo de ĉi tiu leksikono estas laŭpersonaj priskriboj de la historio de la japana Esperanto-Movado, rigardo al la tuta volumo ebligos kompreni la situon de Esperanto en la japana moderna historio. Esperanto certe ne plenumis grandan rolon, sed argumenteblas ke ĝi ja plenumis multajn rolojn en diversaj kampoj. Se ĉi tiu volumo kondukos al retakso de Esperanto en la japana kulturo, tio estos nemezurebla ĝojo por la redaktinto.

la 26an de Julio 2013
GOTOO Hitosi

凡例

本文中の各項目の記述は以下の順になっている。不詳の場合は項目を省略する。字体は原則として新字体に統一するが，固有名詞や書名において本人または関係者が意識的に旧字体を用いていると判断される場合には，旧字体を保つ。中国語簡体字は用いない。

◎主見出し────一般的な名称。本名とは限らず，筆名などのこともある。漢字表記を主体とし，外国人はカタカナ表記。

◎人名読み────ひらがな(外国人はアルファベット)で表記する。1970年代以前の朝鮮・中国人は日本語読みを採る。

◎生没年月日───西暦を主とする。明治5(1872)年以前の旧暦，ロシア暦等を注記する。不詳の場合は適宜略記し，⇔で推定期間を示すことがある。

◎出身地─────都道府県で表す。廃藩置県以前は江戸または旧国名とし，外国人は，国，地域，都市など。出生地と生育地，本籍地とがありうるが，区別しない。

◎学歴──────学校名は適宜略記する。分かる範囲で卒業年を注記し，中退は注記。大学院は原則として記さない。

◎別名──────本名，筆名，旧姓，旧名，別表記など。

◎事績──────全体像およびエスペラント活動に関わる記述を中心とする。特に『現代日本朝日人物事典』(朝日新聞社，1990)に収録されている著名人については，全体像についての記述を大幅に省略した。地名，機関名については，原則として，その当時の名称を用い，必要な場合には現在の名称を注記する。ただし，正式名称でなく慣用名や略称を用いた場合も多い。

◎著作──────副題は省略することがある。本人以外の著者名を挙げた場合は翻訳であることを意味する。〔　〕内に原題を示すことがある。逐次刊行物においては，通巻号を示した場合，巻号を示した場合(第2巻3号などを2:3と略記する)と発行年月(日刊紙では日まで)を示した場合とがある。新聞の地方版は，分かる場合には明記したが，版が不詳の場合もある。

◎参考文献────記述は「著作」の項に準じる。フィクションや断片的な記述に過ぎない文献を挙げることがある。

◎協力者─────多くの場合において個別の事項に関して情報を提供頂いたものであり，当該項目全体について了解して頂いたことを意味しない。図書館等については，個別のレファレンス依頼や特殊資料の閲覧において便宜を頂いた場合に限る。

略語

E: エスペラント(エス)，Esperanto　合成語中で，語根 Esperant- の代用としても用いる。
E-isto: エスペランチスト(エスペランティスト)，esperantisto　性別・単複を問わず表記を統一する。
JK: 日本エスペラント大会
UK: 世界エスペラント大会
IJK: 国際青年エスペラント大会

逐次刊行物

AK: "Aktuale" エスペラントの家
AVK: "Al Vi Kara" 京都エスペラント会
"E": "Esperanto" Universala Esperanto-Asocio
EK: 『エスペラント』("Esperanto Kiboŝa")，希望社
EL: 『エスペラント』("Esperanto Lernanto")，日本エスペラント学会
ES: 『エスペラントの世界』東京エスペラント通信社(エスペラント通信社)
EV: "EVA" エスペラント女性協会(エスペラント婦人協会)
FO: "FONTEJO" 堺エスペラント会
HEL: "Heroldo de HEL" 北海道エスペラント連盟
IMR: "Internacia Medicina Revuo" 世界医学エスペラント協会
JE: 『日本エスペラント』("Japana Esperantisto")，日本エスペラント協会
KK: "Krokodilo Krokodilas" 池袋エスペラント会
LE: "LEONTODO" 小樽エスペラント協会，北海道エスペラント連盟
LĜ: "La Ĝojo" 宮崎エスペラント会
LH: "La Harmonio" Rondo Harmonia(国際語教育協議会)
LIE: "La Ihatovaj Esperantistoj" イーハトヴエスペラント会
LJ: "La Junkano" 芦屋エスペラント会
LJB: "La Japana Budhano" 日本仏教エスペランチスト連盟
LL: "La Lampiro" 豊中エスペラント会

L&L: "La Mondon sen Armeoj & La Verda Kolombo" 憲法擁護エスペランチストの会・エスペランチスト平和の会共同
LM: "La Movado" ラ・モバード社(関西・東海・九州・中四国各エスペラント連盟共同機関誌)
LSP: "La Suno Pacifika" 東京エスペラントクラブ
LT: "La Tamtamo" 横浜エスペラント会
LV: "La Vulkano" 福岡エスペラント会
LVE: "La Vento" 吹田エスペラント会
LVK: "La Verda Kolombo" エスペランチスト平和の会
LVO: "La Voĉo" 大阪エスペラント会
LZ: "La Zelkovo" 高槻エスペラント会
ME: "Mejlŝtono" 仙台エスペラント会
NF: "Nova Fronto" 大島義夫・中垣虎児郎
NR: "Nova Rondo" ロンド社，ロンド・コーエンジ
NV: "Nova Vojo" エスペラント普及会
OD: "Ora Delfeno" 名古屋エスペラント会
PN: "La Pontego" 香川エスペラント会
PO: "Ponteto" 関東エスペラント連盟(ポンテート社)
RO: "La Revuo Orienta"(『ラ・レヴーオ・オリエンタ』，『エスペラント』)日本エスペラント協会(日本エスペラント学会)
SA: "Sazanko" 杉並エスペラント会
SAM: "Samideano" 朝明書院，エスペラント友の会，朝明書房(1979.12は福田正男)
SL: "Senlimo" 神戸エスペラント会
TO: "TOER" 武蔵野エスペラント会(所沢エスペラント会)
VH: "Verda Haveno" 長崎エスペラント会
VS: "Verda Sanatorio" 若林好子，高橋恵美子，長岡二郎
VT: "Verda Teo" 宇治エスペラント会，宇治城陽エスペラント会

団体名

EKAROJ: 日本エスペラントアマチュア無線クラブ，

Esperanto-Klubo de Amatora Radio en Japanio
ELK: 関東エスペラント連盟, Esperanto-Ligo en Regiono Kantoo
EPA: エスペラント普及会, Esperanto-Populariga Asocio（旧称 Esperanto-Propaganda Asocio）
EVA: エスペラント女性協会（エスペラント婦人協会）, Esperanta Virina Asocio
IAREV: 革命的エスペラント作家国際協会, Internacia Asocio de Revoluciaj Esperanto-Verkistoj
ISAE: 国際科学エスペランチスト協会, Internacia Scienscista Asocio Esperanta
JABE: 日本盲人エスペラント協会, Japana Asocio de Blindaj Esperantistoj
JAKE: 日本キリスト者エスペラント協会, Japana Asocio de Kristanaj Esperantistoj
JBLE: 日本仏教エスペランチスト連盟, Japana Budhana Ligo Esperantista
JEA: 日本エスペラント協会, Japana Esperantista Asocio
JEI: 日本エスペラント協会（日本エスペラント学会）, Japana Esperanto-Instituto
JEGA: 日本エスペランチスト囲碁協会, Japana Esperantista Go-Asocio
JELE: 日本教育者エスペランチスト会, Japana Edukista Ligo Esperantista
JELF: 日本鉄道員エスペラント連盟, Japana Esperantista Ligo Fervojista
JELK: 日本エスペラント図書刊行会, Japana Esperanta Librokooperativo
JELS: 日本学生エスペラント連盟, Japana Esperantista Ligo Studenta
JEMA: 日本エスペラント医学協会（日本エスペラント医家協会）, Japana Asocio de Medicinisto Esperantista
JESA: 日本エスペランチスト科学者協会, Japana Esperantista Sciencista Asocio
JPEA: エスペランチスト平和の会, Japana Pacdefenda Esperantista Asocio

HEL: 北海道エスペラント連盟, Hokkajda Esperanto-Ligo
KEA: 韓国エスペラント協会, Korea Esperanto-Asocio
KEL: 九州エスペラント連盟, Kjuŝua Esperanto-Ligo
KKK: 日本エスペラント大会常置委員会, Konstanta Kongresa Komitato de la Japana Esperanto-Kongreso
KLEG: 関西エスペラント連盟, Kansaja Ligo de Esperanto-Grupoj
KLES: 関西エスペランチスト学生連盟, Kansai Ligo de Esperantistoj Studentaj
MEM: 世界平和エスペランチスト運動, Mondpaca Esperantista Movado
PEA: 日本プロレタリア・エスペランチスト協会, Proleta Esperanto-Asocio
PEU: 日本プロレタリア・エスペランチスト同盟, Japana Prolet-Esperantista Unio
RH: 国際語教育協議会, Rondo Harmonia
SAT: 国民性なき全世界協会（「全世界無民族性協会」などと訳されたことも）, Sennacieca Asocio Tutmonda
TEJA: 東京青年エスペラント連合, Tokia Esperantista Junulara Asocio
TEJO: 世界青年エスペラント機構, Tutmonda Esperantista Junulara Organizo
TEK: 東京エスペラントクラブ, Tokia Esperanto-Klubo
TEL: 東海エスペラント連盟, Tokai Esperanto-Ligo
TELS: 東京学生エスペラント連盟, Tokia Esperanto-Ligo de Studentoj
UEA: 世界エスペラント協会, Universala Esperanto-Asocio
UMEA: 世界医学エスペラント協会, Universala Medicina Esperanto-Asocio

主要参考文献　◎発行順

『特高月報』内務省警務局保安課.
"Jarlibro de JEI" 日本エスペラント学会, 1926.
"Jarlibro de JEMA por 1927" 日本エスペラント医学協会, 1927.
『昭和2年九州エスペランチスト連盟年鑑』九州エスペランチスト連盟, 1927.
"Adresaro de JEI" 日本エスペラント学会, 1929.
"Adresaro de Japanaj Esperantistoj" エスペラント普及会, 1935.
『雨雀自伝』秋田雨雀, 新評論社, 1953.
『盲目の詩人エロシェンコ』高杉一郎, 新潮社, 1956.
『日本エスペラント運動史料 I』日本エスペラント運動50周年紀念行事委員会, 1956.
『日本におけるエスペラント科学文献目録』日本エスペラント学会, 1956.
『日本におけるエスペラント医学文献目録』日本エスペラント学会, 1956.
『エスペラント訳日本文学作品目録』日本エスペラント学会, 1956.
「岡山県・日本のニュルンベルグと言われるが……」(『教育時報』1961.4, 岡山県教育委員会), 岡一太.
『九州エスペラント連盟25年史』堀内恭二編, 福岡エスペラント会, 1962.
『大本70年史』全2巻, 大本, 1964〜67.
『秋田雨雀日記』尾崎宏次編, 全5巻, 未来社, 1965〜67.
『京都のエスペラント運動の歴史』青山徹主編, 京都エスペラント連盟, 1966.
"Pioniroj de Japana Esperanta Movado" 福田正男編, 朝明書房, 1967.
『エスペラント便覧』坂井松太郎・福田正男・加藤孝一編, 要文社, 1967.
『日本エスペラント運動史関係記事索引』朝比賀昇編, エスペラント運動ツェントロ, 1970.
『日本エスペラント文献目録 1906〜1945』宮本正男・朝比賀昇, 日本エスペラント図書刊行会, 1970.
『熊本エスペラント運動史』平野雅曠, 私家版, 1971.
『日本エスペラント文献目録 1946〜1972』朝比賀昇・峰芳隆, エスペラント普及会, 1973.
"Kvindek jaroj de Esperanto en Oomoto" 伊藤栄蔵他編著, EPA, 1973.
『高くたかく遠くの方へ』渋谷定輔・埴谷雄高・守屋典郎編, 土筆社, 1974.
『日本教育者エスペラント連盟住所録』同連盟, 1974.
"Esperanto en perspektivo" I. Lapenna・U. Lins編, UEA, 1974.
『危険な言語―迫害のなかのエスペラント』ウルリッヒ・リンス著, 栗栖継訳, 岩波書店, 1975.
『日本エスペラント学会会員名簿』同学会, 1975.
『大阪エスペラント運動史 I』松本茂雄編, 柏原エスペラント資料センター, 1976.
『東海エスペラント連盟25年の歩み』全2巻, 同連盟, 1977.
『大阪エスペラント運動史 II』松本茂雄編, 柏原エスペラント資料センター, 1977.
『日本教育者エスペラント連盟会員名簿』同連盟, 1977.
『プロレタリアエスペラント運動に付て』(復刻版) 竹内次郎, 東洋文化社, 1978.
『近代日本における国際語思想の展開』藤間常太郎, 日本エスペラント図書刊行会, 1978.
『三高エスペラント会小史』桑原利秀・林稲苗編, 林稲苗, 1979.
『日本エスペラント学会会員名簿』同学会, 1979.
『大阪エスペラント運動史 III』松本茂雄編, 柏原エスペラント資料センター, 1979.
『夜あけ前の歌―盲目詩人エロシェンコの生涯』高杉一郎, 岩波書店, 1982.
『岡山のエスペラント』岡一太, 日本文教出版, 1983.
『長崎のエスペラント・前編』井出尾元治編, 長崎エスペラント会, 1985.
『改訂版・北海道エスペラント運動史』相沢治雄編, 全2巻, 同刊行委員会, 1985〜86.
『反体制エスペラント運動史』大島義夫・宮本正男, 新版, 三省堂, 1987.
『ある地方会の道程―ハマロンド20年史』ドイ・ヒロカ

ズ編，横浜エスペラント会，1988．
『日本キリスト教歴史大事典』同編集委員会編，教文館，1988．
『小坂狷二　同志を語る』長岡二郎・高瀬好子編，ロンド・コーエンジ，1989．
『北九州エスペラント運動史』古賀史郎編著，全2巻，北九州エスペラント会，1989〜2005．
『神戸のエスペラント』鈴置二郎編，神戸エスペラント協会，1990．
『関西エスペラント連盟40年史』同連盟，1991．
『関東エスペラント連盟40年史』同連盟，1992．
『道ひとすじ—昭和を生きた盲人たち』愛盲報恩会，1993．
『宮本正男作品集』全4巻，日本エスペラント図書刊行会，1993〜94．
『エスペラント運動の概況（上・下）』（外事警察資料第17・18輯）（復刻版）内務省警保局編，不二出版，1994．
『闘うエスペランティストたちの軌跡』三宅栄治，リベーロイ社，1995．
『征きて還りし兵の記憶』高杉一郎，岩波書店，1996．
『池田エスペラント会の歴史』坂本昭二編，池田エスペラント会，1996．
『ひとすじのみどりの小径』高杉一郎，リベーロイ社，1997．
『闇を照らすもうひとつの光』片岡忠，リベーロイ社，1997．
『葉こそおしなべて緑なれ…』坪田幸紀，リベーロイ社，1997．
『調布エスペラント会20年のあゆみ』同会，1998．
『日本エスペラント運動史』初芝武美，日本エスペラント学会，1998．
『日本文学に現れたエスペラント』宮本正男著，峰芳隆編，日本エスペラント図書刊行会，1999．
『中原脩司とその時代』野島安太郎，リベーロイ社，2000．
『名古屋エスペラント運動年表』鈴置二郎編，私家版，2002．

『プロレタリア・エスペラント運動研究資料 1920〜1945』第1集（CD-ROM版），熊木秀夫・関康治編，エスペランチスト平和の会，2002．
『中国世界語運動簡史』侯志平，北京：新星出版社，2004．
『流れやまぬ小川のように』中村日出男，中村日出男遺稿集委員会，2006．
"Ordeno de verda plumo" Josip Pleadin, Durdevac, Croatia: Grafokom, 2006.
『意あるところ道あり』土居智江子編，日本エスペラント学会，2006．
『福島エスペラント会ロンド・マーヨ20年のあゆみ』同会，2007．
『高槻エスペラント会40年史』同会，2008．
"Concise Encyclopedia of the Original Literature of Esperanto" G. Sutton, New York: Mondial, 2008.
『和歌山とエスペラント』江川治邦・福本博次・土居智江子編，日本エスペラント学会，2008．
『エスペラントを育てた人々』後藤斉，創栄出版，2008．
『山梨とエスペラント』池本盛雄他編，日本エスペラント学会，2009．
『中垣虎児郎—日中エスペランチストの師』柴田巌，リベーロイ社，2010．
『117年間のラブレター—長崎とエスペラント』深堀義文他編，日本エスペラント学会，2010．
『群馬のエスペラント運動 1903〜2010』堀泰雄編，群馬エスペラント会，2010．
「仏教エスペラント運動の歴史と現在」（『アリーナ』8），山口真一，2010．
「エスペラントとハンセン病」（LM 2010.1〜2011.4），後藤斉．
「Martaの二つの日本語訳」（LM 2011.7〜9），後藤斉．
「エスペラントづいた柳田國男」（『シンポジウム「柳田國男と東北大学」報告書』東北大学出版会，近刊），後藤斉．

人名事典類

『信仰三十年基督者列伝』警醒社書店，1921（復刻版，日本図書センター，2003）．
『大分県紳士録』大分情報局，1933．
『日本医籍録』第9版，医事時論社，1935．
『昭和28年版　全日本紳士録』人事興信所，1953．
『解放のいしずえ』同刊行委員会編，解放運動犠牲者合葬追悼会世話人会，1956．
『日本エスペランチスト名鑑』福田正男編，朝明書房，1965．
"Japanaj Esperantistoj" 福田正男編，朝明書房，1965．
『現代日本文学大事典』久松潜一他編，明治書院，1965．
『解放のいしずえ（新版）』解放運動犠牲者合葬追悼会中央実行委員会編，同会，1973．
『日本社会運動人名辞典』塩田庄兵衛編，青木書店，1979．
『日本エスペラント運動人名小事典』田中貞美・峰芳隆・宮本正男編，日本エスペラント図書刊行会，1984．
『キリスト教人名辞典』同編集委員会編，日本基督教団出版局，1986．
『昭和人名事典』全4巻（復刻版），日本図書センター，1987．
『近代日本生物学者小伝』木原均他監修，平河出版社，1988．
『日本社会福祉人物史』田代国次郎・菊池正治編，全2巻，相川書房，1989．
『昭和人名事典2』全3巻（復刻版），日本図書センター，1989．
『現代日本朝日人物事典』朝日新聞社，1990．
『幕末明治海外渡航者総覧』手塚晃・国立教育会館編，全3巻，柏書房，1992．
『日本女性人名辞典』芳賀登他監修，日本図書センター，1993．

『簡約日本図書館先賢事典（未定稿）』石井敦編著，私家版，1995．
『英語学人名辞典』佐々木達・木原研三編著，研究社，1995．
『日本のエスペランティスト名鑑』小林司・萩原洋子編，エスペラント国際情報センター，1996．
『近代日本社会運動史人物大事典』同編集委員会編，全5巻，日外アソシエーツ，1997．
「日本女性運動史人名事典」（鈴木裕子編著，『日本女性運動資料集成』別巻，不二出版，1998）．
『日本陸海軍人名辞典』福川秀樹編著，芙蓉書房出版，1999．
『日本海軍将官辞典』福川秀樹，芙蓉書房出版，2000．
『日本陸軍将官辞典』福川秀樹，芙蓉書房出版，2001．
『日本近現代人物履歴事典』秦郁彦編，東京大学出版会，2002．
『現代日本人名録　物故者編　1901〜2000』（CD-ROM版），日外アソシエーツ，2002．
『著作権台帳　2002年版』（CD-ROM版），日本著作権協議会，2002．
『帝国大学出身人名辞典』全4巻（復刻版），日本図書センター，2003．
『日本アナキズム運動人名事典』同編集委員会編，ぱる出版，2004．
『土木人物事典』藤井肇男，アテネ書房，2004．
『エスペラントと私』全2巻，EKMの会，2005．
『九州エスペラント運動記録資料集』（CD-ROM版）橋口成幸編，エスペラント伝習所須恵，2006．
『近代日中関係史人名事典』中村義他編，東京堂出版，2010．
『日本地理学人物事典　近代編1』岡田俊裕，原書房，2011．

あ

鮎川常基 | あいがわ つねもと
1902.2.25〜1973.9

佐賀／東京工科学校高等科（中退）／九州水力電気に勤務。宮崎支店富高電力所長などを務めて、1957年定年後、朝日生命保険相互会社へ。Eは、31年JOBK（大阪）のラジオ講座で学習後、豊森親・徹兄弟、杉下瓢らが結成した京都（ミヤコ）E会に入会。次いで国際速記に傾倒、さらにローマ字論者に。戦中は行橋E会、JEI福岡支部などで活動。58年11月22日三尾良次郎、三輪竜一らと日向E会を設立し、機関誌"La Spegulo"編集。E関係蔵書は宮崎E会へ。著「たわごと」（EL 1936.10）。参「特集　われらの2600年」（RO 1940.2）、大場格「鮎川常基さんをしのぶ」（LM 1974.1）、大里義澄'Neforgeseblaj vortoj'（RO 1991.7）。団九州電力。

相坂偦 | あいさか ただし | 1884頃〜1944.12.14

広島／筆名逢坂正、別名火剣／1906年JEA入会（会員番号415）、のちJEIにも参加。10年10月大逆事件の余波で検挙され、12月不敬罪で懲役5年。同年大赦で出獄後、堺利彦の売文社に参加。東京から大阪へ移り、16年3月12日辻利助、阪上佐兵衛、神崎泉、龍吐源一と大阪E協会を創立し幹事。20年7月福田国太郎、平野長克、森内英太郎と"Verda Utopio"を発刊。雑誌『種蒔く人〔La Semanto〕』（1921創刊）に毎号掲載の「宣言」のE訳者。22年設立直後の大阪労働学校で課外講義Eの講師。24年頃国際連盟協会大阪支部内にE部を設置。24年10月JEI大阪支部創立委員。28年第16回JK（大阪）内で開かれた「記者分科会」の世話人。UEAデレギート（大阪）、SAT会員。妻梅子（旧姓堺屋）は大阪E協会の初期会員。長男をマルテーロ（martelo「かなづち」から）、長女をリリーオ（lilio「百合」から）、次男をレオーノ（leono「ライオン」から）と命名。著'Viro kaj virino'（"Pioniro"山中英男、3, 1928）、「大阪E運動の思い出」（川崎直一筆記、RO 1930.8）。参川崎直一「子供の名前をE語で」（RO 1930.8）、法政大学大原社会問題研究所編『大阪労働学校史』（法政大学出版局、1982）、手塚登士雄「アナキストのE運動　1」（『トスキナア』6, 皓星社, 2007）、『解放のいしずえ（新版）』、『反体制E運動史』、『近代日本社会運動史人物大事典』、『日本アナキズム運動人名事典』。

相沢治雄 | あいざわ はるお
1911.12.3〜1988.9.9

北海道／札幌市立商工／1931〜39年札幌市電気局、39〜69年定山渓鉄道に勤務し、豊平駅長など。戦後労働組合運動に入り、私鉄総連創立に関与。28年E学習、31年札幌E会入会。32年第1回北海道E大会に出席、11月北海道E連盟創立に参加。33年11月「赤色分子の入会を拒絶す」と声明し、プロレタリアE派から非難される。34年第3回北海道E大会（小樽）雄弁大会で"E-movado en Hokkaido"を演説。36年第24回JK（札幌）準備委員長。42年1月JEI入会。42年第10回北海道E大会（札幌）の開催に尽力。46年第2次JEA委員。51年第15回北海道E大会（札幌）会長。52年JEI札幌支部設立に際し支部長。第16回（1952）・第18回（1954）北海道E大会（札幌）準備委員長。54年北海道E連盟書記長。星田淳、池本盛雄、児玉広夫、関根憲司、山賀勇らとともに、知里幸恵"Ainaj jukaroj〔アイヌ神謡集〕"（北海道E連盟、1979）の共同E訳に参加。北海道E会長、札幌E会顧問なども務め、長年、北海道E運動の発展に貢献。著'De Hakodate al Sapporo'（RO 1936.8）、「事変とE」（『北海タイムス』1938.6.29）、「"ジャン有馬の襲撃"札幌で発見」（RO 1981.10）、「月名の由来と暦私案」（RO 1982.1〜4）、「北海道E運動裏話」（RO 1982.6）、『改訂版・北海道E運動史』（編著）。参HEL 1988.9〜11, 星田淳「S-ro相沢治雄と北海道E運動」（LM 1988.12）、江口音吉「故・相沢治雄氏の思い出」（HEL 1988.12）、有馬芳治「相沢治雄さまの霊に」（HEL 1989.3〜4）、切替英雄「故相沢治雄所蔵雑誌目録」（同）。

相沢平吉｜あいざわ へいきち｜1898～1976

神奈川/國學院大(1920)/のち平偕/山崎弘幾と國學院大の同期。横浜ほか，各地の中学，女学校の国語教師，横須賀の私立高の校長など。1914年夏JEA横須賀支部主催の講習会で，横須賀中の学生関口芳三にEを学ぶ。15～18年小坂狷二の後を受けて横須賀でE運動。小坂に心酔。早くから流暢な会話力で注目された。JEA会員(会員番号1009)。66年6月18日E運動60周年記念の集まり(横須賀)の公開座談会に出席。参 小坂狷二「たくましい芽ばえ(1)」(VS 1964.9)，鈴置二郎「話すEに登場する人々」(RO 2000.6)。協 松葉菊延。

相沢良｜あいざわ りょう｜1910.5.15～1936.1.28

青森/青森高女(1927)，帝国女子医専(1929中退)/労働運動家。作家島木健作の義姉。1927年黒石で開かれたE講習会に参加し，高木岩太郎，山本康一，宇野海策らと勉強会を持つ。秋田雨雀の娘千代子と文通。28年上京して帝国女子医専入学，E運動の仲間と日曜会を結成して世話役となり，学内にもE会を組織。29年8月14日～9月8日黒石E会員として野沢村の青年にE指導。女子医専在学中に社会主義にも触れ，29年日本共産青年同盟に加盟。30年メーデーで検束されて停学となり，労働運動に挺身。31年ストライキなどの運動を展開して検挙され，起訴猶予後の同年末，警察の目をかいくぐり北海道へ脱出して，労働運動。33年4月検挙され，拷問にも屈せず，34年懲役5年。36年1月重病で出所するも7日目に没。獄中から妹の京(島木健作夫人)にもEを勧める。青森と札幌に顕彰碑。参 山岸一章『革命と青春』(新日本出版社，1970)，同「相沢良のこと」(LM 1984.6)，同『相沢良の青春』(新日本出版社，1984)，北村巌「島木健作夫人　朝倉京さんの野辺送り」(『北海道新聞』2001.3.27)，星田淳「相沢良―朝倉京(島木健作夫人)姉妹」(HEL 2001.7・8)，じょにーおおくら「『平和の滝と相沢良』を知っていますか」(『欅』徳田教会，263，2005)，『近代日本社会運動史人物大事典』，『日本女性運動史人名事典』。協 萩原洋子。

粟飯原晋｜あいばら すすむ｜1900.7.14～1931.12.20

石川/北野中(1918)，慶大(1925)/八木日出雄，植田高三と北野中の同期。国際連盟東京支局職員。1920年慶大予科に進み，同年9月JEI入会。21年6月園乾治と慶應E会を結成。23年JEI委員，国際連盟協会慶大支部を作り，国際連盟協会にE講習会を開かせる。卒論「バハイ運動に関する一考察」にE書き論文'Pri bahaa sociordo'を付す(RO 1932.3に掲載)。ラムステットの講演をたびたび通訳。28～31年JEI評議員。30年10月11日東京日日新聞講堂で行われたシェーラーの講演を通訳。Eを実用してハンガリーを研究し，ハンガリー政府から表彰。ハンガリー・ツラン協会名誉会員。32年1月追悼会。著「人類愛の遍在　ザメンホフ博士とその文献に就て」(『国際知識』1924.1)，ザメンホフ「人類人主義宣言」(『国際知識』1924.5～6)，「民族自決で勃興したエス語の出版」(『読売新聞』1926.5.29)，「国際連盟と国際共通語」(RO 1927.8)，「日本の支持を翹望しつゝある匈牙利」(『日本及日本人』1930.5.15)，「BahaismoとE」(RO 1931.1)，「英語の世界語化難」(RO 1931.5)。参「Eで材料を蒐集した粟飯原君の卒業論文」(RO 1926.5)，RO 1932.2，Osmo Buller 'Ambasadoro en Nipono' ("E" UEA, 1988.12)。

青木秋雄｜あおき あきお｜1909.11.26～2002以降

三重/松阪商(1928中退)，大橋学園高(1999)/号伸公/松阪商中退後，大本に入信。第二次大本事件後，渡満。戦後，三重県久居で簿記業，易者など。1924年松阪商でE学習。34年福田正男と知り合い，四日市E会で熱心に活動。85～2002年JEI会員。参「内地報道」(RO 1935.10)，「89歳，次は大学久居の青木さん，通信制高校卒業へ」(『朝日新聞』三重版，1999.3.7)。

青木一郎｜あおき いちろう｜1902.8.7～1989.4.13

兵庫/神戸一中(1920)，六高(1923)，京大(1926)/理学博士。緒方富雄，橋本雅義ら

と神戸一中の同期。京都工芸繊維大名誉教授。大阪四天王寺，京都仏光寺など多くの鐘を設計。キリスト者。六高在学中の1920年10月JEI入会。著『鐘の話』（弘文堂，1948)。

青木 鈴｜あおき すず｜?～2005.2.19

吹田E会初期からの会員。1969年頃吹田E会の初等講習で木下忠三の指導を受けて再学習後，山内七郎，吉田みどり，橋本靖昭らと「みどり会」を結成し，輪読会のほか，ピクニック，食事会など，木下を中心に活動。参吉田彌「青木鈴さんを偲んで」(LVE吹田E会, 279, 2005.11)。

青木 専治｜あおき せんじ｜1893.10.21～1973以降

群馬/京都高工(1913)，コロンビア大(1917)/両毛整織（群馬）に入り，1914年パナマ運河開通記念万国博覧会（サンフランシスコ）で出品事務を担当。38年両毛整織社長，43年第二精工舎監査役。1923年頃JEI入会。

青木 武造｜あおき たけぞう｜1904.12.24～1991.9.3

札幌鉄道局教習所/運輸事務官。国鉄の初等E講習で松本清彦から手ほどきを受け，1929年8月JEI入会，31～39年評議員。32年10月鉄道E連盟常任委員。岡本好次が朝鮮へ渡った後，露木清彦らとROを編集。45～52年JEI評議員。47年第2次JEA常任委員。著「国語の重要性とE」(『札幌教習所同窓会誌』8, 1932)，「鉄道とE語」(『鉄道技術』鉄道技術社, 6:10, 1932), 'La cipreso〔絲杉〕' (EL 1934.11～12)。参「座談会・学会初期のころ」(RO 1978.1)。

青木 宣也｜あおき のぶや｜1909.8.14～1977以降

高岡高商(1930)/旧姓小松/小学校訓導，富山北部高教諭など。1928年小寺廉吉の指導でEを学び，JEI入会。31年長野県岡谷の製糸工場の工員にEを指導。47年10月JEI再入会。JELE会員。著「特集 われらの

2600年」(RO 1940.2)。参RO 1931.12, "Japanaj E-istoj"。

青木 三雄｜あおき みつお｜1897頃～1944以降

神奈川/水産講習所(1919)/埼玉県経済部，滋賀県水産試験場主任技師，場長などをへて，1940年5月満洲国国立水産試験場長。JEA会員（会員番号1084）。著『養魚の科学』（水産社，1942）。

青木 もとじろう｜あおき もとじろう｜?～1923.2.28?

福岡/中学（4年修了）/佐世保海軍航空隊の一等水兵。名の漢字表記は不詳。朝鮮鎮海から佐世保へ帰還する飛行機を操縦中に海に墜落し，行方不明に。除隊後は国際的な飛行家になろうと佐世保E会で岡田実から学習。参「不安の飛行機 玄海灘へ押流され ん虞 駆逐艦救助に急行」(『東京朝日新聞』1923.3.1)，「行方不明の三十四号機の操縦水兵は死亡と認め十日海軍葬儀」(『読売新聞』1923.3.9), 'Morto de E-isto' (RO 1923.3)。

青木 保雄｜あおき やすお｜1900～1981.1.21

東京/北野中(1918)，山口高，京大(1926)/粟飯原晋，植田高三，八木日出雄らと北野中の同期。小松島港（徳島），細島港（宮崎）各修築事務所，名古屋興業などをへて，桑名市役所顧問。のち名城大教授。専門は港湾工学。1921年JEIに加わり，翌年山口高E会を結成。

青木 ゆう子｜あおき ゆうこ｜1910?～?

満鉄に勤務し，上司に勧められてE学習。徳島に引き揚げ。95年頃Eと再会。著「満州の地で学んだE」(RO 1995.8)。

青木 道｜あおき わたる｜1881.5.21～1943.9.8

栃木/宇都宮中，二高，東大(1905)/大蔵官僚。若槻礼次郎に随行して，1907～09年ロンドンを中心にヨーロッパ出張。高崎地方専売局長などをへて，26～30年第6代高

崎市長。26年前後JEI会員。参『群馬県人名大事典』(上毛新聞社, 1982)。協高崎市立図書館。

青島友治|あおしま ともはる
1904.7.10~1996.2.23

出版社勤務。1931年千葉E会を結成。E文学研究会会員。34～37年JEI評議員。34年10月E-isto田野多喜子と結婚。長男を撰人(elito「選ばれた人物」から)と命名。45～49年および52～56年JEI評議員。51年鈴木正夫を主筆とする"Medicina Revuo"(のちJEMAの機関誌となる)を刊行。83年JEI再入会。著「白銀の峰のもとに」(RO 1953.8)。

青野武雄|あおの たけお|1901.6.4~1979.11.2

京都/三高(1923), 東大(1926)/理学博士。高木俊蔵と三高理科乙類の同期。1929年姫路高教授から電気化学工業に転じ、のち取締役。20年三高入学後、同校E会に参加。21年JEI入会。著『電気化学』(コロナ社, 1966)。

青山士|あおやま あきら|1878.9.23~1963.3.21

静岡/東京府尋常中(1896), 一高(1900), 東大(1903)/パナマ運河の工事に携わった唯一の日本人技師。一高在学中から内村鑑三に傾倒し、内村の聖書研究会に欠かさず出席。生涯、無教会キリスト者。1903年単身渡米、04年よりパナマ運河の測量設計に従事。11年帰国、翌年内務省入省後、荒川放水路事業、河津分水工事などを手がけ、36年退官後は東京、兵庫、満洲などで治水事業に尽力。E学習歴はないが、山口昇の手を借りて、信濃川大河津自在堰補修工事竣工記念碑(1931)に'FELIĈAJ ESTAS TIUJ, KIUJ VIDAS LA VOLON DE DIO EN NATURO〔万象ニ天意ヲ覚ル者ハ幸ナリ〕' 'POR HOMARO KAJ PATRUJO〔人類ノ為メ国ノ為メ〕'、また長野県和田嶺トンネルの銘板(1933)に'Por la Volo de la Homaro〔人類の願望のため〕' 'Kun Penoj de la Homaramo〔人類愛の努力をもって〕'

とE文を刻む。「人類ノ為メ国ノ為メ」の一文は、棟方志功が『板画・奥の細道』(講談社文庫, 1976)で絶賛。著『ぱなま運河の話』(私家版, 1939)。参高橋裕「名誉員青山士氏をお訪ねして」(『土木学会誌』47:1, 1962), 峰芳隆「Feliĉaj estas tiuj, kiuj...―信濃分水記念碑について」(LM 1985.11), 貫名初子「信濃川下流大河津分水地点E碑文について」(SL 1990.7), 高崎哲郎『山河の変奏曲』(山海堂, 2001), 「特集 海を渡った土木技術者たち 青山士・八田與一・久保田豊」(『国づくりと研修』全国建設研修センター, 93, 2001), 高崎哲郎『評伝技師青山士―その精神の軌跡』(鹿島出版会, 2008)。協後藤敏, 横山英, 六郷義哲, 荒川知水資料館, 石野良夫。

赤尾晃|あかお あきら|1900.9~1944⇔1951

大阪/東大(1925)/医学博士。京城帝大助教授をへて、農林省蚕糸試験所へ。東大在学中にJEI入会。

赤尾好夫|あかお よしお|1907.3.31~1985.9.11

山梨/東京外語(1931)/受験産業のパイオニア。旺文社社長、テレビ朝日名誉会長など。E学習歴は不明。1959年ザメンホフ百年祭賛助員。著『英語基本単語熟語集(通称「豆単」)』(旺文社, 1942)ほか多数。参『現代日本朝日人物事典』、『近代日本社会運動史人物大事典』。

赤木久太郎|あかぎ きゅうたろう|1878~1933

岡山/東京専門学校(1898)/家業の醬油醸造業に従事。東京で文筆活動や出版業に携わったことも。川上眉山、巌谷小波と親交。1906年JEA入会(会員番号624), 09年岡山県美袋に森真とJEA支部を設立し、村民にE講習。JEの特別寄稿家。JEAに相当の資金援助。著敬天牧童『瓜の蔓』(美育社, 1903)。参「岡山県・日本のニュルンベルグと言われるが…」, 『岡山のE』。協岡一太。

赤沢琢三 | あかざわ たくぞう
1897.3.1～1957以降

広島/二高 (1920)、京大 (1924)/医学博士。岡山県医師会社会保障部長、岡山県国民健康保険審査会委員長、就実短大教授など。1921年JEI入会。

赤司裕 | あかし ゆたか | 1902.6.28～1928.3.12

愛知/東京府立一中 (1919)、六高 (1923)、京大 (1927)/中学時代に小坂狷二からEを学ぶ。1918年JEA入会 (会員番号1247)。19年飛び級で六高へ。20年千布利雄、伊東三郎、宮地伝三郎、難波金之助らと岡山E会創立。22年六高E会結成。大学時代に健康を害し、卒業後も療養生活。哲学者田中美知太郎 (1902～1985) と親交。JEI会員。蔵書は遺族により京大へ。▣赤司和嘉『故赤司裕の思出』(私家版, 1929)、小坂狷二「たくましい芽ばえ (2)」(VS 1964.12)。

赤松定雄 | あかまつ さだお | 1884～1943.4.15

福岡/東京物理学校/数学教諭として、1900～21年豊津中 (福岡) に勤務。のち豊国学園中へ。06年5月『読売新聞』に掲載された黒板勝美の談話記事でEを知る。伊東尾四郎教頭の『福岡日日新聞』の連載に刺激されて、JEA入会 (会員番号472)。鶴我盛隆にEを推奨。JEI会員。▣「回顧30年」(RO 1936.6)。

赤松信麿 | あかまつ のぶまろ | 1890頃～1922

山口/五高 (1912)、京大/病理学者。医学博士。仏教大学長赤松連城 (1841～1919) の孫。宗教学者赤松智城 (1886～1960) の弟。国家社会党党首赤松克麿 (1894～1955、吉野作造の娘婿) および参院議員赤松常子 (1897～1965) の次兄。長崎医大教授。JEA会員 (会員番号1278)。のちJEIにも入会。ドイツ留学中に急死。▣RO 1923.4。

秋田雨雀 | あきた うじゃく
1883.1.30～1962.5.12

青森/早大 (1907)/本名徳三/詩人、劇作家、童話作家、社会運動家。鳴海要吉と黒石尋常小から高等小1年まで同級生。自然主義・バハイ教・ウパニシャッド哲学などをへて社会主義に傾倒。新劇運動の先駆者で、小山内薫や島村抱月、松井須磨子、沢田正二郎などと活動。雑誌『テアトロ』(Teatro) の名目上の創刊者、左翼劇場・新協劇団などの看板的役割、国際文化研究所長、プロレタリア科学研究所所長。1946年青森から社会党公認で参院選に立候補し落選、のち日本共産党へ。48年舞台芸術学院院長、50年日本児童文学者協会会長。黒石市に秋田雨雀記念館。二葉亭四迷『世界語』と鳴海を通じてEを知り、14年2月エロシェンコと出会って、翌日からE学習。盲目の父と重ね合わせてエロシェンコと親交を深め、たびたび講演の通訳をし、のちに作品集を編集し、戯曲「初期のエロシェンコ」(『早稲田文学』1925.1) も。バハイ教に関心を寄せ、アレキサンダーとも親交。「戯曲 緑の野」(『中央公論』1915.7) で鳴海をモデルにした人物を登場させ、部分的にEも使用。神近市子とともにエロシェンコを相馬黒光と引き合わせ、文化人との仲を取り持つ。17年第5回JK (東京) でアレキサンダーの講演を通訳、18年第6回JK (東京) で文学語としてのEについて講演。18年7月JEA入会 (会員番号1191)。20年JEI評議員。23年8月青森のE講習会で淡谷悠蔵らを指導し、25年11月7日東京高師で「Eと将来の芸術」を講演したほか、たびたび東京や青森などでE講習会や講演会の講師を務める。27年10月ロシア革命10周年記念祭に招かれて、鳴海完造を伴って訪ソし、28年5月帰国。その間にEで講演やラジオ放送を行ったほか多くの行事に参加。エロシェンコと再会し、多くのE-istoとも交流。渡欧記念出版として『Danco de skeletoj 秋田雨雀戯曲三篇』が守随一・須々木要共訳によりJEIから刊行 (30年巴金により中国語に重訳)。このうち表題作 (原題「骸骨の舞跳」) は関東大震災後の朝鮮人虐殺がテーマで、掲載誌『演劇新潮』(1924.

4) は発禁になっていた。29年、34年JEI理事。『プロレタリアE講座』(1930〜31)を監修。31年PEUの創立に加わり委員長、32年3月第2回大会で議長席につくが、間もなく警察により解散に。33年7月E文学研究会主催の文芸座談会の中心になり、自身の文芸生活50年を語る。42年ポールシャ『山上の少年』をボレル(Borel)のE訳"Sub la nego"から重訳して刊行。48年第2次JEA会長。53年1月劇団関係者による70歳祝賀会にE-istoも参加。同年JEI顧問。伊東三郎と坂井太松郎が発案して平凡社に持ち込んだ、Eで世界の児童作文を集めて日本語訳する出版企画『世界の子ども』全15巻(1955〜57)を監修。56年50周年記念第43回JK(東京)で表彰。Eでの創作的な文章はほとんど執筆せず、鳴海要吉のローマ字詩集"Usio no Oto"(1916)に寄せた収録短歌4首のE訳がまれな例。匿名の評者釈堆青により「E-istoとして秋田雨雀氏に寄する書」(『中央文学』1918.4)で「自己の作品をEで書き自己を通して今日の日本文学の基調を世界に紹介する事こそ貴方の様なE-istoで芸術家なる方々の使命」と苦言を呈されたが、その後もEでの演説や実務文書の執筆はあるものの、Eでの創作やEへの翻訳は見られない。中期以降の作品では、末尾に脱稿の日付をEで記入。『秋田雨雀日記』は貴重な資料だが、長文のE部分が公刊から漏れていることに注意。娘の千代子(1908〜1937.4)は雨雀からEを教わり、相沢良やロシア人と文通。73年佐々木孝丸により、追悼と業績の整理のため雨雀会が結成。署『五十年生活年譜』(ナウカ社、1936)、『雨雀自伝』(新評論社、1953)、『秋田雨雀日記』全5巻(未來社、1965〜67)、『秋田雨雀戯曲集』(弘前雨雀会、1975)ほか多数。E関係ではエロシェンコ『夜明け前の歌』(編、叢文閣、1921)、同『最後の溜息』(編、同、1921)、「舌の叛逆としてのE」(『改造』1922.8)、「ウトピストの日記」(『読売新聞』1925.10.5)、守随一・須々木要共訳"Danco de skeletoj〔骸骨の舞跳〕"(JEI、1927)、「ソヴェトロシヤに於けるE運動」(『E語研究』1928.9〜10)、《資料》ソウエート・ロシヤのE運動概観」(『国際文化』1:2、1928)、『若きソウェート・ロシヤ』(叢文閣、1929)、『模範E独習』(小坂狷二と共著、叢文閣、1923)、「武器としてのE」(秋田雨雀・江口渙監修『綜合プロレタリア芸術講座』2巻、内外社、1931)、'Rememoroj pri Vasilij Eroŝenko'("La mondo" 3:6・7、1935. NR 29, 1975.4に再録)、「エロシェンコと私」(RO 1935.8)、「私の生活に勇気を与えたE」(RO 1936.6)など。参伊東三郎『日本E学事始』(鉄塔書院、1932)、「われらのピオニーロ同志秋田雨雀」(『カマラード』2:4, PEU, 1932.4)、武藤丸楠「先輩はなぜ・どうして学んだか」(RO 1956.7)、佐々木孝丸『風雪新劇志』(現代社、1959)、RO 1962.7、「秋田雨雀追悼号」(『日本児童文学』1962.10)、久板栄二郎「『テアトロ』創刊のころ」(『テアトロ』1974.5)、秋田雨雀研究会編『秋田雨雀―その全仕事』正・続(共栄社出版、1975〜76)、桑原三郎『「赤い鳥」の時代―大正児童文学』(慶應通信、1975)、佐々木孝丸「救世主E」(ES 1976.1)、国際文化復刻刊行会『国際文化』復刻版(白石書店、1974)、佐々木孝丸「秋田雨雀について」(『悲劇喜劇』1982.10)、同「秋田雨雀生誕百年」(LM 1983.5)、いとうかんじ「サランとシューラ」(LM 1987.5〜6)、関きよし「ラ・テアトロは劇場」(『テアトロ』1993.2)、巴金著訳，許善述編『巴金与世界語』(北京：中国世界語出版社、1995)、上田友彦・太田鈴子「昭和女子大学近代文庫所蔵秋田千代子宛絵葉書」(『学苑』昭和女子大学近代文化研究所、714, 1999.11)、嶋田恭子「巴金と日本人E-istoたち―秋田雨雀著『骸骨の舞跳』E訳本をめぐって」(『中国学論集――海・太田両教授退休記念』翠書房、2001)、青森県近代文学館編『秋田雨雀展―日本社会の良心として生きたい』(青森県近代文学館、2002)、工藤正廣「啄木ローマ字、雨雀Eの交響―東北文学の精神から」(『國文學　解釈と教材の研究』2004.12)、工藤正廣『"秋田雨雀" 紀行』(津軽書房、2008)、青森県近代文学館『特別展　鳴海完造と秋田雨雀』(青森県文学館協会、2012)、『現代日本朝日人物事典』、『近代日本社会運動史人物大事典』、『日本アナキズム運動人名事典』、『反体制E運動史』、『闘うE-istoたちの軌跡』、『日本文学に現れたE』。

秋庭俊彦 | あきば としひこ | 1885.4.5〜1965.1.4

東京/早大(1910)/ロシア文学者、俳人。早大在学中に歌人を志すが、チェーホフの作

品を知り、その紹介に尽力。のち温室園芸業を営むかたわら、句作に専念。1919年JEI創立と同時に入会し、21年退会。著トルストイ『闇の力』(植竹書院, 1915)、『チエホフ傑作集』(新潮社, 1936)。

穐村耕司│あきむら こうじ│1903頃~1983

三高(1923)、京大(1926)/奥村勝蔵、楠瀬熊彦と三高文科甲類の同期。兵庫高教諭など。三高在学中に同校E会で活動。1920年JEI入会。参『三高E会小史』。協穐村万寿美。

秋元興朝│あきもと おきとも
1857.5.26(安政4.5.4)~1917.4.23

江戸/東大/旧姓戸田、幼名和三郎、号蔚堂/館山藩主秋元家の養子に。1884~85年ドイツへ私費留学。枢密顧問官、私立日本女子技芸学校長など。1906年9月JEA評議員。著「三個の社会問題」(『新時代』新時代社, 1:5, 1906)。参「秋元子爵の寄附」(JE 1906.8)、横山健堂『現代人物管見』(易風社, 1910)。

秋元波留夫│あきもと はるお
1906.1.29~2007.4.25

長野/京華中(1923)、東大(1929)/医学博士。日本の精神医学界の権威。病体生理研究所創設者秋元寿恵夫(1908~1997)の兄。北大助手、東大講師などをへて、1941年金沢医大、58~66年東大各教授、のち国立武蔵療養所長、都立松沢病院長。日本精神衛生会長、社会福祉法人きょうされん理事長など。29年JEI入会。著『99歳精神科医の挑戦』(岩波書店, 2005)ほか多数。

秋山寛治│あきやま かんじ
1897.12.9~1955以降

静岡/千葉薬専(1920)/1826年創業の老舗薬局「唐木屋薬局」(静岡市呉服町)を経営。1923年頃JEI入会。26年JEMA創立後、静岡県支部幹事に。

秋山長三郎│あきやま ちょうざぶろう
1900~1975以降

群馬/桐生高工/旧姓田中/応用化学関係の技術者。田中ウタの兄。1923年群馬共産党事件に巻き込まれ粕壁中教員を辞職。農民運動、労働運動に入り、石川島造船所造機船工労組合機関紙『工労』の編集。『種蒔く人』の影響でEを始め、ウタのE学習に影響を与える。23年頃JEI入会。著「評議会運動史の問題点」『労働運動史研究』(38, 1965)、「はじめて中国を訪れて―やっと実った72年の夢」(『アジア経済旬報』875, 1972)。参牧瀬菊枝編『田中ウタ―ある無名戦士の墓標』(未來社, 1975)、『近代日本社会運動史人物大事典』。協堀泰雄。

秋山定輔│あきやま ていすけ
1868.8.24(慶応4.7.7)~1950.1.19

岡山/岡山中、第一高等中(1887)、帝大法科大(1890)/新聞人、政治家。『二六新報』創設者。「露探」(ロシアのスパイ)疑惑で、1904年衆院議員を辞職。06年JEAに入り(会員番号633)、評議員。のちJEIにも参加。参村松梢風『秋山定輔は語る』(大日本雄弁会講談社, 1938)、桜田倶楽部編『秋山定輔伝』全3巻(桜田倶楽部, 1977~82)、奥武則『露探』(中央公論新社, 2007)、『現代日本朝日人物事典』、『日本キリスト教歴史大事典』。

秋山文陽│あきやま ぶんよう
1886.7.14~1985.9.7

福井/日蓮宗大/1930~83年大雲寺(京都)住職。22年東京本郷の上宮教会で「文化自由講座」を開いた際、語学講座としてE語科を開設(講師は川原次吉郎)。その大盛況を見て、23年これを日本E学院として独立させ、10回の講習で約500名の講習生を養成。23年JEI委員。31年8月華頂女学院(島根)でE講習。32年10月より柴山全慶と龍谷大E会を指導。83年住職を辞めた際、E蔵書は太宰二丸を通じて大谷大へ。著「全仏教学徒へ敢てE語の研究を提唱す」("La Lumo Orienta" JBLE, 1, 1931)。参浅野三智「日本に於ける仏教E運動小史」("Informilo de JBLE" 32, 1955)、柴山全慶「教界E運動茶話」("Informilo de JBLE" 73〜76, 1960)、太宰不二丸「秋山文陽先生逝去」(LJB 1985.12)、峰芳隆「大谷大学の柴山文庫と秋山文庫のこと」(LM 1986.4)、『柴山全慶・秋山文陽E関係蔵書目録』(大谷大図書館, 1986)。㊙山口真一。

芥川龍之介｜あくたがわ りゅうのすけ
1892.3.1〜1927.7.24

東京/一高(1913)、東大(1916)/小説家。1926年東宮豊達の申し出を受けて、作品選集のE訳を承諾するも、翌年の東宮の死により完成せず。27年短編「蜃気楼」(『全集』8巻所収)の中でEを使用。うち"Majesta"を「5月」とする注解は誤りだが、あるいは原文が誤っているか。同年、自殺。㊐『芥川龍之介全集』全12巻(岩波書店, 1995〜98)ほか多数。E訳に、梶弘和E訳 'Du leteroj〔二つの手紙〕' (RO 1925.5〜26.6)、堀内恭二E訳 'La fadeno de araneo〔蜘蛛の糸〕' (RO 1926.11)、関本孤竹E訳 'Marĉejo〔沼池〕' (RO 1935.3)、小久保覚三E訳、三宅史平翻訳指導 'La nazo〔鼻〕' (RO 1942.11)、野島安太郎E訳 'La nazo〔鼻〕' (RO 1951.4〜5)、石黒彰彦E訳 'Morto de kredanto〔奉教人の死〕' (RO 1954.2〜4)、宮本正男E訳 'La pordego Rasyômon〔羅生門〕' (RO 1961.11〜62.1)、中村陽宇E訳 'En arbardensejo〔藪の中〕' (宮本正男・石黒彰彦編 "El japana literaturo" JEI, 1965)、西成甫E訳 'Kelkaj rakontoj el la verkaro de Akutagaŭa' (RO 1968.9〜11)、青山徹E訳 'Rasyômon〔羅生門〕' (RO 1968.11)、北川久E訳 "La fadeno de l' araneo〔蜘蛛の糸〕" (RO 1993.9)、市村志郎E訳 "Tabako kaj diablo〔煙草と悪魔ほか〕" (Librejo Satano, 1996)、ヤマサキ・セイコーE訳 "La vivo de iu stultulo〔或る阿呆の一生〕" ("Fonto" 242, 2001)、小西岳E訳 "Noveloj de Akutagawa Ryûnosuke" (JELK, 2010) など。㊙「芥川龍之介氏とE」("E en Nipponlando" 4:4, 1928.4)、西堀ひろみ「Eに訳された芥川龍之介の作品一覧」(RO 1974.6)、北城郁太郎「芥川龍之介の蜃気楼」(RO 1981.6)、関口安義編『芥川龍之介新辞典』(翰林書房, 2003)、『現代日本朝日人物事典』、『日本キリスト教歴史大事典』。

安黒才一郎｜あぐろ さいいちろう
1902.5.20〜1977.1.26

岡山/明大(1927)/筆名 Aglo、号無想菴/会社員、押花作家。1923年JEI入会。翌年からROの編集に参加し、須々木要らといたずらぶりを発揮してaĉulo (いたずら者)時代と呼ばれた。日本人として初めて精力的に原作小説を創作・発表。26年10月明大E会初代会頭。28〜40年JEI評議員。父篤は08年JEAに入り(会員番号839)、国際商業語協会にも参加。㊐ 'Pro ŝi' (RO 1924.3〜8)、'La patro' (RO 1925.1〜6)、'Resume neniom' (RO 1926.1〜2)、'La problemo de la estonteco de internacia radio-disaŭdigo' (RO 1926.2)、'El Ginza' (RO 1931.6〜10)、『原色押花絵』(新樹社, 1972)、『無想式押花芸術』(同, 1976)。㊙由里忠勝、馬場清彦。

暁烏敏｜あけがらす はや｜1877.7.12〜1954.8.27

石川/真宗大(1899)、東京外語(1900中退)/院号香草院、法名釈彰敏/真宗大谷派の僧侶、仏教学者。明達寺(石川)住職。宗門革新運動に参加。東京外語で二葉亭四迷に師事。1951年真宗大谷派宗務総長。金沢大に暁烏文庫。36年大橋介二郎E訳、本野精吾校閲により "La japana spirito〔日本精神〕" を寺内の香草舎から刊行。暁烏文庫にE学習書、辞書、詩集、歌集など数冊。㊐暁烏敏全集刊行会編『暁烏敏全集』全27巻+別巻(涼風学舎, 1975〜78)ほか多数。㊙野本永久『暁烏敏伝』(大和書房, 1974)、『現代日本朝日人物事典』、『近代日本社会運動史人物大事典』。㊙金沢大図書館。

浅井恵倫｜あさい えりん｜1895.3.25〜1969.10.9

石川/小松中(1912)、四高(1915)、東大(1918)/台湾、東南アジア諸語を専門とする言語学者。浄土真宗大谷派妙永寺住職浅井恵定の長男。福井商、小松商の教諭をへて、1924年大阪外語学校講師、26年教授。34〜36年オランダ留学。36年台北帝大文政学部助教授、翌年教授、43年南方人文研究所員。47年帰国後、49年国立国語研究所研究員、50年金沢大、58年南山大各教授。

東京外大に浅井文庫。アマチュア無線も早くから手掛ける。中学時代,『中外日報』に数回掲載された記事でEを知り,四高在学中の12年学習。13年JEA入会(会員番号1010)。13年吉川友吉,阿閉温三が結成したHokurika Exchange Clubに加わり,翌年金沢E会創立にも参加。原田勇美と連絡を取り,その熱心さに打たれ,Eに打ち込むことに。15年上京して,16年JEA幹事。卒論に'Polineziaj popoloj kaj iliaj lingvoj'を提出,おそらく日本最初のE書きの卒論。日本人の間でもつねにEで話すべきと主張し,その習慣を周りに広める。19年中学生進藤静太郎と岩下順太郎に会話中心でE教授。同年国際商業語協会創設に参画。小坂狷二らとともにJEI創立に働き,20年評議員,会計部委員。20年高橋邦太郎(技師),速水真曹らと協力して横浜に日本E貿易商会を設立。24年相坂佶らとJEI大阪支部創立。大阪外語学校在勤中,同校E会長を務めた。26年11月第4回関西学生E雄弁大会(京大)で「マライ半島への旅」を特別講演。35年第27回UK(ローマ)に参加し,開会式副議長。49～50年教育調査のため訪米し,北米E協会を訪問。51～62年JEI理事。56年50周年記念第43回JK(東京)で表彰。妻幾美(きみ)もE学習。📖「馬来半島に於ける馬来語音の地方的差違に関する若干の考察」(『亜細亜研究』大阪東洋学会, 6, 1937)。E関係に "Tegami no Kakikata" (JEA金沢支部, 1914), "Unua lernolibro de E por japanoj" (JEA金沢支部, 1915), 'Labirinto' (JE 11:1, 1916), 'Karaj memoroj' (JE 11:11, 1916), 蓮如 'Pri homa vivo'〔御文章 浮世〕(RO 1923.2), 『実用E和対照会話』(セリシェフ・川原次吉郎と共著, 日本E社, 1924), 'Skizoj de indoneziaj popoloj' (RO 1929.5～30.1)。📖「先輩はなぜ・どうして学んだか」(RO 1956.7), 山鹿泰治「玉石同架―思い出の人々その3」(LM 1968.4), 土田滋「故浅井恵倫教授とアウストロネシア言語学」(『アジア・アフリカ言語文化研究所通信』10, 1970), 朝倉利光・土田滋共編『環シナ・日本海諸民族の音声・映像資料の再生・解析』(北大応用電気研究所, 1988), 鈴置二郎「話すEに登場する人々」(RO 2000.6),『近代日本社会運動史人物大事典』。

浅井喜一郎 | あさい きいちろう
1914.9～1982.9.16

北海道/函館商(中退)/海産商。1944年大和庄祐らと司法省派遣図南奉公義勇団の一員として北ボルネオへ送られ,辛酸をなめる。古いE-istoで,娘をEのシンボルカラーから「碧(みどり)」と命名。78年第42回北海道E大会(苫小牧)に参加。📖宮本正男「中間報告・司法省派遣図南奉公義勇団」(『運動史研究』三一書房, 14, 1984), 星田淳「Samideano浅井喜一郎遺稿」(LE 1983.9),『改訂版・北海道E運動史』。📷星田淳。

浅井時夫 | あさい ときお | ?～1990.4.5

銀行員,大牟田共立病院事務長など。1926年7月JEI入会, 27年頃大牟田E会員。39年12月E学力検定高等試験に無試験合格。

浅岡愛造 | あさおか あいぞう
1870.11.16(明治3.10.23)～1926以降

医術開業試験(1891)/1898年神奈川県秦野村に浅岡医院開業, 1902年同県大山町に移転。大山町会議員。06年JEA入会(会員番号567)。

浅岡馨 | あさおか かおる | 1933.12.23～2008.1.2

愛知/旧制中学/大阪の繊維商で約10年間奉公後,繊維商を自営。のち旭写真(大阪)などをへて,名張自動車学校(三重)の指導員。Eは,40歳の時,大阪E会の講習会で学び,1975年より同会のテレフォン・サービスの運営に尽力。8ミリ映画の愛好家で, Internacia Ligo de Esperantistaj Foto-Kino-Magnetofon-amatoroj(アマチュア写真・映画・録音国際E-isto連盟)の再建に参加し, 80年アジア・オセアニア地域代表に。82年第67回UK(アントワープ)の映画コンクールに三重県伊賀町の雨乞い祭りを撮影した'Vilaĝa festo〔村祭〕'を出品し, 1位。82年JEI入会。83年名張市へ転居後,名張E会を組織し,独力で初等講習会を開催。84年度KLEG賞。2002年第50回関西E大会(大阪)において山崎隆三とともにビデ

オ「映像にみる大会50年」を制作上映. 著 'Pri Jui-festo' (LVO 1975.12),「出版に寄せて—OES Telefonservo 苦心談」(『大阪E運動史II』),「名張にサークルの"輪"を」(『伊和新聞』2001.12.1). 参嶋田恭子「この人と1時間」(ES 1984.1). 協長谷川勉.

淺川勲 |あさかわ いさお
1925.3.16〜2006.10.29

東京/東大(1946)/京浜急行電鉄取締役, 鉄道事業本部副部長兼車両部長, 京急車輛工業会長など. 戦後, 小坂狷二にEを習う. 1970年横浜へ転居後, 長く横浜E会の会計を担当, 同会の講習会の指導も. 著 'Invito al la ora kunsido' (LT 1981.4),「小坂狷二」(RO 2001.8). 参「淺川勲さん逝く」(LT 2006.12), 土居智江子「追悼 淺川勲さん」(RO 2007.3), 同「追悼 淺川勲さん」(LT 2007.3).

淺川桂 |あさかわ かつら
1896.3.27〜1969.11.30

山梨/慈恵医専(1918)/医学博士. 1920年慶大助手, 22年小倉医院(千葉県東金)副院長, 36年横浜に淺川産婦人科を開業. 30年頃千葉医大で研究中, E講習に参加. 54年, 曹洞宗大本山總持寺(横浜)に建てた墓には, 三宅史平の監修を受けて,「世界で一番易しいE語で, 誰にでも分かるように」と, "TOMBEJO DE ASAKAŬA-OJ", "Tempo kaj spaco estas infinita. Kontraŭe vivo kaj korpo estas kiel nur punkto. Memoro al ĉi tiuj tamen daŭros eterne ĉiam pli profunde kaj pli valde [ママ]." と刻され, 台石には "En mia naskotago 27 marto 1952, mi kaj mia amata edzino Hideko kune faris planon konstrui Dometon de Animoj, kie ni iam kuŝiĝos por eterna dormo, sed ŝi jam forpasis 30 okt 1952 ne vidante ĝin kompletigita. Por plenumi la promeson mi konstruas ĉi tiun Domon de Animoj Kacura" と刻文. 参RO 1954.9,「Eで妻の墓碑」(『朝日新聞』神奈川版, 1954.9.25), 山崎勝「Eで書かれた墓・淺川桂」(RO 2008.8・9). 協天田明子, 淺川タイ, 山崎勝.

淺川勇吉 |あさかわ ゆうきち
1898.8.21〜1986.11.9

神奈川/七高(1920), 東大(1923)/工学博士.「淺川効果」の発見者. 東北大をへて, 1930年日大教授. 渡満後, 大陸科学院研究官, 新京工大, 建国大各教授など. 戦後, 日大に復職. 東北大在職中JEI入会. 著『計測器一般』(共立社, 1934),『工業材料の強弱』(ダイヤモンド社, 1977).

淺田栄次 |あさだ えいじ
1865.5.22(慶応1.4.28)〜1914.11.10

周防国(現山口)/山口中(1880中退), 広島中(1881中退), 京都中(1883), 工部大学校予科(1886), 第一高等中(1887), 帝大理科大(1888中退), シカゴ大院(1893)/聖書学者, セム語学者, 英語教育者. Ph.D. 日本における旧約聖書研究の先駆者. 長谷川理衛の岳父. 1884年神田美以(メソジスト)教会で受洗. 88年渡米, 93年6月シカゴ大初の博士号取得. 帰国後, 青山学院神学部をへて, 東京外国語学校英語科主任として英語教育に尽力し, 細江逸記ら多くの英語学者, 英語教育者を育てる. 1906年東京外国語学校の卒業式に流暢なEで挨拶し, 参列者の度肝を抜く. JEA創立に参加(会員番号5), 第1回JK(東京)で "Kial ni devas lerni E-on?" を演説し, JEA幹事, 07年東京支部副会長. 早くからEの実用を唱え, 実践. 第2回JK(東京)で "Nia nova gasto" を演説. 06年東京外国語学校で随意科として課程に入れてEを教えたほか, E講習会を開催. JEにE文の寄稿多数. ガントレットと懇意で, その通訳も. 14年10月学士会の会合で, Eの発展策十数条を挙げて日本のE-istoの奮起を促したが, 翌月急逝. 絶筆はE文の日記. 93年Eで書かれた家計簿など遺品1263点が遺族により徳山(現周南)市へ寄贈. 周南市中央図書館に淺田栄次資料コーナー. 墓は多磨霊園にガントレットと隣り合う. 2001年8月東京外大(府中市)に顕彰碑建立. JEIも協力し, 碑文にはEへの言及も. 著"The Hebrew text of Zechariah, 1-8 compared with the different ancient versions" (University of Chicago press, 1896), 'La raportoj' (JE 1 : 1, 1906), 'La estonto de E en Japanujo' (JE 1 : 2, 1906), 『英和和英諺語辞典』(文会堂書店, 1914), 『英文日誌』(同, 1917). 訃報 (JE 10 : 1, 1915.2), 編輯子「むかしむかし」(RO 1934.4), 岡本好次「浅田栄次氏の遺品から」(RO 1956.8), 渡辺金愛「明治の国際人　浅田栄次について」(『白鷗大学論集』6, 1992), 『明治の国際人―浅田栄次博士』(徳山市教育委員会, 1993), 「黎明の英学者―浅田栄次」(『徳山大総研レビュー』8, 1995), 『浅田栄次追懐録』(復刻, アジア書房, 1996), 津野行彦「浅田栄次博士記念碑の建立基金にご協力を」(RO 1997.12), 渡辺金愛「明治の国際人　浅田栄次博士の顕彰碑建立さる」(『白鷗大学論集』16, 2002), 野崎晃市『明治キリスト教の受容と変容―浅田栄次の目を通して』(筑波大博士論文, 2006), 『日本キリスト教歴史大事典』. 津野行彦, 三浦伸夫.

浅田一 | あさだ はじめ | 1887.3.24～1952.7.16

大阪/北野中 (1905), 東大 (1913)/医学博士. 1918年東京医専教授, 21～23年欧米留学, 帰国後, 長崎医大, 東京女子医専, 東医大各教授. 01年頃Eを知り, 語学協会発行の雑誌『語学』に連載された大杉栄「E語講義」で輪郭を覚え, 25年長崎で植田高三から手ほどきを受ける. 26年緒方知三郎, 西成甫, 藤浪鑑, 村田正太, 真崎健夫, 小野興作らとJEMA結成. 27年にも洋行し, 欧米各地でE-istoと交流し, 第19回UK (ダンチヒ) に夫人同伴で参加し, 国際夏期大学で「日本の法医学」を講演. 28年第5回九州E大会 (長崎) 会長. 同年柴田潤一によって設立されたE-isto文化協会に参加し代表委員. 36年3月JESA顧問. RO誌やEL誌に一般向けE文の法医学関係記事を多数執筆. 39～45年JEI理事. 47年東京医大予科でEを必修科目にするが, 欠勤がちになったため立ち消えに. 四男成也 (1925～1987) もE学習. 『法医学教室の窓から』(春陽堂, 1926) ほか多数. E関係に「赤化と緑化」(『東京朝日新聞』1926.5.8～14), 「E旅行を終へて」("E en Nipponlando" 国際語研究社, 4 : 2, 1928), 'Sovetlando kaj Usono' (RO 1929.3), 「二度の洋行とE」(EL 1934.12), 'La okazo de Abe-Sada〔阿部定事件〕' (EL 1937.

2), 「国際文化とE」(RO 1937.8) 'Ĉu la ABO-sistemaj sangtipoj rilatas al la homaj temperamentoj?' (RO 1938.2), 'Pri geedziĝo' (RO 1938.3), '67 jaraĝa virino perfortita kaj mortigita' (RO 1939.6), 'Etimologio de la japana vorto "ena" kaj stranga moro ĝin koncernanta' (RO 1938.7), 'Patrujo el la vidpunkto de konstruo de homa korpo' (RO 1938.8), 'Etimologio de la japana vorto "kusame", t. e. terno kaj moroj koncernantaj ĝin' (RO 1938.9), 'Kiamaniere oni distingas mempendigon de pasiva pendigo post strangoladon?' (RO 1938.10), 'La okazo de Koguĉi-Suekiĉi' (RO 1938.12), 『ラテン語手ホドキ　附ギリシア語, フランス語, E手ホドキ』(克誠堂, 1939), 'Atenco kontraŭ rusa kronprinco' (RO 1941.3), 'La funkcio de cerbo por nia vivo' (RO 1941.8) など. 「Nekrologo」(RO 1952.9), 浅田成也『「緑の星」の平和』(私家版, 1982), 「仏教E運動を支えた人たち (4)」(LJB 1984.12), 『長崎のE』, 『117年間のラブレター』.

浅田幸政 | あさだ ゆきまさ | ?～?

稚内, 函館, 旭川に居住. アイヌ人武隈徳三郎と交友し, Eを教えかける. 武隈の『アイヌ物語』をE訳して, セリシェフに送り, その"Oriento"誌に掲載. 原稿は, 現在オーストリア国立図書館計画言語コレクションに所蔵. 1926年6月上海を訪れ, E-istoと交流. Takekuma Tokusaburo 'Rakonto de ainu'o pri ainu'oj〔アイヌ物語〕' ("Oriento" 1～2, 1925).

浅野研真 | あさの けんしん
1898.7.25～1939.7.7

愛知/尾張中 (1917), 日大/仏教評論家, 教育運動家. プロレタリア教育学の建設者. 真宗大谷派僧侶の長男に生まれ, 中卒後, 大徳寺 (京都) 修行僧に. のち函館刑務所教誨師となるが, 退職して大学進学. 1925年東京労働学校を開設し教務主任. 28～30年文部省留学生として渡仏, 留学中に日本の教育運動を教育労働者インタナショナルと結合. 30年新興教育研究所創立に参加. 32年浄土真宗の教化事業に従事. 友松圓諦の仏教法政経済研究所の活動に参

加。全日本仏教青年同盟主事、日華仏教協会理事など。日大在学中にE学習。35年4月より『国際仏教通報』(英文)を編集し、岡本好次、柴山全慶、中西義雄、竹内藤吉らのE文を掲載。35年第23回JK(名古屋)で「Eと仏徒」を講演。[著]『インタナショナル発達史』(文化学会出版部、1925)ほか多数。E関係に「仏教徒とE語」(『教学新聞』1934.8.12~14)、"La fundamenta koncepto de budaisma sociologio〔仏教社会学の基礎概念〕"(JEI, 1935)など。[参]岡本好次「浅野研真氏を偲ぶ」(RO 1939.10)、池田種生『プロレタリア教育運動の足跡』(新樹出版、1971)、『近代日本社会運動史人物大事典』、『反体制E運動史』。

浅野三智 | あさの さんち | 1912.3.20~1992.1.19

広島/龍谷大/筆名藤原三千丸/浄土真宗本願寺派万福寺(愛媛)住職。Eは、龍谷大在学中の1923年校内の講習会で吉町義雄に習う。31年10月柴山全慶、太宰不二丸とJBLEを結成し、機関誌"La Lumo Orienta"を37年までに22号、"Informilo"を23号まで発行。広島原爆で長男を喪い、以後Eによる仏教の世界宣布を志す。51年2月JEI再入会。52年JBLEを再建し、65~87年その機関誌"La Japana Budhano"を221号まで独力で発行。自寺でE講習会を主宰。"La Instruoj de Budho〔仏教聖典〕"(仏教伝道協会、1983)の共同E訳の中心。UEAデレギート(仏教)。[著]"La Historieto de Japana Budhismo"(JBLE, 1965)、"Amitabha-Amitajus-Budha-Dhjana Sutro〔観無量寿経〕"(同、1967)、「仏典翻訳時代とE」(『大法輪』1968.1)、"Saddharma-Pundarika Sutro〔妙法蓮華経(譬喩品、信解品)〕"(JBLE, 1970)、「サンスクリットと印度文学」(ES 1978.4)、「仏教聖典のE訳出版について」(RO 1982.1)、「私とE」(LJB 1984.2)、「仏教とE」(ES 1985.9~11)、浅野純以編『微妙音 浅野三智著作集』(西向山万福寺、1994)。[参]脇坂智証「JBLEの長老の逝去を悼む」(LJB 1992.3~4)。[蔵]愛媛県立図書館。

浅野茂夫 | あさの しげお | 1897.5.26~1993.3.27

愛知/一高(1921)、東大(1924)/造林学者。宮崎大名誉教授。東大在学中にJEI入会。宮崎E会員。[著]『飫肥杉の歴史』(共著、日向文庫刊行会、1955)、『民有林における大規模林業経営の一例』(共著、服部林産研究所、1961)。[参]「浅野茂夫先生略年譜、著作目録」(『中京大学教養論叢』15:1, 1974)。

浅野孝 | あさの たかし | 1911.2.1~1977

愛知/名古屋商(1928)/名港組、南洋海運をへて、1952年藤木海運取締役。30年頃E学習、33年頃から名古屋E会の活動に参加し、YMCAなどで指導に当たる。36年ポポーロ社特別同人。[参]「特集 われらの2600年」(RO 1940.2)、丹羽正久「わたしの先生、浅野孝さん」(LM 1978.5)。[協]丹羽正久。

浅野孟府 | あさの もうふ | 1900.1.4~1984.4.16

東京/東京美校(中退)/本名猛夫、別名草之助/はじめ抽象彫刻、アクション、三科で具象へ。1931年大阪プロレタリア美術研究所設立。戦後、二科会再建、一陽会創立。戦前にPEUのためにザメンホフの胸像を、戦後には宮本正男のためにザメンホフのレリーフを制作。清水幾太郎"La infanoj de militbazoj〔基地の子〕"(JELK, 1954)の表紙も。Eは学ばず。[著]『浅野孟府彫刻作品集』(同刊行委員会、1986)。[参]「浅野孟府さん死去」(LM 1984.5)、竹花人「ザメンホフ像と宮本正男と彫刻家浅野孟府」(LVO 2000.11)、同「浅野孟府のザメンホフ像」(LM 2001.2)、『近代日本社会運動史人物大事典』、『日本アナキズム運動人名事典』。

朝吹英二 | あさぶき えいじ
1849.3.12(嘉永2.2.18)~1918.1.31

豊前国(現大分)/慶應義塾/幼名萬吉、鐵之助/1870年福沢諭吉の暗殺を企て失敗し、慶應義塾の玄関番に。のち鐘ヶ淵紡績、三井銀行などの役員を歴任。1911年頃JEA入会(会員番号933)。特例会員として、最期までJEAに財政的支援。[参]JE 1918.2、『朝吹英二君伝』(朝吹英二氏伝記編纂会、1928)、大西理平『朝吹英二君伝』(図書出版社、1990)。

浅見信次良 | あさみ のぶじろう
1894.1～1973 以降

埼玉/京大(1922)/フランス財政学の研究者。彦根高商教授、満鉄嘱託などをへて、1949～51年岩手師範校長、49～59年岩手大学芸学部長、のち鹿児島経済大教授など。21年JEI入会。

浅見正 | あさみ まさ | 1912.8.7～2005.12.10

新潟/東京音楽学校/旧姓斎木/中学の音楽教諭。山添三郎の妹。Eは、1966年相原美紗子、次女の磯部ヒロ子らが開いた講習会でオードビンに学ぶ。横浜E会に属し、緑内障を病みながらも学習に打ち込む姿は後進のよい刺激に。80～2003年JEI会員。署「安藤ヨシさん」(EV 1969.4)。参「会員この頃(1)」(LT 1997.7)、LT 2006.2、土居敬和「浅見正さんを悼む」(RO 2006.3)。

足利惇氏 | あしかが あつうじ
1901.5.9～1983.11.2

東京/東京府立一中(1919)、同志社大(1927)/旧名惇麿/文学博士。インド・イラン学の大家。足利尊氏の末裔。飯島正、久保田満年らと東京府立一中の同期。東海大、京大各名誉教授。1959年日本学士院賞。東海大に足利惇氏文庫。21年10月JEI入会。署『足利惇氏著作集』全3巻(東海大出版会、1988)ほか多数。参『現代日本朝日人物事典』。

芦田弘 | あしだ ひろし | ?～1969.8.27

大阪市立南第二高校長。1964年多田浩子の「ひととき」への投書を契機にE学習。熱心に海外文通。参LM 1969.11。

芦田幸江 | あしだ ゆきえ | ?～2001.9.21

芦田弘の妻。夫の急逝後、連日届く外国からの手紙を眺めているうちに、1970年E学習。夫のあとを継いで文通して、10年間で世界中をまわり、夫の友人たちと会う。署「私の外国見聞記」(『サンケイリビング 大阪版』1981.3.27)、「E, "習ってよかった"」("LVO" 大阪E会, 3, 1972.6)。

飛鳥井孝太郎 | あすかい こうたろう
1867～1927.7.29

加賀国(現石川)/蔵前高工/近代日本窯業界の先覚者。1904年日本陶器合名会社創立に参加し技師長。10年退社後、鳴海製陶の前身名古屋製陶に移って、同社をノリタケのライバル企業に成長させた。06年JEA入会(会員番号326)。参山田弘「名古屋とE」(RO 1936.6)。

足助素一 | あすけ そいち | 1878.1.1～1930.10.29

岡山/同志社尋常中(1899)、札幌農学校(1904)/筆名固有子、毒一、毒蕈、雨田居、黙翁、無舌、絶巌/「ビール王」馬越恭平(1844～1933)の甥。札幌農学校時代から有島武郎の親友。古本屋、焼芋売りなど各種職業をへて、1918年から出版社叢文閣を経営。有島の著書を一手に出版し個人誌・著作集・全集を出したが、有島没後にその弟生馬との間のトラブルから版権を放棄。のち左翼出版物にも進出。E学歴はないとされるが、ザメンホフの思想に共鳴。21年エロシェンコ『夜あけ前の歌』、『最後の溜息』を発行。また小坂狷二・秋田雨雀『模範E独習』、松崎克己『愛の人ザメンホフ』を刊行し、のちその版権と紙型をJEIに寄付。秋田と親交。JEI終身会員。署『足助素一集』(叢文閣、1931)。参「足助素一氏の訃」(RO 1930.11)、「叢文閣主・足助素一」(『高梁川』高梁川流域連盟、25、1971)、有島武郎研究会編『有島武郎と作家たち』(右文書院、1996)、小玉晃一「有島武郎莫逆の友・足助素一と西洋文化」(『日本比較文学会東京支部研究報告』1、2004)、有島武郎研究会編『有島武郎事典』(勉誠出版、2010)、『近代日本社会運動史人物大事典』、『日本アナキズム運動人名事典』。図佐々木孝丸、日本近代文学館。

東季彦 | あずま すえひこ | 1886.1.17～1979.7.18

奈良/一高(1909)、東大(1913)/旧姓乾/商法学者、新聞人、歌人。法学博士。1922

〜24年で英独仏で在外研究。九大教授をへて、29年日大教授。42年北海道新聞社初代社長、62年日大学長など。一高在学中の06年Eを知り、22年ロンドンで英国E協会入会。25年藤沢親雄らと福岡E会を創立し、大島広、伊藤徳之助、城戸崎益敏らと協力。63〜70年JEI理事、のち顧問。65年第50回UK（東京）顧問、資金集めに尽力。著『独逸民法』（有斐閣、1930）ほか多数。E関係に「藤沢さんのこと」（藤沢親雄『創造的日本学』日本文化連合会、1964）、「Eと私」（RO 1979.6）など。参城戸崎益敏「東季彦先生を偲ぶ」（RO 1979.9）、「東季彦博士略歴・著作・論文目録」（『著作権研究』著作権法学会、10、1980）、『日本法学』日大法学会、46：2、1981）、『現代日本朝日人物事典』。協城戸崎益敏、染川隆俊。

東隆｜あずま たかし｜1902.3.8〜1964.7.18

北海道/旭川中（1921）、北大（1926）/1946年衆院議員、50年参院議員、63年民社党書記長など。アズマ式ローマ字を考案。学生時代よりEを学び始め、JEIにも入会。当局の家宅捜索でE書を没収されたことも。参院外務委員会（1959.11.30）で、外交官がEを身につけるよう提言。参『改訂版・北海道E運動史』、『近代日本社会運動史人物大事典』。

東俊文｜あずま としふみ｜1909〜1995.3.30

栃木/園芸店経営。1963年7月JEI入会。64年第13回関東E大会（宇都宮）議長団の一人。66年栃木市Eロンド設立。90年栃木E会を結成し、通信講座を実施。著『栃木県での関東大会とE-isto達』（『関東E連盟40年史』）。

東龍太郎｜あずま りょうたろう｜1893.1.16〜1983.5.26

大阪/天王寺中、一高（1913）、東大（1917）/医学博士。小野興作、高原憲と一高医科の同期。1921〜26年英国留学。茨城大、東邦大各学長、東京都知事、名誉都民など。E学習歴は無し。59年ザメンホフ百年祭賛助員。著『スポーツと共に』（旺文社、1953）、『オリンピック』（わせだ書房、1962）。参『現代日本朝日人物事典』。

東原兵吉｜あずまはら へいきち｜?〜1931.4.19

山口/漁師。独学でEを習得後、腕試しに野原休一を訪ねて、数時間Eでまくし立て、野原を驚かせたという。JEA会員（会員番号1051）。参「東原兵吉君の訃」（RO 1931.8）。

麻生介｜あそう たすく｜1881.4.26〜1945以降

大分/済生学舎（1903）/筆名 Aso. H. Jamto/大分県立病院、北里養生園などをへて、別府に麻生医院を開業。下河原政治とともに、戦前の別府E運動の中心。1930年9〜11月大分県巡査教習所でE講習。同年10月ペレールを歓待。31年4月27日竹崎虎惣太、下河原らと大分E会を結成。40年第28回JK（宮崎）顧問。42年第19回九州E大会（別府）開催に下河原、三浦隆と働く。戦後、別府E運動の再建に努力。UEAデレギート（別府）、JEMA会員。息子の本田旗男もE学習。著『疾病と信仰』（仏教求道会、1929）、「E語宣伝別府節」（"La Aŭroro" KEL・福岡E倶楽部、3：6、1932）、「1934年を我等はかく戦う」（RO 1934.1）、'Starigu E-istoj!'（"La Vojo" 熊本E会、3、1934）。参本田旗男「Eと私」（"Vojo Senlima" 熊本E会、29、1973）、L. Péraire "Tra la mondo per biciklo kaj E"（SAT、1990）。協鵜木敬憲、橋口成幸。

阿曽村秀一｜あそむら ひでかず｜1903.1.29〜1970.7.8

秋田/秋田工業、秋田師範（1924）、東洋大（1929中退）/新聞記者。1941年小学校長から秋田魁新報社記者に転じ、50年取締役主筆、63年退任。23年JEI入会。著「E主義を保持して」（『秋田魁新報』1923.5.4）。

足立荒人｜あだち あらと｜1869〜1945

山口/広島師範/筆名北鷗/ロシア遊学をへて、1902〜12年『読売新聞』で主筆を2回。退社後、岩国で農園経営。06年JEA設立協議会に同僚薄井秀一と出席し評議員（会員

番号6)。この前後、薄井とともに読売新聞に関係記事を多数掲載。🖹『松菊余影』(春陽堂、1897)、『野蛮ナル露国』(集成堂、1904)。

足立公平｜あだち こうへい
1908.2.22～1985.8.25

大阪/大阪高商/本名孝平、別名朝田工兵、魚川旗夫、島田照夫/歌人。『短歌前衛』に創刊号(1929.9)から投稿を続け、同時にプロレタリア短歌と対立する『短歌建設』にも参加。戦後、作歌を通じて、冨田冨、西岡知男と懇意に。Eは、1931年3月大阪労働学校で開かれたプロレタリアE講習会で吉田清に学んだ。「意気合ひて 歌誌を始めし おもほえば 友ら大方 すでに杏(はる)けし」(冨田冨「終戦前後」)。🖹『飛行絵本』(デザイン工房エイト、1965)。📖宮本正男「大阪地方 社会主義的E運動史略年表」(NR 1968.11)、『近代日本社会運動人物大事典』。

安達隆一｜あだち たかかず？｜？～？

天声社社員。由里忠勝の下で初期の大本のE活動に参加。🖹『初等E教科書 教材草案』(天声社、1924)。📖"Kvindek jaroj de E en Oomoto"。

足立武｜あだち たけし｜？～？

1916年頃小坂狷二の指導でE学習。JEA会員(会員番号1121)。国際商業語協会員。20年第7回JK(東京)でJEI庶務部委員に選出。21年千駄ヶ谷青年団主催のE講習会で、井上万寿蔵、長谷川理衛とともに講師。野知里慶助にEを教えた。🖹'Sinjorino Juja〔熊野〕'(RO 1920.4～7)。

足立正｜あだち ただし｜1883.2.28～1973.3.29

鳥取/鳥取一中(1901)、東京高商(1905)/号立堂/王子製紙社長、日本商工会議所会頭など。名誉博士(早大)。高度経済成長期の財界のリーダーの一人。E学習歴は不明。1965年第50回UK(東京)顧問。🖹『村上竜先生の伝記、事業、詩画と其の追憶』(共

編、私家版、1937)、『山陰古代史』(共著、山陰徴古館、1940)。📖『現代日本朝日人物事典』。

足立長太郎｜あだち ちょうたろう
1911.4.1～2004.9.15

神奈川/横浜商(1929)/結核で数年間闘病生活を送り、1937年東京電燈に入社。戦後、関東配電労組結成に取組み、48年電産労組常任中央委員、49年産別会議副議長、50年電産労組関東地方本部副委員長兼事務局長など。レッドパージで解雇後、食料品店自営のかたわら、電産のレッドパージ撤回・復職の裁判闘争に参加(最高裁で敗訴)。横浜商在学中に校内のEクラブに参加し、30年より本格的にE学習。33年10月JEI入会。34年3月横浜E協会で「E文学について」を講演。36年ランティが来日した際、横浜を案内。98年千葉の長女宅へ身を寄せるにあたり多くの蔵書をベトナムE協会へ、また2000年JEI退会に際して蔵書を同図書館へ寄贈。SAT、JPEA各会員など。🖹「第52回JKについて」(NR 1966.1)、「魯迅夫人とエロシェンコ」(RO 1982.4)。📖吉田健二「電産10月闘争と電産型賃金―足立長太郎氏に聞く」(『大原社会問題研究所雑誌』496、2000)、板橋満子「足立長太郎氏を悼む」(RO 2005.3)。

足立直次｜あだち なおじ｜1908～1970.9.8

岐阜/1929年京都で、31年名古屋で赤色救援会に加入し活動。44年以降、関市で農業。45年日本共産党へ入り、岐阜県中濃地区の党組織建設に参加。35年佐藤時郎らと協力し、名古屋でロンド・タギーチョを結成。36年佐藤、山田正男らと"Saluton"創刊、同年検挙。📖『解放のいしずえ(新版)』、『プロレタリアE運動に付て』。

安達峰一郎｜あだち みねいちろう
1869.7.17(明治2.6.9)～1934.12.28

東京/山形師範、司法省法学校、第一高等中(1889)、帝大法科大(1892)/外交官、国際法学者。国際連盟日本代表、国際司法裁判所所長など。山辺町(山形)に安達峰一郎

記念対賢堂。新渡戸稲造と協力し, プリヴァらによる国際連盟内でのE関係提案を支持して, 1921年第2回国際連盟総会（ジュネーブ）で「国際補助語Eを公立学校の課目に編入する」提案署名に日本代表として参加し, 翌年の第3回総会で賛成票を投じる。22年第4回国際労働会議（第4回ILO総会, ジュネーブ）でEの公用語化を提案。著パテルノストロー『国際法及条約改正ニ係ル演説』(鹿野吾一郎, 1891), 同『国際公法講義』(明治法律学校講法会, 1897)。参'Advocate E as world language'("The New York Times" 1921.10.2), 「国際労働会議―安達大使Eを推賞」(RO 1923.1), 「安達大使に感謝」("E en Nipponlando"国際語研究所, 4:8〜9, 1928), 安達鏡子『夫安達峰一郎』(光和出版社, 1960), 篠田秀男「安達峰一郎博士とE」(『世界の良心・安達峰一郎博士』安達峰一郎記念館, 1969), 安達尚宏『故里からみた安達峰一郎博士略年譜』(私家版, 2003), 『安達峰一郎, 人と業績』(安達峰一郎記念財団, 2009), 安達峰一郎書簡集編集委員会編『国際法にもとづく平和と正義を求めた安達峰一郎』(安達峰一郎博士顕彰会, 2011), 『現代日本朝日人物事典』ほか。

渥美樟雄｜あつみ くすお｜1901.5.1〜1976.6.26

和歌山/北大(1926)/農学者。岐阜大名誉教授。Eは, 1917年北大予科入学後, 友人の勧めで, 上級生の興村禎吉に習う。21年1月JEI入会。北海道時代, 札幌E会, 北海道E連盟に属し, 農事試験所でEを活用して外国と種苗を交換。36年3月JESA設立に際し顧問。JELE会員。著『ロシアの新種育成家ミチューリン』(『農業及園芸』10:10, 1935), 「ミチューリンを初めて紹介」(RO 1969.8)。参「誌上座談会『そのころを語る』」(RO 1940.1〜3)。

安積得也｜あづみ とくや｜1900.2.17〜1994.7.27

東京/一高(1921), 東大(1924)/木崎宏, 吉村鉄太郎と一高英法科の同期。内務省に入り, 1943年7月〜44年11月栃木県知事。終戦時は岡山県知事。45年退官後, TIC社長, 53年会長。新生活運動, 公明選挙運動, 世界連邦運動などに挺身。クエーカー教徒。20年5月JEI入会。堀真道, 木崎, 中井虎一, 木戸又次, 丘英通と一高緑星会で活躍。53年6月JEIでの「安積氏に聞く会」で平和問題をめぐる欧米情勢を語る。同年第40回JK(岡山)大会大学で "Pri kvakerismo kaj la ideo de E" を講演。54〜70年JEI理事。57年9月より新宿中村屋の従業員75名にE講習。79年JEI顧問。著『成敗を超えて』(新政社, 1929), 『一人のために』(小峰書店, 1953), 「Eと十年後の日本」(『政治公論』1954.8)。参初芝武美「JEI顧問安積得也先生のご逝去を悼む」(RO 1994.10), 白井政二「安積得也先生と私」(RO 1994.12)。

阿閉温三｜あとじ おんぞう｜1886〜1979

石川/金沢商(1908)/酪農家。1922年石川県の委嘱で渡米し酪農を視察。故郷の酪農発展に尽力。父政太郎からその友人マッケンジーがEを推奨していることを聞き, 13年に吉川友吉と結成した切手絵葉書交換の国際クラブHokuriku Exchange ClubでEを利用。14年金沢E会創立, 吉川, 浅井恵倫の協力で会報にE講義を連載, E書取り次ぎなど。会員の石黒修, 15年コスチンを受け入れ。山田弘らが外国人との文通を通じてEを学び, 高橋邦太郎(技師), 岡本博行らも入会。JEA会員(会員番号1092)。26年4月中部日本E連盟創立委員。酪農用に買い求めた能登半島の広大な原野は, 松田久子にその一部が売却され, 「のとEの家」の用地に。著『酪農四十年』(私家版, 1958), 『牧畜一代記』(同, 1967)。協山田弘, 金沢大図書館。

安孫子貞治郎｜あびこ ていじろう｜1874〜1937.12.20

福島/雑誌編集者, 貿易商。映画評論家小森和子(1909〜2005)の父。内村鑑三の『東京独立雑誌』を離れ, 1900年西川光二郎(1876〜1940)を編集人として『東京評論』を発行, のち中村有楽の有楽社に入社, 『英文少年世界』を編集, のち同社支配人。同社閉鎖後, 貿易商に転身。関東大震災(1923.9.1)で全財産を失った後, 染織機の特許製品販売などを手がけたが, 晩年は生

活も逼迫。キリスト者。05年以前にE学習、中村を説いてE書輸入、また東京E協会を作る。06年6月12日黒板勝美、薄井秀一と発起人会を作り、JEA創立（会員番号8）、事務所は中村の好意で有楽社内に設置、9月第1回JK準備委員。07年1月東京支部幹事、第2回世界大会決議のE領事制度をJEAが採用、それによる日本のkonsulo（領事）に就任（副領事は大杉栄、千布利雄）。10年滞英中に、第6回UK（ワシントン）に向かうザメンホフに遭遇。パリでE会に出席。18年JEA評議員、のちJEI初期にも参加。その後E運動から離れたが、36年日本E運動三十周年祝賀晩餐会に出席、Eで大演説をぶったという。名を「貞次郎」と書いた資料も。著セルドン『みあしのあと』（教文館、1900）、『英和対訳・日露戦記』（馬場恒吾と共編、有楽社、1904）、「「世界語」Eの価値と勢力について」（『読売新聞』1906.5.29）、"E-Japana Vortaro"（JEA, 1906. JEA名義で黒板勝美、浅田栄次と共編、実際は黒板単独の著とされる）。参「日本E運動三十周年祝賀記念雄弁会及晩餐会」（RO 1936.7）、小森和子『流れるままに、愛』（集英社、1986）、『近代日本社会運動史人物大事典』。

安孫子連四郎 | あびこ れんしろう
1908.2.17〜1990.2.21

山形/山形中（1925）、千葉医大（1935）/内科医。武漢特別市立病院内科医長、石川島芝浦タービン医務課長などをへて、1946年平和病院初代院長、52〜55年医療法人平和会理事長。学生時代E学習。参「平和のものがたり(1)」（『毎日新聞』2006.1.1）。

安部浅吉 | あべ あさきち
1898.1.10〜1945.12.21

北海道/旭川中（1917）、満洲医大/医学博士。安部公房の父。奉天（現瀋陽）で満洲医大教授、のち安部医院開業。戦後の発疹チフスの大流行でその治療に奔走中に感染して没。1923年頃ドイツ外遊のためにE学習。28年1月22日満洲E連盟を設立し、39年までその代表。38年12月14日奉天放送局から「欧州旅行と国際語E」をラジオ放送し、大連、新京（現長春）に中継。奉天E会長として満洲医大の同僚、満鉄社員間にE普及を図ったほか、満洲医大附属医院において看護士および栄養手養成所の生徒に講習。翻訳グループで峰下鈊雄らを指導。41年6月第10回全満E大会（新京）に参加。JEMA会員。著「在満日本農業移民ノ栄養1〜4」（『満洲医学雑誌』19〜20, 1933〜34）、「満洲に於ける青少年集団栄養に関する調査」（『労働科学』労働科学研究所, 19:4, 1943）。参松本健一「満洲時代の由比さん」（RO 1968.1）、峰下鈊雄「満州医大にて」（RO 1982.4）、呉美姃『安部公房の〈戦後〉植民地経験と初期テクストをめぐって』（クレイン、2009）、安部ねり『安部公房伝』（新潮社、2011）。協安部公房。

阿部敬二郎 | あべ けいじろう
1897.1.3〜1964以降

福岡/東北大（1923）/1926年貝島炭鉱に入り、45年工作部長、50年生産部長、54年大之浦鉱業所長など。21年11月頃JEI入会。

安部孝一 | あべ こういち
1892.11.16〜1977.10.27

宮城/仙台陸軍幼年学校（1910）、陸軍中央幼年学校（1912）、陸士（1914）、陸大（1927）/陸軍中将。徐州会戦、武漢攻略戦に参加。1956年復員。Eは、06年独習後、幼年学校のフランス語教官木村自老に習う。13年JEA入会（会員番号945）。24年第12回JK（仙台）に将校数名と参加後、隊内にE研究会を組織。JEI会員。著「Eと私」（RO 1969.9）。参「先輩はなぜ・どうして学んだか」（RO 1956.7）、森公「安部師団長」（RO 1969.11）、『追想　安部孝一』（安部光雄、1978）、『日本陸軍将官辞典』。

安部公房 | あべ こうぼう | 1924.3.7〜1993.1.22

東京/奉天二中、成城高（1943）、東大（1948）/本名「きみふさ」/前衛的な作品で戦後を代表した小説家、劇作家。安部浅吉の長男。日本で作家として初めてワープロを使用。クレオール言語にも関心。1946年末旧満洲から引き揚げ、47年北海道より

上京後，JEIの講習会に参加。48年ROの「和文E訳の教室」に数回投稿し，大島義夫の添削を受ける（1948.10では評点B，1948.12では評点A）。同年頃小説『悪魔ドゥベモオ』（生前未刊行，『全集』1巻）の草稿ノートの表紙に「La novelo / La fatalamo / kaj / La diablo Dubemo」とEで表題を記載。49年中心となって活動していた戦後派芸術家グループ世紀でE支持を表明。「なにを翻訳するか」のアンケートに答えて文学の国際交流での「Eのはたす役割もまた，はかりしれない意義をもつ」とし，「E会員が…文学運動の中に，積極的に参加されることを希望します。私もまた，会のそうしたこころみに，進んで協力したい」と。56年チェコ訪問に際し，JEIのメッセージを携える。**著**『安部公房全集』全30巻（新潮社，1997～2009）ほか多数。E関係に「なにを翻訳するか」（RO 1953.7）。E訳作品として，"Postmilita japana antologio"（JELK, 1988）に，「闖入者〔La invaduloj〕」（小西岳訳）が収録。林健訳"La ruĝa kokono〔赤い繭〕"（Riveroj, 2004）。**参**'Konata verkisto al Prago'（RO 1956.6），佐々木基一編『安部公房』（番町書房，1978），LM 1993.4，谷真介『安部公房評伝年譜』（新泉社，2002），呉美姸『安部公房の〈戦後〉植民地経験と初期テクストをめぐって』（クレイン，2009），安部ねり『安部公房伝』（新潮社，2011），『現代日本朝日人物事典』。

阿部十郎｜あべ じゅうろう｜?～2010.2.12

東北大（1946）/東北大医学部衛生学教室，1958年宮城労働基準局をへて，北海道労働基準局労働衛生課長，のち大阪，東京へ。大学卒業前後にEを独習し，50年JEI入会。東北大在勤中に医学生へのE普及に尽力。仙台E会でも活動し，菊沢季生を助けて総務や講習会講師など。55年日本E運動50周年記念行事委員会委員。58年小坂狷二先生古稀記念事業委員会発起人。同年ザメンホフ百年祭準備委員会中央委員。**著**「仙台・E・人びと」（ME 100, 1990.10）。

阿部清治郎｜あべ せいじろう
1909.10.27～1988.11.17

岩手/盛岡中（1927），東北大（1938）/E-isto 阿部祈美の大叔父。大学卒業後，北上で家業の酒造業を継ぐ。1940年岩手県青年学校教員養成所，42年花巻中各教諭，44年食糧増産隊県大隊幹部などをへて，55年日本社会党公認で岩手県議。85年鍵屋デパート会長。祈美にEの存在を教えた。イーハトヴE会員。**参**「元社党県議阿部清治郎氏が死去」（『岩手日報』1988.11.18）。**画**阿部祈美。

阿部政雄｜あべ まさお｜1928.5.25～2005.6.24

愛知/南山大（中退）/芸名佐原新月/1954年から下中弥三郎の下で，「インド友の会」の事務局を担当。バンドン会議の頃からアラブと関わり，60年から在日エジプト大使館に5年，駐日アラブ連盟代表部に7年勤務。その後もアラブ問題に健筆を振るい，日本・アラブの友好に献身。99年まで25年間東海大講師。51年頃からE学習。57年第6回青年学生平和友好祭（モスクワ）のEの会合に参加。76年第63回JK（瀬戸）で講演。目黒E会に参加。JEI会員。芸名の佐原新月はアラビア語のサハラ〔砂漠〕から。**著**『アラブ世界』（保育社，1976），『イラクとともに30年』（出帆新社，2003）。E関係に「青年平和友好祭に参加して」（RO 1957.10），「Eの実力を国民の中に示そう」（ES 1976.12），「国際化時代の忘れもの＝国際語」（『望星』東海教育研究所，18：5，1987）など。**参**'Babilejo'（LM 1957.6）。**画**青山徹。

天海陸平｜あまがい りくへい
1894.10.25～1996.8.14

栃木/佐野中（1912），東京高工（1916）/佐世保，呉各海軍工廠などをへて，1932年アマガヒ計器製作所（東京）設立。47年赤見村長，48年町制施行に伴い町長，55年佐野市と合併後も3年余にわたり赤見支所長を務めた。85年佐野市名誉市民。23年頃JEI入会。

天野栄十郎|あまの えいじゅうろう
1892.3.20～1973.11.3

愛知/逓信官吏練習所，中京法律学校/俳号永寿/朝田産業会長，中日産業社，中部油脂新報社各社長など。名古屋無電局長時代の1930年代，同地のE運動に参加。[著]『句集野の草』（共著，私家版，1970）。

天野忠慶|あまの ただよし
1900.5.11～1943以降

大阪/大阪高商（1921）/野上工業所（大阪）営業係長など。1920年8月岩橋武夫にEを学び，同年11月大阪高商でE講習会開催（講師は細江逸記）。21年1月藤間常太郎，福田国太郎の支援下に大阪高商E会設立。[参]藤間常太郎「Eを学びはじめたころ」（『大阪E運動史 II』）。

天野文司|あまの ぶんじ|1891.12.3～1940以降

東京/一高（1917），東大（1920）/旧姓松井/日本車輌製造に入り，会計課長などをへて，1932年監査役。21年10月JEI入会。

天谷幾三郎|あまや いくさぶろう
1905～1940.4.23

福井/1928年前後，東京江東地区でセツルメントの活動に従事。この頃，E運動に参加。[参]『解放のいしずえ（新版）』。

アムルー|Sache Amoureux|？～？

フランス/愛称S-ro Amo/フランスの汽船Angers，のちAthos IIの乗組ピアニスト。1930年12月横浜に寄港して，警官荒川進に道を尋ねたところ，Eで返答され，互いにE-istoであることを認識。横浜と東京でE-istoと交歓。31年3月，32年1月，5月にも寄港して，主に横浜でE-istoと交流。32年10月の寄港では第20回JK（東京）で挨拶。[参]「仏国の同志来訪」（RO 1931.2）。

綾部先|あやべ すすむ|1904.9.1～1991.4.7

兵庫/神戸一中（1922），松山高（1924），東大（1927）/官営八幡製鉄所に入り，1960年富士製鉄常務，のち製鉄化学副社長。松山高在学中の23年頃JEI入会。[著]「鉄鋼生産に憶う」（『鉄と鋼』日本鉄鋼協会，47：4，1961）。

荒正人|あら まさひと|1913.1.1～1979.6.9

福島/徳島中，山口高，東大（1938）/別名赤木俊/評論家。『近代文学』を通じて文学評論界を主導。戦前，熱心にE学習。1956年日本E運動50周年記念に際しJEI賛助会員。[著]『荒正人著作集』全5巻（三一書房，1984）ほか多数。[参]『現代日本朝日人物事典』。

新井堯爾|あらい ぎょうじ
1886.5.15～1966.5.9

埼玉/粕壁中，四高（1908），東大（1912）/異名「日本観光生みの親」。加藤正道と四高一部法科の同期。1921～23年欧米留学。鉄道省国際観光局長時代に観光基盤づくりに活躍。37年退官後，華北交通理事，交通公社会長など。42～45年および52～53年衆院議員。白岡町名誉町民。E学習歴は不明。59年ザメンホフ百年祭賛助員。[著]『観光と日本の将来』（観光事業研究会，1931），『鉄道と皇道精神』（鉄道青年会出版部，1934）。

荒井誠一|あらい せいいち
1913.10.16～2002.12.3

香川/三高（1934），東大（1937）/舟阪渡と三高理科甲類の同期。国鉄総支配人付副支配人などをへて，富士車輌常務。鉄道切手の収集家として知られ，長く日本郵趣協会鉄道切手部会顧問。三高在学中に同校E会に参加。[著]『機関車の切手』（丸ノ内出版，1975），『世界鉄道切手総図鑑』（日本郵趣出版，1984）。[参]「三高E会小史」。[協]日本郵趣協会鉄道切手部会。

新井嗣雄|あらい つぎお|？～？

群馬/慶大？/医学者，医学博士。論文の抄

録をたびたびEで執筆。著「所謂腎盂静脈逆流現象ノ組織学的研究」(『日本泌尿器科学会雑誌』19, 1930),「淋菌性尿道側管炎ノ病理ニ就テ」(『日本泌尿器科学会雑誌』19, 1930)。

荒井道太郎|あらい みちたろう|?～?
上智大/ドイツ語教師,翻訳家。『山!』の翻訳を『山小屋』誌に連載。一時,軍の経理学校でドイツ語教師か。学生時代の1926年JEI会員。ROの懸賞作文に投稿したこと も。「色々の外国語を学習するに当り予想外に役立つた」と。著「編輯者へ注文」(RO 1930.7),モルゲンターレル『山!』(朋文堂, 1934),「ドイツ語教師として」(RO 1935.9),エーリヒ・マイエル『山をめぐる行為と夢想』(朋文堂, 1938)。参千坂正郎「ある先輩, 荒井道太郎のこと」(『アルプ』157, 1971)。

新嘉喜倫元|あらかき りんげん
1891.3.1～1943以降
沖縄/慈恵医専(1915)/那覇,久米島,普天間などに開業後,1935年那覇市に新嘉喜医院を開業,37年渡嘉敷村営診療所長。26年JEMA創立後,沖縄県支部幹事を務めた。JEI会員。

荒川衡次郎|あらかわ かんじろう|1867～1942.2
愛知/陸士(1890)/小説家荒川義英(1894～1919)の父。峰下鋑雄の義父。陸士第1期生。予備陸軍中尉時代の1897年防長回天史編輯所に勤め,堺利彦と知り合う。1913年頃大陸に渡り,吉林,長春,大連で日本語学校経営,新聞記者など。のち新京(現長春)でタイプ印刷業を営み,同地で没。E学習は24年以前。28年満洲E連盟結成総会の議長。31年新京E会長。満洲国国名のE訳を「総裁」決定。32年『満洲国公用語問題』と題したパンフレットを印刷・配布し,公用語としてEを採用せよと主張。37年5月JEI新京支部初代代表。39年8月～41年6月満洲E連盟代表。参「堺利彦伝」(改造社, 1926),尾花芳雄'S-ro Arakaŭa en mia memoro'(RO 1942.4),田中貞美「満洲E運動史」(『満洲評論』に初出,改稿後,LM 1969.2～70.1)。

荒川進|あらかわ すすむ|?～?
横浜で警官。1930年12月アムルーに道を尋ねられ,Eで返答して,互いにE-istoであることを認識。戦後,横浜ガーディアン社を経営。58年小坂狷二先生古稀記念事業委員会発起人。参「仏国の同志来訪」(RO 1931.2),「会員の声」(RO 1945.11)。

荒川文六|あらかわ ぶんろく
1878.11.18～1970.2.9
神奈川/日本中,第一高等中(1897),東大(1900)/工学博士。1907～10年米独英留学。九大総長,貴族院議員,福岡ユネスコ協会長など。65年文化功労者。敬虔なクリスチャン。27年「電気工学術語と国際語」を『電気評論』誌上に発表し,「電気術語にEのような国際語を用いよ」と主張。著『荒川電気工学』全3巻(再訂版,丸善, 1913～14),「電気工学術語と国際語」(RO 1927.8)。参荒川信生編『父・荒川文六』(私家版, 1971),『現代日本朝日人物事典』。

荒木熊雄|あらき くまお|1883.9.22～1943以降
福岡/千葉医専(1909)/皮膚科医。1919年釜山で開業。20年代後半JEI入会。

荒木遜|あらき ゆずる|1899.1.31～1964.8.25
福岡/八女中/三井三池製作所をへて,青年学校の英語講師。28歳でEを学び,JEI入会。大牟田E会幹事として植田半次に協力,同地の運動を支えた。1934年万国児童作品展覧会の開催を企画し,UEAなどの協力も得て34ヵ国から1191点を集めて, 35年10月大牟田で開催。のち福岡日日新聞社の懇望により同社主催で福岡と鹿児島などでも開催。29年第6回, 64年第38回各九州E大会(大牟田)準備委員長。UEAデレギート(大牟田,三池)。著「万国児童作品展覧会について」(RO 1936.4),「第25回九州大会に参加して」(LG 1951.5～7)。参「特集われらの2600年」(RO 1940.2),「四連盟人物

風土記(8)」(LM 1964.5)。㊟佐藤悦三、杉野フヂエ。

荒田一郎｜あらた いちろう
1900.1.25〜1989.7.10

岡山/岡山医大(1924)/医学博士。荒田洋治(東大名誉教授)の父。1931年岡山市に荒田医院を開業、カルテはEで。岡山E会の活動不振を見て、53年10月「岡山県E-istoの会」(浦良治命名)を設立し、初代会長として岡山E界の再興に尽力。同年JEI岡山支部長。UEAデレギート(岡山、医学)。㊣荒田洋治『自分をつたえる』(岩波書店、2002)。㊟荒田次郎、岡山県図書館。

荒畑寒村｜あらはた かんそん
1887.8.14〜1981.3.6

神奈川/小学校/本名勝三/社会主義運動家、評論家。幸徳秋水・堺利彦らの影響を受け、社会主義者に。1912年大杉栄と『近代思想』を、14年月刊『平民新聞』を創刊。22年の日本共産党創立では書記。戦後は日本社会党の創設に参加。『直言』掲載の堺の記事からEを研究。荒畑が連絡先としていた東京府下向島寺島村のマルテロ社はmartelo「かなづち」から。㊣『寒村自伝』(筑摩書房、1965)、『荒畑寒村著作集』全10巻(平凡社、1976〜77)ほか。㊙宮本正男「大杉栄と荒畑寒村」(NR 12、1969.4)、大島義夫「5月の風」(NR 19、1971.6)、『現代日本朝日人物事典』、『近代日本社会運動史人物大事典』、『日本アナキズム運動人名事典』、『日本キリスト教歴史大事典』。

有島生馬｜ありしま いくま
1882.11.26〜1974.9.15

神奈川/東京外語(1904)/本名壬生馬、号雨東生、十月亭/洋画家。有島武郎の弟、里見弴の兄。武郎の死後、その著書の出版をめぐり足助素一とトラブルに。1905〜10年伊仏留学。35年芸術院会員。長野市に有島生馬記念館。ニセコ町に有島記念館。日本近代文学館に有島武郎・生馬コレクション。16年頃三島章道とともに小坂狷二か

らEを学び、平野長克らと交友。17年第5回JK(東京)に参加。㊣『有島生馬全集』全3巻(改造社、1932〜33)、『一つの予言』(形象社、1979)。㊙小坂狷二「三島通陽のこと」(RO 1965.10)、平野長克「あの頃のこと」(RO 1966.1)、有島武郎研究会編『有島武郎と作家たち』(右文書院、1996)、有島武郎研究会編『有島武郎事典』(勉誠出版、2010)、『現代日本朝日人物事典』、『日本アナキズム運動人名事典』。

有馬保夫｜ありま やすお
1910.8.26〜1965以降

早大(1936)/大黒工業常務取締役など。第一早稲田高等学院在学中の1930年E学習。36年9月第25回JK(東京)組織委員会企画部委員に選出されるも、37年秋入営のため辞任。48年JEIの中等E講習会を指導。㊙"Japanaj E-istoj"。

有馬芳治｜ありま よしはる
1907.5.10〜1995.1.4

熊本/南満洲工専/アリマ・ヨシハル、筆名アーヨ生/一級建築士。戦前満鉄に勤務し、戦後は八幡エコンスチール札幌営業所長など。多趣味で、心霊科学、神道、詩吟、気学、自然食、家紋などを研究し、カナモジカイ理事、宇宙友好協会長など。世界連邦建設運動にも参加。南満洲工専在学中の1928年大連でE独習。31年JEIが大連で開いた初等E講習会で尾花芳雄、淵田多穂理の指導を受け、北尾虎男と一緒に大連E会入会。32年1月JEI入会。以後、羅津、奉天(現瀋陽)などでE運動。35年3月大連E会の機関誌"Akacio" 2号を単独で編集・発行。51年頃東京から北海道へ移り、札幌E会、北海道E連盟に加入。第15回(1951)・20回(1956)北海道E大会(札幌)準備委員長。52年JEI札幌支部を新設し、連絡係を担当。㊣「E語を日常生活の中へ!」("Amikoj de E" 3:10、E友の会、1934)、「アカツィーオのアカはダメ!」(RO 1982.6)、「旧満洲E会を思う」(TO 1991.7)、「大連を訪ねて」(TO 1992.9)。㊙田中貞美「満州E運動史(6)」(LM 1969.7)、朝比曻昇「E運動に対する太平洋戦争中の弾圧について」(RO 1980.11)、「アノヨエ ヒッコス」(HEL 1994.12〜95.1)。㊟有馬

一郎，菊池和也。

有山兼孝｜ありやま かねたか
1904.4.26～1992.5.5

東京/一高(1925)，東大(1928)/旧姓野間口/理学博士。仁科芳雄門下の物理学者。1933年ドイツ，デンマークへ留学。名大教授，名古屋市立女子短大学長など。E学習歴は不明。59年ザメンホフ百年祭賛助員。著『近代物理学概論』(坂田昌一と共編，朝倉書店，1954)，『日中科学技術交流の歩み』(有山正孝，1992)。

アレキサンダー｜Agnes Baldwin Alexander
1875.7.21～1971.1.1

米国ホノルル/オアフ・カレッジ/バハイ教布教師。富豪の娘。1914～17年，19～23年，28～32年，37年，50～67年の5回滞日し布教活動。14年E学習，ジュネーブのUEAでAnna Šarapovaからエロシェンコを紹介され，来日後にエロシェンコ，秋田雨雀，鳥居篤治郎，福田国太郎，山鹿泰治，神近市子らと知り合い，Eの会合にも出席。17年第4回JK(東京)で講演(通訳秋田)。31年1月より桜井女塾(東京本郷)でE講習。エロシェンコにバハイの『隠語録』をE訳させた。JEA会員(会員番号1092)。ほか36年日本E運動三十周年祝賀晩餐会，52年第39回JK(京都)など，多くの催しなどで講演や挨拶。著「エス語を一般化する為には大なる理想を持つべし」("Verda Mondo" 1930.6)，"History of the Baha'i Faith in Japan 1914～1938" (Baha'i Publishing Trust, 1977)。参「男女平等の教え　バハイズムを宣伝する米国婦人」(『読売新聞』1917.1.28)，「日本E運動三十周年祝賀記念雄弁会及晩餐会」(RO 1936.7)，『雨雀自伝』，『盲目の詩人エロシェンコ』，柴田義勝「由比さんとアレキサンダー嬢」(LM 1972.3)。

粟田賢三｜あわた けんぞう｜1900.9.1～1987.2.8

長野/一高(1922)，東大(1925)/哲学者。石田啓次郎，古在由重，曽田長宗と一高理科甲類の同期。武蔵高教授をへて，1941～81年岩波書店に勤務。20年5月JEI入会。独力でE講習も。著『岩波小事典　哲学』(古在由重と共編，岩波書店，1958)，パッペンハイム『近代人の疎外』(岩波書店，1960)。参『思想と現代』9(白石書店，1987)。

粟津三郎｜あわづ さぶろう｜?～?

教員。1931年京都師範にE会を作るため，自ら居を同校寄宿舎に移し，教授・学生向けに普及活動。62年京都市立桂中学校へ転任。京都緑星会員。第50回UK京都後援会発起人。

粟屋弘明｜あわや ひろあき
1934.3.21～2005.4.13

長野/信州大(1956)/長野の駒ヶ根，和，須坂，城下，本原，青木，神川各小学校で教諭。1990年JEI入会。毎年JKに参加し，99年第86回JK(望月)では準備委員の一人として奔走。協粟屋京子，石野良夫。

粟屋真｜あわや まこと｜1892.4.12～1982.3.16

山口/豊浦中，海兵(1913)，海軍水雷学校(1917)，海軍砲術学校(1917)/佐世保，横須賀各工廠検査官などをへて，1943年5月1日航空技術廠発動機部長に任ぜられ，同日付で少将，9月艦政本部出仕。長府豊浦中在学中に野原休一教頭にEを学び，JEA入会(会員番号872)。以後各地の海軍基地でE講習，受講生に松葉菊延も。23年1月21日津川弥三郎，桑島新らと佐世保E会設立。桑島と潜水艦緑化運動(E普及運動)を推進。戦後は仏教とガールスカウト運動へ。著「Eの日」(RO 1923.5)。参松葉菊延「粟屋真氏を偲ぶ」(RO 1982.12)。協粟屋隆，松葉菊延。

淡谷悠蔵｜あわや ゆうぞう
1897.3.22～1995.8.8

青森/浦町高等小/戦前農民運動を指導しながら文筆活動。1918年の発足時から武者小路実篤の「新しき村」に入会し，同年青森支部を創設。戦後，衆院議員。姪の淡谷の

り子は「私のことを私よりもよく知っている人」と。23年8月青森の講習会で秋田雨雀にEを学ぶ。青森E会の講習を指導, 機関誌"Nordo"編集。青森県E連盟委員。28年第16回JK(大阪)で青森連盟代表として挨拶, 東奥日報社員として記者分科会に出席。一時プロエス運動に参加するも脱落。議員辞職後, 青森E会に再参加。SAT会員。[著]『淡谷悠蔵著作集』全24巻(北の街社, 1976〜81)。[参]奥脇賢三『検証「新しき村」』(農文協, 1998),『現代日本朝日人物事典』,『近代日本社会運動史人物大事典』。

安偶生 | あん ぐうせい | 1907.6.8〜1991.2.22

朝鮮黄海道/仁成学校(上海), 震旦大, 広東大, 中山大など/안우생, アン ウセン, 筆名 Elpin, Usan, 王子天/伊藤博文を射殺した安重根の甥。1911年頃一家をあげて沿海州へ渡り, 21年上海へ。大韓民国臨時政府外交部に属し朝鮮独立運動に参加。27年頃E学習。香港・漢口・重慶に転じ, 長谷川テル, 葉籟士, 陳原らと交流。長谷川の"Flustr' el uragano"に詩'Paca kolombo'を寄せてその行動を称賛。"Orienta Kuriero"(香港, 1938〜39), "Voĉoj de Oriento"(成都, 1938〜40)の編集に従事し, "La Mondo"などにも寄稿。解放後帰国, 韓国E運動の中心に。50年代後半に香港へ去り, 消息不明に。北朝鮮に戻り, おそらく生地で没したが, その間の詳細は不明。Eのほか, 英, 中, 露, 仏語も堪能だった。[著] Lusin "Elektitaj noveloj〔魯迅小説選〕"(「狂人日記」など3作品のE訳を担当, Oriento Kuriero, 1939), 'Paca kolombo', Verda Majo "Flustr' el uragano", Heroldo de Ĉinio, 1941), 宮本正男訳「平和のハト」(宮本正男編『長谷川テル作品集』, 亜紀書房, 1979), Choe Taesok編"Verkoj de Elpin"(KEA, 2004)。[参] 金 哲夫「Elpin vivas!」(LM 1986.6), 陳 原'Elpin(Usan)'("El Popola Ĉinio" 1991.6), 同『書和人和我』(生活・読書・新知三聯書店, 1994), イ・チョンヨン『한국에스페란토운동80년사』(KEA, 2003), "Rubriko E de la tagĵurnalo "Dong-a ilbo", 1924"(KEA, 2004), 石成泰'Sur la spuro de Elpin'(D. Blanke kaj U. Lins(red.)"La arto labori kune" Rotterdam, UEA : 2010),『日本アナキ

ム運動人名事典』,『反体制E運動史』,『中国世界語運動簡史』, "Encyclopedia of the Original Literature"。

安東仁兵衛 | あんどう じんべえ
1927.6.5〜1998.4.24

東京/水戸高, 東大(1950中退)/筆名笹田繁/水戸高在学中の1948年, 日本共産党入党。戦後, 東大第1号退学処分者。現代の理論社代表, 社会民主連合政策委員長など。東大在学中に丸山眞男の勧めでE学習。[著]『われらが青春』(現代の理論社, 1979)ほか多数。[参]栗栖継「入会の弁」(『思想の科学研究会会報』98, 1980),『現代日本朝日人物事典』。[協]栗栖継。

安藤武夫 | あんどう たけお | 1904.10.11〜1987

兵庫/小野中/旧姓広瀬/大本信徒。1928年E学習後, EPAの講師として全国各地で講演・講習。"Verda Mondo"へ寄稿30本以上。31年長期巡回の旅に出, 9月第1回台湾E大会で講演。第二次大本事件まで大本ローマ字普及会の主事。事件中は1年以上警察に留置。事件後堺市に住み, 54〜79年小学校向きの業界紙『堺学連新聞』,『堺まなびや新聞』, 経済関係の『堺PR新聞』などを発行, 時折E関連記事を掲載。65年4月4日泉州E会から堺E会への改組に際し初代事務局長。妻天子とEにより結ばれた。[著]「迎春雑感」("Verda Mondo" EPA, 10:1, 1934), 'Babilejo'(LM 1969.3)。[参]"Japanaj E-istoj"。[協]重栖度哉, 俗大福。

安藤通尋 | あんどう みちひろ
1885.10.17〜1944以降

香川/逓信官吏練習所(1921)/番町電話分局長, 川北電気商事, 三和電機土木工事, 中央電機製作所各東京支店長など。JEA会員(会員番号1044), のちJEIにも参加。

安藤和風 | あんどう わふう
1866.2.26(慶応2.1.12)〜1936.12.16

出羽国(現秋田)/秋田県太平学校中学師範

予備科(1879中退)、東京商業学校(1891)/幼名国之助、本名和風(はるかぜ)、別号時雨庵/新聞人、俳人。1882年秋田青年会を結成し自由民権運動に参加。『秋田日日新聞』、『秋田日報』の記者となるが、83年筆禍事件で下獄。一時東京で働いたのち、89年秋田魁新報社に入り、のち主筆、常務となり、1928年から最期まで社長。99年から秋田市議4期。独自の句風を確立。ローマ字運動にも参加。石黒修と文通。秋田県立図書館に時雨庵文庫。1919年JEA入会(会員番号1287)、のちJEIにも参加。『秋田魁新報』に積極的にE関連記事を掲載し、同地の運動を支援。📖『俳諧の研究』(春陽堂、1908)、『秋田勤皇史談』(秋田郷土会、1931)。参秋田魁新報社『新聞人　安藤和風』(同社、1967)、石黒修「E六十年(8)」(ES 1977.12)、『秋田県人物・人材情報リスト2007』(日外アソシエーツ、2007)。

い

イ・チョンヨン |Lee Chong-yeong
1932.2.13~2008.7.4

朝鮮慶尚南道/青丘大(1960)/이종영、李種永、松村種永、松村吉原/経済学者。博士(商学)。日本統治時代に日本語で初等教育を受け、創氏改名。朝鮮戦争時の軍役ののち米国留学。国連食糧農業機関をへて、韓国慶北大教授、産業経済開発院理事長。1994~95年神戸大客員教授として滞日し、阪神・淡路大震災(1995.1.17)に遭遇。Eは49年小坂狷二『E捷径』で学習。洪亨義の指導も受けて、テグ(大邱)で朝鮮戦争後の韓国E運動再建に尽力。帰国後韓国E運動に復帰して、90~94年KEA副会長、94~95年会長。94年第79回UK(ソウル)組織委員長。滞日中、亀岡、大阪、東京などでE-istoと交流。95~98年UEA会長、2001~04年副会長としてアジアのE運動の拡大や国際機関との関係強化に貢献し、特に96年新渡戸シンポジウム開催とプラハ宣言採択を推進。96年第81回JK(東京)で"Lingva problemo en internacia epoko"を、98年第83回JK(金沢)で"E en la 21a jarcento-oportunoj kaj defioj"を、2000年第87回JK(熊本)で"Ligo de Nacioj, E kaj d-ro Nitobe"を講演。01年学会のため神戸を訪れ、神戸E会と交流。04年UEA名誉会員。05年第53回関西E大会で"E, la lingvo de amo"を講演。同年JEI名誉顧問。日中韓共同近現代史教材"Historio por malfermi estontecon"(2007)の共同E訳プロジェクトの全体および韓国側の取りまとめ役。07年第92回UK(横浜)で"Kapitalismo kaj konfuceana kulturo"を講演。📖 'Ni faru la mondan kongreson azia festivalo' (RO 1993.1)、'Vivo devas daŭri' (LM 1995.2)、'Prospektivo al la nova internacia lingva ordo' ("El Popola Ĉinio" 1997.1)、'UEA : Unueco en diverseco' (RO 1998.5)、'E en la 21a jarcento-oportunoj kaj defioj' (RO 1998.12)、'La Ligo de Nacioj, E kaj Nitobe Inazo' (RO 2001.2)、'Prof. Satoo mortis sed la espero vivas.' (佐藤竜一編『帆船のロマン─佐藤勝一の遺稿と追想』イハートヴE会、2002)、"E en la 21-a jarcento" (KEA, 2001)、'AIS-Universitataj kursoj' (RO 2002.11)、'Kiel rilati E-on al internaciaj organizajoj' (RO 2003.5)、"E kaj internaciaj organizajoj" (UEA, 2003)、『한국에스페란토운동 80년사』(KEA, 2003)。参中山勝彦「韓国のE運動」(RO 1966.6)、「ちょっと待った！　英語"帝国主義"E語に脚光」(『朝日新聞』大阪版、1998.10.31)、佐藤守男「横浜大会に間に合った"Historio por malfermi estontecon"の翻訳出版」(LM 2007.10)、LM 2008.9、'Lee Chong-Yeong(1932-2008)' ("E" UEA, 2008.10)、RO 2008.12、Kim Uson k. a. "Lee Chong-Yeong : gvidanto nia" (KEA, 2009)、김우선他編『큰스승　향촌　이종영』(KEA, 2010)。

飯尾幸男 |いいお ゆきお？|？~？
1959年ザメンホフ百年祭準備委員会中央委員。60年前後に浜松E会の機関誌"Verdeco"を編集、63年10月浜松E会長。

飯沢匡 |いいざわ ただす|1909.7.23~1994.10.9
和歌山/文化学院/本名伊沢紀(ただす)/劇作家、演出家。政治や世相に対する風刺を

こめた喜劇を多く発表。台湾総督などを務めた伊沢多喜男の子。83年芸術院会員。「そこを右に曲がって」(初演1984年青年劇場。『喜劇全集』6巻)で登場人物がE-isto。著『飯沢匡喜劇全集』全6巻(未來社、1992～93)ほか多数。参『現代日本朝日人物事典』

飯島正 | いいじま ただし | 1902.3.5～1996.1.5

東京/東京府立一中(1919)、三高(1922)、東大(1929)/旧姓吉田/文学博士。日本映画評論家の草分け。吉田隆子の兄。久保田満年、蔵原惟人らと東京府立一中の同期。伊吹武彦、大岩誠と三高文科丙類の同期。松葉菊延によれば、ROがあまりに非文学的であるとしてJEIを退会。1956年日本E運動50周年記念に際しJEI賛助会員。著『シネマのABC』(厚生閣出版、1928)ほか多数。参松葉菊延「E歴50年の老人のなげき」(RO 1969.11)、「飯島正略年譜・著作目録・創作目録」(『演劇学』13、早大文学部演劇研究室、1972)、『現代日本朝日人物事典』

飯島政雪 | いいじま まさゆき | 1899～1972

茨城/高等小(中退)/1932年日本共産党入党。同年7月、九州の労働運動の立て直しのため、日本労働組合全国協議会中央部から福岡へ派遣され、翌月九州地方協議会組織委員会を結成。RO(1945.11)に「我がE運動の急速なる発展を期待してやまざる」と。JEI会員。参『近代日本社会運動史人物大事典』、大瀧一『福岡における労農運動の軌跡』(海鳥社、2002)

飯島道夫 | いいじま みちお | 1899.12～1967

長野/大町中/1915年南安銀行に入り、六十三銀行をへて、57年八十二銀行取締役。29年頃JEI入会。上田Eロンド代表。

飯田亀代司 | いいだ きよし | ?～1938以降

本名亀千代/小学校訓導、作詞家。代表作に、「かもめ」、「春」、「五一車の春」など。1923年頃JEI入会。30年6～8月戸部裁縫女学校で初等E講習を指導。同年9月21日横浜E協会創立に際し初代委員長。36～38年JEI評議員。UEAデレギート(横浜3区)。著「1934年を我等はかく戦う」(RO 1934.1)、「横浜」(EL 1936.1)

飯田精次郎 | いいだ せいじろう | 1907～?

大阪/北野中、大阪市立高商(中退)、神戸高工/建築家。女性解放活動家飯田しづえ(1909～2003)の夫。1948年大阪市に飯田建築事務所(のち共同設計)を創立。青年時代にEを学習。その『プロレタリアE講座』を借りて小西岳が学習。著「こころ豊かに　飯田しづえさん」(『毎日新聞』1989.3.21)、飯田しづえ聞き書きの会編『おもしろかってんよ―飯田しづえさんの八十三年を聞く』(ドメス出版、1993)、LM 1994.10。

飯田忠純 | いいだ ただすみ | 1898.10.12～1936.12.14

筆名伊勢多気太、麻布里人/イスラム研究家、歌人、作詞家。1926年3月24日通俗E講演会で「イスラム教(回々教)に就いて」を講演。27年10～11月共立英語会で初等E講習会を指導。慶應E会員。著「邦訳歌詞及歌詞邦訳の問題」("E en Nipponlando"国際語研究社、3:10、1927)、『西洋音楽史概説』(音楽世界社、1937)。参「第四水曜の通俗E講演会」(RO 1926.3)

飯田信夫 | いいだ のぶお | 1903.5.25～1991.8.19

大阪/東大(1930)/筆名加藤しのぶ、相馬三郎、高木静夫、千家徹/作曲家。女優夏川静江(1909～1999)の夫。代表作に「朝だ元気で」、「隣組」など。E学習歴は無し。1937年JEIがザメンホフの詩'Al la fratoj'の作曲を公募したE歌曲懸賞で第1席に入選しレコード化。著「御挨拶」(RO 1937.11)

飯田廣 | いいだ ひろし | 1923～2002.5.28

東大(1946)/神戸、芦屋で成長。長く甲南高に化学教諭として勤務し、退職後は予備校講師。1966年芦屋市民センターの初等講習会に参加以来、芦屋E会の中心として

25

活躍。十河博志，菅野竹雄とトリオでE講習会の講師を務め，「宿題魔」を自認。79年第27回関西E大会（神戸，芦屋）組織委員長。80年JEI入会。クイズマニアとしても知られた。著 'Dio'（LJ 1983.12），「ポーランド短歌」（LJ 1988.10）「由里先生を悼む」（LJ 1994.8）。参 'Jen ŝi, jen li'（LM 1975.11），『神戸のE』。協大井睟。

飯田雄太郎｜いいだ ゆうたろう｜1867～1909.4.9

江戸/1895～98年札幌尋常中の数学教諭。洋画家浅井忠（1856～1907）に師事し，98～1904年札幌農学校の画学講師。99年「クラーク博士像」を制作。日露戦争に際し極端な非戦論による舌禍で免職。英，独，仏，伊，ギリシャ，ラテン，スペイン，Eの諸語に通じたという。88年ヴォラピュクが日本に入った頃学習。その後Eに転向。06年JEA創立に参画し評議員（会員番号3）。独力で和E辞典を完成させ，原稿はJEAに託したが未刊。著『はな』（共著，札幌農学校学芸会，1902），'Knaboj! estu ambiciaj'（JE 1: 2, 1906）。参訃報（JE 4: 6, 1909.6），佐々城佑「想出す人々」（RO 1936.6），松沢弘陽「札幌農学校と明治社会主義」（『北大百年史 通説』北大，1982），『近代日本社会運動史人物大事典』，『反体制E運動史』。協札幌市中央図書館。

飯田幸雄｜いいだ ゆきお｜1896.6.21～1977以降

鹿児島/熊本医専（1920）/田辺医院（広島県尾道），庄原医院（広島）などをへて，1927年宮崎県都城に飯田外科医院を開業。26年JEMA創立後，広島県支部幹事を務めた。JEI会員。

飯塚忠治｜いいづか ただはる｜1900.4.23～1990.3.31

島根/松江中（1918），三高（1921），京大（1925）/旧姓原/医学博士。京大小児科教室をへて，1933年日赤島根支部病院小児科医長，50年松江に飯塚小児科医院を開業。三高在学中に同期の八木日出雄の勧めでE学習。21年10月頃JEI入会。同年京都高等養蚕学校でE講習を指導。29年京大E会賛助会員。JEMA会員。参酒井董「古い同志」（RO 1966.10），『三高E会小史』。協飯塚雄哉。

飯塚伝太郎｜いいづか でんたろう｜1899.12.31～1985.9.15

静岡/静岡商/地方史研究者。静岡市文化財専門委員など。戦前より静岡緑星倶楽部の指導者として活躍。1936年JEI入会。55年3月静岡E運動の再興のため高杉一郎と講習会開催。57年静岡県E連盟常務理事。著『静岡市の史話と伝説』（松尾書店，1981），『しずおか町名の由来』（静岡新聞社，1989）。協静岡県立中央図書館。

飯塚羚児｜いいづか れいじ｜1904～2004.2.23

東京/挿絵画家，海洋画家。海洋協会理事。少年時代に秋田雨雀宅近くに住み，本をもらってEを学習。1970年11月観音崎灯台（神奈川）にE文の銘板を寄贈。贈呈式には翻訳に協力した松葉菊延も参列。参「灯台記念碑にE」（RO 1971.2），飯塚羚児刊行委員会編『怪物画人飯塚羚児』（大和花の画房，2007）。

飯沼一精｜いいぬま かずきよ｜1897.6.18～1978.6.16

宮城/仙台一中（1916），仙台高工（1923）/白虎隊の唯一の生存者飯沼貞吉（1854～1931，のち貞雄と改名）の次男。飯沼一宇（石巻赤十字病院長）の父。1923年仙台メソジスト教会で受洗。仙台メソジスト教会日曜学校長，東北大講師，光禅寺通幼稚園長など。24年7月26日，大日本基督教徒E協会創立に参加。仙台E会員。参木村勝七郎「飯沼一精先生を偲びて」（『仙台五橋教会史（115年のあゆみ）』同教会，2000）。協飯沼一浩，飯沼一元，東北大学史料館。

飯森正芳｜いいもり まさよし｜1880.6.2～1951.8.17

石川/海軍機関学校（1899）/海軍機関中佐まで昇進するが，戦争や軍隊に疑問を感じてE，トルストイ思想，心霊研究などに傾

倒して軍を辞する。宮崎虎之助を援助。大本に入信。のちアナキズムにも。1921年から3年間上海に在住し、エロシェンコら同地のE-istoと交友。参藤井省三『エロシェンコの都市物語 1930年代 東京・上海・北京』(みすず書房, 1989), 同「ある中国語教官の昭和史 12」(『東方』1990.10), 中村伯三「私とE」(中村伯三編『暗黒の時代を生きる』私家版, 2004) 呉念聖「呉朗西と飯森正芳——一九二〇年代中日知識人交流の一事実」(『東アジア文化環流』第2編1, 2009), 同「「思想遍歴屋」飯森正芳——ある明治知識人の弛まざる追及」(『人文論集』47, 早大法学会 2009), 『近代日本社会運動史人物大事典』, 『日本アナキズム運動人名事典』。

イェーマンス | H. W. Yemans | ?～1920?

米国/軍医大佐。フィリピンで勤務し, 1907年フィリピンE協会を設立し, 08年第4回UK(ドレスデン)にフィリピン代表として参加。10年第6回UK(ワシントン)の立役者の一人。帰途の1914年5月来日し, エロシェンコと合同の歓迎会で浅田栄次の歓迎の辞を受ける。1ヵ月ほど滞在してE-istoと交流し, 沈滞期の日本E運動に刺激を与える。参'Philippines E Circular' 1 : 1, 1907.7, 'Vizito de D-ro Yemans' (JE 9 : 3, 1914), 浅田栄次 'Bonvena parolado' (JE 9 : 4·6, 1914)。

伊賀駒吉郎 | いが こまきちろう
1869.11.25 (明治2.10.22)～1946.3.3

香川/哲学館(1893)/旧姓赤木/甲陽中, 樟蔭高女各校長などをへて, 1926年樟蔭女専初代校長。16年大阪E協会評議員。著『解説心理学』(同文館, 1901) ほか多数。図大阪樟蔭女子大。

猪谷六合雄 | いがや くにお
1890.5.5～1986.1.2

群馬/館林中(1906中退)/日本スキー界の草分け。コルチナ・オリンピック銀メダリスト猪谷千春の父。1918～20年ジャワ滞在。29年頃JEI入会。関口泰と親交。著『雪に生きる』(羽田書店, 1943), 『雪に生きた八十年』(実業之日本社, 1972), 『猪谷六合雄選集』(ベースボール・マガジン, 1985) ほか多数。参高田宏『猪谷六合雄』(リブロポート, 1990), 『猪谷六合雄スタイル』(INAX出版, 2001), 『現代日本朝日人物事典』。

五十嵐正巳 | いがらし まさみ | ?～?

露木清彦の東洋文史研究所に所員として協力し, "Orienta kulturo"にアイヌ文学概説を寄稿。著 'Taketori-Monogatari' (RO 1935.6～10), 'Skizo sur aina literaturo' ("Orienta kulturo" 1～5, 1935～37)。

井川幸雄 | いかわ さちお | 1924.3.31～1999.12.5

岩手/盛岡中(1941), 慈恵医大(1948)/井川静の子。慈恵医大生理学教室をへて, 1967年附属病院中央検査部勤務となり, 69年検査部長, 77年臨床検査医学講座主任教授, 84年宇宙医学研究室長(兼務), 89年定年退職後, 昭和薬科大客員教授, のち仁友病院長。77年井上裕と知り合ったのがきっかけで調布E会に入り, 馬場清彦, 佐々木孝丸にEを習う。78年JEI入会。80年中村正美主宰のE学習会に参加。80年代RO誌'El nuntempa Japanio'欄にしばしば寄稿。82年JEI評議員, 83～87年理事。84年よりELKの機関誌『Ponteto』編集長。87年第74回JK(東京)で「脳の老化防止に語学」を講演。88年2月～12月第6代JEI理事長, 89～92年理事。89～91年ELK副会長。91～94年RO編集長, 93～94年JEI副理事長, 95年参与。99年第48回関東E大会(調布)で「若さを保つ言語学習」を公開演講。JEI終身会員, JEMA会員など。著『食物はどう消化されるか』(恒星社厚生閣, 1957), 'Hajko' (RO 1983.9～10), 'Malgrandaj malamikoj kontraŭ homaro' (RO 1986.9～87.2), 『イスラエル風土記―旅と回想』(現代社, 1989), 'Homoj en kosmospaco, kie pomoj ne falas.' (RO 1992.2), 「"ことば"の医学」(RO 1992.4), 「若さを保つE学習」(RO 1999.9)。参RO 2000.2, 『日本のE-isto名鑑』, 『調布E会20年のあゆみ』。

井川静｜いかわ しずか｜1893.5.20～1966

茨城/東北大(1917)/耳鼻科医。井川幸雄の父。1922年まで東北大耳鼻咽喉科教室で研究に従事後、盛岡に開業。33年夏松木慎吾、大川晃らと盛岡Eロンド創立。初代小坂賞選定委員。戦後、盛岡E運動の復興に努力。UEAデレギート(盛岡)。著「1934年を我等はかく戦う」(RO 1934.1)。参井川幸雄「佐々木孝丸先生とEと私」(『調布E会20年のあゆみ』)。

猪川城｜いかわ せい｜1886.10.14～1960.2

愛媛/長崎高商(1908)/中央電話局翻訳係から日本放送協会に入り、長野、前橋各放送局をへて、1934年仙台放送局、39年大阪放送局各放送部長、40～43年京都放送局長。43年8月25日同局を依願退職。日本における野鳥の鳴き声放送の先駆者。JEI初期に入会し、赴任した先々でE普及運動。菅原慶一によれば、「美しいEを話された」と。仙台E会員。著『野鳥裸記』(教育図書、1942)、『古美術ところどころ』(永田文昌堂、1947)。参『全集日本野鳥記』3(講談社、1985)。協菅原慶一、NHK放送文化研究所。

生田利幸｜いくた としゆき｜1911～1980.4

岐阜/岐阜師範/中学教諭。1930年E学習。51年勤務先の陶都中(多治見市)にEクラブを創設。秋田雨雀監修『世界の子ども』全15巻(平凡社、1955～57)に協力。JELE会員。著「中学教育とE」("Informilo de Japana Edukista Ligo Esperantista" JELE, 4, 1953)、「E運動の恩人」(『E運動』E運動塾、3, 1975)。参水野輝義「私とE」(『名古屋E会創立50周年記念文集』1982)。

池垣岩太郎｜いけがき いわたろう
1908.1.8～1984以降

京都/三高(1929)、京大(1933)/医学博士。石井一二三、津路道一、月本一豊と三高理科乙類の同期。京都市中京区に池垣内科を開業。1927年よりEを学び、三高E会で活動。28年三高E部理事。JEI会員。著『シルクロード歴史の旅』(探究社、1979)、『続シルクロード歴史の旅』(私家版、1984)。参『三高E会小史』。

池上駿｜いけがみ すすむ｜1943.4.28～2010.5.12

高知大職員。1979年JEI入会。高知E会で長く事務局長。井上章夫旧蔵書の高知大受け入れを仲介。参LM 2010.7、片岡忠「池上駿さんを偲ぶ」(RO 2010.8・9)。

池川清｜いけがわ きよし｜1910.3.3～1984.12.24

愛媛/今宮中(1928)、早大(1933)/号虚士/大阪市役所に入り、児童福祉・老人福祉を中心に社会福祉の道を進む。大阪市助役池川大次郎の養子。大阪市主事、東区、西区各区長などをへて、1965年神戸女学院大、75年聖和女子大各教授。Eは、早大予科1年の時、通信講座で学習し、2ヵ月から海外文通。早大E会長、東京学生E-isto連盟委員長として活躍し、JEIに入会。目白でドイツ人E-isto(不詳)と同居して、語学力と国際感覚を磨く。36年第3回国際社会事業会議に大阪市から派遣されて渡英。パーマーの帰国と同船。ヨーロッパ各地を巡って、第28回UK(ウィーン)にも参加して国際夏期大学で日本の救護施設について講演。その後もハンガリーでメゼイ、カロチャイ(K. Kalocsay)、バギー(J. Baghy)らE-istoと交流。ハンガリーびいきになり、関西日洪協会常務理事。38年第26回JK(名古屋)内で日本観光E協会結成。39年ハンガリー側からの呼びかけで、Eも使うハンガリーとの交流を模索。47年第2次JEA委員。同年大阪E会委員長となり、翌年機関誌"La Bulteno"発刊。48年第35回JK(大阪)準備委員長。50年国連社会事業給費で研究のため渡英。51年4月ザメンホフ記念講演会(大阪)で「Eで欧米を旅行する」を講演。57年大阪市長に随行して欧米を訪問の際、ウースターらE-istoと交流。65年第50回UK大阪後援会顧問。UEAデレギート(社会政策)、SAT、JELE各会員など。晩年の随想で「Eとのであいは社会観、国際感覚、文明批評について他のどの学問よりも大きな影響を与えた」と。妻尚子は36年西村幸子

の指導でE学習。娘昌子も61年E学習のため訪米。著「都市を中心としたる貧困現象」(『社会福祉』18：9, 1934)、「欧米Eの旅」(EL 1937.1)、「欧州緑星の旅から帰国して」(RO 1937.3)、「渡欧船中日記から」(EL 1937.3～5)、「Paris生活とS-ano Naoumoffの好意」(EL 1937.8)、「パリで会つた人と事」(EL 1937.9)、「Parisの思ひ出」(EL 1937.10)、「パリからロンドンへ」(EL 1937.11)、「K. t. p. de Londono」(EL 1937.12)、「北フランスDunkerqueの一日」(RO 1938.1)、「小パリ Bruselo」(RO 1938.2)、「Antverpenoの一日」(RO 1938.3)、「デン・ハーグのひと時」(RO 1938.4)、「ハンガリーの思ひ出」(RO 1938.5)、「アムステルダムの一夜」(RO 1938.7)、「「Eの家」訪問記」(RO 1938.8)、「思ひ出多きストックホルム」(RO 1938.9)、「ストックホルムのアグネス・ニスソン嬢」(RO 1938.10)、「スエーデン南端の珍事」(RO 1938.12)、「観光Eの黎明　国際宣伝戦の前哨として」(RO 1939.3)、「ハンガリー・バロス・ガボル協会について」(RO 1939.4)、「プラーグの社会施設」(『社会福祉』1940.3)、「観光E協会の歩むべき方向は」(RO 1940.5)、「観光Eと在外交友」(RO 1940.9)、「新しい同盟国ハンガリーの田舎」(RO 1941.1)、「ハンガリーの思ひ出」(RO 1941.2)、「戦後のヨーロッパから」(RO 1951.3)、「イギリスの教員とEによる国際教育」(RO 1953.3)、「ヨーロッパ紀行」(RO 1953.5～6)、「母子福祉」(日本生命済生会, 1961)、「小さな善意を広く大きく」(同, 1965)、「Eとのであい」(『明るいまち』鉄道共済会, 253, 1979.11)。参「日本観光E協会創立」(RO 1938.8)、「洪から国民外交の手「日本の青年にお願い」」(『東京朝日新聞』1939.1.19)、「池川清氏国連給費で渡英」(RO 1950.3)、「友愛福祉―故池川清先生の追想」(池川尚子, 1986)、中嶌洋「日本のホームヘルプ事業草創期における池川清の取組み―大阪市の事例における実践と倫理の一考察」(『社会福祉士』17, 2010)。

池川稔｜いけがわ みのる｜1894?～1928.5.15

愛媛/陸軍歩兵大尉。富山、静岡各連隊をへて、歩兵六連隊中隊長。済南出征を前に自宅で割腹の上、ピストル自殺。真相は不明。静岡でEに触れ、1927年夏から名古屋で熱心に例会に参加。参「動員令を受けた池川大尉割腹す　管理事務に手違いを生じた責任感から申訳け」(『朝日新聞』1928.5.16)、白木欽松「会員の声」(RO 1928.6)。

池田一三｜いけだ いちぞう
1912.10.1～1972.10.8

大阪/北野中(1929)、浪速高(1932)、阪大(1936)/医学博士。ストレスに起因する眼科疾患の権威。大阪市立医大教授、大阪市立桃山病院眼科長、大阪市大附属病院長など。阪大在学中、俣野四郎らと医学部E会を結成し、機関誌"Nia Tendaro"を発行。論文にEのレジュメを。著『光覚及び夜盲』全2巻(金原出版, 1957～58)。参『故池田一三教授追悼業績集』(大阪市大医学部眼科学教室同窓会水虹会, 1974)。

池田薫｜いけだ かおる｜1901～1958以降

岡山/明治学院/英語教師のかたわら翻訳に従事し、神戸大でも教鞭をとる。ヴォルテールの全小説、エラスムス『愚神礼讃』などのほか、推理小説の翻訳も。ヴォルテール『カンディード』の翻訳(白水社, 1937)にあたり、ランティのE訳を参照。参EL 1937.7。図染川隆俊。

池田勝三郎｜いけだ かつさぶろう
1885.10～1979以降

新潟/一高(1907)、東大機械科(1910)、同政治科(1914)/鉄道院参事、鉄道監察官などをへて、1941年日本鉄道車輛専務理事。23年7月十河信二、鶴見祐輔、田誠らとともに小坂狷二にEを学び、JEI入会。名古屋ルーマ・クンシードの機関誌"La Lumo"編集兼発行人。37年2月JEI名古屋支部設立に際し初代代表。

池田哲郎｜いけだ てつろう｜1902～1985

東北大(1928)/蘭学史・英学史を専門とする歴史学者。1928～39年宮城県女子専門学校に勤務、以後上智大、宮城学院女子大、東北学院大をへて、52年から福島大。蘭学資料研究会や英学史研究会などを立ち上げ

た。気仙沼市本吉図書館に池田文庫。56年頃仙台E会に参加。著『日本英学風土記』(篠崎書林, 1979)。参佐藤良雄・出来成訓他「追悼　池田哲郎先生・手塚竜麿先生」(『英学史研究』18, 1985)、小林清治「故池田哲郎先生を偲んで」(『福大史学』39, 1985)、「旧池田哲郎文書」(『東北大学史料館だより』9, 2008)。

池田長守｜いけだ ながもり｜1906.2.13〜1992.3.26

京都/三高(1927)、京大(1937)/農学博士。近藤政市、宍戸圭一、内藤良一と三高理科甲類の同期。岡山大名誉教授。1924年三高入学後、同校E会で活動。著『農学大系作物部門　薄荷・除虫菊編』(養賢堂, 1952)。参『三高E会小史』。

池田英｜いけだ ひで｜1895.12〜1969.6.24

福岡/筆名 Verda Stelaro/旧姓本間/「味の素」の創製者池田菊苗(1864〜1936)の長男の妻、池田英苗の義従姉。PEUの協力者。ルーマ・ロンド、クララ会、婦人E連盟に参加し、"La Mondo"(上海)にも寄稿。長谷川テルと親交。参坂井松太郎「池田英さんの訃」(RO 1969.10)。参『池田菊苗博士追憶録』(池田菊苗博士追憶会, 1956)。

池田英苗｜いけだ ひでなえ｜1899頃〜1953以降

三高(1920)、東大/化学者。宮下義信と三高第二部乙丙類の同期。池田英の義従弟。1923〜25年松江高の化学教諭をへて、広島高教授。戦後は工業技術院東京試験所に勤務。26年8月全呉E連盟主催の第1回普及講演会で「国語と国際語」を講演。広島E会顧問。

池田弘｜いけだ ひろし｜1931?〜2010.1.9

中小企業診断士。豊中E会会員。KLEG初期からの会員。柳田國男 "Japanaj malnovaj rakontoj〔日本の昔話〕"(天母学院, 1965)の共同E訳に参加。1974年の第6回林間学校(宝寺)の組織委員長、76〜78年 KLEG会計監査。71年「般若心経」のE訳 'Esenca sutro por saĝo-perfektigo' を LJB 142号に発表し、翌年自費出版。晩年はこの改訳に取り組み、ほぼ完成していた。著 "Esenca sutro por saĝo-perfektigado"(私家版, 1972)、星新一 'Malfeliĉo〔災難〕'(LM 1972.12)、「西田亮哉さんをしのぶ」(LM 1978.6)、「訃報　池田弘さん」(LM 2010.3)。

池田善政｜いけだ よしまさ｜1908〜1939.5.3

石川/金沢一中(1925)、四高(1928)、金沢医大(1932)/海軍軍医。1921年内田雄太郎にEを学び、同年10月JEI入会。22年油仁之助と金沢一中E会結成。その後四高E会、Sabata Rondo、金沢医大E会、金沢E会などで活動。四高で伊藤巳西三、今井勇之進と同級。26年北陸E連盟設立に尽力。30年葛谷信夫の後任として金沢医大E会長に就任し、第18回JK(金沢)開催に貢献。33年遠洋航海中、寄港先のロサンゼルスでシェーラーや帰国途上のヴェナブルズ夫妻と交歓するなど、各地でE-istoと交流。著 "Kursa Lernolibro de E"(私家版, 1930)。参「内地報道」(RO 1933.10)、伊藤巳西三「池田善政君の死を悼む」(RO 1939.7)。図金沢市立図書館。

池原南｜いけはら みなみ｜1889.8.26〜1978.3.19

千葉/一高(1911)、東大(1916)/旧姓小林/内科医。根岸博と一高、東大の同期。1926年東京杉並に開業。モダン・ウォルサーズ、日本社交舞踏教師協会各会長など。18年JEA入会(会員番号1151)。のちJEIにも参加。著シルヴェスター『社交ダンスの理論と技術』(丸ノ内出版社, 1933)。図日本社交舞踏教師協会。

飯河琢也｜いごう たくや｜1903.8.15〜1963以降

静岡/関大(1929)/武者小路実篤の義弟。1931年富士製紙入社。33年王子製紙販売第二課長、47年北日本製紙販売課長、58年札幌製紙東京事務所長。関大経済学部在学中にJEI入会。

生駒篤郎|いこま とくろう
1897.4.20～1981.11.7

京都/大阪高工(1919)/生家が貧しく，実業家平生釟三郎(1866～1945)宅から通学。三菱造船入社後，新三菱重工京都製作所長，三菱日本重工企画部長などをへて，1960年三菱重工常務，62年三菱ふそう自動車専務。21年頃神戸でEを学び，23年JEI入会。32年神戸E協会に参加。38年4月JEI神戸支部設立に際し初代代表。64年12月JEI再入会。

井沢万里|いざわ まさと|1900.4.11～1987.1.3

福岡/明大(1925)/旧姓小田/1930～46年常磐中教諭，理事，46～47年西南女学院長秘書，50～62年西南女学院中教諭，63～73年日本バプテストシオン山教会附属愛の園保育園長。28年1月JEI入会。30年代から小倉E研究会で活動し，長く北九州E運動に貢献。48年5月25日上山政夫，白石茂生，角川健雄らと北九州E会を創立し初代会長，7月14日JOSK(小倉)から「Eについて」をラジオ放送，9月第2次JEA委員。56年北九州E会再建に参加。63年西南学院中にE部を結成し，指導に当たる。JEI終身会員，JELE会員など。協 西田光徳，愛の園保育園，西南女学院中学校・高等学校。

石井菊三郎|いしい きくさぶろう|?～1994.2

戦前はビジネスマンとして，海外勤務。戦後は，大阪アメリカ文化センターの副館長，のち天王寺英語学院でビジネス英語を担当。1949年から20年間，大阪のアメリカ文化センターの文化顧問として，米国と大阪の文化交流に活躍。イーデス・ハンソンを世に送り出した。30年10月シェーラーの講演会(大毎講堂)で「E界の現状」を講演し，シェーラーを自宅に泊めた。69年10月JEI入会。ボーイスカウトの枚方支部に所属し，スカウトE連盟の活動にも協力。71年世界ジャンボリー日本大会において進藤静太郎，道原雄治らとE宣伝運動。著「いまやEを」(『大商ニュース』大阪商工会議所，1980.11.15)。参「Scherer氏の宣伝旅行」(RO 1930.

12)。協 蒲池冨美子。

石井漠|いしい ばく|1886.12.25～1962.1.7

秋田/秋田中(中退)，帝劇歌劇部(1913)/本名忠純，前名林郎/舞踊家。山田耕筰と親交。E学習歴は不明。1926年9月第14回JK(東京)，同年12月米田徳次郎の尽力で開かれたE宣伝の「講演声楽舞踊の夕」などで舞踊を披露。著『舞踊芸術』(玉川学園出版部，1933)。参『現代日本朝日人物事典』，『秋田県人物・人材情報リスト2007』(日外アソシエーツ，2007)。

石井一二三|いしい ひふみ|1910～1985以降

福岡/鞍手中(1926)，三高(1929)，東大(1933)/医学博士。池垣岩太郎，津路道一，月本一豊と三高理科乙類の同期。日本鉱業中央病院長など。鞍手中(福岡)在学中の1925年E学習。26年三高入学。28年5月三高にて初等E講習会を指導。JEI会員。参 RO 1928.7，『三高E会小史』。

石井通則|いしい みちのり
1907.2.8～1994.9.11

佐賀/若松中，佐賀高，東大(1929)/旧姓椛島/内務省から文部省，企画院，経済安定本部をへて，1952年総理府南方連絡事務局初代局長，67年小笠原協会長。佐賀高在学中にEを学び，JEIに参加。24年深川三代吉と佐賀高E会を再建。26年10月東大で初等E講習を実施。64年11月JEI再入会。著『最近日本の労働情勢』(青山書院，1950)，『小笠原諸島概史』全2巻(小笠原協会，1967～68)。参「人」(『朝日新聞』1967.12.27)。

石内茂吉|いしうち もきち|1904～1993.5.21

東京/中大商業学校(中退)/別名寺尾敏，筆名 Templo/ベートーベン研究家小松雄一郎(1907～1996)の妻勝子の義兄。戦前，丸善に勤務。1930年3月帝大セツルメントで開かれたプロレタリアE講習会で中垣虎児郎にEを習い，7月6日PEA創立大会に出席し，初代図書部長。31年1月PEU図書

部長兼中央委員。32年川名信一の辞任に伴い、PEU第3代書記長に就任するも、7月検挙。釈放後、神田に書店「東光堂」開業。37年12月頃佐々木繁、川名ら旧丸善従業員とマルエム会を組織し、42年9月検挙。著「フラクションとして」(『カマラード』PEU, 2：2, 1932)、「中垣さんのこと」(NR 1972.7)。参「エス語同盟の首脳者検挙　共青細胞として盛んに暗躍」(『朝日新聞』1932.9.17)、『特高月報』1942.11、『反体制Ｅ運動史』、『現代日本朝日人物事典』。

石賀修｜いしが おさむ｜1910.4.1〜1994.10.17

福岡/小倉中(1926)、福岡高(1929)、東大(1932)/イシガ・オサム/著述家, 翻訳家。キリスト者。ローマ字運動にも参加。1923年問田直幹の下でＥ学習。28年JEI入会。大卒後に肺浸潤と慢性腎炎を患い、療養生活。Ｅで海外文通をし、戦争抵抗者インターナショナル(WRI)の存在を知る。ノーベル賞作家ラーゲルレーヴのＥ訳作品に親しみ、スウェーデンのE-istoの援助を受けてスウェーデン語を学習して、原文から日本語訳し、『エルサレム』第1部(1942)を刊行。斎藤秀一の『文字と言語』を購読し寄稿、斎藤の検挙後の39年取り調べを受ける。42年RO誌上でＥの東洋化を提唱し論議に。43年良心的兵役拒否を決意し、簡閲点呼に行かず岡山憲兵分隊に自首。留置中に転向して、4ヵ月後罰金50円で釈放。45年5月ハンセン病施設星塚敬愛園(鹿児島)の付属看護人養成所に入り、7月応召して衛生兵に。戦後、復員して星塚敬愛園に戻り、56年まで衛生士として勤務。児童の作文指導などのほか、塩沼英之助園長の支持の下で院内で児童や看護師にＥ講習。のち筑陽女子高教諭。74年第61回JK(北九州)で「Ｅに私が負うもの」を講演。戦後もラーゲルレーヴ作品を多数翻訳。著「若きザメンホフ」(EL 1937.1〜5)、「Ｅ運動におけるザメンホフ主義」(『文字と言語』13, 1938.5)、ラーゲルレーヴ『エルサレム』第1部(岩波書店, 1942)・第2部(同, 1952)、「コトバをだいじに」(『姶良野』1954.4)、「自治療養区の空想」(『姶良野』1955.8)、「憲兵と兵役拒否の間」(『文藝春秋』1966.3)、"Heiwa o motomete"(私家版, 1970)、『神の平和』(新教出版社, 1971)、'Minna de ikiru'("Rōmazi no Nippon" 1974.7〜12)、「言語生活の合理化」(ES 1978.5)、『たのしい散書法』(NES, 1983)、ラーゲルレーヴ『木の聖書』(NES, 1984)、「ハンセン病療養所を反戦療養所に」(『解放教育』1983.12)、『小・生・書』(NES, 1985)ほか。参『特高月報』1939.9、三宅史平「石賀修さんについて」(RO 1966.4)、『反体制Ｅ運動史』、朝比賀昇・萩原洋子「日本Ｅ運動の裏街道を漫歩する16」(ES 1976.9)、『岡山のＥ』、朝比賀昇「右翼の北一輝と徴兵拒否者石賀修」(RO 1987.10)、同「イシガオサムさんを悼む」(RO 1994.12)、きどのりこ「人類人イシガ・オサムの抵抗—「わたしである」ことを貫いたキリスト者」(『第二期戦争責任』1, 1998)、佐々木陽子編著『兵役拒否』(青弓社, 2004)、石浜みかる『変わっていくこの国で』(日本キリスト教団出版局, 2007)、中丸禎子『「周縁者」たちの近代—セルマ・ラーゲルレーヴ『イェスタ・ベルリングのサガ』、『エルサレム』、および日本とドイツにおけるラーゲルレーヴ受容に関する考察』(東大博士論文, 2010)、『現代日本朝日人物事典』、『近代日本社会運動史人物大事典』、「Ｅとハンセン病」。協鶴岡市郷土資料館、中丸禎子。

石垣幸雄｜いしがき ゆきお｜
1931.1.20〜1983.6.17

愛知/名大(1953)/言語学者。比較文型論、エチオピアの言語などを研究。1965年東京外語大アジア・アフリカ言語文化研究所助手、同講師、助教授をへて、73年教授。49年名古屋Ｅ会員。ローマ字運動にも関与。参梅田博之「嗚呼、石垣幸雄教授」(『アジア・アフリカ言語文化研究所通信』49, 1983)、守野庸雄「故石垣幸雄教授—年譜と業績」(同)。

石川宇三郎｜いしかわ うさぶろう｜?〜?

京都?/札幌で鉄道省に勤務し、1924年仙台鉄道局副参事、仙台組合教会執事。26年神戸鉄道局勤務。20年創立時から日本鉄道Ｅ会メンバー。22年夏の講習会を受講か。23年仙台鉄道局でＥ読書会の指導役。24年第12回JK(仙台)準備委員。萱場真らによる大日本基督教徒Ｅ協会設立に参加。

のち神戸E協会に参加。仙台および神戸で UEA デレギート。🔖「鉄箒 エス語採用」（『東京朝日新聞』1924.6.27）、『月に吠ゆ』(交通之日本社, 1931)。参『神戸のE』、『Eを育てた人々』。

石川栄助｜いしかわ えいすけ
1910.1.20～1999.5.12

岩手/水沢尋常高等小(1924)/俳号一径/統計学者、俳人。岩手大名誉教授。Eは、1927年水沢の英語学会で開かれた講習会で小川久三郎に学んだ。🔖『実用近代統計学』(槙書店, 1955)ほか多数。参佐藤勝一「宮沢賢治『E詩稿』の成立(1)」(『宮古短期大学研究紀要』6：2, 1996)。

石川数雄｜いしかわ かずお
1905.5.12～1982.4.27

大分/宇佐中(1923)、福岡高(1927)、九大(1931)/旧姓井上/医学博士。主婦の友社創業者石川武美(1887～1961)の娘婿。1935～37年ドイツ留学、41年九大助教授として放射線医学を研究。岳父の公職追放により46年主婦の友社(のち主婦の友社)社長、77年会長。日本雑誌協会理事長、お茶の水図書館長など。キリスト者。福岡高在学中の26年頃JEIに入り、27年福岡E倶楽部にも参加。🔖「線「エネルギー」ニヨル生体組織ノ致死量ニ就テ」(『日本医学放射線学会雑誌』3：3, 1942)、ロス・アラモス科学研究所編『原子爆弾の効果』(共訳、主婦之友社, 1951)、『旅の眼』(主婦の友社, 1965)。参『追憶石川数雄』(主婦の友社, 1983)、お茶の水図書館編『石川数雄文献・資料主要目録』(お茶の水図書館, 1983)。

石川功一｜いしかわ こういち
1888.2.1～1943以降

愛知/愛知医専(1921)/産婦人科医。1926年名古屋で開業。E学習は23年以前。26年JEMA創立後、愛知県支部幹事に。JEI会員。🔖'Pri unu kazo de portiomiomo'(『医事新聞』1133, 1924), 'Okazo de eklampsio kuracita nur per diurezigilo kaj kardiotoniko ne konsiderante krampfatakojn'(同 1192, 1926)。

石川三四郎｜いしかわ さんしろう
1876.5.23～1956.11.28

埼玉/東京法学院/旧姓五十嵐、号旭山、不尽/社会思想家。社会主義、無政府主義運動の先駆者。『万朝報』から『平民新聞』に移り、非戦論を主張。1913年大逆事件を受けて日本を脱出し、渡欧して無政府主義思想を深め、20年帰国。本庄市立図書館(埼玉)に石川三四郎資料室。ベルギー滞在中にも『万朝報』に寄稿し、「舌の叛逆」では「郷語独立の思想」を紹介して、「世界の各強国が此舌の叛逆を天啓の一種と考へて、真正なる自治自由の制度を実施したならば、それと同時に世界の平和的連合が確立せられEの様な便利な言葉が世界共通の公用語として採用されるに至るであらう」と。同年8月国際E週間(ゲント)の報告は描写が具体的で、実際に参加したものか。外務省文書「外秘乙第749号E協会に関する件」(1920.12.15)では「会員ニ非ザルモ暁民会員石川三四郎ノ如キハEノ普及宣伝ニ熱中シツツアリ」と。37年山鹿泰治の案内で、ランティと会う。🔖『石川三四郎著作集』全8巻(青土社, 1977～1978)、『石川三四郎選集』全7巻(黒色戦線社, 1976～1984)ほか。E関係に「舌の叛逆」(『万朝報』1913.6.8～9)、「E大会」(同, 1913.9.28)。参「特集・石川三四郎」(『初期社会主義研究』18, 2005)、大澤正道『忘れられぬ人々』(論創社, 2007)、JACAR(アジア歴史資料センター) Ref. B03041013700, 在内外協会関係稚件/在内ノ部　第二巻(B-1-3-3-006)(外務省外交史料館)、『現代日本朝日人物事典』、『近代日本社会運動史人物大事典』、『日本アナキズム運動人名事典』、『日本キリスト教歴史大事典』、『葉こそおしなべて緑なれ…』。

石川順｜いしかわ じゅん
1864(元治1).1～1944以降

江戸/法律学校/官界より実業界へ転じ、神田橋郵便局長、日本運送、日日通信、中外通信、東京交信所、東京不動産各社長など。1906年JEA入会(会員番号552)。

33

石川照勤｜いしかわ しょうきん
1869.11.13（明治2.10.10）～1924.1.31

下総国（現千葉）／東京哲学館（1890），真言宗新義派大学林（1893）／幼名中村兵蔵，号望洋，直得子／成田山新勝寺中興第15世貫首。中村敬宇の同人社や磯辺弥一郎の国民英学会にも学び，欧米新思想に親しむ。1894年満24歳で成田山貫首に抜擢され，遷化まで30年在職。進取的思想で仏教界の改新を図る。98～1900年欧米諸国やインド仏跡を巡歴。成田中，成田図書館，成田幼稚園，成田感化院，成田山女学校の五大事業を完成したほか，多くの社会事業に積極的に関与した。06年JEA入会（会員番号223）。同年8月12日成田図書館講話会で「Eに就て」を講話。07年11月3日同館で黒板勝美と木内禎一を呼んでE普及演説会を開催。成田山仏教図書館の望洋文庫にE書や雑誌が若干あり。参「私立成田図書館報告」12（1907），神崎照恵「大僧正石川照勤伝」（『密教文化』104，1973），太田次男『近代成田の礎を築いた先師』（大本山成田山新勝寺成田山仏教研究所，1998），『名僧石川照勤』（成田山霊光館，1999）。協成田山仏教図書館。

石川惣七｜いしかわ そうしち｜1901～1925.2.3

神奈川／神奈川工業／横須賀海軍工廠技手。1923年松葉菊延の指導でEを学び，横須賀E協会に参加。近所の福西清二（海軍工廠造船部製図工，JEI会員）をE-istoに。E原作小説の創作を試みたが夭逝。Eで書かれた絶筆は，Eの新聞に掲載され，夭逝を惜しむ声が世界各地から草花の種子などとともに寄せられた。JEI会員。参守随一「一同志の訃報に接して」（RO 1925.5），「追悼号」（"La Verda Haveno" 横須賀E協会，4，1925），大橋卯之吉「Eと横須賀」（『横須賀文化協会会報』3，1958）。協松葉菊延。

石川宅十郎｜いしかわ たくじゅうろう
1899.3.21～1979以降

自動車運転手。1924年E学習。36年JEI入会。49年第2次JEA委員。50年12月TEK設立に際し委員。JEI終身会員。書'Sur la fero'（RO 1968.8），「平和への投資」（RO 1974.8）。

石川雄｜いしかわ たけし｜1943.3.3～2000.3.18

三重／大阪府大（1965）／旧姓川田／徳島県職員。1970年4月結婚により改姓。61年大阪府大E研究会に入り，KLESに参加。77年出口敏夫の紹介でJEI入会。97年第84回JK（阿波池田）実行副委員長，同大会の記念品"Belvirino en Naruto Aŭa〔傾城阿波の鳴門〕"を長町重昭と共訳。徳島E会事務局長。99年第2回アジアE大会（ハノイ）に参加した折，ベトナム戦争の爪痕に触れ，10月「ベトナム友好村建設を支援する会」を結成，会長としてその中心となって募金百万円余を集めたが，現地に届けるのを目前に没。急遽，近藤秀敏が会長となり，長町と募金を届けた。妻美栄子，娘五重（いつえ）もE学習。SAT会員。参長町重昭「石川雄さんのこと」（LM 2000.6），同「石川雄さん惜別」（RO 2000.9）。協石川美栄子，石川五重，近藤秀敏，小阪清行。

石川道彦｜いしかわ みちひこ｜1906～1988.3.19

埼玉／粕壁中，早大（中退）／大学中退後，労働運動に参加。大阪の鉄工所，東京市役所をへて，1939年満洲国北安省通北県第6次埼玉村開拓団入植。40年樋口幸吉の妹紀美子と結婚。46年11月引き揚げ後，日本電建に入り，同社労働組合北関東地方連絡協議会議長。定年後，庄和町（埼玉）町議1期。大学時代Eを学び，のちTEKなどで活動。書「国家主義と国際語問題」（『新評論』新評論社，1938.6），「関八州の亡霊たち」（崙書房，1977），「三銃士の再会」（RO 1981.4），『永遠にさよならハルビン』（まつやま書房，1982）。参「石川道彦君渡満送別会」（RO 1939.5），松本健一「日本E運動史外伝 2」（RO 2000.2）。協山本鴻子。

石川安次郎｜いしかわ やすじろう
1872.9.19（明治5.8.17）～1925.11.12

岡山／慶應義塾／筆名石川半山，呑海，城北隠士，黍山，斥鴞小史，中坂／ジャーナリス

ト、『庚寅雑誌』記者、『毎日新聞』主筆、『報知新聞』編集長、衆院議員など。1899年幸徳秋水らと普通選挙期成同盟会を組織。1905〜06年欧米を巡り、ポーツマス会議を取材。24年衆院議員。06年7月12日JEA第2回例会に出席し入会（会員番号158）し、評議員。著『粛親王』（警醒社書店、1916）、『改造中の世界を旅行して』（南北社、1920）。参『近代日本社会運動史人物大事典』。

石川湧 | いしかわ ゆう | 1906.11.10〜1976.10.31

栃木/東京外語（1927）/仏文学者、翻訳家。東京学芸大名誉教授。E学習歴は不明。1959年ザメンホフ百年祭委員会賛助員。著『フランス唯物論』（三笠書房、1937）、ユゴー『レ・ミゼラーブル』全8巻（角川書店、1956〜62）ほか多数。

石黒喜久雄 | いしぐろ きくお | ?〜?

石黒大治商店社長。捷三郎の弟。Saniga Kunsidoの生みの親で、1936年9月第25回JK（東京）組織委員会企画部委員に選出。37年10月出征。40年三菱に入社しボルネオへ。42年オーストラリアに拉致されたと報じられる。第50回UK東京後援会発起人。

石黒捷三郎 | いしぐろ しょうざぶろう | ?〜1944.7.20

造花製造輸出業。1935年JEIに加わり、43年評議員。浅草E会代表。参『特集 われらの2600年』（RO 1940.2）。

石黒彰彦 | いしぐろ てるひこ | 1906.3.31〜1980.5.11

富山/日本歯科医専（1927）/筆名 Ter, Ter Isiguro/歯科医。石黒渼子の夫、E-isto磯部陽子の父。富山で開業後、1933年東京に移り、巣鴨に石黒歯科医院開業。30年Eを学び、8月JEI入会。31年富山E会を再建し会長。35年露木清彦によって結成された東洋文史研究所に協力。50〜70年JEI評議員。52年ELK結成の中心。53年里吉重時、多羅尾一郎らと山手ロンドを結成。来日後のブラットの面倒を見て、山手ロンド講師に。54年TEK代表。58年JEI組織委員会委員。RO, "Prometeo"などに寄稿し、谷崎潤一郎「お国と五平」をE訳した'Okuni kaj Gohei'は、61年第46回UK（ハロゲート）でサドラー、J. ウェルズらによって上演。同年家族ぐるみのE運動、文学作品の翻訳と平和運動への貢献により第12回小坂賞（1961）。63年JEI組織問題研究委員会委員長。64〜65年ELK事務局長。65年第50回UK（東京）記念出版として"El Japana Literaturo 1868〜1945"を宮本正男と共編し、自らも谷崎潤一郎'Tatuo〔刺青〕'を寄稿。66〜67年、68〜69年KKK委員。70年10月川上憲一、梅田善美らとザメンホフ・クルーボ創立。71〜78年JEI常務理事、79年参与。UEA委員、SAT会員など。著 'Hakamadare〔今昔物語　袴垂〕'（RO 1935.3）、山口仙二「La belan pacon〔美しい平和を〕」（Jaŭda Rondo, 1959）、『E翻訳問題集(1)』（ロンド・エミネンタ、1965）、谷崎潤一郎 "El la Vivo de Syunkin〔春琴抄その他〕"（宮本正男と分担訳、Pirato, 1968）、"El Japana Literaturo 1868〜1945"（宮本正男と共編、JEI, 1965）、「ウィーンの8日間」（RO 1970.11）、"Verkaro de Ter. Isiguro"（Zamenhof-Klubo, 1984）。参「幼女も片言まじりに　富山出身の石黒さん家族ぐるみでE-isto」（『毎日新聞』大阪版、1961.8.19）、松本健一 'S-ro Ter Iŝiguro jam ne estas kun ni'（RO 1980.7）、阪田隆「石黒彰彦先生とザメンホフ・クルーボ」（同）、石黒なみ子「TEK副会長・石黒彰彦氏」（LSP 1987.8）、同『草笛』（南窓社、1991）、磯部陽子「石黒渼子とE 死ぬまでE-isto」（RO 2010.2）。協磯部陽子。

石黒渼子 | いしぐろ なみこ | 1915.3.7〜2009.10.29

富山/富山県立高女（1932）/石黒彰彦の妻、磯部陽子の母。17歳で彰彦と結婚し、富山E会の学習会に参加。1937年一家で上京。戦後、山手ロンドでブラットに学び、のちヴィリーナ山手ロンドで講師として物語を読む。52年関東E連盟結成に参画。66年第51回UK（ブダペスト）に初参加して以降、たびたび参加。『Eの世界』著述により

第16回小坂賞 (1969)。86～2006年福音館書店発行の雑誌『母の友』に「Eで聞いて富山弁で語った世界の昔話」を連載。ザメンホフ・クルーボ会員。SAT会員。🖼「北原百合夫人の思い出」(RO 1966.7)、『Eの世界』(南窓社, 1969)、「カラバーノの一員」(RO 1971.2)、「『Eの世界』その後」(LM 1974.3)、「Eつれづれ」(ES 1977.1～2)、『私の日時計』(南窓社, 1978)、『草笛』(南窓社, 1991)、『富山の昔話』(桂 書 房, 1991)、「Neforgeseblaj vortoj」(RO 1992.3)、「わたしの国際交流」(RO 1992.6)、「私の関東連盟」(『関東E連盟40年史』1992)、『富山の伝説』(桂書房, 1993)、『だごだごころころ』(福音館書店, 1993)、『てんのくまのなみちゃん』(南窓社, 1995)、「国際婦人デーの房飾り」(RO 1995.11)、「巻頭言集」("La Japana Budhano" JBLE, 295, 1997.3)。参田中吉野「石黒彰彦夫人なみ子さん」(EV 9, 1969.7)、磯部陽子「石黒浜子とE 死ぬまでE-isto」(RO 2010.2)。

石黒修|いしぐろ よしみ|1899.6.3～1980.8.15

愛知/愛知第一師範 (1918)、名古屋市立貿易語学校 (1921)/本名修治 (よしはる)、筆名 Joshi Ishiguro, Joŝi H. Iŝiguro/国語教育学者。言語心理学者村石昭三の岳父。日本評論社より東京府立第六高女講師、国語協会常務理事、GHQ民間情報教育部顧問、国立教育研究所員。法大、東京高師でも教鞭を。日本国語教育学会常任理事、カナモジカイ、日本コトバの会各評議員など。東大総合研究博物館に石黒修コレクション。Eは、1915年英語の文通相手のロシア人ラブンスキ (Labunski) の勧めで始め、O'Connor "E. The student's Complete Text Book" で独習。21年『新愛知新聞』に40回にわたりE研究欄を連載。同年JEI, UEA 入会。また21年以降、各地で学生・市民を対象とした講習会を精力的に開き、E普及運動を展開。22年12月名古屋学生E連盟結成に際し会長。同じ頃SATにも加入。23年5月12日佐藤一英、内藤為一、山田弘らと名古屋E社交倶楽部 (同年名古屋E協会と改称) を結成、5月26日～6月6日豊川善曄、岡本好次、佐々木孝丸、中村喜久夫らと東北・北海道宣伝旅行に参加。世界思潮研究会『正則E講義録』全6巻、月刊誌『E研究』を編集。24年『E研究』廃刊に伴い、世界思潮研究会を辞す。25年倉地治夫、柴田義勝らと協力してE雑誌 "Eklumo" (翌年 "E en Nipponlando" と改題) 創刊。27年9月および29年3月JOCK (名古屋) からEラジオ講座を放送。後藤静香にEを教え、30～33年希望社の "Esperanto Kiboŝa" を編集。30年後藤とともに第22回UK (オックスフォード) に参加。丸山丈作の依頼を受け東京府立第六高女E科主任。36年12月JEI入会。この前後、E普及、学習、教育関係の論著を多数執筆。戦時中、「東亜の共通語としての日本語」を推進。39～45年および48～51年JEI評議員、52年～70年理事。79年JEI顧問。UEAデレギート (日本代表、名古屋、東京、日本語)、SAT会員。🖼『正則E講義録』(小坂狷二・川原次吉郎・秋田雨雀・上野孝男・北川三郎・金田常三郎・小野俊一と共著、世界思潮研究会, 1923)、『Eの手ほどき』(E教育協会, 1924)、『Eの学び方』(日本評論社, 1925. 1931年博文館より改訂発行)、『E入門』(国際語研究所, 1926)、「緑星事件」(『新青年』1927.3)、『ラジオ講座資料E初歩』(名古屋中央放送局, 1927)、『正しく覚へられるE入門』(太陽堂, 1929)、『E第一歩』(希望社, 1930)、『E第二歩』(同, 1930)、『初等E講習読本』(同, 1930)、『初等E講習読本講義』(同, 1930)、『国際語初歩』(新思想社, 1931; 1932年日本書店より改版)、『E ABCの読方から』(太陽堂, 1931)、『盲人用 Enkondukilo al E』(希望社, 1931)、『盲人用 Unua Kursolibro de E』(同, 1931)、『基本E和辞典』(倉地治夫と共編、希望社出版部, 1931)、『E手紙の書方と文例』(文理書院, 1932)、『ザメンホフによるEの基礎』(博文館, 1933)、『カナつきE和新辞典』(太陽堂, 1933)、「各国E運動展望」(EL 1934.1～12)、『国際通信の常識』(JEI, 1934)、『Eの輪郭』(尚文堂, 1934)、『E通信の実際』(有精堂出版部, 1934)、「その後の海外エスペラント出版物について」(『東京堂月報』22: 3, 1935.3)、「東京府立第六高女E語科」(RO 1937.6)、『よくわかる自修者のE』(太陽堂, 1939)、『日本語の世界化』(東京修文館, 1941)、「国語を使わない国際会議—第50回世界E大会印象記」(『言語生活』1965.10)、「東北・北海道普及宣伝旅行」(RO 1969.11)、「E 六 十 年」(ES 1977.

5～80.4) ほか多数。参山田天風「石黒修氏を偲ぶ」(LM 1980.10),『葉こそおしなべて緑なれ…』,安田敏朗『近代日本言語史再考　帝国化する「日本語」と「言語問題」』(三元社, 2000),駒井裕子「アジア・太平洋戦争期の日本語教育　石黒修の足跡」(『日本語・日本文化研究』京都外国語大学, 8, 2001),西野嘉章編『プロパガンダ1904-45新聞紙・新聞誌・新聞史』(東京大学総合研究博物館, 2004),河盛由佳「日本語教育と戦争―「国際文化事業」の理想と変容」(新曜社, 2011),『近代日本社会運動史人物大事典』,『名古屋E運動年表』。

石崎分一 | いしざき ぶんいち
1910.7.25～1996.9.21

熊本/九州学院(1929),島津レントゲン技術講習所(1934)/満鉄に入り,1935年4月から終戦まで大連の南満保養院レントゲン科に勤務。留用をへて,53年引き揚げ。59年熊本島津放射線販売を創立し社長,85年会長。九州学院在学中にE学習。31年3月JEI入会。渡満後,大連E会に参加。70年UEA入会し,第55回UK(ウィーン)に参加。71年第45回九州E大会で「安上がり欧州旅行」を講演。88年E第2世紀財団を設立し理事長。91～92年JEI理事。Eアマチュア無線クラブに属し,国内外のE-istoと交信。鶴野六良の後を継いで熊本E会長。91年JEI終身会員。UEAデレギート(ハム)。オーストラリアのE-istoを自宅で歓待した直後に倒れ,翌日他界。著「無線電話でEを聞いたり話したり」(ES 1979.2～4),「アイルランド大会でのILERA」(RO 1980.5),『一企業人E-istoの言葉』(熊本E会, 2000)。参『日本のE-isto名鑑』,野村忠綱「石崎分一さんを悼む」(RO 1996.12),同「わたしの出した1冊のほん」(RO 2001.7)。

石田啓次郎 | いしだ けいじろう
1901.7.22～1965.4.4

大阪/一高(1922),東大(1925)/粟田賢三,古在由重,曽田長宗と一高理科甲類の同期。1947～48年仙台鉄道局局長。日本陸連理事長。戦後,国体開催を提唱。20年5月JEI入会。

石田義則 | いしだ よしのり | 1912～1989以降

富山/関学中学部(1931),早大(1937)/中学教員,岐阜女子大講師など。1932年PEUに参加。35年4月以降早大E会を指導。39年検挙,翌年起訴。著アダム『原始美術』(大陸書房, 1976)。

石田六朗 | いしだ ろくろう | 1908～1994

宮城/仙台保線区などに勤務。1932年『プロエス講座』で学習。盛岡鉄道E会を指導し,33年盛岡Eロンド創立に参画。33年仙台へ転勤後は仙台鉄道E会代表を務め,34～35年頃仙台E会で活動。著'Kiel naskiĝis M.E. R'(LIE 1985.5～6)。

石谷行 | いしたに すすむ
1931.11.30～2002.6.20

東京/水戸一高,茨城大/倫理学者,平和教育学者,平和活動家。国際基督教大助手などをへて,1969年法大助教授,のち教授,名誉教授。13歳の時に長崎で被爆。クエーカーの信徒。74年良心的軍事費拒否の会を結成し,防衛費分の税金不払いなど。70年代末頃法大E研究会を見学してEの「愛好者」になり,平等,平和につながる言語としてEを推奨。著「世界共通語こそ平和への道―E語のすすめ」(『エコノミスト』1983.11.15),「世界共通の補助語」(『キリスト教新聞』1984.6.30),マイケル・ランドル『市民的抵抗―非暴力行動の歴史・理論・展望』(新教出版社, 2003),石谷行・石谷美智子『平和づくりを使命として　追悼・石谷行』(エルピス, 2003)ほか多数。参『渡邊廣士・石谷行教授退職記念号』(『法政大学多摩論集』16, 2000)。

石堂清俊 | いしどう きよとし | 1906～1992.1.23

石川/中大,日大(各中退)/別名井村/石堂清倫の弟。労働農民党の活動をへて,1928年無産者新聞社に入り,三・一五事件前後に活動。31年PEUに参加。PEU再建を企て,34年検挙,36年懲役2年,執行猶予3年。保釈出所後,生命保険会社,昭和窯業などに勤務。37年日本学芸新聞社でE講

習。38年4月15日東京保護観察所において所員に対し「転向者E-istoの態度」を講演。同年6～8月JEI主催のE講習会で初等科の講師。戦後は出版社勤務のほか，フリーの編集者。晩年は辞書編集に情熱を傾注。著「E運動の日本的意義」(『国民思想』国民思想研究所，4:6, 1938)，「日本E運動の諸問題」(同，4:12, 1938)，「無産者新聞時代」(『運動史研究』5巻，三一書房，1980)。参『特高月報』1934.9,「特集　われらの2600年」(RO 1940.2),「三銃士の再会」(RO 1981.4),『近代日本社会運動史人物大事典』。協亀渕迪，伊藤晃。

石堂清倫｜いしどう きよとも
1904.4.5～2001.9.1

石川/四高，東大(1927)/評論家，社会思想研究家，社会運動家。石堂清俊の兄。東大時代新人会で活動。1927年日本共産党に入党し，翌年検挙。転向後，38年満鉄調査部に入り，43年第2次満鉄事件で逮捕。藤沢市湘南大庭市民図書館に石堂清倫文庫。28年Eを学ぶも，「日本のE-istoの書くものが余りにもつまらなかった」という理由で中断。84年宮本正男から大杉栄を描いた小説"La morta suito〔死の組曲〕"を贈られ，辞書を引きながら4日で読み上げて書評を執筆し，「本書は…日本の読者にもひろく知られるべきものであり，日本語で出版される日が近いことを期待する」と。『反体制E運動史』については「不当に低く見られたEとその運動の日本の文化の中での位置づけを直すには，どうしてもこの本が必要であった」と。著『現代革命と反独占闘争』(合同出版社，1960),『十五年戦争と満鉄調査部』(共著，原書房，1986)ほか多数。E関係に『西田信春書簡・追憶』(共編，土筆社，1970),「書評と紹介　宮本正男『死の組曲』」(『運動史研究』14, 1984),「「反体制…」を読んで」(LM 1987.10)など。参宮本正男「La morta suitoについて」(LM 1984.10)，野々村一雄『回想満鉄調査部』(勁草書房，1986)，宝木武則「石堂清倫先生追悼」(『唯物論研究』78, 2001),『現代日本朝日人物事典』,『近代日本社会運動史人物大事典』。

石戸谷勉｜いしどや つとむ
1884.12.22～1957以降

青森/青森一中(1903)，北大(1906)/理学博士。1926年京城帝大医学部講師，40年北京大教授。戦後，東北薬大教授，日大助教授など。25年6月京城E研究会の朝鮮E学会への改組に際して名誉委員。著『北支那の薬草』(同仁会，1931),「朝鮮にも機運熟す」(『東亜医学』東亜医学協会，1, 1939)。協三浦伸夫。

石橋喜一｜いしばし きいち
1882.12.3～1943以降

三重/京都高工(1905)/久留米工業学校教諭，農商務省絹業試験場技師などをへて，1920年日本捺染取締役。京都高工助手時代の06年JEA入会(会員番号86)。

石浜純太郎｜いしはま じゅんたろう
1888.11.10～1968.2.11

大阪/市岡中，一高(検定, 1908)，東大(1911)/東洋学者。敦煌学，西夏文字解読の先駆者。文学博士。作家石浜恒夫(1923～2004)の父。作家藤沢恒夫(1904～1989)の叔父。1924年内藤湖南の外遊に随伴。関大教授，日本西蔵学会長など。市岡中(大阪)在学中の03年頃E学習。13年JEAに入り(会員番号947)，のちJEIにも参加。阪大に石浜文庫(E関係は15点)。作家陳舜臣の回想(『道半ば』集英社，2003など)に「関西のEの中心人物」として現れるが，陳の勘違いであろう。著『富永仲基』(創元社，1940),『東洋学の話』(創元社，1943)。参「先輩はなぜ・どうして学んだか」(RO 1956.6)，川崎直一「石浜純太郎先生の中学時代の日記」(RO 1968.4)，同「なくなられた人の蔵書」(RO 1968.12)，高橋盛孝「石浜会長の印象」(『日本西蔵学会々報』15, 1968)，『現代日本朝日人物事典』,『近代日中関係史人名辞典』。

石原吉郎｜いしはら よしろう
1915.11.11～1977.11.14

静岡/攻玉社中(1933)，東京外語(1938)/

詩人。大阪ガスに勤務し、1939年応召、41年関東軍情報部に配属。終戦後ソ連に抑留され、重労働25年の判決。53年帰国して文筆活動へ。キリスト者。外語学生時代の35年頃Eを学び、校内でサークルを組織し、旧PEUメンバーともしばしば会合。35年EL の「和文E訳添削」欄に数回応募。東京の部隊（陸軍露語教育隊高等科）で鹿野武一と出会い、E-isto同士であったことをきっかけに親友になり「軍隊…や、抑留後のシベリアでは、さしさわりのある会話は、結局はEに頼ることになった」（『石原吉郎評論集　海を流れる河』所収「断念の海から」）と。 著『望郷と海』（筑摩書房、1972；みすず書房、2012）、『断念の海から』（日本基督教団出版局、1976）、『石原吉郎全集』全3巻（花神社、1979～80）、『石原吉郎評論集　海を流れる河』（同時代社、2000）。 参清水昶『石原吉郎』（国文社、1975）、渡辺巳三夫編「石原吉郎年譜」（『現代詩手帖』21：2、1978）、多田茂治『石原吉郎「昭和」の旅』（作品社、2000）、「石原吉郎・追悼」（『詩学』1978.2）、鹿野登美「石原吉郎と鹿野武一のこと―遺された手紙」（同1978.5）、多田茂治『内なるシベリア抑留体験―石原吉郎・鹿野武一・菅季治の戦後史』（社会思想社、1994）、澤地久枝『昭和・遠い日　近いひと』（文藝春秋、1997）、畑谷史代『シベリア抑留とはなんだったのか』（岩波書店、2009）、中西昭雄『シベリア文学論序説』（寒灯舎、2010）、『現代日本朝日人物事典』、『近代日本社会運動史人物大事典』。

石丸明義｜いしまる あきよし
1880.12.16～1943 以降

東京/愛知医専（1905）/舞鶴海軍病院副官、軍艦山城軍医長、呉海軍病院部員などをへて、1924年予備役。のち三菱重工業横浜船渠医長。呉海兵団士官室在勤中の06年JEA入会（会員番号188）。

石丸鎮雄｜いしまる しずお
1885.9.9～1940.7.14

大分/長崎医専（1910）/法医学者。のち中津市に石丸外科医院開業。浅田一と親交。1915年E学習。中津E会長として、30年第7回九州E大会（中津）会長。高原憲、植田半次と並んで「九州E界の三医人」と称された。長女村井ミツヨも帝国女子医専在学中に西成甫の指導でE学習。JEMA会員。 著「縊頸と窒息仮死から真死へ」（『犯罪学雑誌』3：4、1930）。 参浅田一「石丸鎮雄君を悼む」（RO 1940.9）。 協城内忠一郎。

石丸季雄｜いしまる すえお
1905頃～1929⇔1933

東京/東京府立一中（1923）、一高（1927）、東大/一高社会思想研究会で活動。1923年頃JEI入会。

石山徹郎｜いしやま てつろう
1888.8.18～1945.7.30

秋田/東大（1914）/国文学者。中学教諭、万朝報記者をへて、北大予科講師、1923年松江高校教授、24年大阪府立女専教授。新しき村会員。『有島氏の歩いた道』に、「新しき村の精神と触れるところが多い」としてザメンホフの「人類の一員主義」をドイツ語から重訳し、紹介文「「人類の一員主義」後記」とともに掲載。 著『有島氏の歩いた道』（新しき村出版部、1924）、『日本文学書誌』（大倉広文堂、1934）、『秋田県人物・人材情報リスト　2007』（日外アソシエーツ、2007）。

石渡博｜いしわた ひろし｜1934.8.17～1982.4.17

神奈川/不入斗中（中退）/病院の事務長などをへて、1973年横須賀にアポロ不動産を開業。中学時代に肺結核を病み、国立久里浜病院に入院中、胸部整形手術のため同病院に入院していた松葉菊延と知り合う。56年松葉を見舞いに来た石黒彰彦、磯部幸子と松葉のE会話を聞いて触発され、JEI入会。日中友好協会（横須賀）事務局長、横須賀E会員として新聞社との連絡に活躍。妻雅子もE学習。 参石渡雅子編『ブルーの空の下に』（私家版、1984）。 協石渡雅子、松葉菊延、土居敬和。

泉井久之助 | いずい ひさのすけ
1905.7.2〜1983.5.28

大阪/三高(1925), 京大(1928)/号醴泉子/言語学者。文学博士。印欧語研究のほか, 世界の諸言語を視野に収めて, 一般言語学的な考察を行った。京大名誉教授。Eの支持者で,『一般言語学と史的言語学』(増進堂, 1947),『世界の言語』(編著, 朝日新聞社, 1954),『言語研究とフンボルト』(弘文堂, 1976)などでEに言及。1959年ザメンホフ百年祭賛助員。囲『ラテン広文典』(白水社, 1952)ほか多数。参『言語研究』(日本言語学会, 84, 1983),『現代日本朝日人物事典』。

出水才二 | いずみ さいじ | 1910.3.19〜1979以降
鹿児島/東京医専(1935)/内科医。薩摩郡に開業後, 1951年串木野市へ移転。Eは, 37年静岡で高橋邦太郎(技師)から手ほどきを受け, JEIの講習にも参加。戦争による一時中断をへて, 58年JEI再入会。鹿児島県内のE普及に尽力したほか, 息子にもEを指導。参 "Japanaj E-istoj"。

泉正路 | いずみ しょうじ | 1886.1.22〜1948.2.4
北海道/千葉医専(1916)/俳号天郎/医師。北海道岩内で泉医院を開業。河東碧梧桐門下の俳人で,「日本俳句」で活躍。自由律俳句の道を歩んだが, 晩年に定型句にもどる。1922年頃桜居甚吉の指導でE学習。参桜居甚吉「岩内最初のE語学習」(『広報いわない』222, 1976), 北海道文学館編『北海道文学大事典』(北海道新聞社, 1985),「私のなかの歴史 E-isto桜居甚吉さん」(『北海道新聞』1992.10.19〜29),『CD現代日本人名録 物故者編 1901〜2000』(日外アソシエーツ, 2001)。協濱田國貞。

泉隆 | いずみ たかし | 1902.8.21〜1968.12.22
石川/四高(1925), 京大(中退)/四高時代に四高社会思想研究会創立に加わり, 京大時代, 日本農民組合京都府連合会書記として小作争議に参加。1926年京都学連事件で禁錮8ヵ月。29年日本共産党入党, 四・一六事件で懲役6年。出獄後, 浅野電鉄に入り, のち富山県立樹徳学園教諭。戦後は日本農民組合京都府連合会書記長として農民運動を指導。四高在学中の21年JEI入会。参『解放のいしずえ(新版)』,『近代日本社会運動史人物大事典』。

磯英治 | いそ えいじ | 1905.10.3〜1984.7.3
徳島/東京高工(1926)/1932年逓信省電気試験所から安立工業に転じ, 50年安立電気設立代表, のち専務, 社長, 会長, 相談役を歴任。電気試験所で同僚の高岸栄次郎にEを習い, JEI入会。

磯田和男 | いそだ かずお | ?〜?
中学教員。1947年2月JEI書記, 47〜48年評議員, 48年第2次JEA常任委員。

いそだ まさよし | いそだ まさよし
?〜1925.12.15

一高(在学中没)/姓名の漢字表記は不詳。西成甫宅での講習でE学習。その後継続学習に進むも, 病に倒れる。臨終のうわ言にもEのことを語る。参西成甫 'E en mortlito' (RO 1926.3)。

礒谷昭一 | いそたに しょういち
1931.1.14〜1971.4.18

旅順/広島大/工業経営学者。1947年引き揚げ後, 湯浅乾電池をへて, 広島大助手。71年教授昇格直後に急逝。50年頃広島E会に参加し, 60年広島E会員河元早奈枝と結婚。広島E会長, 中四国E連盟責任者などを務めた。囲「組織化と実践の年」(LM 1964.1),『『名前の書き方について』について」(同),「ヒロシマエクスクルソ」(LM 1965.11),『新経営組織学』(共編, 日刊工業新聞社, 1971)。参田中貞美「礒谷昭一さんの死」(LM 1971.6),「礒谷昭一教授論文著作目録, 経歴」(『経営工学』広島大工学部, 20:1, 1972), 俣野仁一「礒谷さんのいったこと」(LM 1977.10)。協礒谷早奈枝。

礒部幸一 | いそべ こういち
1891.7.25～1963.4.23

山口/豊浦中(1910)、東京外語(1913)/ドイツ語学者。1916年私立明治専門学校講師、21年官立明治専門学校講師、27年助教授、29年九州医専教授、46年久留米医大予科教授など。粟屋真にEを学び、23年頃JEI入会。24年KEL創立に参加。28年北九州E協会設立。29年九州医専に転じ、同校E会を結成。39年第16回九州E大会(久留米)会長。50年富松正雄らと久留米E会を設立し会長。JELE会員。署『独逸医文の書き方』(大学書林, 1932)、『医学生の独作練習』(金原商店, 1933)。参『昭和2年KEL年鑑』、江口廉「KELの裏面史」(LM 1969.1)。協礒部光、中村静雄。

礒部晶之助 | いそべ しょうのすけ
1928.7.5～2002.8.5

東京/慶大院(1953)/筆名出谷根庵、IZU-TANI Kon'an/富士通をへて、都築電気工業取締役、都築シーイーセンター社長など。学生時代にEを学び、卒論「光沢の研究」にEのレジュメを添付。1955年5月1日石黒彰彦・漢子の娘、E-isto陽子と結婚。富士通在勤時には、ワープロ機OASYSにE文字を打つ機能をつけるようにして、E-istoの便宜を図る。87～97年浅野三智の後を継いでJBLEの機関誌"La Japana Budhano"を編集・発行。娘の真世(majo「5月」から)、有理(julio「7月」から)に幼少時からEを教える。SAT会員。署「クーバ(キューバ)の印象」(LJB 1990.9～10)、"Principo de Darmo-Studo〔修証義〕"(LJB 1990.12)。参『卒業論文』(RO 1951.5)、礒部真世「Eと私」(ES 1976.11)、『日本のE-isto名鑑』、西泰宏「礒部晶之助氏を偲んで」(RO 2003.3)。協礒部陽子、小林司、萩原洋子、青山徹。

礒部美知 | いそべ みち | 1888.5.3～1944以降

千葉/慈恵医専(1911)/医学博士。警視庁衛生技師、日本歯科医専教授など。1926年JEMA創立後、東京歯科医専文部幹事を務めた。33年三雲隆三郎らと警視庁内にE研究会を設立。JEI会員。署『黄金塔』(私家版, 1915)、『たいわたな(泰国寿永)』(慶文堂書店, 1943)。参「警視庁公認のE研究会」(RO 1933.7)。

礒辺弥一郎 | いそべ やいちろう
1861.3.17(文久1.2.7)～1931.4.23

豊後国(現大分)/慶應義塾/北海道開拓事業に従事後、1888年イーストレーキ(Eastlake)と国民英学会を創立し会長、英語教育に尽力。94年『中外英字新聞研究録』創刊、日中の古典を英訳し海外へ紹介。99～1900年英国留学。06年JEA創立に参加(会員番号9)、評議員、第1回JK(東京)準備委員。1906年8月13日帝国教育会のE演説会で「世界語に対する英国語学者の評」を講演。本間登亀、沢村光子、林千鶴子、礒辺包光の1男3女もE学習。署『明治初年の英語教育』(『明治文化発祥記念誌』大日本文明協会, 1924)。参『英語青年』65:7 (1931)、編輯子「むかしむかし」(RO 1934.5)、『英語学人名辞典』。

礒部幸子 | いそべ ゆきこ | 1913.8.23～1988.1.15

東京/東京府立第三高女、自由学園(1934)/旧姓谷、一時宮城姓/祖父の花王石鹸会長礒部愉一郎(1881～1970)の養女に。西村ユキ・長谷川テル姉妹と高女の同窓。1939年5月宮城音弥と結婚(のち離婚)。国際文化振興会、大沢商事、クラーク商会などをへて、71年ダイワ・コーペレーション常務取締役。日本舞踊名取。33年自由学園在学中にEを学び、3月JEI入会。36年4～7月三崎英語学校でE講習。35年から国際女子親善協会E部に勤め、36年同会主催の淑女親善団副団長として米国に派遣され、北米E大会(デトロイト)に参加したほか、各地でE-istoと交流し、シェーラーとの会話がラジオ放送されるなど、マスコミにも大きく取り上げられる。37～38年カリフォルニア大バークレー校へ留学。39～45年JEI評議員。48年第2次JEA評議員。53～56年、58年JEI評議員。60～70年JEI評議員。64年第50回UK準備委員会派遣で渡欧して、第49回UK(ハーグ)の準備業

務を実習するとともに閉会式で大会旗を受け取り、大会後も欧州各地で参加勧誘を行い、オーストリア大統領にも引見。65年第50回UK（東京）では日本文化紹介のJapana vesperoで司会，解説，自ら日本舞踊も披露。71～76年JEI理事。UK参加のためのJEI旅行団を71年から企画し，引率役も。74年訪中日本E代表団に加わり訪中。75～79年ELK会長。78年第65回JK（三島）準備委員長。同年訪中して，多くのE組織と協議。79年JEI第5代理事長に就任。同年テルの遺児を招く会代表として，長谷川テルの遺児2人を中国から日本に招くのに尽力。80年団長としてJEI訪中団を率いて訪中し，北京，武漢，上海，蘇州などでE組織と交流。81年第68回JK（東京）会長。85年ユネスコ総会（ソフィア）でのE発表百周年祝賀決議に関して，日本代表に賛成を働きかけ。同年E発表百周年日本委員会実行委員会委員長となり，87年にかけて病をおして諸事業を遂行。86年UEA名誉会員。UEAデレギート（商業，婦人問題），JEI終身会員，JELE会員など。著『Eの世界大会』(『世界と女性』1:4, 1934),「アメリカに使ひして」(EL 1936.11～12),「Pioniro Feodor A. Postnikov氏のことども」(RO 1938.2), 'Internacia domo en Berkeley' (RO 1938.11), 'Notoj pri floraranĝo' (RO 1939.4～6),「日本E史の一挿話　ガントレット恒子女子と語る」(RO 1939.8), 'Pri Japana muziko' (RO 1939.9), 'Parolas s-ro Gauntlett' (RO 1953.8), 'Konfliktoj en paradizo' (RO 1956.2), 'Princino Kaiulani' (RO 1956.3), 'Stevensen kaj Havajo' (RO 1956.7), 'Patro Damien kaj Patrino Marianne' (RO 1956.10～11), 'Nova dio' (RO 1957.9～11),「蘆花とE」(RO 1958.5), 'La flava mantelo' (RO 1958.12;1959.5;1959.9), 'Imperia palaco' ("E" UEA, 1964.5), 'Nikko, Japanujo' ("E" UEA, 1965.2), 有島武郎 'Al miaj etuloj〔小さき者へ〕'（宮本正男・石黒彰彦編"El japana literaturo" JEI, 1965. オールド編"Nova E-a Krestomatio" UEA, 1990に再録),「通訳不用の世界大会」(『日本経済新聞』1964.8.26),「米国E運動の横顔」(RO 1972.3～4),「E語で歩いた中国」(『日経新聞』1974.5.17), 'Ok japanoj en Ĉinio' ("Heroldo" 1974.10.15),「海外E運動の展望」(RO 1979.1), 'Revizito al Pekino' (RO 1979.2),「就任あいさつ」(RO 1979.3),「劉兄妹を迎えて」(LM 1979.10),「テレビ化されたテルの青春」(RO 1980.5),「E百年祭をめざして」(RO 1982.1), 'Kondolencajn vortojn al D-ro H. Oka' (RO 1982.9),「民間ユネスコ組織は揺れていない」(RO 1985.7), 'Mia kara memoraĵo' (RO 1986.12). 参「米国へ女性使節　おみやげはお人形」(『朝日新聞』1936.5.24),「羽田通信」(『朝日ジャーナル』1964.12.13), 桑原利秀「Yukiko Isobeさん死去」(LM 1988.2), 松本健一「さよなら磯部さん」(PO 1988.2), 北畠瞳「磯部幸子JEI理事長をしのんで」(HEL 1988.3),「磯部幸子理事長追悼」(RO 1988.3), 'Yukiko Isobe' ("E" UEA, 1988.3), EV 1988.5, 西海太郎「磯部幸子さんの一周忌を迎えて」(PO 1989.2),『EVA 50年の歩み』(EVA, 2009). 協島純一郎，石野良夫。

板倉武｜いたくら たけし｜1888.9.15～1958.12.9

千葉/二高(1909), 東大(1914)/医学博士。東京同愛記念病院内科医長, 東大教授, 東方治療研究所長など。治療学の確立と東洋医学の再興に努力。1923～25年欧米留学中, パリでE学習。帰国後Eskulapida Kluboに参加し, Eで論文も執筆。JEMA会員。著「巴里でEを学んで」(RO 1925.8), 'Kuracado per granddoza injekto de digitalipreparajoj'（共著, IMR 1933.3),『治療学概論』(吐鳳堂, 1949). 参『板倉武先生顕彰記念文集』(医聖社, 1988)。

板橋鴻｜いたばし こう｜1897.3.7～1962.8.8

茨城/千葉医専(1920)/医学博士。1920～23年聖路加国際病院, 23～25年千葉医大をへて, 東京野方に板橋内科医院を開業。21年大杉栄の担当医となったのが縁で, 大杉にEを習う。23年JEI入会。ハンガリー文学も研究し, Eから訳して中野区の医師会雑誌に発表。E蔵書200冊は遺族によりJEIへ。JEMA, Eskulapida Klubo各会員。著『詩集　花束』(書簡, 四方堂, 1926), "Pri la arterioj de la bazaj kernoj de cerbo" (Folia Anatomica Japonica, 1928),『独修E』(岡本好次と共著, 岡崎屋書店, 1931),「私にEをすすめた大杉栄」(RO 1936.6), ザメンホフ『Eの本質と将来

〔Esenco kaj estonteco de la ideo de lingvo internacia〕(JEI, 1962). 参板橋順子編『暁の星』(校倉書房, 1964), 大杉豊『日録・大杉栄伝』(社会評論社, 2009). 協板橋順子, 浦良治.

板橋藤吉｜いたばし とうきち｜?〜1976.8.1

小学校/商業. 1920年代半ばからEで国際文通. 57年E学力検定普通試験合格. JEI会員. 著「遠いE語の文通に涙」(『朝日新聞』中部版夕刊, 1950.4.3).

板橋美智子｜いたはし みちこ｜1921.5.21〜1998.6.20

愛知/愛知第一高女(1939), 東京女高師(1942), 東京文理大(1947)/本名加藤美智子/理学博士. 愛知教育大名誉教授. 夫婦別姓論者. 1953年江上不二夫の媒酌で加藤方寅(みちのぶ, 愛知県立大名誉教授)と結婚. 英, 独, 仏, ロシア, イタリア, 中国, スペイン諸語に通じ, Eは49年江上の影響で学習. JEI, JELE各会員. 著ボワヴァン『微生物』(江上不二夫と共訳, 白水社, 1953). 参 "Japanaj E-istoj", 加藤方寅編著『私達の日本人論―故郷は遠きにありて思うもの』(新改訂版, ガリバープロダクツ, 2004).

板屋叶｜いたや かのう｜1899頃〜1939以降

福岡/北野中(1916), 明治専門学校/梶井謙一と北野中の同期. 田川農林学校, 八幡製鉄二頓炭坑出張所などに勤務. 1929年頃JEI入会. 田川農林E会, 田川E研究会を結成.

一井修｜いちい おさむ｜1907.12.17〜1994.4.9

京都/大阪商大/経済政策学者. 大阪商大研究員, 立命館大, 近大各教授など. キリスト者. 戦後, 京都E運動再建に参加. 著『都市問題』(法律文化社, 1983). 参「会員の声」(RO 1945.10), 「一井修教授略歴・著作目録」(『商経学叢』31, 近大商経学会, 1984).

市川厚一｜いちかわ こういち｜1888.4.6〜1948.9.4

茨城/東京府立一中(1906), 東北大農科大(1913)/獣医学博士. 山極勝三郎(1863〜1930)と人工タール癌の発生に成功し, 1919年帝国学士院賞. 23年独仏留学, 28年英国留学. 北大教授. 日本の獣医学の発展にも貢献. Eの公用語化を主張し, 26年JEMA創立後, 北大支部幹事を務めた. 著『比較病理学』(共著, 現代之獣医社出版部, 1928), 『癌は治る』(共著, 明文堂, 1930). 参久葉昇「市川厚一先生生誕100年―兎耳人工発癌の跡をたずねて(特別講演)」(『日本獣医史学雑誌』26, 1990), 『現代日本朝日人物事典』.

市川重一｜いちかわ しげかず｜1916.7.11〜1985.12.27

浦和高, 東大(1941)/NHK甲府放送局アナウンサーなどをへて, 1951年放送文化研究所に勤務し, 放送史などを編集. のち千葉経済短大助教授. 浦和高在学中の34年同校E会に参加. 48年2月篠遠喜人, 塚田正勤, 荻原克己らと山梨E会設立. 同年12月ザメンホフ祭に際して, JOKG(甲府)から八代英蔵との対談をラジオ放送したほか, たびたびEを放送で取り上げる. 56〜67年JEI評議員. 著 'La Eŭropaj vortoj en Japana lingvo' ("La Dua Batalejo" 浦和高E部, 14, 1939.9), 「ニュース放送用語の問題」(『言語生活』1955.8). 参 "Japanaj E-istoj", 『山梨とE』. 協荻原克己, NHK放送文化研究所.

市河彦太郎｜いちかわ ひこたろう｜1896.9.2〜1946.4.1

静岡/一高(1917), 東大(1920)/筆名H.I./外交官. 芹沢光治良と中学以来の友人で, 『人間の運命』にも登場. 蠟山政道と一高英法科の同期. 英国, 米国, スウェーデンなどの勤務をへて, 1936年フィンランド代理公使. 37年外務省文化事業部第3課長. 同年イラン公使, 42年国交断絶で帰国, 45年情報局第2部長. 19年JEA入会(会員番号1361). 同年蠟山らのシベリア旅行団に参加した堀真道は, 市河のE会話を見て本

気で学習を始めたと。フィンランド在勤時，妻かよ子（鶴見祐輔の姪）とともにラムステットら同国のE-istoと交歓。婦人E連盟顧問，JEI会員など。万沢まきのスウェーデン語学習に協力。友人の選挙応援演説中倒れ，没。🖋「Eに就て―与謝野晶子宛」（『明星』2：2, 1922），「水と音楽の国フィンランド」（『中央公論』1938.11），『文化と外交』（岡倉書房, 1939），『フィンランド雑記』（かよ子と共著，黄河書院，1940）。📖市河かよ子「フィンランドで逢った婦人達」（『新女苑』1940.4），三宅史平「外交とE『フィンランド雑記』を読む」（RO 1940.9），市河かよ子『白樺を焚く　北欧日記』（岡倉書房, 1941），'E-isto kiel vicambasadoro japana：S-ro Ichikawa al Irano'（RO 1941.1），芹沢光治良「文学の胞子　外国にも熱心な『友の会』の人々」（『読売新聞』1980.6.18），万沢まき「思い出されることなど」（RO 2004.6），百瀬宏・石野裕子編著『フィンランドを知るための44章』（明石書店，2008）。🏛朝日新聞社。

一木誠也｜いちき　せいや｜1909〜1998以降

同志社大（1932）/京都の四条商，鴨沂高などの英語教諭。1925年E学習。PEUに参加。同志社E会を指導。中原脩司と平安E会を主宰。34〜35年全文E文の時事雑誌"TEMPO" 1〜4号（2号より"tempo"）の編集責任者。島木健作「獄」の共同E訳に服部亨，松山尚夫と取組み，tempo編集部の名で"Karcero"（カニヤ書店，1937）を出版。46年四条商にEクラブ設立。49年京都人文学園夜間部でEを教授。63年3月JEI入会。66年鴨沂高でE講習。自宅でE書の輪読会も。UEAデレギート（京都），SAT会員など。98年頃フランス在住の娘のもとへ行き，以後，消息不明。📖『京都のE運動の歴史』，「戦時下のE運動」（『京都新聞』1982.7.11），竹内義一 'Itiki Seiya, mia unua gvidanto de E'（"Japana Esearo N-ro 1" Libroteko Tokio, 1994）。

市野瀬潜｜いちのせ　ひそむ｜1879.4.25〜1948.12.6

大分/東京薬専/1911年京都新薬堂創業，19年日本新薬初代社長。回虫薬サントニンを大量生産し，日本の回虫駆除に貢献。07年JEA入会（会員番号749）。📖北村四郎「サントニンの話」（『植物分類・地理』24：3, 1969）。🏛日本新薬。

市ノ渡喜一｜いちのわたり　きいち｜1906.12.2〜1996.3.5

青森/青森師範本科二部（1925）/七戸町立鶴児平小校長など。1930年Eを学び，31年10月JEI入会。47年天間林E会を結成（57年解散）。48年第2次JEA委員。67年8月6日中嶋信らと七戸E会結成。

市橋善之助｜いちはし　ぜんのすけ｜1894.12〜1969.12.31

愛知/愛知一中，早大（1918）/トルストイに傾倒してアナキズムに近づき，また武者小路実篤の「新しき村」の当初からの会員。1918年8月入手したEの本に感激して，発足直後の新しき村の会員に勧める。本部（駒込）に居住し，「新しき村社」名義でJEAに入会（会員番号1200）するが，宮崎には移住せず。のちドストエフスキーやクロポトキンを翻訳したほか啓蒙的な教育書の著述を行い，晩年は亀有の自宅で英語塾を開いた。🖋「六号」（『新しき村』1918.9），『幼児教育論』（三笠書房, 1941），『青年のための読書法』（青年書房, 1942），「平和会議とトルストイ」（『リベルテ』1：19, 1948）。📖出来成訓「民間英語教師・市橋善之助」（『外国文学』宇都宮大学外国文学研究会，31, 1983.3），『秋田雨雀日記』（1918.9.18），『日本アナキズム運動人名事典』。

市原梅喜｜いちはら　うめき｜1911〜1991.3.9

熊本/豊国中（中退）/筆名市原耿路，耿路/熊本市役所，九州日報社などをへて，出版業自営。1933年E独習。35年2月宇土E会創立に参画し，8月個人文芸誌"Specimena Bazaro"発行。熊本E団体の一本化を加藤孝一と図り，36年9月熊本E会，宇土E会，高瀬E会，人吉E会を結成し熊本E-isto連盟を設立し，10月機関誌"Flamo"を刊行。37年E印刷出版組合「熊本緑星社」設立。

39年9月伊東三郎, 加藤孝一とともに検挙され, 懲役2年, 執行猶予5年。40年7月河邑光城の世話で九州日報社入社。46年第2次JEA委員。50年第24回九州E大会(福岡)書記。56年福岡E会副会長。KEL事務局長, JEI終身会員など。著「我等の全国機関を作ろう！」(SAM 1951.2), 'Postmaturaĝulo?' (RO 1982.2)。参『特高月報』1940.1,「がんばれ 日本の老人パワー」(『神戸新聞』1980.4.21), LV 1991.5～6, 西田光徳「市原梅喜さんをしのぶ」(LM 1991.8), 野村忠綱「1930年代後半の宇土E会の人々」(『宇土市史研究』20, 1999), 『近代日本社会運動史人物大事典』。協野村忠綱。

市原豊太｜いちはら とよた
1902.6.22～1990.8.14

東京/一高(1923), 東大(1926)/筆名吉備真庭/仏文学者。独協大学長代行, 名誉教授, 国語審議会委員など。E学習は不明。1959年ザメンホフ百年祭賛助員。著『思考・意欲・愛情』(青木書店, 1942)ほか多数。参『市原豊太先生を偲んで』(芸立出版, 1993), 『現代日本朝日人物事典』。

市村宏｜いちむら ひろし｜1904.5.6～1989.11.10

長野/大分高商(1921), 東洋大(1941)/号迯水居(とうすいきょ)/国文学者, 歌人。東洋大名誉教授, 『広辞苑』編集主任など。『アララギ』, 『花実』などをへて, 1973年『迯水(にげみず)』創刊。大分高商在学中の24年竹崎虎惣太の指導でE学習。著『迯水居漫筆』全11巻(渓声出版, 1974～83), 「国語審議会委員への公開状」(『文藝春秋』1985.1)ほか多数。参小倉豊文「賢治がEを習った頃とラムステッド博士」(『四次元』宮沢賢治研究会, 171, 1965)。

井出徳男｜いで とくお｜1901.1.1～1965以前

長野/一高(1921), 東大(1924)/住友信託に入り, 東京支店長代理, 営業部副部長などをへて, 戦後, 愛陶(兵庫)社長。安積得也, 堀真道らと一高英法科の同期。1920年JEI入会。

井手尾元治｜いでお もとはる
1906.7.6～1988.10.22

長崎/三菱工業学校(1923)/筆名晩生, IDEO/三菱重工長崎造船所を退職後, 長崎市の新制中学, 私立瓊浦和高に勤め, 1977年退職。被爆者。Eは, 22年石黒修の講演を聴いて独習後, 25年講習会で植田高三に習う。40年より長崎三菱E会の庶務担当。戦後, 長崎E会で活躍。RO, LMの作文欄の常連。著「カナモジ主義者の観たるE」(『長崎日日新聞』1932.12.11), 『長崎のE・前編』, 'En Nagasaki' (RO 1985.8)。参深堀義文「長崎E会の大先輩井出尾元治氏を悼む」(VH 1988.12)。

伊藤勇雄｜いとう いさお｜1898.9.11～1975.1.8

岩手/北部逓信通信生養成所(1916)/高等小学校卒業後, 郵便配達夫に。東京に出て, 中央電信局勤務のかたわら, 夜は英語学校に学び, Eの学習にも励む。思想的遍歴をへて, 武者小路実篤と出会い, 20年「新しき村」に入村し, Eに再会。ホイットマンの生き方に傾倒し, 2年で離村。東京で関東大震災に遭遇して帰郷し, 農民運動に。村議をへて, 岩手県議, 日本農民組合岩手県連合会長, 岩手県教育委員長など。68年69歳でパラグアイの開拓地に移住し, 理想とする自給自足の農場を築いて, 現地の土に。著『名乗り出る者 伊藤勇雄全詩集』(同刊行会, 1968)。参大久保好唯『開拓の詩人 伊藤勇雄の世界』(女性仏教社, 1984), 大久保好唯『伊藤勇雄の生涯―夢なくして何の人生ぞ』(地方公論社, 1995), 大津山国夫『武者小路実篤研究―実篤と新しき村』(明治書院, 1997)。

伊藤勇｜いとう いさむ｜1912.1.16～2010.10.7

長崎/島原中, 五高, 東大(1935)/十八銀行副頭取。島原中在学中にE学習。中断をへて1979年頃から長崎E会に参加。読書家で知られ, 晩年まで例会の作文活動に積極的に参加。2010年10月9～11日の第97回JK(長崎)直前に没。著'La impresitaj aferoj en la jaro 2009' (RO 2010.3)。参"VH" 20

(2010),深堀義文「追悼　伊藤勇さん」(RO 2011.2)．㊥深堀義文．

伊藤栄蔵｜いとう えいぞう
1903.4.21～1994.2.28

大阪/芝中(1920)/別名鞍月/1923年大病を患い大本に入信．25年より本部奉仕．大道場長，編集，国際各部長，教学研鑽所長などを歴任．Eは，23年10月短期講習で学習．25年6月E文学習誌"Verda Mondo"創刊以来，ほぼ全号に寄稿．26年大本がE常設講習所を設立した際，桜井八洲雄，小高神孫を講師に．32年6月1日，大本の常設E講習所開設に伴い初代所長．戦前，上海で定期E講習会も．50年2月愛善E会発足に伴い会長．59年第44回UK(ワルシャワ)に参加し，日本代表として挨拶し，その中でUKの日本招致を表明．その後1年にわたり欧米22ヵ国を歴訪し，150都市で講演180回．オーストリアのクニッテルフェルト市のE-isto アドルフ・ハルベルトと密接に連絡し，64年亀岡市と同市との友好姉妹都市締結に尽力(締結書主文はEで)．62年ウースターと会話ソノシート(天母学院刊)を吹き込む．69年第54回UK(ヘルシンキ)に参加して，国際宗教者E-isto 懇話会を組織，続いて欧州，アジア22ヵ国を歴訪．73年第60回JK(亀岡)組織委員長．74年訪中日本E代表団に加わり訪中．80年EPA再建に際し会長再任．84年クニッテルフェルト市との姉妹都市締結20周年にあたり，亀岡市から国際交流功労者として感謝状．85年E発表百周年日本委員会監査．87年E百周年記念第72回UK(ワルシャワ)に参加し，ザメンホフの墓前で献茶．UEAデレギート(亀岡，宗教)．㊗EPA "Kurslibro de la Lingvo Internacia E" (EPA, 1930)，『基本E講義』(第二天声社，1930)，EPA『基本E講義』(村田慶之助と共著，第二天声社，1931)，同『基本E教科書』(村田慶之助と共著，同，1931)，「ワルシャワ大会からの便り」(RO 1959.10)，Schleicher『客観的生命観〔Objektiva Vivkoncepto〕』(Martinus Institutо〔コペンハーゲン〕，1965)，「エドモン・プリバ博士の"憶い出"」(NV 1967.8)，"Kvindek jaroj de E en Oomoto"(重栖度哉・中村陽宇共編，EPA, 1973)，「思い出」(『高くたかく遠くの方へ』)，'Oomoto persiste pioniras en la praktika utiligo de E' ("E" UEA, 1982.12)，「中村陽宇氏を悼む」(RO 1984.4)，『大本　出口なお・出口王仁三郎の生涯』(講談社，1984)，「Eで固く結ばれた2つの都市」(RO 1985.3)，コルチャック著，バーンスタインE訳『コルチャック先生のユーモア短編小説集』(山本輝郎，1993)．㊙藤本達生「伊藤栄蔵先生をしのぶ」(LM 1994.4)．㊥俗大福．

伊東尾四郎｜いとう おしろう
1869.12.5(明治2.11.3)～1949.8.24

福岡/第一高等中(1892)，帝大文科大(1896)/『福岡県史資料』の編者．1897～1908年豊津中の歴史教諭，教頭をへて，08年小倉中初代校長，16年福岡県立図書館初代館長．06年8月東京のE講習会でガントレットに学び，帰郷後，直ちに『福岡日日新聞』紙上でEを紹介，この記事によって赤松定雄はE学習を決意．㊗『国史要』(冨山房，1901)ほか多数．

伊東音次郎｜いとう おとじろう
1894.5.17～1953.2.6

北海道/札幌中/歌人．1911年純正詩社に入り，翌年上京．16年北海道に帰り，北海道口語歌連盟を結成．のち芸術と自由会員，新短歌協会員として活躍．23年頃JEI入会．㊗『伊東音次郎歌集』(伊東音次郎顕彰会，1974)．

伊東幹治｜いとう かんじ｜1918.1.15～2005.4.25

兵庫/神戸一中(1935)，三高(1938)，京大(1941)/別表記いとうかんじ，筆名ludovikito/三高在学中に野間宏，富士正晴らの同人誌『三人』に参加．1941年大卒後，旧制中学の教員に．42年応召して，暗号係としてハルビン，南京，上海を転戦し，敗戦後に上海で捕虜に．46年復員して，京大に通いながら永末英一(1918～1994)の永末興論研究所に入り，のち永末書店で編集長．富士らと文芸同人誌『VIKING』を創刊．Eは，59年に高杉一郎訳編『エロシェンコ全

集』で知り，エロシェンコ作品を原文で読もうと，64年頃から本格的に学習。67年7月第54回JK（京都）で新人文学賞。67年から伝記的小説「ザメンホフ」を初め『VIKING』に連載し，11年がかりで執筆。ザメンホフ著作全集の編纂を思い立ち，藤本達生らの協力で73年に"plena verkaro de zamenhof"（PVZ）第1巻を刊行。当初は国際的に無謀な試みと見なされながら，次第にR. Haupenthal, G. Waringhienらの信頼と協力を得つつ，独力に近い形で初期文献集等と合わせて57巻にのぼる全集を31年かけて編集・刊行。その間，77年第22回小坂賞，82年と92年に第1～2回日本E出版文化賞，91年E文化賞（FAME財団），98年JEI特別学術功労賞などを受賞し，90年UEA名誉会員，98年KLEG名誉会員。95年からBlanke夫妻の呼びかけをきっかけに出版資金とするため国際的にルドビキート募金が集められ，JEIも協力。最期まで執筆活動を続けた。宮本正男・上山政夫編"Japana Variacio"（L'omnibuso, 1978）に1編が収録。大文字不使用を実践。資料と蔵書，遺稿の一部はJEIに寄贈されイトウカンジ文庫。

著『阿二大作』（永末興論研究所，1947），ブースティン『アメリカ政治の特質』（共訳，創元社，1964），『いまはむかし』（富士正晴挿画，VIKING CLUB, 1966），『ザメンホフ』全8巻（永末書店，1967～78），「狂気の沙汰―ザメンホフ原作全集出版始末記」（RO 1981.10～11），『ザメンホフ原作全集完成記念仮想講演会』（永末書店，1983），「ルドビコはズルか」（LM 1983.12～84.3），『PVZ普及のためのCM小説―伝説ぬきのザメンホフ』（永末書店，1983），『顔のない仲間たち』（名古屋Eセンター，1986），「サランとシューラ」（LM 1987.5～6），'la unua unua unua libro'（"Serta Gratulatoria in honorem Juan Régulo vol. II E-ismo" La Laguna, 1987），'kial la organiza projekto de ludoviko fiaskis antaŭ la bulonja kongreso?'（"E" UEA, 1988.1），'nomoj de ludoviko aperintaj sur kelkaj dokumentoj'（RO 1988.5），「わたしの出した1冊のほん」（RO 1992.6），「わたしの出した1冊のほん」（RO 1993.10），'metamorfozo de la mistera serpento'（"Japana Esearo N-ro 1" Libroteko Tokio, 1994），'ekdecido de la rubermitaĉo'（"Japana Esearo N-ro 2"同，1995），「わたしの出した1冊のほん」（RO 1995.12），『PVZへのご招待』（ルドビキート社，1996），「『PVZへのご招待』」（RO 1996.4），「脚萎えて夢は枯れ野をかけめぐる」（RO 1996.9），"Historieto de E"（Libroteko Tokio, 1998），「わたしの出した1冊のほん」（RO 1998.8），'la firmo hachette kaj la "kolekto aprobita"'（"Menade bal püki bal" Saarbrücken : Iltis, 1998），「ザメンホフの「ハムレット」」（LM 1999.4），「わたしの出した1冊のほん」（RO 1999.7），『実録ザメンホフ伝』（リブローテコ東京，1999），「1894年のE改造秘話」（LM 2000.2～12），『善戦楽闘　ザメンホフ全集刊行フンセン記』（ルドビキート社，2001），「わたしの出した1冊の本」（RO 2001.12），'ĉu la "pvz" estas jam kompletigita?'（"Japana Esearo N-ro 3" Libroteko Tokio, 2003），「わたしの出した2冊の本」（RO 2004.5），『E記』（いしかわ企画，2004）。参三ッ石清「いとうかんじ著小説『ザメンホフ』について」（ES 1977.5），G. Waringhien 'Unu monumento en la E-a bibliografio'（"Heroldo" 1981.10.10），U. Lins 'Ludovikito-la gaja mizantropo'（"E" UEA, 1981.12），Baldur Ragnarsson 'iam kompetigota plena verkaro de l. l. zamenhof'（RO 1984.6），藤本達生「期待は大きい999部の本」（『日本経済新聞』1984.12.10），G. Berveling 'Dek kvin jaroj de la PVZ alportas aŭtoran jubileon'（"E" UEA, 1988.1），'Nova fondajo celas "akceli interkomprenigon"'（"E" UEA, 1991.6），「「E文化功労賞」，いとう・かんじ氏に」（RO 1991.10），藤本達生「FAME受賞報告記」（RO 1992.1），矢野啓子「FAME財団とs-ro Meinersのこと」（LM 1992.6），Reza Kheir Khah 'Leteroj el Japanio 21'（RO 1993.4），W. kaj D. Blanke 'Por volumo kvindeka kaj plu'（"E" UEA, 1995.5），『日本のE-isto名鑑』，小林司「書評『善戦楽闘　ザメンホフ全集刊行フンセン記』」（LM 2001.8），『三人』全6巻＋別冊（復刻版，不二出版，2002. いとうの回想を収録），伊藤俊彦「いとうかんじさんを訪ねて」（『センター通信』名古屋Eセンター，230, 2002.2），藤本達生「いとうかんじとludovikito」（RO 2003.7），「ザメンホフ全集, 完結」（LM 2004.6），"E"（UEA, 2005.7・8），藤本達生「しあわせな人」（RO 2005.8～9），清水孝一「思い出すままに」（LM 2005.7），伊藤俊彦「生涯にわたり文学に傾倒した伊東さん」（同），峰芳隆「伊東幹治さんの最後の手紙」（LM

2005.10), 「追悼 いとうかんじ」(RO 2005.11), Z.B. Fornalowa 'Ludoviko + Itô = Ludovikito' ("Literatura foiro" 216, 2005), G. Berveling 'itô kanzi' ("Fonto" 293, 2005), 峰芳隆「PVZ とは何か」(LM 2005.12), 藤本達生 'Esploreloj kaj esploriloj ĉe la kazo de ludovikito' ("Fonto" 300, 2005), 田中早智子「いとうかんじさんの思い出」(LM 2009.3), 藤本達生 "Kromeseoj" (リベーロイ社, 2009), "Ordeno de verda plumo".

伊藤巳酉三 | いとう きうぞう
1909.3.18~1972.10.27

北海道/四高(1928), 東大(1931)/旧姓幸松, 筆名赤渡志郎(「赤と白」にちなむ)/同愛記念病院, 東京警察病院をへて, 1939年岡山医大附属病院薬局長. 戦中は養家先の福井県金津町へ疎開. 戦後, 福井県医薬品会社社長をへて, 金津町に伊藤薬局を開業. 今井勇之進と四高理科甲類の同期. 同校在学中の25年E学習. 28~30年ROを編集. 帝大東友会E部代表. 28年6月薬学E懇談会が薬学E懇話会と改名した際, 塚本赳夫とともに幹事に. 同年12月1日多木燐太郎, 松本清彦, 大島義夫らと東京学生E-isto連盟を結成. 帝大E会員. 29~39年JEI評議員. 36年4月E運動後援会幹事. 39年ROの「和文E訳研究会」欄を1年間担当. 40年JEIが主催した和文エス訳懸賞の審査員. 54年福井県E会設立に参画. 59年9月~68年12月 "La Torĉo" を編集・発行. ROの「作文の手ほどき」(1962.2~12), 「和文E訳練習」(1964.2~12)を担当するなど, 生涯E普及に力を尽くす. 69年白木賞. 志賀直哉, 木下順二などのE訳も手がけた. 署JEI編輯部『ラジオE語講座初等科』(日本放送協会関東支部, 1928), 'Medikamentoj kaj ilia aplikado' (RO 1944.3), 志賀直哉 'En Kinosaki〔城の崎にて〕' (宮本正男・石黒彰彦編 "El japana literaturo" JEI, 1965), 坪田譲治 "La infanoj en Vento〔風の中の子供〕" (Ĉiama Grupo, 1966), 「Literatura Mondo」(RO 1973.3). 参「会員の声」(RO 1945.11), 竹下外来男「伊藤巳西三さんを悼む」(RO 1973.2), "La Torĉo" 95 (Ĉiama Grupo, 1973.5), 北川昭二「先輩たちの蔵書を残そう」(LM 2006.4).

伊藤恭吉 | いとう きょうきち | 1883頃~1933以前

山形/一高(1906), 東大/旧姓東/弁護士. 武居哲太郎と一高独法科の同期. 1919年JEA入会(会員番号1403). のちJEIにも参加.

伊藤幸一 | いとう こういち | 1912~1969.10.26

朝鮮/関西工業/学進舎をへて, 1939年日本孵卵器製作所創設. のち清水組設計部へ. 30年大阪E会の初等講習会に参加し, 同会に入会, 同年JEIにも加入. 33年大阪E会委員. 38年大阪市発行の観光パンフレット『大阪観光案内書』E版の刊行に進藤静太郎, 桑原利秀, 池川清らと尽力. 39年Internacia E-Ligo 大阪事務所責任者. 41年2月, 桑原とともにポーランドからの避難民Leon Machliaと会う. 48年第2次JEI委員, 同年11月7日 Kansai E-a Federacio 結成に際し橋詰直英とともに書記長. 第50回UK(東京)大阪後援会事務局長. 68年2~3月欧州を旅し, その時のスケッチでEの説明入りの絵葉書を作製・販売, その売上はE運動へ. 68年6月30日八尾E会を結成し会長. 西村正雄の詩集 "Edelvejso" 発行に尽力. UEAデレギート(八尾市, 建築学). 妻友江と娘2人もE学習. E関係資料は遺族により松本茂雄へ. 署「『大阪観光案内書』に就いて」(RO 1938.7), 「中庸をゆく大阪E会」(RO 1939.4), 「ポーランドのesp-isto にあう」(RO 1941.4), 「"Edelvejso" の著者西村正雄君のこと」(LM 1956.12). 参「特集 われらの2600年」(RO 1940.2), 奥村林蔵「OES思い出話」(LVO 1995.2). 協松本茂雄, 奥村林蔵.

伊東三郎 | いとう さぶろう
1902.11.16~1969.3.7

岡山/青山学院, 大阪外語(各中退)/本名宮崎巌, 旧姓磯崎, 筆名伊井迂, I.U., 宮崎岩造, 愛称Petro, ペトロ/農民運動の指導者, プロレタリアE運動活動家. E詩人. 児童教育に関する論考も. 岩波新書『Eの父ザメンホフ』(1950)は国語教科書に採用され, 広く読まれた. 花筵の発明者磯崎眠亀(1834~1908)の孫, 宮崎公子の夫. 1926

年労働農民党大阪府連合会書記長代理、28年国際文化研究所設立に参加。『農民闘争』を発刊、全国農民組合全国会議を結成。日本共産党中央委員候補、農民部長など。32年、39年、40年の検挙をへて戦後熊本県農村青年連盟を組織。挫折して東京へ。栄養失調と肺炎のため氷川下セツルメント病院で没。13〜14年頃に叔父磯崎融と古美術商でE-istoの瀬原達太郎の会話からEの存在を知り、自ら人工語の制作を試みる。本格的なE学習は16年岡山中学2年生のとき、師友から推奨されたのがきっかけで、同級の山田貞元、小野誉一らと勉強会を組織。19年7月JEA入会（会員番号1393）。24年大阪外語E会を設立、同年10月JEI大阪支部創立委員。25年岩橋武夫留学のため大阪市立盲学校のE講師を引き継ぎ、永峰清秀らを教える。同年大栗清実、藤ınd常太郎らとE青年同盟を創立。『プロレタリアE講座』全6巻（鉄塔書院、1930〜31）を発案し、編集執筆。36年第24回JK（札幌）に決議案"Alvoko al la tutmondo por la alta taksado de Zamenhofa motivo"を提案して採択され、呼びかけ文がRO（1937.5）に掲載。39年3月JEIは"Verda parnaso"の著述と3年間大阪盲学校E科講師を務めた実績を評価して、無試験でE高等学力認定証を付与。熊本でE運動。43年JEIの「愛国百人一首」E訳募集に応募。46年第2次JEA委員。48年第2次JEA評議員。50年岩波新書からザメンホフ伝『Eの父ザメンホフ』を刊行し、検定教科書『中学国語（総合）2下』（教育出版、1952）などにも採用されて、この著述により第6回小坂賞。のち五木寛之『青春の門　挑戦篇』（講談社、1993）などでも引用され、松岡正剛の「千夜千冊」に選定。Eで世界の児童作文を集めて日本語訳する企画を坂井松太郎と発案し、平凡社に持ち込んで、中垣虎児郎らとともに編集して、秋田雨雀監修『世界の子ども』全15巻（1955〜57）として実現。56年50周年記念JK（東京）で表彰。58年中央労働学院E講師。中村陽宇・宮本正男編"Japana kvodlibeto"（La Laguna : Stafeto, 1965）に詩4編が収録。65年第50回UK（東京）において戦争抵抗者インター分科会を共同司会。67年12月社会文化会館で開かれた由比忠之進の追悼集会の発起人。69年4月中央労働学院で偲ぶ会。その詩'Profunde mi nun spiras'は大江健三郎『同時代ゲーム』（新潮社、1979）「第五の手紙」中で引用。長男に珠太郎（しゅたろう，ŝtalo「鋼鉄」から）、次男に春治郎（hardilo「鍛える道具」から）と命名。参『Al birdeto forfluginta』(RO 1925.1), 'Krabo kaj simio' (RO 1926.4), 'Homarano' (RO 1926.10), レーニン"Tri fontoj kaj tri konsistpartoj de marksismo〔マルクス主義の三つの源泉と三つの構成部分〕" (Junula ligo E-a, 1927),『プロレタリアE必携』（小坂狷二と共著、鉄塔書院、1930）,『プロレタリアE講座』全6巻（共編、鉄塔書院、1930〜31）,『日本E学事始』（鉄塔書院、1932）, "Verda Parnaso〔緑葉集〕" (JEI, 1932),「僕の思出」(RO 1936.6),「図書館とE」(RO 1937.7),「Eと実業との結合について」(RO 1937.8),「二葉亭とE」(『二葉亭研究』5, 1938), 'El antikvaj ĉinaj poemoj' (RO 1939.4),「満鉄とE」(『協和』満鉄社員会, 1939.10),「児童問題」(共著、三笠書房、1939),「芸術・理論・実践」(RO 1945.11),『Eの父ザメンホフ』（岩波書店、1950）,『コトバの歴史』（中央公論社、1952）,「国際図書祭の復活とE訳『原爆の子』」(『図書』1952.12),「Eによって生まれかわった秋田雨雀先生」(『日本児童文学』1962.10), "El poemoj de I.U." (中央労働学院E会, 1963),「言語政策的に見たE」(『英語教育』大修館書店, 1968.12),『Eの手ほどき』（国際ペン・フレンド協会、1968）, 伊東三郎E論集刊行会編『Eとは何か　伊東三郎E論集』（理想閣、1976）ほか。参「先輩はなぜ・どうして学んだか」(RO 1956.6), 川崎直一「伊東三郎の手紙　言語についての」(RO 1969.8), NV 1969.4, 大島義夫「K-do伊東三郎をとむらうの記」(NR 12, 1969.4), 岡一太「永遠の少年・ペートロ」（同）, 進藤静太郎「伊東三郎と私」(VS 1969.9), 松葉菊延「伊東三郎の訳詩によせて」(NR 14, 1969), 清水孝一「故伊東三郎氏の2周年を追悼して」(RO 1971.3), 阿部祈美編『伊井迁詩詠伝』(TEL, 1971),『伊東三郎追憶　第1集』（国際ペン・フレンド協会、1971）, 小林勇『人はさびしき』（文藝春秋、1973）, 吉田九洲穂「『世界の子ども』とE」(LM 1975.1), 宮崎公子「ベトナム人民と伊東三郎」(ES 1975.12), 朝比賀昇・萩原洋子「日本E運動の裏街道を漫歩する　17」(ES 1976.10), 市原梅喜「伊東三郎の

こと」(RO 1983.5)、坪田幸紀「日本の事始めサターノたち 2」(RO 1984.11)、泉順「『児童問題』の著者・野口樹々について」(『共栄学園短期大学研究紀要』2, 1986)、忍岡守隆'Neforgeseblaj vortoj'(RO 1987.1)、HEL 1988.7・8の特集、阿部祈美「詩魂、碑」(HEL 1989.3〜4)、三瓶圭子'Neforgeseblaj vortoj'(RO 1990.5)、熊木秀夫「大栗清実と伊東三郎」(LVK 1990.6〜92.1・2)、熊木秀夫『エスペランチスト 大島義夫先生の業績を偲ぶ』(私家版, 1992)、「赤いナナハンの珠さん」(『熊本日日新聞』夕刊, 1997.8.6)、立川健二「言語は、愛のメディアである 伊東三郎『Eの父 ザメンホフ』」(RO 1997.12)、立川晴二「国語教科書に現れたE教材」(RO 1998.11)、松本健一「日本E運動史外伝 3」(RO 2000.3)、栗田公明「遠慮のいらないサムライ」(RO 2001.8)、同「E詩人の夢」(『日本経済新聞』2001.9.12)、横関至「「左派」農民運動指導者の戦中・戦後—旧全会派の場合」(『大原社会問題研究所雑誌』632, 2011)、『現代日本朝日人物事典』、『近代日本社会運動史人物大事典』、『日本アナキズム運動人名事典』、『反体制E運動史』、『高くたかく遠くの方へ』、『岡山のE』、"Ordeno de verda plumo"、"Encyclopedia of the Original Literature"。

伊藤修｜いとう しゅう｜1905.1.20〜1974.3.20

千葉/満洲医大(1931)/医学博士。満洲医大専門部助教授、察南政庁察南医院婦人科医長などをへて、1951年千葉県鋸南町に伊藤医院開業。満洲医大在学中に奉天E会やJEIに参加。28年満洲医大でE講習を主宰。40年6月張家口E会創立に参画。参RO 1940.9。協伊藤医院。

伊藤重治郎｜いとう じゅうじろう｜1878〜1964.2.26

兵庫/東京専門学校英語学科(1899)、同英語政治科(1903)、ペンシルベニア大院(1908)/Ph.D. 1905〜08年米国留学。早大、東洋大各教授など。『秋田雨雀日記』(1915.8.21)に「塩原にいる伊藤重治郎氏からはがきがきた。Eで返事を書く」と。著カーネギー『富の福音』(実業之日本社, 1903)、『和英法律語辞典』(大学書房, 1951)ほか多数。

伊藤荘之助｜いとう しょうのすけ｜1893.1.5〜1957以降

新潟/二高(1914)、東大農学部(1917)、同経済学部(1920)/はじめ内務省に入り、1935年農林省畜政課長、のち満洲国興農林野局長などをへて、51年林栄商事、53年光林社各社長。日本中央競馬会附属馬事公苑長、農林協会理事など。21年4月JEI入会。著「碁盤談義」(『農林春秋』2：3, 農林協会, 1952)。

伊藤祐武美｜いとう すけぶみ｜1901.3.17〜1990.9.15

岩手/東北学院(1917中退)/花巻煉瓦株式会社勤務から、1942年花巻町議、のち花巻市議。議長歴は町議会時代を含め、通算41年6ヵ月。岩手観光タクシー社長、花巻学園理事長など。花巻市名誉市民。E学習は、22年以前。JEI会員。参金野静一『血風惨雨に耐えて 伊藤祐武美伝』(同編集刊行委員会, 1986)、佐藤勝一「宮沢賢治『E詩稿』の成立(1)」(『宮古短期大学研究紀要』6：2, 1996)。

伊藤武雄｜いとう たけお｜1905.12.17〜1994.3.14

新潟/日大(1929)/鉄道省に入り、国鉄東京操機工事事務所管理課長など。1933年5月JEI入会。36年4月E運動後援会幹事。46年第2次JEA委員。広島在住時の48年頃自宅でE会話会を主宰。娘夫婦の相田清・弥生もE学習。著'La frukto nemanĝenda'("La Fervojisto" JELF, 33, 1934)。協相田弥生。

伊藤太郎｜いとう たろう｜1893.3〜1961以降

愛知/東大(1918)/満鉄に入り、新京鉄道事務所長、北支事務局参与などをへて、1939年華北交通設立と同時に入社し、企画委員会幹事長、張家口鉄路局長、総務局長などを歴任。JEI創立時に入会。

伊藤長右衛門｜いとう ちょうえもん
1875.9.13～1939.8.30

福井/一高(1899),東大(1902)/旧名長市/ケーソン進水方式の考案者。北海道庁技師,小樽築港事務所長など。1919年札幌の講習会で三田智太にEを習った。参中村廉次編『伊藤長右衛門先生伝』(北海道港湾協会,1964),『土木人物事典』。

伊藤長七｜いとう ちょうしち
1877.4～1930.4.19

長野/東京高師(1905)/号寒水/島崎藤村『破戒』の土屋銀之助のモデルとされる開明的教育者。「全人間的教養主義」を唱え,少年少女を通じて国民外交を推進。1919～30東京府立五中初代校長。23年頃JEI入会。中等教育へのE導入を主張。著『現代教育観』(同文館, 1912),『新らしい講話の仕方と実例』(明治図書, 1926),「Eをも中等学校で教えよ」(『教育週報』1928.9.29。"E en Nipponlando" 4:10〔国際語研究会, 1928〕に転載)。参矢崎秀彦『寒水伊藤長七伝』(鳥影社, 2003)。

伊藤徳之助｜いとう とくのすけ
1894.12.11～1961.2.9

千葉/一高(1915),東大(1918)/筆名伊藤徳之/物理学者。理学博士。中央気象台から九大へ転じ,1934～58年教授。47年日本初の人工降雨実験を実施。平野長克と小学1年から同級。小学生時代の06年E学習。山羽儀兵と一高理科の同期で,山羽にEを推奨。一高E会で活動。15年11月5日黒板勝美,小坂狷二,浅井恵倫,杉山隆治,小倉金悦郎らとともに東大E会を結成。21年5月JEI入会,10月8日村上知行,永松之幹と福岡E会結成,11月九大の物理学の講義をEで実施。24年4月3日KEL創立の中心。27年第15回JK(福岡・長崎)会長。28年柴田潤一によって設立されたE-isto文化協会に参加。29年よりドイツへ留学し,31年第23回UK(クラクフ)に参加。50年福岡E会長。58年第45回JK(福岡)会長。UEAデレギート(福岡),九大E会長など。蔵書家で知られ,E関係資料400点は福岡県文化会館(のち福岡県立図書館)に寄贈され,伊藤徳之助E文庫。著『ベクトル解析』(岩波書店, 1929),『応用ベクトル解析』(丸善出版, 1948)。E関係に「E研究 国際補助語EとE主義に就いて」(『改造』1922.8),「E講座」(『女性改造』1922.11～23.2),『緑の星に憧れて』(カニヤ書店, 1925),「緑の旅」(RO 1930.6～11),レイモント著,カーベE訳『レイモント短編集〔Elektitaj Noveletoj〕』(松本清彦と共訳, JEI, 1930),「雑魚のとゝまじり」(RO 1936.6)など。参「E語で大学の講義始まる」(『九州日報』1921.11.11),村上知行 'Sinjorino Itoo' (RO 1926.4),川崎直一「自慢くらべ—「E」文庫」(RO 1930.4),大場格「伊藤徳之助先生のこと」(LM 1961.3),大島広・間田直幹「伊藤徳之助博士逝く」(RO 1961.4),平野長克「吾が友は逝きぬ!!」(RO 1961.6),『伊藤徳之助E文庫』(福岡県文化会館, 1970),『近代日本社会運動史人物大事典』,『117年間のラブレター—長崎とE』。協福岡県立図書館。

伊東俊一｜いとう としいち
1901.1.26～1943以降

兵庫/九大(1925)/後藤外科(福岡)などをへて,朝鮮へ渡り,道立沙里医院長。九大在学中にJEI入会。

伊藤敏男｜いとう としお｜1907～1978

広島/絵師。岡山の社会主義者佐々木銀一(1890～1930)に書き紋を学び,のち佐々木の長女と結婚。1931年仁科圭一,西橋富彦らとPEU岡山支部を結成。37年1月久山専一郎,西橋富彦とともに検挙された。参『岡山のE』。

伊藤敏夫｜いとう としお｜1916.5.24～2001.4.9

岩手/岩手師範,上智大/俳号白史/出光興産をへて,日本繊維新聞社などで編集記者。松川事件と被告をテーマに,「曇天遂に」(『俳句人』1954.9),「寒き世」(『俳句研究』1954.10),「鉄網の彼我」(『新日本文学』1955.4)を句作。1951～93年『俳句人』を中心に評論,俳句を発表。33年盛岡Eロン

ドの第1回講習に参加、同年JEI入会。戦後、東京から仙台へ移り、仙台E会に参加。60年東京へ再転居後、中央労働学院で伊東三郎とEを教授。67年伊東・宮崎公子の媒酌でE-isto塚田菊子と結婚。入間・ヴォルフラーツハウゼン両市の姉妹都市縁組み（1987）に協力。ノイマン、シュミット夫妻や海外のE-istoと文通。宮崎、熊木秀夫らとMEMで活躍。69～72年JEI評議員。署『荒壁』（私家版、1955）、『みちのくの民話』全2巻（共編、未來社、1956～57）。参平山智啓「伊藤敏夫さんをしのぶ」（RO 2001.7）。協伊藤菊子。

伊藤直樹｜いとう なおき｜1936.7～1998.11.25

北海道/北大（1962）/医学博士。米軍病院、北大病院をへて渡米、インディアナ大、セントルイス大で神経内科を学び、帰国後、順天堂大、千葉大をへて、1983年以降中村記念病院（札幌）副院長。84年JEI入会。札幌E会の常連で、旧約聖書クラスの指導も。署フラー『やさしい神経診察』（医学書院、1995）、フィリップス『臨床神経学辞典』（同、1999）。参HEL 1998.12～99.1、『札幌独立教報』（札幌独立キリスト教会、1999.5～6）。協星田淳。

伊藤八郎｜いとう はちろう｜1925.6.15～2003.7.16

広島/京大/広島女学院高数学科教諭。呉市三津田町で「アメンの友教会」を主宰する義父田中種助の他界に伴い、学校を辞めて、同教会の牧師に。1952年11月広島女学院高にEグループを結成。54年同中学にもEクラブVerda Amikoを設立。JELE会員。協吉田肇夫、忍岡守隆、森下峯子。

伊藤秀五郎｜いとう ひでごろう｜1905.1.20～1976.2.22

神奈川/北大（1929）/農学博士。生物学者、詩人、登山家。1926年北大山岳部を創設。北大予科教授、『中部日本新聞』論説委員などをへて、53年北海道学芸大、60年札幌医大各教授。北大在学中にJEI入会。署『風景を歩む』（東京詩学協会、1928）、『北の山』（梓書房、1935）。

伊藤洋｜いとう ひろし｜1909.2.21～2006.9.2

高知/東大（1931）/理学博士。植物分類学の権威。1941年東京文理大助教授、49年教授。長く昭和天皇の植物学研究の相談役を務め、『皇居の植物』（保育社、1989）出版に協力。20年代後半JEI入会。JESA会員。署『日本羊歯類図鑑』（厚生閣、1944）、『しだ』（北隆館、1973）。

伊藤正春｜いとう まさはる｜1928.1.21～1998.5.1

東京/北大（1951）/京都ユネスコ協会事務局長、聖母女学院短大教授、国際教育日本センター所長など。世界文化・自然保護条約の批准運動に尽力。E学習歴は不明。1965年第50回UK（東京）京都後援会発起人の一人。署『昆虫社会学』（陸水社、1958）、『人間生態学』（関書院、1960）。

伊藤泰雄｜いとう やすお｜1902.7.2～1988.8.31

大分/明治専門学校（1925）/1964年三菱電機常務、68年菱電商事副社長、72年会長など。明治専門学校在学中にJEI入会。

伊藤庸二｜いとう ようじ｜1901.3.5～1955.5.9

千葉/一高（1921）、東大（1924）/工学博士。海軍技術大佐。日本海軍のレーダー開発者。1926～29年ドイツ留学。29年から終戦まで海軍技術研究所員。47年光電製作所を設立し、無線方位測定機、電子顕微鏡等の研究に従事。中大教授、日本電子光学会長など。谷口光平、浜田成徳らと一高工科の同期。JEI初期に入会。署『無線方位測定機』（後藤三男と共著、コロナ社、1957）。参『伊藤さんの俤』（伊藤庸二君記念文集刊行会、1956）、中川靖造『海軍技術研究所―エレクトロニクス王国の先駆者たち』（光人社、1997）。

伊藤隆吉｜いとう りゅうきち
1900.9.28〜1986.11.19

岐阜/八高(1923)、東大農学部(1926)、同理学部(1939)/内木宗八、窪川一雄と八高理科甲類の同期。成蹊大名誉教授。1921年8月八高E会を創立し代表。同年JEI入会。22年9月16日新愛知新聞社岐阜支局主催のE普及講演会で「皮肉な平和」を講演。23年第11回JK(岡山)で挨拶、同年JEI委員。SAT会員。著「三代表国の工業家の演説」("E en Nipponlando" 55〜58、国際語研究所、1929)、ソープ『支那土壌地理学』(岩波書店、1940)、『自然環境と人間生活』(研究社出版、1953)。参「伊藤隆吉教授著作目録」(『政治経済論叢』国土社、16：3、1966)、石黒修「E六十年(8)」(ES 1977.12)。

稲垣藤兵衛｜いながき とうべえ｜1894?〜1957

千葉/キリスト教をへて、社会問題に関心を寄せる。1910年台湾に渡り、独自の立場で布教活動。稲江義塾を設立し、貧しい台湾人に実業教育を施す。"Domo de homarano"の看板も掲げて、連温卿や蘇璧輝らの協力も得てEも教授。21年JEI入会。参手塚登土雄「資料発掘 稲垣藤兵衛の『非台湾』など」(『トスキナア』8、皓星社、2008.10)、『日本アナキズム運動人名事典』。

稲垣刀利太郎｜いながき とりたろう
1872.1.30(明治4.12.21)〜1935⇔1940

東京/大阪府立医学校(1900)/1911年関東庁海務局に入り、20年大連工業組合嘱託医。23年頃JEI入会。24年大連で開かれた小坂狷二のE講習に参加後、淵田多穂理らと運動。JEMA会員。参田中貞美「満州E運動史」(LM 1969.2〜1970.2)。

稲垣和一郎｜いながき わいちろう
1894.6.16〜1943以降

愛知/名古屋商(1911)/1922年父と衣ヶ浦綿糸を設立し岡崎工場支配人。23年頃JEI入会。28年8月2〜25日松本重一に協力して愛知県高蔵寺の小学校で初等E講習会開催。参RO 1928.10。

稲葉道寿｜いなば どうじゅ｜1900.7〜1985.8.5

岐阜/大谷中/僧侶。父は大谷大に勤めた真宗の碩学。1931年から最期まで光慶寺(岐阜県池田町)住職。31年JBLEに参加。院号「緑星院」。参脇坂智証「稲葉道寿さんの逝去」(LJB 1985.12)。

犬塚竹次｜いぬづか たけじ
1896.8.22〜1960.5.3

佐賀/東京盲学校師範科鍼按科(1920)/9歳の時、失明。1922年佐賀盲学院を設立、24年佐賀盲唖教習所との合併に伴い私立佐賀盲唖学校教員。34年県立に移管されるまで骨身を削って同校を経営。34年佐賀県立盲唖学校教諭、40年公立盲学校教諭、48年佐賀県立盲学校高等部教諭。32年4月佐賀盲唖学校中等部にE研究会を設立し、週3回、4年生4名にEを指導。参「盲唖学校でE語」(RO 1932.11)、『道ひとすじ』。

猪野謙二｜いの けんじ｜1913.4.2〜1997.9.11

宮城/東大(1937)/国文学者、文芸評論家。神戸大名誉教授。E学習歴は不明。1956年日本E運動50周年記念に際しJEI賛助会員。著『明治文学史』全2巻(講談社、1985)ほか多数。参『現代日本朝日人物事典』。

井上章夫｜いのうえ あきお
1917.5.5〜1984.3.31

高知/北野中(1934)、高知高(1939)、京大(1942)/1922年高知から大阪へ転居。43年海軍軍医として南洋へ。45年復員。47年高知県で弘岡下診療所を開業。49年日本共産党に入り、町政・医療の民主化に働く。高知医療生活協同組合理事長。83年党公認候補として高知県議会議員選挙に出馬したが落選。Eは、30年北野中(大阪)入学後に独習。76年6月JEI入会。同年9月高知E会長に就任後、会員の学力向上、親睦に力を注いだほか、毎年海外のE-istoを招いて講演会、親睦会を開催。SAT会員。E関

係蔵書は遺族により高知大へ。🖋『笑わすなよ聴診器』(私家版, 1985)。📖「高知大学に井上文庫」(LM 1986.5)。👥井上良, 岡田泰平, 高知県立図書館。

井上乙彦 | いのうえ おとひこ | 1898?~1950.4.7

神奈川/海兵(1920)/海軍大佐。1938年第二艦隊隊副官, のち横須賀海兵団, 横須賀海軍警備隊などをへて, 44年石垣島海軍警備隊司令。45年4月米兵捕虜3人を斬首・刺殺により処刑(石垣島事件)させたとして, 死刑判決を受け, 巣鴨で絞首刑。裁判の当初に処刑命令を否定し後から責任を認めたことで, 責任回避とされることがあるが, 指揮官として責任を負うことで部下の減刑を図ったとの見方も。1923年頃JEI入会。🖋『海の若人』(私家版, 1922)。📖巣鴨法務委員会編『戦犯裁判の実相』(同刊行会, 1952；復刻版, 不二出版, 1981), 巣鴨遺書編纂会編『世紀の遺書』(巣鴨遺書編纂会刊行事務所, 1953), 作田啓一『恥の文化再考』(筑摩書房, 1967), 上坂冬子『巣鴨プリズン13号鉄扉』(新潮社, 1981), 森口豁『最後の学徒刑—BC級死刑囚・田口泰正の悲劇』(講談社, 1993), 瀬名波栄『石垣島方面陸海軍作戦 太平洋戦争記録』(沖縄戦史刊行会, 1996), 丸山伸一「空白の裁判記録を追う」(『This is 読売』1998.10), 北影雄幸『無念の涙 BC級戦犯の遺言』(光人社, 2008)。

井上清恒 | いのうえ きよつね
1904.11.7~1988.7.27

福岡/朝倉中, 東大(1928)/医学博士, 理学博士。巣鴨高商, 東京医専, 慈恵医大などをへて, 1946~72年昭和医大生理学教室初代主任教授。キリスト者。JEI初期に参加。慈恵医大予科長時代, Eを必須科目に。46~70年JEI理事。JEI終身会員。🖋『生物学概論』(陵友社, 1936), 『医学史ものがたり』全3巻(内田老鶴圃, 1991)。📖峰芳隆「渡辺輝一と井上清恒のこと」(RO 1989.3)。

井上照月 | いのうえ しょうげつ
1909.8.22~1996.8.23

島根/綾部高等小/本名酒井董(ただす)/速

記者。大本の幹部井上留五郎(医師, 1926年頃JEI入会)の五男。1935年第二次大本事件後, 和歌山市庶務課, 同市議会速記者, 大阪府総務部総動員課など。戦後, 松江に移り, 45年島根県総務部庶務課に入り県議会速記長, 広報文書課広報係長, 編集係長, 総合振興室企画員など。26年E学習。EPA幹部として全国各地で講習。32年12月第2回台湾E大会でマヨールの講演を通訳。28~35年EPAの学習用機関誌"Verda Mondo"のほぼ毎号にE関連記事を寄稿。51年JEI松江支部長。松江市の広報にE関連記事を多数掲載。81年JEI終身会員。🖋『実用E会話』(天声社, 1933), 『基本E教科書』(島根新聞社, 1951), 「UKのバッジを」(RO 1966.4), 「通訳不在の国際会議」(『山陰中央新聞』1980.9.17)。👥酒井千代, 三ッ石清, 硲大福。

井上仁吉 | いのうえ じんきち
1868.12.17(明治1.11.4)~1947.3.14

京都/第一高等中(1892), 帝大工科大(1896)/工学博士。京大総長, 学習院長荒木寅三郎(1866~1942)の義兄。1903~05年ドイツ留学後, 東大, 東北大各教授をへて, 28~31年東北大総長, 33年香蘭女学校長。21年東北大E会創立に際し初代会長。Eは, 29年5月17日~6月21日, 週1回開かれた菊沢季生の初等講習で熱心に学習。30年11月8日仙台E倶楽部が仙台E会に改組された際, 初代会長に就任。31年3月9日萱場真の告別式で東北大E会代表として弔辞を。32年4月仙台E会名誉会員。35~37年JEI理事。36年3月JESA初代理事。38年工業化学会の発表用語にEを導入。39年JEI顧問。🖋『工業瓦斯』(博文館, 1906), 「研究報告用語にE語の採用」(『化学工業時報』工業化学会, 6: 29, 1933)。📖桑原利秀「東北帝大E会報告」(『工明会誌』東北大工学部工明会, 12, 1931), 「学会の新理事二人」(EL 1935.7), 『日本キリスト教歴史大事典』。

井上信之介 | いのうえ しんのすけ
1902.12.3~1982.8.18

北海道/早大(1928)/日本のプレハブ建築

井上直生｜いのうえ なおき
1957.4.21～2006.3.9

横浜ハリストス正教会副輔祭。1984～94年JEI会員。横浜E会で活躍。JPEA会員。

井上一｜いのうえ はじめ｜?～?

教員組合委員長。1948年第2次JEA評議員。60年5月吉田栄の紹介でJEI入会。日本共産党中央委員会に党員教育の一部としてEを採用せよと上申。箸『君は似非E-istoであってはならぬ』(『十勝毎日新聞』1934.11.18)、「二葉亭四迷と《世界語》」(RO 1935.8)、「緑星下に於ける二葉亭四迷」(RO 1936.6)。参三ッ石清「名古屋より函館へ」(HEL 81, 1999.9・10)。

井上ひさし｜いのうえ ひさし
1934.11.17～2010.4.9

山形/仙台一高(1953)、上智大(1960)/本名井上廈、一時は内山姓、筆名遅筆堂/放送作家、小説家、劇作家。米原昶の娘ゆりと再婚。九条の会呼びかけ人、仙台文学館館長、吉野作造記念館名誉館長、日本ペンクラブ会長、2004年文化功労者、09年日本芸術院会員など。吃音や方言の体験からことばに関心を寄せ、多くの作品でテーマにした。川西町(山形)に遅筆堂文庫、山形市に遅筆堂文庫山形館。1979年『Eの世界』誌の編集者であった栗栖継の勧めでEの独習を開始。同年JEI創立60周年記念講演会で「私の国際語論」と題して講演し「Eはすごい言語だ」と。また「インタビュー・井上ひさし氏」(『毎日新聞』1980.7.22)で「どうしてもやりたいのはEで小説と芝居を書くこと」とも。『イーハトーボの劇列車』(1980年五月舎初演、『新劇』1980.10掲載)に主人公宮沢賢治が警官にEを教えるシーンがあるほか、『私家版日本語文法』(新潮社、1984)、「ユートピアを求めて」(『この人から受け継ぐもの』所収)など著作でしばしばEに言及。2007年第92回UK(横浜)名誉顧問。箸『井上ひさし全芝居』全3巻(新潮社、1984)、『井上ひさしコレクション』全3巻(岩波書店、2005)、『井上ひさしの日本語相談』(新潮社、2011)、『言語小説集』(新潮社、2012)ほか多数。E関係として「E独習日録」(ES 1979.6～12)、『イーハトーボの劇列車』(新潮社、1980)、「日本語」(『読売新聞』1980.1.25～29)、「私の国際語論」(『国際語展望』JEI, 3, 1981)、『井上ひさしの世界』(仙台文学館、2009)、『この人から受け継ぐもの』(岩波書店、2010)ほか多数。参 'Inoue kaj E' ("E" UEA, 1979.10)、梅田善美 'Japanoj festas publike' ("E" UEA, 1980.3)、後藤斉 'Biblioteko INOUE Hisasi' (RO 1988.1)、今村忠純編『国文学解釈と鑑賞別冊 井上ひさしの宇宙』(1999.12)、桐原良光『井上ひさし伝』(白水社、2001)、佐高信「追悼 井上ひさしさん―山形、E、そして護憲」(『金曜日』2010.4.16)、「追悼・井上ひさし」(『悲劇喜劇』717, 2010.7)、「特集：井上ひさしと世界」(『國文學 解釈と鑑賞』2011.2)、笹沢信『ひさし伝』(新潮社、2012)、『現代日本朝日人物事典』。

井上久｜いのうえ ひさし｜?～1976.9.7

北海道/農協理事。戦前E学習。戦後、函館E運動の再建に努力。1960年5月吉田栄の紹介でJEI入会。71年12月JEI再入会。函館E会員。箸 'Kio Gravas por Nia Movado?' ("Leontodo" HEL, 49, 1973.3)。参三ッ石清「名古屋より函館へ」(HEL 81, 1999.9・10)。

井上裕｜いのうえ ひろし｜1912.4.25～2001.4.30

山形/京城帝大/号磁雨/1918年朝鮮へ渡り、南大門、京城各中学をへて、京城帝大進学後、長谷川理衛にEを学ぶ。のちJEI入会。39年政友会代議士の父井上直弥の秘書に。41年応召で中国へ。47年復員。48～64年オーストラリア在住。約40年のブランクをへて、70年JEI再入会。75年10月調布E会設立に尽力し、小野記彦とともに副会長。79年1月25日JEGAを創立し初代会長。80～85年JEI評議員。第3回川上賞。妻冨貴子もE学習。箸「E入門」(『月刊言語』1981.4～9)、「福田正男君の想い出」(SAM 1989.4)、「JEI支部めぐり 29 調布支部」(RO 1993.

10），『高麗焼変遷史』(国書刊行会，1994)．参「「碁」は世界共通語」(『週刊碁』1985.2.12)，『調布E会20年のあゆみ』，桜井信夫「井上裕氏をしのぶ」(RO 2001.7)．図石野良夫．

井上正盛｜いのうえ まさもり
1890.11.10〜1943以降

福岡/明治専門学校(1915)/旧姓田中/明治紡績行橋工場長，計画部長など．1929年明紡E会を設立し会長．

井上万寿蔵｜いのうえ ますぞう
1900.1.2〜1977.4.8

山形/東京府立一中(1917)，一高(1920)，東大(1923)/号舒菴/鉄道官僚，のち関連企業・団体の要職を歴任．ラテン文学者藤井昇(慶大教授，83年JEI入会)の叔父．辻直四郎と東京府立一中の同期．鉄道省に入り，仙台駅助役，秋田運輸事務所営業主任，本省事務官などをへて，1931年12月〜33年9月観光事業研究のため欧米に派遣．帰国後，名古屋鉄道局旅客係長，35年国際観光局事務官，養成課長などを歴任．日本初の観光学の概説書『観光読本』(1940)によって観光を定義づけし，産業や行政の中に位置づけるのに功績．退官後，鉄道教科書株式会社専務，社長をへて，51年観光事業研究会長，58年交通博物館長．漢詩文芸誌『言永』の発行を引き継いで，戦後の漢詩界に貢献．14年縁日で黒板勝美の『E和辞典本』を見つけ耽読．竹内徳治，長谷川理衛と一高独法科の同期．同校在学中，長谷川と二人でしばしば小坂狷二宅を訪問し指導を受ける．19年JEA入会(会員番号1437)．20年第7回JK(東京)でJEI宣伝部委員となり，翌年東北信州宣伝隊に参加．23年仙台在勤中，第12回JKの仙台招致に動くが，本人は開催前に転出．同年JEI評議員，25年第6期代表委員，26年評議員長，30〜31年監事，33〜45年理事．永田秀次郎の依頼で「関東震災霊牌堂の由来書」をE訳．詳細なE文案内書「Gvidlibreto por Japanlando」(1927)，冊子「Japanujo」(1935)を鉄道省から刊行させるなど，鉄道・観光関係の職務をEと結びつけて活動．欧米出張中に各地でE-istoと交流して，33年第25回UK(ケルン)に参加．36年E運動後援会幹事．40年満洲と中国北方に出張し，ハルビンでパブロフらと，大連で宋禹憲らと，ほか各地でE-istoと交歓．42年RO誌掲載の「大東亜建設とE」で「正しい意味での日本語の海外進出とゆうことは，他の民族の言語を奪つてそれに日本語を置きかえるとゆうようなことではないはず」と，海外諸民族への日本語の押し付けを批判．45年12月JEI監事，47〜70年理事．戦後の混乱期に鉄道図書から『新撰エス和辞典』を重版させる．48年日本国憲法のE訳 'La konstitucio de la Regno Japanio'(長谷川理衛と共訳，RO 1946.12〜47.4)により第4回小坂賞．48年第2次JEA評議員．56年50周年記念JK(東京)で表彰．JELF顧問．著「人類の国際心の目醒めを語る国際語Eに対する建部博士の誤解を駁す」(『中央公論』1922.7)，「Eを中等学校に課するの議」(同 1922.8)，「Eと国際連盟総会」(『国際知識』1923.2)，'La verda nebulo : Japana legendo pri norda banloko'(RO 1927.1〜3)，『E読本』(JEI, 1927)，'Vidu Japanlandon, kiu vivas'(RO 1927.9)，「鉄道とE」(RO 1928.8)，「アメリカよ，さらば」(RO 1932.11)，「ヨーロッパところどころ」(EL 1933.4)，「ケルンの万国E大会に参加して」(RO 1933.10)，「時事断想」(『国際観光』3:3, 1935)，『観光読本』(無何有書房, 1940)，「満洲の旅から」(RO 1940.8)，「国家意識とŜovinismo」(RO 1941.2)，「大東亜建設とE」(RO 1942.3)，"La konstitucio de la Regno Japanio"(長谷川理衛と共訳，KLEG, 1964)，『陸の交通』(講談社, 1965)，「若き日の小坂氏と賢母」(RO 1969.9)，『写真図説 鉄道百年の歴史』(監修，講談社, 1971；日本図書センター, 2012)，『舒菴詩鈔』(栖碧山荘, 1978)ほか多数．参「井上氏外遊を送る」(RO 1931.12)，'Aperis nova gvidlibro "JAPANUJO" eldonita de Japana Fervoja Ministrejo'(RO 1935.8)，「先輩はなぜ・どうして学んだか」(RO 1956.6)，松本健一「井上萬寿蔵氏亡くなる」(RO 1977.6)，鈴木正夫「長谷川，井上両君を偲ぶ」(RO 1977.11)，和田圭子「井上氏の訃報に接し」(同)，川崎直一「なき友の教え」(RO 1978.2)，若松清次郎「井上萬寿蔵氏」(AK 1986.4)，後藤斉「東北人井上万寿蔵」(ME 2012.5)．図石村広，林哲夫．

井上守｜いのうえ まもる｜1907~1989.6.23

福岡／熊本逓信講習所(1923)／一貫して電通畑を歩み，1967年佐世保電報電話局を最後に退職。のち学校近視対策研究所九州連絡所長。戦前，大牟田E会に属し，戦後は長崎E会で活躍。［著］「私のE回顧録」(VH 1988.5)。［参］深堀義文「井上守氏を悼む」(VH 1989.8)。

井上満｜いのうえ みつる
1900.12.16~1959.5.14

福岡／明善高，日露協会学校(1924)／1920年福岡県費留学生としてハルビンの日露協会学校に入学。25歳で上京し文筆活動へ。デボーリン，ブハーリンらの社会科学文献を翻訳に手がける。30～36年駐日ソ連大使館情報部に勤務し，ソ連事情を新聞・雑誌に多数発表。戦後，ソヴェト研究者協会，日ソ文化連絡会，ロシア文学者組合，日ソ翻訳出版懇話会の創立に参加。46年タス通信東京支局に勤め，東京裁判の通訳を担当。日露協会学校在学中に北京でエロシェンコと知り合い，一緒に中国各地を旅行したと。56年日本E運動50周年記念に際しJEI賛助会員。［著］デボーリン『弁証法的唯物論への入門』(白揚社, 1927)，ゴロヴニン『日本幽囚記』(岩波書店, 1943~46)，ドストエフスキイ『貧しき人々』(角川書店, 1951) ほか多数。

井上碌朗｜いのうえ ろくろう
1897.9.1~1971.4.15

山口／麻布獣医畜産学校／鐘紡畜産主任，ロータリー製菓社長など。1939年E学力検定高等試験に無試験合格。同年JEI賛助会員。［著］「万国E-isto獣医協会について」(『獣医学友会会報』140, 1934)，『日本チョコレート工業史』(日本チョコレート・ココア協会, 1958)，『牛乳・これだけは知っておこう』(乳業と生活社, 1975)。

井口在屋｜いのくち ありや
1856.11.27(安政3.10.30)~1923.3.25

加賀国(現石川)／愛知英学校，工部大学校(1882)／工学博士。渦巻きポンプの世界的権威。1886年工部大学校助教授，94～96年英国留学，のち東大，海軍機関学校，海大各教授。1912年ゐのくち式機械事務所創業。22年1月小坂狷二と田中館愛橘の講演に触発されてE学習。［著］『ゐのくち簡易表』(工業雑誌社, 1902)，『井口集』(井口教授在職二十五年祝賀会, 1913)。

井口丑二｜いのくち うしじ｜1871~1930

長崎／明治法律学校(1903)／二宮尊徳の研究者。1916年岐阜県恵那郡蛭川村に大日本神国教を創始。06年7月12日JEA第2回例会に出席(会員番号159)。［著］『二宮翁伝』(内外出版協会, 1909) ほか多数。

猪口金次郎｜いのぐち きんじろう
1897.10.30~1976.10.23

山形／東北大(1923)／工学博士。東北大工学部応用化学科で菊沢季生と同期。東北大助手，講師をへて，1935年満鉄に入り，中央試験所有機化学科長，満洲科学審議委員など。戦後，中華民国政府に留用されて，長春鉄路公司科学研究所上級研究員。47年引き揚げ後，第一工業製薬研究部長などをへて，55～60年東北大教授。仙台E会初期会員。［著］『猪口金次郎先生遺稿集』(故猪口金次郎先生遺稿集刊行会, 1980)。［参］『九葉会会報』25 (1960)。［図］東北大史料館。

井ノ口誼｜いのくち よしみ
1934.3.22~1987.1.22

京都／東京芸大(1958)／東京芸大副手，いすゞ自動車研究部嘱託をへて，1959年いすゞ自動車に入り，のち初代デザイン部長。日本インダストリアルデザイナー協会理事。56年50周年記念第43回JK(東京)に参加。63～66年ROの表紙をデザイン。63年10月ニッポン放送のラジオ番組で海外旅行にEが役立った体験談を披露。65年第50回

UK(東京)のシンボルマーク「逆さ富士」をデザイン。著『ソリッドプロダクト』(美術出版社, 1968)。

猪俣直治 | いのまた なおじ | 1911~1954.7.27

山梨/左翼労働運動に従事, 検挙数回。1946年日本共産党に加わり, 埼玉県草加町で町民の生活改善や町政の民主化に取り組む。30年頃E学習, PEU, のちJEIに参加。Lenin 著, Elsudo E 訳 "Karl Marx" (SAT, 1926) を重訳, 秘密出版して研究会に使用。34年8月E研究のために個人誌"Verkaro Orienta Kampo"創刊。著「白の音と東北方言のĤeとに就て」(RO 1938.10),「言語の本質の問題」(RO 1939.9), 'Kion signifas la fakto' (RO 1941.1)。参『解放のいしずえ』。

祈幸守 | いのり さちもり | 1908.4.21~1946.5.26

鹿児島/尋常高等小/本名祷克己, 別名幸月/祷正己の兄。1921年大日本修養会出版局へ奉職。26年亀岡の天声社支社へ転職。27年退職し帰郷。28年綾部の第一天声社に再度奉職。のち渡満し, 満洲時事通信社に勤務。現地召集され, 戦後, シベリア抑留中に没。28~33年 "Verda Mondo" へ寄稿。娘馬場祝栄(ときえ)もE学習。図馬場祝栄, 俗大福。

祷正己 | いのり まさみ | 1911.6.9~1997.1.1

鹿児島/高等小/別名豊己/祈幸守の弟。1926年9月大本に奉職。27年1月第二天声社(亀岡)へ移動。29年JEI入会。渡満後は兄と同じ満洲時事通信社に勤務。35年4月第7回満洲E大会に参加。39年新京E会幹事。戦後, 奄美大島へ引き揚げ。琉球政府勤務をへて, 53年奄美群島の日本復帰後, 南日本新聞へ。91年10月~96年9月LMを購読。著「国際共通語Eと私」(『南海日日新聞』1979.2.21~4.18)。図馬場祝栄, 俗大福。

伊庭孝 | いば たかし | 1887.12.1~1937.2.25

東京/同志社(中退)/日本オペラ界の先駆。政治家星亨(1850~1901)の暗殺者伊庭想太郎(1851~1903)の養子, 幕末の剣客伊庭八郎(1844~1869)の甥。土岐善麿の勧めでEを学び, これなら一晩でやれると豪語, 独learning書を持ち帰り, 7日後JEI例会で演説を披露。その講演原稿 'Lingvo kaj muziko' はRO (1929.1)掲載。著『日本音楽概論』(厚生閣書店, 1928),『歌劇大通』(四六書院, 1931)。参『現代日本朝日人物事典』。

伊波普猷 | いは ふゆう | 1876.2.20~1947.8.13

沖縄/東京明治義会尋常中(1897), 三高(1903), 東大(1906)/筆名はまのや, 物外/民俗学者。言語学, 歴史学, 宗教学などを包含する沖縄学を創始し,「沖縄学の父」と称された。沖縄県立図書館長(嘱託), 沖縄人連盟初代会長など。21年柳田國男と出会い, 25年に再上京して柳田の南島談話会に参加。琉球大に伊波文庫。1916年JEA入会(会員番号1110)。17年比嘉春潮, 照屋輝一らと緑星倶楽部, JEA沖縄支部を創立し, 弟の普成(当時『沖縄毎日新報』主筆)とともに評議員。同県県立図書館でのE講習会を比嘉とともに指導。18年JE (13:3)「琉球号」に協力。JEA評議員, のちJEIにも参加。E学習当初より琉球のE名を, "Luĉo"とするよう主張(JE 1917.4)。26年5月1日E普及講演会後の晩餐会で琉球語でスピーチ(比嘉が日本語に通訳)。22年『古琉球』(沖縄公論社, 1911)の第3版刊行に際し, 表紙に "Malnova Luĉo" とEのタイトルを併記。脳溢血のため比嘉宅で急逝。著『伊波普猷全集』全11巻(平凡社, 1974~76)ほか多数。E関係に 'Omoro-poemoj' (JE 13:3, 1918), 'Ĉefaj verkoj pri Luĉo'(同),「私達のE運動」(『沖縄毎日新報』1917.10.20)など。参金城正篤・高良倉吉『伊波普猷』(清水書院, 1972), 比嘉春潮『沖縄の歳月』(中央公論社, 1969), 鹿野政直『沖縄の淵 伊波普猷とその時代』(岩波書店, 1993), 比嘉美津子『素顔の伊波普猷』(ニライ社, 1997), 太田好信「沖縄発「土着コスモポリタニズム」の可能性」(上村忠男編『沖縄の記憶／日本の歴史』未來社, 2002), 石田正治『愛郷者 伊波普猷―戦略としての日琉同祖論』(沖縄タイムス, 2010),『現代日本朝日人物事典』,『近代日本社会運動

史人物大事典』,『日本キリスト教歴史大事典』。

井幡清一|いばた せいいち|
1895.10.8～1955以降

富山/四高(1918), 京大(1922)/医学博士。島根県立松江病院眼科部長などをへて, 1933年日赤京都支部病院眼科部長。キリスト者。23年頃JEI入会。26年JEMA創立後, 島根県支部幹事を務めた。論文にEの抄録を付す。

井伏太郎|いぶし たろう|?～?

「理想的個人と理想的社会」の実現を目指す真人道を主宰。1899年『真人道』を創刊, 1936年Eページを設ける。33年堺利彦の通夜に参列。40～41年JEIの時局への対応姿勢を日本大会で批判。圕『苦学の伴侶』(日高有隣堂, 1904)。E関係に「英語を排斥しE語を」(『真人道』431, 1936) など。

伊吹武彦|いぶき たけひこ|
1901.1.27～1982.10.12

大阪/三高(1922), 東大(1925)/旧姓森/サルトルらの実存主義の紹介者。飯島正, 大岩誠と三高文科丙類の同期。1929年フランス留学。京大名誉教授。E学習歴は無し。36年児玉鹿三の後を継いで三高E部長。機関誌"Libero"に寄稿。圕『近代仏蘭西文学の展望』(白水社, 1936) ほか多数。参『伊吹武彦教授略歴並びに著作目録』(『人文論究』19:4, 関西学院大, 1969), 『現代日本朝日人物事典』,『三高E会小史』。

今井金治|いまい きんじ|1896.5.1～1944以降

群馬/慶大(1924)/医学博士。東京電燈病院外科長などをへて, 1933年高崎市に開業。19年JEA入会(会員番号1445)。

今井坂一|いまい さかいち|
1879.11.26～1937以降

愛媛/海軍技手養成所(1905)/海軍造機部をへて, 1929年松尾工場工場長兼技師長。18年JEA入会(会員番号1173)。

今井四郎|いまい しろう|1907.8.1～1984.1.10

東京/東京府立一中(1924), 一高(1928), 東大(1932)/堀内恭二, 吉川春寿と東京府立一中の同期。1957年国鉄北海道支社長, 61年鉄道会館常務。青年時代にEを学び, 東京鉄道E会に参加。圕'Estiminda virino' ("La Fervojisto" 33, JELF, 1934)。

今井善治|いまい ぜんじ|1891頃～1971⇔1973

新潟/東大(1917)/奉天造兵所火薬製造所長など。1918年JEA入会(会員番号1168)。のちJEIにも参加。

今井楢三|いまい ならぞう|
1876.6.15～1943⇔1951

大阪/北野中(1895), 五高(1898), 京大(1903)/医学博士。津田安次郎と北野中の同期。1906～12年久留米市立病院, 21～23年天津日本共立病院, 23年市立長岡病院各院長などをへて, 新潟県長岡市に今井内科医院を開業。06年JEA入会(会員番号90)。JEI, JEMA各会員。

今井秀雄|いまい ひでお|1908.3.6～1980.4.16

兵庫/早大(1930)/1932年長崎県立盲学校教授嘱託, 40年神戸市立盲学校へ転じ, 49～63年校長。のち神戸教育研究所主事。晴眼者で点字の読み書きができた。海外の盲人事情を知ろうと, スウェーデン発行の点字雑誌"Esperanta Ligilo"(1904年創刊) を読むため, 29年E独習。30年JOBK(大阪)のラジオ講座で学習。48年2月JEI入会。54年海外のE-istoにアンケートを送付し, 翌年その結果をまとめた世界の盲人事情調査報告『みどりの星はささやく』を刊行。同誌は7号まで続き, 全国の盲学校に配布。60年2月日本事情を世界の盲人E-istoに知らせるため点字雑誌"La Fajfilo"(1963年まで17号刊行) を創刊。62年第47回UK(コペンハーゲン), 第32回世界盲人E会議(同), 第3回国際盲青年教育者

会議(ハノーバー)に参加。Eを利用して集めた資料に基づき, 世界盲人百科事典編集委員会編『世界盲人百科事典』(日本ライトハウス, 1972)に「世界の盲人事情」を執筆。署『海なき灯台もり』(天理教道友社, 1977)。参『みどりの星はささやく』第三号』(『神戸新聞』1960.1.20),「わが生涯は点字とE語」(『毎日新聞』淡路版, 1978.12.6), 峰芳隆「今井秀雄さんの遺品の点字雑誌」(LM 1981.9),『神戸のE』。

今井正毅|いまい まさき|1905.9.26～1987.7.9

福岡/福岡高, 九大(1930)/福岡県職員から福岡商高の英語教諭に。1924年E学習。52年1月JEI入会。福岡商Eクラブを指導した功績により, 74年全日本高校E連盟より表彰。76年10月世界菜食主義者協会(TEVA)日本代表。原爆の体験を伝える会編『水ヲ下サイ』のE訳"Akvon, mi petas!"(福岡E会, 1984)出版に寝食を忘れて取組み, 李益三による中国語訳を送られ,「やっと報われた。思い残すことはない」と。病床にあっても中国, ロシア, ドイツ, 英国, ポーランドのE-istoと文通。SAT, JELE, JPEA各会員など。署「世界菜食主義者協会について」(LM 1977.1),「わが幻の学園」(LM 1978.7),「Akvon出版後の活動について」(LV 1986.6)。参西田光徳「今井正毅氏の死を悼む」(LVK 1987.8), 木下忠三「今井さんを偲んで」(LJB 1987.9～10), 西田光徳「今井正毅先生をしのぶ」(LM 1987.10), 今井修「亡父今井正毅のこと」(同), 同「父・今井正毅」(RO 1987.11)。

今井勇之進|いまい ゆうのしん
1907.10.12～2001.9.19

長野/四高(1928), 東大(1931)/号廸生/工学博士。鉄鋼材料分野の第一人者。1947～71年東北大教授。67年日本学士院賞, 92年文化功労者。キリスト者。伊藤巳西三と四高理科甲類の同期。Eの支持者で, 国際学術用語としてのEの採用を力説。署「E語の世界的普及」(『特殊鋼』特殊鋼倶楽部, 1962.1),『鋼の物性と窒素』(アグネ技術センター, 1994)。

今泉栄助|いまいずみ えいすけ
1904.8.31～1989.9.22

青森/青森商(1923)/葛西藤太と青森商の同期。弘前の老舗書店「今泉本店」支配人。青森県出版物小売業組合理事長。1926年頃JEI入会。協青森県立図書館。

今泉啓助|いまいずみ けいすけ|1904.9.29～?

福岡/逓信講習所/1919年福岡の逓信講習所を修了後, 逓信省に入り, 熊本郵政監察局第二部長など。JEI初期に入会。27年当時福岡E倶楽部員。ROの懸賞作文に寄稿。

今岡十一郎|いまおか じゅういちろう
1888.4.21～1973.9.2

島根/松江中(1910), 東京外語(1914)/東京外語, 大原社会問題研究所各嘱託として渡欧。ブタペスト大で研究のかたわら, 著述, 講演, 展覧会を通じて日本文化の紹介に尽力。1931年ハンガリー政府より叙勲。日洪文化協会会長。マダーチ『人間の運命』(六盟館, 1943)の訳者序文でカロチャイ(K. Kalocsay)のE訳版に言及。56年7月の50周年記念座談会で, ハンガリー文学のE訳を「参考にできてうれしい」と。57年3月TEKの例会で「ハンガリーの現地事情」を講演。署『洪牙利語小辞典』(大学書林, 1943)ほか多数。参「50周年記念座談会」(RO 1956.9)。

今里進三|いまさと しんぞう
1901.11.15～1993.8.27

福岡/三井工業学校(1918)/三井鉱業所, 国内の税関をへて, 1932年満洲国財政部に転じ, 新京税関長, 大連税関副税関長など。戦後, 日刊工業新聞社監査役。在満時代E運動に参加。41年4月13日松本健一・伊東耐子の結婚披露宴で司会を担当。署『満洲国税関概説』(満洲国財政部, 1933)。

今里博三|いまさと ひろみ|1910～1995.8.30

1933年8月JEI入会。満洲で終戦を迎え, 5

年間シベリア抑留。52年12月JEI再入会。55年8～9月大牟田市立図書館の初等E講習会を指導。56年50周年記念第43回JK（東京）に参加。著'Nippon no E-istoj wa nani wo nasaneba naranu ka?'（"La Vojo" 熊本E会, 3, 1934.6）。

今田英作｜いまだ えいさく
1897.4.23～1977.9.7

広島/三高（1919）, 京大（1923）/横山忠一と三高第二部甲類の同期。阪急常務, 京阪電鉄社長, 会長など。京大在学中にE学習。

今田見信｜いまだ けんしん
1897.5.25～1977.8.18

島根/東洋歯科医学校（1919）/1921年東京駒込に今田歯科医院を開業。出版業にも進出し, 歯苑社, 医歯薬出版社各社長, 一ツ橋印刷会長など。21年10月JEI入会。著『W. C. イーストレーキ先生伝』（歯苑社, 1937）, 『今田見信著作集』全3巻（医歯薬出版, 1973）。

今牧嘉雄｜いままき よしお｜1897.12.15～?

富山/長崎医専（1920）/医師。医学博士。1920年医専卒業後, 26年まで京大で研究に従事し, 別府市の浅見病院長をへて, 30年東京築地で開業。大川周明に近く, 32年8月19日斎藤実首相暗殺謀議で起訴され, 懲役1年6ヶ月, 執行猶予2年。42年「翼賛選挙」で衆院議員に当選。29年頃JEI入会。

今村静雄｜いまむら しずお｜?～1970.8.21

中央労働学院/都立大職員。1957年1月世田谷E会結成。59年伊東三郎を講師に迎え, 阿部祈美らと中労ロンドを結成。著「貧乏旅行の会をつくろう」（RO 1964.3）, 「大学卒業論文に『日本E運動史』」（RO 1968.5）。

イリエフ｜Nikola Kutincfeft Ilief｜?～?

ブルガリア/ソフィア大園芸学教授。1905年頃E学習。娘の地理学研究を助けるため, 4年がかりでエジプト, アラビア, インド, 中国などをへて, 1930年10月娘づれで来日。長崎, 福岡, 神戸, 横浜, 東京などでE-istoと交流し, 長崎医大ほかでバルカン諸国の国情の講演や旅行談。11月上海に向けて長崎から離日。参『117年間のラブレター——長崎とエスペラント』。

入山実｜いりやま みのる｜1910.7.21～1994.2.5

東京/浦和高, 東大（1934）/1937年判事となり, 63年退官後, 日本パテントアカデミー学長。浦和高在学中にEを学び, JEI入会。28年12月浦和高E会を代表して野上素一と東京学生E-isto連盟結成に参加。著『裁判所のはなし』（三省堂, 1949）,「浦和高時代のことなど」（『金子信夫回想録』ホステ印刷, 1981）。

岩越元一郎｜いわこし げんいちろう
1902.6.11～1979

静岡/京北中, 青山学院, 九大（1929）/1929～37年西南女学院, 西南学院, 育英女学校（奈良）などで地理・歴史を教授。戦中は浪人教育者を自任し, 戦意高揚のため国内各地を巡回講演。戦後は主に古典研究。青山学院英語師範科在学中の21年JEI入会。著『論語と現代』（明徳出版社, 1957）, 『東洋の覚醒』（明玄書房, 1965）。

岩佐愛重｜いわさ あいちょう｜1899頃～1971以降

東京/京華中（1916）, 五高（1920）, 東大（1923）/三雲隆三郎と京華中の同期。明治製糖に入り, 長く台湾在勤。戦後は企画室などに勤務。東大在学中にJEI入会。

岩崎昶｜いわさき あきら
1903.11.18～1981.9.16

東京/東京府立一中（1920）, 一高（1923）, 東大（1927）/別名岩崎秋良/映画評論家。日本プロレタリア映画同盟に加わり, 「山宣告別式」その他を制作。E学習歴は不明。1956年日本E運動50周年記念に際しJEI

賛助会員。署『映画芸術史』(世界社, 1930),『映画が若かったとき』(平凡社, 1980)。参『現代日本朝日人物事典』。

岩崎剛|いわさき つよし|1898.8.20～1987.9.12

大分/日田小/直方市の看板店の見習工をへて, 1921年岩崎看板店を開業。31年松葉菊延の指導でE学習。48年5月井沢万里, 白石茂生, 上山政夫らと北九州E会創立に尽力。56年北九州E会再建に参加し副会長。JEI会員。協岩崎十三, 吉部洋平, 西田光徳。

岩崎兵一郎|いわさき へいいちろう
1904～1956.4.19

京都/大阪外語(1925)/大阪外大教授。大阪外語在学中にJEI入会。浅井一と協力して校内でE普及運動。署『露字新聞の読み方』(橘書店, 1934),『英語よりロシア語へ』(白水社, 1954)。

岩下五百枝|いわした いおえ|1909.2.10～?

東京/東京女高師/旧姓栗山/岩下順太郎の妻。25年佐々城松栄からEを学び, クララ会で活動。婦人E連盟常任委員。57年から自宅を会場に夫と武蔵野ロンドを主宰。SAT会員。戦後は杉の子会の一員として原水禁運動にも参加。参田中吉野「岩下五百枝さんは語る」(EV 1996.6)。

岩下順太郎|いわした じゅんたろう
1901.3.15～1986.6.18

東京/成蹊実業専門学校(1922)/父が東京日本橋の水天宮前で営む呉服店「いちきや」を手伝い, 戦後は, 一燈園の生活をへて, 成蹊大職員。水車の研究も。栗山五百枝と結婚。進藤静太郎と成蹊中の同級。Eは, 1919年春, 中村春二が開いた講習会で浅井恵倫から会話中心で習う。21年9月JEI入会。31～43年JEI評議員。佐々城佑とザメンホフ文法研究会を結成し,「ザメンホフ演説集」の校訂本を作成。E教授法に関心を持ち, 32年第20回JK(東京)で

parola metodoの講演と実演, 35年8月JEIのE夏期大学ではbildometodoを実演。翌36年8月の第2回E夏期大学で「ザメンホフ研究」を講義。37年JEIがザメンホフの詩"Al la fratoj"の作曲を公募したE歌曲懸賞に, 妻と資金を提供。38年4月東京保護観察所において所員に対し「Eの歴史と非常時における学会の態度」を講演。同年増田英らがJEI役員会に「転向声明書」を出すよう迫った動きを支持。E報国同盟の名目的代表者。伊東三郎『Eの父ザメンホフ』(岩波書店, 1950)の出版を支援。安井義雄の援助を得て, 成蹊大に学生E会を組織。57年より自宅を会場に, 夫婦で武蔵野ロンドを主宰。64年欧米各国でE-istoと交歓。77年Halina Edelbaum "Halina dokumento pri la studentaj jaroj de L. L. Zamenhof"を, 城戸崎益敏の援助を受けて, 自費出版。E関係蔵書は遺族により国立国会図書館へ。署"Paroladoj de D-ro L. L. Zamenhof"(佐々城佑と共編, 大日本E会, 1930), 'Laŭnombra akordo de substantivo kun ĝia apudesta adjektivo'(佐々城佑と共著, RO 1933.1～12),「Parola Metodoの話」(RO 1932.4～8), 'Varsovia dua vira gimnazio'(RO 1935.1),「春の行方」(EL 1935.4～12), C. Farrère "Impreso pri Japanujo sub la konflikto〔事変下日本の印象〕"(JEI, 1938),「"Al la Fratoj"の作曲公募について」(RO 1937.11)。参「世界語で"日本認識"銃後にエスペラントの報国」(『東京朝日新聞』1938.6.20), 朝比賀昇「E報国同盟結成のころ」(NR 1973.6), 進藤静太郎「岩下とHalina-Dokumento」(『大阪E運動史 II』), 福田正男'Nekrologo'(SAM 1986.8), 田中吉野「岩下五百枝さんは語る」(EV 1996.6), 松本健一「日本E運動史外伝 2」(RO 2000.2)。協田中吉野。

岩下富蔵|いわした とみぞう
1904.2.21～1970.2.13

栃木/東大(1926)/東大教授, 日比谷高校長, 国語審議会委員など。1929年頃JEI入会。署『改訂指導要録の記入法』(共著, 明治図書出版, 1955),『うろたくな』(岩下富蔵先生随想集刊行会, 1965)。

岩住良治｜いわずみ よしはる
1875.1.10〜1958.2.10

宮城/二高(1897)，東大(1900)/農学博士。日本畜産学の創始者。1903〜07年英独留学。東大名誉教授。キリスト者で，吉野作造と交遊，吉野と消費組合運動，母子保護事業なども。盛岡高農在勤中の07年JEA入会(会員番号771)。署『家畜蕃殖要説』(子安農園，1930)，『畜産学汎論』(共著，岩波書店，1935)。参「吉野作造周辺の人々」(『広報ふるかわ』2002.5)。

岩瀬邦三郎｜いわせ くにさぶろう
1891.3.4〜1944以降

埼玉/日大(1916)/大島商店，旭商店，東京土地建物保全，東方機器工業各社長など。JEA会員(会員番号955)。

岩田宗一郎｜いわた そういちろう
1903.11.23〜1981.12.1

富山/礪波中，富山薬専(1928)/筆名Fan/故郷礪波市でイワタ薬局を自営。礪波中在学中，『改造』のE特集記事を読み，22年9月柴田一雄，大谷巖らと礪波中E会創立。富山薬専入学後，E研究会を組織し，他県にも遠征してE普及を図る。30年代，竹沢啓一郎，野村理兵衛，角尾政雄とTinka Rondoを結成。アルジェンタ・クンシードの常連。一時中断後，72年2月JEI入会。JEMA富山県地方支部幹事。署「コナンドイル卿の葬儀」(『心霊と人生』東京心霊科学協会，1930.10)，「コナンドイル卿の存続」(同 1930.12)。参「特集 われらの2600年」(RO 1940.2)，「県下でも40年の歴史」(『富山新聞』1961.8.16)，角尾政雄 'Tinka Rondo' (RO 1982.2)。協角尾政雄。

岩名義文｜いわな よしふみ
1910.6.27〜1967.7.13

三重/二高(1932)，東北大(1941)/工学博士。金沢大工学部教授。二高在学中の1930年12月12日土井晩翠らの協力を得て，休眠状態だった同校E会を復活し委員長。仙台E会員。参「二高E会復活」(RO 1931.2)。

岩永和朗｜いわなが かずろう｜1947〜1996.11.20

愛知/尾張高/ギター工場などに勤務。高校時代，三ッ石清にEを学び，三ッ石，中山欽司，小川一夫と「ロンド乗合馬車」を結成。1981年5月から1年間LM 'El nia kajero'欄を担当。SAT会員。署'Vojaĝi tra la bela lando, Hokkaido' (VS 1976.8), 'Ekskursi en la mastrumadon' (LM 1982.1)。参三ッ石清「岩永和朗君逝く」(LM 1997.1)。

岩波雄二郎｜いわなみ ゆうじろう
1919.6.25〜2007.1.3

神奈川/東京府立一中，東大(1944)/岩波書店創業者岩波茂雄の次男。1949年株式会社岩波書店初代社長，78年会長。社長在任中，新村出編『広辞苑』を刊行。E学習歴は不明。59年ザメンホフ百年祭委員会賛助員。

岩場正三｜いわば しょうぞう
1912.8.15〜1974.3.24

富山/魚津中(1930)，明大(1930中退)，法大(1931中退)/別名坂本建吉/法大中退後，火災保険会社に就職。1932年PEUに参加。34年PEU最後の書記長に。同年9月検挙され，年末，起訴保留で釈放後，帰郷。46年日本共産党に入り，魚津勤労署労働組合初代委員長。のち露天商，荷物運搬業，司法行政書士などをへて，52年入善町初の公選教育委員に当選，同町議3期。64年4月JEI入会。参大島義夫「春のノートから」(NR 1974.5)。協中田純，熊木秀夫。

岩橋武夫｜いわはし たけお
1898.3.16〜1954.10.28

大阪/早大高等予科(1917中退)，関学(1923)，エジンバラ大院(1928)/盲人福祉の先駆者。寿岳静子，丹羽吉子の兄。西田天香とも親交。1934年古屋登代子の古屋女子英語塾(大阪)の教頭に登用されるが，

塾の運営をめぐり紛争に。35年大阪にライトハウス(のち日本ライトハウス)を創立。ヘレン・ケラーを2度日本に招致。クエーカー教徒。早大高等予科在学中の17年網膜剥離で失明し退学。市立大阪盲唖学校在学中の18年高尾亮henの指導で橋本喜四郎, 熊谷鉄太郎とともにE学習。関学時代には和田達源の法案寺南坊のE会に静子とともに通い, 校内で講習会を指導。福田国太郎らの"Verda Utopio"に自宅を事務所として提供。22年自宅に「点字文明協会」を設立, 簡易点字製版機と手動式点字印刷機を設置し, 『点字日E辞典』などE学習書などの点字出版を開始。エロシェンコと交友し, 逗留させる。奥平光の依頼で神戸でE講習会を指導し, その紹介でブレールスフォードの知己を得る。25年大阪市立盲学校へEを導入し, 講師に伊東三郎を招聘。同年よりブレールスフォードらの支援を受けて英国エジンバラ大へ留学し, 26年第18回UK(エジンバラ)に妻キヲと参加して, 盲人の会合で活躍。28年帰国。同年鳥居篤治郎, 熊谷らとJABEを結成し理事長。箸『光は闇より』(日曜世界社, 1931), "Light from Darkness" (John C. Winston, 1933), 『ヘレン・ケラー伝』(主婦之友社, 1948)。参伊東三郎「岩橋武夫君をしのんで」(RO 1954.2), 奥平光「ヘレン・ケラーと岩橋武夫君」(『英語街の漫歩』研究社, 1956;『神戸のE』に再録), 古屋登代子「女の肖像」(アサヒ芸能出版, 1962), 関宏之『岩橋武夫一義務ゆえの道行』(日本盲人福祉研究会, 1983), 寿岳文章・寿岳章子『父と娘の歳月』(人文書院, 1988), 神田健次「本学の身体障害学生受け入れの取り組み 歴史と現状」(『関西学院大学人権研究』3, 1999), 菊島和子『点字で大学』(視覚障害者支援総合センター, 2000), 室田保夫「岩橋武夫研究覚書—そのあゆみと業績を中心に」(『関西学院大学人権研究』13, 2009), 小西律子「盲人集団の職業的自立の危機とその克服への試み 岩橋武夫と大阪ライトハウス設立を中心に」(『社会福祉学』50:1, 2009), Chizuru Saeki "Sightless ambassadors" (Kwansei Gakuin University Press, 2011), 『現代日本朝日人物事典』, 『近代日本社会運動史人物大事典』, 『日本キリスト教歴史大事典』, 『道ひとすじ』, 『闇を照らすもうひとつの光』。

岩村一木 | いわむら ひとき
1894.10.19～1968.12.16

東京/東農大(1917)/北海道庁初代長官岩村通俊(1840～1915)の八男。姉ツキは丘浅次郎の妻。貴族院議員, 肥料配給公団総裁, 日経連常任理事など。1923年頃JEI入会。

岩本清 | いわもと きよし | 1904.1.31～1976.10.5

兵庫/三高(1923), 東大(1926)/共同通信社編集局長, 専務理事, 顧問など。三高在学中の1920年11月JEI入会。65年第50回UK(東京)顧問。

殷武巌 | いん ぶげん | 1907.1.1～1998.5.17

慶尚北道/麻布中夜間部/은무암, ウン ムアム, Eun Mou-am, 別名林武安, 武岳巌(たけおか いわお)/1924年12月国際ジャーナリズムを学ぶため単身東京へ。28年6月～43年12月在日デンマーク公使館勤務。戦後, 朝鮮人連盟外交部次長, 東亜通信社長, 武石観光センター支配人など。29年頃祖母がクリスチャンだったことから英語学習のために教会へ通い, そこでEを知る。31年PEU入会, 東京支部中部地区に属し, 銀座班, 蒲田班などでE講師。ルーマ・ロンドに参加。35年12月JEI入会。45～57年JEI評議員。72年東京から長野へ, さらに79年埼玉へ移り, 81年3月水野義明, 宮崎公子, 河野健一, 白石健らと所沢E会を結成。82年第31回関東E大会(所沢)で「所沢及び飯能地区, 高麗地方の歴史, 特に古代渡来人について」を講演。86年度川上賞。89年第6回Komunista E-ista Kolektivo国際大会(ブルガリア, ルーセ)に参加。SAT会員。「身のこなし いつも迫らぬデンマーク 公使館付き 仲間Mouam」(冨田冨『同志達』)。箸「三宅史平さんを偲んで」(RO 1980.11), 「KEK国際大会に出席して」(『在日文芸民涛』9, 1989), 'Mia monologo anakronisma' (RO 1990.1), 「敬悼 大島義夫さん」(LM 1992.10)。参坂井松太郎「日本プロエス運動史ノート(1)」(NR 1969.10), 水野義明「殷武巌氏について」(LSP 1986.12), 大島孝

一「私の出会った人」(『靖国・天皇制問題情報センター通信』76, 1991)、「殷さん大いに語る」(TO 1996.11)、熊木秀夫「殷武巌さん逝く」("Informilo de Oramika Societo" 熊木秀夫, 1998.5)、「三千里」(『東洋経済日報』1998.5.29)、水野義明「殷武巌さんを悼む」(RO 1998.7)、崔碩義「ある E-isto の死」(『東洋経済日報』1998.7.10)、三ッ石清「殷武巌先生をしのんで」(LM 1998.8)、佐村隆英「訃報殷武巌さんを悼む」(LJB 1998夏)、佐々木亮「惜別 元在日本朝鮮人連盟外務部次長・殷武巌さん」(『朝日新聞』1998.6.24)、『近代日本社会運動史人物大事典』。
協 饗庭三泰。

尹明善 |いん めいぜん| 1900.9.1~1946.2.11

朝鮮漢城(現ソウル)/三高(1925)、東大(1929)/윤명선、ユン ミョンソン/官僚。韓国第4代大統領尹潽善の従弟。1932年渡満後、統計処兼臨時国勢調査事務局辨事統計処統計課長などをへて、42年専売総局酒精科長、間島省民生庁長。45年8月20日、間島臨時政府参事官。三高在学中の21年4月JEI入会。三高YMCA寄宿舎で吉町義雄と同室。参 吉町義雄「京洛四年」(長尾正昭編『第三高等学校基督教青年会百年史』同刊行会、1990)。

う

ヴァン・ヒンテ |R. S. van Hinte| ?~?

オランダ/オランダ領東インド(現インドネシア)に住んだ女性平和運動家。1937年3~6月名古屋汎太平洋平和博覧会に出展のため夫婦で名古屋に滞在。出品物には白木欽松と由比忠之進の協力で日本語とEの説明をつける。名古屋や桑名、岐阜、大阪、京都などでE-istoと交流したほか、E-istoの通訳により各所で講演や会談など。夫(J. van Hinte)は来日後にEを聞き覚える。38年7月に国際連盟委員として東京、名古屋を訪問し、戦争について意見交換。参 「内地報道」(RO 1937.6)、「内地報道」(RO 1937.7)、「内地報道」(RO 1938.9)、比嘉康文『我が身は炎となりて―佐藤首相に焼身抗議した由比忠之進とその時代』(新星出版、2011)、『中原脩司とその時代』、『名古屋E運動年表』。

ウースター |Doris Mary Worcester| ?~1989.8.18

英国ロンドン/ロンドンで救急隊員として11年勤務したのち、世界各地を旅行。1938年Eを知り、同年第30回UK(ロンドン)に参加。54年第39回UK(オランダ、ハールレム)で八木日出雄と知り合い、翌55年10月来日し、12月まで滞在。神戸、亀岡、大阪、京都、広島、名古屋、静岡、東京、小樽などでE-istoと交流し、各地で講演なども。58年3月再来日し、大本国際部に勤務。大本での催しのほか、各地で講演やE-istoと交流。58年第4回原水爆禁止大会(東京)と第9回国際社会事業大会(東京)にも参加して、59年4月離日。61年10月三たび来日し、62年第10回関西E大会(奈良)で講演、浜松、宇都宮、福岡などで研修会や講演会の講師など。同年4月京都療養所に山中英男ほかE学習者を訪問。同年伊藤栄蔵と会話ソノシート(天母学院刊)を吹き込む。63~64年には台湾、欧米、オーストラリアなどに旅行。64~65年第50回UK(東京)の宣伝で全国を巡り、各地で知事、市長、新聞社、学校などを訪問し、講演も。大会に参加したのち、65年11月離日。天照皇大神宮教(「踊る宗教」として知られた)のパンフレット "Preskribo por feliĉo" (1968) をE訳。75年にも来日。英国心霊主義協会会員。高杉一郎にピアス『トムは真夜中の庭で』の存在を教える。
著 'Kelkajn impresoj' ("L'omnibuso" 10, 1965.11)。参 杉谷正広「ウースター夫人とともに」(LM 1955.12)、大里義澄「ウースター夫人のこと」(LM 1959.6)、柴田澄雄「ウースター女史を迎えて」(RO 1962.5)、中塚公夫「講師として教材作りで勉強」(RO 2009.6)。

植木庚子郎 |うえき こうしろう| 1900.1.28~1980.3.11

福井/福井中、一高(1922)、東大(1925)/旧姓清水/1952~76年衆院議員。法相、蔵相

など。江川英文，桜田佐と一高文科内類の同期。20年5月JEI入会。🖹「大蔵大臣の立場」(『明窓』大蔵財務協会, 3:7, 1952),「国民経済と28年度予算」(『文化と緑化』国政同志会, 3:4, 1953)。參『現代日本朝日人物事典』。

植木太郎|うえき たろう|1915.11.3～1992.1.5

兵庫/東京高，東大(1938)/筆名植木茂(「植木が茂る」から)，Ŝiger Ujeki, Taro Ujeki/三井銀行をへて，電源開発総裁付調査役。生来の語学好きで，Eは，中学時代に辞典を購入し，定年退職後，古関吉雄の勧めで本格的学習。1973年3月JEI入会。78年杉並E会発足以来，菊池和也とその運営を支え，機関誌"Sazanko"の発行，翻訳指導にも活躍。81年第68回JK(東京)文芸コンクール翻訳の部で，夏目漱石'La tombo de mia kato'("La dua buso" 2, 1982)で2位。文芸誌"Preludo" (1984～1989)全21号を，林健，藤巻謙一と発行。多くの文芸作品のE訳に取組んだ。87年川上賞。杉並E会相談役。🖹トーマス・マン"Tonio Kröger" (ザメンホフ・クルーボ, 1977)，菊池寛"La konduto de Grandsinjoro Tadanao/Balotado〔忠直卿行状記・入れ札〕" (Zamenhof-Klubo, 1981)，Conan Doyle "Ombro antaŭen jetita" (Iogi, 1983),「文芸習作誌を作りませんか？」(林健，藤巻謙一と連名，LM 1983.6),森鷗外・夏目漱石"La Dancistino/Kiel rosperloj sur folio〔舞姫・薙路行〕" (Zamenhof-Klubo, 1984)，William Saroyan "Somero de la bela blanka ĉevalo〔The Summer of the Beautiful White Horse〕" (Iogi, 1984),「"Preludo"の2年」(LM 1986.5),「エスペラント文表記法」(LM 1987.1～3)，武田泰淳'La juĝo〔審判〕'("Postmilita japana antologio" JELK, 1988)，渡辺淳一"La lasta flugo al Parizo〔パリ行最終便〕" (Iogi, 1988)。參LSP 1987.11，林健「文芸にかけた情熱　植木太郎さん」(LM 1992.3)，菊池和也「追悼　植木太郎氏のご逝去を悼む」(SA 1992.3)。🖼植木洋子，市村志郎，犬丸文雄。

植木直一郎|うえき なおいちろう|1878.3.29～1959.7.8

新潟/國學院(1898)/筆名大原明麓，越のく に人/文学博士。1921～47年國學院大教授。06年JEA入会(会員番号91)。🖹『日露交渉史』(神宮奉斎会, 1904),『国体講話』(皇典講究所, 1921)。

上崎龍次郎|うえさき りゅうじろう|1901.4.18～1955.12.23

徳島/徳島中(1919)，一高(1922)，東大(1925)/乙部守と一高の同期。阿波共同汽船常務，四国放送社長，徳島県海事振興連合会長など。1920年5月JEI入会。

上沢謙二|うえさわ けんじ|1890.11.21～1978.7.7

栃木/ワシントン州立大/児童文学者。日本日曜学校協会主事，キリスト教文化協会長など。キリスト教児童文学としての口演童話や幼児童話を執筆。のち栃木県鹿沼幼稚園長。中学校用検定教科書『新国語1』(二葉, 1950～51)に「Eの父」を執筆。🖹『新保育読本』(恒星社厚生閣, 1967)ほか。參小松隆二「児童学を視野に入れた児童文学者・上澤謙二　子ども学の先駆者たち」(『地域と子ども学』2, 2010)。

上杉直三郎|うえすぎ なおざぶろう|1886～?

27年当時京城(現ソウル)府立図書館長。43年5月京城府会議員。25年6月1日京城E研究会の朝鮮E学会への改組に際して名誉委員。🖹「朝鮮の社会事業を顧みて」(『朝鮮社会事業』4:1, 1926),「視察雑感」(同, 5:1, 1927)。

上田嘉三郎|うえだ かさぶろう|1901.4.20～1992.2.14

大阪/大倉商(1919)/大阪三十四銀行をへて，1923～55年大日本製薬に勤務。Eは，20年道頓堀で購入した千布利雄『E全程』で独習。29年JEIに入り，露木清彦，多羅尾一郎の指導で学習。東京薬学E-isto懇話会に参加。38年浅草E会の責任者に。43～45年JEI評議員。戦後，浦和のE運動の復興に尽力。67年第16回関東E大会

(所沢)議長。72～74年JEI事務局員。川越女子高、深谷第一女子高のE部を指導。埼玉E会長、池袋E会名誉会員など。署「まわり道をして」(LM 1978.4)、「戦禍をまぬがれたJEI」(RO 1982.9)。参「私にとっての上田嘉三郎さん」(EV 1992.4)、遠藤國夫「埼玉のE運動と私」(『関東E連盟40年史』)。

上田挨一 | うえだ きいち | 1899.2.5～1993.3.28

石川/慶大(1924)/医学博士。天然痘治療の権威。厚生省伝染病予防調査会委員として診察手引書を作成。1932年豊島病院副院長、43年豊多摩病院長、55年豊島病院長。E学習歴は不明。37年JEIがザメンホフの詩「Al la Fratoj」につける曲を公募したE歌曲懸賞で第2席入選。署「作曲応募に就いて」(RO 1937.11)。

植田義一 | うえだ ぎいち | 1893.5.8～1954以降

愛知/東大(1917)/群馬の勢多農林学校、熊谷農学校各教諭などをへて、1924～27年川本農蚕学校(島根)初代校長。のち米子商蚕学校、千葉県立旭農学校各校長などを歴任し、36年熊谷農学校校長。JEI初期に入会。

植田高三 | うえだ こうぞう
1900.11.9～1982.12.27

兵庫/北野中(1918)、三高(1921)、東大(1925)/雅号杵谷六千三郎(長唄)、艸楽(書道)/薬学博士。植田豊橘の長男。長崎医大薬学専門部教授、主事などをへて、1942年藤沢友吉商店に入り化学工場研究部長、49年藤沢薬品工業本社工場長、58年常務、61～71年相談役。三高在学中の18年北野中以来の同級八木日出雄の勧めでEを学び、八木と三高E会を創立、岡本好次らを勧誘。20年JEI入会、21年委員。24年Hipokratida Klubo結成に参加。27年3月西山策(浦田種一の妻静江の妹)と結婚。28年『長崎の青年』誌にE講座を連載するなど、長崎でも熱心に運動。34年第22回JK(長崎)大会準備委員長。64年第12回関西E大会(池田・豊中)委員長。65年第50回UK大阪後援会顧問。70年4月豊能E会長として同会を豊中・池田各E会に分離後、豊中E会長。78年JEI終身会員。UEAデレギート(長崎、豊中、薬学、ロータリークラブ)、JEMA長崎医大支部幹事、JESA会員など。没後、E関係蔵書はKLEGへ、遺族からJEIに100万円寄付。署「会話とE語」(RO 1927.2～6)、「若い頃の思い出」(LM 1977.3)、「幸運な出会い」(RO 1982.3)。参「三高E会小史」、池田弘「植田高三先生を偲ぶ」(LL 1983.1)、SAM 1983.2、桑原利秀「植田高三さんを偲ぶ」(RO 1983.3)、小島秋「元豊中E会会長植田高三さんをしのぶ」(LZ 1983.11)、『長崎のE』、『池田E会の歴史』、『117年間のラブレター』、『意あるところ道あり』。図京都府立図書館。

上田幸太郎 | うえだ こうたろう
1900.8～1985.4.15

農業。キリスト者。E学習は、1935年以前。最期まで聖書とE書を手離さず。文通相手から貰ったザメンホフ直筆の葉書を京都E会へ寄贈(現在はJEI蔵)。署「スイスの同志を案内して」(AVK 1978.9)。参「日本にあったザメンホフのはがき」(LM 1972.2)、'Adiaŭ al s-ro UEDA'(AVK 1985.7)。図田平正子。

上田春治郎 | うえだ しゅんじろう
1883.3.8～1940.1.1

東京/一高(1905)、東大(1910)/医学博士。海軍軍医少将。林学、脇中郎と一高医科の同期。1922年より2年間ドイツ留学。舞鶴海軍病院、海軍大学校などに勤務。06年JEA入会(会員番号89)。署『内科臨床検査法』(東京医事新誌局、1930)、『冠名臨床用語集』(金原商店、1933)。

上田順三 | うえだ じゅんぞう | 1892～1934以降

盲人技術学校/鍼灸師。1923年『点字毎日』でEを知る。27年2月JEI八屋支部設立の中心。28年5月築上E会を設立し会長。中西義雄と月刊雑誌『点字済世軍』を編集・発行し、毎月2、3頁のE講習欄を設けて、盲人へのE普及に努力。仏教済世軍E部委員。

[著]真田増丸講『真に永遠に生くるの大道』(私家版, 1923)。[参]「戸畑の中西義雄氏より」(RO 1926.6),「内地報道」(RO 1932.4)。

上田信三 |うえだ しんぞう| 1913.7~1944

東京/東大(1936)/地理学者。経済学者上田貞次郎(1879~1940)の子。1938年東亜同文書院講師。RO(1937.2)に, 'Specialaj karakteroj de la japana pejzaĝo' を寄稿。[著]『支那地理研究資料目録』(石田竜次郎他編『世界地理』5, 河出書房, 1941)。[参]上田貞次郎「語学教育の方針」("E en Nipponlando" 2:3, 1926)。

上田精一 |うえだ せいいち|
1881.1.21~1943以降

東京/一高(1906), 京大福岡医大(1910)/高橋省三郎, 藤原教悦郎と京大福岡医大の同期。はじめ京都に開業。のち朝鮮へ渡り, 京城府道慈恵医院医官兼同府道技師, 咸鏡北道羅南慈恵院長などをへて, 光州に開業。光州在住時の1929年頃JEI入会。

植田豊橘 |うえだ とよきつ| 1860(万延1.5)~1948

大阪/大阪英語学校, 東大予備門(1878), 東大(1882)/工学博士。植田高三の父。農商務省一等技手, 東京高工教授, 北海道セメント, 大阪アルカリ, 三菱製紙所などをへて, 1915年京都市立陶磁器試験所2代目所長。のち農商務省陶磁器試験所長となり, 31年退官。ワグネル(1831~1892)と旭焼を創製。田中正平, 田中館愛橘と東大予備門理科の同期。20年6月JEI入会。[著]『ワグネル伝』(博覧出版協会, 1925)。[図]京都府立図書館。

植田半次 |うえだ はんじ|
1883.9.15~1978.10.26

福岡/医師検定/1909年大牟田に植田皮膚科医院開業, 17年大牟田医師会理事。戦時中は福岡県大政翼賛会文化部長。九州全域のE運動を精神的, 財政的に長く支援。17年頃Eを学び, 26年大牟田E会を結成。29年第6回, 35年第12回, 38年第15回, 52年第26回, 56年第30回, 69年第43回各九州E大会会長。大牟田E会長として, 37年3月JEI大牟田支部設立に際し代表。46年第2次JEA委員。58年地方運動(九州)への貢献により第11回小坂賞。KEL会長, 顧問, UEAデレギート(大牟田, 三池), JEMA福岡県地方支部幹事など。長女太田黒百合子もE学習。[著]'9.25 eksploda disenterio en Oomura' (RO 1938.2),「時代の寵児E」(『三池新聞』1947.7.26)。[参]『昭和2年KEL年鑑』, RO 1931.12,『熊本E運動史』, 杉野フヂエ「植田半次先生の死を悼む」(LM 1979.1)。

上田穆 |うえだ ぼく| 1902.5.16~1974.4.4

京都/京都師範/本名行夫/歌人。学習社などで編集者, のち広告宣伝業。『カラスキ』に口語歌,『芸術と自由』,『渦状星雲』などで石原純とともに自由律短歌。1930年代初期E文学の和訳に努力。JEI会員。[著]レイモント『阿片窟にて』(紅玉堂書店, 1930),『街の放射線』(紅玉堂書店, 1930)。

上田正雄 |うえだ まさお|
1913.3.10~1992.11.30

群馬/専門学校(中退)/糸繭商。キリスト者。Eは, 16歳の時, 仙台まで自転車旅行した際, 宿泊先の寺の僧侶に聞いたのがきっかけで学習。1933年11月JEI入会。35年渋川基督教会名義で『基督教E』誌を発行。戦後, 自宅を前橋E会の活動に提供, 日赤E会などの指導も。JEI群馬県支部の事務を担当。52年第1回関東E大会(東京)副議長。62年10月10日JAKE創立に参加。群馬E会長を務め, 84年第33回関東E大会(前橋)の際には, Eのステッカーを貼った愛車で宣伝活動。[著]「会員の声」(RO 1945.11),「上州路と詩人たち」(PO 1984.4)。[参]「特集 われらの2600年」(RO 1940.2), 木戸又次「講習活動軌道に乗る」(RO 1949.6), 田所作太郎「わたしのE人生」(『Eと私』),『群馬のE運動1903~2010』。[図]堀泰雄。

植田弥八郎｜うえだ やはちろう
1903頃~1956以降

奈良/畝傍中(1920)，大阪高商/農業。1921年1月JEI入会。

上田良吉｜うえだ りょうきち
1894.2.21~1938.9.19

富山/高岡中(1912)，四高(1915)，東大(1918)/1918年私立明治中(東京)の英語教諭を振り出しに，21年金沢一中教諭，22年熊本医専教授，同年熊本医大予科教授をへて，23年五高教授。阿蘇外輪山鞍岳で遭難死。浅井恵倫と四高，東大の同級。JEA会員(会員番号1029)。参『会報』14(五高同窓会，1938)。図熊本県立図書館，熊本大学五高記念館。

上田良之助｜うえだ りょうのすけ
1891.9.9~1937以降

大阪/明星商(1906)/日本金属化工支配人などをへて，1936年湯浅伸銅名古屋出張所長。20年代後半JEI入会。

ヴェナブルズ｜Ernest Kendrick Venables
1890.10.31~1975

英国/軍役ののち，1925~33年高岡高商英語教師として滞日。妻A. E. VenablesもE-istoで，夫婦で高岡のE活動に参加。25年第13回JK(京都)に参加し，普及講演会で夫婦とも講師。26年第1回北陸E大会(金沢)で「E雑感」を，妻は「Eの学習について」をEで談話。27年夏，軽井沢の別荘にエスクラピーダ・クルーボの一行を歓迎。同年上田市市民大学主催のE講演会で講演。29年11月10日第4回北陸E大会(高岡)で"Vidante malantaŭen kaj antaŭen"を，妻は"Internaciaj kongresoj kaj E"を講演。33年2月帰国に際し，北陸E連盟から多大の功績を謝して記念品を贈呈される。著"Direct Method Composition Exercises : Book 2"(パーマーらと共著，英語教授研究所，1933)，「別離の辞」(『北陸日新聞』1936.10.16)，"Behind the smile in real Japan"(London : Harrap, 1936)。

上浪朗｜うえなみ あきら｜1897.6.9~1975

奈良/八高(1919)，東大(1922)/1922年逓信省に入り，逓信建築界で最も多くの作品を設計。代表作に逓信省芦屋別館。八高在学中の1918年三戸章方に触発されてJEAに入り(会員番号1232)，のちJEIにも参加。

上農勝弘｜うえの かつひろ
1944.12.23~2000.5.22

熊本/八代工高/オイレス工業に勤務。1965年大島義夫『E四週間』で独習，同年8月JEI入会。71年大和E会設立。74年E-isto高梨百合子と結婚。75~76年JEI評議員。78年相模原から町田へ転居，JEI小田急沿線支部に属し，講習会を指導。90年町田E会を設立し初代会長，翌年から事務局長として同会を支えた。UEAデレギート(町田，観光)。著「小川清一さんと町田E会」(PO 1990.2)。参上農百合子「夢はサンフランシスコ夏期大学」(RO 1998.10)，永木正子「上農勝弘さんを悼む」(RO 2000.11)。図上農百合子，石野良夫。

上野孝男｜うえの たかお｜1885.2.18~1944以降

東京/東京府立一中(1904)，一高(1907)/土岐善麿と東京府立一中の同期。東京で農業機器輸出入商上野商事を自営。のち上野貿易取締役。1922年Eを学び，JEI入会。同年末川原次吉郎，小林鉄太郎，谷亀之助，豊川善曄とE同人社を設立。旭光社を経営し，E部を設けてE図書を輸入。同社内で宮沢賢治にE学習の場を提供。『正則E講義録』で「通商語としてのE」を担当。23年JEI終身会員。23~26年JEI評議員，26~44年理事。UEAデレギート(商業)。著『正則E講義録』全6巻(小坂狷二・石黒修・川原次吉郎・秋田雨雀・北川三郎・金田常三郎，小野俊一と共著，世界思潮研究会，1923)，「商工業と言語管理」(RO 1929.3)。参誌上座談会『そのころを語る』」(RO 1940.1~3)。

上野山重太郎 | うえのやま じゅうたろう
1903～1966以降

和歌山/二高(1923), 京大(1928)/名古屋鉄道局浜松工場技師, 鉄研コークス常務取締役など。二高在学中の1921年11月頃JEI入会。

植村清二 | うえむら せいじ
1901.1.30～1987.5.27

大阪/山口高, 東大(1925)/東洋史学者。直木三十五(1891～1934)の実弟。東大副手のかたわら教鞭を執った東京府立五中で森田茂介を教え, 長く家族ぐるみで親交。28年松山高教授, 41年新潟高(のち新潟大)教授, 同人文学部長。松山高で, 兄の形見の二葉亭四迷『世界語』を喜安善市に展示用に貸与。🖹『諸葛孔明』(筑摩書房, 1964; 2011)。🔗喜安善市「世界語 Foiro Šlosilo」(RO 1982.5), 植村鞆音『歴史の教師植村清二』(中央公論新社, 2007)。

植村達男 | うえむら たつお
1941.9.3～2010.12.22

神奈川/神戸高, 神戸大(1964)/住友海上火災に勤務し, 情報センター長で退職後, 神戸大東京オフィス勤務。随筆家。日本ペンクラブ会員。情報整理に造詣が深く, 記録管理学会設立に参画。Eは高校時代に城戸崎益敏『E第一歩』で独習し, 校内にE研究会を立ち上げる。大学時代に関西学生E-isto連盟の創設(1961)に参画, 神戸E協会にも参加。1975年JEI入会。92年11月15日第6回E文化フォーラムで「Eの上手なPR法について」を, 95年7月1日第1回Eの歴史を語る会で「神戸のE運動史」を講演。『近代日本社会運動史人物大事典』にE関係者らの項目を執筆。2009～10年JEI監事。著書やエッセーでたびたびEに言及。博物館などに関連資料が整うよう配慮も。ESにも多く寄稿し, 同誌を佐高信に推薦して寄稿者に引き込む。🖹『本のある風景』(東京製本印刷, 1975; 勁草出版サービスセンター, 1978), 「日本E学会入会の頃」(ES 1976.5), 「マスコミにあらわれたE記事」(RO 1976.7), 「Eつれづれ」(ES 1977.3～4), 「マスコミ・ミニコミにあらわれたE記事」(RO 1977.12), 「米国で会ったE-istoたち」(RO 1981.5), 「湯川秀樹博士のE観」(ES 1981.11), 「ガイジンになった私」(『致知』1983.9), 『神戸の本棚』(勁草書房, 1986), 「記録管理学会設立総会記」(『記録管理学会誌』1, 1989), 「コーヒー, その知的香りのモザイク―私の情報整理学入門」(保険毎日新聞社, 1991), 「Eと私 離れていてもできること」(RO 1993.4), 「『ミネソタの卵売り』の謎―私のE歴」(『電子ライブラリー』2:6, 1993), 「「灰色の文献」と阪神大震災」(『出版ニュース』1995.8上), 「植村達男の情報がいっぱい 27」(『マネジメント21』日本能率協会, 1995.9), 『時間創造の達人―知的情報活用のすすめ』(丸善, 1996), 「神戸E史から」(RO 1997.3), 『ある情報探索人の手記』(創英社, 2001), 「谷崎潤一郎文学のE訳」(『芦屋市谷崎潤一郎記念館ニュース』2003.9), 「「情報整理学」の本を散歩する」(RO 2003.11), 「松竹映画「母べえ」に登場する「父べえ」はE-isto」(RO 2009.6)など。🔗小島直記『出生を急がぬ男たち』(新潮社, 1981), 佐高信『サラリーマン新時代』(駸々堂, 1988), 北川昭二「追悼 植村達男さん」(RO 2011.3), LM 2011.4, 『神戸のE』, 『Eと私』。

植本十一 | うえもと じゅういち | 1912～1976

香川/本名浩二, 画号浩嗣/Eの学習中に, その会報が謄写版刷りだったことから謄写印刷の世界に入り, 1934年開業。昭和堂技術部にも勤務。楽譜製版の第一人者で, 楷書体や美術印刷でも知られた。代表作に妻コユウ作の画文集『花咲くことば』(1950)。62年日本軽印刷業組合連合会会長。71年富士宮市に奇石博物館を創設して初代館長。石黒修編集発行『国際語E』や日本E婦人連盟『Informilo』などの製版印刷を担当。日本E婦人連盟に寄付をしたことも。65年第50回UK(東京)に参加。🖹『印書と軽印刷タイプの習い方―タイプ上達への近道』(金園社, 1962)。🔗日軽印30周年記念誌編纂委員会『軽印刷全史―日軽印30周年記念』(日本軽印刷工業会, 1989), 志村章子『ガリ版ものがたり』(大修館書店, 2012)。

上山政夫 | うえやま まさお
1910.4.20〜1988.1.12

鹿児島/高等小/筆名 Uejama Masao/下関で時計修理店を自営。Eは、小卒後すぐ元の担任から小坂狷二『E捷径』で手ほどきを受ける。本格的学習は1934年頃から。野原休一の指導を受けたことも。40年JEI主催「和文E訳懸賞」で3等入選。48年5月井沢万里、白石茂生、角川健雄(1913〜1989、元北九州市職員)らと北九州E会創立。61年6月JEI入会。64〜80年"l'omnibuso"の常連寄稿者。野崎貞夫らの同人誌"Kajero"にもたびたび寄稿。65年第50回UK(東京)文芸コンクール翻訳詩で3位、第52回JKで新人文学賞。66年宮本正男とともにHajkista Klubo を創設。ベトナム反戦の立場から、"Pacon en Vjetnamio"誌にたびたび詩を寄稿し、由比忠之進への追悼詩'Brilados la torĉo'("Pacon en Vjetnamio" 5, 1967.12)も。原爆の体験を伝える会編著"Akvon, mi petas!〔水ヲ下サイ〕"(福岡E会、1984)の共同E訳に訳詩で協力。『ナガサキの原爆読本』共同E訳に参加。宮本正男『日本語E辞典』編集校正に協力。76〜78年ROの「翻訳教室」欄を担当。LMにも多数の詩を寄稿し、そのいくつかは小西岳により作曲された。下関E会長。田平正子、蜂谷千寿子らにEを教えた。🅿「改訂版新選E和について思うこと　詩的表現の日本語の記載を!」(LM 1964.2)、「私の小説作法」(LM 1965.6〜10)、「翻訳研究:世界の動き」(LM 1967.1〜12)、「書評　いとうかんじ著『ザメンホフ』」(LM 1967.12)、"Ne Grimacu!"(L'omnibuso, 1967;新版, Riveroj, 1998)、'Kantas la vjetnama patrino'(LM 1968.4)、川端康成'Dankon〔掌の小説百篇　有難う〕'(LM 1969.3)、"Pardonon!"(同、1970)、長与善郎"Kristo el Bronzo〔青銅の基督〕"(Pirato, 1970)、"En la nubon ŝi sorbiĝis for!〔雲になってきえたーナガサキの原爆読本初級用〕"(共訳, KEL, 1973)、「おもしろく楽しいことうけあい」(RO 1974.4)、「自著を語る」(LM 1974.4)、"Por forviŝi la memoron pri ŝi"(L'omnibuso, 1974)、"Mi amas"(同、1977)、"Japana Variacio"(宮本正男と共編、同、1978)、「自著を語る」(LM 1978.9)、"L'omnibuso kun la tri pasaĝeroj"(宮本正男・斎藤英三と共著, L'omnibuso, 1980)、「自著を語る」(LM 1980.7)、"Hajkista Antologio"(宮本正男と共編, l'omnibuso, 1981)、「書評　Esperanta Antologio」(LM 1985.1)、'Desegna Klubo'(RO 1987.5)、太宰治'La suno sinkanta〔斜陽〕'("Riveroj" 1〜26, 1993〜1999)。🅢林健「天空の星一つまた落ちて」(RO 1988.3)、福田正男「上山政夫さんを偲ぶ」(SAM 1988.3)、黒田正幸「生まれながらの詩人上山政夫を偲ぶ」(LM 1988.3)、'Ueyama Masao'("E" UEA, 1988.5)、宮本正男「自分史・E運動　11」(LM 1989.4)、「上山政夫ノート」(LM 1990.7〜11)、"Ordeno de verda plumo"、"Encyclopedia of the Original Literature"。

ヴォーン | Rupert Falkland Vaughan
1878.7.5〜1958.11.7

英領マラヤ、シンガポール/筆名 M. I. K, Verdavalo/1918年5月〜23年11月 Badcock Wilcox社の駐在員として東京、神戸に滞在。のち北ボルネオ(現マレーシア)のサンダカンへ移り、材木会社勤務、ゴム農園経営。同地で没。05年インドでEを独習。06年インドとセレベスで同地最初期のE運動。JEA会員(会員番号1283)、のちJEI会員。東京、大阪、神戸でE普及活動に参加。セリシェフやエロシェンコ、ロスコー、ブレールスフォードらとも協力。23年5月神戸E社交会主催の普及講演会で「国際語の効用」を講演。同年第11回JK(岡山)で東洋E大会の開催を提案し、採択。25年岩橋武夫の英国留学を支援。戦後も栗栖継、村田慶之助らと文通し、栗栖の『同じ太陽が世界を照らしている』に来信が収録。慈善事業のため切手を収集。"Heroldo de E"に寄稿多数。🅿「旅行者のノートより」(『北陸日日新聞』1936.9.17)、"El verda valo"(私家版、1944)。🅢「北ボルネオからのたより　ヴォーン氏が綴る日本人の印象」(『アカハタ』1948.4.8)、栗栖継編『同じ太陽が世界を照らしている』(北大路書店、1949)、羽仁説子「8月15日をめぐって」(『婦人』1949.8)、'Nekrologo'("E" 640, UEA, 1959.3)、村田慶之助「Rupert Falkland Vaughanと切手に就いて」(RO 1959.6)、栗栖継「文通よもやま話」128〜129回(『朋友』101〜102、日中友好文通の会、1996)。🅚

栗栖継。

ヴォナゴ | Ronald Vonago | ?~?

ロシア帝国(現ポーランド)/公証人。1914~22年ウラジオストクE会長。UEAデレギート。第一次世界大戦時ハンガリーほかの捕虜のE-istoらと交流し，その一人であったバギー(J. Baghy)の"La verda koro"(1937)に登場。16年来日し，長崎でエレデルの出迎えを受け，雲仙に滞在したのち，8月広島で高橋邦太郎，中目覚，武藤於菟らと交歓。ウラジオストクE会からJEAへの贈物を携え東京訪問も予定していたが，急遽呼び戻されて帰国。17年日本側と日露E大会を翌年東京で開くことを企画するが，社会情勢により延期。革命後財産を没収されるも，日本追放後のエロシェンコを一時世話する。のち上海をへてポーランドに戻り，裁判官に。圏'Mia peresperanta vojaĝo' (JE 12:2~3, 1917)。参'Tri gravaĵoj' (JE 11:9, 1916) 'Leteroj de samideanoj' (JE 11:10, 1916)，秋田雨雀「エロシェンコと私」(RO 1935.8)，高橋邦太郎「E生活30年」(EL 1936.3~5)，同「実にならぬE漫談」(RO 1936.9)。

鵜近庄次郎 | うこん しょうじろう
1899.2.17~1982.8.28

北海道/国鉄旭川鉄道管理局運輸部長など。Eは，1921年頃，講習用テキストで独習し，JEI入会。25年頃東京の講習会で井上万寿蔵の指導を受け，小坂狷二の話に共鳴。29年10月23日札幌鉄道E会創立に参加。同年11月札幌簿記学校でE講習を指導。31年7月まで札幌E会幹事。参LE 1956.6。協鵜近友里，星田淳。

右近秀蔵 | うこん ひでぞう
1905.10.10~1994.9.25

新潟/富山薬専(1927)/丹貞一と富山薬専の同期。和光堂常務，専務などを歴任し，1968年11月退社後，68~70年三協乳業専務，70年和光運輸社長，78年会長。日本小児医事出版社代表。富山薬専在学中にJEI入会。伊藤巳西三，上田嘉三郎らと東京薬学E-isto懇談会で熱心に活動。JEMA会員。77年E書籍を中山大樹を通じて山梨E会に寄贈。参『山梨とE』。

宇佐美珍彦 | うさみ うずひこ
1893.11.27~1969.12.21

長野/飯田中(1912)，一高(1915)，東大(1918)/農商務省に入り，外務省に移って，1920年国際連盟日本代表随員として27年までジュネーブ，パリ在勤。40年12月興亜院経済部長，42年11月大東亜省支那事務局長，45年日本拓殖協会理事長。48年公職追放後，成蹊学園事務局長，61年日韓貿易協会理事長など。キリスト者。北岡寿逸，村上冨士太郎と一高英法科の同期。19年JEA入会(会員番号1337)。農商務省E会を指導。21年新渡戸稲造，藤沢親雄，成田重郎と第13回UK(プラハ)に参加。22年ジュネーブの国際連盟の「学校に於けるE教育国際会議」に外務省派遣の日本代表として出席。圏『国際連合と世界の貿易』(松本俊一他『国際連合の研究』東洋経済新報社，1947)，C. D. ボーエン『判事ホームズ物語』(共訳，法政大学出版局，1950)。参RO 1922.2,「学校に於けるE教育国際会議」(RO 1922.6)，「E教授に関する国際会議」(RO 1922.7)，柳田國男「瑞西日記」(『定本　柳田國男集』3，筑摩書房，1963)，宮下保人「外交官宇佐美珍彦」(『伊那』伊那史学会　1970.8)，宇佐美憲彦「父の思い出」(同)。

潮田富貴蔵 | うしおだ ふきぞう
1903.6.10~1972.2.22

大阪/神戸一中(1921)，一高(1924)，東大(1927)/東洋史学者。大野俊一，西田信春と一高文科甲類の同期。阪大名誉教授，大阪樟蔭女子大学長など。一高在学中にE学習。JEI会員。

薄井秀一 | うすい ひでかず | ?~1927.8.25?

長野/筆名長梧子，北沢長梧，北沢秀一，厚井桂一/読売新聞記者，08年東京朝日新聞に転じ，山中峯太郎(『敵中横断三百里』)の

著)、桐生悠々、杉村広太郎(楚人冠)と交友。19年秋渡英、22年頃帰国。その後の消息は不明。淡路丸偽電事件の厚井桂一、またのちにモダンガール論を展開した北沢秀一と同一人物とも推測される。06年6月12日黒板勝美、安孫子貞治郎と発起人会を作り、JEAを創立(会員番号15)して、JE誌の編集者に。この前後、同僚足立荒人とともに読売新聞に関係記事を多数掲載。同年第1回JK(東京)で協会設立以来の成績を報告。JEA幹事になるが、08年辞任。著「国際語問題」(『読売新聞』1907.4.20)、「神通力の研究」(東亜堂、1911)、「飛行機と飛行船の優劣」(『太陽』18；16，1912)、「新しい女と卵細胞」(『中央公論』1913.5)。参尾崎秀樹『評伝山中峯太郎　夢いまだ成らず』(中央公論社、1983)、横田順弥『明治時代は謎だらけ』(平凡社、2002)。

臼井吉見 | うすい よしみ | 1905.6.17〜1987.7.12

長野/松本高、東大(1929)/編集者、評論家、小説家。中学、師範学校教師を勤めたのち筑摩書房の編集者となり、のち文芸批評から小説に進む。安曇野市に臼井吉見文学館。相馬黒光・愛蔵夫妻を軸に長野と東京を舞台に日本の近代史の転変を描いた大河小説『安曇野』全5巻(筑摩書房、1964〜73)には秋田雨雀、エロシェンコらのE-istoも登場し、その活動が描かれる。著『臼井吉見集』全5巻(筑摩書房、1985)ほか多数。参『現代日本朝日人物事典』。

碓井亮 | うすい りょう | 1960.8.11〜2010.6.22

熊本/武蔵野美大(中退)、仏教大/油絵を学び、佐賀でデザイン会社に勤務。のち熊本で鍼灸師。北御門二郎を敬愛し、晩年キリスト者に。1986年頃E独習。93年2月〜94年4月『人吉新聞』に「希望の言葉」を連載。自身が軽度の難聴であったことから盲人のためのテープ雑誌を思い立ち、93年"Dzika 9"を創刊。同年JABE入会。94年長谷川テルの跡をたどり中国旅行。98年JEI入会。同年本人も失明。2001年Eをひろめる会の創設に参加。ポーランドのE詩人で筋萎縮症のアンナ・コワラ(Anna Ko-wara. 1957〜2007)と20年にわたり文通し、07年その偲ぶ会に出席のためポーランド旅行。妻(原田)孝子は大津E会元会員。著「薄明境にて」(RO 2000.7)、「緑星旗の底に流れるもの」(RO 2000.9)、'For la esprimoj handikap-koncernaj' (LM 2002.3)。参LM 2010.8、中津正徳'Pri amikeco de Ryo kaj Anna' (LM 2010.10)。協碓井孝子。

歌橋憲一 | うたはし けんいち | 1889.5.1〜1984.10.10

東京/東京薬専(1907)/ニチバン創業者。「セロハンテープ」を開発。キリスト者。1906年JEA入会(会員番号320)。参『現代日本朝日人物事典』。

内ヶ崎和夫 | うちがさき かずお | ?〜1942

宮城/東京高師/仙台一中教諭。中国で戦病死。1938年1月東京文理大・高師E会設立に際し代表委員。参「内地報道」(RO 1938.4)。

内木宗八 | うちき そうはち | 1901.11.3〜1977以降

香川/八高(1923)、東北大(1927)/医学博士。伊藤隆吉、窪川一雄と八高理科甲類の同期。東北大講師をへて、1932年福島県で開業。21年10月JEI入会。

内田馨 | うちだ かおる | 1902.11.18〜1944以降

山口/明大(1924)/関門日日新聞社、京城日報社、新朝鮮日日新聞社、大阪毎日新聞社などに勤務。1941年満洲日日新聞社に入り、整理部長、編集部長などをへて、42年安東支局長。E学習は23年以前。28年京城(現ソウル)で山本作次、岸川澄勇らとE読書会を結成。JEI、京城E学会各会員など。著『満洲帝国とユダヤ秘密力』(満洲日日新聞社、1944)。参RO 1928.7。

内田荘一 | うちだ そういち | 1885.11.9〜1943⇔1951

山口/陸士(1905)、東大(1914)/旧姓山田/

陸軍中将。1932年4月千葉連隊連隊長として中国へ。34年砲工学校工兵科長、35年技術本部第2部長、37年11月1日砲工学校長に任ぜられ、同日付で中将、39年予備役。06年JEA入会(会員番号49)、のちJEIにも参加。勤務地の各地方会の活動に参加。19年JEA解散に和田清と反対。20年JEI評議員。22年鳥羽修、玉木文之進、尾花芳雄らと大連E会を結成。参『日本陸軍将官辞典』。

内田泰|うちだ たい|?~1961以降

高層気象台をへて、1942年鳥取測候所に勤務。Eで論文を執筆。著『成層圏』(三省堂, 1937)、『大気中の現象』(共著, 福村書店, 1956)。

内田毅|うちだ つよし|1893.1.11~1937以降

群馬/鉄道院中央教習所/1920年鉄道省から上信電鉄に転じ、34年常務。29年頃JEI入会。著『上信電気鉄道沿線案内』(上信電気鉄道, 1922)。

内田亨|うちだ とおる|1897.8.24~1981.10.27

静岡/一高(1920)、東大(1923)/理学博士。クラゲの分類の世界的権威。八木長人、吉岡俊亮と一高農科の同期。北大名誉教授、動物分類学会長など。1921年10月岡田要、宮下義信らとJEI入会。科学記事を多数執筆していた『赤い鳥』にE関連記事を寄稿。著「E語」(『赤い鳥』1923.5)、オズボーン『生命の起原と進化』(宮下義信と共訳, 岩波書店, 1931)、『新日本動物図鑑』全3巻(岡田要他と監修, 北隆館, 1965)ほか多数。参『動物分類学会誌』24(日本動物分類学会, 1982)、『現代日本朝日人物事典』。

内田三千太郎|うちだ みちたろう|1891.10.5~1971.3.17

埼玉/新潟医専(1914)/医学博士。天然痘研究の権威。北里研究所副手、警視庁細菌検査所防疫医などをへて、1925年東京都立豊島病院副長、26~55年院長。日本伝染病学会長。26年JEMA創立後、埼玉県支部幹事を務めた。著『恙熱』(医学書院, 1952)、『余禄』(私家版, 1968)。参『余韻 空念内田三千太郎の思い出』(内田先生思い出編集委員会, 1974)。

内田雄太郎|うちだ ゆうたろう|1869.3.20(明治2.2.8)~1940⇔1945

加賀(現石川)/第四高等中(1898)/1898~1900年高岡中、19~27年金沢一中の数学教諭。27年上京後、開成中、海軍などに勤務。戦時中に没。22年金沢一中E会創立、退職まで会長として熱心に指導に当たり、池田善政、清水勝雄、田畑喜作らを育成。参青山青硯「内田雄太郎先生と開成学園」(『一泉』一泉同窓会, 15, 1989)。

内田魯庵|うちだ ろあん|1868.5.26(慶応4.閏4.5)~1929.6.29

江戸/立教学校(中退)、東京専門学校(中退)、大学予備門(中退)/本名貢、別号不知庵/評論家、小説家、翻訳家。社会小説で注目され、のち丸善で『學鐙』を編集。ドストエフスキー『罪と罰』、トルストイ『復活』などを翻訳。二葉亭四迷と親交を深め、その没後に『二葉亭全集』(朝日新聞社, 1910~13)を坪内逍遥と共編。『秋田雨雀日記』(1915.5.12)に「今日、内田魯庵氏からEについてよほど熱情的な手紙を送ってきた。氏もEをやられるそうだ」とあるが、不詳。著『内田魯庵全集』全17巻(ゆまに書房, 1983~87)ほか多数。参『現代日本朝日人物事典』、『近代日本社会運動史人物大事典』、『日本アナキズム運動人名事典』。

内野仙治|うちの せんじ|1894.3.7~1957.9.21

山口/徳山中(1911)、五高(1914)、京大(1918)/医学博士。1929~31年独仏英米留学、32年京大、38年東北大、41年京大各教授、57年名古屋市大学長。原口栄と五高医科の同期。18年小坂狷二にEを学び、JEA入会(会員番号1267)。19年島文次郎らと京都E会再建を図るも、山鹿泰治の検挙で流産。カニヤ書店でE講習を指導、学生の

E運動を支援。29年京大E会賛助会員。JEI, JEMA各会員。**著**『内野仙治教授論文抄録集』(内野仙治教授退官記念事業会, 1957)。

内村鑑三|うちむら かんぞう
1861.3.26(万延2.2.13)**~1930.3.28**

東京/有馬英学校, 東京外語, 札幌農学校(1881), アマースト大(1887), ハートフォード神学校(1888中退)/無教会主義キリスト者。札幌農学校で新渡戸稲造と同期。1884~88年米国留学。北大に内村文庫, 国際基督教大に内村鑑三記念文庫。軽井沢町に内村鑑三記念堂。ザメンホフが出した1907年版『全世界E年鑑』に氏名が掲載されたが, その事情は不詳。**著**『内村鑑三全集』全40巻(岩波書店, 1980~84)ほか多数。**参**鈴木範久『内村鑑三日録』全12巻(教文館, 1993~99), 『現代日本朝日人物事典』, 『近代日本社会運動史人物大事典』, 『日本キリスト教歴史大事典』。

内山敬二郎|うちやま けいじろう
1893.5~1977.12.24

新潟/一高(1914), 東大(1917)/ギリシャ文学研究者。1922~41年松江高, 41~59年松本高および信州大, 67~77年文教大各教授。26年第18回UK(エジンバラ)に参加。蔵書は文教大へ。**著**『希臘悲壮劇』(共訳, 理想社, 1941), 『ギリシャ悲劇全集』全4巻(鼎出版会, 1977~79)。**参**『内山敬二郎旧蔵書目録』(文教大図書館, 1983)。**協**埼玉県立図書館。

内山信愛|うちやま のぶよし
1902.11.29~1975.2.13

愛知/八高(1925), 東大(1928)/安田清次郎と八高文科甲類の同期。京阪神急行電鉄事業部長, 阪急交通社長, 宝塚歌劇団理事長など。八高在学中にJEI入会。

宇都宮武雄|うつのみや たけお|**1906~1990以降**

兵庫/酒販売業。1929年E独習。31年神戸製鋼所の労働組合運動に関与したかどで検挙され, 刑期中もE学習を続ける。34年出所後, 神戸E協会に参加。戦後は家業の酒屋を継ぎ, 神戸E協会の再建に参加し, 神戸三宮駅近くの店を会合に提供したことも。59年ザメンホフ百年祭準備委員会中央委員。**著**「思い出を語る」(『神戸のE』)。

宇都宮正|うつのみや はじめ
1906.11.3~1942.11.28

愛媛/関学(1931)/メソジスト派牧師。1932~36年吹田教会(大阪)で活動後, 39年愛媛へ。26年JEI入会。翌年神戸E協会に加わり, 28年第16回JK(大阪)後の三高E会主催雄弁大会(京都)で「平和について」を演説。29年9月第17回JK(東京)で神戸E協会を代表して挨拶。UEAデレギート(キリスト教)。**著**'El la verkoj de S. S. Singh' (RO 1928.7), 'Notoj pri l' bibliaj vortoj' (RO 1929.7~30.2)。**参**『神戸のE』。

宇都宮義真|うつのみや よしまさ
1900.6.28~1988以前

大分/杵築中(1918)/満洲に渡ったのち, 豊原中(樺太)書記, 樺太勧業無尽常務などをへて, 1932年東京光線療法研究所設立。中国の天津に在住中の23年頃JEI入会。**著**『光線療法提要』(東京光線療法研究所, 1935), 『病気は光線で治せ』(光と熱社, 1937)。

内海貞夫|うつみ さだお|**1908.4.25~1991.8.10**

兵庫/神戸一中(1927), 阪大(1934)/医学博士。1949~73年奈良県立医大教授。国立奈良病院名誉院長。阪大在学中にEを学び, JEI入会。**著**Egmond他『前庭迷路器官の機能』(医歯薬出版, 1959)。

鵜沼勇四郎|うぬま ゆうしろう
1910.2.1~1938.6.12

秋田/小学校/農民。小作争議に参加する中で, 共産党秋田県組織の再建責任者として活動。1932年11月秋田共産党事件で検挙され, 懲役6年。獄中でEを学習するも, 獄死。JEI会員。**参**『秋田県人物・人材情報リ

文学』増補改訂版（和泉書院, 2008）。

梅棹忠夫 | うめさお ただお
1920.6.13～2010.7.3

京都/三高（1941）, 京大（1943）/民族学者, 理学博士。独自の比較文明学や情報産業論, 知的生産の技術などにより, 幅広い分野に大きな影響を与えた。大阪市大助教授, 京大教授をへて, 1974年国立民族学博物館初代館長となり, 特色ある館の創設と運営に手腕を発揮。大阪万博（1970）の準備にも関与し, 小松左京をプロデューサーに推薦。86年ほぼ失明状態となるが, 活発な活動を続け, 93年退官して同館顧問。94年文化勲章。日本語の表記法や標準語についても主張と実践を重ね, 93年社団法人日本ローマ字会会長。国立民族学博物館に梅棹文庫。Eは京大大学院時代の47年頃, 英語一辺倒への反発から友人の和崎洋一の勧めでその実父本野精吾の蔵書を借りて独習し, JEI入会。京大E会を設立し, 講師として坂本昭二らを指導。世界各国の人と文通し, 切手を収集。59年大映から映画「ジャン・有馬の襲撃」で南蛮人役がEを話す設定について相談を受けて, 宮本正男の紹介で指導役として藤本達生を推薦。藤本を家庭教師にして会話を学ぶ。64年京大人類学研究会の結成に際し, 和崎の勧めで通称を「近衛ロンド」（rondo「サークル」から）に。同年大学の後輩本多勝一（のち朝日新聞記者）のJEI入会の紹介者。Eを通して大本にも関心を寄せ, 出口京太郎らと交友し, 監修していたアサヒ・アドベンチュア・シリーズから出口『E国周遊記』（朝日新聞社, 1965）を刊行させる。大阪万博で展示する世界の民俗資料収集で, 東・中央ヨーロッパにはEの利用を示唆し, 担当に藤本を選任して派遣させる。61年第9回関西E大会（大阪）, 65年第50回UK（東京）国際夏期大学（「日本文化の理解と誤解」）, 同年第21回IJK（大津）, 70年第57回JK（吹田）, 78年第26回関西E大会（吹田）, 79年第66回JK（神戸）, 94年第81回JK（東京）などでEないし日本語で講演。ほか70年第55回UK（ウィーン）, 71年第5回日韓E交流（テグ）, 78年第63回UK（ブルガリア, バ

宇野新 | うの あらた | 1881.8～1965

東京/東大名誉教授第一号宇野朗（ほがら, 1850～1929）の長男。父が浅草に開いた楽山堂病院の理事。1906年JEA入会（会員番号170）。

鵜野正方 | うの まさかた | 1881.11.22～1937以降

熊本/海兵（1900）/旧姓中根/横須賀鎮守府幕僚, 海軍軍令部参謀など。のち理化学研究所主事。JEI初期に入会。

馬岡隆清 | うまおか たかきよ
1900.2.12～1990.2.10

三重/東大（1921）/号緑耳, 緑耳公/1941年三重高農教授, 43年華北産業科学研究所へ。54～78年日本林業同友会専務理事。21年10月JEI入会。［著］『落葉集』（日本林業同友会, 1975）,『緑耳俳句ノート』（私家版, 1977）。［参］『林業同友』339（林業同友会, 1990）。

梅川文男 | うめかわ ふみお | 1906.4.9～1968.4.4

三重/宇治山田中（1924）/筆名堀坂山行, 佐野史郎/社会運動家, プロレタリア詩人。日本農民組合淡路連合会書記長, 労働農民党兵庫県連執行委員, 社会大衆党三重県支部委員長など。戦後, 三重県議などをへて, 1957～68年松坂市長。松阪市名誉市民。戦後の一時期, 東京で同居した福田正男によれば,「河合（秀夫）さんと私の共通の友人に, Eをやったこともある…梅川文男氏がある」と。［著］『途方もない国』（御茶の水書房, 1966）,『やっぱり風は吹くほうがいい』（盛田書店, 1969）。［参］「熱い話一件 松阪の巻」（LM 1962.11）, 福田正男「善意の反骨者河合秀夫さんを悼む」（SAM 1972.11）, 尾西康充『近代解放運動史研究 梅川文男とプロレタリア

ルナ)など、たびたび国内外のE行事に参加。国立民族学博物館長として同館にEコレクションを設置、菊沢季生アーカイブを受け入れ。JEI顧問、80年UEA顧問。91年第78回JK(吹田)名誉会長、2007年第92回UK(横浜)名誉顧問。所蔵の本には入手の経緯などをEで記入。「外国人と直接に自分ではなすことばはEにかぎっている」(「国際的とは」)と明言。著『梅棹忠夫著作集』全22巻+別巻(中央公論社、1990～94)、『梅棹忠夫著作目録(1934～2008)』(共編、国立民族学博物館、2009)ほか多数。E関係の多くは『著作集』18巻と20巻に収録。個別には『日本探検』(中央公論社、1960)、「梅棹忠夫Eを語る」(LM 1961.3)、「ヘルシンキ、駅の売店にE辞典」(RO 1964.12)、「まえがき」(出口京太郎『E国周遊記』朝日新聞社、1965)、E.プリバー「ザメンホフの生涯」(藤本達生と共訳、角川書店編集部編『世界の人間像』16、角川書店、1965)、「言語的帝国主義とE 世界会議に出席して」(『朝日新聞』1970.8.21)、'Lingva Imperiismo kaj E' ("La Nova Tajdo" 79, 1970)、「Eと人類学」(LM 1971.4～6)、「E・ニュータウン・国立民族学博物館」(LM 1979.4)、「Eの精神」(『月刊言語』1983.10)、"Sepdek-sep ŝlosiloj por la japana civilizacio" (Japana Komisiono por la Centjara Jubileo de E, 1987)、「博物館における言語ポリシー」(『月刊百科』1987.10)、『日本語と日本文明』(くもん出版、1988)、『二十一世紀の人類像 民族問題をかんがえる』(講談社、1991)、「国際的とは」(RO 1992.1)、『実戦・世界言語紀行』(岩波書店、1992)、「回想のE」(『千里眼』41、1993)、『E体験』(日本E図書刊行会、1994)、「対談:21世紀の文明の行くえと国際語のあり方」(田中克彦と、RO 1995.1)、「私の履歴書 E運動にも参加」(『日本経済新聞』1996.1.17, 1.20)、『行為と妄想―私の履歴書』(日本経済新聞社、1997)、『日本語の将来―ローマ字表記で国際化を』(NHK出版、2004)など。参「E語のセリフ 架空のイベリヤ語に」(『読売新聞』1959.5.27)、藤本達生「'ジャン・有馬の襲撃'のはなし」(RO 1959.9～10)、「藤本さんヨーロッパへ 万博の資料調査収集へ」(RO 1968.11)、藤本達生「東欧は時間のかかる所」(梅棹忠夫編『EEM:日本万国博覧会世界民族資料調査収集団(1968-1969)記録』万国博覧会協会、1973)、同「ジャン・有馬の襲撃」(LM 1998.9)、同「講演時代の梅棹さん」(LM 2003.4)、同"Kromeseoj"(リベーロイ社、2009)、「訃報 梅棹忠夫さん」(LM 2010.9)、LM 2010.10, RO 2010.12、『月刊みんぱく(特集 梅棹忠夫とみんぱく)』(2010.10)、特別展「ウメサオタダオ展」実行委員会編『梅棹忠夫―知的先覚者の軌跡』(千里文化財団、2011)、『梅棹忠夫 地球時代の知の巨人(文藝別冊)』(河出書房新社、2011)、伊藤幹治『柳田国男と梅棹忠夫―自前の学問を求めて』(岩波書店、2011)、藍野裕之『梅棹忠夫―未知への限りない情熱』(山と溪谷社、2011)、山本紀夫『梅棹忠夫―「知の探検家」の思想と生涯』(中央公論社、2012)、『現代日本朝日人物事典』。

梅沢岩吉 | うめざわ いわきち | 1871～1918

愛知/横浜英語学校/食品総合商社「梅沢」創業者。1896年輸入食料品、酒類、洋食器、料理用具を扱う梅沢岩吉商店創立。愛知トマトのトマトソースの販売を一手に引き受け、1910年合名会社梅沢商店設立。06年JEA入会(会員番号51)。

梅田善美 | うめだ よしみ
1933.2.23～2010.11.29

北海道/慶大(中退)/商社勤務などをへて、国際文化工房役員、NPO法人神道国際学会理事長、中国浙江大学日本文化研究所客員教授。大本本部海外宣伝課(のち国際部)に勤務し、大本の国際活動に貢献。EPAでも活動。妻の節子もE-isto。学生時代にE学習し、1952年JEI入会。会話力を買われ、61年野辺山合宿で講師を務め、その後もたびたび合宿などで講師。62年青年E組織(JEJO)初代会長。63年出口京太郎の「E国周遊」に同行して欧米を巡り、各地で日本紹介の講演をし、第19回IJK(ブルガリア、ヴラツァ)と第48回UK(ソフィア)で能や猿楽を披露。64～72年TEJO委員。65年第50回UK(東京)開会式でEに懐疑的な来賓の挨拶を見事に通訳。また雄弁コンクール審査委員長。同年第21回IJK(大津)では国内組織委員会書記長として開催に尽力。66年5月～67年1月布教使としてハワイに滞在して、チェンバーズのE

活動に協力。67年運動八十周年記念懸賞論文「E百周年への道」に"Vojo al la ora jaro"で入選。71年4月日韓Eレンコンティージョの日本側団長として14名を率いて訪韓。78年中国国際書店E部招待のE訪中団（徳田六郎団長）の事務局として訪中し、多くのE組織を訪問。79年千野栄一編のレコード『世界ことばの旅─地球上80言語カタログ』（コロンビア．のちCD-ROM版，研究社，1999）に準ネイティブ・スピーカーとして吹き込み。79～92年JEI理事，のち参与。79年からJEIの上級講座「実用専科」を担当して，大原喬ら多くの受講者を集める。80年第65回UK（ストックホルム）で"Diversaj aspektoj de diskriminacio en Japanujo"を講演。82年第13回国際言語学者会議（東京）のために来日したP. Daŝguptaらを講師に迎え，JEI主催で国際語学研究セミナーを同時通訳つきで企画。これ以降さまざまな機会に通訳技術の指導も行う。83～89年UEA副会長として，特にアジアのE運動の活性化に尽力。83年サンフランシスコ州立大夏期講座で講師。同年E発表百周年日本委員会の実行委員会副委員長となり，86年E百周年記念社会言語学シンポジウム開催の中心になるなど，百周年記念事業の多くに参画。磯部幸子委員長の急逝を受けて報告書のとりまとめにあたる。87年10～11月UEA東京事務所として「日本・中国E-isto交流の旅」を企画し，16名が中国6都市を訪問。（有）国際文化工房を興し，自著などE関係書を出版。89年UEA会長選に出馬するも，J．ウェルズの前に落選。90年2月JEI理事辞任を表明し，5月臨時評議員会で審議。94年森田洋子（茂介夫人）による八ヶ岳E館のJEIへの寄贈に際して，一旦「希望の森」として個人的な受け入れを進めたのち撤回。2011年1月30日に偲ぶ会。著『Eで世界を旅して』（出口京太郎と共著，大本本部青年宣教部，1964），「「欧米かけあるき」から」（RO 1964.6～11），「ハワイから」（RO 1966.9），「ホノルルからカリフォルニアへ」（RO 1967.4），'Vojo al la ora jaro' (RO 1967.8)，「国際的E運動へ 日本からも貢献するために」（RO 1970.6），アラン・カルデック『精霊の書』（日伯心霊協会，1970），「日韓E交流の歩みから」（RO 1971.7），「Nova Vojo」(RO 1972.10), 'Ĉu revigliĝas la ĉina movado?' ("E" UEA, 1978.10), 'Raporto pri amikeca-turisma vojaĝo en Ĉinio' (RO 1978.11), 'Japanoj festas publike' ("E" UEA, 1980.3), 'Usonaj geamikoj aktivas!' (RO 1980.7), 'Diversaj aspektoj de diskriminacio en Japanujo' (RO 1980.10)，「日本E学会の広報活動」（RO 1981.8），「実用専科コースの実際」（RO 1981.11），「外国語のすすめ E語」（『月刊言語』1982.5）, 'Pri internaciligvaj studoj' ("E" UEA, 1982.10), 'Seminario pri internaciligvaj studoj en Tokio' (RO 1982.11),「UEAの副会長に選ばれて」（RO 1983.10），「国際E合宿 サンフランシスコにて」（『月刊言語』1983.12），「第15回韓国E大会 若さにあふれる大会」（RO 1984.1), 'Diversaj aspektoj de diskriminacio en Japanujo' ("Diskriminacio" UEA, 1984)「北京はあなたを待っている」（RO 1984.5），「日本がいっぱいの国際セミナー」（RO 1985.3), 'Atenton, funkciuloj! Seminario por gvidantoj de landaj asocioj' ("E" UEA, 1985.5),「中国の現代化運動と言語問題」（RO 1985.11～12), 'MEM en Volgogrado' ("E" UEA, 1986.5),「国際平和年 E-istoの国際会議ソ連で」（RO 1986.6），「最新ソ連E事情」（LM 1986.8), 'Arte kaj aferece pri la kongresa temo' ("E" UEA, 1986.9), 'E—ne same facila por ĉiuj' (同),「E百周年を前に」（RO 1986.12），「南十字星輝く夜空の下で百周年を祝う」（RO 1987.4），「ラジカセを第三世界に贈ってください」（LM 1988.3），「アジアのE運動を考える」（RO 1988.5），「この20年間の国際的運動の推移と日本の立場」（RO 1988.7），『日本発未来行き』（EPA, 1989），「中国と東欧の旅」（RO 1989.4～6），川喜田二郎"Enkonduko al problemsolva originala KJ-metodo" (JEI・川喜田研究所, 1989)，『実務文書のてびき』（国際文化工房, 1990），『揺れ動く社会主義圏とE活動』（国際文化工房, 1990), 'S-ro KAWAMURA Sin'itirô, Modela sciencista E-isto' (RO 1992.7),「激動の二十世紀，日中間を結んだE-isto─勇敢なる国際主義日本人女性の足跡」（『東アジア文化環流』2：1, 2009）。参「四連盟人物風土記(4) 梅田善美」（LM 1963.12），出口京太郎『E国周遊記』（朝日新聞社, 1965），祝明義「相伴日本友人所見」（『La mondo』1988.2），「梅田善美訪問北京」（『La mondo』1988.7），「梅田氏「希望の森」を白紙に」（LM

1994.5),「梅田善美先生記念特集」(『日本思想文化研究』4: 1, 2011),『神道フォーラム』2011.1.15,「追悼　梅田善美さん」(RO 2011.3).

梅津純孝｜うめづ すみたか
1916.3.31～2005.3.6

山口/九大 (1940)/医学博士。海軍軍医, 福岡日赤病院産婦人科部長などをへて, 1952年福岡市に梅津産婦人科医院開業。山口高在学中の33年Eを学び, 9月JEI入会。65～2000年福岡E会長を務め, 講習会の指導のほか, 準備委員長として九州E大会の福岡市開催に尽力。原爆の体験を伝える会編著"Akvon, mi petas!"〔水ヲ下サイ〕(福岡E会, 1984) の共同E訳に参加。JPEA会員。著'Unua paŝoj al la nova jaro' (LV 1970.1),『そんなこともあったよね!』(私家版, 2003).参『日本のE-isto名鑑』, 井上優'Kondolenco al estimata s-ro UMEZU' (LV 2005.4), 西田光徳「梅津純孝氏を悼む」(RO 2005.5).

梅津元昌｜うめづ もとよし
1901.9.19～1985.6.10

東京/東大 (1927)/農学博士。東北大名誉教授, 日本獣医畜産大名誉学長など。1926年頃JEI入会。著『家畜の生理学』(養賢堂, 1954),『酪農講座』全5巻 (朝倉書店, 1957～58).

梅原義一｜うめはら よしかず
1905.7.29～1997.6.11

大阪/北野中 (1923), 三高 (1927), 東大 (1930)/英文学者。進藤復三, 福永和利と三高文科甲類の同期。京城帝大予科, 大阪女子大, 聖母被昇天学院女子短大各教授など。三高入学後, 八木日出雄の著作でE独習。同校E会に加わり, 機関誌"Libero"に寄稿。著『キーツ書翰集』(弘文堂, 1949).参『三高E会小史』.

浦良治｜うら りょうじ｜**1903.4.11～1992.4.5**

新潟/四高 (1923), 東大 (1927)/医学博士。西成甫の高弟。1943年岡山医大, 55年東北大各教授, 67年退官。25年西の指導でE学習。26年JEI入会, 29～30年および32～43年評議員。戦後, 岡山医大E会を指導。52年JEMA庶務幹事。65～73年仙台E会長, のち名誉会長。68年4月E-isto大越啓司・菊池満喜子の結婚式の媒酌人。東北大在勤中, センダイ・エスクラピーダ・クルーボを作り阿部十郎, 柏康とともに医学生へのE普及に尽力し, 田口喜雄らを育成。"Folia Anatomica Japonica"にEで論文を発表。JEMA東大医学部支部幹事, UEAデレギート (仙台), JESA会員など。著「科学のE語」(RO 1927.8),『実習人体解剖図譜』(南江堂, 1941), 'Seiho NISHI, Skizo de lia sciencista vivo por junaj anatomiistoj okaze de lia 70-a naskiĝtago' (中山知雄と共著, "Okajimas Folia Anatomica Japonica" 28, 1956), 'P-ro S. Nishi, mia korestimata instruisto' (RO 1978.10).参大越啓司'Vizito al nia veterano' (ME 1987.2), ME 1990.10, 松本宙「本会名誉会長浦良治先生のご逝去を悼む」(ME 1992.4), 艮陵同窓会百二十年史編纂委員会『艮陵同窓会百二十年史』(東北大学艮陵同窓会, 1998), 栗井弘二「76歳で再入会です。宜しく」(RO 2006.7).協菅原慶一.

浦田種一｜うらた たねいち
1894.1.5～1969.12.30

広島/一高 (1916), 東大 (1919)/弁護士, 税理士。三菱重工業名古屋発動機製作所青年学校長など。キリスト者。三菱造船所兵器製作所在勤中の1923年頃JEI入会。24年同僚の富松正雄, 久米稔らと長崎E会を再興。長崎E会評議員, 名古屋E会員など。著「長崎E運動略史」(『昭和2年KEL年鑑』),『長崎のE・前編』.

浦田芳朗｜うらた よしろう
1890.9.14～1964.2.25

長崎/早大 (1942)/東京日日新聞社京城支局長, 大阪毎日新聞社印刷部長などをへて, 1939年京都日日新聞社設立。44～46年京都市議会議長。京都飼料代表, 内外飼料会長など。20年8月JEI入会。著『南米ブラジル渡航案内』(大阪毎日新聞社, 1926).

瓜生英二 | うりう ひでつぐ
1900.12.4〜1971以降

福岡/豊津中(1919)、五高(1923)、九大(1927)/医学博士。咸鏡北道立羅南病院耳鼻咽喉科長、県立宮崎病院耳鼻咽喉部長など。五高在学中にJEI入会。

瓜生復男 | うりう またお | 1913.2.13〜2006.9.6

石川/金沢一中(1931)、四高(1934)、東大(1938)/外務省条約局第二課長、通産省通商局次長などをへて、1962年ロサンゼルス総領事、64年アルジェリア初代大使、70年エチオピア大使など。北アフリカ協会、日本アルジェリア協会各理事長。四高在学中の33年母校金沢一中の後輩30名に週2回E講習。34年JEI金沢支部設立に参加。JEI会員。著「これからの日米経済協力」(『経済知識』40、経済知識社、1952)。参「金沢第一中学校E部」(RO 1933.9)、清水訓夫「駐アルジェリア初代大使 瓜生復男氏を偲ぶ」(『月刊アフリカ』47：3、アフリカ協会、2007)。

瓜生津隆雄 | うりうず りゅうゆう
1901.2.20〜1991.9.20

滋賀/龍谷大院(1931)/号湖東白山/浄土真宗本願寺派勧学寮頭、龍谷大名誉教授、法城寺住職。1922年龍谷大に八木日出雄を招いてE講習会を開き、同校E会結成。翌年吉町義雄を講師に招いて開いたE講習会から真田昇連、浅野三智らが育った。著『安心決定鈔讃仰』(永田文昌堂、1954)、『真宗典籍の研究』(同、1988)。

宇留賀栄一 | うるが えいいち？
？〜2003.4.8

長野？/小学校？/農業。1928年頃希望社でE学習。長い中断をへて73年5月〜2001年JEI会員。"El Popola Ĉinio"、"Monato"、"Fonto"など多くの海外E誌を購読。著「E雑誌の購読をして」(LM 1984.10)。

え

瑛九 | えい きゅう | 1911.4.28〜1960.3.10

宮崎/宮崎中(中退)、日本美校(1927中退)、オリエンタル写真学校/本名杉田秀夫、別表記Ei Q/前衛美術家。フォトデッサンを創始し、エッチングやリトグラフでも新生面を開く。池田満寿夫に多大な影響を与えた。宮崎県立美術館に瑛九展示室。1934年兄杉田正臣の影響でEを学び、宮崎E会に参加し、機関誌"Semanto"にたびたび寄稿。34年宮崎E会のために油絵「ザメンホフ像」を制作(宮崎県立美術館蔵)。35年JEI特派使節として九州のE会を視察した久保貞次郎の知已を得て、翌年上京し、「瑛九」の名で活発な創作活動を繰り広げる。戦後、宮崎E運動の復興に尽力。48年自ら命名した"La Ĝojo"(LG)を創刊、同年E-isto谷口都(ミヤ子とも表記)と結婚、夫婦の日常会話はEで行い、兄正臣との文通も多くEで。48年9月第2次JEAに参加。48年から51年に埼玉県浦和市に転居するまで、宮崎大宮高校、宮崎大淀高校など宮崎市内および県内各所でE講習会を指導。49〜54年RO誌にカットを寄稿。51年から命名した「デモクラート美術家協会」を大阪で結成。従弟の鳥原京之は瑛九の影響でEを始め、2013年ROに表紙絵を寄稿。著「宮崎に於ける国際語運動」(『宮崎新聞』1934.12.10)、「Grenkamp-K:"Pri l' Moderna Arto"のもつ意味」(RO 1936.7)、『眠りの理由』(芸術学研究会、1936)。参LĜ 1960.4、久保貞次郎『美術に近づく道』(黎明書房、1968)、杉田正臣編『瑛九抄』(私家版、1980)、久保貞次郎編『瑛九画集』(瑛九画集刊行会、1971)、同『瑛九と仲間たち』(叢文社、1985)、『瑛九とその周辺』(読売新聞社・美術館連絡協議会、1986)、大里義澄「瑛九さんと県立美術館」(LĜ 1995.5)、土居智江子「瑛九とE」(LT 1997.9〜10)、水木野男『瑛九からの手紙』(瑛九美術館、2000)、『悠湯LIFE』(九州電力、36、2002)、鈴木敬「「デモクラート」のひと」(LM 2002.12)、太田将勝「久保貞次郎論 初期の交友・瑛九を中心に」(『上越教育大学研究紀要』22、

2003)、宮崎E会"Ei Q kaj E—宮崎におけるE運動の軌跡"(メーボ・リブロイ、2004)、「特集 瑛九とE」(RO 2005.2)、松本淳「バベルに挑む」(『宮崎県地方史研究紀要』宮崎県立図書館、31、2005)、「瑛九 光の冒険」(『宮崎日日新聞』2010年年間企画)、「未翻訳59通内容が判明 瑛九のE書簡」(『宮崎日日新聞』2011.7.17)、『生誕100年記念 瑛九展』(宮崎県立美術館他、2011)、松本淳"Q Ei kaj E"(RO 2011.10)、福富健男『画家・瑛九の世界』(鉱脈社、2011)、『現代日本朝日人物事典』、『近代日本社会運動史人物大事典』。圝柴山純一。

江浦通生 | えうら みちお | 1878.7～1942以降

福岡/青山学院高等部(1906)/教育事業から、1918年大文洋行に転じて支配人。06年JEA入会(会員番号318)。

江上武夫 | えがみ たけお | 1908頃～1931.3.11

東京/浦和高、東大(在学中没)/騎馬民族征服王朝説を提唱した考古学者江上波夫(1906～2002)の弟、江上不二夫の兄。浦和高在学中よりEを学び、宮城音弥とE文通も。1928年東大へ進み、5月農学部のE講習会を細田文夫と指導。29年JEI評議員となり、同年のROの表紙絵を執筆。參堀内恭二「噫鳴江上武夫君」(RO 1931.4)、宮城音弥「めぐりあい—江上不二夫君」(『毎日新聞』1982.4.26夕刊)。

江上不二夫 | えがみ ふじお
1910.11.21～1982.7.17

東京/東京府立五中、東京高、東大(1933)/生化学者。理学博士。リボ核酸分解酵素を発見し、生化学をリード。江上武夫の弟。1934年フランス政府給費留学生として3年間フランス留学。名大、東大各教授、日本学術会議会長など。71年日本学士院賞。東京高在学中、兄武夫にEを習い、同校E会員として、28年12月東京学生E-isto連盟結成に丘直道と参加。31年Scienca Rondo結成。帝大E会員。38年JEI評議員。39年12月E-isto米田由紀(1916～1987)と結婚。46年第2次JEA委員。50年4月「1年に1論文をEで! 他国語論文にはEで概要を!」運動を提唱し国際的反響を呼ぶ。52年戦後初めて正式の日本人参加者として第37回UK(オスロ)に参加し、国際夏期大学で「窒素の無機生化学」を講演。65年の第50回UK(東京)開催のための活動がNHKテレビ「現代の記録」で「E-istoある理想主義者の群像」(1964.2.15)として取り上げられる。同大会の国際夏期大学では「分子生物学とは何か」を講演。61～66年JEI理事、67年終身会員。67～78年理事長、77年会長(兼任)として早稲田E会館の建設(78年竣工)に尽力。79年第66回JK(神戸)で「なぜ生命の起源を探るのか?」を講演。JEIの経済的危機に際し多額の寄付をするなど、財政的にもE運動を支援。ISAE日本代表、JELE、JEMA、JESA各会員。手塚治虫の「お茶の水博士」のモデルを自認した。82年10月30日「江上不二夫先生を偲び、Eと科学を考える会」。遺族からJEIに100万円の寄付。著『生命を探る』(岩波書店、1967)ほか多数。E関係に'Vivo kaj senvivo de la vidpunko de biokemio'(RO 1938.1), 'Nutra valoro de alkoholo'(RO 1938.2), 'Fermentmodeloj'(RO 1938.6), "Kongresa Universitato de 38-a Japana Kongreso"(共著、名古屋E会、1952)、「科学と語学」(RO 1955.1)、松葉菊延訳"La Serĉado de la Vivo〔生命を探る〕"(JEI, 1971)、「なぜ生命の起源を探るのか?」(LM 1980.3)など。參「特集 われらの2600年」(RO 1940.2)、「論文をEで 自然科学者の「もうしあわせ」」(RO 1950.4)、「一年一論文をEで!」(RO 1950.6)、吉沢久子「交遊抄 江上不二夫先生」(『日本経済新聞』1972.6.30), "Science and Scientists"(学会出版センター、1981)、福田正男'Nekrologo'(SAM 1982.7)、「わせだだより」(RO 1982.9), RO 1982.10、馬場清彦'D-ro Egami Fujio forpasis'(LM 1982.9)、『日本の科学者』18:1(日本科学者会議、1983)、景山真「故江上不二夫先生を偲ぶ」(『生化学』56:10, 1984)、岩男壽美子・原ひろ子編『科学する心—日本の女性科学者たち』(日刊工業新聞社、2007)、『現代日本朝日人物事典』。

江川英文｜えがわ ひでぶみ
1898.7.19〜1966.8.21

東京/一高 (1922), 東大 (1925)/国際法学者。法学博士。伊豆韮山代官江川太郎左衛門英龍の係。普遍主義, 国際主義に基づく国際私法学の確立に貢献。東大, 立教大各教授。1932〜35年仏独米に留学。植木庚子郎, 桜田佐と一高文科丙類の同期。19年JEA入会 (会員番号1399)。のちJEIにも参加。著『中華民国に於ける外国人の地位』(中華民国法制研究会, 1938),『国際私法』(有斐閣, 1950)。参『法学周辺』12 (立教法学会, 1967),『法学協会雑誌』84:2 (1967),『現代日本朝日人物事典』。

江口音吉｜えぐち おときち
1909.10.6〜1996.11.10

北海道/奥沢尋常高等小 (1924)/薬種商。1940年北海道庁薬種業商免許合格, 41年応召。46年小樽逓信診療所勤務をへて, 51年小樽で開業。Eは, 31年母校奥沢尋常高等小 (小樽) で開かれた青年団主催の講習会で近藤養蔵から手ほどきを受ける。32年12月JEI入会。小樽E会員, 北海道E連盟顧問など。著『藤川哲蔵氏を憶う』(RO 1950.6),「故・相沢治雄氏の思い出」(HEL 1988.12),「Major氏吹込みのレコードのこと」(HEL 1990.3〜4)。参「Eの思い出―江口音吉氏の手紙より」(HEL 1992.11〜12), HEL 1996.11〜12。協濱田國貞, 星田淳。

江口一久｜えぐち かずひさ
1942.1.15〜2008.6.13

京都/京大 (1965)/洗礼名パウロ, Paul K. Eguchi, 愛称Leono/言語民族学者, 特に西アフリカ・フルベ族の言語文化口承文芸の研究。国立民族学博物館名誉教授。キリスト者。国立民族学博物館に江口文庫。1963〜65年頃京大E研究会で中村正美らと活動。86年E発表百周年記念社会言語学シンポジウム「言語的多様性の中の国際語を考える」(東京) で講演。2003年第51回関西E大会 (吹田) を民博と共催で開催するのに尽力し, 公開シンポジウムの講師を務めたほか, 演芸会でもアフリカの昔話を民族楽器の伴奏つきで再現。著『おはなし村―西アフリカから』(保育社, 1996),『北部カメルーン・フルベ族の民間説話集 I〜V』(松香堂, 1996〜2000) など。E関係に「アフリカ世界から見た国際語の問題」(『言語的多様性の中の国際語を考える 講演録』JEI, 1986),「カメルーン言語事情」(RO 2003.3) など。参「埋もれた宝に光を当てる」(『京都新聞』1981.4.27), LM 2008.8, 庄司博史「追悼 江口一久名誉教授」(『月刊みんぱく』2008.9)。

江口廉｜えぐち きよし
1899.1.2〜1977.1.30

佐賀/佐賀中 (1916), 長崎高商/安田生命長崎出張所長, 三井生命大連支社長, 九州友好貿易取締役など。日中友好協会副会長を務め, 自らも中国史を研究。Eは, 1923年8月大名小 (福岡) で開かれた講習会で田中丸益一に習い, 福岡E会の存在を知らずに, 福岡E倶楽部を結成 (同年中に両者は合併して, JEI福岡支部を組織)。24年4月3日KEL創立に参加。27年3月福岡E倶楽部を再結成し, 自宅の一部をE運動に提供。30年9月福岡高E会発足に協力。35年長崎へ転じ, のちに中国へ。終戦を上海で迎え, 45年12月星野芳樹らのザメンホフ祭に参加。翌46年夏引き揚げ。53年1月鹿児島から佐賀へ転勤し, 5月佐賀E会長。57年日中友好協会九州代表として訪中団に加わり, 葉籟士ら中国のE-istoと交流。72年第46回九州E大会 (長崎) 会長。佐賀市の自宅はNHK連続テレビ小説「信子とおばあちゃん」(1969.4〜70.4, 佐々木孝丸も出演) のロケに使われた。最後はKEL顧問。UEAデレギート (福岡)。著「北京の同志」(RO 1957.12),「KELの裏面史」(LM 1969.1),「中国の想い出」(LM 1969.4),『日本中国交通史』(日中文化経済交流研究会, 1971)。参『昭和2年KEL年鑑』。

江口勢太｜えぐち せいた
1893.2.20〜1965以降

佐賀/五高 (1913)/三菱長崎造船所在勤中の1924年E学習。26年頃JEI入会。64年再学習。EPA会員。参"Japanaj E-istoj"。

江口辰五郎 | えぐち たつごろう
1902.8.4~1986.8.5

佐賀/佐賀中(1920), 京大(1927)/工学博士. 内務省, 運輸省, 日鉄八幡製鉄所などをへて, 1961年日本テトラポッド社長. 京大在学中にJEI入会. 著『佐賀平野の水と土』(新評社, 1977).

江熊哲翁 | えぐま てつおう
1893.4.25~1974.5.20

大分/宇佐中(1912), 水産講習所(1916)/佐賀, 愛媛, 山口各県の水産課長などをへて, 1947年参院議員. 山口県漁業公社代表, 日本国際貿易協会委員など. 20年代JEIに参加. 戦後, 下関E会長. 上山政夫の記憶によれば,「Eの読み書きはできなかった」と. 協上山政夫.

江崎シャルロッテ | えさき しゃるろって
1903~1978.6.26

ドイツ, ヴェストファーレン/Charlotte Witte, 愛称ロッテ/江崎悌三の妻. 日航よど号ハイジャック事件(1970)の副操縦士江崎悌一の母. 留学中の悌三とE行事を通じて知り合い, 結婚. 1928年夫の帰国に伴い来日.「同志の訪問に対しては温かい歓迎をされ集会には必ず出席される. 妙齢にして花の如き同夫人の出席は集会に常に感激を与えずにはおかぬ」(RO 1928.12)と. 35年11月JEI特使久保貞次郎との懇談会に参加. 64年12月九大E会と福岡E会合同のザメンホフ祭に参加. 九大などでドイツ語を教えたほか, 日独文化交流にも貢献. ハイジャック事件の際は泰然としていたと. 著『江崎悌三随筆集』(編, 北隆館, 1958). 参「日独民間交流のかけ橋・故江崎シャルロッテさん」(『西日本新聞』1978.6.29).

江崎悌三 | えさき ていぞう
1899.7.15~1957.12.14

東京/北野中(1917), 七高(1920), 東大(1923)/昆虫学者.「虫聖」と異名をとり, 多くの昆虫で献名. 理学博士. 23年九大助教授となり, 24~28年在外研究のため渡欧. 30年九大教授, のち同農学部長, 同教養部長, 日本昆虫学会長など. 幕臣, 英蘭学者の乙骨太郎乙(おつこつたろういつ. 1842~1920)の孫. 江崎シャルロッテの夫. 日航よど号ハイジャック事件(1970)の副操縦士江崎悌一の父. 九大に江崎文庫. 1921年10月岡田要, 吉岡俊亮, 平岩馨邦らとJEI入会. 25年第17回UK(ジュネーブ)にJEI代表として参加. 28年Eの会合で知り合ったシャルロッテと大恋愛の末, シャルロッテの父を説得して結婚. 帰国後, 夫婦で福岡のE活動に参加. 30年5月JEI福岡支部通俗学術講演会で「面白い昆虫の話」を講演. 著'Prof. D-ro Asajiro Okakiel zoologo'(RO 1941.3), 江崎シャルロッテ編『江崎悌三随筆集』(北隆館, 1958),『江崎悌三著作集』全3巻(思索社, 1984)ほか. 参「江崎悌三教授追念特集」(『動物分類学会会務報告』17, 1958),「日独民間交流のかけ橋・故江崎シャルロッテさん」(『西日本新聞』1978.6.29), 上野益三『博物学者列伝』(八坂書房, 1991), 平嶋義宏「江崎文庫」(『九州大学百年の宝物』丸善プラネット, 2011),『現代日本朝日人物事典』,『近代日本生物学者小伝』.

重栖度哉 | えすみ のりや
1912.10.11~1989.3.15

台湾/台南一中(1930)/1930年頃大本に入信. 32年台南市役所税務課勤務. 34年頃文学に傾倒して大本から遠ざかるも, 37年奇病に悩み, 再び大本へ. 40年台南州農会肥料課, 44年同州総務部国民動員課に勤務. 46年引き揚げ. エスミ電器産業をへて, 51年3月~81年12月大本本部で総務, 大道場長, 国際部副部長などを歴任. 30年E学習. 34年12月台南E会主宰の初等講習会を指導. 39年5月JEI入会. EPAの実務者として"Oomoto"誌の編集などで活躍. 宮本正男編『日本語E辞典』に全面協力. 80年EPA副会長. 84年4月~87年4月LMに「これはこういう」を連載. UEAデレギート(亀岡). 姓の読みは本来「おもす」だが, 出口王仁三郎の勧めで「えすみ」に変更. 著Scolnik "Kiel Kuracas la Naturista Medicino"(天母学院, 1961), シャビエル著,

83

ネートE訳『われらの住み家〔Nia Hejmo〕』(日伯心霊協会, 1967), "Kvindek jaroj de E en Oomoto"(伊藤栄蔵・中村陽宇と共編, EPA, 1973), 「翻訳について」(LM 1979.5), 'Kial mi dediĉis min al E?' (RO 1982.3), 『ザメンホフのことわざ』(EPA, 1994)。参藤本達生「重栖度哉さん」(LM 1989.6)。協俗大福。

枝村吉三｜えだむら よしみつ
1913.1.12～2000.1.28

栃木/宇都宮中(1931), 浦和高(1935), 東大(1938)/英文学者。茨城, 栃木各師範学校教授などをへて, 1951年宇都宮大教授。76年退官後, 大谷大をへて, 作新学院女子短大教授。東大在学中にE学習。著『コウルリジ詩集』(興文社, 1972), スティーヴンスン『寓話』(牧神社, 1976)。参『外国文学』24(退官記念号, 宇都宮大学外国文学研究会, 1976), 同49(2000)。

エッケルマン｜Gerold Eckelmann｜?～?

ドイツ/金沢のE-isto宮保勇夫の文通相手。1934年"Heroldo de E"誌の特派員として6月15日神戸に上陸し, E-istoと交流。宮保と金沢に赴き, 竹内藤吉の世話も受けつつ, 金沢E会のE-istoと交流し, 新聞社訪問。高岡, 富山でも講演や新聞社訪問など。7月13日右翼団体一残会でナチス運動について講演(瀬川重礼通訳)。竹内と上京して, 18日から汎太平洋仏教青年会大会(東京など)を取材し, 外務大臣の外国代表歓迎会では重光葵次官とドイツ語でEについて話した。Eによって新聞記者として雄飛するうと壮語したが, 無一文であることが発覚。東京のE-istoの援助を拒否して, 26日姿を消す。著 'Speciala raportisto de Heroldo ekvojaĝis al Malproksima Oriento' ("Heroldo de E" 1934.5.20)。参「性格まで似る日本人と独逸人」(『北国新聞』1934.7.5), 「汎太平洋仏教青年会大会とE」(RO 1934.8), 「Eckelmann氏の失踪」(同)。

江渡狄嶺｜えと てきれい
1880.11.13～1944.12.15

青森/二高(1901), 東大(1909中退)/本名幸三郎, 別名幸作, 農乗子, 無邪思野曳/農に生きた思想家。キリスト者。JEA会員(会員番号1008)。のちJEIにも参加。著『或る百姓の家』(総文館, 1922), 『江渡狄嶺選集』全2巻(家の光協会, 1979)。参関村ミキ『ミキの記録』(江渡不二, 1971), 『現代日本朝日人物事典』。

江藤誠一｜えとう せいいち｜1903.4～1996.4.15

静岡/東大(1927)/旧姓堀江/三井信託から大蔵省に転じ, 北海道財務局長を最後に退官後, 昭栄化学工業社長。1972年E学習。74年JEI入会。82～83年JEI評議員。UEAデレギート(国家財政), 日中友好文通の会E部責任者, SAT会員など。著「もっと集いを組織の力で」(RO 1979.2)。参津久井英喜「地球まるごと連帯しよう」(ES 1982.5～83.1)。

榎本文太郎｜えのもと ぶんたろう｜?～1966

1950年9月より新宮でE講習会を指導。52年新宮市にVerda Domo de Pacoを建設し, 内外のE-istoに宿舎を提供。著「E-isto今昔物語」(『サンデー海南』1949.5.15, 5.22)。著『幼き歩み』(三土社, 1923)。参『朝日新聞』(和歌山版, 1952.5.30), RO 1952.8。

エブナー｜F. W. Ebner｜?～?

オーストリア/元上海ドイツ人カントリー・クラブ書記。1933年3月上海国際E学会の創立に動き, 会計係に。中村重利と親交。同年9月有馬温泉に滞在して, 神戸, 大阪などでE-istoと交流し, 上海E運動事情を語る。上海日本人E会にも参加。38年ウィーンに帰国。参「Ebner氏来朝」(RO 1933.10), 「上海国際E協会」(RO 1933.11), 「内地報道」(RO 1935.3), 中村重利 'Japana E-isto en Brita kolonio' (RO 1939.10)。

江森巳之助 |えもり みのすけ
1917.11.15~2001.5.21

千葉/東大（1939）/筆名田山春夫/教育史学者江森一郎の父。戦前マルクス主義を信奉。戦後，田山春夫の筆名で『われらの社会学―やさしい唯物史観』（くれは書店，1948）を上梓。経団連に入り，通商部長，図書館長などを歴任，『経済団体連合会三十年史』（経団連，1978）を編纂。のち経済広報センター総務部主任研究員。思想の科学研究会会員。学生時代にEを始め，1943年JEIがE訳を募集した「愛国百人一首」に応募。45年12月第32回JK（東京）においてJEIの名称変更を提案。46年1月JEI入会。『人民戦線』（人民戦線社）の題字に"Popolo-Fronto"と入れさせ，4~8・9号（1946~47）に「労働者のための初等E講座」を連載。57年JEI評議員。75年10月16日調布E会結成に参画し事務局長。79年井上裕，石黒彰彦，里吉重時，仁科進，大木克巳，桜井信夫，松本健一，シュミットらとJEGA設立。国際E-isto囲碁連盟の事務局長も務め，Eを通した囲碁の世界的普及に注力。80年第67回JK（横浜）で「Eで碁を打つ」を公開講演。第4回川上賞。著 ラッセル『神秘主義と論理』（みすず書房，1959），「深井英五論」（『思想の科学』中央公論社，3，1959）。E関係に「勤労者諸君Eを学べ！」（『人民戦線』人民戦線社，3，1946），「労働者のための初等E講座」（『人民戦線』4~7，1946），「初等E講座」（『人民戦線』8・9，1947），"Invito al Go-ludo"（創造出版，1979；JEGA，2004），"Fundamento de taktiko kaj strategio en Go-ludo"（Esperantista Go-Ligo Internacia，1981），「自著を語る」（LM 1981.11），「碁はEに乗って」（RO 1985.1）など。参「Eで碁を打つ」（LT 1980.11~81.1），「調布E会20年のあゆみ」，桜井信夫「江森巳之助さんを悼む」（RO 2001.8）。図 江森一郎。

榎山時次郎 |えやま ときじろう
1896.2.20~1978.5.15

福岡/嘉穂中/旧姓田江/直方，北九州で自動車教習。最後は北九州市職業補導官。1925年伊藤徳之助の指導でE学習後，田川市に大場格を講師に招いて講習会を開き，JEIにも入会。その後，野見山丹次，寺崎忍助らと筑豊E-isto連盟を支え，飯塚E会の顧問も。60~66年KELの会計を担当。62年12月1日北九州E会から独立して八幡E会を創設し会長。筑豊E会の機関誌"E ĉe Guto"，北九州E会の機関誌"Informilo de Esperanta Societo de Kitakjuŝu"などに寄稿。著『受験者のための自動車の構造・運転速習書』（理工学社，1955），『自動車学教科書』（九州自動車専門学校，1958），「改訂版E和について」（LM 1964.4），"Aŭta Terminaro"（朝明書房，1967；1969年改訂）。参 "S-ro 榎山の喜寿を祝う会"（"Informilo de E-a Societo de Kitakjuŝu"北九州E会，17，1973.1・2），大場格「交友53年，ああ，榎山時次郎」（LM 1978.7）。図 佐藤悦三。

エラケツ，アテム |Ngiraked|1911~?

パラオ/日本名佐藤栄吉/パラオ島前酋長の息子。天理教本部（現天理市）に留学。宮武正道のパラオ語研究に協力。北村信昭ともEで交友し，36年北村をパラオ旅行に連れて行く。著 宮武正道訳編『宮武正道報告―ミクロネシヤ群島パラオの土俗と島語テキスト』（述，私家版，1933）。参 宮武正道'Popol-rakontoj kaj popol-kantoj de Palau insulo'（RO 1931.7~9），北村信昭『エラケツ君の思い出』（ミクロネシア民俗会，1954），三田牧「想起される植民地経験―「島民」と「皇民」をめぐるパラオ人の語り」（『国立民族学博物館研究報告』33：1，2008）。

エレデル |Richard J. Elleder|?~?

ハンガリー系のロシア人。幼時からのE-istoで，家庭内でもEを使用。1909年ウラジオストク商業学校生として修学旅行で来日。外国語学校が植物園で歓迎会を催し浅田栄次と流暢に会話。千布利雄らも歓迎。日本人E-istoと来日外国人E-istoとの間の初の交歓となった。1916年当時長崎駐在ロシア領事館書記。Eの宣伝を試みるが，不発。参「露国観光団の人別」（『東京朝日新聞』1909.6.30），「外国人E-istoと語る」（JE 4：7，1909），'La unua vizitanto per E'（同），R. Vonago 'Mia peresperanta vojaĝo'（JE 12：2，1917），野崎晃市『明治キリスト教の受容と変

容　浅田栄次の目を通して』(筑波大博士論文, 2006),『葉こそおしなべて緑なれ…』.

エロシェンコ|Vasilij Eroŝenko
1890.1.12(ロシア暦1889.12.31)〜1952.12.23

ロシア, クールスク県/愛称「エロさん」/モスクワ盲学校, Royal Normal College for the Blind(ロンドン), 東京盲学校/詩人, 童話作家. 民族としてはウクライナ系ともされる. 滞日中, 沈滞期にあった日本のE運動に話し言葉としてのEを印象づけて, 大きな刺激となった. 児童文学など文化面での貢献も大きい. 幼時に失明し, モスクワ盲学校をへて, 1912年ロンドンへ. 14年盲学校で按摩を学ぶためにEをつてに中村精男を頼って来日. 多くのE-istoと交流しつつ, Eで童話などを綴った. 盲学校内でもE講習会を開き, 鳥居篤治郎にEを教える. 秋田雨雀と出会ってE学習のきっかけを与え, 親交を深め, のちに秋田の戯曲「初期のエロシェンコ」(『早稲田文学』1925.1)の題材に. 秋田を通じて文化人らとも交流し, 新宿中村屋の相馬黒光・愛蔵夫妻の援助を受けることに. バハイ教のアレキサンダーとも親交. 16年第3回JK(東京)において講演, ロシア民謡独唱などをしたほか, 多くの機会にE普及講演を行う. 日本語も習得し, 日本語での著述, 講演も多数. 同年7月出国し, タイ, ビルマ, インドへ赴き, カルカッタ(現コルカタ)で杉山隆治と再会. 英国官憲により追放されて, 19年7月再来日. 引き続きE-istoとの交友を広げ, 特に岩橋武夫, 鳥居, 守田正義らとともに盲人の啓蒙に努力. 20年9月中村彝と鶴田吾郎の肖像画制作のモデルになり, ともに第2回帝展に出品. 前者「エロシェンコ氏の像」は1等入選を果たし, 77年重要文化財指定(東京国立近代美術館蔵), 後者「盲目のエロシェンコ」は新宿中村屋蔵. 10月第7回JK(東京)でロシア民謡を演奏(解説秋田). 高津正道, 小野兼次郎らとも交友し, 社会主義思想に向かう. 21年高津らが創立した暁民会で講演し, メーデーにも参加. 同年5月危険思想のかどで日本退去命令を受け, 相馬宅で拘束されて, 敦賀から送還. 一切の版権を神近市子に譲渡. ウラジオストクで一時ヴォナゴの世話になったのち, ハルビンをへて中国へ渡り, 胡愈之や魯迅, 周作人兄弟らの援助を受けて, 魯迅兄弟宅に住み, 北京大学でEやロシア文学を講義. 学生による世界語学会の設立を支援. 22年第14回UK(ヘルシンキ)に参加し, 留学中の成田重郎と再会. 23年いったん北京に戻ったが, 中国を去り, モスクワ経由で同年の第15回UK(ニュルンベルク)に参加し, 大槻信治と富田寛次に再会. 24年パリで成田と再会し, 第16回UK(ウィーン)に参加して, 中国から参加の蔡元培, 黄尊生に再会. ソ連に戻り, 24〜27年モスクワの東洋勤労者共産大学で日本人学生の通訳. 27年訪ソした秋田と再会し, 盲人大会での日本語講演の通訳など. 29年チュクチ半島へ. 35年から戦後までトルクメンで盲学校校長. 戦後はモスクワに戻り, 一時はタシケントにも. スターリン体制下で不遇のうち, 故郷で病死. 日本でその存在を知った『イズベスチヤ』特派員ロゴフの調査により死が伝えられ, 59年2月6日中村屋で追悼会. 90年7月モスクワで生誕100年祭が開かれ, 高杉一郎が招待される. 2010年12月23日, 新宿中村屋で生誕120周年記念の会が開かれた. 著生前のものに 'Nova spirito en la mondo' (JE 11:4, 1916), 'Nun estas tempo por semi sed ne por rikolti' (JE 11:7, 1916), 'Antaŭdiro de la ciganino' (RO 1920.12),「浦塩から」(『読売新聞』1921.6.28), 秋田雨雀編『夜明け前の歌』(叢文閣, 1921), 同『最後の溜息』(同, 1921), 福岡誠一『人類の為に』(東京刊行社, 1924),「理草花」(『種蒔く人』2:5, 1922.2), "Ĝemo de unu soleca animo" (Ŝanhajo, 1923)など. 没後に, 高杉一郎編『エロシェンコ全集』全3巻(みすず書房; 1959; 1〜2巻はそれぞれ『桃色の雲』,『日本追放記』と副題して『エロシェンコ作品集』全2巻, みすず書房, 1974として再刊). E版作品集は, 峰芳隆編『エロシェンコ選集』全6巻として, "Lumo kaj ombro" (JELK, 1979), "La tundro ĝemas" (同, 1980), "Malvasta kaĝo" (同, 1981), "Stranga kato" (同, 1983), "La Kruĉo da saĝeco" (同, 1995), 同 "Cikatro de Amo" (同, 1996). ほかに高杉一郎訳『エロシェンコ童話集』(偕成社, 1993),「ある孤独な魂」他(『嘘』百年文庫62巻, ポプ

ラ社, 2011) など。中国語訳, ロシア語訳, ウクライナ語訳の作品集もあり, 魯迅や周作人の作品集にも翻訳が収録。⇒「露国民謡講演会」(『読売新聞』1915.6.14), 「盲詩人エ氏を退去さす訳 彼の滞留は我国の治安維持を危くす 外務当局の言明」(『東京朝日新聞』1921.5.29), 木崎宏「エロシエンコ君を送る 万国語に対する当局の盲目」(『読売新聞』1921.6.2~3), 「さすらひの盲詩人に犬養健氏が贈る五百金」(『東京朝日新聞』1921.6.3), 「エロシエンコワシリーを憶ふ」(『読売新聞』1921.6.17~21), 和田軌一郎『ロシア放浪記』(南宋書院, 1928), 秋田雨雀 'Rememoroj pri Vasilij Eroŝenko' ("La mondo" 3 : 6・7, 1935 : NR 29, 1975.4に再録), 同「エロシェンコと私」(RO 1935.8), 江口渙『わが文学半生記』(青木書店, 1953), 山鹿泰治「北京にいたエロさん」(LM 1953.10 ; 同, 1971.12に再録), 高杉一郎「エロシェンコの鎮魂のために」(RO 1959.2), 神近市子「エロシェンコと金魚 ソ連で彼の全集が出たという」(『世界』1963.12), 河合秀夫「エロシェンコの思い出」(『図説国民の歴史』12, 国文社, 1964), Y. ゲオルギエフ「盲目の作家 エロシェンコの生涯」(『今日のソ連邦』1967.10.15), 川上喜光「上海のエロシェンコ」(LM 1967.10), 春日庄次郎「モスクワのエロシェンコ」(LM 1968.4), 「文学ウクライナでエロシェンコの作品を紹介」(『今日のソ連邦』1968.6.1), 安垣栄一『盲詩人エロシェンコの思い出』(弘前 : 緑の笛豆本の会, 1969), 平林たい子「エロシェンコ」(『別冊文藝春秋』113, 1970.9), 神近市子『神近市子自伝』(講談社, 1972), 高杉一郎「エロシェンコと長谷川テル」(『朝日ジャーナル』1972.5.5), 佐々木孝丸「エロシェンコの思い出」(『赤旗』1972.12.10), 朝比賀早・萩原洋子「日本E運動の裏街道を漫歩する 3」(ES 1975.7), 桑原三郎『「赤い鳥」の時代─大正児童文学』(慶応通信, 1975), 和田三千子「ソ連でのエロシェンコの出版」(LM 1977.8), 同「エロシェンコの手紙」(ES 1978.7~79.4), 峰芳隆「エロシェンコ選集1を編集して」(LM 1979.12), 宮本正男 'Pri la literatura merito de V. Eroŝenko' (LM 1980.6), 高杉一郎『ザメンホフの家族たち』(田畑書店, 1981), 同『夜あけ前の歌─盲目詩人エロシェンコの生涯』(岩波書店, 1982), 同「東京, 北京, モスクワ」(『民主文学』1983.5), 峰芳隆「高杉一郎氏の「東京, 北京, モスクワ」への補足」(LM 1983.8), 高杉一郎「エロシェンコ氏について」(ES 1985.1), 藤井省三「エロシェンコと〈白鳥の歌〉」(『UP』東大出版会, 155~156, 1985), 若松清次郎 'Eroŝenko' ("Aktuale" 58~59, Eの家, 1985.8~9), S. ベロウソフ「ワシリー・エロシェンコの世界遍歴」(『極東の諸問題』15 : 2, 1986), 高杉一郎「『エロシェンコ全集』編集の経過について」(『みすず』334, 1988), 藤井省三『エロシェンコの都市物語 1920年代 東京・上海・北京』(みすず書房, 1989), 藤井省三・高杉一郎「『エロシェンコ全集』をめぐって」(『みすず』336, 1989), 藤井省三「カール・ヨネダの北京─魯迅邸におけるエロシェンコ回想」(『猫頭鷹』「新青年」読書会, 7, 1989), 同「エロシェンコの北京講演」(『桜美林大学中国文学論叢』14~16, 1989~91), 同「検疫所の危険思想─エロシェンコの敦賀港物語」(『みすず』348, 1990), 高杉一郎「エロシェンコとわたしたち」(RO 1990.1), 峰芳隆「ザメンホフ・エロシェンコ・宮本正男」(LM 1990.1), mf 'Jaro de Eroŝenko, ne nur por ni!' ("E" UEA, 1990.3), 藤井省三著, 山崎静光E訳「"盲詩人"の予見」(RO 1990.4), 高杉一郎「ワシーリー・エロシェンコ実証的な研究深まる」(『朝日新聞』1990.9.6), 峰芳隆 'La vivo kaj verkoj de V. Eroŝenko' ("E" UEA, 1990.12), 同「ソ連に帰ってからのエロシェンコ」(RO 1991.9), 'Eroŝenko kaj mi' ("Japana Esearo N-ro 1" Libroteko Tokio, 1994), 石成泰 'Eroŝenko en Ĉinio' ("Fonto" 168, 1994.12), 陳原 'Pri ses volumoj de "Elektitaj verkoj de Vasilij Eroŝenko"' (LM 1998.9), 藤井省三『現代中国文化探検』(岩波書店, 1999), 相馬黒光『黙移 相馬黒光自伝』(平凡社, 1999), 鈴置二郎「話すEに登場する人々」(RO 2000.6), 杉山秀子「世界を見た詩人, ワシーリー・ヤコヴレヴィッチ・イェロシェンコ」(『駒沢大学外国語部研究紀要』32, 2003), 劉菲「魯迅と『エロシェンコ童話集』」(『熊本大学社会文化研究』7, 2009), 藤田一乗「民国初期の世界語 北京世界語専門学校を中心に」(『中国言語文化研究』佛教大学中国言語文化研究会, 10, 2010), 井崎倫子 'Kunsido omaĝe al Eroŝenko kaj pri li' (RO 2011.3), 田辺邦夫 'Edukista dimensio de Eroŝenko' (LM 2011.5), 『新宿中村屋に咲いた文化芸術』(新宿歴史博物館, 2011), 東京国立近代美術館編『美術にぶるっ！ベストセレク

ション 日本近代美術の100年」(NHK・NHKプロモーション, 2012)、田辺邦夫「先達に学び業績を知る ワシリー・エロシェンコ 日本滞在と友人たち」(『視覚障害 その研究と情報』視覚障害者支援総合センター, 296, 2013.1)、『雨雀自伝』、『秋田雨雀日記』、『近代日本社会運動史人物大事典』、『日本アナキズム運動人名事典』、『反体制E運動史』、『闇を照らすもうひとつの光』、『征きて還りし兵の記憶』、『ひとすじのみどりの小径』、"Ordeno de verda plumo"、"Encyclopedia of the Original Literature".

遠藤戎三|えんどう じゅうぞう
1893頃～1971⇔1973

東京/一高(1914)、東大(1917)/藤沢親雄と一高仏法科の同期。三菱合資会社総務課などに勤務。1920年5月JEI入会。

遠藤昌久|えんどう まさひさ
1908.4.30～1944以降

東京/慶大(1933)/小児科医。東京大田区で開業。学生時代、慶大医学部E会、TELSで活動。

お

及川周|おいかわ まこと|1893.6.4～1969.3.6

宮城/仙台一中(1911)、二高(1914)、東大(1918)/別名及川仙石/医学博士。豪雪地帯の衛生問題を研究。1927年独米留学。東北大助教授などをへて、29年新潟医大、54年日大各教授。キリスト者。21年萱場真、武藤於菟、菊沢季生、曽根広らとJEI仙台支部を組織。24年7月26日、大日本基督教徒E協会創立に参加。JEMA会員。署『小衛生学』(宮路重嗣と共著, 金原書店, 1925)、『雪国の生活』(臼井書房, 1949)。

種田虎雄|おいた とらお|1884.4.15～1948.9.5

東京/開成中、一高(1905)、東大(1909)/鉄道院に入り、1916～18年米国留学。24～27年鉄道省運輸局長。27年退官後、大阪電気軌道、関西急行鉄道、近畿日本鉄道各社長。貴族院議員。十河信二と一高英法科の同期。26～28年JEI理事。署『新露西亜印象記』(博文館, 1925)。参鶴見祐輔『種田虎雄伝』(近畿日本鉄道, 1958)。

王雨卿|おう うきょう|1907.4.25～1938.6.16

台湾台南/公学校/独学で中等教員免許を取得し、台南長老教中学教師。博物学、特に昆虫と貝類を研究し、台湾でこの分野のパイオニア。Mecistocephalus ongi(ナガズジムカデ科の一種)に献名。1935年8月10日、周囲の反対を押し切って日本人教師佐伯操と結婚。Eは、29年から学び始め、台南E会を指導、台南師範に啓南緑友会創立、台湾各地に運動を展開。34年会誌『緑の島』("La Verda Insulo")を刊行。論文のタイトルにEを併記。遺稿「台湾産哺乳類の検索及び名彙」において動物名にラテン語学名、英語名、日本語名、中国語名、先住民語名、E名を併記。署『日本産翼手目資料』(高島春雄と共著、『台湾博物学会会報』28: 176, 1938)、「台湾産哺乳類の検索及び名彙」(『兵庫県博物学会会誌』15, 1938)。参呂聰明「王雨卿君を惜む」(RO 1938.9)、高島春雄「王雨卿君の面影」(『Acta arachnologica』東亜蜘蛛学会, 3:3, 1938)、何燿坤「台南郷土生物研究的先河——王雨卿先生」(『台南文化』新15期, 1983)。

王光華|おう こうか|?～?

中国長沙?/軍医学校/内科医。33年頃E独習。35年11月長崎医大で研究のため来日。高原憲と連絡をとって、来日4日目に長崎E会に参加し、"tre ĝoja(とても楽しい)"を連発。参「内地報道」(RO 1935.12)。

王祖派|おう そは|1887.8.25～1943以降

台湾台北/台湾総督府医学校(1912)/台北で恒安医院を開業。JEA会員(会員番号967)。1913年児玉四郎にEを学び、12月連温卿、蘇璧輝らとJEA台湾支部(1919年11月台湾E学会と改称)結成。のちJEIに

も参加。著「論纏足之弊害及其救済策」(『台湾日日新報』1915.1.14)。

扇谷正造 | おうぎや しょうぞう
1913.3.28～1992.4.10

宮城/石巻中，二高(1932)，東大(1935)/1947～58年『週刊朝日』編集長として，大幅な部数増を記録。日本青少年研究所理事長，東大新聞理事，NHK放送用語委員会委員など。29年二高入学後，仙台E会に参加。著『えんぴつ軍記』(鱒書房，1952)，『ジャーナリスト入門』(実業之日本社，1966)ほか多数。参『現代日本朝日人物事典』。

大井亀吉 | おおい かめきち | 1893.7.6～1963以降

高知/高知商(1911)/1913年三菱合資に入社。43年三菱商事から三菱汽船に転じ，会計部長，常任監査を歴任。56年三菱海運監査役。青年時代E学習。

大井学 | おおい まなぶ | 1887.4.22～1954.6.3

広島/旧姓高畠/高畠清の弟。東京小石川で文具店経営。1906年兄清とEを学び，09年JEA入会(会員番号878)。14年東京物理学校で開かれた夏季E講習を指導。RO創刊以来戦災で九州に移住するまで25年間RO発行名義人。20年第7回JK(東京)でJEI評議員，庶務部委員に選出。JEI第2期，第4期代表委員。21年佐々木喜善のE学習を支援。26年JEI財団法人化に伴い三石五六とともに初代常務理事に就任し，45年11月まで理事。27年12月東京放送局のラジオE講座の講師を小坂狷二と担当。戦後，熊本，佐世保をへて，50年佐賀市へ移り，島地威雄らと佐賀E会を指導。JEI終身会員。息子の達(1953年没)もE学習。著 大正天皇 'Pinarboj sur la marbordo〔海辺の松〕'(JE 1918.2), 'Mallonga historio de E-a movado en Japanujo'(RO 1922.9), 「勝利の日は近づく」(RO 1928.2), 『E中等読本』(小坂狷二，岡本好次と共編，JEI, 1928), 「E語の学習書その他」(『書香』満鉄大連図書館, 57, 1934.2)。参「元老大井さんを悼む」(RO 1954.8), RO 1954.9, 大島義夫「JEIとわたし(1)」(NR 1970.2), 若松清次郎「大井学氏　高橋邦太郎氏」(AK 1986.11), 佐々木喜善『佐々木喜善全集 IV』(遠野市立博物館, 2003), 『近代日本社会運動史人物大事典』。

大石和三郎 | おおいし わさぶろう
1874.3.15～1950.12.18

佐賀/第一高等中(1895)，東大(1898)/気象学者，ジェット気流の発見者。1906年陸軍の要請で文部大臣西園寺公望により気象観測所監督視察のため満洲に派遣され，瀋陽，営口，大連で気象観測。11～13年独仏留学。21年8月～43年高層気象台(茨城県館野)初代台長。09年夏，中村精男の勧めで O' Connor "E. The student's Complete Text Book" を読み，実用性に疑問を感じつつ学習。ドイツ留学中の11年より本格的にEを学び，ポツダムのE会に入会。12年第8回UK(クラクフ)には参加費を払うが，用務の都合で不参加。滞欧中，パリなどでもE-istoと交流。13年帰国し，流暢なEで体験談を披露。16年頃JEAに入り(会員番号1048)，18年評議員。19年JEI創立に貢献，小坂狷二は「JEIができたはじまりは大石さんのお骨折りによる」と。館野E会長。20年徳冨蘆花・愛子夫妻にEを教授。20～26年JEI評議員，26年監事。26～43年『高層気象台年報(各巻150～300頁)を刊行し，ジェット気流の発見報告もEで発表。職員にEを教え，また長峰学会と名づけて地元青年にも代数，幾何とともにEを教授。27年より旬報も活版印刷。27年第19回UK(ダンチヒ)に参加。同年12月12日，翌日からのラジオE講座の放送開始に先立ち，JOAK(東京)から「国際語Eについて」を講演。27～28年JEI理事，29～30年監事，30～45年第2代理事長。32年第20回JK(東京)名誉会頭。36年3月JESA理事。38年増田英一らによる「学会転向声明書案」をJEI理事長として断固拒否。小坂賞委員会会長。48年第35回JK(大阪)名誉会頭。UEAデレギート(館野)。弟克一(1884～1941, 1911年東大卒，新潟県立加茂農林学校，台湾屏東農林学校各教諭)も熱心なE-isto。著 'Aerologio'(JE 1918.4～6), 「E語を学び始めた頃」(RO 1936.6),

「五十周年の大会を迎ふるにあたって」(RO 1937.11),「Profesoro W. Köppen 先生の逝去を悼む」(RO 1940.10).参高層気象台編『長峰回顧録集』(高層気象台長峰回顧録編纂会, 1950), RO 1951.2, 田村竹男『長峰原の気象台』(筑波書林, 1981), 丸山健人「筑波における E」(『天気』日本気象学会, 33：12, 1983), 田村竹男「E」(『日本の科学者』22：3, 1987), 鈴置二郎「話す E に登場する人々」(RO 2000.6), 吉野興一『風船爆弾』(朝日新聞社, 2000), John M. Lewis 'Ooishi's Observation: Viewed in the Context of Jet Stream Discovery' ("Bulletin of the American Meteorological Society" 84：3, 2003), 阿部豊雄「高層気象台の歴史的高層風図」(『高層気象台彙報』65, 2005), 武智ゆり「『ジェット気流』を発見した日本人 高層気象台長の大石和三郎」(『近代日本の創造史』4, 2007).

大泉きよ｜おおいずみ きよ｜1909.8.6～2001.4.4

宮城/宮城第一高女(1926)/旧姓島貫, 筆名絹島湛子/大泉八郎の妻, 陸軍大尉島貫徳三郎の三女. 1931年2月仙台 E 会に加わり, 機関誌 "Nia Voĉo" の編集などに参加. 32年東北大附属病院の看護師に E 講習. 土井英一の没後にドイツへの分骨に協力し, その後は土井晩翠・八枝夫妻の秘書役となって, 原稿の整理や旅行の随行. 34年父の異動で上京後, E 文学研究会に参加し, 陸軍参謀本部にいた兄武治(1902～1978)から同会に官憲の手が迫っていることを聞くと, 三宅史平, 大島義夫らに「危険」を伝える(これを受けて, 三宅らは36年5月,『E 文学』20号を発行すると同時に, 同会を自主的解散). 36年末頃仙台へ戻り, 仙台 E 会の活動に復帰. 八枝『仙台の方言』(春陽堂, 1938)では音韻と文法の調査を担当. 38年12月大泉八郎と結婚. 戦後は, 仙台市職員として姉妹都市提携などに貢献, また土井晩翠の顕彰のため資料収集, 著述活動など. 一時, 仙台 E 会に再復帰するも, ほとんど活動には参加せず. 著'Kvodlibeto de Utao' (RO 1935.3),「"日本詩歌の E 訳について"をよんで」(RO 1935.5), 'Rememoro pri S-ro Eiichi Tsuchii' (RO 1935.5), Azabu-J 'Hegel-estetiko en Japanujo' ("tempo" 23, 1936),

「ラトビヤの春の水」(『河北新報』1938.3.20 ～22. "Literatura Mondo" からの翻訳),『歌集みちのくぶり』(宝文堂出版販売, 1977),『荒城の月私記』(同, 1979),『続荒城の月私記』(金港堂出版, 1985),『第二歌集 雀色時』(同, 1986)など. 参「大泉氏と島貫嬢」(RO 1939.4),「近親喪失」(RO 1939.9),「『E 文学』のころ」(NR 1971.9),『E を育てた人々』. 協大泉千秋, 松本宙, 仙台文学館.

大泉八郎｜おおいずみ はちろう
1910.12.5～1944.1.22

宮城/仙台一中(1928), 二高(1930), 東大(中退)/筆名小泉七郎, XO 生/大泉きよの夫. 東北大名誉教授, 電通大, 千葉工大各教授大泉充郎(1913～1991)の兄. 鈴木北夫と仙台一中の同期. 東大在学中, 社会主義関係者として検挙され, 退学. 仙台へ戻って河北新報記者に. 1936年頃から仙台 E 会の活動に加わり,『河北新報』に E 関係記事を積極的に掲載. 36年6月11～16日, 同紙に4回連載された, 菊沢季生「仙台 E 運動の思い出」の執筆者. 従軍記者としての養成の途中, 東京で病死. 喜安善市と親交. 著「ザメンホフの死」(『河北新報』1937.4.20),「第25回 JK から帰って」(同 1937.12.4). 参中原脩司「身振りの欧洲旅行 或る E-isto の」(『河北新報』1938.3.4～5), 菅原慶一「仙台 E 運動史年表」(ME 1990.10), 喜安善市「大泉さんの思い出」(『大泉充郎先生を偲んで』仙台応用情報学研究振興財団, 1992), 同「PCM(パルス符号変調方式)と私(その38)伝送の研究を回想して」(『テレコメント』1996.3),『E を育てた人々』. 協大泉千秋, 菅原慶一, 仙台文学館.

大井上康｜おおいのうえ やすし
1892.8.21～1952.9.23

広島/東京農学校(1914)/「巨峰」の生みの親. 1919年静岡県田方郡に大井上理農学研究所を設立し, 本格的なブドウ研究に着手. 著作『葡萄の研究』が認められ, フランス・アカデミー会員. 農民運動にも参加し, 日本農民連盟, 静岡県農村連盟などで活動. 40年農村文化研究会設立に参画. 語学の

才に恵まれ，仏，英，独語などの文献を広く読破。高杉一郎にフランス語を個人指導したことも。『葡萄の研究』(養賢堂, 1930)で術語にEを使用。著『栄養週期適期施肥論』(農村文化研究会, 1943)，『肥料と施肥の新研究』(生産日本社, 1950)。参『征きて還りし兵の記憶』。図大井上静一。

大岩誠｜おおいわ まこと｜1900.7.8～1957.1.11

東京/北野中(1919)，三高(1922)，京大(1926)/政治学者。伊吹武彦，飯島正と三高文科丙類の同期。1928年京大助教授，30年より米仏ソに留学。33年滝川事件で京大を去り，立命館大図書館長。37年思想問題で入獄。釈放後，満鉄調査部へ。戦後は電通，カトリック通信社をへて，51年南山大教授。19年三高入学後，同校E会に参加。20年11月JEI入会。戦後，徳川義親の恒久平和研究所に入所した際，大島義夫の指導で再学習。著『新社会設計図』(甲文堂書店, 1936)ほか多数。参『恒久平和研究所』(RO 1945.12)。

大内菊枝｜おおうち きくえ｜1928.1.2～2004.12.17

保母。1979年枚方E会の講習会でE学習。その後，欠かさず同会の例会に参加。94年JEI入会。E文通と読書に励んだ。著 'Rememoro pri la geamikoj kaj la okazaĵoj' ("La Ponto"枚方E会, 9, 1983), 'Mia amikino en la laborejo' ("La Ponto" 10, 1983),「ずっと続けよう」(RO 1994.10)。参日野直子 'Mi strebas!' ("La Ponto" 10, 1983)。

大賀彊二｜おおが きょうじ｜1874.3.15～1942.7.22

岡山/東京法学院(1898)/和光堂初代社長。1917年国産初の育児用粉乳「キノミール」を開発。28年私財を投じて大阪市に日本初の小児保健所を設立し，また東京の淀橋に低所得家庭の子どもを中心に保育する保育園・愛生園を開き，園長。トルストイに傾倒。JEA会員(会員番号719)。参『20世紀解体新書　倒産しかけた薬局を再建して「育児用粉ミルク」を開発した，大賀彊二』(『トリガー』日刊工業新聞社, 2000.10)。

大神朝喜｜おおがみ あさき｜1901.1.1～1987.1.9

福岡/東京高工(1926)/三菱電機常務，菱電サービス社長など。三菱電機長崎製作所在勤中の1927年頃JEI入会。三菱造船所在勤時の29年渡辺知恵子ら後輩社員が始めたプリヴァ"Karlo"の輪読会を指導。長崎E会委員。参『長崎のE・前編』。

大川晃｜おおかわ あきら｜1908.11.15～1986.3.10

岩手/盛岡中(1926)/岩手日報社長渡辺武(1914～1993)の義兄。1937年盛岡のパン屋を廃業し上京。製パン技師としてオリエンタル酵母工業へ。のち満洲，大阪，門司，東京，新居浜，広島，吹田などで働き，56年再び東京へ。33年松木慎吾にEを習い，同年夏，松木，井川静らと盛岡Eロンド を結成。機関誌"MER"を編集し，同誌を日光写真で飾り全国のE-istoは驚嘆したという。同年松本日宗とともに願教寺(盛岡)の学僧にEを手ほどき。上京後はE界と疎遠になったが，晩年イーハトヴE会に参加。妻静江もE学習。著「地方会機関誌考」("MER"盛岡Eロンド 18, 1935.3),「E活用時代」(EL 1936.12)。参「内地報道」(RO 1938.6)，佐々木律子「盛岡でお会いしましょう」(EV 1984.8),「大川晃さん急逝」(LIE 1986.3)。図大川静江。

大木克巳｜おおき かつみ｜1908～1989以降

宮崎/早大(1934)/戦前，日満製粉をへて，ハルビン工大助教授。1928年勝俣銓吉郎，大坪義雄らと早稲田第一高等学院E会結成。東京学生E-isto連盟，早大E会で活躍。33～37年JEI評議員。36年4月E運動後援会幹事。山手ロンド，ザメンホフ・クルーボ，JEGA各会員など。著「E語と電気工学」(高木貞一と共著,『早稲田電気工学会雑誌』11, 1933),「電気工学術語集」(高木貞一と共編,『早稲田電気工学会雑誌』1933.2～37.8),「Bironsendilo 其他」(RO 1936.11), 'Vortoludo' ("La

Torĉo"伊藤巳西三, 67～70, 1965),「石黒なみ子著『Eの世界』」(LM 1969.6).

大木喬之助 | おおき きょうのすけ
1899.4.3～1995.11.30

愛知/愛知一中, 八高 (1921), 東大 (1924)/大木浩元環境大臣の父. 清水新平, 宮田聰と八高第二部甲類の同期. 三菱航空機に入り, 九九式襲撃機の開発などに従事. 戦後, 東京都立航空工業短大教授, ヒシヤ代表社員など. 東大在学中にJEI入会.

大木貞夫 | おおき さだお | ?～1983

James S. Oki/日本語教育者, 音声学者. 昭和初めに日本を離れ, 長く米国やオーストラリアで日本語教育に従事. 終戦後, 日本のE-istoのために海外E誌を購読. また日本のE運動の情報を翻訳してオーストラリアE協会の機関誌に寄稿. ナウカ社編集の坂井松太郎の好意により同社から訳書を刊行. 福田正男の"Samideano"誌にもたびたび寄稿. 著マイケル・セイヤーズ, アルバート・イー・カーン共著『大陰謀　対ソ秘密戦争』(ナウカ, 1951),「写音法と日本語教育」(『音声学会会報』89, 1955), 'Mia instrumeto-do'("L'omnibuso" 3, 1964.9),「濠洲の日本語教授」(『音声学会会報』160, 1979),「音声学随想」(同, 165, 1980). 参RO 1951.11,『音声学会会報』175 (1984).

大串静雄 | おおぐし しずお
1919.12.14～2007.2.10

和歌山高商/商社に入り, 中国勤務中の1944年現地召集. 税理士事務所を開業. 自衛隊イラク派兵差止裁判原告の一人. 76年E学習. 93～2001年KLEG会計監査, 06年顧問. UEA, SAT, JEI, JPEA, 大阪E会各会員. E関係蔵書約300冊は, 生前, 友人へ. 著'Estis Printempo' (LVO 1979.4), LM 1980.1. 参『日本のE-isto名鑑1996』, 江幡道親「誠直の士, 大串静雄君」(LM 2007.4).

大久保和夫 | おおくぼ かずお | 1906～1972以降

大阪/大阪高商/就職後まもなく発病, 一生肺患に苦しみ, 40数年を療養所で. 戦後, 千石荘療養所 (貝塚市) に短歌指導に来た冨田冨の勧めでEを学び, 戸田堅次郎らと同所E会を創立し, 堀川太一, 奥村秀次らを指導. 他療養所のE会とも交流. 小田切秀雄・真下信一編 "Aŭskultu, la voĉojn de oceano!〔きけ　わだつみのこえ〕" (KLEG, 1951), 長田新編 "Infanoj de l'atombombo〔原爆の子〕" (JELK, 1951; 1958) の共同E訳に参加. 堀川らと秋田雨雀監修『世界の子ども』全15巻 (平凡社, 1955～57) に協力. のち, あやめ池の吉田病院に移り, 同所で最期までE活動. 著'Milito kaj tuberku-lozuloj' (LM 1951.7),「療養所E運動の思い出」(LM 1972.7). 参「大久保和夫君を救え!」(LM 1953.1).

大熊浅次郎 | おおくま あさじろう
1866.3.15 (慶応2.1.29)～1952.8.29

福岡/郷土史家. 博多商業会議所書記長などを務め, 1909年会議所を辞職後, 九州中央自動車を設立. 27年福岡E倶楽部に参加. 著『古今雑歌集』(編著, 文進堂, 1893) ほか多数. 参高野孤鹿編『大熊浅次郎君追悼録』(同編纂所, 1952).

大倉斐子 | おおくら あやこ
1907.3.2～1937.3.13

岡山/岡山第一高女 (1926)/別名山田綾子, 山田あい子/はじめ『香蘭』に属して作歌. 婦人参政権運動をへて岡山合同労組に参加. その中でEを知り, 岡一太の指導で学習. SAT, のちIPEに加盟, "Internaciisto"に寄稿. 1930年ソ連のコムソモール機関紙に『少年戦旗』を紹介, 文通で得たポスターを『戦旗』に提供. 31年PEU岡山支部に加わって精力的に活動し, 同年10月岡一太を追って上京. 簿記学校に通い, カゴメソースに勤めながらプロエス運動に挺身. PEUの推薦でコップの婦人部員となるも, 32年9月中條 (宮本) 百合子らと検挙され, 翌月第20回JK (東京) の会場で再検挙. 34

年9月PEU再建を画策したとして再び検挙され、同年末父に引き取られて岡山へ。岡山郵便局に勤めながらE運動を続け、岡一太にタイプライターを贈った。61年解放運動無名戦士墓に合葬。蓍イブニッキ「E・トラクター」(『女人芸術』女人芸術社, 1932.2)、「JKのある批判」(『ポエウ』PEU, 1, 1933.12)。参『特高月報』1934.9、『解放のいしずえ』、大島義夫「はみがき粉のおしろい」(NR 27, 1974.5)、田外幸恵「Eの女(続)―大倉斐子の青春」『人権21』岡山人権問題研究所、185, 2006)、『反体制E運動史』、『岡山のE』、『近代日本社会運動史人物大事典』、「日本女性運動史人名事典」。協田外幸恵。

大倉輝夫｜おおくら てるお｜1909～?

兵庫/中外商/肉体労働に従事。1933年コップ加盟。34年"Marŝu"の発行名義人。36年12月検挙。

大栗清実｜おおぐり きよみ
1901.12.1～1980.3.17

徳島/富岡中、五高(1924)、岡山医大(1928)/別名藤村實/医師、社会運動家。1930年1月日本初の無産者診療所を東京大崎に開業。日本無産者医療同盟委員長。33年8月検挙され、35年5月出獄後、郷里徳島に大栗医院を開業。戦後、日本共産党より衆院議員に3回立候補したが落選。五高2年生の頃同級生の永浜寅二郎の影響でEを学び、「五高の奇人」と呼ばれたほど熱中。22年永浜、畑正世、光武文男らと五高E会を結成し、同年10月熊本E会結成にも参画。岡山医大でもE運動を続け、25年伊東三郎、藤間常太郎らとE青年同盟設立。29年伊東の勧めで上京。SATの会員拡大に努力。プロレタリア科学研究所E研究会に参加し、『プロレタリアE講座』1巻に執筆。31年1月PEU中央委員。36年JEI入会。49年第2次JEA委員。息子を丸人(marto「3月」から)と命名。JEMA会員。戸籍上は1902年1月1日生まれ。蓍『永浜寅二郎の思い出』(NR 1974.9)、「伊東三郎の思い出」(『高くたかく遠くの方へ』)。参北上典夫「E運動の先駆者を訪ねて」(NR 1971.6)、増

岡敏和『民主医療運動の先駆者たち』(全日本民医連出版部, 1974)、板原勝次『嵐に耐えた歳月』(新日本出版社, 1977)、岡一太「亡き大栗さんの思い出」(LM 1981.6)、西木秀治「烽火よ燃えろ〈評伝・大栗清實〉」(『徳島の文化』徳島の文化を進める会、3, 1984)、熊木秀夫「大栗清實と伊東三郎」(LVK 1990.6～92.1・2)、治安維持法犠牲者国家賠償要求同盟編『抵抗の群像 第二集』(光陽出版社, 2008)、大栗丸人「民医連と治安維持法」(『民医連医療』全日本民主医療機関連合会, 2012.3)、『現代日本朝日人物事典』、『近代日本社会運動史人物大事典』、『岡山のE』。協栗栖継。

大河内一男｜おおこうち かずお
1905.1.29～1884.8.9

東京/東京府立三中(1923)、三高(1926)、東大(1929)/経済学博士。東大総長、社会保障制度審議会長など。E学習歴は不明。1965年第50回UK(東京)顧問。蓍『大河内一男集』(労働旬報社, 1980～81)ほか多数。参『労働法律旬報』1105(労働旬報社, 1984)、『わが師大河内一男』(大河内演習同窓会, 1986)、『現代日本朝日人物事典』。

大河内正敏｜おおこうち まさとし
1878.12.6～1952.8.29

東京/学習院中等学科、一高(1900)、東大(1903)/工学博士。日本プロレタリア文化連盟書記長小川信一(1902～1991、本名大河内信威、磯野信威)の父。1908～11年独、オーストリアへ留学。理研第3代所長として理研を国際的研究機関に。大河内賞は産業技術分野で最も権威ある賞のひとつ。16年JEA入会(会員番号1068)、のちJEIにも参加。蓍『一科学者の随想』(東洋経済新報社, 1953)ほか多数。参宮田親平『「科学者の楽園」をつくった男』(日本経済新聞社, 2001)、『現代日本朝日人物事典』。

大崎和夫｜おおさき かずお
1905.4.25～2005.12.10

香川/高松商(1923)、大阪高商(1926)/1940年大東海上から渋沢倉庫へ転じ、中国

青島で保険代理業。43年東京海上へ移り、46年引き揚げ。60年定年後、自賠責保険高松共同査定事務所へ。Eは、高松商在学中、英語教師の大野退蔵の話に感銘を受け、大野に紹介された藤本円次郎から手ほどきを受ける。大阪高商進学後、細江逸記教授らの指導で本格的にE学習。28年1月JEI入会。大阪E会に参加し、世話役、講師として活躍。33年7月6日武蔵野グループ結成に参画。34～39年JEI評議員。35年野上弥生子『海神丸』をE訳。一旦Eから離れるが、病床で読んだE書から受けた感動により復帰。日本E運動50周年記念行事委員会委員、59年ザメンホフ百年祭準備委員会中央委員。65年『海神丸』を改訳して再刊。71年第56回UK(ロンドン)以降94年までたびたびUKに参加。99歳までLMの読者。SAT, 香川E会各会員など。長女弥枝子と次女文子もE学習。著野上弥生子"Kaijinmaru〔海神丸〕"(JEI, 1935；1966年改訳再版), 菊池寛'Pioniroj de Holanda Lingvo〔蘭学事始〕'(RO 1935.1～5), 'Pri mia "Kaijinmaru"'(LM 1967.2),「『父帰る』上演の思い出」(『大阪E運動史 Ⅲ』),「碁とE」(PN 1993. 3)。参『日本のE-isto名鑑1996』, PN 1998.4,「大崎和夫氏のこと」(RO 2006.6)。協小阪清行, 谷川健志, 大崎弥枝子。

大崎勝夫 | おおさき かつお
1905.3.4～1977.3.4

宮城/豊山中(1922)/通称泰(ゆたか)/1917年上京。中卒後, 父の勧めで綾部の大本出版局に奉仕。大本E運動初期に講師として, また31～35年マヨールが大本で活動中に通訳として, 国内各地でE普及に尽力。大本再出発後は大本に復帰し, 日本語の機関誌の編集部長。"Verda Mondo"へ執筆約20本。著「旅でひろった話」("Verda Mondo" EPA, 10：1, 1934)。参『大崎泰宣伝使昇天』(『愛善苑』天声社, 1977.4)。協重栖度哉, 俗大福。

大澤竹次郎 | おおさわ たけじろう
1881.9.5～1969.12.30

岩手/東大(1905)/解剖学者。東京農林専門学校, 麻布獣医大各教授など。キリスト者。JEA会員(会員番号1082)。のちJEIにも参加。著『教科用家畜解剖学』全2巻(共著, 長隆舎書店, 1922),『組織学実習指針』(共著, 克誠堂, 1930)。参大澤若枝『大澤竹次郎の思い出』(私家版, 1972)。

大島完一 | おおしま かんいち
1908.11.18～1996.4.13

保線技師。1936年2月JEI入会。56年50周年記念第43回JK(東京)に参加。鉄道関係の専門論文をROに寄稿。JELF会員。著'Pri centrifuga forto kaj sendangera rapideco de vagonaro' (RO 1952.7), 'Dinamiko de relvojo' (RO 1952.11), 'Pri produkto de Betono' (RO 1957.1)。参「顕彰者からのお便り」(RO 1990.11)。

大島清子 | おおしま きよこ | ?～?

世界救世教教師。1961年11月JEI入会。62年7月6日香川E会設立に際し会長に。

大島孝一 | おおしま こういち
1916.12.7～2012.8.27

熊本/修猷館, 福岡高, 東北大(1940)/地球物理学者, 平和運動家。大島広の子。福岡管区気象台, 東北大助手, 岩手大教授などをへて, 1966～80年女子学院院長。日本キリスト教団常議員, キリスト者政治連盟委員長, 日本戦没学生記念会(わだつみ会)常任理事など。45年12月JEIに入会し, 戦後の仙台のE運動の再建に努力。日本E運動50周年記念行事委員会委員, 59年ザメンホフ百年祭準備委員会中央委員。JELE会員, JESA会員。著「ラテンアメリカで会ったE-isto」(RO 1971.10),「Eの周辺」(ES 1977.2),『自己確認の旅』(新教出版社, 1980),『戦争のなかの青年』(岩波書店, 1985),「父親に教わったLa Espero」(LVK 1986.5), 'Studenta mobilizo：Neniam! Aŭskultu la voĉojn el Wadatumi!'(RO 1986.8), 'Kiel kristano'(RO 1986.12)。協手塚登士雄。

大島広 | おおしま ひろし | 1885.11.5~1971.3.6

石川/一高(1906)、東大(1909)/旧姓野村/動物学者、理学博士。動物分類学会会長、学士院会員。多くの海洋生物で献名。大島孝一の父。藤原咲平と一高理科の同期。五高教授をへて、1919~22年英米留学、22~46年九大教授。28年東大教授(兼任)。熱心なクリスチャンで、退官後、近江兄弟社客員となり滋賀へ。Eは、23年福岡で開かれた講習会で永松之幹に学ぶ。24年KEL結成に伊藤徳之助と働く。27年妻春野と夫婦で福岡E倶楽部に参加。36年3月JESA理事、4月第13回九州E大会(福岡)会長、12月JOLK(福岡)よりザメンホフ祭の記念放送(熊本、小倉、長崎、鹿児島でも中継)。50年近江兄弟社学園でEを講習。論文をEでも多数執筆。署『発生学汎論』(至文堂、1930)、'Albinismo en Holoturioj'(『日本動物学彙報』13、1932)、'Ino, viro, kaj interseksoʼ (RO 1930.1~2)、「西班牙で逢ったE-isto」(『福岡日日新聞』1936.3.3)、'Impreso de la Nobi-tertremego al sesjara infano' (RO 1941.3)、『三崎の熊さん』(新教出版社、1967)。参問田幹人「大島広先生をおもう」(LM 1971.4)、三宅史平「大島広先生」(RO 1971.5)、馬場菊太郎「理学博士　故大島廣先生の年譜とその業績目録」(『動物分類学会会報』47、1974)、大島孝一「Eの周辺」(ES 1977.2)、同「父親に教わったLa Espero」(LVK 1986.5)。

大島昊 | おおしま ひろし | 1889頃~1971⇔1973

佐賀/七高(1910)、京大(1913)/戦前、大阪で大島電気工業所を自営。戦後、関西大倉高教諭。1906年JEA入会(会員番号576)。署『交流理論』(淀屋書店、1932)。

大島義夫 | おおしま よしお
1905.8.6~1992.8.30

東京/早稲田中、早稲田高等学院、早大(1929)/筆名高木弘、T.H./プロレタリアE運動の理論的指導者。唯物論の立場からの言語学研究に従事し、ソビエト言語学を紹介。1947年高倉テルによる民主主義科学者協会言語科学部会の設立に参加して評議員、のち組織替えした言語学研究会でも長く評議員を務める。戦前戦後を通して多くの学習書と理論書の著述や翻訳でE運動に大きな足跡を残した。中学2年の17年校友会誌でEを知り、卒業後に千布利雄『E全程』で独習。高等学院進学後、Eクラブを結成し、講習会を指導。24年JEIに入会し、事務所で雑用を手伝う。25年早大進学後、川崎直一、藤間常太郎らと同校E会を復活。28~31年JEI評議員。28年12月1日多木燐太郎、松本(馬場)清彦、伊藤己酉三らと東京学生E連盟を復活。柏木ロンドに加わり、比嘉春潮、永浜寅二郎、中垣虎児郎らと活動。プロレタリア科学研究所主催E講習会などでたびたび講師。29年ROの編集を平岡昇、守随一、伊藤己酉三、露木清彦、城戸崎益敏などと輪番で担当し、30年4月号を責任編集。PEA創立に参加し、31年1月PEU中央委員兼国際部長。『プロレタリアE講座』の編者の一人。32年E-isto全体の言語水準を高めるため、三宅史平、中垣虎児郎、下村芳則らと日本E文芸協会(翌年「E文学研究会」と改称)を作り、33~36年『E文学』の編集を担って、日本文学翻訳コンクールを実施。同時期に言語の理論的研究を扱う『国際語研究』も編集し、自らも寄稿。資本家に圧迫される朝鮮の小作人を描いた張赫宙の小説「追われる人々」(『改造』1932.9~10)に注目し、比嘉の好意により検閲前の生原稿から翻訳、著者から得た補足資料を加えて、33年E訳を刊行(のちポーランド語、中国語等に重訳。95年熊木秀夫により、2002年KEAから再刊)。小坂狷二『E文学』(『岩波講座世界文学』6巻の一部、1933)を三宅史平とともに代筆。39年6月左翼言語運動事件で検挙され、プロレタリアE運動の消滅に。戦後は、45~70年JEI評議員。46年第2次JEA委員で、機関誌"Nova Fronto (NF)"編集。47年日本共産党入党。47年3月JEI専任嘱託となり企画・国際・教育を担当。同年8月第2次JEA委員長、48年常任委員長。60年代石内茂吉の経営する東光堂に勤務。66年1月~76年12月"Nova Rondo (NR)"全31号を編集・発行し、自らも執筆。67年12月E運動史研究会創立に参加。71~78年JEI理事。74年第20回小

坂賞（NR発行など）。79年JEI参与。85年5月E発表百周年記念日本委員会発起人。93年4月24日早稲田E会館で業績を偲ぶ会。高木貞一, 木下忠三, 中村祥子らにEを教えた。妻芳子は義夫の没後に「八十の手習い」として通信講座でEを学習。圖メリメ『マテオ・フアルコネ』（訳注, JEI, 1928）, ドレーゼン『E運動史』（鉄塔書院, 1931）, スピリドビッチ『言語学と国際語』（山崎不二夫と共訳, JEI, 1932）, 張赫宙"Forpelataj Homoj〔追われる人々〕"（フロント社, 1933）, ドレーゼン『世界語の歴史〔Historio de la Mondolingvo〕』（JEI, 1934）,『E文芸読本 北欧篇』（JEI, 1936）,『言語学』（三笠書房, 1936）,「明治初年の世界語論」（RO 1937.4）,「アントニ・グラボフスキ」（RO 1937.6）,「国際補助語協会（IALA）の活動について」（RO 1937.7）, ブイコフスキー『ソヴェート言語学』（象literal社, 1946）,『ポケット日E会話帳』（愛育社, 1946）,『E独習』（正旗社, 1949）,『E会話』（冬芽書房, 1949）,「E運動の現状とE文学」（『新日本文学』5：5, 1950）,『民族とことば』（編, 大月書店, 1956）, プリヴァー『Eの歴史〔Historio de la Lingvo E〕』（朝比嘉昇と共訳, 理論社, 1957）,「文字改革と政治勢力」（『ことばの教育』日本ローマ字教育協議会, 20：1, 1958）,『新E講座』全3巻（要文社, 1968～70）,『新稿E四週間』（大学書林, 1961）,「東北の暗い谷間に消えた星 斉藤秀一のこと」（NR 4, 1966）, 国木田独歩'Birdoj de la printempo〔春の鳥〕'（宮本正男・石黒彰彦編"El japana literaturo"JEI, 1965）,「柏木ロンドの思い出」（NR 7, 1967.8）, 'Japana kaj usona registaroj kondamnitaj'（"Pacon en Vjetnamio" 4, 1967）,「国際語の新しい辞書」（『朝日ジャーナル』1971.6.4）,「「E文学」のこと」（NR 20, 1971.9）,「K-do Tigro の死をいたむ」（NR 21, 1971.1）,「Nova Rondo」（RO 1972.10）,「ある明治人のこころの軌跡 小坂さんの思い出」（同）,「E文学への招待 E文学について」（ES 1976.5）,「E-isto 秋田雨雀」（秋田雨雀研究会編『続・秋田雨雀 その全仕事』共栄社出版, 1976）,「自著を語る」（LM 1977.8）,『反体制E運動史』,「柏木ロンドのこと」（LM 1984.8～85.6）ほか多数。參『思想月報』（1941.4）, 同（1941.12）, 斉藤孝「日本E-istoの群像」（『世界』1974.11）, JPEA 'Nekrologo'（LVK 1992.9～10）, 殷武厳「敬悼大島義夫さん」（LM 1992.10）, 熊木秀夫「大島義夫先生の業績を偲ぶ」（RO 1992.11）, 熊木秀夫「E-isto 大島義夫先生の業績を偲ぶ」（『文化評論』383, 1992.12）, NR 1993.2,『ことばの科学』6（むぎ書房, 1993）,「大島義夫追悼号」（NR 33, 1993.2）,「大島義夫を偲ぶ会報告」（NR 35, 1993.9）, 大島芳子「バレーボール」（グループなごん編『日本人の老後』晶文社, 1995所収）, 安田敏朗「近代日本言語史再考 帝国化する「日本語」と「言語問題」』（三元社, 2000）, 道場親信「一九三〇年代左派日本語改良論の運動」（『社会思想史研究』24, 2000）, 南富鎮・白川豊編『張赫宙日本語作品選』（勉誠出版, 2003）, 花蘭悟「民主主義科学者協会言語科学部会―昭和二十年代の奥田靖雄」（『国文学 解釈と鑑賞』2011.1）,『近代日本社会運動史人物大事典』,『闘うE-istoたちの軌跡』。

大須賀里子｜おおすが さとこ
1881.9.4～1913.5.27

愛知／東京女医学校（中退）／本名サト／20歳で渡米, 子どもの養育係をしながら2年間滞在。帰国後, 青山学院に入ったが, 東京女医学校に転学。この頃幸徳秋水, 堺利彦らを知る。1908年5月山川均と結婚, 翌月赤旗事件に連座, 重禁固1年, 執行猶予5年。08年頃E学習。"Socia Revuo"と連絡した最も早い日本人の一人。參 G.P. de Bruin "Laborista E-a movado antaŭ la mond-milito"（SAT, 1936）,『山川均自伝』（岩波書店, 1961）, 大島義夫「大杉栄と大須賀さと子」（NR 1970.6）。

大杉栄｜おおすぎ さかえ｜**1885.1.17～1923.9.16**

香川／東京外語（1905）／Ei Osugi／日本アナキズム運動の指導者。丘浅次郎『進化論講話』から生物学に関心を寄せ, ダーウィン『種の起原』やファーブル『昆虫記』を翻訳。1922年国際アナキスト会議出席のため, 密航して上海をへて翌23年パリへ赴くが, 国外追放され, 帰国。同年関東大震災後の混乱時に内縁の妻伊藤野枝らとともに憲兵により虐殺。06年3月電車賃値上げ反対運動に参加し, 東京監獄に入れられて, 6月に保釈されるまでの間にEを学習し,『ハ

ムレット』を楽しみながら読むまでになり、書く練習も。のち「一犯一語」を唱える。出獄後にJEAに参加し（会員番号201）、9月創立大会で巌谷小波「桃太郎」をE訳し朗読。評議員に選出される。なお、大杉をJEA創立者とする文献が見られるが、宮本正男がたびたび指摘したように、適切ではない。同年9月本郷の習性小学校にE学校を開設し、千布利雄、木村自老らに教授。11月語学協会が創刊した『語学』誌の1～14, 19, 20号にE講義を連載。07年1月JEA東京支部幹事。08年2月以降"Internacia Socia Revuo〔国際社会評論〕"誌に日本の社会運動事情を数度寄稿。08年アナキストを中心とする中国人留学生を対象にE講習を開き、景梅九、劉師培らに教え、Eが中国に伝わる経路の一つとなる。獄中でも差し入れてもらったE書を読む。大杉のものと推測される『平民新聞』創刊号（1914.10.15）の無署名記事「国際無政府党大会」では「現在の一国語を以て国際的共通語にきめる事は、これ一種の帝国主義でもあり…僕等はEを以て…世界の共通語たる資格を最も善く具備したものだと思ふ。そこで…これを外国同志との通信に用ひた」と。死は山鹿泰治のE文により外国に伝えられる。四女伊藤ルイズ（1922～1996）も一時E学習。54年9月記念会が開かれ秋田雨雀、比嘉春潮、山鹿泰治ほか、各界から90名が出席し、山鹿はEで大杉の思い出を語る（通訳磯部晶之助）。瀬戸内晴美『諧調は偽りなり』（文藝春秋, 1984）の主人公で、他にもE-istoが登場。參『大杉栄全集』全10巻（同刊行会, 1925～26）、『大杉栄全集』全14巻（現代思潮社, 1963～1965）『ザ・大杉栄』（第三書館, 1986）、ファーブル『ファーブル昆虫記』（明石書店, 2005）、『自叙伝』（土曜社, 2011）、『日本脱出記』（土曜社, 2011）、『叛逆の精神　大杉栄評論集』（平凡社, 2011）、『獄中記』（土曜社, 2012）ほか多数。E関係は『全集』4巻など。參「E語学校の開校式」（『読売新聞』1906.9.19）、「大杉栄追想」（『改造』1923.11）、小山英吾「日本で最初のE語学校」（RO 1936.6）、景梅九「留日回顧」（平凡社, 1966）、宮本正男「大杉栄と荒畑寒村」（NR 12, 1969.4）、大島義夫「大杉栄と大須賀さと子」（NR 1970.6）、大杉栄研究会『大杉栄書簡集』（海燕書房, 1974）、大島義夫「「語学」と大杉栄」（NR 29, 1975.4）、朝比賀昇・萩原洋子「日本E運動の裏街道を漫歩する　5」（ES 1975.9）、向井孝『アナキズムとE』（JCA出版, 1980）、松下竜一『ルイズ　父に貰いし名は』（講談社, 1982 ; 2011）、佐高信「大杉栄とその遺児の生」（ES 1982.6）、宮本正男「大杉栄のE」（ES 1983.5～7・8）、大沢孝明「アナキストの桃太郎」（ES 1983.10）、宮本正男"La morta suito"（L'omnibuso, 1984）、石堂清倫「書評と紹介　宮本正男『死の組曲』」（『運動史研究』14, 1984）、宮本正男「大杉栄のE文」（『煙』49, 1985）、若松清次郎「大杉栄氏」（AK 1986.9）、宮本正男「大杉栄とE運動」（黒色戦線社, 1988）、鎌田慧『大杉栄　自由への疾走』（岩波書店, 1997）、「特集・大杉栄」（『初期社会主義研究』15, 2002）、後藤彰信「大杉栄、佐々木喜善との交友と平民社参加の頃」（『初期社会主義研究』16, 2003）、野崎晃市『明治キリスト教の受容と変容　浅田栄次の目を通して』（筑波大博士論文, 2006）、手塚登士雄「日本の初期E運動と大杉栄らの活動」（『トスキナア』4～5, 皓星社, 2006～07）、同「アナキストのE運動」（同　6～11, 2007～10）、大杉豊『日録・大杉栄伝』（社会評論社, 2009）、廣井敏男・富樫裕「日本における進化論の受容と展開―丘浅次郎の場合」（『東京経済大学人文自然科学論集』129, 2010）、久米晶文「酒井勝軍「異端」の伝道者」（学研, 2012）、『大杉栄　日本で最も自由だった男』（河出書房新社, 2012）、『近代日本社会運動史人物大事典』、『日本アナキズム運動人名事典』、『解放のいしずえ』、『反体制E運動史』。

大瀬貴明｜おおせ たかあき
1876.2.22～1944以降

秋田/東京府尋常中（1895）、一高（1899）、東大（1903）/館山病院婦人科部長などをへて、1928年浜町病院長。日本橋区医師会常務理事。23年頃JEI入会。JEMA会員。

太田和子｜おおた かずこ
1929.8.28～2001.11.28

東京/帝国女子医専/旧姓宮崎/薬剤師。1964年矢住みきのの勧めでE学習。同年9月JEI入会。渡辺はつえ、林佐智子らと矢

住宅で学習に励み，矢住没後は場所を自宅と渡辺宅に移して酒井瞭吉にE聖書などを習う。湘南E運動に貢献。🖼'Dank' al E!' (PO 1984.11), 'Neforgeseblaj vortoj' (RO 1991.9)。参『日本のE-isto名鑑』，板橋満子「太田和子さんをしのぶ」(RO 2002.3)，林佐智子「追悼渡辺はつえ様」(RO 2006.5)。協太田義也。

太田慶太郎｜おおた けいたろう
1906.3.8〜1989.3.22

静岡/東大(1929中退)/別名谷一/木下杢太郎(本名太田正雄)の甥。東大新人会で活動し，1926年マルクス主義芸術研究会を結成。27年日本プロレタリア芸術連盟中央委員，28年解放運動犠牲者救援会本部書記。33年日本共産党入党。戦後，『アカハタ』経営局長，伊東市議などをへて，71年静岡県議。29年柏木ロンドによる市ヶ谷，豊多摩各刑務所へのE書の差し入れ運動に協力。30年6月治安維持法違反で検挙後，獄中でE学習。36年勤務先が発行する『日本ガイド』にE欄を設置することを同僚の伊東三郎と相談。71年11月中垣虎児郎の葬儀に参列。🖼「われわれのすぐれたプラン・メーカー」(『高くたかく遠くの方へ』)，『私の歩んだ道』(私家版, 1986)。参伊東三郎「E反訳文学について」(武藤丸楠編『日本E学事始』鉄塔書院, 1932)，『近代日本社会運動史人物大事典』。

大田黒年男｜おおたぐろ としお｜?〜?

社会運動家。労働農民党に所属。大田黒研究所を主宰し，左翼文献を出版。マルクスやレーニンの論文を例文に使ったE講習書を編述。1928年5月25日，自由E倶楽部結成に際し，秋田雨雀，石黒修，比嘉春潮らとともに幹事に。48年，ソヴィエト文化協会理事長。🖼『労農E講習書』(イスクラ閣, 1928)，『支那革命の将来』(高橋実と共訳編，マルクス書房, 1928)，『日本左翼運動小史―日本に関する決議集録』(新興書房, 1929)，マルクス・エンゲルス『共産党宣言』(早川二郎と共訳，マルクス主義の旗の下に社, 1930)など。

大谷光照｜おおたに こうしょう
1911.11.1〜2002.6.14

京都/一高(1932)，東大(1935)/法名勝如(しょうにょ)/浄土真宗本願寺派門主。大谷光明(1885〜1961)・紐子(きぬこ, 1893〜1974)の長男。九条良政の甥。1927年得度，31年浄土真宗本願寺派管長，52年第2回世界仏教徒会議名誉総裁。全日本仏教会長，全国教誨師連盟総裁など。29年JEI入会。🖼『唐代の仏教儀礼』全2巻(有光社, 1937)，『『法縁』抄』(本願寺出版社, 2002)。

大谷正一｜おおたに まさかず｜1906〜1944.1

京都/中学(中退)/鉄道省在勤時の1932年進藤静太郎のラジオ講座でE学習。Eへの没頭が原因で離婚。福知山在住時の35年娘に先立たれて悲嘆に暮れていた折，高橋邦太郎(技師)の勧めで朝鮮へ。北鮮鉄道に就職し，清津E会を結成。36年満鉄旅客課宣伝係。同年より大連E会の事務を担当。37年ジャパン・ツーリスト・ビューロー満洲支部へ移り，4月奉天放送局から「Eの話」をラジオ放送。同年"Ek al Manĉukuo", "Kiam alvenas, tiam ekveturas"などのリーフレットを発行。『協和』，『旅行満洲』などに寄稿。奉天(現瀋陽)郊外で没。長女野呂正子も77年土居智江子の指導でE学習。🖼'Pro la amo' ("TEMPO" 1, 1934), 小野村林蔵'Voki patron' (RO 1935.1), 「実用第一主義」(RO 1936.9)，佐藤春夫'Knabaj tagoj〔少年の日〕' (RO 1937.4)，『趣味講座「Eの話」』(私家版, 1937), 『放送顛末』(RO 1937.7), 'Mej-Fa-Zu' (RO 1937.9)。参田中貞美「満州E運動史(8)」(LM 1969.12)，『大阪E運動史Ⅱ』，土居智江子'Iu forgesita E-isto OOTANI Masakazu' (LT 1984.2)。協土居智江子。

大塚正一郎｜おおつか?｜?〜?

東北大(1938)/電気化学工業ポリマー研究所長。二高在学中にE学習。1958年小坂狷二先生古稀記念事業委員会発起人。59年ザメンホフ百年祭準備委員会中央委員。

大塚達郎｜おおつか たつろう｜1898頃～1954以降

早大(1922)/出版業, 広告代理業。早大在学中の1917年JEA入会(会員番号1139)。18年早大E会主催のE講習会を指導。21年米子E会設立。JEI会員。参 RO 1921.9, 『日本E運動史料 Ⅰ』。

大槻勝雄｜おおつき かつお
1904.12.21～1983.5.30

北海道/北大(1932)/札幌・室蘭保線事務所長, 東京鉄道局施設部長などをへて, 1958年東鉄工業に移り, 東京支店長, 社長, 会長を歴任。青年時代E学習。著『風雪の旅』(私家版, 1977)。

大槻信治｜おおつき しんじ
1888.5.20～1973.12.26

京都/京都三中, 三高(1909), 東大(1913)/経済学博士。鉄道大臣秘書官, 門司鉄道管理局長など。1922年6月から欧米に出張し, 同11月から国際連盟交通専門委員としてパリ勤務, ジュネーブにたびたび出張。1942年京阪電鉄会長, 52～58年大阪交通短大学長, のち京都駅観光デパート会長など。1946～49年総選挙に3度出馬し, 落選。21年9月JEI入会。23年井上万寿蔵の勧めで第15回UK(ニュルンベルク)に参加。JELF顧問。著『交通統制論』(岩波書店, 1943), 『思出の記』(私家版, 1969)。

大月武一｜おおつき ぶいち
1895.2.17～1973以降

岡山/東大(1922)/旧姓林/鉄道局工作部長などを務め, 1943年三菱重工業へ転じ, 59年取締役, 61年監事。のち東京菱和自動車監査役, 阪上製作所顧問, 明星大教授など。20年代後半JEI入会。著「多量製作技術に就て」(『日本機械学会誌』45: 308, 1942)。

大坪潔巳｜おおつぼ きよみ｜1903～1951以降

東京/東京府立一中(1920), 新潟高(1924), 九大(1928)/医学博士。衛生学者。1942～47年九大教授。新潟高在学中の21年JEI入会。

大坪義雄｜おおつぼ よしお
1910.2.12～1996.1.19

東京/早大(1932)/早大理工学部教授。1928年大木克巳, 勝俣鈴吉郎らと早稲田第一高等学院E会を結成。JEI会員。著『無機化学』全2巻(技報堂, 1948～49)。

オードビン｜Madeleine Foing-Haudebine
1899.2.17～1978.1.31

フランス, パリ/1932年E学習。33年直接教授法の一種であるチェ教授法を知り, 以後その普及に携わって, 第一人者に。ヨーロッパ各地のほか, 58年から16年間インドで実践。その間の64年, 翌年の第50回UK(東京)を前に来日し, 大本本部に滞在。第52回JK(東京)で講演と実演。滞日中に東京, 京都, 亀岡, 高槻, 静岡, 松江, 福岡, 宮崎(66年第40回九州E大会), 北九州, 広島, 金沢, 名古屋など各地で体験談や教授法の講演と実演をして, 日本のE界に影響を与え, 多くのE-istoを育成。66年9月離日して, インドでのE運動に戻る。75年フランス帰国後も, 各地でたびたび講演や教授法実演など。75年UEA名誉会員。著 'Pri deaskaj E-istoj' ("L'omnibuso" 12, 1966.3), "Utila manlibro pri Hindujo" (Hinda Instituto de E, 1967)。参 杉野藤江「オードビン女史のセミナリーオに参加して」(LM 1966.3)。

大伴峻｜おおとも たかし｜1901.8.1～1992.1.28

東京/和歌山中(1919), 青山学院/実業家大伴昭(タレント芳村真理の夫)の父。明大, 調布学園女子短大各教授など。青山学院在学中の1921年10月JEI入会。著『英文解釈の先生』(受験の先生出版部, 1935), 『英作文』(清水書院, 1957)。

鴻海蔵｜おおとり かいぞう｜1876.9.24～1957

東京/東京府尋常中(1896), 一高医学部(1900)/1915～19年千葉医専教授, 19年千

葉市に仁山堂病院開業, 47～57年千葉県眼科医会初代会長。19年JEA入会(会員番号1372)。JEIにも参加したが, 21年末頃退会。

大西克知｜おおにし よしあきら
1865.2.2(慶応1.1.7)**～1932.9.17**

愛媛/チュービンゲン大(1890)/医学博士。1885～90年ドイツ留学。90年三高医学部教授兼岡山県病院眼科部長。95年上京後, 開業。97年『日本眼科学会雑誌』を創刊し, 以後約30年間その編集・発行に尽力。1905年京大福岡医大創設に伴い初代眼科教授, 26年退官。医学的見地から漢字の字体の簡略化の要を説く。晩年JEI入会。著『学生近視ノ予防策』(大西眼科医院, 1897)。

大野俊一｜おおの しゅんいち
1903.1.29～1980.3.26

東京/一高(1924), 東大(1927)/独仏比較文学研究の草分け。潮田富貴蔵, 西田信春と一高文科甲類の同期。外務省嘱託, 日本ユネスコ協会連盟書記長をへて, 慶大, 武蔵大各教授。E学習歴は不明。1959年ザメンホフ百年祭委員会賛助員。著クゥルティウス『フランス文化論』(創元社, 1942)ほか多数。参「大野俊一教授経歴(抄), 翻訳および論文目録(抄)」(『武蔵大学人文学会雑誌』4：3～4, 1973)。

大野直枝｜おおの なおえ｜**1875.5.4～1913.10.19**

大阪/第一高等中(1896), 東大(1899)/理学博士。植物学者。大阪造幣局長大野直輔(1838～1905)の長男。日本初の法学士河上謹一(1856～1945, 河上肇の伯父)の娘婿。1903～10年広島高師教授, 04～07年ドイツへ私費留学, 10年東北大農科大教授。09年1月26日, 中目覚, 重松達一郎, 杉森此馬らと広島E倶楽部結成。参増田芳雄『悲運の植物学者大野直枝の人と業績』(学会出版センター, 2002)。

大野彦四郎｜おおの ひこしろう
1890.6.20～1935以降

茨城/日本医学校(1914)/医師。長谷川病院(東京), 間中外科病院(小田原)などをへて, 1918年茨城県猿島郡に大野医院を開業。21年JEI入会。

大場秋雄｜おおば あきお
1909.10.10～2002.2.17

静岡/東京鉄道局教習所(1931)/国鉄の土木技師。1930年小坂狷二『E捷径』でE学習。31年JEIに入り, 敦賀で開かれた初等講習会に参加。直後に敦賀を訪れた西川豊蔵, 高石綱, 中原脩司らと交流し学習に拍車。35年9月第23回JK(名古屋)で北陸E連盟を代表して挨拶。戦後, 静岡E運動の再建に努力。78年蔵書を静岡大へ寄贈。UEAデレギート(静岡)。著 'Ŝizuoka vin atendas' (LM 1975.8), 'Kiel mi lernis' (RO 1977.1), 'Mi rezignis E-on' (RO 1982.6)。参望月治子「大場秋雄さんを偲ぶ」(RO 2004.6), 「大場秋雄氏蔵書 大学図書館に」(RO 2010.10)。図大場法子, 石野良夫。

大場格｜おおば いたる｜**1899.7.1～1990.11.10**

福岡/豊津中(1918), 小倉師範, 早大(中退)/異名 "Intersteno(国際速記)"。米穀商。鶴我盛隆と豊津中の同期。1920年秋田雨雀のEに関する講演を聞き, 22年『種蒔く人』に連載のE講座で学習。23年松永義義, 古野虎雄らと八幡E会設立。24年KEL創立に参画。29年JEI入会。32年12月間田直幹, 鶴野六良, 花村秋義, 余川久雄, 深井正淑, 松田周次と日本国際速記協会設立。一時中断後, 40年学習再開。56年北九州E会再建に参加。62年北九州E会が小倉E会と若松E会に分離した際, 小倉E会長。63年第37回九州E大会(北九州)会長。68年小倉E会と若松E会の再合併による北九州E会再結成に際して会長, また翌年八幡E会の合併後も会長留任。89年第63回九州E大会(北九州)において第2回九州E連盟賞。UEAデレギート(門司, 北九州)。孫娘もE学習。著「門司E会小史」(『昭和2年

KEL年鑑)』、『欧米各国語に通用する日本語速記術』(国際速記研究会, 1931)、「UKから学んだこと」(LM 1965.9)、'Plagiato'("L'omnibuso" 26, 1968.7)、'E-a movado en Norda Kyusyu' ("Informilo de E-a Societo de Kitakjuŝu"北九州E会, 10～20, 1971.12～73.7)。参「四連盟人物風土記　13」(LM 1964.5)、「Japanaj E-istoj」、古賀史郎「大場格氏を悼む」(LM 1991.3)、同「大場格氏を悼む」("Informilo" 54, 北九州E会, 1991)。图吉部洋平。

大庭柯公 | おおば　かこう
1872.8.30 (明治5.7.27)～1924

山口/東京英語学校夜学/本名景秋、別名鯤鵬迂人、長嘯生ほか/第十一師団ロシア語教官。参謀本部通訳官として日露戦争に従軍。社会主義同盟創立の発起人の一人。大阪毎日新聞社、東京朝日新聞社などをへて、1919年読売新聞社入社、21年編集局長兼主筆を辞し、特派員としてソ連へ渡るが、イルクーツクとモスクワで2度スパイ容疑で逮捕され、22年国外追放処分。24年春帰国の途上、銃殺されたと伝えられる。92年10月ロシア政府により名誉回復。藤沢親雄に勧誘されて19年JEAに入り(会員番号1312)、5月31日東大で開催されたE普及講演会で講演。20年JEI評議員。著『柯公全集』全5巻(柯公全集刊行会, 1925)など多数。E関係に『世を拗ねて』(止善堂, 1919)。参 'Vivanta lingvo' (JE 1919.5)、和田軌一郎『ロシア放浪記』(南宋書院, 1928)、久米茂『消えた新聞記者』(雪書房, 1968)、池本盛雄「E-isto 大庭柯公記者のこと」(PN 1993.3)、山下武・山領健二編『大庭柯公研究資料』(大空社, 1995)、『近代日本社会運動史人物大事典』。

大場辰之允 | おおば　たつのすけ | 1892.8.14～?

茨城/新潟医専(1917)/外科医。青森病院医員、台北病院外科医長などをへて、31年台北で開業。JEI初期に入会。

大場嘉藤 | おおば　よしふじ
1886.7.10～1925.12.28

福岡/海兵(1907)/海軍少佐。1920年シベリア出兵に際し、戦艦肥前に乗り組み、聖オリガ湾付近でE-istoのIvan Golbucovと遭遇。ウラジオストク寄港では同地の捕虜収容所を訪ね、収容所内のオーストリア人、チェコ人、ハンガリー人などのEグループと交流。その中にいたハンガリー人バギー(J. Baghy)が著した"La verda koro" (1937)にその交歓の様子が語られる。また、バギーが世界の民話を韻文訳した"Ĉielarko" (1966)には、大場から聞いた'Uraŝima'が収録。22年2月JEI月例会で"japano"の代わりに"nihono"を提案し、論議に。同年4月海軍省水路部でE講習。名文家と評された。著 'El Siberia marbordo' (RO 1920.7)、'Vizito al Gokanoŝo' (RO 1921.3～7)、『E日及日E海員語辞典』(日本E社, 1922)。参RO 1920.9, RO 1922.3, 'Benataj estu bedaŭrataj animoj!' (RO 1926.3)、Oscar Sinner 'Nia japana amiko' (RO 1926.9)、佐々木照央「シベリア出兵時極東ロシアのE小話」(PO 2011.11)、「「シベリア出兵時極東ロシアのE小話」への情報」(PO 2012.1)。

大橋宇之吉 | おおはし　うのきち
1889.10.27～1983.8.15

神奈川/小学校/本名山県卯之吉/横須賀で洋品雑貨商・被服製造業経営。1970年横須賀市文化功労賞。10歳頃萩出身の山県家の養子となり改姓。中溝新一よりEを知り、06年二葉亭四迷『世界語』で独習。16年1月JEA入会(会員番号1050)。国際商業語協会員。23～26年JEI評議員。戦後、自宅に横須賀E会事務所を置き、理事。JELE会員など。56年50周年記念第43回JK(東京)で表彰。66年6月18日E運動60周年記念の集まり(横須賀)の公開座談会に出席。本人はE界で「宇之吉」と「卯之吉」を併用。弟の衛、新吉、娘山県千里もE学習。著「横須賀E運動小史」(RO 1926.6～8)、「Eと横須賀」(『横須賀文化協会会報』3, 1958)、「横須賀E時代から」(RO 1969.9)、「ヨコスカ時代の小坂さん」(RO 1969.10)。参「先輩はなぜ・どうして学んだか」(RO 1956.6)、「人」(『毎日新聞』神奈川版, 1958.4.7)、「勉強は手を取りあって、仲間は27ヵ国500人」(『神奈川新聞』1958.6.3)、松葉菊延「E運動をこよなく愛

した人大橋卯之吉さんを悼む」(RO 1983.11)。

大橋介二郎｜おおはし かいじろう
1897.8.2~1951.2.3

東京/慶大/旧姓菊池, 号廉堂/南画家。勤皇の儒者大橋訥庵(1836~1881)の曽孫。1928年E学習。銀座の会話会アルジェンタ・クンシードを主宰。29年ROに挿絵を提供。30年末中国を訪れ, 上海, 武漢, 宜昌, 重慶, 武漢でE-istoと交歓。31~32年JEI評議員。RO 1931.8~32.4の「和文E訳添削欄」担当。32年末京都へ転居し, 衣笠E会創立。家庭では専らEを使用し, 妻, 娘, 女中らもEを解した。著『南画入門 山水骨法編』(丸の内出版, 1937), 'Ŝipvojaĝo laŭlonge de Jancukiang' (RO 1931.3~4), 暁烏敏 "La Japana Spirito〔日本精神〕" (香草舎, 1936), 『骨法雑話と太極』(私家版, 1937)。参「四歳の少女E語を解す」(RO 1931.9), 「隣邦支那の近況」(RO 1931.1), 万沢まき子「大橋介二郎氏をいたむ」(RO 1951.5)。

大橋隆太郎｜おおはし りゅうたろう
1900.2.4~1946以降

東京/早大(1924)/博文館創設者大橋佐平(1835~1901)の孫, 衆院議員大橋新太郎(1863~1944)の甥。第一生命に勤務。1926年頃JEI入会。29年勤務する東京堂の店舗新築に合わせてE図書コーナーを設置して主任となり, 東京堂E部を設立し, 店員にE普及。内外のE書籍を販売し, E雑誌 "Jamato" も発行したほか, 宣伝誌『Bona Amiko』を不定期で刊行。戦後, 緑星社を設立し, 46年8月日本文の随筆を中心にした『緑星』を創刊。参小坂狷二「街頭のE図書」(RO 1931.3), 岩出貞夫『東京堂の八十五年』(東京堂, 1976)。

大畑末吉｜おおはた すえきち
1901.10.17~1978.4.25

埼玉/一高(1923), 東大(1926)/旧姓小島/文学博士。独文学者。日本で初めてアンデルセンを原典から翻訳。立教大, 一橋大各教授など。E学習歴は不明。1959年ザメンホフ百年祭賛助員。著『アンデルセン童話集』全7巻(岩波書店, 1947~48)ほか多数。参『現代日本朝日人物事典』。

大原歌子｜おおはら うたこ
1924.11.28~2004.1.20

福岡/日本女子大(1943)/旧姓東(あずま)/大原喬の妻。東久留米市議を4期16年。絵画をよくした。1983年サンフランシスコ州立大のE夏期講座に参加し, ピロン(Claude Piron), 梅田善美の指導でE学習。夫婦で世界を旅し, 各地のE-istoと交歓し, 旅行記に挿絵を掲載。SAT, 沼津E会各会員など。墓碑には 'ESPERANTO' と。著「私のE国世界旧婚旅行」(EV 1986.3), 「Val Graham夫人と会った日」(PO 1988.11), 「Neforgeseblaj vortoj」(RO 1989.5), 『Eは世界を結ぶ』(喬と共著, 私家版, 1997)。参「世界を駆けるE-isto夫婦」(『ゴールドエイジ』1988.4), 「ひまつぶし, ぼけ防止, 夫婦円満のE語」(『週刊朝日 生涯学習Vプラン』1989.2.5臨増), 大原喬「還暦後こそ旅行のしどき」(RO 1989.6), 栗田公明「故大原歌子さんを偲ぶ」(RO 2004.3)。

大原喬｜おおはら たかし
1921.10.22~1998.7.27

福岡/小倉中(1939), 七高(1942), 東大(1944)/朝日新聞社員。大原歌子の夫。東大在学中の1943年学徒出陣で海軍へ。45年9月朝鮮から復員。46~81年朝日新聞社に勤務し, 社会部, 整理部, 校閲部などで働く。出口京太郎『E国周遊記』でEと大本に関心を寄せ, 定年退職後に大本に入信。71年Eを学び, 73年JEI入会。84~86年, 88~93年JEI評議員。85年所沢E会長。83年夏の約100日間の世界旅行をはじめとして, 86~96年ほぼ毎年夫婦で世界を旅し, 各地のE-istoと交歓して, 旅行記を自費出版。88年3月東久留米から静岡県函南へ転居後, 夫婦で三島E会に参加。EPA理事, ELK役員, SAT, JPEA各会員など。蔵書は遺族により八ヶ岳E館へ。著「世界旅行と太極拳」(『太極』1984.1.25), 『E国世界旧婚旅行』(私家版, 1985), 「早すぎた福田正男さんの死」

(SAM 1989.4),「還暦後こそ旅行のしどき」(RO 1989.6),『Eは世界を結ぶ』(歌子と共著,私家版,1997),『わたしの出した1冊のほん』(RO 1998.7). 参嶋田恭子「自費出版始末談」(ES 1986.3),高多清在『第二の人生』(ノラブックス,1987),「世界を駆ける E-isto 夫婦」(『ゴールドエイジ』1988.4),「ひまつぶし,ぼけ防止,夫婦円満のE語」(『週刊朝日 生涯学習Vプラン』1989.2.5臨増),「日本のE-isto名鑑」,堀泰雄「大原喬さんがおなくなりになりました」(PO 1998.9),水野義明「大原喬さんを悼む」(RO 1998.10),佐村隆英'Nekrologo' (LJB 1998.10).

大藤軍一|おおふじ ぐんいち|1906〜1973.8.9

広島/通信局通信生養成所/別名大月洋/通信書記,書店主。広島郵便局在勤時,社会科学研究会を組織,全逓通信労組広島支部の責任者。1932年検挙され,郵便局を解雇後,書籍商。37年新協劇団広島後援会世話役となり,会員獲得,機関誌配布のほか,演出も。40年再検挙。戦後,民衆劇場を作る。36年1月頃JEIに入り,広島E会にも参加。参LM 1973.10,『近代日本社会運動史人物大事典』.

オームズビ|Francis M. Ormsby|?〜?

米国/僧名孤雲,Brother Zara/サンフランシスコの禅宗教会で出家。Lewis A. Colburn(黙斎)とともに4年間東洋に修行と巡礼の旅へ。二人で1931年来日,大徳寺(京都)の僧堂で禅宗と真言宗を研究。Eを通じて柴山全慶らとも接触。ビルマ,インド,チベットをへて,帰米途中の35年12月にも京都に柴山,中原脩司を訪れる。参「禅学研究の外国同志二人」(RO 1931.4),「碧眼・托鉢僧 前後4年間山野に伏して,東洋巡礼後京都へ」(『東京朝日新聞』1935.12.10),「E語を話す米人僧侶」(RO 1936.3).

大森志郎|おおもり しろう|1905.2.4〜1992.9.9

福島/安積中(1922),山形高(1925),東北大(1928)/日本文化史学者。文学博士。満洲教育専門学校教授,満鉄撫順図書館長,建国大教授をへて,1946年帰国。50〜70年東京女子大,71〜88年創価大各教授。24年山形高E会の代表。東北大でもE活動。JEI会員。著「我邦文芸作品の国際語訳」(RO 1926.5),「人騒がせ」(RO 1927.3),「満鉄図書館の使命」(『書香』満鉄大連図書館,26,1931.5),『日本文化史論考』(創文社,1975).参『福島県人物・人材リスト 2011』(日外アソシエーツ,2011).

大森虎之助|おおもり とらのすけ|1870〜1921.11.26

新田次郎「迷走台風」のモデルとされる気象学者。1887年秋田測候所に勤務,92年富山県伏木測候所に移り,のち所長。台風の予報に失敗した責任を感じて入水自殺。JEA会員(会員番号944)。著『富山湾の蜃気楼』(共著,富山県伏木測候所,1919).

大森治豊|おおもり はるとよ|1852.12.20(嘉永5.11.10)〜1912.2.19

江戸/東大(1879)/医学博士。外科学者。九大初の名誉教授。1885年福岡医学校,福岡薬剤学校各校長,1903年京大福岡医大初代学長兼附属病院長,09年退官。九大文書館に大森治豊関係資料。07年JEA入会(会員番号706)。参宇留野勝弥『医傑大森先生の生涯』(私家版,1961),折田悦郎「大森治豊と大森関係史料の寄贈について」(『九大広報』30,2003.7).

大屋安雄|おおや やすお|?〜1934.9.19

朝日新聞神戸販売局勤務。25年第13回JK(京都)で神戸代表の挨拶。極東E大会開催を提起。神戸E協会で活動。JEI会員。中塚吉次と親交を結び,"K-do Domo"と呼ばれる。蔵書は若松寿郎に。参『神戸のE』.

大山順造|おおやま じゅんぞう|1890.11.21〜1946.8.19

秋田/横手中(1908)/郷土史家。秋田中教諭,『秋南新聞』主筆など。1929年8月横手

E会設立に際し幹事長。E宣伝のため、30年5月雑誌"E Yokote"を発行。著『金沢町郷土史読本』(金沢町、1931)、『伝統久しき横手馬』(横手家畜市場、1936)。参『秋田県関係人物文献索引 増補改訂版』(秋田県立図書館、1996)。

大山籍次郎｜おおやま せきじろう
1896.9.16～1959以降

福岡/九大(1921)/歯科医。小倉記念病院などをへて、小倉市に大山医院を開業。1922年1月頃JEI入会。

大山時雄｜おおやま ときお
1898.2.15～1946.12.2

福島/同志社大/別名聖華、筆名超洋生、緑風生、E.T. Montego/京城(現ソウル)でイロハタクシー、石油販売会社などを経営。社会運動家として朝鮮独立論を主唱。実弟は大山健二(松竹の喜劇俳優、「デブ」のあだ名あり)。伊藤博文の要請により朝鮮に渡って統監府に勤務する父に伴われて11歳で渡韓。Eは、東洋協会京城専門学校在学中の1919年 O'Connor "E. The student's Complete Text Book"で独習。20年京城にE会を組織。同年両親の反対を押し切り、淑明女高卒の金順学(1900～1989、のち大山順子と改名)と結婚、夫婦そろってJEI入会。22年京城E研究会結成以降、38年まで朝鮮各地で盛んに講習会を催し、講習生からは中垣虎次郎らが育つ。22年ハルビンにセリシェフを訪ねる。23年誕生した長男を智恵路(ĉielo「空」から。1923～1945、大村海軍航空隊に属し戦死)と命名。24年李光洙が設けた『東亜日報』E欄に寄稿。JEI委員、10月金億、山本作次、朴憲永らと朝鮮E-isto連盟を創立。25年6月1日京城E研究会を朝鮮E学会に改組して会長兼委員長、8月機関誌"La Orienta Lumo"創刊。26年日本人の差別的朝鮮観を変革しようと、正道社を結成し、『朝鮮時論』(表紙に"La Revuo Korea"の題字も)を発行し、金億の協力を得てE欄を設ける。27年7月30日上京して、TEK主催のプロクターと共同での歓迎会で、朝鮮E運動をEで語る。29年4月JODK(京城)のEラジオ講座の講師(佐藤悦三はこれで学習)。32年石油販売業を始めた際、商標を'Papilio'と'Ĉerizfloro'に。36年朝鮮誌『三千里』にE欄を設けることを提案。38年内地へ戻り、朝日紡毛化学工業所(大阪)に就職したが、同年北京へ移住。戦後、郷里へ戻り、半年後急逝。UEAデレゲート(京城)。著'El Koreujo' (RO 1925.3)、"La Kurslibro de E" (京城放送局、1929)、「東京オリンピックと言語の問題」(『朝鮮実業倶楽部』1937.1)、「朝鮮観光協会に望む」(同 1937.2)。『東亜日報』、『朝鮮時論』などに寄稿多数。参「内地報道」(RO 1932.5)、「内外エス運動展望」(RO 1936.2)、「誌上座談会『そのころを語る』」(RO 1940.1～3)、金三守『韓国에스페란토運動史』(淑明女子大、1976)、牛口順二「『朝鮮時論の一年』」(『海峡』社会評論社、11、1982)、『朝鮮時論』(復刻版日本植民地文化運動資料9、緑蔭書房、1997)、La redakcio de KEA "Rubriko Esperanto de la tagjurnalo Dong-a Il-bo, 1924" (KEA, 2004)、高崎宗司「雑誌『朝鮮時論』の発行者」(舘野晳編『36人の日本人—韓国・朝鮮へのまなざし』明石書店、2005)、柴田巌『中垣虎五郎—日中E-istoの師』(リベーロイ社、2010)、後藤斉 'Eo inter la japana kaj koreaj popoloj : Ooyama Tokio kaj lia tempo' (RO 2011.12)、『近代日本社会運動史人物大事典』、イ・チョンヨン『한국에스페란토운동 80년사』(KEA, 2003)。図大山隆志、大井眸、蒲豊彦。

大山豊次郎｜おおやま とよじろう｜1897～1989

高知/海南中、海兵(1918)/日本海軍初の潜水母艦迅鯨(1944年10月10日沈没)の最後の艦長。第31潜水艦搭乗時の1923年頃JEI入会。

大山義年｜おおやま よしとし
1903.8.2～1977.7.16

茨城/東大(1927)/工学博士。東工大学長、国立公害研究所初代所長など。1945～50年JEI理事。著『遠心分離』(日刊工業新聞社、1958)、『化学工学の里程標』(私家版、1978)。参『粉体工学会誌』(15：2、1978)、『現代日本朝日人物事典』。

オールド | William Auld | 1924.11.6～2006.9.11

英国スコットランド/グラスゴー大/詩人。英文学教師、高校副校長。1937年にEを学ぶ。長編詩"Infana raso"(1956)でE詩人としての地位を確立。雑誌への寄稿や、著書、編集書多数。77～80年UEA副会長、79～83年Eアカデミー会長など。詩のアンソロジー"E-a antologio"(Stafeto, 1958)を編集し、伊東三郎の詩を収録。宮本正男を高く評価し、その"Invit' al japanesko"(1971)に序文を寄せる。73年カリフォルニア州立大でのEセミナーで講師を務めた帰路に、招待を受けて8月1日来日。第60回JK(亀岡)で"Perspektivo de E-movado en estonteco"を講演。東京などでもE-istoと交流し、14日離日。選集"Nova E-a Krestomatio"(UEA, 1990)では、磯部幸子、加藤静一、宮本正男の文章を収録。UEA名誉会員。数度ノーベル文学賞候補に挙げられる。蔵書はスコットランド国立図書館に寄贈。2007年第92回UK(横浜)で偲ぶ会。著"En barko senpilota : plena originala poemaro"(Edistudio, 1987)、"Pajleroj kaj stoploj"(UEA, 1997)、"75 jaroj"(Sezonoj, 1999)、Oscar Wilde原作DVD"La graveco de la fideliĝo"(E Association of Britain, 2006)ほか多数。日本語訳に臼井裕之訳『ウィリアム・オールド詩集―エスペラントの民の詩人』(ミッドナイト・プレス、2007)。参東海林信行「Willam Auld」(RO 1972.8)、栗栖継「E詩人ウィリアム・オールド 情熱秘めた鋭い鑑賞眼」(『読売新聞』1973.8.25)、宮本正男・上山政夫・藤本達生「座談会W.オールドの語ったことども」(LM 1973.11)、岩谷満「古典鑑賞 4 E-a anltologio」(RO 1975.4)、藤本達生「外国で会った人 10 Wiliam Auld」(LM 1977.10)、V. Benczik (red.) "Lingva Arto. Jubilea libro omaĝe al William Auld kaj Marjorie Boulton"(UEA, 1999)、藤本達生「ウィリアム・オールドさんのこと」(RO 2002, 2)、中村正美「William Auld と Marjorie Boulton」(RO 2003.7)、谷川俊太郎・正津勉、ゲスト山本真弓「連載対談25 超えていくことば(たち)」(『詩の雑誌 midnightpress』29, 2005)、'Forpasis granda poeto kaj verkisto William Auld'("E" UEA, 2006, 11)、「「E」誕生120年 言語考える書籍や大会」(『朝日新聞』2007.8.30)、臼井裕之「わたしの出した1冊の本」(RO 2007, 12)、同「谷川俊太郎とウィリアム・オールドの「出会い」と「共鳴」そして、詩を翻訳する〈不可能性〉について」(『異文化研究』山口大学, 2, 2008)、"Ordeno de verda plumo"、"Encyclopedia of the Original Literature"、"E en Perspektivo"。

大和田昇 | おおわだ のぼる
1893.10.6～1960.9.30

愛媛/海兵(1916)、海大(1928)/海軍少将。栗原悦蔵と海兵の同期。1936年連合艦隊参謀、38年軍令部首席副官、40～43年海防艦磐手、軽巡洋艦香取、戦艦山城各艦長、43年第7潜水戦隊司令官、45年第10特攻戦隊司令官。JEI初期会員。

丘浅次郎 | おか あさじろう
1868.12.31(明治1.11.18)～1944.5.2

静岡/大阪専門学校、東大予備門(1885中退)、東大選科(1891中退)、ライプチヒ大(1894)/動物学者、進化論の普及者。理学博士。日本最初のE-istoとされる。岩村一木の義兄。東京文理大名誉教授。筑波大に丘文庫。1885年頃ヴォラピュクを知るが不満を感じ、90年国際語Zilengo(＝Nia Lingvo)を自作。91～94年ドイツ留学中の91年4月からドイツでE学習、1906年JEIに参加(会員番号154)、10年理事。24年2月11日東京高師で"Travivajo kiel E-isto"を講演。28年10月20日JEI会話会で海生動物bonelliaについて講話。子の、英通、佐々木久子(夫は国文学者佐々木信綱の次男文綱)、正通(1905～1981、大阪ブレード製作所取締役)、直通はみなE学習。著『進化論講話』(開成館、1904)、『丘浅次郎著作集』全6巻(有精堂出版、1968～69)ほか。E関係は「世界語の将来」(『中央公論』1906.12)、「科学者と国際語」(RO 1928.11)、'Skizo de la lingvo internacia "Zilengo"'(RO 1936.12)、'Antaŭ kvindek jaroj'(RO 1941.3)、「趣味の語学」(RO 1964.5)、『著作集』3巻『猿の群れから共和国まで』に。参RO 1924.4、粟飯原晋「丘浅次郎博士と下瀬謙太郎氏」(RO 1931.8)、RO 1941.3(丘博士E学習50周年記念号)、「故丘浅次郎博士

の風格」(RO 1945.11),丘正通「父と E」(SL 1974.4),朝比賀昇・萩原洋子「日本 E 運動の裏街道を漫歩する 6」(ES 1975.10), U. Lins 'Oka Asajirô, ein japanischer Kosmopolit' (S. Fiedler kaj Liu Haitao (red.) "Studoj pri interlingvistiko. Festlibro por Detlev Blanke" Dobřichovice : KAVA-PECH, 2001),『現代日本朝日人物事典』,『近代日本生物学者小伝』,『征きて還りし兵の記憶』,『日本 E 運動史料 Ⅰ』。

岡一郎|おか いちろう|1901～1986.4.3

別表記オカイチロウ/京都瓦斯などに勤務。ローマ字論者。E は,千布利雄『E 全程』で独習。1921～24 年カニヤ書店に出入りし,中原脩司とも懇意に。22 年 JEI 入会。蔵書は峰芳隆に託された。参峰芳隆「オカイチロウさんのこと」(RO 1986.10)。

岡一太|おか かずた|1903.3.27～1986.6.12

岡山/私立関西中(岡山)/別名平山一夫,田木裹,Tagiĝo,山名六郎,波多野敏,毛利萱中/児童文学者。中卒後,教職に就き,1930 年代初期からプロレタリア文学運動に参加。79 年第 19 回久留島武彦文化賞。E は,28 年頃小坂狷二・秋田雨雀『模範 E 独習』で学び,大栗清実,小川長松らの E 研究会に加わって,SAT 出版物を研究。E から訳した童謡,物語を,『少年戦旗』,『プロレタリア文学』などに寄稿。31 年 1 月 PEU 中央委員となり,3 月 15 日岡山支部結成,その数日後,身辺急を告げ上京。『カマラード』の編集,『E 文学』,『国際語研究』の原紙切りに協力。32 年 10 月大倉斐子の検挙に巻き込まれ,11 月初めまで拘留。34 年夏帰郷後に再検挙,11 月釈放。35 年 Maja Rondo に参加し,栗栖継,米村健とともに IAREV 日本支部を組織。37 年 3 月大阪へ転じ,新聞社に勤務したが,同年 10 月再び逮捕され,38 年 2 月起訴猶予で釈放後,中国へ渡り,天津特別市警察局宣伝委員など。46 年引き揚げ。49 年第 2 次 JEA 委員,同年 12 月 JEI 入会。53 年ドイツ軍占領下のワルシャワを舞台にした児童劇『緑の旗の下に』を発表。児童文学の分野に E 精神をもちこみ,児童に対する E 普及に尽くし

た功績により,同年小坂賞。宮本正男・上山政夫編 "Japana Variacio" (L'omnibuso, 1978) に 1 編収録。没後に蔵書は小林司へ。「岡山を 逃れ来てかく 潜みつつ 君は書き出す エス語原作」(冨田冨『同志達』)。「緑の星の下に」は長期にわたって中学校演劇などとして各地で演じられた。2002 年 5 月 13 日岡山市蕃山町教会で記念会。著 'La vivo al la vivo' (『E 文学』フロント社,1～3, 1933),「緑の旗の下に」(『日本児童文学代表作集』5, 1953),「E」(『教育時報』岡山県教委, 1961.4),「岡山県・日本のニュルンベルグと言われるが…」,ブイ・ドック・アイ著,グエン・ミン・キン E 訳『トー・ハウ〔Franjo Tu Haŭ〕』(星田淳と共訳,新日本出版社, 1965),『人生案内』(理論社, 1965),『希望の歌』(同, 1970),「私の読んだザメンホフ伝」(RO 1971. 10),「ゲットーの中で」(RO 1972.12),『あすへの旅立ち』(偕成社, 1975), "Matenruĝo" (L' omnibuso, 1976),「《Matenruĝo》と同志たち」(LM 1976.9),『わが名は E』(ザメンホフ伝刊行会, 1980),『岡山の E』。参思い込め「ザメンホフ伝」老 E-isto の岡一太さん」(『朝日新聞』1980.9.15),「「わが名は E」岡一太先生に聞く(今月の訪問)」(『日本児童文学』27:7, 1981),原田英樹「岡一太さんへの弔辞」(LM 1986.8),大島義夫「岡一太を偲ぶ」(LM 1986.9),福田正男 'Nekrologo' (SAM 1986.8),熊木秀夫「岡一太さんのこと」(LVK 1886.8),朝比賀昇「岡一太さんを悼む」(RO 1986.9),大島義夫「岡一太を偲ぶ」(LM 1986.9),関英雄・平尾勝彦『緑の星と輝いて―岡一太の足あと』(私家版, 1987),村田孝子「安曇川高校 2 年 6 組 文化祭で「緑の星の下に」を上演」(LM 1987.10),「特集「緑の旗の下に」上演資料」(RO 1990.9),「「緑の旗の下に」昨秋も全国 30 以上の学校で上演」(RO 1992.3),「演劇と E の話題から」(RO 1993.3),「学校演劇「緑の星の下に」,昨年は 19 校で」(RO 1994.3),今井智子「学校演劇「緑の星の下に」」(RO 1996.12),ヤマサキ・セイコー 'La verda standarto en japanaj liceoj' ("E" UEA, 1998.4),信木直典「岡一太さん記念会」(LM 2002.7),「学校演劇「緑の星の下に」」(RO 2001.3),『近代日本社会運動史人物大事典』,『日本文学に現れた E』, "Ordeno de verda plumo", "Encyclopedia of the Original Literature"。

岡潔｜おか きよし｜1901.4.19～1978.3.1

和歌山/京大(1925)/数学者。日本民族についても考究し、随筆も多数。1929年から3年間パリ留学。広島文理大などをへて、49年奈良女子大教授、64年同名誉教授。61年文化勲章。橋本市、奈良市各名誉市民。「奇人数学者」と見られ、松竹映画「好人日」(1961)のモデル。62年第10回関西E大会(奈良)で「世界の人の"心"を」の題で講演し、「世界に人の心が通じあうこと─Eがそういう目的のものであるならば、私もEに大賛成なのであります」と。E運動を助けるためとして、販売用に色紙を揮毫。
著『岡潔集』全5巻(学習研究社, 1969)ほか。
参「岡潔先生とは？」(LM 1962.4)、「岡潔教授・講演要旨(関西大会)」(LM 1962.8)、「岡潔先生の色紙」(LM 1963.3)、『現代日本朝日人物事典』。

岡潔治｜おか きよはる｜1890.12.23～1944以降

大阪/関西商/1918年日本タイプライターに入り、大阪支店長などを務め、のち堂島ビルディング会計主任。19年JEA入会(会員番号1272)。

丘直通｜おか なおみち｜1909.1.27～1991.9.16

東京/東京高、東大(1933)/理学博士。丘浅次郎の五男、英通の弟。三井海洋生物研究所、農林省山林局鳥獣調査室などをへて、1952年東教大教授、退官後、専大教授。25年E学習。27年JEI入会。英通、小野記彦らとScienca Rondo結成。E会に加わり、28年12月東京学生E-isto連盟結成に江上不二夫と参加。49～54年JEI評議員。55年英通と東京教育大E会を結成。56年日本動物心理学会の機関誌『動物心理学年報』にEでの執筆を認めさせる。第50回UK(東京)国際夏期大学で「オランウータンの知能」を講演。JESA会員。著『動物の習性』(三省堂, 1951)ほか多数。E関係に 'Kiel animaloj vidas movadon' (RO 1935.4)、'Ĉu abeloj estas kolorblindaj?' (RO 1949.5)など。参『Japanaj E-istoj』、『動物心理学研究』41:1(日本動物心理学会, 1991)、『近代日本生物学者小伝』。

丘英通｜おか ひでみち｜1902.10.2～1982.6.16

東京/一高(1924)、東大(1927)/理学博士。丘浅次郎の三男(兄二人は夭逝)、直通の兄。岳父は「日本近代地理学の父」山崎直方(1870～1929)。沖中重雄、斎藤力と一高理科乙類の同期。1927～30年ドイツ留学。東教大名誉教授。一高入学と同時にE学習。21年JEI入会。24年RO誌「科学社会欄」を担当。25年4月22日JEI例会で"Mendelismo"を講演。29年第21回UK(ブダペスト)に参加。36年JESA顧問。43～45年JEI理事、45～46年監事、47～74年理事、のち顧問。50年「一年一論文をEで」運動の発起人の一人。55年直通と東教大E会を結成。56年10月21日NHK「言葉の研究室」(1956.10.21)で「世界に通じる言葉」として土岐善麿司会のもと、中野重治と座談会。64年第51回JK(東京)で大会大学学長を務め、自らも「月と動物」など興味深い内容と明快なEで聴衆を魅了した。JESA会員など。妻喜美子もE学習。著『動物形態学実験法』(建文館, 1937)、『習い性となるか』(みすず書房, 1985)。E関係に 'Mendelismo' (RO 1925.7～12)、'Animala disvolviĝo kiel moderna embriologio ĝin vidas' (RO 1938.4)、'Eksperimentaj studoj pri metamorfozo de ascidioj' (P. Neergaard (red.) "Sciencaj Studoj" Kopenhago : ISAE, 1958)、など。参福田正男 'Nekrologo' (SAM 1982.7)、RO 1982.9、安藤裕「丘英通先生」(『動物分類学会誌』25, 1983)、若松清次郎「丘英通氏」(AK 1986.7)、『現代日本朝日人物事典』。

丘文夫｜おか ふみお｜1903.7.25～1933

岡山/早大(1925)/本名田和一夫/1925年6月ハルビンで自由業。26年ハルビンで非合法小冊子配布により日本官憲に2回逮捕後、同年10月モスクワへ逃れ、翌月コミンテルン日本支部によりトヴェリに派遣、化学労働者教導員として工場「プロレタリア」に勤務。27年1月ソ連共産党員候補。27年11月コミンテルン日本支部により日本語講師としてレニングラード東洋大学へ。さらに28年11月レニングラード共産主義大学夜間部へ派遣。結核で客死。26年2月

日露芸術協会ハルビン支部主催のE初等講習(受講生は主に満鉄社員)を指導。大田黒年男の『労農E講習書』(1928)を校閲。本名は「田和一男」とも。著『改正露西亜社会主義連邦ソウエート共和国憲法』(訳書, 厳松堂書店, 1928)。参'Heroldo de E'("E en Nipponlando"国際語研究社, 2:3, 1926), 加藤哲郎『モスクワで粛清された日本人』(青木書店, 1994), 梶重樹「レニングラード東洋大学の日本人たち」(『ロシア文化研究』4, 早稲田ロシア文学会, 1997), 『近代日本社会運動史人物大事典』。

岡麓|おか ふもと|1877.3.3~1951.9.7

東京/東京府立一中(中退)/本名三郎, 別号三谷, 傘谷/正岡子規門下の歌人。書家, 芸術院会員。1906年自営の彩雲閣より日本最初のE学習書, 二葉亭四迷『世界語』, ついで『世界語読本』を出版。Eは学習せず。著『岡麓全歌集』(中央公論社, 1952)ほか多数。参中嶋眞二『都雅の歌人 岡麓伝』(私家版, 1996), 松山市立子規記念博物館編『歌人岡麓』(同館, 1993)。

岡芳包|おか よしかね|1915.1.12~1991.9.1

大阪/浪速高(1933), 阪大(1937)/医学博士。生理学者。1945年阪大助教授, 48年徳島医大教授, 79~82年徳島大学長。阪大在学中, 医学部E会で俣野四郎, 池田一三らと活動。参宮本博司「追悼文」(『体力科学』日本体力医学会, 41:1, 1992)。協前藤寛。

岡垣千一郎|おかがき せんいちろう|?~1952以降

鉄道職員, 日本共産党員。1932年苫小牧E会庶務係となり, 34年門脇松太郎の後を継いで第2代会長に就任, 機関誌"La Grandurso"を編集。同年第3回北海道E大会(小樽)雄弁大会で"Plezuro benata trans suferado"を演説。35年室蘭E会設立。著「特使を迎えて」("La Grandurso"苫小牧E会, 11, 1936)。参RO 1940.2, 『改訂版・北海道E運動史』。

岡倉由三郎|おかくら よしさぶろう
1868.3.15(慶応4.2.22)~1936.10.31

相模国(現神奈川)/帝大文科大/英語学者。岡倉天心の弟。1902年から3年間, 英仏独に留学し, 帰国後東京高師教授として, 英語教育に大きく貢献。のち立教大教授。ラジオ英語講座講師の先駆者。ヘボン式ローマ字を主張。24年東京高師の講演会で丘浅次郎と藤岡勝二に続いて登壇し, イドに言及したところ, 岡本好次に難詰される。『英語教育』(博文館, 1938)では「万一我国の小学校で, 其時間の或部分を国語以外の言語に割き得る機会があつたら, 其折にはEを採用することが国家の為最良の方法と自分は確信する」と。著『新英和大辞典』(研究社, 1927)ほか。参RO 1924.4.

岡崎霊夢|おかざき れいむ|1905~1939.6.7

北海道/大谷大(中退)/本名英肇(えいじょう)/1919年東本願寺にて得度, 25年大僧都。小樽市量徳寺で寺務に従事。大谷大在学中にE学習。34年脇坂圭治らと小樽仏教E会を創設し会長。自ら編集する『慈光』紙に毎号E文を。戦時中も寺院でE講習を続けた。妹郁子もE学習。著『日本E大会感想記』(『中外日報』1936.8.26~29), "La admono kaj vivo de Reĝo Aŝoko〔阿育王の法勅と小伝〕" (JBLE, 1937)。参脇坂圭治「岡崎さんを惜む」(RO 1939.10), 星田淳「ふと目にとまった『自分史』のひとこま」(HEL 1994.3~6)。

小笠原誉至夫|おがさわら よしお
1868.6.28(慶応4.5.9)~1945.3.21

和歌山/和歌山中(1883中退), 慶應義塾, 東大予備門(各中退)/旧名有地芳太郎, 浅井誉至夫/自由民権運動からユニテリアンをへて初期社会主義者へ。南方熊楠と少年期から友人。1897年『和歌山実業新聞』創刊, 99~1901年和歌山県会議員。以後, 社会主義運動へ。のち実業家としても活躍。帝国キネマ, 白木屋百貨店の役員を務め, 甲子園球場の建設にも尽力。34年, 35年奥村林蔵を講師に吹上小学校(和歌山)でE講習会開催。34年10月松田勝彦, 進藤

静太郎らの協力を得て全文Eの日本国際協会和歌山支部会報"La Suno"を創刊し、海外へも送付。39年まで9号発行して、日本の立場を擁護しつつ、平和を訴求。39年第27回JK(大阪)で特別講演。著「国際協会和歌山支部よりE文雑誌刊行さる」(RO 1934.11)、南方熊楠編、長谷川興蔵・小笠原謙三共編『竹馬の友へ—小笠原誉至夫宛書簡』(八坂書房、1993)、『近代日本社会運動史人物大事典』、『和歌山とE』。

岡島寛一 | おかじま かんいち
1901.2.25~1990.8.27

熊本/熊本医専(1923)/医学博士。熊本市立熊本産院、熊本短大などに勤務。1921年10月JEI入会。著『戦閑雑記』(有信社、1942)、『婦人科医のうきよ随筆』(風間書房、1955)。

岡田家武 | おかだ いえたけ | 1904.1.3~1970.9

東京/一高(1923)、東大(1926)/中国名馬謝民、馬植夫/理学博士。1931~45年上海自然科学研究所所員。中国では中国人として中国人社会で暮らし、第2次上海事変の際も研究所に避難せず。戦後、ほかの所員が帰国するなか、妻とともに四川省成都へ入り、華西大学教授。文化大革命が始まるやスパイ容疑で逮捕され獄死。清水一と一高理科甲類の同期。20年9月JEI入会。著『地球科学』(岩波書店、1930)。参小玉数信『岡田家武先生』(私家版、1981)。

岡田栄吉 | おかだ えいきち
1872.5.4(明治5.3.27)~1916.10.3

東京/第一高等中(1894)、東大/医学博士。神経系病学者。1903~04年独、オーストリア、仏へ私費留学。06年JEA入会(会員番号155)。著メーリング編『内科全書』全7巻(共訳、南江堂、1903~04)、『内科学纂録』(南江堂、1911)。

岡田幸一 | おかだ こういち
1905.6.7~1990.5.21

京都/京都一中(1922)、三高(1925)、京大(1928)/英文学者。朝永振一郎と京都一中の同期。柴田実、林稲苗と三高文科甲類の同期。大学在学中の1927年、英語教諭として母校京都一中に赴任し、56年まで同校、後身の洛北高に勤務。教頭を最後に退職後、大阪府大、京都外大、立命館大各教授など。22年三高入学後、同校E会に参加。JEI会員。著『近英詩選』(共編、あぼろん社、1960)、『ゴウルドン・ブック』(共編、同、1962)。参「三高E会小史」、片岡宏「岡田幸一先生の追憶」(『あかね』45、京一中洛北高同窓会、2007)。

尾形昭二 | おがた しょうじ
1901.2.28~1967.3.14

京都/京都一中、三高(1921)、東大(1924)/フランス、ソ連勤務をへて、1936年より満洲国在勤、総務庁、大使館各参事官など。61~65年日本平和委員会理事長、65年日ソ交流協会常務理事。E学習歴は不明。56年日本E運動50周年記念に際しJEI賛助会員。著『ソ連二十話』(生活社、1948)、『ソ連外交の三十年』(風土社、1949)。

岡田信次 | おかだ しんじ
1898.12.13~1986.3.22

東京/八高(1920)、京大(1923)/国府津保線事務所長などをへて、1945~48年運輸省施設局長。のち小田急、京王帝都各顧問をへて、50~56年参院議員、62年攻玉社短大学長など。京大在学中にJEI入会。著『鉄道保線読本』(鉄道之日本社、1932)、『鉄道工学』(森北出版、1951)。

岡田泰平 | おかだ たいへい
1915.2.1~2001.7.15

高知/三洋電機を定年退職後、63歳からE学習。ハムの資格を取得しEで交信。1978年JEI入会。『高知新聞』夕刊の「伝言板」で毎月E学習を呼びかけた。2000年E関係蔵書を高知E会へ寄贈。参「ゆうゆう人生、

Eを習う」(『高知新聞』1986.11.20), 池上駿「岡田泰平さんをしのぶ」(RO 2001.12). 協池上駿.

岡田千里 | おかだ ちさと？ | ？~？

下富良野高女教諭, 1933年小樽高女へ. 34年辞職し, 上京して会社勤務. 富良野E会長. 30年EPA北海本部主催のE講習で講師.

岡田敏郎 | おかだ としろう
1905.4.21~1988.1.29

和歌山/早大(1930)/日商岩井副社長, 佐世保重工業社長を歴任した岡田達郎の父. 北樺太石油などをへて, 東興商会に入り, 1965年社長. 早大商学部在学中にJEI入会.

緒方富雄 | おがた とみお | 1901.11.3~1989.3.31

大阪/天王寺中, 神戸一中(1920), 三高(1922), 東大(1926)/医学博士. 血清学者, 医史学者. 緒方知三郎の甥. 青木一郎, 清川安彦らと神戸一中の同期. 中川純一と三高理科乙類の同期. 1934~35年米国留学. 東大教授, 蘭学資料研究会長など. 三高在学中に同校E会で活動. 20年11月JEI入会. 東大在学中は医学論文や知三郎の論文をE訳し, 村田正太の校閲を受けて印刷. JEMA会員. 著『緒方洪庵伝』(岩波書店, 1942)ほか多数. 参戸田清「緒方富雄先生とE」(『日本医史学雑誌』36:2, 1990), 常石敬一『医学者たちの組織犯罪』(朝日新聞社, 1994), 『現代日本朝日人物事典』. 協三浦伸夫.

緒方知三郎 | おがた ともさぶろう
1883.1.31~1973.8.25

東京/天王寺中, 三高(1903), 東大(1908)/病理学者. 医学博士. 緒方洪庵の係, 緒方富雄の叔父. 1910~13年ドイツ留学. 東大教授, 東京医専校長など. 57年文化勲章. 内藤記念くすり博物館(岐阜県各務原市)に緒方長寿文庫. 21年岡本好次, 植田高三が東大で開いた初等E講習会に参加. 24年1月29日西成甫らとHipokratida Klubo結成. 25年第4回極東熱帯病学会(東京)において村田正太とEで学術講演. 26年JEMA結成に参画し初代会頭. 同年JEI評議員. 56年日本E運動50周年記念に際しJEI賛助会員. 著『一筋の道』(東京出版, 1947)ほか多数. E関係に'Problemo pri la avitaminozo'(IMR 1927.4)など. 参「緒方博士が大毎東日賞をE-isto医学協会に寄附」(『大阪毎日』1926.5.20), 「故緒方知三郎先生 肖像・略歴」(『日本老年医学会雑誌』10:5, 1973), 『緒方知三郎先生追想録』(緒方奇術記念刊行会, 1975), 『現代日本朝日人物事典』.

岡田逸雄 | おかだ はやお | 1896~1980

高知/同志社大(1925)/旧名有時, 筆名有対(ありとも, うつい)/学生時代, アナキズム運動に参加. 大卒後, 城東商(高知)教員. その後大阪に出たが, 戦災に遭い再び故郷へ. 戦後は第一生命保険高知支社をへて, 高知工高教員. カナモジ論者. 1925年城東商で開かれたE講習に参加後, 直ちに各地で講習会開催. 31年1月12日高知金曜会(同年4月高知E倶楽部と改称)を組織し会長. 同年12月5日高知E倶楽部の機関誌"El Sudo"創刊. 49年高知E会設立. 50年高知でザメンホフ会設立. 著'Kōti E-kai no keikwa'("El Sudo" 1, 高知E倶楽部, 1931), 'Pri silabigoj de Japana lingvo per romliteroj'(同3, 1933). 参小柳津恒『戦時下一教師の獄中記』(未來社, 1991), 『日本アナキズム運動人名事典』. 協岡田泰平.

岡田実 | おかだ みのる | 1906.2.11~1994.11.24

長崎/大阪外語(1927)/ハルビンの商品陳列館に2年間勤務後, 陸軍通訳官. ノモンハン事件の休戦協定で関東軍司令官の通訳として, また日ソ休戦協定では日本政府代表朝鮮軍司令官の通訳として参加. 戦後, ソ連に抑留されたが脱走, 1945年10月引き揚げ後, 米軍キャンプの通訳に. 佐世保中在学中の22年石黒修の講演に感動してE学習. 23年佐世保E会主催の講習会に参加. 24年11月14日JEI大阪支部と国際連盟協会大阪支部共催の平和記念講演合唱大会において, 国際連盟E語研究部代表とし

Eで「Eの使命」を演説。JEI会員。[著]'Morto de E-isto marsoldato Aoki'(RO 1923.3)。[参]石黒修「E六十年　29」(ES 1980.3)。[図]津和崎高広。

岡田要|おかだ よう|1891.8.11～1973.12.26

兵庫／八高(1915)、東大(1918)／理学博士。京大、東大各教授、国立博物館長など。1921年10月JEI入会。[著]『メスとオス』(光文社, 1956)ほか多数。[参]『現代日本朝日人物事典』。

岡田よし|おかだ よし|1896～1962.1.24

東京府立第一高女／旧名太田良子、別名よ志、与志／世界救世教始祖岡田茂吉(1882～1955)の妻。1955年茂吉の死去に伴い2代教主。E学習を教団の幹部、信徒らに推奨し、61年5月世界救世教E会を発会させ、名誉会長。発会式でEで挨拶。[著]『歌集　真珠玉』(熱海商事, 1972)。

岡野福太郎|おかの ふくたろう|1904.12.6～1979以降

神奈川／東京美校／教員。1922年初等E講習会に参加し、50年再学習。53年5月JEI入会。60年12月湘南E会結成。67年JEI藤沢支部代表。[著]横光利一'Muŝo〔蠅〕'(宮本正男・石黒彰彦編"El japana literaturo" JEI, 1965)。[参]"Japanaj E-istoj"。

岡林真冬|おかばやし まふゆ|1876.1.30～1948.9.1

高知／医術開業試験(1899)／本名寅松／1905年より海民病院(神戸)に勤務。幸徳秋水、堺利彦の『平民新聞』に呼応して結成された神戸平民倶楽部の中心。11年大逆事件で皇太子暗殺計画の賛同者として死刑判決(翌日、無期に減刑)。31年仮出獄。出獄後、ローマ字運動に参加。39年第27回JK(大阪)に参加。戦後、JEI入会。[参]『日本アナキズム運動人名事典』、『解放のいしずえ』、『近代日本社会運動史人物大事典』。

岡村馨|おかむら かおる|？～1985以降

東京／東大(1926)／造幣局作業部勲章製作場長、東京出張所長、作業部長など。20年代後半JEI入会。

岡村粂一|おかむら くめいち|1900～1976.7

愛知／大連商(1918)／1918年横浜正金銀行に入り、天津支店支配人代理など。漢口支店在勤中の29年頃JEI入会。漢口E協会に参加した唯一の日本人。32年サンフランシスコへ転勤後、Eと疎遠に。[参]「隣邦支那の近況」(RO 1931.1)、徳田六郎「武漢E会と岡村粂一」(VS 1982.5)。

岡本和夫|おかもと かずお|1902～1989以降

徳島／大阪外語(1926)／神戸の移民関係の会社に勤務。戦後、徳島に戻り、徳島工高などの教諭。大阪外語仏語科在学中、同期の伊東三郎にEを習い、JEI入会。1958年2月徳島E会初代会長。徳田六郎と親交。モラエスの"O "Bon-odori" em Tokushima"(徳島の盆踊り)のE訳に取り組んでいたが未刊。[著]「エドモン・ローラン先生とわたくし」(『きんきら50年―大阪外国語大学同窓会50周年記念誌』1972)、ジョルヂェ・ディアス『悲しい蜃気楼であったヴェンセスラウ・デ・モラエスの東方への夢』(教育出版センター, 1984)。[参]『神戸のE』。

岡本千万太郎|おかもと ちまたろう|1902～1978

松山高／1928年横須賀市立高女国語教師をへて、43年まで国際学友会で主任教授として日本語教育に従事。国語改革論者で漢字制限や表音式仮名遣い、左縦書きなどを提唱して、外国人も含めた誰にでもわかりやすい日本語を理想とした。松山高在学時に石黒修の講習を聴講。『国語観』で「「日本ではよい日本語、国際的にはよい国際語」を理想とする。その国際語としては今のところEを推す」と。[著]『国語観―新日本語の建設』(白水社, 1939)ほか。[参]石黒修「国語観―国際語観　岡本千万太郎氏の新著について」

111

(RO 1939.11), 河路由佳『日本語教育と戦争―「国際文化事業」の理想と変容』(新曜社, 2011).

岡本唐貴｜おかもと とうき
1903.12.3～1986.3.28

岡山/東京美校(1923中退)/本名登喜男, 別名近峰須多二/洋画家. 漫画家白土三平の父. 小林多喜二のデスマスクを作製. 東京都現代美術館に岡本文庫. E学習歴は不明. 1959年ザメンホフ百年祭賛助員. 兄弥寿夫はJEI会員で, 大阪朝日新聞社神戸支局に勤務してE関連記事をよく同紙上に載せたほか, PEU神戸支部準備会にも参加. 〖著〗『新しい美術とレアリズムの問題』(国際書院, 1933), 『岡本唐貴自伝的回想画集』(東峰書房, 1983). 〖参〗倉敷市立美術館編『尖端に立つ男岡本唐貴とその時代』(倉敷市立美術館, 2001), 『現代日本朝日人物事典』.

岡本博之｜おかもと ひろゆき｜1909.1.7～2002

愛知/東北大(1931)/マルクス主義経済学者. シベリア抑留から帰国後, 大阪商大, 大阪市大各教授. 2000年日本共産党名誉役員. 16歳の時, E訳『共産党宣言』を読んで人生観が変わったと. SAT会員. 〖著〗『平和的共存の理論』(創元社, 1953), 『二つの戦線でのたたかい』(新日本出版社, 1967). 〖参〗「幹部の横顔」(『赤旗』1970.4.28), 林直道「岡本博之先生を偲んで」(『経済』新日本出版社, 83, 2002).

岡本義雄｜おかもと よしお
1906.1.19～2005.6.2

北海道/札幌師範/教員生活38年余, 滝川市教育委員会で行政職10年半. 1929年7月JEIに入り, 最期まで会員. 戦後直ちに今官之助, 新田を男らと由仁E会を再建. 新田, 児玉広夫らと学習会を開催. JELE会員. 〖著〗「書籍店利用法」(RO 1930.8), 「ただ恐縮するのみです」(LE 1969.10), 「忘れられぬこと」(RO 1982.6). 〖参〗『改訂版・北海道E運動史』.

岡本好次｜おかもと よしつぐ
1900.3.3～1956.3.13

三重/上野中, 三高(1921), 東大医学部薬学科(1924), 同文学部(1927)/JEIに長く勤務し, 出版部確立や事務所建設など体制の強化に努力し, 「JEI育ての親」の異名をとる. 自ら「学会第一主義」を標榜. E和, 和Eの辞書のほか, 多くの語学書も著した. 三高在学中の1919年頃植田高三の勧めで八木日出雄の講習会に参加. 薬学科在学中にHermesa Rondeto創立に尽力. 20年5月JEI入会, 21年委員. 23年E宣伝隊に加わり佐々木孝丸, 石黒修らと東北・北海道宣伝旅行. 23～32年JEI評議員. 24年1月29日Hipokratida Klubo結成に参加. 同年薬学科卒業後, Eの研究のため文学部に再入学し言語学専攻. 27年大卒後, 豊山中教諭. 在学中から就職後も, JEIの業務に従事し, RO編集や和E辞典編集, 出版の企画などに尽力し, 本郷に事務所を建設することを提起. 32年3月E運動に専念するため教職を辞してJEI書記長に. 33年川崎直一とともにE言語委員会委員(のちEアカデミー会員). 34年JEI常任書記長. 36年第24回JK(札幌)に合わせて, JEI特使として北海道と東北のE会を巡遊. 37年4月JEI書記長を辞し, 朝鮮に渡って京城師範教諭となり, 41年京城法学専門学校教授. 当初は朝鮮語を学問的な態度で追究して総督府から忌避されたとされるが, のちには同化主義の立場から発言. 43年学内紛争に際して校長に抗して朝鮮人学生側に味方し, 辞職して帰郷. 朝鮮E運動史において, 朝鮮の国語審議会委員として朝鮮語抹殺政策に公開の席上抗議した唯一の日本人とされることがあるが, 訛伝であろう. 戦後は津工業高教諭をへて, 48年上野南, 49年名張各高校長. JEI終身会員, JEMA, JELE各会員など. 56年3月JEIで思い出を語る会. 50周年記念第43回JK(東京)で表彰. 名張高に建てられた顕彰碑には"Unu Tero Unu Mondo"と. 蔵書は妻愛子(1974年没)と子信弘(Novfilo「新しい息子」から)によりJEIに寄贈. 〖著〗「Eの現在」(『国際知識』1924.1), 『E発音研究』(JEI, 1925), 'Japana mito laŭ Kojiki'(RO 1925.8～9), 『新撰E和辞典』(JEI,

1926), JEI編『E初等講座』(JEI, 1927), 同『ラジオE語講座テキスト』(日本放送協会関東支部, 1927),『E中等読本』(小坂狷二, 大井学と共編, JEI, 1928), "La Apoteozo de la Dioj: Ebisu kaj Daikoku〔恵比寿大黒二神奉詞〕" (福田良太郎と共訳, 福田良太郎, 1928), JEI編輯部『E短期講習書』(JEI, 1928), 同『E講座』(同, 1928), ザメンホフ『リングヴァイ・レスポンドイ〔Lingvaj Respondoj〕』(JEI, 1929),「Z博士の手紙より」(RO 1929.10〜11),『日本薬局方E・羅・日・独・英・仏薬品名彙』(波多野正信・福富義雄・三雲隆三郎・山田武一と共編, 南江堂書店, 1930),『独修E』(板橋鴻と共著, 岡崎屋書店, 1931), 'Budao, Budeo, Buddo, Budho aŭ Budhao?' (RO 1932.1〜2), JEI『新撰E和辞典補遺』(JEI, 1933),「Eは最も優れた国際語であるか」(RO 1934.1),『新撰和E辞典』(JEI, 1935), E仏教文化会「Darmo, Radoturna Sutro kaj aliaj〔転法輪経その他〕」(竹内藤吉と共訳, 竹内藤吉, 1936),「北海道及東北の同志を訪ねて」(RO 1936.9), 'Vandalisma ŝtormo tra Germanujo' (RO 1936.9),「学会第一主義を持して」(RO 1937.1〜4), 橋本進吉 'Studoj kaj verkoj pri la japana lingvo faritaj de eŭropanoj〔『日本文学大辞典』〕' (RO 1937.11),「朝鮮人の朝鮮語および国語の発音比較研究(第1報) 破裂音の有声・無声・有気について」(『日本学術協会報告』16:2, 1941),「朝鮮における国語普及」(『コトバ』5:4, 1943),「E言語学序説」(大阪E文庫, 1948; 第2版 JELK, 1992),「千布文法と小坂文法」(RO 1948.11〜12),『新撰E文法講座』(大阪E文庫, 1949),「わがE生活30年」(RO 1950.7〜12),「45年前の芽生」(RO 1948.10),「ガントレット氏とマッケンジー氏」(RO 1956.4),「浅田栄次氏の遺品から」(RO 1956.8). 參 小坂狷二 'Dankojn al S-ro Okamoto' (RO 1937.5), 同「岡本君の面影」(LM 1956.4), RO 1956.5, 由比忠之進「岡本さんの一面」(LM 1956.6), 生田利幸「E運動の恩人」(『E運動』E運動塾, 3, 1975.11), 金三守『韓国エスペラント運動史』(淑明女子大学校, 1976), 宮本正男「岡本好次のことなど」(LM 1977.5), 城内忠一郎「誰が朝鮮語を守ろうとしたか」(RO 1982.5), 松原八郎「岡本好次さんと奥さんの思い出」(ES 1986.12), 岡本信弘「父岡本好次のこと」(岡本好次「E言語学序説」JELK, 1992), 蒲豊彦「韓国と日本人E-isto」(LM 2005.5),『三高E会小史』,『近代日本社会運動史人物大事典』, イ・チョンヨン『한국에스페란토운동80년사』(KEA, 2003). 圖 蒲豊彦.

岡本利吉 | おかもと りきち
1885.12.25〜1963.10.14

高知/東京郵便電信学校(1906)/別名普意識/消費組合運動の先駆者。1928年静岡県富岡村(現裾野市)に農村青年共働学校を開き, 学生へのE教育と自著のE訳のため中垣虎児郎を毎年招聘。33年11月横浜E協会の遠足で十数名が訪問。58年独自の世界語案「ボアーボム(BABM)」を完成。SAT, JEI 各会員など。圖 中垣虎児郎訳 "Evangelio de belismo" 全9巻(美教共働農園, 1929〜33),「世界語ボアーボムが生れるまで」(『日本及日本人』1959.12),『世界語ボアーボム』(民生館, 1960),『世界語学論』(同, 1964)ほか多数。參『人間理学』のE訳完成」(RO 1933.8), 角石寿一「先駆者普意識・岡本利吉の生涯」(民生館, 1977),『現代日本朝日人物事典』,『近代日本社会運動史人物大事典』,『日本アナキズム運動人名事典』. 圖 三ッ石清.

小川梅吉 | おがわ うめきち | 1894〜1950

神奈川/逗子開成中, 鎌倉師範/横須賀の田浦小, 鶴久保小各校長など。Eは, 鎌倉師範在学中の1913年横須賀の講習会で小坂狷二に学び, JEA入会(会員番号1030)。私立湘南義塾でEを教授。大橋宇之吉の弟衛とは逗子開成中時代からの親友。長女をEのシンボルカラーから「みどり」と命名。横須賀E協会長, JEI会員など。圖 大石みどり, 松葉菊延.

小川久三郎 | おがわ きゅうざぶろう
1905〜1940以降

岩手/盛岡商, 福島高商, 東北大(1933)/筆名小川久朗/盛岡商を出て, 水沢尋常小(岩手)の訓導に。同校在勤時JEIに加わり, 1925〜26年水沢町, 前沢町などでE講習。25年8月Eskulapida KluboのE-a hejmo(千葉県勝浦)に参加。この頃, 金野細雨とEの学習に励む。のち福島高商へ進み, 福島

高等小の教諭となったが,さらに東北大へ進学。30年シェーラーの講演旅行に際して,仙台から盛岡まで同行して,盛岡で講演の通訳。哲学科を卒業後は三条中,柏崎商などで教鞭を執る。自著『生活創造への哲学』で数十ページにわたりEの問題に論及。🖊『宗教の幻想性を語る』(『赤い実』5:11,あかしや社,1928),『生活創造への哲学』(第一書房,1937)。🔖『内地報道』(RO 1926.5),シェーラー「北日本の同志と私」(『河北新報』1930.11.25),ME 1990.10,ナガイショーゾー「わたしのなかの「先生」」(椋鳩十他『心に残る教師のこと』明治図書,1973)。

小川清一 | おがわ せいいち | 1913～1989.11.25

山口/東大(1938)/三菱電機伊丹製作所技術部次長,電鉄製造部長などをへて,日本電気工業会へ。のち幾徳工大に勤務。20歳頃E学習。1948年三菱電機伊丹製作所にE会設立。50年1月JEI入会。同年7月山田隆雄と西宮E会を設立し代表。51年3月～55年3月LMの名目上の初代編集長。日本電気工業会に移ってからは相模原にE運動を興す。KLEG副委員長,副会長など。墓碑には"BONVOLE DORMU TRANKVILE"と。🖊'Rakonto de cervido'(LM 1956.1),「Eの雑誌を読もう！」(LM 1957.10),「パリだより」(LM 1958.9)。🔖PO 1990.2,小野昭美「墓碑銘にE」(LM 1990.4)。

小川鼎三 | おがわ ていぞう | 1901.4.14～1984.4.29

大分/三高(1922),東大(1926)/旧姓井坂/医学博士。異名「クジラ博士」。東大名誉教授。1951年日本学士院賞。西成甫と懇意で,Eを支持。66年11月27日東海林信行・小宮敬子の結婚式の媒酌人。🖊『医学の歴史』(中央公論社,1964)ほか多数。🔖『現代日本朝日人物事典』。🎤東海林敬子。

小川長松 | おがわ ながまつ | 1900～1980.11.28

岡山/岡山工/東京で臨時国勢調査会に勤め,帰郷後は岡山市役所,岡山県庁をへて,観光事業へ。Eは,在京中の1921年2月10日,成田重郎の初等講習で初めて学び,同月28日,小坂狷二の講習にも参加。初期SAT会員として大栗清実,伊東三郎と岡山の進歩的E運動の基礎を築く。32年岡山E倶楽部設立に参画し幹事。戦後も後進の運動を援助。68年蔵書を岡山E会へ。娘を留美(lumi「光る」から)と命名。没後,残りの蔵書は岡一太へ。🔖岡一太「小川長松さんを偲んで」(RO 1981.2),同「世代の交替」(ES 1982.6),『岡山のE』。🎤岡一太。

小川広司 | おがわ ひろし | 1918～2002.10.4

長野県で小学校教諭。1977年退職後,煙草,茶などの小売業。59年映画「ジャン・有馬の襲撃」を見たのがきっかけでEを学び,7月JEI入会。72年3月27日伊那E会結成。78年UEAデレギート(駒ヶ根)に。同年伊那および周辺地域でのE普及活動により第8回白木賞。JELE会員。🖊「地方の創立と充実」(LM 1978.12),「ザメンホフの診から」(『長野E会会報』20,1979.12)。🔖'Jen ŝi, jen li'(LM 1977.1),「E普及で『白木賞』」(『信濃毎日新聞』1978.8.19),山崎基弘「小川広司さんに白木記念賞」(『長野E会会報』13,1978.10)。

小川政恭 | おがわ まさただ | 1908.4.7～1995.10.16

福岡/五高(1928),京大/ギリシャ古典文学研究家。神戸大名誉教授。細菌学者小川政修の次男。椙山女学園大学長小川政禧(1906～1998)の弟。キリスト者。1985年6月芦屋E会に入ってE学習。阪神地方の有志によって毎月開かれた「Eでイーリアスを読む会」の講師。90年第38回関西大会(京都)の分科会で講義。91年JEI入会。95年8月高齢のため芦屋E会退会。🖊ホメロス『ホメロスの讃歌集』(生活社,1948),ヒポクラテス『古い医術について』(岩波書店,1963)。E関係に「E訳のホメーロス」(LM 1986.4),「非核平和都市宣言」(LJ 1989.1),「Eはやっぱりやさしい」(RO 1992.8)など。🔖「イーリアスの講読に参加しませんか」(LM 1989.12),井上由美子「小川政恭先生の思い出」(LM 1995.12)。

小川芳男 |おがわ よしお
1908.10.15～1990.7.31

岡山/東京外語(1931)/別名吉岡勇/戦後の日本の英語教育界を主導。東京外大、神田外大各学長など。1945年12月から1年間JEI評議員。著『英語交遊録』(三省堂, 1983)ほか, 文法書, 辞書類など多数。E関係に「会員の声」(RO 1945.10)。参『神田外国語大学紀要』4, 1992,『現代日本朝日人物事典』。

小河原幸夫 |おがわら さちお|1905頃～1933以降

神奈川/國學院大(1929)/宮城音弥のいとこ。松葉菊延の親友で, 中学時代からEが堪能。1923年知里幸恵『アイヌ神謡集』が出版されるや, 松葉にE訳を勧める。25年6月より國學院大でE講習。27年日本子供新聞に入り, 同紙のE版の発行をしたほか, 子供向けE講座も連載。28年5月25日, 自由E倶楽部結成に際し, 秋田雨雀, 石黒修, 比嘉春潮, 大田黒年男とともに幹事に。29年渡米し, ミネアポリスでE-istoと交流。著'Kantetoj'(RO 1923.6), 'Verda stelo regajnita en Usono' (RO 1930.7)。参「日本子供新聞へE語版」(RO 1927.5), 松葉菊延「アイヌ神謡集と私」(知里幸恵『アイヌ神謡集』北海道E連盟, 1979), 同「『ユーカラ』のE訳と小河原幸夫君のこと」(ES 1980.6)。

沖中重雄 |おきなか しげお
1902.10.8～1992.4.20

石川/第二横浜中, 一高(1924), 東大(1928)/旧姓太田/医学博士。異名「内科の神様」。1931年欧米留学。東大名誉教授, 虎の門病院長など。丘英通, 斎藤力と一高理科乙類の同期。東大在学中にJEI, JEMAに参加。著『私の履歴書』(日本経済新聞社, 1971)ほか多数。参『我が師 沖中重雄先生』(東大医学部第三内科同窓会, 1994),『現代日本朝日人物事典』。

荻原孝徳 |おぎはら こうとく
1905.2.16～1991.4.20

山梨/慶大/内科医。甲府の鉄道診療所長などをへて, 1952年上京後, 田園調布に開業。23年E学習。慶大E会に入り, 28年6月第1回東都医学生E雄弁大会で「あこがれは美し」を演説。同年12月東京学生E-isto連盟結成に参加。29年JEI入会。42年JEI研究発表会で「Eにおける補助アクセントの研究」を報告。48年2月15日市川重一, 八代英蔵, 荻原克己らと山梨E会を設立し初代会長となり, 50年5月より機関誌"La Suno"発行。JEI終身会員, JEMA会員など。著「Eにおける flanka akcento の研究」(RO 1943.1),「福田正男氏を思う」(SAM 1989.4)。参"Japanaj E-istoj",『山梨とE』。協荻原克己, 田中良克。

興村禎吉 |おきむら ていきち|1905～1971

北海道/北大(1924)/大卒後, アルゼンチンへ渡り, 在アルゼンチン日本公使館嘱託など。ブエノスアイレスで客死。1920年11月JEIに入り, 札幌E研究会で熱心に活動。渥美樟雄にEを手ほどき。JEMA会員。著『アルゼンティンの農業』(成美堂書店, 1930), ホセ・エルナンデス『マルティン・フィエロ』(協同組合通信社, 1962), リカルド・グイラルデス『ドン・セグンド・ソンブラ』(同刊行委員会, 1974)。参渥美樟雄「ミチューリンを初めて紹介」(RO 1969.8),『改訂版・北海道E運動史』。

小串孝治 |おぐし こうじ|1896.7.2～1978.11.5

大分/五高(1917), 九大(1920)/工学博士。1939年北大教授, のち北見工大教授。九大講師時代の21年10月JEI入会。著『電線及電纜』(オーム社, 1929),『送電配電』(共著, 同, 1930)。

奥田克己 |おくだ かつみ
1898.11.20～1981.8.24

広島/六高(1919), 九大(1922)/工学博士。1925年三菱造船に入り, 57年技術部長, 61年常務, のち明星大教授。29年頃JEI入会。著『最新材料力学』(日刊工業新聞社, 1967),『科学の限界と日本の教学』(時事通信社, 1970)。

奥田美穂｜おくだ よしほ｜1909.5.24～1985.6.12

長野/飯田中(1927)、長野師範二部/教員、アララギ派歌人。長野の上郷小、本郷小などに勤務。飯田中(長野)在学中より社会主義に関心を寄せ、本郷小在勤時の1932年新興教育研究所長野支部、日本一般使用人組合教育労働部長野支部に加入。33年二・四事件(長野県教員赤化事件)で検挙され、懲戒免職。その後上京して『教育週報』記者。戦後、東京保健生活協同組合理事など。戦前Eを学び、35～36年川上潔にEを指導したとされる。［著］『絵の記録』(新光閣書店、1962)、遺稿刊行委員会編『生活と歌』(奥田貢穂、1986)。［参］久保田正文他「奥田美穂さんをしのんで」(『月刊社会教育』国土社、29：8、1985)、『近代日本社会運動史人物大事典』、川上徹『アカ』(筑摩書房、2002)。

奥平光｜おくだいら あきら｜1901.3.24～1985.3.11

愛知/パルモア英語学校(神戸)/別名団義秋/日吉フミの夫。1918年チャータード銀行(神戸)に就職。19年Eを独習。22年YMCAの後援で神戸初のE普及宣伝講演会を土谷壮一とともに開催。神戸の第2次Eブームの火付け役。23年神戸E社交会(Kobe Parolrondo E-a)を作り、ブレールスフォードらとも協力して在住外国人を多く集める。24年以降E界と疎遠に。はじめネッスルに、戦後は総合商社兼松に勤務し、のち純英国風のパブThe King's Armsを経営。実務英語関係書を多数著述。JEI会員。娘をルミ(lumi「光る」から)と命名。［著］『英語街の漫歩』正続(研究社、1956～59)、『ろんどん横丁』(同、1961)など。［参］鈴置二郎編「神戸の戦前のE界を語る」(LJ 1989.4)、峰芳隆「種をまいた人びと　2」(RO 2013.2)。［協］甲斐ルミ、鈴置二郎。

奥宮衛｜おくのみや まもる｜1860.11.19(万延1.10.7)～1933.1.7

高知/海兵(1883)/海軍少将。日清戦争に防護巡洋艦厳島、海防艦高雄各分隊長として出征。日露戦争に戦艦扶桑艦長として従軍、ついで海防艦松島艦長として日本海海戦を戦う。従兄奥宮健之(1857～1911)が大逆事件に連座したことが原因で軍を退く。1917年横須賀市長、27年逗子開成中校長。熱烈なE支持者で、横須賀E協会名誉会頭。22年横須賀市内の小学校に対し、市長としてEを随意科目として課することについて諮問。25年11月8日横須賀市での講演会で、前市長として「Eの使徒日本」を講演。妹の加寿(1874～1945)は07～29年雑司ヶ谷で日本少年寮を経営し、寮の「ルリロ音楽部」では小野アンナがバイオリンを教え、「ルリロ語学部」では小野俊一、近三四二郎、小林英夫らがEを指導。寮生には小林、吉岡俊亮・力兄弟、宮下義信、近のほか、作家福永武彦(1918～1979)、信州大学長伊藤武男(1893～1976)、北海道長官坂千秋(1895～1959)、ヤマサ醤油社長浜口勉太(1903～1987、11代目浜口儀兵衛)なども。［参］「寄宿舎として理想的な日本少年寮十五周年」(『読売新聞』、1922.11.14)、RO 1926.3、大橋卯之吉「Eと横須賀」(『横須賀文化協会会報』3、1958)、吉岡俊亮「少年寮時代の小林君」(『小林英夫著作集　月報』みすず書房、7、1977)、小林英夫「宮下さんのおもかげ」(『小林英夫著作集』10、同、1977)、同「近さんという人」(同)、大久保朝子編『祖父奥宮衛』(飛鳥出版室、2005)。

小熊鋏一｜おぐま えいいち｜1930.11.3～2002.6.17

新潟/新潟大(1953)/1953年保安隊に入り、82年陸上自衛隊を退官後、96年まで小熊勇商店に勤務。Eは、51年学習後、37年間のブランクをへて再学習。89年JEI入会。札幌E会員。［著］'E por japanoj'(HEL 1992.11～12)、「シャローム！　イスラエル」(LSP 2000.9)。［参］HEL 2002.9。［協］星田淳。

奥村勝蔵｜おくむら かつぞう｜1903.8.7～1975.9.26

岡山/天王寺中(1920)、三高(1923)、東大(1926)/外交官。亀村耕司、楠瀬熊彦と三高文科甲類の同期。太平洋戦争開戦時に在ワシントン日本大使館一等書記官として日

米交渉打ち切り通告文のタイプ打ちを担当、伝達の遅延に関与。戦後、昭和天皇・マッカーサー会談を2度通訳。1952年外務事務次官、57年スイス大使。三高E会に属し、『日本語E小辞典』編纂に参加。1921年JEI入会。📖『日本語E小辞典』(八木日出雄・桜田一郎・安田勇吉と共編、カニヤ書店、1922)。📎井田武夫『開戦神話 対米通告はなぜ遅れたのか』(中央公論新社、2008)、『現代日本朝日人物事典』。

奥村林蔵 | おくむら りんぞう
1912.4.13～2000.8.18

大阪/生野中(1930)、大阪高(1931中退)、広島高師(1937)/筆名真須子、H. M. Faritarte、今川美代子、大垣藤江、大籬藤江、橋田信之/数学教師。1936年1月徴兵、37年1月右眼失明で陸軍自動車学校練習隊を除隊。同年大垣高女へ赴任、半年後召で満洲へ。40年10月除隊後、大垣高女へ戻り、43年富田林中教諭、44～48年生野高女、48～85年生野高に奉職、85年4月より1年間同校で非常勤講師。丸山丈作に私淑。Eは、生野中5年の29年希望社の『光と声』で独習中、JEI入会。30年夏、大阪E会の講習会で進藤静太郎、大崎和夫の指導を受ける。31年3月大阪高中退後、受験勉強中もEに熱中、その夏大阪E会に加入。32年広島高師入学後、広島E会幹事として37年まで活躍。33年1月UEA入会。34年と35年の夏小笠原誉主夫の招きで和歌山の吹上小学校でEを教授、和歌山E運動の濫觴に。48～86年顧問として母校生野高E部を指導、文通を奨励し、松田克進(かつのり)ら多くのE-istoを育成。全日本高校E連盟の創立者。74年多年の生野高Eクラブへの献身的な指導が評価され、同連盟より表彰。晩年は生野、平野、岸和田などの民話、昔話のE訳に取り組んだ。五七五のリズムをモーラで数えるhajkoを提唱し、実作。UEAデレギート(教育)、JELE会員など。妹絹江も西村幸子の指導でE学習。📖「私の高校E運動」(LM 1965.7～11)、「E教員免許状」(LM 1968.4)、「E教員免許状の終末」(LM 1968.6)、「大阪での私のE活動」『大阪E運動史 Ⅲ』)、「学校のE活動」(LM 1980.4)、"Guto da Roso"(私家版、1980)、「必修クラブのNud-pieda Gen」(LM 1983.6)、堀井守三編 "Historiaj popol-rakontoj de Ikuno〔生野の民話〕"(私家版、1990)、"Distraj legendoj de Hirano"(編訳、私家版、1992)、「わたしの出した1冊のほん」(RO 1993.4)、「64人の鉄砲玉」(LM 1994.11)、"Guto da roso, la dua"(私家版、1996)、「わたしの出した1冊のほん」(RO 1997.11)、"Folkloroj de Kišiŭada"(編訳、私家版、1998)、「わたしの出した1冊のほん」(RO 1999.11)。📎『日本のE-isto名鑑』、「奥村林蔵さん『生野の民話』を翻訳」(『朝日新聞』大阪版 1990.9.10)、松田克進「おくりん先生、ありがとうございました」(LM 2000.10)、前田米美「奥村林蔵先生への追悼」(RO 2000.11)。📷饗庭三泰。

奥山才次郎 | おくやま さいじろう
1907.5.22～1979以降

大分/三高(1929)、京大(1933)/桑原利秀と三高理科甲類の同期。小野田セメント技術部次長、小野田レミコン常務、国際コンクリート常務など。学生時代より熱心なローマ字論者。1926年Eを学び、JEI入会。三高E会に属し、28年4月より昼休みを利用して三高生にE指導。三高E会の機関誌"Libero"に寄稿。京大E会員。📎『三高E会小史』。

小倉金悦郎 | おぐら かねえつろう
1891.8.17～1945以降

茨城/二高(1913)、東大(1917)/三井慈善病院、日本赤十字社鳥取支部病院などをへて、1926年茨城県布川町に小倉医院開業、35年4月～45年12月同院長。JEA会員(会員番号1058)。15年11月5日黒板勝美、小坂狷二、浅井恵倫、杉山隆治、伊藤徳之助らとともに東大E会結成。24年鳥取E会結成。26年JEMA創立後、鳥取県支部幹事に。JEI会員。📎RO 1924.4。📷茨城県立図書館。

小倉豊文 | おぐら とよふみ
1899.8.20～1996.6.10

千葉/広島文理大(1932)/筆名野田はや夫/広島文理大助手、講師、姫路高教授をへて、

1951年広島文理大，53年広島大各教授，63年退官後，山陽女子短大，親和女子大各教授。宮沢賢治の研究者として知られ，第2回宮沢賢治賞。Eは，『改造』(1922.8)のE特集に感激して独習。23年安田生命広島支店で開かれたE講習会に参加。この頃JEI入会。「ネパールの赤ひげ先生」岩村昇(1927～2005)の著述のE訳に取り組んだ。宮沢賢治学会イーハトーブセンター顧問。著『絶後の記録』(中央社, 1948), 田中貞美訳"Kun la kadavro de l'edzino〔妻の屍を抱いて〕"(JELK, 1954),「賢治がEを習った頃とラムステッド博士」(『四次元』宮沢賢治研究会, 171, 1965),「国連でも万博でも…」(LM 1970.10),『ノー・モア・ヒロシマ』(風濤社, 1994)。参栗原敦「小倉豊文の宮沢賢治研究」(『実践国文学』実践女子大, 72, 2007)。協吉川奬一。

小椋広勝 | おぐら ひろかつ
1902.11.19～1968.11.6

東京/東京商大(1926)/別名野村二郎，田辺惣蔵，岡田庄一/根道広吉，細野日出男と東京商大の同期。1926年法大商業学校教諭となり，東京一般俸給者組合に参加。三・一五事件で検挙，懲役3年6ヵ月。37年同盟通信外信部に入り，香港支局に勤務。戦後，共同通信外信部外国経済主任などをするが，レッドパージで解雇。59年立命館大教授。E学習歴は不明。59年ザメンホフ百年祭賛助員。著リープクネヒト『カール・マルクス追憶』(刀江書院, 1927),『戦争危機の分析』(要書房, 1952)。参「小椋広勝教授年譜・著作目録」(『立命館経営学』5～6, 1964),『小椋広勝さんを偲ぶ』(故小椋広勝追悼編集委員会, 1969),『解放のいしずえ(新版)』,『近代日本社会運動史人物大事典』。

雄倉和太郎 | おぐら わたろう | 1895.6.10～?

香川/東京高商(1919)/三菱銀行神戸支店，本店勤務をへて，通町支店長代理。JEI初期に入会。

小栗孝則 | おぐり たかのり
1902.3.22～1976.5.17

石川/東京府立一中(1920), 東京外語(中退)/独文学者, 詩人。西欧学芸研究所主事など。長谷川進一と東京府立一中の同期。E学習歴は不明。1959年ザメンホフ百年祭賛助員。著『シラー詩集』(改造社, 1930), ハイネ『死せるマリア』(創元社, 1952)。

桶谷繁雄 | おけたに しげお
1910.11.10～1983.2.12

東京/東大(1935)/冶金学者。東工大教授，のち京産大教授。社会評論でも知られ，しばしば物議をかもした。1950年第35回UK(パリ)に日本人として戦後初の参加(オブザーバー)。

小此木真三郎 | おこのぎ しんざぶろう
1912.1.30～1994.8.9

栃木/東大(1934)/近代政治史，国際政治を中心に研究し，教育，絵画の分野の論考も。久保貞次郎の弟。羽仁五郎に師事。静岡大名誉教授。静岡大に小此木文庫。E学習歴は不明。1959年ザメンホフ百年祭賛助員。著『ファシズムの誕生』(青木書店, 1951),『フレームアップ』(岩波書店, 1983)。参「小此木教授年譜・著作目録」(『法経研究』静岡大法経学会, 23:2～4, 1975), 坂本重雄「小此木真三郎先生のご逝去を悼む」(『法経研究』43:3, 1994)。

小坂狷二 | おさか けんじ | 1888.6.28～1969.8.1

東京/陸軍幼年学校(1907), 東大(1916)/筆名吉野桜雄, Ossaka Kenji, OSS/JEIの創設の中心となってその運営に一生を捧げ,「日本E運動の父」と称される最大の功労者。『E捷径』ほか多くの独習書，教科書，語学書やRO掲載記事により，また講義，講演によって，多くの後進を育てた。客貨車工学の権威。父千尋は陸軍中佐，陸大教官。1891年父の死に伴い，祖父に引き取られ，横須賀で成長。病気のため陸軍を辞す。正則英語学校に通って斎藤秀三郎に師事

し、言語研究の上で大きな影響を受け、のちEに応用。工学に転じて東大に進み、鉄道省に入る。1925年9月～27年12月欧米の鉄道を視察・研究。33年東京鉄道局大井工場長、34年名古屋鉄道局工作課長、35年東京鉄道局工作課長などを歴任し、38年退官。38～46年名古屋の日本車輛製造に勤め、技師長、蕨工場長など。神奈川大工学部機械工学科教授、68年3月退職。胆嚢炎のため東大附属病院小石川分院で没。06年にEを独習し、横須賀E会をへて、07年1月JEA入会(会員番号724)、10月に同年1月に解散したJEI横浜支部を再建。11年1月謄写版刷りの隔月刊誌"Orienta Stelo"創刊。15年東大E会設立。16年よりJEAの機関誌を編集し、18～19年幹事。19年12月美沢ミツとEで結婚式。同年JEI創立の中心となり、32年6月まで事務所を新小川町の自宅に設置し、初期JEIをホマラニスモをもって指導。国際商業語協会創設にも参画。20年1月ROを創刊し、23年末まで編集の中心に。20年第7回JK(東京)でJEI評議員、編集・教育部委員に選出。21年和歌や漢詩を翻訳した"Perloj el la Orien-to"を、日本初のE文書籍、文学書として刊行。22年9～12月『改造』に「E及びE主義」を連載。24年中国出張で、中国、満洲、朝鮮各地のE-istoと交流。24年4月23日北京世界語専門学校での講演は魯迅も聴講。25年9月～27年12月洋行中に、26年ポストニコフに遭遇、第19回北米E大会(フィラデルフィア)、27年第19回UK(ダンチヒ)に参加、ほか各地でE-istoと交流。27年12月JOAK(東京)のラジオE講座の講師を大井学と担当。28～45年JEI理事。29年10月万国工業会議(東京)で「日本国有鉄道新製客車について」を英語で講演し、各国の設計者が協力するためのEの必要性を強調。36年3月JESA理事、4月E運動後援会幹事。37年第25回JK(東京)幹事長。38年第26回JK(名古屋)において、本人は辞退したが、生誕50年を記念して小坂賞の創設が決定。同年JEI顧問。46～68年JEI理事。48年第2次JEA評議員。50年UEA名誉会員。51年国際E博物館(ウィーン)のEパンテオンに顕彰。JEI終身会員。56年50周年記念第43回JK(東京)で表彰。58～67年Eアカデミー会員。65年第50回UK(東京)で組織委員会名誉会長。中村陽宇・宮本正男編"Japana kvodlibeto"(La Laguna : Stafeto, 1965)に詩数編が収録。67年12月社会文化会館で開かれた由比忠之進の追悼集会の発起人。68年3月JEI初代会長。69年JEI創立50周年記念の第56回JK(東京)の直後に没。9月28日に追悼集会「小坂狷二先生を偲び明日のE運動を語る」に160名参加。89年第76回JK(東京)でも「小坂狷二先生を偲ぶ会」。子にEにちなんで平和(夭逝)、由須人(justo「正義」から)、丈予(ĝojo「喜び」から)、仁尋(ni「私たち」、filo「息子」から)と命名。2005年11月20日、丈予の日本文と平山智啓のE訳が刻まれた石碑が、台東区谷中霊園の小坂家墓地に建立。图『客貨車工学』(日本機械学会、1948～50)など。E関係に"Perloj el la Oriento"(日本E社、1921)、「E講座」(『改造』1922.8～12)、「国際文化とE」(『文化生活』文化生活研究会、1922.2)、『模範E独習』(秋田雨雀と共著、叢文閣、1923)、『E講習用書』(JEI、1924)、「滞米日記」(RO 1926.3～27.9)、『E捷径』(JEI、1927)、「滞欧日記」(RO 1928.1～12)、『プロレタリアE必携』(伊東三郎と共著、鉄塔書院、1930)、「E文学」(『岩波講座世界文学』6 1933.7)、「数え年四つ」(RO 1941.3)、『E前置詞略解』(JEI、1943. 重版、1981 ; 周力編訳『世界語前置詞略解』中国世界語出版社、1985)、「日本E協会を葬る」(RO 1949.12)、『小坂E講座』(JEI、1954)、『E作詩法』(E友の会、1954)、『日本E運動史料 I』、"El orienta florbedo"(天母学院、1956)、「国際語常識講座」("La Torĉo" 1964.5～65.7 ; LM 1974.1～76.6に転載)、"505 elektitaj poemoj el Manjoo-ŝuu"(JEI, 1958)、'Nova fervoja trunklinio de Tookaido'(LM 1965.3)、『E前置詞の用法』(JEI、1966)、'Dereliĝo'(RO 1965.1)、「日本E学会50年―1919-1969」(RO 1969.7)、『E接続詞の用法』(JEI、1990)、川崎直一編『小坂狷二言語研究論集』(柏原E資料センター、1979)ほか多数。著作目録はRO(1969.9)。参川原次吉郎「気鋭の人 新進の人 我国E界の恩人小坂狷二氏」(『改造』1922.10)、「万国工業会議」(RO 1929.12)、岡本好次「小坂狷二氏母堂イエ刀自が昨年11月5日になくなられた」(RO 1948.2)、RO 1969.9～12、竹中治助「名古屋時代の小坂先生」(LM

1969.10)、松葉菊延「偉大なる師小坂狷二」(NR 15, 1970.2)、大島義夫「ある明治人のこころの軌跡―小坂さんの思い出」(NR 21, 1971.1)、朝比賀昇・萩原洋子「日本E運動の裏街道を漫歩する 10」(ES 1976.3)、若松清次郎「小坂狷二氏」(AK Eの家、60〜62, 1985.10〜12)、坂出秀男「小坂狷二氏との出会い」(LIE 1987.2)、「小特集 小坂狷二」(RO 1989.1)、山下哲郎編「小坂文庫目録」(JEI, 1989)、浅川勲「『客貨車工学』とE」(RO 2001.8)、RO 2006.1, RO 2009.11、小坂丈予編「小坂狷二とE」(私家版、2009)、「小坂狷二 同志を語る」、『近代日本社会運動史人物大事典』、"Ordeno de verda plumo"、"Encyclopedia of the Original Literature"。

小坂丈予｜おさか じょうよ
1924.11.28〜2011.11.23

東京/東工大附属工専(1947)/火山学者。東大地震研究所をへて、1962年東工大助手、67年助教授、74年教授。85年退官し、名誉教授。のち岡山大教授、玉川大客員教授。三原山、草津白根山、明神礁ほか多くの火山の調査に携わり、マスコミでもたびたび専門家としてコメント。小坂狷二・ミツの三男。JEI終身会員。78年E会館披露パーティーおよび94年八ヶ岳E館開館式に出席し、挨拶。2005年小坂狷二石碑刻文のE訳を平山智啓に依頼し、11月披露式。09年追悼写真集『小坂狷二とE』を刊行し広く配布。同年第96回JK(甲府)で「小坂狷二と明神礁爆発」を講演。「父を幸せにしたEを家人はありがたいものと思っている」と。名はgojo「喜び」から。圏『小坂狷二とE 碑文と写真集』(編、私家版、2009)、「父のこと」(RO 2009.11)。参RO 2006.1、石野良夫「追悼 小坂丈予さん」(RO 2012.2)。

尾坂政男｜おさか まさお｜1902.4.5〜1986.1.14

岡山/岡山中(1920)、岡山医専(1924)/陸軍軍医として、満洲、中国、サイゴンを転戦、終戦時はスマトラ陸軍病院長。1946年軍医大佐で復員。公職追放後、48年大津に開業。大津市教育委員長、大津市文化連盟副会長、滋賀県三曲協会長など。79年第4回滋賀県文化賞。岡山中在学中の19年同級の伊東三郎の勧めでE学習。22年頃村於兎教授を会長にかつぎ、柴田潤一と岡山医大E会創立。23年岡山E会員として第11回JK(岡山)開催に尽力。28年柴田によって設立されたE-isto文化協会に参加。同年旅順衛戍病院大連分院長として、E講習会の指導など運動を続行。49年大津E会長。55年11月大津E会の講習会を指導中、皮膚がんで片足切断の不幸に見舞われながらも、1年間講師を務め上げた。65年大津での第21回IJKに、社会教育分野での発言力をもって絶大な援助。65年度KLEG個人賞。近江神宮の宮司の発意で、69年5月より同神宮附属近江時計眼鏡宝飾専門学院で在校生13名にE指導。JEMA満洲地方支部幹事、UEAデレギート(大津)、JEI会員など。圏『欧米人の見た支那の漢方医』(共訳、中日文化協会、1930)、「公文書にEを」(LM 1977.3)、「私の人生」(『滋賀日日新聞』1977.8.17)。参"Japanaj E-istoj"、「四連盟人物風土記 14」(LM 1965.8)、'La Movado'(LM 1969.7)、竹内義一「尾坂政男氏を悼む」(LM 1986.3)。図大西真一。

小坂ミツ｜おさか みつ｜1895.2.19〜1973.12.17

神奈川/神奈川高女/旧姓美沢/美沢進の四女。1919年12月小坂狷二とE結婚式。婚約時代にEを学び、JEI初期、牛込新小川町の自宅2階を事務所に提供し庶務を助けた。20年第7回JK(東京)でJEI庶務部委員に選出。56年50周年記念第43回JK(東京)で表彰。JEI終身会員。参平山智啓「E運動を支えたかげの人」(RO 1974.4)。

小坂由須人｜おさか ゆすと
1922.8.31〜1998.7.11

東京/東北大(1950)/理学博士。小坂狷二・ミツの次男。仙台市天文台名誉台長、プラネタリウム研究会長など。天文普及の功績により、小惑星(7305)がOssakajustoと命名。戦前、名古屋E会の活動に参加。38年鈴置二郎にEを勧める。名はjusto「正義」から。参平山智啓「小坂家を訪れた少年」(RO 1969.10)、土佐誠「小坂由須人先生を偲んで」(『泉萩会会報』15, 1999)。

尾崎一雄｜おざき かずお
1899.12.25～1983.3.31

三重/小田原中, 早大(1927)/小説家。E学習歴は無し。1956年日本E運動50周年記念に際しJEI賛助会員。著『尾崎一雄全集』全15巻(筑摩書房, 1982～85)ほか多数。参尾崎松枝編『尾崎一雄』(永田書房, 1984),『現代日本朝日人物事典』。

尾崎秀実｜おざき ほつみ｜1901.4.29～1944.11.7

東京/台北中, 一高(1922), 東大(1925)/筆名白川次郎, 欧佐起/ジャーナリスト, 中国問題研究家。ゾルゲ事件の首謀者の一人として検挙され処刑。1944年5月3日獄中から家族へ宛てた手紙に「大学1年の時, ラテン語を1ヵ月, またE語を2週間ほど, ここに来てマレー語を1月半位勉強したが, これらは概念を得た程度です」と。著『尾崎秀実著作集』全5巻(勁草書房, 1977～79)ほか多数。参風間道太郎『尾崎秀実伝』(法政大学出版局, 1968), 尾崎秀樹編『回想の尾崎秀実』(勁草書房, 1979),『現代日本朝日人物事典』,『近代日本社会運動史人物大事典』,『近代日中関係史人名辞典』。

尾崎元親｜おざき もとちか
1900.2.21～1996.8.15

別名尾崎雲冲/宗教家。大阪, 横浜, 岡山, 倉敷などを転々。キリスト者。1922年E学習。30年3月横浜のYMCAで再学習。35年2月名古屋ルーマ・クンシード代表。同年日本キリスト教E連盟創立に参加し, 機関誌 "Vinberuja Branĉo" の編集主任。48年日本基督教E-isto会として再興し機関誌 "La Fonto" を刊行。62年10月JAKE創立に参加。91年JEI入会。著 'La maniero bonami virino' (翻訳, "La Lumo" 名古屋ルーマ・クンシード, 2:2, 1935),「度重なるすれ違いののちに」(RO 1991.6)。参四日昭子「折にふれて」(PN 1996.12)。

尾崎行雄｜おざき ゆきお
1858.12.24(安政5.11.20)～1954.10.6

相模国(現神奈川)/慶應義塾(1876中退), 工学寮(1877中退)/号愕堂, のち咢堂/政治家。東京市長などをへて衆議院議員。「憲政の神様」と称される。国字改良論者。1888年1月～89年10月欧米視察。衆院名誉議員, 東京都名誉都民。相模原市および伊勢市に尾崎咢堂記念館, 東京都千代田区に憲政記念館尾崎メモリアルホール。1925年2月帝国議会に提出された「国際補助語Eニ関スル請願書」の紹介議員の一人。「墓標に代りて」(『改造』1933.1),『民主政治読本』(1947)等でしばしば漢字廃止など国語表記の整理を唱え, Eの採用を提唱。47年『明日の日本の為に』を井上万寿蔵に口述しパンフレットとして発行,「コクサイゴ」の章を設けてEを推奨。51年国際E博物館(ウィーン)のEパンテオンに顕彰。52年元旦のラジオ番組で「日本人には, 国際的に飛躍するため英語かEを教えるのがよい」と。著『尾崎咢堂全集』全12巻(公論社, 1955～56)ほか多数。E関係に『咢堂漫筆』(大阪毎日新聞社, 1923),『民主政治読本』(1947)。参倉地治夫「帝国議会へ請願」(RO 1925.3), 三宅史平「尾崎行雄氏を訪う」(RO 1946.11), 井上万寿蔵「故尾崎咢堂翁とE」(RO 1954.12),『現代日本朝日人物事典』,『近代日本社会運動史人物大事典』,『日本キリスト教歴史大事典』。

尾崎行輝｜おざき ゆきてる
1888.1.14～1964.6.3

東京/京大(中退)/尾崎行雄の四男。帝国飛行協会の第1期生, 民間航空の開拓者。1917年自ら設計した飛行機で不時着事故, 以後父の秘書に。47年参院議員。日本航空創設に尽力。日本航空顧問, 日本航空協会理事など。30年代初めJEIの講習会で宗近真澄にEを習う。32年第20回JK(東京)に参加し, Eの「美はしき音律」に感銘を受ける。50年父の随行で訪米してE-istoの歓迎を受け, 第37回JK(横浜)で「アメリカの旅」を講演。著『E語大会』(『東京朝日新聞』1932.10.21),「E語で戦え」(『東京日日新聞』1932.10.24),『航空断想』(育生社弘道閣,

1943)。参「尾崎氏同志と会談」(RO 1950.7), 三宅史平「尾崎さんはE-istoだった」(RO 1964.7), 佐藤一一『日本民間航空通史』(国書刊行会, 2003)。

尾崎義｜おざき よし｜1903.3.8~1969.1.9

東京/ストックホルム大(1925)/外交官, 北欧文学者。1922年外務省留学生として渡欧。スウェーデンの日本公使館に入り, のちドイツへ。戦後, 在スウェーデン大使館一等書記官, 在フィンランド大使館参事官など。北欧の言語文化普及や文学作品の翻訳に努め, 45年北欧文化協会を設立し理事長。外務省を退職し, 68年創設直後の東海大北欧文学科に教授として着任するも, 急逝。阪大に尾崎文庫。22年頃JEI入会。『北欧語のはなし』(大学書林, 1961)で「わたくし自身, 熱烈なE-istoであったこともあり, 今でもそのideoには全面的に賛成ではある」と。著『フィンランド語四週間』(大学書林, 1952),『スウェーデン語辞典』(共著, 同, 1990) ほか多数。

長田茂雄｜おさだ しげお｜1914.6.19~1991.1.6

郵政生活43年。1982年横浜弘明寺郵便局長を最後に定年退職。32~36年EPA会員。62年再学習を志し, 4月JEI入会。63年第12回関東E大会(横浜)議長団の一人。81~87年横浜E会長。83年第32回関東E大会(横浜)会長。85年第72回JK(横浜)会長。著「ハマロンド発足20周年に寄せて」(『ある地方会の道程』)。参"Japanaj E-istoj"。

長田正之助｜おさだ しょうのすけ｜1900.7.22~1985以降

秋田/函館師範(1920)/一時三方姓/画家。札幌市立高女, 札幌二中, 余市高などで美術教師。1954年第5福竜丸事件に触発されて「愛あるところに神あり」を制作し, 三宅史平の協力を得て作中に "Kie estas Amo Tie estas Dio" ほかのE文を記入。定年後の58年上京。67年由比忠之進の焼身をモチーフに160号の油絵「遠い道」を制作。著『長田正之助作品集』(スタジオC. A. C,

1985)。参 酒井忠康「出合いの絵」(『書斎の窓』1982.4), 同「美術とのであい」(『図書』1995.6)。

長内忠雄｜おさない ただお｜1909.6.17~1993.11.15

宮城/新潟高(1928), 東大(1931)/理学博士。物理学者。東北大, 宮城教育大各名誉教授。東大在学中にJEI, 東京学生E-isto連盟, 帝大E会などに参加。

小沢孝一郎｜おざわ こういちろう｜1907.1.30~1987.11.18

東京高師/不破高(岐阜), 岐阜高などの教諭。東京高師在学中の1930年E学習。39年5月JEI入会。48年第2次JEA委員。51年Instruista Ligo de Japanaj E-istoj設立発起人。52年4月TEL結成に参画。58年TEL副会長。UEAデレギート(岐阜), JELE, MEM各会員など。参"Japanaj E-istoj"。

小沢寅吉｜おざわ とらきち｜1878.3.19~1939.4.13

大分/陸大(1911)/1925年明野飛行学校長, 29年下志津飛行学校長, 30年陸軍中将, 31年予備役。06年JEA入会(会員番号480)。

小沢信俊｜おざわ のぶとし｜1921.1.14~1975以降

東工大/静岡大助教授, 教授をへて, 1969年聖隷学園浜松衛生短大教授。キリスト者。54年東工大のE講習会で中垣虎児郎の指導を受ける。63年12月JEI入会。67年12月11日東京三宅坂の社会文化会館で開かれた由比忠之進の追悼集会において東工大同窓会を代表して弔辞。69年4月聖隷学園浜松衛生短大開学と同時に教授として迎えられ, Eを正課に。著「年賀状に」(RO 1966.1),「参加した種々の会合とE」(RO 1967.10),「短大の授業にEを課す」(RO 1969.7)。参"Japanaj E-istoj"。

押田徳郎｜おしだ とくろう
1875.3.24～1973.9.15

東京/一高医学部（1896）/多羅尾一郎の遠縁。1898年熊本医学校講師。のち一高医学部教授などをへて，1902～15年千葉医専教授，06～08年ドイツ留学，08～15年県立千葉病院医長，15年退官後，千葉細菌学研究所を設立し，31年押田医学研究所を開設。東洋産業，東洋石鹸工業各代表。16年Eを学び，17年11月JEA入会（会員番号1137）。19年12月のJEA臨時総会において，私財を投じてでも図書出版を行いたいと，JEI移行に賛成の演説。20年JEI総会で評議員に。国際商業語協会員。20年日本E社を設立し，小坂狷二『E模範練習読本』，同『E教科書講義録』，千布利雄『E全程・改版』，同『E助辞詳解』等の多数を出版。23年JEI終身会員。同年第11回JK（岡山）で，医学界におけるE普及の貢献により表彰。その直後の関東大震災（1923.9.1）で日本E社（押田宅）は全焼し，翌年神田にビルを新築移転。24年1月29日Hipokratida Klubo結成に参加。26年にはJEIと路線対立した千布利雄に協力して日本E社を日本E協会（Japana E-a Asocio）に改称し，27年に千布『大成和エス新辞典』を出版。千布が運動から離れたことにより，数年後に同協会を解消して，JEIに復帰。36年3月JESA顧問。JEMA会員。56年50周年記念第43回JK（東京）で表彰。著'La nove eltrovita fermento' (RO 1920.9), 'La hormono' (RO 1920.11), 『E解剖学名辞彙』（佐多芳久と共編，日本E社，1922）。参「社は倒壊全焼」(RO 1923.10), 「先輩はなぜ・どうして学んだか」(RO 1956.6), 若松清次郎「押田徳郎氏」(AK 1986.6)。

尾城浅五郎｜おしろ あさごろう
1907.2.8～1963以降

東京/慶大（1930）/明治生命広島支店長，群馬支社長などをへて，1961年養成所長。学生時代JEI入会。

小田達太郎｜おだ たつたろう
1910.9.11～1982.2.2

福岡/九大（1932）/鉄道省電気局に入り，函館通信区助役，新橋通信区長，鉄道総局電気局通信課長などを歴任。1954年三菱電機に転じ，のち三菱プレシジョン技師長，顧問など。許斐三夫と九大電気工学科の同期で，同校在学中にE学習。著『航空機の自動航法装置』（共著，コロナ社，1972）。参鉄道通信協会編『サイバネティクスと鉄道—小田達太郎と鉄道通信』（鉄道通信協会，1983）。

小田利三郎｜おだ りさぶろう
1906.5.11～1976.4.28

兵庫/報徳実業/晩年達夫と改名/野村銀行本店，神戸，北海道，道頓堀，新町各支店勤務をへて，1935年日厨工業を創業，38年改組とともに常務。静岡で缶詰業を営んだことも。のちビル管理会社を自営。23年春若菜商工実修学校（神戸）で開かれたE講習会で前田健一，徳田六郎から指導を受け，大阪E会に参加。この年，憲兵隊でEを教授。31年1月JEI入会。46年宮本新治，橋詰直英らと神戸E協会を再建し会長，のち書記長。47年第2次JEA委員，48年評議員。48年第35回JK（大阪）副会頭，11月7日近畿E連盟結成に参画し副会長。神戸外大の正課にEを採用させるために市民対象の署名運動を発案。JEI終身会員，SAT会員など。著「小さい図書館を」(RO 1966.3)。参"Japanaj E-istoj", 鈴置二郎編「神戸の戦前のE界を語る」(LJ 1989.4), 『神戸のE』。協小田和子，由里忠勝。

小高英雄｜おたか ひでお｜1904～1948

埼玉/中学（中退）/本名神孫，別名小高秀雄，小高神藤秀雄/妻美沙子は，平塚らいてうの姪。1920年大本本部に。Eは23年に学び，以後講習の指導など。28～30年パリで西村光月を助け"Oomoto Internacia"の編集発行に当たる。マヨールの旅行に同行して，講演の通訳なども。35年第二次大本事件で大本を去って以降，NHKに入り，東京，京都で勤務。著「E縦横観」(『人類愛善新

聞』1926.3)。参重栖度哉, 米田佐代子, 俗大福。

小滝辰雄｜おたき ときお｜1892.12~1964.5.27

東京/明大(1915)/顕八/東京市議をへて, 衆院議員に当選1回。1927年第20回UK(アントワープ)に参加し, 開会式副議長。著『祖神・天御中主神』(神皇大日本世界社, 1938)。

小田切秀雄｜おだぎり ひでお
1916.9.20~2000.5.24

東京/東京高, 法大(1941)/別名織田英雄, 奥田瞭/文芸評論家。東京高在学中, 治安維持法違反で逮捕。日本近代文学館, 相模女子大に小田切文庫。Eは1933年頃プロレタリアE運動に刺激されて学び, 神田クンシードに参加。「心細い応援団員として」には「私はある時, ザメンホフの訳したゴーゴリの『検察官』を電車の中で読んでいて突然笑いがとまらなくなり…。その時, エスペラントが文学表現にたえうることを実感として知った」と。56年日本E運動50周年記念に際しJEI賛助会員。"Post-milita japana antologio" (JELK, 1988)を宮本正男, 小西岳と共編。著『小田切秀雄全集』全19巻(勉誠出版, 2000)ほか多数。E関係に「心細い応援団員として」(LM 1970.8), 「なまけ者の一徳」(ES 1975.10), 「『日本E学事始』のこと」(『高くたかく遠くの方へ』), 「『Eの世界』を推す」(ES 1978.3), 「E運動と伊東三郎」(『信濃毎日新聞』1978.9.23), 「ひろば」(RO 1986.1), 「理想主義への確信」(RO 1987.8), 「解説 第二次大戦後の日本文学と収録作品について」(LM 1988.1) など。参LM 1956.6, 『小田切秀雄研究』(菁柿堂, 2001), 『現代日本朝日人物事典』, 『近代日本社会運動史人物大事典』, 『日本文学に現れたE』。

小田島栄｜おだじま さかえ｜1910~1959以降

北海道/別名宥川/虎渡病院事務員をへて, 1931年3月函館にエビス薬店開業。看板, チラシにEを利用。函館E会長。参梶弘和 'Juna Azio' ("Amikoj de E"E友の会, 3:4, 1934)。

落合一哉｜おちあい かずや｜1873?~?

小石川砲兵工廠の鋳工検査場の職工。1922年3月50歳で中央労働学院に編入学して, 5月第1回卒業式で卒業者総代としてEで演説。学科として習ったほかに, 講師の小坂狷二の添削を受ける。参「式辞は世界語で 感心な老職工」(『東京朝日新聞』1922.5.15)

乙部泉三郎｜おとべ せんざぶろう
1897.5.10~1977.6.26

長野/京華中(1917), 東大(1922)/図書館司書, 社会教育家。泉式速記術の創始者。小松清, 高橋邦太郎(文学者)と京華中の同期。1922年奉天図書館司書, 23年撫順図書館長, 26年日本青年館勤務。29年長野県立図書館上席司書などをへて, 32~49年同館長。20年4月JEI入会。Eを利用して各国青年団運動の報道を集め, 27年プラハから送られたE文報告書に基づいて日本青年館発行の『青年』(1927.7~8)に「愛国団体ソコロ連盟」を寄稿。同年プラハEクラブの「日本の夕」, 翌28年の「日本歌謡の夕」に協力。撫順時代にJEI撫順支部代表, 撫順図書館でE講習会開催。帰郷後, 長野E会長。太平洋戦争中, 長野県立図書館のE蔵書を当局の没収から守った。著 'El Manĉurio' (RO 1925.3), 「チェッコスロバキア日本歌謡の夕」(RO 1928.5), 『図書館の実際的経営』(東洋図書, 1939), 『ひらがな』(大日本法令出版, 1941), 『松代地下大本営』(共著, 長野：信越弘告社, 1956)。参「日本の夕」(RO 1928.1), 三ッ石清「乙部泉三郎氏の思い出」(『長野E会会報』6, 1977), 叶沢清介「乙部泉三郎—長野の図書館の歴史を切り拓いた人」(『図書館雑誌』1983.7), 同『図書館, そしてPTA母親文庫』(日本図書館協会, 1990), 新藤透「昭和初期刊行の図書館学専門書にみられる選書論について」(『山形県立米沢女子短期大学紀要』45, 2009), 『近代日本社会運動史人物大事典』。

乙部守｜おとべ まもる｜1902.8.11~1985以降

東京/一高(1922), 東大(1925)/上崎龍次

郎と一高の同期。三井銀行，三井物産，東京機器製作所をへて，1960年富士物産常務。20年4月JEI入会。21〜23年JEI委員。

小野一良｜おの いちろう
1911.11.27〜2006.9.10

東京/本所セツルメント児童係主任などをへて，1955年潮来教会牧師，潮来幼稚園園長。1936年Eと英語で紙芝居をしながら，北米，南米，ヨーロッパをへてエルサレムに至る，5年の旅行を計画するが，果たせず。参『紙芝居をエス語で』(RO 1936.8)，「エルサレムへ紙芝居巡礼」(『大阪朝日』1936.7.6)，藤原一生『あかい目―ぼくのイエスさま』(小学館，1976)，ヒルデガルト・堀江里，山形由美訳『風が呼んでいる―冒険に満ちた小野一良の生涯』(ヨルダン社，1996)。

小野英輔｜おの えいすけ
1902.3.22〜1975.10.25

東京/一高(1922)，東大理学部(1925)，同法学部(1927)/日本興業銀行総裁小野英二郎(1864〜1927)の三男。小野俊一の弟，加瀬俊一の義兄。妻磯子は安田財閥創始者安田善次郎(1838〜1921)の孫。オノ・ヨーコ，小野節子の父。横浜正金銀行に入り，ハノイ支店長などをへて，1952年東京銀行ニューヨーク支店初代支店長，57年常務昇進直後に脳梗塞で倒れ，以後闘病生活。ニューヨーク日本人商工会議所会頭。カトリック教徒。服部静夫，和達清夫らと一高理科乙類の同期。20年5月JEI入会。参小野節子『女ひとり世界に翔ぶ』(講談社，2005)，原達郎『オノ・ヨーコの華麗な一族』(柳川ふるさと塾，2010)。

小野兼次郎｜おの かねじろう
1899.2.23〜1923以降

京都/京都市立盲啞院(1916)，立命館中(4年修了)立教大予科(中退？)/幼児期に失明。1919年立教大予科入学。アレキサンダーと親しく交わり，日本人女性初のバハイ教徒望月百合子(1900〜2001)編集のバハイ・ニュース『東の星』(1920〜22年，全

24号)に協力。21年11月，陸軍の特別大演習の際に「軍人諸君へ」と題する反軍ビラを撒く。「日本のエロシェンコとも言ふべき男で非常に頭の好い詩人肌の青年で運動には頗る熱心な主義者であったが，盲目の為に官憲の油断に乗じて盛んに活躍して居た」(『東京朝日新聞』1922.7.5)。その後，再び上海へ渡るが，その後の消息は不明。中国からロシアへ逃れ，「官憲の手によりイルクーツクの盲学校へ入れられた」，「シベリアで粛清された」など諸説ある。伊東三郎によれば，「Eは相当やっていた」と。エロシェンコ，鳥居篤治郎，秋田雨雀らとも親交。参『盲目の詩人エロシェンコ』，「ルポ最前線を行く 小野兼次郎の実像を明らかに」(『点字毎日活字版』2007.7.12)，岸博実「盲目の暁民・小野兼次郎」(RO 2008.11)，『日本アナキズム運動人名事典』。協岸博実，菊島和子。

小野圭次郎｜おの けいじろう
1869.4.20(明治2.3.9)〜1952.11.11

福島/東京高師(1900)/英語教諭。妻花子は，新選組の転向者鈴木三樹三郎の娘。大正から昭和にかけて984版，発行部数150万部の超ロングセラー『英文之解釈』(山海堂，1921)の著者。土浦和高女在勤中の1906年JEA入会(会員番号63)。著『伯父従五位伊東甲子太郎武明』(小野家，1940)，『新選組覚え書』(新人物往来社，1972)。ほかに「小野圭」と呼ばれた受験参考書多数。参『現代日本朝日人物事典』。

小野興作｜おの こうさく｜1890.1.28〜1968.4.16

東京/東京府立一中(1908)，一高(1913)，九大(1917)/医学博士。1923年九大助教授，27〜29年文部省在外研究員としてドイツ留学，34〜53年九大教授，53〜56年鳥取大教授。のち広島原爆病院嘱託。東龍太郎，高原憲と一高医科の同期。26年緒方知三郎，西成甫，藤浪鑑，浅田一，村田正太，真崎健夫らとJEMA結成。UEA，JEI，福岡E倶楽部各会員。

小野俊一｜おの しゅんいち
1892.5.1～1958.5.21

京都/一高(1912)、東大(1914中退)、ペトログラード大(1917)/筆名滝田陽之助/小野英輔の兄、加瀬俊一の義兄。東大を中退し、動物学を学ぶため1914年サンクトペテルブルクに留学。17年5月音楽家アンナ・ブブノワ(1897～1979)と結婚(35年離婚)し、18年帰国。東大助手、京大助教授となるが、父の急死により事業家になり、発明実施研究所、タイムス出版社、発明興業各社長、日本少国民文化協会理事長など。戦後、民主主義科学者協会、民主教育協会創立に参加。民衆新聞社社長、日本ロシア文学会理事。小坂狷二と一高の同期。東大在学中にEを学び、19年夫婦でJEA入会(会員番号1385、アンナは1386)。23年11月11日関西学生連合E雄弁大会(於京大)で「科学は吾人にとって宗教である」を特別講演。奥宮加寿の日本少年寮にルリロ語学部を設置し、Eを指導。日本社会党、労働者農民党の結党に参画し、両党の綱領にE採用を盛り込むことに貢献。48年第2次JEA評議員。56年50周年記念第43回JK(東京)で表彰。JEI会員。著シーモノフ『昼となく夜となく』(酣灯社、1951)ほか多数。E関係に『正則E講義録』全6巻(小坂狷二・石黒修・川原次吉郎・秋田雨雀・上野孝男・北川三郎・金田常三郎と共著、世界思潮研究会、1923)、『子孫崇拝論』(黎明社、1924)など。参「寄宿舎として理想的な日本少年寮十五周年」(読売新聞、1922.11.14)、松崎克己「緑星旗下の集い」(RO 1924.1)、「アンナ夫人が語学を　教授所を設けEの受持は丘浅次郎博士」(『読売新聞』1924.3.13)、『解放のいしずえ(新版)』、小野アンナ記念会編『回想の小野アンナ』(音楽之友社、1988)、小野有五「ブブノワ姉妹と小野家の人々」(『スラブ研究センター研究報告シリーズ別冊(日本語)』北大スラブ研究センター、1999)、原達郎『オノ・ヨーコの華麗な一族』(柳川ふるさと塾、2010)、『近代日本社会運動史人物大事典』。

小野隆夫｜おの たかお｜1961.5.9～2008.10.11

神奈川/光陵高、横浜国大(中退)/taon/コンピュータ技術者。高校時代に宮崎英子とE同好会を結成。1980年代から横浜E会青年部で活動し、のち事務局長や講習会講師などで活躍。Eロックグループ La Mevo を結成し、87年E発表百周年記念第74回JK(東京)で開会式に引き続き演奏。"La nomkarto"(1987)、"Bluo"(1992)などカセットも制作(のちCD化)。89年第8回日韓青年Eセミナー(茅ヶ崎)で組織委員長として運営に尽力。「ハマロンドの歌」を井上のぶことともに作曲(LT 1994.3)。Eアマチュア無線クラブ会員。早くからコンピュータをEに活用し、taonのハンドルネームで積極的にパソコン通信。95年から広高正昭とともに「電単プロジェクト」としてE電子辞書作成を呼びかけ。知り合いの泉橋酒造のホームページにE版を作成。93年JEI入会。妻由美子ともEが縁で結ばれた。著「E-isto・ハムの集り」(RO 1980.5)'Impresoj pri la 7-a Komuna E-Seminario inter Japana kaj Korea Junularoj' (RO 1988.11)、「私の2さつ」(RO 1988.12)、ストーンウェーブ編著『インターネット勉強会』(共編著、TBSブリタニカ、1997)、CD "Komplilajoj" (Vinilkosmo, 2003)。参「E-isto・ハムの集り」(RO 1980.5)、'Ĉenintervjuo de E-aj muzikistoj' ("E" UEA, 1991.7・8)、宮崎英子「小野隆夫氏のこと」(RO 2008.12)、LM 2008.12。協宮崎英子。

小野忠正｜おの ただまさ｜1899.9.3～1998.8.24

北海道/鎮南浦商工/考古学者、銀行員。棟方志功にゴッホの存在を教えた画家、考古学者小野忠明(1903～1994)、ジャンク・アートの第一人者小野忠弘(1913～2001)兄弟の兄。朝鮮の小学校訓導をへて、満鉄、青森銀行などに勤務。青森県文化財保護協会員。鎮南浦商工在学中の1922年12月～23年1月京城の大山時雄宅で開かれたE講習に参加。23年5月大山、中垣虎児郎を鎮南浦に招いて講習会を催し、続けて鎮南浦E会を結成し代表。25年6月1日京城E研究会の朝鮮E学会への改組に際して宣伝部委員。JEI会員。のち1万点を超える縄文資料は奈良国立博物館の小野忠正コレクションに。著「無土器文化と青森県」(『東奥文化』青森県文化財保護協会、20、1961)。参RO

1923.6, 斎藤岳「下北半島ムシリ遺跡採集の石刃鏃―小野忠正氏採集資料の再評価」(『北海道考古学』40, 2004), 柴田巌「忘れられたE-isto―小野忠正」(LM 2008.1). 蔵青森県立図書館.

小野記彦 | おの ふみひこ | 1909.6.13~1987.3.10

大分/佐賀高 (1930), 東大 (1933)/植物学者. 理学博士. 1942年松山高教授, 48年名大助教授, 50年都立大教授. 佐賀高在学中の27年Eを学び, JEI入会. 東京学生E-isto連盟, 帝大E会で活動. 岡本好次編『新撰E和辞典』編集に協力. 名大時代, 理学部E会を発足. 68~69年JEI評議員. 75年調布E会設立に際し副会長. JESA会員. 論文をEで執筆. 著 'Intergenra hibridigo en cichorieae, I'(篠遠喜人と共著,『遺伝学雑誌』10:3, 日本遺伝学会, 1934), 'Intergenra hibridigo en cichorieae, II'(佐藤重平と共著, 同 11:3, 1935), 'Kie ekzistas la heredelementoj?'(RO 1938.5),『細胞・遺伝・進化』(研究社, 1952),「スギは日本特有の植物」(RO 1954.8). 参 "Japanaj E-istoj".

尾上圭二 | おのえ けいじ | 1899.7.2~1987⇔1989

兵庫/京大 (1926)/1928年高知赤十字病院眼科医長, 32年姫路に尾上眼科病院を開業. 21年JEI入会. 30年6月高知赤十字病院の看護師を対象に初等E講習. 論文にEのレジュメを. JEMA会員.

小野田幸雄 | おのだ ゆきお | ?~1946頃

東京物理学校/理化学興業, 東洋製鋼所などに勤務. 1929年JEI入会. RO (1931.10~32.12) の初心者用の読み物欄を, また同 (1931.11~32.3) の海外報道欄を担当. 東京物理学校E会, 東京学生E-isto連盟でも活動. 31~34年JEI評議員, 講習会の講師としてE普及に尽くす. 35年神戸へ転勤. 40年1月より東京精神分析学研究所に協力して, その機関誌『精神分析』の巻頭論文にEの梗概を付す. 43~45年JEI評議員. "Verda Mondo"にも語学記事などをたびたび寄稿. 43年第31 RK (東京) で「ギリシャ文字のE式読み方」を研究発表. 戦災にあい, 大島義夫によれば「小野田君は戦争のあとの混乱のなかで若くして病気で亡くなった」と. 中村陽宇・宮本正男編 "Japana kvodlibeto"(La Laguna : Stafeto, 1965) にE歌訳3首が収録. JEI終身会員. 著 "La Tagiĝo" 新訳 (RO 1930.11),『E四週間』(大学書林, 1931), 玉蟲文一 'Problemo kaj metodo de fizikokemio〔物理化学の問題と方法〕'(RO 1932.5~6),「言葉の林をぶらぶらと」("Verda Mondo" 1932.9~33.11),「E会話の指南」(EL 1933.1~6),「単語の暗記には語源の知識が必要」(RO 1934.4),「接頭字malの機構に表れたるザメンホフの無意識心理断片」(RO 1934.5),「隠語漫談」(RO 1934.10), 'El "curezuregusa"'(RO 1935.5), 'Poemoj'("tempo" 3, 1935), 大島義夫『新稿 E四週間』(大学書林, 1961), 峰芳隆「種をまいた人々 3」(RO 2013.5). 蔵 砂大福.

尾畑乙蔵 | おばた おとぞう | 1882.12.17~1937以降

山口/長崎医専 (1909)/旧姓松浦/医師. 1912年山口豊浦で開業. 27年鉄道省嘱託医となり, 西唐津鉄道治療所, 小倉鉄道診療所などに勤務し, 37年退職. JEI初期に入会.

尾花芳雄 | おばな よしお | 1899.1.18~1991.4.24

山口/旅順中, 旅順工科学堂/1910年父の旅順工科学堂図書館勤務に伴い, 一家で三重から満洲へ. 満鉄技術部機械課に入り, 40年満鉄チチハル工事事務所長. 46年引き揚げ. 19年二葉亭四迷の著作でEを知り, 20年8月JEI入会. 22年内田荘一, 鳥羽修らと大連E会を結成. 26年2月6日JQAK (大連) からEについてラジオ放送, 引き続き8日から4月28日の毎週木土曜日にEラジオ講座を担当. 41年第10回全満E大会 (新京, 現長春) において自ら作詞作曲した "Verda Manĉuko" を発表. 56年JEI評議員. 62年10月10日JAKE創立に参加. 晩年, 新人工語PACEZ (平和語) を考案. 著「E暗記カルタ」(RO 1928.1), 大連E会 "E, Radio-Teksto de JQAK"(大連E会, 1928), 'Kanto de Manĉoŭkŭo-Esperantistaro' (RO 1941.7),

"PACEZ"(私家版, 1983)．参『誌上座談会『そのころを語る』』(RO 1940.1～3), 田中貞美「満州 E 運動史(6)」(LM 1969.7),「新人工国際語 PACEZ」(LM 1983.6).図尾花真知子

小原喜三郎 | おはら きさぶろう
1879.11～1961 以降

石川/慶大(1905)/1904 年石川県出品人総代として米国万国博覧会に出席．三井銀行に入り, 長崎, 下関, 門司各支店長, 本店調査課長などを歴任．のち昭和電力専務, 加越鉄道取締役など．ローマ字論者．23 年頃 JEI 入会．著『手形及銀行実務』(慶應義塾出版局, 1908),『ローマ字綴方の論争』(ローマ字ひろめ会, 1931),『日本語音とその表記について』(私家版, 1961).

小原国芳 | おばら くによし
1887.4.8～1977.12.13

鹿児島/通信技術養成所(1900), 広島高師(1913), 京大(1918)/旧姓鰺坂/成城学園勤務ののち, 玉川学園, 千葉工大を創設．キリスト者．玉川大に小原文庫．1922 年 7 月スイスの柳田國男から E の論文を送ってもらう．27 年 10 月成城学園で開かれた E 講習会で石黒修から習う．著『小原国芳全集』全 48 巻(玉川大出版部, 1950～78) ほか多数．参柳田國男「瑞西日記」(『定本柳田國男集』3, 筑摩書房, 1982), 石黒修「E 六十年 25」(ES 1979.11), 山崎亮太郎『今, 蘇る全人教育』(教育新聞社, 2001),『現代日本朝日人物事典』,『日本キリスト教歴史大事典』．

小原孝夫 | おはら たかお
1908.10.29～1992.8.10

宮城/東京府立一中(1926), 東京商大(1929)/少年時代に上京．不動貯金銀行に入り, 1944 年出征, 中国戦線へ．46 年復員後, 協和銀行本所, 神田各支店長などをへて, 株式会社シモン取締役．E は, 中学時代, 赤坂の図書館で見つけた秋田雨雀・小坂狷二『模範 E 独習』で独習．東京商大でガントレットに英語を習う．48 年 7 月 JEI に加わり, 57～68 年評議員．63 年 9 月 22 日青山徹らと目黒 E 会結成．第 50 回 UK 東京後援会常任委員として資金集めに奔走．79 年 10 月 JEI 目黒支部初代支部長．SAT 会員．著"K-do H.D. Neumann en nia koro"(福田正男と共編, 朝明書房, 1969),「E と Tolstoj」(RO 1973.6),「真の E 人としての伊東三郎」(『高くたかく遠くの方へ』).参"Japanaj E-istoj",「小原さん！さようなら！」("Jen Amikoj" 61, 目黒 E 会, 1992), 亀谷了「常務理事小原孝夫氏のご逝去を悼む」(『目黒寄生虫館ニュース』172, 1992.12), 青山徹編『目黒 E 会 30 年史 1963～1993』(同会, 1993), 泉順『「児童問題」の著者・野口樹々について」(『共栄学園短期大学研究紀要』2, 1986).図手塚登士雄

小俣郁夫 | おまた いくお | 1929 頃～1961.6.24

英語教諭として, 熊谷市立荒川中などに勤務．1950 年頃から E を学び, 56 年熊谷市で E 講習．57 年 1 月 20 日上田嘉三郎, 遠井國夫, 犬飼健夫, 本田光次らと埼玉 E 会を結成．59 年第 46 回 JK(東京)で E の解説付きで手品を披露．熊谷 E 会長, UEA デレギート(熊谷)など．

沢瀉久孝 | おもだか ひさたか
1890.7.12～1968.10.14

三重/宇治山田中, 三高(1912), 京大(1915)/文学博士．万葉学の泰斗．中田久和, フランス哲学研究者沢瀉久敬(1904～1995)の兄．高倉テルと三高乙類の同期．京大名誉教授．宇治山田中在学中の 1905 年頃 E を学び, 19～22 年五高教授時代に本格的学習．20 年 JEI 入会．21 年五高内で白壁傑次郎らと E 講習を実施．翌年五高 E 会結成に参加．著『万葉の作品と時代』(岩波書店, 1941) ほか多数．参『誌上座談会『そのころを語る』』(RO 1940.1～3),『現代日本朝日人物事典』．

小山桂一郎 | おやま けいいちろう
1883.9.15～1976

東京/国民英学会, 正則英語学校/英語学者．青山学院講師, 専大教授, 武蔵予備校講師など．1906 年 JEA 入会(会員番号 404).著

『英和和英擬試験自修法』(文英堂, 1920), 『最新英作・文法辞典』(編著, 尚学社, 1946)。

小山田太一郎 | おやまだ たいちろう
1902.1.1～1999.3.14

福岡/朝倉中(1920), 長崎医専(1923), 東北大(1929)/理学博士。有機化学者。台北帝大助手をへて, 1934年日本香料薬品研究主任, 39～67年山形大教授。長崎医専在学中にJEI入会。

折竹錫 | おりたけ たまう | 1884.1.1～1950.1.13

長野/一高(1905), 東大(1908)/号蓼峰, R・T・Oほか/フランス語学者, 翻訳家。伊吹武彦の師。1916年三高教授, 41～45年福岡高校長。のち関西日仏学館教授。三高在勤中, 学生にE学習を推奨。著『詳解仏蘭西文典』(博友堂, 1916), 『折竹錫先生遺稿集』(三高同窓会関東支部, 1970)。参『三高E会小史』。

折茂惠二郎 | おりも とくじろう | 1900.10.2～?

群馬/慶大/小泉病院長, 富士自動車工業群馬製作所診療所長, 太田市文化財保護調査会副会長など。1920年代後半JEI入会。

恩田重信 | おんだ しげのぶ
1861.7.23(文久1.6.16)～1947.7.30

長野/東大(1882)/号剛堂/東京薬専(のち明治薬専, 明治薬大)の創立者。医学用語の統一に尽力し, 森鷗外から「偉大である」と絶賛を受ける。Eの熱心な支持者で, 明治薬専内のE運動を全面的に支援。1928年当時, 在校生の半数がE学習。著『独和他国字書大全』(金原書店, 1900)ほか多数。参「明治薬専のエス語熱」(RO 1928.3), 林柳波編『剛堂恩田重信』(明友薬剤師会, 1944), 『現代日本朝日人物事典』。

遠田裕政 | おんだ ひろまさ
1934.2.13～2003.6.13

東京/東大(1961)/医学博士。1967～82年東大第一内科助手, 82～2002年近畿大東洋医学研究所教授, 02年慈温堂遠田医院(大阪市)院長。英, 独, 仏, 中, 朝, ラテン諸語に親しみ, Eは大島義夫『E四週間』で学習。67年JEI入会, 一時中断後, 86年再入会。92年第40回関西E大会(大阪市)および2002年第50回同(大阪)で東洋医学について講演。99年KLEG顧問。近代漢方にEを導入。最期の半年間は自著『近代漢方総論』(医道の日本社, 1998), 『近代漢方各論』(同, 1999)のエッセンスを日本語とEで著す作業に心血を注ぐ。UEAデレギート(東洋医学), ISAE会員など。息子弘一もE学習。著『傷寒論再発掘』(東明社, 1995), 「Eと『近代漢方』」(LM 1999.8), 『近代漢方治療編』(医道の日本社, 2001), 『近代漢方の案内書』(同, 2004)。参『日本のE-isto名鑑』, 平井倭佐子「遠田先生の訃報に接して」(LVO 2003.6), 後藤純子「遠田先生への感謝と思い出」(LM 2003.8), 遠田弘一「父遠田裕政のこと」(RO 2003.10)。協遠田弘一。

か

何盛三｜が もりぞう｜1884.5.8～1948.10.10

東京/学習院中等科, 同高等科, 京大/本姓赤松, S-ro Kio, M. Que (ムッシュ・ク, 無宿のもじり)/海軍中将赤松則良 (1841～1920, 通称大三郎) の子, 森於菟の伯父, 東大新聞研究所長何初彦 (1911～1997) の父. 学習院在学中, 何礼之 (のりゆき, 1840～1923) の養子に (のち復姓). 武者小路実篤と学習院高等科で同期. 右翼団体老壮会, 猶存社の会員. ベトナム独立運動家を支援し, 潘佩珠「獄中記」(『日本及日本人』179, 1929掲載. 『ヴェトナム亡国史・他』所収) の訳者と推測される. 戦中は満洲国協和会嘱託としてハルビンに. 1947年引き揚げ. 中国語の教師や教科書執筆など. JEI創立時に入会し, 20年評議員, 宣伝部委員. 20年11月極東書院を作り, 22年に四方堂に引き継ぐまでE書を輸入. 22年日本女子大で80名にE講習. 同年柳田國男とともにE調査に関する帝国議会への請願署名活動の先頭に. 柳田とともにJapana Esperanto-Servoを計画. 26～28年JEI理事. 徳川家達, 後藤新平らにEを説き, 後藤をE普及講演会に引き出す. ラムステットのE講演の通訳も. 『現代支那語講座』で術語にEを付記. 伊東三郎は, 北一輝にEを教えたのはこの人と推定. ハルビンではパブロフと交友し, 隣同士に住んだことも. 安藤彦太郎は51年没とするが, 採らない. 妻赤松孝子 (旧姓及川) もE学習. 著「国際運動としてE宣伝」(『同方会誌』50, 1920),「世界に於けるE普及の概況」(『改造』1922.8),『北京官話文法』(太平洋書房, 1928),『中華国語読本』(共著, 同, 1929),『現代支那語講座』(共著, 同, 1929). 参「海外図書雑誌販売広告」(RO 1922.4), 三宅史平 'S-ro Kio? (Morizo Ga) mortis' (RO 1949.2), 有馬芳治「おもいで (3)」(LE 1953.12), 長岡新次郎「日本におけるヴェトナムの人々」(潘佩珠著, 川本邦衛・長岡新次郎編『ヴェトナム亡国史・他』平凡社, 1966所収), 川本邦衛「越南独立運動の志士と日本」(『週刊時事』1968.8.3), 安東彦太郎『中国語と近代日本』(岩波書店, 1988), 池本盛雄「E-isto何とラムステッド」(PN 1992.9), 内海和夫「忘れられたベトナムの古き友―曽根俊虎 (1847-1910) と何盛三 (1885-1951) について」(『東京外大東南アジア学』11, 2006).

カール王子｜Carl Bernadotte
1911.1.10～2003.6.27

スウェーデン, ストックホルム/スウェーデンの王族, エステルイェートランド公. スウェーデン王・ノルウェー王オスカル2世の三男カールの長男. 1937年身分違いの結婚により王族を離脱, のちスキャンダルを起こし, 後半生はスペインで. ストックホルムのBeskowska Skolan中学校で, Sam Jannson校長により設けられたE科目を受講し, 26年卒業にあたりスウェーデンE協会の試験に合格. その後E行事にも参加. 33年6月来日. 8月22日大阪駅通過時に出迎えた進藤静太郎, 桑原利秀らにEで応答. 27日神戸からの出航を見送りに来た月本喜多治, 脇田 (田村) はるゑらにもEで謝辞を述べる. 石黒修は公使を通じてカールのE文手紙が掲載された自著『Eの手紙書き方と文例』を献上. 父のカールもEを支持. 参「瑞典国皇太子殿下E展覧会に行啓」(RO 1933.6),「スウェーデン皇甥 今日御来朝 横浜着直ちに御入京」(『読売新聞』1933.6.23),「同志カルル王子」(EL 1933.8),「カール殿下に「E」誌献上」(RO 1933.10),「カール殿下Eでご挨拶 大阪E会の会員に」(EL 1933.10),「神戸E協会長等拝謁」(EL 1933.11), 鈴木北夫「関西著名E-isto歴訪記」(EL 1933.12),「カルル (父) 殿下 大会名誉委員を御快諾」(EL 1934.6), 'Obituary: Prince Carl Bernadotte' ("The Telegraph" 2003.7.17).

甲斐三郎｜かい さぶろう｜1894.5.18～1983.5.30

大分/台北中 (1913), 五高 (1917), 東大 (1921)/妻テルは大分県臼杵町長甲斐文七 (1872～1955) の長女. 新潟高教授をへて, 1923年高知高, 25年台北師範各教授. 42年台中師範, 44年台南工専各校長. 48年宮崎工業, 宮崎大淀高各校長, 50年宮崎大教授, 57～61年学長, 63年退官, 65年名城

大教授。25年より台北でE講習会を指導。28年2月JEI入会。30年欧米留学に発ち、第22回UK(オックスフォード)に参加。31年9月第1回台湾E大会委員。32年12月第2回台湾E大会長。UEAデレギート(台北)。義兄甲斐虎太はSAT会員。㊙甲斐テル、杉田正臣、松本淳。

貝沼愛三 | かいぬま あいぞう
1895.11.20〜1992.1.26

広島/広島師範/尾道市立土堂,長江各小学校教諭。一時中学の教壇にも。小学校長を定年退職後,尾道で「貝沼書店」を自営。1923年Eを学び,JEI入会。戦前,尾道E会幹事を務め,57年同会を再建し会長。61年広島E連合会,64年中四国E連盟各会長。66年10月中四国E大会(尾道)準備委員長。78年呉市の「おしゃべり会」に参加。UEAデレギート(尾道),JELE会員など。署'Malferma saluto de Zamenhof festo'(「La Riveroj」号外,広島E会,1963.12),「一にも二にも熟読を」(LM 1966.12)。参「動乱のチェコから苦悩の手紙」(『中国新聞』1968.10.12)。㊙貝沼広子,吉田肇夫,忍岡守隆。

カオ | Victor Luis Cao | 1917〜1982.1.1

ウルグアイ,モンテビデオ/ウルグアイの外交官。1954年からウルグアイE会の最高幹部。ユネスコの「モンテビデオ決議」(1954)実現にラペンナ(1909〜1987)を助けて尽力。62〜67年神戸に領事として駐在。神戸E協会に属して講習会や講演会などで活躍し,私的な交際も活発に行う。雄弁をもって関西圏のE運動にも大いに貢献。63年第11回関西E大会(天理)で講演。同年11月由里忠勝,宮本新治らと芦屋にロンド・ユンカーノ結成。64年モンテビデオ決議10周年に際し,ロンド・ユンカーノからモンテビデオ宛に祝賀メッセージを送付。82年2月27日神戸で偲ぶ会。署ウバルディ"La Verko"(Caimi と共訳,大本本部国際部,1962), 'Sed, kiel decas...'(「L'omnibuso」12, 1966.3)。参「カオ氏帰国」(RO 1968.1),吉持節夫「カオ氏のEに魅せられて」(RO 1994.9),山本登美子「やっと出会ったEだから」(EV

1992.7),鈴置二郎「神戸で活躍した宮本新治,由里忠勝,カオさんを偲んで」(RO 1998.9)。

香川昇三 | かがわ しょうぞう
1895.9.28〜1945.7.17

香川/一高(1920),東大(1924)/俳号桂舟/医学博士。女子栄養大創立者。1933年妻綾(1899〜1997)と家庭食養研究所設立。鈴木正夫と一高医科の同期。19年JEA入会(会員番号1453)。署『食品分析表』(栄養と料理社,1938),『胚芽米に就て』(同,1940)。参『炎燃ゆ』(香川栄養学園,1983)。

賀川正彦 | かがわ まさひこ
1898.7.17〜1966⇔1967

三重/三高(1921),東大(1926)/医学博士。永松之幹,八木日出雄らと三高三部の同期。1932年吉田病院(愛媛)内科医長。戦後,東京目黒区に開業。20年JEI入会。

賀川庸夫 | かがわ やすお | 1914〜1948以降

兵庫/専大(中退)/東京高円寺で賀川書店を経営。マルタ・ロンドで中垣虎児郎にEを習う。1940年7月検挙。署「Eに関する随筆的小記事」(『新聞批判』1937.11.27)。

柿内三郎 | かきうち さむろう
1882.8.14〜1967.12.24

東京/日本中(1899),一高(1902),東大医科大(1906),同理科大(1910)/筆名橘東海/医学博士。日本生化学会創設者。人類学者小金井良精(1858〜1944)の娘婿,星新一の伯父。1915〜18年米国留学。18年〜43年東大教授。退官後,倶進会を設立して幼児教育の振興を図り,47年3月音羽幼稚園長,同年4月日本学園高校長。06年JEA入会(会員番号351),26年頃までJEI会員。JEMA会員。署『生化学提要』(克誠堂,1925),『細胞の生化学』(岩波書店,1930),『幼児教育の先覚者柿内三郎先生—著作と思い出』(音羽幼稚園,1993),『遺稿集—柿内三郎の生涯』(志水禮子,2002)。参'Kakiuchi Jubilee Volume'("The Journal of Biochemistry" 25, 1937)。

柿原政一郎 | かきはら せいいちろう
1883.5.25～1962.1.14

宮崎/宮崎中(1900), 六高(1904), 東大(1907中退)/社会事業家石井十次(1865～1914)の甥。石井の推挙で実業家大原係三郎(1880～1943)の秘書となり, 右腕として活躍。1914年中国民報社長, 20年衆院議員, 35年宮崎市長, 37年宮崎県議。のち高鍋町長など。高鍋町名誉町民。六高在学中にガントレットからEを習う。23年太田郁郎が勤務先の中国民報社にEグループを組織した際, その会頭に。40年第28回JK(宮崎)顧問。署「石井十次」(正幸会, 1961)。参「岡山県・日本のニュルンベルグと言われるが…」, 荒川如矢郎『柿原政一郎』(柿原政一郎翁顕彰会, 1977)。協宮崎県立図書館。

角尾政雄 | かくお まさお | 1906～1991.11.29

富山/筆名角尾芳風, KAKUOHOF/国語教諭として高岡商高, 高岡西部高などに勤務。1931年Eを学び, 32年9月JEI入会。竹沢啓一郎, 岩田宗一郎, 野村理兵衛らとTinka Rondoを結成。漱石作品の共同E訳に取り組み, 北陸E連盟機関誌"Forta Voko"に発表。48年第2次JEA委員。49年高岡西部高E部を設立し顧問。79年富山E運動再興のため, 的場勝英, 新保外志, 須山幸男, 的場朋子らと協力し, 富山医薬大と技術短大合同の講習会を開催。同年AVKの購読会員となり, 90年まで各号に欠かさず寄稿。"La Instruoj de Budho"改訂版を校閲。UEAデレギート(高岡, 教育), JELE会員など。妻君子もE学習。署「言語社会学」("Forta Voko"北陸E連盟, 31, 1939.9), 「私の国際文通」(ES 1977.12～78.1), 'Tinka Rondo'(RO 1980.2)。参「特集 われらの2600年」(RO 1940.2), 菅野祐治「気軽にしゃべり気楽に書く事」(LV 1970.1), 「あのとき, わたしは…日本大会・戦争体験を語る会」(LM 1979.11), AVK 1992.2, 脇坂智証「JBLEの長老の逝去を悼む」(LJB 1992.3～4)。

筧邦麿 | かけひ くにまろ | 1937.7.26～2007.9.11

長崎/日大(中退)/父が大本の有力信徒で, 出口王仁三郎が名付け親。本人も大本信徒で, 1958～61年, 63～71年本部で奉仕, 65年准宣伝使。56年E学習。60年1月JEI入会。NV (4～20, 32～38)編集長。亀岡のEサークル Blua Ĉielo のメンバーとして, 66年度KLEG個人賞。67年大本の青年代表として第52回UK(ロッテルダム)に参加。75～76年JEI評議員。94年JEI終身会員。EPA, 亀岡E会各会員など。署「ポーランドに立ちよる」(RO 1967.10), 「第52回UKのあとさき」(RO 1967.12), 『体験的国際語論』(天声社, 1970), 「E語の民間外交」(『サンデー毎日』1979.9.23)。参『日本のE-isto名鑑』, 『Eと私』。協筧美智子, 俗大福。

筧二郎 | かけひ じろう | 1911.11.10～1996.12.10

茨城/日医大(1938)/1939年茨城県大洗に筧医院を開業。64年3月JEI入会。66年6月26日茨城E会を設立。JEMA会員。

筧太郎 | かけひ たろう | ？～1968以降

満鉄総裁室外国係から, 39年10月ニューヨーク事務所へ転勤。大連E会に参加。E書き『満州国案内記』発行に尽力。64年JEI再入会。署Waringhien「フランス文学とE」(RO 1936.4～5), 「満州国旅行案内栞に対する請求書状を整理して」(RO 1936.10), ヤングハズバンド『ゴビよりヒマラヤへ』(朝日新聞社, 1939), 「日本固有の事物の英訳」(『早稲田商学』201, 1968)。

筧隣太郎 | かけひ りんたろう
1899.12～1989以降

兵庫/三高(1921), 京大(1924)/横浜正金銀行に入り, 大阪, 奉天(現瀋陽)各支店支配人代理などをへて, 蒙疆銀行に転じ, 管理課長兼秘書課長。戦後, 東京銀行をへて, 東都産業社長。1923年頃JEI入会。

鹿児島茂 | かごしま しげる | 1882.7.4～1953.8

福岡/千葉医専(1906)/医学博士。眼科医。幼少期に左眼を失う。1909～12年大牟田で開業。16年より緒方知三郎の下で研究

に従事。23～25年千葉医大教授, 24年欧米留学, 26～41年熊本医大教授(後任は筒井祥子の義父筒井徳光)。退官後, 熊本市で開業。熊本医大在職中, Eで論文執筆。著『検眼鏡用法』(共著, 金原商店, 1930)。

葛西勝彌 | かさい かつや | 1885.1～1949.9.9

岩手/二高(1907), 東大(1910)/旧姓出淵/農学博士。駐米特命全権大使, 衆院議員出淵勝次(1878～1947)の弟。1917～21年米仏英留学。北大教授, 満鉄獣疫研究所長, 北里獣疫部長など。16年JEA入会(会員番号1091), のちJEIにも参加。JEMA会員。名簿上では大本信徒。著『医語ヨリ見タル希臘語』(克誠堂書店, 1930), 『馬の伝染性貧血』全2巻(養賢堂, 1949～50)。参『葛西勝彌博士追憶集』(同刊行会, 1951)。

笠井鎮夫 | かさい しずお | 1895.12.27～1989.5.21

岡山/東京外語(1919)/スペイン文学者, 心霊現象研究家。大本信徒。1927年文部省在外研究員としてスペイン, 中南米に留学。東京外大名誉教授など。65年スペイン政府から「イサベル・ラ・カトリカ勲章」。E学習歴は不明。59年ザメンホフ百年祭賛助員。著『西班牙語四週間』(大学書林, 1933), 『スペイン語四週間 改訂』(大学書林, 1956), 『日本神異見聞伝』(山雅房, 1974)ほか多数。参『シリーズ 長老を尋ねて 11』(『あづまの光』, 大本東京本部, 1981), 『追憶笠井鎮夫先生』(大学書林, 1990)。図硲大福。

葛西藤三郎 | かさい とうざぶろう | 1908.5.5～1981.8.9

青森/青森商(1928)/葛西藤太の弟。1935年青森県庁警察部保安課に就職。戦後は青森労働基準監督署長, 北海道労働基準局監督課庶務課長などをへて, 64年美唄労災病院, 67年青森労災病院各事務局長。68年札幌へ移り, 70年札幌社会保険労務管理事務所を開設。36年7月JEI入会。青森のE運動に兄藤太と挺身。札幌社会保険労務管理事務所に「国際語Eを学びましょう」の大看板を掲げて, Eを宣伝。札幌E会員。参「週間インタビュー」(『東奥日報』1968.2.12)。図葛西ノブ。

葛西藤太 | かさい とうた | 1904.9.20～1971.4.14

青森/青森商(1923)/葛西藤三郎の兄。今泉栄助と青森商の同期。弘前商教諭, 『東奥日報』記者など。戦後, 政治運動に入り, 『青森民報』発行名義人。1937年4月JEI青森支部初代代表, 同年6月15日青森E会を設立し会長。青森各地でしばしばE講習。46年第2次JEA委員。48年1月青森E会委員長。参高嶋ミヨ「父・葛西藤太の思い出」(LM 1984.4)。図高嶋ミヨ, 神潔。

風間恒弘 | かざま つねひろ | 1908頃～1943⇔1951

新潟/三高(1928), 京大(1932)/医学博士。松田正夫と三高理科乙類, 京大医学部の同期。京大医学部助手。1928年5月京大附属病院でE講習。京大進学後, 同校医学部E会長を務めた。松田とともに八木日出雄編 "Medicina Krestomatio" (JEI, 1935)の編集に協力。著「J. R. Scherer氏のRekta Metodo」(RO 1930.12), 「世界語と自然語の関係」(RO 1931.6)。

風間豊平 | かざま とよへい | 1888.8.15～1941.2.6

長野/海機(1907)/海軍少将。佐世保, 横須賀各工廠などをへて, 1920年呉工廠造機部部員。呉工廠広支廠機関研究部在勤中の23年頃JEI入会。著「腐蝕潰蝕と繰返応力との関係」(『機械学会誌』34:172, 1931)。

笠松エト | かさまつ えと | 1916.1.1～1987.3.13

東京/帝国音楽学校/栄登子, 芸名宇佐美エト, エト邦枝(くにえだ)/歌手。大蔵省に勤めながら音楽を勉強し, 帝国音楽学校を卒業。藤原歌劇団などをへて, 1947年歌手デビュー。オリジナルで歌った「カスバの女」(1955)がのちに沢たまきらにカバーされてヒットし, さらに青江三奈, ちあきな

おみらもカバー。この歌はアルジェリア人質事件 (2013.1) に関連して話題に。36年Eを学習し, Fronto Rondoや婦人E連盟に参加。参万沢まき「戦前の婦人E-istoたち」(EV 1975.6),「うたの旅人」(『朝日新聞』2010.4.10)。

風見章 | かざみ あきら | 1886.2.12~1961.12.20

茨城/早大/新聞人, 政治家。朝日新聞記者などをへて, 1923年から5年間, 信濃毎日新聞主筆。社説で女エスト支援の論陣を張る。30年衆院議員となり, 戦後にかけて通算7期。カナ文字やEの普及に努めた。参「信州の言論人」(『信濃毎日新聞』2003.7.4),『現代日本朝日人物事典』。

梶弘和 | かじ ひろかず | 1898.5.17~1978.4.24

愛知/愛知二中 (1917), 東京歯科医専 (1920)/旧名剛/歯科医。梶真知子, 博子の夫。E研究社を興し, 独自の立場でEの普及, 研究, 出版の活動を行った。個人でのE出版としては日本最高の点数を数える。1914年中学在学中にE独習。19年4月JEA入会 (会員番号1317)。21年8月静岡市に梶歯科医院を開業。24年JEI委員。25年弘和と改名。26年歯科医を辞め, 東京でE研究社を設立して, 常設講習会と通信添削講座を開設。4月28日JEIの通俗E講演会で「「歯」の衛生に就き」をEで講演。7月月刊E新聞 "Juna Azio" を創刊し, 28年5月から "La E-isto (エス語研究)" 誌に改題。"Amikoj de E" も発行。秋田雨雀とも相談して, 日本文学叢書として金子洋文, 菊池寛, 山本有三, 岡本綺堂, 林房雄, 江戸川乱歩らの短編のE訳, 由里忠勝『模範E会話』, 岩下順太郎, 佐々城佑校訂 "Paroladoj de D-ro L. L. Zamenhof", 志賀直哉著, 梶真知子E訳 "Krimo de Fan kaj morto de pguro〔范の犯罪〕", 石黒修のE通信講座など数多くのE書を出版。この間日本E会, 大日本E会, さらに32年田原春次, 三宅ヒサノ, 永井叔らと労農E連盟の設立を試みたが, いずれも失敗, 『和E辞典』の分冊発行にも着手したが未完成。出版活動困難に陥り, 35年頃愛知県三谷 (みや) 町 (現蒲郡市) で再び歯

科医院開業。妻博子と三谷E会を組織し後輩を指導。『和E辞典』(E研究社, 1935) を博子の絶大な協力で完成。戦後, 出版事業を再開させ, 53年 "Ni ne povas silenti" を小林司, 千賀郁夫らと協力して翻訳して出版し, 原爆の被害を世界に訴えた。ほかにも梶編『和エス辞典』(1957), 宮本正男 "Priarto kaj morto" (1967), 松葉菊延『和文E訳研究』(1971), 同『翻訳の実際』(1975) など多数を出版。52年4月6日TEL創立に際し初代会長。56年50周年記念第43回JK (東京) で表彰。57年第44回JK (名古屋) 会長。60年JEI語学委員会委員。UEAデレギート (東京), SAT会員。長女チエ, 長男隆もEを学習し, NHKラジオ「茶の間訪問」(1960.11.10) でE一家として紹介。64年名古屋でのザメンホフ祭で「父帰る」を家族で演じたほか, 各地の行事にもたびたび家族で参加。72年夫婦で, わかくさE会を結成し, 3月 "Junaj Herboj" 創刊。チエも同会に参加。夫婦とも千賀, 柴田皎ら門下に慕われた。蔵書は, 柴田を通して, 名古屋Eセンターへ。著アンデルセン著, ザメンホフE訳『海の娘〔Vireneto de Maro〕』(四方堂, 1925), "Verda mateno" (E研究社, 1926), 菊池寛 "La patro revenas〔父帰る〕" (E研究社, 1927 ; 宮本正男・石黒彰彦編 "El japana literaturo" JEI, 1965 に再録 ; 2007年ブラジルでDVD化), ドレーゼン『階級的イデオロギーを通じて見たるザメンホフ』(E研究社, 1930), 塩月正雄他 "Ni ne povas silenti!〔黙ってはいられない!〕" (小林司らと共訳, E研究社, 1953),「思い浮かぶまま」(RO 1969.11),「わが国E語出版界のあゆみ」(RO 1973.3) ほか多数。著書目録は, 朝比賀昇「梶さんのこと」(LM 1972.10) に。参RO 1926.3~5,『秋田雨雀日記』(1927.1.9), 紀伊宇「先人後人なで斬り帖 11」(SAM 1954.2),「先輩はなぜ・どうして学んだか」(RO 1956.6), 朝比賀昇「梶さんのこと」(LM 1972.10), 梶博子「Ni ne povas silentiのことなど」(LM 1977.1), 丹羽正久「梶弘和さんを悼む」(RO 1978.6), 同「追悼・梶弘和」(LM 1978.6), 梶博子 'Memorigajo de Hirokazu Kaji' (EV 1978.11), 石黒修「E六十年 26」(ES 1979.12),『近代日本社会運動史人物大事典』。

梶博子|かじ ひろこ|1905.9.1〜1990.10.12

旧姓野口/梶弘和の後妻。夫とともに蒲郡で三谷Ｅ会、わかくさＥ会などを盛り立て、夫の没後も会員に慕われる。1953年EVA初代会長。🖊「Ni ne povas silenti のことなど」(LM 1977.1)、「もう一押し」(LM 1978.11)、'Memorigajo de Hirokazu Kaji' (EV 1978.11)。📖『EVA 50年の歩み』(EVA, 2009)。🖼梶哲男、米川五郎。

梶真知子|かじ まちこ|？〜1935

梶弘和の先妻。詳細不詳。🖊志賀直哉 "Krimo de Fan kaj morto de paguro〔范の犯罪〕"(Ｅ研究社、1926)、堺利彦 'Kio estas socialismo'(『Ｅ語研究』1930.12〜？)。

梶井謙一|かじい けんいち|1899.1.14〜1985.12.7

大阪/北野中(1916)、大阪工業(1919)/日本アマチュア無線の草分け。梶井基次郎の兄。板屋叶と北野中の同期。住友電線製造所に勤務し、1925年阪神間20kmを中波で交信成功。53年日本アマチュア無線連盟理事長、59年社団法人化に伴い初代会長。21年6月JEI入会。56年50周年記念第43回JK（東京）内の通信・アマチュア無線・郵趣部会に参加。🖊『送信機の設計と製作』(CQ出版、1964)、『アマチュア無線入門ガイド』(誠文堂新光社、1967)。🖼日本アマチュア無線連盟。

カジ＝ギレイ|Nikolaj Aleksandroviĉ Kazi-Girej|1866.11.9〜1917.12.30

ロシア、ペテルブルグ/東清鉄道技師。1894年Ｅを学び、97年Ｅでスウェーデンを旅行し歓待される。ハルビンＥ会を創設し、会長。講習会をたびたび開催。1915年コスチンの勧めでハルビンを訪れた高橋邦太郎（技師）と中目覚を歓待。のちの鉄道大臣仙石貢(1857〜1931)らの議員団にＥの実用性を演出。初期の日本Ｅ運動に刺激を与える。🖊高橋邦太郎 'Mia peresperanta vojaĝo' (JE 10：10・11, 1915.11)、同「実になら ぬＥ漫談　3」(RO 1936.10)、田中貞美 'Mia impreso ĉe la tombo de nia pioniro Kazi-Girej' (RO 1940.3)。

鹿島卯女|かじま うめ|1903.6.26〜1982.3.31

東京/精華高女(1920)/号玉友/鹿島組会長鹿島精一(1875〜1947)の長女。1957年鹿島建設第5代社長、76年会長、78年名誉会長。20年代神田で中年女性からＥを習い、短い小説やザメンホフ伝を読む。JEI入会。晩年にも「今後一層Ｅが普及して、全世界の人々が誤解もなく、みんなが仲良く平和に暮らせるようになることを望む」と。🖊『道はるか』(河出書房新社、1962)、『ベルツ花』(鹿島研究所出版会、1972)、「ザメンホフ」(『鹿島建設月報』1980.4)。📖有馬真喜子「鹿島卯女と四人の息子たち」(『中央公論経営問題』17：1, 1978.3)、『鹿島卯女追懐録』(同編纂委員会、1983)。

鹿島則幸|かじま のりゆき|1908.9.1〜1993.12.30

茨城/京華中(1926)、國學院大(1929)/鹿島神宮宮司家の69代。北原二郎、楠美正と京華中の同期。伊豆山神社、常磐神社各宮司など。1926年頃JEI入会。増北美郎「Ｅ人国記(5)」(EL 1933.12)に「熱心な同志」と。📖深沢秋男「鹿島則幸文庫と桜山文庫」(『近世初期文芸』11, 1993)。

梶間百樹|かじま ももき|1888.1.20〜1966.11.29

山口/豊浦中(1906)/下関郵便局事務員、各地尋常小の代用教員をへて、1911年中央気象台の練習生に。のち寿都、釧路、長野、佐賀などの測候所長を歴任後、41〜46年下関測候所長。中卒後、健康を害して自宅療養中の10年8月頃長府で開かれた野原休一、黒板勝美の講演を聞いて、JEA入会（会員番号925）。のちJEIにも参加。長野Ｅ会長を務め、竹内藤吉の活動を支援。🖊『天気と天気予報』(古今書院、1926)、「長府でＥ学習の思い出」(RO 1936.6)。🖼原山武、山崎基弘、気象庁、下関市役所。

梶山亀久男｜かじやま きくお｜1930～1983.8.9

山口/山口県指定無形文化財鷺流狂言の保持者。1967年5月山口E会が設立された際,入門講座生として入会し,原田三雄,藤田武男らとともに同会の活動を支えた。公演の帰路に急逝。参'Tra Japanio'(RO 1983.11)。

梶山季之｜かじやま としゆき
1930.1.2～1975.5.11

朝鮮京城(現ソウル)/京城中(在学中終戦),広島二中,広島高師(1951)/小説家。産業スパイ小説を開拓して注目を浴び,推理小説,風俗小説はじめ多くの分野で活躍。朝鮮,原爆,移民の三つのテーマをライフワークと考えた。ハワイ大図書館に梶山コレクション,広島大文書館に梶山季之文庫。1920年代の朝鮮を舞台にした「木槿の花咲く頃」(『李朝残影 梶山季之朝鮮小説集』ほか所収)に,朝鮮人の登場人物が世界の共通語について「各民族には,歴史と誇りがあります。…新しく作ったE語を採用すべきです」と日本人主人公に向かって語り,主人公が「先見の明」と感動する場面が。著『梶山季之傑作集成』全30巻(桃源社,1972～75),川村湊編『李朝残影 梶山季之朝鮮小説集』(インパクト出版会,2002)ほか多数。参『現代日本朝日人物事典』。協岸田準二。

上代淑｜かじろ よし
1871.8.1(明治4.6.15)～1959.11.29

愛媛/梅花女学校小学科,マウント・ホリヨーク女子大(1897)/1889年山陽英和女学校教諭,93～97年米国留学,1908～59年山陽高等女学校長。敬虔なクリスチャンとして「愛と奉仕」を説く。岡山市名誉市民。05年頃ガントレットにEを学ぶ。53年第40回JK(岡山)で来賓挨拶。山陽女子中・高校に上代淑記念館,2013年現在Eクラブが存続。参三宅史平「岡山は晴れ」(RO 1953.11),濱田栄夫「上代淑先生と国際共通語」(『山陽学園短期大学学報』57, 1988),山根智恵「Eと上代淑」(『上代淑研究』3, 2000),同「上代淑とE運動」(『日本の教育 岡山の女子教育』吉備

人出版, 2006),『日本キリスト教歴史大事典』。協濱田栄夫,山根智恵,山陽学園大図書館。

柏康｜かしわ やすし｜1926.1.19～2001.12.7

山口/岡山医大/東北大医学部解剖学教室をへて,1964年海上自衛隊に入り,79年海幕衛生部長,83～85年自衛隊横須賀病院長など。E学習は岡山時代。58年6月から浦良治と東北大医学部でE講習。仙台E会,JEI各会員など。参艮陵同窓会百二十年史編纂委員会『艮陵同窓会百二十年史』(東北大艮陵同窓会, 1998), "Japanaj E-istoj"。

柏井忠安｜かしわい ただやす
1894.4.3～1989.12

奈良/畝傍中(1911),京都府医専(1917)医学博士。1924～34年京都府医大助教授。のち京都第一赤十字病院眼科部長などをへて,京都市に柏井医院を開業。26年JEMA創立後,京都府医大支部幹事を務めた。

柏木千秋｜かしわぎ ちあき
1911.10.22～2003.2.24

静岡/東大(1937)/法学博士。地裁判事をへて,1950～75年名大,76年創価大各教授。柏木法律事務所所長。27年大井学,小坂狷二のラジオE講座で学習。31年JEI入会。50年名大でE講習会を主宰。著『国防保安法論』(日本評論社, 1944), 'Lego por antaŭcesigo de detruaj agadoj' (LM 1952.9),「実用化を期待」(RO 1982.3)。参「柏木教授略歴および主要研究業績」(『名古屋大学法政論集』70, 1977),「柏木千秋先生略歴・主要著作目録」(『創価法学』22 : 1, 1992)。

柏原秀子｜かしわばら ひでこ｜?～?

東京/結婚後ロッシィ姓, Hideko Rossi/鉄道職員,文筆家,翻訳家。1936～37年頃E学習し,これを足掛かりにイタリア語を学び,イタリア大使館勤務。イタリア人Rossiと結婚してローマへ移り,バチカンの日本大使館に勤務。80年代まで同地でE活動。娘のDaniela YukikoもE学習。著カル

ロ・ダドーネ『小さなジョワンナ』（共訳, 実業之日本社, 1941), エンマ・グロッシイ「短篇小説 三人の姉妹」(『新女苑』6:1, 1942), 『愛の魂』（民生本社, 1948). 參「特輯　時代の青春」（『婦人朝日』1941.6), 池川清「戦後のヨーロッパから」(RO 1951.3). 協Michela Lipari, Carlo Minnaja, Antonio De Salvo, Renato Corsetti.

春日正一 | かすが しょういち
1907.2.13～1995.2.22

長野/赤穂小高等科(1921), 電気学校夜間部(1924)/参院議員, 日本共産党名誉幹部会委員など. 野村正太郎「中垣虎児郎さんのことなど」に, 「今年秋の旧友会で会長の春日正一さんが『私もEをやったことがあるが, いずれは国際語として必ず広くEが使われることになる』と話したとき, 私は本当に嬉しかった」と. 著『労働組合講話』(暁明社, 1948), 『私の青春と読書』（新日本出版社, 1970). 參野村正太郎「中垣虎児郎さんのことなど」(NR 1993.4), 『現代日本朝日人物事典』, 『近代日本社会運動史人物大事典』.

春日井真也 | かすがい しんや
1914.7.10～1991.10.19

大阪/大谷大/文学博士. 甲南女子大, 愛知学泉女子短大各教授. 1955～64年インド国立ヴィシュヴァバラテイ大日本学部長. 甲南女子大に春日井真也文庫. 70年JEI入会. 著『インド』（同朋舎出版, 1981), 『インド仏教文化の学際的研究』（百華苑, 1984).

加瀬俊一 | かせ としかず | 1903.1.12～2004.5.21

東京/東京府立一中(1921), 東京商大(1927中退)/外交官. 妻寿満子は小野俊一, 英輔の妹. 外交評論家加瀬英明の父. 1925年外務省在学研究員として渡米. 優れた語学力でロンドン軍縮会議, 国際連盟脱退, ミズーリ号上の降伏調印式などに列席. 55年から国連加盟に尽力し, 56年加盟にあたり初代国連大使. 北川三郎と一高独法科の同期. 東京商大在学中にJEI入会. 著『加瀬俊一選集』全6巻（山手書房, 1983～84)ほか多数. 參『現代日本朝日人物事典』.

片岡孝 | かたおか たかし
1921.11.30～1999.8.13

兵庫/大阪外大/ロシア語学者. 大阪外大教授. 1950年代肺結核で療養中, 療養所内でE宣伝. 大阪外大E会顧問を務めた. 參「個人消息」(LM 1956.9).

片岡敏洋 | かたおか としひろ
1942.1.9～2003.11.19

新潟/都立大/電気技師. 晩年, 日野市でポプラ電気サービスを自営. 高校在学中の1959年2月JEI入会. 68年世界学生平和友好祭（ソフィア）にE-isto代表の一人として参加し, インドなどを巡って71年帰国. 77年手塚登士雄らと「人権を考えるE-istoの会」を結成. 日野E会再建に尽力. E詩の朗誦を得意とした. SAT会員. 著'Fingropremajoj' (RO 1984.6), 『ウプサラからの微笑み』（ミーナ出版, 2005). 參手塚登士雄「片岡敏洋さんのこと」(RO 2004.4). 協手塚登士雄, 村田和代.

片岡好亀 | かたおか よしき
1903.10.24～1995.1.28

北海道/函館師範(1921中退), 東京盲学校師範部(1930)/函館師範在学中の1921年緑内障で失明, 退学. 鳥居篤治郎の影響で, 教員として生きることを決意. 30年東京盲学校鍼按科嘱託講師, 36年名古屋盲学校鍼按科主任教諭. 46年近藤正秋(1903～1997)らと愛知県盲人福祉協会を設立, 52～94年会長. 64年3月名古屋盲学校を退職し, 同年4月名古屋ライトハウス理事長, 77～95年会長. 83年第1回鳥居篤治郎賞. Eは, 東京盲学校在学中の23年山口国太郎教諭（鳥居篤治郎の教え子）から手ほどきを受けた後, 小林英夫の指導で本格的に学習. また, 同校によく出入りしていた由比忠之進に習ったことも. 38年頃自宅でE会話会を主宰. 58年1月川村清治郎, 由比, 早稲田裕らと自由ヶ丘ロンド結成. 64年からライトハウスを名古屋E会の会合に提供. 71年JABE理事長. 74年5月第23回東海E大会（名古屋）で"Kial mi lernas kaj instruas E-on?"を講演。著『国際盲教育者会議報告書 第2回』(私家版, 1957),「鳥居篤治郎先生の思い出」(『特殊教育三十年の歩み』教育出版, 1981),『私の歩んだ77年』(点字版, 1983)。参「盲人のための教材づくりと講習会を語る」(LM 1980.3), 原田良實「名古屋の地で教育・福祉向上に尽力 片岡好亀先生」(『視覚障害』259, 2009),『道ひとすじ』,『闇を照らすもうひとつの光』。協 丹羽正久, 名古屋ライトハウス。

片桐清治 | かたぎり せいじ
1856.2.22(安政3.1.17)〜1928.1.21

陸奥国(現岩手)/水沢県小学校則伝習所, 同志社英学校(1885)/同志社女子大学長片桐哲(1888〜1982)の父。小学校長から牧師に。恩師新島襄の遺志を奉じて東北各地で伝道に従事。1885年水沢教会初代牧師, 97年日本組合教会宮城教会牧師など。E学習歴は不明。24年7月26日, 萱場真が大日本基督教徒E協会を設立した際, 萩原信行, 山本有成, 松本以策とともに賛助員に。参『日本基督教団仙台北教会95年記念誌』(日本基督教団仙台北教会, 1983),『片桐清治・哲父子顕彰』(同志社校友会・岩手支部, 2007),『日本キリスト教歴史大事典』。

片野重脩 | かたの しげなが
1891.1.21〜1978.3.27

秋田/横手中(1909), 一高(1912), 東大(1916中退)/1922年横手町長, 23年秋田県議, 30年から衆院議員2期。秋南新報社, 秋田相互銀行各社長など。E学習歴は不明。1929年横手E会創立に際し名誉会頭。参RO 1929.9。

片山潜 | かたやま せん
1859.12.26(安政6.12.3)〜1933.11.5

美作国(現岡山)/グリンネル大, イェール大/旧姓藪木菅太郎/日本の労働運動, 社会主義運動の先駆者。1914年日本から亡命して渡米, 21年からモスクワでコミンテルン常任執行委員。キリスト者。27年ロシア革命10周年記念に16ヵ国の労働者E代表(日本からは秋田雨雀)を招待。同年イドのロシア大会にメッセージを寄せる。「自分もずいぶん前にEを勉強したことがある。Eが初等教育の課程に採用されることは望ましい」旨を発言したと伝えられる(武藤丸楠編『日本E学事始』鉄塔書院, 1932)。著『片山潜著作集』全3巻(片山潜生誕百年記念会, 1959〜60)ほか多数。参 隅谷三喜男『片山潜』(東京大学出版会, 1960), 'K-do Sen Katayama pri lingvo internacia' (RO 1962.1), 坂井松太郎「片山潜の"国際語について"のこと」(NR 15, 1970.2), 同 'Opinio de Sen Katajama pri la internacia lingvo' ("L'omnibuso" 37, 1970.5), 大河内一男『幸徳秋水と片山潜』(講談社, 1972),『現代日本朝日人物事典』,『近代日本社会運動史人物大事典』,『反体制E運動史』,『解放のいしずえ』。

勝枝利潤 | かつえだ りじゅん
1900.10.25〜1990.9.24

熊本/龍谷大/寿泉寺(熊本県球磨郡)住職。1923年頃JEI入会。26年7月5日土肥実雄とともに人吉E会結成。29年JEI入会。30年7月講習会を催し, E学寮を設立。31年人吉E会長。34年渡米し, 9年間カリフォルニア州のフレスノ別院で布教活動。82年JEI再入会。参「風変りの学校」(『九州新聞』1931.2.23),「人吉E会の近況」(RO 1931.3),「勝枝利潤氏の渡米」(RO 1934.8)。協 勝枝之総。

勝沼精蔵 | かつぬま せいぞう
1886.8.28〜1963.11.10

静岡/静岡中, 一高(1907), 東大(1911)/血液学者。医学博士, フライブルク大名誉博士。1919年渡仏。名大学長, 名誉教授など。西園寺公望の主治医。40年帝国学士院賞。横田武三と一高医科の同期。学生時代E学習。著『桂堂夜話』(黎明書房, 1955),『内科学』全2巻(医学書院, 1956〜57)。参「うごき・富山」(RO 1953.5), 三輪和雄『乱世三代の夢』(講談社, 1991),『現代日本朝日人物事典』。

勝部鎮雄｜かつべ しずお｜1905.7.1~1981

大阪/阪大(1939)/大阪医大在学中に無産者医療同盟に参加、1932年検挙、退学、37年復学。国立矢根山病院内科に勤務。50年レッドパージで失職。のち西淀川区柏花診療所長をへて、69年加島病院副院長。大阪医大在学中にEを学び、JEMAに参加。KLEGの活動を支援。著『石原修論』(勝部鎮雄還暦のつどい発起人会、1965)。

勝俣銓吉郎｜かつまた せんきちろう｜1872.12.18(明治5.11.18)~1959.9.22

神奈川/横浜英和学校、国民英学会(1896)/本名銓吉/英語学の大家。1897~1901年ジャパン・タイムス記者。のち東京府立四中教諭、三井鉱山の英文秘書をへて、06年早大講師、11~43年教授、51年富士短大初代学長。20年早大E会長に就任。28年大木克巳、大坪義雄らと早稲田第一高等学院E会結成。「英語が第一でEが第二たるべき」が信念。著『英語活用大辞典』(研究社、1939)、『新英和活用大辞典』(研究社、1958)ほか多数。E関係に「国語愛」("La Verda Studento"早大E会、5、1933)など。参RO 1920.12、成田重郎「過ぎし日の十字架の下に」(RO 1936.6)、出来成訓「英学者勝俣銓吉郎」(『英語史研究』9、1976)、『英語学人名辞典』。

勝本清一郎｜かつもと せいいちろう｜1899.5.5~1967.3.23

東京/慶大(1923)/別名松山敏、勝本青水/近代文学研究家、評論家。1929年独仏留学。ベルリン反帝グループに属し反帝・反ナチ活動を展開。戦時下、小林多喜二「一九二八年三月十五日」(貫名美隆によるE訳あり)の原稿を特高と戦禍から守り通した。E学習歴は不明。56年日本E運動50周年記念に際しJEI賛助会員。著『赤色戦線を行く』(新潮社、1930)ほか多数。参『現代日本朝日人物事典』。

勝守寛｜かつもり ひろし｜1925.2.17~2004.6.9

愛知/九大(1947)/工学博士。京大助教授時代に湯川秀樹の薫陶を受けて世界連邦運動へ。1966年中部工大教授、75~79年副学長。92年第9条の会日本事務局代表。終戦直後にE学習。一時中断をへて、82年名古屋Eセンター、JEI入会。Eを使う機械翻訳も研究し、関係論文を多数発表。91年第40回東海E大会で「自然言語における意味のファジー性について」を講演。JPEA会員。著「Eを仲介言語とする機械翻訳システム」(共著、『中部大学工学部紀要』22~26、1986~90)、『E物理学用語集』(牧野悟・山盛淳子と共編、中部工大工業物理学教室・E研究会、1987;1992改訂)、「Eを使った機械翻訳システム」(RO 1988.6)、「『E物理学用語集』の作成について」(LM 1988.7)、シップマン『新物理学』(共訳、学術図書出版社、1998)、'Usona universitata profesoro fondis la societon de la artikolo naŭ' (LM 1991.7)、『第9条と国際貢献』(影書房、2003)。参「地球をつなぐE」(『読売新聞』1986.11.19)、初芝武美「『E物理学用語集』を読んで」(RO 1988.3)、『中日新聞』(1992.5.31)、「日本のE-isto名鑑」、小中陽太郎「『第九条の会』を支えた二人の博士」(『軍縮問題資料』279、宇都宮軍縮研究室、2004)。

桂枝雀(2代)｜かつら しじゃく｜1939.8.13~1999.4.19

兵庫/神戸大(1961中退)/本名前田達(とおる)、前名桂小米(こよね)/落語家。上方落語界で人気を博した。最期は自殺。宮本正男によれば、桂小米時代(枝雀襲名は1973年10月)、KLEG事務所に来訪。81年1月24日近畿放送ラジオ「桂枝雀のモーニング」に藤本達生を招いてE授業をさせ、自分も「25年前にやった」と。『週刊現代』(1981.3.12)に「言葉が好きだから本はいつも持ち歩き、今日はE語の本と大西良慶さんの本を持っている」と。著『桂枝雀と61人の仲間』(徳間書店、1984)ほか多数。参『現代日本朝日人物事典』。

桂井富之助｜かつらい とみのすけ｜1902.8.31~2000

北海道/七高(1922)、東大(1925)/理学博士。福永五三男、米山修一と七高理科甲類

の同期。理研,国立国会図書館などに勤務。のちパイロット万年筆顧問。英語が堪能で,1969〜81年日本化学会欧文誌編集顧問。東大在学中にJEI入会。著『コロイドの理論』(河出書房,1947),『ノーベル賞ものがたり』(興洋社,1950)。参桂井仁『親愛なる「ユニークな」一研究者,桂井富之助の記録』(ワニプラン,2002)。

葛山覃 | かつらやま ひろし
1889.12.18〜1946.12.12

高知/岡山県金川教員養成所(1904),東京盲唖学校尋常科(1907),同鍼按科(1910),東京盲学校教員練習科(1911)/3歳の時,高知市から岡山市に移住。1911年私立岡山盲唖学校教諭。20年岡山県盲人技術協会を結成。23年東京盲学校の級友今関秀雄(1889〜1952)らと日本盲教育同志倶楽部を結成し理事長。27年県立移管により県立岡山盲唖学校教頭。44歳の時,全盲に。キリスト者。日本の盲教育にE導入を試みた先覚者の一人。難波金之助と親交。著『マッサージの術方式の栞』(編著,私立岡山県衛生会,1920)。参『闇を照らすもうひとつの光』,『道ひとすじ』。図筒井祥子。

加藤一郎 | かとう いちろう | 1949.1.1〜2009.1.7

西洋史研究者,文教大教授。1994〜99年JEI会員。95年第10回E文化フォーラムで「E語再考」を講演。論文の本文や抄録をEで執筆。著「英語支配の下でのE運動の可能性」(RO 1996.3),「第二次大戦に関する歴史的修正主義の現況」(『教育学部紀要』文教大,31〜35,1997〜2001),「ニュルンベルク国際軍事法廷憲章批判」(同,36,2001)。

加藤一雄 | かとう かずお | 1903〜1982.1.7

愛知/名古屋高商(1927)/石づかガラス,東海ガラス共販,栄新薬などに勤務し,1981年退職。世界連邦建設運動に参加。名古屋高商E会で活動。68年1月JEI入会。73年名古屋E会副会長。名古屋Eセンター出版会に出資。著「私の提言」(RO 1977.3)。参『センター通信』78〜79(名古屋Eセンター,1982)。

加藤観澄 | かとう かんちょう | 1868?〜1938.5.3

福井/天台宗瀧泉寺(東京,目黒不動尊)住職,大僧正。大正大の創立に参画。「衣の下に仏書とE語の本を一緒に抱えて歩いた」と報じられたが,不詳。参「仏教界の新人目黒不動尊の加藤大僧正 けふ天台古式の葬儀」(『東京朝日新聞』1938.5.7)。

加藤勤也 | かとう きんや | 1906頃〜1943⇔82

福岡/五高(1927),九大/医学博士。野崎延喜と五高理科甲類の同期。満鉄鞍山医院に勤務。五高在学中にJEI入会。

加藤孝一 | かとう こういち | 1909.7.1〜1982.9.6

熊本/熊本商工/1925年熊本電気に入り,40年張家口蒙疆電業へ。45年11月引き揚げ後,46年九州配電に入り,47〜48年電産労組中央副委員長。50年レッドパージで失職。51年北星映画に入り,九州,大阪,北海道支社長。55年11月上京し,56年調布撮影所へ。最後はTEAビデオセンターに勤務。Eは熊本電気入社後に独習し,30年熊本E会・希望社熊本支部共催の講習会に参加,その後熊本E会や勤務先のE講習会の講師。36年8月熊本E連盟設立に参加。37年第14回KEL大会(熊本)の準備に奔走。39年9月プロエス事件で伊東三郎,市原梅喜と検挙,40年4月釈放後,中国へ渡り,6月淵田多穂里,伊藤修,小池常作と張家口E会創立。48年藤川義太郎,足立長太郎らと電産E会結成。49年第2次JEA委員。56〜67年JEI評議員。宮本正男『日本語E辞典』校正に協力。交通事故で没。著「千万無量」(RO 1963.1〜2),『E便覧』,「永浜,伊東,中垣三先輩の思い出」(NR 1975.4〜76.12)。遺稿に「改訂新選E和補正考」,大田洋子著 'Kadavra urbo〔屍の街〕'。参福田正男「『E便覧』の共著者加藤孝一氏の不慮の死を悼む」(RO 1982.11),『近代日本社会運動史人物大事典』

加藤静一|かとう せいいち
1910.1.29〜1987.12.5

岐阜/一高(1930)、東大(1935)/筆名丸佐十郎(malsaĝulo「愚者」から)/太原同仁会勤務医、樺太医専教授をへて、1946年松本医専、54年信州大各教授、73〜81年信州大学長、85年江戸川女子短大初代学長など。松本医専在職中、戦後の日本医学界がドイツ医学からアメリカ医学へ転じたことに反発し、大内弘の指導でE学習。55年11月JEI入会。56年11月松本E会長。60年世界初のEによる眼科学の教科書"Lernolibro pri oftalmologio"を出版。72年第21回関東E大会(松本)委員長。72年8月篠田秀男の後を継いでUMEA会長。76〜78年JEI評議員、79年参与。UEAデレギート(医学、松本)、JEI終身会員、JELE、JEMA、JESA各会員など。弟文男、長男の妻桂子(旧姓唐橋)もE学習。著"Lernolibro pri oftalmologio"(JEI, 1960 ; 1963年改訂；オールド編"Nova E-a Krestomatio" UEA, 1990に抄出)、『小天地』(新信州社、1970)、'Oftalmologio'("Heroldo de E" 1972.3.16)、「E書き『眼科教科書』のことなど」(ES 1979.5)、『十年経たるか』(形象社、1981)。参駒村久弥「加藤静一先生追悼の記」(RO 1988.2)、手塚丞「長野での関東大会の思い出」(『関東E連盟40年史』)。

加藤清之助|かとう せいのすけ|1914〜1980以降

郵便局に勤務。1931年E学習。35年神谷四郎と知立E会設立。80年JEI入会。

加藤隆通|かとう たかみち
1910.11.3〜2001.1.10

三重/富田中(1928)、八高(1931中退)/戦後、日本社会党に入り、1951〜67年桑名市議、67〜83年三重県議。日中友好・平和運動に尽力。八高在学中に都留重人の勧めでE学習。31年3月JEI入会。33年頃五井義雄らに呼びかけ、桑名E会を結成。36年1月五井、福田正男らと北勢E連盟創立、38年12月頃まで月刊回覧誌「Nipponlando」を31号発行。38年「E文学友の会」の組織に伊東三郎、加藤孝一、市原梅喜らと動き

出すも、翌年1月斎藤秀一に雑誌を送ったために、兵庫県の義兄宅で検挙され、懲役2年、執行猶予5年、計画も頓挫。47年第2次JEA委員、48年評議員。52年川村清治郎、豊田元樹らとTELを組織し副会長。著'Nia espero' (SAM 1951.2)、「回覧雑誌『HEL』の思い出」(SAM 1989.4)。参朝比賀昇「E運動に対する太平洋戦争中の弾圧について」(RO 1980.11)、嶋田恭子「この人と1時間」(ES 1983.9)、鈴木仁・小川裕之「戦前のE運動の群像」(『社会評論』小川町企画、77, 1990)、『近代日本社会運動史人物大事典』、『名古屋E運動年表』。

加藤正|かとう ただし|1906.2.11〜1949.2.3

徳島/甲南高、京大/マルクス主義哲学者。エンゲルスに傾倒し、『自然弁証法』を翻訳。日本共産党に入党し、党派性論争や主体性論争を展開。戦時下に検挙されたが、非転向を貫く。戦後、党再建に努力。高校時代E部に所属し、後輩の坂田昌一を指導。著山田宗睦編『加藤正全集』全2巻(現代思潮社、1963)ほか。参佐藤文隆『破られた対称性―素粒子と宇宙の法則』(PHP研究所、2009)。

加藤剛|かとう つよし|1888〜1944以降

和歌山/第2代和歌山市長加藤晃(1854〜1938)の長男。大阪音楽学校理事など。1923年頃JEI入会。

加藤輝雄|かとう てるお|1913.11.2〜2001.1.18

福岡/小倉商/製鋼原料商。出光商会台北支店在勤中にEを独習し、1934年2月JEI入会。同年ヤパーナ・コレスポンダ・グループ(神戸)設立に参加。65年第50回UK(東京)のために九州後援会を組織。66年より榎山時次郎に代わってKELの会計を担当。72年北九州E会理事長。95年JEI終身会員。E文のエッセー集を6点自費出版。北九州の例会の指導、若松図書館へのE書寄贈や国際親善運動などを続けたほか、JEIの地方機関誌賞、文学新人賞などに匿名で基金を提供したり、E関係図書の出版資金を援助したりするなど、経済的にもE運動を支

援。🖋「マンシュウコクで結構」(『福岡日日新聞』1935.4.9), "Kiel ajn longa estu mia vojo!" (私家版, 1974), "Pen-Klubo" (同, 1980), "Ne Vendu Oleon" (同, 1982), "Tombo-vizito en pluvo" (同, 1985)。参梶弘和「質疑応答」("Amikoj de E" E友の会, 3:5, 1934),「四連盟人物風土記(3)」(LM 1963.11), "Informilo" 13 (北九州E会, 1972),「顕彰者からのお便り」(RO 1990.11), 蜂谷千寿子「加藤輝雄氏をしのぶ」(RO 2001.4), 古賀史郎「加藤輝雄氏を悼む」(LM 2001.4)。協加藤裕三, 吉部洋平。

加藤宣道｜かとう のぶみち
1903.1.10～1943以降

愛知/金沢医専(1924)/1927～35年奈良外科病院に勤務後, 桑名市に加藤性病科診療所を開業。23年頃JEI入会。26年4月より金沢商業会議所でE講習を指導。同年JEMA創立後, 金沢医大支部幹事に。参小林東二「新聞切抜帳より」(RO 1926.5)。

加藤明子｜かとう はるこ｜1877.8.25～1934.7.8

岡山/検定/本名新(しん)/女学校の国語教師。熊本市で勤務時, 女性で初の高等官の教師になったと伝えられる。1919年大本に入信, 出口王仁三郎の秘書を務め,『霊界物語』などの筆録に参加。23年大本を代表して同志社大のE講座に派遣され, 重松太喜三からEを学ぶ。これがきっかけで同教団は, 同年夏, 重松を招いてE講習会を開催し, E採用へ。大本初期の初等E講習を指導。🖋出口王仁三郎『水鏡』(編, 第二天声社, 1928), 同『月鏡』(編, 同 1930), 同『玉鏡』(編, 天声社, 1935)。参『大本70年史』。協俗大福。

加藤辨三｜かとう べんぞう｜1900頃～1943以降

福井/広島高師(1922)/英語教諭。七尾高女教頭などをへて, 1935年金沢一中教頭。28年上田高女にE語同好会を組織し, 教員, 生徒に指導。JEI会員。参RO 1928.12。

加藤正典｜かとう まさのり
1928.11.6～1984.11.15

早大(1951)/東亜合成化学工業に勤務。69年頃からE学習。83年JBLE入会。娘の万里もE学習。ESに寄稿。

加藤正美｜かとう まさみ｜1888.11.5～1943以降

東京/東京府立一中(1907), 陸士(1910)/歩兵科より航空科へ。1931年陸軍中佐, 32年関東庁航空官, 35年予備役。のち川崎造船所飛行機工場検査部長, 豊国機械大江工場長など。21年JEI入会。33年12月JQAK(大連)より「ザメンホフと記念祭について」をラジオ放送。🖋「航空とE」(RO 1929.1),「航空用語解」(RO 1930.1～2)。

加藤正道｜かとう まさみち｜1884.12～1951以降

山形/山形中(1904), 四高(1908), 東大(1913)/新井堯爾と四高一部法科の同期。商工大臣官房統計課長, 札幌鉱山監督局長など。1921年4月JEI入会。🖋チャーマース・オーエン共著『英国海上保険法』(厳松堂書店, 1920), テンプルマン『海上保険』(同, 1922)。

加藤節｜かとう みさお｜1882.10.23～1938.5.30

東京/東京高等商船/大阪商船シンガポール駐在員, 台湾総督府海事官などをへて, 1932年以降, 基隆鉄工所, 香取鉄工所, 高雄鉄工所などを経営。妻花子と3男3女を残して台北で没。高等商船在学中の06年春, 友人からEのことを聞き, 有楽社からO'Connor "E. The student's Complete Text Book"を取り寄せて独習, 英国E協会に入会。同年5月28日横須賀に日本E協会を設立し, 6～9月日本最初の市民対象講習会を横須賀幼稚園で開催。黒板勝美らによるJEA創立に際し, 日本E協会をJEA横須賀支部に改組。9月JEA評議員。のち外国航海の折にEが想像ほどヨーロッパで実用されていないと感じてEから離れたとされるが, 31年9月第1回台湾E大会委員。日本初の「君が代」のE訳者。66年6月18日E

運動60周年記念の集まり（横須賀）には遺稿が展示され，妻が参加し挨拶．署『E独修』（岡崎屋書店，1906），「横須賀に日本E協会を創立した当時の思い出」（RO 1936.6)．参「横須賀E運動小史」（RO 1926.6)，小坂狷二「加藤節氏」（VS 1963.6)，同「もみくちゃ君が代」("La Torĉo" 伊予巴西三，60，1964)，三宅史平「加藤節」（RO 1966.6)，小坂狷二「加藤節補遺」（RO 1966.8)，「60周年記念の集まり」（同)，湯田明「Eの人々」（『市史ノートよこすか』2, 1991)，『近代日本社会運動史人物大事典』,『日本E運動史料 I』．

加藤美之｜かとう よしゆき｜1890.12.4～1938.2.7

岐阜／八高（1913)，九大（1917)／旧姓市岡／小野興作，高原憲と九大医学部の同期．田原病院（愛知）などをへて，1921年岐阜県恵那郡坂下町に得春堂医院を開業．23年頃JEI入会．JEMA会員．

門川俊三｜かどかわ しゅんぞう｜1898.12.28～1981

兵庫／東京商大（1923)／門川敏の夫．住友銀行に勤務し，1943年住友金属工業製鋼所会計課長に出向，翌年住友本社名古屋業務所長，住友金属名古屋出張所長兼務ののち，52年住友金属工業参与，54年兵庫繊維工業取締役など．Eは，結婚当初，夫婦で学習．一時中断をへて，69年春より夫婦で本格的に再学習．69年9月 Rondo Kunflue 創立に参加し，合宿に自宅を提供．のち神戸Eクルーボ，神戸E会に．署「第60回JK並びに第5回KLEG 林間学校参加記」（SL 1973.10)，'Kiam prezentiĝis kino en Kobe?'（SL 1974.4)．参「Jen ŝi, jen li」（LM 1975.2)．

門川敏｜かどかわ とし｜1905.4.27～1995.1.15

兵庫／神戸女学院／門川俊三の妻．Eは，結婚当初に夫婦で学び，1969年春より夫婦で再学習．同年9月1日 Rondo Kunflue 発足に際して会計担当．JK，関西大会，林間学校にも参加．74～92年 JEI 会員．のち神戸Eクルーボで書記．神戸E会員．署'Malju-nulo vivas en sia rememorajo'（SL 1974.4)，「ロンド・クンフルーエの頃」（SL 1975.5)．参「Jen ŝi, jen li」（LM 1975.2)．

門倉清広｜かどくら きよひろ｜1877.1.4～1937以降

神奈川／歯科医．東京の歯科医伊沢道盛の下で歯科医術を修め，1900年神戸に門倉歯科医院を開業．兵庫県歯科医師会議長，神戸市歯科医師会長など．06年JEA入会（会員番号60)．

角野真一｜かどの しんいち｜1900.10.5～1987

兵庫／パルモア英学院，正則英語学校／別名丸生／蒸留工．1930年3月神戸から名古屋へ移り，全協中部地方協議会常任委員．同年12月検挙され，34年2月懲役2年，執行猶予5年．36年4月ポポーロ社に参加，佐藤時郎を支援して，12月書記に．その後，治安維持法違反容疑で検挙2回．戦後は「生活と健康を守る会」で活動．参『特高月報』1943.1,『プロレタリアE運動に付て』．

金井為一郎｜かない ためいちろう｜1887.3.10～1963.5.22

長野／一高（中退)，東京神学社（1912)／一高在学中に日本アルプスで遭難して九死に一生を得たことから，キリスト教の伝道者に．1946年日本聖書神学校創立．48年9月池袋西教会初代牧師．日本基督教団設立時に中央委員を務め，女子学院理事，報恩信愛会理事長として教育・社会事業にも献身．06年JEA入会（会員番号257)．署『金井為一郎著作集』全3巻（キリスト新聞社，1974～77）ほか多数．

金井太郎｜かない たろう｜1902.3.24～1994.2.27

長野／東大／高校の英語教諭．東大名誉教授金井圓（1927～2001）の父．1984年12月JEI入会，91年終身会員．晩年，ザメンホフ訳のアンデルセン童話を読破．署'Responde al s-ro Mituisi'（RO 1990.5)．協 金井教子．

金井博治|かない はくじ|？〜？

群馬？/法学士。第19回衆院選に群馬1区から出馬。『和E辞典』を著すが、編纂方針と内容をめぐり岡本好次から批判され、RO誌上で論争。🖊『和E辞典』(未来社, 1929),「拙著和エス辞典の批評に対し岡本氏に答ふ」(RO 1929.12),『E和中辞典』(未来社, 1934),『現代社会悪化救済と生活保証』(未来社, 1935).

金松賢諒|かなまつ けんりょう|1915〜1986.3.9

京都/大谷大, 京大文学部選科/1947〜64年大阪府大助教授。52年9月より1年間フルブライト奨学生としてコーネル大、シカゴ大でギリシャ哲学を学ぶ。64年大谷大教授。34年9月〜37年9月大谷大E会の機関誌"La Paco"(11〜16号)を編集、ラフカディオ・ハーンの作品や『万葉集』などのE訳を発表。"tempo"誌にも翻訳や詩を寄稿。65年1月JEI入会。中村陽宇・宮本正男編"Japana kvodlibeto"(La Laguna : Stafeto, 1965)に詩3編が収録。🖊ラフカディオ・ハーン著'Oŝidori〔鴛鴦〕'("La Paco"大谷大E会, 12, 1935), 同'Historio de Otei〔お貞の話〕'(同), Nikolaus Cusanus 'Dialogo pri la kaŝita dio inter la du, el kiuj unu estas herezulo, la alia kristano'("Oomoto"1978.7〜12), プラトン『国家』(共訳, 玉川大学出版部, 1982).参太宰不二丸「金松賢諒博士逝去」(LM 1986.8), 同「金松賢諒博士をいたむ」(LJB 1986.10).

金丸重嶺|かなまる しげね|1900.7.10〜1977.12.7

東京/東京YMCA英語学校(1920)/広告写真のパイオニア。1923年ベルリン・ヘルムアーベル写真学校に学ぶ。日大名誉教授など。E学習歴は不明。59年ザメンホフ百年祭賛助員。🖊『新興写真の作り方』(玄光社, 1932),『写真芸術を語る』(朝日新聞社, 1970).参『現代日本朝日人物事典』.

金子愛司|かねこ あいじ|1921.3.30〜2003.3.4

神奈川/東京文理大(1944)/千葉師範助教授などをへて、1948〜78年大洋漁業技術研究員。のち海洋牧場、日本捕鯨企画開発室各顧問。Eは、91年4月飯田橋で1日講座を受講後、5月より早稲田E会館にて中山緑、石野良夫、石野昌代の指導で学習。95年病気で学習断念。祖父金子菊司(1937年没)、妻百合子もE学習。参石渡博「日中戦争時代の老E-istoの死」(『三浦幸一追悼号』横須賀E会, 1969), 金子百合子「金子愛司70余年のあらまし」(旧神奈川県立横須賀中26期生会編『菖蒲の花』3, 2003).協金子百合子、石野良夫.

金子喜一|かねこ きいち
1875.10.21〜1909.10.8

神奈川/横浜神学校, ハーバード大/笹下庵/ジャーナリスト、社会主義者。フェミニズムの先駆者。1899年渡米。有島武郎と親交を結び、影響を与える。アメリカ社会党機関誌記者コンガーと知り合い、のち結婚。1906年シカゴに移り、米国初の日刊社会主義新聞"Chicago Daily Socialist"の記者に。07年E欄を設ける。『平民新聞』(1907.3.28)に「シカゴだより」を寄稿して「此新世界語の研究に従事している」と報告し「Eの価値は『世界平和』『世界主義』『人類同胞主義』などと合せ考えねば分からず候、…予はE語は少しかじりてみしのみなれば何とも批評しがたく候も、何時かは世界の言語を統一するの期に達すべく」と。同年夫婦で"Socialist Woman"を創刊。09年結核療養のため帰国するも、間もなく没。🖊'E in Japan'("Chicago Daily Socialist" 6, 1906.10.30),『海外より見ある社会問題』(平民書房, 1907).参大橋秀子「シカゴにおける金子喜一―人種偏見と闘った『シカゴ・デイリー・ソーシアリスト』時代」(『初期社会主義研究』14, 2001), 手塚登士雄「日本の初期E運動と大杉栄らの活動 2」(『トスキナア』5, 2007), 北村巌『金子喜一とその時代』(柏艪舎, 2007), 有島武郎研究会編『有島武郎事典』(勉誠出版, 2010),『近代日本社会運動史人物大事典』,『日本アナキズム運動人名事典』.協手塚登士雄.

金子二郎|かねこ じろう|1905.3.25~1986.1.3

群馬/大阪外語(1926)/中国語学者。1934年大阪外語学教授、65~69年大阪外大学長、70~85年大阪府日中友好協会長など。大阪外語学校在学中にJEI入会。著瞿秋白編『魯迅雑感選集』(ハト書房, 1953)、『中国語入門』(大安, 1960)。

金子鋭|かねこ とし|1900.3.17~1982.2.24

東京/東大(1924)/富士銀行頭取、65年からプロ野球コミッショナーを務めたが、79年江川問題で辞任。『我等』(6~9:1923)に「E語法概要(E講座)」を執筆。佐高信によれば「(長谷川)如是閑の影響でEをやっていた」。参大宅壮一「富士銀行」(『週刊朝日』1951.9.29)、佐高信「ある切りぬきから」(ES 1982.1)、同「エグゼクティブの教養学 44」(『日刊工業新聞』1983.11.28)、同「ビジネスマン一日一語」(にっかん書房, 1986)、峰芳隆「如是閑とE」(LM 1990.5)、『現代日本朝日人物事典』。

金子美雄|かねこ よしお|1910.1.15~1993.5.9

山口/東北大(1933)/賃上げ予測の専門家。経企庁調査局長、日本生産性本部賃金決定機構委員会委員長など。1930年桑原利秀にEを学び、東北大E会、仙台E会で活躍。31年3月JEI入会。大卒後、名古屋へ移り、名古屋E会員として竹中治助、谷村道夫らと講習会の指導、機関誌の発行などに活躍。36年3月桑原とともに準備委員としてJESAの設立に参画し会計担当。39年厚生省入省に伴い上京。44年JEI評議員。85年ザメンホフ・クルーボ入会。89年E関係蔵書を小田原E会へ。JEGA会員。著『E運動の組織化』(RO 1932.4)、「仙台E運動史」("Nia Voĉo" 仙台E会, 1932)、有島武郎 'Unu ĉapitro el "Iu Virino〔或る女〕"' (RO 1935.6)、『賃金論』(労働法令協会, 1956)。参「金子美雄氏送別会」(RO 1939.6)、小田原E会「金子美雄氏よりの寄贈図書リスト」(PO 1990.3)、ME 1990.10、菅原慶一「金子美雄さんを偲ぶ」(ME 1993.6)、『現代日本朝日人物事典』。

金田貴道|かねだ たかみち|1886頃~1937以前

富山/高岡中(1904)/農業。JEA会員(会員番号745)。

金田常三郎|かねだ つねさぶろう|1890.2.14~1961

東京/日露貿易通信社をへて、関東大震災後の1923年11月、出版社新興社を興し、社主。ウラジオストクのロシア語新聞社やソ連通商代表部にも勤務。のち著述家となり、ロシア語学書の著作のほか、『解放』、『日露芸術』、『国際文化』などにロシア文学の翻訳やソビエト事情を多数寄稿。36年スパイ容疑により陸軍刑法違反で検挙。23年頃JEI入会。同年秋山文陽の日本E学院で講師。『正則E講義録』のためにラムステットに序文を依頼。著『新々露語独習』(大阪屋号書店, 1920)、『国際語E綱要』(世界思潮研究会, 1922)、『独修自在国際語E講義』(日本評論社, 1922)、『正則E講義録』全6巻(小坂狷二・石黒修・川原次吉郎・秋田雨雀・上野孝男・北川三郎・小野俊一と共著、世界思潮研究会, 1923)、「東洋とE」("E en Nipponlando" 国際語研究社, 2:1, 1926)、「「ロシヤの珍客」とE公用問題」(『E文芸』1:3, 1926.6)。参「生活に脅される労農露国の文学者」(『読売新聞』1921.7.8~11)、「武藤氏の科学小説 二十年後の東京を手始めに出版、洋書販売 石版印刷と手を伸す新興社」(『読売新聞』1923.11.13)、「東京事件を機にソ連に売る機密 天・人倶に許さざる売国奴」(『神戸又新日報』1936.5.5)、石黒修「E六十年 6」(ES 1977.10)、茅原健「書架拾遺 42『独習自在国際語E講義』」(『日本古書通信』2008.12)。図黒田辰男。

鹿野武一|かの ぶいち|1918.1.26~1955.3.2

京都/京都一中(1935)、京都薬専(1938)/薬剤師。中学時代の1930年頃カニヤ書店の講習会に参加。この講習会で柴山全慶と面識を得、親交を結ぶ。兵役に就き、E-isto同士であったことをきっかけに石原吉郎と親友になり、軍隊内でも時にEで会話。部隊内や収容所でもE宣伝。終戦後ソ連に抑留され、47年カラガンダの収容所で菅季治

と親交を結び，菅が開いていた「学芸同好会」で菅を唯一の聴き手として「E語入門」を語る。妹登美(1922?~2002)は兄の33回忌を済ませた後，大津E会主催の講習会に参加。澤地久枝は「たけかず」が正しい読みだとするが，妹や友人は「ぶいち」と呼んだ。参菅季治『語られざる真実』(筑摩書房，1950)，石原吉郎「ペシミストの勇気について」(『望郷と海』筑摩書房，1972)，鹿野登美「石原吉郎と鹿野武一のこと―遺された手紙」(『詩学』1978.5)，同「遍歴の終り」(『思想の科学』358, 1982)，同「50年後」("Ondate Ŝiga" 大津E会, 7, 1989)，峰芳隆「鹿野武一のこと」(LM 1989.4)，多田茂治『内なるシベリア抑留体験―石原吉郎・鹿野武一・菅季治の戦後史』(社会思想社，1994)，澤地久枝『昭和・遠い日近い人』(講談社，1997)，石原吉郎『石原吉郎評論集―海を流れる河』(同時代社，2000)，『鹿野登美遺稿集』(日本基督教団北白川教会，2003)，松浦寿輝「鹿野武一の沈黙」(『UP』東京大学出版会，2006.10)，『近代日本社会運動史人物大事典』。

加納哲雄|かのう てつお|1900.9.19~1968.11

岡山/鹿児島高等農林(1922)/広島女学院大事務局長，四国学院総主事など。敬虔なキリスト者で，『キリスト新聞』広島支社長，広島基督教青年会理事，広島基督教信徒会理事なども。Eは，1920年鹿児島高等農林で重松達一郎に学び，初等講習会の開催，雑誌の発行など，同校でE普及運動。53年1月11日，田中貞美らと広島E会を設立し会長。広島女学院大の学生E運動を支援。JEI会員。参『昭和2年KEL年鑑』，"Japanaj E-istoj"。協忍岡守隆，石野良夫。

鎌田栄吉|かまだ えいきち|1857.2.15(安政4.1.21)~1934.2.6

紀伊国(現和歌山)/慶應義塾/幼名槌熊，号竹堂/1898~1922年慶應義塾塾長，22年文部大臣，27年枢密顧問官，32年帝国教育会長。ローマ字ひろめ会評議員など。21年6月9日慶大E会(小泉信三会長)の創立講演会に自主的に出席，上野孝男，何盛三，ラムステットらの講演を聴き，翌日塾長室を訪れた粟飯原晋，園乾治の要請で同会名誉会長に就任。著『鎌田栄吉全集』全3巻(鎌田栄吉先生伝記及全集刊行会，1934~35)。参「内地報道」(RO 1922.6)，「鎌田元文相の訃」(RO 1934.3)。

鎌田定夫|かまた さだお
1929.11.29~2002.2.26

宮崎/九大/平和運動家。九大医学部を学生運動のために退学となるも，教授や仲間らの支援もあり復学が認められ，文学部(仏文)に転部。卒業後上京し，国民文化会議，日本作文の会，新日本文学会の事務局員などをへて，58年川崎信子と結婚。62年長崎造船大助教授として赴任。「長崎の証言の会」の代表委員。退職後の97年私費を投じて長崎平和研究所を設立。在京中，伊東三郎，西海太郎にEを習った。

神尾三伯|かみお さんぱく
1877.7.25~1950.8.2

熊本/五高医学部(1898)，ミュンヘン大(1911)/前名三省，号碧堂/医学博士。1909~11年ドイツ留学。熊本に産婆養成所，宇土に産婦人科医院開業。30年頃希望社熊本支部でE学習。第8回(1931)，第14回(1937)九州E大会(熊本)会長。36年春神尾産婆養成所でEを正課に採用(講師は加藤孝一)，入学心得書に「E学習の意思なきものは入学を拒絶す」と明記。同年3月JEI熊本支部初代代表。背もたれに"Esperanto"と大書したベンチを水前寺公園に贈るなど，ユニークなE運動も。熊本E会長，宇土E会顧問。著「正課になったE」(『極東新聞』1936.4.20)。参野村忠綱「1930年代後半の宇土E会の人々」(『宇土市史研究』宇土市史研究会・宇土市教育委員会，20, 1999)。協鶴野六良，野村忠綱。

神先藤五郎|かみざき ふじごろう
1902.11.10~1979以降

京都/三高(1923)，京大(1927)/旧姓倉西/清川安彦，小宮義和らと三高理科甲類の同期。関西電力製作所長，大阪変圧器参与など。三高E会に加わり，八木日出雄の指導

でE学習。21年4月JEI入会。参『三高E会小史』。

神近市子 かみちか いちこ | 1888.6.6〜1981.8.1

長崎/活水女学校(中退), 女子英学塾(1913)/本名イチ/新聞社勤務から婦人運動の先駆者。1955〜69年衆院議員。15年頃仕事の上で出入していたアレキサンダーを介してエロシェンコと知り合い, 日本語作品の完成に協力して, 諸雑誌に発表。16年恋愛のもつれから大杉栄を刺し(「日陰茶屋事件」), 翌年2年の刑。21年エロシェンコの日本追放に際して, 一切の版権を譲渡される。誘われてEの集会に参加したが, 学習歴はなし。著『神近市子自伝』(講談社, 1972)ほか多数。「廿年前のこと」(『E文芸』1:1, 1926; RO 1936.6; NR 1973.10), 「金魚とエロシェンコ」(『世界』1963.12)。参、高杉一郎『ひとすじのみどりの小径』(リベーロイ社, 1997), LM 1965.7, 『盲目の詩人エロシェンコ』, 『現代日本朝日人物事典』, 『日本アナキズム運動人名事典』, 『日本女性運動史人名事典』。

上出金太郎 かみで きんたろう
1897.10.2〜1975.4.11

石川/勅使尋常小/E-isto 坪田幸紀の伯父。京都の半襟服装卸店に奉公後, 1926年呉服小物卸商創業, 妻や店員にローマ字を教え, 伝票もローマ字で。21年頃Eを学び, 23年JEI入会。30年頃から数年, 川村清治郎, 柴山全慶, 南見善, 伊藤栄蔵らと自宅で月例会。講習会の指導も。川村によれば,「上出より贈られたちりめんの緑星旗で多数の外国人E-istoを京都駅頭に出迎えた」と。SAT会員。参吉川奨一「もうひとりの『中3人おかれた人』上出金太郎」(『葉こそおしなべて緑なれ…』)。協坪田幸紀。

上谷良吉 かみや りょうきち | 1911頃〜1971.6.6

兵庫/甲南高(1929), 京大(1932)/写真測量, 航空測量の技術者。理学博士。坂田昌一と甲南高理科の同期。中島飛行機東京製作所第一研究課, 大谷高女などをへて, 1939年日大予科教授, 同年同盟休校事件で辞職。のちアジア航空測量(株)建設部長。大谷高女在職中, 貫名美隆とE運動。40年4月よりJEIの水曜例会の学習会を木村正太郎とともに指導。著「航空写真による潮流調査」(『写真測量』5, 日本写真測量学会, 1966)。参「各地報道」(RO 1940.6), 「各地報道」(RO 1940.9), 「空にかける"ヒコーキ野郎"たち 上谷博士ら 中村さん」(『読売新聞』1968.5.16), 平井雄「写真測量の現状と今後の課題 故上谷良吉博士七回忌追悼講演会」(『リモートセンシング』16:3, 1977)。

上山満之進 かみやま みつのしん | 1869.10.31
(明治2.9.27)〜1938.7.30

山口/帝大文科大(1895)/光田健輔の義弟。貴族院議員, 台湾総督, 枢密院顧問官など。JEA会員(会員番号918)。著『地方制度通』(金港堂, 1899), 『上山満之進』全2巻(成武堂, 1941)。参『現代日本朝日人物事典』。

亀崎佳子 かめざき よしこ | ?〜?

東京/1926年10月JEI入会。27年10月から34年4月まで無欠勤でJEIの会費管理, 発送など裏方の事務を担当。その間, 報酬を辞退し交通費も自弁。所属教会の依頼で幼稚園保母養成所に入るため辞職。退職金がわりの1000円も辞退し, その示唆によりE奨学賞の創設が決まる。JEI終身会員。76年永年会員として表彰。参「皇紀2600年記念「E奨学賞」亀崎佳子嬢寄附」(RO 1940.1), 万沢まき「思い出されることなど」(RO 2004.6)。

亀沢深雪 かめざわ みゆき | 1928?〜2007.11.24

17歳の時に広島で原爆に被爆した体験を小説『傷む八月』, 『広島巡礼』に描き, 平和運動に取り組んで, 愛知県平和委員会副会長。愛知県原水爆被災者の会出版の手記集『原爆忘れまじ』の英語訳とロシア語訳を世界に広めるに当たって, 編集委員西本伸の勧めによりE版"La neforgesebla tago"(「原爆忘れまじ」を世界に広める会, 1993)を加え出版。著『傷む八月』(風媒社, 1976), 『広島巡礼』(新地書房, 1984)。参「「原爆忘れ

亀山脩平|かめやま しゅうへい
1905.1.6～1993.1.14

栃木/佐野中(1923)、東大(1929)/千葉、水戸、静岡、東京地裁、宇都宮家裁などをへて、1954～57年東京高裁判事。のち弁護士事務所を開業。東大在学中にJEI入会。
著ベルナール著、モックE訳『代理通訳〔Angla lingvo sen profesoro〕』(JEI, 1928；1953年復刻)。

加茂秀雄|かも ひでお|1893.12.26～1977.6.19

山形/東京高商商業教員養成所(1918)/筆名加茂谷村/四日市、松阪、山梨、浜松の商業学校教諭をへて、1935年盛岡商、42年仙台商各校長。戦後、東北銀行常任監査役、盛岡市選管委員長など。22年松阪商E会創立。同年逹寅吉と松阪市でE講習。24年谷村工商(山梨)にE会設立。47年第2次JEA委員。SAT, JEI各会員など。著松阪商E会"Paco kaj Milito"(日本E社, 1923)、"Libroterado en E"(カニヤ書店, 1924)、「中等学校に於ける語学の問題とE」(RO 1935.9)、「Eの王者」(『岩手日報』1965.12.3)。参『山梨とE』。岡岩手県立図書館。

茅誠司|かや せいじ|1898.12.21～1988.11.9

神奈川/神奈川三中、東京高工(1920)、東北大(1923)/理学博士。1928～30年独英米留学。東大総長、日本学術会議初代会長など。1955年世界平和アピール七人委員会創立委員の一人。42年帝国学士院賞。E学習歴は不明。ザメンホフ百年祭名誉顧問。
著『強磁性結品体論』(岩波書店, 1936)ほか多数。参『現代日本朝日人物事典』。

栢野晴夫|かやの はるお
1917.10.17～1982.4.20

東京/東農大(1941)/1951年法大助教授、56年教授。中央労働学院理事として、小牧近江院長を支える。59年欧州留学に先立ち、伊東三郎にEを習い、英国ほか各地のE-istoと交流。著『現代の農村社会』(高文堂, 1983)。参RO 1960.5、「地下鉄ホームから転落死」(『朝日新聞』夕刊1982.4.20)、『社会労働研究』29：3～4(法大社会学部学会, 1983)、栢野晴夫先生の諸業績を記録する会『栢野晴夫先生の追憶』(高文堂, 1983)、田沼肇「栢野晴夫教授のこと」(『社會勞働研究』29, 1983)。

萱場次郎|かやば じろう
1888.11.4～1954⇔1961

宮城/仙台一中(1907)、東北大医学専門部(1913)/1920年仙台に萱場内科診療所を開業。仙台税務監督局嘱託医、私立吉田女学校校医など。23年頃JEI入会。JEMA会員。

萱場晴浦|かやば せいほ|1921.11.21～2007.9.4

宮城/旧名萱場セルヴァント・デ・ホマーロ/萱場真の長男。1934年4月旧名の不便から「晴浦」と改名。92年第79回JK(宮城県松島町)を前に菅原慶一が連絡をとったことから、仙台E会に加わり、Eを学習。昔話を語りながら、旧名が記された戸籍抄本を見せたことも。著「長谷川テルのテレビを見て、親父のことが思い出された」(ME 117, 1993.3)、「仙台E会・第17回合宿に参加して」(ME 142, 1997.7)、「菅原慶一さんを偲んで」(ME 146, 1998.3)。参峰芳隆「Servanto-de-homaroさんのこと」(LM 1992.12)、松本宙「萱場晴浦さん逝去」(ME 2007.9)。

萱場真|かやば まこと|1888.3.21～1931.3.7

宮城/二高(中退)/1914年東北大学専門部物理科実験室に入り、18年助手として石原純(1881～1947)のドで働く。萱場晴浦の父。数々の奇行で、東北大理学部の「奇人三人男」の一人とも。プロテスタント。21年夏のJEI宣伝隊の来仙を機にJEIに加わり、武藤於菟、菊沢季生、曽根広、及川周らとJEI仙台支部を設立。長男を「セルヴァント・デ・ホマーロ」(servanto de homaro「人類のしもべ」)と命名(のち「晴浦」と改名)。24年2月20日仙台E連盟を結成し、第12回JK(仙台)の準備に奔走するかたわら、4

月人類同胞倶楽部，7月大日本基督教徒E協会を設立。大会の映画を作製し，市内の映画館で上映。さらに伊達政宗，支倉常長の事跡や仙台，塩釜，松島のフィルムをEタイトル入りで作製し，シェーラーに依頼して日伊親善のためムッソリーニに送付する計画を立てたが，映画会社の破産で流産。31年3月9日，日本メソジスト仙台教会で行われた告別式はほぼEで。八高中退とする資料も。参「故萱場真告別式執行順序」（日本メソジスト仙台教会，1931.3.9），仙台E会「萱場真氏が死んだ」(RO 1931.5)，「E語にて告別式」（同），菅原慶一「第12回日本大会フィルム」(ME 2, 1965), ME 1990.10, 菅原慶一「年表作成をおわって」(ME 1991.2)，峰芳隆「Servanto-de-homaroさんのこと」(LM 1992.12)，森本治枝『ある女性数学者の回想』（九州大学出版会，1995），『Eを育てた人々』。図萱場晴浦，星田淳，石野良夫，平山智啓。

茅原茂 | かやはら しげる | 1876.5.15~1925.4.4

東京/筆名小松蘭雪/出版業。社会評論家茅原華山（1870~1952）の弟。博文館などをへて，1910年東京西大久保で岩野泡鳴らと大久保文学倶楽部を主宰。19年4月日本評論社を創業，世界思潮研究会を主宰。22年金田常三郎『独習自在国際語E講義』を出版。23年石黒修を編集主任に小坂狷二，川原次吉郎，秋田雨雀，上野孝男，北川三郎，金田常三郎，小野俊一の執筆を得て『正則E講義録』全6巻と川原『Eの話』を刊行し，月刊誌『E研究』を発行。JEI会員。著「理事となつて」（『洪水以後』9, 1916)，「カード式読書法—カード・インデックスの実例」（世界思潮研究会，1923）。参茅原健『新宿・大久保文士村界隈』（日本古書通信社，2005），同「書架拾遺42『独習自在国際語E講義』」（『日本古書通信』2008.12)。図鈴木三男吉。

辛川武夫 | からかわ たけお | 1904.11.17~1984.8.7

大阪/三高(1924)，京大(1928)/私鉄界初の運輸通信大臣賞受賞者。安田勇吉と三高理科甲類の同期。京都市電気局技師，近鉄本社電機修理部長などをへて，1959年近畿

車輌専務。21年三高入学後，吉町義雄からEについて聞き，千布利雄の著作などで独習。京都高工でE講習も。三高E会に参加し，機関誌"Libero"にも寄稿。三高在学中にJEIに加わり，長期中断をへて，62年7月再入会。著 B.G. Jonson『黒衣の女 平安E会研究教材』（平安E会, s.d.)。参『三高E会小史』。

辛島諒士 | からしま じゅんし | 1900.7.22~1987

大分/長崎医専(1922)/医学博士。1929年大分市に辛島病院を開業。別府大名誉教授。蘭学受容の歴史なども研究。長崎医専在学中にJEI入会。著「『中津辞書』の穿鑿」（『ビブリア 天理図書館報』44, 1970)，三浦梅園『玄語図全影』（編著，梅園研究所，1975），『旅のわやく 辛島諒士遺稿集』（辛島力江，1988)。参白井淳三郎『辛島諒士翁追悼録』（私家版，1991)。

カルネイロ | Euclides Carneiro da Silva | 1919.2.16~1998.5.24

ブラジル/クリスト・レイ神学校/カトリック神父，著述家。47年E学習。1949年11月来日し，横須賀の栄光学院で日本語を学ぶ。東京などでE-istoと交流。50年第37回JK（横浜）の開会式で挨拶。51年教会の命により帰国し，モジ・ダス・クルーゼス市を中心にブラジルのE運動に貢献。参「カルネイロ氏から」(RO 1951.8)。

河合徹 | かわい とおる | 1911.8.15~1992.2.23

兵庫/神戸一中(1929)，東北大(1936)/1937年全国農民組合関東出張所書記となり，黒田寿男と交流。翌年，人民戦線事件に連座。戦後，日本共産党に入り，59~71年岡山市議。63年共産党を除名。議員引退後，玄文社を主宰，黒田の回想録『凍てつく大地に種子を』の編集などを手がけた。35年11月21日仙台E会例会に初出席。清信重と親交。著『回想録』（私家版，1988)。参『近代日本社会運動史人物大事典』。

河合俊郎 | かわい としお | 1914?～1990.4.21

会社役員。1957年5月JEI入会。61年野辺山合宿に参加。81年3月視力低下によりJEI退会。著 'En la Stacio Kobučisaŭa' (VS 1961.10), ロセッティ『英国の香具師』(栄光出版社, 1979)。

河合直次郎 | かわい なおじろう | 1909.10.15～1936.8.28

愛知/大垣商/中村呉服店 (名古屋) 経理部に勤務。1932年2月名古屋ルーマ・クンシードを川村清治郎らと結成, 33年2月機関誌 "La Lumo" 創刊。大垣Eクラブ代表。著「1934年を我等はかく戦う」(RO 1934.1)。参「河合直次郎氏の訃」(RO 1936.9), 竹中治助「一星落つ」(RO 1936.10)。

河合秀夫 | かわい ひでお | 1895.10.26～1972.8.9

三重/八高(1916), 東大(1921)/農民運動家。篠遠喜人と八高第二部乙類の同期。東大新人会に参加。大卒後, 帰郷し, 1924年『愛国新聞』を発行して日本農民組合三重県連合会, 三重県水平社を後方から支援。25年日本農民組合総本部書記として大阪へ転じ, 26年新潟県木崎村争議で検挙。28年労働農民党から衆院に立候補し, 落選。のち全国農民組合右派から除名され, 左派の方針にも批判的になり引退。47年三重水産専門学校教授, のち奈良商工高教諭。57年日本共産党に入り, 日中友好運動に努力。東大農学部在学中にEを学び, JEI入会。エロシェンコとも親交。一時中断をへて, 32年JEI再入会。34年5月ハルピン旅行に際し, パブロフ, 何盛三ら同地のE-istoと交歓。51年6月奈良高定時制Eクラブを結成し顧問。55年7月29日松阪E会を結成し会長。三重県にMEMの運動を興し, Eを通じてベトナムを支援。KLEGの民話研究会に参加。柳田國男 "Japanaj malnovaj rakontoj〔日本の昔話〕"(天母学院, 1965) の共同E訳に参加。野崎貞夫らの同人誌「Kajero」にたびたび寄稿。JELE会員。著「ハルピンに於ける一夕」(EL 1934.8),「エロシェンコに魅せられた私」(LM 1960.1), 柳田國男 'Edzino kiu mangâs neniom' (RO 1960.1), 'Asanuma, mia amiko' (LM 1960.12),「エロシェンコの思い出」(『図説国民の歴史』国文社, 12, 1964),「伊東三郎君の思い出」(『高くたかく遠くの方へ』)。参「河合秀夫さんを悼む」(RO 1972.10), 福田正男「善意の反骨者河合秀夫さんを悼む」(SAM 1972.11), 吉村哲二「S-ro 河合の思い出」(VS 1976.1), 吉田彌「河合秀夫先生」(RO 1983.3), 羽原正一『農民解放の先駆者たち』(文理閣, 1986),『近代日本社会運動史人物大事典』,『反体制E運動史』。

河合勇吉 | かわい ゆうきち | 1904～1988.2.3

富山/高岡中(1921), 四高(1927), 東大(中退)/共産党活動家, 戦後は労働運動などに従事。厚相, 小松製作所社長河合良成 (1886～1970) の弟。新人会, 新党準備会で働き, 共産主義青年同盟で活動。東大新人会解散声明を起草。1930～33年在獄。のち赤色救援会, 日本共産党多数派に参加, 35年検挙。E学習は四高時代か。戦前反ファシズム戦線の指針となったコミンテルン第7回大会ディミトロフ報告のE訳 (コルチンスキー訳) を, 宝木武則・寛兄弟とは別途に入手して重訳し, のち47年日本共産党より党内資料「人民戦線戦術の諸問題」として刊行。著「ディミトロフ前後」(『運動史研究』三一書房, 4, 1979),「運動史研究会の楽屋で」(『運動史研究』12, 同, 1983)。参宮本正男「ディミトロフ演説とE」(NR 21, 1972.1),『反体制E運動史』,『近代日本社会運動史人物大事典』。

河合譲 | かわい ゆずる | 1897.2.19～1963以降

岡山/早大(1918), トロント大(1922)/立教大, 台北高商各教授, 高雄商校長をへて, 1942年台湾拓殖参事, 46年中国国民政府顧問。47年帰国後, 広島商大教授, 南十字海産食糧社長など。キリスト者。18年JEA入会 (会員番号1193)。著ヴィンデルバンド『西洋哲学史』全2巻 (改造社, 1930～31),『一牧者の生涯—亡父河合尭三の一生』(私家版, 1942)。

川上喜光｜かわかみ きこう
1895.8.20～1977.11.25

沖縄／沖縄一中(1913)，長崎高商(1917)／上海の日中洋行をへて，京都の日本製布へ。1924年頃から妻の実家と京都東九条で鋳物工場を共同経営。のち京都市にマリエブル鋳工所創業。46～49年京都府鋳物工業統制組合理事長。49年倒産後，鋼材のブローカーに。64年那覇へ転居。仲宗根源和と中学の同級。19年JEA入会（会員番号1420）。のち国際商業語協会，JEIにも参加。日中洋行在勤時，上海の運動に参加して自殺したロシア人ストパニ(Stopani)やエロシェンコと交友。24～36年頃中原脩司を講師に迎え，自宅で定期的にE講習会を開く。斎藤英三にEを推奨。62年9月JEI再入会。署「上海のエロシェンコ」(LM 1967.10)。参 川上彰「川上喜光のこと」(LM 1984.4)。協 川上彰。

川上潔｜かわかみ きよし｜1910.8.9～1983.6.21

長野／長野師範(1931)／1964～66年全学連（日本共産党系）委員長を務めた川上徹の父。南穂高小（長野），古里尋常高等小（東京）などの訓導。南穂高小在勤時の32年新興教育研究所長野支部，日本一般使用人組合教育労働部長野支部に参加。33年二・四事件（長野県教員赤化事件）で検挙，不起訴処分となるも，懲戒免職。35年上京。44年日本語教員としてボルネオへ。46年引き揚げ後，再び小学校の教壇に。35～36年奥田美穂の指導でEを学び，戦後，再学習。参『近代日本社会運動史人物大事典』，川上徹『アカ』（筑摩書房，2002）。協 比嘉康文，伊藤晃。

川上憲一｜かわかみ けんいち
1907.9.10～1975.4.25

東京／青山学院高等部(1929)，ポモナ大(1932)／北米，日本，満洲，ジャワなどの石油関係で働く。1948年より石油の輸送・販売会社「新洋商会」を自営。日大理工・生産工学部英語講師。千駄ヶ谷E会の講習会でEを習い，65年1月JEI入会。70年10月石黒彰彦，梅田善美らとザメンホフ・クルーボ創立。同年古関吉雄らと韓国訪問団を結成し，韓国のE-istoと交流。71～75年JEI評議員。74年TEK会長，ELK会長。同年第23回関東E大会（富津市）議長。74～75年KKK委員。SAT, JELE各会員など。署『英語とE』(EPA, 1971)，「病床で考えた事二，三」("TEK-INFORMILO" 1975.5)。参 馬場清彦「川上憲一君の急逝を悼む」("TEK-INFORMILO" 1975.5)，高田聖生「川上憲一氏を悼む」(RO 1975.8)。協 福田正男。

川上理一｜かわかみ りいち
1895.11.7～1982.4.25

東京／東京府立一中(1913)，千葉医専(1917)，フライブルク大(1924)，ジョンズ・ホプキンス大(1934)／医学博士。黒田寿男の義兄。馬場栄夫と東京府立一中の同期。ヨーロッパ各地を旅行して話題をまいたニールセン民子の祖父。1920年慶大助手，28年講師，29年助教授，34年米国留学，38年国立公衆衛生院教授・衛生統計学部長，50年慶大教授（兼任）。のち拓大教授。19年JEA入会（会員番号1280）。慶大医学部E会副会長として会長の望月周三郎を支えた。36年3月JESA顧問。45年12月～69年JEI理事。JEMA会員。56年50周年記念第43回JK（東京）で表彰。論文をEで執筆。署『優生学と遺伝病学』（雄山閣，1932），『結婚の科学』（国土社，1951），'Unu nova funkcio de ofteco-distribuo' ("Medicina Revuo" 3:3, JEMA, 1955), 'Propono de celostatistiko' (『生物統計学雑誌』9:3, 1962), 'Transformado de normala distribuo kaj biologiaj fenomenoj' (同10:2, 1967), 'Disvolvigo de Lexis'a teorio de vivdaŭro' (同)。参「Eは"パスポート"―タミコ・ニールセンさんに聞く」（『中国新聞』1984.8.19），タミコ・カワカミ・ニールセン「私とEとノルウェーと」(EV 1984.8)，飯田綾子「真理を友としたE-isto―父・川上理一を偲んで」(LSP 1987.11)。

川喜田二郎｜かわきた じろう
1920.5.11～2009.7.8

三重／三高(1941)，京大(1943)／文化人類

学者。理学博士。情報整理と発想のためのKJ法を開発し、広く普及させた。大阪市大助教授をへて、東工大、筑波大、中大各教授。川喜田研究所所長、日本ネパール協会会長など。京大時代に梅棹忠夫らとフィールドワークをともにしたことから、Eに接し、支持者に。「民族文化と世界文化」を再録した『日本文化探検』(講談社、1973)の表紙には大きく"ESPLORANTE LA KULTURON JAPANAN"と記載し、「各国民は母国語をますます磨きをかけて愛撫するとともに、Eを画一に国際補助語として併用すべき」と。1973年第60回JK(亀岡)でシンポジウム「国際語問題についてわれわれはどう考えるか」に登壇。83年第70回JK(亀岡)で「21世紀の展望」を講演。88年第44回日本ユネスコ運動全国大会の記念講演「国際化と日本」や同年日本未来学会創立20周年記念シンポジウム「日本語の未来」でも講演し、Eを推奨。KJ法解説書のE訳出版をきっかけにして、92年JEI顧問。94年八ヶ岳E館開館式に出席。84年7月ユネスコ・Eシンポジウム「国際文化交流に果たす言語の役割」で基調講演。RO 1000号(2004.6)に顧問として寄稿し、「Eをさしおいて、他の国語ないし民族語に国際語の資格を与えることは、断じて公的に許すべきではありません」と。2007年第92回UK(横浜)名誉顧問。著『発想法―創造性開発のために』(中公新書、1967)、『川喜田二郎著作集』(全13巻＋別巻中央公論社、1995〜98)ほか多数。E関係に「民族文化と世界文化」(『自由』1965.6)、『可能性の探求』(講談社、1967)、「21世紀における言語コミュニケーション」(RO 1984.9)、梅田善美E訳"Enkonduko al problemsolva originala KJ-metodo"(JEI・川喜田研究所、1989)、「私はなぜEを支持するか」(RO 1992.5)、「真の地球化時代はEによってのみ来る」(RO 2004.6)など。参『E、野外科学、そして参画』(『ユネスコ』1988.10・11)、「川喜田二郎さん」(LM 2009.9)、川喜田喜美子・高山龍三編『川喜田二郎の仕事と自画像―野外科学・KJ法・移動大学』(ミネルヴァ書房、2010)、「追悼　川喜田二郎さん」(RO 2010.1)、『現代日本朝日人物事典』。

河北真太郎 | かわきた しんたろう
1888.9.19〜1953.6.17

和歌山/和歌山中(1908)、七高(1912)、東大(1916)/医学博士。津田千秋と和歌山中の同期。東大助手、千葉医専講師などをへて、1928年東京杉並に河北病院を開院。Eで論文を執筆。著 'Pri la kokosarkomo (kvina raporto)'(緒方知三郎と共著、『日本病理学会会誌』13, 1923)。協河北総合病院。

河口玄昌 | かわぐち げんしょう
1897.8.12〜1965.10

岐阜/山林業。岐阜県厚生児童委員。1923年Eを学び、生涯JEI会員。参"Japanaj E-istoj"。

川崎直一 | かわさき なおかず
1902.1.31〜1991.1.18

大阪/市岡中、早大高等予科、早大(中退)、大阪外語(1935)/言語学者。1948年大阪外事専門学校(のち大阪外大)教授、67年退官後、神戸外大講師をへて、奈良大教授、77年定年後、大阪外大、奈良大非常勤講師。市岡中(大阪)で三宅史平と同級。中学時代にEを知り、早大高等予科1年生の19年独習、6月JEA入会(会員番号1377)。21年JEI委員。日本E社でクズネツォフから指導を受けた。病気のため早大を退学し帰郷。33年E言語委員会委員。この前後から、ROほかに語学や書誌学の記事を多数寄稿。"Enciklopedio de E"(Budapeŝto, 1934)の日本関連項目を担当し、一部項目を桑原利秀に依頼。38年Eが原因で参考人として京都五条署に20日間勾留され、釈放。40年誕生した長男をホモ(homo「人」)と命名。同年『日英独仏図解辞典』(三省堂)に触れ、E版の作成を提案し、当時実行できる格好のプロジェクトとして多くの賛同を得るが、完成には至らず。終戦後、大阪E運動の復興に尽力。49年田沼利男、南英一、松原八郎らと日本カトリックE会を設立。51年Eを国内で最も早く大学教育の場に採り入れた大阪外大で、79年までE講義を担当(教え子にタニヒロユキなど)。56年50周

年記念第43回JK（東京）で表彰。JEI終身会員，ISAE会員。E・アカデミー会員。署トルストイ著，シドロヴスカヤE訳『愛あるところ神あり』（訳注，JEI, 1930），「自慢くらべ"E"文庫」（RO 1930.4），「平岡，「国字国語問題文献目録」とE」（RO 1932.10），「Enciklopedio de E, Budapeŝto の日本の部編集方針と経過」（RO 1934.8），「聖書─原訳本と校訂本と」（RO 1940.1），「『図解辞典』のE部をつくりたい」（RO 1940.4），「誤り易い単語集」（編著，大阪E文庫部, 1940），『合成語辞典』（同, 1940），『入門E』（江山閣, 1948），『文化語辞典』（大阪E会出版部, 1948），『続文化語辞典』（同），「岡山・早島・倉敷の友をたずねて」（RO 1951.3），「フランス言語学とE」（RO 1951.9），'Dukonsonantaj kambinoj en E'（『大阪外国語大学学報』1, 1952），『基礎E』（大学書林, 1963），'Kelkaj aspektoj de la japana lingvo'（"E" UEA, 1965.7），「運動や事務はきらい」（RO 1969.8），「1938年のある事件」（NR 1969.4），「小坂文法の特質」（RO 1970.3），「La viaj 小坂のE文法について」（『言語学と日本語問題─岩倉具実教授退職記念論文集』くろしお出版, 1971），「Unua Libroの初版はどれか」（RO 1974.8～9），「ラトヴィアのLibeksとリトワニアのDombrovski初期のE文献」（『奈良大学紀要』5, 1976），「Varna大会あれこれ」（ES 1979.3），「1938年のある事件」（LM 1982.4），'Kelkaj komentoj pri la kvin tekstoj de Marta'（E. Haupenthal (ed.) "Li kaj ni" Antverpeno-La Laguna : TK Stafeto, 1985），'Fremdaj vortoj en Antaŭparolon de Unua Libro ; Propraj nomoj en Ekzercoj de Dua Libro'（"Serta Gratulatoria in honorem Juan Régulo vol. II E-ismo" La Laguna, 1987）．参成田重郎「門出を祝して川崎直一君に」（RO 1930.10），「先輩はなぜ・どうして学んだか」（RO 1956.9），『大阪E運動史 I 』，朝比賀昇「E運動に対する太平洋戦争中の弾圧について」（RO 1980.11），松原八郎「川崎直一先生の思い出」（RO 1991.3），奥村林蔵「川崎直一先生とOESと私」（LVO 1991.4），"Ordeno de verda plumo"．

河崎なつ｜かわさき なつ
1889.6.25～1966.11.16

奈良／東京女高師（1917）／女性教育・女性解放運動の指導者。東京女子大教授。1947～53年参院議員。1922年日本E社の婦人講習を宮本幾美と指導。26～32年JEI理事，56年賛助会員。佐々城松栄などに影響を与えた。門下に山口小静。署『職業婦人を志す人のために』（現人社, 1932），『明日に生きる女性』（交蘭社, 1934）．参『解放のいしずえ（新版）』，『河崎なつ文庫目録』（河崎なつ記念室建設委員会, 1979），『現代日本朝日人物事典』，『近代日本社会運動史人物大事典』，「日本女性運動史人名事典」．

川尻泰司｜かわじり たいじ
1914.6.15～1994.6.25

東京／東京府立八中／人形劇演出家，美術家，劇団プーク代表。川尻東次の弟。日本人形劇人協会会長，国際人形劇連盟副会長として，日本および世界の人形劇振興にも貢献。1930年東次の人形劇団に参加。兄の急逝を受けて，主宰者に。プロレタリア演劇運動とのつながりから，40年治安維持法違反容疑で検挙。47年プーク人形劇の会（のち人形劇団プークに改称）として再出発。71年渋谷区に日本初の人形劇常設劇場「プーク人形劇場」を建設し，正面に大きく"PUK PUPA TEATRO"と。84年プークのヨーロッパ公演旅行に際し，E-isto菊島和子の協力により，Eも使う国際人形劇祭Pupteatra Internacia Festivalo（ザグレブ）に劇団として参加するも，川尻本人は病気で急遽帰国し参加できず。79年来日した英国の人形劇人パーシー・プレス・ジュニアらとE会話を楽しみ，人形劇人にEを勧めた。JEI会員。署『現代人形劇創造の半世紀』（未來社, 1984）．E関係に「贈る言葉」（RO 1987.8）．参「人形劇団プーク誕生」（RO 1947.6），Azma Kazma「Eとの出会い 3」（RO 1983.3），菊島和子「名古屋の人形劇団むすび座の「いっすんぼうし」がPIFへ行く」（RO 1983.7），同「人形劇団プークがPIFでトリ」（RO 1984.11），「人形劇団プークがPIFに参加」（LM 1984.12），『人形劇人・川尻泰司─人と仕事』（人形劇団プーク, 1996），「創立80周年迎えた人形劇団プーク　伝統に創造性重ね」（『毎日新聞』2009.7.4），『近代日本社会運動史人物大事典』．協菊島和子．

川尻東次｜かわじり とうじ
1908.10.30~1932.11.26

東京/開成中, 日本中/人形劇団プークの創立者。ジャーナリスト川尻東馬（1875～1925）の長男, 川尻泰司の兄。中学時代, 童画家岡本帰一（1888～1930）の指導で朝比奈隆（1908～2001）らと童話劇を上演。村山知義にも師事。1926年ダナ人形座を興し, ワンダーフォーゲル運動やE運動を通じて活動を広げ, 29年人形劇団プーク（La Pupa Klubo〔人形クラブ〕から）を創立。31年にかけて泰司の協力も得て積極的に公演を重ね, E名をもつ人形劇「アロガントとフィエーロ」も作ったが, 夭折。参「人形劇団プーク誕生」（RO 1947.6）, Azma Kazma「Eとの出会い　3」（RO 1983.3）, 川尻泰司『現代人形劇創造の半世紀』（未來社, 1984）,「創立80周年迎えた人形劇団プーク　伝統に創造性重ね」（『毎日新聞』2009.7.4）。協菊島和子。

河瀬収｜かわせ おさむ｜1909.7.12~1983.12.8

京都/三高（1930）, 京大（1934）/医学博士。病理学者。竹広登, 田野良雄と三高理科乙類の同期。大阪女子医大, 熊本大, 神戸常盤短大各教授。1927年三高入学後, 同校E会, JEIに参加。28年三高E部理事。参RO 1928.6,『三高E会小史』。

河田三治｜かわだ さんじ｜1899.5.26~1970.7.16

東京/一高（1920）, 東大（1923）/航空工学者。工学博士。鈴木貞, 南英一らと一高工科の同期。1929年東大助教授, 38年教授, 40年東工大教授（兼任）, 54年日本航空学会長。21年JEIに入り, 最期まで会員。33年第25回UK（ケルン）に参加し, 34年3月エスペラント読者の会例会（於JEI）で「私のヨーロッパ旅行中におけるEの実用性」を講演。58年TEK主催ザメンホフ祭に出席。UEAデレギート（航空学）。著『プロペラの理論』（工政会出版部, 1932）。

川田泰代｜かわた やすよ｜1916.8.12~2001.5.5

大阪/東京女子大/ジャーナリスト。1937年大卒後, 編集記者となり,『婦人画報』,『モダンリビング』などをへて, 62年フリーに。アジアにおける政治犯の救援活動を行い, 70年アムネスティ・インターナショナル日本支部創設に参与。姪の吉永小百合は「自由奔放な言論人」と評した。縁者である長谷川テルの事蹟を調べ,「劉星さんの留学を支える会」と「劉暁嵐さんの日本留学支援百人委員会」各世話人代表として遺児を支援。JEI会員。著『良心の囚人陳玉璽小伝』（亜紀書房, 1972）,「長谷川テルの足跡をたどる」（『状況と主体』118, 1985.10）, 宮本正男編訳 'Mia parencino kaj amikino Hasegawa Teru'（RO 1988.10～89.2）,「川田泰代さんに聞く長谷川テル＝ヴェルダ・マーヨ」（RO 1993.4）。参楊国光著, 柴田巌訳「川田泰代と中国」（『状況と主体』280, 1999.4）, 長谷川暁子『二つの祖国の狭間に生きる―長谷川テルの遺児暁子の半生』（同時代社, 2012）。

河田ユキ｜かわた ゆき｜1910～？

宮城/宮城女専（1930）/別名松井菊子/共産党活動家。女専で村上汎と同級。兄らの影響で左翼運動に入り, 女専卒業後に東北大生らとプロレタリアE運動に加わり, PEU仙台支部で活動。プロレタリア演劇や小作争議の応援なども。東京に移って, 日本共産党資金局で活動し, 芹沢光治良『橋の手前』に仮名松井菊子として登場。1934年大沢武男に対する「スパイ査問事件」に関わり, 検挙されて偽装転向し, 懲役2年執行猶予4年の判決。参「兄妹五人が揃つて同じ運動　河田水兵の一家」（『読売新聞』1933.3.29）,『特高月報』（1934.8）, 牧瀬菊枝『聞書ひたむきの女たち　無産運動のかげに』（朝日新聞社, 1976）,『近代日本社会運動史人物大事典』

川名信一｜かわな しんいち｜1908～1944.5.26

東京/京橋商（中退）/別名植田栄一, 上田英一/丸善に勤務し, 1928年従業員組合創設に参加, 全協に加盟。29年争議で解雇。30年7月6日PEA創立大会の議長を務め, 組織宣伝部長に。31年1月PEU設立に際し組織宣伝部長兼中央委員。31年10月日本共産青年同盟に加入。32年春塚元周三の

後を継いでPEU第2代書記長に就任するも、病気のため2ヵ月ほどで辞任。33年7月検挙、35年1月釈放。石内茂吉の東光堂で見習いの後、35年東中野で古本屋開業。42年9月石内茂吉、佐々木繁らとともに再検挙、44年5月26日豊多摩刑務所で獄死。「同志(カマラード)川名片笑む　胸をかも病みてやつるる　頬が然(しか)せむ」(冨田冨「同志達」)。参『特高月報』1942.11、『解放のいしずえ』。

川西洋太郎|かわにし ようたろう
1922.7.12～1990.8.15

関大/1990年5月JEI入会。名古屋E会で活動。参宝木武則「川西洋太郎さんの急逝を悼む」(『反核産業人の会会報』25、反核産業人の会、1990.10)。

河原一弥|かわはら かずや|1954.3.31～2005.11

北海道/明大(中退)/一時平間姓、筆名金井朗(Kanaĵlo〔ごろつき〕のもじり)、カワハラカズヤ、Ajusak Arahavak/札幌で学童保育指導員、鋳造工場の工員、仙台で郵便局勤務など。製菓業にも従事。「労働力販売自営」を自称。高校時代、羽仁五郎の著作でEを知り、大学在学中の1974年中央労働学院Eグループの入門講座で松久保國奉の指導で学習。一時中断後、84年JEI、85年札幌E会に参加。87～92年HELの編集を担当し、大陸で日本が行った戦争を「正義」とする原稿に書き直しを要求し、ボツにしたことも。88年第75回JK(札幌)の運営に尽力。91年渡辺晋道の後を継いでHEL事務局長。92年仙台へ転居後、仙台E会に参加。のち地域の運動からは離れたが、引き続きSAT会員。95年JPEA理事。久保井規夫 "Historio de Japanio kaj Koreio : Enkonduko〔入門　朝鮮と日本の歴史〕" (E-grupo por komuna lernolibro pri historio, 1995)の共同E訳に参加。著「理解ある、建設的報道こそが運動を前進させる!」(PO 1988.12)、「書評『E会の活動のために』」(LM 1990.3)、「日本E界の北斗七星」(LM 1992.10)、「編集に5年間たずさわって」(HEL 1993.12)、「E界をダメにするもの」(HEL 1994.1～2)、'Triumfis Espero' (ME 1994.5～95.1)、'Ni fosu nian sulkon!' (ME 1996.5)、「『獄中十八年』と長谷川テル」(LM 1997.6)。参『日本のE-isto名鑑』、星田淳 'Nekrologo' (L & L 2006.4)、馬場恵美子「カワハラカズヤ氏を偲ぶ」(RO 2006.4)。図星田淳。

川原次吉郎|かわはら じきちろう
1896.5.19～1959.12.8

石川/一高(1919)、東大(1922)/吉野作造門下の政治学者。1923年中大講師となり仏独英米に留学。33年吉野の没後にその随筆集『古川餘影』を編集発行。38年教授。49年総選挙で蠟山政道らと初の選挙実態調査を実施。10年8月E独習。19年8月JEA入会(会員番号1434)。21年東北信州E宣伝隊リーダー。22年10月第10回JK(東京)会頭、12月小林鉄太郎、谷亀之助、豊川善曄、上野孝男とE同人社を設立、JEI第3期代表委員。23年JEI評議員、26～45年理事。留学中の31年第23回UK(クラクフ)に参加。38年4月15日東京保護観察所で「Eの精神」を講演。41年第29回JK(東京)準備委員長。49～59年JEI理事。51年6月21日一橋大E会創立に際し野々村一雄と顧問。55年第40回UK(ボローニャ)にJEI代表として参加。56年50周年記念第43回JK(東京)で表彰。UEAデレゲート(東京大森、法学、政治学)、JELE会員など。宮沢賢治が旭光社でEを教わったと日記に記す「工学士の先生」について、宮本正男は「法学士」の誤りで川原のことと推定。妻ときは第50回UK東京後援会発起人。息子勇雄もE学習。著『政治学序説』(松本書房、1927)ほか多数。E関係に「気鋭の人新進の人我国E界の恩人小坂狷二氏」(『改造』1922.10)、『国際語E独習書』(E同人社、1922)、"Fabloj laŭ Lessing" (日本E社、1922)、ザメンホフ・プリヴァー『Eの本質とE文学』(豊川善曄と共訳、同、1922)、『短期講習用E速成教科書』(E同人社、1923)、『E雑話』(世界思潮研究会、1923)、『Eの話』(日本評論社出版部、1923)、『正則E講義録』全6巻(小坂狷二・石黒修・秋田雨雀・上野孝男・北川三郎・金田常三郎・小野俊一と共著、世界思潮研究会、1923)、アンデルセン作、ザメンホフE訳『王様の新しい御衣〔La Novaj

Vestoj de la Reĝo』』(四方堂 E 研究所, 1924),『短期講習用 E 読本』(E 同人社, 1924),『実用 E 和対照会話』(浅井恵倫・セリシェフと共著, 日本 E 社, 1924), プリヴァー『カルロ〔Karlo〕』(四方堂, 1925),『E 論』(四方堂, 1926),『初等 E 研究』(崇文堂出版部, 1929),「日本文化海外宣揚と E」(RO 1939.5) など。参「先輩はなぜ・どうして学んだか」(RO 1956.6),「50 周年記念座談会」(RO 1956.9), 井上万寿蔵「川原さんをいたむ」(RO 1960.4), 原口哲郎「故川原次吉郎教授著書・論文目録」(『法学新報』中大法学部, 67:6, 1960), 宮本正男「E-isto 宮沢賢治」(『四次元』宮沢賢治研究会, 171, 1965)。協川原とき。

川平浩二 | かわひら こうじ
1943.8.30~2008.9.20

沖縄/京大 (1966)/気象学者, 地球環境学者。富山高専, 福井県立大各教授。地球環境と大気汚染を考える全国市民会議 (CASA) 理事。沖縄復帰前の 1962 年広島大に入学し, 吉川獎一が 61 年に再建した広島大 E 研 (顧問は小倉豊文教授) に入会。64 年気象学を専攻するため京大へ移り, 京大 E 研究会に入って, KLES で中村正美 (京大), 田熊健二 (阪大), 北川昭二 (神戸大), 土居敬和 (同志社大), 塩田智江子 (奈良女子大, のち土居と結婚) らと活動。中断をへて, 98 年第 85 回 JK (金沢) の大会大学で "Nun nia terglobo varmiĝas" を講演。福井 E 会の活動を支援。著『オゾン消失』(共著, 読売新聞社, 1989)。参北川昭二「川平浩二さん」(RO 2009.2), LM 2009.2。協吉川獎一。

河辺健一 | かわべ けんいち
1922.9.30~1988.8.7

愛知/東大/鎌倉文庫, 目黒書店をへて, 1962 年新潮社へ転じ, 辞典の編集, 校閲を担当, 退職後嘱託。79 年 JEI 入会。81 年所沢 E 会設立に参画, 86 年から 2 年間第 3 代会長を務め, 休刊状態の機関誌『TOER (TO)』を復刊。不自由な足で熱心に E の会合に参加。著「ただ, そこにいたので」(PO 1988.1)。参 TO 1988.9~10, 水野義明「故河辺元会長の遺稿メモについて」(TO 1991.1), 遠井國夫「埼玉の E 運動と私」(『関東 E 連盟 40 年史』)。

川俣浩太郎 | かわまた こうたろう
1909 頃~1945.3

栃木/佐野中 (1927), 成蹊高 (1930), 東大 (1933)/大内兵衛門下の経済学者。久保貞次郎と成蹊高の同期。農林省, 企画院, 日満経済研究会をへて, 1942 年東亜農業研究所へ。44 年応召。興安嶺で戦死。成蹊高在学中の 29 年久保が成蹊 E 会を復活させた際, 岩下順太郎の指導で久保, 三上英生, 菅野尚明らと E 学習。同年 JEI 入会。東京学生 E-isto 連盟会員。著「日本 E 運動の一問題」(RO 1932.3),『農業生産の基本問題』(伊藤書店, 1943)。参大谷省三・大内力共編『川俣浩太郎記念論文集』(地球出版, 1948)。

川人芙美子 | かわひと ふみこ | ?~2001.9.27

画家。敗戦直後, E 学習。中断をへて, 1978 年より再学習。豊中 E 会員。川端康成著, 小西岳 E 訳 "Neĝa Lando〔雪国〕" 第 2 版の表紙をデザイン。著「お初におめにかかります」(LM 1980.4),「ラジオ番組『自粛』に思う」(LM 1988.11)。

川村市郎 | かわむら いちろう
1909?~2003.11.17

阪大?/1969 年 E 学習。70 年池田 E 会創立に参加し会計を担当, 76~78 年会長。"Malnovaj rakontoj en Ikeda" の共同 E 訳に参加。

川村貞治 | かわむら さだはる | 1885.6.15~1950

青森/東大 (1910)/川村信一郎の父。大阪鉄工所に入り, 造船部長, 工場副長などを歴任。23 年信一郎とともに E を学び, JEI 入会。戦後は青森県立野辺地高講師となり, 同校 E 研究会会長を務めた。

川村信一郎|かわむら しんいちろう
1912.6.6～1992.1.22

大阪/三高 (1933)，東大 (1936)/筆名 Saliko/川村貞治の長男。戦前は日本油脂大阪試験所研究員。戦後，日大農学部助教授をへて，1952年香川県立農科大教授，76～90年明善短大教授。71年日本栄養・食糧学会賞。語学と文献抄録に優れ，世界的な化学文献抄録誌"Chemical Abstract"の日本における栄養・食品学関係のEditor。高松交響楽団代表。小学5年生の23年父とともにE学習。30年三高入学後，同校E部に入り，西川豊蔵の指導で再学習。32年11月JEI入会。40年誕生した長女をEのシンボルカラーから「緑」と命名。44～45年JEI評議員。48年第2次JEA常任委員。49～52年JEI評議員。50年第37回JK(横浜)準備委員長。54年JEI香川農大支部長。62年7月6日香川E会設立を支援。63年6月2日中国四国E連盟初代委員，同月23日四国E連盟初代会長。66年香川E会再発足に際して会長。66～83年ISAE日本代表。67年JEI終身会員。70～83年JEI評議員。72年第59回JK(高松)で会長のほか，受付から歌のピアノ伴奏まで大奮闘し，農業化学分野での著述によるE活動により第18回小坂賞。78～80年ISAE会長。85年E発表百周年日本委員会実行委員会副委員長。85～92年JEI理事。90年神戸へ転居後，神戸E会に入会。91年KLEG会長。科学分野でのE利用を推進し，E書きの専門論文や科学読み物も多数執筆。65年第50回UK(東京)国際夏期大学，78年第63回UK(ブルガリア，バルナ)大会大学，82年第67回UK(アントワープ)同，86年第71回UK(北京)同など，多くの機会に学術講演。ピアノに巧みで，JKでも歌の伴奏など。UEAデレギート(藤沢，高松，農業化学，神戸，生化学)，SAT，JELE，JEMA，JESA各会員など。蔵書は不二たん白質研究振興財団へ。著「二つの問題」(『駒場学友会雑誌』1933.12)，紫式部'Ucusemi〔源氏物語 空蟬〕'(RO 1935.3)，『新洗滌剤の発達』(竜吟社，1942)，「国際通信の仕方」(RO 1950.3～12)，'Sukeroj de kelkaj japanaj legumenacoj' (P. Neergaard (red.) "Sciencaj Studoj Kopenhago : ISAE, 1958)，'D-ro Hideo Yagi kaj mi'("L'omnibuso" 3, 1964.9)，'Kiel mi fariĝis E-isto?' ("L'omnibuso" 11, 1966.1)，「I.S.A. E と Scienca Revuo について」(RO 1969.6)，'Kiu eltrovis vitaminon?' (LM 1971.9～12)，「ワンマン奮戦記」(LM 1972.10)，『栄養』(三共出版, 1973)，「Eによる夏季大学講座」(ES 1975.8～9)，「化学情報における言語問題」(『化学の領域』32：2, 1978)，「国際科学シンポジウムにて」(LM 1979.7)，'Esenco de la Scienco de Nutrado' (RO 1985.5～12)，「Eの科学技術団体」(RO 1989.3)。参 大井遙「学生E運動の実態—日大農学部E会の例」(RO 1949.8)，「四連盟人物風土記(9)」(LM 1964.9)，赤松喬志「川村先生をしのぶ」(LM 1992.3)，同「川村先生の思い出」(PN 1992.3)，小阪清行「つけ足し」(PN 1992.3)，梅田善美 'Modela Sciencista E-isto' (RO 1992.7)，笠井忠「故川村信一郎先生を偲ぶ」(『日本栄養・食糧学会誌』45：5, 1992)，野村勉四郎『回想八十六年』(自費出版図書館, 1997)。協 赤松喬志，小阪清行。

川村清治郎|かわむら せいじろう
1896.11.9～2003.10.27

京都/専門学校/日本貯蓄銀行に勤務し，最後は協和銀行監査役。キリスト者。28歳頃Eを学び，1926年JEI入会。32年2月河合直次郎らと名古屋ルーマ・クンシード設立。特高課長の依頼で特高警官40人にEを教授し，海外文通の検閲の手伝いも。51年第38回JK(名古屋・湯ノ山温泉)会長。53年KKK新設に際し初代委員。54年TEL会長。62年10月10日JAKE創立に参画。名古屋E会長を務め，63年TEL会長再任。第14回(1965)・第16回(1967)東海E大会(名古屋)会長。66年第53回JK(名古屋)準備委員長兼会長。70～74年JEI評議員。73年宇治へ転居。75～86年KLEG副会長。77年10月～93年9月宇治E会長として同会の発展に尽力。80年第28回関西E大会(宇治)組織委員長。息子をEのシンボルカラーから「緑」(1965年11月JEI入会)，孫を「晃」(akira「獲得，習得の」から，株式会社ベルダ社長)と命名。UEAデレギート(名古屋，宇治，観光)，SAT会員。著 'Malakriĝo de pacaspira sento' (LM 1953.6)，「地方

大会の開催に先だって」(LM 1955.3), 'Pri la individua beleco' (LM 1955.10),「話せる E-isto の育成を！」(LM 1964.1),「長生きもEのおかげ」(RO 1999.9)。参「あのとき, わたしは…日本大会・戦争体験を語る会」(LM 1979.10), 山田義「川村清治郎さんの思い出」(LM 2004.1), 相川節子「川村清治郎さんの思い出」(VT 2004.1)。協川村道子, 相川節子。

川村惣之輔｜かわむら そうのすけ
1930.1.1～2004.9.6

宮城/古川高/国税局をへて, 仙台市に仙南会計事務所を開業。海外との交流のためEを学び, 山形Eクラブで活躍。仙台転居後は仙台E会に参加。1988年 JEI 入会。参斎藤ツメ「川村さん死去」(ME 2004.10)。

河村北星｜かわむら ほくせい
1888.1.30～1976.8.18

京都/春日小/本名晴重 (はるしげ)/能楽師河村禎二, 晴夫, 隆司の父。能楽専業を拒否して, 寺町三条で北星写真館を経営。アインシュタイン, 松井須磨子らを撮影したことも。Eは, 京都の講習会で佐врапa政資から手ほどきを受け, 1907年 JEA 京都支部設立に参加。JEA 会員 (会員番号 754)。著「思い出」(RO 1936.6)。参「能大好き河村の花/河村禎二 VS 河村隆司」(『DEN』DEN 編集室, 23, 2003)。協河村純子, 河村能舞台。

河邑光城｜かわむら みつき
1892.11.26～1944 以降

山口/早大 (中退)/1920年電通に入り, 京城, 名古屋, 函館, 仙台各支局をへて, 32年熊本支局長, 36年合併により同盟通信社熊本支局長。Eは, 19年京城で長谷川理衛の講習を受講。23年頃 JEI 入会。40年出獄した市原梅喜を九州日報社へ斡旋。参 RO 1928.10。

川村六郎｜かわむら ろくろう
1878.7.22～1944 以降

大阪/大阪医学校 (1900)/医学博士。1914年大阪府淡輪村に淡輪療病院を開業。RO (1932.4) に「日支紛争に際して」を寄稿。JEI, JEMA 各会員。著『通俗肺病の合理的連結療法』(啓文社書店, 1921)。

川本昭雄｜かわもと あきお
1927.11.4～2004.2.11

東京/東大 (1951)/東京都建設局で, 公園, 河川敷などの緑地整備事業に従事し, 1983年退職。日本造園学会常務理事など。学生時代Eを学び, 49～50年 JEI 評議員。著『道路緑化の設計・施工』(共著, 山海堂, 1977),『隅田公園』(郷学社, 1981)。協東京公園協会。

河本吉衛｜かわもと きちえい｜1913～1936 以降

京都/同志社中 (1931)/別名志村/自動車運転手。1935年田中房雄らとプロレタリアE研究会を結成。細川三酉, 宮島宗三郎らによって36年1月組織されたE研究会と合併し, 同年5月京都プロレタリアE研究会を結成, 田中と指導に当たる。同年12月検挙。参内務省警保局『社会運動の状況 昭和十二年』。

川本茂雄｜かわもと しげお｜1913.1.3～1983.8.1

東京/早大 (1937)/言語学者。1949年早大教授, のち名誉教授。日本記号学会会長, 日本言語学会会長など。36年8月早大で開かれた第3回日米学生会議における国際語問題の討論で, 基調報告をして討議をリード。即席で学んだEで会話も実演。著「日米学生会議に於ける国際語討論」(木村典・久保貞次郎と共著, RO 1936.10),『コンサイス仏和辞典』(丸山順太郎と共編, 三省堂, 1958),『ことばとこころ』(岩波書店, 1976) ほか。

川本信之｜かわもと のぶゆき
1898.3.10～1985.8.24

東京/東北大 (1926)/理学博士。1954年三重県立大水産学部教授, 62年退官後, 日大, カントー大 (ベトナム) に勤務。よみうりランド水族館名誉顧問。1929年頃 JEI 入会。日本科学研究所を主宰していた40年, 男

性ホルモン注射剤に英語とEの効能書きを付す。Eで論文執筆。[著]'Pri praveco de uzo de fluida parafino por espori spiradon de akvaj bestoj'(『日本動物学彙報』13:5, 日本動物学会, 1932),『魚類生理学』(石崎書店, 1956),『養魚学』(恒星社厚生閣, 1965)。[参]「E語論文出づ」(RO 1933.4)。[蔵]三重県立図書館。

簡吉 | かん きつ | 1903.5.20〜1951.3.7

台湾高雄県/台南師範学校/教職に就いたのち, 農民運動に従事し, 台湾農民組合を組織。28年台湾共産党を公然と支持し, 逮捕される。獄中で読書に励み, 弟にE独習書の差し入れを要望。日記は日本語で。[著]『簡吉獄中日記』(台湾中央研究院台湾史研究所, 2005)。

菅季治 | かん すえはる | 1917.7.19〜1950.4.6

北海道/野付牛中, 東京高師(3年修了1938), 東京文理大(1941)/哲学者。旭川師範教諭をへて, 京大大学院在学中の1943年に応召, 45年満洲の部隊に配属。終戦後のソ連抑留中にロシア語を独習し, 通訳を務める。49年帰国し, 学究生活に戻ろうとしたが, 50年「徳田要請問題」に関して国会で証言を求められ, 保守系議員から共産党寄りの訳をしたのではないかと執拗に追及され, 鉄道自殺。木下順二の戯曲「蛙昇天」のモデルとなった。47年カラガンダの収容所に抑留中, 鹿野武一と親交を結び, 菅が開いていた「学芸同好会」で鹿野から唯一の聴き手として「E語入門」を学ぶ。[著]『語られざる真実—菅季治遺稿』(筑摩書房, 1950),『哲学の論理』(弘文堂, 1950),『人生の論理—文芸的心理学えの試み』(草美社, 1950)。[参]務台理作『思索と観察—若い人々のために』(勁草書房, 1977), 前田一男編『想い出のカラガンダ—菅さんを偲ぶ』(私家版, 1982), 田村重見編著『友—その生と死の証し—哲学者菅季治の生涯』(私家版, 1987), 澤地久枝『私のシベリア物語』(新潮社, 1988), 吉川昌二編『菅季治先生を偲ぶ—旭川師範学校二年三組担任』(私家版, 1994), 多田茂治『内なるシベリア抑留体験—石原吉郎・鹿野武一・菅季治の戦後史』(社会思想社, 1994), 平沢是曠『哲学者菅季治』(すずさわ書店, 1998), 小田切正「菅季治「文芸的心理学への試み」序説」(『情緒障害教育研究紀要』13〜20, 1994〜2001), 中西昭雄『シベリア文学論序説』(寒灯舎, 2010),『征きて還りし兵の記憶』。

神吉正一 | かんき しょういち | 1897.1.5〜1964.8.17

東京/麻布中(1914), 二高(1917), 東大(1920)/外務省に入り, 1932年満洲国総務庁次長, 39年民生部次長, 40年間島省長など。戦後は弁護士。E学習歴は不明。金井博治編『和E辞典』(未来社, 1929)に序を寄せ,「通信交通の発達, 幾多国際間の協力も皆Eの万人化に依って最後の仕上げをされる」,「E学習は最も有利な智的投資である」と。[参]『近代日中関係史人名辞典』。

神吉晴夫 | かんき はるお | 1901.2.15〜1977.1.24

兵庫/東京外語(1922), 東大(1927中退)/光文社社長, "カッパ・ブックス"シリーズの産みの親。サンケイ新聞出版局顧問など。E学習歴は不明。1959年ザメンホフ百年祭委員会賛助員。[著]『俺は現役だ』(オリオン社, 1964),『カッパ軍団をひきいて』(学陽書房, 1976)。[参]『現代日本朝日人物事典』。

甘蔗要 | かんじゃ かなめ | 1910.10〜1939.1.4

福井/大谷大/旧姓大原, 僧名円達/西雲寺(京都)住職。1931年6月大谷大で開かれたE講習会で太宰不二丸から手ほどきを受け, 直ちに, 休眠状態だった大谷大E会を再建し会長, "La Paco"を編集。"tempo"誌同人。国際文通に熱心で, 相手と本を交換して入手しにくい本を集めた。文通相手のオランダ人女性ツースベルトが2度訪日したことから, 新聞で「国際愛」と騒がれたことも。38年応召, 翌年上海で戦病死。[参]「仏縁をめぐる日蘭国境なき聖愛」(『報知新聞』1938.4.18), 柴山全慶「甘蔗要君を悼む」(RO 1940.5), 吉川奨一「中3人おかれた人」(リベーロイ社, 1996),『中原脩司とその時代』。[協]甘蔗すえ子, 野島安太郎, 太宰不二丸。

神田継治|かんだ けいじ|1891.7.22~1969.1.26

山口/慶大/1917~31年朝鮮で農林業, 32~35年満洲で鉱山業, 36~38年広島で農林業を営む。41年朝鮮鉱業社長。45年12月引き揚げ後は柳井で農業。玖珂郡生協組合長, 柳井市史編纂委員など。06年E学習。一時中断後, 37年柳井E会創立に参画。[著]『代田八幡宮』(平井印刷所, 1928),『柳井地方史の研究』(柳井市立図書館, 1969)。[図]山口県立図書館。

神田效一|かんだ こういち|1897.5.20~1983.2.15

愛知/早大(1929), 南カリフォルニア大(1932)/満洲国参議府秘書局事務官, 間島省参事官など。1951~75年愛知県議。名城大, 山田家政短大各教授など。東京高師在学中の21年JEI入会。

神田慶也|かんだ よしや|1918.6.18~2011.3.5

大分/五高, 九大(1941)/構造化学者。理学博士。1963年九大教授に就き, 78~81年九大学長, 86~92年九州産大学長。学位論文などをEで執筆。[著] 'Absorbospektroj de organikaj vaporoj'『九州大学理学部紀要』1:4, 1950), 神田慶也先生退官記念事業会編 "Selected papers of Yoshiya Kanda, 1949-1982"(広川書店, 1982)。

神田利吉|かんだ りきち|1892.7.25~1944以降

福岡/東京警察講習所/台北州巡査教習所, 台湾総督府警察官司獄官練習所各教官, 嘉義警察署長などをへて, 1938年地方理事官。43年屏東市長。20年代後半JEI入会。

ガントレット, エドワード|George Edward Luckman Gauntlett|1868.12.4~1956.7.29

英国ウェールズ/美術学校(ロンドン)/帰化して岸登烈, 芸名渡辺久左衛門/異名「秋芳洞開発の父」。1889年渡米, その後カナダへ渡り, 1890年8月教会ボランティアの一員として来日。東洋英和学校などで英語, ラテン語, 速記などを教授。98年山田恒(恒子)と結婚(日本での正式な法的国際結婚第1号)。1900~05年六高で, 08年から山口高商で教鞭を執る。山口時代には中目覚とともに秋芳洞を調査し, 英国地理学会誌に報告。16年東京へ戻り, 東京商大, 立教大で英語などを教授。41年日本に帰化。戦後は外務省に勤務。パイプオルガンの専門家・演奏家としても知られ, 日本最初のパイプオルガンを本郷中央会堂に設置・演奏(1891), 明治天皇の前での演奏(1892)など日本のオルガン界にも大きな足跡を残す。Eは, 03年夏金沢訪問時にマッケンジーの勧めで学習し, 石川県立一中でともに講習会を開催。妻恒子や義弟山田耕筰, 村本達三らに教えたほか, 05年通信教育を開始して, 数百の受講生を得て, 日本のE運動の源の一つに。同年第1回UK(ブローニュ・シュル・メール)に参加。ザメンホフにより臨時言語委員に選任。06年黒板勝美の新聞記事を読んだ村本の仲介で黒板に受講者名簿を送り, JEA創立の基礎を築く。JEAに加わり(会員番号217), 06年8月13日帝国教育会でのE演説会で「Eとは何ぞや」を講演。07年ウラジオストクに旅行し, E-istoと交流。17年十年ぶりで例会に出席し, 18年第5回JK(東京)に参加。19年東京商大在勤中, 由里忠勝らにEを教える。35年9月JEI事務所を訪問し, 懇談。36年6月13日日本E運動三十周年祝賀晩餐会で回顧談を語る。37年4月14日ザメンホフの夕で "El Japanujo al Anglujo" を講演。53年第40回JK(岡山)に録音でメッセージを寄せる。一時Eから離れたのは, 受講生から堺利彦, 大杉栄, 山川均らを出し, 運動に左翼が進出したためと, 後年告白。息子にもEを教えた。墓は多磨霊園に浅田栄次と隣り合う。2006年第93回JK(岡山)で百周年記念シンポジウム「ガントレット家の人々」が開催。[著]『新式日本速記術』(教文館, 1899), "The elements of Japanese and English phonetics"(三省堂, 1905), 'Protekto de anglo' ("The esperantist" 1905.5),『世界語』(丸山順太郎と共著, 有楽社, 1906), 'Eとは何ぞや' (JE臨時増刊, 1906.9), 'E en Siberujo' (JE 2:6, 1907)など。[参]「Gauntlett氏学会を訪問」(RO 1935.11), 岡本好次「45年前

の芽生」(RO 1948.10), 磯部幸子'Parolas s-ro Gauntlett'(RO 1953.8), 'Oficiala protokolo de la 40-a kongreso de japanaj E-istoj'(RO 1953.12), 岡本好次「ガントレット氏とマッケンジー氏」(RO 1956.4), 'Forpasis la unua semanto'(RO 1956.9), 多羅尾一郎「エドワード・ガントレット先生」(RO 1956.10),「岡山県・日本のニュルンベルグと言われるが…」, 阿閉温三『牧畜一代記』(私家版, 1967), 由里忠勝「Boulogne-sur-Merを訪ねて」(RO 1973.4), 朝比賀昇・萩原洋子「日本E運動の裏街道を漫歩する1」(ES 1975.4), 秋吉台科学博物館編『秋吉台・秋芳洞の人物史4 エドワード・ガントレット』(秋吉台科学博物館, 1985), 峰芳隆「ガントレットの通信講義録のこと」(RO 1989.4), 赤井励『オルガンの文化史』(青弓社, 1995), D.ガントレット「祖父エドワード・ガントレットを語る」(『松風』87, 徳山大学生部松陰会, 2000), 山陽女子高Eクラブ「Eを日本に紹介したガントレット夫妻」(RO 2003.6), 濱田栄夫「ガントレットの種まき」(LM 2006.8),『ガントレット家の人々』(第93回JK公開シンポジウム資料, 2006),『近代日本社会運動史人物大事典』,『日本キリスト教歴史大事典』. 図津野行彦

ガントレット恒子|ガントレット つねこ
1873.10.26~1953.11.29

愛知/女子学院/旧姓山田, 本名恒, Tsune Gauntlett, 夫の帰化後の本名岸登恒/キリスト教女性運動家。キリスト教婦人矯風会会頭。山田耕筰の姉。前橋での教員時代にガントレットと知り合い, 1898年結婚し英国籍に(1941年夫の帰化に伴い日本国籍に復す)。夫の六高赴任に伴い岡山へ赴き, 山陽高女教師。1905年夫からEを教わり, JEAに入会(会員番号307)。1920年ジュネーブの万国婦人参政権会議に参加, プリヴァの助言でEの公用語としての採用を提案。3時間の激論の末に否決される。著『型紙つき婦人子供服の作り方』(主婦之友社, 1929),『77年の想ひ出』(植村書店, 1949)。参矢次とよ子「S-inoガントレット訪問記」(『La Informilo』7, 婦人E連盟, 1938), 磯部幸子「日本E史の一挿話 ガントレット恒子女史と語る」(RO 1939.8),『羽仁吉一・もと子と語る座談集—真理によって歩む道』全2巻(婦人之友社, 2003),「国際結婚の楔となった ガントレット恒子の生涯」(『週刊ジャーニー』654, 2010.12.2),『現代日本朝日人物事典』,『近代日本社会運動史人物大事典』,『日本キリスト教歴史大事典』,『日本女性運動史人名事典』。

き

城井尚義|きい なおよし|1877.8~1946.5

奈良/陸軍獣医学校(1897)/獣医学博士。1919年人痘の牛痘化に成功。27年フランス留学。陸軍獣医少佐, 東大伝染病研究所技師など。19年JEA入会(会員番号1444)。20年JEI評議員。22年村田正太と伝染病研究所でE講習。23年第11回JK(岡山)で, 医学界におけるE普及の貢献により表彰。JEMA会員。著『獣医内科学講本』全2巻(共著, 克誠堂書店, 1915~17)。参上原太朗「城井尚義のことども」(『日本医事新報』1951.7.28)。図都立中央図書館。

木内禎一|きうち ていいち|1878?~?

二六新聞社勤務。1926年朴烈事件に関連した直訴未遂事件により検挙され, 翌年有罪判決。JEA結成直後に参加(会員番号167)し, 評議員。二六新聞にE文法を掲載。07年11月3日石川照勤の招きで, 成田図書館において黒板勝美とともにE普及演説会に参加。著「Eとは如何なるものか」(『近時画報』100, 1906.11.1)。参「朴烈事件を種に直訴の陰謀発覚」(『東京朝日新聞』1926.9.27)。

木岡永次郎|きおか えいじろう
1895.8.10~1944以降

広島/慶大(1919)/三井銀行深川, 日本橋, 大阪西各支店調査係長をへて, 1932年調査課長代理, のち調査部次長。JEA会員(会員番号1250)。のちJEIにも参加。著シュモラー『重商主義制度と其歴史的意義』(三田書房, 1923),『国民経済学原論』(七星社, 1927),

菊岡久利｜きくおか くり｜1909.3.8～1970.4.22

青森／海城中（中退）／本名高木陸奥男（みちのくお），別名鷹樹寿之介／野性味と生命力に溢れた人生派の詩人。のち小説，脚本，画業も。1921年上京。新しき村に出入りするも，クロポトキンなどに傾倒。石川三四郎の食客となりアナキズム研究に従事。Eを支持し，青年に学習を推奨。1956年日本E運動50周年記念に際しJEI賛助会員。著『時の玩具』（日本文学社, 1938），『ノンコのころ』（淡交社, 1956）。参『現代日本朝日人物事典』，『日本アナキズム運動人名事典』。

菊川宝城｜きくかわ ほうじょう｜1906.12～1996.12

熊本／鎮西中（1925）／法教寺（宇土市）住職。仏教関係専門学校に在学中にE学習。1935年2月16日宇土E会結成に参画し会長。E講習会などに寺を開放。参「宇土E会創立」（RO 1935.12），野村忠綱「1930年代後半の宇土E会の人々」（『宇土市史研究』20, 1999），同「宇土E会5年間の意味」（RO 2000.6）。協野村忠綱。

菊沢季生｜きくざわ すえお｜1900.1.7～1985.8.28

三重／六高（1920），東北大工学部（1923），同法文学部（1927）／国語学者。栗原佑の義弟。中田久和，藤本豊吉と六高二部乙の同期。宮城女学校教員，宮城学院女子大教授をへて，1965年四国学院大，70年岐阜女子大各教授。ローマ字論者で，文部省の臨時ローマ字調査会での発言により，訓令式ローマ字の制定に貢献。月刊専門誌『国語研究』を発行。62年10月から10年間日本ローマ字会会長。キリスト者。21年頃武藤於菟を訪ねたのがきっかけでE学習。21年10月JEI入会。東北大E会長を務め，工学部の卒論に吉野檎三とともにEを使用。24年第12回JK（仙台）内のSAT分科会に出席。29年11月10日仙台E倶楽部（翌年仙台E会に改組）を創立し会長。31年3月9日萱場真の告別式で「マイストロ・ザメンホフの祈禱」を。同年5月仙台E会の活動を「宣伝本位」と批判，「E語の研究に邁進」するためとして同会を退会（のち再入会）。34年3月1日JEI仙台支部発足に参加。37年「訓令式ローマ字」制定に寄与。50年仙台E会長，JEI仙台支部長。56年11月4日東北E連盟発足に際し初代会長。64年第5回東北E大会（仙台）準備委員長。66～70年香川E会長。UEAデレギート（仙台），四国E連盟委員長，SAT, JELE各会員など。国立民族学博物館に「菊沢季生アーカイブ」。著「近代思潮の基調をなすE主義」（『工明会雑誌』東北大工学部工明会, 4, 1923），『文法本位E講習読本』（ミスマル社, 1925），M. Gorki 'Tie estas justo'（RO 1926.9），『音韻的ローマ字綴方論』（日本のローマ字社, 1935），「仙台E運動の思い出」（『河北新報』1936.6.11～16。実際は大泉八郎作），「最近における国字国語問題の動き」（RO 1938.9），『菊沢季生国語学論集』全5巻（教育出版センター, 1989）。参菅原慶一「菊沢季生氏逝去さる」（"La Verda Tero" 26, 東北E連盟, 1985），平山輝啓「菊沢先生の思い出」（ME 1985.10），菅原慶一「菊沢季生先生の死を悼む」（RO 1985.11），ME 1990.10。協東北大学史料館。

菊沢正達｜きくざわ まさとお｜1904頃～1987⇔1989

三重／六高（1924），東大（1927）／農林技師。福岡県農地部耕地課長など。六高在学中にJEI入会。

菊地行蔵｜きくち こうぞう｜1871.12.29（明治4.11.8）～1946.11.30

宮城／二高（1897），東大（1903）／ドイツ語学者。1909年五高，20年佐賀高各教授。栄養失調により没。ドイツ留学中にE学習。24年KEL創立に参加し，のち佐賀E会を再興。JEI会員。著「佐高E会史」（『昭和2年KEL年鑑』）。協菊地俊夫，中山知雄，小野記彦。

菊地盛｜きくち さかり｜1913.7.24～1975以降

浦和高，東大／団体役員。浦和高在学中，深谷昌次の勧めで同校E会に参加。1937年頃浦和高出身の東大学生によって結成され

た Marŝada Grupo を守随一, 深谷昌次, 笹山晋夫らと支えた。45～48年 JEI 評議員。著「第49回大会に出席して」(VS 1962.10)。参 "Japanaj E-istoj"。

菊池大麓｜きくち だいろく
1855.3.17 (安政2.1.29)～1917.8.19

江戸/蕃所取調所, 開成学校, ケンブリッジ大 (1877)/旧姓箕作, 幼名大六/理学博士。1866～68年, 70～77年英国留学, 84～85年米国視察。東大数学科創設者。日本標準時の建議者。東大第6代総長, 文部大臣, ローマ字ひろめ会評議員など。JEA 名誉会員。

菊池毅｜きくち たけし｜1934.7.27～2009.1.5

九大/福岡女学院社会科教師, 校長をへて, 四国学院大教授。キリスト者。中学校の教科書でEと出会い, 1977～2006年 JEI 会員。香川 E 会で活動。参小阪清行「菊池毅先生, 逝く」(RO 2009.4)。

菊池貞一｜きくち ていいち
1914.4.1～2006.3.10

岩手/中大 (1938)/副検事。外務省勤務のかたわら, 中大法学部 (夜間) に通い, 卒業後は青島領事館に勤務。戦後は岩手で検察庁勤務。青島時代に JEI 会員。中断をへて, 1967年 JEI, 仙台 E 会各入会。定年後, UK 参加のためにダンスを覚え, ほぼ毎年参加。82年来仙した P. Daŝgupto (インド), G. Sutton (英国) らを自宅で接待。2000年 JEI 退会。海外の E-isto と熱心に文通し, 切手のコレクションは, 生前, 松本宙へ。UEA 会員。娘夫婦の大越啓司・満喜子もE学習。著「『世界語は夢か』に答える」(『河北新報』1963.2.3),「第4回太平洋 E 大会に参加して」(ME 1988.11)。参 ME 2006.3, 松本宙「追悼菊池貞一様」(RO 2006.5)。協大越啓司, 大越満喜子。

菊知芳子｜きくち よしこ｜?～2010.12.13

法大 (1966)/1982年韓国祥明女子師範大講師, のち祥明大教授。上代日本語文法論と日本語教育学を研究。63年法大 E 研究会に入会, 翌年会長となり, 精力的に活動。64年10月オリンピック村における外国人の言語意識調査, 65年10月知識人200名への言語に関するアンケート調査を実施し, 文化祭で発表。65年第50回 UK (東京) で韓国人金胎京 (KIM Taekyeong) と知り合い, のち結婚し韓国に移住。離婚後も韓国に定住して, 79～81年 "La Espero" 編集などで韓国 E 運動に貢献。著「韓国代表はなぜ入国できなかったのか」(RO 1965.12), 'Resumo de nia agado dum 5 jaroj (1961～66)' (E-Societo de Hosei Uni., 1966), 『イキイキ生活会話』(共著, 時事英語社, 1995)。参「国際結婚第2号」(RO 1968.12), 김점옥「KIKUĈI Yosiko 교수와 함께」("La Lanterno Azia" 71, 1988.4),「Nekrologo」("La Lanterno Azia" 2010.12)。

木崎宏｜きさき ひろし｜1899.10.18～1938.10

三重/一高 (1921), 東大 (1924)/安積得也, 吉村鉄太郎らと一高英法科の同期。1927年日本橋区堀留警察署長になり, 官舎に入った盗賊に金を与えたことで人情署長と評判に。28年官を辞して東京府会議員になるが, 疑獄事件などに関与。日本橋で民衆法律相談所を開設。後楽園スタジアム営業課長のとき出征, 華中で戦死。19年長谷川理衛, 井上万寿蔵, 堀真道らと一高緑星会創立, JEA 入会 (会員番号1456)。20年第7回 JK (東京) で JEI 編集・教育部委員に選出。21年第8回 JK (東京) において基金募集を提案, 一部の反対を押し切って可決させ, JEI 法人化の基礎を築く。23年 JEI 終身会員, 26年監事, 27～28年理事, 29～30年監事。白畠正雄と親交。著「エロシエンコ君を送る 万国語に対する当局の盲目」(『読売新聞』1921.6.2～3)。参木崎素明編『雪とほたる』(私家版, 1927),「E を話す日本橋堀留署長さん」(『国民新聞』1927.10.4),「民衆の味方に当選した元堀留署長木崎氏」(『東京朝日新聞』1928.6.12)。

岸重三｜きし じゅうぞう｜1905.10.7～1984.3.28

群馬/藤岡中 (4年修了1923)/代用教員をへ

て，検定により資格を得て44年まで小学校と国民学校の教員。1930年全日本無産者芸術団体協議会の運動に参加。45年日本共産党に入り，西毛地区委員，常任委員など。52～63年群馬県鬼石町議。21年頃Eを独習。JEI会員。RO (1926.5)で文通や絵葉書交換の相手を募集。75年第60回UK (コペンハーゲン)，76年第61回UK (アテネ)に参加。

貴司山治 | きし やまじ
1899.12.22～1973.11.20

徳島/小学校/本名伊藤好市/小説家。1927年Eを国語とするノーヴァ・スーノ国 (nova suno「新しい太陽」) のニーア・サボオント (nia savonto「我らの救世主」) 大統領を登場させたSFの先駆的作品「霊の審判」が『東京朝日新聞』懸賞映画小説に入選，これを機に作家の道へ。29年日本プロレタリア作家同盟に加わる。34年文学案内社を設立し，『文学案内』(表紙に"La Gvidanto Literatura"と併記)，『詩人』を発行，文学の大衆化と新人養成に尽力。長谷川テル，栗栖継らに活動の舞台を与え，中国に渡る長谷川に上海亡命中の鹿地亘宛ての紹介状を持たせた。56年日本E運動50周年に際しJEI賛助会員。㊐『霊の審判』(朝日新聞社, 1930)，貴司山治研究会編『DVD版貴司山治全日記 (1919年～1971年)』(不二出版, 2011) ほか多数。E関係は，「E-istoは独善主義をすてよ」(RO 1936.5)。㊂「徹底的な大弾圧にプロ文化連盟壊滅　残された者何処へ」(『東京朝日新聞』1932.4.11)，宮本正男「貴司山治」(LM 1981.3)，『文学案内』(復刻版, 不二出版, 2005)，『現代日本朝日人物事典』，『近代日本社会運動史人物大事典』，『日本文学に現れたE』。

岸田日出刀 | きしだ ひでと | 1899.2.6～1966.5.3

福岡/東京府立三中 (1916)，一高 (1919)，東大 (1922)/建築家，随筆家。東大名誉教授。代表建築に東大安田講堂，西本願寺津村別院など。1938年JEIより"Kronologia Klasifiko de la Arkitekturo en Japanujo"を刊行。㊐『オットー・ワグナー』(岩波書店, 1928) ほか多数。㊂「岸田日出刀」編集委員会編『岸田日出刀』(相模書房, 1972)，『現代日本朝日人物事典』。

岸田佳宣 | きしだ よしのぶ
1949.3.4～2011.12.10

徳島/1969年大阪で就職し，坂本昭二の講習会に参加して，豊能E会に入会。「言語格差をなくすE」のために活動。KLEG事務所購入のため多額の寄付。72年KLEG賞。KLEG執行委員，林間学校組織委員長など。2000年自立農家を目指して大分に移り，脱原発運動も。JBLE会員。蔵書の一部は裏庄大学 (中国山東省) 付設の国際世界語博物館に。㊂「Jen ŝi, jen li」(LM 1975.6)，「岸田佳宣さんを偲ぶ」(RO 2012.2)，LM 2012.2。

木島始 | きじま はじめ | 1928.2.4～2004.8.14

京都/京都二中，六高 (1947)，東大 (1951)/本名小島昭三/詩人，翻訳家。法大教授。リンス『危険な言語』を読んでE学習。76年秋川 (現あきる野) 市立一の谷小校歌を作詞し，歌詞に「ルーモ」(lumo「光」)，「サーノ」(sano「健康」) のE単語を使用。「回風歌」(法政大学アリオンコール委嘱作, 1979)，「虹のうた」(1984年度NHK全国学校音楽コンクール中学校の部課題曲) などでも歌詞にEの語句を挿入。㊐『木島始詩集』(未來社, 1953)，シャロム・アレイヘム『ユダヤ人たち』(共訳, 思潮社, 1980) ほか多数。E関係は，「思いつくまま」(ES 1976.6)，「こだま」(ES 1980.7) など。㊂栗栖継編「回風歌・一の谷小学校校歌」(ES 1980.2)，「学びやの歌　E語，詞に　あきる野市立一の谷小」(『読売新聞』2012.6.9)，『現代日本朝日人物事典』。㊙栗栖継。

岸本重太郎 | きしもと じゅうたろう
1896.5.25～1970.4.30

岡山/岡山盲唖学校鍼灸按摩科 (1919)，東京盲学校師範科 (1921)/1921年私立岡山盲唖学校教諭となり，56年県立岡山盲学校を定年退職，59～66年岡山県盲人協会長。戦後全盲に。点字ブロックの普及に尽力。

岡山盲唖学校在学中に葛山覃の薫陶を受け た。25年頃岡山県盲唖学校でEを教授。著 小坂狷二『点字E教科書』(点訳, 日本E社, 1923)。参『闇を照らすもうひとつの光』。協 筒井祥子, 岡山県立図書館。

雉本時哉 | きじもと ときや
1903.10.10~1987.5.29

愛知/八高(1925), 京大(1928)/大阪府女 専教授, 大阪女子大学長など。八高在学中 の23年頃JEI入会。著『教養としての倫理 学』(堀書店, 1949)。

岸本通智 | きしもと みちとも
1901.1.5~1978.1.2

広島/三高(1922), 東大(1925)/小川鼎三, 中出丑三, 吉原英夫らと三高理科甲類の同 期。中部電力常務, 清水共同発電社長など。 1919年三高入学後, 同校E会に参加。20 年末頃JEI入会。参『三高E会小史』。

岸山芳太郎 | きしやま よしたろう | ?~1926以降

印刷工として信友会に参加し労働運動。の ち印刷工場大道社を経営, JEA, JEIの機関 誌, 日本E社の単行本などを印刷。1920年 JEI入会。参『日本E運動史料 I』。

北一輝 | きた いっき | 1883.4.3~1937.8.19

新潟/佐渡中(1900中退), 早大(1904中 退), 国民英学会(1905中退)/幼名輝次, の ち輝次郎/国家社会主義者。黒板勝美, 堺 利彦, 大杉栄らと交友があり, 山鹿泰治を 食客にしたことも。『国家改造案原理大綱』 を著し, シベリアからオーストラリアにわ たる大帝国を建設,「英語を廃し国際語 [E]を課し第二国語とす」とE採用論を説 いた。臼井裕之「北一輝によるE採用論と いう『逆説』」は第6回涙骨賞(2010)優秀賞 を受賞し,『中外日報』(2010.6.5～12)に掲 載。著『北一輝著作集』全3巻(みすず書房, 1959～72)。参宮本正男「北一輝とE」("La Torĉo" 伊藤巳酉三, 71, 1965),『反体制E運動 史』, 朝比賀昇・萩原洋子「日本E運動の裏街道

を漫歩する—18」(ES 1976.11), 臼井裕之「ナ ショナリストが〈国際〉を求めるとき—北一輝 によるE採用論の事例から」(『社会言語学』同 刊行会, 7, 2007), 同「北一輝の〈E採用論〉に見 る近代日本の〈英語問題〉〈国語問題〉」 ("Speech communication education" 日本コミュ ニケーション学会, 20, 2007), 同「北一輝とザ メンホフの位置測定—非西洋という辺境, 西 洋の辺境」(RO 2009.11),『現代日本朝日人物 事典』,『近代日本社会運動史人物大事典』。

喜多源逸 | きた げんいつ | 1883.4.8~1952.5.21

奈良/三高(1903), 東大(1906)/工学博士。 桜田一郎, 宍戸圭一, 福井謙一(1981年 ノーベル化学賞)らの師。1918～20年英米 仏, スイス留学。京大教授, 理研研究員, 日本化学会会長など。E学習歴は不明。29 年京大E会賛助会員。同年12月研究室を 訪問したコットレルを歓待。著『最近工業 薬品製造法』(丸善, 1916),『現代化学大観』 (カニヤ書店, 1926)ほか多数。参RO 1929.7, 「S-ro Cottrelのことども」(RO 1930.1)。

岐田晴湖 | きだ はるみ | 1912.11.8~2001.2.14

大阪/大阪府女専/大阪市立神津小などの教 諭。Eは, 65年豊中市で開かれた講習会で 小西岳, 坂本昭二から手ほどきを受け, 娘 の穂波とともに学習。86年第71回UK(北 京)以降, スライド「私は見た! 市民が描 いた原爆の絵」のE版を持参して, UK参加 者に手渡す。豊中E会委員長, 池田E会員 など。著「私の文通相手」(EV 1974.7),「『ヒロ シマ』のスライドを配りました」(EV 1987.11), 「思わぬ発見が楽しい」(LM 1988.3),「UKで原 爆スライドを展示」(LM 1988.10),「Eと私 (1)」(EV 1996.8)。参「長女を産んだその日に 大空襲」(『アサヒファミリー』1986.8.8)。

北政一 | きた まさいち | 1918?~2006.5.23

鍼師。新潟で盲学校長？ 1996年JEI入会。 斎木正幸とともにベトナムの視覚障害者を 支援し, E-isto グエン・チ・ゴック・ラン (Nguyen Thi Ngoc Lan)を日本に招く。 JABE会員。参「訃報」(『Orienta Blindularo

81, 2006)，Nguyen Thi Ngoc Lan 'Kiel mirinda naŭdek-jarulo'（RO 2006.10）。

北尾虎男│きたお とらお│1909.1.1～1979.3.3

長崎/長崎商/戦前，満鉄弘報課国際宣伝係など。戦後は静岡県の映画館の支配人。1928年大連でE学習。有馬芳治が大連を去った後，大連E会の中心。上司に働きかけて，E文の満洲案内のパンフを発行。41年三宅史平の訪満実現に尽力。47年引き揚げ。53年JEI入会。70年10月～75年9月JEIに勤務し，72年4月から事務局長。［著］「哈爾浜の思出」（EL 1937.6），永井隆 "Restante vivaj sub la atomnuboj〔原子雲の下に生きて〕"（私家版，1980）。［参］高木貞一「北尾さんの死を悼む」（RO 1979.5），石川一也 'Klare pronocu "u"!'（RO 2001.8）。［協］石野良夫。

北岡寿逸│きたおか じゅいつ│1894.7.2～1989.6.7

奈良/畝傍中（1912），一高（1915），東大（1918）/経済学博士。宇佐美珍彦，村上冨士太郎と一高英法科の同期。ILO日本政府代表，東大教授など。東宝砧撮影所長在任時の1948年警察と占領軍の力を借りて大争議（東宝争議）を武力収束し，「反動」の代名詞に。18年JEA入会（会員番号1189），のちJEIにも参加。［著］『失業問題研究』（有斐閣，1942）ほか多数。［参］「北岡寿逸教授略歴・著作目録」（『國學院経済学』20：4，1972），『現代日本朝日人物事典』。

北岡正見│きたおか まさみ│1903.1.29～1979.1.13

富山/東大（1927）/医学者。細菌戦の栄1644部隊などをへて，戦後に国立予防衛生研究所リケッチアウイルス部長，副所長。1952年頃米軍援助金による新潟精神病院でのツツガムシ人体実験（8名死亡，1名自殺）に関与。61年日本ウイルス学会会長。Eskulapida Klubo, JEMA各会員。［著］「流行性肝炎（黄疸）－殊にその流行病学と病原体について」（『医学の進歩』1，1942），「発疹チフスワクチン基準」（小島三郎監修『生物学的製剤基準解説』日本臨牀社，1948）。

北川三郎│きたがわ さぶろう│1899～1928

鹿児島/一高（1919），東大（1923）/生物学者。東京高，慈恵医大各教授など。加瀬俊一と一高独法科の同期，また芹沢光治良と沼津中，一高の同期で，『人間の運命』に登場。親に結婚を反対され，雪中の富士山麓で恋人と心中して，浅原六朗の小説「金色の柩車」（『婦人公論』1932年連載），映画「青葉の夢」（新興キネマ，1936）のモデルに。1921年10月岡田要，江崎悌三，平岩馨邦らとJEI入会。奥宮加寿の日本少年寮に協力。23年5月17日，E宣伝講習会（参加者2000人）で文法，作文を担当。［著］『正則E講義録』全6巻（小坂狷二・石黒修・川原次吉郎・秋田雨雀・上野孝男・金田常三郎，小野俊一と共著，世界思潮研究会，1923），ウェルズ『世界文化史大系』全2巻（大鐙閣，1927～28）。［参］「寄宿舎として理想的な日本少年寮十五周年」（読売新聞，1922.11.14），「北川教授の死体，精進湖畔で発見」（同 1928.3.28），玉蟲文一「亡き友北川三郎のこと」（『図書』1977.8），石黒修「E六十年 8」（ES 1977.12），稲垣真美『その前夜，樹海に死す』（朝日新聞社，1981），「科学者をめぐる事件ノート 4」（『科学朝日』1987.4），『近代日本社会運動史人物大事典』。

北川承三│きたがわ しょうぞう│1909.1.4～1988.9.30

富山/富山薬専（1929）/1951年富山化学工業代表取締役，52～54年専務取締役。のち大和薬品工業社長。薬専在学中に野村誠四郎らと同校E会で活動。JEI, JEMA各会員。［協］富山県立図書館。

北川二郎│きたがわ じろう│1908.9.3～2003.2.20

岐阜/東大（1930）/1941年商工省東京工業試験所から日本軽金属に転じ，61年常務。同年日本軽金属総合研究所初代社長，75年相談役。東大在学中にJEI入会。［著］『アルミニウム工業』（誠文堂新光社，1963）。

北川豊 | きたがわ ゆたか
1920.10.24~2002.6.25

宮城/仙台二中 (1937), 一高 (1940), 東大 (1942)/筆名野田有望, Jubo Norda/興銀入行後, 応召. 1945年復員後, 日本統計研究所, 総理府統計委員会, 行政管理庁, 国連食糧農業機関統計部などをへて, 69~86年埼玉大助教授, 教授, 86~93年白鴎大特任教授.「新座の自然とくらしを守る市民の会」代表. 60年E学習. 同年5月JEI入会. 91年池袋E会に入り, KKへ寄稿多数. 著『ラテン・アメリカの統計』(アジア経済研究所, 1965),『E語第一歩』(有望舎, 1994), "REMEMORO"(池袋E会・緑と湧水と流れの会有志, 2005. CD-ROM版). 参『社会科学論集』埼玉大経済学会, 58, 1986),『日本のE-isto名鑑』, KK 2002.8, 千葉俊介「北川豊さんをしのぶ」(RO 2002.10).

北城郁太郎 | きたじょう いくたろう
1926~1991.8.5

東京で高校の英語教諭. 1971年9月JEI入会. ROの'Sprite dirite'の常連. 著「芥川龍之介の蜃気楼」(RO 1981.6).

北畠武敏 | きたばたけ たけとし
1926.12.2~1993.7.18

東京/陸士/1946年「世界の平和は庶民同士のふれ合いから」の理念のもとに国際ペン・フレンド協会を創立し代表. 民族語による文通に限界を感じ, 同協会内でE普及に努力. 63年第50回JK(吹田)で講演. 伊東三郎『Eの手ほどき』(1968), 伊井迀忌実行委員会『伊東三郎追憶 第1集』(1971)を同協会から刊行. 著『まんがでわかるやさしい英文手紙』(監修, 新星出版社, 1989). 参「Eの普及を願い 手引書複写に取組む」(『朝日新聞』東京版, 1968.2.19). 協国際ペン・フレンド協会.

北原二郎 | きたはら じろう | 1909.2.5~1981.2.5

仁川/京華中 (1926), 慶大 (1933)/鹿島則幸, 楠美正と京華中の同期. 朝鮮殖産銀行, 山之内製薬をへて, 京葉産業取締役. 1927年9月JEI入会. 慶大在学中に同校E会を指導. 33年および45~53年JEI評議員. 46年第2次JEA委員, 47年常任委員, 48年会計監査. 59~70年JEI評議員, 71~76年監事. 千葉在住時, 鈴木正夫, 長谷川理衛らと同地のE普及に尽くし, 78年より柏E会を指導. 79年JEI参与. 山手ロンドに妻百合 (1966.5.4没) と参加. UEAデレギート (千葉), ザメンホフ・クルーボ世話役など. 蔵書約400冊は横浜E会へ. 著"La instruo de Budho"(共訳, 仏教伝道協会, 1984). 参「特集 われらの2600年」(RO 1940.2), 永井荷風'Taglibro de suferanta jaro〔断腸亭日乗昭和20年〕'("Kajero" 4~8, 1964~67), 石黒湊「北原百合夫人の思い出」(RO 1966.7), 福田正男「悼 北原二郎氏死去」(SAM 1981.3), 里吉重時「北原二郎さんを悼む」(RO 1981.5). 協北原歌子, 多木燐太郎, 馬場清彦.

北村兼子 | きたむら かねこ
1903.11.26~1931.7.26

大阪/大阪外語 (1923), 関大 (1926)/関大最初の女子学生 (資格は聴講生). 1925~27年『大阪朝日新聞』記者. のちフリーとなり, 28年第1回汎太平洋婦人会議 (ホノルル) で市川房枝らと講演. 29年万国婦人参政権大会 (ベルリン) に日本代表として出席後, ロンドン労働学校に学ぶ. 30年日本飛行学校に入り, 訪欧飛行を決行予定のところ急逝. 朝日新聞社時代にE運動. ラムステットが来阪した際, 相坂佶, 高尾亮雄と案内役を務めた. また, 漢詩のE訳を試みた. 著『婦人記者廃業記』(改善社, 1928),『大空に飛ぶ』(同, 1931) ほか多数. 参相坂佶「大阪E運動の思い出」(RO 1930.8), 藤間常太郎「Eと朝日新聞」(RO 1939.4), 大谷渡『北村兼子』(東方出版, 1999).

北村南洋次郎 | きたむら なんようじろう
1916~1999.7.19

滋賀/同志社中 (1935), 同志社高商 (1938)/筆名Nanjo/戦前三井物産に勤め, 中国, ビルマなどに滞在. 戦後, 大洋大阪支店をへて, 貿易会社を自営. 退職後の1982年宇

治E会主催の初等E講習会に参加し，1ヵ月後には英国人と手紙を交わすなど，熱心に海外とE文通。RO, LMの作文教室の常連。[著]'Letero el Anglio' (VT 1983.11)。[参]中村日出男「北村さんの思い出」(VT 1999.9)。

北村信昭｜きたむら のぶあき｜1906~1999.7.19

奈良/郡山中(中退)/家業の写真業を継承。その間，1915年大和日報社，45年奈良日日新聞社，65年大和タイムス社各入社。25年新しき村奈良支部の創設に参画。志賀直哉に師事し，随筆家としても活動。奈良大に北村信昭文庫。Eは，30年『プロレタリアE講座』で独習後，田村復之助の誘いで奈良E会に参加し，田村，宮武正道らと活動。32年6月より長谷川テル，長戸恭らと交流し共にEを学ぶ。Eを通じて天理教本部に留学中のエラケツと知り合い，36年一緒にパラオ諸島を旅行。JEI会員。[著]「Eに就いて」(『大和日報』1932.1.22)，『南洋パラオ諸島の民俗』(東洋民俗博物館, 1933)，『パラオ島童話集・お月さまに昇った話』(宮武正道と共著，国華堂日童社, 1943)，『エラケツ君の思い出』(ミクロネシア民俗会, 1954)，「卓上噴水」(『奈良県観光』1978.12.10)，『奈良いまは昔』(奈良新聞社, 1983)，「馬来語の宮武」(『宮武正道―追想』宮武タツヱ, 1993)。

北村孫盛｜きたむら まごもり｜1906.11.18~1982.10.6

沖縄/東京市教員養成所(1924)/旧姓安室，筆名田部久，村岡一夫，春田信一/学生時代に社会主義を知り，1928年小学校教員連盟の運動などに参加，30年検挙，免職。30年新興教育研究所創立に参画し，31年書記長，34年再検挙。のち日本技術教育協会を結成。戦後，全日本教員組合の結成などに尽力。兵役中の26年Eに関心を抱き学習。

北村順治｜きたむら よりはる｜1931.8.27~2000

東京/早大(1955)/筆名小川浩一，十返舎八百八，虹厚三/詩人，翻訳家。石川県立小松高在学中より校内のEグループに加わり，大学進学後も早大E会に参加。1956年50周年記念第43回JK(東京)に参加。64年10月JEI入会。[著]『はたらくひと』(子ども書店, 1970)ほか多数。[参]"Japanaj E-istoj"。

北脇保喜｜きたわき やすよし｜1903.2.12~1991.1.6

滋賀/四高(1924)，京大理学部(1927)，同工学部(1930)/旧姓宇多小路/1948年住友共同電力常務，58年住友原子力工業理事など。四高在学中の21年4月JEI入会。67年E関係蔵書をJEIへ寄贈。

木津義雄｜きづ よしお｜1904.9.20~1980.4.3

山形/東京歯科医専(1924)/歯科医。1927年旭川で開業。旭川歯科学院専門学校専務理事，旭川ラジオ体操連盟，北海道ラジオ体操連盟各会長など。35年7月旭川E会で竹吉正広の指導を受けた後，旭川E会長となり，翌年機関誌"La Fenikso"創刊。36年JEI入会。37年4月JEI旭川支部初代代表。38年第6回北海道E大会(旭川)会長。40年8月29日旭川E会を解散。戦後，旭川E運動の再建に努力。[参]竹吉正広「旭川E小史」(『北海道E運動小史』北海道E連盟, 1935)。[協]木津武久。

木寺清一｜きでら せいいち｜1908.2.5~1984.4.20

大阪/関大(1930)/筆名寺本哲夫/大阪府立図書館司書部長，図書館短大，常磐学園短大各教授など。PEU大阪支部の初期に活動。Eから訳した詩を『詩精神』，『文砦』などに発表。『東の空へ』の扉に"AL LA ĈIELO ORIENTA Poemaro de Teramoto-T"〔東の空へ テラモト・T 詩集〕と。[著]『東の空へ』(文砦社, 1936)，『図書館奉仕』(日本図書館協会, 1951)，『洋書事典』(明治書院, 1975)ほか多数。[参]宮本正男「プロエス運動の断片的記録 11」(NR 1972.12)，志村尚夫「木寺先生の足跡を偲びて」(『図書館学会年報』30：2, 1984)。

城戸房嗣｜きど ふさつぐ｜1934.12.2～2011.3.31

東京で中学、高校の国語教師。校内のE講習会開催、部活動などで多くの生徒を指導。1954年JEI入会、60～81年評議員。UEA終身会員で、UKに毎年のように参加し、40年間で70ヵ国以上を訪問。郵趣家。写真が趣味で、E行事の写真を多く撮った。著「思い出の講習会」(RO 2004.2)。参比留川征子「追悼 恩師城戸房嗣先生」(RO 2011.7)。

城戸又一｜きど またいち｜1902.10.3～1997.8.22

福岡/旅順中、三高(1924)、東大(1927)/新聞学者。対日講和問題で全面講和を主張し毎日新聞を退社。東大、創価大各名誉教授。世界のジャーナリストにEの習得と使用を繰り返し呼びかけ、E普及に貢献。著『誤報』(日本評論新社、1957)、「Eの展望」(LM 1969.1)、『ジャーナリストの原点』(共編、大月書店、1982)。参「城戸又一先輩追悼の記」(『三高同窓会会報』1998)、「ソシオロジカ」(創価大社会学会、13：1、1998)、『現代日本朝日人物事典』。

木戸又次｜きど またじ｜1901.7.13～1986.7.8

群馬/一高(1922中退)/1923～26年アルゼンチンで農業に従事。帰国後、中学教員勤務や高崎で温室園芸を経営。46年日本共産党入党。47～67年群馬大医学部事務職員、のち慈恵医大翻訳嘱託。一高在学中の20年10月JEI入会。31年2月前原準一郎、由利皆吉らと群馬E連盟を結成し理事となり、県内各地でE普及運動。46年JEIの懸賞論文「新日本とE」で2等入選(1等なし)。同年10月西成甫、村上寿一らとTrimonta klubo を結成。49年5月前橋医大附属病院厚生女学部がEを正課に採用した際、その講師を担当。53年第2回関東E大会(前橋)議長。E文法を研究し、JEI研究発表会でたびたび発表。60年JEI語学委員会委員。84年群馬E会顧問。JESA会員。著「ザメンホフ精神へ帰れ」(RO 1945.10)、'Prova klasifiko de transitivaj verboj laŭ objekto' (RO 1966.3～5)、'Logiko kaj idiotismo' (RO 1966.10)、'Finon al ata/ita polemiko' (RO 1968.8)、「一高(旧制)にて」(RO 1969.11)、'Kunmetitaj vortoj' (RO 1979.3)、'Kara tempo' (RO 1979.11)、'Substantivaj epitetoj' (RO 1981.3)、'Mia Vojo' (RO 1982.2)。参福田正男 'Nekrologo' (SAM 1986.8)、山添三郎「木戸又次氏の急逝を悼む」(RO 1986.10)、木戸信一「父・木戸又次」(同)、山添三郎「木戸又次さんと私」(PO 1986.10)、『群馬のE運動』。

鬼頭豊｜きとう ゆたか｜1919.1.12～1989.11.1

愛知/神戸大(中退)/筆名 Kondo Toŝio/1941年応召、野砲照準手として中国、東南アジアを転戦、43年内地に帰還し軍需工場で働く。52～79日本NCRに勤務、定年退職後、企業内教育研究所を設立。33年兄の指導でEを学び、海外との文通に熱中。プロレタリアE運動に参加し、35年"Marŝu"創刊号の付録'Nia Vivo'に、'Mia laborejo'を発表、16歳の少年労働者E-istoの登場は中塚吉次、栗栖継らに大きな期待を抱かせた。61年12月JEI入会。66年頃滞英中にE-istoと交流。『教育訓練の効果測定と評価』掲載の国際アンケートにEを利用。世田谷区の姉妹都市ウィーン市ドゥブリング区のE-istoと交流。著「S-ro W. M. Goodesの思い出」(RO 1971.5)、『チェックリストによる営業部課長の自己診断』(日本能率協会、1980)、『教育訓練の効果測定と評価』(同、1983)。E関係に「35か国のE-istoと文通して」(ES 1977.11)、「姉妹都市の市民との自主的交流」(RO 1986.6)、「得意のE語で 姉妹都市の親善に一役」(『朝日新聞』1988.12.1)、'Mia rigardoturo' (LJB 1989.3～4)など。参栗栖継「回想 私の神戸時代」(『神戸のE』)。

城戸崎雛子｜きどさき ひなこ｜1911.3.12～1974

福井/旧姓大和田/大和田銀行(本店敦賀市、1945年三和銀行と合併)の創業者大和田荘七(1857～1947)の孫娘、城戸崎益敏の妻。俳優大和田伸也・獏兄弟の親戚。JEI終身会員。ペレールの自転車旅行を支援し、帰国後も長く文通を続ける。33年10月城戸崎と結婚。39年第27回JK(大阪)で副会頭。参田中正美「思い出の人々」(LM 1979.9)、L. Péraire "Tra la mondo per biciklo kaj E" (SAT,

1990)。

城戸崎益敏 | きどさき ますとし
1907.4.24〜1982.10.9

福岡/明善中(1923)，福岡高，東大(1933)/銀行員。城戸崎雛子の夫。キリスト者。1934年安田保険から大和田銀行へ転じ，41年大阪支店長。同行と合併の三和銀行大阪支店，豊中支店各支店長，頭取秘書などを歴任後，61年岩崎通信機常務取締役，のち監査役。25年伊藤徳之助，大島広にEを学び，同年5月JEI入会。27年福岡E倶楽部に参加。同年第15回JK(福岡・長崎)に参加した際，岡本好次に感化され，九大を中退して，翌年東大法学部へ。29〜34年JEI評議員。東京でJEIに，大阪で大阪E会に参加。東大YMCA寄宿舎でイシガ・オサムと同寮。29年5月京都学生E-isto連盟発会式の議長。同年中華民国基督教青年会大会(杭州)に学生代表として参加。33年10月敦賀のE-isto大和田雛子と結婚。戦前最後の出版活動として自ら鉄筆を握って大阪E文庫を数点刊行。40年E普及に貢献した『E第一歩』(白水社，1939)の著述により第2回小坂賞。42年JEI研究発表会で「用語索引の作り方」を報告。49年第2次JEA評議員。"Infanoj de l'atombombo〔原爆の子〕"(JELK, 1951; 1958)の共同E訳に参加。62〜67年JEI評議員，71〜72年理事。65年第50回UK(東京)の会場に大型オフセット製版機と印刷機を持ち込んで，広報資料を即座に印刷。77年岩崎順太郎によるHalina Edelbaum "Halina dokumento pri la studentaj jaroj de L. L. Zamenhof"の自費出版の印刷を援助。ザメンホフ訳"Marta"の要語索引"Konkordanco de Marta"は戦時中に焼け残った1冊から複製して1979年に刊行。JEI終身会員。署『九州E連盟年鑑』『ハイネ詩集』(椎根好と共訳，JEI，1928)，『E文例集』(JEI，1929)，"Zamenhofa Legolibro"全3巻(同，1931)，「Marta語彙に関する二三の統計」(RO 1936.10)，『E案内』(JEI，1937)，"Verda Kantaro"(大阪E文庫，1939)，"Legolibro el Konataj Verkoj"(同，1940)，"Konkordanco de Marta"(JEI，1979)。参「第2回小坂賞受賞者 城戸崎益敏氏に決定」(RO 1940.4)，坂本昭二「春まだ浅いある日」(RO 1982.5)，大島義夫「城戸崎益敏君を悼む」(SA 1982.12)，潮崎計三「城戸崎益敏氏を偲ぶ」(『和光』46，和光会，1982)，RO 1983.2，佐高信「エグゼクティブの教養学 43」(『日刊工業新聞』1983.11.21)，福田正男 'S-ro KIDOSAKI Masutosi kaj mi' (PO 1984.5)，佐高信『サラリーマン新時代』(駸々堂，1988)，宮本正男「自分史・E運動 12」(LM 1989.5)。協犬丸文雄，喜安善市。

木下逸治 | きのした いつじ | 1911.5.10〜?

兵庫/京都高等工芸/日本レイヨン(現ユニチカ)に入り，技術サービス第二部長など。京都高等工芸学校(現京都工芸繊維大)在学中にE学習。

木下郁 | きのした かおる | 1905〜1956.12.17

和歌山/和歌山県田辺地方の労働運動の先駆者。1928年南紀州無産青年連盟を結成。田辺町の新聞『紀伊新報』記者として紙面を通じて労働運動を支援。47年第2次JEA委員。参『解放のいしずえ(新版)』。

木下順二 | きのした じゅんじ
1914.8.2〜2006.10.30

東京/熊本中，五高(1936)，東大(1939)/劇作家，演劇評論家，翻訳家。1951年菅季治をモデルに戯曲『蛙昇天』を執筆。54年第41回JK(東京)のシンポジウム「なにを翻訳するか」に野間宏と参加。56年日本E運動50周年記念に際しJEI賛助会員。64年戯曲『冬の時代』(9月劇団民芸初演；『展望』1964.10掲載)でも，堺利彦と大杉栄をモデルにしたとされる人物がEに言及。著『木下順二集』全16巻(岩波書店，1988〜89)ほか多数。E訳作品に，宮本正男訳"Vespera gruo〔夕鶴〕"(JELK, 1982)，中道民広訳'La aŭdipova kufo〔聴耳頭巾〕' ("Postmilita japana antologio" JELK, 1988)。参新藤謙『木下順二の世界』(東方出版，1998)，『現代日本朝日人物事典』

木下忠三｜きのした ただぞう
1908.2.6～1993.5.26

京都/大阪高工(1928)/別名森元英一、森本英一、筆名Arbo/1928年4月上京後、水道衛生設備工事会社で働き、戦後は建設業、三晃商会広島所長など。29年1月新宿紀伊國屋で小坂狷二『模範E独習』を手に入れ独習。30年3月二葉保育園の講習会で大島義夫の指導を受け、4月JEI入会、7月PEA創立に際し初代会計部長。31年1月PEU財政部長兼中央委員。33年4月大阪へ、さらに35年4月渡満後、大連、新京(現長春)、奉天(現瀋陽)でE運動。40年6月9日第9回全満E-isto懇談会(奉天)に出席。42年4月再び大阪へ。戦後大阪労働者E会に参加。48年JKの席上、大阪E会の代表としてJEIと第2次JEAの合併を提案。49年3月大阪E会委員。51年KLEG創立に参加。小田切秀雄・真下信一編 "Aŭskultu, la voĉojn de oceano!〔きけ わだつみのこえ〕" (KLEG, 1951)の共同E訳に参加。52年6月KLEGのE研究所初代所長。58年5月比嘉春潮の世話で琉球大でE講習。60年広島へ転勤後、大阪、沖縄でもE講習会を指導。61年12月広島E会長、63年6月中国四国E連盟委員。64年広島から大阪に戻り、吹田E会の発展に尽力。KLEGの通信添削の講師としてE普及に貢献。通信講座を受講した、布川事件で再審請求中の無期懲役受刑者(2011年無罪確定)の救援運動にも参加。77、87年度KLEG個人賞。SAT、JPEA、JBLE各会員など。94年第42回関西E大会(池田市)で「しのぶ会」。「帰宅して　準備し終り　集会(ロンド)待つ　君を訪ひゆく　途次幾曲り」(冨田冨『同志達』)。📖「JKを迎えるに当って」(LM 1951.9)、'Okinawa (alinome Luĉo) la militbazo de Usona agreso kontraŭ Vjetnamio'("Pacon en Vjetnamio" 2, 1967)、'Historio de Okinawa' (LM 1970.5～71.10)、「D kaj R」(LM 1975.1～10)、「自分史」(NR 1992.8)。参「再審要求の受刑者も」(LM 1983.6)、片岡忠「私はこうしてモバード を」(LM 1984.7)、須藤実「また生き証人を失った」(LM 1993.7)、松田洋子「ちいさな灯をともし続けること」(同)、荒井富枝「木下忠三先生のこと」(LM 1994.6)、『近代日本社会運動史人物大事典』。

木下三四彦｜きのした みよひこ
1883.12.22～1974.1.3

北海道/五高(1907)、東大(1912)/札幌市議、札幌弁護士会長、北海道理髪学校長、自由人権協会理事など。Eは未学習ながら、運動に深い理解を示し、1938年北海道E連盟名誉会長に。📖『最新都市計画法の智識・市街地建築物法の智識』(近世社、1934)。参『改訂版・北海道E運動史』。

木下康民｜きのした やすたみ｜1914～1982

松山高、東北大/医学者。新潟大教授。高校時代に山村敬一の指導の下に喜安善市と同高E会を再建。東北大では36年山本耕一、菅原虎彦らと医学部E会を再建。仙台E会にも参加。参新潟大学医学部内科学第二教室編『木下康民教授退官記念研究業績目録(昭和35年-昭和55年)』(木下康民教授退官記念行事実行委員会、1981)、喜安善市「Eをかじり始めたころ」(RO 2004.6)。

木全多見｜きまた まさみ
1857.2.3(安政4.1.9)～1936.2.7

岡山/陸士(1877)/陸軍少将。陸軍工兵技術界の権威。思想家大西祝(1864～1900、号操山)の兄。山陽英和女学校幹事兼舎監大西絹(1857～1933、1907年以前E学習)の甥。1886～89年フランスへ公費留学。1901年砲工学校教官。メートル法普及、禁酒禁煙運動にも参加。21年64歳でEを学び、22年1月JEI入会。28年9月茅ヶ崎で初等E講習を指導、聴講者120名。息子白羊は36年6月日本E運動三十周年祝賀記念雄弁会と晩餐会で写真撮影を担当し、73年10月JEI入会。📖『対壕及坑道』(兵事雑誌社、1906)。参「木全少将の訃」(RO 1936.3)、『木全多見追想録』(木全弥吉、1941)、「木全多見翁のこと　生活改善運動につくした一人の旧軍人」(『岡山春秋』5:2, 1955)、木全白羊「伊東先生と私」(『高くたかく遠くの方へ』)、平山洋『大西祝とその時代』(日本図書センター、1989)、同「『大西祝・幾子書簡集』の刊行に寄せて」

(『福音と世界』48：9, 1993)。協岡一太, 山根智恵。

木村金松｜きむら かねまつ
1898.4.25〜1960.3.22

岐阜/尋常小/商業。京都在住中E学習。戦後のJK, 東海E大会の常連で, 全国各地のE-istoに親しまれた。著"Adiaŭ al ĉiuj malsanoj!"（私家版, 1956）。協豊田元樹。

木村貫一郎｜きむら かんいちろう｜1867〜1938

新潟/第一高等中(1891), 東大/俳号圭石/橋梁工学の専門家で, 日本政府も支援してサンパウロ州チエテ河に架けられたノーボ・オリエンテ橋(1935年完工, 1972年ダム建設により水没)の設計者。高浜虚子に師事し, 1926年一家でブラジルへ移住後, 同国で俳句普及に尽力。21年JEI入会。同年新潟E学会を設立し会長。24年第12回JK(仙台)における宗教分科会の報告者。参RO 1925.1,「新潟の同志木村貫一郎氏の壮挙」(RO 1926.11)。

木村喜壬治｜きむら きみはる
1910.2.6〜1999.9.20

北海道/倶知安中/筆名黄味春/1965年札幌放送局監査役を退職後, トレンチャー技研管理部長。世界連邦運動に挺身。Eは, 32年故郷で開かれたEPA主催の講習会で上野隆司から手ほどきを受け, 33年第2回北海道大会から連続して大会に出席。35年2月JEI入会。77年札幌E会副会長。78年から8年間HEL委員長。81年7月第45回北海道E大会(札幌)準備委員長。Eを通じてポーランド, ミュンヘン, 瀋陽と小学生の絵画交流を推進。HEL顧問, EPA終身会員, UEAデレギート(札幌)など。著'El mia malnovaj rememoroj' (NV 1982.6),「瀋陽とのE語交流のはじめは」(HEL 1988.5〜6),「SESの歌いみつけた」(RO 1990.8),「語学SPレコード」(RO 1995.11)。参「発音はローマ字読みでOK」(『北海タイムス』1987.3.16),『日本のE-isto名鑑』, 児玉広夫「木村喜壬治さんを悼む」(HEL 1999.8〜10)。協濱田國貞。

木村京太郎｜きむら きょうたろう
1902.6.19〜1988.6.11

奈良/高等小/住井する『橋のない川』の主人公畑中孝二のモデルとされる部落解放運動家。1923年頃秋田雨雀・小坂狷二『模範E独習』で独学し, 獄中でも学習続行。ROを購読。著『水平社運動の思い出』全2巻（部落問題研究所出版部, 1968〜73）。参宮本正男「木村京太郎さんをたずねる」(LM 1971.4),『現代日本朝日人物事典』,『反体制E運動史』。

木村康一｜きむら こういち
1901.5.27〜1989.10.2

東京/東大(1927)/薬学博士。東日本学園大名誉教授。キリスト者。1927年頃JEI入会。JEMA会員。著『中国有用植物一覧』(東亜研究所, 1941),『日本の薬用植物』全2巻(広川書店, 1958〜60)。

木村自老｜きむら じろう｜1888〜1959頃

北海道/四高(1904), 東京外語/1908〜19年頃仙台陸軍幼年学校のフランス語教授, のち大陸へ。07年大杉栄のE学校2期生。同年JEAに入り(会員番号717), その夏, 北海道初のE講習を函館で開催(22名受講), 11月第2回JK(東京)で演説。08年薄井秀一幹事辞任後, 千布利雄を助け, 浅田一, 大杉栄, 安孫子貞治郎とともにJE編集に協力し, 自らも語学記事やE文を多数寄稿。その作'Sake-vendistoj'は, 千布編"Japanaj rakontoj" (Berlin : Möller und Borel, 1910) に収録。のちJEIにも参加。著'Japana poezio' (JE 3 : 1, 3 : 2〜3, 1908), 'Kumagai' (JE 4 : 11, 1909.11)ほか。参中西悟堂『愛鳥自伝・上』(平凡社, 1993)。

木村精一郎｜きむら せいいちろう｜1892〜?

秋田/1917年池貝鉄工所(現池貝)に入り, 工作機械部文書課長など。JEI初期に入会。

木村荘太｜きむら そうた｜1889.2.3〜1950.4.15

京華中(1907)/本名の読みは「しょうた」,

筆名久木今作, 木村艸太(そうた)/小説家, 文芸評論家。牛鍋いろは創業者木村荘平の四男, 閨秀作家木村曙の異母弟, 画家荘八の兄, 作家荘十・荘十二の異母兄。小山内薫に師事し,『第二次新思潮』に参加。伊藤野枝に片思い。「最初の同感者」として武者小路実篤の「新しき村」に加わり, 1918年宮崎の村に移住するが, 村内の対立から1年足らずで離村。のち『ロマン・ロラン全集』(人間社出版部, 1920)を翻訳し, 表紙には表題をEで"VERKARO DE ROMAIN ROLLAND"とのみ表記。関東大震災以後は千葉県遠山村に住んで, 農耕と著述の生活。50年自伝小説『魔の宴―前五十年文学生活の回想』を刊行する直前に自殺。19年2月新しき村内のE学習の先生役になり, Eの挨拶を広めるが, それ以前の学習歴は不詳。著「村の祭り, 外一つ」(『新しき村』1919.2), ザメンホフ「国際語の構造(上)」(『新しき村』1919.4.「第一書」序文の邦訳),『農に生きる』(暁書院, 1933)。参川島伝吉「石河内にて」(『新しき村』1954.5), 奥脇賢三『検証「新しき村」』(農山漁村文化協会, 1998),『日本アナキズム運動人名事典』。

木村荘十二 | きむら そとじ
1903.9.4〜1988.8.10

東京/小学校/映画監督。木村荘太の異母弟。兄荘太・荘五の影響で21年「新しき村」に入村。代表作に,『兄いもうと』,『彦六大いに笑ふ』など。41年満洲映画協会に移り, 戦後も新中国の文化工作に従事して, 53年帰国。その後は児童劇, 反核映画へ。59年ザメンホフ百年祭賛助員。著『大東京震災実記』(曠野社, 1923),『新中国』(東峰書房, 1953)。参奥脇賢三『検証「新しき村」』(農山漁村文化協会, 1998),『現代日本朝日人物事典』,『近代日本社会運動史人物大事典』。

木村忠蔵 | きむら ちゅうぞう
1899.5.1〜1966.2.25

青森/小中野高等小(中退)/号靄村/歌人。1914年上京。20年朝日歌壇に入選し, 翌年アララギ入会。のち帰郷し, 27年木村書店開業。八戸市文化協会長。在京中E学習。

26年頃JEI入会。著『山村』(あのなす・ささえて社, 1949),『木村靄村歌集』(青森アララギ会出版, 1972)。参『第1回〜第10回青森県文化賞』(同県教育委員会, 1959〜68)。図青森県立図書館。

木村泰夫 | きむら ひろお | 1931.1.7〜2000.6.7

大阪/京大(1953)/大丸大阪店美術部長, 宣伝部長, 営業統轄部長などをへて, 1980年取締役, 89〜98年監査役。『朝日新聞』,『日本経済新聞』などにコラムを連載。「天神さん人形」の収集家としても著名。学生時代, 京大E会の中心として活躍。著『天神さん人形』(日貿出版社, 2000)。

木村又一郎 | きむら またいちろう
1896頃〜1961以前

新潟/一高(1917), 東大(1920)/佐藤申一と一高工科の同期。明治製糖をへて, 兵庫の佐用農蚕学校教諭, 洲本実業高校長など。1920年11月JEI入会。

木本凡人 | きもと ぼんじん
1888.12.11〜1947.5.4

大分/大阪歯科医専(中退)/本名正胤, 別名青十字凡人/アナキスト。大阪で征露丸の製造・販売をしながら社会運動。1921年青十字社を結成, 水平社に呼応して部落解放運動を展開。この頃天王寺付近で盛んにE講習。著「水平社とは?」(『種蒔く人』4:16, 1923)。参『解放のいしずえ』,『日本アナキズム運動人名事典』。

喜安善市 | きやす ぜんいち
1915.12.11〜2006.12.7

愛媛/松山中, 松山高(1936), 東北大(1939)/工学博士。情報理論・論理回路研究のパイオニア。パラメトロン電子計算機MUSASINO-1号の開発者。通信省電気試験所に入り, 伝送技術, 特に搬送用濾波器を研究。戦争中は飛行機の無線操縦の研究も。1962年電電公社電気通信研究所次長を退職後, 東北大教授をへて, 67〜82年足利工

大教授。岩崎通信機常務取締役，ティアック顧問など。松山高在学中の33年菊沢季生の著書でEを独学後，34年山村敬一教授の指導下に木下康民らと同校E会を再建。斎藤秀一の"Latinigo"を予約購読し，36年東北大入学後に斎藤本人と対面。36年3月JEIに加わり，同年東北大電気工学科1年生の間に「ローマ字とEの会」を結成し，初等E講習を指導。同年12月16日仙台E会のザメンホフ祭に参加。36～38年東北大でE講習会開催。戦後，疎開先の会津若松から神奈川県辻堂へ転居。横河電機の戦時女子寮で，毎晩家族ぐるみでE学習。47年電気通信研究所E会設立。49年および55～62年JEI評議員。『アサヒグラフ』(1952.8.6)の原爆記事を，電気通信研究所E会で共同E訳し，海外へ発送。60年第50回UK組織委員会委員。65年5月仙台E会副会長。79年JEI終身会員。93年JEIに80万円を寄付し，有志の寄付を加えてE出版支援のための喜安基金が設立。96年JEI顧問。著 'Artefarita cerbo tradukas' (RO 1958.4)，'Denove pri traduk-mašino' (RO 1958.11)，「機械処理と国語問題」(『言語生活』1972.10)，『情報通信の源流を求めて』(三田出版会，1997) ほか多数。E関係に 'Denove pri traduk-mašino' (RO 1958.11)，「斎藤秀一さんのこと」(RO 1972.3)，「世界語 Foiro Ŝlosolo」(RO 1982.5)，「大泉さんの思い出」(『大泉充郎先生を偲んで』仙台応用情報学研究振興財団，1992)，「Eをかじり始めたころ」(RO 2004.6)，「Eで思い出すこと」(RO 2005.10) など。参 V. Setälä 'Ĉu artefarita cerbo vere tradukas?' (RO 1958.11)，戸田巖「名誉会員 喜安善市博士を偲ぶ」(『情報処理』48:2, 2007)，『喜安さんの想い出』(通研喜安会・東北大喜安会・通研E会，2007)，遠藤諭『日本人がコンピュータを作った！』(アスキー・メディアワークス，2010)，沢辺弘・ヤマサキセイコー「喜安善市さんを悼む」(RO 2007.4)，『日本のE-isto名鑑』。

京口謙一郎 | きょうぐち けんいちろう
1893～1952以降

富山/東京府立一中(1911)，同志社大(1916)/本野桂次と東京府立一中の同期。満洲興行銀行に入り，証券課，資金課各副課長をへて，小西関支店支配人など。JEA会員 (会員番号1052)。

京口元吉 | きょうぐち もときち
1897.2.28～1967.9.3

兵庫/早大(1926)/1926年第二早稲田高等学院講師。41年講義内容が自由主義的であると警視庁に指弾されて早大を辞職したが，46年復職し，47～67年教授。第二早稲田高等学院在勤中，同校E会長を務めた。著『日本史概説』(広文堂書店，1931) ほか多数。参『史観』(早大史学会) 75, 1967)。

清川安彦 | きよかわ やすひこ
1902.10.25～2003.4.18

兵庫/神戸一中(1920)，三高(1923)，京大(1927)/医学博士。青木一郎，緒方富雄らと神戸一中の同期。小宮義和，桜田一郎と三高理科甲類の同期。静岡県立中央病院長，常磐学園短大教授など。1920年三高入学後，八木日出雄の勧めで同校E会に参加，機関誌"Libero"に寄稿。桜田にEを推奨。同年JEI入会。京大入学後も講習会を開き，先輩の学位論文のE訳も。後年にも「Eを学習し，熱心に宣伝し，そのことをいまもときどき夢に見る」と。JEMA会員。著『それはこうです育児の疑問』(第一出版，1968)，『育児の助言』(同，1969)。参「わが青春」(『静岡新聞』1968.9.23)，『三高E会小史』。

清信重 | きよし のぶしげ | 1911.12.18～2002.6.9

愛知/八高(1932)，東北大(1936)/衆院議員清寛(1887～1966)の子。岐阜新聞社，岐阜商，岐阜合同新聞社などをへて，1950年岐阜県立図書館へ移り，64～69年館長。35年9月19日仙台E会の例会に初参加。40年9月新京E会を訪問。58年JEI入会。著『金華山物語』(岐阜タイムス社，1956)，『オヤジと私』(教育出版文化協会，1978)。協 岐阜県図書館。

清野謙次 | きよの けんじ
1885.8.14～1955.12.27

岡山/北野中(1902),六高(1905),京大医科大(1909)/病理学者,人類学者,考古学者。医学博士。藤浪鑑に師事。日本原人説を提唱。1912～14年独仏留学,21年仏独,スイス,チェコ留学。22年帝国学士院賞。弟子の石井四郎が率いる731部隊に協力。寺社からの窃盗事件により失脚。E学習歴は不明。29年京大E会賛助会員。著『日本原人の研究』(岡書院,1925),『藤浪先生追悼録』(人文書院,1935)。参RO 1929.7,杉山武敏「京大病理学教室史から見た731部隊の背景」(『15年戦争と日本の医学医療』10:1,2009),『現代日本朝日人物事典』。

清見陸郎 | きよみ ろくろう
1886.10.11～1945以降

東京/東京美校,早大(中退)/橋本雅邦(1835～1908)などに画を学び,演劇雑誌編集をへて根岸興行部に。初代中村又五郎(1885～1920)を得て劇作・演出。代表作に新内節の創始者を主人公にした『宮古路豊後掾』。差別問題を扱った作品も。のち美術研究,特に岡倉天心の研究で名高い。1923年頃からE学習。梶弘和,石黒修と交わり,柏木ロンドにも参加。27年ザメンホフE訳"Marta"の邦訳『寡婦マルタ』を比嘉春潮の世話で改造社から刊行。29年改造文庫に収録されて廉価になり,広い読者層,特に若い女性に読まれた。日本を舞台に翻案され,『この母を見よ』(監督田坂具隆,日活,1930)として映画化。30年10月ロサンゼルスE会長シェーラーが東京放送局から講演を放送した際,通訳を担当。38年8月TEK例会で「岡倉天心に就て」をEで講演。38～39年北京の敬天語学院へ赴任,同地で日本語を教える。帰国後,病気をおして決定版として『天心岡倉覚三』を1945年1月に刊行。SAT会員。終戦前後以降の消息は不明で,『天心岡倉覚三』(新版1980)刊行時の編集部の調査でも「今次大戦後の消息を探索してみたが,適格なものは得られなかった」と。著『宮古路豊後掾』(籾山書店,1921),'Orienta afero kaj E' (RO 1926.1～3), 'Al la junaj koreoj' (RO 1926.6), 'Ĥinoj, gardu vian propran kulturon!' (RO 1926.8),オルジェシュコ著,ザメンホフE訳『寡婦マルタ〔Marta〕』(改造社,1927;改造文庫版,1929;クラルテ社,1951),「世界語Eの創成　その発展及び使命」(『E語研究』1928.5～9), 'Pri E-a Literaturo' (RO 1930.3), 'Okakura Tenŝin, Pioniro de la orientismo' (RO 1938.10),「周作人氏を語る」(『経済情報(政経編)』経済情報社,1941.6),『先覚者岡倉天心』(アトリエ社,1942),ウィール『北京籠城』全2巻(生活社,1943),『天心岡倉覚三』(筑摩書房,1945;新版,中央公論美術出版,1980)。参谷崎精二「寡婦マルタ」(『不同調』6:4,1928),大島義夫「新刊紹介　寡婦マルタ」(RO 1929.9),「此の母を見よ」(LM 1980.11),桜沢一昭「忘れられた岡倉天心伝記者―清見陸郎覚書」(『隣人』4,1987),「Martaの二つの日本語訳」。

桐沢長徳 | きりさわ ながのり
1907.9.16～1980.1.4

東京/東大(1931)/医学博士。1955年東北大教授,73年日本専売公社東京病院長など。キリスト者。Eは,学生時代に西成甫の指導で学習。36年3月JESA顧問。JEI,仙台E会各会員。著'Pri angiospasmus retinae'(『中央眼科医報』26, 1924),『眼科学』(学術書院,1946)。参艮陵同窓会百二十年史編纂委員会『艮陵同窓会百二十年史』(東北大学艮陵同窓会,1998), "Japanaj E-istoj"。

桐原真一 | きりはら しんいち
1889.2.16～1949.2.17

大阪/東大(1915)/医学博士。1919年京城医専,26年名古屋医大,39年名大各教授など。キリスト者。名古屋医大E会に属し,Eで医学論文を執筆したことが,1932年2月12日付『名古屋毎日新聞』の記事に。著『胃鏡診断法』(診断と治療社出版部,1943)。参『名古屋新聞』1932.4.7。

桐生潤三 | きりゅう じゅんぞう
1928.9.10～2012.3.19

群馬/群馬で中学教師,日教組役員など。

1947年国語国字問題にともに関心を持っていた同僚からザメンホフ伝が国語教科書に掲載されていることを教えられ，読んで感動．同年群馬医専で開かれた講習会を受講．群馬E会で活動．平和運動．91年ローマ字の日記念行事対談「ローマ字とEをつなぐもの」に登壇．息子の康生もE-isto．参『群馬のE』，『Eと私』．

桐生悠々｜きりゅう ゆうゆう
1873.5.20～1941.9.10

石川/四高(1895)，東大(1899)/本名政次/終生軍部を批判したジャーナリスト，評論家．『新愛知新聞』主筆時代に「緩急車」欄を創設，またE欄を設けて保見国治，石黒修，山田弘らに活動の場を提供．24年名古屋E協会特別会員．ローマ字運動にも協力．著『桐生悠々著作集』全6巻(学術出版会，2007)ほか多数．参太田雅夫『桐生悠々』(紀伊國屋書店，1970)，山田弘「名古屋E運動の初期とマスコミ」(LM 1971.3)，井出孫六『抵抗の新聞人桐生悠々』(岩波書店，1980)，佐高信『武器になる本』(ES 1982.4)，『現代日本朝日人物事典』，『近代日本社会運動史人物大事典』．

桐生亮｜きりゅう りょう｜1908～1990

神奈川/溝村高等小/戦前，藤沢や相模原の小学校に勤務し，戦後は1968年まで相模原市内の中学校で地学や生物を担当．32年頃村岡高等小(藤沢)在勤時にEを学び，SAT入会．蔵書および昆虫・植物の標本約17000点は相模原市立博物館へ．参『桐生亮コレクション標本目録』(相模原市立博物館，2001)．図相模原市立図書館．

金億｜きん おく｜1896.11.30～1950？

朝鮮平安北道/慶大(中退)/김억，キム ウク，本名熙権，筆名岸曙，金岸曙，Verda E. Kim, Verda Kim, A. S/五山中学ほかで教師．朝鮮語詩人としても有名．1950年朝鮮戦争で「拉北」，祖国平和統一委員会に参加したと伝えられる．16年8月東京物理学校で開かれたE講習会で小坂狷二に学び，JEA入会(会員番号1081)．20年6月朝鮮初の公開E講習会を開き，7月31日朝鮮E協会を創立し会頭．23年朝鮮2番目のE教科書"Sistema Kurso Gramatiko de la Lingvo E"を上梓．25年6月1日京城E研究会の朝鮮E学会への改組に際して名誉委員．同年セリシェフの"Oriento"発行に協力．34年12月15日からJODK(京城)から「ザメンホフについて」を朝鮮語で放送．大山時雄に協力して『朝鮮時論』にE訳朝鮮小説を掲載．JE, RO,『朝鮮日報』,『東亜日報』,『三千里』などにも精力的に寄稿．E詩も創作．JEI会員．著『朝鮮短篇小説集』(RO 1930.1～11；Cho Sung Ho・Kim Uson編"Korea antologio de noveloj" KEA, 1999. に再録),『岸曙金億全集』全9巻(韓国文化社，1987)．参金素雲訳編『朝鮮詩集』(創元社，1953)，三枝壽勝『アジア理解講座1996年度第3期「韓国文学を味わう」報告書』(国際交流基金アジアセンター，1997)，김우선편『선구자 김억』(KEA, 2002)，イ・チョンヨン『한국에스페란토운동 80년사』(KEA, 2003)，権寧珉編著，田尻浩幸訳『韓国近現代文学事典』(明石書店，2012)，『危険な言語』．

金学成｜きん がくせい｜1905～1990

中国江蘇省/東京美校/彫刻家，政治家．1929～38年滞日し東京美校に学ぶ．35年彫刻「少女」により二科展入選，36年新文展入選．戦後は上海で中国民主建国会の活動，文化大革命で批判されるが，のち復権し，全人代代表，全国政治協商会議委員など．東京でのE活動に参加し，「雄弁家」，「熱心な同志」と．参「東京著名E-isto列伝 2」(EL 1933.9), RO 1936.11,《上海美術志》編纂委員会編『上海美術志』(上海書画出版社，2004)．

金明烈｜きん めいれつ｜？～1989.4.25

朝鮮/開城中/김명렬，キム ミョンヨル，金村久光/中卒後，東京に出て，神田の冨山房に勤務．のち新京(現長春)へ移り，1940年「金村久光」と創氏改名．日本敗戦後も同地に留まり，朝鮮系中国人として最期まで暮らす．新京E会，満洲E連盟に加わり，41年6月第10回全満E大会(新京)に参加．

ROに同地のE運動ニュースを提供。74年8月JEI入会、田中貞美から送られたE誌で、長春在住のE-istoの存在を知り、80年頃から講習会を開催。参RO 1940.11. 図星田淳。

く

草刈邦彦｜くさかり くにひこ｜1902.8.24～？

千葉/慶大(1929)/産婦人科医。1929年慶大卒業後、産婦人科教室助手に。28年6月第1回東京都医学生E雄弁大会で「遺伝学と民衆の義務」を演説。同年12月1日TELS復活に参与。

草刈孟｜くさかり たけし｜？～？

1939年当時大阪市商工課長、40年大阪市理事、中央市場長に。同年4月第27回JK(大阪)で進藤静太郎・城戸崎雛子とともに副会頭。

草野貞之｜くさの ていし｜1900.9.4～1986.1.11

福岡/三高(1921)、東大(1924)/別名貞之(さだゆき)/白水社社長、中大教授など。日本のフランス語教育に貢献。E学習歴は不明。1956年日本E運動50周年記念に際しJEI賛助会員。著『ふらんす小噺集』(白水社, 1928)、『簡単仏文法』(同, 1928)。

草野俊助｜くさの しゅんすけ｜1874.3.2～1962.5.19

福島/安積中(1893)、二高(1896)、東大(1899)/理学博士。日光植物園の設計者。1922年から2年間米伊独留学。東大名誉教授、相馬市名誉市民など。東大農学部助教授時代の21年9月JEI入会。著『生物学』(早稲田大学出版部, 1909)、『科学講話』(文誠社出版部, 1923)。参明日山秀文「草野俊助先生」(『日本植物病理学会報』27:4, 1962)。図福島県立図書館。

九条良政｜くじょう よしまさ｜1881.10～1960.11.25

東京/学習院(1903)/男爵。貞明皇后(旧名九条節子〔さだこ〕)の兄、大谷光照の伯父。1926年大葬使祭官、36年殿掌など。06年JEA入会(会員番号329)。

楠井隆三｜くすい りゅうぞう｜1899.12.17～1991.1.23

和歌山/一高(1921)、東大(1924)/安積得也、木崎宏、吉村鉄太郎と一高英法科の同期。1926年二高、30年台北帝大、46年関学、68年長崎県立国際経済大、71年京産大各教授など。20年9月JEI入会。著『理論経済学認識論』(有斐閣, 1939)ほか多数。参「楠井隆三博士年譜・著作目録」(『経済学論究』22:2, 関西学院大学経済学部研究会, 1968)。

楠田善助｜くすだ ぜんすけ｜1913～1993.1.16

高知/高等小/阪神電鉄に勤務。Eに時間を割くため運転士から守衛に。1929年9月JEI入会。52年その中心となって前川治哉、鈴置二郎らと尼崎E会を設立し、代表として同会の発展に尽力。同僚堀尾太郎らと勤務先でE展示会を開いたことも。「Eの醍醐味は、UKへ参加しなければ分からぬ」と、周囲にUK参加を呼び掛け続けた。UEAデレギート(観光、尼崎)。E関係蔵書約200冊は神戸外大が買い上げ。著「Hart氏との三日間」(LM 1959.9)、「ふりむけど、ふれむけど edzo」(RO 1981.2)。参「楠田さんの蔵書 神戸外大図書館へ」(LM 1988.7)、堀尾太郎「老学E」(EV 1990.8)、佐久田三重子「私の師、楠田善助さん」(LM 1993.3)、鈴置二郎「1971年、〈第3次〉尼崎E会の設立」(LJ 2001.2)。図堀尾太郎、鈴置二郎。

クズネツォフ｜Vasilij Kuznecov｜1899？～？

ロシア/1919年8月、20円を懐に来日。12月藤沢親雄とともに老壮会で講演。20年4～5月TEKの月例会で"Mia vojaĝo el eŭropa Rusujo ĝis Irkutsk"と"De Irkutsk en Japanujon"を講演。宿なしとなって困窮し

たところをE-istoから宿泊費, 洋服代, 小遣いなどの援助を受ける。押田徳郎の日本E社で講師をして, 川崎直一らを直接教授法で指導。「日本に来たE-istoの中で最もよくEを自家のものにしていた」と。JEIほかから渡航費用の援助も受けて, 20年9月ペルーへ向け離日。参JE 10:10, 1918, RO 1920.10, 鈴置二郎「話すEに登場する人々」(RO 2000.6),『日本E運動史料①』。

楠宗道|くすのき むねみち
1883.8.26~1968.1.15

岐阜/三高(1907), 京大(1910)/工学博士。第4代中央気象台長岡田武松(1874~1956)の義弟。日大, 武蔵工大各教授など。長崎県土木課長時代, 長崎E倶楽部に属し, 1931年9月の例会で「洪水の話」を講演。著『河』(龍谷大学出版部, 1927),『水理学』(理工図書, 1958)。参RO 1931.10。

楠瀬熊彦|くすのせ くまひこ
1903.8.4~1974.10.14

東京/三高(1923), 東大(1928)/楠瀬康雄の弟。穐村耕司, 奥村勝蔵と三高文科甲類の同期。金沢, 名古屋各逓信局長などをへて, 戦後, 日本原子力研究所東海村建設事務所長, 官業労働研究所理事長など。1920年9月JEI入会。著「労務行政の想い出(鼎談)」(『官業労働』1951.9)。参「人寸描」(『朝日新聞』1957.1.18)。

楠瀬康雄|くすのせ やすお
1895.8.6~1965.8.13

東京/八高(1917), 東大(1920)/電気工学者。陸軍大臣楠瀬幸彦(1858~1927)の長男。楠瀬熊彦の兄。陸軍大将奈良武次(1868~1962)の娘婿。三菱電機神戸製作所をへて, 明大教授。1923年頃JEI入会。

楠美正|くすみ ただし|1909.1.6~1942.6.5

東京/京華中(1926), 海兵(1929)/海軍中佐。真珠湾攻撃に参加。ミッドウェイ海戦で空母加賀の飛行隊長として戦死。1926年頃JEI入会。参吉良敢・吉野泰貴『真珠湾攻撃隊隊員列伝』(大日本絵画, 2011)。

久住久|くすみ ひさし|?~?

有田工高教諭, 佐賀県の窯業試験場嘱託など。1920年代後半JEI会員。

葛谷信夫|くずや のぶお|1903.11.3~1977以降

愛知/八高(1925), 金沢医大(1929)/医学博士。小島秋と八高理科乙類の同期。名古屋医大で研究後, 家業の葛谷眼科医院(名古屋)を継承。金沢医大在学中に同校E会長を務めた。JEI, JEMA各会員。

楠山多鶴馬|くすやま たづま|1870~1944以降

高知/東北学院(中退)/時事新報社をへて, 1918年慶大図書館に入り, 庶務係補助, 和漢書分類係など, 44年退職。21年1月JEI入会。参『慶應義塾図書館史』(慶應義塾大学三田情報センター, 1972)。

葛和義男|くずわ よしお|1914.11.5~1988.8.16

東京/日医大(1941)/医学博士。1946年新宿区に葛和医院を開業。第50回UK東京後援会発起人の一人。JEI会員。

口田康信|くちだ やすのぶ|1893.12.5~1945

神奈川/四高(1915), 東大(1918)/満鉄に入り, 東亜経済調査局に勤務, 同僚に藤沢親雄, 黒田礼二らも。のち広島高師教授。1927年農本主義による国家改造をめざす大邦社を設立。愛国勤労党, 日本村治派同盟の結成に関わる。31年笠木良明にまねかれて満洲にわたり, 満洲国建国工作に加担, のち満洲国資源局研究所長。同局解散後, 大亜細亜建設社に参加。41年東亜同文書院大教授。JEI創立と同時に入会。著『国家思想の研究』(改造社, 1927),『新東洋建設論』(建設社, 1933)。参片倉和人「昭和農本主義と中国(下)「日本村治派同盟」(1931~32年)の人々」(『農林経済』9417, 2002),『講談社日本人名大辞典』(上田正昭・西澤潤一・平山郁夫・三

浦朱門監修, 講談社, 2001)。

忽那将愛 | くつな まさちか
1904.10.7〜1995.2.10

愛媛/熊本医大(1929)/解剖学者。医学博士。台北帝大助教授などをへて, 1946年久留米医大, 49年熊本大各教授。熊本大医学部長として水俣病の原因究明に尽力。Eは, 学生時代に伊藤栄蔵の手ほどきで学習。52年熊本大医学部の新入生にE講習。[著]'Mongolfaldo kaj duopaj palpebroj de la Japano'(『熊本医学会雑誌』15：10, 1939),『水俣病—有機水銀中毒に関する研究』(熊本大医学部水俣病研究班, 1966)。[参]小谷正彦「忽那将愛先生を偲んで」(『解剖学雑誌』71：2, 1996)。

久津内猶一 | くつない なおいち
1883.9.1〜1961.5.2

山口/山口師範/旧姓河野(かわの)/京都E会員田平正子(1941生。JEI理事などを歴任)の母方の祖父。山口の明倫, 沖の山, 越ヶ浜各小学校などの教諭。カナモジ論者。1909年結婚により改姓。萩市でチラシの配布など熱心にE普及に取り組むも, 戦時中の紙不足で断念。[協]田平正子。

工藤勝隆 | くどう かつたか
1919.2.27〜2002.12.21

東京/明大(1943)/中学教諭。独学でEを習得し, 1955年1月JEI入会。東京在住中は木曜会に参加し, 石黒彰彦の指導を受ける。66年土浦へ転居後, 茨城E会の中心として活動し, 90年会長。92年川上賞。晩年は類義語辞典作りに専心。娘夫婦の福井敬一・聖子もE学習。藤巻謙一にEを教える。[著]「100周年栄光の開会式」(LSP 1987.9)。[参]荒井富枝「工藤勝隆氏を偲んで」(RO 2003.5)。[協]工藤通子。

工藤喬三 | くどう きょうぞう
1887.3.16〜1957以降

北海道/二高(1907), 東大(1912)/解剖学者。1912年日本医専教授。のち満洲医大教授をへて, 53〜55年弘前医大学長, 57年退官。26年奉天E会設立に際し代表に就任。満洲医大で安部浅吉らの翻訳グループに参加。JEMA満洲医大支部幹事。[参]峰下銕雄「満洲医大にて」(RO 1982.4)。

工藤忠夫 | くどう ただお
1899.12.9〜1972頃

広島/一高(1921), 東大(1924)/外務省に入り, 1937年ブラジル大使館二等書記官, 42年条約局第三課長。戦後, カルテックス・オイルリミテッド顧問, 霞関会常務理事など。20年5月JEI入会。[著]「新中国をかく見る」(『職業安定広報』4：5, 雇用問題研究会, 1953),「ソ連・中国の印象」(『見方 考え方』九段社, 2, 1955)。

工藤鉄男 | くどう てつお
?〜1949.4.30

三重/理容業。1925年三重県久居で開かれたE講習会で林好美に学ぶ。31年三重県E連盟を再興。戦後, 岡本好次, 矢野登らと三重県E会を結成し運動復興に努力。一志E会長を務めた。[参]「工藤理髪店のE語看板」(RO 1927.2),「三重県E連盟の更生」(RO 1931.6),「地方E運動紹介 その2 三重県」(RO 1932.3)。

工藤得安 | くどう とくやす
1888.12.3〜1955.3.15

東京/二高(1909), 京大(1913)/医学博士。オオサンショウウオの発生に関する研究で有名。1915〜22年新潟医専, 19〜23年欧米留学, 22〜49年新潟医大, 49〜51年新潟大各教授。新潟医大内で宮部重嗣, 真崎健夫らとE運動。50年新潟E会長に就任。JEMA会員。[著]『蛍光顕微鏡学』(共著, 杏林書院, 1950),『比較形態学』(共著, 生理学講座刊行会, 1951)。

國井勝夫 | くにい かつお
1907.8.29〜1984.8.28

山形/新潟医大(1931)/産婦人科医。山形Eクラブ会長國井兵太郎の父。山形市の篠田総合病院に18年間勤務後, 1952年同市に國井産婦人科病院開業。大学時代にE学習。

約20年のブランクをへて、篠田秀男の指導で再学習。63年JEI, 66年JBLE各入会。UEAデレギート（山形）。🖋 'Pri nia umbiliko' (VS 1973.3)。参 長岡二郎「国井勝夫先生を悼む」(LM 1984.10)、福田正男 'Nekrologo' (SAM 1984.10)。協 國井兵太郎。

國井彦十 | くにい ひこじゅう
1897.11.23～1985.4.14

山形/山形中(1915), 慶大(1923)/医学博士。眼科医。慶大附属病院をへて、1926年山形県西根村に國井医院を開業。35年E学習。山形Eクラブ顧問、寒河江E会長、JEI会員など。🖋「自己紹介」(VS 1961.6)。参 "Japanaj E-istoj"。協 國井兵太郎、山形県立図書館。

国兼信一 | くにかね しんいち
1923.4.30～2004.3.20

北海道/青森医専(1951)/医学博士。弘前大, 青森県立中央病院などをへて、1964年函館に国兼内科医院を開業。青森県立中央病院在勤中の59年1月JEI入会。JEMA会員。

クノール | Sebastian Knorr
1915.2.6～1982.10.8

ドイツ/神学校/イエズス会士, 司祭。バイエルンでEを学び、日本人と文通して関心を持ったことから、日本での宣教を希望して、1937年来日。カトリック六甲教会神父として神戸に長く在住。六甲学院で教鞭も執る。58年から神戸E協会に参加し、61年E講演会（高砂）や神戸大大学祭などで講演。植村達男に大きな影響を与えた。参 P. Peretti「編集部への手紙」(RO 1983.2)、『セバスチャン・クノール』（クノール神父追悼集刊行会, 1984）、植村達男『神戸の本棚』（勁草書房, 1986）。

久保貞次郎 | くぼ さだじろう
1909.5.12～1996.10.31

栃木/成蹊高(1930), 東大(1933)/旧姓小此木, 筆名鉄槌/美術評論家。小此木真三郎の兄。川俣浩太郎と成蹊高の同期。戦後、創造美育活動を主導。跡見学園短大学長、町田市立国際版画美術館館長、日本ヘンリー・ミラー協会会長など。成蹊高在学中の27年Eを学び、12月東京学生E-isto連盟結成に参加。29年成蹊E会を復活させ、岩下順太郎を招いて三上英生、川俣、菅野尚明らとE学習に励む。31～39年JEI評議員。33年1月から帝国児童教育会石井伝一理事長の尽力で同会機関誌『国際児報』に設けられたE欄（約10ページ）の編集を担当。33年11月結婚により改姓。35年第2回日米学生会議（ポートランド）のため訪米し、会議で国際語問題を取り上げたほか、E-istoとも交流。同年11月～12月JEI特使として九州各地のE会を訪ねて懇談会を開いたほか、学校など10ヵ所でアメリカ事情を講演しつつEを宣伝。宮崎E会で出会った瑛九を世に紹介。36年8月JEIの第2回E夏期大学で「国際文化」をEで課外講義。37年岡本好次が朝鮮に去った後、露木清彦、青木武造、渡部秀男、酒井鼎らとROを編集し、同年の多くの号の巻頭言を執筆。38年Eで国際親善を図るため、児童生徒作品や名画の複製を携えて義弟と欧米へ赴き、パリでピサロと会い、便宜を受ける。39年帰国して「Eは大変役に立ちました。…想像よりもはるか以上です」と。40年JEI評議員、41～45年理事。46年第2次JEA委員。47～70年JEI監事、79年顧問。85年E発表百周年日本委員会会長。88年蔵書整理費用としてJEIへ200万円寄付。89～96年JEI第3代会長。JEI終身会員。97年10月26日に追悼会（東京跡見講堂）。🖋『児童美術』（美術出版社, 1951）ほか多数。E関係に「Lingva Komitatoの輪廓」(RO 1932.1)、『E会話』(JEI, 1935)、「E運動の組織概要」(EL 1935.1～12)、「北米太平洋沿岸訪問記」(EL 1935.11～12)、「重任をおびて九州の同志を訪ぬ」(RO 1936.1)、「目で視た地方E運動」(RO 1936.2)、「北から南から 日米学生会議でE語につき討議」(RO 1936.5)、「アメリカ大陸―ロンドンにて」(RO 1939.2)、「ピサロの絵」(『みづゑ』1939.12)、「わが青春の華」(ES 1979.7)、「昭和初年のころ」(『季刊東京人』1986.10)など。参「帝国児童教育会の快挙」(RO 1933.

2), 'Juna japana E-isto al Eŭropo tra Usono' (RO 1938.8), 「童画三千枚携え, 世界卅ヶ国を巡歴 "百万円兄弟" 私設親善使節の旗」(『読売新聞』1938.6.28), 「久保さん帰る10ヶ月の欧米の旅から」(RO 1939.7), 「久保貞次郎新 JEI 会長を訪ねて」(RO 1989.7), 松本健一「颯爽たりし久保貞次郎会長の面影」(RO 1996.12), ヤマサキセイコー「久保貞次郎さんのこと」(同), 『久保貞次郎を語る』(文化書房博文社, 1997), 太田将勝「久保貞次郎論―創造美育活動初期まで」(『上越教育大学研究紀要』21:1, 2001), 同「久保貞次郎論―初期の交友・瑛九を中心に」(『上越教育大学研究紀要』22, 2003), 『現代日本朝日人物事典』。

久保秀雄|くぼ ひでお|1902.8.5~1985.7.14

和歌山/大阪医大 (1927)/旧姓西田/医学博士。阪大, 大阪体育大各名誉教授。大阪日仏協会理事。キリスト者。学生時代 E を学び, JEI 入会。1958~73年 KLEG 委員長。65年第50回 UK 大阪後援会顧問。豊能 E 会長, JEMA 会員など。署『生物理化学序説』(共立出版, 1964)。

久保義郎|くぼ よしろう|1906.3.11~1965以降

新潟/日大 (1928)/1939年大連陸軍病院の歯科医として渡満。戦後, 新潟県庁歯科診療室などに勤務。29年真崎健夫, 渡辺正亥, 横山武三らと北越 E 会を結成し代表。34年12月 JOQK (新潟) から「国際補助語 E の誕生と普及状態」をラジオ放送。39年大連 E 会のザメンホフ祭で「新潟地方 E 運動の思い出」を講演。UEA デレギート (新潟), JEMA 会員など。署 'Kian gravan rolon ludas niaj dentoj sur la kampo de krimulserĉado?' (RO 1929.11), 「ラ・ロシュフコウの《箴言》」(EL 1936.7)。

窪川一雄|くぼかわ かずお|1903~1943.1.3

東京/八高 (1923), 東大 (1926)/小惑星「熱海」の発見者の一人。伊藤隆吉, 内木宗八と八高理科甲類の同期。東京天文台, 台北気象台などに勤務。八高在学中の1921年10月 JEI 入会。参山本一清「窪川一雄君を悼む」(『天界』23:268, 東亜天文学会, 1943), 中島精治「窪川一雄先生の思い出」(86:967, 同, 2005)。

久保田鬼平|くぼた おにへい|?~1919以降

北海道/別名重尾, 竹宇相/アナキスト。家業は函館の質屋。1915年6月『足跡』を創刊, 官憲の妨害に遭いながら発行を続けたが, 16年2月同誌を6号で廃刊。大杉栄は「函館の久保田鬼平君が『足跡』を出した。何れも2,3号で休刊若しくは廃刊したが, 僕はこれ等の諸雑誌が, 及びこれに類する諸雑誌が, 再び彼地此地に現われん事を望む」(『近代思想』1915.10) と。JEA 会員 (会員番号1089)。参『日本アナキズム運動人名事典』。

窪田角一|くぼた かくいち|1905.2.23~1985.9.30

愛媛/六高 (1924), 東大 (1927)/太平洋戦争直前, 近衛文麿内閣直属の「総力戦研究所」の研究生らで組閣された模擬内閣の総理大臣。1941年8月同研究所は日本必敗を予測し, 近衛内閣に「戦争は回避すべし」との「閣議決定」を報告。戦後, 農協愛友会会長, 農林中金理事など。23年頃 JEI 入会。署『産業組合貸付実務十講』(産業組合実務研究会, 1936), 『漁村金融読本』(共著, 水産社, 1940)。参猪瀬直樹『日本人はなぜ戦争をしたか』(小学館, 2002)。

久保田満年|くぼた みつとし|1901頃~1925.2.21

東京/東京府立一中 (1919), 一高 (1922), 東大 (在学中没)/蔵原惟人, 中村幸四郎らと東京府立一中の同期。乙部守, 小林尋次らと一高文科甲類の同期。1920年5月 JEI 入会。参 'Nekrologo' (RO 1925.6)。

熊谷鉄太郎|くまがい てつたろう|1883.5.28~1979.7.11

北海道/東京盲唖学校鍼按科 (1906), 関学神学部 (1913年から3年間自由聴講)/3歳

181

の時, 天然痘で失明。1900年札幌で受洗。盲啞学校卒業後, 横浜基督教訓盲院, 同愛訓盲院（東京）などに勤務。16年メソジスト教会伝道師となり, 市岡（大阪）, 柳井, 宇部, 広島西部, 御影（神戸）各教会で活動。43～44年外務省の依頼でタイへ渡り, バンコク盲学校の管理に当たる。戦後, 別府, 八幡, 宇部, 横浜などで伝道。Eは, 01年頃札幌で飯田雄太郎から聞き, 06年東京盲啞学校の英文点字で学習。18年大阪で高尾亮雄の指導下に再学習, JEA入会（会員番号1303）。同年4月関学時代の友人福永盾雄の妹みねと結婚。22年柳井教会でE普及活動, 世界盲人E協会日本代表。23年第11回JK（岡山）内に盲人分科会を設置。28年第16回JK（大阪）で鳥居篤治郎, 岩橋武夫らとJABEを設立し理事。JEI会員。著『闇を破って』（教界時報社, 1931）,『薄明の記憶』（平凡社, 1960）。参 玉田敬次『熊谷鉄太郎』（日本盲人福祉研究会, 1985）, 神田健次「本学の身体障害学生受け入れの取り組み―歴史と現状」（『関西学院大学人権研究』3, 1999）, 菊島和子『点字で大学』（視覚障害者支援総合センター, 2000）,『近代日本社会運動史人物大事典』,『日本キリスト教歴史大事典』,『道ひとすじ』,『闇を照らすもうひとつの光』。協 日本点字図書館。

熊谷良一｜くまがい りょういち｜1908.10.12～?

山口/東大/日本石油中央技術研究所研究室長, 同新潟製油所長など。1920年代後半JEI入会。

熊沢光子｜くまざわ てるこ
1911.8.9～1935.3.25

福井/愛知第一高女（1931）/別名高柳, 大沢ひさ子/日本共産党中央委員大泉兼蔵のハウスキーパーとなり,「スパイ査問事件」に関わって, 最期は市ヶ谷刑務所で自殺。Eは1932年1月PEU名古屋支部主催の講習会に妹勝子と参加, 中垣虎児郎から手ほどきを受けた後, 中野大吉の指導で学習。高女時代の友人長戸恭にEを勧める。参『特高月報』（1934.1）, 平野謙『リンチ共産党事件」の思い出』（三一書房, 1976）, 福永操「熊沢光子さんのことなど」（『運動史研究』三一書房, 3, 1979）, 長戸恭「私とE」（LM 1980.10）, 山下智恵子『幻の塔』（BOC出版部, 1985）, 宮本正男「二人のテルちゃん―長谷川テルと熊沢光子」（『社会評論』59, 1986.8）, 同'Du Ternjoj'（RO 1989.7～11）,『横井恭遺稿集』（平塚昭隆, 1999）,『現代日本朝日人物事典』,『近代日本社会運動史人物大事典』。

久米稔｜くめ みのる｜1898頃～1944⇔1957

小倉中（1916）/三菱重工業長崎兵器製作所総務部長など。1923年頃JEI入会。40年5月三菱E会長。

久米田克哉｜くめだ かつや
1926.7.16～2010.1.27

六高, 岡山大（1951）/内科小児科の開業医。岡山大医学部で浦浪治からEの手ほどきを受け, のち八木日出雄の指導も受ける。1953年第40回JK（岡山）の準備委員を務め, 三木行治岡山県知事のEによる大会挨拶を発音指導。岡山E会会長。2006年第93回JK（岡山）でも準備委員として働き, 高谷岡山市長の祝辞の仲立ち。参 原田英樹「追悼 久米田克哉さん」（RO 2010.4）。

公文恵章｜くもん よしあき
1899.2.1～1944.10.25

高知/海南中, 海兵（1922）/海軍少将。太平洋戦争に戦艦陸奥運用長として出征。ついで第九戦隊司令部附, 巡洋艦北上, 空母千代田各副長など。フィリピン沖で戦死。1923年頃JEI入会。参『日本海軍将官辞典』。

久山専一郎｜くやま せんいちろう
1901～1990.2.4

岡山/小学校/別名大井平太郎, 荒木貞男, 中村春夫, 山川三平/理容業。1930年頃『プロレタリアE講座』で学び, 熱心に海外文通。西橋富彦らとPEU岡山支部を結成。33年PEU岡山支部を再建, 34年12月～36年9月E通信誌"Amiko"を発行。37年検挙され, 治安維持法違反で懲役3年。46年

日本共産党入党。63年岡山民主商工会創立に参画, 事務局長, 副会長などをへて, 77年相談役。治安維持法犠牲者国家賠償要求同盟岡山県支部顧問, 日中友好協会岡山支部常任理事など。参中島守明「E語は国体に合わないと弾圧された久山專一郎さん」(『不屈』, 治安維持法犠牲者国家賠償要求同盟 461, 2012.11.15),『岡山のE』。協堀泰雄。

倉地鋭次|くらち えいじ|?~1936以降

薬学者。明治薬専教授。1927年秋より明治薬専でE講義。Verda Grupo代表。調査に海外E-istoの協力を得て『世界植物学者人名辞典』を編集したとされるが, 不詳。著『薬学備要』(共編, 学芸社, 1936)。

倉地治夫|くらち はるお
1899.11.25~1948.10.7

愛知/名古屋高工(1923)/芝浦マツダ工業購買課長代理などをへて, 1939年芝浦共同工業計画部長。22年石黒修にEを学び, 杉浦竜二と同校E会結成。25年国際語研究所を設立, 同年3月~30年2月 "Eklumo"(26年1月号より "Esperanto en Nipponlando" と改題)を発行。石黒修に協力して, "Esperanto Kiboŝa"(30年3月創刊)に助力。39年5月~40年1月出張で訪米し, ニューヨーク, サンフランシスコ, ロサンゼルスなどでE-istoと交流。41~45年および48年JEI評議員。UEAデレギート(機械学), SAT会員など。妻広子もE-isto。著『国名について』(国際語研究所, 1927), "Popularaj Kantoj en Japanujo"(同, 1927), Unuel『Eの本質〔Esenco kaj Estonteco de la Lingvo E〕』(E研究社, 1927), ザメンホフ『Eの由来〔Deveno kaj Estonteco de la Lingvo E〕』(国際語研究所, 1930),『基本E和辞典』(石黒修と共編, 希望社出版部, 1931),「アメリカで遇った人々」(RO 1940.5~7)。参 'S-ro H. Kurachi vizitos Usonon' (RO 1939.6), 石黒修「倉地治夫君の思い出」(RO 1948.12), 同「E六十年 19」(ES 1979.4),『名古屋E運動年表』。

倉橋泰彦|くらはし やすひこ|1889.7~1955以降

新潟/新発田中(1907)/北海道庁, 満鉄などをへて, 1942年奉天交通常務。戦後, 法務省新潟保護観察所長など。満鉄地方事務所長時代の29年頃JEI入会。

蔵原惟人|くらはら これひと
1905.1.26~1991.1.25

東京府立一中(1919), 東京外語(1923)/文芸評論家。北里柴三郎の甥。1925~26年『都新聞』特派員の名目でソ連留学。飯島正と東京府立一中の同級で, 回覧雑誌を発行。33年9月30日獄中から小説家立野信之(1903~1971)の妻春江に宛てた手紙に「私は語学をこれから初めてやろうと思っている人は, 英語やロシヤ語を直接やるよりもEをやった方がよいように考えます」(『芸術書簡』)と。著『蔵原惟人評論集』全10巻(新日本出版社, 1966~79)ほか多数。参「蔵原惟人とE」(LM 1956.5),『現代日本朝日人物事典』,『近代日本社会運動史人物大事典』。

栗栖継|くりす けい|1910.7.28~2009.4.18

和歌山/市岡中, 大阪外語(1929中退)/本名継之進(つぐのしん), 筆名竹内次郎など/戦前は社会運動家として活動し, 後半生はチェコ文学翻訳家として日本の読書界に貢献しつつ, 終生Eによる社会の変革を目指した。1930年『戦旗』でEを知り, 学習。31年東京に移り, プロレタリアE運動に加わって, 31~33年PEUで活動。この前後, Eを利用して海外情報を『戦旗』などに紹介し, 日本事情を海外に発信。34~37年神戸でマルシュ社の活動に参加。貴司山治の『文学案内』などにも協力。小林多喜二『蟹工船』をE訳したが, 出版社EKRELOがナチの弾圧で消滅したため未刊(51年訳稿から I. Zálupskýによりスロバキア語に重訳)。その間, 治安維持法違反で数度にわたり検挙・投獄された。戦後になって国際文通を再開し, 海外資料を『アカハタ』,『労働戦線』などに提供するとともに, 日本文学の翻訳を "Literatura Mondo" など海外誌に寄稿。また, 国際文通を邦訳して文集『同じ

太陽が世界を照らしている』、『世界の声』として刊行。これらジャーナリズムを通してのE普及活動により49年第5回小坂賞。秋田雨雀監修『世界の子ども』全15巻（平凡社、1955～57）の編集に参加。文通で知った共産圏の実情から、共産主義を脱却してスターリン批判の姿勢に転じる。チェコ語の文学作品をEを介した重訳で日本に紹介する間に、本格的なチェコ文学翻訳家を志し、チェコのE-istoの援助を受けつつチェコ語を学習。この中で山ノ井愛太郎と交流。60～61年チェコスロバキア教育文化省の招聘によりカレル大学で日本語日本文学を講義。79年家石和夫、津久井英喜らと日中友好文通の会を創立して会長。津久井らとE分会をつくりEでの文通も奨励。同会の『会報』（のち月刊『朋友』）に「文通よもやま話」をほぼ最期まで執筆。81年から98年にかけて家石、津久井らと同会の書簡集計9巻を編集発行。79～80年『Eの世界』編集長として、自らも多く寄稿した他に、井上ひさしにEを学ばせてその学習記や井上の質問に答える解説文などを掲載。86年10月24日NHKラジオ第2放送「外国語への招待」で水野義明と対談。JEI顧問、91年UEA名誉会員。90歳でパソコンを始め、電子メールで雑誌に寄稿。90年頃から、SATの評論誌"Sennacieca Revuo"、ブラジルの文芸誌"Fonto"、フランスの文芸誌"La Gazeto"などにも多数寄稿。第92回UK（横浜）名誉顧問となり、開会式で最長老としてE出版の活性化を訴える感動的なスピーチを行い満場の喝采を受けた。最晩年に執筆されて、『ひとりから』（編集室ふたりから）に連載された「日本人への遺言」（同 25～33、2005.9～07.3）と「日本の、世界の行く末を考える」（同 35～38、2007.9～08.6）は読者の話題を呼んだ。同時期に、Karlo Štajner著、Krešimir Barković E訳"7000 tagoj en Siberio"の日本語訳に取りかかり、原作のクロアチア語の学習も始めるが未完。石成泰による同書中国語訳（『西伯利亜七千天』中国教科文出版社、2004）の出版支援の資金募金を呼びかけ、04年その刊行実現に貢献。死後、その恩を忘れぬ石成泰ら中国のE-istoによって、E書きの選文集"Kajto de E"（内モンゴルE会、2010）が出版された。小学生の息子の茜にEを教えた。󰎘ハシェク『兵士シュヴェイクの冒険』（岩波書店、1972～74）、チャペック『山椒魚戦争』（早川書房、1974；岩波書店、1978；早川書房、1998）、フチーク『絞首台からのレポート』（岩波書店、1977）、ムニャチコ『遅れたレポート』（同、1990）、チャペック『R. U. R. ―ロボット』（十月社、1992）、ハシェク『プラハ冗談党レポート―法の枠内における穏健なる進歩の党の政治的・社会的歴史』（トランスビュー、2012）ほか多数。E関係の主なものとして中野重治 'La vento en frua printempo〔春先の風〕'("Literatura Mondo" 1949；"El japana literaturo" JEI, 1965.に再録）、葉山嘉樹著 'Letero el cementbarelo〔セメント樽の中の手紙〕'("Literatura Mondo" 1949；"El japana literaturo" JEI, 1965.に再録）、『同じ太陽が世界を照らしている』（北大路書房、1949）、『世界の声』（三一書房、1949）、「我が子にEを教えて」（RO 1956.3）、「チェコスロバキアE運動実情の一端」（LM 1968.3）、「チェコのE運動」（『読売新聞』1968.2.8）、「SATとIPE」（LM 1971.5）、「世界人権宣言のE訳をめぐって」（LM 1971.6）、「"蟹工船"のE訳をめぐって」（NR 20, 1971.9）、「Ekrelo」（RO 1973.3～75.2）、「長い友情の終わり」（『北方文芸』1973.8）、「詩人ウィリアム・オールド―情熱秘めた鋭い鑑賞眼」（『読売新聞』1973.8.25）、'Esenca diferenca de la cetera mondo'("E" UEA, 1974.1）、「『世界の子ども』時代を中心に」（『高くたかく遠くの方へ』）、『危険な言語―迫害のなかのE』、「新Eのすすめ」（ES 1975.4～77.4）、「人工国際語成功の要件 Eの場合」（『月刊言語』1975.8）、「Eがもっと広まるためには…」（『言語生活』1975.10）、「ベトナムのE代表ダオ・アン・カ氏との1時間」（ES 1975.10）、リンス著「E運動の歴史からタブーを一掃しよう」（ES 1975.12）、「社会主義と国際語の問題についての一考察」（『現代思想』1976.2）、「安部公房と翻訳の問題」（『ユリイカ』1976.3）、'E estas beninda lingvo'（RO 1976.5）、小林文男「E運動と中国―栗栖継氏に聞く」（『アジア経済』1976.5）、「国際文通のすすめ」（RO 1976.6）、「社会主義と言語問題―E運動を通して」（『情況』1976.10・11）、'Ĉu duobla helpo?'("E" UEA, 1977.3）、「E "90歳"」（『朝日新聞』1977.5.11）、「新・国際文通のすすめ」（ES 1977.5～79.4）、'Multaj japanoj volas lerni la korean lingvon' (RO 1977.6), 'Kiel ni helpu "verdigi" tutan Azion' (RO 1977.9), 「中野さんと私」(『中野重治全集 月報』筑摩書房, 13, 1977.11), 'Aperu "Raporto desur eŝafodo" ankaŭ en E!' (RO 1977.12), 「英語かEか」(『翻訳の世界』1978.2), 'Ni lanĉu la movadon, ke japanoj amase korespondadu kun ĉinoj' (RO 1978.3), 「Eの話」(『英語教育』1978.12〜79.11), 「民衆の笑いの武器アネクドート」(『言語生活』1979.1), 「ことばの小径」(『朝日ジャーナル』1979.6.1), 「「日中友好文通の会」のこと」(『思想の科学』1980.3), 「思想運動としてのE運動─体験的E運動」(同 1980.5), 「E50年」(『面白半分』1980.5), 'Pri la societo por scienco de pensado' (RO 1980.6), 「毛沢東のE論」(『思想の科学』1980.6), 'Japanaj literaturistoj kontraŭ nuklea milito' (LM 1982.3), 「新井徹につらなる思い出」(新井徹著作刊行委員会編『新井徹全仕事』創樹社, 1983), 「日本におけるE運動と問題点」(『運動史研究』三一書房, 14, 1984.8), 「中国のE熱」(『図書』1985.7), セケリ著『アコンカグア山頂の嵐』(栗栖茜と共訳, 福音館書店, 1990;筑摩書房, 1999;海山社, 2008), 「回想 私の神戸時代」(『神戸のE』), 「「禁書」の受難と復活」(『出版ニュース』1992.10中), 「E-isto として吃音とたたかう」(『人権と教育』17, 1993), 「チェコ文学の翻訳で私は真実を探求している」(『状況と主体』谷沢書房, 1993.9), 「知られざる長谷川テル」(『状況と主体』谷沢書房, 1994.1〜2), 「日中友好文通の会─入会の勧め」(RO 1994.2), 'Kiel mi memoras Ĵelezon' ("E" UEA, 1994.5), 「長谷川テルと私」(『状況と主体』谷沢書房, 1994.9〜11), 「宝木武則にあらためて要望する」(LM 1995.3), 'Kiel E helpis al mi solvi enigmojn de Riporto' ("Fonto" 1995.9), 'Du dementoj al mortanonco' ("E" UEA 1996.1), 'El miaj rememoroj' ("Laŭte!" 129〜130, 1997), 「『蟹工船』をEで訳した頃」(『カオスとロゴス』9, ロゴスの会, 1997.9), 「わが山々にもはや雪は降らなくとも─フチーク探求の一こま」(『新潮』1998.2), 'Kial kaj kiel mi fariĝis E-isto?' ("Fonto" 1998.1), 'De "Kamarado" al "ambasadoro"' (I. kaj R. Haupenthal "Klaro kaj elasto Schliegen : Iltis, 2003), 'Buda'en Sarajevo' ("La gazeto" 112, 2004), 「『Batato』の記憶」(RO 2004.6), 「第2のアンネに─ユダヤ人迫害伝える「ペトル・ギンツの日記」」(『読売新聞』2005.4.12), 「私はなぜ、どのようにしてチェコ文学者になったか」(『葦牙』31, 2005), 'Mi opinias, ke la tennoo respondecas pri la milito' ("Sennacieca revuo" 2005), 'Infero' ("La gazeto" 112, 2006), 「短期連載 E語の話」(『軍縮問題資料』宇都宮軍縮研究室, 2006.12〜07.2), 「『マルタ』の現代性」(『葦牙Journal』68, 2007), 「老人ホームから編集室への手紙」(『ひとりから』編集室ふたりから, 38, 2008), 'Nova vivo en maljunulejo' (U. Becker・Z. Metz 編 "Vovprotokoloj" New York : Mondial, 2009), 石成泰編 "Kajto de E" (内モンゴルE会, 2010) ほか多数。チェコ語や中国語に翻訳されたものも。参「治安維持法違反事件被告人栗栖継之進手記「E運動について」(神戸地方裁判所検事局報告)」(『思想月報』1938.12), 「Eをとおして中野重治の作品がスロヴァキヤ語で放送」(RO 1949.3), 「今年度小坂賞受賞者 栗栖継氏」(RO 1949.12), 「素描」(『朝日新聞』1957.12.27), 「チェコだより」(LM 1961.4), 浦井康男 'Czech Literature in Japan : a Survey' ("Japanese Slavic and East European studies" 1, 1980), 宝木実『レジスタンスの青春』(日本機関紙出版センター, 1984), 「小林多喜二きょう命日」(『しんぶん赤旗』2002.2.20), 「スロバキア語訳『蟹工船』初めて存在が明らかに」(同 2002.3.15), 柴田巌「栗栖継主要著作目録」(『千葉工業大学研究報告 人文編』40, 2003), 原田奈翁雄他「栗栖継さん お亡くなりになりました」(『ひとりから』編集室ふたりから, 42, 2009.6), RO 2009.7;峰芳隆「闘い続けた生涯─栗栖継さんをしのんで」(LM 2009.7;『ひとりから』編集室ふたりから, 43, 2009.9に転載), つくいひでき「『Eの世界』の栗栖さん」(LM 2009.10), U. Lins 'KURISU Kei' ("Novaĵletero por interlingvistoj" 76, 2011), 『現代日本朝日人物事典』, 『近代日本社会運動史人物大事典』, 『プロレタリアE運動に付て』, 『Eと私』, 『神戸のE』, "Ordeno de verda plumo".

栗田茂 | くりた しげる | 1881.1.15〜1928.11.11

群馬/別名茂丸/横浜で英語を習得し、帝国キネマ社に勤務。英語字幕をすらすら読む英語に堪能な弁士として知られたという。1912年大本に入信。23年大阪で大本E会

派遣の講師小高英雄の指導でE学習。同年綾部に移住し，大本本部に奉仕。時習課課長としてEPA機関誌"Verda Mondo"発行編集人など。24年大阪から伊藤栄蔵を呼び寄せ，EPAの仕事を継承。26年5月横浜に派遣されて講習会を指導。🅿重栖度哉，砂大福。

栗林亨｜くりばやし とおる
1904.2.4～1993.12.22

長野/東京歯科医学校(1924)/筆名滝東村，東村/1946年松代に栗林歯科医院を開業。28年10月JEI入会。32年松代警察署でE講習。戦後，長野県のE運動復興に努力。松代E会長。🅰「国際補助語Eと商業」(『松影』松代商業学校校友会，12, 1932)，「1934年を我等はかく戦う」(RO 1934.1)，「オリンピック大会・E・スキー」(EL 1936.10)。🅿「警察署でE」(RO 1932.9)。

栗原悦蔵｜くりはら えつぞう
1894.3.31～1987.9.18

群馬/前橋中(1912)，海兵(1916)，海大(1929)/海軍少将。大和田昇と海兵の同期。海軍省軍務局第4課長，海軍報道部長など。戦後，小松フォークリフト社長。横須賀在住中の1922年1月頃JEI入会。🅰『太平洋戦局と世界情勢』(朝日新聞社，1943)，『戦争一本』(同，1945)。🅿大橋卯之吉「Eと横須賀」(『横須賀文化協会会報』3, 1958)。

栗原貞子｜くりはら さだこ｜1913.3.4～2005.3.6

広島/可部高女/旧姓土居/詩人。爆心地4キロ北の自宅で被爆。戦後は夫の栗原唯一と共に執筆活動。平和運動に参加し，反戦，反核，反差別，反天皇制を主張。1990年第3回谷本清平和賞受賞。唯一と共に編集発行した『中国文化』1946年11月・12月合併号に山鹿泰治「ザメンホフの緑の星」を掲載。山鹿の勧めでEを学習しE運動を支持。代表作「生ましめんかな」の小西岳E訳'Por al vivo naskiĝon doni'は「広島・長崎─原子爆弾の記録」E版"Hirosima-Nagasaki"(子どもたちに世界に！ 被爆の記録を贈る会, 1979)，のちに英訳詩集"The Songs of Hiroshima : When Hiroshima is spoken of"(私家版，1980；1994)に転載。"Riveroj"に小西岳と筒井和幸による翻訳詩が5編。🅰『私は広島を証言する』(詩集刊行の会，1967)，『ヒロシマの原風景を抱いて』(未來社，1975)，『ヒロシマというとき』(三一書房，1976)，『問われるヒロシマ』(同，1992)，『栗原貞子全詩篇』(土曜美術社，2005)ほか多数。🅿峰芳隆'Deklamu E-e'(LM 2005.5)。🅰吉川奨一。

栗原佑｜くりはら たすく｜1904.5.26～1980.1.4

広島/京都一中(1922)，二高(1925)，京大(1941)/マルクス主義経済学者。キリスト教研究家栗原基の長男，菊沢季生の義兄。京大社会科学研究会，非合法共産党で活動。1956～68年大阪市大，68～72年熊本商大各教授。主に社会主義文献の翻訳に従事。二高在学中，社会思想研究会で武藤丸楠と知り合い，京大入学後，伊東三郎と交遊。大阪市大Eクラブ顧問。宮本正男によれば「不熱心なE-isto」。🅰マルクス『労賃』(叢文閣，1927)ほか多数。E関係に「ペテロはわれらとともに生きつづける」(『高くたかく遠くの方へ』)など。🅿「栗原佑先生略歴，著作目録」(『経済学雑誌』大阪市立大学経済学会，58 : 4, 1968)，『近代日本社会運動史人物大事典』。

栗原美能留｜くりはら みのる
1902.7.31～1997.4.24

東京/成蹊中(1920)，一高(1922)，東大(1925)/山本寅雄と成蹊中の同期。久保田満年，中井虎一らと一高文科甲類の同期。内務省事務官をへて，大日本連合青年団常任理事，大政翼賛会総務局庶務部長，高知県知事など。終戦後，公職追放をへて，1951年日東精工社長，56～75年成蹊学園常務理事。20年5月JEI入会。🅰『興亜青年道』(日本青年館，1940)。

栗原美吉｜くりはら よしきち｜1893頃～1933以前

群馬/一高(1914)，東大(1917)/満鉄東亜経済調査局に勤務。JEI創立と同時に入会。

著フックス『国民経済学解説』(郁文堂書店, 1924)。

厨清|くりや きよし|1890.2.17〜1959以降

福岡/長崎医専(1921)/鐘紡医局などに勤務。1923年頃JEI入会。戦後もE運動を支持。

栗山一郎|くりやま いちろう|1897〜1973以降

京都/三高(1921)、京大(1924)/比企元と三高第二部甲類の同期。高野山大教授兼高野山中教諭、立命館大助教授などをへて、種智院大教授。1923年頃JEI入会。著『基礎物理無機化学』(槙書店, 1961)。

栗山重|くりやま しげる|1891.4.8〜1988.1.31

京都/別名栗山晴光/日本初等科研究会顧問、日本生物教育学会理事など。成蹊学園在勤中の1921年末頃JEI入会。著『自発的研究を尊重したる自然科指導の実際』(教育研究会, 1929)、『栗山重の人間づくり』(小学館, 1981)。

栗山仁|くりやま ひとし|1928.2.21〜2000.11.14

兵庫/阪大(1951)/阪大病院助手、大日本製薬海老江診療所内科・外科医師などをへて、1960年大東市立市民病院へ移り、内科医長、院長をへて、94年退職。日本ローマ字会理事。44年Eを知り、46年より学習。47年7月JEI入会。54年UEA入会。第50回UK(東京)の記録映画(8ミリ)作成に協力。68年大阪E会委員となり、のち会長に。宮本正男『日本語E辞典』の専門用語に協力。86年第73回JK(大阪)会長。"Medicina Vortaro E-Japana"改訂版は世界最高のE医学用語辞典として高評価を獲得。96年UMEA篠田賞。UEAデレギート(伊丹、郵趣、医学、尼崎)、ISAE、JPEA、JEMA、JESA各会員など。E、ヴォラピュク以外の人工国際語の研究も。著'Mia Renkontiĝo kun E' (LVO 1975.12)、「「ツツガムシ」と「恙虫病」」 (RO 1983.7)、"Medicina Vortaro E-Japana" (私家版, 1992)、"Medicina Vortaro Japana- E-a" (同, 1993)、'Kokusaigo no hanasi' ("Rômazi Sekai" 1993.4・5)、「E和医学小辞典のこと」(LM 1997.5)。参『日本のE-isto名鑑』、「栗山仁氏の寄贈の手紙」(LVO 2001.1)、「栗山仁さんを悼む」(RO 2001.2)、藤本達生「栗山仁さん」(LM 2001.2)。

久留威|くる たけし|1900.11.26〜1934.4.28

三重/東大(1925)/松阪病院(三重)院長など。1921年岡本好次、植月高三が東大で開いた初等E講習会に参加。23年JEI委員。24年1月29日 Hipokratida Klubo 結成に参加。24年9月遽寅吉の依頼で三重県松坂でE講習会を指導。JEMA創設を提案し、医学界でのE普及に貢献。威勝寺山墓地(宇治山田)に立てられた墓には墓碑銘がEで。参鈴木正夫'Tomboskribo en E' (RO 1934.10)。

久留島義忠|くるしま よしただ
1911.12.27〜1996.8.1

香川/香川師範(1931)/別名矢野武雄/香川師範在学中の1933年日本共産党入党。67年神戸市議。のち神戸医療生協理事長、兵庫県平和美術家協会副会長など。83年まで日本共産党兵庫県議団団長。高松刑務所でE学習。"Marŝu"の読者会に参加。著「人民戦線運動の回想」(『兵庫県党のあゆみ』日本共産党兵庫県委員会, 1972)、「人民戦線運動の回想」(『不屈』兵庫版, 6, 1984.5.15)、『オリーブの樹蔭』(青磁社, 1988)。参栗栖継「回想ー私の神戸時代」(『神戸のE』)、久留島義忠さんをしのぶ会編『義忠どこにおるぞ』(久留島義忠さんをしのぶ会, 1997)、『近代日本社会運動史人物大事典』。

来栖光一|くるす こういち
1889.4.15〜1973.2.17

茨城/四高(1911)、京大(1915)/外科医。京大、東北大各附属病院をへて、1917年茨城県土浦に新治病院を開業。戦後、東京医大理事、筑波厚生園園長など。23年頃JEI入会。26年JEMA創立後、茨城県支部幹事に。参仲田安夫『医は仁術ー来栖光一の生涯』

（筑波書林，1993）。🏛茨城県立図書館。

車谷宙平｜くるまたに ちゅうへい
1904.5.13～1981.4.25

埼玉/整肢治療師。キリスト者。JEIの初期、小坂狷二にEを学ぶ。戦後のJEI入会を拒否。1957年埼玉E会設立に参画。62年10月JAKE創立に参加。78年遠井國夫、上田嘉三郎、シュミットらと埼玉E会を再興。内村鑑三に私淑し、E旧約聖書研究会を指導。📖"Japanaj e-istoj"、福田正男'Nekrologo'（SAM 1981.6）、遠井國夫「埼玉のE運動と私」（『関東E連盟40年史』）。🏛上田嘉三郎、福田正男。

黒板勝美｜くろいた かつみ
1874.9.3～1946.12.21

長崎/私立尋常大村中（1890）、第五高等中（1893）、帝大文科大（1896）/号虚心、Kroita/日本におけるアカデミズム史学の創設者で、古文書学を確立。文学博士。東大名誉教授、日本古文化研究所長、日本考古学協会会長、帝室博物館顧問など多くの要職を歴任。異名「黒エス」。堺利彦、大杉栄らとも親交。国士舘大に黒板文庫。東大講師時代の1902年英字紙"Nagasaki Press"に掲載されたEに関するミスレルの記事を見て独習。05年3月黒板の談話をもとに堺利彦が「E語の話」を『直言』7号に執筆。06年談話記事「名家を訪ひて　世界語　エスペラント」（『読売新聞』1906.5.16〜17）の掲載をきっかけに、村本達三の仲介によりガントレットの通信教育受講者名簿を得て、全国組織の結成へ動く。6月12日JEAを創立し幹事（会員番号4）。同年第1回JK（東京）準備委員。07年JEA東京支部副会長、評議員。08〜10年欧米出張中、米国、フランス、英国などでE-istoと交流。英国でローズを訪問したほか、08年第4回UK（ドレスデン）に新村出とともに日本人として初参加し、ザメンホフとも対面。10年JEA幹事長に就任し、千布利雄の補佐を受けながら、19年幹事長職が撤廃されるまで運営の中心となり、各地で普及講演など。事務の杜撰さで千布からも見切りをつけられ、小坂狷二らによるJEIへの転換を招く。20〜26年JEI評議員。22年6月16日東京学生E連盟発足に際し初代会長。23年第11回JK（岡山）名誉会頭。27〜37年JEI理事、39年顧問。29年2月TEK例会で前々年の外国旅行談。📚『虚心文集』全8巻（吉川弘文館、1939〜40）ほか多数。E関係として"E-Japana Vortaro"（浅田栄次・安孫子貞治郎と共編、JEA、1906、実際は黒板一人の編）、「国際語E」（『東京経済雑誌』1380〜1384、1907）、「将来の国字問題（3）　Eと日本」（『読売新聞』1910.10.3）、『西遊二年欧米文明記』（文会堂書店、1911）、「Eに対する感想」（『改造』1922.8）などがあるが、この頃のものは実際は千布利雄他による代作が多いとされる。他に「ザメンホフ伝」（『婦人公論』1937.12）。📖川崎直一「Kroita, E J Vortaro 1906の原本」（RO 1936.10）、小坂狷二「黒板先生の思出」（RO 1947.3）、同「日本E協会を葬る」（RO 1949.12）、丸山二郎「E語」（黒板博士記念会編『古文化の保存と研究―黒板博士の業績を中心として』同会、1953）、北山茂夫「日本近代史学の発展」（『日本歴史』岩波書店、別巻1、1963）、小坂狷二「運動の統帥黒板博士」（VS 1965.5）、羽仁五郎「私の大学」（講談社、1966）、小坂狷二「日本E学会50年―1919-1969」（RO 1969.7）、黒板勝美先生生誕百年記念会編『黒板勝美先生遺文』（同会、1974、第4回UK記念写真および家族宛て葉書の写真を含む）、朝比賀昇・萩原洋子「日本E運動の裏街道を漫歩する　4」（ES 1975.8）、西海太郎「黒板勝美博士の『欧米文明記』に現われたE関係事項」（RO 1984.12）、「黒板勝美博士を偲ぶ」（『古代文化』49：3、1997）、渡邉剛「日本E運動の先駆者―黒板勝美」（RO 2012.7）、『現代日本朝日人物事典』、『近代日本社会運動史人物大事典』、『日本E運動史料　1』。

黒岩涙香｜くろいわ るいこう
1862.11.20（文久2.9.28）〜1920.10.6

土佐国（現高知）/大阪英語学校、慶應義塾（中退）/本名周六、通称大/ジャーナリスト、翻訳家。『鉄仮面』、『巌窟王』、『噫無情』などの訳者。『同盟改進新聞』、『日本たいむす』、『絵入自由新聞』などの主筆をへて、1892年万朝報社を設立。1906年JEAに入り（会員番号656）、評議員。同年8月13日

帝国教育会でのE演説会で「世界と思想」を講演し、Eの教育と研究を鼓吹。『万朝報』にE欄を掲載し、中村精男、小坂狷二らに紙面を提供。📖『小野小町論』(朝報社, 1913) ほか多数。参涙香会『黒岩涙香』(扶桑社, 1922)、三好徹『まむしの周六』(中央公論社, 1977)、伊藤秀雄『黒岩涙香』(三一書房, 1988)、伊藤秀雄・榊原貴教編著『黒岩涙香の研究と書誌―黒岩涙香著訳書総覧』(ナダ出版センター, 2001)、『近代日本社会運動史人物大事典』、『日本キリスト教歴史大事典』。

クローザー | C. Crowther | ?～?

英国/神戸在住の貿易商。C. Crowther商会を経営。ザメンホフの"Tutmonda jarlibro E-ista" (1906) に登録。JEA会員 (会員番号305)。📖『神戸のE』。

黒川瞳 | くろかわ ひとみ | 1906～1932.11

小学校(中退)/本名黒川賢治/ハンセン病施設全生病院の入院患者。1929年5月より院内で塩沼英之助の手ほどきによりEを学び、山名実とならぶ優等生。学習開始から半年後、Sieroszewski著、Kabe E訳 "La fundo de l'mizero" の重訳に挑み、半年をかけて完訳。その訳稿は、1930年1月から一年間、全生病院の院誌『山桜』に連載されたほか、林文雄を通じて、『悲惨のどん底』(長崎書店, 1930) として刊行。同年ペレールの病院訪問に際し、その印象を「何時の頃帰国されむかと問ふに唯わからぬと答ふこの放膽さ」と短歌に詠む。31年光田健輔院長が新設の長島愛生園に転じるにあたり「開拓者」として選ばれて同園に移り、愛生学園でEを教える。翌年没。『歌集 新しき住家』には全生Eクルーボ時代の「スリッパの音近づきて扉に現(あ)れし指導者(グヴィダント)塩沼ほがらかに笑ます」、「病めりとし思ふ心のいつしかに教室に来れば忘れてありぬ」なども収録。📖Sieroszewski著、Kabe E訳『悲惨のどん底〔La fundo de l'mizero〕』(長崎書店, 1930)、『歌集 新しき住家』(同, 1931)。参宗近真澄「全生病院を訪ねて」(RO 1930.9)、「黒川君召さる」(『日本MTL』23, 1933.1)、林富美子「野に咲くベロニカ」(聖山社, 1986)、森幹郎『足跡は消えても』(ヨルダン社, 1996)、大岡信他編『ハンセン病文学全集』(皓星社, 8〈短歌〉, 2006)、「EとハンセN病」。📷林富美子。

黒木親慶 | くろき ちかよし
1883.3.9～1934.3.14

宮崎/陸士(1904)、陸大(1912)/陸軍少佐。1918年シベリア出兵の際、セミョーノフ (1890～1946) の顧問。20年9月JEI入会。同年第7回JK (東京) の遠足参加者を鎌倉で歓待。参「感謝の辞」(RO 1920.10)、『黒木親慶君追悼伝記』(同編纂所, 1937)、『現代日本朝日人物事典』。

黒木浩 | くろき ひろし | 1883.3.9～1960.11.3

宮崎/攻玉社/宮崎県庁土木課長をへて、1933～45年都農町長、のち同町教育委員会委員長。Eは県庁在勤時代に独習し、宮崎E会に参加後、杉田正臣の指導で学習。49年都農E会を設立し、最期まで会長。51年JEI都農支部初代代表。📷甲斐亮典。

黒崎誠 | くろさき まこと | ?～?

大阪で森川印刷に勤務。1933年第21回JK (京都) の自然科学分科会で「写真用語の不足」を語る。34年UEAデレギート (写真、活版印刷)。62年4月JEI入会。📖'Historieto de presarto' (RO 1934.9)、'Infraruĝa fotografio' (RO 1936.1)。

黒沢良平 | くろさわ ごんぺい
1870.2.9 (明治3.1.9)～1945.12.5

宮城/東洋英和学校(1889)、札幌農学校(1895)/植物病理学者、のち英語教師。1886年仙台メソジスト教会で受洗。宮部金吾に師事し、大分師範、福岡県立豊学校各教頭などをへて、1916～34年宮城女学校教諭。仙台メソジスト教会協励会長など。有島武郎と親交。23年頃JEI入会。24年7月26日、萱場真によって結成された大日本基督教徒E協会の代表。同年第12回JK (仙台) 準備委員。31年3月9日萱場真の告

別式でE訳聖書を朗読。37年仙台E会のザメンホフ祭で「初期仙台E運動の話」を発表、また菊沢季生と報国同盟支持を提案し、満場の賛成を得た。生前から名を「良平」や「民平」と誤記した記録が見られるので注意。参警醒社編『信仰三十年基督者列伝』(同社、1921)、『有島武郎全集』10(叢文閣、1924)、桑原利秀「E人国記(5)」(EL 1933.12)、菊沢季生「仙台E運動の思い出(2)」(『河北新報』1937.6.12)、小林澪子『私の文学発見』(河出書房新社、1990)、『仙台五橋教会史(115年のあゆみ)』(同教会、2000)、山本美穂子「平塚直治受講ノート(西信子・西安信氏寄贈)をめぐって」(『北海道大学大学文書館年報』2、2007)、有島武郎研究会編『有島武郎事典』(勉誠出版、2010)、『日本キリスト教歴史大事典』。協北大図書館。

黒沢涼之助｜くろさわ りょうのすけ
1903.9.7～1982以降

東京/東京府立二中(1921)、東京高工(1924)/理学博士。東京芝浦電気に入り、マツダ研究所をへて、1961年東芝中央研究所主任研究員兼東芝科学館館長、63年埼玉大教授。E学習は29年以前。自筆の'Internacia kongreso de ilumino'がRO(1931.3)の巻頭に。JEI会員。特高が聞き込みに来たことで、Eから離れる。著『照明計算の基礎と応用』(電気書院、1953)、『照明理論入門』(電気書院、1956)、「ずいそう・外語遍歴」(『情報管理』1980.11)。

黒田源次｜くろだ げんじ｜1886.12.4～1957.1.13

熊本/五高(1908)、京大(1911)/本名有田源次、別名春日野叟/文学博士。生理学者、歴史学者。1924～26年ドイツ留学。帰国後、満洲医大教授。31～34年欧米留学。東京帝室博物館嘱託、奈良国立博物館長など。天理大に黒田文庫。京大在勤中の19年JEA入会(会員番号1415)。JEI会員。著『芭蕉翁伝』(聚英閣、1922)、『司馬江漢』(東京美術、1977)。

黒田寿男｜くろだ ひさお
1899.4.14～1986.10.21

岡山/六高(1920)、東大(1923)/社会運動家、政治家。川上理一の義弟。1948年労働者農民党を結成し主席となり、同党の綱領にE採用を主張。著『われら青票を投ず』(共著、時事通信社、1948)、『日本農民組合運動史』(共著、新地書房、1949)。参『現代日本朝日人物事典』。

黒田正幸｜くろだ まさゆき
1909.1.26～1996.2.2

大阪/大阪市立工業(1923中退)、天王寺商(1930)/別名黒田高守/竹中工務店、大同化学装置、大阪府眼鏡輸出商共同組合などに勤務。1931年3月大本に入信し、5月本部に奉仕。28年『希望』の誌上講座でEに触れ、32年でマヨールの講習会(亀岡)で学習。35年第二次大本事件で検挙、起訴猶予。49年重栖度哉の熱心な勧誘とプリヴァ"Vivo de Zamenhof"に触発され本格的に学習。50年JEI、51年大阪E会各入会。大阪E会の講習会が縁で、61年11月から4年半、隅谷信三の経営する大同化学装置に総務部次長兼経理課長として勤務。61年12月28日～62年1月3日大本の越年E合宿の講師。62年4月大阪E会の機関誌"La Voĉo (LVO)"創刊。62～70年大阪E会長。63年第50回JK(吹田)、67年第54回JK(京都)各会長。70～73年JEI評議員。74～81年KLEG副会長。75年11月橋口英雄、俣野四郎らとベテランE-isto向けのGaja Paradizoを結成。80年大阪E会名誉会員。81年堺E会入会。65年第50回UK(東京)文芸コンクール原作詩で2位、宮本正男・上山政夫編"Japana Variacio"(L'omnibuso、1978)に詩数編が収録。80年第65回UK(ストックホルム)同1位となったほか、文芸コンクールに数多く応募し入選を重ねた。著「Eで詩をつくろう」(NV 1967.7～68.1)、'Privilegia vojo'(LM 1970.8～71.3)、"Neĝa lando" impresis min'("L'omnibuso" 51, 1972.9)、'"Invit'al japanesko" en la mano'("L'omnibuso" 57, 1973.9)、'Supren penetris frost'("E" UEA, 1974.11)、'Infan' brogite blovas hezite'

(RO 1977.4), "Utaaro de Masayuki Kuroda : Lazur' kristala kaj pluv' susura" (私家版, 1978), 'Pri mia verko' (LM 1978.9), 「博覧強記と多芸多才の宮本正男君の死を悼む」(LM 1989.9), "Animo drivas" (JELK, 1990). 圏 "Japanaj E-istoj", 土田八朗「黒田さん逝く」(LM 1996.3), 寺島俊穂「黒田さんを悼む」(FO 1996.3), "Ordeno de verda plumo", "Encyclopedia of the Original Literature". 圏 黒田とく, 寺島俊穂, 蒲池冨美子, 硲大福.

黒田礼二｜くろだ れいじ｜1890.1.28〜1943.4.28

高知/一高(1912), 東大(1916)/本名岡上(おかのえ)守道, 別名岡上美咲/社会運動家, 評論家. 杉浦武雄, 田誠と一高独法科の同期. 満鉄東亜経済調査局に入り, いち早くロシア革命を研究. 筆名「黒田礼二」はクロポトキンとレーニンにちなむ. 1920年第2回国際労働会議(第2回ILO総会, ゼノア)に政府代表嘱託として参加. のち大阪朝日新聞社に入り, モスクワ, ベルリン各特派員など. 22年プロフィンテルン大会に参加. 36年帰国, 朝日新聞社を退社. ボルネオ渡航中に撃沈され没. 17年JEA入会(会員番号1143). のちJEIにも参加. 圏『廃帝前後』(中央公論社, 1931)ほか多数.

桑島新｜くわじま あらた｜1889〜1924.3.19

群馬/海兵(1912)/海軍少佐. 速水真曹のまた従兄弟. 1919年海軍大尉. 24年43号潜水艦長として演習中, 佐世保沖合で軍艦龍田と衝突・沈没し殉職. 横須賀でEを学び, 18年JEA入会(会員番号1249). 台湾馬公に滞在中, 将校たちとE研究会を作り, 佐世保, 長崎など各地で同志と連携, E講習会や講演会を. 23年1月21日津川弥三郎, 粟屋真らと佐世保E会を設立し, 翌月から殉職数日前まで佐世保鎮守府の海軍士官約100名にE講習. Eの「海軍用語集」作成の希望を持っていた. JEI会員. 圏「潜水隊E会」(RO 1923.1), 小坂狷二「桑島大尉の奇禍」(RO 1924.5), RO 1924.6, 宗近真澄「記念艦三笠とE」(RO 1935.7), 「旗艦三笠とE」(EL 1935.8), 石黒修「E六十年(5)」(ES 1977.9), 津和崎高広「忘れられた佐世保人　桑島新艦長と佐世保E会」(『談林』佐世保E談会, 51, 2010). 圏 桑島達, 土居敬和, 久保田閲夫, 津和崎高広, 水交会.

桑田春風｜くわた しゅんぷう｜1877.1.4〜1935.5.4

千葉/東京専門学校/本名正作/詩人, 唱歌作詞家. 1899年『帝国文学』に新体詩を発表し詩壇に認められる. 同時に「二宮尊徳」, 「虫の楽隊」など言文一致唱歌の創作も. 児童読み物の刊行にも尽力. ザメンホフが出した07年版『全世界E年鑑』に氏名掲載. 圏『面白き英語の手紙』(冨山房, 1916)ほか多数.

桑野健治｜くわの けんじ｜1896.5.25〜1954以降

千葉/早大(1916)/仁川米豆取引所初代専務理事桑野良太郎の長男. 朝鮮米取引所委員長, 朝鮮信託, 仁川無尽各重役など. 1919年JEA入会(会員番号1412). のちJEIにも参加.

桑原利秀｜くわはら としひで｜1910.1.20〜1989.6.14

大分/京都一中(1926), 三高(1929), 東北大(1932)/筆名増北(maskita「仮面をかぶった」から)美郎, Jako Morus/工学博士. 顔料学, 色彩学の権威. 奥山才次郎と三高理科甲類の同期. 商工省大阪工業試験所に勤務, 特殊磁器研究部長, 顔料研究部長, 第一部長をへて, 1960〜64年所長. 64年大阪印刷インキ製造研究部長となり, 常務取締役をへて, 68〜85年近大教授. 日本顔料技術協会初代会長など. 26年三高入学後, 同校E会で宍戸圭一から手ほどきを受け, 関西学生E雄弁大会にたびたび出場して, 頭角を現す. 27年4月JEI入会. 28年三高E部理事. 29年仙台E倶楽部(翌年仙台E会に改組)結成に参画. 31年3月9日萱場真の告別式で仙台E会代表として弔辞を読む. 同年9月仙台E会宣伝部委員長. 学生時代, ハルビンでパブロフと交流. 32年4月仙台E会名誉会員. "Enciklopedio de

E"(Budapeŝto, 1934)の日本関連項目を担当した川崎直一に協力し, 一部項目を執筆. 36年3月金子美雄とともに準備委員として日本科学E協会を設立, 機関誌"Scienco"を編集・発行. 42年JEI終身会員. 48年第2次JEA評議員. 50年「一年一論文をEで」運動の発起人. 同年5月豊能E会を創立し会長. 同年新顔料を"Nova"(「新しい」の意)と命名. 57年9月〜58年6月国連技術援助計画で渡米後, ヨーロッパ, アジアも巡り, 各地でE-istoと交流し, 9ヵ国12都市でEによる日本紹介の講演なども. ケルンでの講演でU. リンスにEへの刺激を与え, のちにこれを知って「リンス君は僕の息子だ」と. 65年第50回UK大阪後援会顧問. 75年第60回UK(コペンハーゲン)大会大学で"La scienco kaj apliko de koloroj en nia vivo"を, 81年第66回UK(ブラジリア)大会大学で"Scienco pri artistaj farboj"を講演. 85年E発表百周年日本委員会副会長. 86〜89年KLEG会長. 89年JEI理事. UEAデレギート(仙台, 羽曳野, 京都, 化学, ロータリークラブ), ISAE, JESA各会員. 著『顔料』(太陽閣, 1942). E関係に「E-istoの旅日記から」(『工明会誌』東北帝大工学部工明会, 13, 1932),「東北帝大エスペラント会報告」(同),「E人国記」(EL 1933.8〜11),「チエッコスロバキヤのE運動の特異性」(RO 1933.11),「アメリカ, ヨーロッパで日本の話をしてまわった話」(『塗料』日本ペイント, 28, 1958; 縮約版 RO 1958.12), 'Raporto pri la 60-a Universala Kongreso de E' (RO 1975.10),「ブラジリアのUKの印象」(LM 1981.10),「UKの印象」(LM 1983.10),「バンクーバUKの印象」(LM 1984.9),「北京のUKの印象」(LM 1986.9),『みどり色のエッセイ』(桑原会, 1985),「自著を語る」(LM 1986.5),「大阪E運動史とJESA」(『大阪E運動史 II』),「三高E会小史」など. 参鈴木北夫「関西著名E-isto歴訪記」(EL 1933.12),「特集 われらの2600年」(RO 1940.2),「新顔料Nova」(RO 1950.8), LM 1989.7, 菅原慶一「桑原利秀さんを憶う」(ME 1989.7), 川村信一郎「桑原利秀博士をしのぶ」(RO 1989.8).

桑原一│くわばら はじめ
1914.10.20〜2009.7.30

北海道/札幌逓信講習所(1931)/豊平町会議員, 札幌市会議員. 1931年釧路電信局に就職後, 労働運動に加わり, 37年「釧路人民戦線事件」で検挙されて, 39年7月懲役2年執行猶予5年の判決. 83年頃から市民参加型の老人ホームを設立する運動を呼びかけ, 93年社会福祉法人協立いつくしみの会理事長. Eは34年頃学び始め, 丹貞一, 岡本好次らと接触. 36年末からプロレタリアE通信(PEK)を通じて国際文通. 著『私の「人民戦線事件」について』(私家版, 1990). 参小松豊「国際通信で活躍した桑原一」(歴史教育者協議会編『草の根の反戦・抵抗の歴史に学ぶ』平和文化, 1998), 星田淳「反体制E運動と隠された歴史の暗部」(HEL 122, 2008.12).

け

景梅九│けい ばいきゅう
1882.3.15〜1959.3.10

中国山西省/一高/本名定成/革命運動家, ジャーナリスト. アナキスト. 戯曲の研究でも知られた. 1903年来日. 07年頃, 大杉栄から劉師培らとともにEを学び, 中国へEが伝わる一経路となる. 帰国後に北京世界語専門学校兼任教授などE運動に積極的に関与. 著大高巌・波多野太郎訳『留日回顧――中国アナキストの半生』(平凡社, 1966). 参遠野はるひ「国際主義と民族主義と 中国E運動史の試み 5」(ES 1981.5), 手塚登士雄「中国のアナキズム運動とE」(『トスキナア』皓星社, 3, 2006), 同「日本の初期E運動と大杉栄らの活動」(『トスキナア』同, 4〜5, 2006〜07).

ゲイガン│Richard Henry Geoghegan
1866.1.8〜1943.10.23

英国/オックスフォード大(中退)/速記者, 言語研究者. アイルランド系の出で, 幼時の事故で歩行障害に. 語学の才に長け, 大学で中国語を専攻するも中退. 93年米国

に移住し、のちアラスカでアレウト語を研究し、辞書と文法書を編纂。英語圏初のE-istoで、87年ザメンホフと連絡をとり、E学習。ザメンホフの依頼により『第一書』英語版を改訳(1889)。93～1900年日本に住んだとの説は誤りで、ワシントン州タコマで日本領事館のために働き、日本語にも熟達。05年 Lingva Komitato の言語委員、同年アメリカE協会初代会長。Eのシンボルカラーとして緑色を提案。14年日本に旅行し、丸善で自著のE教本を見つけるが、日本のE-istoとは接触せず。アラスカ大フェアバンクス校の Richard Geoghegan コレクションにはEや日本語の資料も。著 "Dr. Esperanto's International Language, Introduction & Complete Grammar" (Varsovio, 1889), "The Aleut Language" (Washington, D.C.: U.S. Dept. of the Interior, 1944) ほか。参 L. Kökéay・V. Bleier 編 "Enciklopedio de E" (Literatura Mondo, 1934)、藤間常太郎「ザメンホフと日本」(LM 1967.5), D. Richardson "Shamrocks on the Tanana: Richard Geoghegan's Alaska" (Snoqulmie (WA): Cheechako Books, 2009)。

ケイシー | Eileen M. Casey | ?～?

オーストラリア/1926年来日し、ライジングサン社に勤務。同僚の由里忠勝に紹介され、6月TEKの例会に出席。27年5月来日した Scott 夫人 (米国) を歓迎する同例会にも出席。同年7～8月プロクターに同伴して鎌倉や富士山へ。28年5月友人のD.M. Chown を連れて慶應E会を訪れ、Chownにアフリカ縦断旅行を語らせる。同年9月オーストラリアに戻るが、29年9月再来日して、第17回JK (東京) に参加。30年4月13日クララ会主催のシノット歓迎会に参加。この前後に東京の会合に時折出席。33年1月帰国。菜食主義者。神智学を信奉。

こ

五井義雄 | ごい よしお | 1889.10.5～1973.5.14

三重/一高(1910)、東大(1914)/医学博士。広島県立病院内科部長などをへて、1927年桑名に五井医院開業。29年E学習。33年頃加藤隆通の桑名E会結成に協力。36年加藤、福田正男らと北勢E連盟を組織し会長。加藤、福田、松岡武一郎らと月刊回覧誌(のち季刊誌)"Nipponlando"を発行。40年JEI主催の和文E訳コンクールで2等。病院の一室をE運動に提供した自由主義者。末弟の修(開業医、1928年東大卒)もE学習。著 有島武郎著 'Historio de mia ĉapeto 〔僕の帽子のお話〕' (RO 1941.4)、'Kio eatas Eŭgeniko' (SAM 1951.6～8)。参 福田正男「北勢E連盟五井博士をしのんで」(SAM 1973.10～75.10)。

小池英三 | こいけ えいぞう | 1902頃～1948.10

東京/五高(1922)、東大/アナキズム系著述家。『クロポトキン全集』の完成者。村上信彦『音高く流れぬ』のモデル。大杉栄没後の『労働運動』に参加、E欄を山鹿泰治と担当。1924年第12回JK (仙台) に参加。朝鮮へ渡り、26年5月大邱の日本基督教会で、7月22日～8月5日馬山でE講習。39年頃渡満後、満洲国通信社、満洲帝国協和会などに勤務しながら松本健一らとE運動。41年第10回全満E大会 (新京、現長春) に参加。中国人民解放軍の長春包囲戦で餓死。著 ベルクマン著『クロンスタットの叛逆』(自由書房、1928)。参 村上信彦「小池英三の思い出」(LM 1974.11)、同『黒助の日記』全3巻 (偕成社、1977)、『近代日本社会運動史人物大事典』、『日本アナキズム運動人名事典』。協 手塚登士雄。

小池経策 | こいけ けいさく | 1898.1.1～1951以降

長野/八高(1920)、東大(1923)/東浦庄治と八高第一部甲類の同期。満鉄に入り、1930年東京支社庶務係長。のち奉天鉄道局副局長、東亜旅行社奉天支社次長など。

21年10月JEI入会。

小池常作｜こいけ つねさく｜1912~1990.2.25

群馬/中学(中退)/筆名Koike-Zyôsaku/工員, ジャーナリストなどをへて, 商業に従事。20歳の時, E学習。『蒙疆新聞』在職中の1940年6月27日淵田多穂里, 加藤孝一, 伊藤修らと張家口E会創立。戦後, 第2次JEAに参加。84年JEI入会。所沢E会終身会員, JPEA会員など。［著］'Puna turmento' (RO 1949.7),「Eと世界平和」(RO 1949.11),「民族文化の未発達な処にはEは栄えない」(PO 1987.2), 'Nia Historio' (TO 1988.4)。

小岩井浄｜こいわい きよし｜1897.6.9~1959.2.19

長野/一高(1919), 東大(1922)/弁護士として労農運動に参加。芹沢光治良と一高仏法科の同期。東亜同文書院教授, 愛知大学長など。愛知大に小岩井文庫。1931年1月PEU中央委員。在獄中の31年3月15日PEU大阪支部設立に際し支部長となり, 9月大阪府会議員に当選。［著］『冬を凌ぐ』(ナウカ社, 1935),『中華人民共和国憲法』(有斐閣, 1957)。［参］岩村登志夫『日本人民戦線史序説』(校倉書房, 1971), 山田六左衛門「全協の思い出」(山六会編『濁流を悠々と』同会, 1981),『現代日本朝日人物事典』,『近代日本社会運動史人物大事典』,『日本アナキズム運動人名事典』,『解放のいしずえ(新版)』,『反体制E運動史』。

小岩井茂｜こいわい しげる｜1898.6.9~1977以降

東京/東京高商(1922)/旧姓渡辺/住友銀行に入り, 1943年大塚支店長, 52年常任監査役などをへて, 53年鬼頭製作所常務, 57年鬼頭商事副社長など。29年頃JEI入会。

洪亨義｜こう きょうぎ｜1911.5.3~1968.3.11

朝鮮大邱/開城商(1931), 日大(1934中退)/홍형의, ホン ヒョンイ, Hong Hengwi/はじめアナキスト。1931年来日, 日大社会学科に入学。34年放校となり日本追放。40年呂運亨(1885~1947)の媒酌で張順姫と結婚。多くの職業をへて, 解放後教職に就き, 47~48年成均館大講師, 50年青邱大副教授, 57年教授, 59年桃開中学校長, 63年青邱中高等学校長, 67年嶺南大教授など。突然変死。日大在学中に安井義雄からEを学ぶ。34年小説'La pioniroj en vilaĝo'を執筆するも, 未完(Cho Sung Ho・Kim Uson編"Korea antologio de noveloj" KEA, 1999. 所収)。37年6月朝鮮E文化社を設立し, "Korea Esperantisto"を創刊するも, 39年検挙により廃刊。48年韓国E学会書記長として解放後の韓国E運動の再建に尽力。同年ブラットの来韓を機に一緒に国内を巡回講演。52年UEA韓国代表, 同年青邱大(テグ)が正科に採用したEの講義を担当。56年イ・チョンヨンを指導。57年韓国E学会長。63年第50回JK(吹田)で講演予定だったが, 入国手続きが遅れて最終日に羽田着。大会後に東京, 仙台, 大阪, 福岡, 宮崎, 名古屋, 横浜などを訪問。帰国後, 韓国のE-isto23名をJEIに入会させた。65年第50回UK(東京)に参加し, 韓国代表として挨拶。E原作小説も試みた。［著］'El Koreujo' (RO 1951.11), 'Revigliĝas E-movado ankaŭ en Koreujo' (RO 1959.12),『洪亨義先生文選〔Verkaro de Hengwi Hong〕』(同刊行委員会, 1969)。［参］梶弘和「質疑応答」("Amikoj de E" E友の会, 3:4, 1934),「洪亨義氏来訪」(RO 1963.10), 中山勝彦「韓国のE運動」(RO 1966.6), 'Forpasis Prof. Hong, nia korea amiko' (RO 1968.5),「洪亨義氏急逝」(同), 佐藤悦三「洪さんをしのぶ」(LV 1968.5),『에스페란티스토 홍형의』(KEA, 2000), イ・チョンヨン『한국에스페란토운동 80 년사』(KEA, 2003),『日本アナキズム運動人名事典』。

黄乃｜こう だい｜1917.1.18~2004.1.30

中国湖南省長沙/日大(中退)/旧名黄一寶/中国共産党活動家, 政治家。政治協商会議常務委員。革命家黄興の子。抗日戦争中, 延安などで対日問題の分析に従事。1949年失明し, 中国語用点字を考案して,「中国盲人の父」と称えられる。36年日本に留学し, 中華留日世界語学会で中垣虎児郎らからEを学び, のち鄧克強らとともに中垣か

ら個人指導を受け，個人的にも敬愛。長谷川テルの中国行きを手助けし，横浜で見送る。37年検挙され，送還。📖'Verda Majo kaj mi'("El Popola Ĉinio" 1992.5),「父・黄興の遺志を継いで」(小林文男『中国人日本留学史の研究』科研費報告書，1994)。📖「国際語に躍る赤　留日中華学生を送還」(『読売新聞』1937.6.29)，中垣虎児郎「ポ・エ・ウのころ―戦前のE運動の思い出」(『文学』岩波書店，1964.10)，高杉一郎『ザメンホフの家族たち』(田畑書店，1981),「黄一環が日本に来ていた」(LM 1984.11)，宮本正男「あたりさわりの多い評伝―長谷川テル・東京時代」(『社会評論』64～69, 1987～88)，『ひとすじのみどりの小径』，水谷尚子『「反日」以前』(文藝春秋，2006)，趙新利「日中戦争期における中国共産党内の「知日派」と敵軍工作」(『早稲田政治公法研究』95, 2010)，小谷一郎『一九三〇年代後期中国人日本留学生文学・芸術活動史』(汲古書院，2011),『中垣虎児郎』。

洪命憙｜こう めいき｜1888.7.3～1968.3.5

朝鮮忠清北道/大成中(1910中退)/홍명희，ホン ミョンヒ，号碧初/両班出身。1906～10年日本に留学し，李光洙と交友。五山学校長，『東亜日報』編集局長，『時代日報』社長として抗日言論闘争を進め，新幹会結成に尽力し副会長。29年検挙。解放後民主独立党委員長。48年南北連席会議に出席。北朝鮮最高人民会議代議員，副首相，祖国平和統一委員会委員長など歴任。13年上海で学んだとされる朝鮮最初のE-isto。21年1月JEI入会。22年秋朝鮮E協会を再建，講習会で講師も。45年12月韓国E学会を創立し初代会長。伊東三郎と文通。📖「林巨正伝」(1928～39年『朝鮮日報』に，40年10月『朝光』に発表，未完)。📖「副首相，科学院長ら出席して北鮮(平壌)のザメンホフ祭」(RO 1960.2)，宮本正男「朝鮮E運動の群像1」(LM 1985.3)，三枝壽勝『アジア理解講座1996年度第3期「韓国文学を味わう」報告書』(国際交流基金アジアセンター，1997)，姜玲珠『碧初・洪命憙研究』(ソウル：創作と批評社，1999)，イ・チョンヨン『한국에스페란토운동80년사』(KEA, 2003)，波田野節子「東京留学時代の洪命憙」(『県立新潟女子短期大学研究紀要』41, 2004)。

黄友発｜こう ゆうはつ｜?～?

シンガポール/華僑。1954年12月来日。東京，西宮などでE-istoと交流して，数ヵ月滞日。

神阪博通｜こうさか ひろみち｜1935.3.14～2000.10.22

大阪/阪大院/物理学者。1977～98年三重大教授。原発反対三重県民会議長。86年JEI入会。

神津康人｜こうづ やすひと｜1896.10.3～1952.6.30

長野/八高(1918)，東大(1921)/鉄道技師。1928～30年欧米留学。鉄道省工作局機械課，車両課などをへて，36年名古屋鉄道局浜松工場長。39年5月東京鉄道局工作部長となり，部下に万沢まきも。戦後，東急横浜製作所副社長。20年代後半JEI入会。📖RO 1939.7。

上妻武次｜こうづま たけじ｜1909頃～1980

兵庫/鎮西中(1927)/19歳の時，スペイン語習得のためにブエノス・アイレスへ渡り，同地でEも学習。1935年商用で一時帰国した際，神戸E協会に参加。36年再びアルゼンチンへ。39年帰国。のち瓦豊物産(兵庫)などに勤務。📖「Argentina E-Asocioの思い出」("La Bulteno de KEA" 1936.2, 神戸E協会)。📖『神戸のE』。

河野誠恵｜こうの じょうえい｜1875～1962.10.21

広島/幼少期に両親を失い，苦労して成長。広島県知事に「勉強したい」と手紙で訴えたことも。17歳から4年間ハワイで出稼ぎ。帰国後，廿日市の延命寺の養子に。のち報恩寺(宮崎)住職。ローマ字論者。1920年代半ばにE学習。36年マランを歓待し，寺の勤行に参列させる。51年第25回九州E大会(宮崎)に参加。📖"Roomazi-gaki no

Syoosinge"(洗心書房, 1929), "La Psalmo de Ĝusta Kredo〔三種合編正信偈〕"(JBLE, 1935),『わかりやすい真宗の安心』(洗心書房, 1941)。参中井玄道「日向路の旅」(『中外日報』1939.8.16), 'Nekrologo' (LM 1962.12)。関報恩寺, Hilary Chapman, 宮崎県立図書館。

河野広道｜こうの ひろみち
1905.1.17～1963.7.21

北海道/札幌二中(1921), 北大(1927)/農学博士。民俗学者, 昆虫学者。北海道の民俗学, 考古学の草分け。「アイヌ研究五傑」の一人。『北海道新聞』論説委員, 北海道学芸大教授など。戦後, 北海道独立論を主唱。1929年頃JEI入会。35年PEUの関係で検挙。HEL委員。著'Cerogria miwai, nova speco' (『台湾博物学会会報』20, 1930),『河野広道著作集』全4巻(北海道出版企画センター, 1971～72),『河野広道博士没後二十年記念論文集』(同, 1984)。参『改訂版・北海道E運動史』。

河野正彰｜こうの まさあき
1935.1.10～1977.1.6

福井/福井大/大学では英語専攻ながら漢文を研究。大阪市大の大学院に進み, 中国語を専攻。福井の美山, 成和, 明道各中学に英語教師として勤務。1952年10月JEI入会。55年伊藤憲一郎, 古畑昭正らと福井大E会結成。58年8月郷里でE講習。69年伊藤巳西三の後を継いで, "La Torĉo"編集長。JELE会員。著『儒林外史考』(『漢文学』福井漢文学会, 11, 1965),「伊藤氏を偲んで」("La Torĉo" Ĉiama Grupo, 95, 1973)。関河野久子, 北川昭二。

香村小録｜こうむら ころく
1866.12.5(慶応2.10.29)～1938.3.4

石川/第一高等中(1889), 帝大工科大(1892)/号金北/工学博士。日本最初のコークス製銑に成功。1896～97私費で欧米視察。釜石鉱山に入り, 1917年田中鉱山成立と同時に常務取締役, のち釜石鉱山取締役兼顧問など。ザメンホフが出した07年版『全世界E年鑑』に氏名掲載。著『鉱山測量術』(共著, 敬文堂, 1893),『香村小録自伝日記』(香村春雄, 1939)。

高村坂彦｜こうむら さかひこ
1902.12.18～1989.10.7

山口/高文(1926)/警察畑の内務官僚, 政治家。1961年徳山市長, 76年衆院議員など。71年徳山大を設立し, 理事長。衆院議員, 外相高村正彦の父。29～33年の鳥取県特高課長時代に課内の読書会でEの勉強。著『激動の世に生きて―草履取り振り人生』(私家版, 1984)。参安藤輝国『激動の世に生きた政治家―高村坂彦伝』(徳山教育財団, 1988)。

河本一止｜こうもと いっし｜1877～1947.12

岡山/東京専門学校(中退)/本名正二/東京専門学校在学中に正宗白鳥や近江秋江と交友。英語塾を開く。ローマ字, 禁酒, 農民, 部落解放運動の先駆者。1918年より4年間個人雑誌『革新』(副題"La Reformacio")を出版, 難波金之助のE講座やEの紹介記事。のち黒住教へ。著『黒住教要訓』(神人社, 1938),『御教語謹解』(同, 1940)。参『岡山のE』。関岡一太。

河本禎助｜こうもと ていすけ
1882.7.4～1936.1.5

兵庫/東大(1909)/旧姓日野/医学博士。1922年東大助教授, 27年教授, 28年名古屋医大教授(兼任)など。全日本学生スキー連盟初代会長。19年6月2日小坂狷二宅で開かれたE講習会に参加し, JEA入会(会員番号1359)。のちJEIにも参加。著『スポーツと衛生』(社会教育協会, 1933)。

高本索｜こうもと もとむ｜1925.3.10～2001.4.22

福岡/九大(1949)/医学博士。内科医として荒尾市民病院, 杏林会鴻江病院などに勤務。Eは, 1964年独習後, 翌年10月JEI入会。70～92年文通で幼いE-istoの成長を助けるE-istaj Geonklojの活動を展開。2000年第87回JK(熊本)名誉会長。UEAデレ

ギート(荒尾)。参野村忠綱「高本索さんをしのぶ」(RO 2001.12)。協高本ケイ子。

高良とみ|こうら とみ|1896.7.1～1993.1.17

富山/新潟高女, 神戸第一高女, 日本女子大(1917), ジョンズ・ホプキンズ大院(1922)/旧姓和田, 筆名高良富子/心理学者, 婦人運動家, 平和運動家, 政治家。Ph.D.。1917～22年米国留学。27年日本女子大教授, 大政翼賛会中央協力会議婦人代表。47年の第1回参院選で当選。キリスト者。25年第3回九州E大会(別府)において"Monda paco kaj internacia lingvo"を講演。27年第15回JK(福岡)に参加。44年イシガ・オサムの徴兵拒否事件に際して, 憲兵の取り調べを受ける。「平和に失望してはならない」(『女性改造』1951.4)で「平和を守る積極的な方法」として「世界家族の意思疎通, 親善のためにE, 英仏語などの世界語を普及させる」と。著『非戦を生きる—高良とみ自伝』(ドメス出版, 1983), 『高良とみの生と著作』全8巻(ドメス出版, 2002)ほか多数。参村上知行「ザメンホフ百年祭を迎えて」(『読売新聞』1959.7.31夕刊), 萩原弘子「解放と翼賛のあいだ—女性指導者たちの戦争翼賛をどう論じるか」(『女性学研究』6, 1998), 『現代日本朝日人物事典』, 『近代日本社会運動史人物大事典』, 『日本女性運動史人名事典』。

古賀十二郎|こが じゅうじろう|1879.5.16～1954.9.6

長崎/長崎商(1897), 東京外語(1901)/郷土史家。なかにし礼『長崎ぶらぶら節』のモデル。黒田藩御用達の商家「萬屋」の長男。浅田栄次に師事し, 広島で3年間ほど英語教師をした後, 家業を継承するも, 家業を放擲して研究, 史料収集に没頭, 「長崎学」の基礎を築く。オランダ語, ポルトガル語にも通じた。1930年10月8日, 長崎県立図書館で催された駐日オランダ公使Pabstの歓迎会の席上, 浅田一のEによる挨拶を聞き, 「二昔も前にEを学んだ, ボツボツわかる単語があった」と。著『長崎市史 風俗編』全2巻(長崎市役所, 1925), 長崎純心大学比較文化研究所編『外来語集覧』(長崎文献社, 2000)ほか多数。参『長崎のE』, 中嶋幹起『古賀十二郎—長崎学の確立にささげた生涯』(長崎文献社, 2007)。

古賀史郎|こが しろう|1926.3.15～2007.3.25

佐賀/旅順医専(在学中終戦), 佐賀高, 九大(1954)/医師。医学博士。戦後, 苦労ののち帰国。福岡県立粕屋新光園, 若松市立病院, 古賀小児科医院(北九州市)などに勤務。佐賀高在学中にEを学び, 大学の卒論はEで。1962～66年若松E会長。70年2月より37年間北九州E会長。97～2005年KEL副会長。院内でE教室を開くなど, 地域のE運動に貢献。UEAデレギート(北九州, 医学), JEMA会員など。妻美津子と2人の子どももE学習。著「私とE」(『北九州市医報』北九州市医師会, 208, 1974), 『北九州E運動史』, 『新版 図説小児保健』(共著, 建帛社, 1996), 「E運動の高揚に貢献」(『自由な精神の遍歴』(西海太郎先生追想・遺稿録刊行会, 2001)。参『九州E運動記録資料集』, 蜂谷千寿子「古賀史郎先生をしのぶ」(LM 2007.6), 吉部洋平「追悼 古賀史郎先生を偲んで」(RO 2007.7), 「古賀史郎先生を偲ぶ」(『福岡県小児科医報』45, 2007)。協吉部洋平, 鵜木敬憲, 蜂谷千寿子。

古賀千年|こが ちとせ|1874～1966頃

東京/一高(1902), 東大文科大(1905), 同法科大(1916)/明治維新後, 武蔵知県事, 品川知県事を歴任した古賀定雄(1828～1877)の子。俳優山村聰(1910～2000, 本名古賀寛定)の父。台北の女学校, 鈴木商店(神戸), 兵庫県庁などをへて, 天理中の英語教師に。1906年6月12日JEA第1回例会に参加し, 08年入会(会員番号834)。鈴木商店出納部に在勤中の19年再入会(高橋省三郎から会員番号1000を譲り受ける)。のちJEIにも参加。参「会員番号変更」(JE 1919.4), 山村聰『迷走千里』(廣済堂出版, 1997)。

国分敬治|こくぶ けいじ|1907.8.4～1997.10.26

大阪/龍谷大(1934)/哲学者。1946年立命

館大, 53年南山大各教授。87年稲沢・オリンピア両市の姉妹都市提携に尽力。オリンピア市名誉市民で, 同市に遺骨を納めた胸像も。カトリック教徒。立命館大在勤時より学内でE講習を指導。51年4月ザメンホフ記念講演会(大阪)で「歴史哲学からみたE」を講演。55年4〜5月名古屋E会の講習会を早稲田裕と指導。南山大でもE普及に努め, 同僚にも手ほどき。🖊マリノフスキー『神話と社会』(創元社, 1941),「日本のLampo由比忠之進」(LM 1968.11),『パウロと親鸞』(法藏館, 1984)。参「国分敬治教授略歴・主要業績」(『アカデミア 人文・自然科学編, 保健体育編』南山大, 28, 1978)。图永瀬義勝。

国分一太郎 | こくぶん いちたろう
1911.3.13〜1985.2.12

山形/山形師範(1930)/作文教育の実践家, 理論家, 児童文学者, 教育評論家。教員組合運動や生活綴り方運動に参加し, 41年治安維持法違反で検挙。戦後, 生活綴り方運動の復興の中心になり, 日本作文の会の結成に参加。東根市東の杜資料館に国分一太郎資料館。伊藤真一(不詳), 斎藤秀一らをモデルにした作品として「おとりの辞書」(『北の教室』1948.1),「こえびしゃく」(いずれも『すこし昔の話』所収)。後者は栗栖継の世話でチェコでE学習書に掲載。秋田雨雀監修『世界の子ども』全15巻(平凡社, 1955〜57)の編集に参加し, 外国の協力者への感謝と質問への公開の回答が宮本正男E訳で"Prometeo"誌5〜6(1957〜58)に掲載。56年50周年記念第43回JK(東京)で講演。E学習歴は不詳。🖊『国分一太郎文集』(全10巻, 新評論, 1983〜85),『国分一太郎児童文学集』(全6巻, 小峰書店, 1967)ほか多数。参津田道夫『国分一太郎—抵抗としての生活綴方運動』(社会評論社, 2010),『現代日本朝日人物事典』,『近代日本社会運動史人物大事典』。

小久保覚三 | こくぼ かくぞう | 1916〜1943.10.7

東京/京華中(1933), 第二早稲田高等学院, 早大(中退)/中学時代にEに関心を抱き, 1933年第二早稲田高等学院進学後, 同校E会の中心として活躍。また早大E会にも加わり, 勝俣銓吉郎, 広岡隆らと活動。早大E会長。マルシュ社の活動を支持, 国字改良運動にも参加。39年4月斎藤秀一の言語運動事件に連座して検挙される。42年RO誌上で日本文学翻訳の添削指導を受ける。雪の山形での留置場生活で健康を害して, 没。遺書によりE蔵書はJEIへ。🖊「雑感」("La Studento Verda" 6, 早大E会, 1935), 'Problemo de neologismo kaj alia' ("La Kosmo" 10:14.1935.10),「Esp. とことだま」(RO 1942.5),「Lingvo por praktiko と lingvo por arto」(RO 1943.7), 'Cekumo' (RO 1943.11)。参『近代日本社会運動史人物大事典』,『反体制E運動史』。

小久保恵作 | こくぼ けいさく
1866.12.11(慶応2.11.5)〜1929.7.5

埼玉/済生学舎, 陸軍軍医学校, ゲッチンゲン大/一時鈴木姓/医学博士。愛知, 埼玉で開業後, 軍医として日清戦争, 北清事変に従軍。1901〜04年ドイツへ私費留学。帰国後, 陸軍軍医学校教官。退官後の06年広島市に小久保病院開業。JEA会員(会員番号1088)。参逸見宮吉『小久保博士之経歴』(篠崎周三郎, 1910)。

古在由重 | こざい よししげ
1901.5.17〜1990.3.6

東京/京北中(1919), 一高(1922), 東大(1925)/別名山田鉄夫/マルクス主義哲学者。父は東大総長古在由直(1864〜1934)。兄嫁澄江は幣原坦の次女。栗田賢三, 石田啓次郎, 曽田長宗と一高理科甲類の同期。名大教授など。1920年5月JEI入会。🖊『古在由重著作集』全6巻(勁草書房, 1965〜75)ほか多数。参『古在由重一人・行動・思想』編集委員会編『古在由重一人・行動・思想』(同時代社, 1991),『現代日本朝日人物事典』。

越中浩 | こしなか ひろし | 1898〜1985.2.21

北海道/江差に生まれ, 6〜18歳は函館で。22歳の春台湾へ渡り, 同地でE学習。マレー半島での労働をへて, 1938年台湾へ戻

る。戦後、結核のため福岡で療養。52年筑紫医院でE講師。戦後、SATに加わり、機関誌"Sennaciulo"に多数寄稿。署'Homa kulturo kaj aromaĵo' (RO 1954.9～10)、「私の思い出」(LV 1968.5)、ルロフス『ジャワからの誘拐』(福岡E会, 1982)。遺稿に、ショーロホフ"La Sorto de Homo〔人間の運命〕"について。参問田直幹「『ジャワからの誘拐』の出版にあたって」(LV 1982.7)、LV 1985.3。

小島三郎 | こじま さぶろう
1881.8.21～1962.9.9

東大(1916)/岐阜/旧姓岩田, 筆名別天幸兵衛/細菌学者, 衛生学者。東大, 日医大各教授など。1926年から2年間ドイツ留学。欧米の下水設備などを調査。論文をEで執筆。署'Pri la optima hidrogen-ion-koncentracio por la kreskiĝo de tifo-, paratifo-, disenterio- kaj ĥolerobaciloj' ("Sci. Rep. Governm. Inst. infect. Dis." 2, 1923)、『食物中毒菌』(共著, 金原商店, 1940)。

児島壮一 | こじま そういち
1905～1987.12.21

岡山/関大(1928)/大阪通信教育所, 守口電報電話局, 東洋電気通信工業などに勤務。1928年E学習。31年2月大阪で辻利助, 黒崎誠らと新星会を結成。32年10月王仁(わに)E会設立に協力。39年第27回JK (大阪)準備委員。戦後, 大阪E運動の復興に努力し, 大阪商大での最初の講習会の講師。49年大阪E会委員。49年第2次JEA委員。51年KLEG創立に際し初代会長。61年大阪E会副会長。UEAデレギート(大阪, 電報, 電話)。署「KLEGの発足にあたって」(LM 1951.4), 「六万弁」(LM 1960.2～61.1), 「新星会発会当時の思出」『大阪E運動史I』)。参俣野四郎「児島壮一の思い出」(LM 1988.2)、図俣野四郎。

小島秋 | こじま みのる | 1901.11.4～2001.6.6

愛知/八高(1925), 京大(1928)/医学博士。葛谷信夫と八高理科乙類の同期。1936年大阪高等医専, 50年大阪医大各教授。キリスト者。戦前Eを学び, 八木日出雄と親交。83年高槻E会に入って再学習。署『腟疾患』(金原出版, 1959)、「元豊中E会会長植田高三さんをしのぶ」(LZ 1983.11)。参『小島秋教授退職記念教室業績集』(大阪医大産婦人科教室, 1974)、浮田政治「高槻E会と小島秋さん」(LZ 2005.6)。

小島霊光 | こじま れいこう | 1913～1945

宮城/栴檀中/曹洞宗大雄寺(宮城県志津川町)住職。栴檀中在学中の1931年頃Eを学び, 同校E会の中心として活躍。仙台E会員。参増北美郎「E人国記(5)」(EL 1933.12)、ME 1990.10。

越村信三郎 | こしむら しんざぶろう
1907.10.16～1988.11.27

石川/東京商大(1933)/マトリックス会計の考案者。横浜国大学長など。1934年JEI金沢支部設立と同時に参加。45年12月JEI評議員。渡辺輝一と協力して横浜工業経営専門学校でE講習。署『経済学史』(新評論社, 1953)ほか多数。参今井義夫「越村信三郎先生の逝去を悼む」(『ロバアト・オウエン協会年報』13, 1988)、『和光経済』(和光大社会経済研究所, 22:1, 1989)、『現代日本朝日人物事典』。

越山良一 | こしやま りょういち
1908～1987年以降

専大(中退)/大学中退後, 故郷に戻り家業の旅館を手伝う。1933年5月PEU入会, 34年9月検挙されるも起訴留保。67年12月JEI再入会。71年旧PEU関係者の新年会に出席。

小杉重太郎 | こすぎ じゅうたろう | ?～?

関東大震災(1923.9.1)で家屋全焼。本所被服廠跡で猛火に遭うも, 辛くも生き延びる。1923年前後JEI会員。署『被服廠跡遭難実記 惨絶悲絶』(文化研究会出版部, 1923), 訳者不詳'El la mano de morto〔前掲書の一節〕' (RO 1924.1)。

コスチン|Mihael Kuzmič Kostin|？〜？

ロシア／東清鉄道ウッスリア部鉄道学校委員。ハルビンE会書記。1915年夫妻で訪日し，3月広島着。4月東京，のち金沢へ。帝国鉄道協会，金沢鉄道運輸事務所などで講演し，E-istoと交流。日本人の前では夫人との間でもEで通す。15年高橋邦太郎と中目覚をハルビンに招き，歓待。JEA名誉会員。参「エスペランドで講演 来朝せし露国人」(『東京朝日新聞』1915.3.31)，「コスチン氏入京」(JE 10:4, 1915)，高橋邦太郎'Mia peresperanta vojaĝo'(JE 10:10・11, 1915.11)，高橋邦太郎「E生活30年」(EL 1936.3〜5)，阿閉温三『牧畜一代記』(私家版, 1967)，里吉重時「Pavlovさん」(RO 1982.6)。

古関吉雄|こせき よしお|1908.3.1〜1995.7.8

福島／福島中，二高 (1927)，東大 (1930)／上代日本文学研究者。開成中教諭，明大教授など。作曲家古関裕而の従兄。開成中時代に大野晋 (1919〜2008, 国語学者) の恩師で，大野を国語の道に導く。スペイン民謡「追憶」の訳詞のほか，多くの童謡や校歌の作詞。プリヴァ著，松崎克己訳『愛の人ザメンホフ』でEを知り，1928年10月JEI入会。戦後，明大E研究会を設立し，松本照男らを育成。56年6月国際基督教大にE研究会を結成。60〜70年JEI評議員。70年TEK会長。同年川上憲一らと韓国訪問団を結成して12名の団長として訪韓。70〜71年ELK会長。71〜77年JEI理事。72年第21回関東E大会 (長野県松本) 議長。74年訪中日本E代表団に加わり訪中し，第23回関東E大会 (富津) で「Ĉinio訪問」を講演。78年8月徳田六郎らと中国国際書店E部の招きで訪中。79年JEI参与。SAT, JELE, JPEA, ザメンホフ・クルーボ各会員，TEK顧問など。明大法学部の選択科目プロゼミの一つとして長くEを開講し，水野義明に引き継ぐ。娘の松田まゆみもE学習。著「EVAの会へどうぞ」(EV 1971.4)，「フィンランドの民族叙事詩KALEVALAについて」(『明治大学教養論集』86, 1974)，'Du Semajnoj en Nova Ĉinio' (RO 1974.7)，『論文演習』(共編，桜楓社，1979)。参梅田善美「日韓E交流の歩みから」(RO 1971.7)，大野晋『日本語と私』(朝日新聞社，1999)，水野義明「古関吉雄先生のプロフィル」(PO 1984.2)，同「明治大学のE授業について」(RO 2002.8)，川村二郎『孤高 国語学者大野晋の生涯』(東京書籍，2009)。

小平房吉|こだいら ふさきち|1882.5〜1944以降

東京／三井銀行をへて，織田信託常務，信託協会理事など。1907年新聞記事でEを知り，講習会に参加。同年JEA入会 (会員番号748)。参「古くよりEをやられた方々よりの御返事」(RO 1936.6)。

小谷徳水|こたに とくすい|？〜？

新聞記者。仏教徒文化交流協会理事長。1910〜18年ハワイに在住。1921年頃，京都三条のYMCAで八木日出雄を講師として開かれたE講習を受講。『中外日報』にEに好意的な記事を多数掲載させる。著『生活抄』(同朋舎出版部，1930)。参柴山全慶「教界E運動茶話」(Informilo de JBLE, 76, 1960)。

児玉栄一郎|こだま えいいちろう|1897.1.28〜1983以前

秋田／一高 (1918)，東大 (1922)／医学博士。内科医として横須賀の海軍共済病院に勤務。戦後，県立秋田病院をへて，1954年秋田県衛生科学研究所長。21年JEI入会。著『山菜事典』(共編，私家版，1971)。参「人 その意見」(『朝日新聞』1970.5.7)。

児玉鹿三|こだま しかぞう|1892.5.22〜1974.10.2

和歌山／京大 (1921)／三高，立命館大，近大各教授など。1928年5月三高E会がE部に昇格した際，初代部長に就任。著『理工系基礎数学解析』(槙書店，1967)，『数学解析の基礎』(同，1969)。参西谷滋人『固体物理の基礎』(森北出版，2006)。協西谷滋人，京都府立図書館。

児玉四郎 | こだま しろう | ?~1949.6.26

東京/三井物産、平沼銀行に勤務。1910年頃Eを学び、JEA入会（会員番号932）。13年台湾へ移り、9月龍山寺（台北）で台湾初のE講習会開催、12月JEA台湾支部創立。13年8月～14年1月"Esperanta libreto" 1～5集発行。講習会を3回行い、蘇璧輝、連温卿、王祖派らを育成。『台湾日日新聞』へ寄稿。15年小坂狷二『組織的研究E講習書』を台湾緑星社名義で発行。同年東京へ戻り、日本橋分会の名で浅井恵倫を講師に講習会開催。国際商業語協会員。21年JEI委員。妻礼子もJEAに加わり（会員番号1072）、のちJEIにも参加。署『Eとは何ぞや』（私家版、1918）。参小坂狷二「台湾E運動の先駆者児玉四郎氏の訃」（RO 1949.10）、松田はるひ「緑の蔭で—植民地台湾E運動史」（RO 1977.6～11）、呂美親『La Verda Ombro』、『La Formoso』、及其他戦前在台湾発行的世界語刊物」（『台湾文学史料集刊』国家台湾文学館、1、2011）、志村章子『ガリ版ものがたり』（大修館書店、2012）。

コットレル | Frederick Gardner Cottrell
1877.1.10~1948.11.16

米国カリフォルニア州/カリフォルニア大（1896）、ベルリン大院（1901）、ライプチヒ大院（1902）/物理化学者。米国農務省窒素固定研究所所長など。結晶中の原子配列のひずみに関するコットレル効果、および初めて電気集塵を実用化したコットレル集塵装置に名を残す。ライプチヒでオストヴァルト（W. Ostwald、1909年ノーベル化学賞。初めEを学び、のちEの改造案イドを支持）の下で学ぶ。自身の外国語経験のためもあって国際語に関心を寄せ、1914年頃Eを学習。21年第13回UK（プラハ）、26年第18回UK（エジンバラ）などに参加。24年ニューヨークのMorris夫妻を説いて、国際補助語協会（IALA）を設立。29年10月万国工業会議のため来日。会議後の11月8日JEIを訪ねて、日本各地の会員の住所を受け取り、別府、大牟田などでE会と交流。12月6日京大応用化学教室に宍戸圭一を訪問し、喜多源逸、中原脩司らの歓待を受ける。同月帰国。参「万国工業会議」（RO 1929.12）、「S-ro Cottrel［ママ］のことども」（RO 1930.1）、大島義夫「国際補助語協会（IALA）の活動について」（RO 1937.7）。

小寺健吉 | こでら けんきち
1887.1.8~1977.9.20

岐阜/東京美校（1911）/画家。小寺駿吉・廉吉の兄。妻は作家小寺菊子（1883～1956）。1913年文展初入選、14年光風会展で今村奨励賞、同年文展褒状。29年帝展特選。戦後は日展の評議員を務め、70年参与。早大に小寺文庫。廉吉とともに大杉栄にEを習う。署『小寺健吉画業50年記念画集』（美工出版、1965）、『小寺健吉画集』（日動出版部、1977）。

小寺駿吉 | こでら しゅんきち
1901.6.23~1975.2.4

北海道/開成中（1919）、東大、九大（1927）/造園学者、農学者。兄弟に健吉、廉吉、演劇舞踊家融吉（1895～1945）、俳優中村伸郎（1908～1991）。東京高農講師をへて、1946年千葉農専、50～67年千葉大各教授。自然保護、風景、公園などについても発言。千葉大に小寺文庫。23年小坂狷二、川原次吉郎の手ほどきでE学習。57年第6回関東E大会（松戸市）準備委員長。UEAデレギート（風景建築学）。署「ブタペスト日記抄」（RO 1966.12）、「JELEの頃からの伊東さん」（『高くたかく遠くの方へ』）、『公園史と風景論』（千葉大園芸学部造園学科風景計画論研究室、1976）。参石井弘「名誉会員小寺駿吉先生逝く」（『造園雑誌』39：2、1975）、油井正昭「小寺駿吉　豊かな情操に恵まれた幅広い造園学の先覚者」（『ランドスケープ研究』日本造園学会、60：3、1997）。

小寺廉吉 | こでら れんきち
1892.10.26~1992.12.24

宮城/開成中、東京高商本科（1915）、同専攻部（1917）/社会地理学者。山村の生活を研究し、柳田國男の全国山村調査に参加。中村誠司と東京高商本科の同期。朝日新聞

記者をへて、1928～44年高岡高商教授。南京の中華民国国立中央大学招聘教授として派遣され、46年帰国。戦後は山口経専などをへて、富山大、桃山学院大、八代学院大各教授。少年期に長兄健吉と大杉栄宅に通い、アナキズム、芸術論、Eなどについて聞く。25～44年高岡高商E会を指導。26～28年フランスで在外研究し、欧州各地、中東、米国などを巡り、その間「Eは大変役立った」と。26年第18回UK（エジンバラ）、27年第19回UK（ダンチヒ）に出席し、エジンバラではマランと出会い、そのコロニーを訪問。同年11月第3回北陸E大会（金沢）で旅行談。31年第6回北陸E大会（金沢）で「E語の実用」を講演。50年富山大E研究会新設に際し平岡伴一と顧問。51年富山県E連盟を設立し平岡と代表。66年4月松下理八、多田浩子と枚方E会結成。SAT会員。 著 「WHITEWAY COLONY 南イングランドのトルストイ主義者の村訪問記」（『研究論集』高岡高商研究会、1、1929）、「地方主義と国際主義」（RO 1934.6)、『先駆移民団』（古今書院、1940）、「民俗学と人文地理学」（民間伝承の会編『日本民俗学のために 柳田国男先生古稀記念論文集』同会、1951）、「『進化学説』を信じる一人の地理学研究者の生いたち—私の略歴」（『富大経済論集』4:2、1959）、「灯台だった柳田先生」（『近畿民俗』31、1962；後藤総一郎『柳田國男研究資料集成』7、日本図書センター、1986所収）、「庄川峡の変貌」（ミネルヴァ書房、1963）、「私のつかのまの空間」（『桃山学院大学社会学論集』3～4、1970)。 参 「小寺廉吉教授主要著書論文目録」（『富大経済論集』富山大経済研究会、4:2、1959）、「略歴著書および学術論文等目録」（『桃山学院大学社会学論集』3、1970）、山田晴通「19世紀末英国のトルストイ的アナキズムの実践地「ホワイトウェイ・コロニー（Whiteway Colony)」の歴史と現在の景観」（『人文自然科学論集』東京経済大、128、2009）、後藤斉「世界人マラン」（RO 2012.7）、『日本地理学人物事典 近代編I』。 協 松下理八。

後藤敬三 | ごとう けいぞう
1875.5.11～1941以降

東京/東京府尋常中（1892）、東京物理学校（1895)/数学教諭として成田中、京華中、東京府立一商などに勤務。1914年東京物理学校理事。のち武田高等裁縫女学校学監。Eは、13年7月東京物理学校で開かれた講習会で千布利雄、杉山隆治の指導で学習。JEAに参加し（会員番号957)、東京支部幹事。京華中在勤時、教え子の高橋邦太郎（文学者）を「同姓同名の偉大なE-istoがいるから」と説き伏せてEを学ばせた。36年6月13日日本E運動三十周年祝賀記念雄弁会に出席し、終了後に回顧談を語る。 著 「商業学校部会」（『日本中等教育数学会雑誌』日本数学教育学会、5:6、1924）。 参 高橋邦太郎「同姓同名に逢う」（『日本古書通信』453、1982)。

後藤貞治 | ごとう さだはる
1896.1.3～1945.6.20

山形/米沢中（1914）、東亜同文書院（1920）/1921年大原社会研究所に入所し、統計資料の収集・研究に手腕を発揮。日中戦争末期、水牛の肉とバナナを混ぜたソーセージ風の「軍人食モウ」の事業化のため渡台、さらにフィリピンへ。マラリアを病み、ピストル自殺。19年JEA入会（会員番号1407）、のちJEIにも参加。 著 『上海に於ける醬油製造法』（東亜同文書院研究部、1921）、『本邦社会統計資料解説』（叢文閣、1936）。 参 二村一夫「後藤貞治のこと」（『大原社会問題研究所雑誌』366、1989)。

後藤静香 | ごとう せいこう
1884.8.19～1969.5.15

大分/東京高師（1906）/本名静/社会教育家。長崎高女、香川女師に13年間勤務後、1918年上京。修養団をへて希望社を設立。労資協調を説いたほか、アイヌ、盲人、ハンセン病などの分野で積極的に社会活動を展開した。ローマ字論者。石黒修の著作でEを学習し、29年希望社にEを導入、石黒らと全日本E連盟を結成、30年3月石黒を編集人に"Esperanto Kiboŝa"（EK）を創刊。同年石黒とともに第22回UK（オックスフォード）に参加。福本美代治が率いた印刷部ストライキと後藤の個人的醜聞のた

め, 33年希望社は解散。高崎市に後藤静香記念館。署『ザメンホフの信念』(希望社出版部, 1931),『後藤静香選集』全10巻(善本社, 1978)ほか多数。E関係に「ザーメンホフ博士を憶う」(EK 1930.4),『欧露から見た祖国』(興国同志会出版部, 1932)。参本庄陸男「教化団体『希望社』運動の徹底解剖」(『新興教育』新興教育研究所, 2 : 2～3, 1931), 石黒修「E六十年28」(ES 1980.2),『近代日本社会運動史人物大事典』,『日本キリスト教歴史大事典』。

後藤善四郎|ごとう ぜんしろう
1856.9.19 (安政3.8.21)～1926.8.14

山梨/旧姓小泉/1898～1915年山梨県議。のち梁川村長。世界平和期成同盟会を主宰。23年頃JEI入会。参『山梨県議会史』2(山梨県議会, 1973)。図都留市立図書館。

後藤正則|ごとう まさのり|1960?～2011.3.18

農水省中国事務所で統計を担当。気象予報官。1999年以来, 広島E会の会報, ホームページ, 出版を担当。父親が被爆者で, その願いをEで世界に伝えることに努めた。参「訃報 後藤正則さん」(LM 2011.5)。

後藤三男|ごとう みつお|1921.7.9～2001.3.25

三重/桑名中, 京大(1943)/文部省電波物理研究所, 逓信省電気通信研究所をへて, 1961年タケダ理研常務, 75～76年社長。自社株の売却で得た大金を社会に還元する一環として, 85年「ごとう書房」を設立して, アラビア語, 天文学関係書籍を出版。桑名中在学中より校内でE運動を展開, 五井昌久の活動にも協力。38年第26回JK(名古屋)に参加。戦後, 喜安善市らと逓信省電気通信研究所内にE会を組織し,『アサヒグラフ』原爆特集号(1952.8.6)をE訳して世界へ送付。59年11月JEI入会。84年JEI終身会員。95年Societo Zamenhof会員。JEIに87年2000万円, 2000年1億円(JEIは2000年基金を創設), UEAに87年3000万円, 2000年1億円を寄付するなど, 財政的にもE運動を支援。01年12月8日早稲田E会館で偲ぶ会。署『電波伝播』(共著, 岩波書店, 1953),『アラビア語文典』全2巻(ごとう書房, 1987),「イスラム黎明期〔La pra-Islama tempo〕」(柴山純一 E訳, RO 2002.5～9)。参「国連公用語である「アラビア語」魅力にとりつかれて出版社を設立」(『東京新聞』1990.2.20), 喜安善市「異能・多才・陰徳のサミデアーノ後藤三男さんをしのぶ」(RO 2001.8)。

後藤隆三|ごとう りゅうぞう|1895.10.15～?

鹿児島/旅順工科学堂/1917年旅順工科学堂卒業後, 満鉄に入り, 沙河口工場, 鞍山製鉄所, ハルビン鉄路局などをへて, 37年ハルビン工大教授。JEI初期に入会。

小西伝助|こにし でんすけ
1870.1.16 (明治2.12.15)～1917.11.28

秋田/秋田中(中退)/幼名平蔵, 号平洲/大曲の名家に生まれ, 郷土の文化振興に尽くした実業家。仙北新報社長, 仙北郡立図書館初代館長など。1897年東京神田に書店「東華堂」を設立, 後藤宙外を編集主任, 小杉天外, 島村抱月らを同人に, 文芸雑誌『新著月刊』創刊, 薄田泣菫が同誌からデビューするなど好評を博す。JEA会員(会員番号761)。署『平洲余芳』(大曲・江東義会, 1920)。参佐藤紋章庵「文化運動に巨万の私財を投じた小西伝助」(秋田県広報協会『秋田人物風土記』昭和書院, 1, 1973)。

小西紀生|こにし のりお|1910.2.11～1996.4

大分/昭和医専(1936)/1944年愛媛県丹原町に小西眼科診療所開業。ローマ字論者。33年Eを学び, 34年12月JEI入会。35年4月15日, 明石憲男と昭和医専E会結成。49年頃から愛媛県西条市を中心にE宣伝講習。49年9月第2次JEA委員。63年6月23日, 四国E連盟結成に参加。JPEA会員。署「医事E研究!」(『昭和医専学友』1935.1.26),「言語革命における戦線の統一について」(NF 1949.9),「民族とことば」(SAM 1951.8),「北京のE-isto たち」(RO 1966.5)。参「昭和医専E会創立」(RO 1935.7)。

小西干比古 | こにし ほしひこ | 1891〜1954.4.11

岡山/海兵(1913)/海軍大佐。粟屋真と海兵の同期。資源局司事務官，企画院調査官など。太平洋戦争中，南洋経済研究所を主宰し，『南洋資料』を発行。1926年頃JEI入会。署『南方対策将来目標』(東半球協会, 1941)，『南洋研究方法』(南洋経済研究所出版部, 1944)。

小西保平 | こにし やすへい
1895.6.16〜1981以降

神奈川/東京外語(1915)/家業の小西平吉商店をへて，1932年小西貿易商会を設立。47年東洋酵素常務，72年顧問など。キリスト者。29年頃JEI入会。

小西行恵 | こにし ゆきえ | 1905頃〜1942.8.30

長野/松本中，海兵(1917)/海軍少将。太平洋戦争に第八五通信隊司令兼潜水艦基地隊司令として出征し戦死。1923年頃JEI入会。

木島嘉一郎 | このしま かいちろう
1874.8.4〜1944以降

京都/北海道薬科大学長木島正夫(1913〜1996)の父。1893年西村貿易店(京都)に入り，支配人，取締役など。1906年JEA入会(会員番号402)。

許斐三夫 | このみ みつお | 1909.8.27〜2001.5.13

福岡/嘉穂中(1925)，福岡高(1929)，九大(1932)/小田達太郎と九大電気工学科の同期。1953年電電公社建設部長，54年中央通信電気学園長など。九大在学中にEを学び，JEI入会。署『詳解伝送工学演習』(共著，葵書房, 1957)。

木場一夫 | こば かずお | 1904.3.25〜1981.10.10

鹿児島/東京文理大(1933)/農学博士。満洲国国立中央博物館学芸官，文部省科学官などをへて，1952〜69年熊本大教授。のち日本蛇族学術研究所長，銀杏学園短大教授など。『東京高等師範学校博物学会誌』34(1927)に，E書き論文'Pri la faŭno de la Riu-Kiu Kurbo'を発表。署『新しい博物館』(日本教育出版社, 1949)ほか多数。

木庭二郎 | こば じろう | 1915.3.7〜1973.9.28

東京/東大(1945)/本名山本洋二/評論家中村光夫(1911〜1988)の弟。1930年9月東京高E会主催の短期講習会を高橋孝吉と指導。31年PEU創立に参加，東京支部書記局に属す。のち左翼労働運動に転じ，全協機関紙部へ。33年検挙。出獄後再入学し，素粒子論を研究。1949年阪大助教授，50年大塚益比古，有安富雄，川辺和夫編訳"Historio de Yukawa Teorio〔湯川理論の歴史〕"の刊行を坂田昌一，江上不二夫と支援。54年京大教授，59年ワルシャワ大に転じ，63年コペンハーゲンのニールス・ボーア理論物理学研究所教授。論文にEのレジュメを付す。署ディラック『量子力学』(共訳，岩波書店, 1954)。参RO 1930.11，「小特集 回想の木庭二郎」(『日本物理学会誌』51:8, 1996)。

小林勇 | こばやし いさむ
1903.3.27〜1981.11.20

長野/赤穂公民実業学校/号冬青，冬青庵主人/岩波書店会長，随筆家，画家。伊東三郎，中垣虎児郎らと親交。1928年鉄塔書院を創業して，小坂狷二・伊東『プロレタリア・E必携』，プロレタリア科学研究所E研究会編『プロレタリアE講座』全6巻，PEU教育部編"La Unua de Majo"，ドレーゼン著，高木弘訳『E運動史〔Analiza historio de la E-movado〕』，伊井迂『日本E学事始』(武藤丸楠編, 1932)，PEU機関誌"Kamarado"などを発行し，E運動を支援。Eは学習せず。署『人はさびしき』(文藝春秋, 1973)，『小林勇文集』全11巻(筑摩書房, 1982〜83)，ほか多数。E関係に「回想伊東三郎」(『高くたかく遠くの方へ』)，「2人のE-isto」(『文藝春秋』1972.11)，『一本の道』(岩波書店, 1975)。参谷川徹三他編『回想小林勇』(筑摩書房, 1983)，神奈川文学振興会編『露伴，茂吉，寅彦と小林勇展』(神奈川近代文学館・神奈川文学振興会, 2006)，『現代日本朝日人物事典』。

小林卯三郎｜こばやし うさぶろう
1887.9.6～1981.11.21

兵庫/京都市立盲啞院(1907)、東京盲啞学校(1908)/奈良県盲教育のパイオニア。幼児期に失明。神戸訓盲院、淡路訓盲院などをへて、1920年私立奈良盲啞学校を設立し校長。21年鳥居篤治郎、橋本喜四郎と点字雑誌『ヒカリノソノ』を創刊。22年熊谷鉄太郎、橋本、鳥居、岩橋武夫、高尾亮雄らと東亜盲人文化協会を設立。点字版国定教科書の刊行に貢献。28年JABE設立に際し理事。49年奈良県立奈良盲学校初代校長。52年第39回JK(京都)内の盲人分科会に出席。参『道ひとすじ』、『闇を照らすもうひとつの光』。圏岸博実。

小林歌子｜こばやし うたこ
1931.2.21～2010.6.24

日本銀行勤務。1964年JEI入会、終身会員。ジャウダ・ロンドで石黒彰彦の指導を受け、その没後石黒漢子を助ける。フィンランド人アウネと長く交友。遺言でJEIに650万円余を寄付。死刑廃止運動に参加し、遺言により700万円余を国際条約の批准を求める「フォーラム90」の会へ寄付。キリスト者。参只石智津子「小林歌子様追悼」(RO 2010.10)、『FORUM90』115、2011.3)。圏石野良夫。

小林英二｜こばやし えいじ
1911.10.1～1985以降

栃木/東大(1936)/1936年大卒後、大蔵省に入り、興亜院華北連絡部青島出張所などをへて、45年大蔵省主計局第7課長兼第8課長、53年名古屋税関長、58年造幣局長。59年退官後、60年医療金融公庫理事、64年愛国学園短大教授など。東大在学中にE学習。著『政府支払遅延防止法について』(港出版合作社、1950)、『国有財産実務精義』全2巻(大蔵財務協会、1953)。

小林恭一｜こばやし きょういち
1897.9.8～1983.2.26

神奈川/東大(1925)/1931年安田保善社から東京火災に転じ名古屋支店長。のち朝鮮総督府秘書官をへて、44年より小磯国昭首相秘書官。戦後、極東国際軍事裁判弁護人、東京化成工業監査、日本交通顧問などをへて、51年朝日火災海上保険創立に参加し常務。29年頃JEI入会。

小林紫峰｜こばやし しほう｜1915頃～1993.5.27

本名利二昌/江若鉄道に勤務。E学習は1935年以前。尾坂政男を敬慕し、戦後、尾坂を助けて滋賀E会の事務局を支えた。66年5月JEI入会。圏大西真一。

小林省三｜こばやし しょうぞう
1898.11.7～1945.12.9

群馬/海兵(1921)/海軍少将。太平洋戦争に軽巡洋艦鈴谷機関長として出征。のち戦艦山城機関長、第321設営隊長など。JEA会員(会員番号701)。参『日本海軍将官辞典』。

小林武三｜こばやし たけぞう｜?～?

瓊浦中(長崎)?/香川師範校長などをへて、小倉師範校長。かつてガントレットからEを学んだが、熱心ではなかった。1930年ペレールの小倉来訪をきっかけに再学習を約し、ボルドーワインで歓待。その後松葉菊延らの指導を受けて、校内でもたびたび講習会や展示会を開かせる。35年11月JEI特使の久保貞次郎に専攻科学生に向けて「アメリカの教育、及び一般社会情勢」を講演させる。参久保貞次郎「重任をおびて九州の同志を訪ぬ」(RO 1936.1)。

小林多津衛｜こばやし たつえ
1896.8.7～2001.3.17

長野/長野師範/戦前「白樺教師」として迫害を受け、勤務地を幾度も変わる。1945年岩村田小校長、翌年北佐久教育会長。北佐

久郡志編纂会責任者。柳宗悦との出会いから民芸に開眼。58年より毎年佐久民芸展を開催、95年常設展示場として望月に多津衛民芸館を開館。ガンジーに傾倒して平和運動に参加、「日本は赤十字国家たれ」と説く。臼井吉見『安曇野』に登場。青年時代E学習。99年第86回JK(望月)名誉会長となり、山本辰太郎の指導を受けEで挨拶。著『美と真を求めて』(用木社, 1987)、『平和と手仕事』(ふきのとう書房, 2001)。参山本辰太郎'Aktivas 104-jarulo'(RO 2000.11)、『平和と手仕事』(多津衛民芸館運営委員会, 6, 2001)、『星の時間』(昂教育研究所, 79, 2001)、菅沼君江「Eの恩師小林多津衛先生」(『Eと私』)。協多津衛民芸館。

小林龍男 | こばやし たつお
1905.3.5〜1994.8.14

東京/千葉医大(1932)/医学博士。千葉大名誉教授、日本薬理学会長など。1929年頃JEI入会。JEMA, JESA各会員。著『毒とその作用機序』(吐鳳堂, 1948)、ファーブル『毒の話』(白水社, 1953)。参萩原四郎「小林龍男先生」(『日本薬理学雑誌』105:3, 1995)。

小林司 | こばやし つかさ | 1929.3.21〜2010.9.27

青森/新潟医大(1953)/朝比賀昇, 奈良宏志, 洗礼名ラザロ・パウロ/精神科医、著述業。医学博士。神経研究所付属晴和病院などをへて、77年著述業になり、日本シャーロック・ホームズ・クラブを設立し主宰。81〜91年上智大カウンセリング研究所教授。妻の萩原洋子(筆名東山あかね)もE-istoでシャーロッキアン。43年石黒修の冨山房『家庭百科辞典』のEに関する記述でEを知り、古書店で入手した入門書で独習。48年6月JEI入会。新潟医大E研究会を率い、後輩の眞壁禄郎を指導。49年7月青木智とともに沼垂女子高生徒400名に対し講習。50年三谷E会に加わり、梶弘和の指導を受ける。Eで原爆の惨禍を世界に伝えるため、長田新編"Infanoj de l'atombombo〔原爆の子〕"(JELK, 1951; 1958)の共同E訳に参加し、53年"Ni ne povas silenti!"を梶らと共訳。58年小坂狷二先生古稀記念事業委員会発起人。59年2月水藤勢子と結婚。同年ザメンホフ百年祭準備委員会中央委員。60〜62年フルブライト奨学生として米国で研究ののち、帰途に第47回UK(コペンハーゲン)に参加。63年第50回JK(吹田)大会大学で「馬鹿と気違につける薬」を講演。ザメンホフの思想の研究や斎藤秀一の事績の発掘などE運動史研究に多くの論考を発表し、67年12月宮本正男らとともにE運動史研究会を創立。JEI理事、編集部長となって、RO72年1月号〜75年3月号を編集し、多くの特集号を企画し、自ら記事執筆も多数。76年E-isto萩原洋子と再婚。79年JEI参与。86年第73回JK(大阪)で「シャーロック・ホームズと黒船の時代」を講演。89〜95年萩原とともに早稲田E会館を会場にE文化フォーラムを主宰。94年E国際情報センターを立ち上げて、Giordano Moya Escayola『Eの将来展望〔E en Prospektivo〕』共同E訳の中心となる。95年第80回UK(フィンランド、タンペレ)大会大学で"Kial la aŭtoro C.A. Doyle malamis sian detektivon Sherlock Holmes?"を講演(のちスウェーデン語、フィンランド語に訳されて専門誌に掲載)。同年萩原とともにアルジェンタ・グルーポを結成し、翻訳などの共同作業を率いる。同年E紹介ビデオ『知ればなるほど国際語E』全2巻(東京ウェーブ社)を企画し、監修。企画力に富む著述と出版活動によるE文化の向上に寄与したことで、97年夫妻で第35回小坂賞。その後も、さまざまな形でのE-istoの共同作業を提案、実行した。例えば、L. C. ザレスキ=ザメンホフ・R. ドブジンスキ共著『ザメンホフ通り Eとホロコースト』(2005)の67名での共同E訳(青山徹, 中村正美と監訳)、メーリングリストERAJの開設、E書籍などの総目録CD-ROM作成計画(PEDA)、日本のE運動百周年にむけて245人の自己紹介とEへの思いをまとめた『Eと私』(2005)の刊行, B. Kolker『E国の旅』の共同E訳(2006ウェブ公開)、『Eの名文を作る法』(2008)監修、"Homarano"の共同E訳(2010年CD版とウェブ公開)などが挙げられる。99年からJK内で小坂賞受賞者らを講師に小坂シンポジウムを開催。2000年第48回関西E大会(堺)で「21世紀

の生き方」を講演。E TRON研究会にも関係し、01年第88回JK（宝塚）の場で島谷剛らと記者会見。03年第44回東北E大会（福島）で「ナチスの強制収容所を訪ねて」を講演。04年第89回UK（北京）新渡戸シンポジウムで登壇。05年脳卒中に倒れるが、E行事参加を目標にリハビリに励んで活動に復帰。07年第92回UK（横浜）で名誉顧問となっただけでなく「日本の国宝」の講演も行った。Eを使って諸言語のホームズ本翻訳書を収集。斎藤秀一の伝記をライフワークとしていたが、未完のまま没し、遺族らにより刊行が準備される。12年第53回東北E大会（仙台）で偲ぶ会。娘の杉本ゆめ、小林えりか・小林りさも E-isto。著『新精神薬理学』（医学書院, 1968）、『頭の栄養学』（光文社, 1975）、『ガス灯に浮かぶシャーロック・ホームズ』（東山あかねと共著『朝日ジャーナル』1977.10.8〜78.1.6）、『「生きがい」とは何か 自己実現へのみち』（日本放送出版協会, 1989；イ・チョンヨン訳『한번뿐인 내인생 이렇게 살고 싶다』21 세기북스, 2005）、『シャーロック・ホームズ全集』全9巻（東山あかねと共訳, 河出書房新社, 1997〜2002）、『昭和ヒト桁パソコン挑戦日記』（宝島社, 2000）、『カウンセリング大事典』（編, 新曜社, 2004）、『図説 シャーロック・ホームズ 改訂新版』（東山あかねと共著, 河出書房新社, 2012）、『裏読みシャーロック・ホームズ―ドイルの暗号』（同, 原書房, 2012）ほか多数。E関係では、「E展覧会の開きかた 新潟医大での実例」（RO 1950.8）、「ロマン・ロランと国際語」（『ロマン・ロラン研究』3, 1952）、「-um―のつく単語」（RO 1952.11）、塩月正雄他著"Ni ne povas silenti!〔黙ってはいられない！〕"（梶弘和らと共訳, E研究社, 1953）、「戦後のE書について」（『机』紀伊国屋書店, 1954.8）、『E運動便覧』（私家版, 1956）、エドモン・プリバー著『Eの歴史』（大島義夫と共訳, 理論社, 1957）、『E基本単語集―分類・E和・和E・文法表』（白水社, 1959）、「アメリカだより」（LM 1960.9）、「アメリカにおける国際語」（『言語生活』1960.12）、「日本E学会50年のあゆみ」（RO 1970.1〜10）、『日本E運動史関係記事索引 1920-1969』（E文献ツェントロ, 1970）、「「種蒔く人」にあらわれたE」（NR 17, 1970.10）、「日本E運動史における斎藤秀一の位置」（RO 1971.6）、「思想研究資料《プロレタリアE運動に付いて》が掘出された」（U. Lins と共著, NR 21, 1972）、「Eを産みだしたロシアの社会的背景」（NR 24, 1972.12）、「ユダヤ人差別と闘ったザメンホフ」（RO 1972.12〜73.4, 1975.1〜4）、「ヒレリスモとザメンホフ」（RO 1973.2〜9）、「E報国同盟結成のころ」（"Nova Rondo" 25, 1973.6）、「1973年の日本のE運動をふりかえって」（RO 1973.12）、「柳田國男とE」（『柳田國男研究』白鯨社, 4, 1974）、「1974年の日本のE運動をふりかえって」（RO 1974.12）、『世界をひとつの言葉で ザメンホフ伝』（国土社, 1975）、「E運動とは何か」（LM 1975.8）、「小坂賞のひとびと」（RO 1976.2〜5）、「E90年のあゆみが示すもの」（RO 1977.7）、「シオンの丘をめざすもの」（『現代のエスプリ』1977.8）、『E運動の展望 I』（萩原洋子と共著, 世界文化研究会, 1978）、「言語差別と闘った先駆的 E-isto 斉藤秀一」（『朝日ジャーナル』1978.12.15）、「E運動に対する太平洋戦争中の弾圧について」（RO 1980.11）、『出会いについて 精神科医のノートから』（日本放送出版協会, 1983）、「Eから日本語に訳された本」（RO 1985.5〜11）、「私の旅路」（『信濃毎日新聞』1991.1.4）、「パレスチナ問題とザメンホフ」（LM 1991.12）、『20世紀とは何だったのか―マルクス・フロイト・ザメンホフ』（なだいなだと共著, 朝日新聞社, 1992）、「私の出した1冊のほん」（RO 1992.3）、「東北弁のかげに」（『白い国の詩』東北電力, 1992.3）、「ウィーンのE名所を訪ねて」（真壁禄郎らと共著, RO 1993.1）、「コルベ神父の生き方」（LM 1993.2）、「ギルドホールで考えたこと」（LM 1993.5）、「E運動と斎藤秀一」（LM 1993.9〜12）、「「英語支配」からの解放を実現する E への誘い 第79回世界大会を傍聴して」（『金曜日』1994.9.16）、「E入門講座」をビデオで」（萩原洋子と共著, LM 1994.12）、「言語と戦争」（LM 1995.6）、『4時間で覚える地球語E』（萩原洋子と共著, 白水社, 1995；キム・ヨンミョン訳『4시간만에 익히는 지구어 에스페란토』KEA テグ・慶北支部, 1996. CD付改訂版, 白水社, 2006）、「謎解きE史 Homaranismo への改称の謎」（RO 1996.4〜9）、「Arĝenta grupo へご参加を」（萩原洋子と共著, LM 1995.3）、「新渡戸シンポジウムの意義」（RO 1996.9）、「わたしの出した1冊のほん」（萩原洋子と共著, RO 1996.12）、「英語とEの二本立てで行こう」（LM 1997.4）、「E広報活

動の原則」(LM 1997.5)、「関東甲信越・東北地方のスウェーデン巡回公演会を終えて」(RO 1997.7)、「運動に生かす高齢者の力」(RO 1999.9)、「ナチスの爪痕を訪ねて」(『金曜日』2000.6.30～7.7)、「21世紀の生き方」(LM 2000.8)、「21世紀の人間の生き方とE」(RO 2001.1)、「わたしの出した1冊の本」(RO 2001.3)、「KLEG50年の歩みを展望する」(LM 2001.10)、「ランティは民族を否定したのか」(LM 2003.5)、「画像素材集のCDを制作」(LM 2003.9)、「Projekto por E-a digita arkivo (PEDA)」(RO 2004.2)、「ナチスの強制収容所を訪ねて」(LM 2004.3)、「ザメンホフの平和思想と現代日本のE-isto」(RO 2004.5)、「1000号記念誌によせて疾風怒濤の編集長時代」(RO 2004.6)、「『ザメンホフ通り』が伝えるワルシャワ・ゲットーの極限状況」(『金曜日』2004.6.4)、「宮本正男の仕事を再評価する」(LM 2004.7)、「新渡戸シンポジウム」(RO 2004.10)、『ザメンホフ 世界共通語を創ったユダヤ人医師の物語』(原書房、2005)、『ザメンホフ通り』(青山徹・中村正美と監訳、原書房、2005)、『それぞれのザメンホフ通り』(共著、ZSの会、2005)、「『ザメンホフ通り』が翻訳・出版されるまで」(青山徹・中村正美と共著、RO 2005.4)、「書評『言語的近代を超えて』」(LM 2005.4)、「『Eと私』の原稿募集」(同)、「不屈の抵抗精神と「人類の解放」をしめしたかった」(同)、「ザメンホフはなぜ「アンデルセン童話」を訳したのか?」(RO 2005.6)、「緑のペンの業績集」(『一冊の本』朝日新聞出版、2007.10)、『Eの名文を作る法 ザメンホフの用例で学ぶ 野村理兵衛著「E日常語活用辞典」修整補完版辞典』(監修、西東京：ひばりが丘緑星会、2008)、「Eと私」(RO 2010.4)。参東山あかね「世界各国語のホームズ物語収集」(RO 1996.5)、「夫婦で歩む人生 小林司＆東山あかね」(『清流』1998.3)、島谷剛『『超漢字』E版作成へ」(LM 2001.8)、「ゲットー悲劇、愛好者67人共同邦訳 ネット利用、一度も会わず」(『朝日新聞』2004.5.17)、青山徹『『ザメンホフ通り』の翻訳グループ」(LM 2004.8)、東山あかね『脳卒中サバイバル』(新曜社、2009)、峰芳隆「追悼 小林司さん」(LM 2010.12)、「小林司さんの運動史研究」(RO 2011.1)、青山徹「"Homarano"の共同翻訳完成」(LM 2011.1)、小林エリカ『親愛なるキティーたちへ』(リトルモア、2011)。

小林鉄太郎｜こばやし てつたろう
1886.11～1962.4.13

東京/四高 (1908)、東大政治科 (1912)、同独法科 (1916)/関東庁長官秘書官、台湾総督府秘書官、満洲国協和会駐日代表委員などをへて、1942年衆院議員 (進歩党)、のち鶴岡市長。22年中大、専大にE会創立。同年12月川原次郎吉、谷亀之助、豊川善暽、上野孝男とE同人社を設立。24年欧米を漫遊し、ジュネーブなどでE-istoと交流し、帰国後の10月4日親睦夕食会においてE旅行談を語る。26年5月1日JEIとクララ会合同の普及講演会でも「欧米旅行中に於けるE-istoの経験」を講演 (『秋田雨雀日記』では「森鉄太郎」と翻刻ミス)。26～30年JEI理事。31年9月第1回台湾E大会準備委員長。著『近時の社会問題』(法制時報社、1920)、『普選読本』(政治教育会、1927)。参RO 1924.8、RO 1924.11。協専大図書館。

小林東二｜こばやし とうじ｜1906.6.8～1949以降

東京/東京府立一中/新聞通信業。1932年父業を継いで新講談社代表。28～40年JEI評議員。

小林留木｜こばやし とめき｜1897.9.26～1970

宮城/東京外語、京大/三重で木本中 (熊野) 英語教師から転身して、1928年春紀伊長島町 (現紀北町) に玉川学園をモデルとした紀北実践女学校を創立。英語を排してEを正課とし、渡辺梅市、南見善と指導に当たる。32年マヨールを講師に、長島座で生徒による"Hamleto"を公演。"La Tagiĝo"が準校歌。29年第17回JK(東京)で同校を代表して挨拶。34年閉校したが、同窓会は長く続き、名は「タギージョ」。のち桜美林大教授。牟婁E会長。酒豪だったが薬と精神療法で断酒し、その経験から日本断酒同盟の断酒寮長に。著『乱酒と性格』(『精神身体医学』日本心身医学会、2:3、1962)、「禅の技法と乱酒者の治療」(同、4:4、1964)。参「地方E運動紹介 三重県」(RO 1932.3)、「いずみ」(『読売新聞』1951.8.1)、向井孝『アナキズムとE』(青蛾房、1974)、「『タギージョ』の歌声響く い

まに生きる"新しき教育"」(『紀州ジャーナル』1982.3.21)、『紀伊長島町史』(同編さん委員会、1985)。❖南見善。

小林英夫|こばやし ひでお
1903.1.5～1978.10.5

東京/東京外語(1921中退)、東大(1927)/言語学者。文学博士。ソシュール『一般言語学講義』の翻訳のほか、文体論、言語美学なども開拓。新村出の勧めで京城帝大へ赴任し、1929年講師、32年助教授。終戦で引き揚げ後、47年早大高師部講師、48年教授、49～63年東工大、63～73年早大各教授。Eは、東京府立三中在学中の17年頃同校のバザーで買い求めたE訳の新約聖書でその存在を知り、のち学習。関東大震災後、奥宮加寿、柳八重子(画家柳敬助〔1881～1923〕の妻。高村光太郎に長沼智恵子を紹介)らによって設けられた日本少年寮の「ルリロ語学部」で斎藤百合ら盲人にEを教授し、小野アンナ宅の留守を預かり、アンナの母と姉の世話をしたことも。46年第33回JK(東京)で"La artefaritaj lingvoj, kiel ilin rigardas unu lingvisto〔一言語学徒の人工語観〕"を講演(RO 1946.11)に草稿、『著作集』1巻に自身による和訳)。47年東京高等通信講習所でドイツ語の予備教育としてのEを実験。48年小坂狷二還暦祝賀会に出席。51～70年JEI評議員。56年7月50周年記念座談会に出席し、「Mi ne komprenas kial neniu parolas en E. …わたしは人工的に造られ、社会生活のなかで成長しているEに同情をもっている」と。NHKラジオ第2「世界の言語改革」(1966.5.15)で「Eと国際語」を服部四郎(東大教授)と対談。❖『小林英夫著作集』全10巻(みすず書房、1977～78。『月報』に自伝連載)ほか多数。E関係に「中等教育における外国語問題の再検討」(RO 1939.11)、「夢」(『著作集』10)、「Eの辞書」(『私の辞書』丸善、1973；『著作集』9)など。⚐「1947年をかえりみる」(RO 1947.12)、「50周年記念座談会」(RO 1956.9)、「征きて還りし兵の記憶」、小野有五「ブブノワ姉妹と小野家の人々」(『スラブ研究センター研究報告シリーズ 別冊(日本語)』1999)。

小林尋次|こばやし ひろつぐ
1900.7.19～1973以降

大阪/一高(1922)、東大(1925)/上崎龍次郎、乙部守、栗原美能留と一高文科甲類の同期。警保局図書課員、長崎県学務部長などをへて、1939年4月厚生省労働局賃金課長、7月厚生大臣官房文書課長。戦後、弁護士、労働福祉事業団顧問など。20年11月JEI入会。❖『選挙運動取締規範』(良書普及会、1932)、『改正選挙法令詳解』(警察精神社、1934)。

小林茂吉|こばやし もきち|1899～1919.10.23

神奈川/横須賀中/海軍工廠の製図工。15歳でE学習。1916年JEAに入り(会員番号1054)、横須賀支部幹事。JEの少年特集号に寄稿。小坂狷二の東京転出後、横須賀E運動の中核として、4年間講習会の指導、JEA横須賀支部機関誌"Diino de Stelo"の印刷に献身。早くから流暢な会話力で注目された。⚐'Sankta sinofero' (RO 1920.1)、大橋卯之吉「Eと横須賀」(『横須賀文化協会会報』3, 1958)、小坂狷二「たくましい芽ばえ(1)」(VS 1964.9)、鈴置二郎「話すEに登場する人々」(RO 2000.6)。

小林胖|こばやし ゆたか
1917.11.17～1980.8.11

東京/武蔵高(1939)、東大(1941)、慶大(1952)/三井化学工業研究員となるも、1942年応召、幹部候補生として陸軍工兵学校へ。46年柴田武、日下部文夫らと「ローマ字同志会」結成。東大附属図書館で洋書係をしながら慶大図書館学科を出、慈恵医大、日本科学技術情報センターなどをへて、64年図書館短大講師、67年慶大講師、71～80年教授。36年JEI入会。46年JEIの懸賞論文「新日本とE」で2等入選(1等なし)。46年および49～52年JEI評議員。❖Fisher「女子中等学校におけるE教授の経験」(RO 1940.12)、「いかに・何を・誰と」(RO 1946.4～10)。⚐「小林胖君略歴・著作目録」("Library and information science"三田図書館・情報学会, 18, 1980)。

駒井喜作|こまい きさく|1897.5.18~1945.11.1

奈良/高等小/別名紫朗,古磨井/白疆学院に入り,弁護士を志すも,差別を受けて中退。艶歌師として各地を放浪後,故郷に戻り,1920年西光万吉,阪本清一郎らと青年グループ燕会を結成。水平社創立の準備に尽くし,22年3月全国水平社創立大会で「水平社宣言」を朗読。34年婚約者をめぐって殺人を犯し下獄。39年出所後,奈良市内で喫茶店,缶詰工場などを経営。Eは,22年頃百島操の大阪東教会で福田国太郎に学んだ。参宮本正男「木村京太郎さんをたずねる」(LM 1971.4),『解放のいしずえ』,『近代日本社会運動史人物大事典』,『日本アナキズム運動人名事典』。協冨板敦。

駒井鋼之助|こまい こうのすけ|1903.5.3~1943以降

静岡/中大(1926)/安田生命大阪,神戸各支店をへて,1937年津支部長。23年JEI入会。JEIに経済的支援も。著『かわら日本史』(雄山閣,1981)。

小牧近江|こまき おうみ|1894.5.11~1978.10.29

秋田/暁星中(1910中退),アンリ四世校(1912中退),パリ大(1918)/本名近江谷駉(おうみやこまき),別名近江谷小牧/社会運動家,翻訳家。衆院議員近江谷栄次(1874~1942)の子。1910年,16歳で父と渡仏し,H. バルビュスのクラルテ運動に参加。19年帰国。21年友人金子洋文らと秋田県土崎港で第1次『種蒔く人』を創刊し,翌年から東京で第2次を刊行。のちの『文芸戦線』とともに初期のプロレタリア文化運動に大きな役割を果たす。39年インドシナに渡り,ハノイ日本文化会館事務所長。民族解放運動に協力。戦後は中央労働学院長,法大教授など。秋田市立土崎図書館に「種蒔く人」資料室。21年『種蒔く人』編集局でE講習。佐々木孝丸の協力も得て,同誌の題字に"La Semanto"と付記して,E文の宣言文,E講座なども掲載。著バルビュス『クラルテ』(佐々木孝丸と共訳,叢文閣,1923),『ある現代史"種蒔く人"前後』(法政大学出版局,1965)ほか多数。参田口運蔵『赤旗の靡くところ』(文芸戦線社出版部,1929),日本近代文学研究所編『種蒔く人』(復刻版,同研究所,1961),朝比賀昇「『種蒔く人』にあらわれたE」(NR 1970.10),安斎育郎・李修京編『クラルテ運動と『種蒔く人』』(御茶の水書房,2000),『種蒔く人』『文芸戦線』を読む会編『フロンティアの文学 雑誌『種蒔く人』の再検討』(論創社,2005),『現代日本朝日人物事典』,『近代日本社会運動史人物大事典』,『日本アナキズム運動人名事典』。

駒尺喜美|こましゃく きみ|1925.3.18~2007.5.22

大阪/法大院(1965)/近代日本文学研究者,女性学者。日本の文芸批評にフェミニズムを導入。1952年女性解放運動家小西綾(1904~2003, KLEG名誉会長小西岳の母)を慕って上京,翌年法大文学部に編入。63年法大助手,70年講師,72年助教授,74年教授。89年参院選に立候補,落選。90年法大教授を退職。伊豆の高齢者共同住宅「友だち村」の提唱者の一人。47年京都人文学園に入り,E学習。50年同学園卒業後,大阪E会に参加。71年愛知県知事選に立った新村猛を佐々木時雄,川野邦造,北さとりらと支援。著『魔女の論理』(エボナ出版,1978)ほか多数。E関係に『老いの住宅大作戦』(生活科学研究所と共著,三省堂,1991)。

小松清|こまつ きよし|1899.4.15~1975.4.12

秋田/京華中(1917),一高(1922),東大(1925)/音楽評論家,仏文学者。吉野作造の娘婿。乙部泉三郎,高橋邦太郎(文学者)と京華中の同期。江川英文,桜田佐らと一高文科丙類の同期。辰野隆に師事。Eを支持し,RO(1953.5)に「長田新氏編『原爆の子』がフランスで知られるようになったのはE語訳の御蔭です。これからも日本文学のすぐれた作品をどしどしEに訳して外国に紹介して下さい」と。1956年日本E運動50周年記念に際しJEI賛助会員。著『西洋音楽通』(四六書院,1930)ほか多数。参『現代日本朝日人物事典』。

小松左京｜こまつ さきょう
1931.1.28~2011.7.26

大阪/三高 (1949), 京大 (1954)/本名実/SF作家, 文明評論家。京大で野上素一に師事, 高橋和巳と親交。梅棹忠夫とも親交し, 大阪万博 (1970) でテーマ館のサブ・プロデューサー。1967年第54回JK (京都) 大会大学の講演「未来の言語について」で, 冒頭にEで挨拶したのち, 人類の拡散と言語の問題を論じ, 電子計算機の進歩に対するEの適合性を述べ, また精神的な面においてもEが世界の要求に答えるものであるとして, 未来に対する可能性をはらんでいると結んだ。著『日本沈没』(光文社, 1973~74),『小松左京自伝 実存を求めて』(日本経済新聞出版社, 2008),『小松左京全集完全版』(城西国際大学出版会, 2006~刊行中),『小松左京 日本・未来・文学, そしてSF (文藝別冊)』(河出書房新社, 2011) ほか多数。E関係に「未来語について」(『京都新聞』1967.7.13；NV 1967.9；LM 1967.10),「未来語としてのE」(『むすび』むすびの会, 2, 1982)。参RO 1967.8,『現代日本朝日人物事典』。

小松七郎｜こまつ しちろう
1906.3.28~1984.12.18

千葉/日大 (中退)/旧姓遠藤, 筆名森秀夫/小学校代用教員から日大夜間部に進み, 学生運動をへて農民運動へ。1931年3月全国農民組合大会に参加し検挙 (同月末釈放), 翌月日本共産党入党, 同年10月再検挙, 35年末まで大阪, 千葉の刑務所に。出獄後, 満鉄に入り, 渡満。ハルビンの浜江省農事合作社連合会調査部に勤中の41年11月逮捕され下獄。47年引き揚げ後, 共産党に再入党, 千葉県下で労働運動。国会議員, 知事などに立候補数回。同年12月~73年12月党県委員を務め, 県委員長, 関東地方委員を歴任。50年九十九里浜の米軍基地反対闘争に参加, 米軍の軍法会議で重労働1年の刑を受け, 前橋刑務所でE学習 (同年末釈放)。63年5月JEI入会。著「K-do伊東三郎の想い出」(『高くたかく遠くの方へ』),「伊東三郎についての感想」(NR 1974.9),『基地の海』(千葉県平和委員会, 1976)。

参田中貞美 'Babilejo' (LM 1970.9),『近代日本社会運動史人物大事典』。

小松文夫｜こまつ ふみお｜1900.11~1958.5.30

徳島/慶大/運輸省地方施設部長, 四国鉄道局施設部総務課長など。1932年Eを学び, 田中覚太郎, 万沢まき, 青木武造らとJELF委員として活躍。39~45年JEI評議員。46年第2次JEA初代委員長。49年札幌E会長。高松転勤後, E界と疎遠に。著 'Deveno kaj progreso de fervojo en la mondo' ("La Fervojisto" JELF, 35, 1934),「鉄道E運動」(EL 1936.8)。参「特集 われらの2600年」(RO 1940.2)。協青木武三。

小松文彦｜こまつ ふみひこ｜?~?

山口?/東北大/1931年1月仙台E会で講師。PEUに参加し, 32年5月三浦つとむ, 冨田冨らとともに検挙。51年吹田E会主催の中等講習会に自宅を提供し, 俣野四郎と指導。

小松良彦｜こまつ よしひこ
1901.10.5~1979以降

長野/京大 (1929)/医学博士。精神科医として, 紅葉丘病院 (福知山) などに勤務。松本高在学中にJEIに加わり, 1923年同校E会を結成。67年7月JEI再入会。JEMA会員。

胡麻本蔦一｜ごまもと つたいち
1903.10.1~1993.7.30

愛媛/ハルビン日露協会学校 (1924)/ハルビン日露協会学校 (のちハルビン学院) 教授。戦後, シベリア抑留。ソ連のスパイになることを拒否し, 懲罰隊送りに。1948~82年愛知大教授。日露協会学校在学中にJEI入会。23年6月一時帰国中に東京でE-istoの歓迎を受ける。27年4月27日国際語研究社でロシア旅行談を披露。67年東海のザメンホフ祭に出席。77年キューバ政府の招待で訪問した際, E-istoと交流。著「ロシアの同志を訪れる記」("E en Nipponlando" 3：5, 1927),『最新ソヴエト労働法』(ナウカ社, 1935),「キューバのE組織」(RO 1978. 3),「キューバ紀行抄(一九七七. 一一. 二八～一二. 一二)」(『愛知大学国際問題研究所紀要』63, 1978)。参中田甫「胡麻本篤一先生を偲んで」(『ロシア語ロシア文学研究』日本ロシア文学会, 26, 1994), 芳地隆之『ハルビン学院と満洲国』(新潮社, 1999)。

五味清吉｜ごみ せいきち｜1886.1.1～1954.8.19

岩手/盛岡中(1906), 東京美校(1913)/旧姓小原/美校在学中から文展に出品し, 3年生の時, 入選。中央画壇で活躍する一方, 故郷の洋画界の発展にも貢献。1920～22年フランス留学。06年7月30日～8月18日国民英学会主催のE講習に参加。海外とE文通も。E関係書籍は金沢E会へ。参「古くよりEをやられた方々よりの御返事(抜粋)」(RO 1936.6),『日本E運動史料 I』, 本平次男『五味清吉の生涯 岩手県洋画壇の指導者・生誕百十一年』(前沢町：胆南新報社, 1999), 前沢町立牛の博物館編『前沢ゆかりの五味清吉展 写実に賭ける情熱』(同館, 2000),『洋画家五味清吉 画は人なり, 品性なり』(盛岡市先人記念館, 2008)。

込田保雄｜こみた やすお｜1882.2～1940以降

熊本/一高(1905), 東大(1908)/旧姓井上/特許局審査官補をへて, 1916年鉱山技師, 24年鉱山監督局技師, 32年商工技師に任ぜられると同時に辞職。JEA会員(会員番号1086)。のちJEIにも参加。

小宮義和｜こみや よしかず｜1903.9.11～1992.2.24

京都/三高(1923), 京大(1926)/桜田一郎, 松下進らと三高理科甲類の同期。1957年日立電線専務, 63年副社長, 71年顧問など。21年2月JEI入会。著『むさし鐙』(日立印刷所, 1963),『ひたちの心』(日立印刷出版センター, 1982)。参依田文吉「名誉員小宮義和氏を偲ぶ」(『電気学会雑誌』112：6, 1992)。協日立電線。

小宮良太郎｜こみや りょうたろう｜1900.11.23～1966.5.7

神奈川/横浜商(1920)/石榑千亦(1869～1942)門下の歌人。1947年『短歌人』の編集発行人。鳥居薬品取締役。19年JEA入会(会員番号1322)。著『山稜』(朋文堂, 1935),『雨』(短歌人会, 1956)。

小室庄八｜こむろ しょうはち｜1911.6.19～1990.3.18

宮城/東京文理大(1946)/教育学博士。1966年東北大, 68年宮城教育大各教授などをへて, 77年仙台大学長。青年時代E学習, 仙台E会員。著『児童心理学』(共立出版, 1975)。

小森太郎｜こもり たろう｜1910.4.10～1963.11.23

岐阜/國學院大予科(1930), 同国文学科(1933)/加茂農林学校の教師をへて, 戦後, 坂内中(岐阜)などの英語, 国語の教諭。1958年頃坂内中で中学生対象のE講習会を開催, その際, 長男芳樹も参加させ, Eを手ほどき。海外とE文通, 講談社版『万寿姫』などの絵本のE訳なども。海外との文通を通じて得た知識により芳樹に海外渡航を勧め, 芳樹はカナダに移住。JEI, JELE各会員。著『E語と教師』(『濃飛新聞』1947.12.16)。参「世界の先生と文通」(『中部日本新聞』1951.4.3)。協小森芳樹。

小森正鋭｜こもり まさとし｜1877頃～1945.1.22

佐賀/海兵(1898)/海軍中佐。函館商船学校教官。1927年虎渡乙松の後を継いで第3代函館E会長。28年1月吉田栄らと函館でE短期講習を実施。JEI会員。参『改訂版・北海道E運動史』。

古屋野宏平｜こやの こうへい｜1886.9.2～1976.1.20

岡山/五高(1907), 京大(1911)/号鐘雨/医学博士。1922年長崎医大教授。25年欧米

留学。同附属病院で被爆。被爆死した角尾晋学長に代わり、48年1月まで学長事務取扱として大学再建に尽力。52〜58年長崎大,同商業短大学長(兼任)。長崎市名誉市民。キリスト者。28年長崎E会評議員。JEI, JEMA各会員。参RO 1927.3,『長崎のE・前編』。

小山秋雄|こやま あきお|1908〜1932

京都/三高(1928), 京大(1931)/別名河原広夫/明石天文台に勤務。明石で遊泳中に溺死。1929年頃JEI入会。31年1月PEU中央委員。PEU京都支部書記長。熱心に海外のE-istoと文通。著槙村浩'Viva pafilbreto〔生ける銃架〕'("Nova Etapo" IAREV, 1933),「変光星・新星と其の観測法」(山本一清編『図説天文講座』厚生閣, 5, 1937)。参宮本正男「ポエウ京都支部の思い出―吉田泰三聞書抄」(NR 1967.8)。

小山磐|こやま いわお|1882.4.7〜1939.8.5

長野/長野中, 一高(1904), 東大(1907)/政治学者, 思想史家丸山眞男(1914〜1996)の岳父。鉄道院に入り, 鉄道局技師, 東京鉄道局大宮工場長, 大阪鉄道局工作課長などを歴任。退官後, 日本車輌製造技師長となり, 1938年退任。鉄道省工作局在勤中の21年2月JEI入会。

小山英吾|こやま えいご|?〜?

1906年長兄庸太郎が経営していた習性小学校で大杉栄がE語学校を開くにあたり, 弟香や義弟猪飼毅(森毅)らとともに一期生, 卒業式でEで挨拶。長男一郎ものちE学習。著「日本で最初のE語学校」(RO 1936.6)。

児山敬一|こやま けいいち
1902.3.1〜1972.4.22

静岡/東大(1928)/文学博士。歌人, 哲学者。青山学院教授, 芝浦工専, 文化学院, 東洋使徒神学校各講師などをへて, 東洋大教授。『心の花』同人をへて新短歌へ。1930年三宅史平らと『短歌表現』創刊, 戦後は『文芸心』による。Eを含む19言語に通じたローマ字論者。EL(1935.1〜7)に「ラテン語法概略—E-istoの外国語常識」を連載。著『数理哲学』(モナス, 1937)ほか多数。E関係に'Historia skizo de tanka'(RO 1938.11〜12)など。

小山助三郎|こやま すけさぶろう
1876.5.25〜1944以降

長野/済生学舎(1901)/日赤本社病院, 小西外科をへて, 1906年長野県に開業, 30年東京に分診所を開設。26年JEMA創立後, 長野県支部幹事を務めた。JEI会員。

コロミエツ|E.A. Kolomiec|?〜?

ロシア帝国(現ウクライナ)/ウラジオストクでヴォナゴの知人。東京に来て, 日露通信社勤務。1917年1月日本人と一緒にあぐらをかいて小坂狷二の講習を聴講し, 短期間で上達。JEA会員(会員番号1124)。5月には第4回JK(東京)懇親会で喜劇に出演。18年4月東京支部月例会で"Historio de Ukraino"を講演。19年東京で商社を経営し, JE誌にたびたび広告を出す。21年頃東京でレストラン「ウクライナ」を経営。22年頃上海へ。24年中国を巡った小坂と再会。妻のきよ子も19年JEA入会(会員番号1316)。著'Pri "Ukraina"'(JE 13:2, 1918)。参小坂狷二「たくましい芽ばえ(2)」(VS 1964.12),『日本E運動史料I』。

今官之助|こん かんのすけ
1905.3.18〜1990.2.11

北海道/新潟医大(1933)/医学博士。1943〜49年町立由仁病院長。戦前より無産者診療所運動を支援, 49年北海道勤労者医療協会創立に参画。室蘭, 小樽, 鵡川で開業後, 58年札幌勤労者診療所へ。Eは大学時代に学習。戦後, 直ちに新田為男, 岡本義雄らと由仁E会を再建し, 三人で同町のE運動を推進。参「訃報今官之助氏」(HEL 1991.1〜2)。

213

近三四二郎|こん みよじろう|1901.6.14～1939

新潟／一高(1921)、東大／大杉栄が少年時代に入り浸った書店「万松堂」(新潟県新発田)の次男。詩人、評論家、宮沢賢治研究家天沢退二郎の伯父。塩野正家、長谷川信六と一高医科の同期。1913年新発田中学から東京の獨逸学協会中学に編入学、奥宮加寿創設の日本少年寮に入寮、同寮の文化事業や後進の育成に尽くす。大卒後は病身のため就職せず、引き続き寮の運営に携わり、小林英夫、福永武彦らに多大な影響を与える。E学習は23年以前。奥宮によって寮に設立された「ルリロ音楽部」、「ルリロ実験室」、奥宮、柳八重子によって柳宅に設けられた「ルリロ語学部」の命名者(lulilo「ゆりかご」から)。自ら「実験室」、「語学部」で活動したほか、「音楽部」では小野アンナ、「語学部」では小林英夫、吉岡俊亮らも教鞭を。JEI会員。著「Eの成長とその母」(『女性日本人』3：7, 1922)。参吉岡力、福永武彦共編『近さん 歩んだ道』(日本少年寮記念ノ家, 1940)、小林英夫「近さんという人」(『小林英夫著作集』みすず書房, 10, 1977)、福永武彦「幼年」(『福永武彦全集』新潮社, 7, 1987)、天沢退二郎『「幼年」の背景』(『福永武彦全集月報』新潮社, 3～9, 1987)、小野有五「ブブノワ姉妹と小野家の人々」(『スラブ研究センター研究報告シリーズ 別冊(日本語)』1999)、柴田巌「ルリロの人・近三四二郎」(RO 2008.6)。

近藤鋭矢|こんどう えいし
1900.5.16～1995.5.13

静岡／五高(1922)、京大(1926)／医学博士。座骨神経痛の診断治療法を確立。1939～63年京大教授、67年浜松労災病院初代院長。日本整形外科学会長、聖ヨゼフ整肢園名誉園長など。五高在学中の21年1月JEI入会。

近藤一夫|こんどう かずお
1911.1.2～2001.12.1

北海道／三高(1931)、東大(1934)／工学博士。田代晃二、西川豊蔵らと三高理科甲類の同期。九大助教授、名大教授などをへて、1946～71年東大教授。55年 Research Association of Applied Geometry を設立。28年三高入学後、約1年間同校E会で活動したほか、田代と読書会も。JESA会員。著 'Interfero de la muro de ventiunelo, kies tondsekcajon rondumas cirklaj arkoj' (『東京帝大航空研究所報告』10：8, 1935)、『数理音声学序説』(東大出版会, 1964)。参『三高E会小史』。

近藤国臣|こんどう くにおみ
1905.5.17～2002.5.29

鹿児島／三高(1926)、京大(1929)／湯川秀樹と三高理科甲類の同期。新村出の下で京大助手、同附属図書館司書。中島飛行機、静岡大をへて沼津高専、岐阜教育大(現岐阜聖徳学園大)各教授。中学時代に土居博(のち大阪教育大教授)の勧めでE独習。1923年三高入学後、同校E会で活動し、大学進学後も同会の活動を支援。31年2月PEU京都支部設立に参加。同年11月宍戸圭一らと京都E連盟結成に参画。33年第21回JK(京都)会頭。"tempo"誌の編集に参加。36年第24回JK(札幌)で京都E連盟を代表しUKの日本招致を提案。平安E特別顧問。著 'Sfinksa paĝo' (RO 1930.8)、「大会開催にあたり」(EK 1931.10)、'ghoughphtheightteeaux?!' ("tempo" 15, 1936)、'El paperkorbo : propagando' (同 37, 1937)、「英語における音の表現と象徴 諸言語における音の象徴、第1報」(『静大論集 西部篇』1, 1962)。参『三高E会小史』。協近藤彰。

近藤駿四郎|こんどう しゅんしろう
1903.8.30～1987.8.13

東京／東大(1931)／医学博士。東京労災病院名誉院長。東大在学中に Eskulapida Klubo, JEI, JEMAに参加。1928年6月第1回東都医学生E雄弁大会で「あこがれ」を演説。57年ドイツ出張にあたり、ヨーロッパのE-istoと交流。58年12月TEK主催のザメンホフ祭に出席。著『外傷患者の救急処置』(加藤静雄と共著, 中外医学社, 1958)、『小児の外科』(中外医学社, 1959)。

近藤光｜こんどう ひかる
1887.12.26～1961.10.11

埼玉/京都歯科医専（中退）/本名成塚惣右衛門/1920年シベリアへ渡り、翌年「プラウダ通信員」の資格と資金を得て帰国。この頃E学習。22年3月全国水平社創立に参画し、翌月には埼玉県水平社を組織。Eの実力に優れ、水平運動にEを導入。22年北京、上海でエロシェンコに対面したとも。「万国E会員」を自称。参『近代日本社会運動史人物大事典』、竹内義一「近藤光の資料を」（LM 1999.6）、水平社博物館編『全国水平社を支えた人びと』（解放出版社、2002）。

近藤政市｜こんどう まさいち
1908.1.12～1999.2.7

滋賀/三高（1927）、東大（1930）/工学博士。池田長守、宍戸圭一、内藤良一と三高理科甲類の同期。戦前、航空機を研究し、戦後、その技術を自動車に応用して自動車産業の発展に貢献。東工大、東京農工大各教授、日本自動車研究所初代所長など。1924年三高入学後、同校E会へ入り、宍戸の指導でE学習。著『基礎自動車工学』全2巻（養賢堂、1965、67）、『二輪車の力学』（自転車産業振興協会技術研究所、1975）。参『三高E会小史』、"JAHFA"（日本自動車殿堂、3、2003）。

近藤養蔵｜こんどう ようぞう
1903以前～1938以前

秋田/慶應義塾、ミシガン大/実家は秋田の造り酒屋「近藤酒造店」。1921年JEI入会。22年竹島豊雄を講師に講習会開催後、北日本E会（のち秋田E会と改称）を結成し会長。米国留学から帰国後、実家の支店長として小樽へ赴任し、28年6月1日小樽E会設立。活動不振により、31年同会を再興。32年11月北海道E連盟設立に参画。英語、フランス語も堪能。弟兵雄（むねお、1904～1975、秋田酒類製造専務取締役、随筆家）は、20年成田重郎が秋田中で開いたE講習に参加後、熱心にE学習。参中田勝造「E語挿話」（『叢園』叢園社、10、1936）、『改訂版・北海道E運動史』。

金野細雨｜こんの さいう｜1901.4.10～1984.6.9

岩手/岩沼小/本名巖男、筆名金野百合子/大河原小6年の時、父の事業の失敗により岩沼の作間呉服店へ送られ、22歳の春まで丁稚奉公。奉公中、店主の影響でキリスト者に。文学にも傾倒し、17歳頃から詩歌を創作しては、新聞、雑誌へ投稿。英文学者、随筆家馬場孤蝶（1869～1940）の知遇を得、「細雨」の号をもらう。年季が明けると、一時、東京で勉学のかたわら、童話を研究し、ローマ字運動にも参加。Eは、ローマ字運動との関連で学習したと。宮城に戻り、呉服店勤務をへて、1924年頃故郷大河原町に出版社「あかしや社」を興し、児童文集『赤い実』を創刊。24年7月26日、大日本基督教徒E協会創立に参加。同年第12回JK（仙台）の準備委員を務め、自らは北日本E学会を設立し、のち黒石、八戸へE講習に出張したという。また岩手県水沢で一夏を過した際には、小川久三郎と起居を共にしてEの学習に励んだり、島崎捨三の協力を得て、ソ連、チェコ、イタリア、ドイツ、米国の小学校教員、画家十数名に児童の図画工作の交換を申し込んだりしたことも。自作の詩や小説に、しばしばE単語を使用。29年頃大河原町に北辰民報社を創業、『北辰民報』のほか、自著『カメラは描く』(1935)、『我が陣容を語る』(1935)、『詩文集　ポプラの並木』(1939)、大河原小の恩師佐藤広次の『体験理科教育』(1938) などを発行。戦後、有限会社創美社長として、呉服、貴金属、印鑑などを展示・販売。著『山育つ』（ミスマル社、1926）、『蛙の唄』（編著、民声新報社、1946）、『雀』（民声新報社、1946）、『お餅はぺったらこ』（同、1946）、『魚眼洞奇談集　第3巻』（私家版、1976）、『魚眼洞奇談集第4集』（同、1978）。E関係に前掲『カメラは描く』所収の「後藤伯の故郷」、「Eイズモ」、'Esperantismo'など。参「新設地方会」（RO 1924.10)、庄司重男「ああ恩師広治先生」（『大河原小学校百年誌』同校創立百周年記念事業委員会、1974）、「昭和の出版物監視裏付ける資料700点」（『朝日新聞』第2宮城版、2010.8.18）。協宮城県図書館、金野徳郎。

さ

西園寺正幸｜さいおんじ まさゆき
1943.11.18～2005.3.1

東京/浪越指圧専門学校/本名斉木正幸, 別名宰園寺正幸/整体師, 湧命法センター長。名誉医学博士(ロシア政府)。柏(千葉県)で中国語教室を開いていた頃, 受講生の中村祥子を通じてEを知り, 1980年JEIの講習会でE学習し, 翌年中村の紹介でJEI入会。宇都宮E会, 都庁E会で学習を続行。自ら考案した「骨盤湧命法〔Yumeiho〕」を世界に広めるためEを活用。著書『即効の骨盤湧命法』はEのほか, 中, 英, 仏, ロシア, 韓国, モンゴル, ペルシャ, チェコ, ルーマニア, ブルガリア, リトアニア, ベトナム, ウクライナ, ハンガリー, エストニアの諸語に翻訳・出版される。89年JEI終身会員。国内のE行事のほか, 90年第75回UK(ハバナ)などで湧命法を実演。91年UMEA篠田診療所(ポーランド, クラクフ市)設立に技術・資金を提供したほか, 世界各地のE会へ経済的支援。UEAデレギート(骨盤湧命法), 終身会員。弟橋本茂もE学習。著『即効の骨盤湧命法』(ベストセラーズ, 1987), 'Orienta speciala diina masaĝo : Koksosto-ĝustiga Premkneda terapio' (Pekino : Xue Yuan Eldonejo, 1989), 『「骨盤湧命法」入門』(現代書林, 1992), 「Eで『湧命法』を世界に」(RO 1990.1), 「1冊の本」(RO 1990.5), 「わたしの出した1冊のほん」(RO 1995.2), DVD "Yumeiho-terapio"(私家版, 2003), 'Yumeiho Terapio : Sciencaj raportoj kaj klinikaj raportoj el la mondo (1987-2002)' (Internacia Instituto de Preventa Medicina Praktiko, 2003), 'E por Yumeiho kaj Yumeiho por E' (U. Becker・Z. Metz編 "Vovprotokoloj" New York : Mondial, 2009). 参西園寺正幸・堀泰雄「Eで『骨盤湧命法』を世界に普及」(RO 1996.5), 『日本のE-isto名鑑』, 渡部左知夫「宰園寺正幸先生を悼む」(RO 2005.8・9), ヘールハー 'Meritoj de S-ro Saionji' (同)。

三枝彦雄｜さいぐさ ひこお｜1890.1～1948.2.9

山梨/東北大(1915)/理学博士。仙台で最初に原子核研究を手がけた物理学者。1918年東北大講師, 22年助教授, 26年教授。23年頃JEI入会。32年土井晩翠, 林鶴一と仙台E会賛助会員に。著『相対性への道』(厚生閣, 1922), 『電気磁気学』(内田老鶴圃, 1934)。

西光義敞｜さいこう ぎしょう
1925.6.30～2004.3.20

奈良/龍谷大(1952)/浄土真宗本願寺派万行寺住職。平安高教諭をへて, 1972年龍谷大短大部助教授, 80年教授, 94年定年退職。真宗カウンセリング研究会会長。JBLE会員。著『青春時代の求道』(百華苑, 1969), 『わが信心わが仏道』(法藏館, 2004)。参加藤教順「西光義敞兄を悼む」(LJB 2004夏)。

西光万吉｜さいこう まんきち
1895.4.17～1970.3.20

奈良/中学(中退)/本名清原一隆/被差別部落解放運動家。「水平社宣言」を起草。1922年頃百島操の大阪東教会で福田国太郎にEを習う。戦後, 和歌山県打田の婦人会にEを導入し, 自作の詩をE訳して歌わせようとした。67年世界連邦主義者E会に参加。「老人と童話」のE訳を竹内義一に依頼し, 諸外国の国連関係者に送付。著『西光万吉著作集』全4巻(濤書房, 1971～74)。参宮本正男「木村京太郎さんをたずねる」(LM 1971.4), 住谷悦治「西光万吉さんを想う」(『西光万吉著作集月報』1, 1977), 宮本正男「西光万吉のE詩」(LM 1987.6), 師岡佑行『西光万吉』(清水書院, 1992), 加藤昌彦「Eと西光万吉」(『人権教育思想研究』関西外大, 2, 1999)」,『現代日本朝日人物事典』, 『近代日本社会運動史人物大事典』, 『日本アナキズム運動人名事典』, 『解放のいしずえ(新版)』, 『反体制E運動史』。

斎藤英三｜さいとう えいぞう
1900.3.29～1987.10.8

京都/小学校/旧姓元田, 筆名Monta Manto

(montamanto「山好き」から)/染色図案工.戦後,松竹映画宣伝部に勤務し,労働組合を組織し書記長,レッドパージで失職.のち京都市中京区で酒房「れんこんや」経営.日本製布在職中の19歳頃E独習.その後三高E会の市民向け講座で桜田一郎,安田勇吉らの指導を受け,JEI, SATに入会.1928年三・一五事件で検挙,懲役3年.30年大田遼一郎(1905〜1968)との共同歌集『獄中にて歌へる』(京都共生閣, 1930)が出版される.31年8月16日PEU京都支部創立に参加.長谷川テル,長戸恭とも接触.しばらくEから遠ざかったが,61年宮本正男の勧めで再びE運動へ.自宅に京都E連盟と京都緑星会の事務所を設置.64年から16年間"l'omnibuso"を編集・発行.SAT会員に復帰して,ヨーロッパのSAT大会にたびたび参加し,旅行記を同誌に執筆.90号で終刊としたが,惜しむ声に励まされ,82〜84年"La Dua Buso"を6号続けたほか,多数の本を出版してE運動に貢献.66年京都緑星会長.78年第23回小坂賞.87年11月15日京都で「偲ぶ会」.署『長谷川テルについて旧知の談話二つ』(LM 1962.8), 'Migrinte ĉirkaŭ Mt. Ontake' (LM 1963.11), 'E-o en mi'("l'omnibuso"5〜8, 1965.1〜7), 'Usona batalavidilo kraŝis sur konstruaĵon de universitato'("Pacon en Vjetnamio" 8, 1967), 「K-do Barthelmess」(LM 1968.12), 'l'omnibuso'(RO 1972.10), "l'omnibuso kun la tri pasaĝeroj"(宮本正男・上山政夫と共著, l'omnibuso, 1980).参西岡一雄「斎藤と私」(『泉に聴く』朋文社, 1934;中央公論社, 1979),大島義夫「晩秋の西国路」(NR 1975.4),「幻の獄中歌集50年ぶり作者の手に」(『京都民報』1982.7.11),坪田幸紀「日本の事始め サターノたち 2」(RO 1984.11),林健「私の本棚から―斎藤さん」(LM 1985.5),田平正示「La Movadoを支える人びと:斎藤英三さん」(LM 1985.9),宮本正男「ああ,斎藤英三」(LM 1987.11), AVK 1987.11,斎藤はるる「夫,英三のこと」(『京都民報』1987.11.1),「京都の名物酒房「れんこんや」老主人の死」(『週刊新潮』1987.11.12),相川節子「斎藤英三さんのお別れ会で」(『京都民報』1987.11.15),福田正男「斎藤英三さんを偲ぶ」(SAM 1987.12),林健「斎藤英三さんを偲ぶ」(RO 1988.2),宮本正男「自分史・E運動」(LM

1990.2〜3),八木仁平「斎藤英三氏のこと 自著"Mozaiko Tokio"の収録された"Trezoro"出版に寄せて」(LM 1990.5),小木宏『囚われて短歌を遺した人々』(本の泉社, 2006),峰芳隆「KLEGを中心とした出版活動 2」(LM 2012.12),峰芳隆「関西の雑誌発行活動 2」(LM 2013.6),『近代日本社会運動史人物大事典』,『宮本正男作品集』,『日本文学に現れたE』.協坪田幸紀.

斎藤清衛 | さいとう きよえ
1893.5.26〜1981.3.4

山口/徳山中,三高,東大(1918)/筆名伎世江/日本文学研究者.埼玉師範学校をへて,1920年広島高師教授.33年退職して,欧米を歴訪.40年北京師範大学,42年京城大,46年広島文理大,53年東京都立大各教授など.1926年前後JEI会員.フィンランド旅行中にラムステットを訪ね,広島のE会で会った思い出やヘルシンキ事情などについて話す.署『国文学の本質』(明治書院, 1924)ほか.E関係に「フィンランド游記 上」(『東京朝日新聞』1936.7.4).

斉藤賢一 | さいとう けんいち
1948.4.17〜2012.10.12

東京/金沢大/学生時代にEを学び,1970年1月松田周次らと北陸E連盟を結成し代表.72年JEI入会, 78〜80年および84〜85年評議員.『Eの世界』誌で津久井英喜らに協力して送金窓口.Eアマチュア無線クラブ会員で,初期から熱心にEで世界と交信.UKの参加ではダンスパーティを楽しみにした.参タナカヨシカツ「斉藤賢一さんを偲ぶ」(RO 2013.2).

齋藤襄治 | さいとう じょうじ
1917.8.26〜2007.6.12

東京/京大(1943)/筆名 George Saito/評論家,翻訳家.1943年高等商船学校助教授,46年GHQ民間情報教育局, 52年駐日米国大使館各顧問.69年茨城キリスト教大教授, 75〜78年学長, 80年立正大に転じ, 88年まで教授.ダートマス大客員教授,日本

ペンクラブ名誉会員など。キリスト者。GHQ民間情報局在勤中, 大学の先輩関本至の影響でE学習。🕮『日本の心を英語で』(文化書房博文社, 1988),『日米文化のはざまに生きて』(海文堂出版, 2005)。E関係に「関本至兄の思い出」(『追悼 関本至』関本みよ, 1994)。参鏡味國彦「齋藤襄治先生を送るに際して」(『立正大学文学部論叢』87, 1988)。

斎藤太治男｜さいとう たちお
1921.2.1～2004.7.13

青森/青山学院大/英語学者。八戸工大助教授, 青山学院大教授など。日本ポルシェ・オーナーズクラブ理事。1983～92年JEI会員。講義用テキストに, プリヴァ "Vivo de Zamenhof" を英訳し, 84年 "The Life of Zamenhof" として大学書林から刊行。E関係蔵書はJEIへ。🕮 'Kabaĉepo' (RO 1950.1～3),「E語の存在意義 言語政策の見地から見た国際補助語として」(『青山国際政経論集』1, 1984), ポルシェ他『ポルシェ』(三推社, 1993)。参『青山国際政経論集』(14, 1989)。

斎藤玉男｜さいとう たまお
1880.4.14～1972.10.13

群馬/前橋中(1899), 二高(1902), 東大(1907)/医学博士。前原準一郎と前橋中本科の同期。巣鴨病院医員などをへて, 1916～44年日本医専, 日本医大各教授。23年東京品川に神経科ゼームス坂病院を開院, 35年12月より高村光太郎の妻智恵子(1886～1938)の治療に当たる。31～38年東京府立松沢病院副院長。28年柴田潤一によって設立されたE-isto文化協会に加わり, 機関誌 "Revuo Kultura" 創刊号(E-isto文化協会, 1928)を編集。JEMA会員。🕮『健脳回春法』(健康之友社, 1929),『八十八年をかえりみて』(大和病院, 1973)。

斎藤力｜さいとう ちから｜1902頃～1933以前

宮城/一高(1924), 東大/丘英通, 沖中重雄, 鈴木松雄らと一高理科乙類の同期。1920年9月JEIに加わり, 23年委員。🕮 'Fiŝo' (RO 1923.6)。

斎藤秀一｜さいとう ひでかつ
1908.12.24～1940.9.5

山形/鶴岡中, 駒大(1931)/筆名森馥, 野沢愛蘭, 鳥海昇, 北島三郎/1931年大泉高等小准訓導, 36年東北大図書館勤務など。方言研究や国語改革運動に従事。石川達三『人間の壁』のモデル。父秀苗は曹洞宗僧侶。ローマ字会, カナモジカイ各会員。28年JEI入会。32年八久和分校在職中, 校長の密告により赤化教員として検挙され, 5日後釈放されるも失職。35年『文字と言語』を創刊し, 地元の庄内方言の論考を執筆しつつ, 東條操, 石黒修, 高倉テル, 大島義夫らの寄稿も得て, 自ら編集と謄写印刷をして13号まで刊行。この中で「言語帝国主義」という用語を初めて使ったとされる『東京方言集』(1935)で初めて本格的に東京方言を記述。36年ポポーロ社の特別同人。37年国際ローマ字クラブを組織し, 葉籟士ら海外からの寄稿も掲載する全文E誌 "Latinigo" を創刊。また上海の『語文』(1937.7)に「日本における漢字制限」を寄稿。積極的な国際通信が怪しまれて, 38年11月再検挙。購読者名簿(『特高月報』1939.4)から大島, 高倉, 小久保覚三らの検挙につながる(左翼言語運動事件)。秋田刑務所内で看守らにEとローマ字を宣伝したという。獄中で肺を患い, 40年4月責付釈放され病死。生家の泉流寺(鶴岡)に, 2007年顕彰板が, 12年に顕彰碑が設置。鶴岡市郷土資料館に斎藤秀一資料。🕮「ローマ字の表書き」(RO 1931.2),『東京方言集』(私家版, 1935), 葉籟士『支那語ローマ字化の理論』(編訳, 私家版, 1936),「日本式ローマ字とE式ローマ字」("Saluton" ポポーロ社, 2, 1936),「E運動現状鳥瞰 5 印度支那」(EL 1937.12)。参『特高月報』1939.4, 同 1939.9,「斎藤秀一の言語運動」(平出禾『プロレタリア文化運動に就ての研究』司法省調査部, 1940), 大島義夫「東北の暗い谷間に消えた星 斉藤秀一のこと」(NR 4, 1966), 朝比賀昇「斎藤秀一の位置づけ」(RO 1971.6), 喜安善市「斎藤秀一さんのこと」(RO 1972.3), 斎藤義七郎「斎藤秀一に関することども」(『山形方言』10, 1972), 宮本正男「斉藤秀一の評価について」(NR 27, 1974.5), 朝比賀昇・萩原洋子「日本E運動の裏

街道を漫歩する14」(ES 1976.7)、渡部泰山「斎藤秀一の探求」(『雪国の春』柳田國男を読む会, 1～5, 1977～79)、小林司「言語差別と闘った先駆的E-isto斉藤秀一」(『朝日ジャーナル』1978.12.15)、佐高信「『谷間に輝く星』のことなど」(ES 1980.12)、「獄中で薬包紙につづった抵抗の詩」(『赤旗』1981.3.15)、清水康行「斎藤秀一」(『国文学 解釈と鑑賞』1992.1)、片岡了「戦前ローマ字運動の識字観―斎藤秀一の実践を中心として」(『早稲田大学大学院文学研究科紀要別冊哲学史学編』19, 1993)、佐藤治助『吹雪く野づらに』(鶴岡書店, 1997)、佐高信「ウの目タカの目サタカの目 67回 反骨のカナ文字運動家「斎藤秀一」を知っていますか」(『週刊読売』1997.8.24)、髙島真『特高Sの時代 山形県社会運動史のプロフィール』(新風舎, 1999)、安田敏朗『近代日本言語史再考 帝国化する「日本語」と「言語問題」』(三元社, 2000)、「斎藤秀一の生家に顕彰板設置 生誕100年記念事業」(『山形新聞』2007.9.19)、「斎藤秀一 旧山添村出身・言語学者、自由と平和訴え 業績、後世に 生家に顕彰碑建立」(『毎日新聞』山形版, 2012.9.21)、『現代日本朝日人物事典』、『近代日本社会運動史人物大事典』、『プロレタリアE運動に付て』、『反体制E運動史』、『危険な言語』、『解放のいしずえ』。圖小林司、鶴岡市郷土資料館。

斎藤勝 | さいとう まさる | 1887.3.1～1940以降

愛媛/1910年音楽教師となり、16年より音楽関係の図書を出版。23年勇進社専務, 25年小田急鉄道主事。のち新宿武蔵野館取締役など。19年妻英子とともにJEA入会(会員番号1293, 英子は1294)。音楽教室の部屋をJEA東京支部の活動に提供したほか, 自ら率いる楽団を「JEA楽団」と命名し, 19年3月神田YMCAでE普及音楽会を挙行。同年自宅にJEA東京支部事務所を設置。參『日本E運動史料 I』。

斎藤百合 | さいとう ゆり | 1891.3.31～1947.1.17

愛知/岐阜聖公会訓盲院(1908)、東京盲学校師範科(1913)、東京女子大(1923中退)/本名野口小つる、筆名小百合, White Lily/「盲目女子の母」と呼ばれた女子視覚障害者教育運動家。浪曲師の家に生まれ, 幼児期に失明。1915年東京盲学校の後輩斎藤武弥(1892～1946)と結婚。岐阜訓盲院の正教員をへて, 18年東京女子大創立と同時に入学。関東大震災(1923.9.1)で同校中退。のち社団法人桜雲会主事などをへて, 35年陽光会を設立し, 盲女子高等学園の設立に奔走したほか, 私財を投じて点字出版に取組むなど, 女子視覚障害者の教育・福祉に生涯を捧げた。キリスト者。Eは, 関東大震災後, 奥宮加寿, 柳八重子らによって日本少年寮に設立された「ルリロ語学部」でVelten E小林英夫に学び, モリエール著, Velten E 訳 "La malsanulo pro imago〔Le malade imaginaire〕"(Germana E-Librejo, 1911)を短時間で読破。37年4月29日岩橋武夫らとともにヘレン・ケラー歓迎の盲聾唖者大会を開催。エロシェンコの童話などの完成を手伝い, 秋田雨雀とも親交。その生涯は, 三女の劇団民芸の女優斎藤美和らによって記録映画『鏡のない家に光あふれ』(1996)にまとめられた。參安垣栄一『盲詩人エロシェンコの思い出』(弘前：緑の笛豆本の会, 1969)、小林英夫「生い立ちから老いそめへ(9)」(『小林英夫著作集 月報』みすず書房, 9, 1977)、同「夢」(『小林英夫著作集』同, 10, 1977)、粟津キヨ『光に向って咲け―斎藤百合の生涯』(岩波書店, 1986)、『道ひとすじ』、菊島和子『点字で大学』(視覚障害者支援総合センター, 2000)、「日本女性運動史人名事典」。圖菊島和子。

斎藤与一郎 | さいとう よいちろう
1873.10.26～1961.1.5

新潟/東京顕微鏡院/回帰熱, 発疹チフスの病原菌の発見など, 伝染病撲滅に生涯を捧げる。1899年独学で医師免許を取得し, 函館で開業。1906～12年ドイツへ私費留学。のち函館区立精神病院医長, 函館教育会長, 函館市長など。日本初の林間学校を実施。函館市名誉市民。23年頃JEI入会。JEMA会員。署『独逸学生気質』(市立函館図書館, 1931)、『非魚放談』(函館郷土文化会, 1957)。參佐藤精編『斎藤与一郎伝』(同刊行委員会, 1957)。

酒井勝軍|さかい かついさ
1874.3.15〜1940.7.6

山形/山形英学校(1888 中退), 東北学院(1894)/旧名山下勇吉/1888 年受洗。仙台時代に島貫兵太夫の後輩, 相馬黒光と知遇。98〜1902 年米国へ私費留学, シカゴ音楽大, ムーディ聖書学院に学ぶ。03 年東京唱歌学校設立。04〜05 年日露戦争に通訳として従軍。27 年 10 月〜28 年 5 月ユダヤ研究の実績を買われ, 陸軍からユダヤ・シオニズム運動の調査のためパレスチナに派遣された際, エジプトでピラミッドを研究。帰国後は日本の超古代史の研究に没頭し, 「日本ピラミッド説」を首唱。06 年 JEA 入会(会員番号 167), 同年 9 月第 1 回 JK(東京)および E 学校開講式で E 賛歌 "Espero" を独唱。名を「かつとき」と読む資料も。著『太古日本のピラミッド』(国教宣明団, 1934)ほか多数。参「E 語学校の開校式」(『読売新聞』1906.9.19), 相馬黒光「広瀬川の畔」(『相馬愛蔵・黒光著作集』郷土出版社, 5, 1981), 久米晶文『酒井勝軍「異端」の伝道者』(学研, 2012), 『日本キリスト教歴史大事典』。

酒井鼎|さかい かなえ|?〜1955 以降

昭和研究所, 大政翼賛会企画局経済組織部などに勤務。36〜42 年 JEI 評議員。36 年第 25 回日本 E 大会(東京)組織委員会幹事に選出。岡本好次が朝鮮に去った後, 露木清彦・青木武造・渡部秀男・久保貞次郎とともに RO を編集。東京 E クルーボ幹事。著「30 年度予算の随想」(『金融界』金融界社, 7:2, 1955.1)。参「岡本好次氏送別会」(RO 1937.5)。

酒井喜太郎|さかい きたろう
1903.11.19〜1943 以降

兵庫/三高(1925), 東大(1929)/1936 年 7 月市立浜松病院長に就任。東大在学中に Eskulapida Klubo で活躍。

坂井徳三|さかい とくぞう
1901.10.26〜1973.1.28

広島/早大(1926)/本名徳三郎, 筆名世田(よた)三郎/詩人, 評論家。同人誌『アクション』, 『左翼芸術』をへて, 全日本無産者芸術団体協議会(ナップ)に参加。同会解散後, 壺井繁治らとサンチョ・クラブを設立し, ファシズムに風刺で抵抗。中国で終戦。引き揚げ後, 新日本文学会をへて, 『人民文学』に参加。詩サークル運動で活躍。1921 年 9 月 JEI 入会。著『百万人の哄笑』(時局新聞社, 1936), 『中国解放詩集』(ハト書房, 1953)。

堺利彦|さかい としひこ
1871.1.15(明治 3.11.25)**〜1933.1.23**

豊前国(現福岡)/豊津中(1886), 共立学校, 一高(1889 中退)/号枯川, 筆名貝塚渋六, 由分子ほか/日本社会主義運動の先駆者。1905 年 3 月黒板勝美の談話をもとに執筆した, 堺枯川「E 語の話」を平民社の機関誌『直言』7 号に発表し, 社会主義者に E を知らせたが, 大きな反響は得られず。ガントレットの通信講座で E を学んだとされ, 06 年 JEA 創立と同時に入会(会員番号 14)し, 評議員に。著『堺利彦伝』(改造社, 1926; 中央公論新社, 2010)ほか多数。E 関係は, 『堺利彦全集』全 6 巻(法律文化社, 1970〜71)の 3 巻に。参近藤真柄『わたしの回想』全 2 巻(ドメス出版, 1981), 「小特集・堺利彦」(『運動史研究』三一書房, 12, 1983), 林尚男『評伝堺利彦』(オリジン出版センター, 1987), 桜井彩「『家庭雑誌』の思想」(『共立薬科大学研究年報』33, 1988), 「特集・堺利彦」(『初期社会主義研究』10, 1997), 黒岩比佐子『パンとペン 堺利彦と「売文社」の闘い』(講談社, 2010), 『現代日本朝日人物事典』, 『近代日本社会運動史人物大事典』, 『日本アナキズム運動人名事典』, 『日本キリスト教歴史大事典』, 『反体制 E 運動史』。

堺勝|さかい まさる|1928.3.12〜1991.2.15

宝塚劇団オーケストラの楽員。81 年 E 学習し, EPA, 京都 E 会で活動。82 年 12 月 JEI 入会。EPA 京都支部で E 講座を指導。著「三面鏡の用意をどうぞ!」(NV 1982.7), 「健康一口メモ」(AVK 40, 1984.12)。参 AVK, 59, 1991.4。

坂井松太郎|さかい まつたろう
1908.4.24~1977.12.13

東京/尋常小 (中退)/筆名井出於菟 (idioto「白痴」のもじり), 沢田龍吉, 松本/各種労働をへて, 戦後ナウカ社に勤務し, 同社倒産後, 極東書店, 大安書店などの編集者, 取締役. 日中友好に尽力. 1929年E学習. 30年7月6日PEA創立大会に出席. 31年1月PEU創立メンバー. 32年5月日本共産青年同盟加入, 7月石内茂吉の検挙に伴いPEU第4代書記長, 11月日本共産党入党. 33年6月検挙, 35年7月懲役2年, 執行猶予5年で市ヶ谷刑務所を出所. Maja Rondoに協力. 37年5月再検挙. 45年12月JEI入会. 47年第2次JEA常任委員. 48年マルクス・エンゲルス"La Komunista Manifesto〔共産党宣言〕"復刻 (ナウカ社) に努力. ほかE関係書の出版を出版社に斡旋. Eで世界の児童作文を集めて日本語訳する企画を伊東三郎と発案し, 平凡社に持ち込んで, 中垣虎児郎らとともに編集して, 秋田雨雀監修『世界の子ども』全15巻 (1955~57) として実現. 51~71年JEI評議員. 58年JEI組織委員会委員. 60年『世界名詩集大成 北欧・東欧篇』(平凡社) に「シレジアの歌」の O. Ginzによる E訳から重訳して収録. 63年福田正男らと半失明となった中垣虎児郎の支援組織「三金会」を結成, 募金活動などを行った. 文化大革命中, 毛沢東を支持し, 雑誌"Avangardo"を発行. 著『私のE運動史』(SAM 1951.5~9), 'La patrino' ("Prometeo" 3, 1957),「わたしのE運動史」(NR 1~13, 1966.3~69.7),「日本プロE運動史ノート」(NR 14, 1969),「E便覧」, グエン・コン・ホアン著, ハノイEクルーボE訳『袋小路〔Senelirejo〕』(栗田公明と共訳, 柏書房, 1967),ベトナム外文出版社編『炎のなかで〔Meze de l'Flamo〕』(共訳, 東邦出版社, 1967), 'Opinio de Sen Katajama pri la internacia lingvo' ("l'omnibuso" 37, 1970.5),「Eを学んでよかった」(RO 1971.7),「Eの話——中国の同志に会って」(『周辺』光風社書林, 1972.11),『『世界の子ども』始末記」(NR 28, 1974.9),「中垣虎児郎を偲ぶつどい」(LM 1977.3). 参紀伊宇「先人後人なで斬り帖 6」(SAM 25, 1953),「坂井松太郎さんの仕事」(LM 1978.2), 坂井泉「父・坂井松

太郎の思い出」(中村伯三編『暗黒の時代を生きる』私家版, 2004), 栗栖継「日本人への遺言 3」(『ひとりから』編集室 ふたりから, 27, 2005.9),『近代日本社会運動史人物大事典』.

酒井瞭吉|さかい りょうきち
1899.10.18~1983.11.22

石川/静岡中 (1917), 一高 (1920), 東大 (1923)/マッケンジーより幼児洗礼を受けたキリスト者. 辻直四郎と一高文科の同期. 1941年まで東北学院に勤務後, 聖心女子, 東京女子, 麻布獣医科各大などで哲学を講じる. 55~81年成美学園理事長, 66年東北学院大教授. 29年菅原慶一, 情野雄により結成された東北学院E会の会長に就任. 30年11月8日仙台E会発足に参画, 音楽部長として歌唱指導. 31年3月9日萱場真の告別式でE訳聖書を朗読. 32年1~2月東北学院でE講習. 34年3月JEI仙台支部発足に参加. 東京女子大在職中の63年東海林敬子らにE指導. 著『哲学抄論』(新生堂, 1939), 聖トーマス・アキナス『異教徒に与ふる大要』(中央出版社, 1944). 参菅原慶一「酒井瞭吉先生逝く」(ME 1984.3),『酒井瞭吉先生遺稿・追憶・論文』(酒井瞭吉先生をしのぶ会, 1985). 協菅原慶一, 東海林敬子.

阪上佐兵衛|さかがみ さへえ|?~1923以降

奈良/旧名富井荘平, 筆名左人/商業. 1911年JEA入会 (会員番号888), のち堺で"Sakai E-isto"発行. 16年3月12日辻利助, 相坂佶, 神崎泉, 龍吐源一らと大阪E協会設立. JEA堺支部幹事. 20年大阪市恵美須町に印刷所「星光社」を創業し, 月刊誌"La Espero" (1920年5月創刊) を編集・発行. JEI会員. 著 'Mia Vilaĝo' ("La Espero"星光社, 2:5, 1921). 参「見よ此奮闘振」(RO 1920.6).

阪上睦郎|さかがみ むつろう|1913~1944.6

大阪/生野中/印刷業. 1933年PEU加入, 同年検挙, 執行猶予. 36年5月フラート社を結成し, 37年5月再検挙. "Marŝu","Frato"の名プリンター. 39年溝上竹雄,

佐竹正夫とプロレタリアE運動の再建を企図, 野上清らを加入させ, 数回会合。栗栖継が野上の弟八郎が経営するジャパン・エキスポート社を退職後, 一時同社に勤務。大阪商大経済研究所事務員時代の40年溝上らと"Fundamenta Krestomatio"の研究会を開き検挙, 懲役2年。大阪刑務所で獄死。参『思想月報』(1941.11), 上林貞次郎『大阪商大事件の真相』(日本機関紙出版センター, 1986)。協栗栖継。

榊後彫 | さかき ごちょう | 1906.1.2〜1981以降

静岡/新潟医大(1930)/内科医。1946年静岡県三島に榊医院を開業。新潟医大入学後, 林不二夫と並んで同校E会の中心として活躍。JEI, JEMA各会員。参RO 1932.4。

坂下清一 | さかした せいいち | 1909〜1965

北海道/北大(1932)/北工電気社長。1928年小坂狷二・秋田雨雀『模範E独習』で学び, JEI入会。学生時代, 北大E会員。35年近藤養蔵の後を継いで小樽E会長。この頃小樽の仏教青年会にEを導入し, 小樽仏教E会を組織。ROの和文E訳欄に熱心に寄稿し, 42年第10回北海道E大会(札幌)で表彰。54〜62年北海道E連盟委員長。56年第20回北海道E大会(札幌)会長。58年第22回, 59年第23回北海道E大会(札幌)準備委員長。参「坂下清一氏送別会」(RO 1938.11)。

坂田昌一 | さかた しょういち
1911.1.18〜1970.10.16

東京/甲南高(1929), 京大(1933)/理学博士。湯川秀樹, 朝永振一郎と素粒子研究の黄金時代を築いた物理学者。柿内三郎の娘婿。名大名誉教授。高校時代Eクラブに入り先輩の加藤正から指導を受ける。1950年大塚益比古, 有安富雄, 川辺和夫編訳"Historio de Yukawa Teorio〔湯川理論の歴史〕"の刊行を江上不二夫, 木庭二郎と支援。53年名古屋のザメンホフ祭で「原子力と一つの世界」を講演。著『物理学と方法』(白東書館, 1947)ほか多数。E関係に「対談 原子力への迷信」(新村猛と, 『中央公論』1950.7)。参基礎科研究部員会議議長団「坂田昌一先生追悼」(『素粒子論研究』42:6, 1971), 辻哲夫『日本の物理学者』(東海大出版会, 1995), 佐藤文隆『破られた対称性 素粒子と宇宙の法則』(PHP研究所, 2009), 西谷正『坂田昌一の生涯 科学と平和の創造』(鳥影社, 2011), 『現代日本朝日人物事典』。

阪田隆 | さかた たかし | 1916.1.1〜1993.7.7

神奈川/東大理学部(1938), 同医学部(1941)/筆名Sakadam/医学博士。西成甲門下の解剖学者。1941年海軍軍医としてインドネシア方面へ。戦後, 日大講師などをへて, 73〜87年帝京大第二解剖学教室主任教授。Eは, 東大在学中にEskulapida Kluboに参加し, 60年再学習。62年4月JEI入会。68〜70年JEI評議員。69年10月E-isto清水孝一の結婚式の媒酌人。70年ザメンホフ・クルーボ創設時から事務局責任者として活動を支え, のち会長。71〜74年JEI理事。72年TEK, ELK各会長。74年東海林信行・敬子, リンスらと協力して"Literatura Mondo"全6巻(20〜40年代に断続的にハンガリーから刊行された文芸誌)を復刻出版し, E-isto田中吉野を研究助手として雇用してその作業に従事させる。77〜84年JEI理事。EVAの活動を熱心に支援し, 佐々木安子によれば,「EVAにとってまさに命の恩人」と。SAT, JELE, JEMA, JESA, JPEA各会員など。92年12月27日に偲ぶ会。著『解剖学』(メヂカルフレンド社, 1967),「わたしの胸のぬくもり」(RO 1978.11),「石黒彰彦先生とザメンホフ・クルーボ」(RO 1980.7),「恩師丘英雄先生」(RO 1982.9)。参佐々木安子「会員の消息」(EV 1993.8), 田中吉野'Malĝoja informo' (EV 1993.8), 同「阪田先生の思い出」(PO 1993.10), 手塚丞「阪田隆先生を悼む」(RO 1993.11)。協饗庭三泰。

阪谷朗廬 | さかたに ろうろ
1822.12.29〜1881.1.15

備中国(現岡山)/本名素(しろし), 字子絢/大塩平八郎, 古賀洞庵などに学んだ漢学者。妻琴子は渋沢栄一(1840〜1931)の次女。

大蔵大臣阪谷芳郎(1863〜1941)の父。維新後、陸軍、文部、司法各省に出仕。開国論を主張、議会主義、海軍充実を説く。1874年『明六雑誌』10号に万国語の必要を提唱。Eは学ばず。著『朗廬全集』(阪谷芳郎、1894)。参阪谷芳郎編『贈正五位阪谷朗廬事歴』(阪谷芳郎、1916)、徳富蘇峰「阪谷朗廬先生の五十年忌」(『東京朝日新聞』1930.1.15)、粟飯原晋「日本に於ける国際語論の始」(RO 1930.5)、高木弘「明治初年の世界語論」(RO 1937.4)、岡一太「E」(『教育時報』岡山県教委、1961.4)、山下五樹「阪谷朗廬の世界」(日本文教出版、1995)、『近代日本における国際語思想の展開』。

酒本俊平 | さかもと しゅんぺい
1884.7.10〜1973以前

埼玉/医術開業試験(1909)/北海道利尻郡沓形村に博愛医院を開業。長く離島の医療に尽くし、1963年利尻町名誉町民。利尻郡医師会長。26年頃JEI入会。JEMA会員。参坂口誠「戦前・戦後の肥料取引—株式会社サカモト社長・酒本信夫氏へのインタビュー」(『立教経済学研究』60:4、2007)。

坂本昭二 | さかもと しょうじ
1927.2.3〜1996.5.5

大阪/京大/サカモト・ショージ、Duso/ダイハツ工業に勤務し技術開発室主査など。カナモジカイ会員で訓令式ローマ字の実践者。関西のE運動を大きく育てた功労者。Eは、京大在学中の1949年1月より独習し、2月JEI入会。梅棹忠夫が再建した京大E部に加わり、49年12月京都学生E連盟設立に参与。51年KLEG創立に参画し、LM誌の創刊号から77号までガリを切る。宮本正男とともに、長田新編"Infanoj de l'atombombo〔原爆の子〕"(JELK、1951;1958)の共同E訳の中心となり、52年JELKから刊行。52年11月茨木E会設立に参加。52年度KLEG個人賞。55年4月〜57年6月LM第2代編集長。58年12月舟岡イク子と結婚。66年地方E運動への貢献により、松本宙とともに第1回白木賞。66〜67年KKK委員。71年豊能E会が豊中E会と池田E会に分離した際、池田E会長に就任し、同会の発展に尽くす。78年UEAデレゲートに。宮本正男『日本語E辞典』の編纂に協力。退職後の87年3月より宮本に代わってKLEG事務所に常駐。同年KLEG事務局長兼図書部長となり、96年までKLEGが出版した本を編集、『宮本正男作品集』全4巻(1993〜1994)の編集・発行の最大の功労者。二葉亭四迷を取り上げた鈴木清順のラジオドラマ「異聞世界語事始頌」(NHK FMシアター、1989.3.11)でEの発音指導。90年度KLEG賞。広く使われた講習用書 "La teksto unua" (1967) と "La teksto dua" (1971) および "La unua kursolibro" (1991) と関連教材(「紙上講座」、「講師用手引き」)を著述し、93年E入門講習書の著述およびE図書出版活動の功績により第31回小坂賞。JPEA会員。96年第44回関西E大会(豊中市)で「しのぶ会」。編集した『池田E会の歴史』は96年12月西尾務によって池田E会が出版。蔵書の一部は国立民俗学博物館へ。妻イク子、娘の(川越)ユリ、(吉田)ミナ、(小野)マヤもEを学んだ。著 'Fonetikismo aŭ gramatikismo' ("Prometeo" 1, 1956)、『講習会のやり方』(KLEG、1966;増補改訂版、1979)、「高槻での日本大会をめぐって」(NR 1970.10)、「Eの大会」(RO 1971.7)、「E大会の存在理由」(LM 1976.1)、「「公用基礎語根集」と La Teksto Unua の語イ」(LM 1976.8)、「KLEG草創の頃」(LM 1977.4)、「E-isto にとってもひと事ではない—恐るべき新漢字表試案」(LM 1978.3)、『講習会のやり方』(JELK、1979)、'Ŝpari benzinon' (LM 1981.3)、エロシェンコ 'Koro de aglo' ("Stranga kato" JELK、1983)、「「機械学」を担当して」(RO 1983.6)、「巨象 世界大会をなぞる」(LM 1987.9)、「KLEG事務所の1年」(LM 1988.4)、梅崎春生著 'Korbikuloj〔蜆〕' ("Postmilita japana antologio" JELK、1988)、小島信夫著 'La fusilo〔小銃〕' (同)、「セケリが初めて来たとき」(LM 1989.1)、「幸運のゴーシュ」(LM 1991.4)、"La Unua Kursolibro" (JELK、1991)、「書評 "Nova E-a krestomatio"」(LM 1992.6)、「宮本正男のシッポ」(LM 1995.2)、'Kio estas por mi E?' ("Japana Esearo N-ro 2" Libroteko Tokio、1995)、『池田E会の歴史』。参「四連盟人物風土記(1)」(LM 1963.9)、「蘇州代表来たらず」(LM 1983.8)、嶋田恭子

223

「この人と1時間―坂本ユリさんの巻」(ES 1984.3)、西尾務「坂本昭二さん」(LM 1985.6)、辰巳博「待望久しい新教材 La unua kursolibro」(LM 1991.4)、西尾務「昭二さんと27年」("La Apro" 池田E会, 239, 1996.5)、中道民広「サカモトショージさんにおくる言葉」(SL 1996.5)、佐々木安市「KLEGは、そして吹田E会にとってもじつに惜しい方をなくしてしまいました」(LVE, 183, 1996.5)、LM 1996.6〜7、染川隆俊「思いはつきることなく」(RO 1996.7)、「サカモトさんの蔵書「民博」へ」(LM 2010.5)、『原爆の子』をうけつぐ会編『長田新編『原爆の子』・発刊60年『原爆の子』をうけついで』(本の泉社, 2012)、『日本のE-isto名鑑』。協坂本イク子。

坂本清馬|さかもと せいま
1885.7.4〜1975.1.15

高知/高知二中(中退)/号克水/アナキスト。大逆事件で1911年死刑判決。無期懲役に減刑され、34年まで獄中に。一時、誤解により日本のE-isto24名のうち11名が死刑に処されたとの噂が外国に伝わる。戦後、日中友好運動に尽力し、54年日中友好協会中村支部設立。61年東京高裁に大逆事件の再審請求、65年棄却後、最高裁へ特別抗告、67年却下。08年大杉栄が中国留学生にEを教授する場に立会い学習。獄中で大杉に差し入れてもらったE書を読書。宮崎に移り、福田国太郎と交友。著『大日本皇国天皇憲法論』(昭和神聖会高知支部, 1935)、『大逆事件を生きる 坂本清馬自伝』(新人物往来社, 1976)。E関係に「エス語を真に東洋民族に通用せしむるには」(RO 1936.6)、「大逆事件とE」(LM 1961.4)など。参貫名美隆「Zamenhofの手紙集の誤りについて」(『神戸外大論叢』8:4, 1958)、田中伸尚『大逆事件 死と生の群像』(岩波書店, 2010)、鎌田慧『残夢 大逆事件を生き抜いた坂本清馬の生涯』(金曜日, 2011)、『近代日本社会運動史人物大事典』、『日本アナキズム運動人名事典』。

坂本鶴子|さかもと つるこ
1870.1.13(明治2.12.12)〜1951.12.27

岡山/同志社大/旧姓永井/社会運動家、教育者。日本基督教矯風会岡山支部長として婦人解放運動、廃娼問題などに取組み、1929年岡山高等女子職業学校長。夫坂本義夫(1887〜1951、『中国民報』社長、代議士)とともにガントレットにEを習った。参『岡山のE』。

坂本ハルエ|さかもと はるえ|？〜？

神奈川県庁河港課の製図工。1939年6月内務、外務両省から派遣される土木技師内に加わりアフガニスタンへ公務出張。アフガニスタンやインドでE-istoと交流を計画 参"技術日本"を背負う遥々アフガニスタンへ 県庁の画工・坂本ハルエ嬢」(『東京朝日新聞』神奈川版, 1939.6.1)、「横浜の坂本さんアフガニスタンへ」(RO 1939.7)。

阪本勝|さかもと まさる
1899.10.15〜1975.3.22

兵庫/北野中(1917)、二高(1920)、東大(1923)/江崎悌三と北野中の同期。尼崎市長、兵庫県知事などをへて、1961年東龍太郎と都知事を争い、落選。E学習歴は不明 59年ザメンホフ百年祭賛助員。伊東三郎と親交。著『洛陽餓ゆ』(福永書店, 1927)、『ある放浪僧の生涯』(創元社, 1972)。参藤野順『阪本勝と佐伯祐三』(青弓社, 1982)、『現代日本朝日人物事典』。

佐川幸一|さがわ こういち
1907.6.30〜1986.9.17

福島/宇都宮高農(1929)/東白川地方事務所長、ジャワ軍政監部庶務課長などをへて、1951年福島県議、63〜65年県会議長。ラジオ福島取締役、東北電力監査役、日本酪農講習所理事長など。宇都宮高農在学中にJEI入会。28年12月1日角野秀と宇都宮E会を結成。参岡部俊夫編『福島県議会議員佐川幸一』(佐川幸一記念誌刊行会事務局, 1992)

佐久間鼎|さくま かなえ|1888.9.7〜1970.1.9

千葉/一高(1910)、東大(1913)/文学博士。心理学者、音声学者。ゲシュタルト心理学

の紹介者。1925年独仏留学より帰国後, 49年まで九大教授。東洋大に佐久間文庫。E学習歴は不明。56年日本E運動50周年記念に際しJEI賛助会員。圕『日本語の特質』(育英書院, 1941)ほか多数。阾川崎直一「訂正してほしい」(RO 1971.10), 安田敏朗『日本語学は科学か―佐久間鼎とその時代』(三元社, 2004),『現代日本朝日人物事典』。

桜井重雄 | さくらい しげお
1893.2.23～1969.6.18

東京/早大 (1917)/別名八洲雄/大本本部長, 大本学院長, 人類愛善会理事, 大本総長など。1923年E学習。理想主義的E-istoで, 第二次大本事件前には"Verda Mondo"に論文, エッセイを寄稿。EPA顧問。圕'La Nova Japanujo' ("Verda Mondo"天声社支社, 3:2, 1927),『愛善の世界へ』(人類愛善新聞社, 1930),『皇道大本要』(天声社, 1935), "Dek Gvidprincipoj de la Oomoto-Movado〔大本運動の十原則〕" (大本本部海外宣伝課, 1960)。阾 "Japanaj E-istoj",「普及会顧問・桜井重雄氏昇天」(NV 1969.7)。

桜井茂治 | さくらい しげじ | ?～1923.9.1

JEI会員。関東大震災 (1923.9.1) により横浜で圧死。阾RO 1923.11。

桜井静枝 | さくらい しずえ
1900.10.9～1985.3.28

東京/御茶ノ水高女/旧姓伊藤/栃木県知事, ILO東京支局長, 東京ヘレン・ケラー協会理事長桜井安右衛門 (1898～1994) の妻。日本最初の理学博士伊藤圭介 (1803～1901) の孫。理論物理学の世界的権威桜井純 (1933～1982) の母。1924年夫のILO帝国代表事務所赴任に同行し, 25年第17回UK (ジュネーブ) に江崎悌三, 虎渡乙松, 西村光月らと参加。阾'Letero de sinjorino Sakurai' (RO 1925.11), 守随一「第17回UK概況」(同)。協櫻井明夫。

桜居甚吉 | さくらい じんきち
1905.1.14～1997.7.16

北海道/小樽商 (1923)/呉服商。岩内町議, 岩内ユネスコ協会長など。1920年小樽でE独習。22年JEIに入り, 以後, 岩内でE普及に尽くす。泉正路にEを指導。74年第59回UK (ハンブルク) への参加を含め, 海外旅行は26回, 68ヵ国を訪問。圕「岩内最初のE語学習」(『広報いわない』222, 1976),「永年会員表彰」(HEL 1990.12),「回想萩原謙造」(HEL 1993.12)。阾「顕彰者からのお便り」(RO 1990.11),「私のなかの歴史 E-isto桜居甚吉さん」(『北海道新聞』1992.10.19～29)。協「岩内に生きて」(HEL 1993.1～3)。協桜居正見, 濱田國貞。

櫻井肇山 | さくらい ちょうざん
1880.4.11～1945.11.10

岩手/曹洞宗大 (1907)/吉祥寺 (岩手県江刺) 住職。1926年栴檀中 (仙台) 寮監兼助教授, 28年教授, 教頭をへて, 31～40年校長。自ら熱心にEを学ぶと同時に, 栴檀中学内でもE普及に努力。31年10月同校の中学生30名が仙台E会の初等講習に参加したのがきっかけで, 翌年2月栴檀中E会が結成され, 同会からは小島霊光, 真山政之, 千葉正一 (まさかつ) らが育った。仙台E会員。阾山本林編『栴檀学園壹百年史』(大久保道舟, 1974)。協菊池二十三。

桜田一郎 | さくらだ いちろう
1904.1.1～1986.6.23

京都/京都一中 (1920), 三高 (1923), 京大 (1926)/工学博士。ビニロンの発明家。貧民調査の先駆者桜田文吾 (1863～1922) の長男。京大名誉教授, 京都市名誉市民など。1955年日本学士院賞, 77年文化勲章 (田宮博と同時)。20年三高入学後, 切手収集のため, 八木日出雄にEを学び, 11月JEI入会。22年八木の指導下, 奥村勝蔵, 安田勇吉らと『日本語E小辞典』を編纂し, カニヤ書店より出版。23年11月11日関西学生連合E雄弁大会で「エミル・フィッシャーの生涯」を講演。28～31年ドイツ留学し, 29

年第21回UK（ブタペスト）に参加したほか、ライプチヒ、ベルリンなどでE会に加わり、講演なども。31年第19回JK（京都）大会大学で"Ĥemio de artefarita silko"を講演。49年第2次JEA評議員。52～53年KLEG会長。52年JEI京大支部設立に際し初代支部長、第39回JK（京都）会長。53年KKK新設に際し初代委員。59年第7回関西E大会（京都）準備委員長。70年第57回JK（吹田）で「一E-istoの視角」を講演。82年JEI顧問。84年第32回関西E大会（京都）会長。著藤井真澄著"Nova Satano〔新魔王〕"（カニヤ書店, 1924）、ザメンホフ著『夜の空の星の如く』（同, 1924. "Paroladoj de Zamenhof"の邦訳）、『高分子化学とともに』（紀伊國屋書店, 1969）、「三高E会編『日本語E小辞典』について」（LM 1979.3）。参松崎克己「緑星旗下の集い」（RO 1924.1）、桑原利秀「桜田一郎博士にEについて聞く」（LM 1979.5）、桑原利秀「桜田一郎さんを偲ぶ」（RO 1986.10）、『現代日本朝日人物事典』。

桜田儀七｜さくらだ ぎしち
1886.8.14～1935以降

京都/北大/医学博士。社会局技手。1919年JEA入会（会員番号1338）。のちJEIにも参加。

桜田佐｜さくらだ たすく
1901.4.29～1960.12.20

東京/一高（1922）、東大（1925）/仏文学者、児童文学者。植木庚子郎、江川英文と一高文科丙類の同期。立教大教授をへて、1926年東京高教授、27～29年文部省留学生としてフランス留学。戦後、法大教授など。キリスト者。20年9月JEI入会。著ドーデー著『風車小屋だより』（岩波書店, 1932）、フラピエ著『女生徒』（同, 1952）。参桜田久『90歳をありがとう』（産経新聞ニュースサービス, 1999）。

桜谷正雄｜さくらたに まさお
1907.11.30～1980以降

1948年より串本高教諭。責善教育創設に参画し、53年全国同和教育研究協議会結成にも参加。和歌山県同和教育研究協議会副会長。29年E学習。講習会の講師としてE普及に尽力。JEI会員。参 "Japanaj E-istoj"。

桜根孝之進｜さくらね こうのしん
1870.9.29（明治3.9.5）～1950.10.11

和歌山/大阪医学校（1890）/医学博士。1905～06年ドイツ留学。大阪医学校、大阪医大各教授。大阪市に病院開業。日本皮膚科学会名誉会頭。ローマ字ヒロメ会の首唱者で、ヘボン式ローマ字の普及に尽力。16年大阪E協会評議員。妻たか（旧姓半田）は17年JEA大阪支部の婦人講習会に出席後、JEAに加わり（会員番号1298）、のちJEIにも参加。著 'La Japanoj kaj E'（大阪E協会訳, JE 1916.12）、"Hifubyogaku"（吐鳳堂書店, 1913）、『ローマ字綴方の目標』（帝国ローマ字クラブ, 1923）。参『日本E運動史料Ⅰ』。

桜山壮次｜さくらやま さかじ
1888.12.21～1965⇔1967

愛知/三高（1909）、東大林学科（1912）、京大土木科（1915）/岐阜電気、東邦電力、矢作水力などをへて、矢作開墾、石川電気各取締役、木曽川電力、三信鉄道各顧問など。戦後、銭高組顧問。1923年頃JEI入会。

酒向三五郎｜さこう さんごろう
1882.4.29～1959.6.26

岐阜/日本医学校（1907）/酒向元の父。浜田病院、三井慈善病院産婦人科医局をへて、1909年岐阜県八百津町に酒向医院開業。22年頃JEI入会。関酒向誠。

酒向元｜さこう はじめ｜1909.1.13～1994.1.5

岐阜/名古屋医大（1935）/医学博士。酒向三五郎の子。産婦人科医。名古屋医大講師などをへて、陸軍軍医として中国、仏印へ。1950年酒向産医院を父より継承。鉱物収集家としても知られた。大学予科2年生の30年、同級生数名とE学習。65年戚の由比忠之進に勧められ、小坂狷二『E捷径』

で再学習。海外とE文通も。🏛「追想」(『名古屋E会創立50周年記念文集』1982)。🏛酒向誠, 日本最古の石博物館。

左近義弼｜さこん よしすけ
1865.10.16(慶応1.9.5)~1944.9.1

越前国(現福井)/慶應義塾, ユニオン神学校, イェール大院(1888)/聖書学者左近義慈の父。聖書学者, ローマ字主義者。浅田栄次と交友し, 青山学院神学部の旧約学教授, のち同志社でも旧約学を講じる。「創世記」,「詩篇」など, 聖書を初めて原典から日本語訳。著作で「今後, 世界に活躍する一般の人は, 自分の国語とEさへ覚え居れば, それで充分」,「人類共通の言語はEにかぎる」など, Eに好意的な発言。🏛「最新ローマ字つゞり」(『太陽』1917.3),『社会改造の根本問題』(聖書改訳社, 1920)ほか多数。🏛「バビレーヨ」(RO 1933.6), 左近義弼「左近義弼とその時代」(東京神学大学神学会編『神学』27, 1965), 野崎晃市『明治キリスト教の受容と変容 浅田栄次の目を通して』(筑波大博士論文, 2006),『日本キリスト教歴史大事典』。

佐々木一夫｜ささき かずお
1906.9.9~1987.1.23

鳥取/北谷高等小/農民文学作家。Eは, 1931年頃プロレタリアE講習会で中垣虎児郎の指導で学習。🏛『寒夜』(新日本出版社, 1965),『魅せられた季節』(同, 1971)。🏛『E文学』20(E文学研究会, 1936), 志賀岑雄「作家を訪ねて10」(『群狼』群狼の会, 15, 1980),『日本アナキズム運動人名事典』。

佐々木喜善｜ささき きぜん
1886.10.5~1933.9.29

岩手/哲学館(中退), 早大(中退)/筆名佐々木繁, 佐々木鏡石, 好語生, 白龍/著述家, 民俗学研究家。ロシア語を学び作家を志望。のち水野葉舟の紹介で柳田國男と知り合い, 柳田『遠野物語』(1910)の語り部として「日本のグリム」と異名をとる。1922年頃から大本を信仰。遠野市に佐々木喜善記念館。21年10月柳田の助言で, 以前にも触れていたEに本格的な関心を覚え, 同年12月頃JEIに入会し大井学の援助で学習。『岩手毎日新聞』などにE関連の文章を寄稿。晩年は土淵村(岩手)村長を辞して仙台に住み, 困窮する生活の中で民俗学研究と大本でのE講師のかたわら, 宮沢賢治と親交して30年と32年に花巻のE講習の講師に赴く。🏛『佐々木喜善全集』全4巻(遠野市立博物館, 1986~2003)ほか多数。🏛山田野理夫『遠野物語の人』(椿書院, 1974), 同『柳田国男の光と影』(農山漁村文化協会, 1977), 内藤正敏『遠野物語の原風景』(筑摩書房, 1994), 佐藤勝一「宮沢賢治『E詩稿』の成立(1)」(『宮古短期大学研究紀要』6:2, 1996), 内藤正敏「宮澤賢治と佐々木喜善—異界・E・宗教」(『文学』7:1, 1996), 後藤彰信「大杉栄, 佐々木喜善との交友と平民社参加の頃」(『初期社会主義研究』16, 2003), 佐藤竜一『世界の作家宮沢賢治』(彩流社, 2004), 佐藤誠輔『遠野先人物語 佐々木喜善小伝 日本のグリム』(遠野市教育文化振興財団, 2004),「特集 遠野昔話の父, 佐々木喜善の世界」(『遠野物語研究』6, 2002),『日本のグリム 佐々木喜善』(遠野市立博物館, 2004)。🏛後藤彰信, 佐藤竜一。

佐々木憲護｜ささき けんご
1875.10.16~1954以降

新潟/中学修猷館, 長野中, 釜山中各教諭をへて, 1922年慶大教授。長野中在職時の06年JEA入会(会員番号101)。🏛『日記式教育五十年自叙伝』(私家版, 1954)。

佐々木憲徳｜ささき けんとく
1886.1.3~1972.7.16

熊本/仏教大/浄土真宗本願寺派勧学。龍谷大, 熊本女子短大各教授。70歳からEを学習し, 仏教文献のE訳に従事。🏛『往生要集概論』(山崎宝文堂, 1936), "Du klasikaj Verkajoj en Japanujo〔十七条憲法, 歎異抄〕"(文化新報社, 1962), 親鸞著"Tannisoo〔歎異抄〕"(浅野三智校訂, 国際仏教文化協会, 1983)。🏛浅野三智「E訳『歎異抄』再版について」(LM 1984.11)。🏛熊本県立図書館。

佐々木繁 | ささき しげる | 1902〜1971以降

宮城/中大(1927)/丸善、東光堂、庶民金庫などに勤務。戦後、石巻の漁業協同組合で働く。1932年2月日本共産党入党、5月PEU入会、10月治安維持法違反容疑で検挙、12月起訴。石内茂吉の東光堂を共同経営し、42年9月石内と再検挙。60年3月JEI入会。参『特高月報』1942.11。

佐々木滋 | ささき しげる | 1911.9.30〜1995.2.4

岩手/京華中(1928)、東北大(1935)/丹沢病院副院長などをへて、1955年岩手県水沢に佐々木内科医院を開業。結核対策に尽力。東北大在学中に同校医学部E会、仙台E会で活動。34年3月JEI仙台支部創立に参加。63年12月JEI再入会。66年第4回東北E大会(水沢)開催に尽力し、"Kelkaj medicinaj aferoj"を講演。イーハトヴE会を支援。著'Macuzaŭa hospitalo'("La Bukedo"仙台E会、1, 1933)。参ME 1990.10。協菅原慶一、岩手県立図書館。

佐々木祐正 | ささき すけまさ
1896.12.13〜1945以降

奈良/東京高商(1918)/住友電線経理課長などをへて、1945年調査役を最後に退職。20年末頃JEI入会。24年JEI大阪支部設立に際し代表。SAT、大阪E会各会員。協大崎和夫、住友電工。

佐々木孝丸 | ささき たかまる
1898.1.30〜1986.12.28

北海道/神戸通信生養成所、通信省官吏練習所、アテネ・フランセ/筆名落合三郎、香川晋、高杉晋吉/劇作家、演出家、俳優、翻訳家。俳優千秋実(本名佐々木勝治)の岳父。小牧近江がフランスから持ち帰った「インターナショナル」の歌詞を、秋田雨雀に代わって邦訳。モーパッサンやスタンダール作品の翻訳も。戦後は映画やテレビにも出演。Eは、1916年秋田の「緑の野」を読んで学習を決意。上京後、秋田に師事しEと演劇を学ぶ。21年2月JEI入会。足助素一の叢文閣で働き、小坂狷二・秋田『模範E独習』を企画・編集。小牧の『種蒔く人』に協力し、E日対訳記事やE講義録を掲載。エロシェンコ、山ノ井愛太郎とも交友。23年東北・北海道E宣伝旅行に参加。48年第2次JEA評議員。68年第55回JK(札幌)、70年第57回JK(吹田)で講演。69年10月21日NHKラジオ「人生読本」でE活動を含めた青年時代の思い出を語る。70年第55回UK(ウィーン)に参加し、「わが生涯の最良の一週間」と。71〜74年および77〜78年JEI理事。75年10月16日井上裕、江森巳之助、藤島敏夫らと調布E会を設立し初代会長。79年JEI参与。UEAデレギート(調布市、演劇)、SAT会員など。著「世界主義文学と世界語」(『東京朝日新聞』1922.7.5〜7)、『自由エスペラント講義録 第1号』(編、日本エスペラント文化学会、1923)、「『世界語』比較小論」(『種蒔く人』4:18, 1923)、「Eの雑誌」(『国際文化』1:1, 1928)、『風雪新劇志―わが半生の記』(現代社、1959)、「秋田雨雀先生のSkizo」(RO 1962.7)、「わが生涯の最良の一週間」(RO 1970.11)、「コトバの魔術」(LM 1971.1)、「エロシェンコの思い出」(『赤旗』1972.12.10)、「救世主E」(ES 1976.1)、"Mia kaŝita vivo"(朝明書房、1978)、「一時間でEをマスターしたという話」(ES 1979.11)、「秋田雨雀について」(『悲劇喜劇』1982.10)、「秋田雨雀誕百年」(LM 1983.5)。参「佐々木孝丸おおいに語る」(LM 1968.10)、小林司「『種蒔く人』にあらわれたE」(NR 17, 1970.10)、福田正男'SASAKI Takamaru'(LM 1987.2)、竹内義一「インターナショナルの旗高く」(LM 1987.2)、神保規一'Aĉuloj'(LSP 1987.2)、大島義夫「佐々木孝丸追悼の記」(RO 1987.3)、井上裕「佐々木孝丸先生の想い出」(PO 1987.2)、岩垂弘「遥かなるインターナショナル―三人のエスペランチスト 佐々木孝丸、長谷川テル、由比忠之進」(『軍縮問題資料』1993.1)、藤田富士男「佐々木孝丸と秋田」(『『種蒔く人』の潮流」刊行委員会編『『種蒔く人』の潮流―世界主義・平和の文学』文治堂書店、1999)、『現代日本朝日人物事典』、『近代日本社会運動史人物大事典』、『反体制E運動史』、『調布E会20年のあゆみ』。協饗庭三泰。

佐々城佑｜ささき たすく｜1883.4.1～1978.3.24

北海道/札幌中（1900）、オークランド高（中退）/仙台額兵隊の軍医佐々城本支（もとえ、1843～1901、旧名伊東友賢）、婦人運動の先駆者星豊寿（1853～1901）の長男。姉信子（1878～1949）は国木田独歩の妻で、有島武郎『或る女』のヒロイン「早月葉子」のモデル。相馬黒光の従弟。日本社会に失望して、1901年渡米、種々の労働に従事し在米社会革命党地方委員。07年末帰国。龍谷中（佐賀）、九州学院（熊本）の教員をへて上京し、正則中、横浜二中で英語教師。戦後、佐々城英学塾を経営。Eは、サクラメントの果樹園で働いていた06年11月日本の新聞で加藤節『E独修』の広告を見てこれを取り寄せ、07年5月オークランドの古書店でEkzercaroを求めて独習。08年7月JEA入会（会員番号856）。岩下順太郎らとザメンホフ文法研究会を結成。19年国際商業語協会設立に参画し、ディック、藤沢親雄らと幹事。最初の妻トシ（1921年4月JEIに入会するも、数ヵ月後没）との間に生まれた長女を「ルミ」（lumi「光る」から）と命名。23年11月11日関西学生連合E雄弁大会で「大震災の経験」を特別講演。25年SAT入会。26年森田松栄と再婚し、クララ会の活動を支援。34年松田久子（旧姓篠原、のち松田周次の妻）の身元引受人になり、自立を支援。松栄と死別後、35年宮島きく子と再々婚。同年8月JEIのE夏期大学でE教授法を講義し、翌36年8月の第2回E夏期大学でもE教授法をEで講義。同年6月13日日本E運動三十周年祝賀晩餐会で回顧談を語る。38年1月「望」と命名した息子が3歳で没。39～44年JEI理事。40年TEK委員長。45～70年JEI理事。56年50周年記念第43回JK（東京）で表彰。横浜E協会顧問。妻きく子、息子開もE学習。著ホキツテケル『超絶せる生涯』（基督教書類社、1917）、"Elementa Legolibro de E"（E研究社、1927；1969年朝日書房より復刻）、ザイデル著・ビュッカーE訳『魔法使〔La Sorĉisto〕』（JEI、1929）、"Paroladoj de D-ro L.L. Zamenhof"（岩下順太郎と共編、大日本E会、1930）、'Laŭnombra akordo de substantivo kun ĝia apudesta adjektivo'（岩下順太郎と共著、RO 1933.1～12）、「1905年のZamenhof」（RO 1934.3）、「英語教師がE語を受入れ難い諸点」（RO 1935.9）、「想出す人々」（RO 1936.6）、'Studo pri la verbo "timi"'（RO 1938.1～4）、佐々城佑・きく『対話寸劇による英語会話』（研究社、1952）。参国木田独歩『欺かざるの記抄』（新潮社、1918）、'S-ino T. Sasaki'（RO 1921.11）、松崎克己「緑星旗下の集い」（RO 1924.1）、「日本E運動三十周年祝賀記念雄弁会及晩餐会」（RO 1936.7）、「先輩はなぜ・どうして学んだか」（RO 1956.7）、『日本E運動史料 I』、伊東信雄「伊東友賢小伝――プロテスタント受洗した最初の東北人の伝記」（『東北文化研究所要』東北学院大、6, 1974）、徳田六郎「S-ro佐々城佑の思い出」（VS 1979.7）、石井薫「Eと私」（『調布E会20年のあゆみ』）、『近代日本社会運動史人物大事典』、『日本アナキズム運動人名事典』。協手塚登士雄。

佐々木到一｜ささき とういち
1886.1.27～1955.5.30

愛媛/広島一中、陸士（1905）、陸大（1917）/陸軍中将。孫文に傾倒。1937年12月旅団長として南京攻略戦に参加。河本大作に張作霖殺害を示唆したとされる。歩兵第三十旅団長として南京攻略戦を指揮。撫順で没。1923年頃JEI入会。参謀本部勤務の24年2～4月長谷川理衛を講師にE講習会を開催。著『支那陸軍改造論』（行地社出版部、1927）、『ある軍人の自伝』（普通社、1963）。参「参謀本部及陸軍省での講習」（RO 1926.3）、戸部良一『日本陸軍と中国』（講談社、1999）、『現代日本朝日人物事典』、『日本陸軍将官事典』。

佐々木時雄｜ささき ときお｜1913.8～1974.1.24

大阪/浪速高（1934）、京大（1937）/学生時代、『学生評論』に参画、京大同学会の幹部。1946年京都人文学園設立に参加し主事。50年同学園昼間部の閉鎖に伴い京都市職員となり、美術館、文化局などをへて、62～68年京都市動物園長。46年京都人文学園が羽仁五郎、伊東三郎の勧めに従ってE教育を始めた際、自らも栗栖継に学び、47年から講師として教壇に。同学園からは北さとり、竹内義一、川野邦造、吉田九

洲穂,吉田敦子らが巣立つ。緑星会を設立し,京都のE運動再建に努力。48年第2次JEA委員,11月7日同京都支部設立に際し初代委員長。［著］'Poemo de K. Kaloscay'(LM 1951.9),『動物園の歴史』(西田書店,1975),『続動物園の歴史 世界編』(同,1977)。［参］北さとり「京都人文学園とE」(LM 1969.10～11),川野邦造「佐々木時雄先生をしのんで」(LM 1974.3)。［協］京都府立図書館。

佐々木富雄|ささき とみお|1901.7.3～1973以降

岩手/盛岡中(1919),二高(1922),東北大(1931)/医学博士。眼科医。1953年北上市に佐々木医院開業。学生時代,仙台E会入会。

佐々木秀一|ささき ひでいち|1874.3.10～1945

青森/東京高師(1902)/修身教育の権威。1925年英米独仏留学。東京高師主事など。筑波大に佐々木文庫。長野師範在職中の05年東京でEを知り,同僚の野尻休一から手ほどきを受ける。06年JEA入会(会員番号55)。08年上京後,Eと疎遠に。［著］『道徳教育論』(内外出版,1924)ほか多数。［参］「古くよりEをやられた方々よりの御返事(抜粋)」(RO 1936.6),前野喜代治『佐々木秀一先生』(私家版,1962)。

佐々城松栄|ささき まつえ
1886.5.3～1933.6.18

千葉/東京府立第二高女(1902),女子英学塾(1907)/旧姓森田/水戸藩儒者青山延寿(1820～1906)の孫,山川菊栄の姉,佐々城佑の妻。3年間宇都宮高女に勤務し帰京。1911年英語中等教員検定に合格。12年6月受洗,9月より東京神学社で神学を研究。金城学院の校歌を作詞。のちキリスト者から社会主義へ移行。20年10月JEI入会。22年頃から自宅でE学習会を開き,矢島(平川)さだの,三宅ヒサノ,栗山(岩下)五百枝らを指導。25年4月12日,日本初の女性E-isto団体Klara Rondeto(クララ会)設立。26年結婚により改姓。SATに属し,菊栄の「国際婦人デー」,山川均の「資本主義のからくり」,吉田絃二郎(1886～1956),加能作次郎(1885～1941)の小品などのE訳を"Sennaciulo"ほかに発表。［著］'Alvoko al junaj samideaninoj'(RO 1925.7),荻原井泉水著'En la muzeo〔博物館で〕'(RO 1929.3),'E. Izgur'(RO 1930.3),『森田松栄遺稿集』(青山延敏,1934),クララ会編"Vortoj de Macue Sasaki"(JEI,1934.実際は母千世の自費出版)。RO 1933.7に著作一覧。［参］「山川菊栄さんの令姉松枝さんがE研究会を作る」(『読売新聞』1926.7.19),'S-ino Macue Sasaki'(RO 1933.7),平川さだの「故佐々城夫人を偲びて」(RO 1933.8),山川菊栄『女二代の記』(日本評論新社,1956),田中吉野「岩下五百枝さんは語る」(EV 1996.6),上笙一郎「森田松栄と佐々城松栄」(『論叢 児童文化』くさむら社,27,2007),『近代日本社会運動史人物大事典』,『日本アナキズム運動人名事典』,「日本女性運動史人名事典」,『反体制E運動史』。［協］田中吉野,松田洋子,手塚登士雄。

佐々木まゆみ|ささき まゆみ
1950.10.12～1972.8.5

広島/鳥取西高(1969)/1969年京都女子大児童学科進学後,同校E研究会を指導。71年国際語教育協議会(RH)組合代表。同年5月JEI入会。72年RH評議員。情熱的にE運動に取り組むも早世。［参］LH 1972.9。

佐々木行忠|ささき ゆきただ
1893.7.26～1975.8.10

東京/学習院高等科,京大(1917),東大(1918中退)/伊勢神宮大宮司,國學院大学長など。E学習歴は不明。貴族院議員時代の1921年8月妻米子と夫婦揃ってJEI維持会員に。［著］尚友倶楽部編『佐佐木行忠と貴族院改革』(芙蓉書房,1995),『現代日本朝日人物事典』。

笹原耕春|ささはら こうしゅん
1904.9.2～1990.5.27

熊本/本名芳介/俳人。若い頃親戚の大本信者の縁でEの基礎を10日間でマスター。欧州各国と文通したが,大本弾圧で中断。

1940年第28回JK(宮崎)に不在参加。著『たかむしろ』(私家版, 1985)、『虎落笛』(小国俳句会, 1989)。

雀部顕宜|ささべ あきのぶ
1872.5.8(明治5.4.2)～1938.2.9

岡山/第三高等中学(1894)、帝大文科大(1897)/藤岡勝二と第三高等中学本科の同期。1908年からヨーロッパ留学。東濃中(岐阜)教諭、東京、奈良各女高師教授などをへて、1921～26年大阪府立梅田高女(23年大阪府立大手前高女と改称)校長。26年宮城女専初代校長に就任するも、33年私情に基づく不当な人事の介入を拒否し、校長職を追われる。仙台時代、仙台E会に参加。著『女性の心理』(北文社, 1917)、『婦人の心理と婦徳の基礎』(北文館, 1934)。参『宮城県女子専門学校史』(宮城県女子専門学校同窓会白楊会, 1986)。蔵宮城県図書館。

笹山晋夫|ささやま ゆきお
1915.1.24～1985以降

東京/浦和高、東大(1940)/外科医。東大附属病院などをへて、1951年大和病院へ移り、のち副院長。浦和高在学中に同校E会に参加。東大在学中、浦和高出身の帝大学生によって結成されたMarŝada Grupoを守随一、深谷昌次、菊地盛らと支えた。

佐多芳久|さた よしひさ
1886.12.23～1939.3.28

鹿児島/千葉医専(1911)/医学博士。日本画家佐多芳郎(1922～1997)の父、日本史研究者佐多芳彦の祖父。1912～24年築地の山田病院に勤務、25年東京芝に佐多病院開業。20年6月JEI入会。押田徳郎と『E解剖学名辞彙』(日本E社, 1922)を編集。著『脳溢血の予防と治療』(実業之日本社, 1929)、『神経病時代』(大日本雄弁会講談社, 1932)。蔵佐多芳彦。

佐竹結実|さたけ ゆみ|1908.5.29～1977以降

東京/日医大(1930)/医学博士。1938東京下連雀に佐竹医院を開業。ハンセン病施設全生病院に招かれ、29年5月20日からE講習会。同年9月14日、東京学生E-isto連盟第4回総会で開会の挨拶。30年4月24日、札幌E会を訪問。

佐々一雄|さっさ かずお|1888.1.1～1970.2.7

宮城/東京医専(1918)/医学博士。東京医専教授、東京医大理事長、学長など。東京医専内でE普及に尽力。JEMA会員。参'E-a movado en Japana medicina rondo'(RO 1925.10)、『佐々一雄先生追慕録』(東京医大眼科同窓会, 1972)。

佐藤一英|さとう いちえい
1899.10.13～1979.8.24

愛知/愛知第一師範(中退)、正則学校、早大高等予科/詩人。日本詩における韻律を研究。4行詩(聯)を試作。1922年10月石黒修と愛知県海部郡でE宣伝講演。23年5月石黒、内藤為一、山田弘らと名古屋E社交倶楽部(同年名古屋E協会と改称)結成。24年名古屋を本拠に宮崎与志麿、白木欽松らとE詩人社を組織して活動。26年4月中部日本E連盟創立委員。SAT, JEI各会員。著「二葉亭氏・大杉・E」(『文芸時代』金星堂, 2:9, 1925)、『晴天』(江崎正文堂, 1922)、『新韻律詩抄』(昭森社, 1940)。参A・C生(=恒川龍川)「E名古屋沿革史」(『新愛知新聞』1924.9.25～27)、『現代日本朝日人物事典』、『名古屋E運動年表』。

佐藤悦三|さとう えつぞう
1910.11.4～2003.5.2

朝鮮/大田中(朝鮮)/税理士。Eは、1929年JODK(京城)のラジオ講座で独習。33年1月JEI入会。34年4月山本佐三の後を継いでEPA京城支部代表。55年福岡E会に参加、のち会長。64年7月問田直幹に協力して九大E会を再建。自宅の庭に「緑の部屋」を建築し、外国のE-istoを歓待。60年代から70年代にかけてE運動の全国組織問題に熱心に取り組み、72年『組織問題資料集』を作成。SAT, JPEA各会員。没後、E

蔵書はJEIへ。著「追悼・由比さんの死を生かす道」(LM 1968.2),‘E kaj E Movado’(LV 1968.3),「E運動の前進のために」(NR 1968.8),「E界時事放言」(LM 1968.11),「全国組織問題の主張にこたえる」(LM 1968.9),「E運動の建前と本音」(LM 1977.9),「追悼・ああ,城内忠一郎さん」(LM 1986.3)。参熊木秀夫「佐藤悦三『組織問題研究資料』によせて」(NR 11, 1968.11),梅津純孝「正義感の人佐藤悦三さん」(RO 2003.8〜9),同「弔辞」(LV 2003 夏),西田光徳「気骨あるE-isto」(LM 2003.8)。協坂口博,竹内栄美子。

佐藤香|さとう かおる|1923.2.16〜2013.1.1

群馬/前橋高女,帝国女子医専/旧姓高木/医師。高木仁三郎の姉。前橋日赤などに勤務,のちコスモス診療所院長。日ソ協会(のち日本ユーラシア協会)の活動にも参加。戦後,上田正雄らの群馬E会に参加。1987年E百周年記念第72回UK(ワルシャワ)に参加し,大会後群馬E会会員らと東欧を巡りE-istoと交流。診療所を群馬E会の例会場に提供したことも。JEI会員。夫正二もE-isto。参「追悼 佐藤香さんを偲ぶ」(RO 2013.4)。協堀泰雄。

佐藤孝一郎|さとう こういちろう
1910.2.1〜2003.5.7

会社経営。77歳でEを始め,1986年JEI入会。目黒E会に参加。89年第74回UK(ブライトン)ほかたびたびUKに参加。参藤島敏子「佐藤孝一郎氏を偲んで」(RO 2003.10)。

佐藤繁治|さとう しげじ|?〜?

浜松工高機械科長。1963〜70年引佐高教頭。32年1月JEI入会,46年再入会。日本E運動50周年記念行事実行委員会委員。59年ザメンホフ百年祭準備委員会中央委員。

佐藤勝一|さとう しょういち
1937.11.22〜2000.10.3

岩手/盛岡一高(1956),岩手大(1960)/盛岡市立高,久慈高,一関一高,盛岡一高などの英語教諭をへて,1990年岩手県立宮古短大助教授,98年岩手県立大宮古短大部教授。Eは大学時代に独習し,63年7月JEI入会。66年第7回東北E大会(盛岡)開催に尽力し,その後も同大会が岩手で開催されるたびに奔走。68年松坂勝郎とともに「世界の主食パン写真展」開催に尽力。久慈高在勤中,岩手県の東ヨーロッパ教育視察団に加わり,多くのE-istoの協力を得て視察の実を挙げ,岩手県教育界にEの有効性をアピール。81年4月盛岡一高へ転任後,同校Eクラブを指導。84年第71回JK(盛岡)開催の中心となって成功に導く。89〜90年JEI理事。92年11月長岡二郎の後を継いで東北E連盟会長。宮古短大ではゼミで「国際共通語論」をテーマとし,92〜2000年『卒業研究論集』を毎年発行。95年LM(527〜538号)のやさしい作文教室を担当。95年JR東日本盛岡支社が釜石線各駅にEの愛称を命名するのに協力し,96年3月1日釜石駅で一日駅長。97〜2000年JEI理事。97〜98年UEAデレギート日本代表。入院中の病院から外出許可をもらって2000年第41回東北E大会(仙台)で「新渡戸稲造の孤独な闘い」を講演し,その後20日あまりで没。E界に数々のユニークな企画を打ち出し,アイディアマンとしても定評があった。UEAのA委員,デレギート(盛岡,教育),イーハトヴE会会長など。著「熱烈歓迎—中国広東省講演の旅」(RO 1989.6),「JR釜石線『一日名誉駅長』をつとめて」(LM 1996.4),「宮沢賢治『E詩稿』の成立(1)」(『宮古短期大学研究紀要』6:2, 1996),「E界の恩人 新渡戸稲造」(『新渡戸稲造研究』5, 1996),「必修ゼミ『国際共通語論』の7年」(RO 1997.3),「世界E協会委員会報告」(RO 1999.10),「ティボール・セケリ仮想学校 インターネットを使った仮想学校に取り組んでいる岩手県亀岳小中学校の活動」(RO 2000.3),「UEA委員会」(RO 2000.10),「大国の言語のはざまで—新渡戸稲造の孤独な闘い」(RO 2001.2),佐藤竜一編『帆船のロマン—佐藤勝一の遺稿と追想』(イハートヴE会, 2002)。参佐々木律子「盛岡でお会いしましょう」(EV 1984.8), RO 1984.10〜11,阿部良恵・佐藤高峰「わたしの国際交流」(RO 1992.5),「Eの愛称

駅名」(LM 1995.5), 「賢治との接点探る」(『岩手日報』1996.3.14夕刊), 「JR釜石線E駅名表示のいきさつを探る」(RO 1996.8), 清水久美子「Eとの出逢い」(LJ 1997.5), 松本宙「佐藤勝一さんを想う」(ME 2000.11), 佐藤竜一「E愛称がついた銀河ドリームライン」("YUI"小山田工房編集室, 1, 2000), RO 2000.12, 大信田丈志「イーハトーブに種をまきつづけた佐藤先生」(LM 2000.12), 「追悼号」(『岩手県立大学宮古短期大学部研究紀要』11：2, 2001), 佐藤竜一「わたしの出した1冊の本」(RO 2003.4), 田野崎和夫「学習開始に遅すぎることはない」(RO 2007.10)。参佐藤竜一。

佐藤申一|さとう しんいち|1896〜1970.11.27

東京/一高(1917), 東大(1920)/工学博士。木村又一郎と一高工科の同期。鉄道省に入り, 名古屋鉄道局名古屋工場長などをへて, 1938〜41年大同機械製作所工場長。41〜61年名古屋工専, 名古屋工大各教授, 62年大同工業短大教授など。戦前, JELF顧問を務めた。著『歯車と歯形のねぢ面』(碩学書房, 1949)。参 "Jarlibro de JEI 1932" (JEI, 1932), 成田米蔵「佐藤申一教授の長逝を悼む」(『大同工業大学紀要』16, 1970)。

佐藤忠三郎|さとう ちゅうざぶろう|1910？〜？

秋田？/秋田師範(1930)/小学校教員。「北方教育」に共鳴して, 綴り方指導に取り組む。34年から勤務した松ヶ崎尋常高等小(由利郡)ではEとローマ字も指導。学級新聞のローマ字欄を独立させて, テキスト "Roomazi kaj E" に発展させる。自らも海外文通。参「北方教育60年の系譜 12 E語も指導 目を世界に向ける」(『秋田魁新報』1989.8.7)。

佐藤時郎|さとう ときろう|1911〜1937.10.23

熊本/青島中(中退)/別名中原進, 佐藤杜木夫, 広瀬二郎/中垣虎児郎の従弟。中国青島で成長。ストライキを起こし中学を放校に。Eは, 1934年名古屋E会の初等講習会で由比忠之進に習う。35年第23回JK(名古屋)で中塚吉次と知り合い, 11月足立直

次らとロンド・タギーチョ創立, "Tagigo" (1935.12〜36.2) 発行。36年3月ポポーロ社を設立し, 足立, 山田正男らと "Saluton" (1936.4〜11) 発行。国際通信に注力, 名古屋をプロレタリアE運動の中核のひとつに。同年12月5日検挙され, 仮出所後に没。参「名古屋ポポーロ社のプロレタリア文化運動」(『司法研究』28：9, 1936.12), 『解放のいしずゑ』。

佐藤徳意|さとう とくい|1906.2.17〜1983.12.25

北海道/北大(1934)/理学博士。山口喜一の娘婿。九大助教授などをへて, 1950年神戸大教授, 54年初代理学部長。58年福原満洲雄, 南雲道夫と協力して, 日本数学会函数方程式論分科会の欧文専門誌 "Funkcialaj Ekvacioj" を創刊。JEI会員。著『数学解析序説』(共立出版, 1968)。参石室旦「故佐藤徳意先生を偲んで」(『日本数学教育学会誌』66：5, 1984)。

佐藤矩方|さとう のりかた|1913.1.31〜1993.9.12

大阪/大阪商高(1925)/1953年国際電気通信から国際電信電話に転じ, 57年図書資料室長, 60年営業部調査役など。34年1月JEI入会。「搬送諸方式の到達距離」の翻訳に際しE-istoを介して著者と連絡を取り, 許可を得る。56〜67年JEI評議員。57年TEK代表。59年第8回関東E大会(横浜)副議長。Rondo de Herboj の設立に協力し, 指導。JEIの講習会を指導。野崎貞夫らの同人誌 "Kajero" にたびたび寄稿。JESA会員。著リング・ツェルベル共著『搬送諸方式の到達距離』(『近畿施設』303, 1953.1), 「Eの話」(『国際電話』9, 1958.6), テイラー・バロン共編『創造性の能力と規準』(丸善, 1970), テイラー編『創造的人間の育成』(同)。参 "Japanaj E-istoj"。

佐藤春夫|さとう はるお|1892.4.9〜1964.5.6

和歌山/新宮中, 慶應義塾(1913中退)/詩人, 小説家, 評論家。佐藤方哉の父, 栗栖

継の遠縁。大杉栄と親交。1960年文化勲章。新宮市に佐藤春夫記念館。1956年日本E運動50周年記念に際しJEI賛助会員。**著**『定本佐藤春夫全集』全38巻（臨川書店，1998～2001）ほか多数。E訳作品に，万沢まき訳 'Okaasan〔「オカアサン」〕'（RO 1937.4），大谷正一訳 'Knabaj tagoj〔「少年の日」〕'（RO 1937.4），宮本正男訳 'Kanto pri sairo〔秋刀魚の歌〕'（"la nica literatura revuo" 14, 1957）など。**参**栗栖継「真実へのひとり旅」（『北方文芸』北海道文芸館北方文芸編集部，180～207, 1983～85），『現代日本朝日人物事典』，『日本アナキズム運動人名事典』，『近代日中関係史人名辞典』。

佐藤政資 | さとう まさすけ | 1876.2～1953.7.7

宮城／京大（中退）／細菌学者志賀潔の弟。1902年京都薬学校講師，21～44年京都薬専教授，以後製薬業に従事。06年JEAに入り（会員番号306），同年10月～07年3月『京都府教育会雑誌』にEについて連載。同年4月JEA京都支部発足に際して，知恩院山内の良正院（住職は角田俊徹）で開かれた講習会の講師を担当。**著**「Eに就きて」（『京都府教育会雑誌』173～178, 1906.10～07.3），『へるつ波無線電信』（裳華房，1906），『電気磁気学講義』（電友社，1914）。**参**峰芳隆「京都で最初のエスペーロ」（LJB 218, 1986.10）。**蔵**兵庫県立図書館，宮城県図書館。

佐藤方哉 | さとう まさや
1932.10.27～2010.8.23

東京／東京教育大附中・高，慶大（1957）／木下雅夫／心理学者，行動分析学者。佐藤春夫の長男。1976年慶大文学部教授，98年慶大名誉教授。帝京大教授をへて，2008年共生科学部を置く通信制の星槎大の教授となり，翌年学長。国際行動分析学会会長，日本行動分析学会会長など。共生科学の観点からザメンホフの思想に関心を寄せ，09年JEI入会。10年京王線新宿駅ホームで事故死。『動物心理学研究』からEでの寄稿を可とする規定が消えたことを寂しがっていたと。**著**『行動理論への招待』（大修館書店，1976）ほか多数。E関係に「共生思想家としてのザメンホフ」（『共生科学研究』5, 2009）。**参**「ホーム転落 すき間20センチ 首挟む」（『朝日新聞』2010.8.24），「追悼記事 佐藤方哉先生」（『動物心理学研究』60, 2010），「佐藤方哉追悼」（『行動分析学研究』26, 2011）。

佐藤義雄 | さとう よしお
1906.2.12～1992.10.28

京都／同志社専門学校（1926），同志社大（1929）／号葭穂／法学者，弁護士。1940年同志社大，50年大阪商大各教授。京都弁護士会副会長。25年第13回JK（京都）準備委員。26年6月京都市内の郵便局員にE講習。28年第16回JK（大阪）後の三高E会主催雄弁大会（京都）で「所有権の話」を演説。同年12月同志社大でE展覧会開催後，高等女学部学生70名にE講習。JEI会員。**著**「我国初期に於けるE語独習書瞥見」（RO 1930.11），『新商法総論』（同文館, 1938），『皇道日本の経済法』（亜細亜学会, 1942）。**参**「会員の声」（RO 1928.6）。

佐藤義人 | さとう よしと | 1902.5.20～1987.9.20

静岡／早大（1928）／1929年語学出版社大学書林を創業。小野田幸雄『E四週間』（1931），大島義夫『新稿 E四週間』（1961），三宅史平『E基礎1500語』（1958），『Eの話』（1961），『E小辞典』（1965），川崎直一『基礎E』（1963）などを発行。E学習歴は無し。59年ザメンホフ百年祭賛助員。**著**ヴェルフエル著『ホテルの階段』（大学書林，1934），『駿河岡部の方言と風物』（大学書林，1967）。**参**佐藤政人『父』（ユック舎，1988），同編『佐藤義人の記念に』（大学書林，1989）。

佐藤了 | さとう りょう | 1923.9.11～1996.1.12

東京／東大（1945）／生化学者。理学博士。シトクロムP450の発見者。1953年よりスウェーデン，米国へ留学。阪大名誉教授。名大大学院時代に江上不二夫の影響でEを学び，51年金沢大へ赴任後，長谷川理衛，松田周次らと学内のE普及に尽力。JELE会員。**著** 'Fiziologia oksidado per nitrato'（"Scienca Revuo" 国際E科学協会, 4, 1950），『細胞分画法』（岩波書店, 1972），『タンパク質

のふしぎ』(読売新聞社, 1987)。参『現代日本朝日人物事典』。協鈴置二郎。

里吉重時 | さとよし しげとき
1908.3.24~1989.6.12

東京/東京商大/1962年日本勧業銀行を退職後、コンサート・ホール・ソサエティへ。27年Eを学び、28年3月JEI入会。アルジェンタ・クンシードで活動。33年7月6日田沼利男、比嘉春潮、宗近真澄、大崎和夫らと武蔵野グループ結成。34～35年JEI評議員。34年10月E-isto宮川友枝と結婚。37年応召、Eとロシア語をやっていたため危険分子と見なされ、1年で除隊。41年再応召。47年第2次JEA常任委員。50年12月15日TEK創立に参画し初代会長。51～56年JEI評議員。52年第1回関東E大会(東京)議長。53年多羅尾一郎、石黒彰彦らと山手ロンド結成。61～62年JEI評議員。淵田多穂理亡き後、JABEの活動を支援。78～82年杉並E会初代会長。79年JEGA創立に参画。UEAデレゲート(東京、銀行)。娘の遠藤ルミ子もE学習。著「第60回JK印象記」(RO 1973.10)、「UKに囲碁を」(山賀勇編『バルナ大会参加の記』JEI旅行団, 1978)、「世界E-isto囲碁将棋連盟設立の夢」(RO 1979.4)、「PAVLOVさん」(RO 1982.6)。参水野義明「老兵は死なず」(PO 1989.8)、松本健一 'Nekrologoj' (RO 1989.11)。協遠藤ルミ子、犬丸文雄。

真田昇連 | さなだ しょうれん | 1906~1977.12.3

福井/龍谷大/旧名稲田連/真宗寺(奈良)住職。京都市役所、奈良県庁に勤め、奈良公共職業安定所、中央児童相談所長など。1923年瓜生津隆雄が龍谷大で開いたE講習(講師は吉町義雄)に浅野三智と参加。龍谷大E会の中心として活躍し、25年10月同会初の機関誌"La Sankta Tilio"を編集・発行。31年柴山全慶、太宰不二丸らとJBLE結成。仏教児童博物館主事としてE通信を活用。高倉E会員。参浅野三智「日本に於ける仏教E小史」("Informilo de JBLE" 32, 1955)、「仏教E運動を支えた人たち(2)」(LJB 1984.5)。

真田増丸 | さなだ ますまる
1877.7.25~1926.2.17

福岡/豊津中(1897)、山口高、東大(1908)/浄土真宗本願寺派浄円寺の三男。1915年大日本仏教済世軍を結成、八幡を中心に全国的な布教活動と同時に、伝道にEを採用し、中西義雄、豊島竜象らを中心にE運動を展開。粗末な法衣に太鼓を叩いて辻説法を行い、天皇中心主義の念仏信仰を説いた。弟慶順は仏教済世軍E部長。著『信に生きた人』(森江書店, 1921)、『信念の叫び』(大日本仏教済世軍本部, 1926)。参『真田増丸先生言行録』(大日本仏教済世軍文書宣伝部, 1932)、真田大信『真田増丸先生の信仰と生活』(文一出版, 1973)、松井義弘『仏教済世軍の旗』(歴史図書社, 1979)。

実吉捷郎 | さねよし はやお
1895.1.20~1962.2.15

東京/学習院高等科(1916)、東大(1919)/一時、日野姓/独文学者。海軍医学校、慈恵医大各校長実吉安純(1848～1932)の六男。1921年水戸高教授。のち成蹊高、都立女専各教授などをへて、49～60年都立大教授。29年頃JEI入会。著『つばくらめ』(同学社, 1963)ほか多数。

佐村隆英 | さむら りゅうえい
1940.5.19~2003.3.23

北海道/駒大院/曹洞宗稲荷山本光寺(千葉)住職。柴山全慶に傾倒し、1970年E学習。80年JEI入会。90～2002年JBLE第5代理事長。LJBに寄稿多数。「ザメンホフは菩薩である」と説いた。著『仏教婦人ものしり帳』(曹洞宗婦人会, 1987)、「緑化の灯を守ろう」(LJB 1990.3～4)、「島崎藤村とE」(TO 1991.11)。参山口真一 "Enkonduko en Budhismon" (JBLE, 2002)、饗庭孝泰「さようなら、佐村さん!」("Jen Amikoj!" 目黒E会, 146, 2003)、堀泰雄「佐村隆英さんを悼む」(PO 2003.5)、西泰宏「佐村隆英氏のこと」(RO 2003.6)、LJB 2003夏。協饗庭孝泰。

鮫島宗也 | さめじま そうや | 1881.8.7～1940以降

鹿児島/国民英学会, パリ法科大(1913)/1915年外務省から三井物産に転じ, ロシア, 香港, ハイフォンなどで勤務。23年京城日報社に入り, 庶務部長, 東京支局長など。23年頃JEI入会。**著**「ハイホン・猟」(『あみ・ど・ぱり』巴里会, 7:2, 1939)。**参**『新聞人名辞典』。

ザメンホフ L.L. Zamenhof
1859.12.15(ロシア暦12.3)～1917.4.14

ロシア帝国(現ポーランド)ビャウィストク/モスクワ大, ワルシャワ大/出生登録ではLejzer, 筆名 D-ro Esperanto, Unuel, Gofzamen, Homo sum/ワルシャワなどで活動したユダヤ人の眼科医, Eの提唱者。少年期から言語の違いに由来する民族間の不和に心をいため, 国際共通語への憧れを抱く。青年期にシオニズム運動に加わったが, のち離れる。イディッシュ語文法の編述を試みたことも。試行錯誤ののち, 1887年エスペラント博士の筆名で40ページの冊子"Международный Языкъ〔国際語〕"(通称『第一書』)を刊行して, Eを提唱。引き続き同書の各言語版や他の教科書類, 辞書や国際語問題の論考などを刊行。雑誌の編集執筆や実務文書のやりとり, 1905年以降はUKでの演説などによって, Eが実際に使用できる言語であることを示して, 使用者と支持者を拡大していった。翻訳書には『旧約聖書』全巻,『アンデルセン童話』全巻, ゴーゴリ『検察官』, シェイクスピア『ハムレット』などがあり, これらの翻訳活動を通じてEの表現力を高めた。E発表当初から提唱者としての特権を主張せず, 言語面でも規範を示すよりは表現の可能性を広げようとする態度を示すことが多かった。06年から人類人主義(ホマラニスモ)を唱え, 12年からはE運動の中心から離れ個人の立場で民族平等主義を追求し, 排外主義や少数民族抑圧の不当性を訴え続けるが, 第一次大戦末に没。生前から多くのE-istoの尊敬の対象となり, 極端な場合には崇拝に近い態度も見られた。Eの第一人者として, その著述の多くはEの重要文献に数えられ, 単行本のほかにJ. Dietterle編の著作選集 "Originala verkaro" (Leipzig: Hirt & Sohn, 1929)やヴァランギャン(G. Waringhien)編の書簡集 "Leteroj de L.L. Zamenhof" (SAT, 1948)が長期にわたり広く愛読された。その語彙や語法がEにおける一つの基準と見なされたため, 語学的ないし文献学的関心から取り上げられることも多く, 語学書や辞書の例文にも好んで採用されている。誕生日の12月15日(または近い日)をザメンホフ祭と呼んで(日本では往々にして忘年会を兼ねて)集い, また, 本の日としてE書購入を奨励する習慣が発生した。59年は生誕100周年として各地で祝賀行事が行われたほか, I. Lapenna編 "Memorlibro pri la Zamenhof-Jaro"が編まれた。2009年の生誕150周年では, 生地ビャウィストクに文化施設Centro Ludoviko Zamenhofが開設され, UEAによりザメンホフ・シンポジウム(ニューヨーク)が開催された。また, 誕生日に合わせてインターネット検索サイトGoogleはバナーをEにちなむ図案のものに変更した。日本との関連では, 06年9月二葉亭四迷がザメンホフ著 "Ekzercaro de la lingvo internacia E"の訳を『世界語読本』(彩雲閣)として刊行。個人での文通としては, 06年におはらせいきち(不詳)と松田恒治郎がザメンホフと連絡をとり返事をもらったことが確認されている。JEAとしては, JEの贈呈に対してザメンホフから07年7月29日づけで, 受贈を感謝し, 日本のE運動の将来への期待を表明する返信を受けている(JE 2:6, 1907.9)。08年には第4回UK(ドレスデン)で黒板勝美および新村出が対面して言葉を交わし(JE 3:9・12, 1908), 10年第6回UK(ワシントン)に向かう途中英国で安孫子貞治郎と出会う。女性の自立の問題を描いたオジェシュコヴァ著, ザメンホフ訳の小説 "Marta" (1910)は清見陸郎により『寡婦マルタ』(改造社, 1927;1929;クラルテ社, 1951)として重訳され, 当時の文学者や婦人運動家, 若い女性に広く読まれた。47年文部省教科書『中等国語 一』にザメンホフ伝「国際語」(三宅史平による)が採録され, それ以降70年代にかけて各社の国語教科書で扱われた。伝記としては,

伊東三郎『Eの父ザメンホフ』が岩波新書の1冊として広く読まれたほか、単行本として刊行されたものも十指に余る。59年第46回JK(東京)がザメンホフ百年祭記念として、2009年第96回JK(甲府)が150周年としてそれぞれ開かれ、関連行事が行われた。小坂狷二や野村理兵衛の語学書・辞書はザメンホフの用法に基づいて記述されており、城戸崎益敏は"Marta"の要語索引"Konkordanco de Marta" (JEI, 1979) を編んだ。いとうかんじの編集によるザメンホフ全集(他の初期文献等を含む)"plena verkaro de zamenhof"は資料的な価値から国際的に高く評価されている。弟レオノ(Leono, 1875～1934)は日露戦争に従軍し、長崎を経由して06年帰国。孫ザレスキ=ザメンホフ(Louis-Christophe Zaleski-Zamenhof, 1925生)は、本四架橋建設にあたり海中橋脚の設計施工の技術コンサルタントとして訪日経験。圖いとうかんじ編"plena verkaro de zamenhof"全57巻(Ludovikito・Libroteko Tokio, 1973～2004)。ほかに日本で刊行されたものとして、『ザメンホフ全集』全2巻(世界語書院, 1916)、川原次吉郎他訳『Eの本質とE文学』(日本E社, 1922)、桜田一郎訳『夜の空の星の如く』(カニヤ書店, 1924, "Paroladoj de Zamenhof"の邦訳)、岡本好次訳『リングヴァイ・レスポンドイ』(JEI, 1929)、岩下順太郎・佐々城佑編"Paroladoj de D-ro L.L. Zamenhof"(大日本E会, 1930)、城戸崎益敏編『ザメンホフ読本』(JEI, 1931)、水野義明訳『国際共通語の思想—Eの創始者ザメンホフ論説集』(新泉社, 1997)、川西徹郎・峰芳隆編"Paroladoj de d-ro L.L. Zamenhof" (JELK, 1997)、川西徹郎編『新ザメンホフ読本』(JEI, 2009) など。参 'Netakseba perdo de la homaro' (JE 12：6, 1917.6; RO 2004.6 に再録)、E．プリヴァー著、松崎克己訳『愛の人ザメンホフ』(叢文閣, 1923)、ドレーゼン著、梶松和訳『階級的イデオロギーを通じて見たるザメンホフ』(E研究社, 1930)、「ザメンホフ号」(EL 1933.4)、E．プリヴァー著、松崎克己訳『ザメンホフの生涯』(JEI, 1933)、「Leono Zamenhofの訃」(RO 1934.4)、石賀修「若きザメンホフ」(EL 1937.1～5)、黒板勝美「ザメンホフ伝」(『婦人公論』1937.12)、土岐善麿『ひとりと世界—Zamenhofの生涯』(日高書房, 1948)、伊東三郎『Eの父ザメンホフ』(岩波書店, 1950)、貫名美隆「Zamenhofの手紙集の誤りについて」(『神戸外大論叢』8：4, 1958)、八木日出雄「ザメンホフの孫さん」(RO 1959.10)、I. Lapenna編 "Memorlibro pri la Zamenhof-Jaro" (UEA, 1960)、E．プリヴァー著　梅棹忠夫・藤本達生訳「ザメンホフの生涯」(『世界の人間像』角川書店, 16, 1965)、藤間常太郎「ザメンホフと日本」(LM 1967.5；『近代日本における国際語思想の展開』に再録)、「ザメンホフ特集号」(NR 8, 1967.10)、いとうかんじ『ザメンホフ』全10巻(永末書店, 1967～83)、串田孫一『世界平和につくした人々』(さ・え・ら書房, 1968)、A. Holzhaus "Doktoro kaj lingvo E" (Helsinki : Fondumo E, 1969)、同 "Granda galerio zamenhofa"全2巻(同, 1973～78)、「ザメンホフ特集」(RO 1972.12～73.1)、萩原洋子「ヒレリスモとザメンホフ」(RO 1973.1～9)、岡一太『わが名はEザメンホフ伝』(ザメンホフ伝刊行会, 1980)、N.Z. Maimon "La kaŝita vivo de Zamenhof" (JEI, 1978)、いとうかんじ『PVZ普及のためのCM小説—伝説ぬきのザメンホフ』(永末書店, 1983)、松本照男「ザメンホフとその周辺」(RO 1987.1～5)、野村理兵衛 "Zamenhofa Ekzemplaro" (1989, 名古屋Eセンター)、なだいなだ・小林司共著『20世紀とは何だったのか　マルクス・フロイト・ザメンホフ』(朝日新聞社, 1992)、M．ボールトン著、水野義明訳『Eの創始者ザメンホフ』(新泉社, 1993)、W．ヘラー著、水野義明訳『リディア—Eの娘リディア・ザメンホフの生涯』(近代文藝社, 1994)、E．プリヴァー著、水野義明訳『ザメンホフの生涯』(太平印刷, 1996)、渡辺克義『ザメンホフとEポーランド史・ポーランド語学との接点』(JEI, 1996)、野村理兵衛「ザメンホフの用例にみるE動詞の意義と用法」(JEI, 1997)、立川晴二「国語教科書に現れたE教材」(RO 1998.11)、いとうかんじ『実録ザメンホフ伝』(リブロテーコ東京, 1999)、R. Centassi・H. Masson共著, G. Lagrange・P. Combot共訳 "La homo, kiu defiis Babelon, L. L. Zamenhof" (L'Harmattan, 2001)、後藤斉「ザメンホフ」(『月刊言語』2001.2別冊)、小林司『ザメンホフ—世界共通語を創ったユダヤ人医師の物語』(原書房, 2005)、L. C. ザレスキ=ザメンホフ・R．ドブジンスキ著、青山徹他監訳『ザメンホフ通り—Eとホロコースト』(原書房, 2005)、清水孝一「ザメンホフを読む」(RO 2004.8・

9～2007.3)、プリヴァ著、U. Lins 編 "Vivo de Zamenhof"（UEA, 2007）、臼井裕之「ポーランドの知られざる文化的遺産E」(渡辺克義編『ポーランド学を学ぶ人のために』世界思想社、2007)、佐藤方哉「共生思想家としてのザメンホフ」（『共生科学研究』5, 2009)、L. Zaleski-Zamenhof 'Kiu estas L.L. Zamenhof?' (RO 2009.4)、樺山紘一「希望の共通言語の創始者、ザメンホフ」(『日経新聞』2012.4.29)、内山政春「ラザロ・ルドビコ・ザメンホフ」(鈴木靖・法政大学国際文化学部編『国境を越えるヒューマニズム』法政大学出版会、2013)、"E en perspektivo"、『現代日本朝日人物事典』、『日本アナキズム運動人名事典』、"Ordeno de verda plumo"、"Encyclopedia of the Original Literature" ほか多数。

更井啓介｜さらい けいすけ
1929.3.30～1998.8.15

岡山/岡山一中(1945)、海兵(在学中、終戦で廃校)、岡山医大(1953)/広島大名誉教授。1963～64年、76～77年米国留学。岡山医大在学中にE学習。鳥取大講師時代の59年ザメンホフ百年祭委員会中央委員。著『躁うつ病の治療と予後』（金原出版、1986)、『精神科外来漢方』（新興医学出版社、1996)。

更科源蔵｜さらしな げんぞう
1904.2.15～1985.9.25

北海道/麻布獣医学校(1923中退)/詩人、小説家、アイヌ文化研究家。異名「原野の詩人」。高村光太郎に師事。1928年高村から『大成和E新辞典』(日本E社、1924)を贈られたのをきっかけにE学習。辞書はのち向井豊昭に譲る。著『更科源蔵アイヌ関係著作集』全10巻（みやま書房、1981～84)ほか多数。参向井豊昭「一冊の辞書」(LM 1977.8)、北海道文学館編『北の原野の物語』（北海道立文学館、2004)、盛厚三「高村光太郎とE-isto と若き詩人たち」(RO 2005.10)、小野寺克己編『更科源蔵書誌』（私家版、2011)、『現代日本朝日人物事典』、『近代日本社会運動史人物大事典』、『日本アナキズム運動人名事典』。

佐和慶太郎｜さわ けいたろう
1910.5.15～2000頃

東京/早稲田工業(中退)/編集者。戦前に『労働雑誌』を中心となって刊行し、野上清や栗栖継のE関係の文章をたびたび掲載。戦後は人民社(のち青銅社)を創立して『真相』誌を刊行し、チェコの短編集のEからの重訳J. Drda 作、I. ZálupskýE訳、栗栖継日本語訳『声なきバリケード〔Muta barikado〕』も出版。著『部落解放の歴史と現実』（三一書房、1976)、『差別への転落』（解放出版社、1977)。参栗栖継「EKRELO 12」(RO 1974.10)。

沢木淳吉｜さわき じゅんきち
1882.11～1944以降

秋田/慶大(1907)/第四十八銀行取締役兼支配人をへて、1941年秋田銀行常務。21年JEI入会。

沢田勇｜さわだ いさむ｜?～1923.9.1

横浜。関東大震災(1923.9.1)で圧死。JEI会員。参RO 1923.10。

澤田和子｜さわだ かずこ｜1939.7.5～2007.7.23

大阪/高校(1959)/旧姓山形/芳泉企画役員、9条連近畿世話人、さわの会事務局(異業種交流)、大阪女性交流グループ会長、ユニフェム大阪理事など。1991年長谷川テルの長女暁子と知り合い、テルの生き方に共感、92年以降、その生涯を広く伝えるため、『望郷の星』の上映会、講演会などを関西を中心に各地で開催。『あごら』の長谷川テル特集号(253, 280, 296号、1999～2004)を共同編集。2005年第53回関西E大会(京都)で「命をかけて平和を訴えたE-isto—長谷川テル」を講演、同年12月JEI入会。その後「長谷川テルを知るには、Eを学習しなければ」と竹内義一に言われ、06年4月芦屋E会主催「長谷川テルのE原作詩で学ぶ国際共通語入門講座」に参加、同時に光川澄子の勧めで沼津E会の通信講座を受講。著「今こそ思い起こそう 長谷川テルの生き方」(『軍縮』軍縮市民の会・軍縮研究室、297、

2005),「はじめまして」(RO 2006.6),『長谷川テル』編集委員会編『長谷川テル』(せせらぎ出版, 2007)。参「ありがとう 澤田和子さん」(『あごら』BOC出版部, 314, 2007), 澤田和也「みなさまはじめまして」(RO 2008.11)。図澤田和也。

沢柳政太郎｜さわやなぎ まさたろう
1865.5.17(慶応1.4.23)～1927.12.24

信濃国(現長野)/東京府中(1882中退), 東大予備門(1884), 帝大文科大(1888)/文学博士。教育学者。東北大初代総長, 京大総長, 帝国教育会会長, 成城学園創設者, ローマ字ひろめ会評議員など。1922年パーマーを日本に招き, 翌年パーマーによって文部省内に設立された英語教授研究所の理事長に就任。E学習歴はないものの, 熱心な支持者で, 23年7月サンフランシスコで開かれた世界連合教育会創立会議で「私の大切で有効であろうと信ずることは国際的補助語を定めることである。世界補助語を定めるとなるとそれはEになるであろう」と演説(講演原稿「国家の新理想」は,『全集』10巻所収)。24年柴田義勝の『教育とE』に寄せた序文で,「私はE語が盛に日本で学ばれるやうになる事を切望する」と。25年2月帝国議会に提出された「国際補助語Eニ関スル請願書」の紹介議員の一人。同年6月6日, E-isto35名による晩餐会に招かれ, E学習を勧められたが老齢を理由に固辞。著『澤柳政太郎全集』全11巻(国土社, 1975～80)ほか多数。参倉地治夫「帝国議会へ請願」(RO 1925.3), 'Enlanda kroniko' (RO 1925.7), 沢柳礼次郎『吾父沢柳政太郎』(冨山房, 1937), 新田義之『沢柳政太郎』(ミネルヴァ書房, 2006),『現代日本朝日人物事典』,『近代日本社会運動史人物大事典』。

し

椎名順二｜しいな じゅんじ｜1900.7.11～?

北海道/北大/医師。1949～51年長岡市医師会長。九大医学部解剖学教室在勤中の20年代後半JEI入会。

椎野悦朗｜しいの えつろう
1911.5.10～1993.4.5

中国撫順/小学校高等科(中退)/本名武, 筆名小笠原鉄平/社会運動家。炭鉱労働者として, 1930年全協に加盟。筑豊炭田争議などに参加し, 32年検挙されて懲役5年。41年再検挙され, 42年獄中で日本共産党に入党。44年出獄。戦後も共産党の再建運動に尽力するが, のち除名。小倉E会に属し, 41年5月第18回九州E大会(長府)で同会代表として挨拶。参夕刊フクニチ新聞社ふるさと人物記刊行会編『ふるさと人物記』(福岡：夕刊フクニチ新聞社, 1956),『現代日本朝日人物事典』,『近代日本社会運動史人物大事典』。

椎橋好｜しいばし よしみ｜1903.9.19～1960.2.28

神奈川/早大/新聞記者, 詩人。柳田國男と家族ぐるみの付き合い。早大在学中, 佐藤惣之助(1890～1942)主宰の詩誌『詩の家』に参加。1927年東京朝日新聞社に入り, 宇都宮, 谷村(山梨)の支局をへて, 40年本社勤務に。通信部, 編集庶務課, 総務部資料課で働き, 58年定年。14～15歳からEを学習し, 18年8月JEA入会(会員番号1220)。若手のホープとして「日本のプリヴァ」と異名をとる。22年暁民会で50名にE講習。23年JEI委員。ROの編集に関与。41～44年JEI評議員, 45年監事, 48～60年評議員。46年第2次JEA委員。49年11月中平孔三, 荒川進, 村上秀夫, 野村篤司らと横浜E協会を再建し委員長。宇都宮E会代表。56年50周年記念第43回JK(東京)で表彰。著「幽霊」(RO 1927.4～5),『ハイネ詩集』(城戸崎益敏と共訳注, JEI, 1928),『Y氏の手帖』(詩の家, 1929),『緑色の

風景」(同, 1929),『下野民謡採集』(郷土採れだくてえよ, 1933),『甲斐民謡採集 柳田國男先生に贈る報告書』(私家版, 1936),「茶のある生活」(民間伝承の会編『日本民俗学のために 柳田国男先生古稀記念文集』同会, 1951)。参「先輩はなぜ・どうして学んだか」(RO 1956.6),佐々城佑「椎橋好君を弔う」(RO 1960.6),「Eづいた柳田國男」。

シェーラー | Joseph R. Scherer
1901.1.24〜1967.7.20

スイス,フライブルク/米国に移住し,ロサンゼルスで銀行員。1928〜30年ロサンゼルスE会長。30〜32年国際中央E委員会(I.C.K.)の特使として世界をE宣伝旅行し,計43ヵ国で1000回以上の講演。皮切りの日本には,秘書役としてオランダのジャーナリスト,スリンガー(N. H. Slinger)を連れて,30年10月4日横浜着。平塚,横浜,静岡,東京,仙台,盛岡,新潟,名古屋,四日市,紀伊長島(三重),大津,京都,亀岡,大阪,別府,福岡,大牟田,長崎など各地でE宣伝や米国やスイスの事情などの講演。10月8日JOAK(東京),18日JOHK(仙台),31日JOBK(大阪)から講演をラジオ放送。11月1日大阪府庁にロサンゼルス市長の親書を渡すなど,各地で市役所や新聞社,学校などを訪問。またE教授法や組織運営,宣伝方法についてアドバイスも行った。11月10日長崎から上海へ向け出国。35年7月3日北米E大会に参加した磯部幸子との会話をラジオ放送。36年第28回UK(ウィーン)で"Per unu lingvo tra la mondo"を講演。39年出張で訪米の倉地治夫を歓迎。39〜40年パラマウント映画"Road to Singapore"(1940)の作中にEの歌"Kaigoon"を挿入させ,MGM映画「熱帯の女」(1940)にも短いEの台詞を挿入させる。40年代アメリカEアカデミー会長。66年梅田善美の訪問を受ける。著「北日本の同志と 私」(『河北新報』1930.11.25),"Ĉirkaŭ la mondon kun la verda stelo" (Köln : Heroldo de E, 1933),「日本紹介講演の旅から」(EL 1936.1),"Tra Usono kun ruliganta hejmo" (Purmerend : J. Muuses, 1937)。参風間恒弘「J.R. Scherer氏のRekta Metodo」(RO 1930.12),「Scherer氏宣伝旅行を終る」(RO 1932.4),倉地治夫「アメリカで遇った人々 3」(RO 1940.7), 'Kaigoon' (RO 1940.8), William R. Harmon "A History of the E League for North America, Inc." (El Cerrito, CA : E League for North America, 2002)。

塩井年雄 | しおい としお
1908.9.7〜1963以降

三重/名古屋高商(1929)/小野田セメントに入り,満洲小野田セメント小屯工場,津久見工場などをへて,57年監理室長,59年オリエンタルコンクリート取締役。名古屋高商在学中にJEIに入り,28年名古屋E会の中等講習を指導。参RO 1928.7。

塩川新助 | しおかわ しんすけ
1902.11.8〜1981.9.15

兵庫/神戸一中(1920),一高(1923),東大林学科(中退),九大電気工学科(1928)/2進法,8進法の研究者。緒方富雄,橋本雅義らと神戸一中の同期。田宮博,横井領郎,横山喜之と一高理科乙類の同期。安川電機,富士電機製造,富士通信機製造などに勤務。のち武蔵工大講師,東京証券取引所中央計算所長など。20年5月JEI入会。著『数学への勧誘』全3巻(東京電機大学出版局, 1966〜70)。

塩沼英之助 | しおぬま えいのすけ
1903.1.15〜1979.6.19

神奈川/安積中(1921),慈恵医大(1928)/医学博士。妻みつは林文雄の妹。幼児期に麻疹で片目を失明。1929年全生病院医員,38年国立療養所国頭愛楽園初代園長,44年林の後任として星塚敬愛園長。73年邑久光明園(岡山)眼科医長を退職。キリスト者。29年光田健輔,林文雄の影響下設けられた全生病院内E講習会で自らも学習しながら指導し,全生Eクルーボを組織して,黒川晙,山名実らを育てる。黒川にSieroszewski著,KabeE訳"La fundo de l'mizero"を重訳させ,院誌『山桜』に連載,さらに林の斡旋で『悲惨のどん底』(長崎書店, 1930)として出版させた。JEIにも入会。戦後,星塚敬愛園長として,イシガ・オサムが園

内でEを教えることを支援。54年「汗腺は癩菌を排出するか」(『長島紀要』長島愛生園, 1, 1954.11)にE文抄録を付ける。[著]「全生病院便り」(RO 1931.3),『癩性眼疾患』(金原出版, 1953),『らいとキリストとの出会い』(キリスト教図書出版社, 1994)。[参]宗近真澄「全生病院を訪ねて」(RO 1930.9), 桜井方策「塩沼兄が一応の引退に寄せて」(『楓』387, 1973), 森ача郎『足跡は消えても』(ヨルダン社, 1996),「Eとハンセン病」。

塩野正家 | しおの まさいえ
1899.6.12～1977以降

三重/一高(1921), 東大(1925)/医学博士。近三四二郎, 長谷川信六と一高医科の同期。大宮赤十字病院産婦人科医長などをへて, 1955年東京巣鴨に塩野医院を開業。20年5月JEI入会。

塩見勝孝 | しおみ かつたか | 1906.2.5～1943以降

岡山/日医大(1932)/大阪済生会病院などをへて, 1936年大阪府東淀川区に塩見医院を開業。日本医大E会を代表して, 28年12月東京学生E-isto連盟結成に参加。

塩山寛市 | しおやま かんいち | ?～?

大牟田・三井三池製錬工場長。26年頃からE学習, JEI入会。36年米国社用出張にあたり, 久保貞次郎, 磯部幸子から米国の知人への紹介状を受け, JEIから北米E会へのメッセージを託される。サンフランシスコ, デトロイトでE-istoと交流して, 37年帰国。大牟田E会副会長。[参]'Sinjoro Sioyama al Usono' (RO 1936.10)。

式場隆三郎 | しきば りゅうざぶろう
1898.7.2～1965.11.21

新潟/村松中, 新潟医専(1921)/精神医学者, 美術評論家, 出版人。医学博士。1929～30年欧州視察。日本近代文学館に式場隆三郎文庫。Eを支持し, 37年4月ザメンホフ没後20周年を記念した「ザメンホフの夕」で「医師ザメンホフ」を講演。56年日本E運動50周年記念に際しJEI賛助会員。[著]『精神病理学』(三笠書房, 1937)ほか多数。[参]『現代日本朝日人物事典』,『近代日本社会運動史人物大事典』。

重枝四四男 | しげえだ よしお
1911.3.1～1987.5.1

山口/戦前, 名古屋で新聞往来社を経営。1946年5月同地でマスコミ業界紙『文化通信』を創刊し, 50年東京へ進出。79年日本マスコミセンターを開設, マスコミ業界の資料を幅広く収集して閲覧に供した。38年第26回JK(名古屋)に参加。

滋野清武 | しげの きよたけ
1882.10.6～1924.10.13

愛知/広島幼年学校(1903中退), 東京音楽学校(1909), コードロン飛行学校(1912)/飛行家。陸軍中将滋野清彦(1846～1896)の子, ピアニストジャック滋野(1922～1989)の父。1910年妻の死を機に渡仏, 操縦術を学び, 12年日本人初の万国飛行免許状を取得。鋼鉄製の複葉機「滋野式和香鳥号」を開発。12年帰国後, 陸軍の操縦教官。第一次世界大戦中, 仏空軍に志願して従軍, バロンと呼ばれて敬愛された。20年帰国。06年JEA入会(会員番号200)。[著]『通俗飛行機の話』(日東堂書店, 1913)。[参]平木國夫『バロン滋野の生涯』(文藝春秋, 1990), 佐藤一一『日本民間航空通史』(国書刊行会, 2003), 山田義雄『パリの空に舞う—「ヒコーキ男爵」滋野清武の軌跡』(宝塚出版, 2012)。

重松俊 | しげまつ しゅん
1906.11.28～1998.7.24

佐賀/小城中(1923), 東京物理学校(1926中退), 九州医専(1932)/号村山俊彦/医学博士。1949年九州高等医専, 52年久留米大各教授。福岡県立柳川病院長。キリスト者。九州医専在学中に磯部幸一からEを習得。[著]『精嚢の手術』(金原出版, 1955),「私のE」("La Verdulo" 久留米E会, 12, 1992.5)。

重松鷹泰 | しげまつ たかやす
1908.8.7〜1995.8.7

東京/東京府立一中(1925)、一高(1928)、東京文理大(1932)/名大名誉教授、都立教育研究所長など。戦後、文部省で社会科の学習指導要領を作成。大学時代Ｅ学習。東京府立一中在勤時、宮村撰三にＥを指導。著『授業随想』(明治図書出版、1976)ほか多数。参『追悼集　重松鷹泰先生』(大阪書籍、1996)、『現代日本朝日人物事典』。

重松太喜三 | しげまつ たきぞう | 1901.4.9〜1969

兵庫/同志社大(1924)/地球ライオンショベル(兵庫県三木)常務取締役。同志社大在学中に同校Ｅ会代表。1923年学内で講習を行った際、受講生に出口王仁三郎の側近加藤明子がいたことから、同年7月招かれて大本で1週間Ｅ指導。同年11月11日関西学生連合Ｅ雄弁大会で「資産階級の起源」を講演。八木日出雄、由里忠勝と並ぶ大本Ｅ運動の貢献者。著「大本教に於けるＥ」(RO 1923.9)、トルストイ 'Per kio vivas la homoj〔人は何に依つて生きるか〕'(対訳、"Verda Mondo" EPA、1926.7〜28.11)。参松崎克已「緑星旗下の集い」(RO 1924.1)。

重松達一郎 | しげまつ たついちろう
1868.4.17(慶応4.3.25)〜1940.12.26

愛媛/帝大農科大(1892)/矢住みきのの父。各種の学校をへて、最後は鹿児島高農教授。作物の品種改良を研究、特に水稲高農35号と雄高糯は有名。広島高師在職中の1908年、松山出張時に二葉亭四迷『世界語』を購入。09年同僚の中目覚にＥを学び、広島Ｅ倶楽部設立に参加、JEAにも入会(会員番号890)。同年夏、鹿児島高農教授に転じ、同校Ｅ会を結成、学内外で活動し、石宙明らを育成。23年11月台湾でＥ宣伝講習会。24年4月3日KEL創立に参加。40年第28回JK(宮崎)顧問。著『稲穂論』(新農報社、1902)、'Japana silkindustrio' (JE 6:5、1911.8)、'Konfeso de knabinoj' (JE 1918.4)、「英語とＥ」(『母』12、1920.12)「Ｅを始めた時」(RO 1936.6)。参石宙明「故重松達一郎先

生」(RO 1941.8)。

茂森唯士 | しげもり ただし | 1895〜1973.2.5

熊本/東京外語/翻訳家、外交評論家。駐ソ大使秘書、北支軍司令部参謀部嘱託などをへて日露通信社取締役兼主幹。北方懇話会常任理事。戦後、産業経済新聞論説委員。石黒修が編集し、小坂狷二、川原次吉郎、秋田雨雀、上野孝男、北川三郎、金田常三郎、小野俊一が執筆した『正則Ｅ講義録』(世界思潮研究会、1923)の編集名義人。著『レーニン評伝』(表現社、1924)。参『近代日本社会運動史人物大事典』。

宍戸圭一 | ししど けいいち
1908.1.17〜1995.1.3

茨城/三高(1927)、京大(1930)/工学博士。池田長守、近藤政市、内藤良一と三高理科甲類の同期。喜多源逸の弟子。理研、日本タール工業、日本化成工業をへて、1939年京大工学部講師、40年助教授、42〜71年教授。のち岡山理科大教授。鉄道友の会京都支部長を務め、98年遺族により鉄道模型のコレクション約1000点が梅小路蒸気機関車館に寄贈。Ｅは中学時代、千布利雄の著作で学習。24年2月JEI入会。同年三高入学後、同校Ｅ会にて八木日出雄、桜田一郎、柴田実らの指導を受ける。Ｅ研究会 'Verda Kankro(緑屋勘九郎)' を主宰。29年京大応用化学教室を訪ねたコットレルを喜多らとともに歓待。31年11月15日野村理兵衛、近藤国臣らと京都Ｅ連盟結成に参画。32〜33年ハンガリーで発行された文芸誌 "Literatura Mondo" に寄稿。33年第21回JK(京都)副会頭、文芸分科会世話人。34年 "TEMPO" 誌創刊に参画し、同誌の名付け親。38年JEI主催の愛国行進曲Ｅ訳懸賞で1位。46年第2次JEA委員、48年評議員、48年11月京都Ｅ連盟結成に際し会長。52年JEI京大支部設立に際し支部長。UEAデレギート(京都)。Ｅを学んだ弟正は43年3月14日京大医学部で実験中に事故死、享年31歳。著木内高音著 'Publika Telefono〔公衆電話〕' (RO 1926.12)、'Miaj ruĝaj belaj ŝuoj' ("E en Nipponlando" 4:6、1928)、「訳歌「紅屋

の娘」」(RO 1932.4)、島崎藤村著'La kokoso〔椰子の実〕'("Literatura Mondo" 1932)、芥川龍之介'Balo〔舞踏会〕'("Literatura Mondo" 1933)、芥川龍之介著'La Kristo de Nanking〔南京の基督〕'("tempo" 6・11, 1935)、『宍戸圭一先生記念論文集』(宍戸圭一先生退官記念事業会, 1971)、「Literatura Mondoの思い出」(RO 1974.10)。参「戦時下のE運動」(『京都新聞』1982.7.11)。

宍戸武志 | ししど たけし | 1906頃~1974以降

函館中(1924)/札幌鉄道局電気部通信課などに勤務。1926年頃JEI入会。37年札幌鉄道E会長に就任。

幣原坦 | しではら たいら
1870.10.12(明治3.9.18)~1953.6.29

大阪/大阪中(1890)、帝大文科大(1893)/東洋史学者。文学博士。首相幣原喜重郎の兄。造士館、東京高師各教授、広島高師校長をへて、1928~37年台北帝大初代総長、46年枢密顧問官。E学習歴は不明。31年9月第1回台湾E大会長。台湾E連盟初代会長。著『韓国政争史』(三省堂書店, 1907)、『朝鮮教育論』(六盟館, 1919)。

篠邦彦 | しの くにひこ | 1908.2.28~2000

茨城/高知高(1927)、東大(1930)/戦前、陸軍省陸地測地部、内務省地理調査所などに勤務。戦後、建設省測量部長、印刷部長などをへて、1960年国土地理院地図部長。のち朝日航洋顧問など。高知高在学中の26年頃JEI入会。著『写真測量』(山海堂, 1967)。参「学会創立者インタビュー(2)」(『写真測量とリモートセンシング』日本写真測量学会, 29:3, 1990)。

篠田秀男 | しのだ ひでお | 1901.12.10~1985.3.7

山形/山形中(1919)、山形高(1923)、慶大(1927)/旧姓桜井/産婦人科医。医学博士。慶大産婦人科学教室をへて、山形で篠田総合病院副院長、1963年院長。Eは、28年村田正太『E独習』で独学し、JEIにも参加。

30年国際E博物館に加入。32年UEA入会。47年山形Eクラブを創立し、最期まで会長。48年第2次JEA評議員。49年3月14日JOJG(山形)から田中菊雄との対談「Eについて」をラジオ放送。50年JEI山形支部長。51年JEMA創設。"Medicina Revuo", "Medicina Internacia Revuo"誌の刊行に尽力。55年、7か月にわたり欧米を巡って、各地でEで子宮頸癌の学術講演を行い、ハンブルクでは手術を実演、また山形特産の紅花など日本文化についての講演も行う。64年UMEA会長。65年第6回東北E大会(山形)会長。70年第55回UK(ウィーン)大会大学で"Ĉu viro aŭ virino estas denaske destinita?"を講演。70~78年JEI評議員。72年UMEA会長を辞し、翌年UMEA賞制定、基金として1000万円寄付。78年JEI終身会員。79年UEA名誉会員、JEI参与。80年第21回東北E大会(山形)会長。東北E連盟会長をへて、81年名誉会長。83年E普及の功績により第29回斎藤茂吉文化賞。UEAデレギート(日本代表、山形、医学)、91年2月8日Opoka博士を中心にポーランドのクラクフ市にUMEA篠田診療所(UMEA Shinoda-Kuracejo)が西園寺正幸の支援で開所。著『輸血ノ常識』(共著、仁誠堂書店, 1939)、「ウィーンの国際E博物館(IEMW)に協力せよ」(RO 1951.6)、'Ĉu la lokiĝo de umbiliko interrilatas al la vasteco de pelvo'(P. Neergaard (red.) "Sciencaj Studoj" Kopenhago: ISAE, 1958)、"Kaguya hime, Lumanta princino"(朝明書房, 1982)、'Kiamaniere la sekso decidiĝas?'("Heroldo de E" 1983.3.10)、「どうして私が世界のE-istoになったか?」(『東洋薬報』1983.1~12)。参「特集 われらの2600年」(RO 1940.2)、桐井靖夫「平凡に常道を」(RO 1950.2)、「篠田氏のアメリカ便り」(『山形新聞』1955.10.7)、LIE 1985.3, 'Forpasis d-ro Sinoda'("E" UEA, 1985.4)、山添三郎「UEA名誉会員篠田秀男博士のご逝去をいたむ」(RO 1985.5)、國井兵太郎「篠田秀男先生の死を悼む」(LM 1985.5)、菊地律郎「山形Eクラブ創立の頃」("La Stelo de Jamagato"山形Eクラブ, 190~192, 1986)、井川幸雄「篠田秀男博士生誕90周年記念祝賀会開かれる」(RO 1992.3)、"Japanaj E-istoj"。

243

篠田光信 | しのだ みつのぶ
1908.5.8～1995.1.19

大阪/日大専門部/1923年ライオン歯磨に入り、名古屋、大阪各支店長をへて、1962年監査役。キリスト者。E学習は30年代。70年代宮本正男の勧めで池田E会に入会。一時KLEGの事務を応援。SAT会員。著「東欧だより一束」(山賀勇編『バルナ大会参加の記』JEI旅行団, 1978)。参坂本昭二「篠田光信さんをしのぶ」("La Apro" 池田E会, 225, 1995)。

シノット | Edith Alleyne Sinnotte | 1871～1947

英国リバプール/1890年代にオーストラリアに移住。女性として初めてE原作小説"Lilio"を著す。1930年3月27日カナダ旅行の途中に、観光のため来日。京都、東京、横浜などでE-istoと交流し、4月17日離日。著"Lilio : rakonto originale verkita en E"(London : Brita E-ista Asocio, 1918), 'Neforgesebla Japanujo' (RO 1931.1)。参'Vizito de F-ino E.A. Sinnotte al nia lando' (RO 1930.5)、「F-ino Sinnotte 歓迎会」(同), "Ordeno de verda plumo", "Encyclopedia of the Original Literature"。

篠遠喜人 | しのとお よしと
1895.2.20～1989.9.16

長野/諏訪中(1913)、八高(1916)、東大(1920)/遺伝学者。理学博士。河合秀夫と八高第二部乙類の同期。1943年東大教授、のち名誉教授。国際基督教大の創立準備に関わり、53年開学に際して東大を辞して同大教授となり、71年同大学長。日本メンデル協会初代会長、染色体学会初代理事長など。無教会派キリスト者。40年かけて『新約聖書』をだれにでも読みやすいように口語訳。29年頃JEI入会。45～52年JEI評議員。山梨に疎開し、48年2月八代英蔵、市川重一、塚田正勤、八巻信夫、荻原克己らと山梨E会を結成。Eで論文を書き、自著にEのタイトルを付した。長男喜彦(ハワイ・ビショップ博物館上席特別研究員)もE学習。著"Intergenra hibridigo en cichorieae"(小野記彦と共著、『遺伝学雑誌』日本遺伝学会, 10 : 3, 1934)、『十五人の生物学者』(河出書房, 1946)、『新約聖書 篠遠喜人私訳』(「篠遠喜人私訳聖書刊行会」実行委員会, 1989)ほか多数。参蜂谷千寿子「私とEとEVA」(EV 1985.8)、『現代日本朝日人物事典』、『山梨とE』。協木下眞由美。

信夫淳平 | しのぶ じゅんぺい
1871.10.14(明治4.9.1)～1962.11.1

茨城/鳥取中、開成中、東京専門学校(1890)、東京高商(1894)/法学博士。国際法の権威。商業学校教員から外交官に転身。のち1917～43年早大講師、24～26年『新愛知新聞』主筆、27～28年万朝報社長、51～56年早大教授。愛知学院大に信夫文庫。22年頃から名古屋のE運動を支援。28年『万朝報』にE欄開設、社説に「Eの普及奨励を宣言す」を書き、講習会開催。著『戦時国際法講義』全4巻(丸善, 1941)。E関係は『外政監督と外交機関』(『国際政治論叢』日本評論社, 4, 1926)に。参「万朝報のE語欄新設」(RO 1928.4)。

四野宮豊治 | しのみや とよはる
1879.2.9～1946.12.13

千葉/四高(1901)、東大(1904)/物理教師。1917年欧米留学。広島高師、水戸高各教授をへて、29年東京高教授。戦後、東京女子大講師。京成線上野公園駅で電車事故に遭って負傷し、没。広島高師在勤中JEA入会(会員番号900)。のちJEIにも参加。

斯波邦夫 | しば くにお | 1910.9～1936.4.12

東京/東大/無線技術者。理化学研究所所員、東大教授、貴族院議員斯波忠三郎(1872～1934)の子。東工大名誉教授斯波忠夫(1908～1988)の弟。1935年アマチュア無線で世界第3番目の28MHzでのWAC(全大陸との交信)を完成。29年頃JEI入会。著『斯波邦夫(J2HJ)追悼録』(斯波邦夫追悼編輯委員会, 1937)。

斯波貞吉｜しば ていきち
1869.9.22(明治2.8.17)～1939.10.14

福井/帝大文科大(1896)/号春陵/ジャーナリスト。1889～91年英国留学。盛岡中教諭、高輪仏教高等中、高輪仏教大各教授などをへて、97年英文記者として万朝報に入社、黒岩涙香らと同紙の全盛期を築く。黒岩没後、常務兼主筆。普選、憲政擁護を主張し、1905年山路愛山と国家社会党創立。28年普選第一回総選挙で当選、立憲民政党に属し当選6回。06年JEA創立に参画し、評議員(会員番号2)。第1回JK(東京)準備委員。10年JEA理事、18年評議員。のちJEIにも参加。圏『国家的社会論』(冨山房、1892)、『実用英語対話』(言文社、1903)。参『近代日本社会運動史人物大事典』。

柴崎芳博｜しばざき よしひろ｜1910.7.21～1988

東京/東大(1933)/税関職員。新田次郎『劔岳〈点の記〉』の主人公柴崎芳太郎(1876～1938、三角点設置のため劔岳登頂を果した測量官)の長男。横浜税関などをへて、1940年大阪税関調査課長。45年応召、同年復員。戦後、名古屋税関業務部長、横浜税関監査部長、税関部関税調査官兼関税考査官など。キリスト者。48年大蔵省職員組合青年婦人部で職員20名にE講習。49年第2次JEA委員。同年SAT-perantoに。49～50年JEI評議員。参RO 1948.11、「劔岳に挑んだ先人」(『読売新聞』富山版、2006.5.9)。

柴田至｜しば いたる｜1898.1.19～1977以降

長崎/長崎医専(1919)/医学博士。1927年京城医専教授、47年久留米市に開業、52年同市に聖ルチア病院開院。久留米大講師など。京城医専のE講習を指導するなど、長谷川理衛とともに同校内でE普及に努力。31年京城医専E会長。参RO 1931.12。

柴田巌｜しばた いわお｜1963.7.10～2010.1.27

大阪/広島大(1983)/日中関係史とE運動史の研究者。1994～96年中国四川連合大学で日本語講師、97年千葉工大講師、のち助教。長谷川テルに関心を寄せ、調査の中でその師中垣虎児郎にも関心を広げ、Eを学ぶ。98年JEI入会。2005年峰芳隆から本事典の編纂を依頼され、鋭意調査執筆活動を進める。06年6月11日日本E運動百周年記念「Eの日」講演会で、「日本E運動史の中のE-istoたち」を講演。肺癌に倒れ、協力者となっていた後藤斉に本事典の後事を託して没。ライフワークと考えていた『中垣虎児郎―日中E-istoの師』は、既発表分が吉川奨一の手によりまとめられて、刊行。圏『中国・民主への提言―日本人は"六・四"をどう見たか』(共著、谷沢書房、1990)、「日中戦争期・中国「抗戦文化」の研究 文化工作委員会の組織と活動を中心に」(小林文男と共著、『広島平和科学』19、1996)、「長谷川テルの「遺言」」(『状況と主体』谷沢書房、259、1997.7)、「長谷川テル研究―日中戦争・中国における反戦活動の軌跡」(『千葉工業大学研究報告 人文編』35、1998)、「中垣虎児郎―日中E-istoの師」(LM 1999.6)、「中垣虎児郎と中国」(RO 2000.6)、「栗栖継主要著作目録」(『千葉工業大学研究報告 人文編』40、2003)、「書評『中国世界語者与世界語運動』」(LM 2004.1)、「『日本E運動人名事典』改訂増補の発行に向けて」(LM 2005.6)、「忘れられたE-isto」(LM 2008.1)、「ルリロの人・近三四二郎」(RO 2008.6)、「『クララ館』店主・中森泰蔵」(RO 2008.10)、『中垣虎児郎―日中E-istoの師』(リベーロイ社、2010)、「遺稿 長谷川テル研究の課題」(LM 2010.4)。参「中垣虎次郎「ママ」自画像、息子さんの元へ」(RO 1999.4)、RO 1999.8、峰芳隆「追悼 柴田巌さん」(RO 2010.4)、吉川奨一「柴田巌さんの「中垣虎児郎研究」」(LM 2010.4)、忍岡守隆「柴田巌著『中垣虎児郎』を読んで」(LM 2010.9)、畑山康幸「柴田巌著『中垣虎児郎』を読む」(LM 2010.10)、吉川奨一「わたしの出した1冊の本」(RO 2010.12)、竹内栄美子「書評 柴田巌『中垣虎児郎 日中エスペランチストの師』」(『社会文学通信』92、2011.2)。

柴田恭二｜しばた きょうじ
1902.6.4～1990.1.16

大阪/東京商大(1927)/丘正通と東京商大の同期。野村証券に入り、経理部長、常務などをへて、1956年専務、59年副社長。の

ち東洋信託銀行副社長，神奈川開発観光社長など。東京商大在学中にJEI入会。75年からJEIに財政的支援も。著「証券投資信託法とその問題点」(『金融界』金融界社，3：7，1951)。

柴田潤一 | しばた じゅんいち | 1901～1988以降

岡山/岡山医大 (1924) /別名潤公，号白萩/精神科医。島根県立病院，岡山医大をへて，1928年上京し根岸脳病院に勤務。のち岡山脳病院，大竹海軍病院，河田病院などを転々。戦後，法務省松江少年鑑別所長など。岡山医大在学中に尾坂政男と岡山医大E会創立。22年伊東三郎と協力して"Libraro kaprica kaprido", "Barkarolo"発刊。26年精神病学関連のE雑誌"Psikiatrio"(謄写版，のち"Psiko"と改名)創刊。28年E-isto文化協会を設立し，7月"Revuo Kultura"創刊。32年10月岡山E倶楽部創立に参画し理事長。JEI，JEMA各会員など。著秋田雨雀"Tiuj, kiuj Ĉirkaŭas la Ĉerkon〔棺を囲む人々〕"(国際語研究所，1928)，'Interrilato inter gravedinterrompo kaj psikiatrio'(RO 1928.7)。参『岡山のE』。

柴田澄雄 | しばた すみお | 1906.7.4～1987.2.15

静岡/同志社大/京都府庁鑑識課などをへて，静岡県新居町立図書館長。同町の町史編纂委員，同町関所資料館嘱託。1956年1月新居緑星会を結成し会長。同年3月JEI入会，11～12月新居郵便局でE講習を指導。57年1月静岡県E連盟副会長。著「浜松青少年の家で合宿」(RO 1962.5)，「ウースター女史を迎えて」(同)。協新居町立図書館。

柴田武 | しばた たけし | 1918.7.14～2007.7.12

愛知/八高 (1938)，東大 (1942) /言語学者。文学博士。方言学，言語地理学，社会言語学の発展に貢献。東大名誉教授，国語審議会委員，日本のローマ字社理事長など。E学習歴は不明。1959年ザメンホフ百年祭委員会賛助員。著『日本の方言』(岩波書店，1958)，「プイコフスキー著，高木弘訳編「唯物論言語学」-「ソヴェート言語学」改題」(『民族學研究』日本民族学会，13：2，1948)ほか多数。参『現代日本朝日人物事典』。

柴田武福 | しばた たけとみ | ?～1952以降

社会主義者，アナキスト。ユダヤ問題や宗教を研究。朴烈と交友。1920年普選連合会で活動。21年朴烈の依頼により，朝鮮人学生と労働者を対象にE講習会の講師を引き受けたと報道されたが，不詳。22年ドイツに赴くにあたり，秋田雨雀らが送別会を開催。37年栃木県から衆院選に立候補。戦後は神道戦争反対者同盟で活動。E労働者協会会長。著『日独伊協定と外務省を衝く』(日本講演通信社，1936)，『ユダヤ民族を検討する』(モナス，1937)，『国際謀略の話』(青山出版社，1942)。参「突然解散を命ぜられた朝鮮人団体の研究会」(『読売新聞』1921.12.4)，「学芸たより」(『朝日新聞』1922.12.13)，『秋田雨雀日記』(1922.12.15)。

柴田衛 | しばた まもる | 1900.12.4～1977.12.19

東京/日大 (1926) /電車の密着連結器の開発者。1939年鉄道省から小糸製作所に転じ技術部長，40年常務，57年小糸電機常務，58年専務，62年小糸製作所専務，68年副社長など。18年JEA入会 (会員番号1183)，のちJEIにも参加。

柴田実 | しばた みのる | 1906.1.11～1997.3.16

京都/三高 (1925)，京大 (1930) /岡田幸一，林稲苗と三高文科甲類の同期。京大名誉教授，黒川古文化研究所理事など。専門は民俗学，石門心学。1922年三高に入り，同校E会に参加，機関誌"Libero"に寄稿。著『柴田実著作集』全3巻 (法藏館，1984) ほか多数。参『三高E会小史』。

柴田雄次 | しばた ゆうじ | 1882.1.28～1980.1.28

東京/一高 (1904)，東大 (1907) /理学博士。田辺尚雄と一高理科の同期。1910～13年独仏，スイスに留学。東大名誉教授，都立大初代総長など。E学習歴は不明。65年第50回UK (東京) 名誉会長。著『分光化学

(裳華房, 1921) ほか多数。参田中実『日本の化学と柴田雄次』(大日本図書, 1975)、『現代日本朝日人物事典』。

柴田泰弘 | しばた やすひろ | 1953.5~2011.6.23

兵庫/神戸市立須磨高(中退)/赤軍派活動家。高校生で大菩薩峠事件に関与。70年最年少者として日航よど号ハイジャック事件実行犯に加わる。85年極秘帰国し、88年逮捕され、93年懲役5年の刑が確定。94年出所。中学時代「将来役に立つんや」とEを独習。参「よど号少年犯の三年 早熟でまじめな中学生が延々とつづった青春詩」(『AERA』1988.5.24)。

柴田義勝 | しばた よしかつ | 1897~1988.10.8

愛知/小学校教員検定/筆名新農生/名古屋近郊での8年間の教員生活をへて、1920年新愛知新聞社入社。8ヵ月後『名古屋新聞』東京支局に移り、主幹、編集長など。23年関東大震災に遭い、帰農を志すが断念。32年軍事行動を批判し、筆禍。35年病を得て帰農を決断し辞職して、以後は愛知県大高町文久山で農業。21年『名古屋新聞』に掲載された石黒修の記事でEに関心を寄せ、22年日本E社主催の初等講習会で堀真道、丘英通、松崎克己にEを学び、『名古屋新聞』紙上に週一回E欄を設置。24年JEI委員。25年石黒修、倉地治夫とE誌「Eklumo」を発行。30年名古屋へ戻り、翌年8月24日名古屋E連盟誕生に尽力。31年10月24日享栄商E会発会に際し顧問。帰農3年目に発行したパンフレット『俺はなぜ百姓になったか』は、38年白木欽松によってE訳・発行され、国内外に寄贈された。生涯ザメンホフとEを愛し、晩年の日記もEで。著『教育とE』(曠台社, 1924)、白木欽松訳"La verda stelo rigardata el la Ekstrema Oriento"(名古屋E会, 1938)、『帰農時代』(瑞穂社, 1946)、「由比さんとアレキサンダー嬢」(LM 1972.3)、「由比、白木両氏を偲ぶ」(『名古屋E会創立50年周年記念文集』, 1982)。参山川暁『元気晩成』(新潮社, 1983)、山田公平編『名古屋新聞・小山松寿関係資料集』(龍渓書舎, 6, 2006)、比嘉康文『我が身は炎となりて——佐藤首相に焼身

抗議した由比忠之進とその時代』(新星出版, 2011)、『名古屋E運動年表』。協比嘉康文。

柴山全慶 | しばやま ぜんけい | 1894.11.30~1974.8.29

愛知/禅門高等学院(1914)、関学(1914中退)/幼名真一、旧名慶、諱文明、号寒松軒、筆名Gratulo, Chai-Shan/臨済宗大本山南禅寺派管長。臨済学院、大谷大各教授など。1924年E独習。27年JEI入会。31年10月15日太宰不二丸、浅野三智らとJBLE結成。Eでのソ連、ヨーロッパ旅行を望むが、果たせず。龍谷大E会を指導。"tempo"誌同人で、仏教関係の記事をたびたび寄稿。ほかにRO, "La Budhismo"(仏教徒エスペラント連盟機関誌。1931年英国で創刊)、"La Lumo Orienta"(JBLE機関誌。1931年創刊) などにも寄稿した。65年第50回UK(東京)に際し、大会後観光として南禅寺参観を受け入れ、参加者に立派なEで挨拶して驚かす。販売用に色紙を提供するなど、KLEGの活動にも精神的、経済的に協力。E関係蔵書は大谷大へ。著"La dek bildoj de bovpaŝtado〔十牛の図〕"(訳, 仏化社, 1930)、'Beleco de duonflorado' ("tempo" 63, 1949.4)、『禅心禅話』(春秋社, 1962)、『命を生きる』(筑摩書房, 1972)。E関係の著作目録は"La E-a Verkaro de Ŝibajama Zenkei"(JBLE, 1979) に。参「特集 われらの2600年」(RO 1940.2)、宮本正男「ああ柴山全慶先生」(LM 1974.10)、「特集 柴山全慶老師をしのぶ」(『禅文化』禅文化研究所, 75, 1975)、寿岳文章「私の会った人」(『朝日新聞』1978.7.11)、中村文峰「柴山老師とE」(『禅文化』93, 1979; LJB 2007年冬号に再録)、太宰不二丸「柴山全慶老師を憶う」(RO 1982.3)、「仏教E運動を支えた人たち(1)」(LJB 1984.2)、峰芳隆「大谷大学の柴山文庫と秋山文庫のこと」(LM 1986.4)、『柴山全慶・秋山文陽E関係蔵書目録』(大谷大図書館, 1986)、寿岳文章・寿岳章子『父と娘の歳月』(人文書院, 1988)、『禅画報』(千眞工藝, 8, 1989)、『現代日本朝日人物事典』。

渋川正治|しぶかわ まさはる
1894.1.14~1954以降

宮城/早大(1918)/横浜正金銀行に勤務。1923年頃JEI入会。

渋谷定輔|しぶや ていすけ
1905.10.12~1989.1.3

埼玉/南畑高等小(1920)/農民詩人，農民運動家。1929年プロレタリア科学研究所の外国語夏季大学E科に参加し，講師の伊東三郎，永浜寅二郎と知り合う。伊東の追悼文集『高くたかく遠くの方へ』を編集。86年第71回UK(北京)に参加。富士見市立中央図書館に渋谷定輔文庫。E訳作品に，『野良に叫ぶ』(衣笠弘志E訳 "Krias Mi sur la Kampo" 衣笠弘志, 1976)がある。圏『野良に叫ぶ』(万生閣, 1926)，『農民哀史』(勁草書房, 1970)，「人類がいるから，人類共通語Eが生まれた」(ES 1979.6)，「骨格標本とE」(『現代の眼』現代評論社, 1979.6)。参伊東三郎「E詩」(『朝日ジャーナル』17, 1964)，『現代日本朝日人物事典』，『近代日本社会運動史人物大事典』。

志甫三郎平|しほ さぶろべい|1909~1949.1.4

富山/高岡中(1926)，高岡高商(1929)/呉服商。高岡高商在学中にE学習。1929年4月講演会でヴェナブルズ夫人のスピーチを通訳。30年代小寺廉吉とともに高岡E会の中心人物。協角尾政雄。

島文次郎|しま ぶんじろう
1871.11.18(明治4.10.6)~1945.10.10

長崎/東京府尋常中(1887)，第一高等中(1893)，帝大文科大(1896)/旧姓野口，号華水/文学博士。漢学者野口松陽の子。兄は漢詩人野口寧斎(1867~1905)。1896年高山樗牛，上田敏らと帝国文学界を結成し，『帝国文学』発刊。99年東大院から京大附属図書館初代館長に抜擢。1900年関西文庫協会を設立し，機関誌として日本初の図書館雑誌『東壁』創刊。10年館長辞職後，三高と京大教授を兼任。23年全官職を辞す。27~43年京都女子高専講師。富岡謙蔵の影響でEを学び，07年JEA入会(会員番号750)。同年4月JEA京都支部発会式の司会。JEA幹事。19年内野仙治，山鹿泰治，竹内藤吉らと京都E会再建を計画し，会長に就任予定だったが，山鹿の検挙で流産。21年三高E会長。23~26年JEI評議員。圏ネスフィルド『邦文英文典』全2巻(冨山房, 1898~1899)，『英国戯曲略史』(宝文館, 1903)。参広庭基介「図書館運動の先駆者としての島文次郎」(『図書館界』1961)，峰芳隆「京都で最初のエスペーロ」(LJB 218, 1986.10)，広庭基介「島文次郎本館初代館長略伝」(『静脩』臨時増刊号，京大附属図書館, 1999)。協太宰不二丸。

島尾四郎|しまお しろう|1890~1969.5

福島/小説家島尾敏雄(1917~1987)の父。1904年横浜の羽二重輸出売込専門商「小野一三九商店」に就職。18年独立して横浜に輸出絹織物商を開業。関東大震災直後，神戸へ。JEA会員(会員番号1229)。参島尾ミホ他編『島尾敏雄事典』(勉誠出版, 2000)。

島木健作|しまき けんさく
1903.9.7~1945.8.17

北海道/東北大(1926中退)/本名朝倉菊雄/小説家。妻京は相沢良の妹。大学を中退して，農民運動に参加。検挙され獄中の体験を『癩』(1934)として発表して評価を得る。『再建』(中央公論社, 1937)で登場人物がEで読書や海外文通をする場面が。圏『島木健作全集』全15巻(国書刊行会, 1976~81)ほか多数。E訳に服部亨訳 "Karcero〔獄〕"(カニヤ書店, 1937)，服部亨訳 'Lepro〔癩〕'("tempo" 22~23, 1936.9~10)。参北村巌「島木健作夫人　朝倉京さんの野辺送り」(『北海道新聞』2001.3.27)，星田淳「相沢良―朝倉京(島木健作夫人) 姉妹」(HEL 2001.7・8)，『現代日本朝日人物事典』，『近代日本社会運動史人物大事典』，『日本文学に現れたE』。

島倉平作|しまくら へいさく
1906.7.25~1976.7.27

富山/呉服商。1924年富山E会に入会。56

年50周年記念第43回JK（東京）に参加。
参"Japanaj E-istoj"。

島崎捨三｜しまざき すてぞう
1900.4.1〜1956.3.12

宮城／角田中(1919)／1919〜55年金山小（宮城）教員。ローマ字教育に熱心で，同校のローマ字教育は県下でも有名に。19年E独習。22年セリシェフが自宅に一泊して以来，国際文通に熱中。24年第12回JK（仙台）で，公開の展覧会にEで集めた各国児童の絵画数十点を出品。25年4月5日 Instruista Esperanto Societo 創立に参加。同年セリシェフの"Oriento"発行に協力。27年6月小学校教員13名にE講習。日中全面戦争勃発後，日本の立場へ海外の理解を求めようと新聞記事をE訳して各国へ送付。死の前日まで30年間Eで日記を。JEI，仙台E会，JELE各会員。のち息子の康雄もE学習。著「内地報道」(RO 1922.6)，『第十二回日本エスペラント大会記録』(同準備委員会, 1924)，金野厳男『カメラは描く』(北辰民報社, 1935)，「教壇から"世界の友へ""正義日本"を綴る」(『東京日日新聞』宮城版1937.11.30)，「E語を通じて二十年 日独両訓導が交す友情」(『報知新聞』1938.8.2)，'Nekrologo S-ro Sutezo Simazaki' (RO 1956.6)，小林司「エスペラント報国同盟結成のころ 1937・1938年の愛国的E運動について」(NR 25, 1973.6)，志''泰治『金山小学校史』(同校同窓会, 1978)，島崎康雄「継続は力なり」(RO 2004.6)，『Eを育てた人々』。協島崎康雄。

島崎敏一｜しまざき としかず｜1913〜1946

群馬／藤岡の生糸業者の息子。商業学校生の時にEを学習。点字も覚えて，海外の盲人E-istoと文通。1930年代後半から41年まで群馬の活動に参加。中国戦線に出征し，46年重傷で復員し，間もなく没。日記に記された詳細な指示により，E文の墓碑が刻まれる。参木戸又次'Verda stelo sur tombo'(RO 1953.2)。

島崎洋一｜しまざき よういち
1940.10.29〜2008.12.30

東京／大森三中，大森高，神奈川大／エンジニア。1961年神奈川大E会を創設。62〜92年JEI会員。TELS再建，JELS設立に渡辺則夫を助ける。参渡辺則夫「島崎洋一さん」(RO 2009.3)。

島地威雄｜しまじ たけお｜1889.5.18〜1963.6.26

東京／一高(1917)，東大(1920)／植物学者。進化論者。インドの仏跡を訪ねた最初の日本人島地黙雷(1838〜1911)の四男。1922年浦和高教授，46年佐賀高校長，49年佐賀大文理学部長，学長代行などをへて，52〜56年東京学芸大教授，退官後独協高教諭。安保闘争で「声なき声の会」に参加など平和運動に関与。野上弥生子『若い息子』のモデルにも。浦和高在職中，守随一に請われ同校E会部長となり，学習。45〜46年JEI理事。47年第22回九州E大会（佐賀）会長。48年第2次JEA評議員。61年第10回関東E大会（浦和）議長団の一人。著ダーウィン『ビーグル号航海記』全3巻（岩波書店, 1959〜61）。参'S-ro rektoro Ŝimaĝi' (RO 1956.5)，西海太郎「島地先生の死をいたむ」(RO 1963.9)，『島地威雄先生追悼録』（大東出版社, 1965），新国康彦「職業行政から社会福祉へ」（欅林社編『欅林の仲間たち』同社, 1975），高山淨「私のE事始め人脈」(RO 2006.3)，村上護『島地黙雷伝』（ミネルヴァ書房, 2011）。

島田久治｜しまだ きゅうじ｜1889.8.28〜?

日本医学校／三重県北牟婁郡錦村に開業，1913年飯南郡の松坂病院に勤務，16年同郡宮前村に赤桶医院を開業。1920年代からJEI会員。

島田虔次｜しまだ けんじ｜1917.8.12〜2000.3.21

広島／青島日本中(1935)，三高(1938)，京大(1941)／筆名Ken Simada／東洋史学者，中国思想史学者。京大名誉教授。Eは，三次中（広島）在学中，担任の大井了（のち結婚で小山姓，東京高師卒，広島で被爆死）を

通じて知り、1933年10月青島日本中学転校後に独習。同校内で宣伝。青島E学会の韓青才、呂吟声らと交流。同地のE情報をROに提供。三高入学後、同校E部で活動。"tempo"誌に寄稿。京都でランティと対面。『中国の伝統思想』中で自身のE歴に言及。参「青島通信」(RO 1934.8),'Studento kaj infano'(訳、"tempo" 35, 1937),『中国革命の先駆者たち』(筑摩書房, 1965),『中国の伝統思想』(みすず書房, 2001)。参「島田虔次教授著作目録」(『東洋史研究』東洋史研究会, 39:4, 1981),渡辺浩「島田虔次『三部作』を読む」(『UP』東大出版会, 2004.1),辻村公一「故島田虔次会員追悼の辞」(『日本学士院紀要』55:2, 2000),『現代日本朝日人物事典』,『三高E会小史』。

嶋田卓弥|しまだ たかや|1901.12.1~1983.3.27

京都/生祥尋常小(中退)/蛇の目ミシン社長。20歳頃Eを学び、E文通を通じて知り合ったドイツ女性と恋仲になり、結婚も考える。終戦直後、JEIへ高額の寄附。宍戸圭一と親交。著「私の履歴書」(『日本経済新聞』1965.5.13),『七重子日記』(フェイス出版, 1966),「日本人は強かった」(『月刊ペン』1971.11),『体で覚える経営』(プレジデント社, 1977)。参宍戸圭一「Literatura Mondoの思い出」(RO 1974.10),『現代日本朝日人物事典』。

島田養之輔|しまだ ようのすけ|1897.8.29~1944以降

鳥取/鳥取一中(1915)/製紙薬品商。家業の製紙商を継ぎ、1935年鹿野製紙所創業。JEI初期に入会。

島津次雄|しまづ つぐお|1904.1.27~1975以降

神戸中央郵便局などに勤務。1924年いわゆる「排日移民法」が米国で成立したことに憤慨、英語の学習を放棄、千布利雄『E全程』でE学習開始。神戸E協会に加わり、会報発行、宣伝に働く。SAT、JEI各会員。参「理想の言葉」(『大阪朝日新聞』神戸版, 1938.2.6)。

島津末二郎|しまづ すえじろう
1912以前~1954以降

長野/上京して印刷工。島津徳三郎の兄。妻は山鹿泰治の妻ミカの妹。労働運動に従事し、アナキズムに傾倒。26年頃全国労働組合自由連合会事務所で安田義雄とともに山鹿泰治からEを習う。最後までやりとおす。29年山鹿、徳三郎、小池英三らと"La Anarkiisto"を発行し、1~3号の編集発行兼印刷人。戦後、自宅敷地を山鹿の住居に提供。参向井孝『山鹿泰治 人とその生涯』(自由思想社, 1984),『近代日本社会運動史人物大事典』,『日本アナキズム運動人名事典』。

島津徳三郎|しまづ とくさぶろう
1912.11.11~1978.11.11

長野/高等小(1927)/印刷工。マルクス主義をへて、アナキズムに傾倒。1929年兄末二郎を頼って上京し、山鹿泰治が全国労働組合自由連合会事務所で開いたE講習会に参加。山鹿、末二郎、小池英三らと"La Anarkiisto"を発行。のち松本E会で活動。35年武蔵野クンシード結成に参加。36年農村青年社事件で検挙、翌年懲役2年、執行猶予4年。39年郷里のE-isto上條かね子と結婚。37年4月JEI入会。戦後、日本化工資材社長。47年第2次JEA常任委員。54年松本健一らと中山クンシード結成。56~68年JEI評議員。59年9月28日港ロンド創立に参加。SAT会員。著「足をはやめよう」(NF 1947.10),「コトバのゆめ」(『塗装新報』1957.1.1),「同志山鹿泰治を偲んで」(NR 19, 1971.6)。参"Japanaj E-istoj",『近代日本社会運動史人物大事典』,『日本アナキズム運動人名事典』。

島貫兵太夫|しまぬき ひょうだゆう
1866(慶応2.7.9)~1912.9.6

陸奥国(現宮城)/仙台神学校/牧師。仙台神学校で酒井勝軍の先輩。また神学生時代に相馬黒光に兄のように接して「アンビシャス・ガール」と評し、終生交流。日本力行会を創立し、苦学生救済や海外移民の事業を興す。1906年12月大杉栄のE学校の第1

回卒業式に来賓として出席し, 祝辞。署『力行会とは何ぞや』(警醒社, 1911) ほか。参 JE (1 : 6 1907), JE (1 : 7 1907), 相沢源七『島貫兵太夫伝 日本力行会の創立者』(教文館, 1986), 『アンビシャス・ガール 相馬黒光展』(仙台文学館, 2001), 野崎晃市『明治キリスト教の受容と変容―浅田栄次の目を通して』(筑波大博士論文, 2006), 久米晶文『酒井勝軍「異端」の伝道者』(学研, 2012), 『日本キリスト教歴史大事典』。

島野広 | しまの ひろし | 1907.5.21~1990.9.17

高知/高知高, 京大 (1931)/三井鉱山生産部副部長などをへて, 1958~62年常任監査役。高知高在学中にJEI入会。図三井鉱山。

島袋盛敏 | しまぶくろ せいびん
1890.12.19~1970.1.2

沖縄/沖縄師範/沖縄で小学校教諭。1931年上京して成城学園女学校教員。52年退職後は沖縄研究に専念。北玉尋常小在勤中の18年JEA入会 (会員番号1171), のちJEIにも参加。署『琉歌大観』(沖縄タイムス社, 1964), 『琉歌集』(沖縄風土記社, 1970)。参『近代日本社会運動史人物大事典』。

清水卯之助 | しみず うのすけ
1909.2.8~1991.6.9

徳島/慶大/本名吉田実/学生時代, 日本プロレタリア映画同盟東京支部書記長。のち時事新報社へ。1961年東京スポーツ新聞社常務。石川啄木, 幸徳秋水の研究家としても知られ, 73年東京銀座旧朝日新聞社跡に石川啄木の歌碑を建立。慶大在学中, 同校E会に属し, 馬場清彦, 多木燐太郎らと活動。署『石川啄木』(和泉書院, 1990), 『管野須賀子の生涯』(同, 2002)。参『近代日本社会運動史人物大事典』。

清水勝雄 | しみず かつお
1883.7.20~1957.10.26

石川/金沢一中, 四高 (1905), 東大 (1908)/1911~12年京都府立農林学校, 13~15年徳島県立農業学校各校長。のち神奈川県立平塚農業学校校長など。少年時代にEを知り, 金沢一中在学中に内田雄太郎の指導で学習。1923年JEI入会, 26年監事, 27~28年理事, 29~34年および36~44年監事。24年第12回JK (仙台) で須々木要, 佐々木孝丸, 岡本好次, 松葉菊延らとaĉulo-kongresoを持ち, hetmano「おかしら」に祭り上げられ, その後 Hetmano Ŝ (i) mid (zu) と称された。25年朝鮮満洲出張に際してハルビンのセリシェフらE-istoと交流。20年代後半から平塚E会, Societo Bruoなどの会長。増田英一らにより38年6月JEI臨時役員会で「転向声明書」草案を通すよう迫られたが, 大石和三郎理事長とともに拒否。47年9月7日箱根E会結成に際し顧問。48年第2次JEA評議員。50年第37回JK (横浜) 名誉議員。56年第5回関東E大会 (横須賀) 議長。神奈川県E運動の祖父的存在。JELE会員。「狭霧」, 「神威」各艦長を歴任した弟他喜雄もEを学び, その子千里は49~50年および53年JEI評議員。参松葉菊延「ヘトマーノ・シミズいまやなし」(RO 1957.12)。参清水千里「ふと, なんとなく」(RO 1948.6)。図清水他喜雄。

清水新平 | しみず しんぺい
1900.4.28~1982.6.24

東京/東京府立一中 (1918), 八高 (1921), 東北大 (1924)/谷口光平, 難波経一らと東京府立一中の同期。大木高之助, 宮田聰と八高第二部甲類の同期。三井物産機械部副部長, 極東貿易社長など。1920年JEI入会。

清水武雄 | しみず たけお
1890.7.12~1976.10.16

石川/四高 (1911), 東大 (1914)/理学博士。物理学者。1922年米英留学から帰国して塩見理研所長。のち東大教授, 理研主任研究員, 清水研究所所長など。戦後, 理研で昼休みに玉木英彦らとE書の輪読会を開催。参『現代日本朝日人物事典』。図玉木英彦。

清水登｜しみず のぼる｜1942.8.4~1998.5.17

長野/諏訪清陵高(1961)，東大(1966)/中国語学者。アジア経済研究所研究員，新潟大，茨城大各教授など。1978年JEI入会。79年E学力検定中等試験合格。著『日本人の国際感覚』(ES 1983.7)。参『茨城大学人文学部紀要(コミュニケーション学科論集)』(5, 1999)。図茨城県立図書館。

清水一｜しみず はじめ｜1902.3.13~1972.3.17

東京/一高(1923)，東大(1926)/筆名清水はじめ/大倉土木に入り，1959年大成建設常務，66年日大教授。サンフランシスコ万国博覧会(1938年)の日本館建設に当たったほか，ホテル・オークラ，ホテル・ニューオータニなどの設計に参加。エッセイストとしても知られた。一高在学中の20年5月JEI入会。著『清水一随筆集』全3巻(井上書院，1967~69)ほか多数。

志村保一｜しむら やすいち
1866.10.21(慶応2.9.13)~1943以降

神奈川/修文館/工部省社会局，北海道炭鉱，平沼銀行，横浜電燈，扇橋製薬，池上電鉄，戦友共済生命保険などをへて，東北桐材取締役，国際農機常任監査役，日本コナミルク監査役など。1906年JEA入会(会員番号420)。同年11月24日JEA横浜支部を設立，翌年支部長。07年JEA評議員。21年国際商業語協会に参加。JEI会員。

志村喬｜しむら たかし｜1906?~1986.11.12

植物育種学者。農林省茶業試験場，東海近畿農業試験場茶業部をへて名大，名城大各教授。名大名誉教授。論文の抄録をたびたびEで執筆。著「茶樹の細胞学的研究」(『日本作物学会紀事』7, 1935)，「茶樹の耐寒性に就いて」(同 12, 1940)，「茶葉の硫酸銅に対する薬害の品種間差異に就いて」(同 12, 1941)，「茶樹の耐寒性と耐病性との関係に就いて」(同 13, 1941)。

下河原政治｜しもかわら せいじ
1878.5.22~1955.8

岩手/盛岡尋常中(1897)，二高(1902)，京大(1906)/京都に医院開業後，1910~14年大分県立病院眼科部長，14年別府市に下河原眼科医院を開業。Eは独習後，25年2月別府E会入会。31年4月27日麻生介，竹崎虎惣太らと大分E会結成。42年麻生，三浦隆とともに第19回九州E大会(別府)開催に尽力。KEL評議員，UEAデレギート(別府)，JEMA会員など。参『昭和2年KEL年鑑』，『大分県紳士録』。

下瀬謙太郎｜しもせ けんたろう
1869(明治1.12)~1944.3.29

大分/第一高等中(1890)，東大(1896)/陸軍軍医。1906年北京の日本公使館医務担当，14年軍医学長，16年軍医監。20年台湾へ渡り，台湾総督府医院長，台湾医院長など。第一高等中在学中の1889~90年頃ヴォラピュクを学び，92年頃Eに転向。藤浪鑑と第一高等中の同期。1936年6月13日日本E運動三十周年祝賀晩餐会で回顧談を語る。著『支那語のローマ字化をめぐって民国政府の国字国語運動のあらまし』(日本のローマ字社，1936)，「明治25年E語について聞く」(RO 1936.6)，「日本E運動三十周年祝賀記念雄弁会及晩餐会」(RO 1936.7)。参粟飯原晋「丘浅次郎博士と下瀬謙太郎氏」(RO 1931.8)。図岡一郎。

下竹吉一｜しもたけ よしいち
1896.11.9~1966.2.10

東洋協会大(1918)/剣山の一ノ森ヒュッテの名物管理人。登山中に凍死。1911年東京でE学習。JEI初期に入会し，62年4月再入会。中四国E連盟に参加。参下竹由一「人知れず」(RO 1966.5)，"Japanaj E-istoj"。

下中弥三郎｜しもなか やさぶろう
1878.6.12~1961.2.21

兵庫/小学校(1888中退)，教員検定(1899)/号芳岳/出版人，教員運動家。平凡

社創業者。世界平和アピール七人委員会 (1955年設立)の提唱者。東大に下中文庫。Eの支持者で、1922年米国で開かれた世界新教育会議にE採用を提案しようとしたが果たさず。伊東三郎と坂井松太郎が発案して持ち込んだ、大いにEを活用して世界の児童作文を集めて日本語訳する出版企画を採用し、中垣虎児郎、栗栖継、福田正男、高山図南雄らをも迎え、吉田九洲穂を主任にして、秋田雨雀監修『世界の子ども』全15巻 (1955～57) として刊行させる。萋『万人労働の教育』(内外出版, 1923) ほか多数。参『下中弥三郎事典』(平凡社, 1965)、『現代日本朝日人物事典』、『近代日本社会運動史人物大事典』、『日本アナキズム運動人名事典』。

下野信之 | しもの のぶゆき
1855.5.7 (安政2.3.21)〜1924.11.10

江戸/静岡藩兵学校/1872年工部省に入り、各地で測量に従事。76年内務省地理寮気象掛員となり、79年和歌山、81年宮城、82年青森、96年琉球諸島に測候所を建設。99年大阪測候所長。1916年大阪E協会評議員。JEA会員 (会員番号960)。萋「果して桜島の灰か」(『不二新聞』1914.1.15)。

下村宏 | しもむら ひろし | 1875.5.11〜1957.12.9

和歌山/和歌山中、第一高等中 (1895)、東大 (1898)/号海南/法学博士。日露貿易の振興に尽くした下村房次郎 (1856〜1913) の長男。演出家下村正夫 (1913〜1977) の父。大学卒業後、逓信省に入り、1902〜04年ベルギーに留学。簡易保険制度の導入に尽力。15年台湾総督府民政長官 (19年総務長官と改称) として文治統治を推進。21年朝日新聞社に専務として迎えられ、30年副社長。36年二・二六事件後に入閣を打診されるが、自由主義者と目されて軍部からの圧力で辞退し、朝日も退社。37年大日本体育協会長として東京オリンピック開催 (40年予定) を準備。43年日本放送協会会長、45年国務大臣情報局総裁となり、終戦に際し玉音放送を実現。終戦後A級戦犯の容疑を受けるが不起訴、51年まで公職追放。ラジオ演説の名手。歌人。国立国会図書館憲政資料室に下村宏関係文書。21〜22年欧米を視察し、旅行記『欧米より故国を』に「E」の項を設けて、「我国でもEには相当注意を払うて貰ひ度い」と。『これからの日本 これからの世界』(1936)、『来るべき日本』(第一書房, 1941) でもEを好意的に紹介。戦後もジャーナリズムでEを宣伝。56年日本E運動50周年記念に際しJEI賛助会員。萋『欧米より故国を』(丁未出版社, 1922)、『これからの日本 これからの世界』(新潮社, 1936)、『終戦記』(鎌倉文庫, 1948)、『終戦秘史』(講談社, 1950)、『歌暦』(下村文, 1959) ほか多数。参藤間常太郎「Eと朝日新聞」(RO 1939.4)、坂本慎一『玉音放送をプロデュースした男 下村宏』(PHP研究所, 2010)、『現代日本朝日人物事典』、「Eづいた柳田國男」。

下村芳司 | しもむら よしし
1904.1.15〜1953.1.6

愛知/中京商/本名鉱造/石黒修らと後藤静香の希望社国際部で働き、のち松原言登彦の影響でひとのみち教団へ。1928年東海度量衡合資会社へ入り、37年10月誠工社 (名古屋) へ。中京商在学中にE独習、石黒の講習会に参加、21年10月JEI入会。31年TEK幹事。32年5月E-isto木村愛子と結婚。希望社で "Esperanto Kiboŝa" の編集に従事し、その運営する勤労女学校でE科目を担当。"Literatura Mondo" に寄稿、E文学研究会に参加。名古屋E協会代表など。57年下村訳の菊池寛「恩讐の彼方に」がチェコで上演される。萋『E童話読本』(JEI, 1923)、山本有三著 "Infanmurdo〔嬰児殺し〕" (E研究社, 1930)、江戸川乱歩著 "Unu Bileto〔一枚の切符〕"(同, 1930)、同 "Ora Masko〔黄金仮面〕" (日本E会, 1931)、"Legolibro de E-aj Fabeloj"(JEI, 1932)、『初等E童話集』(同, 1932)、『新撰E文手紙の書方』(同, 1932)、'Super-moderna fabelo' (RO 1933.1)、『E日記の書方』(国文社, 1933)、Japana E-Societo 訳 "Japanaj Fabeloj〔日本五大お伽噺〕"(国文社, 1933 ; 1957年中村陽宇の校訂をへて天母学院より再刊)、谷崎潤一郎著 'E艶殺し〔Printempo furiozas〕' ("Literatura Mondo" 1934)、菊池寛著 'Amo de Toojuuroo kaj Du Aliaj Teatrajoj〔藤十郎の恋ほか戯曲2本〕'(同)。参「緑色結

婚」(RO 1932.7),「人の道教神殿にて夏期早朝E会話会」(RO 1933.8),「下村芳司氏がなくなった」(RO 1953.3),「チェコで上演 菊池寛の名作「恩讐の彼方に」」(『京都新聞』1957.8.14)。

ジャーヴィス | Jarvis | 1880頃~?

英国/1910年頃神戸で"Japan Chronicle"記者。神戸のE活動に参加。参山鹿泰治「古い日記帳から」(EL 1935.8~9)。

朱文央 | しゅ ぶんおう | ?~1942?

中国/女子留学生。1935年中華留日世界語学会の講習に参加し, 12月同会とTEKのザメンホフ祭でEで挨拶。36年6月日本E運動三十周年祝賀記念雄弁会で「協力」をスピーチ。帰国して37年9月世界語五十周年記念会(上海)に参加。中国共産党に入り, 上海で許広平(魯迅の妻)らと女性運動に参加。著『北戦場上的游撃隊報告』(怒吼出版社, 1938)。

周作人 | しゅう さくじん | 1885.1.16~1967.5.6

中国浙江省紹興市/立教大/文芸評論家, 翻訳家, 思想家。北京大学教授。魯迅の弟で, はじめ共同で活動していたが, 1923年から関係断絶。06~11年日本留学。東西の文学に通じて, 日本古典・近代文学も多く中国語に翻訳し, 柳田國男『遠野物語』を中国に紹介。日本軍占領下の北京にとどまり, 戦後は漢奸とされ懲役刑に。08年東京で張継のE講習を魯迅らとともに受講したとの説があるが, 採らない。『周作人日記』によれば, 13年12月Jones著"The Esperanto Manual"を, 19年3月『大成エスペラント和訳辞典』を購入し, 20年9~12月に集中的にE学習。その間にEから訳した詩を『新青年』(8:3, 1920.11)に「雑訳詩二十三首」として掲載。武者小路実篤の新しき村への関心と時期的に近く, 市橋善之助や木村荘太が『新しき村』に寄稿した文章の影響とも考えられる。自伝『知堂回想録』(1970)には21年にEを学んだとあり, もっぱらこれに拠る文献もあるが, 日記の記述と矛盾する。22年中国に渡ったエロシェンコと親交を結び, 魯迅とともに北京での活動を援助して, そのEでの講演をたびたび通訳。『訳文全集』10巻には, 『晨報副刊』に掲載されたエロシェンコ講演の訳文のほか, ザメンホフやエロシェンコの詩などのEからの翻訳文も収録。著『周作人日記』(大象出版社, 1996), 鍾叔河編訂『周作人散文全集』全14巻+索引(広西師範大学出版社, 2009), 止庵編訂『周作人訳文全集』全11巻(上海人民出版社, 2012)ほか多数。参平野零児「親日女系図」(『婦人公論』1938.2), 清見陸郎「周作人氏を語る」(『経済情報(政経編)』経済情報社, 1941.6), 方紀生編『周作人先生のこと』(光風館, 1944), 藤井省三『エロシェンコの都市物語—1920年代 東京・上海・北京』(みすず書房, 1989), 同「カール・ヨネダの北京—魯迅邸におけるエロシェンコ回想」(『猫頭鷹』「新青年」読書会, 7, 1989), 于耀明『周作人と日本近代文学』(翰林書房, 2001), 手塚登士雄「魯迅, 周作人とE-istoたち」(『トスキナア』皓星社, 1~2, 2005), 藤田一乗「民国初期の世界語 北京世界語専門学校を中心に」(『中国言語文化研究』佛教大学中国言語文化研究会, 10, 2010), 劉岸偉『周作人伝—ある知日派文人の精神史』(ミネルヴァ書房, 2011), 『現代日本日人物事典』, 『近代日本社会運動史人物大事典』, 『日本アナキズム運動人名事典』, 『中国世界語運動簡史』。協手塚登士雄。

周力 | しゅう りき | 1913~1984

中国浙江省/長崎高商(1937)/1934年日本留学。留学中プロレタリアE運動に参加。長崎で高原憲, 植田高三, 富松正雄ら, 東京で久保貞次郎, 磯部幸子らと会う。帰国後は抗日運動に加わり, 天津などで地下活動。天津でカール・マイヤーとE活動。戦後は貿易に従事。のち中華全国世界語協会常務理事など。小坂狷二『前置詞略解』を中国語訳。著 'E-interligilo de amikeco' ("El Popola Ĉinio" 1982.11), 小坂狷二著『世界語前置詞略解』(編訳, 中国世界語出版社, 1985)。参『中国世界語運動簡史』。

寿岳静子|じゅがく しずこ
1901.10.23〜1981.6.27

和歌山/梅田高女(中退)/旧姓岩橋，筆名しづ/随筆家，翻訳家．岩橋武夫の妹，丹羽吉子の姉．兄の関学での学友，英文学者寿岳文章(1900〜1992)と結婚．和紙研究，婦人運動にも従事．失明した兄の杖となり，和田達源の法案寺南坊のE会でともにEを学習．夫文章も仲間入りはしなかったが，Eの知識は得て，ザメンホフについて「世界の平和の時代にふさわしい共通の言葉の資格づけ，定着を念願してやったもので，世界に類がないくらい立派なもの」と．娘章子(1924〜2005．国語学者)は「市井の人々がどう受け止めて自分のライフヒストリーとどう絡ませてEが書き残されているかをやればおもしろい」と．著ハドスン『はるかな国・とほい昔』(岩波書店，1937)，『寿岳文章・しづ著作集』(春秋社，1970)ほか．参寿岳文章・寿岳章子『父と娘の歳月』(人文書院，1988)．

祝振綱|しゅく しんこう|?〜1965以降

中国/九大/1913年9月来日．一高予科に入り，四高をへて，九大医学部へ．帰国後江蘇省公立医専，上海江湾労働大学各教授．九大E会会員．14年JEA入会(会員番号968)．21年福岡E会創立に参加．26年夏訪中した西成甫から刺激を受けて，江蘇医大国際語学会を設立．著『外科綱要』(商務印書館，1929)『普通救護法』(同，1930)．参『昭和2年九州E-isto連盟年鑑』．

守随一|しゅずい はじめ|1904〜1944.1.15

愛知/成蹊中，浦和高，東大(1928)/太田慶太郎と浦和高，東大の同期．1925〜28年新人会で活動．矢内原忠雄研究室助手，武蔵高教授などをへて，1938年末満鉄調査部へ入り大連，のち新京(現長春)へ．成蹊中時代に中村春二からEの指導を受ける．同級の新国康彦らと浦和高E会を創立し，代表として活躍．26年5月より東京の警備司令部で将校25名にE講習．28〜38年JEI評議員．29年第17回JK(東京)副会頭．

RO(1930.2)を編集．E文学研究会でも活動．34年頃柳田國男の民俗学研究会「木曜会」に参加し，『民間伝承』ほか刊行物の発行名義人．37年頃浦和高出身の帝大学生によって結成されたMarŝada Grupo会長．大連へ渡ると，直ちに大連E会に加入．いわゆる満鉄事件で検挙．奉天(現瀋陽)の刑務所でチフスを病み，病気釈放後，路傍に倒れていたところを安部浅吉の医院に担ぎ込まれたが，手当てを拒否され，新京病院で没．著「一同志の訃報に接して」(RO 1925.5), 'Tra la Montkurbajoj' (RO 1926.8〜12), 秋田雨雀 "Danco de skeletoj〔骸骨の舞跳〕" (須々木要と共訳，JEI, 1927)，「E原作文学概観」(RO 1930.3)，『民俗座談』(民間伝承の会，1937)．参最上孝敬「物故者紹介 守随一君」(『日本民俗学大系』平凡社，3, 1958), 新国康彦「職業行政から社会福祉へ」(櫟林社編『櫟林の仲間たち』同社，1975), 鶴見太郎『柳田国男とその弟子たち―民俗学を学ぶマルクス主義者』(人文書院，1998), 嶋田恭子「巴金と日本人E-istoたち―秋田雨雀著『骸骨の舞跳』E訳本をめぐって」(『中国学論集―一海・太田両教授退休記念』翠書房，2001)，『解放のいしずえ』, 松本健一「満州時代の由比さん」(RO 1968.1),「由比忠之進氏について」(LT 1983.10),『反体制E運動史』,「Eづいた柳田國男」．図由比忠之進，市川重一．

シュミット|Wilhelm Schmid
1927.4.10〜2002.10.4

ドイツ/高校/高卒後，第二次大戦でノルウェー戦線に出征．終戦後，復員し，E習得．UEAに就職し，"E"誌の編集などに従事．1965年第50回UK(東京)に参加．翌66年9月来日し，梶野佳子と結婚して日本永住．語学教師をへて，虎ノ門の江崎特許事務所に就職．JEI講習会の講師も．71年10月JEI入会．78年遠井國夫に協力して埼玉E会を再興．80年第29回関東E大会(大宮)で "Nederlanda E-movado" を講演．94年八ヶ岳E館開館式に外国人代表として出席．2002年4月江崎特許事務所を退職．E, 囲碁，日本酒をこよなく愛した．UEAデレギート(碁), SAT会員など．著'E評：Negalando' (RO 1972.4),『E海外旅行の手引』(佳

子と共著, 天母学院, 1975), 'Angleparolanta Lando' (RO 1978.4), 'Ĉu kulpigi E-on pri eŭropeco?' (RO 1978.8～79.4), 'Kial mi lernis E-on?' (EV 1980.7), 'Recenzo : "La nova realismo"' (RO 1991.8), 'La Postmilita Historio de Germanio' (PO 1999.7). 参「シュミット氏来日」(RO 1966.11), 「国際結婚第1号」(RO 1966.12), 遠井國夫「埼玉のE運動と私」(『関東E連盟40年史』), 水野義明「シュミットさんを悼む」(PO 2002.11), 手塚丞「Wilhelm Schmidさんを悼む」(RO 2002.12).

シュミット佳子 | シュミット よしこ
1929.7.5～1982.12.3

東京/早大(中退)/Yoshiko Schmidt, 旧姓田中, 梶野/東京府立第七高女から東京女子医専へ進むも, 戦災で学業中断. 戦後早大で心理学を専攻, 中退後, 8年間『東京日日新聞』学芸部記者. 1950年頃Eを学び, 57年から『週刊読売』通信員として欧米諸国を歴訪, その間にEに習熟し各地で講演して, 60年10月帰国. 62年1月～63年11月南北アメリカ方面を巡る. 66年10月ドイツで知り合ったW.シュミットと結婚(戦後のEによる国際結婚第1号). 蓮田市に住み, 夫婦で同地の運動に貢献. UEAデレギート(蓮田). 著「デンマークに来て」(RO 1957.6), 「ヨーロッパの旅から」(RO 1958.2), 「五つの国際会議に出席して」(RO 1958.10), 《体験手記》〈あなたも外国へゆける〉Eを道標にして」(『婦人公論』1961.10), 「Eカップル」(『ミセス』1968.1), 「黒い目・青い目のLa Kosmo-familio」(RO 1972.7, 1973.2), 「私の人生を変えたもの」(RO 1974.4), 『E海外旅行の手引』(シュミットと共著, 天母学院, 1975), 「世界語で国際的視野をもとう」(『婦人公論』1977.2), 「国を愛すればこそ」(ES 1979.10). 参「梶野さんヨーロッパへ」(RO 1957.4), 「ヨーロッパ無銭旅行 トランク片手 女性ひとりある記」(『週刊アサヒ芸能』1960.11.20), 「国際結婚第1号」(RO 1966.12), 「こんにちは! 奥さま」(『ミセス』1968.2).

荘豊之祐 | しょう とよのすけ
1869.3.15 (明治2.2.3)～1943以降

香川/大阪医学校(1892)/1895年香川県観音寺に荘医院を開業. 香川県医師会副会長. 1921年JEI入会. JEMA会員.

庄子時夫 | しょうじ ときお
1948.12.2～2012.3.31

宮城/山形大(1972)/エンジニア. 1968年大学に入学して長岡二郎や篠田秀男からEを学び, 同年JEI入会. 山形大E会を結成し, 山形E会でも活動して, 71年第12回東北E大会(米沢)の開催に尽力. 卒業後, 就職先の川崎で大和E会やJEI小田原支部で活動. 93年仙台に戻り仙台E会に所属し, のち山形に移り山形E会で活動. 白布温泉(米沢)西屋旅館を会場として白布に集う会を主宰し, また2004年第45回東北E大会(米沢), 09年第50回東北E大会(米沢)開催の中心になる. ratoのハンドル名で, 早くからアマチュア無線で広く交信. コンピューターにも明るく, 山形E会ウェブサイト開設や, 小林司らの『ザメンホフ通り』共同E訳プロジェクトにウェブサイト開設で協力し, 多言語版E自習ソフト"Kurso de E"の日本語訳など, ネット上でも活動した. 妻の博子もE-isto. 参 "La stelo de Jamagato" (420, 2012.5), 「追悼 庄子時夫さん」(RO 2012.10).

荘田達弥 | しょうだ たつや | 1881.1～1954.1.9

東京/一高(1901), 東大(1904)/三菱の「番頭」と呼ばれた荘田平五郎(1847～1922)の長男. 1922年三菱造船崎造船所設機設計課長, 23年三菱造船研究所長, 33年研究所廃止に伴い三菱重工業取締役. 戦後, 親戚の南英一の勧めでEを学び, JEI入会. 参「会員消息」(RO 1954.4).

庄野信司 | しょうの しんじ | 1901.2～1985.1.19

福岡/東北大(1926)/工学博士. 1928年台湾総督府工業研究所技師, 49年日大教授など. 東北大在学中にJEI入会.

城谷三郎｜じょうや さぶろう
1893.7.10〜1977.2.11

東京/東京府立工芸学校(1913)/1931年御木本商店から日本ダイヤモンドに転じて監査兼工場長。のち旭ダイヤモンド工業取締役など。18年JEA入会(会員番号1224)。JEI会員。

白井好巳｜しらい よしみ
1905.10.7〜1985.10.20

東京/八高(1925)、京大(1928)/髙橋公三、前田一三らと八高理科甲類の同期。帝都高速度交通営団電務課長、技術部長、理事など。八高在学中にJEI入会。

白石朝太郎｜しらいし あさたろう
1893.8.17〜1974.6.1

東京/小学校/本名浅太郎、別名維想楼/活版所の文選工から国文社、毎日新聞社などに勤務。大杉栄の影響でアナキストに。同時に剣花坊主宰「大正川柳」に参加し頭角を現す。1923年大杉、伊藤野枝らが虐殺された後、検挙。戦後は東北川柳界の指導者として活躍。高村光太郎、エロシェンコらと交友。JEI初期会員。著『習作の二十年—井上剣花坊句集』(編、柳樽寺川柳会、1923)、『井上信子句集』(同、1926)。参『日本アナキズム運動人名事典』。

白石健｜しらいし けん｜1927.11.20〜1990.6.16

東京/工学院大/通産省工業技術院、川研ファインケミカルなどに勤務。カトリック教徒。1951年2月JEI入会。81年3月所沢E会設立に参画し、88年より3年間第4代会長。参"Japanaj E-istoj"、水野義明「白石健氏を悼む」(TO 1990.7)、遠井國夫「埼玉のE運動と私」(『関東E連盟40年史』)。

白石茂生｜しらいし しげお
1907.1.7〜1989.9.19

福岡/八幡製鉄所教習所/筆名 Geo/1962年八幡製鉄八幡製鉄所退職後、67年まで堺製鉄所の嘱託。21年頃松永親義、大場格のE講習会に参加し、その後エロシェンコの宣伝講演(八幡)を大場と聴く。八幡E会に加わり、24年KEL創立に参加。48年5月井沢万里らと北九州E会創立、9月第2次JEA委員。56年6月16日北九州E連盟およびJEI北九州支部結成に際して会長。60〜62年KEL書記長、機関誌"Verda Fronto"編集。62年4月堺市へ移り、63年4月〜70年4月LM第6代編集長。65〜68年堺E会初代会長。70年1月22日人気TV番組「三時のあなた」に出演しEを宣伝。同年九州へ戻った後、KELの中心となって、長崎県原爆被爆教師の会編『雲になってきえた—ナガサキの原爆読本初級用』の共同E訳に着手し、"En la nubon ŝi sorbiĝis for!"(KEL, 1973)として出版。73年白木賞。74年第61回JK(北九州市)組織委員長。77年翻訳グループ Ovoj en Kovejo を結成、坪田譲治編『日本むかしばなし集』の共同E訳に取組み、"La knabo kun nazmuko kaj aliaj rakontoj"(Ovoj en Kovejo, 1979)を世に問う。UEAデレギート(八幡)。著 星新一著 'La vivo post tri jaroj〔三年目の生活〕' ("Kajero" 2, 1963)、「文通は相互理解のかけはし」(LM 1966.10)、『E文通案内』(宮本正男と共著、要文社、1969)、「8月は原爆・反戦図書を外国に送る月だ」(LM 1973.8)、「『ナガサキの原爆読本』E訳誕生記」(LM 1973.9)、「老人の生きがいとして」(RO 1974.4)、「自著を語る『エスペラント文通案内』」(LM 1974.6)、「韓国の運動に援助を」(LM 1975.11)、「Ovoj en Kovejo(翻訳勉強の新しい試み)」(LM 1977.11)、「やさしい読物：西遊記より」(LM 1978.8〜1979.8) Agatha Christie 'La lampo〔The Lamp〕' ("l'omnibuso" 89, 1980.7)、同 'SOS〔S・O・S-S・O・S〕' ("l'omnibuso" 90, 1980.11)、Hanns Heinz Ewers 'La araneo〔Die Spinne〕' ("l'omnibuso" 85, 1979.7)。参 西田光徳「白石茂生氏を送る」(LM 1962.5)、"Japanaj E-istoj"、「定年後(5)」(『朝日新聞』1967.12.20)、『北九州E運動史』、大場格「畏友白石茂生氏への追悼の辞」(LM 1990.1)。

白石徹生｜しらいし てつお｜1888.2.6〜1943以降

福岡/熊本医専(1912)/耳鼻科医。大分県

立病院, 門司鉄道病院などをへて, 1918年福岡県八幡市に白石医院を開業。26年頃JEI入会。JEMA会員。

白岩俊雄|しらいわ としお
1906.5.11~1983.3.7

東京/一高(1926), 東大(1930)/耳鼻咽喉科学者で, 音声言語医学の研究で知られる。医学博士。東京医大名誉教授。1928年6月 Eskulapida Klubo 主催の第1回東都医学生E雄弁大会で「偶感」を演説。JEMA会員。著『耳鼻咽喉科学』全2巻(共著, 医学書院, 1960),『鼻出血の臨床』(金原出版, 1977)。

白神寿吉|しらが じゅきち
1880.5.21~1970.11.28

岡山/岡山県師範(1902), 広島高師(1917)/植物学者, 考古学者。「しらがぶどう」,「しらがうしおごけ」の発見者。長岡女師を辞職後, 朝鮮へ渡り, 鎮南浦, 平壤各高女校長, 朝鮮総督府編修官などをへて, 1926年大邱公立女子高等普通学校長。朝鮮考古学会を創立。戦後, 故郷へ戻り, 46~54年上市町長。新見市名誉市民。E学習歴は不明。25年6月京城E研究会の朝鮮E学会への改組に際し名誉委員。著『新羅文化』(慶北公立高等女学校, 1940)。参朝鮮考古学会編『白神寿吉氏蒐集考古品図録』(桑名文星堂, 1941)。協新見市立図書館。

白壁傑次郎|しらかべ けつじろう
1871(明治4.6)~1952.2.26

福岡/第五高等中(1894), 帝大理科大(1897)/五高教授(化学)。日本美容外科の草分け白壁武弥(1905~1981)の父。1921年沢瀉久孝らと五高講堂でE講習を実施。42年五高を辞めるまで, 同校E会顧問として, その活動を支援したほか, 市民のE運動にも協力。KEL幹事, 熊本E会員など。著『新式化学教科書』(共著, 内田老鶴圃, 1903)。

白木欽松|しらき きんしょう
1891.10~1965.9.11

愛知/愛知五中/戦後, 岐阜県の妙王寺で修行, 1954年永平寺で得度, 57年頃から玉泉寺(滋賀)住職。24年12月Eを学び, 世界仏教E連盟に参加。26年4月11日中部日本E連盟設立に際し代表委員。31年7月より毎週門前警察署のE講習を由比忠之進と指導, 10月24日享栄商E発会に際し顧問。32年2月11日由比, 竹中治助らと名古屋E会設立。38年第26回JK(名古屋)準備委員会委員長。39年名古屋E会長。同年名古屋市内の江崎正文堂に働きかけ, Eコーナーを設置させた。65年の第50回UK(東京)開催のための托鉢がNHKテレビ「現代の記録」で「E-isto ある理想主義者の群像」(1964.2.15)として取り上げられる土地売却代金なども合わせて70万円を寄付したが, 大会直前に発病し不参加。大会後に没。65年10月第52回JK(東京)において白木賞(地方E運動の貢献者を表彰)が設定。UEAデレギート(名古屋), SAT会員など。出久根達郎『古本奇譚』(中央公論社, 1990)が, 著書『非常時・前奏曲』から「葦原将軍・E・訪問記」を引用。名前は「きんまつ」とも。著アタナソフ『E-isto の思出』(江崎正文堂, 1930),「Eもやった老牧師を中心に」(RO 1935.1), 柴田義勝"La Verda Stelo Rigardata el la Ekstrema Oriento"(名古屋E会, 1938),『非常時・前奏曲』(同, 1938)。参北川昭二「伊吹の里に白木欽松さんを訪ねる」(LM 1965.1), "Japanaj E-istoj", RO 1965.11, 水野輝義「E発表百周年記念」(『名古屋E会会報』1986.11),『名古屋E運動年表』。

白鳥省吾|しらとり しょうご
1890.2.27~1973.8.27

宮城/築館中(1907), 早大(1913)/本名「しろとりせいご」), 筆名白鳥天葉, 白鳥銀河ほか/自然主義文学の影響を受けた民衆派詩人。民主的思想に共鳴してホイットマンに傾倒。1965年築館町名誉町民。栗原市に白鳥省吾記念館。JEI創立と同時に入会。著『白鳥省吾民謡集』(泰文館書店, 1928)ほか多数。参中島河太郎「白鳥省吾年譜並びに著

書目録」(『和洋国文研究』和洋女子大国文学会, 11, 1975), 築館町教育委員会白鳥省吾集編集委員会編『民衆派詩人 白鳥省吾の詩とその生涯』(築館町, 1986), 『白鳥省吾のふるさと逍遥』(白鳥ナヲエ, 2000), 「白鳥省吾を研究する会」事務局編著『白鳥省吾物語』全2巻(同事務局, 2002～03), 『現代日本朝日人物事典』, 『近代日本社会運動史人物大事典』, 『日本アナキズム運動人名事典』。

白根松介｜しらね まつすけ
1886.10.30～1983.7.28

山口/東京高師附中, 六高(1907), 東大(1911)/男爵, 貴族院議員。1936年宮内省宮内次官。終戦直前の空襲による皇居宮殿焼失の責任をとり, 51年次官を辞任。戦後, 日赤常任理事, 中央更生保護審査委員長など。六高在学中にE学習。

白畠正雄｜しらはた まさお
1900.8.9～1983.6.14

大阪/一高(1921), 東大(1924)/木崎宏, 楠井隆三らと一高英法科の同期。京都市に弁護士事務所を開業。京都弁護士会会長。1921年JEI入会。

白水ミツ子｜しろうず みつこ｜1952～1981.6.10

福岡/香椎高/東京での会社勤務を辞めて, 日本女性マナスル登山隊員としてネパールへ。2年間の英国留学から帰国して, 福岡市のビジネスホテルのフロント係。1981年6月京都山岳会のボゴタ山(中国新疆ウイグル自治区)登山隊に参加し, クレバスに転落死。70年東京の職場で津久井英喜と知り合い, Eサークルを結成。目黒E会にも参加。帰国後は福岡E会に参加。『ES』の協力者。Hie Kiguj "La varma sudo kaj frosta nordo" の訳稿あり。その最期は秋谷豊の詩「クレバスに消えた女性隊員」(『砂漠のミイラ』地球社, 1987. 所収)に詠まれ, 一柳慧により合唱曲に(1998)。95年遺体が14年ぶりに発見。参「「危ない! 助けないで」遭難女性の最期明かす」(『朝日新聞』1981.6.20), ES 1981.8, 岩永和朗 'El nia kajero' (LM 1981.9), 津久井英喜「E-isto の心」(RO 1981.10), 「中国・ボゴタ峰で遭難, 白水さんの遺品14年ぶりに遺族へ」(『朝日新聞』福岡版, 1995.8.29)。図青山徹。

城内忠一郎｜しろうち ちゅういちろう
1905.7.8～1985.12.22

大分/大分中(1923), 七高(1926中退), 京大(1929中退)/筆名 Kastelo, Kastelido/1933年まで川北電気商事に勤務, 同年京城(現ソウル)へ行き, 34～37年同地の製薬会社陽光堂の代表社員, 37～44年朝鮮放送協会仁川出張所長, 大邱放送局, 清津放送局各業務課長など。退職後, 朝鮮鉱業振興(株)へ。戦後, 占領軍の通訳をへて, 45年12月～56年5月大分県外務課職員, 56～59年大分県立図書館副館長など。30年福岡でEを学び, 翌年JEI入会。朝鮮では京城E会に参加, 34年12月長谷川理衛がEで行った「Eの使命と日本国民」のラジオ放送の通訳を担当。50年生まれの次女をエスペラントのシンボルカラーから「みどり」と命名。64年7～9月大分県教育委員会・ユネスコ大分県委員会共催のE初等講座を指導し, 11月14日, 日野虎彦らと大分E会を結成。訳詩や原作詩も多数。長男信衛もE学習。著 'Ĝis la fina venko' (RO 1933.3), 島崎藤村 著 'Venuso〔明 星〕' (RO 1935.11), 同 'Eksonu tamburino〔うてや鼓〕' (RO 1937.4), 'La mondon ligu en girlando〔世界をつなげ花の輪に〕' (RO 1950.5), 'Vesperruĝo〔夕焼け小焼け〕' (『モバード歌集』7巻, 1962), 'La dezerto sub la luno〔月の沙漠〕' (LM 1967.2) 『津島年譜改稿』(日出町立万里図書館, 1975), 「誰が朝鮮語を守ろうとしたか」(RO 1982.5)。参「薬品のレッテルにE語を採用」(RO 1934.12), "Japanaj E-istoj", 佐藤悦三「ああ, 城内忠一郎さん」(LM 1986.3)。図城内信衛, 柴山純一。

城谷文城｜しろたに ぶんじょう
1899.3.2～1995.8.12

長崎/長崎医専(1923)/本名文四郎/医学博士。下関市立高尾病院をへて, 1940年福岡市立西新病院, 45年同市立第一病院各院長, 50～75年開業医。高浜虚子, 皆吉爽雨

(1902〜1983)の指導を受け,『ホトトギス』,『雪解』などで活動。28年関門E倶楽部創立に参加。JEI, JEMA各会員。🖻『遍路』(私家版, 1965),『防塁』(同, 1974)。

神潔|じん きよし|1903.12.9〜1986.11.6

青森/青森中(1922中退),早稲田工学校/林野庁,青森営林局に勤務。1920年代初頭E学習。弘前E会で後進を指導。JESA会員。🖻竹山道雄著 "La Pokalo el blankdiafana porcelano〔白磁の杯〕"(水星社MEROS, 1986)。参「カナ書き四人姉妹」(『東奥日報』1952.6.27夕刊),小田喜一「『白磁の杯』について」("Informilo el Hirosaki" 弘前E会, 53, 1989)。

辛鳳祚|しん ほうそ|1900〜1992

朝鮮江原道旌善/延禧専門学校,東北大(1930)/신봉조,シン ボンジョ,号和巖,別名 Espero Sin/中等女性教育に生涯を捧げた進歩的教育者。1919年三・一運動に参加し,起訴されて懲役6月執行猶予3年の判決。23年,第11回JK(岡山)に参加し,朝鮮代表として挨拶,第13回JKの京城開催とUKの金剛山開催を提案。27年東北大法文学部に入り,西洋史を専攻。福永和利と東北大の同期。38年梨花高女校長,53年梨花芸術高設立,61年定年後,梨花学院理事長,名誉理事長,ソウル芸術学院名誉理事長など。20年金億にEを習い,22年朝鮮E協会再建に協力。23年朝鮮最初のE学習書 "Kursa legolibro de E" を上梓。23年第11回JK(岡山)で挨拶。25年6月1日京城E研究会の朝鮮E学会への改組に際して名誉委員。東北大在学中に千葉胤成研究室の心理学茶話会に数回参加。63年11月洪亨義の紹介でJEI入会。UEA名誉会員。参山本辰太郎 'Adiaŭ, estimata s-ro Shin Pong-Cho' ("La Luno Estu Brila" 望月E会, 57, 1993),곽종훈編『신봉조 선생』(KEA, 2003),イ・チョンヨン『한국에스페란토운동 80년사』(KEA, 2003),後藤斉 'E inter la japana kaj koreaj popoloj-Ooyama Tokio kaj lia tempo'(RO 2011.9)。🖻山本辰太郎,東北大史料館,東北大大学院文学研究科心理学講座。

神宮襄|じんぐう じょう|1904〜1943以降

群馬/同志社大/父が京城駅前で営むユニオン商会をへて,京城モータース社長。キリスト者。20年代後半JEI入会。🖻「何も云いたくない」(『朝鮮時論』朝鮮時論社, 2 ; 2, 1927.1)。

進士正夫|しんじ まさお|1902.10.31〜1973.8.13

静岡/東大(1927)/医学博士。西成甫に師事。名古屋鉄道病院外科部長などをへて,1942年山梨県大月市に進士外科医院を開業。東大在学中にJEI, JEMAに参加。25年6月西とともに新潟でE講習を指導。67年1月JEI再入会。論文にEのレジュメを。🖻『科学のE語』(RO 1927.6)。参RO 1925.8. 🖻進士晴香。

進藤次郎|しんどう じろう|1905.4.26〜1999.7.24

大阪/甲南高(1926),京大(1929)/進藤静太郎の弟。日立製作所をへて,1931年朝日新聞社入社。社会部長,大阪本社取締役編集局長,名古屋本社代表常務などをへて,64年専務。のち大広社長,会長,大阪府公安委員長,甲南学園理事長など。Eは,19年浅井恵倫の手ほどきで兄静太郎とともに学習。24年5月甲南高E会結成。65年第50回UK大阪後援会顧問。参『神戸のE』。🖻徳田六郎。

進藤静太郎|しんどう せいたろう|1902.3.14〜2004.5.12

大阪/東京商大(1925)/進藤次郎の兄。戦前は大阪で家業の洋酒食料品輸入卸合資会社進藤商店に勤務し,戦後,調達庁,大阪調達局に勤務。臨終に際してカトリックの洗礼を受ける。1919年中村春二が開いたE講習会に岩下順太郎,弟次郎らと参加,浅井恵倫の指導で学習。東京高商予科でガントレットの支持を得て,Eクラブを結成。19年JEA, 20年JEI各入会。21年4月松崎克己と一橋E会設立。小坂狷二の欧米出張

に伴い、24～33年 Konstanta Reprezentan-taro de Naciaj Societoj の2代目日本会員、ワルシャワのザメンホフ墓の記念碑建設に尽力。29年出張でロンドンへ赴き、第21回UK(ブダペスト)に JEI を代表して参加し、ザメンホフの弟のレオノと会食するとともに、各地で E-isto と交流。31年7月21日～8月29日 JOBK(大阪)から放送されたラジオE講座の講師を務め、翌年8月16日～9月17日に八木日出雄と出演した講座は多くの局で中継放送された。39年第27回JK(大阪)副会頭。戦後、関西E運動の再建に努力。46年第2次 JEA 委員、49年評議員。「親米派」として E 界の一部より非難を浴びたことも。53～63年 KKK 委員。71年世界ジャンボリー日本大会において石井菊三郎、道原雄治らと E 宣伝運動。73年 Skolta E-a Ligo 委員。85年大阪調達局退官後、隅谷信三の協力で大同化学ビルに E Servo Centro Osaka 設立。81歳で妻に先立たれ消沈するも、UK 参加を目標に立ち直り、85年第70回 UK(アウグスブルク)、87年E100周年記念第72回 UK(ワルシャワ)に参加。2001年第88回 JK(宝塚)に99歳で参加。弟復三も24年三高入学後、同校E会で活躍したが早世。娘浅田和子は、父没後、71歳から E 学習。UEA デレギート(商業、協同組合、大阪)、SAT 会員など。署 'Tut-monda monkolketo [tiel] por monumento' (RO 1923.1)、『国際補助語E』(堀真道・由里忠勝・須々木要・長谷川理衛と共訳、JEI、1923)、「一路ロンドンへ」(RO 1929.9)、「大阪E運動の現状」(RO 1930.8)、"Lernolibro de E por radio-kurso"(日本放送協会関西支部、1931)、『JOBK夏期特別語学講座放送テキスト・E講座』(八木日出雄と共編、日本放送協会関西支社、1932)、広田弘毅 "Parlamenta parolado de la Ministro de Eksteraj Aferoj〔広田外相の議会演説〕" (JEI、1938)、Popolo de Japanujo "Prudento kaj la nuna ĥina afero" (同、1938)、「幸運児ホドラーその20年忌に」(RO 1940.3)、「アンネの日記日本語訳とE訳とを比べてみて」(RO 1960.2)、「当面の学力強化の問題」(RO 1962.5)、「世界大会の議事」(RO 1965.2)、「UEA の Jarlibro とは」(RO 1967.9)、「スカウト運動と E」(RO 1970.9)、「スカウト運動と E」(ES 1977.3)、'Pri mia vojaĝo al la kongresurbo Augsburg' (VO 1986.1)、「1000号記念誌によせて」(娘が代筆、RO 2004.6)。参 京都学生 E 連盟「進藤静太郎氏をヒメンせよ」(LM 1952.5)、紀伊宇「先人後人なで斬り帖(2)」(SAM 1953.3)、松原八郎「進藤静太郎氏のこと」(RO 2004.8・9)、浅田和子「好きではなかった E!」(RO 2005.7)、『三高E会小史』。協 奥村林蔵。

新藤英松 | しんどう ひでまつ | 1881.8～1945以降

群馬/群馬師範/群馬県の小学校長を務めた後、1914年東京本駒込で万年筆の製造、販売を開始。パンリー万年筆製造所主、滝野川町(東京)町議、滝野川町町務委員など。06年 JEA 入会(会員番号189)。

シンプキンズ | William Lionel Simpkins 1894?～1972.1.12

英国/銀行を退職して、たびたび世界旅行。1954年3月来日し、東京、松山、亀岡、岡山、熊本などで E-isto と交流。58年4～9月再来日して、多く藤本達生の同伴で横浜、東京、大阪、亀岡、岡山、新潟、札幌、小樽、仙台、静岡、新居などを巡る。各地で E-isto と交流し、新聞社を訪問、国立療養所北陸荘(富山)の北陸荘E会も訪問。65年5月第50回 UK(東京)のため来日し、大阪などを訪問。オーストラリアもたびたび訪問し、最期は米国で。E 文の遺言により遺産を E 団体などに遺贈。署 'Ĝis revido, japanaj samideanoj' (RO 1958.11)、'Kutimoj en multaj landoj' ("Oomoto" 1965.5・6)、'De Jokohamo al San Francisko' ("l'omnibuso" 11, 1966.1)。参 「S-ro Simpkins と旅をしながら」(LM 1958.7)、「Simpkins 北へ行く」(LM 1958.8)、'A.E.A. heredis pli ol $2000 (U.S.)' ("The Australian E-ist" 139, 1975.6・7)。

神保格 | じんぼう かく | 1883.4.18～1965.12.6

東京/一高(検定、1905)、東大(1908)/神保規一の父。言語・音声学者として標準語普及に貢献。1908年東京高師教授、22年欧米留学、のち東京文理大教授となり、45年退官、46年東洋大教授。02年頃 E 独習。東京高師在学中の06年 JEA 入会(会員番号

457)、のちJEIにも参加。25年2月東京高師での普及講演会で「Eの理論と実際」を講演。38年1月東京文理大・高師E会創立に際し顧問。専門的立場からEの優秀性を評価し、著作、講演などで言及。63年第48回日本言語学会大会(東京)で「国際語について」を講演し、Eに客観的かつ好意的に言及。筑波大に神保文庫(大半は戦災で焼失)。[著]『言語学概論』(岩波書店, 1922)、「Eの理論と実際」(JEI編集部編『国語の擁護を論じて国際語に及ぶ』JEI, 1932)ほか多数。[参]「先輩はなぜ・どうして学んだか」(RO 1956.6)、「言語学会で神保博士」(RO 1963.7)、『英語学人名辞典』、『征きて還りし兵の記憶』。

神保規一|じんぼう きいち
1912.1.10～1991.11.27

東京/東京高師附中、東大(1935)/神保格の長男。東京経済大教授。東京高師附中3年の1926年E学習。33年JEI入会。75年調布E会結成に参画。87年E発表百周年記念JK(東京)大会大学で「神保という姓とその歴史について」を講演。[著]『東西民俗交渉史』(杉山書店, 1973)、'Aĉuloj'(LSP 1987.2)。[参]「神保規一教授年譜並びに業績」(『東京経済大学人文自然科学論集』61, 1982)、『調布E会20年のあゆみ』。

新名直和|しんみょう なおかず
1879.3.27～1976.1.6

愛媛/早大(1904)/東京逓信局事務官、横須賀郵便局長、海軍軍用通信監督官などをへて、1919年東京中央電話局長、24年東京放送局創立に際し常務理事。12年黒板勝美が逓信省電信官吏養成所で開いたE講習を斡旋。郵政界へのE普及に貢献。[著]『ラヂオ英語講座資料』(東京放送局, 1926)。[参]『日本E運動史料Ⅰ』。[協]NHK放送文化研究所。

新村出|しんむら いずる|1876.10.4～1967.8.17

山口/静岡尋常中、第一高等中(1896)、東大(1899)/旧姓関口、号重山(ちょうざん)/言語学者、文化史家。文学博士。新村猛の父。東京高師教授ののち東大助教授。1907～09年独英仏留学。帰国後は京大教授。『辞苑』、『広辞苑』を編集。日本言語学会会長、京都市名誉市民など。56年文化勲章。大阪市大、天理大に新村文庫、新村出記念財団に重山文庫。ドイツ留学中の08年文部省から「ドレスデンのUKに日本代表として出席せよ」との指示電報を受け、黒板勝美とともに第4回UKに出席し、ザメンホフと対面。中原脩司の「カニヤ書店」の名付け親。22年八木日出雄に推されて、京大E会会長、京都学生E連盟結成に際し会長。23年11月11日関西学生連合E雄弁大会(於京大)の開会の辞で「明瞭なるE語で堂々と」挨拶。23～26年JEI評議員。24年3月京都商業E協会創立に際し顧問。25年第13回JK(京都)会長として挨拶、普及講演会の司会など。26年11月第4回関西学生E雄弁大会(京大)で開会の辞。52年第39回JK(京都)で名誉会長、開会式の挨拶でドレスデン大会の思い出を語る。53年JEI顧問。59年12月NHKラジオ「朝の訪問」でEに言及。第50回UK(東京)で名誉大会参加者、同大会東海後援会会長。京都人文学園へのE導入を積極的に支持。「E世界大会に列りし 若き日の博士を思ふべきなり」(土岐善麿「新村先生の霊前にささぐ」、新村編『美意延年』収録)。[著]『新村出全集』全15巻(筑摩書房, 1971～73)ほか多数。E関係は、『南蛮更紗』(改造社, 1924)に「Eの好望」(LM 1967.10再録;『全集』5巻所収)、「チロルの女―ドレスデン日記より」(『全集』13巻所収)、「ドレスデン大会の思い出」(RO 1953.1;『全集』14巻に再録)、進藤静太郎E訳'400-jara jubileo de transveno de St. Xaverio'(RO 1949.8)、「E-istoの任務」(LM 1951.8; 1991.3に再録)など。[参]「世界語万国会議 目下ドイツ留学中の新村氏を列席させる 文部省」(『読売新聞』1908.7.4)、RO 1924.1、柊源一「新村出博士略年譜」(『国語学』国語学会, 71, 1967)、同「新村出博士論文著書目録抄」(『国語学』73, 1968)、『言語研究』(日本言語学会, 54, 1969)、新村猛『『広辞苑』物語』(芸術生活社, 1970)、同編『美意延年 新村出追悼文集』(新村出遺著刊行会, 1981)、『新村出全集索引』(新村出記念財団, 1983)、『現代日本朝日人物事典』、『日本キリスト教歴史大事典』。

新村猛 | しんむら たけし | 1905.8.2～1992.10.31

東京/京都一中(1923)、三高(1926)、京大(1930)/筆名関口弘、高杉炯/仏文学者、平和運動家。新村出の次男。名大名誉教授、橘女子大学長など。父亡きのち『広辞苑』の改訂を引き継ぐ。愛知県立大に新村文庫。1923年三高に入り、同校E会に参加。46年京都人文学園を創立しE語科を開設。小田切秀雄・真下信一編、KLEG共同抄訳"Aŭskultu, la voĉojn de oceano!〔きけ わだつみのこえ〕"(KLEG, 1951)の推薦者の一人。71年愛知県知事選に立候補した際、川野邦造、吉田九洲穂、北さとり、駒尺喜美、竹内義一ら人文学園卒業生が佐々木時雄を担いで後援会を結成。77年第25回関西E大会(豊中)で「Eを生み出した精神」を講演。92年4月JEI顧問。📖「E-istoの任務」(LM 1951.8)、『ロマン・ロラン』(岩波書店、1958)、『新村猛著作集』全3巻(三一書房、1993～95)。📎北さとり「京都人文学園とE」(LM 1969.10～11)、川野邦造「佐々木時雄先生をしのんで」(LM 1974.3)、和田洋一『私の昭和史』(小学館、1976)、吉田九洲穂「京都人文学園とE語」(LM 1992.12)、久野収「新村猛さんを悼む」(『図書』1993.1)、ヤマサキ・セイコー'Rekviemo-Sinmura Takesi' ("Japana Esearo N-ro 1" Libroteko Tokio, 1994)、新村猛追悼集刊行委員会編『緑の樹 新村猛追想』(新村泰子、1995)、山嵜雅子『京都人文学園成立をめぐる戦中・戦後の文化運動』(風間書房、2002)、『現代日本朝日人物事典』、『近代日本社会運動史人物大事典』。

す

吹田好雄 | すいた よしお | 1910～1978

兵庫/小学校(中退)/戦前より印刷工として働き、1950年レッドパージ後、印刷業自営。"Marŝu"、"Frato"に関係。斎藤秀一の国際的ローマ字運動に共鳴し、"Latinigo"配布を援助。39年1月大阪で検挙、小久保覚三とともに鶴岡へ送られたが起訴猶予。戦後、栗栖継、西岡知男らが組織した大阪労

働者E会に参加。国際新聞E会を組織。第2次JEA会員。小田切秀雄・真下信一編"Aŭskultu, la voĉojn de oceano!〔きけ わだつみのこえ〕"(KLEG, 1951)の共同E訳に参加。📎栗栖継。

末川博 | すえかわ ひろし
1892.11.20～1977.2.16

山口/岩国中、三高(1914)、京大(1917)/法学博士。民法学の権威。河上肇の義弟。1922～24年欧米留学。立命館総長兼立命館大学長など。立命館大に末川文庫。Eの支持者で、52年第39回JK(京都)で「平和と人類の幸福のために」を講演。55年第3回関西E大会(京都)でも講演。📖『末川博随想全集』全9巻(栗田出版会、1971～72)ほか多数。E関係に"『原爆の子』E訳出版すいせん文"(SAM 1952.5)、「子どもの声は天の声」(LM 1953.8)など。📎「末川博先生年譜・著作目録」(『立命館法学』133～36、1977)、末川博先生追悼文集編集委員会編『追悼末川博』(有斐閣、1979)、『現代日本朝日人物事典』、『近代日本社会運動史人物大事典』。

末広忠介 | すえひろ ちゅうすけ
1872.1.22(明治4.12.13)～1938.9.13

山口/帝大工科大(1897)/工学博士。1902～06年独米留学。九大名誉教授。専門は採鉱冶金学。JEA会員(会員番号920)。

末松豫彦 | すえまつ かねひこ | 1895頃～1958以前

福岡/豊津中(1913)/1917～27年英語教諭として豊津中に勤務。18年JEA入会(会員番号1186)。

菅生哲雄 | すごう てつお | ?～1982.11.2

僧名哲凰/1951年JBLE再建以来のJBLE会員。フランスのデロールと文通し、52年第37回UK(オスロ)に参加。📎「菅生哲雄さんを悼む」(『JBLE月報』JBLE, 204, 1983.)。

菅波任｜すがなみ つとむ
1949.11.15～2011.4.15

福島／東京農大（1984中退）／別表記菅波つとむ／1981年10年勤務した国鉄鉄道技術研究所員を辞して，東京農大に入学。84～85年にかけてパートナー海野好子とパスポルタ・セルヴォを利用してアジア，ヨーロッパ，オセアニアを自転車などで旅行し，第40回IJK（英国スワンウィック）にも参加。帰国後，故郷のいわき市で海野と有機農業に従事。環境活動に熱心に取り組み，原子力発電を批判して，太陽光発電によるエコ生活を実践。いわき生態農業研究会メンバー。85年10月いわきEクラブを結成をし，栗城賢輔と協力して機関誌『Pacifiko』を発行。有機農業の運動で知り合った塩見元彦をEに誘う。同年11月吹田市の公開講演会で海野と「34ヶ国E民宿の旅」を講演。97年2人でカナダに移住し，E-isto安村マドカの支援も受けてブリティッシュコロンビア州で海波農園を自営。肺癌の帰国療養中に東日本大震災（2011.3.11）に遭遇し，長年訴えていた原発への懸念が的中したことに落胆しつつ，カナダに戻り没。いわき市にメモリアル・アート「銀河鉄道」。著「Eの旅」（RO 1985.7～86.10），「東ヨーロッパのマイコン事情」（『I/O』1985.10），'El kamparo'（RO 1986.12），「原発を村から追放ネットワーク6 原発事故1つですべてムダ」（『月刊現代農業』1989.11），「「ゴミ発電のすすめ」は正しいか」（『原子力資料情報室通信』222, 1992）。参「菅波・海野さんをむかえて 吹田で講演会」（LM 1985.12），松田洋子「皆さんの協力で継続する文化講演会」（LM 2001.8），Peter Hammond 'Obituary: Tsutomu "Tom" Suganami, 1949-2011'（"Metchosin Muse" 2011.6），矢崎陽子「すがなみつとむさんの訃報に接して」（"La Flugiloj" ロンド・マーヨ, 264, 2012.11），塩見元彦「菅沼つとむさんを偲ぶ」（RO 2013.2）。

菅沼隆｜すがぬま たかし｜**1909.11.20～?**

静岡／早大高師部／興亜院，東北大事務局などをへて，1957年香川大事務局長。20年代後半JEI入会。

菅野祐治｜すがの すけはる｜**1903頃～1990以降**

小樽高商（1923）／英語教諭。萩原謙造と小樽高商の同期。金沢商在職中の1934年由比忠之進からEを学び，同校E会を結成。47年大牟田商がEを必修科目とした立役者。金沢E会，JEI各会員。著「英語の先生なればこそE語を学び且教授す」（RO 1935.4），「世の英語教授に捧ぐ」（RO 1935.8），「英語教授はE語から」（RO 1935.9），'Zamenhof koleri-ĝas treege'（AVK 1983秋）。

菅野尚明｜すがの なおあき｜**1910～1992以降**

富山／成蹊高（1930），東大／教員。啓明学園校長など。東大在学中，東京学生E-isto連盟，帝大E会に参加し，鶴田俶功，安村和雄らと憲法E訳会を結成。久保貞次郎と成蹊高の同期。著「Parola metodo に就いて」（RO 1933.3～4）。

菅村輝彦｜すがむら てるひこ
1926.5.11～2001.6.14

兵庫／岡山医大（1950）／医学博士。岡山大附属病院，金光病院などをへて，1962年呉市に菅村外科医院開業。Eは，49年八木日出雄の指導で学習。52年2月JEMA再建に際し会計幹事。68年1月JEI入会。69年呉E連合創立に参画し初代会長。図菅村和子，吉田肇夫。

菅原慶一｜すがわら けいいち
1911.5.21～1997.12.14

東京／東北学院（1933）／母と食堂，売店を経営。1943年応召でタイへ。戦後，書店，食料品店自営。28年貴司山治『霊の審判』の影響でE学習を決意し，通信講座を受講，12月JEI入会。29年情野鉄雄と東北学院E会結成。30年11月8日仙台E会創立に参加。34年3月JEI仙台支部発足に参加。47年E運動を再開し，49年仙台E会再建。60年5月3日仙台市公会堂で行われたセケリの講演を通訳。74～81年仙台E会長。81～84年東北E連盟会長。92年第79回JK（宮城県松島町）会長。UEAデレギート

(仙台, 名取市)。薄田泣菫 'Horlogo〔時計〕'("La Bukedo" 仙台 E 会, 1, 1933；RO 1934.6 に再録),「一枚の写真から」(LIE 1985.11),「仙台での桑原利秀さん」(LM 1989.9)「仙台 E 運動史年表」(ME 1990.10)。「E とザメンホフ博士」(『河北新報』1937.12.14), "Japanaj E-istoj", 三瓶圭子「Nia membro 菅原慶一さん」(ME 1988.7),「追悼号」(ME 1998.1)。

菅原菅雄 | すがわら すがお
1896.10.4〜1983.4.10

京都/三高(1918), 京大(1921)/工学博士。蒸気工学の権威。1931〜59年京大, 59〜67年関大各教授。23年頃 JEI 入会。『工業熱力学』(岩波書店, 1935) ほか多数。

菅原虎彦 | すがわら とらひこ | 1915?〜2002

山形/新荘中(1931), 東北大(1939)/聖路加国際病院に勤務し, のち同院院長となり 1980年まで在任。36年11月山本耕一, 木下康民らと東北大医学部 E 会を再建し, 仙台 E 会にも参加。「消化性潰瘍」(『診断と治療』1968.4),「地域保健活動と病院の役割：聖路加国際病院公衆衛生看護活動を中心に」『聖路加看護大学紀要』(4, 1977)。『E を育てた人々』。

杉井絹子 | すぎい きぬこ | 1937.4.1〜2001.11.26

神戸大/数学教諭として野田高(神戸)に 40年間勤務。神戸 E 会員。'Dank'al E' (SL 1988.11)。和田フミ子「杉井絹子さんを偲んで」(SL 2002.4)。

杉井和一郎 | すぎい わいちろう
1873.5.11〜1940頃

長崎/五高(1895), 東大(1898)/旧姓宮川/編曲家杉井幸一(1906〜1942)の父。家業の土木請負業を継承し, 1926年廃業。06年 JEA 入会(会員番号161)。

杉浦武雄 | すぎうら たけお
1890.5.20〜1963.9.12

愛知/一高(1912), 東大(1916)/黒田礼二, 田誠と一高独法科の同期。東京地裁, 朝鮮総督府各判事などをへて, 1923年弁護士事務所開業。24年衆院議員初当選, 以降6選。59年参院議員当選, 以降2選。石黒修によれば, E は未学習ながら, よき理解者。23年頃 JEI 入会。24年11月中部日本 E 大会において「最近の外交事情」を講演。25年2月帝国議会に提出された「国際補助語 E ニ関スル請願書」の紹介議員の一人。同年6月1日京城 E 研究会から朝鮮 E 学会への改組に際して名誉委員。26年中部日本 E-isto 連盟顧問。倉地治夫「帝国議会へ請願」(RO 1925.3), 石黒修「E 六十年(5)」(ES 1977.9)。

杉下瓠 | すぎした ひさご | 1914〜1970.1.29

福岡/中学/1946年日本共産党に入り, 三井田川炭鉱で労働闘争。レッドパージで失職後, 全日本自由労働組合田川分会で活動。59年日中友好協会田川支部常任理事。64年福岡建設労組田川支部結成に参加。中学3年頃 E を学び, のち福岡で豊森親, 豊森徹(1935年没)兄弟と京都(ミヤコ)E 会結成。48年5月25日井沢万里, 白石茂生と北九州 E 会創立。最期まで普及活動に挺身。『解放のいしずえ(新版)』。

杉田正臣 | すぎた まさおみ
1899.5.30〜1988.12.26

宮崎/宮崎中(1917), 京都医専(1922)/俳号井蛙(せいあ), 筆名巴心太, Pasinta, 従心/宮崎県医師会長, 俳人杉田直(1869〜1960)の長男。瑛九の兄。宮崎 E 会長浜田健三の岳父。1927年父業の杉田眼科を継承。中学3年頃二葉亭四迷の『世界語』で E を知り, 21年八木日出雄, 桜田一郎の初級講座に参加。27年帰郷。32年2月 JEI 入会。同年巣山毅の強い勧めで宮崎 E 会に参加し, 33〜83年半世紀にわたって宮崎 E 会長。自宅に事務所を設置して, 長く同地 E 界の大黒柱として活躍。37年3月 JEI 宮

崎支部初代代表。40年第28回JK（宮崎）準備委員長。5月7日宮崎放送局から「Eの輪郭」を放送。46年第2次JEA委員、48年評議員。第25回(1951)・第33回(1959)・第40回(1966)九州E大会（宮崎）会長。69年2月宮崎E会機関誌LĜを大里義澄と復刊。81年JEI終身会員。KEL副会長として、九州全体の運動振興にも尽力。晩年、親子2代の蔵書、掛軸など約12000点を宮崎県立図書館へ寄贈し、杉田文庫。JEMA、JESA各会員。著「2600年大会を目前に迎えるに当たり」(RO 1940.4)、「はじめての外人E-isto」(RO 1982.4)、『父/曉 天/瑛 九抄』（鉱脈社、2000)。参「特集 われらの2600年」(RO 1940.2)、「宮崎E会50年」(『宮崎日日新聞』1982.9.20)、大里義澄「La Movadoを支える人びと（杉田正臣さん）」(LM 1985.10)、LĜ 1989.2、大里義澄「杉田正臣さんを悼む」(LM 1989.2)、松本淳「バベルに挑む」(『宮崎県地方史研究紀要』宮崎県立図書館、31, 2005)。

杉谷洋子 | すぎたに ひろこ
1935.1.12～2010.3.19

杉谷文之の娘。88年Eを学習し、JEI入会。翌年海外文通を始め、第74回UK（ブライトン）に参加。それ以降、たびたび一人旅をして海外行事にも参加。池袋E会会員、西日暮里Eクラブ員。JEI図書館の蔵書データのパソコン入力などのボランティア活動。2006年日本E運動百周年記念「Eの日」講演会で、柴田巌の講演によって父がE-istoだったことを知る。著「国際文通の効用」(RO 1997.4)、'Por surprizi mian filon' (RO 2001.7)、'Sola mi vojaĝis...' (EV 114, 2002.1)、「E, 父と私」(RO 2008.7)。参千葉俊介「追悼 杉谷洋子さん」(RO 2010.7)。

杉谷文之 | すぎたに ふみゆき
1907.12.1～1985.1.24

富山/上市農学校(1925)、三重高農(1928)、京大(1932)/「コシヒカリの父」の異名をとった農業技術者。杉谷洋子の父。農林省入省後、埼玉、山形などの農事試験場で稲の品種改良に従事、「尾花沢一号」を開発。1942年陸軍省へ転じ、フィリピンで終戦。戦後、新潟県立農業試験場長として「越南17号」を改良して、新品種コシヒカリを産む。その苦難は、NHK「プロジェクトX」(2000.10.24)で放映。E学習は、29年以前。故郷上市町の顕彰碑(2007年7月建立)には、川西徹郎のE訳で'LA PATRO DE LA BONKVALITA RIZO ; KOSIHIKARI〔コシヒカリの父〕'、また峰芳隆のE訳で'Ne fatalaj estas difektoj plibonigeblaj per kultivaj metodoj〔栽培法でカバーできる欠陥は致命的欠陥にあらず〕'と。JEI会員。参『プロジェクトX挑戦者たち(5) そして、風が吹いた』（日本放送出版協会、2001)、「「コシヒカリの父」杉谷文之氏に光 出身地・上市で来月顕彰会発足」(『富山新聞』2007.2.8)、『日本のコメ 杉谷文之氏とコシヒカリ』（上市町立柿沢地区公民館、2007)、「特集 信念の農業技師 杉谷文之」(『広報かみいち』上市町、2007.12)、杉谷洋子「E, 父と私」(RO 2008.7)。協杉谷洋子。

杉野耕平 | すぎの こうへい
1894.6.11～1980.11.7

愛知/八高(1917)、東大(1921)/医学博士。西川敏彦と八高第三部の同期。軍医少将。1946年名古屋に開業。国立名古屋病院長。22年頃JEI入会。

杉村謙吉 | すぎむら けんきち | 1893頃～1947以降

秋田/横手中(1911)/別名謙橘/薬剤師。秋田県立衛生試験所などに勤務。1920年JEI入会。29年8月中田勝造、大山順造と横手E会を結成し常任幹事。戦後、横手E会再結成に尽力。47年第2次JEA委員。

杉村章三郎 | すぎむら しょうざぶろう
1900.9.7～1991.12.2

静岡/二高(1921)、東大(1924)/旧姓一木/法学博士。「天皇機関説」を支持して枢密院議長を退いた一木喜徳郎(1867～1944)の子。東大名誉教授。1920年9月JEI入会。著『行政法要義』（有斐閣、1947）ほか多数。

杉本健吉｜すぎもと けんきち
1905.9.20〜2004.2.10

愛知/愛知工業学校(1923)/画家。1950年から7年間『週刊朝日』の吉川英治「新・平家物語」の挿絵を担当し人気を博す。戦前Eを学び，長谷川伸著，山田天風E訳"Heroeca Junulo en Oriento〔東洋の侠血児〕"(JEI, 1935)の挿絵を執筆。署『墨絵奈良』(角川書店，1960)，『余生らくがき』(求龍堂，2001)。参『現代日本朝日人物事典』。

杉本良｜すぎもと りょう｜1887.9.10〜1988.2.24

静岡/掛川中(1906)，一高(1909)，東大(1913)/朝鮮総督府事務官，台湾総督府専売局事務官などをへて，1929〜31年台湾総督府文政局長。31年5月静岡へ戻り，34〜36年金谷町長。のち静岡市第一助役をへて，42年大政翼賛会静岡県支部事務局長。23年頃JEI入会。25年5月台北Eクラブを結成し会長。"Verda Domo"と命名した家で頻繁に研究会を開催。25年7月JEI台湾支部初代支部長。26年禁酒制度や樟脳・茶販売事情の視察のため訪米し，帰途にヨーロッパ各国を巡り，28年帰国。その間，ニューヨークで小坂狷二と一時同行，テキサスで須々木要を訪問し，ほか各地でE-istoと交流。29年1月台北Eクラブを台北E会と改称，同会がザメンホフ祭に行った2時間のJFAK(台北)からのラジオ放送(1929.12.15)を指揮し，自らも「世界各国の言語に就て」を講演。30年にも同様に「Eの夕を迎えて」を放送。帰郷後，静岡緑星倶楽部に参加し，36年のザメンホフ祭でE四方山話。56年50周年記念第43回JK(東京)に参加。UEAデレギート(台北)。署『台北12箇月』(JEI台湾支部，1926)，'La vivo en Formoso'("La Formoso" JEI台湾支部，2：4，1927)，『禁酒の国を見る』(台北E会，1928)，『佐夜中山御林百年』(杉本周造，1979)。参台北E会『Eの夕』(同会，1929)，武上耕一「台湾に於けるE運動に就て」(『第1回台湾E大会』台北E会，1931)，大橋康二「遠州」(RO 1980.4)。図金谷町役場，静岡県立中央図書館。

杉森此馬｜すぎもり このま
1859.4.27(安政6.3.25)〜1936

福岡/東京一致英和学校(1883)/幼名貞之助/英語学者。山口高教授などをへて，1898年四高教授，1902年広島高師英語科初代教授，03〜06年米英留学，13年旅順工科学堂教授，23〜25年旅順工大予科教授。09年1月，中目覚，大野直枝，重松達一郎らと広島E倶楽部を結成。参松村幹男「広島英語教育の先達」(『日本英語教育史研究』日本英語教育史学会，17，2002)。

杉山幹三｜すぎやま かんぞう｜?〜1994.2.19

京都/大学/1929年頃兄の影響でローマ字運動からE運動へ。学生時代，カニヤ書店に出入り。大卒後，横浜へ移り，同地でE運動。興亜院華北連絡部に勤務し，終戦を中国で迎える。70年代にヨーロッパ出張でEを活用。杉並E会，JEGA各会員など。署「Rondoのinsignoはいかが？」(LM 1981.12)，「私にとってEはどんな役を果たして呉れたか」(SA 1985.6)。図犬丸文雄，菊池和也。

杉山益夫｜すぎやま ますお｜1912.5.4〜1972.12

東京/慶大(1935)/三井銀行，日本人造石油，産業復興公団などをへて，1955年中井商店，63年菱三商事各常務，70年菱三運輸倉庫社長，80年会長など。慶大在学中にE学習。

杉山隆治｜すぎやま りゅうじ｜1894〜1940以降

東京/東京外語(1914)，東大法科大選科/本名椙山，のち羽柴/東洋棉花に勤務。1912年黒板勝美の書生兼JEA事務員(会員番号1012)。15年11月5日，黒板勝美，小坂狷二，浅井恵倫，伊藤徳之助，小倉金悦郎らと東大E会を結成。16年頃エロシェンコ，アレキサンダー，千布利雄らと活動。18年エロシェンコとインドで再会。『大成和E辞典』(日本E社，1924)を小坂狷二に協力して編纂。図津野行彦。

杉若金一郎 |すぎわか きんいちろう
1893.7.28～1971⇔1973

奈良/四高(1914),京大(1918)/医学博士。別府市で開業後,東京鉄道病院皮膚泌尿科副医長。戦後は名古屋で開業。国鉄名古屋鉄道病院長兼鈴鹿鉄道病院長。1923年5月4日横山末次郎,首藤基らとJEI別府支部を設立し初代代表。同年12月第1回大分県E大会を挙行。UEAデレギート(別府),JEMA大分県支部幹事,JEI会員など。参『昭和2年KEL年鑑』,『日本E運動史料Ⅰ』。協愛知県図書館。

助川貞利 |すけがわ さだとし
1891.12～1972.6.24

茨城/早大(1916)/除雪用路面電車「ササラ電車」の考案者。父は「札幌市電の父」助川貞次郎。札幌電気軌道技師長,渡島海岸鉄道専務,北星学園大学長など。各種社会事業に従事し,免囚保護に私財を投じて造林農場を経営。Eは,19年札幌の講習会で三田智大の指導で学習。北星学園大に助川文庫。

スコルニク |Jaime Scolnik|1908～1999.8.18

アルゼンチン/コルドバ市在住の代替医療専門家。1933年Eを学習し,41年アルゼンチンE協会の創立に参加。55～57年姉Rosa(1979.3.14没)と世界旅行の途中,56年8～11月滞日し,東京,仙台,札幌,神戸などでE-istoと交流。一旦韓国に渡ったのち東京に戻り,50周年記念第43回JK(東京)に参加して,アルゼンチンE協会を代表して挨拶。帰国途上,ハワイで磯部幸子と交歓。著'Dankon al japanaj samideanoj'(RO 1958.1), "Kiel kuracas la naturista medicino?"(天母学院, 1961)。参『スコルニクさんごめんなさい』(『朝日新聞』1956.10.18),村田慶之助「来日した文通友だち」(RO 1982.12)。

洲崎敬三 |すざき けいぞう
1899.5.20～1985.6.24

富山/金沢医専(1922)/医学博士。金沢医専附属病院小児科医長などをへて,1932年市立横須賀病院長。日本赤十字理事,横須賀市教育委員長など。1923年頃JEI入会。終戦直後,松葉菊延らと協力し,神奈川県内各地でE講演会を開いて運動復興に尽力。JEMA会員。著'Pri simpla metodo de izolado de tuberkulozaj baciloj'(『医事新聞』医事新聞社, 1211, 1927)。

鈴江懐 |すずえ きたす|1900.5.1～1988.11.4

徳島/徳島中(1917),三高(1920),京大(1924)/号北巣,巣塢/医学博士。アレルギー研究の草分け,リューマチ研究の権威。京大助手,熊本医大教授などをへて,1947～63年京大教授。23年頃JEI入会。JEMA会員。著『実験腫瘍学』(共著, 南江堂, 1935),『感光色素あれこれ』(医学書院, 1960)。

須々木要 |すすき かなめ|1903.3.6～1957.12.3

岡山/六高(1922),東大(1925)/ロンドン留学予定のところ,出発直前に行先を変更し,1925年5月渡米。川崎造船系のオレンジ油田(テキサス)の経営に当たる。太平洋戦争に伴い42年第1回交換船浅間丸で帰国後,神戸の川崎重工業に勤務。戦後,労務課長,のち川崎製鉄監査役。六高在学中の21年,伊東三郎の勧めでEを学び,JEIにも入会。東大在学中にROの編集に協力し,安黒才一郎らといたずらぶりを発揮してaĉulo(いたずら者)時代と呼ばれた。24年東大,明大ほか,徳島県などでE講習。滞米中,テキサスE会を作り,「テキサス無宿」を自称。52年宮本新治,由里忠勝,橋詰直英らと神戸E協会火曜会を結成し会長。晩年は闘病生活の中,倉田百三「出家とその弟子」や徳冨蘆花「不如帰」,尾崎紅葉「金色夜叉」のE訳に取り組む。いとこの須々木景光(かげみつ)は,22年関学E会の創立者。著『国際補助語E』(堀真道・由里忠勝・長谷川理衛・進藤静太郎と共訳, JEI, 1923), 'El Saĥaleno'(RO 1923.11), 'Al Nikolajevsk'(RO 1924.3),秋田雨雀"Danco de skeletoj〔骸骨の舞跳〕"(守随一と共訳, JEI, 1927),秋田雨雀'Nokto ĉe Landolimo〔国境の夜〕'(RO 1924.4～25.7),「日本の同志諸兄姉へ」(RO

1938.4)、「F.A. Postnikov氏訪問記」(RO 1938.7)。參RO 1958.3、嶋田恭子「巴金と日本人E-istoたち―秋田雨雀著『骸骨の舞跳』E訳本をめぐって」(『中国学論集――一海・太田両教授退休記念』翠書房、2001)。協鈴置二郎。

鈴木北夫 | すずき きたお | 1911頃～1936.6.17

宮城/仙台一中(1928)、二高(1930)、東北大(1935)/筆名幾多雄/大泉八郎と仙台一中・二高の同期。東北大入学後、同校医学部E会で活躍。1933年満洲産業建設学徒研究団に参加し、ハルビンでパブロフらと交流し、帰途大阪に寄り、外島保養院に村田正太を訪ねる。34年3月JEI仙台支部創立に参加。35年11月吉田松一の後任として仙台E会長に就任するも、翌年東北大病院小児科伝染病室勤務中に没。弟天生もE学習。著「国際都市に同志を訪ねて」(EL 1933.11)、「関西著名E-isto歴訪記」(EL 1933.12)、「神戸から奉天まで ハルビンのパブロフさん」(『満洲産業建設学徒研究団報告〔昭和8年度〕第五篇・紀行・感想』至誠会本部、1934)、「Anamnezoの書き方」(RO 1935.4)、「仙台」(EL 1936.4)。參ME 1990.10、「Eとハンセン病」。

鈴木亨市 | すずき きょういち | 1894.5.24～1969.7.30

愛知/八高(1916)、東大(1919)/中部財界の重鎮。東海銀行頭取、名古屋商工会議所会頭など。1921年JEI入会。參『現代日本朝日人物事典』。

鈴木清 | すずき きよし | 1908.9.23～1999.4.5

神奈川/湘南中、東京美校/東京学芸大、玉川大各教授。専門は美術教育学。湘南中在学中に教師からEの存在を知る。平塚農業学校在職中、清水勝雄校長の指導でE学習。1929年9月JEI入会。30年中村喜久夫らと平塚でE講習会開催。女子美大にEクラブRondo Novaを結成し、田中吉野、相原美紗子らを指導。56～59年および61～67年JEI評議員。JELEの中心として活躍し、機関誌の編集も。UEAデレギート(美術)。參「私がEをはじめた頃」(田中吉野記、EV 1989.8)、田中吉野「鈴木清氏の遺作展」(RO 2000.7)。協田中吉野。

鈴木金之助 | すずき きんのすけ | 1899.4.4～1984.5.26

秋田/日大(1923)/平塚通運社長、東急フライヤーズ球団取締役など。日大在学中にJEI入会。日大E会長を務めた。

鈴木重貞 | すずき しげさだ | 1903.12.13～1993.9.28

岐阜/八高(1925)、京大(1928)/独文学者。阪大、四天王寺女子大各名誉教授。八高在学中にEを学び、1922年9月16日新愛知新聞社岐阜支局主催のE普及講演会で「緑の星と世界平和」を講演。JEI会員。著『化学独逸文の読み方』(大学書林、1943)、『歌文集通天閣』(同社、1975)。

鈴木清蔵 | すずき せいぞう | 1877.1.1～1940.4.13

三重/東大(1904)/医学博士。1908～11年独、オーストリアへ留学。函館病院内科部長、宇都宮病院長などをへて、23年東京茅場町に開業。留学中、外国語で自らの思想を表現することの困難を痛感。帰国後、雑誌でEを知り、その研究に着手、Eの簡略化を目指す。20年からEに加えて、英、独、仏、伊、西、露、中、ラテン語の研究も。医業は半ば放擲して、辞書編纂に打込み、37年までにEを見出しにした、20万語収録の十ヵ国語辞典をほぼ完成させたが未刊。參「鈴木清蔵氏の国際語研究超人生活十七年」(『東京日日新聞』1936.3.29)。協今村美亜子。

鈴木泰 | すずき たい | 1889～1927.10.24

筆名東京E僧/真宗大谷派僧侶、乗願寺(浅草)住職。1906年JEA入会(会員番号385)、東京支部例会に熱心に出席。『中外日報』に寄稿した記事で、浅井恵倫がE学習を決意。JEI会員。著「欧米の学校におけるE語」(『中外日報』1912.6.20)。參太宰不二丸「古記録」(LJB 1984.9)、山口真一「鈴木泰のこと」

(LJB 2005夏)。参太宰不二丸, 山口真一。

鈴木唯一 |すずき ただいち
1912.4.3〜2004.12.8

東京/高等小/理容業。青年時代, 社会運動に目覚め, 新協劇団に参加。治安維持法違反で3度検束。Eは, 1935年小坂狷二の著書で独習。37年10月PEUの残党と誤認されて検挙。38年10月JEI入会後, 渡満。46年第2次JEA委員となり, 解散まで同協会の活動に参加。50年三沢正博にEを教授し, 三沢らとローザ・ロンドを結成し指導に当たる。"La Armeo de Hirohito〔天皇の軍隊〕" (Biblioteko Kolombo, 1990) の共同E訳に参加。カメラが趣味で, その作品は72年に1年間ROの表紙に。92年井上万寿蔵・長谷川理衛訳 "La Konstitucio de la Regno Japanio〔日本国憲法〕" を原文と対訳でEsperanto-Rondo Tagiĝo名義で刊行。JPEA理事。「公然と 名乗れる片 (ビラ) は 君よりと 半ば訝り 従ひしはや」(冨田冨「同志達」)。著「写真愛好者へのよびかけ」(NR 1966.3),「精神の糧」(RO 1974.4),「Eのおかげで」(RO 1982.6), 'La Korvo' (LVK 1984.7〜85.6)。参"Japanaj E-istoj", 三沢正博「Eとこや」(RO 1985.6),「治安維持法で三度逮捕検束された鈴木唯一さん」(『赤旗』1989.1.29)。協熊木秀夫。

鈴木立春 |すずき たつはる
1885.2.3〜1967.6.21

仙台/仙台医専 (1907)/医学博士。宮城病院の外科医をへて, 1912年3月仙台に鈴木医院開業。のちハンセン病療養所北部保養院 (青森) 医務課長から, 39年9月〜48年10月東北新生園初代園長。24年第12回JK (仙台) をきっかけにE学習。JEI, JEMA, 仙台E会各会員。著「癩史」(『宮城県史』同刊行会, 18, 1959),参増北美郎「E人国記(5)」(EL 1933.12),『忘れられた地の群像 東北新生園入園者自治会40年史』(東北新生園入園者自治会, 1987)。

鈴木保 |すずき たもつ |1907.1.2〜1977以降

宮城/二高 (1927), 東北大 (1931)/医学博士。1937年仙台赤十字病院小児科医長, 47年仙台に鈴木小児科診療所開業。28年E学習。36年1月JEI入会。50年4月仙台E会副会長。著『大日本小児科全書』(共著, 第7編, 金原商店, 1938)。参"Japanaj E-istoj"。

鈴木貞 |すずき てい |1899.7.28〜1983.5.3

愛知/豊橋中, 一高 (1920), 東大 (1923)/南英一, 村田治郎, 用瀬英と一高工科の同期。鉄道省工作局に入り, 1940年鷹取工場長, のち東京鉄道局大宮工場長などをへて, 47年退官後, 帝国車輌工業常務, 日本鉄道車輌工業協会常務理事など。キリスト者。東大在学中にJEI入会。著『最新客貨車名称図解』(東洋書籍出版協会, 1928)。

鈴木秀四郎 |すずき ひでしろう |1883〜1957以降

満洲医大/ドイツ語学者。奉天大予科教授, 青山学院大講師など。1928年5月より奉天図書館でE講習を指導。満洲医大で安部浅吉らの翻訳グループに参加。JEI, JEMA各会員。著「Eとは」(『奉天毎日新聞』1928.6.5〜7),『理科独逸語文法読本』(南山堂書店, 1933)。参峰下鋲雄「満州医大にて」(RO 1982.4)。

鈴木筆太郎 |すずき ふでたろう
1865.2.4 (慶応1.1.9)〜1945.1.26

愛媛/教員検定 (1886頃)/「別子教数器」の考案者。愛媛の上分尋常小, 川之江, 別子, 東平各尋常高等小校長を歴任。退職後は松山で算術教育の研究と普及に尽力。東平尋常高等小校長在任中の1918年JEA入会 (会員番号1146)。のちJEIにも参加。著『算術教授法に関する新研究』(宝文館, 1911),『低学年算術新教法案』(モナス, 1927)。参小野健司「鈴木筆太郎と算術教育の実験的研究」(『たのしい授業』仮説社, 296〜298, 2005)。

270

鈴木正夫 | すずき まさお | 1899.9.8～1981.8.13

愛知/一高(1920)、東大(1924)/医学博士。電気生理学の開拓者。陸軍大将鈴木宗作(1891～1945)の弟。長男は名城大名誉教授鈴木真言(1929～1997)、次男は元JEI職員鈴木邦生(中山知雄の長女ますみと結婚)。香川昇三と一高医科の同期。1927～35年千葉医大助教授、30～32年独仏で在外研究、35～65年千葉医大教授。Eは、17年頃一高寄宿寮で同室の井上万寿蔵の影響で学び、21年岡本好次、植田髙三が開いた初等講習会に緒方知三郎、久留威らと参加、7月JEI入会。23年JEI委員。24年1月29日Hipokratida Klubo結成に参加。27年千葉医大にFoliaro-Klubo結成。28年柴田潤一によって設立されたE-isto文化協会に参加。同年E-isto太田勝子と結婚。28～30年JEI評議員、33～38年監事。滞欧中の31年ドイツE大会(ハンブルク)、第23回UK(クラクフ)に参加したほか、各地でE-istoと交流。36年3月JESA顧問。39～45年JEI理事、46～52年常務理事。48年JESA、Foliaro-Klubo を再建。50年「一年一論文をEで」運動の発起人の一人。加藤静一"Lernolibro pri oftalmologio〔E眼科読本〕"の編集に協力。53年JEI千葉支部初代支部長。53～70年JEI理事。54年第3回関東E大会(千葉市)議長。JEMA"Medicina Revuo"に創刊以来寄稿し、54年副会長、64年会長。57年第6回関東E大会(松戸市)、60年第9回関東E大会各議長。62年8月第47回UK(コペンハーゲン)に夫婦で参加。62～64年UMEA会長。66～67年ELK会長。第50回UK(東京)国際夏期大学で「電気と生物」を講演。66年第15回、69年第18回、74年第23回各関東E大会(富津市)議長。79年JEI顧問。JEMA千葉医大支部幹事、UEA会員。著『人体の機能』(岩波書店、1952)ほか多数。E関係に'Pri Ĥemiaj terminoj'(RO 1926.4)、「緑の友を求めて」(RO 1930.8～9)、「欧州E界諸名士の印象」(RO 1933.3～5)、「エスクラピーダ・クルーボ」(RO 1969.12)など。参"Japanaj E-istoj"、福田正男'Nekrologo'(SAM 115, 1981.8)、安村美博「鈴木先生、さようなら」(RO 1981.10)。図鈴木邦生、鈴木ますみ。

鈴木松雄 | すずき まつお | 1903.7.11～1978.9.6

神奈川/東京府立一中(1920)、一高(1924)、東大(1927)/工学博士。味の素社長鈴木忠治の次男。いわゆる「鈴木8兄弟」の一人。妹干栄は竹内徳治の妻。丘英通、沖中重雄らと一高理科乙類の同期。1931年文部省在外研究員としてドイツ留学。41～48年東工大教授、のち多摩電気工業、昭和電線電纜各社長など。大学卒業前後にJEI入会。著『電気磁気基礎論』(共立社、1935)、『電気磁気学』(同、1936)。

鈴木安恒 | すずき やすのぶ
1908.5.25～1994.4.11

東京/慶大(1933)/医学博士。慶大医学部耳鼻咽喉科教授。1929年頃JEI入会。JEMA会員。著『聾唖の遺伝』(川上理一、1939)。

鈴木義男 | すずき よしお | 1894.1.17～1963.8.25

福島/東北学院、二高(1915)、東大(1919)/法学博士。1921～24年欧米留学。吉野作造の影響で弁護士に。帝人事件、労農派人民戦線事件、ゾルゲ事件などを担当。法相、専大学長など。キリスト者。東北大在職中、菊沢季生、武藤丸楠らとE運動。24年第12回JK(仙台)で「国際社会促進としてのE運動」を講演。SAT、仙台E会各会員。著『新憲法読本』(鱒書房、1948)ほか多数。参『鈴木義男』(同伝記刊行会、1964)、武藤潔「思い出すまま」(ME 1990.10)、東北学院資料室運営委員会「大正デモクラシーと東北学院」調査委員会編『大正デモクラシーと東北学院 杉山元治郎と鈴木義男』(東北学院、2006)、『現代日本朝日人物事典』。

鈴木嬉子 | すずき よしこ
1939.11.11～2007.5.21

岡山/岐阜薬科大学/森永乳業に勤務。65年以前に大阪の豊能E会で学習。70年～89年豊中E会委員長、72年～73年LM編集長。KLEG事務所の移転と維持管理にも尽力。50代半ばにくも膜下出血で倒れ、

以後闘病。🈺鈴木篤夫。

薄田研二 | すすきだ けんじ
1898.9.14～1972.5.26

福岡/福岡鹿島中/本名高山徳右衛門/俳優。新築地劇団で活躍。戦後、村山知義の第2次新協劇団へ。1959年新協劇団と合同し東京芸術座創立。E学習は不明。56年日本E運動50周年に際しJEI賛助会員。署『暗転』(東峰書院、1960)。参『現代日本朝日人物事典』。

鈴田文次郎 | すずた ぶんじろう | 1891.8.16～？

長崎/東京高工/1914年東京高工(現東工大)卒業後、三井セルロイドに入社、16年家業の染料塗料農工薬品商鈴文商店を継承。JEI初期に入会。

鈴森淑 | すずもり よし | 1911.7.18～2006.2.20

石川/女子英学塾/旧姓田中/英語教諭。1938年結婚により改姓。戦前は石川県立第一高女、戦後は金沢二水高、金沢女子短大に勤務。32年大本に入信、この頃石黒修の独習書でE学習。65年3月松田周次の紹介でJEI入会。66年第51回UK(ブタペスト)に人類愛善会代表として参加し、帰途、ローマ法王パウロ6世に出口直日のメッセージを手交。JELE会員。署「青松塾で毎月講習会」(NV 1982.4)。参「日課はE『生きがいの探求』の拝読」(『おほもと』2004.2)、斉藤直「人物顕彰」(NV 2006.4)。

須田朱八郎 | すだ しゅはちろう
1912.2.17～1969.4.22

東京/静岡高(中退)、東京医専(1942)/医療の民主化運動を推進。徳田球一の主治医。全日本民主医療機関連合会会長など。1969年2月JEI入会。峠一夫(1909～1981、原爆詩人峠三吉の兄)によれば、晩年「代々木病院のベッドの上で民医連綱領をE訳」(『赤旗』1969.4.30)。参須田若枝『春の麦』(私家版、1994)、『須田朱八郎先生を偲ぶ』(須田朱八郎先生を偲ぶ会、2002)、『現代日本朝日人物事典』、『解放のいしずえ(新版)』、『近代日本社会運動史人物大事典』。

スター | Mark Starr | 1894.4.27～1985.4.24

英国/小学校/労働教育運動家。1907年13歳で労働者となり労働運動に入る。第一次大戦の反戦活動で投獄され、獄中でEを知って学習。26年SAT大会参加のため訪ソし、ソ連体制への懐疑を深め、のち労働者教育の道へ。米国に渡り、国際婦人服組で長く教育部長。のちILOに勤務し、ユネスコの会議に米国代表として参加したことも。46年8月GHQの労働教育顧問として来日し、各地で調査活動。調査活動にEを役立て、産別会議、総同盟ほか合同の歓迎会でEで講演(通訳大島義夫)。約1ヵ月滞在して民主的な労働組合の育成を提言する報告書をまとめ、その中でもEの有用性を強調。"New York Times"(1947.10.2)の"Topics of the Times"欄に日本でEが役だった話がE誌から転載される。65年第50回UK(東京)に参加。66年第39回SAT大会(スワンウィック)で現代日本について講演。ニューヨークのE運動の推進役を務め、長年UEAニューヨーク事務所で国連に対してUEAを代表。75年UEA名誉会員。署"E and Labour"(London : The British League of Esperantist Socialists, 1923)、『米国労働運動史教程』(共著、中央労働学園、1948)、'La kazo Tampey'("E" UEA, 1975.1)。参「E語は世界労働者の武器」(『大阪時事新報』1946.9.18)、「労働教育顧問スター氏語る」(RO 1946.11)、池川清「戦後のヨーロッパから」(RO 1951.3)、T. Andrews 'Mark Starr : Distinguished Labor Leader, Esperantist'("Mainichi Daily News" 1965.8.8)、Tsugi Shiraishi 'Starr Thinks E Aids Int'l Understanding'("The Japan Times" 1965.8.8)、'Mark Starr'("E" UEA, 1985.7・8)、万沢まき「進駐軍の館で笑ったこと」(RO 2005.5)、William R. Harmon "A History of the E League for North America, Inc."(El Cerrito, CA : E League for North America, 2002)、中北浩爾『日本労働政治の国際関係史1945-1964—社会民主主義という選択肢』(岩波書店、2008)。

須藤鵡|すどう しとみ|1907.3.25～1952以降

新潟/小学校（中退）/筆名詩登美/新聞記者。1927年上京後、東京印刷工組合、農民自治会の運動に参加。30年『信濃毎日新聞』に「マルクス主義討伐論」を連載し、主筆の桐生悠々と反マルクス主義を宣伝。戦後、農民教育へ。39年頃島津徳三郎らとE学習。43年第31回JK（東京）に参加。著『マルクス主義討伐論』（日本評論社、1931）、『極楽浄土の実現』（生活の理想社、1932）、『光を求める農民』（共著、自由学舎、1952）。参『近代日本社会運動史人物大事典』、『日本アナキズム運動人名事典』。

須藤信夫|すどう のぶお|1900頃～1992.11

宮崎/慶大/1930年5月JEI入会。慶大在学中に東京学生E-isto連盟に参加。帰省中の31年8月16日宮崎初のE講習会を開催。同年9月1日より1週間、日本窒素肥料会社内工友倶楽部でE講習を行い、延岡E会設立。83年JEI再入会。参RO 1931.11。

須藤実|すどう みのる|1911～1995以降

長野/小学校（中退）/筆名kapo/印刷工。1930年JEI入会。31年8月PEU主催の講習会（文化学院）に参加。34年9月柴垣三市（1902～1978）、石堂清俊、岩場正三、山中清太郎、越上良一、大倉斐子、常見喜久子とともに検挙されるも起訴留保。横浜E協会員。40年2月頃より築地小劇場に出入りし、左翼思想研究の事由で41年4月再検挙。49年9月第2次JEA委員。89年練馬E会設立に参加。JPEA会員。「その笑顔　見え来るのみに　座は和む　植字工とふ　誠実の君」（冨田冨『同志達』）。著『泉さんの思い出』（NR 1974.9）、「また生き証人を失った」（LM 1993.7）。参「凸版の須藤君日本代表に」（『印刷出版労働』1950.3.25）。証青山徹。

住谷悦治|すみや えつじ|1895.12.18～1987.10.4

群馬/前橋中（1914）、二高（1918）、東大（1923）/筆名赤城和彦/経済学博士。治安維持法違反容疑で検挙され同志社大を退職。戦後、同大に復帰し、1963～75年総長。キリスト者。群馬県立図書館に住谷文庫。関東大震災の頃E独習。67年第54回JK（京都）で「これからの文化運動とE」を講演（LM 1967.10所収）。著『河上肇』（吉川弘文館、1962）、「井蛙脱皮のE―転換期の学究者『三瀬周三』の生涯と功業」（『日本及日本人』日本及日本人社、1540, 1977）ほか多数。参「住谷悦治教授略歴・著作目録」（『経済学論叢』同大経済学会、15：3～4, 1966）、住谷一彦・住谷磐共編『回想の住谷悦治』（私家版、1993）、『現代日本朝日人物事典』、『近代日本社会運動史人物大事典』。

隅谷信三|すみや しんぞう|1908.9.29～1993.3.2

大阪/大阪高工（1929）/1933年日本化学機械製作所取締役、38年大同化学装置工作所創業、77年大同化学プラントサービス設立。特許実用新案約100件所有。ローマ字論者。27年橋田慶蔵とともに米田徳次郎にEを学ぶ。28年1月JEI入会。30年2月泉州E会を設立し会長。39年松田勝彦の応召のため、その後を継いで小笠原誓至夫の"La Suno"に協力。58年北大阪E会長。61年大阪E会長。同年サローノ・オオサカ結成の中心。65年4月4日泉州E会から堺E会への改組に際し相談役。同年第50回UK大阪後援会会長。82年までSkolta E Ligo（スカウトE連盟、本部オランダ）日本代表。85年進藤静太郎に協力して大同化学ビル内にE Servo Centro Osakaを設置し、来阪した外国人E-istoに便宜を図る。UEAデレギート（機械学、工業）、ISAE、JESA各会員など。著「ポーランドの空」（RO 1939.6）、「スカウト関係の方々にお願い」（RO 1980.5）、「カシュミルに於けるイエス・キリスト」（『JBLE月報』204, 1983）。参「趣味あれこれ」（『日刊工業新聞』1967.7.17）、「"国際共通語"の普及を」（『日刊工業新聞』1979.2.17）、黒田正幸「かつてのOES会長隅谷信三氏の死を悼む」（LVO 1993.4）、"Japanaj E-istoj"。

住吉勝也｜すみよし かつや
1906.1.7～1995.11.11

北海道/長崎医大(1930)/使用済み切手を集めて海外医療協力に役立てる活動の提唱者。キリスト者。1922年E学習。30年JEI入会。新京(現長春)の康生医院をへて、同地に開業。41年4月松本健一・伊東耐子の結婚式の媒酌人。同年6月満洲E連盟代表に就任し、松本らとE運動を展開。46年引揚げ後、堺市に緑医院を開き、玄関に緑星旗を掲げる。65年4月4日泉州E会から堺E会への改組に際し副会長。淵田多穂理、永田明子、出口京太郎とともに世界連邦主義者E会を創立し、67年1月より本格的に活動。68年堺E会長。76年静岡へ転居。92年より老人ホーム「浜名湖エデンの園」でE講習を開くなど、晩年までEへ情熱を傾注。95年3月JEI退会。JEMA会員。著「Varnaの経験」(山賀勇編『バルナ大会参加の記』JEI旅行団, 1978)。参奥村林蔵「悼住吉勝也先生」(LM 1996.1)。協大阪府立中之島図書館。

住吉智恵子｜すみよし ちえこ｜？～1945？

新京E会の会計を務める。1941年9月11日新京中央放送局から"Manĉoŭkuo, Paradizo"を放送。同地で流れ弾により没。名は「知恵子」か。著'Manĉoŭkuo, Paradizo' (RO 1942.5)。

スミルニツキー｜Semyon Nikolaevitch Smirnitsky｜1879.9.1～1948.7.31

ロシア、ペテルブルグ/モスクワ陸軍幼年学校/ロシアの伯爵。ロシア革命により1919年日本に亡命し、22年小樽高商(のち小樽経専)ロシア語講師。33年中村久雄の勧めでEを再学習し、9月第2回北海道E大会(札幌)に参加。小樽Eクラブで活動。著『模範日露露日会話』(吉田薫と共著、大阪屋号書店, 1923)。参RO 1933.9, RO 1933.10,「第二回北海道E大会」(RO 1933.11)、清水恵「函館の新聞に報道されたセミョーン・スミルニツキイとその息子のこと」(『異郷』来日ロシア人研究会, 12, 2001), Michael Hoffman

'Refuge... of a sort' ("The Japan Times" 2009.2.22)。

巣山毅｜すやま たけし｜1905.11.25～1960.2.25

宮崎/宮崎局通信生養成所(1919)/旧姓渡部/宮崎郵便局員、国富郵便局長、宮崎県南部特定郵便局会長など。1920年代後半E独習。31年12月日野巌を会長に、堀内恭二、橋本竹彦らと宮崎E会を創立し、32年6月堀内、山下民之らと機関誌"Semanto"創刊。郵便局内でもE普及に努力。宮崎E会副会長として同会の発展に寄与。会話を得意とし、ニックネームは「ペラペラント」。著「誕生の頃のMESと5周年に当っての同志への感謝」("Semanto"宮崎E会, 39, 1936)。参LĜ 1960.3, 無漏田慶哉「巣山氏を悼む」(LM 1960.4)、宮崎E会「巣山毅氏を悼む」(RO 1960.5)、松本淳「バベルに挑む」(『宮崎県地方史研究紀要』宮崎県立図書館, 31, 2005)。協杉田正臣。

須山幸男｜すやま ゆきお｜1925.9.13～1998.6.21

九大/数学者。1962～87年富山県立技術短大教授。のち富山大教授。79年富山E運動の再興のために的場勝英・朋子、新保外志、角尾政雄らと協力して、富山医薬大・富山技術短大合同のE講習会を開催。著「歎異抄」(『千瓢会だより』4, 1995)。協富山県立図書館。

せ

清野暢一郎｜せいの ちょういちろう
1896.4.26～1976.2.21

東京/一高(1918)、東大(1921)/英文学者。清野長太郎の長男。谷川徹三と一高文科の同期。1928～29年在外研究員として渡欧。東京府立一商教諭、姫路高教授などをへて、戦後、都立大、中大、実践女子大各教授。19年蠟山政道、市河彦太郎、堀真道らとシベリア、満洲を旅し、各地のE-istoを訪問。同年JEA入会(会員番号1368)。JEI会員。

著『現代猶太戯曲集』(ロゴス社, 1922), オニール『夜への長い旅路』(白水社, 1956). 参『英語青年』(122:3, 1976).

清野長太郎 | せいの ちょうたろう
1869.5.12 (明治2.4.1)～1926.9.15

香川/第一高等中(1892), 帝大法科大(1895)/清野暢一郎の父. 東大在学中, 浜口雄幸, 幣原喜重郎, 伊沢多喜男(1869～1949, 東京市長)と「二八会」を結成. 内務省に入り, 1903年人口万国会議出席のためベルギーへ. のち秋田県知事, 満鉄東京支社長などをへて, 16～19年兵庫県知事. 帝国復興局長官として, 関東大震災後の東京復興計画を推進. 24～25年神奈川県知事. JEA会員(会員番号921). 参『日本の歴代知事』全3巻(歴代知事編纂会, 1980～82),『土木人物事典』.

情野鉄雄 | せいの てつお | 1909.12.3～2006.4.28

山形/広島文理大(1943), オハイオ州立大院(1951)/名誉人文学博士(アーサイナス大, フランクリン・アンド・マーシャル大). 英文学者. 1982～95年東北学院長, 東北学院大学長, 92～99年理事長. キリスト者. 29年菅原慶一と東北学院E会結成. のち札幌E会に加わり, 33年JEI入会. 仙台E会員. 娘の洲之内道子もE学習. 著『東北学院とわたし』(東北学院, 2000). 参『東北学院時報』(649, 2006). 協菅原慶一, 斉藤ツメ.

瀬川重礼 | せがわ しげのり
1898.2.22～1972.1.5

石川/四高(1919), 東大(1922)/文学博士. 英文学者. 藤野靖と四高一部文科の同期. 1924～45年四高, 48～69年東洋大各教授. 29年から数年間, 宮崎孝政(1900～1977)らと詩誌『森林』を刊行. 藤野とJEA入会(会員番号1097). のちJEIにも参加. 26年第1回北陸E大会(金沢)会頭. ヨーロッパ留学中, 27年第19回UK(ダンチヒ), 28年第20回UK(アントワープ)に参加. 29年12月金沢のザメンホフ祭でビャウィストク訪問の思い出を語る. 30年第18回JK (金沢)会長. 35年JOJK(金沢)より15回にわたりE講座放送. 37年E報国同盟発起人の一人. 四高E会長, 金沢E会長として, 長く北陸のE運動を支えた. UEAデレギート(金沢). 著『国際語E独習書』(イロヤ書店, 1925),『煙れる心臓』(森林社, 1927). 参『全日本E-isto同志諸君に檄す』(RO 1938.1). 協野村誠四郎.

瀬川昌男 | せがわ まさお | 1931.6.6～2011.7.10

東京/東京教育大(1954)/文筆家. 少年向けSF小説や科学解説書を執筆. 各国の協力で宇宙開発が行われる際にEが使われているという設定で,『白鳥座61番星』(東都書房, 1860；毎日新聞社, 1970；小峰書店, 1985), ラジオドラマ「宇宙人類ノバ」(日本放送, 1958)などの作品中で会話や物品の名称にEを使用. 著『ドラコニアワールド』全5巻(ぎょうせい, 1991～1992),『星座博物館』(ぎょうせい, 1988～1989)ほか多数.

関和男 | せき かずお | 1902～？

長野/21年上京. 秋田雨雀からEを学んだとされる. 帰郷後, 父と対立して家を捨て, 農民に. カナモジ運動にも参加. 参『近代日本社会運動史人物大事典』,『日本アナキズム運動人名事典』.

石宙善 | せき ちゅうぜん | 1911.9.17～1996.3.3

朝鮮平壤/東京・高等洋裁学院(1940)/석주선, ソク チュソン, 号蘭斯/韓国服飾史研究の権威. 石宙明の妹. 解放後, 科学博物館工芸研究室長, 東徳女子大教授などをへて, 1977年檀国大(ソウル)教授など. 檀国大に石宙善紀念民俗博物館. 兄の影響でEを知り, 30年代東京の講習会で三宅史平から学んで, 40年E婦人連盟東京グループに参加. 帰国後も韓国E運動に貢献. 参『石宙善教授回甲紀念民俗学論叢』(石宙善教授回甲紀年論叢刊行委員会, 1971), 万沢まき「戦前の婦人E-istoたち」(EV 1975.6), イ・チョンヨン『한국에스페란토운동 80년사』(KEA, 2003), 홍성조・길경자편『나비박사 석주명선생』(KEA, 2005).

石宙明 | せき ちゅうめい
1908.11.13~1950.10.6

朝鮮平壌/鹿児島高等農林/석주명, ソクチュミョン/「韓国のファーブル」の異名をとった昆虫学者。朝鮮産蝶類の分類に大きく貢献し、済州島の方言民俗も調査。タテハチョウ科seokia属に献名。石宙善の兄。1921年崇実高等普通学校入学, 22年松都高普へ転校し, 鳥類研究者元洪九(1888~1970)に出会う。26年鹿児島高等農林学校へ進学。卒業後、朝鮮に戻り, 咸興永生中, 松都高普教諭, 京城帝大医学部付属済州島生薬研究所所長など。解放後, 科学博物館動物学部長。朝鮮戦争で収集品を焼失し, 失意のうちにソウルの街を彷徨中, 誤認され射殺されたと伝えられる。Eは, 鹿児島時代に重松達一郎から学び, JEI入会。30年JEI終身維持員。朝鮮に戻ってからは平壌E会に属しE普及に尽力。39年松都高普辞職に際し, 昆虫標本60万点を焼却。創氏改名政策への抗議とも伝えられるが, 不詳。42年1月JEI例会で「蝶と蛾の区別」を講演。学術論文もEで書き, Eのレジュメ付きのもの多数。[著]'STUDO PRI PIERIS NAPI LINNE'(『日本動物学彙報』17, 1938), "A synonymic list of butterflies of Korea" (Seoul : Korea Branch of the Royal Asiatic Society, 1939), 「故重松達一郎先生」(RO 1941.8), 『済州島昆虫相』(宝晋斎, 1970), 『韓国産蝶類の研究』(同, 1972)。[参]「特集 われらの2600年」(RO 1940.2), 金堉「石宙明教授のおもいで」(RO 1951.4), 宮本正男「石宙明の死の事情 その後」(LM 1977.8), 柴谷篤弘「石宙明(セォク・ドゥミョン)」(『やどりが』123, 1985), 同「再説・石宙明(ソク・ジュミョング)」(同128, 1987), 同「孫基禎選手の思い出」(『金曜日』1996.2.2), 이병철『석주명평전』(그물코, 2002), イ・チョンヨン『한국에스페란토운동80년사』(KEA, 2003), 홍성조・길경자편『나비박사 석주명선생』(KEA, 2005)。

関登久也 | せき とくや | 1899.3.28~1957.2.15

岩手/花巻高等小(1911)/本名岩田徳弥/歌人。宮沢賢治の親戚で, 終生賢治と信仰を共に。1932年佐々木喜善が花巻で開いたE講習会の会場に自宅を提供。[著]『宮沢賢治素描』(協栄出版社, 1943), 『賢治随聞』(角川書店, 1970)。[参]佐藤勝一「宮沢賢治『E詩稿』の成立(1)」(『宮古短期大学研究紀要』6:2, 1996)。

関口泰 | せきぐち たい | 1889.3.1~1956.4.14

静岡/開成中, 一高(1910), 東大(1914)/号黙山/ジャーナリスト, 評論家。初代静岡県知事関口隆吉(1836~1889)の孫, 新村出の甥。1919年朝日新聞社に入り, 論説委員, 政治部長など。戦後, 文部省社会教育局長, 横浜市大初代学長など。Eを支持し, 中学教育へのE導入を主張。猪谷六合雄と親交。[著]『普選から婦選へ』(ロゴス書院, 1928)ほか多数。E関係に「Eに関する国際会議 ゼネバにて」(『東京朝日新聞』1922.5.9~10), 「中学へE語」(RO 1928.12 ; 『社会及国家』一匡社, 1928.11より転載)など。[参]藤間常太郎「Eと朝日新聞」(RO 1939.4), 『現代日本朝日人物事典』。

関口存男 | せきぐち つぎお
1894.11.21~1958.7.25

兵庫/陸士(1915), 上智大(1919)/ドイツ語学者。1922年法大講師, のち教授となるが, 43年辞職。その後は語学学校やNHKドイツ語講師を務めつつ, むしろ著述を中心に活動。「意味形態」に基づく独自の文法理論は関口文法と称され, 日本におけるドイツ語学に多大な影響を与えた。Eは, 陸軍中央幼年学校在学中の1910年頃先輩の安部孝一の勧めで学習。26年10月法大E会設立に際し会長。56年日本E運動50周年記念に際しJEI賛助会員。ドイツ語文法の記述でしばしばE文法を引用し, ザメンホフに言及。[著]『関口存男著作集』全24巻(三修社, 1994)ほか多数。[参]「50周年記念座談会」(RO 1956.9), 荒木茂男他編『関口存男』(三修社, 1959), 大岩信太郎「関口文法とE」(『ドイツ文化』中大ドイツ学会, 31・32, 1981), 同『ドイツ語のこころ』(三修社, 1997), 池内紀『ことばの哲学 関口存男のこと』(青土社, 2010), 『現代日本朝日人物事典』。[協]染川隆俊。

関口春夫｜せきぐち はるお｜1904頃~1978.11.6

広島/戦前, 労働組合運動に参加。戦後, 呉地区の日本共産党組織の再建に働く。1949年呉民主商工会設立に際し書記長。51年呉商工事業協同組合設立に参加し, 理事長などを歴任。59年同組合を解散。64年同組合再建に参加。26年頃JEI入会。呉E会代表として, 27年5月15日布施正雄, 宮堂一郎, 辻尭格らと, 緑星旗を掲げた自動車で呉市内を巡り, 宣伝ビラ5000枚を配布, また呉駅に交渉して, 構内の賃金表に「国際補助語Eを学べ」と書かせるなど, ユニークなE運動を展開。参「内地報道」(RO 1927.6~7)。

関戸勲｜せきど いさむ｜1898.2.2~1973以降

東京/東北大(1924)/1924~30年理研に勤務。のち品川燃料顧問など。73年前後大宮市読書連絡協議会会長。カトリック教徒。理研在職中JEI入会。著「練炭」(『燃料及燃焼』大阪:燃料及燃焼社, 1954.10),「老後を如何に生きるか」(『社会教育』全日本社会教育連合会, 28:9, 1973)。

関本至｜せきもと いたる｜1912.7.4~1993.5.1

東京/京城公立中(1931), 静岡高(1934), 京大(1942)/ギリシア語学者。大田, 釜山, 京城各中学の校長を歴任した関本幸太郎(1873~1959)の三男。泉井久之助に師事。満鉄東亜経済調査局, 天理語学専門学校などをへて, 1952~58年広島大文学部助教授, 58~76年教授, 76~87年広島文教女子大教授。E-istoであった兄太郎(1901?~1936.5.30)の影響でEに触れ, その没後に本格的に学習。37~38年頃病床の幼なじみに文通でEを指導。39年第27回JK(大阪)に不在参加。著『現代ギリシア語文法』(泉屋書店, 1968),『落穂』(関本みよ, 1995)。参「関本太郎氏の訃」(RO 1936.8), 吉川守「関本至先生を偲んで」(『言語研究』日本言語学会, 104, 1993.9),『追悼 関本至』(関本みよ, 1994)。

関谷泉｜せきや いずみ｜1902頃~1961以降

愛媛/三高(1923), 東大法学部(1926), 同経済学部(1929)/三島一と三高文科丙類の同期。日本勧業銀行松山支店に勤務。1920年11月JEI入会。

関谷正純｜せきや まさずみ｜1913.7.1~1997.6.21

大阪歯科医専/大阪市交通局病院に勤務。大阪市住吉区にみどり歯科を開業。1932年E学習。34年7月JEI入会。大阪歯科医専E会で活動し, 37年Lantiの歯を治療。北大阪E会を指導。Eの歯科専門用語の収集に努めた。UEAデレギート(観光)。著'Rememoro kun Lanti' (RO 1983.5)。参吉川奨一「Lantiの歯を治した男」(LM 1977.3), 堀尾太郎'Sincera E-isto' (RO 2001.8)。

セケリ｜Tibor Sekelj｜1912.2.14~1988.9.20

オーストリア・ハンガリー帝国(現スロバキア)/ザグレブ大(1933)/漢字名世計利亭忘留/ジャーナリスト, 探検旅行家, 人類学者, 作家。ユダヤ人家庭の出身。1919年ユーゴスラビア国籍に。29年E学習。39~54年アルゼンチンで暮らす。44年アコンカグア山登山隊に加わり, 登頂後の遭難事故の中を生還。登頂記がベストセラーになって, Eや日本語を含む8言語に翻訳。その後, 中南米各地やネパールほか世界各地で探検やE普及活動などに従事。72年からユーゴスラビア(現セルビア)のスボティツァで博物館長。60年3~7月滞日し, 第8回関西E大会(吹田市)に参加したほか, 東京, 横須賀, 大阪, 尾道, 岡山, 神戸, 名古屋, 札幌, 白老, 仙台, 山形, 新居, 長崎, 北九州など各地を訪問し, 多くの場所で通訳つきの公開講演を行い, マスコミにも大きく取り上げられる。流暢で分かりやすく内容豊かな講演で魅了しただけでなく, 地方会運営や全国組織のあり方など運動面でもアドバイスして, 日本E界に大きな影響を与える「セケリ旋風」となった。65年第50回UK(東京)のため1ヵ月滞日。79年11月~80年3月京都, 亀岡, 大阪, 名

古屋などを訪問。84年国立民族学博物館と福音館書店(『ジャングルの少年』の版元)の招きで来日して,東京,名古屋,大阪を講演旅行。『ジャングルの少年』は84年度読書感想文全国コンクール小学校高学年の部の課題図書に。85年第23回ユネスコ総会(ソフィア)で採択された「E百周年祝賀決議」の影の立役者。86年E発表百周年記念社会言語学シンポジウム「言語的多様性の中の国際語を考える」(東京)で講演。Eアカデミー会員,85年UEA名誉会員。ザグレブの病院で心臓手術中に没。99年国際教育者E-isto連盟などにより30ヵ国の教室をインターネットで結ぶ仮想学校が設立され,セケリの名を冠して命名される。ヨーロッパE連盟により生誕百周年の2012年が「チボル・セケリの年」と宣言され,5月スボティツァで国際シンポジウム「チボル・セケリ その生涯と著作」が開催。[著]"Nepalo malfermas la pordon" (La Laguna : Stafeto, 1959), 'La sanktulo kaj E' (RO 1960.4), 'Ĝis revido, japanaj amikoj' (RO 1960.8), 'Ĉi tie regis la reĝino Saba' (RO 1963.6), "Tralando de indianoj" (Malmö : Eldona Societo E, 1970), "Kumeŭaŭa, la filo de la ĝangalo" (Antverpeno-La Laguna : TK Stafeto, 1979), "Elpafu la sagon" (UEA, 1983), 高杉一郎訳『ジャングルの少年〔Kumeŭaŭa, la filo de la ĝangalo〕』(福音館書店, 1983), 'Mi estas modera optimisto' (RO 1984.9), 栗栖継・栗栖茜共訳『アコンカグア山頂の嵐』(福音館書店, 1990 ; 筑摩書房, 1999 ; 海山社, 2008), "Kolektanto de ĉielarkoj" (Edistudio, 1992) ほか多数。[参]LM 1960.5,「セケリ氏を迎えて」(LM 1960.6), 長岡二郎「代理通訳―アマゾン探検家セケリー氏のともをして」(VS 1960.6~61.6), 「セケリ氏の組織の教室」(RO 1960.7), 松葉菊延「セケリ氏をかこんでセミナリオ 組織問題を話し合う」(LM 1960.7~8), 藤本達生「ヨーロッパで会ってきたひとたちの話(6)」(LM 1973.2), 福永牧子「"Kumeŭaŭa"の経験」(RO 1983.6), 「子供の本棚」(『朝日新聞』1983.4.30), 「セケリ氏,出版社の招待で日本を講演旅行」(RO 1984.10), 坂本昭二「セケリが初めて来たとき」(LM 1989.1), 峰芳隆「Tibor Sekelj とペンクラブのこと」(LM 1989.2), 高杉一郎「Lastfoje」(RO 1989.3), 佐藤勝一「ティボール・セケリ仮想学校―インターネットを使った仮想学校に取り組んでいる岩手県亀岳小中学校の活動」(RO 2000.3), Z. Tišlar 'Tibor Sekelj' ("E" UEA, 2011.7), S. Štimec 'Tibor Sekelj' ("E" UEA, 2012.1), 岩谷満「チボル・セケリの生涯とE」(RO 2012.6), "E en Perspektivo" "Ordeno de verda plumo", "Encyclopedia of the Original Literature". [協]栗栖継。

瀬下良夫 | せじも よしお | 1914.1.3~1998.7.25

東京/東京府立一中, 慶大(1939)/英文学者。三菱銀行会長瀬下清(1874~1938)の長男。慶大名誉教授。1949年10月より慶大E研究会主催の講習会を指導。52年慶大E研究会日吉支部設立。JELE会員。[著]マートン『平和への道』(松柏社, 1965), シリトー『長距離ランナーの孤独』(金星堂, 1967)。[参]『教養論叢』(慶應義塾大学法学研究会, 109, 1998)。

妹尾義郎 | せのお ぎろう | 1889.12.16~1961.8.4

広島/高梁中, 一高(1911中退)/号学応/法華経研究より, 既成仏教の堕落を排して宗教改革を志向し, さらに社会変革を目指す。労働運動とも共闘し, 小岩井浄と親交。38年治安維持法違反で起訴され, 40年懲役3年の刑に。戦後は, 中国や朝鮮との友好運動など。1931年4月新興仏教青年同盟を創立し委員長となって, 運動方針に国際主義的な人類解放を盛り込み, Eを導入。33年12月同盟内にE研究会を設立。[著]『社会変革途上の新興仏教』(仏旗社, 1933), 「Eと新興仏教」(『新興仏教新聞』1934.1.1), 『妹尾義郎日記』全7巻(国書刊行会, 1974~75)。[参]稲垣真美『仏陀を背負いて街頭へ』(岩波書店, 1974), 松根鷹『妹尾義郎と「新興仏教青年同盟」』(三一書房, 1975), 思想の科学研究会編『共同研究 転向 2 戦前篇下』(平凡社, 2012), 『現代日本朝日人物事典』, 『近代日本社会運動史人物大事典』。

芹沢光治良 | せりざわ こうじろう
1896.5.4~1993.3.23

静岡/沼津中(1915), 一高(1919), 東大(1922)/本名光治良(みつじろう)/小説家。

市河彦太郎と中学以来の友人。小岩井浄と一高仏法科の同期。1925～28年フランス留学し、同船で渡航した西村光月をパリで数回訪問し、『人間の運命』に登場させる。国語審議会委員、沼津市名誉市民など。19年JEA入会(会員番号1421)。「ブルジョワ」(『改造』1930年4月号懸賞創作1等入選)には登場人物がEを話す場面。著『芹沢光治良作品集』全16巻(新潮社、1974～80)、『人間の運命』全14巻(新潮社、1962～68)ほか多数。参西村光月「パリ時代の思い出」(LM 1969.3)、『現代日本朝日人物事典』、『近代日本社会運動史人物大事典』、『日本文学に現れたE』。

セリシェフ｜Inocento Serišev
1883.8.28(ロシア暦8.15)～**1976.8.23**

ロシア/Innokinti Nikolaevich Sereshev/ロシア正教の聖職者、教育者。1906～17年シベリアで布教活動。10年E学習。19年E-istoの援助で日本へ亡命し、3年間の滞在。20年JEIに加わり、同年大阪へ宣伝旅行し、第7回JK(東京)で講演するなど日本各地で普及活動やE-istoと交流し、小学校を多く訪問。流暢な会話で大きな刺激を与える。22年頃浅草のロシア料理店「クマ」でピアノ弾き。24年ハルビンへ。中国を巡った小坂狷二と再会。世界各地の人と文通。24年『東亜日報』E欄に寄稿し、25年6月朝鮮E学会顧問。同年東洋諸民族の文化を紹介する月刊雑誌"Oriento"を、松葉菊延、島崎捨三らほか各国のE-istoの協力も得つつ、創刊して、浅田幸政訳の武隈徳三郎'Rakonto de ainu'o pri ainu'oj〔アイヌ物語〕'も掲載するが、2号で廃刊。北京世界語専門学校のE講師も。26年長崎と福岡に立ち寄ったのち、シドニーへ移住し、長く同地で活動。UEAデレギート(ハルビン)。著'E mirinde efikas' (RO 1929.5)、'Pieda Vojaĝo de Siberia Pastro tra Tokaido' (RO 1920.8～11)、'Peresperanta vojaĝo japanlandon' (RO 1920.12)、'Enlanda kroniko: Sendai' (RO 1922.6)、『実用E和対照会話』(浅井恵倫・川原次吉郎と共著、日本E社、1924)、'El Harbino' (RO 1924.9)、'Alvoko de elmigronto Aŭstralion' (RO 1925.6)、'Impreso de Aŭstralio' (RO 1927.8)。参RO 1920.12, RO 1926.2, Stepanov 'Seryŝev Innokentij Nikolajeviĉ' ("The Australian Esperantist" 272, 1992)、鈴置二郎「話すEに登場する人々」(RO 2000.6)、"Rubriko E de la tagĵurnalo "Dong-a ilbo", 1924" (KEA, 2004)、Michael Protopopov "A Russian Presence: A History of the Russian Orthodox Church in Australia" (Piscataway, NJ: Gorgias Press, 2006)、藤田一乘「民国初期の世界語 北京世界語専門学校を中心に」(『中国言語文化研究』佛教大学中国言語文化研究会, 10, 2010)、『昭和2年KEL年鑑』、『117年間のラブレター』、"Ordeno de verda plumo"。

瀬脇寿雄｜せわき ひさお｜**?～1919**

山口/東久世昌枝の岳父。川崎汽船、昭和石油各取締役瀬脇文寿(1896～1983)の父。1886～88年英国留学。東京慈恵会医院医学専門学校教授。1906年JEA入会(会員番号21)。

千賀郁夫｜せんが いくお｜**1931.12.30～2007.2.6**

愛知/名大(1954)/英語教師として岐阜の加茂高、本巣高、稲葉女子商高、岐南工高などに勤務。1952年梶弘和にEを習う。55年加茂高にEクラブを組織し顧問。57年本巣高へ転任後、64年まで同校でEを指導。59年1月25日加茂高、本巣高の各E部卒業生を募り、泉Eロンド結成。63年11月JEI入会。64年稲葉女子商高へ転任後、直ちにE講習。79年「「子どもたちに世界に！ 被爆の記録を贈る会」の平和の旅」の一員として、栗田公明らと東欧を訪れ、E-istoと交流。80年岐南工高にEクラブを結成。84年JEI評議員。三谷E会長、JPEA理事、JELE会員など。著『プリヴァ―』『カルロ』(三谷E会、1954)、「Adiaŭ 加茂高」(LM 1957.6～7)、『平和は漣から大河へ』(私家版、1979)、「苦しみの中から喜びを」(LM 1982.8)、『いのち輝く』(私家版、1992)。図山田義、小森芳樹。

千住武次郎｜せんじゅ たけじろう
1870.8.1～1957

佐賀/佐賀中(1889)、第五高等中学(1894)、帝大文科大(1897)/旧姓石井/広田直三郎と第五高等中学文科の同期。愛知一中、米沢中各教諭、伊丹、熊谷、粕壁、佐賀各中学校長などをへて、1934年佐賀県立図書館長。JEA会員(会員番号823)。[著]『西亭遺稿』全2巻(編著、私家版、1929)。

そ

蘇璧輝｜そ へきき｜？～1937？

台湾/貿易商、台湾文化協会理事、台湾議会期成同盟会長。比嘉春潮の友人。1908年E学習、台湾最初のE-istoとされる。JEA会員(会員番号962)。13年9月児玉四郎の指導を受け、12月児玉、連温卿、黄鉄(JEA会員番号966)、王祖派らとJEA台湾支部(19年11月台湾世界語学会と改称)設立。20年Eを使って貿易情報センター設立。31年9月第1回台湾E大会委員。一説に戦争開始直後アモイで中国軍に銃殺と。JEI会員。[参]「蘇璧輝氏銃殺さる」(RO 1938.9)、「インタビュー柳田国男との出会い」(『季刊柳田国男研究』3, 1973)、松田はるひ「緑の蔭で―植民地台湾E運動史」(RO 1977.6～11)、呂美親『La Verda Ombro』、『La Formoso』、及其他戦前在台湾発行的世界語刊物』(『台湾文学史料集刊』国家台湾文学館, 1, 2011)、『近代日本社会運動史人物大事典』。

蘇璧琮｜そ へきそう｜1888.12.6～1943以降

台湾台北/台湾総督府医学校(1912)/基隆医院、日赤台北支部病院などをへて、1933年旗山郡に蘇診療所を開業。JEA会員(会員番号962)。

宋禹憲｜そう うけん
1898.11.7(旧暦)～1975.3.30

朝鮮忠清北道永同/日大/송우헌, ソン ウホン、小原憲雄/鉄道職員。1920年頃E学習。22年頃から小坂狷二宅の学習会に参加。28～33年JEI評議員、32年10月鉄道E連盟常任委員。33年11月満鉄に移り、大連で特急あじあ号の設計図の製図などに従事。大連E会で活動し、37年女医である妻が開いていた産婦人科シズカ医院の2階を大連E会の事務所に提供。40年小原憲雄と創氏改名。44年守随一の没後、その蔵書を引き取る。息子在東(Thomas)にも幼児期からEを教え、在東は戦後米国に移住。[著]'Koreaj infankantoj'(『連盟通信』日本鉄道E連盟, 22, 1933.7)、'La ginkarbo'(同23, 1933.8)、「英語過信者の蒙を啓け」(同26, 1933.11)、「英語本位教育」(『満洲日日新聞』1938.2.20)。[参]「宋禹憲氏の満洲行」(RO 1933.12)、「特集われらの2600年」(RO 1940.2)、イ・チョンヨン『한국에스페란토운동 80년사』(KEA, 2003)。[協]Thomas Song、波田野節子。

相馬黒光｜そうま こっこう
1876.9.12～1955.3.2

宮城/宮城女学校(中退)、フェリス女学校(中退)、明治女学校/旧姓星、本名良(りょう)/新宿中村屋創業者、随筆家。佐々城佑の従妹。1889年伯母の影響で押川方義(1850～1928)から受洗(のち浄土宗へ)。一徹さから島貫兵太夫に「アンビシャス・ガール」と評される。91年宮城女学校に入るも校長と対立して退学。横浜のフェリス女学校に転じ、さらに95年明治女学校へ。島崎藤村に師事。97年作家志望を断念して相馬愛蔵と結婚。1901年夫とともに東大正門前のパン屋中村屋を買い取り、07年新宿に支店(新宿中村屋)を開く。荻原守衛や高村光太郎、中村彝など若い芸術家を援助し、秋田雨雀、神近市子、石川三四郎ら社会運動家も集まって、「中村屋サロン」と呼ばれた。佐々木孝丸の『種蒔く人』復刊に資金提供し、インドの独立運動家ビハリ・ボースを保護。秋田を介してエロシェンコとも親交を結び、住まいを提供して童話創作やEの活動を助け、「マーモチカ」(お母さん)と慕われた。20年9月鶴田吾郎が描いた肖像画「盲目のエロシェンコ」(第2回帝展に出品)は新宿中村屋蔵。エロ

シェンコが国外追放のため拘束される際に
は，警察の横暴に抗議して警察署を告訴し，
署長の辞任に発展。臼井吉見の大河小説
『安曇野』全5巻(筑摩書房，1964〜73)は
黒光・愛蔵夫妻を軸に日本の近代史を描き，
秋田，エロシェンコらのE-istoも登場。山
本藤枝『アンビシャス・ガール―相馬黒光』
(集英社，1983)などでも主人公に。署『明
治初期の三女性』(厚生閣，1940)，『相馬愛蔵・
黒光著作集』全5巻(郷土出版社，1980〜81)，
『黙移　相馬黒光自伝』(平凡社，1999)など。
参秋田雨雀『雨雀自伝』(新評論社，1953)，高
杉一郎『盲目の詩人エロシェンコ』(新潮社，
1956)，佐々木寅丸『風雪新劇志』(現代社，
1959)，相沢源七『相馬黒光と中村屋サロン』
(宝文堂，1982)，高杉一郎『夜あけ前の歌―盲
目詩人エロシェンコの生涯』(岩波書店，1982)，
『大正期美術の煌き―相馬黒光と芸術家たち』
(宮城県美術館，1990)，宇佐美承『新宿中村屋
相馬黒光』(集英社，1997)，『アンビシャス・
ガール―相馬黒光展』(仙台文学館，2001)，『中
村屋100年史』(中村屋，2003)，中島岳志『中村
屋のボース―インド独立運動と近代日本のア
ジア主義』(白水社，2005)，小林実『明治大正
露文化受容史―二葉亭四迷・相馬黒光を中心
に』(春風社，2010)，『新宿中村屋に咲いた文化
芸術』(新宿歴史博物館，2011)，『近代日本社会
運動史人物大事典』，『日本アナキズム運動人
名事典』，『日本キリスト教歴史大事典』，「日本
女性運動史人名事典」。

十河信二|そごう しんじ|1884.4.14〜1981.10.3

愛媛/西条中，一高(1905)，東大(1909)/俳
号春雷/「新幹線の父」と異名をとった鉄道
官僚。種田虎雄と一高英法科の同期。
1917〜18年米国留学。愛媛県西条市長，
国鉄総裁など。西条市に十河信二記念館。
23年鶴見祐輔，田誠らとともに小坂狷二に
Eを学ぶ。署『北支経済の開発』(新日本同盟，
1937)，『幹線の電化』(日本国有鉄道，1956)。
参「内地報道」(RO 1923.7)，中島幸三郎『風雲
児・十河信二伝』(交通協同出版社，1955)，有賀
宗吉『十河信二』(十河信二伝刊行会，1988)，
『現代日本朝日人物事典』。

十河博志|そごう ひろし|1932.2.19〜1996.4.21

大阪/逓信講習所/電電公社に入り，芦屋電
報電話局などに勤務。労働組合，日本社会
党，生協でも活動。NTT退職後，身体障害
者共同作業施設「クスノキノイエ」所長。E
は，1947年池田市の初等講習会で学習。
49年芦屋へ転居後，芦屋E会に参加，のち
会長。飯田廣，菅野竹雄とトリオでE講習
会の講師を務め，美声の持ち主で歌唱指導
が得意。75年6月7日全電通E-istoの会創
立に際し情報宣伝部長。同年末JEI入会。
93年JBLE入会。妻孝子，長女晴美もE学
習。署「日本語考」(LJ 1983.12)，「阪神大震災
体験記」(LJ 1995.10)。参「親子で"平和の言
葉"学ぶ」(『神戸新聞』1978.7.8)，「平和の言葉
E教える」(『全電通』1982.4.17)，飯田廣「十河
博志さんを悼む」(LM 1996.6)。図十河晴美，
大井曄。

曽田長宗|そだ たけむね|1902.5.19〜1984.6.20

新潟/一高(1922)，東大(1926)/医学博士。
衛生統計学の権威。粟田賢三，石田啓次郎，
古在由重と一高理科甲類の同期。関東大震
災後の貧困者救済事業のセツルメントに参
加。当局の監視が強まり，1930〜46年台
湾で生活。その間，米国留学，台北帝大医
学部教授など。48年厚生省衛生統計部長，
65年国立公衆衛生院長。森永砒素ミルク
中毒被害者の救済に尽力。20年6月JEI入
会。署『薬害』(講談社，1981)，『社会医学のは
るかな道』(医学書院，1985)。

曾根原博利|そねはら ひろとし
1905〜1962.9.24

北海道/1928年帯広合同労働組合を組織し
書記長，33年上京，戦後は生活協同組合へ。
29年頃帯広E会，JEI入会。31年PEUに加
入。35年3月新島繁を介して中垣虎児郎と
知り合い，中垣を指導者とするMarta Ron-
doを下村駿らと結成。43年第31回JK(東
京)に参加。64年3月解放運動無名戦士墓
へ合葬。E蔵書は遺族により中央労働学院
へ。署「Eの論争に就て」(『十勝毎日新聞』
1934.12.2〜4)。参「先輩記念文庫」(RO 1964.

7),『解放のいしずえ(新版)』。

園乾治 |その けんじ| 1895.1.12~1988.8.12

山口/岩国中, 慶大(1919)/経済学博士。大学卒業後, 慶大予科助手となり, 1923~26年米英で保険学を学ぶ。40~69年慶大教授, のち大阪学院大教授。上京後の13年, 同郷の小坂狷二の影響でE学習。21年6月JEI入会。同月学生の粟飯原晋とともに慶大E会結成の中心に。24年第17回北米E大会(デラウェア)に出席。25年5月パリ滞在中に偶然「科学及商業にE使用のための国際会議」に行き合わせ, 参加。「緑星章をつけてゐる御蔭で見ず知らずの人から, 十年来の旧知の如く親しく話し掛けられる喜びは私の外遊以来幾度となく繰返へされてゐる」(「パリーで捕まるの記」)と。27年慶大E会長として学内や自宅で会合を開催。著「愛国心と常識に訴へて―Eを採用せよ」(『三田評論』306, 1923),「パリーで捕まるの記―E語劇見物」(『三田評論』339, 1925),「国際日本とE」(RO 1927.10)「Robert Owenと共通語問題」(RO 1929.2),『保険学』(泉文堂, 1954),「慶応E会今昔」(RO 1969.8)。参RO 1924.11,『慶應義塾七十五年史』(慶應義塾, 1932),「誌上座談会『そのころを語る』」(RO 1940.1~3),『保険学雑誌』(日本保険学会, 523, 1988)。

園池公功 |そのいけ きんなる| 1896.5.20~1972.2.15

東京/京大(1922)/演出家, 演劇評論家。兄は小説家園池公致(1886~1974)。1922年帝劇入社。32年ソビエト演劇を視察。34年東宝へ。戦後, 女子美大教授。E学習は不明。1959年ザメンホフ百年祭賛助員。著『ソヴェト演劇の印象』(建設社, 1933)ほか多数。

園田敏男 |そのだ としお| 1909~1928.11.20

滋賀/大津商(1927)/野村銀行名古屋支店に勤務。大津E運動のパイオニア。1923年より大津商E会, 大津E会で活躍。法名「釈緑星」。参中大路政次郎「若くして逝きし園田敏男君」(RO 1929.4)。

園部三郎 |そのべ さぶろう| 1906.9.25~1980.5.25

東京/東京外語(中退)/音楽評論家。E学習歴は不明。1959年ザメンホフ百年祭賛助員。著『音楽五十年』(時事通信社, 1950)ほか多数。参『現代日本朝日人物事典』。

た

泰井俊三｜たいい しゅんぞう
1913.6.22~1990.8.20

兵庫/京大/医学博士。精神科医。北野病院(大阪)などに勤務。京大在学中にE学習。著『神経痛』(創元社, 1955), ガイヤー著『狂気の文学』(同, 1973)。

大道安次郎｜だいどう やすじろう
1903.5.1~1987.1.11

福井/関学高商部(1927), 九大(1930)/文学博士, 経済学博士。社会学者。関学名誉教授, 松山商大教授。関学在学中にE学習。著バジョット著『国民の起源』(慶応書房, 1942), 『老年の光と影』(ミネルヴァ書房, 1979)ほか多数。参倉田和四生「大道安次郎先生を偲んで」(『社会学評論』日本社会学会, 38:1, 1987), 徳田六郎「神戸E界の追想」(『神戸のE』)。協徳田六郎。

当摩憲三｜たいま けんぞう｜1909~1998.8.18

北海道/鉄道教習所/終戦まで王子航空(江別)で木製軍用機製作に従事。戦後, 国鉄労組に参加し, レッドパージで解雇。北海道勤労者医療協会理事, 北海道地労委員などを務め, 治安維持法犠牲者国家賠償同盟北海道支部の中心として, 機関誌『不屈』を編集発行。短歌もよくした。Eは, 1930年頃から『プロレタリアE講座』で独習。35年頃旭川の初級E講座でEPAの小口多計士の指導を受ける。35年7月旭川E会創立と同時に参加, 機関誌"La Fenikso"編集。36年10月14日旭川鉄道E会を設立し会長。42年第30回JK(東京)に参加。50年火事で自宅が全焼し, E関係資料も焼失。65年4月三ッ石清の勤労者E教育協会結成に参加。80年代, 星田淳から提供された資料で, 戦時中, 政府がE-istoを含む思想犯を南方へ移送(島流し)した事件を解明し, マスコミ報道から国会質問に発展。著『『北』の語りべ』(『朝日新聞』北海道版, 1984.

9.11~20)。参宮本正男「司法省派遣図南奉公義勇隊」(『大阪労働運動史研究』大阪労働運動史研究会, 8, 1983), 同「中間報告・司法省派遣図南奉公義勇団」(『運動史研究』三一書房, 14, 1984)。協星田淳。

平良文太郎｜たいら ぶんたろう
1900.2.17~1983.5.10

沖縄/沖縄師範(1919)/英文学者。高知高講師, 八重山高, 沖縄外国語学校各校長などをへて, 1950年琉球大, 66年沖縄大各教授。ローマ字論者。琉球大, 沖縄国際大に平良文太郎文庫。18年JEA入会(会員番号1150), のちJEIにも参加。21年頃伊波普猷から習う。58年木下忠三に琉球大で講習会を開かせ, 所属学生とともに受講。著『英訳琉歌集』(私家版, 1969), 『太郎のたわごと』(新日本図書, 1969)。参「各地報道」(RO 1939.8), 「沖縄 琉球大学で講習」(LM 1958.6)。協沖縄県立図書館。

田内森三郎｜たうち もりさぶろう
1892.5.15~1973.3.17

愛知/八高(1914), 東大(1917)/理学博士。寺田寅彦に師事。1920年水産講習所教授, 46年農林省水産試験場長, 49年東海区水産研究所長, 50年東京水産大教授など。東大在学中にJEA入会(会員番号1059)。著『水産と物理』(霞ヶ関書房, 1949), 『漁の物理』(ジープ社, 1951)。

田岡典夫｜たおか のりお｜1908.9.1~1982.4.7

高知/東京府立一中, 早大(中退), 日本俳優学校/早大を中退し, パリ遊学後, 日本俳優学校に進んだ異色の作家。田岡嶺雲の親戚。1943年『強情いちご』で第16回直木賞。30年頃「Eをやろうとしたがものにならなかった」と。59年ザメンホフ百年祭賛助員。日本近代文学館に「田岡典夫コレクション」。著『しばてん』(私家版, 1938)ほか多数。参「50周年記念座談会」(RO 1956.9)。

高石綱｜たかいし　つな｜1913～1934.2.12

山口/京大（卒業直前に没）/非常な読書家で，高校時代にE学習。1931年第19回JK（京都）で自訳の狂言を上演。33年第21回JK（京都）で学生分科会世話人を服部亨と務める。"Heroldo de E", ROに万葉集の翻訳を発表。著 'Du kripluloj'（RO 1932.1～2），"La Kodoj de Kronprinco Ŝootoku〔聖徳太子憲法〕"（訳書，JBLE, 1932）。

高尾亮雄｜たかお　あきお｜1879.2.21～1964.8.12

滋賀/同志社/号楓蔭/1900年『京都新聞』通信員として清国へ。帰国後，小笠原誉至夫主宰の『和歌山実業新聞』記者，『評論之評論』編集員などをへて，06年お伽劇団を結成，半年で解散後，大阪お伽倶楽部を組織し，関西各地を公演。13年宝塚歌劇団の振付師に。23～34年および43～46年大阪朝日新聞社に勤務。ヘボン式ローマ字の普及にも献身。16年3月辻利助，坂上佐兵衛，神崎泉，相坂佶，龍吐源一らと大阪E協会を設立し評議員兼幹事。19年1月『少国民新聞』（週刊）を創刊，創刊号に小坂狽二E訳「君が代」を載せ，のちE欄，ローマ字欄も設置。19年JEA入会（会員番号1295），のちJEIにも参加。国際商業語協会員。19年十合呉服店（現そごう）で世界児童画展を開催。23年1月大連で開かれた日本人による初の講習会（満蒙文化協会および青年会主催）の講師。25年朝日新聞社の河内一彦飛行士による訪欧飛行の際，朝日新聞社，日本E協会の名によるE文メッセージを欧州諸国に届けさせた。25年ザメンホフ祭にJOBK（大阪）から山根千世子の"La Espero"独唱と組合わせて「ザメンホフの生涯」を放送。56年別府から大阪に転居し，東福寺大阪別院に寄食。同年50周年記念第43回JK（東京）で表彰。古屋登代子と心霊研究にも傾倒。富田林市の柳生苑入居直後に没。佐藤愛子が母の生涯を描いた小説『女優万里子』（文藝春秋，1974）に登場。著「イルマ・ヤウンセン女史独唱会でEの歌を歌う」（"E en Nipponlando" 国際語研究社，2: 8, 1926），「大阪における種まき時代」（RO 1936.6），「京阪神お伽発達史」（『児童文化』1949.11），堀田穰編『大阪お伽芝居事始め―「うかれ胡弓」回想と台本』（関西児童文化史研究会，1991）。参藤間常太郎「Eと朝日新聞」（RO 1939.4），桑田茂「特別談話『40年前の状態』」（"La Riveroj"号外，広島E会，1963.12），武内善信「高尾楓蔭小論―初期社会主義とお伽芝居」（『ヒストリア』150, 1996），堀田穰「再び『瀬戸内海コドモ連盟』について」（『人間文化研究　京都学園大学人間文化学会紀要』19 2007），同「高尾亮雄と女たち―菅野スガ・三笠万里子・古屋登世子」（同 29, 2012），峰芳隆「種をまいた人びと　7」（RO 2013.7・8），『近代日本社会運動史人物大事典』，『日本アナキズム運動人名事典』。協奥村林蔵。

高木市之助｜たかぎ　いちのすけ｜1888.2.5～1974.12.23

愛知/洲本中（1906），三高（1909），東大（1912）/文学博士。1924年欧州留学。京城帝大初代国文学教授，愛知県立女子短大学長など。武笠三らと『尋常小学国語読本』（「ハナハト読本」）を編纂。浦和高在職時にEを始め，22年同校E会部長。野上素一・深谷昌次，守随一らが同会で活動。JEI会員。著『高木市之助全集』全10巻（講談社，1976～77）ほか多数。E関係は『国文学五十年』（岩波書店，1967；『全集』9巻所収）に。参中西達治他編「高木市之助博士著述目録」（『上代文学』上代文学会，36, 1975），新国康彦「職業行政から社会福祉へ」（檪林社編『檪林の仲間たち』同社，1975），安田敏朗『植民地の中の「国語学」時枝誠記と京城帝国大学をめぐって』（三元社，1997），『現代日本朝日人物事典』。

高木和男｜たかぎ　かずお｜1909.3.2～2004.5.26

東京/湘南中，横浜高工（1929）/医学博士。鈴木清と湘南中の同級。1944年東京市衛生試験所から労働科学研究所へ転じ，64年労働栄養学研究部長，71年文教女子大，77年相模女子大各教授，81～91年東京栄養食糧専門学校長。栄養学の専門誌にE書き論文を発表。福地誠一と親交。JESA会員。著『栄養知識発達史』（山雅房，1944）ほか多数。E関係に 'Studo pri laboro kaj nutropreno'（増田富江と共著，"Reports of the Institute for

Science of Labour" 労働科学研究所, 49, 1956) など。📖福地美沙子。

高木俊蔵|たかぎ しゅんぞう
1903.7.11～1996.12.26

京都/三高 (1923), 京大 (1927)/理学博士。名古屋市立女子医専, 大阪府立大各教授, 夙川学院短期大学長など。三高E会で活動。著『高等教育動物学図講』(養賢堂, 1936),『細胞』(弘文堂, 1941)。

高木仁三郎|たかぎ じんざぶろう
1938.7.18～2000.10.8

群馬/群馬大附中 (1954), 前橋高 (1957), 東大 (1961)/理学博士。原子力資料情報室を主宰し, 反原発運動と市民科学の実践に生涯を捧げた科学者, 評論家。佐藤香の弟。弟の光司郎 (富山大名誉教授) にEを教える。群馬大附中在学中に同校E部に参加し, 大学時代に再学習。『市民科学者として生きる』(岩波書店, 1999) で「Eは機会があって, 大人に混じって, かなりのレベルまで学習した」と。著『高木仁三郎著作集』全12巻 (七つ森書館, 2001〜05) ほか多数。📖佐高信『原発文化人50人斬り』(毎日新聞社, 2011), 佐高信・中里英章編『高木仁三郎セレクション』(岩波書店, 2012),『現代日本朝日人物事典』,『群馬のE運動 1903〜2010』。📖堀泰雄。

高木貞一|たかぎ ていいち|1905〜1980.2.20

東京/早大 (1929)/日本電気, 満洲通信機などに勤務し, 戦後, 鉄道電気, 在日米軍座間基地の通信顧問などをへて, 1962年橘電気技術部長。早稲田高等学院在学中の21年村田正太『E講義』で独学後, 翌年校内のE講習会で大島義夫の指導を受ける。29年4月JEI入会。34年大木克己らと電気E会を設立, 翌年機関誌 "La Elektrujo" 発行。37年渡満後, 奉天E会, 満州E連盟などで活動。42年内地へ。戦後, 三宅史平を手伝い, JEI会員の安否を確認。55〜73年JEI評議員。57年10月文京ロンド創設に参加, 会合に自宅を提供。58年1月JEI東京支部長, TEK会長となり, 6月よりTEKの機関誌 "Merkuro" 編集・印刷。67年第16回関東E大会 (所沢) 議長。75年10〜12月JEI事務局に勤務。UEAデレギート (電子工学)。妻正乃 (2002年没) は97年までJEI会員。娘をテルミ (termino「術語」から) と命名。著『電気工学術語集』(大木克己と共編,『早稲田電気工学会雑誌』1933.2〜37.8),「日本語の使命」(RO 1939.9),「私とEとの出合と思出」(SAM 1980.3)。📖"Japanaj E-istoj", 福田正男「緑のおじさん高木貞一氏死去」(SAM 1980.3), 手塚丞「高木貞一さんを悼む」(RO 1980.6)。

高岸栄次郎|たかぎし えいじろう
1898.1.31〜1996以前

栃木/京華中 (1915), 東京高工 (1918)/号一峰/工学博士。通信省, 安中電機などをへて, 1936年高岸高周波研究所設立, 47年日本文化工業研究所開設, 57年丹羽鉄工所計測研究所長。芝浦工大, 愛知工大各教授。電気試験所 (茨城県平磯町) 在勤時の26年頃始業前に全所員にE講習。31年9月よりオーム社発行の『電気雑誌OHM』にE講座連載。34年大木克己, 高木貞一らによって結成された電気E会初代会長。36年高岸高周波研究所が発売した超短波治療器の説明書には 'Ultramallongonda Kuracilo de Takagiŝitipo, Takagiŝi Altfrekvenca Laboratorio, Tokio' と。UEAデレギート (電気工学)。著 'Pri radio' (RO 1930.5),『超短波療法の概念』(高岸高周波研究所, 1938)。

高久甚之助|たかく じんのすけ
1886.2.9〜1953.5.9

三重/三重三中 (1904), 東京外語 (1908), ペンシルバニア大 (1923)/ジャパン・ツーリスト・ビューロー専務理事, 交通公社参与など。英語が堪能で, Eは1930年代に学習。著『車掌の為めに』(鉄道学会出版部, 1926),『観光事業の概要』(日本観光通信社, 1938)。

高楠順次郎｜たかくす じゅんじろう
1866.6.29(慶応2.5.17)～1945.6.28

安芸国(現広島)/京都普通教校(1889), オックスフォード大(1894)/旧姓沢井, 幼名梅太郎, のち洎, 号雪頂/仏教学者。マックス・ミューラーに師事してインド学, サンスクリット学, 仏教学で多くの業績。文学博士。1890～97年英独留学。東京外国語学校初代校長, 東洋大学長など。1944年文化勲章。天理大に高楠文庫。1906年JEA創立に参加し, 評議員(会員番号12)。07年1月JEA東京支部初代代表となり, 08～10年黒板勝美の海外出張中, 黒板より会務を託される。10年JEA理事, 18年評議員。20年JEI評議員, 26～32年理事。37年12月E報国同盟発起人の一人。著『大正新修大蔵経』全100巻(共著, 大蔵出版, 1922～34)ほか多数。E関係に「教育上より見たる外国語問題」(JE 1918.2)など。参「全日本E-isto同志諸君に檄す」(RO 1938.1), 鷹谷俊之『高楠順次郎先生伝』(武蔵野女学院, 1957), 野崎晃市『明治キリスト教の受容と変容 浅田栄次の目を通して』(筑波大博士論文, 2006), 『現代日本朝日人物事典』, 『近代日中関係史人名辞典』。

高倉新一郎｜たかくら しんいちろう
1902.11.23～1990.6.7

北海道/札幌中, 北大(1926)/農学博士。農業経済学者, 北海道史, アイヌ史研究者。北大名誉教授, 北海学園大学長, 北海道開拓記念館長など。北大に高倉文庫。青年時代E学習。著『高倉新一郎著作集』全12巻(北海道出版企画センター, 刊行中)ほか多数。

高倉テル｜たかくら てる｜1891.4.14～1986.4.2

高知/三高(1912), 京大(1916)/本名高倉輝, 旧名高倉輝豊, 筆名タカクラテル/社会運動家, 言語研究家, 小説家。沢瀉久孝と三高乙類の同期。日本共産党中央委員会顧問など。国語国字改革を推進。1947年大島義夫らと民主主義科学者協会言語科学部会を設立し, 評議員。青年時代にEを学んだとされる。38年10月19日JEIで「Eとニッポン語」を講演。39年6月左翼言語運動事件で大島らと一斉検挙。著『高倉輝著作集』全10巻(アルス・ロゴス書院, 1923～36)ほか多数。参『思想月報』(1941.12), 思想の科学研究会編『共同研究 転向2 戦前篇下』(平凡社, 2012), 『現代日本朝日人物事典』, 『近代日本社会運動史人物大事典』。

高桑正吾｜たかくわ しょうご｜?～1940以降

筆名鷹九羽/1921年『函館毎日新聞』に入り, 記者, 編集局次長, 編集長など。20年JEI入会, 小樽で萩原謙造とE講習会開催。21年頃から函館の運動の中心。函館E会代表として吉田栄らを育成。30年函館市議に立候補するも40票差で惜敗。32年11月北海道E連盟設立に際し顧問に。道北で死亡との説あり。著「緑化運動者の手記」(『函館毎日新聞』1927.4.11)。参「高桑正吾より」("La Espero"星光社, 2:1, 1921), 「高桑正吾氏の立候補」(RO 1930.12)。

高桑守二｜たかくわ もりじ｜1894～1980.8.18

石川/関学/1936～63年白銀教会(金沢)牧師。30年当時武生メソジスト教会の牧師として武生E会を指導。武生E会長。参日本基督教団白銀教会編『白銀教会100年史』(同教会, 2011)。

高島律三｜たかしま りつぞう
1901.1.9～1986.9.6

兵庫/大阪医大(1926)/医学博士。徳島大医学部教授, 徳島県自然保護協会長など。青年時代E学習。著『生理解剖学』(養賢堂, 1938), 『解剖学要説』全2巻(共著, 克誠堂書店, 1940)。

高須正末｜たかす まさすえ｜1899.1.5～1973

茨城/七高(1921), 九大(1925)/医学博士。下関市立高尾病院などをへて, 1935年下関に開業, 51年医療法人高須病院理事長。高尾病院在勤中の26年頃JEIに加わり, 中山元雄, 城谷文四郎らとE学習。26年JEMA創立後, 山口県支部幹事に。戦前, 下関E

会長を務めた。65年KEL副会長。著「いきている人造語」(『西日本新聞』1960.7.3)。図上山政夫。

高杉一郎|たかすぎ いちろう
1908.7.17〜2008.1.9

静岡/東京文理大教育学科(1932中退)，同英文学科(1943)/本名小川五郎，ほかの筆名外波宏，Suguro-Hideo/『トムは真夜中の庭で』の翻訳などで知られる英文学者，翻訳家。妻順子の妹大森寿恵子は宮本百合子の秘書として働き，百合子没後に宮本顕治と結婚。改造社で『文芸』誌の編集長ののち，応召して満洲へ赴き，シベリア抑留をへて復員。シベリア抑留体験を綴った『極光のかげに』はベストセラーに。のち静岡大，和光大各教授など。Eは，東京高師在学中の1929年国際文化研究所の夏期語学講習会に参加した際，佐々木寿丸に勧められて独習。一時，柏木ロンドに参加。E文学書を読み，エロシェンコに感動。51年Instruista Ligo de Japanaj E-istoj 設立発起人。同年早稲田裕の招きで第38回JK(名古屋)で"E kaj internaciismo"を講演。52年5月静岡大で初等E講習。56年『盲目の詩人エロシェンコ』著述その他による普及活動により第9回小坂賞。作品の翻訳により長谷川テルの存在を広く知らせた。57年1月静岡県E連盟初代会長，同年5月三ッ石清と協力して静岡大E会を再建。57〜67年JEI評議員。エロシェンコの死を初めて日本に伝え，59年2月6日秋田雨雀，神近市子，高津正道，小坂狷二，浅井恵倫，正木ひろし，伊東三郎，三宅史平らと新宿中村屋で追悼会を挙行。60年中国文字改革学術視察団に加わり土岐善麿らと訪中し，胡愈之，葉籟士らE-istoと交流。同年末からEでアジアに友好と国際主義のかけはしを作ろうとする"Amikoj de nova Azio"の運動を伊東三郎らと起こすが，長続きせず。73年第60回JK(亀岡)でシンポジウム「国際語問題についてわれわれはどう考えるか」に登壇。84年より和光大で正規の講義「国際コミュニケーションと言語」としてEを教授し，早稲田裕の蔵書を同大図書館で受け入れ。90年7月招待を受けエロシェンコ生誕100年祭(モスクワ)に出席し，生地も訪問。2007年第92回UK(横浜)名誉顧問。JEI顧問。著スメドレー著『中国は抵抗する』(岩波書店, 1965)，フィリッパ・ピアス著『トムは真夜中の庭で』(岩波書店, 1967)，『源氏物語英訳の研究』(教育出版, 1980)，『シベリアに眠る日本人』(岩波書店, 1992)ほか多数。E関係に'Forfluo'(『E文学』フロント社, 17, 1935), 'E kaj internaciismo'("Kongresa Universitato de la 38-a Japana Kongreso"名古屋E会, 1951), 長谷川テル『嵐のなかのささやき』(新評論社, 1954；新評論, 1980), 『盲目の詩人エロシェンコ』(新潮社, 1956), 「静岡を案内する」(『旅』1956.2), 「国際主義の運命」(『群像』1959.4), 『エロシェンコ全集』全3巻(訳編著, みすず書房, 1959；点字版, 京都ライトハウス点字出版部, 1983), 'Kiajn rolojn ludis kaj ludas ĉinaj E-istoj en la reformo de skriba lingvo'(『静岡大学文理学部研究報告 人文科学』11, 1960; RO 1961.7〜9に再録), 「A・A作家会議と言語の問題」(『新日本文学』1961.7), 「世界E大会について」(『文学』1965.8), 「日中E交流史の試み」(『文学』1966.2), 「国際補助語について」(『数理科学』1972.2), 「エロシェンコと長谷川テル」(『朝日ジャーナル』1972.5.5), 『エロシェンコ作品集』全2巻(みすず書房, 1974), 「世界語者(E-isto)としての巴金」(『文学』1980.10), 『中国の緑の星』(朝日新聞社, 1980), 『ザメンホフの家族たち』(田畑書店, 1981), 『夜あけ前の歌—盲目詩人エロシェンコの生涯』(岩波書店, 1982), セケリ『ジャングルの少年』(福音館書店, 1983), 「北京の世界語者たち」(『みすず』1985.9), 「エロシェンコとわたしたち」(RO 1990.1), 『スターリン体験』(岩波書店, 1990；2008年『わたしのスターリン体験』と改題して復刊), 「ワシーリー・エロシェンコ 実証的な研究深まる」(『朝日新聞』1990.9.6), 『エロシェンコ童話集』(偕成社, 1993), 『征きて還りし兵の記憶』(岩波書店, 1996), 『ひとすじのみどりの小径』(リベーロイ社, 1997), 「人類はひとつの家族」(RO 2004.6), 太田哲男編『あたたかい人』(みすず書房, 2009)など。参宮本正男「高杉一郎小論」(LM 1957.2), 福永牧子"Kumeŭaŭa"の経験」(RO 1983.6), 「高杉一郎さんエロシェンコ生誕100年祭にソ連から招待」(『朝日新聞』1990.1.19), 「わたしの出した1冊のほん」(RO 1998.2), 佐藤竜一「書評『ひとす

じのみどりの小径」」(LM 2001.4),「平和と連帯願う詩人エロシェンコ」(『静岡新聞』2002.10.7), 澤地久枝・佐高信「世代を超えて語り継ぎたい戦争文学―作家と作品(5)高杉一郎」(『世界』岩波書店, 2007.6), 峰芳隆「E-isto としての高杉一郎さん」(RO 2008.5), 太田哲男『若き高杉一郎―改造社の時代』(未來社, 2008), 石川一也「高杉一郎さんの思い出」(LM 2008.7), 同編集委員会編『高杉一郎・小川五郎追想』(かもがわ出版, 2009), 藤本達生 'En la ombro de aŭroro : pri Takasugi Itirô' (D. Blanke・U. Lins (red.) "La arto labori kune" Rotterdam : UEA, 2010),『現代日本朝日人物事典』,『近代日本社会運動史人物大事典』,『日本アナキズム運動人名事典』,『日本のE-isto名鑑』.

高瀬明 | たかせ あきら | 1928.4.26~1982.12.29

栃木/大田原中(1945), 浦和高(1950), 千葉大(1961)/旧姓若林/医学博士。高瀬好子の夫。千葉大医学部眼科教室をへて, 1966年5月久我山病院へ。46年Eを知り, 52年6月JEI入会。結核で休学中の54年『保健同人』に寄稿した「ひび割れた茶わん」,「Eについて」が反響を呼び, 全国から手紙が殺到, 希望者を組織してグループ学習。子にスナオ(suno「太陽」から), アミ(ami「愛する」から), ルナオ(luno「月」から)と命名。著「カントー言」(VS 1961.6),「富山大会に出席するの記」(VS 1961.10)。参望月栄子「S-ro 高瀬と初対面の記」(VS 1961.10), "Japanaj E-istoj",『パパの想い出』(高瀬好子, 1983), 長岡二郎「畏友・高瀬明氏を偲ぶ」(RO 1983.4), 吉村哲二「高瀬氏の思い出」(LVO 1986.1), 高瀬好子「私とE」(EV 1986.3), 同「ABCの頃, そしてABCの今」(PO 1986.11)。協高瀬ルナオ。

高瀬正栄 | たかせ まさえ | 1886~1968

高知/札幌師範/札幌高女, 藤女子高などの教諭。1920年4月JEIに加わり, 同年, 三田智大と札幌E研究会を結成, 代表としてE講習会を指導。24年JEI委員。32年11月北海道E連盟設立に際し顧問。36年第24回JK(札幌)会長。同年8月札幌E会長。39年第7回北海道E大会(札幌)準備委員長。戦後も北海道E連盟に属し, 同連盟初期の顧問。著『会誌 記念号』(北海道庁立札幌高女交友会・同窓会, 1933),「年賀状から」(RO 1967.2)。参『改訂版・北海道E運動史』。協星田淳。

高瀬嘉男 | たかせ よしお | 1901.3.17~1983

兵庫/関学(1926)/翻訳家。大阪朝日新聞社に在勤中, 童話の連載を任され, 以後児童物の翻訳, 創作へ。1921年末頃JEI入会。24年10月JEI大阪支部創立委員。28年第16回JK(大阪)において土岐善麿, 高尾亮雄, 藤間常太郎らと記者分科会を主宰。著『キリスト教児童劇脚本集』(新生堂, 1933),『旧約聖書物語』(青葉書房, 1957)。

高瀬好子 | たかせ よしこ
1934.3.25~1997.10.13

東京/紅葉川高定時制/旧姓高野, 若林/高瀬明の妻。一時, 農林中央金庫に勤務。肺結核療養中,『保健同人』(1954.4)の「療友だより」でEを知り, 城戸崎益敏『E第一歩』で独習。1955年6月JEI入会。長岡二郎を助けてVS 5~7, 9, 11~15号を編集。馬場清彦の誘いで調布E会に参加。78年杉並E会の創立メンバーで, 85年頃から運営にも携わる。北野道彦『"みどりの星"の旗じるし』(ロンド・コーエンジ, 1987)の復刻に努力。89年小坂狷二の没後20年を記念して長岡と『小坂狷二 同志を語る』を編集し, 第76回JK(東京)で配布。同年12月~93年1月JEIの会計を担当。90年JEI終身会員。94年1月八ヶ岳E館開設準備委員長に就任し, 同館開館に奮闘。95年JEI理事。同年4月八ヶ岳E館初代運営委員に就任。7月1日同館で開催された第1回Eの歴史を語る会で「教科書に現れたザメンホフ」を講演。酸素吸入器を持ち込んで仕事をしたが, 同年末健康上の理由でJEI理事, 八ヶ岳E館運営委員を辞任。JPEA会員。著「私とE」(EV 1986.3),『小坂狷二 同志を語る』,「思い出」(NR 1993.9)。参 "Japanaj E-istoj", 青木実「高瀬好子さん追悼の辞」(RO 1997.12)。協高瀬ルナオ, 犬丸文雄, 森田洋子, 滝澤季子, 石野良夫。

高田集蔵｜たかだ しゅうぞう
1879.10.1～1960.10.10

岡山/勝山高等小 (1893)/号竹鄰/思想家, 宗教家。社会運動家九津見房子 (1890～1980) の夫 (のち離婚)。髙橋金一郎の影響でキリスト教から仏教へ。軍備全廃を主張。1921年4月JEI入会。23年難波英夫創刊の『ワシラノシンブン』E欄に寄稿。24年10月JEI大阪支部創立委員。独自の立場で大阪船場の寺院, 東京高等音楽学院などでE講習。娘一燈子にもEを教える。🕮『非僧非俗集』(磯部甲陽堂, 1922), 『聖痕』(聖書文学会, 1922)。📖難波英夫『一社会運動家の回想』(白石書店, 1974), 大竹一燈子『母と私 九津見房子との日々』(築地書館, 1984), 『現代日本朝日人物事典』, 『近代日本社会運動史人物大事典』。

高田知一郎｜たかだ ともいちろう
1880.5～1943⇔59

兵庫/北野中 (1899), 五高 (1902), 東大 (1905)/高見和平と北野中の同期。『報知新聞』主筆などをへて, 1936年京城日報社長兼主筆兼編集局長, 38年退任後, 報知新聞社編集局長, 関西中央新聞社編集顧問など。06年JEA入会 (会員番号277)。🕮クロパトキン『日露新戦史』全3巻 (報知社出版部, 1908～09), 『予言大東亜戦争』(墨水書房, 1942)。

高田博厚｜たかた ひろあつ
1900.8.19～1987.6.17

石川/東京外語 (1921中退)/彫刻家。高村光太郎に師事。1931～58年滞仏, ロマン・ロラン, アラン, ジャン・コクトーらと交友。JEI創立と同時に入会。🕮『高田博厚著作集』全4巻 (朝日新聞社, 1985) ほか多数。📖福田真一編『高田博厚』(煥乎堂, 1984), 宍戸修『高田博厚の空間と思想』(相模書房, 2000), 『近代日本社会運動史人物大事典』。

高田聖史｜たかた まさひと
1943.4.30～1990.8.9

富山/早大 (1967)/1973年坂巻商社を退職後, 中島水産へ。74年新生物産に転じ, 78年代表取締役。「韓国孤児の母」永松カズ (1927～1983) の活動を支援し, 71年8月ソウル市社会福祉賞。64年TELS書記, のち委員長。早大E研究会幹事長。韓国とのE交流を推進し, 自らもたびたび訪韓。69年E-isto金田直子と結婚。70年4月JEI入会。79年第28回関東E大会 (三鷹) 議長団の一人。79～84年ELK事務局長。80～84年JEI評議員, 85～88年理事, 89年参与。🕮'Pli da polemiko!' (PO 1986.4), 「見えざる糸II」(PO 1987.1)。📖清水孝一「高田聖史さんを偲んで」(RO 1990.10), 大庭篤夫「わが後輩, 高田聖史君の思い出」(PO 1990.11)。🤝石野良夫, 沖田和海, 青山徹。

高田休広｜たかだ よしひろ
1895.5.25～1942.1.5

山形/山形中 (1912), 一高 (1918), 東大 (1921)/日高第四郎と一高英法科の同期。石川県警視保安課長, 文部大臣官房, 文部省宗教局長などをへて, 1937年文部督学官, 41年長崎高商校長。21年6月JEI入会。23年10月金沢医大E会主催の講演会に参加。🕮『教育行政』(共著, 常盤書房, 1934)。📖「同志消息」(RO 1935.5)。

高津正道｜たかつ せいどう
1893.4.20～1974.1.9

広島/早大 (1920中退)/筆名樺山寛二/社会運動家, 政治家。1919年川崎直一らとE運動に参加し, JEI創立と同時に入会。エロシェンコと交遊し, その左傾に貢献したとされる。59年エロシェンコ追悼会に参加。🕮『旗を守りて』(笠原書店, 1986) ほか多数。📖「悲報こもごも至る」(LM 1974.2), 『盲目の詩人エロシェンコ』, 津川勇『高津正道評伝』(中外日報社, 1986), 『現代日本朝日人物事典』, 『近代日本社会運動史人物大事典』。

高月勝四郎｜たかつき かつしろう
1888頃～1923以降

群馬/京華中(1906)/在日チリ領事館などに勤務。JEA会員(会員番号1128)。のちJEIにも参加。

高橋和巳｜たかはし かずみ
1931.8.31～1971.5.3

大阪/京大(1954)/小説家，中国文学者。京大で小松左京と親交。富士正晴，伊東幹治らの文芸同人誌『VIKING』に参加。中国古典を論じつつ，現代社会の様々な問題をテーマに著述活動。日本近代文学館に高橋和巳文庫。小説『邪宗門』は一般に出口王仁三郎がモデルと目されており，「かつて聖師はEに大きな興味をしめし」という設定で，出口『記憶便法 エス和作歌辞典』から「朝寝して一足おくれ停車場へ友のあとから一寸マテーノ（朝の義）」などを引用。エッセー「私の語学」,「バベルの塔」(1962)で国際語やEに言及し,「Eは西欧中心思想の産物であって, 世界語たる資格に欠ける」と。68年小説「黄昏の橋」(『現代の眼』1968.12)で由比忠之進を取り上げる。著『悲の器』(1962),『邪宗門』(1965),『高橋和巳全集』全20巻(河出書房新社, 1977～80)ほか多数。参『現代日本朝日人物事典』,『日本アナキズム運動人名事典』。

高橋菊蔵｜たかはし きくぞう｜?～1958.11.7

鉄道職員。1936年JEI入会。戦前東京鉄道E会で活躍。36年9月第25回日本E大会(東京)組織委員会企画部委員に選出。58年小坂狷二古稀記念事業委員会発起人。著「吾等の機関誌」("La Fervojisto" JELF, 33, 1934.6),「宣伝第一主義」(RO 1936.11),「初等講習を開催せよ」("La Fervojisto" JELF, 76, 1938)。

高橋金一郎｜たかはし きんいちろう
1866(慶応2.5)～1919.2.19

上野国(現群馬)/東大予備門(1886), 帝大医科大(1890)/1893年第三高等中学校医学部講師。豪放磊落な性格と数々の奇言, 奇行で知られた。1918年9月岡山医専教授を辞任後, 岡山市内で開業。最期は自殺。長年の独和辞書の編集に行き詰まったためとされる。初期の岡山E界で活躍。高田集蔵に大きな影響を与えた。著『通俗看病法』(博文館, 1893),『精選独逸読本』(私家版, 1897)。参「岡山のE」, 小田晧二「奇人教授・高橋金一郎」(『岡山医学同窓会報』82, 1997)。

高橋邦太郎｜たかはし くにたろう
1866(慶応2.9)～1941.6.16

陸奥国(現青森)/第一高等中(1890), 帝大工科大(1893)/筆名富士太郎/土木技師として鉄道, 水力発電所建設に従事。1907年1月27日大連で武藤於菟から O'Connor "E. The student's Complete Text Book"をもらい学習。同年JEA入会(会員番号740)。09年1月JEA広島支部設立に際し幹事。14年鉄道院原版の写真にE文説明をつけて『日本風景風俗写真帖』を原田勇美の世界語書院から発行。15年コスチンの勧めにより中目覚とEでの交流を主目的にハルビン, ウラジオストクを旅し, ハルビンEのカジ＝ギレイと交歓, その発案で, のちの鉄道大臣仙石貢(1857～1931)らの議員団にEの実用性を演出。世界各国の児童画を集め, 16年大阪三越などで展示。同年大阪E協会評議員。17年上海・杭州に旅行, 盛国成, 陸式楷らと交歓。18年JEA評議員同年広島から静岡へ転居し, 直ちにJEA静岡支部を設立。国際商業語協会員。20年浅井恵倫, 速水真曹らと協力して横浜に日本E貿易商会を設立し社長。同年JEI評議員。26年4月中部日本E連盟創立委員。29年万国工業会議(東京)に美野田琢磨と連名で'The World Engineering Congress and E'を発表。32年満洲国政府に国際用語としてEを採用させる運動を展開。36年JESA顧問。37年5月JEI静岡支部新設に際し代表, 12月E報国同盟発起人。UEAデレギート(静岡)。著 "Albumo de japanaj vidajoj kaj moroj〔日本風景風俗写真帖〕"(世界書語院, 1914), 'Mia peresperanta vojaĝo' (JE 10: 10・11, 1915.11),『日本に於ける外国語問題』(JEA, 1916),「万国工業会議と用語」(『東京朝

日新聞』1929.11.24～26),'Internacia Teknika Kongreso'(RO 1930.2),「E陳情書提出に就て」(RO 1932.7),「E生活30年」(EL 1936.3～5),「日露役直後満洲でE語を学ぶ」(RO 1936.6),「実にならぬE漫談」(RO 1936.8～10),'Moroj de studentoj en la komenco de Meizi-erao'(RO 1941.3).参'Alvoko al inĝenieroj-E-istoj pri Internacia Teknika Kongreso'(RO 1929.5),「万国工業会議」(RO 1929.12),「高橋邦太郎翁追悼録」(RO 1941.9),小坂狷二「両重鎮国太郎と邦太郎」(VS 1965.11),加茂泰治「高橋邦太郎先生の思い出」(SAM 1968.2～70.2),万沢まき「高橋邦太郎さんのこと」(ES 1978.1),石黒修「E六十年 13」(ES 1978.6),若松清次郎「大井学氏 高橋邦太郎氏」(AK 1986.11),『近代日本社会運動史人物大事典』.

高橋邦太郎 | たかはし くにたろう
1898.9.1～1984.2.25

東京/京華中(1917),東京外語,東大(1928)/筆名国田路雨・夏目漱石の最後の弟子.乙部泉三郎,小松清と京華中の同期.築地小劇場文芸部員をへて,1933年より20年間NHKに勤務.戦争中はサイゴンなどの放送局長.戦後,共立女子大教授.Eは,京華中在学中の17年同校教諭の後藤敬三から「君と同姓同名のEの大家がいるから,君も学べ」と命じられ,小坂狷二の指導で学習.JEA会員(会員番号1093).著「同姓同名に逢う」(『日本古書通信』453,1982),『パリのカフェテラスから』(三修社,1984).参小坂狷二「たくましい芽ばえ(2)」(VS 1964.12),「高橋邦太郎著作目録」(『日本古書通信』49:4～5,1984).

高橋謙 | たかはし けん | 1889.1.4～1945.8.6

東京/六高(1912),東大(1917)/医学博士.岡山医大助手,堀田眼科(広島市)副院長など.広島で被爆死.1922年頃E学習.23年Hirošima Ateneo E-aの講師.32年頃から熱心に活動.広島E会長.35年呉E会,36年JESA各顧問.37年5月広島E会の解散を決め,JEI広島支部を新設し代表.著「E-istoの其緑化運動」(『中国新聞』1927.4.11),'Pri la genezo de la papilo de nervo optika ĉe Sus scrofa domesticus'("Folia Anatomica Japonica" 9, 1931),「ラムステット公使の来広」(『星影』広島E会,2:4,1935),'Suseri hime〔須世理毘売〕'(翻訳,同).参筒井祥子「E-isto高橋謙さんのこと」(LM 1984.8).協国立国会図書館.

高橋孝吉 | たかはし こうきち
1915.9.20～1987.1.24

兵庫/阪大(1938)/工学博士.神戸製鋼所に入り,1977年社長,83年会長,85年相談役.30年9月東京高E会主催の講習会を木庭二郎と指導.参RO 1930.11.

高橋功三 | たかはし こうぞう
1904.12.20～1991.11.17

神奈川/尋常高等小/1931年3月『第二無産者新聞』城西支局高円寺街頭班を組織.『無産者新聞』城北支局員.32年日本共産党に入り,城北地区財政責任者兼調査,資料保管員,北部地区第1群突撃隊員など.34年10月治安維持法違反容疑で検挙,35年3月起訴.47年共産党再入党後,日中友好運動,生協運動,原水禁運動などに参加.30年代プロレタリアE運動に参加.戦後,SATに加わり,84年4月JEI入会.参『近代日本社会運動史人物大事典』.

高橋公三 | たかはし こうぞう
1904頃～1982⇔1983

愛知/八高(1925),東大(1928)/前田一三,山本洋一らと八高理科甲類の同期.日本コンクリートブロック常務取締役,興建産業企画部長など.八高在学中にJEI入会.著「パーライトとパーライトコンクリートブロック」(『窯業協会誌』日本セラミックス協会,67:759, 1959).

高橋順太郎 | たかはし じゅんたろう
1856.5.14(安政3.4.11)～1920.6.4

加賀国(現石川)/東大(1881)/医学博士.フグ毒の発見者.1882～85年ドイツ留学をへて,東大講師となり,のち初代薬理学教授.E学習歴は不明.千布利雄のE運動

291

に資金援助。

高橋真太郎 | たかはし しんたろう
1909.8.8~1970.6.27

京都/京都薬専(1931)/薬学博士。阪大教授。京都市で薬局自営。戦後、大阪薬専のE講習会に参加し、1950年豊能E会発足を支援。著『新中国の医学』(浪速社, 1966)、『漢方薬とその発展史』(故高橋真太郎先生を偲ぶ会, 1976)。参宮本正男「豊能E会の生いたち」(LM 1952.9)、『月刊和漢薬』(ウチダ和漢薬, 206~20, 1970)。

高橋清七 | たかはし せいしち
1884.6.14~1942.5.3

群馬/小学校/前橋の老舗書店「煥乎堂」社長。詩人高橋元吉の兄。在野のスピノザ研究家としても知られ、英語、フランス語、ロシア語、ギリシャ語、ラテン語も独学で修得。群馬県立図書館に高橋文庫、スピノザ関連の蔵書は群馬大図書館スピノザ文庫。1921年JEI入会。参清痴会編輯部編『野褐高橋清七追悼号』(煥乎堂, 1943)、高木久夫「小伝・高橋清七」(『スピノザーナ』スピノザ協会, 4, 2003)、『群馬のE運動』。協群馬県立図書館、堀泰雄。

高橋省三郎 | たかはし せいざぶろう
1881.5.14~1965⇔1967

静岡/五高(1906)、京大福岡医大(1910)/医学博士。藤原教悦郎と五高医科、京大福岡医大の同期。東京済生会小石川診療所長などをへて、1920年横浜市立養療所長、30年横浜に高橋医院を開業。JEA会員(会員番号1000。1919年同番号を古賀千年に譲り、自らは990に)。のちJEIにも参加。参「会員番号変更」(JE 1919.4)。

高橋宅治 | たかはし たくじ | 1899.7.7~?

東京/東京薬学校/四谷区本村町出身。高田商店薬品係をへて、1925年東京カルニイン商会に入り、35年代表に就任。20年代後半JEI入会。

高橋琢也 | たかはし たくや
1848.1.22(弘化4.12.17)~1935.1.19

安芸国(現広島)/農林省山林局長などをへて、1913~14年沖縄県知事、18年東京医専創立、19年貴族院議員。25年2月帝国議会に提出された「国際補助語Eニ関スル請願書」の紹介議員の一人。著『森林法論』(明法堂, 1898)、『起テ沖縄男子』(私家版, 1915)。参倉地治夫「帝国議会へ請願」(RO 1925.3)。

高橋達治 | たかはし たつじ
1926.5.31~2009.08.18

小樽海員養成所教官などをへて、国立館山海員学校長。1949年早川昇に勧められ、小樽図書館で山賀勇にEを学ぶ。50年1月JEI入会。北海道E連盟事務局長。52~53年航海実習で訪米し、寄港地でE-istoと交流。53年5月第1回関西E大会(奈良)で挨拶。54年山賀勇夫妻の媒酌で小樽のE-isto佳山やす子と結婚。54年9月第18回北海道E大会(札幌)会長。58年小坂狷二先生古稀記念事業委員会発起人。59年ザメンホフ百年祭準備委員会中央委員。著「アメリカ航海を終えて」("La Informilo de JELE" JELE, 3, 1953.10)、「マダムキラー？」(RO 1982.11)、「嗚呼・山賀先生」(HEL 20, 1987.9)。参山本昭二郎「私のE交遊録」(HEL 40, 1991.6~7)。

高橋俊人 | たかはし としんど
1898.8.4~1976.1.13

神奈川/東洋大/歌人。浦和中、藤沢高などの国漢教諭。大正末、『創作』に参加し、1928年浦和中の学生と『菁藻』を創刊。52年『まゆみ』発刊。浦和中在勤時の29年頃JEI入会。著『寒食』(青藻社, 1934)、『壺中天』(まゆみ社, 1972)。

高橋とみ子 | たかはし とみこ
1909.11.25~1934.11.21

宮城/宮城第二高女、尚絅女学院高等科(1930)/本名とみ/労働運動家。紡績工場の女工らに洋裁や生け花を教えながら、全協の組織拡大に尽力。プロレタリア美術家同

盟、PEU仙台支部にも参加。赤い頬をしていたことから、ruĝa「赤い」にちなんで「ルーちゃん」と呼ばれた。治安維持法違反とされた九・一一事件により1934年10月20日仙台の自宅で逮捕、11月21日狐付みの遺体で家族のもとに返される。参「24歳の命を奪われた高橋とみ子とは？」（『しんぶん赤旗』2006.6.29）、治安維持法犠牲者国家賠償要求同盟編『抵抗の群像 第一集』（光陽出版社、2008）、野呂アイ「高橋とみ子と尚絅女学校のもう一つの歴史」（『伊藤千代子と現代』No. 4, 2008）、『近代日本社会運動史人物大事典』、『解放のいしずえ』、「日本女性運動史人名事典」。

高橋農夫吉|たかはし のぶきち
1897.4.7～1945.5.16

群馬/前橋中(1916)、海兵(1919)/海軍少将。父島、徳島、館山各航空隊司令などをへて、1945年5月15日、印度支那航空隊司令に任じられ、翌日インドシナで戦死。横須賀海軍航空隊配属中の23年頃JEI入会。参『日本海軍将官辞典』。

高橋運|たかはし めぐる|1909～1971.3.4

福岡/福岡高、東大(1933)/大阪府警察部外事課、大阪金属をへて、泉尾高、金蘭会高の英語教諭。福岡高在学中にEを学び、JEI、福岡E倶楽部、EPA福岡支部などに参加。東大進学後は東京学生E連盟、帝大E会で活躍。E文法、特に再帰代名詞を研究。宮本正男の「カチューシャ」の訳詞を援助。著「再帰代名詞に関する一問題」（RO 1931.6）、「雑考」("La Aŭroro"福岡E倶楽部、2：6, 1931)、「Eの進むべき道」（LM 1958.2）。参K. Kalocsay・G. Waringhien 共著 "Plena Analiza Gramatiko"（UEA, 1980）の序文、宮本正男「自分史・E運動 9」（LM 1988.7）。

高橋基|たかはし もとい|1888.2.24～1976.2.10

大分/臼杵中(1906)、五高(1909)、東大(1914)/旧姓小野/1917年大分市に高橋眼科医院開業、42～45年大分県医師会官選会長。31年5月4日大分E会創立に際し初代会長。E講習などに自宅を提供。参『大分県医師会史』（大分県医師会、1971）。図大分県立図書館、大分県医師会。

高橋要一|たかはし よういち
1912.8.13～1997.11.14

北海道/小樽商(1930)/海産物問屋をへて、1942～44年満洲貿易統制会東京支部に勤務。45年応召、択捉で終戦。ソ連抑留から復員後、ヒラノ荷札（札幌）に勤務。31年E独学。小樽仏教E会の結成に参画したほか、小樽E協会などで活動。35年8月小樽E会話会を結成。36年2月JEI入会。山賀勇の後任として、71～74年北海道E連盟代表、のち顧問。札幌E会員。著「講習会第一主義」（RO 1936.11）、「Karloの筆者とMartaのタイプ」（HEL 1988.5～6）。参"Japanaj E-istoj"、児玉広夫「高橋要一さん逝く」（HEL 1997.11）。

高畠清|たかばたけ きよし|1884.10～1954以降

東京/四高(1906)、東大(1909)/大井学の兄。1911年富山薬専教頭から大日本製薬へ。13～33年長崎医専教授、25年文部省在外研究員として欧米留学、27～32年長崎医大附属薬学専門部主事、36～39年名古屋薬専校長。06年弟学とともにE学習。JEA会員（会員番号702）。23年長崎医大浦陵E会設立。28年長崎E会評議員。JEI、JEMA各会員。参『長崎のE・前編』。

高原憲|たかはら けん|1892.7.27～1970.2.20

長崎/一高(1913)、九大(1917)/異名「水博士」。東龍太郎、小野興作と一高医科の同期。九大衛生学教室、第三内科をへて、1934年長崎市銀屋町に医院開業。是真会病院（長崎市）院長。玄米食を唱道し、「水は地上で最も神聖な飲物」と。熱心な仏教徒で、14～16年九大仏教青年会で活動。23年Eを学び、九大E会入会。28年5月30日長崎医大E会設立。34年第22回JK（長崎）会長。46年第2次JEA委員。56年1月長崎E会再建に際して会長となり、会合に病院を開放。61年第35回九州E大会（長崎）会長。UEAデレギート（長崎、矢上）、

293

JEMA長崎県支部幹事，KEL副会長など。
著『水の味』(道発行所，1939)，『道草』(是真会，1942)，渡辺美代'Memorskribajo de atombombado en Nagasaki〔長崎原爆の記〕'(LJB 1995.8)，'Gusto de akvo'(LJB 1996.7)。参"Japanaj E-istoj"，秋月辰一郎『「原爆」と三十年』(朝日新聞社，1975)，「仏教E運動を支えた人たち(5)」(LJB 1985.3)，『長崎のE・前編』，『117年間のラブレター』。協是真会病院。

高部益男｜たかべ ますお｜1914～?

一高，東大(1936)/陸軍軍医をへて，厚生省，WHO，放射線影響研究所などに勤務し，公衆衛生に携わる。日本ウエルネス協会理事長。中学時代の1930年医学に進むにはEが必須と聞き独習。高校入学後，JEIの夏期講習を受講し，長谷川テルと知り合う。神田クンシードに参加。大学でEs-kulapida kunsidoに参加し，中山知雄らの指導を受ける。著「出会い」(RO 1982.1)。

高見順｜たかみ じゅん｜1907.1.30～1965.8.17

福井/東京府立一中(1924)，一高(1927)，東大(1930)/本名高間芳雄，旧名高間義雄，俳号水馬/作家，詩人。学生時代から左翼運動に参加し，勤務したコロムビア・レコードでの組合活動のため1933年検挙されて転向。その苦悩を書いた作品が第1回芥川賞候補となり，一躍脚光を浴びる。日本近代文学館に高見順文庫。24年10月二行詩百首のうち7首でEの語句を使用し，「Eを声高らかに言ふこの心の軽さ」も(『続高見順日記』勁草書房，8，1977)。コロムビア・レコードから小坂狷二，藤沢親雄，万沢まきのE会話レコード制作(1935)の際，社側で接遇。小説「嗚呼いやなことだ」(『改造』1936.6)で，登場人物の一人が大学でE会員，喫茶店「ラ・エスペーロ」を経営。著『高見順全集』全20巻(勁草書房，1970～74)ほか多数。「日本の思想家 この百年 37 大杉栄」(『朝日ジャーナル』1962.11.25)などでEに言及。参万沢まき「思い出されることなど」(RO 2004.6)，『現代日本朝日人物事典』，『近代日本社会運動史人物大事典』，『日本アナキズム運動人名事典』。協沖田和海。

田上政敏｜たがみ まさとし｜1892.10.26～1981以前

熊本/東北大(1922)/号煙夢亭/理学博士。北大予科教授などをへて，1951～58年香川大教授。のち桜美林大教授。上京後，「君が代道志会」を主宰。21年JEI入会。22年E書きの卒論を提出。26年高橋邦太郎〔土木技師〕の姪で，札幌最初の女性E-isto小田桐儀子(のりこ，1938年10月11日没)と結婚。28年中村久雄と北大E会結成。32年11月北海道E連盟設立に際し顧問。札幌E会長。著『地質鑛物学綱要』(中興館，1929)，『新国歌の制定と「君が代」の理念』(君が代道志会，1959)。参「田上儀子夫人逝去」(RO 1939.1)，『改訂版・北海道E運動史』。協香川県立図書館。

高見和平｜たかみ わへい｜1879.4～1964.9.21

和歌山/北野中(1899)，三高(1902)，東大(1905)/旧名愛宕復三郎/長崎の富豪高見家の養子に。高田知一郎と北野中の同期。長崎貯蓄銀行頭取，長崎三菱造船所参事など。1926年頃JEI入会。28年長崎E会評議員。浅田一，高原憲らと交友。著'Pri tunajoj de ŝipo'(RO 1930.8)。参『長崎のE・前編』。

高宮アイ｜たかみや あい｜?～?

別名愛子，新姓新橋/1937年前後北海道E連盟幹事。婦人E連盟でも活動。56年かつての文通相手が消息を求め，大阪，札幌，旭川とリレーして連絡を取ることに成功す。著「各地に婦人グループを」(EL 1936.12)，「最近の旭川」("La Informilo"婦人E連盟，4，1937)，「昔の友達どこに？」(『北海道新聞』1956.2.18)。

高宮篤｜たかみや あつし｜1910.8.23～1976.1.16

福岡/東大(1932)/植物生理学者で光合成を研究。東大，東邦大各教授，日本植物生理学会会長。理学博士。戦前，田宮博の勧めでEを学び，1954年6月東工大で開かれた講習会に参加し，中垣虎児郎の指導で再学習。著ボナー他『植物の生理』(共訳，岩波

書店, 1955)、「堤状耳輪脚」(『生物統計学雑誌』10：1, 1966. E文)、「11.7基地闘争における全学連学生の負傷統計」(『生物統計学雑誌』10：2, 1967. E・邦文併記)、ラッカー『エネルギー代謝の機構』(共訳, 共立出版, 1967)。

高村光太郎|たかむら こうたろう
1883.3.13〜1956.4.2

東京/東京美校(1902)/本名光太郎(みつたろう)、号砕雨・彫刻家, 画家, 詩人。1906〜09年米英仏留学。花巻市に高村山荘・高村光太郎記念館。『E研究』(世界思潮研究会, 1：3・4, 1923.11)のアンケートに「日本では特にEを教課程に入れるといゝと思います。一通りは誰でも知っている方がいゝ」と回答。本人は28年9月頃から本格的に学習。28〜30年頃更科源蔵, 小森盛(1906〜1984)との文通でE学習を勧め, 辞書や学習書を贈って学習を支援。更科が受け取った『大成和E新辞典』はのち向井豊昭に譲られる。小森への葉書にはE文で挨拶も。46年8月1日, 親族の少年に宛てた手紙に「Eはやさしいです」と。著『高村光太郎全集増補版』全22巻(筑摩書房, 1994〜98)ほか多数。参小森盛「高村さんのエスキス」(『高村光太郎全集月報』12, 1958)、宮本正男「E-isto宮沢賢治」(『四次元』宮沢賢治研究会, 171, 1965.6)、向井豊昭「一冊の辞書」(LM 1977.8)、北川太一「高村光太郎 人物書誌大系8」(日外アソシエーツ, 1984)、盛厚三「高村光太郎とE-istoと若き詩人たち」(RO 2005.10)、『現代日本朝日人物事典』、『日本アナキズム運動人名事典』。協野村忠綱。

高村利義|たかむら としよし
1904.1.13〜1988.2.26

神奈川/号空電/1925〜41年横浜商普通科の数学と物理の教諭。のち6年間の工業学校勤務をへて, 47〜49年根岸中, 59〜62年桜丘高, 62〜66年横浜商各校長。29年頃JEIに参加し, 31年神奈川県E連盟結成に参画。横浜商在勤時, 校内にE会を組織し, 33年9月17日より毎日E講習。49年JEI評議員。62年新設の横浜ヴェルダ・ロンドに加わり, 物心両面で支援。63年4月JEI横浜支部設立に際し代表。同年第12回関東E大会(横浜)で歓迎挨拶。著『啓発的経験の指導』(新制教育研究会, 1949)、『梔子石』(私家版, 1986)。参"Japanaj E-istoj"。協土居智江子, 横浜市立図書館。

高山図南雄|たかやま となお
1927.3.31〜2003.12.31

熊本/佐賀高(1948)/演出家, 演劇教育研究者。佐賀高在学中に長崎三菱兵器工場に動員され被爆。1958年まで八田元夫演出研究所演出部に属し, 60年演劇座を結成。72年日大芸術学部演劇学科助教授, のち教授。「演劇と教育」研究会長など。『テアトロ』、『悲劇喜劇』などに寄稿多数。佐賀高在学中に島地威雄からEを習う。山口県で中学教師をしていた48年玖珂郡米川村にEサークルを組織。伊東三郎, 中垣虎児郎, 坂井松太郎, 栗栖継らと秋田雨雀監修『世界の子ども』全15巻(1955〜57)の編集に参画。94年第79回UK(ソウル)に参加。99年8月1日西海太郎の葬儀の葬儀委員長。著モーリッツ「死の放射能〔La mondo ne havas atendejon〕」(『婦人公論』40：2, 1955)、マガルシャック『スタニスラフスキイ・システム』(未來社, 1955)、「27年前, 日本で見たポーランド演劇 E劇『敵』」(『ポロニカ』恒文社, 3, 1992)、「先生には絣姿がよく似合う」(『自由な精神の遍歴』, 西海太郎先生追想・遺稿録刊行会, 2001)。

宝木武則|たからぎ たけのり
1911.3〜2007.12.22

福岡/巣鴨学園, 大倉高商(1931)/実業家, 大阪国際平和センター(ピースおおさか)理事。宝木寛の兄。巣鴨学園在学中, 担任教師萩原謙造にEの手ほどきを受け, のち寛にも勧める。就職後に労働運動に加わり, 共産主義に傾倒。寛とともに中塚吉次のマルシュ社に参加し, カール・ヨネダら各国の労働者等と積極的に国際通信。1935年寛らと"Papago"を発行し, 36年寛らとともにフラート社を結成し"La Frato"を発行。同年ヨネダから送付されたディミトロフ報告のE訳を, 河合勇吉とは別個に,

弟寛に和訳させる。37年4月長谷川テルの上海行きを横浜で見送る。5月検挙され、38年10月治安維持法違反で懲役2年執行猶予5年の判決。その後ベアリング製造に携わり、工場長として朝鮮人や被差別部落民を積極的に雇用。41年宝木精工所を創立。終戦直後GHQの民間情報検閲局にも勤務。KLEG個人会員。82年「反核産業人の会」を結成し、代表世話人に。84年、末弟実による寛の伝記『レジスタンスの青春』に資料提供。同書の出版記念会でヨネダと対面。85年8月、反ファッショ人民戦線50年記念でブルガリアから国賓招待され、ディミトロフ勲章を受章。91年長谷川テルの遺児劉暁嵐(長谷川暁子)に住居を提供。94年12月「フリッツ・ヒューザー研究所所蔵 労働者E運動史展」のピースおおさかでの開催に尽力し、「人民戦線時代のE-istoたち」を記念講演。萋「親し国ブルガリア紀行」(RO 1986.1)、『ブルガリア印象記』(藤井英男と共著, 本音を語る会, 1986)、「スペイン内戦の思い出」(『知識と労働』1987.2)、「「非スターリン化で「E通り」復活」を読んで」(LM 1988.12)、「石堂清倫先生追悼」(『唯物論研究』78, 2001)、「獄中記」(『河上肇記念会会報』70・71, 2001.8.15)。参宝木実『レジスタンスの青春』(日本機関紙出版センター, 1984)、「21日感無量の対面」(『毎日新聞』1984.9.20)、V. Cvetkova「Japanaj gastoj」("Heroldo de E" 1985.12.15)、平井征夫「労働者E運動史展」(LM 1995.1)、栗栖継「宝木武則にあらためて要望する」(LM 1995.3)、小嶋康生「河上会のあの人、この人 宝木武則さん(E-isto)」(『河上肇記念会会報』67, 2000)、『長谷川テル』編集委員会編『長谷川テル―日中戦争下で反戦放送をした日本女性』(せせらぎ出版, 2007)、小嶋康生「追悼「虹の連帯」を貫いた宝木武則さん」(『河上肇記念会会報』91, 2008.7.30)、石塚勝「反核の老闘士 宝木武則さんを悼む」(『元気な歩み』2008.8.31)、「訃報 宝木武則」(LM 2009.1)、長谷川暁子『二つの祖国の狭間に生きる―長谷川テルの遺児暁子の半生』(同時代社, 2012)、『近代日本社会運動史人物大事典』。

宝木寛|たからぎ ゆたか|1917.2.14〜1943.7.26

福岡/巣鴨学園中学部(中退)/筆名Pioniro, P生, 古賀豊, 高木/1934年兄武則の勧めでE学習。35年林正之助, 宮西直輝, 武則らとRondo Papagoを結成, 11月"La Papago"発行。36年5月"Marŝu"に呼応して武則とフラート社を結成し, 6月"La Frato"発刊。同年武則の許にカール・ヨネダから送付された, 反ファシズム戦線の指針となったコミンテルン第7回大会ディミトロフ報告のE訳(コルチンスキー訳)を藤井英男と和訳, 別人による英・独語訳と対照し, 日本共産党中央再建委員会により地下出版。"Marŝu", 『労働雑誌』に寄稿。36年12月検挙, 拷問により重体に陥り仮釈放。国立刀根山病院で療養していたところ, 40年再検挙され, のち再び重体に陥り, 国立刀根山病院へ。退院後, 武則の勤務先のベアリング製造工場で精密研磨理論の研究に励み, 「球面体コロ研磨装置」を発明。42年大阪刑務所に下獄, 43年危篤状態で執行停止, 1ヵ月後に没。その生涯をテーマにシンガー・ソングライター野田淳子が「時を超えて」を作詞作曲。弟実もE学習。萋'Fine mi partoprenis la majunuan demonstracion'("Nia Vivo"マルシュ社, 1:5・6, 1935. "Marŝu"付録)。参『解放のいしずえ』宝木実 "Pri la Frato"(私家版, 1981)、同『レジスタンスの青春』(日本機関紙出版センター, 1984)、同"La stelo de paco"(LM 1984.4)、栗栖継「厳冬に冷水を浴びる」(『朋友』日中友好文通の会, 99, 1996)、『近代日本社会運動史人物大事典』、栗栖継「戦前のこと、思い出すままに(2)」(『葦牙ジャーナル』いりす, 73, 2007)、相川節子「フォークソング「時を超えて」について」(LM 2008.10)、『近代日本社会運動史人物大事典』。圖宝木武則, 栗栖継。

田河水泡|たがわ すいほう
1899.2.10〜1989.12.12

東京/日本美校(1925)/本名高見沢仲太郎, 版画家名高見沢路直, 落語作家名高沢路亭/「のらくろ」で一世を風靡した漫画家。キリスト者。1926年頃JEI入会。萋『漫画の缶詰』(大日本雄弁会, 1930)ほか多数。参高見沢潤子『永遠のふたり―夫・田河水泡と兄・小林秀雄』(講談社, 1991)、『現代日本朝日人物事典』、『近代日本社会運動史人物大事典』、『日本

アナキズム運動人名事典』。

田川大吉郎｜たがわ だいきちろう
1869.11.29 (明治2.10.26)～1947.10.9

長崎/長崎外語，東京専門学校(1890)/『都新聞』主筆，衆院議員など。キリスト者。Eはガントレットの通信教育で学習。06年JEA創立に参加(会員番号13)，評議員。第1回JK(東京)において「Eの将来を論ず」を講演。「国際連盟に題して」(『東洋経済新聞』1920.9.18)で国際語をEにすべきと主張。20年JEI評議員。著『慚恨録』(現代社，1903)ほか多数。著「古くよりEをやられた方々よりの御返事(抜粋)」(RO 1936.6)，大串隆吉「青年訓練所反対運動の論理と実践(小結)」(『教育科学研究』東京都立大学教育学研究室，2，1983)，遠藤興一『田川大吉郎』(大空社，1998)，『現代日本朝日人物事典』。

多木燐太郎｜たき りんたろう
1904.12.15～1992.9.18

兵庫/慶大(1929)/多木化学社長。1939～84年別府幼稚園長。26年慶大E会に参加，松本清彦，粟飯原晋，中村喜久夫らと活動。26年～91年JEI会員。28年12月1日松本，大島義夫，伊藤巳西行らと東京学生E連盟を復活。29年JEI評議員。30年第22回UK(オックスフォード)に夫婦で参加，欧米各地でE-istoと交流。51年商用旅行で第41回北米E大会(アイオワ州スペンサー)に参加し，米国の印象を一般向けに講演。ポストニコフと出会う。65年第50回UK大阪後援会顧問。UEAデレギート(加古川，ロータリークラブ)。蔵書の一部は峰芳隆へ。弟英勝(1913～1983，多木化学常務取締役)もE学習。著「アメリカのE大会参加」(RO 1951.11)。参RO 1930.6。

田鎖綱紀｜たくさり こうき
1854.10.6 (安政1.8.15)～1938.5.3

陸奥国(現岩手)/共慣義塾，大学南校/筆名源綱紀/日本速記法の創始者。日本国会が第1議会よりの速記録を完備しているのは彼の功績に負うところが多いとされる。E，中国語，ハングルの速記術も考案。はじめヴォラピュクを学習。伊藤博文から「電筆将軍」の称号を贈られ，自作の戒名は「日本文字始而造候居士(にほんもじはじめてつくりそろこじ)」。友人二葉亭四迷がE学習中であることを知って照会し，送られたパンフレットで独習。JEA会員(会員番号1062)。1916年2月JEAの例会に出席し，E運動に復帰。同年第3回JK(東京)で飛び入り演説。36年6月13日日本E運動三十周年祝賀記念雄弁会に出席し，終了後に回顧談を語る。著ブラウン『英文典直訳』(的場文林堂，1886)，『大日本早書学』(博文館，1913)，「愉快で堪まらぬ！」(JE 11：3, 1916)，「ヴォラピュークよりEまで」(RO 1936.6)。参伊東三郎『日本E学事始』(鉄塔書院，1932)，竹島茂「田鎖綱紀と日本語速記術 日本語の近代化に尽した人々-7-」(『言語生活』1968.7)，福岡隆『日本速記事始』(岩波書店，1978)，佐藤竜一「田鎖綱紀とE」(LM 2001.7)，同「田鎖綱紀と宮沢賢治」(RO 2002.6)，『日本文字始而造候居士―日本速記術の創始者―田鎖綱紀』(盛岡市先人記念館，2002)。

田口龍雄｜たぐち たつお｜1904.6.1～1962.1.3

富山/高岡中(1922)，測候所技術官養成所/海洋気象台に入り，1942年伏木測候所長。のち福井測候所長などをへて，54年伏木測候所長再任，在職のまま没。33年神戸E協会入会。伏木測候所長時代，高岡E会で活動。ROに気象関係の読み物をしばしば寄稿したほか，専門論文もEで発表。58年富山のザメンホフ祭に出席。著『雪』(古今書院，1940)，『日本の風』(気象協会，1962)。E関係に 'Kiam hirundoj venas al Kobe?' (RO 1934.9), 'Moskitvualo sub la fenologia vidpunkto' (RO 1934.10), 'La notoj pri la disflora dato de ĉerizoj en Japanujo' (RO 1934.11)，「黒海の海洋学的概観」(『海洋時報』7：2, 1935), 'Studo pri markita fiŝo' (RO 1935.5), 'Pri la precipitajkvanto sur Norda Pacifika Oceano' (RO 1935.12), 'Japanaj antikvaj ŝipoj' (RO 1936.1), 'Kiamaniere malnovaj japanoj antaŭvidis la veteron?' (RO 1936.4), 'La trombo' (RO 1936.12～37.6), 'La klimato de Nipponlando en historia epoko' (RO 1939.11) など。参「世界的

の気象学雑誌にのる本誌掲載の田口氏論文三篇」(RO 1935.4)。参角尾政雄, 宮本新治, 気象庁。

田口弼一 | たぐち すけかず | 1882～1953.10.20

号醒軒/衆院書記官, 書記官長。のち貴族院議員。1925年訪米途中の船内で, 小坂狷二が開いたE講習会に出席。著『帝国議会の話』(啓成社, 1931)。参RO 1926.1。

田口稔 | たぐち みのる | 1902.4.17～1980

秋田/盛岡中(1920), 二高(1922), 東北大(1926)/国際電信電話総務部訓練課長, 芝浦工大教授など。1923年頃JEI入会。参佐藤勝一「宮沢賢治『E詩稿』の成立(1)」(『宮古短期大学研究紀要』6:2, 1996)。

宅間清太郎 | たくま せいたろう | ？～？

1935年米国のグレッグ式を応用した宅間式速記術を考案。19年JEA入会(会員番号1279)。著『和英両用タクマ式速記術』(三省堂, 1938)。

武居哲太郎 | たけい てつたろう
1883.8～1940.6.9

長野/諏訪中(1903), 一高(1906), 東大(1910)/札幌, 名古屋各鉄道局長, 東京鉄道局教習所長など。藤原咲平と諏訪中の同期。伊藤恭吉と一高独法科の同期。1934年9月29日東京鉄道E会主催のE宣伝大講演会で "Mi dankas vin" を講演。JELF顧問。著『武居哲太郎遺稿集』(同刊行会, 1941)。参「鉄道に於ける宣伝講演会」(RO 1934.11)。

武石厳 | たけいし いわお | 1909～？

茨城/水戸中(1929)/家業の農業をしながら地元で青年体育同志会の結成に参加。一時希望社運動に加わり, Eを知る。官憲の目を逃れていた労働運動家谷田部勇司にEを指導され, 思想的な影響も受ける。ハンガリー, ドイツなどの労働者と文通。日記もEで。著『勝倉今昔抄』(私家版, 1984)。参

東敏雄『村の指導者とインテリたち 叢書聞きがたり農村史 III』(お茶の水書房, 1990)。

竹内朔敬 | たけうち？ | ？～1937以降

富山/東京高商(1914)/滑川商校長をへて, 1937年富山商校長。29年1月23日滑川E会を設立し会長。

竹内次郎 | たけうち じろう | 1904.2～1963.8.16

宮崎/宮崎中(1921), 五高(1923), 東大/福岡, 熊本各地裁検事など。1933年長崎地方検事局から東京地方検事局思想部に思想犯の研究のため派遣。39年司法省思想特別研究員として『プロレタリアE運動に付て』を執筆。「厳秘」とされた同資料は71年U. リンスにより東大で発見され, 小林司らにより少部数復刻。のち, 78年社会問題資料研究会編「社会問題資料叢書第1輯」第77回配本として東洋文化社から復刻。戦後福岡で弁護士か。参「5検事を選んで思想犯の研究 普通犯罪との鑑別を授ける」(『読売新聞』1933.8.19), 朝比賀昇・U. Lins「思想研究資料《プロレタリアE運動に付いて》が掘出された」(NR 21, 1972.1), U. Lins 'La plej sekreta libro pri E' ("E" UEA, 1972.2),「「極秘文書」にみるE迫害」(『朝日新聞』1972.3.23), 宮本正男「リンス・朝比賀の発掘に関して緊急にいいたいこと」(NR 22・23, 1972.7), 同「読書案内」(LM 1972.8), 冨田冨「Eraro または Fikcio について「Pro-E運動に付て」を読んで」(NR 24, 1972.12),『五高同窓会会員名簿 95周年記念号』(同会, 1982), 栗栖継「真実へのひとり旅 12～13」(『北方文芸』1984.1～2), U. Lins "La dangera lingvo : Studo pri la persekutoj kontraŭ E" (Moskvo : Progreso, 1990)。

竹内知得子 | たけうち ちえこ
1921.4.23～1989.5.21

滋賀/帝国女子薬専/祖父の代から続く「本陣薬局」を大阪ミナミで自営。EVA, 高槻E会, 大阪E会などに属し, KLEG事務所の当直も。手話による社会奉仕にも熱心に取り組み, 1982年のKLEG主催第14回E林間学校の分科会で手話講習を実施。著

'Ambaŭ bone' (EV 1982.10),「ネパールにて」(LVO 1983.9～10)．🖼竹内五左衛門, 本陣薬局．

竹内藤吉｜たけうち とうきち
1895.12.17～1964.7.11

石川/小学校/幼児から工芸家の父に従って山口, 大分など転住, 工芸を習う。1920年頃から長野に住み, 山本鼎(1882～1946)の日本農民美術研究所で自由画教育, 農民美術運動を講じる。15年石川県山中でE学習し, 金沢で開かれた浅井恵倫の夏期講座に参加。17年京都に移り, 山鹿泰治らと学習会。18年JEA入会(会員番号1181)。第19回JKの決定により, 小学校および補習学校用E教科書の試案として"Provo de la Unua Legolibro en E"(私家版, 1932)を作成。34年E仏教研究会を設立, 仏教文献のE訳と仏教徒へのE宣伝に尽力。『仏教術語辞典稿本』を編纂。哲学, 宗教, サンスクリット, パーリ語などを研究。ランティを石川県山代町(現加賀市)の自宅に招き, 鈴木大拙『禅』をE訳させたという。E報国同盟結成を推進。42年JEI総会で三宅史平主事の辞職を要求。56年にも山中や山代でE講習会。同年50周年記念第43回JK(東京)で表彰。UEAデレギート(山代)。甥の新保外志もE学習。📗『E第一読本』(私家版, 1932), ナラス著"Budao"(私家版, 1933), 'E, sanskrito kaj palio' (RO 1934.7), E仏教文化会『Darmo, Radoturna Sutro kaj aliaj〔転法輪経その他〕』(岡本好次と共訳, 私家版, 1936),「山中から京都へ」(RO 1936.6), "Spinoza kaj Pannaparamita"(伊東三郎と共著, 私家版, 1954)．📄"Leteroj de Lanti" (SAT, 1940),「元村長さんも仲間に」(『朝日新聞』石川版, 1956.1.25), 松田久子「竹内藤吉氏の思い出」("La Torĉo"伊東巳酉三, 60, 1964), 伊東三郎「藤吉菩薩竹内和尚の菩提を弔う」(RO 1964.9), 三ッ石清"'Kio estas Zen?' de K-do Lanti" (RO 1969.3), 朝比賀昇「E報国同盟結成のころ」(NR 1973.6),「仏教E運動を支えた人たち (6)」(LJB 1985.3), 橘弘文「山代温泉のE-isto」(『大阪観光大学紀要』12, 2012),『中原脩司とその時代』．

竹内徳治｜たけうち とくじ
1899.11.1～1991.5.10

群馬/前橋中(1917), 一高(1920), 東大(1923)/味の素社長鈴木忠治(1875～1950)の娘婿。鈴木松雄の義弟。大蔵省主計局をへて, 対満事務局事務官, 内務省管理局長など。その間の1924年英国赴任。戦後, 46年1～6月官選の香川県知事。のち日本長期信用銀行監査役, 多摩電気工業取締役など。井上万寿蔵, 長谷川理衛と一高独法科の同期。20年5月JEIに入り, 21年委員。21年井上, 長谷川, 川原次吉郎, 堀真道らと東北信州E宣伝隊に参加し, 信濃尻学生キャンプで舟橋諄一とE講習。📗『満支貿易の現状並に将来』(日満実業協会, 1935)．📄『日本E運動史料 I』．🖼香川県立図書館．

竹内寿太郎｜たけうち としたろう
1892.11.9～1974.3.25

東京/東京高工(1913)/工学博士。明電舎常務, 東京電大教授など。1923年頃編纂した「E電気工学辞典」は関東大震災(1923.9.1)で紙型が焼失し未刊。その草案は, 33年髙木貞一, 大木克己により『早稲田電気工学会雑誌』(14：2)から連載。📗『電気機器設計学』(電気日本社, 1944)ほか多数。📄今泉利緒「竹内寿太郎先生のこと」(RO 1974.11)．

竹内登美子｜たけうち とみこ
1934.3.21～1998.8.23

大阪/京城三坂国民学校, 高石市立国民学校(1947), 高槻一中(1949), 茨木高(1953)/旧姓山本/竹内義一の妻。1934年父の転勤で京城(現ソウル)へ。45年9月引き揚げ。高槻製粉に勤務。同社倒産により, 日本聯合紙器製作所に転じ, 78年まで勤務。48年教科書でEを知り, 学習を決意。55年高槻で開かれたE講習会で坂口英夫から指導を受ける。のち北さとりの個人指導を受け, EV発行に協力。59年9月JEI入会。60年7月24日 Juna Klubo 設立に参画。61年12月竹内義一と結婚。65年の第50回UK(東京)開催のための活動がNHKテレビ「現代の記録」(1964.2.15)で「E-isto ある理

想主義者の群像」として取り上げられる。66年高槻E会結成に参画し、理事として夫婦で同会の活動を支えた。73年第60回JK（亀岡）でE訳「オセロ」(Otelo)の一節をデズデモーナ役としてオセロ役の峰芳隆と朗読。78年10月から13年間、宮本正男の勧めでKLEG連盟事務局でボランティア。97年度KLEG特別感謝状を夫婦で受ける。中国とのE交流にも熱心に取り組んだ。EVA常任幹事。99年第47回関西E大会（神戸）でしのぶ会。圕星新一 'Nove inventita kapkuseno〔新発明の枕〕' (LM 1972.10), 'Estimataj samideanoj, Ĉu vi helpas vian edzinon?' (EV 1974.7), 'Larmoj de la serpentino—el la agadoj de EVA' (LM 1979.2), 「長谷川テル作品集を読んで」(LM 1979.5), 'Mi laboretas en la oficejo de KLEG' (LM 1979.8), 'Seksa diskriminacio en laborejo' (LM 1981.4), 「世界大会報告」(LM 1982.9), 「おおさか婦人」(『毎日新聞』1982.12.7), エロシェンコ 'Kapo de scienculo' ("Stranga kato" JELK, 1983), 「暮しの中のE」(LM 1984.5), 「「知ってるつもり!?」を見る」(LM 1993.3), 「中国国際ラジオ・E放送を聴く」(RO 1997.4)。參竹内義一「妻と私と」(EV 1978.3), 『日本のE-isto名鑑』, 浮田政治「竹内登美子さんをしのんで」(LM 1998.10), 李士俊 'La rideto de Tomiko' (LM 1998.11), EV 1998.11, 浮田政治「高槻E会と竹内登美子さん」(LZ 2005.6)。圖浮田政治。

竹内孫次郎｜たけうち まごじろう
1898.4.13～1990.1.23

早大(1923)/日本碍子に勤務。1945年12月JEI入会。JEI終身会員。

竹内義一｜たけうち よしかず
1931.3.22～2005.8.29

京都/四条商(1948), 京都人文学園/都市銀行勤務をへて, 中小企業協同組合で税務・金融関係の仕事を担当。高槻市文化団体協議会長, 高槻市日中友好協会理事長など。四条商在学中の1946年英語教師の一木誠也にEを習い, のち京都人文学園で北さとり, 駒尺喜美らとともに佐々木時雄の指導で学習統行。48年京都緑星会入会。胸を病んで中断後, 54年夏より再学習。58年KLEGに加わり, 59年4月宮本正男の紹介でJEI入会。61年12月宮本の媒酌で山本登美子と結婚し, 家庭内でもEで会話する夫婦として話題に。62年より"La Movado"編集部員。65年の第50回UK（東京）開催のための活動がNHKテレビ「現代の記録」(1964.2.15)で「E-istoある理想主義者の群像」として取り上げられる。柳田國男 "Japanaj malnovaj rakontoj〔日本の昔話〕" (天母学院, 1965)の共同E訳に参加。65年第21回IJK（大津）組織委員長。66年1月10日西川豊蔵, 田中貞美らと高槻E会を創立。11月同市でE展を開催し, その後も毎年開催。67年白木賞。69年3月茨木E会発足に際し坂本昭二とともに相談役に。71年5月～72年4月"La Movado"第8代編集長。72年KLEG賞。75～83年JEI評議員。77年高槻E会副会長。86年以降高槻E会と中国常州市（高槻の友好都市）の世界語協会との交流を推進し, 88年西川豊蔵と常州市を訪問。87～91年KLEG委員長, 91～2000年経理などのKLEGの日常業務を担当。92年JEI評議員, 92～04年UEA委員。93～04年JEI副理事長。94年UEAアジアE運動委員会(KAEM)の初代委員長となり, 96年第1回アジアE大会（上海）を成功に導く。97年度KLEG特別感謝状を夫婦で受ける。98年高槻E会長に就任。99年アジアにおけるE運動に対する貢献により第37回小坂賞。2000年第87回JK（熊本）小坂シンポジウムで"Kio estas por ni Azio?"を講演。02年Eで高槻市と中国常州市の交流を推進した功績により, 常州市老年大学名誉教授。03年5月号を最後に"La Movado"編集部を退く。04年UEA名誉会員。雄弁で知られ, 運動論やエッセーも多数執筆。晩年は酸素ボンベ持参でE運動を続ける。05年8月29日第4回アジアE大会（カトマンズ）で贈られた感謝状は一足違いで間に合わず。05年11月23日高槻現代劇場でしのぶ会。蔵書は国立民族学博物館（竹内Eコレクション）と高槻市立図書館へ。07年遺言に基づき, 夫婦で属した高槻E会, KLEG, JEI, UEA, SATに総額1000万円が遺族により寄付。UEAデレギート（高槻）, SAT, JPEA各会員など。圕

「Eと私」(LM 1958.6),‘Ne lasu Hiroŝimon kaj Nagasakon ripetitaj en Vjetnamio!'("Pacon en Vjetnamio" 4, 1967), 'Ne faru Japanion la usona lambastono!'(同 7, 1968),「ほんとうの学会になれ」(NR 1970.2),『E会話教室』(JELK, 1971；新版, 1999；タニヒロユキによる改訂増補, 2007),「E展のやり方」(LM 1971.7～72.4),「La Movado」(RO 1972.10),「始めたばかりの頃」(RO 1976.10),「E運動経営学」(LM 1981.1～82.11),'La Movado-Ĝiaj 30 jaroj' (LM 1981.2),'20a ekspozicio' ("E" UEA, 1986.2),「私がやりたいこと」(LM 1987.6),「宮本正男さんが亡くなった」(LM 1989.8),'Por la morgaŭaj tagoj'(LM 1991.3),「18ヵ国から856人 中国青島で第5回太平洋E大会」(LM 1992.9),「63ヵ国から1863名が参加 第78回UK」(LM 1993.8),「多言語国家の中で」(『毎日新聞』大阪版, 1993.11.25),'Itiki Seiya, mia unua gvidanto de E'("Japana Esearo N-ro 1" Libroteko Tokio, 1994),'Por la sukceso de la Unua Azia Kongreso de E'(LM 1995.2),'Kio estas por mi "Azio"'("Japana Esearo N-ro 2" Libroteko Tokio, 1995),「UEA委員会など」(LM 1995.9),「高槻E展30年」(LM 1995.10),「アジアE大会を前にして」(RO 1996.4),「アジア大会、そしてKAEM」(RO 1996.12),「世界E協会委員会報告」(RO 1997.10),「ベトナムで思ったこと」(RO 1998.3),「第2回アジア大会への胎動」(LM 1998.2),'La kunsido pri Azia Agado'(RO 1998.12),「ふたたびアジア大会のこと」(RO 1999.4),「近藤光の資料を」(LM 1999.6),「KAEMが話し合ったこと」(RO 1999.11),「KLEGへ通いはじめたころ」(LM 2000.1),「世界大会・青年大会のために」(LM 2000.2),「わたしの出した1冊のほん」(RO 2000.7),'Arde oni diskutis en "Azia agado"'(RO 2000.12),「KLEG—その50年」(LM 2001.9),「JEI 旅行団報告」(RO 2001.10),「高槻E展の36年」(LM 2002.3),'Kunlaboras E-istoj en ĝemelaj urboj'(LM 2002.4),「市民向け「外国語講座」の現状と問題点」(『外国語教育論集』筑波大学外国語センター, 24, 2002),「世界E協会委員会報告」(RO 2003.10). 📷'Regiona kunveno vojmontras per ĉina-japana ĝemelado'("E" UEA, 1988.10), LZ 2005.9,「追悼 竹内義一さん」(LM 2005.11), RO 2005.11,「竹内さんを偲ぶ会に74人」(LM 2006.1), 川野邦造「竹内さん

と人文学園の思い出」(LM 2006.2),「民博に竹内Eコレクション」(LM 2007.5), 高槻E会『高槻E会40年史 1966.1～2006.12』(同会, 2008),『日本のE-isto名鑑』. 🖼浮田政治

武上耕一 |たけがみ こういち|?～?

台北市三孜橋血清製造所勤務。JEI会員。E文の論文を執筆。1929年12月ザメンホフ祭にあたりJFAK(台北)から「希望運動とE」を、30年12月同じく「Eの夕」の中で「ラジオ対話 夜明けの歌」を放送。31年9月第1回台湾E大会で「台湾におけるE運動に就て」を報告。📷 'Biologia esplorado pri vermo "Stephanulus dentatus"'(『台湾総督府中央研究所農業部彙報』10, 1923),『1904年から1945年にいたる台湾の畜産獣医文献目録』(山根甚信と共編, 私家版, 1964). 📷呂美親「La Verda Ombro」,「La Formoso」, 及其他戦前在台湾発行的世界語刊物」(『台湾文学史料集刊』国家台湾文学館, 1, 2011).

竹崎虎惣太 |たけざき こそうた
1881.1～1955.9.17

高知/東京外語(1905)/独文学者。海軍中将大谷幸四郎(1972～1937)の義弟。NPO森のボランティア代表竹崎靖一の父。陸士助教授、教授をへて、1922年大分高商教授、39年日大講師など。大分高商在職時、校内、さらに県内のE普及に尽力。31年4月27日麻生介、下河原政治らと大分E会結成。KEL評議員、JEI会員など。📷小倉豊文「賢治がEを習った頃とラムステッド博士」(『四次元』宮沢賢治研究会, 171, 1965). 🖼竹崎靖一

竹沢啓一郎 |たけざわ けいいちろう
1912.2.12～1975.9.1

東京/東京外語(1933)/中学校英語教科書"JACK and BETTY"の執筆者の一人。高岡高商、東工大各教授など。1930年代、角尾政雄、岩田宗一郎、野村理兵衛らとTinka Rondoを結成。漱石作品の共同E訳に取り組み、北陸E連盟の機関誌"Forta Voko"に発表。📷『高等英作文』(共著, 開隆堂書店, 1936), Symonds『アスペクツオブシン

竹下和｜たけした かず｜1928〜1986.11.7

大阪/樟蔭女専/内外商事に勤務。少女時代、科学雑誌でEを知り、結核の療養中の1950年頃、『保健同人』に掲載された和田美樹子の文章に感動し、小坂狷二『E捷径』で独習。53年EVA創立以来の会員で、約10年にわたり会計を担当。67年2月JEI入会。熱心に海外とE文通も。EVA常任幹事、大阪E会員など。著'La unuaj tagoj de mia E' (EV 1968.7)、「Eへの道」(EV 1986.3)。参「竹下和さんのこと、EVAのこと」(EV 1987.8)、『花の小径 竹下和追悼集』(竹下功, 1987)。

竹下外来男｜たけした ときお
1913.8.5〜2000.4.22

福井/日大(1941)/筆名Bambuo, 伴蕉翁, 伴武於, 赤渡芝郎/1945年故郷勝山市に竹下医院開業。勝山市教育委員長、福井県医療生協理事長など。30年Eを学び、9月JEI入会。50年福井でE講習会を指導後、Ĉiama Grupoを結成。54年渡部隆志、伊藤巳西三らと福井E会創立。『蘭学事始』を西成甫らとE訳したほか、宮沢賢治、太宰治、井原西鶴などのE訳に熱心に取り組んだ。"La Torĉo", "Kajero", "Riveroj" などに寄稿。宮本正男・上山政夫編"Japana Variacio"(L'omnibuso, 1978)に散文が収録。E書出版に資金援助も。98年第85回JK(金沢)で「樋口一葉の『たけくらべ』のE訳について」を講演。JELE会員。筆名赤渡芝郎は「赤と白」から 著'Apetito en aŭtuno' (RO 1949.9)、柴田翔著'Sed tamen niaj tagoj〔されどわれらが日々〕' ("Kajero" 6〜8, 1965〜67)、'La nostalgio' ("L'omnibuso" 80, 1978.4)、宮沢賢治著"Generalo bananan〔飢餓陣営〕" (Biblioteko Kolombo, 1983)、太宰治著"Edzino de Villon〔ヴィヨンの妻〕" (私家版, 1990)。参『日本のE-isto名鑑』、三ッ石清「Eの不慮の死に我哭泣す」(LM 2000.6)、北川昭二「竹下外来男氏の足跡」(RO 2000.9)、"Ordeno de verda plumo"。

竹下文隆｜たけした ふみたか｜1885.7.28〜1975

山口/早大(1917)/衆院議員、沖縄県知事、沖縄日日新聞社長など。1928年7月TEK例会で「来るべき議会にE問題を提げて臨む」と断言し、出席者を歓喜させる。翌年第56回議会請願委員会(1929.3.18)において、「国際補助語Eヲ小・中学校教科目ニ編入ノ件」、「日本E学会ニ対スル補助並奨励ノ件」を提出・採択。自ら編集する政治雑誌『国論』に、粟飯原晋のE講座を1929年10月号より連載。JEI終身会員。妻かな江(沖縄県知事、貴族院議員、東京医専理事長を歴任した髙橋琢也〔1847〜1935〕の五女、学習院女学部卒)もJEI会員。著『愛する青年の為めに』(国論社, 1923)、「舞台は出来たる」(RO 1927.11)、『非常時と憲政擁護』(新知社, 1933)。

竹島豊雄｜たけしま とよお｜？〜？

横浜、秋田でE運動。1919年JEAに入会(会員番号1351)し、のちJEI会員。21年秋田で船川E会を結成し代表。24年JEI委員。中田勝造にEを教えた。

竹田吉郎｜たけだ きちろう
1904.7.25〜1985以降

大分/五高(1919)、京大工学部(1922)、同法学部(1927)/旧姓丸山/藤田重明、山口良哉と五高二部工科の同期。弁理士として東京、沼津などで特許事務所を自営。1921年11月頃JEI入会。

竹田清｜たけた きよし｜1900.9.27〜1985.6.12

神奈川/一高(1922)、東大(1926)/理学博士。武蔵工大教授。石田啓次郎、古在由重らと一高理科甲類の同期。1920年5月JEI入会。著『有限群論』全2巻(岩波書店, 1933)、『不変式論』(同, 1935)。

武田晋一郎｜たけだ しんいちろう
1912.2.6〜1994.2.19

愛媛/東大(1934)/工学博士。東大、通信省

航空局などをへて，1946年法大教授。東大在学中にE学習。[著]『航空計測器取扱法』(共著，山海堂，1942)，デッチュ著『実用ラプラス変換』(森北出版，1959)。

武田貴美｜たけだ たかよし
1912.9.7～1986.12.27

徳島/金沢医大(1936)/外科医。衣笠病院(横須賀)院長，自衛隊キリスト者コルネリオ会長など。1975年3月JEI入会。横須賀E会長を務めた。

武田虎之助｜たけだ とらのすけ
1897.10.24～1974.11.8

宮城/南郷村立小高等科(1912)/作家武田八洲満(やすみ，1927～1986)の父。1920～28年東北大，28～34年台北帝大，37～39年阪大各附属図書館に勤務。戦後，文部省社会教育局調査員として図書館法の制定準備。のち東京学芸大，東洋大，鶴見女子大各教授。鶴見大に虎文庫。23年頃JEI入会。24年第12回JK(仙台)のSAT分科会で委員に選出。[著]『図書館学学習の手引き』(日本図書館協会，1973)，『図書館学概論』(理想社，1976)。[参]「故武田虎之助氏追悼」(『図書館雑誌』1975.3)，『虎文庫目録』(鶴見大図書館，1979)，石川洋「忘れえぬ図書館人2」(『ふぉーらむ』図書館サポートフォーラム，2，2005)。[協]鶴見大図書館。

武田凞｜たけだ ひろし｜1907.2.15～1996.9.26

東京/高文(1942)/教員をへて，1942年弁護士開業。東京弁護士会副会長，日本弁護士連合会人権擁護委員会委員長など。患者の立場から心臓移植問題にも取り組み，69年心臓移植事件調査特別委員長。尺八の名手で現代邦楽会名誉師範。キリスト者。Eは28年小坂狷二『E捷径』で独習。中断後，53年JEIに入り，再学習。57～70年JEI評議員。松本健一と並ぶ，早稲田E会館建設(78年竣工)の功労者。71～81年JEI理事。78年JEI終身会員。[著]「会館建設本格交渉始まる」(RO 1973.12)，「索引カード作成の提唱」(RO 1983.6)。[参]"Japanaj E-istoj"，松本健一「頼りになった元常務理事武田凞さんを悼む」(RO 1996.11)。

竹田平一｜たけた へいいち
1895.3.26～1949.3.28

鳥取/鳥取一中/由谷運送店に入り，1927年鳥取合同運送に改組されると同時に到着係主任，32年支配人。27～43年鳥取市議をへて，47年鳥取市長。26年鳥取E会代表となり，E講習を指導。戦後も田中康信，太田行人，横山重次によって再建されたと鳥取E会の活動を市長として支援。[参]太田行人「われら生涯の最良の年」(RO 1948.12)，太田行人『右往左往』(私家版，1993)。[協]田中康信，太田行人，鳥取県立図書館。

武田正雄｜たけだ まさお｜1902～1935.8.9

八幡製鉄所ブリキ工場創設に技師として尽力。1925年E学習し，北九州で活動。長男を由利雄(julio「7月」から)と命名。東京，大阪，福岡のJKに参加。妻峯子もE学習。[参]林道治「武田正雄氏の訃」(RO 1935.12)。

武谷三男｜たけたに みつお
1911.10.2～2000.4.22

福岡/京大(1934)/筆名谷一夫/物理学者，科学史家。理学博士。立教大教授。武谷理論＝三段階法の提唱者。原子力発電の危険性に関しても積極的に発言。戦前治安維持法で2回投獄。服部亨の友人で，服部の語学的援助を得て，1936年1月25日発行の"tempo" 15号に'Naturscienco kaj Logiko'を発表(『著作集』1所収)。同巻の星野芳郎との対談でE論者を自認。[著]『武谷三男著作集』全6巻(勁草書房，1968～70)ほか多数。[参]峰芳隆「武谷三男とE」(LM 2000.6)，『現代日本朝日人物事典』，『近代日本社会運動史人物大事典』。

武智正寛｜たけち まさひろ｜1889頃～1934以降

愛媛/七高(1911)，東大(1916)/神戸海上運送火災，愛媛銀行などに勤務。1918年12月JEA入会(会員番号1273)。のちJEI

にも参加。

武富英雄 | たけとみ ひでお
1907.10.15〜1964以降

佐賀/長崎高商(1928)/日本郵船に入り、香港、ロンドン、サイゴン各支店勤務、本社経理部副部長をへて、1953年若松支店長、57年経理部長、60年郵船興業常務。29年頃JEI入会。

竹中治助 | たけなか じすけ | 1904.3.3〜2001.1.4

愛知/刈谷高等小/いとう呉服店に入り、1961年『松坂屋の歴史・新版店史概要』(1964)の執筆を最後に松坂屋を退職。全国百貨店従業員組合連合会副中央委員長、財団法人不老会(献体団体)評議員など。花菖蒲の愛好家としても知られ、名古屋花菖蒲会副会長、自ら作った新種にEで命名。22年7月名古屋で開かれた秋田雨雀のE講習会に参加し、23年4月JEI入会、同年12月倉地治夫の講習を受講。29年松坂屋E会を組織し、9月より初等講習会を開催。32年2月11日由比忠之進、白木欽松らと名古屋E会を設立、同月20日西春日井E会を設立し会長。松坂屋でも講習会・展示会を開きE普及。36〜37年名古屋E会の機関誌"La Ora Delfeno"を編集・発行。37年12月軍属として天津へ渡り、翌年8月帰国。39年誕生した長男を燦太郎(Santalo「ビャクダン」から)と命名。60年TEL会長。66年由比から"El Popola Ĉinio"の取次を引き継ぎ、30年以上務める。由比の死後、遺志をついでチベットなどの結核患者救援資金のため「古切手を集めましょう運動」を起こし、200万枚を集める。69年白木賞。蔵書家としても知られ、72年自宅に「竹中Eビブリオテーコ」を設立し、没後は名古屋Eセンターへ。74年訪中日本E代表団に加わり訪中。85年"El Popola Ĉinio"創刊35周年記念式典に招待され訪中。94年名古屋E会長。UEAデレギート(西枇杷島)、SAT会員など。著'Akceptante la Samideanon el Singaporo'(LM 1955.3)、「Eの普及こそ大切」(LM 1966.12)、「古切手あつめの収穫」(LM 1968.7)、「竹中E・ビブリオテーコ」(LM 1977.

9)、「寄贈図書目録」(RO 1982.7)、「「EPĈ創刊35周年記念式典に招かれて」(LM 1985.7)。参「花菖蒲の愛好家 竹中治助氏を訪ねて」(『園芸新知識』1976.3)、「共通の言葉で平和を築く」(『名古屋タイムズ』1979.2.3)、山田義「La Movadoを支える人びと(竹中治助さん)」(LM 1985.4)、『日本のE-isto名鑑』、三ッ石清「E運動の同志、竹中治助」(LM 2001.3)、山田義「告別式に参列して」(『センター通信』名古屋Eセンター、223, 2001)、同「竹中治助さんをしのぶ」(RO 2001.3)、同「竹中蔵書の整理の現況」(『センター通信』242, 2005)、猪飼吉計「竹中蔵書について」(『センター通信』243, 2005)、比嘉康文『我が身は炎となりて』(新星出版, 2011)、『名古屋E運動年表』。協竹中燦太郎、後藤精興、山田義。

竹林熊彦 | たけばやし くまひこ
1888〜1960.9.23

千葉/同志社(1910)、京大(1913)/日本近代図書館史の研究者。1925年九大司書官、39年京大司書官。戦後、天理大や同志社大で講師。同志社大に竹林文庫。同文庫中の「日本E協会京都支部発会式」(『京都日出新聞』1908.4.15)他からの抜書資料に「私もかつてE語の講習に出席したことがある」と付記。著『近世日本文庫史』(大雅堂, 1943)ほか。参「竹林文庫の記録文書類、ついに公開」(『総合情報センター報』同志社大, 29, 2005)。

竹広登 | たけひろ のぼる | 1911.3.24〜1993.12.7

広島/三高(1930)、京大(1934)/俳号南浩二/医学博士。河瀬収、田野良雄と三高理科乙類の同期。1943年京都市保健所長、45年香川県大野原町に竹広医院開業。俳句をよくし、大野原町文化協会俳句クラブの指導者として活躍。『雪解』、『椿』同人。29年より宍戸圭一の指導でEを学び、JEIにも入会。三高E会の機関誌"Libero"の印刷を手伝い、海外から届いた雑誌の翻訳などをクラス雑誌に掲載。著『体位向上とビタミンの科学』(文晃書院, 1942)、『健康とビタミンの科学』(同, 1946)。参『三高E会小史』。協竹広晃。

竹森一則 | たけもり かずのり | 1886~1950.1.16

石川/札幌中(中退)/1922年東洋経済新報社に入り，主に保険を論じる。東洋経済研究所編『索引政治経済大年表』(東洋経済新報社, 1943)の編集の中心人物。文献収集家でもあり，蔵書は日本実業史博物館準備室をへて国文学研究資料館に収められて竹森文庫。JEA会員(会員番号1113)，のちJEIにも参加。高田集蔵と親交。圏『反生保独占論　生保事業国家管理試案を駁撃す』(保険史誌社, 1939)，『新あまのじゃく　随筆』(宮越太陽堂, 1939)，伊藤喬編『日本保険史』(同朋舎, 1978)。参石橋湛山「竹森一則君の思出」(『東洋経済新報』2410, 1950.2.18)，『近代日本社会運動史人物大事典』，『日本アナキズム運動人名事典』。

武谷止孝 | たけや しこう
1904.10.13~1993.12.22

福岡/中学修猷館(1921)，七高(1924)，九大(1928)/医学博士。九大名誉教授。九大名誉教授武谷広の次男(長男は夭逝)。1922年4月JEI，27年福岡E倶楽部各入会。77年JEI終身会員。JEMA各会員。妹の入江規子もE学習。圏'Kurioza koranomalio kun inversa lokiĝo de kelkaj organoj' (IMR 1929.1)，'Pseŭdohermafroditismo' (RO 1930.7)，『神経病理組織学入門』(医学書院, 1970)。

竹吉正広 | たけよし まさひろ
1914頃~1975.7.22

北海道/旭川中(1932)/旭川郵便局簡易保険課などに勤務。1932年3月旭川で開かれた中村久雄のE講習に参加。34年旭川E研究会設立。35年7月当摩憲三らと旭川E会を結成。圏「旭川E小史」(『北海道E運動小史』北海道E連盟, 1935)。

太宰不二丸 | だざい ふじまる
1903.3.21~1992.1.21

岐阜/大谷大/戦中，北京覚生女子中で2年間教鞭を執ったほかは，41年間大谷大に勤務。梵語，パーリ語にも精通。1920年2月JEI入会。21年大谷大の第1回E講習会において桜田一郎の指導で学習。一時中断後，30年11月若い学生が楽々とシェーラーの講演を通訳する姿に発奮して学習再開。31年柴山全慶，浅野三智とJBLE創立。同年高倉E会を設立，大谷大E会を復活。33年11月高倉E会婦人部員山下静枝と結婚。47年大谷大の学部，予科，専門部の選択科目にEを導入し，自ら教授。大谷大図書館長として『柴山全慶・秋山文陽E関係蔵書目録』(1986)を編集発行。JBLE会長。JELE会員。圏'Bunyiu Nanjio' (『大谷学報』29, 1928)，「柴山全慶老師を憶う」(RO 1982.3)，『回想―五十年』(私家版, 1983)，「柴山E文庫」(RO 1983.12)。参LJB 1992.3~4。協太宰登美子。

田崎正浩 | たざき まさひろ | 1894頃~1966以降

福岡/五高(1916)，京大(1920)/理学博士。金属学者。呉海軍工廠広支廠をへて早大教授。戦後，日ソ産業西幸食品工業(福岡)社長をへて，文筆業に従事。呉時代の23年頃JEI入会。圏『熔鋼中の非金属介在物除去に就て』(CS会, 1941)，『生と死』(共栄書房, 1966)。

田島泰秀 | たじま やすひで | ?~?

朝鮮総督府学務局書記。1925年6月1日京城E研究会の朝鮮E学会への改組に際して名誉委員。圏『温突夜話』(京城：教育普成, 1923.10)。

田代晃二 | たしろ こうじ | 1909.9.25~1997.5.19

長崎/三高(1931)，京大(中退)/言語学者。近藤一夫，星野孝平らと三高理科甲類の同期。希望社，E日本社などをへて，1943年NHKへ。退職後，華頂短大教授。Eは，28年三高入学後，父の知人後藤静香に刺激されて独習し，近藤一夫とE書を輪読。京大進学後，後藤の求めに応じ休学して上京，希望社の"Esperanto Kiboŝa"編集に当たる。33年3月希望社解消に伴い，同年4月"Esperanto en Japanujo"を創刊(3号で廃刊)。ELの34年7月号から1年間「詳註初等読み

もの」欄を担当。妹三澤尚子も兄の影響でE学習。著『初等E補助読本』(希望社出版部, 1932),『Eの短かい日常会話用句』(日本書店, 1932), 'Invito al japana lingvo' ("tempo" 38, 1938),『言葉の使い方』(創元社, 1951)。参『三高E会小史』, 石黒修「E六十年 27」(ES 1980.1)。協田平正子。

田代光雄｜たしろ みつお｜1880.2〜1945.3.20

東京/東京数学院尋常中, 東京外語(1900)/ドイツ語学者。1906〜10年ドイツ留学。東京外国語学校教授, 上智大予科長など。06年JEA入会(会員番号110)。著『独逸文章学』(共著, 丸善, 1905),『クライネ・エッセース』(日独書院, 1930)。

夛田渥美｜ただ あつみ｜1926.8.13〜2003.10.1

長野/松本商/商業。松本商在学中に林克行からEを習う。校内に組織したE部は, 軍事教官に発見されて解散。その後も軍事教官の監視を逃れて仲間とEの練習に励み, 戦後は多くのE書を読破。1970年JEI入会。JPEA会員。参丸山雄造「故夛田渥美さんを偲ぶ」(RO 2004.2)。

多田斎司｜ただ さいし｜1889.5.25〜1967.8.20

千葉/七高(1912), 東大(1915)/筆名多田さい/熊本中, 松江高, 二高, 姫路高などの英語教師。ローマ字論者。桜美林大に多田文庫。熊本中在勤中, 高橋邦太郎(技師)を通じてEを知り, 1918年JEA入会(会員番号1165)。27年土井英一の要請で二高E研究会会長に就任。37年洋行, ロンドンE会に参加。JEI会員。著『ローマ字書き万葉集』(丸善, 1934),『Ogura hyakunin issyu』(日本のローマ字社, 1934),「外国語教授は必要である」(RO 1939.10)。参「誌上座談会『そのころを語る』」(RO 1940.1〜3), 茅島篤『日本語表記の新地平』(くろしお出版, 2012)。

多田巧｜ただ たくみ｜1932.5.27〜1992.5.1

徳島/徳島併設中(1948)/徳島県藍住町勝端の自宅で「多田英数教室」を経営。1951年E学習。58年徳島E会創立に参加。63年6月JEI入会。Eのクロスワードパズル「楽しくやろう!!」(NV 1968.9〜73.7)を連載。著 'Morto de fratino' (LM 1951.7),「彼とEと酒と」(NV 1970.6),「中級講座 重要動詞15の活用」(NV 1970.8〜71.11),『勝瑞城ものがたり』(教育出版センター, 1983)。参 "Japanaj E-istoj"。協多田和也, 後藤純子。

多田留治｜ただ とめじ｜1907.7.8〜1991.7.5

兵庫/高砂高等小/労働組合運動家。1929年日本共産党入党。30年2月検挙され懲役8年, 40年5月まで函館刑務所に服役。真珠湾攻撃の翌日再検挙され, 45年10月まで拘留。戦後は兵庫県の共産党組織の再建に尽力。E訳聖書を愛読。著『「破戒」の人びと』(新日本出版社, 1984)。参多田妙『歌集 碑』(光陽出版社, 1995)。

多田浩子｜ただ ひろこ｜1902.3.6〜1992.6.19

徳島/徳島高女(1918)/旧名ツヤ/1919年山本商店(大阪)に就職。以後, タイピスト, 経理事務, 寮母などをへて, 79年6月退職。キリスト者。29年頃よりE学習。34年1月大阪の女性E会Orkidaro結成に参加。36年2月多田の上京にあわせて, 万沢まき, 磯部幸子, 長谷川テルらが歓迎会兼在京婦人E-isto親睦会を開き, 日本E婦人連盟結成へ。37年ランティの外科医院での治療を通訳。戦後は原爆に関する新聞記事をE訳して海外へ送付。53年5月17日北さとりらとEVA創立。66年4月松下理八, 小寺廉吉と枚方E会結成。海外に多くのペンフレンドを有し, 通信がオランダの友人に翻訳されて雑誌に連載されたことも。高齢になってもUK参加を生きがいに。EVA常任幹事, 大阪, 枚方各E会名誉会員など。著 'Malgranda afero' ("La Bulteno de KEA" 神戸E協会, 4:2, 1934), 'Por serĉi la trezoron' (RO 1934.9〜11), 'Bunraku-pupa teatro' ("Prometeo" 4, 1957),「ハンガリーの日本図書館」(『朝日新聞』1964.2.7),「私とE」(EV 1968.7),「60人のペン友だち」(RO 1976.6),『私のヨーロッパ紀行』(私家版, 1976),「ペンフレンドに会えるわ」(『朝日新聞』1977.7.27),「Eの

おかげで」(LM 1978.9),「77歳の多田浩子さん5度目の世界大会へ」(『朝日新聞』1979.7.4),「墓参りよりも生きがい求め」(『朝日新聞』1984.7.21),「無意識の宣伝」(RO 1985.1).参「ある老嬢への手紙」(ユネスコペンパルズ編『地球の片隅で—手紙に託した生活の断章』朝日新聞社, 1955),「大阪女性多田さんの寄稿オランダ一流誌が連載」(『大阪日日新聞』1957.9.26),西尾務「国際文通—E活動の基礎」(ES 1976.3),難波正二「多田浩子さんをお見舞いに」(LVO 1991.2),後藤純子「多田浩子さんのご近況」(LVO 1991.9),北さとり「Eを愛しつづけた浩子さん」(LM 1992.8),松下理八「多田浩子さんの想い出」(EV 1992.12).

舘正人 | たち まさと | 1942.2.3〜2003.9.28

旧満洲/坂城高/竹内製作所(長野)に勤務し,海外出張多数.1996年JEIに入り,和(かのう)E会を設立.99年第86回JK(望月)開催に実行委員として尽力.著「『役に立つ』外国語に見切り」(RO 1997.4).参山本辰太郎「舘正人さんを偲ぶ」(RO 2004.1).協舘静子.

立花久和吉 | たちばな くわきち | 1863(文久3)〜1909 以降

江戸/茨城師範(1883),手工学校(1889)/1887年教員を辞めて,茨城から上京.89年手工学校卒業後,技手に.92年,茨城に戻って,上吉野小に勤務.JEA会員(会員番号549).参『茨城県教育家略伝』全2巻(進文社, 1894).

橘健二 | たちばな けんじ | 1903〜1976

和歌山/海草中/野崎村役場,和歌山市役所などに勤務.1945年応召後,小児麻痺を発症し召集解除.以後一生を病床で.23年Eを学び,直ちに近松門左衛門の道行物を抄訳.晩年も続けてE学習.中村陽宇・宮本正男編 "Japana kvodlibeto"(La Laguna : Stafeto, 1965)に詩1編が収録.JEI会員.著近松門左衛門著 'Ili, rapidantaj al la morto〔曽根崎心中〕'(RO 1925.1), 'Sur matena trotuaro'(RO 1935.1), 'En parko'(RO 1939.7).参田

中正美「ある E-isto の回想(2)」("Verda Monteto" 和歌山緑丘会, 94, 1997).

橘善三 | たちばな ぜんぞう | 1903.11.12〜1957 以降

大阪/大阪高商(1924)/日本トレーディング大阪支店長など.1921年11月頃,西田英夫,天野忠慶らとJEI入会.

立原道造 | たちはら みちぞう | 1914.7.30〜1939.3.29

東京/東京府立三中,一高,東大(1937)/詩人.音楽的美感あふれる十四行詩型による口語抒情詩で知られる.建築家としても将来を嘱望されたが,夭折.上田市の信濃デッサン館内に立原道造記念展示室.中学2年頃,歴史教師(豊島恭敏か)からEを学習し,文通をしたとされる(『全集』5所収「年譜」)が,不詳.著『立原道造全集』全5巻(筑摩書房, 2006〜10)ほか多数.参『現代日本朝日人物事典』.

タッカー | Alfred G. Tucker | 1889〜1978.12.11

英国/平和運動家.クエーカー教徒.1951〜64年UKで「戦争抵抗者インターナショナル」分科会を主宰.54年4月世界平和者日本会議(東京)に出席のため来日.熊本と東京でE-istoと交流し,英国におけるEの状況などを語る.著 "La internacia informlibro"(Internacio de Militrezistantoj, 1957).

辰野隆 | たつの ゆたか | 1888.3.1〜1964.2.28

東京/東京府立一中(1905),一高(1908),東大法科大(1913),同文科大(1916)/号隆酔老/仏文学者.文学博士.東京駅の設計者辰野金吾の長男.1921〜23年フランス留学.東大名誉教授.19年JEA入会(会員番号1398),のちJEIにも参加.後年はEに対して否定的に.著『辰野隆随想全集』全6巻(福武書店, 1983)ほか多数.参『辰野隆博士著作目録・年譜』(『フランス語フランス文学研究』日本フランス語フランス文学会, 5, 1964),出口裕弘『辰野隆・日仏の円形広場』(新潮社,

1999),『現代日本朝日人物事典』。

巽馨 | たつみ かおる | 1900.2.22～1960以降

大阪/北野中(1918), 三高(1921), 京大/医学博士。八木日出雄と北野中, 三高三部の同期。大阪の北野病院外科医長, 烏潟病院副院長などをへて, 1947年池田市に巽外科を開業。18年三高入学後, 同校E会に参加。20年JEI入会。

田所作太郎 | たどころ さくたろう
1927.1.7～2011.9.25

群馬/前橋医専/薬理学者, 医師。群馬県立医療短大学長。1947年前橋医専(のち群馬大医学部)で西成甫校長からEを知り, 独習し, 文通に熱中して, 第34回JK(東京)にも参加。同校E会で西, 木戸又次, 上田正雄らの指導を受ける。群馬大医学部附属高等看護学院の正課Eの授業を木戸から引き継いで担当し, Eクラブも指導。65年から2年間米国留学時にE-isto宅にホームステイし, メキシコでもE-istoと交流。68年第17回関東E大会(川崎)で"Renkontiĝoj kun E-istoj dum mia 2-jara vivo en Usono"を講演。72年ベルギーで「夏期大学」医学部長として招かれ,「薬物乱用・依存問題」についてEで講演。97年4月群馬県立医療短大で, 小林司の案内で日本旅行中のS. ロディンとH. ブラウンを講師として公開講演会「スウェーデン人夫妻の語る福祉の国スウェーデン」を同短大同窓会主催により開催し, ブラウンの講演を通訳。UMEAの会計担当なども。著'Pri la grasgranoloj en la adrenokortiko' (MIR 1962),「アメリカ生活の中のE」(RO 1966.10), 'Farmakologio de malbonuzoj de medikamentoj' ("Heroldo de E", 1972.10.1), 'Kiel mezuri superregon de simioj?' (RO 1973.11), 福祉の国スウェーデン編集委員会編『スウェーデン人夫妻の語る福祉の国スウェーデン』(群馬県立医療短大同窓会, 1997),「日本E医家協会と万国E医家協会について」(RO 2000.9),『医療と人間行動学』(協同医書出版社, 2000),「Eで出会った人たち」(RO 2010.5),「わたしのE人生」(『Eと私』)。参堀泰雄「田所作太郎先生を偲ぶ」(RO 2012.1)。

『群馬のE運動 1903～2010』。

田中丑雄 | たなか うしお
1889.10.21～1982.10.10

東京/四高(1910), 東大(1913)/農学博士。陸軍主計総監田中政明(1863～1930)の長男。1923～25年英仏独留学, 31年東大教授, 49年東京農工大初代学長など。16年JEA入会(会員番号1090)。JEI会員。著『家畜衛生学攬要』(克誠堂書店, 1935),『獣医衛生学実験』(朝倉書店, 1949)。

田中ウタ | たなか うた | 1907.10.11～1974.1.20

群馬/高等小/社会運動家。兄秋山長三郎の影響で社会主義思想に目覚め, 労働組合運動へ。共産党活動家豊原五郎の妻, のち中央委員袴田里見の妻。戦前, 兄の影響でEを学び, 通信に利用。獄中の豊原にEを勧める。参丹野セツ「回想の女友達2 田中ウタ」(『婦人公論』1973.2), 山代巴「田中ウタ」(『未来』未來社, 99, 1974), 牧瀬菊枝編『田中ウター—ある無名戦士の墓標』(未来社, 1975), 平野謙『「リンチ共産党事件」の思い出』(三一書房, 1976),『現代日本朝日人物事典』,『近代日本社会運動史人物大事典』,『日本女性運動史人名事典』。

田中覚太郎 | たなか かくたろう
1897～1990.11.23

鉄道局青森保線事務所, 大阪鉄道局工務課などをへて, 1938年満鉄工務局保険課へ。47年引き揚げ。青森保線事務所在勤中の23年頃JEI入会。31年JELF結成に参加し, 連絡係を担当, 翌年10月常任委員。東京鉄道E会代表として, 33年10月8日第1回大会開催に尽力。同年第21回JK(京都)において, 長谷川朝一とともに鉄道分科会の世話人。35年大阪へ転勤後, 大阪鉄道E会を指導。36年および55～58年JEI評議員。UEAデレギート(鉄道)。参「田中覚太郎氏大阪へ転任」(RO 1935.10)。

田中克三｜たなか かつぞう
1886.12.31～1967.5.16

東京/長崎高商(1910)/中島恭平の義弟。シーボーム製鋼，アーサーバルフォア日本代理店などに勤務。出光佐三と親交があり，出光石油のガソリンスタンドを多数作った。1906年大杉栄のE学校の第一期生として千布利雄らとともに学習。長崎高商在学中の07年JEA入会(会員番号762)。16年大阪E協会評議員。のちJEIにも参加。協中島恭平。

田中菊雄｜たなか きくお
1893.11.19～1975.3.29

北海道/正則英語学校，高文(1925)/英語学者。正則英語学校に通ったほかは独学。山形大教授など。戦前から『英語研究者の為に』(北光書房，1940)などの著作で国際語としてEの優れている点に言及。戦後，山形Eクラブ顧問。1949年3月14日JOJG(山形)から篠田秀男との対談「Eについて」をラジオ放送。著『岩波英和辞典』(共編，岩波書店，1936)ほか多数。参『現代日本朝日人物事典』。

田中軍吉｜たなか ぐんきち
1905.3.19～1948.1.28

東京/陸士(1925)/陸軍少佐。第六師団中隊長として南京攻略戦に参加。非戦闘員の三百人斬りを行ったとして，いわゆる「百人斬り競争」の向井敏明，野田毅両少尉とともに南京雨花台にて銃殺刑。近衛歩兵第三連隊第三中隊士官候補生時代の1923年頃JEI入会。

田中顕道｜たなか けんどう｜1905～1950.3.20

本名市郎/僧侶。1930年福岡でEを学び，熱心に運動。34年梶弘和「Verda Mateno」(E研究社，1926)を点訳し，築上E研究会より発行。のち大阪へ移り，仏教済世軍E部委員。戦後，大阪豊中で病と闘いながらE普及に尽力。著'Espero'("Amikoj de E"E友の会, 3:10, 1934)，「田舎でE語学習の苦しみ」(RO 1936.8)。参梶弘和「質疑応答」("Amikoj de E" 3:10)。

田中貞美｜たなか さだみ
1907.3.27～1992.12.30

福岡/旅順工大(中退)/筆名TAN-Sa/中島光風の従弟。1912年より中国で成長。33～45年満洲電業に勤務。47年引き揚げ後，48～60年中国電力，60～74年太陽工藤工事に勤務。29年大連でEを学び，同年9月JEI入会。終戦まで大連，新京(現長春)でE運動。48～60年広島E会で活動。49年第2次JEA委員。53年加納哲雄らと広島E会設立。54年小倉豊文の原爆記録文学『絶後の記録』から「妻の屍を抱いて」をE訳・出版，同書は東西ドイツ，ブルガリア，ポーランド，ハンガリー，リトアニア，ベトナムなどで各言語に重訳された。58年12月加納の辞意を受けて広島E会長，JEI広島支部代表に就任。59年1月広島県E連合会結成に際し初代会長。野崎貞夫らの同人誌"Kajero"にたびたび寄稿。柳田國男"Japanaj malnovaj rakontoj〔日本の昔話〕"(天母学院, 1965)の共同E訳に参加。66年1月10日高槻E会を創立し会長，76年顧問。76年11月高槻市教育委員会より教育文化功労者として表彰。76年度KLEG個人賞。原爆の体験を伝える会編著"Akvon, mi petas!〔水ヲ下サイ〕"(福岡E会, 1984)の共同E訳に校閲で協力。91年8月24日岡田静香らとロンド・ケンを結成し初代会長，機関誌"La Mondo sen Armiloj"創刊。KLEG副委員長，UEAデレギート(高槻)，SAT, JPEA, JESA各会員。Hajkista Kluboに参加。著'Mia impreso ĉe la tombo de nia pioniro Kazi-Girej'(RO 1940.3)，小倉豊文著"Kun la kadavro de l' edzino〔妻の屍を抱いて〕"(JELK, 1954)，「「妻の屍を抱いて」の東独版あとがき」(LM 1958.6)，'Statuo de infanoj de l' atombombo'(RO 1958.7)，「「妻の屍を抱いて」のブルガリヤ版について」(LM 1959.8)，諸井條次著"Mil papergruoj〔千羽鶴〕"(広島E連合会, 1959)，山口勇子他著"Infanoj en Hiroŝimo"(JELK, 1983)，「満州E運動史」(LM 1969.2～70.2)，'Kontraŭmilita literaturo en la japana esp-movado post la milito'(LM 1972.12)，「自著

309

を語る」(LM 1977.8),「自著を語る」(LM 1983.8),『日本E運動人名小事典』,今西祐行他 "Flustras Hirosîmo〔ヒロシマの歌〕"(私家版,1990).参「『ヒロシマ』を世界に」(『大阪民主新報』1990.6.24),中村日出男「田中貞美さんのこと」(LVK 1993.1〜2),竹内義一「E-isto の気骨」(LM 1993.3),松本健一「Tan-Sa をしのぶ」(LM 1993.3),松本昭子「思い出すままに」(LZ 1994.1),浮田政治「高槻E会と田中貞美さん」(LZ 2005.4),高槻E会『高槻E会40年史 1966.1〜2006.12』(同会,2008), "Ordeno de verda plumo", "Encyclopedia of the Original Literature".

田中正平|たなか しょうへい
1862.6.12(文久2.5.15)〜1945.10.16

淡路国(現兵庫)/大阪外語,東大予備門(1878),東大(1882)/物理学者。理学博士。日本の音楽学の草分けで,邦楽も研究。植田豊橘,田中館愛橘と東大予備門理科の同期。1884〜99年ドイツ留学。89年純正調オルガン「エンハルモニウム」を発明し,翌年ドイツ皇帝の前で演奏。帰国後,日本鉄道株式会社技師,鉄道院鉄道試験所長を歴任。1912年退官後,田中電気研究所創立。大日本音楽協会理事長など。ザメンホフが出した07年版『全世界E年鑑』に氏名掲載。著『新考案乗除筆算法』(田中電気研究所,1931),『日本和声の基礎』(創元社,1940).参『田中正平博士』(田中正平博士顕彰会,1971),泉健「田中正平における西洋音楽の受容」(『和歌山大学教育学部紀要 人文科学』61, 2011).

田中種助|たなか たねすけ|1885〜1955

静岡/東京学院神学部(1919)/号遵聖/伊藤八郎の義父,直木賞作家田中小実昌(1925〜2000)の父。東京市民教会,西南女学院シオン山教会,呉市のバプテスト教会などをへて,1932年宗派や教義を否定した独立教会「アサ会」を創設。小実昌の『アメン父』によれば,父の本棚の奥には,特高に見つからぬよう,「Eの本も10冊くらいつっこんであった」と。参田中小実昌『アメン父』(河出書房新社,1989).函忍岡守隆。

田中民蔵|たなか たみぞう
1889.8.31〜1966.6.9

東京/横浜商/ウエストン商会,久保田商会をへて,1922年横浜海陸商会を設立。06年JEA入会(会員番号357).

田中久夫|たなか ひさお|1903?〜?

会社員。東京王子に在住。Eを家庭語に採用し,妻まち子,長男寛とも全くEで会話。参「エス語坊や 四歳でペラペラと」(『東京朝日新聞』1936.4.2).

田中秀夫|たなか ひでお|1893.1.19〜?

静岡/東大/1917年大卒後,茂木合名調査部,東洋拓殖大邱支店などに勤務し,30年興津町(現静岡市)町長に。JEI初期に入会。

田中宏|たなか ひろし|1859(安政6.1)〜1933.1.27

鹿児島/駒場農学校(1882)/獣医学博士。日本の家畜解剖学の草分け。同盟通信社長岩永裕吉(1883〜1939,長与善郎の兄)の岳父。東大名誉教授。JEA会員(会員番号1083).著『獣医外科手術学』(有隣堂,1893),『田中式豚肉調理法』(東京出版社,1916).参上條峻「獣医界の先駆者」(『獣医畜産新報』文永堂出版,730,1982).

田中房雄|たなか ふさお|1912〜1941以降

京都/京都一商/一時村上姓/自動車運転手。1930年頃から小山秋雄らとプロレタリアE運動に従事。E運動に深入りしすぎ,養家の炭屋から離縁され,旧姓に復す。35年京都で河本吉衛らとプロレタリアE研究会を結成。36年12月検挙。のちに南方で戦死したと伝えられる。参『特高外事月報』1937.6,宮本正男「ポエウ京都支部の思い出—吉田泰三聞書抄」(NR 1967.8).

田中政夫|たなか まさお|1905.6.5〜1962.1.20

鹿児島/大阪外語/英語教諭として逗子開成中に勤め,戦中,報道員としてフィリピン

へ。戦後、GHQ情報部員、のち細田貿易に勤務。福岡でE学習。大島広の援助で大阪外国語学校に入り、関西学生E運動に参加。1928年第16回JK（大阪）後の三高E会主催雄弁大会（京都）で「南洋への移民」を演説。逗子開成中在勤中、課外でE教授。36年JEI入会。47年松本清一、佐々木久子らと鎌倉E会結成。🖋「中等学校でのE語教授の時間数」(RO 1935.9)、「タガログ語辞典」（未定稿）。📷田中喜代子、松葉菊延、鎌倉市中央図書館。

田中光顕 | たなか みつあき
1843.11.16（天保14.9.25）～1939.3.28

土佐国（現高知）/幼名顕助、号青山、前名浜田辰弥/陸軍少将。土佐勤王党に属し明治維新に活躍。1871～73年岩倉使節団に理事官として随行。警視総監、宮内大臣など。1909年収賄を噂され公職引退。E学習歴は不明。08年JEA名誉会員。のちJEIにも参加。🖋『維新風雲回顧録』（大日本雄弁会講談社、1928）、『維新夜話』（改造社、1936）。📎「田中光顕翁を悼む」(RO 1939.5)。

田中弥 | たなか みよし | 1914～1991.1.7

岐阜/京都高等工芸学校/1936年宮崎家具（京都）設計部から三菱重工長崎造船所へ。Eは、31年京都高工E会で学び、京都E会に参加。35年宮崎家具内に家具Eグループを結成。36年より三菱重工長崎造船所E会を指導し、長崎E会にも加入。"tempo"誌に寄稿。48年第2次JEA委員。50年神戸造船所へ転勤後、神戸E協会に参加。57年8月JEI入会。58年新三菱E会を結成し会長。📎『中原脩司とその時代』。

田中義弘 | たなか よしひろ | 1870?～1930.1.3

関学中学部長。ザメンホフが出した07年版『全世界E年鑑』に氏名掲載。

田中館愛橘 | たなかだて あいきつ
1856.10.16（安政3.9.18）～1952.5.21

陸奥国（現岩手）/東大予備門（1878）、東大（1882）/理学博士。地球物理学者。田中館秀三の岳父。植田豊橘、田中正平と東大予備門理科の同期。日本式ローマ字を創始して、ローマ字運動の指導者。1888～91年英独留学。1944年文化勲章。2002年11月発行の文化人切手の肖像に。二戸市に田中館愛橘記念科学館。1907年国際度量衡委員会の委員としてパリ滞在中に、招待を受けてパリE会の晩餐会に参加。22年1月22日帝国学士院総会においてE支援の演説をし、井口在屋、穂積陳重はこれを聴いてEに傾倒。37年7月26日E発表50周年記念晩餐会に出席し、挨拶。📎「田中館愛橘先生特集号」（『ローマ字世界』42）、堀内庸村 'D-ro Tanakadade-A. ne kalkulis sian morton'（RO 1952.8）、平井昌夫「田中館愛橘博士と田丸卓郎博士　日本語の近代化に尽した人々3」（『言語生活』1969.1）、高原栄二「田中館愛橘の地磁気研究活動」（『物理学史研究』5：4, 1969）、桧谷克己「田中館愛橘の航空方面での初期の業績について」（同）、宮原茂「田中館愛橘と地震研究」（『物理学史研究』7：3, 1971）、杉山滋郎『日本の近代化と科学技術—田中館愛橘の活動を事例に』（科研費報告書、1997）、茅島篤編著『日本語表記の新地平』（くろしお出版、2012）、『現代日本朝日人物事典』、『近代日本社会運動史人物大事典』。

田中館秀三 | たなかだて ひでぞう
1884.6.11～1951.1.29

岩手/盛岡中（1902）、三高（1905）、東大（1908）/旧名下斗米秀次郎/地質学、火山学、海洋学、湖沼学、経済地理学者。田中館愛橘の娘婿。1910～15年英独伊留学。帰国後、北大、東北大などの講師、助教授、教授を歴任。万国火山学会副会長。昭和新山の名付け親。日本軍のシンガポール占領時に昭南博物館・植物園を略奪から守る。帰国後は終戦工作に参加。戦後GHQの経済学嘱託。23年頃JEIに入会し、仙台のE活動に時折参加。31年3月9日萱場真の告別式で仙台ローマ字会を代表して弔辞。ローマ字運動にも尽力。🖋「伊太利の火山」（『地学雑誌』30, 1918）、「関東大地震と海岸の昇降運動」（『地学雑誌』38, 1926）など。📎徳川義親、RO編集部訳 'Gardosoldato de muzeo'（RO

1943.6)。田中館秀三業績刊行会編『田中館秀三 業績と追憶』(世界文庫, 1975)、荒俣宏『大東亜科学綺譚』(ちくま文庫, 1996)、西原大輔「日本人のシンガポール体験 18 田中館秀三教授の昭南植物園」(『シンガポール』日本シンガポール協会, 2003.4)、『現代日本朝日人物事典』、『日本地理学人物事典 近代編1』。

田中丸益一｜たなかまる ますいち
1900〜1943 以降

佐賀/慶大/北部九州の百貨店「玉屋」創業家、田中丸一族の出身。福岡玉屋会長田中丸善輔 (1905〜1986)、小倉玉屋会長田中丸重雄 (1911〜1982) 兄弟の長兄。玉屋呉服店福岡支店に勤務。慶大在学中の1923年北部九州へE宣伝旅行に出かけ、佐賀、福岡、佐世保などで講演会、講習を実施。24年JEI委員。25年第3回九州E大会 (別府) において"Solidareco inter E-istoj"を講演。[著]「人類解放の武器国際語E」(『福岡日日新聞』1923.7.31)。[参]『昭和2年KEL年鑑』、石黒修「E六十年 13」(ES 1977.9)。

田辺朔郎｜たなべ さくろう
1861.12.2 (文久1.11.1)〜1944.9.5

江戸/工部大学校 (1883)/工学博士。琵琶湖疏水工事を手がけた世界的土木工学者。三宅雪嶺の義兄。1900年東大教授から京大教授に。16〜18年京大工科大学長。13年高橋邦太郎 (技師) のE宣伝講演会 (広島) でEの教科書を贈られ、一ヵ月後、高橋からEの手紙をもらうと、数時間の学習で返事をEで書いた。[著]『琵琶湖疏水工事図譜』(私家版, 1891)、『とんねる』(丸善, 1922)。[参]高橋邦太郎「E生活30年」(EL 1936.5)、『土木人物事典』。

田辺治夫｜たなべ はるお｜1905〜1931.3.15

東大 (卒業直前に没)/東大医学部入学後、Eskulapida Klubo、東京学生E連盟、帝大E会で熱心に活動。1928年6月第1回東都医学生E雄弁大会で開会の辞を担当。29〜31年JEI評議員。JEMA会員。[参]西成甫「田辺治夫君を惜む」(RO 1931.5)。

田辺尚雄｜たなべ ひさお｜1883.8.16〜1984.3.5

東京/一高 (1904)、東大 (1907)/旧姓本岡/日本・東洋音楽研究の先駆者。柴田雄次と一高理科の同期。1929年帝国学士院賞。19年4月JEA入会 (会員番号1318)、のちJEIにも参加。56年日本E運動50周年記念に際しJEI賛助会員。[著]『田辺尚雄自叙伝』全2巻 (邦楽社, 1981〜82) ほか多数。[参]『現代日本朝日人物事典』。

田辺茂一｜たなべ もいち
1905.2.12〜1981.12.11

東京/慶應義塾高等部 (1926)/本名茂一 (しげいち)/紀伊國屋書店創業者、エッセイスト。E学習歴は不明。1928年木村荘八、中川紀元、今和次郎らと共編で、Eのタイトルを冠した美術雑誌"ARTO"を自社より発行。59年ザメンホフ百年祭賛助員。[著]『世話をした女』(創元社, 1953) ほか多数。[参]『現代日本朝日人物事典』。

谷亀之助｜たに かめのすけ
1898.7.14〜1971 以降

慶応中等部商工科 (1917)/別名谷邦/東京本郷で書店「四方堂」を営み、1922年何盛三の極東E書院の業務を継承。梶弘和、川原次吉郎、東宮登達、西成甫のE注釈書を出版。22年12月川原、小林鉄太郎、豊川善曄、上野孝男らとE同人社を設立。24年四方堂E研究所を設立し、26年4月より月刊『E文芸』を発行するも、同年7月廃刊。のち家業の工業薬品問屋を継承。三栄薬品興業、双葉産業社長など。JEI会員。[参]大島義夫「『E文芸』の周辺」(NR 25, 1973.6)。

谷正守｜たに まさもり｜1906.3.16〜1999.2.24

三重/早大 (1929)/朝日新聞社に入り、大阪本社整理部次長、西部本社総務部長、東京本社総務部次長などをへて、1952年東京本社総務部部長。早大在学中にJEI入会。

谷川徹三｜たにかわ てつぞう
1895.5.26～1989.9.27

愛知/愛知五中，一高(1918)，京大(1922)/哲学者，評論家。文学博士。法大総長。世界連邦運動に参加。清野暢一郎と一高文科の同期。E学習歴は不明。「国語国字を語る座談会」(『日本評論』1936.7)で司会としてEに言及。1959年ザメンホフ百年祭賛助員。「谷川徹三さんに聞く」(『人類愛善新聞』1983.8.1)で「世界連邦が究極の理想であるように，Eもやはり究極の理想」と。長男の詩人谷川俊太郎は2007年8月5日第92回UK(横浜)内のプログラム「詩の朗読の夕べ Eの詩×日本の詩」にゲスト出演し，田中克彦と「誕生120年 Eが拓く世界」を対談(『論座』2007.9)。⑧『谷川徹三選集』全3巻(斎藤書店, 1946～47) ほか多数。⑳『現代日本朝日人物事典』。

谷口光平｜たにぐち こうへい
1900.6.30～1985.8.22

東京/東京府立一中(1918)，一高(1921)，東大(1924)/号道雲/工学博士。難波経一，山越邦彦らと東京府立一中の同期。中庸雄，浜田成徳と一高工科の同期。日本製鉄に入り，1940年ロール課長。のち広畑製鉄所製鉄部長，川崎製鉄本社技術調査役，関西鉄鋼短大教授など。20年5月 JEI 入会。⑧『チルド鋳物』(共立社, 1935)，『熔銑の脱硫に關する研究』(共著，日鉄八幡製鉄所研究所, 1940)。

谷口高｜たにぐち たかし｜1917～1992.8.24

大阪/大阪商大/大徳商事経理部長など。茨木中2年のときにEの発音の美しさに惹かれ，大学進学後に本格的に学習。1950年12月 JEI 入会。69年3月27日茨木E会設立に際し副会長，のち会長。79～91年 KLEG 会計監査。73年第60回 JK(亀山市)を皮切りに，文芸コンクールで当選を重ねた。野崎貞夫らの同人誌 "Kajero" にたびたび寄稿。宮本正男・上山政夫編 "Japana Variacio" (L'omnibuso, 1978) に1編収録。⑧'Or-akva Afereto' (RO 1974.5)，'Ĉu kokoson aŭ ĉerizon' (LM 1979.2)，「忘れえぬ2人のEva」(RO 1982.9)。⑳「茨木E会発足」(LM 1969.6)，黄泰淵「「茨木の父」谷口高氏」(LM 1992.10)，"Ordeno de verda plumo"。

谷口恒二｜たにぐち つねじ
1894.6.18～1945.5.26

大阪/北野中(1913)，一高(1916)，東大(1919)/門司，長崎各税関などをへて，1934年大蔵大臣秘書官兼大蔵大臣官房秘書課長，41年大蔵次官，44年日本銀行副総裁。門司税関在勤中の22年頃 JEI 入会。27年12月10日長崎市で開かれた浅田一博士帰朝講演会において「Eと税関について」を講演。長崎税関工務部長から大蔵省主税局へ転出するに際し，28年1月18日，高原憲宅で送別会。JEI 会員。⑳RO 1927.7，『長崎のE・前編』。

谷口道夫｜たにぐち みちお｜？～1959.12.10

芝浦製作所に勤務。1929年芝浦E会創立の中心。35年電気E会創立と同時に参加。⑳RO 1929.9。

谷林正敏｜たにばやし まさとし
1900.1.1～1988.5.19

東京/一高(1921)，東大(1924)/三菱商事に入り，ハノイ支店長，業務部長などを歴任。1947年財閥解体で退職後，平安商事，三菱商事各社長をへて，52年東京貿易顧問，54年三菱商事監査役。安積得也，木崎宏，楠井隆三，吉村鉄太郎と一高英法科の同期。20年9月 JEI 入会。⑧『貿易随感』(私家版, 1984)。

谷村正夫｜たにむら まさお｜？～1942.10.15

静岡/職工。名古屋E会に加わり，竹中治助，金子美雄らと機関誌発行に尽力。1940年 JEI の中等講習に参加し，田畑喜作に学ぶ。ガダルカナル付近で戦死。⑳田畑喜作「谷村正夫君を悼む」(RO 1943.2)。

谷本富｜たにもと とめり
1867.11.12（慶応3.10.17）〜1946.2.1

讃岐国（現香川）/高松中，高松病院医学校（1881），東京同人社（1885），東大（1890）/文学博士。大正新教育の提唱者。1899〜1903年英仏独留学。京大教授時代の13年，沢柳政太郎総長によって辞任させられた教授陣の一人（「沢柳事件」）。のち立命館大などで教鞭を。晩年は宗教講演活動。滞仏中の01年，モンペリエの新聞社長ガウリエの勧めでEを学んだとされる。⬚著『実用教育学及教授法』（六盟館，1894）ほか多数。⬚参柴山全慶「教界E運動茶話」（"Informilo de JBLE" 73〜76, 1960）。⬚協草野滋之。

谷本誠｜たにもと まこと｜1900頃〜1961以降

香川/一高（1921），東大（1925）/中央気象台沖縄支台長など。一高在学中の1920年4月JEI入会。⬚著エディントン著『星と原子』（岩波書店，1929）。

谷山弘蔵｜たにやま こうぞう
1901.11.25〜2000.11.22

青森/大谷大（1926）/光明山正蓮寺（弘前）住職。大谷大予科2年生の1921年E講習会に参加し，10月JEI入会。桜田一郎の手ほどきを受け，21年12月細川憲寿らと大谷大E会を組織，22〜26年機関誌"La Paco"を10号まで発行。青森県E連盟委員。36年から弘前E会の復興に尽力するも，翌年4月会長職を辞任。⬚著「E普及の急務を論ず」（『弘前新聞』1926.9.11〜14）。⬚参柴山全慶「教界E運動茶話」（"Informilo de JBLE" 73〜76, 1960），山口真一「仏教E運動のパイオニア谷山弘蔵師を偲ぶ」（RO 2001.2）。⬚協谷山理阿乃。

田沼利男｜たぬま としお｜1905.1〜1976.2.21

東京/高文/仏文学者。上智大講師，大東亜省南方事務局などをへて，1967年早大助教授，72年教授。芥川龍之介にフランス語を指南。ローマ字論者。33年3月Eを学び，7月比嘉春潮，宗近真澄，大崎和夫，里吉重時らと武蔵野グルーポを結成，会合に高円寺の自宅を提供。34年9月アテネ・フランセにE科を設置させ，自ら教壇に。40年宗教改革史をE文で著し，オランダから出版。49年南英一，川崎直一，松原八郎らと日本カトリックE会設立。56年早大E研究会の初等講習会を指導。⬚著 "Dai-toa romazi tokuhon"（日本のローマ字社，1942）ほか多数。E関係に「中等学校語学問題とE語」（RO 1935.9），"La Origino de la Protestantismo"（Internacia Katolika Informejo, 1939），「国際語は可能か」（『早稲田商学』181, 1965）など。⬚協早大図書館。

田野良雄｜たの よしお｜1912.1.3〜1985以降

兵庫/三高（1930），東大（1935）/医学博士。河瀬収，竹広登と三高理科乙類の同期。1948年兵庫県西脇市に田野眼科医院開業。兵庫県医師会副会長。三高在学中に石井二三の勧めでE学習。⬚参『三高E会小史』。

田野崎和夫｜たのさき かずお
1927.1.29〜2010.9.10

岩手大名誉教授。イーハトヴE会員。⬚著「岩手大学における金属教育の現状」（『金属』59：1, 1989）。

田畑喜作｜たばた きさく
1912.1.20〜1990.11.13

石川/金沢一中，金沢医大/北里研究所研究員，ネオ製薬工業相談役など。劇作に従事し，総合文芸雑誌『真実』の編集。のち古代史の研究も。1925年金沢一中E部に入会し，池田善政，内田雄太郎から指導を受ける。28〜30年金沢E会で普及運動に活躍。32年上海へ渡り，1年半同地の薬局に勤務。33年4月JEI入会。東京薬学E-isto懇話会でも活動。37年佐々木孝丸らの協力を得てザメンホフ伝の戯曲をROに連載するも，中絶。37〜41年JEI主催の中等講習会で講師を担当。43〜45年JEI評議員。47年第2次JEA常任委員。47〜51年JEI評議員。'Korvo' は中村陽宇・宮本正男編 "Japana kvodlibeto"（La Laguna : Stafeto, 1965）に収録され，77年Teatro E Parizoによりべ

ルサイユで上演される。著'Kabano sur la monto'(『E文学』フロント社、4〜8、1933)、'Korvo'(同、20、1936)、'Sinmortigo laŭ la modo'(RO 1936.3)、「失はれた大地」(RO 1937.8〜9)、『高天原は実在した』(講談社、1973)、『私は見た『幻の怪文書』』(RO 1981.12)。参LM 1977.9, "Ordeno de verda plumo"。図上田嘉三郎。

田原春次 |たはら はるじ| 1900.7.28〜1973.7.14

福岡/早大(1922)、ミズーリ州立大(1926)/社会運動家、政治家。大場格と中学で同級。1923年米国留学。37年衆院議員(当選7回)。戦後社会党の結成に参加、部落解放同盟福岡県連委員長、全日本ウエイトリフティング協会会長など。32年梶弘和、永井叔、三宅ヒサノらと労農E同盟の組織に着手するも流産。衆院予算委員会第一分科会(1966.2.28)などの場で学校教育へのE導入を力説。66年4月JEI入会。小倉E会員。著『南方各国雄飛案内』(清水書房、1942)、『田原春次自伝』(田中秀明、1973)。参『国会でE問答』(RO 1966.5)、『現代日本朝日人物事典』、『近代日本社会運動史人物大事典』。

玉井英次郎 |たまい えいじろう| 1912.8.10〜1989.5.2

東京/東大(1936)/協同軽金属監査取締役、東海金属工業常務、コノキ工業社長など。Eは、70歳で退職後、妻つる子(1927〜2000)とともに講習会で学習。JEI、ELK、TEK各会員など。参玉井つる子「今は亡き夫・英次郎」(PO 1989.6)。

玉井磨輔 |たまい ますけ| 1886.8.20〜1965.10.10

山口/関大(1909)/木津川製作所、貝島石炭工場、大辻岩屋炭鉱、貝島化学工業などの重役を歴任後、満洲重工業総務理事。1906年JEA入会(会員番号500)。

玉川勝太郎(2代) |たまがわ かつたろう| 1896.3.5〜1969.8.13

東京/本名石渡金久/浪曲第3期黄金時代を築いた浪曲師の一人。30年代から浪曲をEで海外へ放送することを希望。1956年日本E運動50周年記念に際しJEI賛助会員。同年7月22日付『東京新聞』に「E語でも習って、…世界へむけてE浪曲をやってみたい」と。参「浪曲をE語で海外へ中継」(『都新聞』1937.1.16)、『現代日本朝日人物事典』。

玉河久雄 |たまがわ ひさお| 1888.3〜1954.1.11

兵庫/一高(1909)、東大(1912)/日立製作所常務、東洋伸銅所社長など。1923年頃JEI入会。

玉木幸之助 |たまき こうのすけ| 1900.7.7〜1947以降

東京/中央商/家業の運送店を継承後、1923年千葉県市川に移り、星花農園を経営。青年時代E学習。

田宮博 |たみや ひろし| 1903.1.5〜1984.3.20

大阪/一高(1923)、東大(1926)/理学博士。異名「クロレラ博士」。塩川新助と一高理科乙類の同期。東大名誉教授。1965年日本学士院賞、77年文化勲章(桜田一郎と同時)。45〜52年JEI理事。50年国際植物学会(ストックホルム)に参加し、P. Neergaardら E-istoと交流。教え子の高宮篤、太田行人らにEを推奨。著『光合成の機作』(岩波書店、1943)、『田宮博先生著作選集』(田宮博先生著作選集刊行会、1990)。参『現代日本朝日人物事典』。

田村於兎 |たむら おと| 1883.3.30〜1946.8.19

福島/安積中(1900)、一高(1904)、京大福岡医大(1908)/旧姓吉田/医学博士。病理学者。西成甫、宮路重嗣と一高医科の同期。1912年ドイツ留学。九大助教授、岡山医専教授などをへて、31年岡山医大、43年盛京

医大(奉天)各学長。Eは、21年柴田潤一、尾坂政男に学ぶ。23年第11回JK(岡山)で「科学とE」を講演。岡山E倶楽部顧問、JEMA岡山医大支部幹事など。図岡一太、岡山市立中央図書館。

田村憲造｜たむら けんぞう
1889.2.18～1953.8.19

愛知/獨逸学協会学校、一高(1909)、東大(1914)/医学博士。強心剤「ビタカンファー」の発明者。森於菟と一高医科、東大医科大の同期。1919～21年文部省留学生として欧米留学。38～45年東大教授。43年帝国学士院賞。22年頃鈴木正夫、西成甫の影響でE学習。24年1月Hipokratida Klubo結成に参加。Eの公用語化を説き、Eで講義も。JEMA会員。著'Pri la fiziologio kaj farmakologio de reno'(IMR 1928.1)。

田村貞吉｜たむら ていきち
1887.11.4～1937⇔1943

宮城/仙台高工/三菱鉱業技師をへて、1921年に仙台に田村組を創立、東北学院専門部、船岡駅(宮城)などの工事を手がけた。21年11月頃JEI入会。

田村はるゑ｜たむら はるえ
1912.4.14～1995.7.16

台湾/神戸高女(1932)/旧姓脇田/1922年須磨へ転居。Eは、31年田村実の指導を受け、32年上京した際、岩下順太郎からparola metodo(口頭教授法)でEを学ぶ。33年神戸E協会に参加。34年1月28日多田浩子、福原芙美子らと'Orkidaro'結成。37年parola metodoで講習会を指導。38年結婚して夫とともに渡台。引き揚げ後Eから離れるが、60年頃JEI入会。長野で活動。72年関東E大会(松本)に参加して、E熱が再燃。UKにも参加し、最期までEを愛してやまなかった。著'Mia E'(『長野E会会報』21, 1980)、「今日の私の生活があるのはEから」(『神戸のE』)。参'Virina Rondo 創立'(RO 1934.3)、『神戸のE』。図田村南美枝。

田村復之助｜たむら ふくのすけ
1906～1969.1.25

大阪/市岡商/観世流謡曲師範の家の出身。戦前、上海の貿易商に勤務時、E学習。1955年頃日立のテープレコーダーの名称募集に応募した「ベルソーナ〔Belsona〕」(「音色のよい」から)が当選。晩年、源氏物語をE訳、謄写版で数冊発行。E音楽辞典にも着手。JEI、吹田ロンド、吹田E会各会員。著'Noo-men'("Orienta kulturo" 1, 1935), Atanasov「Eの新語について〔Lingvaj demandoj〕」(LM 1959.5)。参「E語になつた能面」(『謡曲界』1936.9)、「ここでもEが」(LM 1960.11)。図岸田準二。

多羅尾一郎｜たらお いちろう
1903.2.5～1988以降

兵庫/京都一中(1920)、青山学院/英語教諭多羅尾次郎の兄。押田徳郎の遠縁。東京府立七中、日本橋高、足立高などに勤務。クエーカー教徒。京都一中4年生の1917年父半蔵の蔵書でEを知る。20年上京し、11月日本E社の講習会に参加、小坂狷二、千布利雄、松崎克己、セリシェフの指導で本格的に学習。21年伊東三郎、松本正雄と青山E会を設立し、4月JEI入会。大橋介二郎、露木清彦らとアルジェンタ・クンシードを結成し、38年に同会が自然消滅するまでその中心として活躍。31～37年JEI評議員。E文学研究会に参加。37年E報国同盟成立に協力。43～45年JEI評議員。49年第2次JEA委員。50年里吉重時と山手ロンド結成。51年および55～60年JEI評議員。55年TEK代表となり、第4回関東E大会(横浜)議長。また同年、早大E研究会再建に協力。62年10月JAKE創立に参加。60年代JEI講習会の講師を務め、受講者に本多勝一(当時朝日新聞記者)も。68年9月世界連邦建設同盟E支部理事。68～69年ELK会長。77年東京から横浜へ転居。78年1月クエーカー西太平洋会議(香港)でEの必要性を主張。88年JEI退会。JELE会員。長男淳一(1967.6.5没)に幼時からEを教える。著'Stranga amikeco'(RO 1933.5～6)、「中等学校語学問題とE語」(RO 1935.9)、

「会話会礼賛」(RO 1936.7)、「我等の Majstro を慕いて」(RO 1959.9)、岡本綺堂著 'Banĉo Sarajaŝiki〔番町皿屋敷〕' ("Kajero" 1~3、1963~64)、「英語教師の E」(RO 1982.4)。協山田義。

多羅尾次郎|たらお じろう
1904.8.15~1992.4.24

愛知/東京府立一中補習科(1923)、一高(1926)、東大(1929)/多羅尾一郎の弟。三井銀行大阪南、若松各支店長、証券部長などをへて、1958年三井銀行審査部長、61年三井精機工業社長、74年相談役。東大在学中に JEI 入会。

丹貞一|たん ていいち|1905.5.30~1984以降

北海道/富山薬専(1927)/医学博士。右近秀蔵と富山薬専の同期。国立公衆衛生院、札幌市立病院などをへて、藤女子大教授。富山薬専在学中に JEI 入会。のち故郷釧路に戻って E 運動に奮闘し、1932年5月30日藤野謙助らと釧路 E 会結成。のち札幌 E 会へ。33~34年相沢治雄宅で開かれた E 講習の常連。JEMA 会員。

丹後関太郎|たんご せきたろう
1898頃~1954以降

石川/早大(1923)/石川県七尾で呉服雑貨商を自営。1921年11月 JEI 入会。20年代七尾 E 会の中心として活躍。参「七尾 E 会創立」(RO 1935.6)。

壇辻浩|だんつじ ひろし|?~1941以降

大阪/関大(1935)/大阪市職員。関大予科在学中から大阪 E 界で活動。著 'Malfruaŭtuna vespero' (RO 1935.1)。参増北美郎「E 人国記(3)」(EL 1933.10)。

ち

チェルニン|A. Černin|?~?

ロシア帝国/ユダヤ系ロシア人。1918年小坂狷二宅の講習を受講し、東京支部月例会に参加。JEA 入会(会員番号1233)。

チェンバーズ|Bunnie Jack Chambers
1906.4.20~1985.10.15

米国テキサス/通称 Buno/ハワイで E 普及運動。たびたび来日していたが、米大使館付の無線技師として立川に配属され1962~65年滞日。63年妻を呼び寄せ、第50回 UK(東京)の準備を側面から応援。東京都昭島市に住んで八王子 E 会の活動に参加し、福岡なども訪問。65年の大会直後、ハワイへ戻る。アマチュア無線で日本を含む太平洋地域の E-isto と長く定期的に交信。参比嘉春潮「ホノルルだより」(RO 1962.9)、梅田善美「ハワイから」(RO 1966.9)、タナカヨシカツ「E とアマチュア無線」(RO 1980.5)、中島恭平「チェンバーズの追憶」(PO 1986.1~3)、伊藤照子「E の無線通信が毎日の日課」(EV 1992.7)。

千谷利三|ちたに としぞう
1901.6.14~1973.11.20

東京/東大/物理化学者。重水素と重酸素研究の第一人者。1926年大卒後、東大助手、塩見理化学研究所員、阪大講師、同助教授を歴任。31年よりドイツへ留学し、33年帰国して阪大理学部教授、53~65年都立大教授、退官後城西大教授。59年都立アイソトープ総合研究所(現都立産業技術研究所)初代所長。52年日本化学会賞、56年学士院賞。JEI 会員。著『重水素と重水』(裳華房、1934)、『世界原子炉めぐり』(技報堂、1955)。

千葉胤成|ちば たねなり|1884.9.17~1972.3.18

宮城/二高(1906)、京大(1909)/文学博士。

京大助教授などをへて，1923年東北大法文学部心理学講座初代教授，40年満洲建国大教授。戦後，仙台四中校長，宮城県教育研究所長などをへて，49年新潟大教授，52年東北大名誉教授。のち日大，駒大各教授など。RO（1926.6）に「東北帝国大学法文学部の心理学教室ではE語を用いて研究業績を海外まで広く発表しようという訳で教授千葉胤成博士を中心に専攻の学生連が熱心にE語をやっている」と。欧文心理学雑誌"Tohoku Psychologica Folia"（1933年創刊）のE版発行を計画したとも言われるが，詳細は不明。著『千葉胤成著作集』全4巻（協同出版，1972）。協東北大大学院文学研究科心理学研究室。

千布利雄 | ちふ としお | 1881.1.22～1944.1.10

佐賀/佐賀県第一尋常中（1899），東京高師（中退）/筆名 Ĉif, T. Chif, T./JEAの活動の多くを担い，初期のE運動の実質的な中心人物。主著『E全程』（1914）は良い教科書として広く使われる。小坂狷二と並び称されたが，ブローニュ宣言擁護を唱え，小坂らJEI主流とは対立して，のちEからも疎遠になった。父利雍は佐賀の乱に参加し処罰。1902年2月熊本県属，同年3月～04年2月熊本農学校助教，05年8月～06年3月第六師団録事代用雇員。17年2月外国郵便検閲係として神戸赴任，19年11月～20年2月神戸郵便局外国郵便課主事（19年12月～20年2月税関事務官補兼任）。21年2月～31年4月逓信省嘱託，39年4月～12月佐賀市臨時雇など。06年大杉栄のE学校の1期生としてEを学び，JEAに入って（会員番号414），第1回JK（東京）で'Vivanta pruvo'を演説。黒板勝美を助けてJEAの活動に従事。07年JEA東京支部幹事，JEA評議員，08年薄井秀一の後を継いでJEA幹事となり，機関誌編集などの実務を担当し，JEを外国向けに販売して収益を得ることを企画するも，続かず。10年JEA理事。14年青島攻略に際して'Banzai Banzai'なる文章をJEに書き，物議を醸すが，'E-ista ŝovinismo'（JE 10：2, 1915.3），'La japanoj ne estas militamantoj.'（JE 10：5, 1915.5）を書いて反論。14年ザメンホフ訳"Marta"から『小説マルタ』を全訳するが，未刊（原稿のうち前編は東京都立図書館横山健堂資料蔵）。18年JEA評議員。国際商業語協会に参加。19年蔵書を小坂らへ一括売却し，のち小坂の蔵書と合わせて東京E文庫と名づけ，JEIの図書館の基となった。20年の一時期，岡山の村本達三方に身を寄せるが，間もなく再上京。23年JEI終身会員。Eの使用目的を限定しないブローニュ宣言を重視して，『Eの憲法 ブローニュ宣言の要旨』を23年の第11回JK（岡山）で配布するなど，Eの思想的中立性を強く主張。また，日本E大会を全国のE-istoの代表機関と位置づけることを提案。小坂らとの「ホマラニスモ」論争の末，23年7月JEI委員を辞任。24年4月3日KEL創立に参加。25年朝鮮E学会顧問。29年8月26日全生病院の全生EクルーボにE招かれ講話。「教育勅語」E訳（JE 1907.7）をはじめ，黒板の代作・代訳が多い。著「マックロフスキー教授の改良意見を評す」（JE 1：5, 1906.12），「ボーフロン氏に呈せる手紙の抜書」（JE 2：4, 1907.7），「Michaux」（JE 3：2・3, 1908.2・3），'Vangbulo'（JE 4：1～2・3, 1909.1～2・3），'Spegulo de Matsuyama'（JE 4：5～8, 1909.5～8），'"Sakura", japana ĉerizfloro'（JE 5：4・5, 1910.4・5），『E全程』（JEA, 1914），『E助辞詳解』（日本E社，1922），ワイルド"Salome"（同，1922；1973年JELKより復刻），『Eの憲法 ブローニュ宣言の要旨』（日本E社，1923），「学会委員を辞するに付いて」（RO 1923.9），「連合機関の組織に付て」（RO 1924.3），『大成和E辞典』（日本E社，1924），『E読本及文範』（Verda Utopio, 1924）。参岡本好次「千布文法と小坂文法」（RO 1948.11～12），福田正男「千布先生の履歴書」（RO 1969.4），'Skize pri Ĉif Tôsio kaj lia laboro'（LM 1978.1～4），若松清次郎「千布利雄氏」（AK 1986.1），『葉こそおしなべて緑なれ…』，後藤斉「Marta, 幻の第三の日本語訳」（LM 2012.11），『近代日本社会運動史人物大事典』，『日本アナキズム運動人名事典』，『神戸のE』，『危険な言語—迫害のなかのE』。協坪田幸紀，染川隆俊，東京都立図書館。

チャイレ | Edmund Zscheile | ?～?

ドイツ・ライプチヒ/詩人。著述の材料とす

るため7年がかりの世界徒歩旅行を企て、ペルツ (Wilhelm Pelz, 旅行から途中離脱) とともに1923年8月ライプチヒを出発。ヨーロッパ、中東、インド、中国などをへて26年9月長崎着。途中、チタでEを学習。久留米、福岡、大阪、津、松阪、名古屋、横浜、東京などでE-istoと交流し、新聞社訪問など。同年12月離日。27年1月23日広州での歓迎会には魯迅も参加(名をZeihileと記す中国資料もあるが、誤り)。フィリピンをへて、オーストラリアへ。参「独逸の二青年来る」(RO 1926.12)、「内地報道」(RO 1927.1)。

中馬興丸｜ちゅうま おきまる
1871.4.1 (明治4.2.12)～1936.3.14

兵庫/第一高等中(1893)、東大(1898)/旧姓天崎/1899年旧尼崎藩医の中馬家の養子に。姫路病院副院長などをへて、1915年尼崎に中馬病院開業。20～32年衆院議員(憲政会)。尼崎訓盲院長、尼崎市医師会長、阪神競馬倶楽部理事長など。林春雄と第一高等中医科の同期。E学習歴あり。32年9月8日尼崎E会創立に際し初代会長に就任。参『郷土百人の先覚者』(兵庫県教育委員会、1967)。

張継｜ちょう けい｜1882.8.31～1947.12.15

中国直隷省(現河北省)/蓮池書院、東京善隣書院、東京専門学校/本名溥、字溥泉/政治家。中国国民党に属し、国民政府の要職を歴任。アナキズムに傾倒。反共を貫く。1899年日本に留学し、一旦帰国後に再来日。1908年フランスへ。大杉栄からEを学んだとされるが、詳細は不明。同年中国人アナキストらを対象にしたE講習会の企画に参加したか。同年東京でE講座を開き、魯迅、周作人らに教えたとの説は採らない。著『張溥泉先生全集』正・補(中央文物供応社、1951・52)。参遠野はるひ「国際主義と民族主義と 中国E運動史の試み 5」(ES 1981.5)、手塚登士雄「日本の初期E運動と大杉栄らの活動」(『トスキナア』皓星社、4～5、2006～07)、『近代日本社会運動史人物大事典』、『日本アナキズム運動人名事典』、『中国世界語運動簡史』。

協 手塚登士雄。

知里真志保｜ちり ましほ｜1909.2.24～1961.6.9

北海道/室蘭中(1929)、一高(1933)、東大(1937)/アイヌ学者。文学博士。北大名誉教授。北大に知里文庫。学生時代にEを学び、友人に教えたり、Eで手紙も書いたりした。1935年露木清彦によって結成された東洋文史研究所に協力。姉幸恵(1903～1922)の『アイヌ神謡集』は共同E訳され、"Ainaj Jukaroj" として北海道E連盟より出版(1979；第3版、1989)。著『知里真志保著作集』全6巻(平凡社、1973～76)ほか多数。参藤本英夫『天才アイヌ人学者の生涯』(講談社、1970)、星田淳「ユーカラのE訳のこと」(『月刊言語』1980.3)、藤本英夫『知里真志保の生涯 アイヌ学復権の闘い』(草風館、1994)、藤本英夫『知里幸恵』(草風館、2002)、横山裕之「知里真志保とE」(HEL 2002.12～03.1)、北海道大学大学院文学研究科北方研究教育センター編『知里真志保：人と学問』(北海道大学出版会、2010)、小坂博宣編『知里真志保 アイヌの言霊に導かれて』(知里真志保を語る会、2010)、『現代日本朝日人物事典』、『近代日本社会運動史人物大事典』。

陳旺生｜ちん おうせい｜1891.7.7～1943以降

台湾台北/台湾総督府医学校(1912)/台湾総督府基隆病院、台北病院をへて、1915年台北に済生医院を開業。JEA会員(会員番号964)。

つ

ツースベルト｜A.D. Tusveld｜?～?

オランダ/甘蔗要と文通し、親交を深める。1936年6月来日し、京都で甘蔗の寺に滞在。京都、東京でE-istoと交流し、7月帰国。37年10月再度来日し、甘蔗の寺に長期滞在。新聞で「国際愛」と騒がれ、警察の監視もあって、ひっそり暮らす。柴山全慶を相談相手に。甘蔗の応召ののち、38年10月傷

心のうちに帰国。50年フランドルE連盟他の夏期講座（オランダ，アルンヘム）で"Hejma vivo en Japanujo"を講演。参柴山全慶「甘蔗要君を悼む」(RO 1940.5)，『中原脩司とその時代』。

塚田貞雄｜つかだ さだお｜1908.2.19～1959.10.9

長野/慶大(1935)/医学博士。塚田勝の弟。1947年都立久留米学園心得，53年園長，59年都立久留米養護学校初代校長。激務からノイローゼ気味になり服毒自殺と伝えられる。学生時代，北原二郎らとE学習。慶大医学部E会の中心的存在。33年4～6月東京学生E連盟副委員長，34年4月委員長。E通信で野鳥の鳴声のテープを収集。著「1934年を我等はかく戦う」(RO 1934.1)。参三宅史平「塚田貞雄氏急逝」(RO 1959.12)。協芹沢潔，慶大医学情報センター。

塚田勝｜つかだ まさる｜1900.10.23～1965.8.29

長野/慶大(1928)/医学博士。耳鼻咽喉科医。塚田貞雄の兄。入江曜子『少女の領分』（講談社，2000）に登場する診療所の医師のモデル。1928～41年帯広で開業後，41～43年慶大で研究。43年疎開先の静岡県田方郡で開業。20年頃西成甫にEを習う。35年原田三馬の後任として帯広E会長に就任。同年8月第4回北海道E大会（帯広）会長。36年JEI帯広支部新設に際し代表。協櫻井寛治，慶大医学情報センター。

塚元周三｜つかもと しゅうぞう｜1907.7.16～1957.7

長崎/郁文館中，東京物理学校（中退）/別名牧島五郎（マキシム・ゴーリキのもじり），平沢了/大村中（長崎）在学中より文学に熱中。兄高尾平兵衛(1895～1923)が社会主義運動活動中，暗殺されたことがきっかけで左傾化。東京物理学校在学中にプロレタリア科学研究所の各種研究会に参加。1930年7月PEA初代書記長。31年1月PEU初代書記長兼中央委員。同年末頃，日本共産青年同盟に参加。32年3月頃PEU書記長を辞し，以後日本プロレタリア文化連盟の活動に専心。33年2月検挙，34年12月懲役2年，執行猶予4年。旧PEU関係者の会合で大政翼賛運動を批判し，43年5月長崎で再検挙。「役目柄　多忙きはむる　書記長よ　何ぞエス語に　時譲り得る」（冨田冨「同志達」）。参『特高月報』1943.11，『近代日本社会運動史人物大事典』，『プロレタリアE運動に付て』。協熊木秀夫。

塚本赳夫｜つかもと たけお｜1897.5.20～1977.1.17

東京/二高(1918)，東大(1922)/薬学博士。家庭教育者塚本ハマ(1866～1941)の次男。兄玄門(1894～1973)は静岡大名誉教授。弟憲甫(1904～1974)は国立がんセンター総長。1927年帝国女子医学薬学専門学校，34年金沢医大，39年台北帝大，45年台湾大，48年新潟医大，50年九大，60年福岡大各教授。九州漢方研究会初代会長，日本漢方交流会長。27年日本薬学会機関誌『薬学雑誌』にE書き論文を採用させ，28年6月薬学E懇談会を薬学E懇話会と改名した際，伊藤巳西三と幹事に。35年11月金沢医大E会を再興し会長。36年3月JESA顧問。"Espero, Tagiĝo"のレコード化に際し伴奏を担当。JEMA会員。妻克子も35年金沢市にVirina RondoをE-isto。著'Apartigo de α-kaj β-santaloloj'（石橋英一と共著，『薬学雑誌』日本薬学会，48, 1928），『有機化合体溶融点表』（共編，南江堂書店，1928）。参「自然科学界への進出」(RO 1928.7)，RO 1934.5，'D-ro Takeo Tsukamoto al Eǔropo' (RO 1936.8)，武田健一「有功会員塚本赳夫先生を悼む」（『ファルマシア』日本薬学会，13：4, 1977），『九州漢方』（九州漢方研究会，4, 1978）。協九州漢方研究会，宮崎綾子。

都川正｜つかわ ただし｜1907?～1987

慶大(1933)/俳号都川一止（「みやこがわいっし」）/東京蒲田で耳鼻科の開業医。医学博士。俳句もよくした。26年当時慶大E会に所属し，北原二郎らと活動。東京学生E連盟，帝大E会会員。著『芭蕉・蕪村の比較研究』（草茎社，1964），『都川一止句集』（同，1988）。

津川弥三郎｜つがわ やさぶろう｜
1886.10.21~1965.11

大阪/関大(1907)/佐世保区裁判所判事，朝鮮総督府判官をへて，弁護士開業。佐世保市議をへて，1939年長崎県議，45年佐世保市復興委員会委員。22年11月石黒修を佐世保に招いて，石黒，桑島新とともにE講演会を挙行，これが翌年1月21日佐世保E会結成の契機に。佐世保E会長，JEI会員。著'Anekdotoj'(RO 1926.12)。参石黒修「E六十年(5)」(ES 1977.9)。図津和崎高広。

月洞譲｜つきほら ゆずる｜1918.3.31~1991.3.9

東京/東京文理大(1942)/満洲師範学校教諭。戦後，都立武蔵丘高教頭などをへて，1968年大島高，75年西東各校長。のち文教大教授。日大二中在学中の32年浜田直助にEを習う。ノーヴァ・クンシードに参加，里吉重時，万沢まきらと交流。45~46年JEI評議員。JELE会員。著「浜田先生を想う」(RO 1941.9)，『老荘思想入門』(PHP研究所，1983)。図都立中央図書館。

月本一豊｜つきもと かずとよ｜1909~1945.7

岡山/神戸一中(1926)，三高(1929)，京大(1933)/医学博士。月本喜多治の長男。池垣岩太郎，石井一二三，津路道一と三高理科乙類の同期。京大医学部副手。1932年風間恒弘の後任として京大医学部E会代表。ルソンで戦死。

月本喜多治｜つきもと きたじ｜
1881.2.4~1952.1.29

岡山/一高(1900)，京大(1904)/月本一豊の父。夕立病院(山梨)，平田病院(島根)などをへて，1918年神戸で開業。京大病院入院中の06年10月二葉亭四迷『世界語』の新聞広告でEを知り独習。同年甲府に移り，07年JEA入会(会員番号720)，のちJEIにも参加。08年からTutmonda E-ista Kuracista Asocioの日本代表。23年第11回JK(岡山)で，医学界におけるE普及の貢献により表彰。24年神戸E協会創立に際し初代会長に就任し，片足の身ながら例会に欠かさず出席。36年JESA顧問。39年第27回JK(大阪)でJEIを日本E運動の中心機関として推戴することを神戸E会を代表して提案し，可決。45年故郷へ疎開。UEAデレギート(神戸)，JEMA兵庫県支部幹事など。著'Pri la ordo de la persona kaj familia nomoj'("La Bulteno de KEA"神戸E協会，5：5, 1935)，「思い出」(RO 1936.6)，'Instruisto jus reveninta de Germanujo' (RO 1941.3)。参「月本喜多治氏逝く」(RO 1952.4)，『神戸のE』，『山梨とE』。

辻寅吉｜つじ とらきち｜?~1967.4.15

松阪市職員。1920年代初頭より三重県松阪を中心に加茂秀雄らとE講習会を開き，熱心に普及運動。24年久留威を講師にした講習会を開催。松阪E会設立。26年中部日本E連盟結成に参加。戦後は河合秀夫とともに松阪E会で活動。UEA，JEI，松阪E会各会員。UK参加のため渡航手続きに外出して交通事故死。参竹中治助「辻寅吉さんの急逝」(LM 1967.7)。

辻直四郎｜つじ なおしろう｜
1899.11.18~1979.9.24

東京/東京府立一中(1917)，一高(1920)，東大(1923)/旧姓福島/文学博士。サンスクリット学者。井上万寿蔵と東京府立一中の同期。酒井瞭吉と一高文科の同期。1924~27年英独，インド留学。東大名誉教授，東洋文庫理事長など。20年5月JEI入会。著『辻直四郎著作集』全4巻(法蔵館，1981~82)ほか多数。参『東方学』(東方学会，60, 1980)，風間喜代三「故辻直四郎先生」(『言語研究』日本言語学会，77, 1980)，『現代日本朝日人物事典』。

津路道一｜つじ みちかず｜1908.5.20~1979以降

大阪/三高(1929)，京大(1933)/医学博士。池垣岩太郎，石井一二三，月本一豊と三高理科乙類の同期。大阪赤十字病院などをへて，1960年大阪市浪速区に津路医院を開業。三高在学中に松田正夫の指導でE学習。参

『三高E会小史』。

辻泰規|つじ やすのり|1899.2.28～1977以降

山口/一高(1919), 九大(1923)/医学博士。横浜病院眼科部長などをへて, 1931年山口赤十字病院眼科医長, 37年防府市に辻眼科医院を開業。29年頃JEI入会。

辻利助|つじ りすけ|1885～1935.9.29

大阪/高等小/安堂寺橋通の商人の独り息子。高尾亮雄の援助で少国民新聞社の校正係。独学で英語を学んだのに続いて, 07年頃『ロンドン・タイムス』の記事に触発され, 英国から書籍を取り寄せE学習。07年JEA入会(会員番号775)。16年3月12日大阪E協会創立に参画し幹事。19年JEA再入会(会員番号1296)。"Verda Utopio"を援助。24年10月JEI大阪支部創立委員。米田徳次郎の推挙により, 27年8月31日～29年4月10日伊東三郎の後任として大阪市立盲学校においてE講師。31年2月児島壮一らと大阪で新星会を結成。岸和田E会顧問, UEAデレギート(西成郡, 大阪), 終身会員など。長男千早もE学習。 参米田徳次郎「辻利助君の思い出」(RO 1936.6), 辻千早「お初におめにかかります」(LM 1984.5)。 図辻千早。

辻本進|つじもと すすむ|1902.5.17～1989以降

和歌山/九大(1927)/南海電鉄, 日本発送電をへて, 1951年東京電力火力部次長, 57年日本原子力発電建設部長など。E学習は29年以前。JEI会員。

津田清一|つだ せいいち|1902.11.9～1964以降

高知/早大(1927)/曹達販売社長, 日本ソーダ工業会専務理事などをへて, 1955年曹達商事監査役, 58年会長。早大在学中にE学習。

津田千秋|つだ ちあき|1891.2.28～1989以降

和歌山/和歌山中(1908), 八高(1911), 東大(1914)/川北真太郎と和歌山中の同期。東洋紡績, 東洋編織をへて, 1956年同興紡績社長。26年頃JEI入会。名前は「せんしゅう」とも。 著「我工場経営の実際」(『産業能率』3:9, 1930)。

津田松苗|つだ まつなえ|1911.11.15～1975.10.9

京都/三高(1932), 京大(1935)/理学博士。奈良女子大名誉教授。1929年三高入学後, 同校E部に参加。奈良女子大E会顧問として春名馥, 塩田智江子らの学生E運動を支援。 著 'Historieto pri bierindustrio en Japanujo' ("Libero"三高E部, 35, 1932; RO 1934.6に再録), 『水生昆虫学』(北隆館, 1962)。 図土居智江子。

津田幹夫|つだ みきお|1888頃～1954以降

石川/一高(1909), 東大(1912)/横浜高工教授など。1923年頃JEI入会。 著『化学商品事典』(共編, 同文館, 1930)。

津田安治郎|つだ やすじろう|1876.8.20～1937⇔1939

大阪/北野中(1895), 五高(1899), 京大(1902)/今井樹三と北野中の同期。大阪砲兵工廠嘱託, 藤田組, 宇治川電気各技師, 神戸市土木課長などをへて, 1928年札幌市土木課長。藤田組在勤中JEA入会(会員番号700)。 著「街路照明灯に就いて」(『都市研究』3:2, 1927)。

土田清|つちだ きよし|1911～1933以降

大阪/尋常小/鉄工所事務員。1931年3月PEU大阪支部に参加。33年4月日本共産党入党, 同年8月検挙。

土田八朗|つちだ はちろう|1915.5.15～2003.7.14

大阪/関大/大阪市職員。キリスト者。宮沢賢治の童話がきっかけでE学習。大阪E会, 堺E会で活躍。E講習会などで熱心に後進を指導。1982年JEI入会。SAT会員。

📚 'Julian Modest' (RO 2003.7)。参東田正義「良師土田八朗先輩に捧げる」(RO 2004.2)。図土田繁子。

土田斉｜つちだ ひとし｜1888.4.10～1986.4.29

大分/中津中, 海兵 (1910)/旧姓和才/海軍大佐。海軍砲術学校教官, 水上機母艦能登呂, 巡洋艦妙高各副長, 佐世保軍需部第一課長などをへて, 1941年「浮島丸」艦長。JEA会員 (会員番号1011)。メルボルンのE会から名誉会員に推薦されたという。JEI会員。児島襄『悲劇の提督』の取材に協力。参『日本E運動史料 I』。

土谷壮一｜つちや そういち｜1889頃～1929.4.10

大分/宇佐中 (1908)/1915年川崎造船所から艦船用タービン技術修得のため英国へ派せられ, 滞英中, グラスゴーでE学習。Eで日本語とその文字について講演を行い好評を博す("British E-isto" 172, 1919)。22年9月YMCAの後援を得, 神戸初の市民対象のE普及宣伝講演会を奥平光と開催。Kobe Parolrondo Eaperanta を組織。晩年は横浜船渠技師。参鈴置二郎編「神戸の戦前のE界を語る」(LJ 1989.4), 鈴置二郎「土谷壮一 — 神戸の"話すE"の元祖」(LJ 1989.11), 『神戸のE』。図鈴置二郎。

土屋哲郎｜つちや てつろう
1922.1.28～2004.3.4

広島/大阪外語 (中退), 広島文理大/大阪外語学校支那語部在学中に応召。1946年復員。英語教諭として広島市の幟町, 大手町, 江波各中学校に勤務。Eは, 兄秀一 (ひでいち, 五高でEを学び, 尾道E会創立者の一人。大阪外語卒。1943年ニューギニアで戦死) の影響で34年から独習。一時中断後, 55年頃から学習再開。59年幟町中にE会を復活, 同僚の河元早奈枝と指導に当たる。広島E会で田中貞美をもり立て, 機関誌「La Riveroj」を編集。82年定年退職を機に再学習し, 翌年JEI入会。海外とE文通も。署「池上駿さんに刺激されて」(LM 1984.10),「つながりの記念 Mil papergruoj」(L&L 1993.3)。参峰芳隆「"Cikatro de amo"の誤植と誤訳」(LM 1997.4)。図土屋彬子, 吉田肇夫。

土屋彦六｜つちや ひころく
1856.6.27 (安政3.5.25)～1930.4.16

江戸/賎機舎/旧姓杉山/宗教家, 考古学者。日本メソジスト教会最初の牧師の一人。1884年結婚により改姓。1918年JEA入会 (会員番号1251)。参太田愛人『明治キリスト教の流域』(築地書館, 1992)。

土屋文雄｜つちや ふみお｜1905.2.10～2006.6.16

新潟/東大 (1929)/医学博士。1967年東京逓信病院院長, 76年名誉院長。学生時代, JEMA, Eskulapida Klubo に参加。署『泌尿器科看護学』(医学書院, 1952)。参北村唯一「土屋文雄名誉会員のご逝去を悼む」(『日本泌尿器科学会雑誌』98:1, 2007)。

土屋元作｜つちや もとさく
1866.7.14 (慶応2.6.3)～1932.5.18

豊後国 (現大分)/早稲田専門学校/号大夢, 筆名暘城/新聞記者。年少より漢学, 英学を修め, 福沢諭吉に私淑。渡米後,『大阪毎日新聞』,『大阪朝日新聞』,『東京朝日新聞』,『大阪時事新報』などの記者。1906年『大阪朝日新聞』にE紹介記事を書き, 黒板勝美の『読売新聞』記事とあいまってJEA結成のきっかけとなる。同年JEA入会 (会員番号211)。東京放送局理事としてE講座放送を促進。署『新学の先駆』(博文館, 1912) ほか多数。参藤間常太郎「Eと朝日新聞」(RO 1939.4), 松本茂雄「1906年大阪のE」(ES 1985.5～8),『大夢翁土屋元作伝』(日出ロータリークラブ, 1989)。

筒井祥子｜つつい しょうこ
1927.2.1～2003.6.28

岡山/岡山一女, 岡山清心女専/旧姓山内 (やまのうち)/川崎医大名誉教授筒井純 (1923～1991) の妻。分子生物学者筒井研の母。Eは, 義父筒井徳光 (1895～1976, 熊本大教授, 岡山県眼科医会長) の書架か

ら村田正太『E独習』を見つけ、1958年7月より知人から借りたリンガフォンで独習後、同年10月JEI入会。岡山E会の有力会員として活躍。69年夫の熊本大赴任後は熊本E会で活動。🖻'La pasinta somero'("l'omnibuso" 47, 1972.1), 'Denove somero, kaj…'("l'omnibuso" 53, 1973.1), "En la nubon si sorbiĝis for!"〔雲になってきえた―ナガサキの原爆読本初級用〕"（共訳, KEL, 1973)，「Eと私」("Vojo Senlima" 熊本E会, 32, 1974)。参「こんにちは奥さん」(『山陽新聞』1964.11.5)、「四連盟人物風土記 12」(LM 1965.3)。協筒井研。

筒井百平 | つつい ひゃくへい | 1885～1940以降

大分/大分中（中退）/那覇、彦根の測候所長。1917年那覇の緑星倶楽部創設に加わり評議員。18年JEA入会（会員番号1184）、のちJEIにも参加。名を「ももへい」と読む資料も。🖻『琵琶湖附近に於ける地震帯の調査』（彦根測候所, 1924)『湖東三郡を襲ふた降雹調査報告』（同, 1926)。

都筑喜三 | つづき きぞう | 1906.9.10～1963以降

大阪/大阪高商（1927）/宇部興産名古屋出張所長などをへて、1957年大阪宇部コンクリート工業常務。大阪高商在学中にJEI入会。ROの懸賞作文に熱心に寄稿。参RO 1925.12。

堤庄左衛門 | つつみ しょうざえもん | 1906.11.19～1993.1.13

茨城/東京高師/英語教諭として茨城の鉾田中、下妻一高などに勤務。1929年JEI入会。晩年までRO誌「やさしい作文」欄の常連。UEAデレギート（下妻, 教育), JELE、茨城E会各会員など。

堤友久 | つつみ ともひさ | 1873.12.25～1931.12.6?

長崎/済生学舎/東京深川区で開業後、1911年新宿に新宿眼療院を開業。『眼科臨床医報』を発行。06年JEA入会（会員番号575）。23年第11回JK（岡山）において、医学界におけるE普及の功績により表彰。JEI, JEMA各会員。🖻『最近トラホーム診断学』（私家版, 1907)、『袖珍眼科医典』（南山堂, 1912)。

常見誠一郎 | つねみ せいいちろう | 1914.2.5～1993.11.25

大阪/京都府立医大（1938）/別名清朗/医学博士。鳥居篤治郎の義弟。常見外科医院（京都市）院長。戦前カニヤ書店でE学習。外国人E-istoの宿舎に自宅を提供し、1952年から2年間アレキサンダーを住まわせたことも。54年10月JEI入会。海外とのE文通にも熱心だった。🖻「盲人E-isto鳥居篤治郎」(RO 1982.11)。協岸博実。

角田俊徹 | つのだ しゅんてつ | 1878.10.2～1945.11.12

愛知/浄土宗専門学院（1904）/号徳水/1887年得度。1905～21年京都知恩院内良正院の住職。10年より極楽寺（神戸）住職を兼務、のち極楽寺を東西に分割し、西側の住職に。06年JEA入会（会員番号408）。07年4月14日山本庸彦、京都医専学生三村信常らとJEA京都支部を設立し、佐藤政資を講師に自坊で講習会を開催。🖻『浄土宗勤行用集』（共編, 其中堂, 1910)、『四休菴貞極全集』全2巻（西極楽寺, 1931～32)。参峰芳隆「京都で最初の『エスペーロ』」(LJB 1986.10)。協太宰不二丸、西極楽寺、良正院。

壺井伊八 | つぼい いはち | 1912～1937.10.29

兵庫/北野中（1928), 三高（1931), 東大（1934）/1934年海洋気象台に入り、2年余りの間に28編の論文（うち2編は英文）を執筆し、将来を嘱望されたが、胸を病み夭逝。28年三高入学後、同校E会に参加。🖻「大阪湾と津波」(『海洋時報』神戸海洋気象台, 8:2, 1936)。参日高孝次『海と人』（小山書店, 1943)、同『海洋学の四十年』（日本放送出版協会, 1968)。

坪内由市｜つぼうち よしいち
1911.10.10〜2005.6.11

岐阜/尋常小/旧姓浦野/建具職人。のち会社員。キリスト者。1930年小坂狷二『E捷径』で独習。34年岐阜E会を設立し会長。講習会に自宅を提供。55〜99年JEI会員。著「我が家に来た世界旅行家」(RO 1982.12)。参「坪内由市さんご逝去」(『センター通信』名古屋Eセンター, 245, 2005), 加藤文男「豊田元樹さんを悼む」(RO 2007.8〜9)。図坪内登, 小森芳樹。

坪田一男｜つぼた かずお
1913.3.18〜1936.3.20

石川/高等小/商業。Eは、1930年金沢商工会議所で開かれた講習会で桝野助治郎から手ほどきを受ける。以後、金沢E会に属し、機関誌"Norda Stelo"を編集。松田周次と同会の行事にほとんど参加。金沢E運動史の編集に池田善政と尽力。葬儀にはE関係者60余名が参列。著「金沢」(EL 1936.3)。参「坪田一男君の訃」(RO 1936.4), 松田周次「坪田一男君を悼む」(RO 1936.7)。図金沢市立図書館。

坪田幸紀｜つぼた こうき
1940.8.4〜2010.5.9

福井/京大/中学時代に渡辺隆志の指導で学習し、1956年JEI入会。59年から京大E研究会で宮本正夫（宮本新治の子）らと活動し、"La Torĉo"に寄稿。61年KLESの創立に参加。63年春名（現中野）馥（奈良女子大）、若井正道（阪大）らとザメンホフ研究会を作り、その中心に。LMやROに学習記事やE運動史研究を多数寄稿。特に千布利雄とランティに関心を寄せ、深く調査。67年藤本達生『興味の問題』の出版費用を負担して、L'omnibuso社から出版。68年から84年にかけてランティ祭を数回開催。73〜75年KLEG会計監査。80〜88年日本におけるSAT代表代理人（ペラント）。90年事故に遭い、療養生活に。論考は吉川奨一により『葉こそおしなべて緑なれ』にまとめられて刊行。著「出版社アシェットとザメンホフ」(RO 1972.12)、「Eは日本人にとって難しいか」(LM 1976.1)、「第一書発行90周年の年だ」(RO 1977.5)、'Skize pri Ĉif Tosio kaj lia laboro' (LM 1978.1〜4)、「書評"La morta suito"」(LM 1984.4)、「ジョージ・オーウェル—その叔母ネリーとランティ」(LM 1984.11)、「黒板博士と千布利雄を出会わせた男」(RO 1986.8〜9)、「1937年—ランティ・東京での日々」(RO 1987.1〜2), 原民喜'Floroj de somero〔夏の花〕'("Postmilita japana antologio" JELK, 1988), 『葉こそおしなべて緑なれ』(リベーロイ社, 1997)。参吉川奨一「わたしの出した1冊のほん」(RO 1998.6), LM 2010.7, 宮本正夫「さようなら坪田幸紀さん」(RO 2010.8・9), タニヒロユキ「追悼 SATペラントとしての坪田幸紀さん」(LM 2010.9)。

津村公平｜つむら こうへい
1913.7.2〜1994.2.21

神奈川/藤沢中(1931)/植物学者。中学の非常勤講師をへて、1949年横浜市大助手、68〜80年神奈川県立外語短大教授。Eは、戦前、研究報告に利用するため独習。45年10月JEI入会。63年4月JEI横浜支部副支部長。同年第12回関東E大会（横浜）議長団の一人。JEI終身会員、JELE会員など。著「専門語辞典編纂委員会」(RO 1941.3), 'Diatomoj el la ĉirkaŭfoso de la restajo de la kastelo de Odawara'(『横浜市立大学紀要C』14, 1956)「外国へ印刷物を送るときの封筒」(RO 1963.12)。参「津村公平先生のご逝去を悼む」(『日本珪藻学会誌』10, 1995)。

露木清彦｜つゆき きよひこ
1907.3.19〜1939.6.15

神奈川/筆名Kijo Cujuki, 無花果居士/病弱で定職につかず。非常な勉強家で学級肌のE-isto。1926年E学習。大橋介二郎らとアルジェンタ・クンシード結成。30年5月Eによる劇の演出研究のためSerpento Trupo結成。31〜38年JEI評議員。E文学研究会員。日本文化、特に神話に関するE文の寄稿多数。35年「Eを利用して東西文化の融合を図り日本を中心に文物史実に関する知識の普及、研究者の交誼」を目的に東洋文史研究所を設立し、"Orienta kulturo"全7号を発行、幹事・所員には多羅尾一郎、石黒

彰彦, 松葉菊延, 宮武正道, 知里真志保など。岡本好次が朝鮮に去った後, 青木武造, 渡部秀男, 酒井鼎, 久保貞次郎とともにROを編集。山本有三『霧の中』E訳はフランスでラジオ放送され, フランス語に重訳されて再度放送 (RO 1938.1；1939.1)。中村陽宇・宮本正男編 "Japana kvodlibeto" (La Laguna : Stafeto, 1965) に散文1編が収録。UEAデレギート (人類学)。🖼時枝誠之者 "Traktato pri la Origino de Japana Popolo〔日本民族の起源〕" (平岡昇と共訳, JEI, 1930), 山本有三者 "En la nebulo〔霧の中〕" (JEI, 1931), "Ŝtala Biblio de Samurajismo〔武士道刀剣鑑〕" (同, 1932), 'Japana mitologio' (RO 1933.2〜34.4), 'Sinjorino suno kaj sinjoro ŝtormo' (『E文学』フロント社, 3, 1933), 'Andromeda tipo en japana mitologio' (RO 1935.1), 'Mito-literaturo' (RO 1935.4), '"Venĝo" en japana mitologio' (1935.10), 'Tendenco de tuta mondo kaj Japana situacio' ("tempo" 22, 1936)。参「パリ局E時間常設計画」(RO 1938.1), 「「霧の中」再放送」(RO 1939.1), 上田嘉三郎「露木清彦君を偲ぶ」(RO 1939.8), 万沢まき「露木さんの想い出」(同), "Ordeno de verda plumo"。

都留重人｜つる しげと｜1912.3.6〜2006.2.5

東京/熱田中, 八高 (1931中退), ハーバード大 (1935)/Ph. D. 近代経済学の第一人者。1931〜42年滞米。第1回『経済白書』の執筆者, 一橋大学長など。一橋大に「都留重人メモリアルコーナー」。熱田中 (愛知) で丹羽正久, 野々村一雄と同級で, 中学時代にJEI入会。加藤隆通, 野々村らにEを推奨。🖼『都留重人著作集』全13巻 (講談社, 1975〜76) ほか多数。参植村達男「都留重人氏とE」(ES 1983.10), 『現代日本朝日人物事典』。

鶴我盛隆｜つるが もりたか
1900.10.10〜1951.7.10

福岡/豊津中 (1918), 小倉師範, 東京高師 (1924)/英語教諭。府中中 (広島) を皮切りに, 市岡中 (大阪), 精華女学校などで教鞭を執り, 1943年海軍司政官として南方へ。46年引き揚げ後, 福岡女師, 福岡学芸大田川分校に勤務。生長の家の信奉者。大場格と豊津中の同期で, 東京高師在学中に恩師赤松定雄を一緒に訪問, E資料, 書簡類を見せられて一念発起, 福岡県内各地でE講習。23年東京高師E会結成。同年JEI委員。🖼『昭和2年 KEL年鑑』, 石黒修『E六十年12』(ES 1978.5), 『北九州E運動史』。協鶴我チヅ, 大場格。

鶴田俶功｜つるた よしかつ｜1913〜1940.5.4

東京/成蹊高 (1932), 東大 (1935)/三菱商事に勤務。成蹊高在学中に同校E会に参加, のち委員長。東大在学中, 安村和雄, 菅野尚明らと憲法E訳会を結成, 月1回の会合を7年間続け, 大日本帝国憲法のE訳に取り組んだが未完。弟勤, 妻甕子にEを教授。参「あゝ, 鶴田俶功君」(RO 1940.7)。

鶴野六良｜つるの ろくろう
1910.2.16〜1999.4.16

熊本/福岡高, 熊本医大 (1936)/医学博士。中山種秋と熊本医大の同期。戦前, 中国の同仁会病院に勤務。戦後, 水俣, 熊本で耳鼻科医院を開業。のち国立療養所再春荘病院, 八代市敬仁病院の内科医。熊本県日中友好協会長。世界連邦主義者。福岡高在学中の1927年, 同級の問田直幹とともに村上知行のE講習に参加。32年12月日本国際速記協会設立に参画, 同年JEI入会。熊本医大進学後は寺尾三千春の指導で学習続行。53年淵田多穂理の後任として熊本E会長。62年第36回九州E大会 (熊本) 会長。坪田譲治編, Ovoj en Kovejo E訳 "La knabo kun nazmuko kaj aliaj rakontoj〔日本むかしばなし集〕" (Ovoj en Kovejo, 1979) の挿絵を担当。90年ポーランドを訪問した際, 医師, 医学生らにEで鍼の技術を伝授し好評を博す。KEL副会長, 熊本E会名誉会長, UEAデレギート (熊本), JEMA会員。墓の門柱には「世界連邦を早くつくろう」,「Eを拡めよう」と。妻寿栄子, 娘保村翠もE学習。🖼 'Morbilo' ("La Vojo" 熊本E会, 3, 1934), "En la nubon ŝi sorbiĝis for!〔雲になってきえた—ナガサキの原爆読本初級用〕" (共訳, KEL, 1973), "Rakontoj pri Hikoiĉi〔彦一話〕"

(私家版, 1974),「「鍼灸」先生ブラジルをゆく」(RO 1982.12),『Eと共に』(熊本E会, 1996)。参「Eで『鍼』伝授」(『熊本日日新聞』1990.11.29夕刊),『日本のE-isto名鑑』, 吉田正憲「鶴野六良さんを悼む」(RO 1999.6), 同「鶴野六良さんを悼む」("Vojo Senlima"熊本E会, 144, 1999),"Vojo Senlima"(145〜146, 1999〜2000), 保村翠「私と『E』との出会い」("Vojo Senlima" 154, 2002)。協野村忠綱。

鶴見祐輔 | つるみ ゆうすけ
1885.1.3〜1973.11.1

岡山/岡山中, 一高(1906), 東大(1910)/「国際派型自由主義者」と呼ばれた政治家, 著述家。日米間の民間外交に貢献。後藤新平の娘婿, 哲学者鶴見俊輔の父。渡辺銕蔵と一高英法科, 東大政治科の同期。1919〜21年欧米留学。23年小坂狷二にEを学び, JEI入会。34年3月土井英一の遺志を継承して結成された「国際友好鯉のぼりの会」の顧問の一人。「氷州の愛国少女」(『少女倶楽部』1935.11)は, 主人公の少女が国際語の必要を悟り, 父からEを習って, E文学大作家になる物語。のちにEの未来に悲観的発言も。著『英雄待望論』(大日本雄弁会講談社, 1928)ほか多数。E訳に訳者不詳'Patriota knabino en Islando〔「氷州の愛国少女」〕'(RO 1936.2)。参「内地報道」(RO 1923.7), 白木欽松「Eもやった老牧師を中心に」(RO 1935.1), 北岡寿逸編『友情の人 鶴見祐輔先生』(私家版, 1975), 小林司「アンニーを探して」(RO 1977.4), 石塚義夫『鶴見祐輔資料』(講談社出版サービスセンター, 2010), 上品和馬『広報外交の先駆者 鶴見祐輔 1885-1973』(藤原書店, 2011),『現代日本朝日人物事典』,『近代日中関係史人名辞典』。

津脇喜代男 | つわき きよお
1905.11.3〜1980.4.25

山口/尋常小(1918)/労働運動家。私鉄総連初代書記長など。1979年「少年坑夫記」で総評文学賞。戦前, 獄中でEを学び, 刑務所当局と交渉の末にフランスから"Plena Vortaro"を取り寄せさせて入手。E文図書数点は生前に宮本正男は入手。参宮本正男「津脇喜代男さんの死」(LM 1980.5),『未来へのメッセージ』(日本社会党機関紙局, 1981),『現代日本朝日人物事典』。

て

鄭四燮 | てい ししょう
1910.9.1〜1944.1.2

朝鮮全羅北道/八高, 京大(1933), 東大(1935), パリ大/정사섭, チョン サソプ, 筆名 Dan Tirinaro, 波蹄/京大で法学を, 東大で仏文学を専攻。1936年フランス留学, 39年帰国, 検挙され2ヵ月収監。30年八高在学中にE学習。E詩に取り組み, 38年パリで朝鮮初のE原作詩集 "La liberpoeto" (Paris : Imprimerie Rhemus) を出版。『新撰E和辞典』を取り上げた作品 "Al mia Sinsen-vortaro" も収録。"la monda libercivitano" (自由世界市民) を自称。著 "La liberpoeto" (再版, KEA, 1999), 김우선・김여초訳『날개 없는 새』(ソウル:세기문학, 1999)。参イ・チョンヨン『한국에스페란토운동 80년사』(KEA, 2003)。

ディック | Rudolf Hugo Dick
1891.5.30〜1971.10.30

スイス/貿易商。ロシアでE学習。1917年来日し, 横浜, 横須賀, 東京, のち神戸, 大阪でE普及に尽くす。毎月自宅を会合に提供するなどの熱心さは日本E運動のカンフル剤に。18年第5回JK(東京)で"Komuna komerca lingvo"を講演(通訳浅井恵倫), 19年第6回JK(横浜)で"E kaj komerco"を講演(通訳佐々城佑)。ほか普及講演会でもしばしば講演。19年国際商業語協会設立に参画し, 佐々城, 藤沢親雄とともに幹事。ビジネス誌"The Japan Salesman"にE欄を設けて執筆。"The Japan Advertiser"や『万朝報』にも寄稿。一旦スイスに戻るが, 22年4月頃再来日。Eによる永遠の平和実現を理想として尽力するが, その実現不可能を見て一旦運動から離れる。34年12月15日大阪の普及講演会で講演。37年11月帰国。神戸外人墓地に埋葬。JEA会員(会員

番号1138)。UEAデレギート（アメリカ）。
🈷'Interna ideo de E'（JE 1918.1), 'La Komuna komerca lingvo komitato en Japanujo'（JE 1919.2), 'E en komerco'（JE 1919.5)。🈸「E普及講演会」(RO 1935.2),『日本E運動史料 I』。

出口宇知麿｜でぐち うちまる
1903.1.15〜1973.5.6

愛媛/八幡浜商(中退)/旧名伊佐男, 宇知丸/1918年大本本部で奉仕生活に入り, 出口王仁三郎の近侍に。46年愛善苑委員長, 49年大本愛善苑総長, 52年大本総長, 63年世界連邦世界協会理事, 71年人類愛善会会長など。23年EPA創立に際し初代会長。35年10月6日呉E会設立に際し顧問。UEAデレギート(綾部, 亀岡)。🈸『大本70年史』,『近代日本社会運動史人物大事典』。

出口王仁三郎｜でぐち おにさぶろう
1871.8.27（明治4.7.12)〜1948.1.19

京都/京都皇典講究所分所(1907)/旧名上田喜三郎, 筆名瑞月, 鮮月, 月の家, 月の家和歌麿/大本開祖出口なおを助け, 教義の体系化と教団の組織化を図る。1918年頃Eを知る。23年バハイ教布教師ルートからバハイでEを推奨していることを聞く。23年5月出口日出麿から翌月同志社大でE講習会が開催されることを聞き, 加藤明子をその講習会に派遣。7月に講師重松太喜三を招いて1週間大本でE指導に当たらせ, 自らも受講。Eを大本の宣教のため正式採用し, EPAを設立。24年語呂合わせでE単語を覚える『記憶便法 E和作歌辞典』を著述。25年人類愛善会を創立。35年大本に対する弾圧で, 治安維持法違反と不敬罪で起訴され, 一審(1940)で無期懲役となり, 教団としても大打撃を受けたが, 二審(1942)で治安維持法違反は無罪となり保釈。戦後の45年9月に不敬罪の消滅により大赦となり, 国家賠償請求を放棄。高田集蔵と親交。一般に高橋和巳の小説『邪宗門』のモデルと目される。87年EPAの寄付をもとにUEAに出口王仁三郎賞が創設。🈷『霊界物語』全81巻(1921〜34, 天声社),『出口王仁三郎著作集』全5巻(読売新聞社, 1972〜73)ほか。E関係に『記憶便法 E和作歌辞典』(天声社, 1924), "Fundamento de animo"(大本海外宣伝部, 1931)。🈸重松太喜三「大本教に於けるE」(RO 1923.9), 由里忠勝'Vizito al Ayabe'(同), 出口京太郎『巨人出口王仁三郎』(講談社, 1967；天声社, 2001), 出口王仁三郎生誕百年記念会編『立替え立直し』(同会, 1971), 梅田善美『出口王仁三郎の芸術』展とE」(NV 1974.12), 朝比賀昇・萩原洋子「日本E運動の裏街道を漫歩する 7」(ES 1975.11),『続・現代史資料 7 特高と思想検事』(みすず書房, 1982), 伊藤栄蔵『大本 出口なお・出口王仁三郎の生涯』(講談社, 1984), 広瀬浩二郎『人間解放の福祉論』(解放出版社, 2001), 同「人類愛善運動の史的意義—大本教のE・芸術・武道・農業への取り組み」(『国立民族学博物館研究報告』27, 2002), U. リンス著, 足立政喜・兼松宣訳『大本教団と日本の超国家主義』(丸善京都出版サービスセンター, 2007), 早瀬圭一『大本襲撃』(新潮社, 2007), ナンシー・K・ストーカー『出口王仁三郎—帝国の時代のカリスマ』(原書房, 2009), 川口典成「ナンシー・K・ストーカー著『出口王仁三郎—帝国の時代のカリスマ』」(『東京大学宗教学年報』27, 2010), 吉永進一「大正期大本教の宗教的場—出口王仁三郎, 浅野和三郎, 宗教的遍歴者たち」(『舞鶴工業高等専門学校紀要』45, 2010), 菅田正昭『出口王仁三郎の大予言』(学研パブリッシング, 2011),『現代日本朝日人物事典』,『近代日本社会運動史人物大事典』,『反体制E運動史』, "Kvindek jaroj de E en Oomoto",『大本70年史』, "Ordeno de verda plumo"。🈳俗大福。

出口聖子｜でぐち きよこ｜1935.2.19〜2001.4.29

京都/京都女子大(1959)/筆名花明山その/出口直日・日出麿の三女。1年間京都市立北野中に奉職したのち大本本部へ。1982年教主継承者(教嗣), 88年3代教主代行, 90年9月4代教主。88年第73回UK(ロッテルダム)でEPA参加団の名誉団長。93年第80回JK(亀岡)名誉会長。🈷『草木によせて』(天声社, 2000),『つるかめ抄—教育編』(同, 2001)。🈸出口斎編『神仙の人—出口日出麿』(講談社, 1989)。

出口神暁｜でぐち しんぎょう
1907.5.30～1985.3.9

大阪/平安中/郷土史家。岸和田の称名寺の長男。土生村役場, 岸和田市役所に勤務。1947年称名寺住職を継ぎ, 翌年, 岸和田市農業共済組合設立。郷土資料の収集家として知られ, コレクション鬼洞文庫の大部分は関大図書館へ。29年頃JEI入会。[著]『和泉郷土資料図書目録』(鬼洞文庫, 1945), 『岸和田市小字地名集』(和泉文化研究会, 1953)。[参]橘弘文「この地に遊ばんひとは必ず見るべし」(『大阪明浄大学紀要』5, 2005)。

出口敏夫｜でぐち としお｜1907.1.9～1997.3.15

徳島/1926～57年小学校に勤務し, 校長退職後, 質店を自営。25年E学習。32年4月JEI入会。徳島市幸町の自宅前の通りを, 勝手に「E通り」と命名。UEAデレゲート (徳島)。[著]「Eでけんかができるまでに」(RO 1984.6)。[参]多田巧「彼とEと酒と」(NV 1970.6)。

出口直日｜でぐち なおひ｜1902.3.7～1990.9.23

京都/綾部博愛高等小/号中川寃子/大本3代教主, 人類愛善会, 大本婦人会各総裁。出口王仁三郎・すみの長女。EPA名誉会長としてE運動を支援。1965年第50回UK (東京)後に亀岡で「大本国際友好祭」(8.13～15)を開催し, Eで挨拶。73年第60回JK(亀岡), 83年第70回JK(同)の名誉大会長。[著]「Eの学習」(『人類愛善新聞』1963.2.11), 『こころの帖』(講談社, 1968), 『ちりづか』(五月書房, 1980)。[参]LM 1965.7。[図]俗大福。

出口日出麿｜でぐち ひでまる
1897.12.28～1991.12.25

岡山/六高(1919), 京大(中退)/本名高見元男, 筆名かつらぎぼたえもん/大本三代教主補。出口聖子, 出口京太郎(第15回小坂賞)の父。1919年大本入信。28年出口直日と結婚し, 出口日出麿に改姓名。第二次大本事件では4年間獄中に。青年時代Eを学び, 大本のE運動を推進。23年5月出口王仁三郎に翌月同志社大で開催のE講習会の案内を送り, これをきっかけに王仁三郎が加藤明子をその講習会に派遣したことから大本E運動が始まる。[著]『ひとむかし』(天声社, 1929), 『信仰覚書』全8巻(同, 1961～92), 『生きがいの探求』(講談社, 1966), 『生きがいの創造』(同, 1974), 『生きがいの確信』(同, 1984), 前田茂樹訳"Fabeloj de Botaemon"(EPA, 1990)。[参]大石栄『出口日出麿先生小伝』(天声社, 1972), 藤代和成編『大本えすぺらんと史』(大本E友の会, 1986), 出口斎編『神仙の人』(講談社, 1989), 『近代日本社会運動史人物大事典』。[図]俗大福。

出口真弓｜でぐち まゆみ｜1941.3.12～2004.6.9

和歌山/京都西高, 京都外語短大(1965)/京都相互車両, 名古屋三洋機工勤務をへて, 大本本部に奉職。EPA専任理事。各地のEPA支部でEの学習を指導。[図]俗大福。

出沢三太｜でざわ さんた
1917.12.25～1985.5.17

東京/麻布中, 水戸高(1939), 東大(1942)/旧姓星, 筆名出沢珊太郎/俳人。星新一の異母兄。中学時代より句作を始め, 水戸高入学後, 水高俳句会を設立, 一級下の金子兜太に句作を勧め, 金子らと同人俳誌『青銅』創刊。広島に原爆投下後, 暁部隊の一員として救援活動。戦後は星食糧品, 星製薬をへて, 工場, 出版社, 不動産会社などを経営。74年8月阪田隆の紹介でJEI入会。[著]『出沢珊太郎句集』(卯辰山文庫, 1991)。[参]最相葉月『星新一 一〇〇一話をつくった人』(新潮社, 2007)。

手塚治虫｜てづか おさむ｜1926.11.3～1989.2.9

大阪/阪大附属医学専門部(1951)/本名治/漫画界の第一人者。代表作に『鉄腕アトム』, 『ジャングル大帝』, 『火の鳥』, 『ブラック・ジャック』など。アニメーション映画も開拓。宝塚市に手塚治虫記念館。漫画家を志した若き日のE-isto小西岳(のち『火の鳥　未来編』をE訳)を中学3年頃か

329

ら3年ほど指導。その中で小西がE学習を話す。童話「羽と星くず」(『アカハタ日曜版』1961.3.12～1962.1.28連載、のち『手塚治虫ランド』大和書房、1977所収)で主人公らがEを話す場面が。江上不二夫が「お茶の水博士」のモデルと自認する場で否定はせず。著『手塚治虫漫画全集』全400巻(講談社、1977～84)ほか多数。E訳として小西岳訳"Flambirdo〔火の鳥　未来編〕"(JELK, 2001)。参「わせだだより」(RO 1982.9)、「手塚作品の中のE」(LM 1989.3)、手塚プロダクション・秋田書店共編『手塚治虫全史―その素顔と業績』(秋田書店、1998)、小西岳「『火の鳥』について」(LM 2001.7)、「『火の鳥』を国際語でE語に翻訳され出版」(『河北新報』2001.10.27)、西尾務「『火の鳥』の日本大会を終えて」(RO 2002.1)、同「『火の鳥』がEではばたくまで」(LM 2002.2)、『現代日本朝日人物事典』。

手束五郎|てづか ごろう|1891.3.5～1943.10.7

静岡/海兵(1912)/海軍少将。高崎分隊長、神通副長、舞鶴防備隊司令など。トラック諸島における貨物船菊川丸沈没により戦死。桑島新と海兵の同期。JEI初期会員。参『日本海軍将官事典』。

手塚多喜雄|てづか たきお|1906.7.16～1988

愛知/北大(1930)/日本の栽培漁業のパイオニア。1940年福岡県水産課長、55年水産庁調査研究部第二課長、62～63年東北区水産研究所長など。29年頃JEI入会、67年11月再入会。著『沿岸漁業開発の基本理念』(東京水産振興会、1975)。参『日本の栽培漁業と手塚多喜雄氏』(『農林省広報』農林弘済会、7:6, 1976)。

デ・マンジーニ|Carlo de Manzini
1941.8.27～2002.11.13

イタリア、トリエステ/妻靖子とは高校時代にEの文通で知り合う。1974年頃来日。92～2001年西日暮里Eクラブで講師。1992年11月15日第6回E文化フォーラムで"La vojaĝo de la vikingoj al Ameriko antaŭ la jaro 1492"を、95年第35回東北E大会(山形)で"La venecia civileco"を講演。著'Vojaĝoj de la vikingoj al Ameriko antaŭ Kristoforo Kolumbo' (RO 1993.2)、'E helpis min' (RO 2002.6)、'Protektu viajn orelojn' (RO 2002.9)。参青山充子「マンジーニさんの思い出」(RO 2003.3)。

出村悌三郎|でむら ていざぶろう
1873.2.12～1949.12.26

新潟/東北学院、パシフィック神学校、イェール大/神学者。1900～02年、10～12年米国へ私費留学。東北学院専門部長、高等学部長などをへて、36～45年院長。キリスト者。32年頃八巻穎男とともに東北学院高等学部E会顧問を務めた。参『日本キリスト教歴史大事典』。

寺井利一|てらい りいち|1890.4.1～1968.11

京都/京都師範(1912)/旧姓出島/京都各地の小中学校に勤務。1917年結婚により改姓。23年頃同志社の講習会で重松太喜三にEを学び、故郷でE普及活動。50年勤務先の藤森中にE会を組織。52年8月中学校教諭二級普通免許状・外国語(E語)を京都市教育委員会より取得。日教組教研集会でE教育について報告したことも。JELE会員。著「伏見市及び近郊の同志へ」(RO 1931.2)、「中・高学校教員『E』免許状」(RO 1952.9)、'I am fruktos mia semo' (LM 1955.3)。図橋口良彦。

寺尾寿|てらお ひさし
1855.11.4(安政2.9.25)～1923.8.6

筑前国(現福岡)/修猷館、東京外語、開成学校、東大(1878)/理学博士。国際法学者寺尾亨(1859～1925)の兄。1879～83年フランス留学。83～96年東京物理学校初代校長、84～1915年東大教授、1888～1919年東京天文台初代台長。日本式ローマ字を首唱。蔵書は九大の音無文庫に。10年JEA理事。著『対数及円函数表』(冨山房、1906)、『算術講義』(共著、同、1917)。

寺尾浩｜てらお ひろし｜1933.6.16～2010.7.16

旧姓岡田/エルモ社、新日鉄に勤務。54年名古屋市教委主催のE講習を受講。名古屋E会に入会して、7ヵ国の人と海外文通。2003年まで東海E連盟会長だったが、同年12月独断で解散。所有するビルの一室を名古屋E会に提供した。著「丹羽正久さんを悼む」(LM 2000.1)。参山田義「寺尾浩さん」(RO 2010.10)。

寺尾三千春｜てらお みちはる｜1903.12.26～1977以降

鹿児島/中学済々黌(1921)、熊本医専(1925)/医学博士。熊本医大講師、ミンタル病院（ダバオ）内科医長などをへて、1948年東京葛飾区に寺尾医院を開業。22年山本斉、永浜寅二郎、大栗清実らと熊本E会結成。23年頃JEI入会。63年5月JEI再入会。UEAデレギート(熊本)、JEMA熊本県支部幹事など。著「癩患者の血液ヨード量に就て」(『熊本医学会雑誌』7：10, 1931)。

寺崎忍助｜てらさき にんすけ｜1886.7.9～1935以降

福岡/嘉穂中(1904)、長崎医専(1909)/医学博士。盛岡病院(岩手)、林病院(東京)、神泉医院(台中)などをへて、1915年県立長崎病院理学診療主任。18年戸畑に開業。24～28年欧州留学後、29年飯塚に開業。31年嘉穂E会設立に際し初代会長。33年渡満後、吉林省立病院副院長。KEL評議員、筑豊E連盟顧問など。

寺島岩次郎｜てらしま いわじろう｜1911～1990.1.21

富山/早稲田高工/1930年4月上京後、小林勇の鉄塔書院に入り、『プロレタリアE講座』編集の庶務を処理。のち岩波映画などをへて、寺島書店を興し中垣虎児郎訳『極北綺譚』を刊行。また要文社を創業し、坂井松太郎・福田正男・加藤孝一編『E便覧』、『プロレタリアE講座』全6巻(復刻)、大島義夫『新E講座』全3巻、利根光一『テルの生涯』、宮本正男・白石茂生『E文通案内』などのE関係書籍を出版。68年6月JEI入会。のち戸根木印刷に勤務。著「プロレタリアE講座刊行のとき」(LM 1968.6)。参「故寺島岩次郎氏の多量の図書寄贈」(RO 1990.8)。

寺島儀蔵｜てらしま ぎぞう｜1909.12.1～2001.12.3

北海道/北海道自治講習所/1927年共産党入党、翌28年三・一五事件で検挙され、6年半服役。獄中でEを学習。35年樺太の国境を越え、ソ連に亡命。その際、ソ連の国境警備隊にEで「私は日本共産党員です」と申し出る。スパイとして重禁固25年の刑を受け強制収容所に。著『長い旅の記録―わがラーゲリの20年』(日本経済新聞社、1993；中央公論社、1996)、『続・長い旅の記録―わがロシア、わが日本』(日本経済新聞社、1994；中央公論社、1996)。参『近代日本社会運動史人物大事典』。

寺山正三郎｜てらやま しょうざぶろう｜1893.6.8～1979.12.26

岡山/青山学院専門部/朝鮮銀行外国為替課に勤めたが、親の希望で帰郷後、私立岡山黌、私立金川中(岡山)の英語教諭に。青山学院時代から外国人教師と積極的に交わり、1923年頃JEI入会。因寺山恒久、大村清子、清水慶一。

照井瑩一郎｜てるい えいいちろう｜?～1931.11.24

岩手/筆名照井圭一郎、陶樹春夫/詩人。宮沢賢治の文学仲間。最期は自殺。個人的にEを学び、1923年頃JEI入会。著「岩手の新詩運動」(『日本詩人』新潮社、6：10, 1926)。参佐藤勝一「宮沢賢治『E詩稿』の成立(1)」(『宮古短期大学研究紀要』6：2, 1996)。

照内豊｜てるうち ゆたか｜1873.2.10～1936.3.25

福島/安積中(1889)、第一高等中(1895)、東大(1900)/医学博士。1904～08年独、ベルギー、仏へ私費留学。北里研究所部長、

慶大教授など。21年4月JEI入会。[著]『医化学』全2巻(明文館書店, 1913), 『栄養の基礎知識』(開成館, 1928)。

照屋輝一｜てるや きいち｜?〜1923

沖縄/沖縄女師附小, 甲辰小(那覇)などの教諭。比嘉春潮の勧めでEを学び, JEA入会(会員番号1109)。1917年比嘉, 伊波普猷と緑星倶楽部を設立し幹事。21年末頃JEI入会。[著]「算術国定教科書の取扱に就て」(『沖縄教育』100, 1915)。[参]比嘉春潮『沖縄の歳月』(中央公論社, 1969)。

田誠｜でん まこと｜1891.3.21〜1974.12.16

兵庫/一高(1912), 東大(1916)/逓信, 農商務, 司法各大臣田健治郎(1855〜1930)の次男。参院議員田英夫の父。鉄道院に入り, 1923年より2年間欧米各国を視察。運輸局国際課長, 東京鉄道局庶務課長, 国際観光局長などをへて, 39年退官。のち華中鉄道副総裁, 交通協力会長, 日本ホテル社長など。黒田礼二, 杉浦武雄と一高独法科の同期。国際観光局で井上万寿蔵の上司。キリスト者。23年鶴見祐輔, 十河信二らとともに小坂狷二にEを学び, 37〜40年JEI理事。JELF顧問。[著]'Aperis nova gvidlibro "JAPANUJO" eldonita de Japana Fervoja Ministrejo' (RO 1935.8), 「オリンピックと観光事業」("La Fervojisto" JELF, 63, 1937), 『国際観光事業論』(春秋社, 1941)。[協]田英夫。

と

土井英一｜どい えいいち｜1909.9.17〜1933.9.9

宮城/仙台一中(1926), 二高(1929), 東北大(在学中没)/土井晩翠・八枝の長男。姓の読みは本来「つちい」だが「どい」と改称。小中学校とも飛び級で1年早く切り上げ, アインシュタインが将来を嘱望したほどの秀才だったが早世。二高進学前後にEを学習。1927年10月二高E会を再興, 会長に多田斎司を推参し, 菊沢季生の指導を受け

る。会員獲得に奔走したほか, 日本E運動の現状を海外へ知らせるため, 28年4月より全文Eの謄写版刷り小冊子"Monata Raporto Japanujo"を発行。広く海外文通をする中で, ドイツに慈善寄付金付切手のあることを知り, ハンセン病患者の救済などを目的に日本でも発行するよう活動し, 宮川量の協力を得る。32年1月より金子美雄を講師に自宅で講習会。ドイツ・マールバッハ村の小学校教師シュレーダー(1952年没)と文通で深い友情を結ぶ。シュレーダーの教え子とも文通し, マールバッハ村に特大の鯉のぼりをプレゼント。シュレーダーの協力でドイツ誌に寄稿。没後に分骨された遺骨は遺言に従い同村へ。生前自ら設計した墓石の碑文はEとドイツ語で。父の友人の代議士内ヶ崎作三郎(1877〜1947)の尽力で, 初の寄付金付切手が, 民間航空振興を目的とした「愛国切手」として, 37年発行。ほか遺言により, 上野の帝国図書館(現国立国会図書館国際子ども図書館)前に小泉八雲顕彰碑が建立。ドイツの墓は地元民により守られており, 87年E百周年記念第72回UK(ワルシャワ)参加JEI旅行団中の磯部幸子ら11名が大会後観光の一つとして墓参したほか, 時折日本から墓参者が訪れる。[著]「会員の声」(RO 1928.12),「角笛 慈善切手」(『東京日日新聞』1930.10.9), 'Aus der modernen Frauenbildung Japans-Jiyu Gakuen' (J. Schröderと共著, "Illustrierte Zeitung" 4585, 1933.1.26)。[参]「故土井英一氏を悼む」(RO 1933.11), 宮川量「愛国慈善切手運動の提唱者 土居英一兄[ママ]を憶ふ」(『日本MTL』35, 1934.1), 島貫清子'Rememoro pri S-ro Eiichi Tsuchii' (RO 1935.5), 逓信省『愛国切手発行趣旨書』(同省, 1937),「帝大生案に輝く愛国切手」(『東京朝日新聞』1937.6.16), 内ヶ崎作三郎「愛国切手の誕生秘話 一大学生の思ひつきが実を結ぶまで」(『主婦之友』1937.9), 宮川量「愛国切手の世に出るまで」(『日本MTL』96, 1939.3), 土井八枝『薮柑子』(長崎書店, 1940),「中野好夫対談集36」(『サンデー毎日』1954.2.14), 黒川利雄「国際友好鯉のぼりの会のことなど」(『晩翠先生と夫人』黒川利雄, 1971), 土井晩翠顕彰会編『土井晩翠』(宝文堂出版販売, 1984), H. Heimann 'Marbach en GDR : Ripozejo de japana E-isto' ("der esperantist" 137, 1986),「東独に眠る晩翠の息子」(『朝日新聞』1986.10.8), 佐野久子「マールバッハ村の友情の墓」(LT 1986.10), 小野田匡高「東西の懸橋は永遠なり」(『尚志』二高尚志同窓会, 28, 1986), 菅原慶一「寄付金付年賀はがき」(ME 1992.3), U. Lins 'Einstein in Japan' ("DAAD Letter"ドイツ学術交流文, 2001.1), 小野寺宏編著『内ヶ崎作三郎の足跡をたどる』(私家版, 2007), B. Wonde 'Japanagermana amikeco en Marbach'"E Informilo" 620, 2007.9), 長命荘町内会50周年記念誌編集委員会『50年のあゆみ』(仙台:長命荘町内会, 2009),『Eを育てた人々』. 図菅原慶一, 佐野久子, 斉藤ツメ.

土井晩翠 | どい ばんすい | 1871.12.5(明治4.10.23)~1952.10.19

宮城/仙台英学塾, 第二高等中(1894), 帝大文科大(1897)/本名林吉/詩人, 英文学者. 土井八枝の夫, 英一の父. 姓の読みは本来「つちい」だが「どい」と改称. 評論家中野好夫(1903~1985)の岳父. 大泉きよを夫妻の秘書として雇用. 1901~04年英独仏留学. 二高名誉教授. 仙台市に晩翠草堂. 東北大に晩翠文庫. 24年4月16日仙台の喫茶店で開かれた柳田國男の講演会「ヨーロッパにおけるEの現状」に出席(聴衆は約20人). 30年12月12日岩名義文らによって再興された二高E会の顧問に. 32年4~5月仙台E会の中等輪読会に自宅を提供するなど, E運動を支援. 同年林鶴一, 三枝彦雄とともに仙台E会賛助会員. 英一の遺志を継いで, 慈善切手発行, ドイツへの分骨, 小泉八雲顕彰碑の建立の実現に尽力. 長女照子(1906~1932)もE学習. 晩翠文庫にE書数冊. 箸『アジアに叫ぶ』(博文館, 1932),『雨の降る日は天気が悪い』(大雄閣, 1934)ほか多数. E訳に小坂狷二訳'La luno super la kastel-ruinojo〔荒城の月〕'(RO 1932.2), 宮本正男訳'Kanto pri ĉinaj muroj〔万里の長城の歌〕'("Prometeo" 3, 1957), 同訳'La luno super la ruino de kastelo〔荒城の月〕'(オールド編"Nova E-a krestomatio" UEA, 1990に再録)など. 参「内地消息」(RO 1924.7), 土井晩翠顕彰会編『土井晩翠』(宝文堂出版販売, 1984), 山野野理夫『荒城の月』(恒文社, 1987),『現代日本朝日人物事典』,『Eを育てた人々』. 図大泉千秋.

土井八枝 | どい やえ | 1879.5~1948.5.10

高知/東京音楽学校予科/旧姓林/随筆家, 方言研究家. 土井晩翠の妻, 英一の母. 東京音楽学校本科在学中に結婚し改姓. 子どもに相次いで先立たれ, キリスト教に入信. 英一宛てのE文の手紙を読もうと, 大泉きよの援助でE学習. 1932年仙台E会入会. 35年TEKのザメンホフ祭に出席して, 英一の活動に言及しつつ「亀の歩みのよし遅くとも皆様と共吉ザメンホフ先生の偉業に励みたい」と挨拶. 36年仙台E会のザメンホフ祭で「鯉のぼり会の話」を講話. 箸『仙台方言集』(私家版, 1919),『土佐の方言』(春陽堂, 1935),『愛児二人の死によって霊の実在を信じ感謝に溢れる私の体験』(『主婦之友』1935.7),『藪柑子』(長崎書店, 1940). 参『晩翠先生と夫人』(黒川利雄, 1971), 中山栄子『宮城の女性』(宝文堂, 1972),『日本女性人名辞典』,『Eを育てた人々』. 図佐川町総務課.

問田直幹 | といだ なおき | 1911.3.30~1999.7.25

福岡/福岡中(1927), 福岡高(1930), 九大(1934)/医学博士. 九大教授問田亮次の長男. 母クンは九州の酒造業の発展・改良に尽力した古賀文一郎(1859~1945)の次女. 1940年九大附属医専教授. 軍医大尉として牡丹江で終戦. 53~74年九大教授, その間の69年総長事務取扱. 74年福岡女学院短大学長, 82年中村学園大学長, 86年福岡YMCA英語専門学校長. ローマ字論者, キリスト者. 福岡高在学中の27年村上知行のE講習会に同級の鶴野六良と参加. 32年1月JEI入会. 同年12月日本国際速記協会設立に参画. 56年福岡E会副会長. 62年10月10日JAKE創立に参加. 64年7月佐藤悦三の協力を得て九大E会を再建. 64年より26年間KEL会長を務め, KELの表記をめぐり市原梅喜と激論を交わした. 69年福岡E会顧問. 74年訪中日本E代表団団長. 87年JEI評議員. JEI終身会員, JEMA, JESA, JPEA各会員. 箸『新生理学』全2巻(共編, 医学書院, 1960~61),「私たちの先

333

輩郭沫若先生」(『九大医報』25：3, 1955),「Eと共に40年」(LV 1966.7〜68.3), 参「人 その意見」(『朝日新聞』1969.5.23), 西田光徳「La Movadoを支える人びと(問田直幹さん)」(LM 1985.3),「ソロプチミスト日本財団『千嘉代子賞』を受賞した問田直幹さん」(『西日本新聞』1991.11.26), 梅津純孝「問田直幹先生をしのんで」(LM 1999.10), 古賀史郎「問田直幹さんを悼む」(RO 1999.11)。

鄧克強 | とう こくきょう | 1912〜1944

中国広東省／中山大学, 明大(中退)／別名丁克／辛亥革命の烈士とされる鄧乃燕の二男。日本留学中の36年準備委員として中華留日世界語学会に参画。中垣虎児郎らからEを学び, のち黄乃らとともに中垣の個人指導を受けて, 個人的にも敬愛。長谷川テルの中国行きを手助け。上海で開かれる中華世界語者協会の大会に在日中国人E-istoを代表して出席しようとしたところから, 37年検挙され, 送還。帰国後, 抗日運動に参加。参「国際語に躍る赤 留日中華学生を送還」(『読売新聞』1937.6.29), 中垣虎児郎「ポ・エ・ウのころ—戦前のE運動の思い出」(『文学』岩波書店, 1964.10), 宮本正男「あたりさわりの多い評伝 長谷川テル・東京時代」(『社会評論』64〜69, 1987〜88), 水谷尚子「『反日』以前」(文藝春秋, 2006), 小谷一郎「一九三〇年代後期中国人日本留学生文学・芸術活動史」(汲古書院, 2011),『反体制E運動史』,『中国世界語運動簡史』,『中垣虎児郎』。

東宮豊達 | とうぐう とよさと
1894.10.13〜1927.6.24

栃木／一高(1915), 東大(1919)／医師。父は神道の一派の教主, 本人はキリスト者。東宮豊守の兄。真崎健夫と一高, 東大の同期。1919年「新しき村」に入会し, その後長期にわたり定期的に寄付し続ける。関東大震災後, 小田原へ逃れ, 23年11月〜24年2月粟サナトリウム(別府)副院長, 24年3〜12月中野病院(長野)院長, 25年2月〜26年11月庄原病院(広島)院長, 27年4月千葉県勝山に開業した直後に病に倒れ, 小田原へ。東大在学中にEを知り, 小坂狷二の講義を2回聴講後, ドイツ語の独習書で独学。18年JEA入会(会員番号1182), のちJEIにも参加。19年山田貴子(1921年JEI入会)と結婚。小田原へ転じ, 21年吉川貫夫と小田原E会を設立, 宣伝・講習に努力。国際商業語協会会員。24年中野E会設立。同年有島武郎の許可を得てE訳した『宣言』がドイツで出版。25年庄原E協会創立。日本文学の積極的なE訳出版を呼びかける。Wüster "Enciklopedia vortaro"を取り次ぐ。26年芥川龍之介に作品選集のE訳を申し出て, 承諾を受けるが, 完成に至らず。没後, 千布利雄, 八木日出雄, 西成甫, 古沢末次郎らによって遺児エルザ(1921〜1937)支援のために「東宮豊達君遺児教育後援会」が発足し, 遺稿有島武郎『惜しみなく愛は奪う』E訳が刊行される。エルザもJEI入会。27年翻訳の金子洋文原作の戯曲 "Lavisto kaj poeto〔洗濯屋と詩人〕"は, 36年英語に重訳されて英国BBCのラジオドラマ・コンクールで放送。著 有島武郎 "Deklaracio〔宣言〕"(Leipzig: Hirt und Sohn, 1924),「E文対訳医文」(『実験医報』克誠堂, 1924〜27), シンケビッチ著, カーベE訳『燈台守〔Lanternisto〕』(四方堂E研究所, 1925), 武者小路実篤 'Eĉ mi tion ne scias〔わしもしらない〕' (RO 1926.10〜11),『医家用E独修書』(吐鳳堂書店, 1927), 金子洋文 "Lavisto kaj poeto〔洗濯屋と詩人〕"(E研究社, 1927),「Eによって世界に紹介された日本文学」(『読売新聞』1927.5.16),「国際語Eに就いて」(『大調和』1928.6), 有島武郎 "Senbedaŭre amo rabas〔惜みなく愛は奪う〕"(JEI, 1931)。参「故有島氏の「宣言」がE語に翻訳され, 明春ドイツから発行される」(『読売新聞』1923.12.2), 古沢末二郎 'Rememoro pri Sinjoro Tooguu' (RO 1927.7), 同「噫東宮豊達君」("E en Nipponlando"国際語研究社, 3：7〜8, 1927), 吉川貫夫「東宮氏を偲びて」(RO 1927.9),「東宮豊達君遺児教育講演会 収支決算報告書」(RO 1931.12),「ロンドンから日本の芝居を放送 英人素人劇団上演金子洋文作「洗濯屋と詩人」」(『東京朝日新聞』1936.2.19),「E訳から英訳されて上演される「洗濯屋と詩人」」(RO 1936.3),『金子洋文作品集』全2巻(筑摩書房, 1976), 石黒修「E六十年 21」(ES 1979.6),「東宮豊達訳「歎異抄」」(LM 1984.9),『芥川龍之介全集 第20巻』(岩波書

店, 1997)。◧山田美保。

東宮豊守｜とうぐう とよもり｜1913～1936.11.13

東京/桐生高工(中退)/東宮豊達の弟。1933年桐生高工に入学するも、同年末、学生運動で検挙され起訴猶予。退学後、東京で工場労働者に。PEUへ加入、のちLuma Rondoに参加。35年11月頃中村三郎らとジェルモ会を組織。36年中塚吉次、堀見俊吉らとプロレタリアE運動再建のために活動中、肺炎で没。参「東宮豊守氏の訃」(RO 1936.12)、『近代日本社会運動史人物大事典』、『解放のいしずえ』、『反体制E運動史』。

道家樹｜どうけ たつる｜1910頃～2000.10.15

宮城/時計屋。1933年3月JEI入会。35年7月仙台E会の例会で国際通信について報告。86年JEI、87年仙台E会各再入会。参「顕彰者からのお便り」(RO 1990.11)。

銅直杉造｜どうべた すぎぞう
1898.3.3～1945以降

大分/宇佐中(1912)、長崎医専(1918)/海軍軍医少将。佐世保海兵団軍医長、旅順病院長など。1923年頃JEI入会。

富樫東十郎｜とがし とうじゅうろう
1864.5.13(元治1.4.8)～1935.2.13

広島/広島師範(1886)/広島師範学校助教諭、広島県地方視学、1908年安佐郡長、12年加茂郡長。のち日赤広島支部事務長、広陵中理事長など。ローマ字論者。17年JEA入会(会員番号1130)、のちJEIにも参加。23年頃から広島E運動の有力者として広島E研究会幹事、広島E会長を務めた。32年12月14日JOFK(広島)、JOTK(松江)よりEについて放送。葬儀では奥村林蔵がEで弔辞を。参高橋謙「富樫会長の思い出」(『星影』広島E会、2：3, 1935)。◧広島市公文書館、呉市立図書館。

土岐善麿｜とき ぜんまろ｜1885.6.8～1980.4.15

東京/東京府立一中(1904)、早大(1908)/筆名哀果、湖友/新聞記者、歌人、国文学者。文学博士。上野孝男と東京府立一中の同期。生活派歌人から出発して、社会主義短歌運動の先駆者。結社を否認。1908年読売新聞記者。読売新聞社会部長として東海道駅伝を企画し、今日の駅伝競技を起こす。「駅伝」の名付け親とも言われる。18年東京朝日に転じる。47年学士院賞。51年都立日比谷図書館長、52年日本図書館協会理事長。54年芸術院会員、55年紫綬褒章。65年武蔵野女子大教授。処女歌集"Naki-warai"(ローマ字ひろめ会, 1910)以来、ローマ字運動に貢献。日本語表記の改良を主張し、49～61年国語審議会会長。早大に土岐文庫。朝日新聞社調査部長在職中の26年秋から、27年の世界軍縮会議(ジュネーブ)取材に向けて由里忠勝と石黒修から速成でEを習う。滞欧中に第19回UK(ダンチヒ)に参加し、Eの有用性を実感して帰国。28年2月JEI入会。同年柴田潤一によって設立されたE-isto文化協会に参加。28～72年JEI理事、のち顧問。東京府立第六高女保護者会役員として、丸山文作校長によるE導入を支持。56年日本E運動50周年記念行事委員長として、NHK国際放送から「Eの歴史と現状」を放送(6.14)、7月14日50周年記念座談会で座長、11月10～12日50周年記念第43回JK(東京)で挨拶など。同年10月21日NHK「言葉の研究室」で「世界に通じる言葉」で丘英通と中野重治の座談会を司会。60年中国文字改革学術視察団長として、倉石武四郎(中国語学者)、高杉一郎らと訪中し、胡愈之らE-istoとも交流。63年目黒E会の設立に協力。65年第50回UK(東京)顧問。67年12月社会文化会館で開かれた由比忠之進の追悼集会の発起人。由比について「人間の死はひとたびなりふたたびなし いしくも死にし由比忠之進」と詠んだ。73年2～3月中国人民対外友好協会の招きで徳田六郎らと訪中。JEI終身会員。大杉栄と交友。伊庭孝にEを推奨。「ザメンホフ博士の生れし町に一夜ねて ノミにくわれしことも憶わん」(『土岐哀果集』所収)など。署『国語

と国字問題』（春秋社，1947）,『土岐善麿歌集』(光風社書店，1971）ほか多数。E関係に'For-ironte al Eŭropo'（RO 1927.4),「Eの二週間世界大会参列記」（『東京朝日新聞』1927. 9.25~28),『外遊心境』（改造社，1929),"Japanan lingvon per "Rômaji""（日本ローマ字会，1929),「日本文芸の国際化」（RO 1930.3),『ひとりと世界—Zamenhofの生涯』（日高書房，1948),「国際会議と共通語」（『言語生活』1954. 1), 'La nuna stato de E-movado en Japanujo'（RO 1956.8）など。參RO 1926.12，由里忠勝「土岐さんの思い出」（LM 1980.5), 馬場清彦「土岐善麿さんを偲んで」（RO 1980.6),『周辺』(周辺の会，9:2, 1980), SAM 1981.4, 冷水茂太『土岐善麿　人物書誌大系5』（日外アソシエーツ, 1983), 野村敏夫『国語政策の戦後史』（大修館書店，2006), 安田敏朗『国語審議会』（講談社，2007), 大伏春美・大伏節子編『図書館人としての土岐善麿』（新典社，2011),『現代日本朝日人物事典』,『日本文学に現れたE』,『近代日本社会運動史人物大事典』,『日本アナキズム運動人名事典』。協青山徹。

土岐勇太郎｜とき ゆうたろう
1910.9.1~1990.3.7

青森／弘前商補習学校／文部事務官として弘前大に勤め，1972年定年退官。27年頃葛西藤太の勧めでEを学び，戦後，長く弘前E会事務局の中心として活躍。71年3月JEI入会。KLEGの通信教育で木下忠三の指導を受ける。91年蔵書を寄贈された弘前E会は土岐勇太郎文庫を開設。參小田喜一「弔辞」("Informilo" 弘前E会, 57, 1990)。

時永一男｜ときなが かずお
1904.3.12~1995.3.30

広島／東大（1929）／芸備銀行入行後，広島県内各地の支店長をへて，1960年広島銀行徳山支店長，同年10月常任監査役。東大在学中にJEI入会。

徳江徳｜とくえ とく｜1903.3.4~1992.11.25

宮城／一高（1925), 東大（1929）／愛知時計，愛知航空機発動機製作所などをへて，1949年茨城大教授，68~69年学長。退官後，日大教授。一高在学中にJEI入会。署ドヴィレール『内燃機関』全5巻（共訳，コロナ社，1937~40),『機械製図』（共立出版，1957)。

徳岡毅｜とくおか たけし
1911.12.25~1984.7.13

滋賀／三高（1932), 京大（1936）／四国電力電力部変電課長，工務部次長などをへて，1964年工務部長，70年常務，のち四国電力技術コンサルタント相談役。29年三高入学後，同校E部に参加。參『三高E会小史』。

徳川家達｜とくがわ いえさと
1863.8.24（文久3.7.11）~1940.6.5

東京／幼名亀之助／徳川家第16代当主。公爵，貴族院議長。1877~82年英国留学。滞英中，英国のE-istoで実業家のシャープ(R. Sharpe, 1844~1923）と親交を結んで，その後30年近く文通し，E書も受贈。1920年国際連盟協会総裁として小坂狷二と何盛三の相談を受け，2人に副会頭添田寿一を紹介。24年渡欧する小林鉄太郎に「ワシントン会議などでも，Eでやらなければならないと思った」と述べて，シャープへの紹介状を手交。貴族院議長として同書記官長柳田國男と確執。參Richard Sharpe "Travivajo de Ro Ŝo"（British E Association, 1913), 'La Ligo de Nacioj kaj E'（RO 1920.11), 'Perdoj'（RO 1923.12),「徳川前議長とE」（EL 1933.8), 'La bedaŭrata princo I. Tokugawa kaj E'（RO 1940.8), 樋口雄彦『第十六代徳川家達』（祥伝社，2012),『現代日本朝日人物事典』。

徳川夢声｜とくがわ むせい
1894.4.13~1971.8.1

島根／東京府立一中（1912）／本名福原駿雄(としお), 別号夢諦軒／活動弁士から俳優へ。マルチタレントの先駆。村上富士太郎と東京府立一中の同期。E学習歴は不明。1956年日本E運動50周年記念に際しJEI賛助会員。61年7月4日フジTV「ここに幸あれ」でE-isto青木実と高瀬帝子のテレビ結婚式を司会し，Eについて要領よく解説

著『夢声軟尖集』(往来社, 1931),『夢声自伝』全3巻(早川書房, 1962)。参RO 1962.1, 三国一朗『徳川夢声の世界』(青蛙房, 1979),『現代日本朝日人物事典』。

徳川義親|とくがわ よしちか
1886.10.5~1976.9.5

東京/学習院, 東大文科大(1911), 同理科大(1914)/旧名松平錦之丞/松平春嶽の五男。徳川美術館創立者。1908年尾張徳川家の養子となって19代当主に。25年貴族院議員として治安維持法制定にただ一人反対。31年「三月事件」のためのクーデター決行資金を提供。戦後, 日本社会党結党に協力。終戦直後, 世界恒久平和研究所を設立, 国際関係用語として英語とEを採用し, 45年11月より大島義夫を講師に招いて, 大岩誠ら全所員にE講習を実施。著『馬来語四週間』(共著, 大学書林, 1937),『最後の殿様』(講談社, 1971)ほか多数。E訳されたものに 'Gardosoldato de muzeo' (RO 1943.6)。参『恒久平和研究所』(RO 1945.12), 小田部雄次『徳川義親の十五年戦争』(青木書店, 1988), 徳川義宣『徳川さん宅の常識』(淡交社, 2006),『現代日本朝日人物事典』。

禿氏祐祥|とくし ゆうしょう
1879.6.24~1960.9.3

福井/高輪仏教大(1903)/仏教学者, 書誌学者, 浄土真宗本願寺派僧侶。龍谷大名誉教授。龍谷大に禿氏文庫。龍谷大E会代表を務めた。著『教行信証考証』(興教書院, 1923),『仏教と美術』(百華苑, 1955)ほか多数。

徳重武雄|とくしげ たけお|?~2002.10.1

熊本E会で活動。JEI会員。/RO (2001.3)に寄稿。参吉田正憲「追悼徳重武雄さんを偲んで」("Vojo Senlima"熊本E会, 154, 2002.10。

徳田実|とくだ みのる|1910.1.16~1952.7.24

北海道/無線講習所(1928)/船舶無線通信士。日本郵船, 北樺太石油, 日本海運, 播磨造船などをへて, 1950年札幌警察管区釧路通信出張所技官, 51年札幌警察管区本部無線通信課課長補佐。石狩町樽川で水難救助訓練中に溺死。欧米各地の寄港先でE-istoと交歓。流暢なEを操り, 死の翌日もJEI札幌支部でEを教える予定だった。参有馬芳治 'S-ro Tokuda Minoru' (RO 1952.9),『北海道警察史』2巻(北海道警察本部, 1968)。

徳田六郎|とくだ ろくろう
1904.2.11~1995.1.10

福井/育英商(1922), 関学(1926)/国際連盟事務局東京支局職員, NHK解説委員など。ジャズ歌手ホキ徳田(一時ヘンリー・ミラーと結婚)の父。キリスト者。小学5年生頃, 福井から神戸へ転居。関学在学中の1922年学内で開かれたE講習会に参加して, 上級生の須々木景光から手ほどきを受け, そこで聴いた土谷壮一と岩橋武夫の講演に感激してEの道へ。25年7月JEI入会。28~40年JEI評議員。41年9月治安維持法違反容疑で検挙され, 42年6月釈放。69年ヘンリー・ミラーを訪ねて訪米し, E-istoとも交流。日中E-istoの交流に熱心に取り組み, 73年中国人民対外友好協会の招きで土岐善麿らと訪中。74年訪中日本E代表団に加わり訪中。75年第24回関東E大会(甲府)において「Eを国連の公用語に, 国連大学の正課に」を講演。78年中国国際書店E部招待のE訪中団の団長として訪中し, 多くのE組織を訪問。89年にも招待を受けて訪中し, 巴金, 葉籟士らと会見。静岡Eクルーボ会長, UEAデレギート(静岡), SAT, JPEA各会員など。著「Eつれづれ」(ES 1976.6~8),「草創時代の神戸E界」(RO 1976.8),「新局面を迎えた中国E界」(ES 1978.4),「動き出した中国E界」(ES 1978.11),「『現代化』の下における中国E運動」(ES 1980.11~81.4),「マンネリ運動からの脱出の試み」(ES 1982.7),「国際政治感覚に対応する力を」(ES 1982.8),「明確になった中国の運動の狙い」(ES 1983.3),「新渡戸稲造博士の思い出」(RO 1984.11),「胡愈之先生の訃音に接して」(LM 1986.3),「神戸E界の追想」(『神戸のE』)。参『ヘンリー・ミラーのラブレター8』(『週刊朝日』1982.4.23), 阿井みどり「徳田六郎さんを悼んで」(LVK 1994.3~4), 池ヶ谷春雄『希望する

人・徳田六郎先生』(静岡Eクルーボ, 1994), 望月正弘「生涯"種まく人"」(RO 1995.3), 同「徳田六郎先生, 逝く」(LSP 1995.3), 同『世界語行脚』(静岡教育文化センター, 1998), 同「自著を語る」(1999.9), 「わたしの出した1冊のほん」(RO 2000.10), 『神戸のE』。▣鈴置二郎。

徳冨愛子 | とくとみ あいこ
1874.7.10～1947.2.20

熊本/東京女高師/本名藍, 旧姓原田, 筆名蘭芳, 黄花/随筆家。徳冨蘆花の妻。1897年結婚により改姓。1919年夫婦で世界旅行に出発, 20年2月サンフランシスコから横浜へ戻る春洋丸の船上で, 大石和三郎のE講習に参加。夫婦で著した世界旅行記『日本から日本へ』(1921)のE訳に着手。自筆原稿の複製が, 翻刻文を添えて, 吉田正憲訳・編『自筆原稿で楽しむ蘆花・愛子の世界旅行記『日本から日本へ』英語・E語対訳』(熊本E会, 2008)として刊行。▣『日本から日本へ』全2巻(蘆花と共著, 金尾文淵堂, 1921)。▣本田節子『蘆花の妻, 愛子』(藤原書店, 2007)。▣硲大福。

徳冨蘆花 | とくとみ ろか
1868.12.8 (明治1.10.25)～1927.9.18

肥後国(現熊本)/同志社(1880中退, 再入学後, 1887再中退)/本名健次郎/『不如帰』で知られる作家。同志社総長海老名弾正の従弟。キリスト教伝道, のち兄蘇峰の民友社で著作活動。1906年トルストイアンとして聖地巡礼, パレスチナからロシアに入り, トルストイ宅に滞在。世田谷区に蘆花記念館・蘆花恒春園, 熊本市に徳冨記念館, 渋川市に徳冨蘆花記念文学館。19～20年妻愛子と世界旅行に赴き, エルサレムでの世界平和会議に出席したほか, シンガポールの二葉亭四迷の火葬跡, ハイファのバハイ教本部なども訪問。20年2月25日, 帰国の船上で大石和三郎のE講義に夫婦揃って参加し, 21～22年頃熱心に学習。「百日紅の盛りを眺めて」(『全集』11巻所収)で「私はEを好きとは言えぬ。然しEにまさる世界語はまだ出来て居ない。…私は日本に於ても, 小学の四年あたりから, Eを必修課目として教えてもらいたいと思ふ」と。夫婦で著した世界旅行記『日本から日本へ』のE訳に着手。自筆原稿の複製が, 翻刻文を添えて, 吉田正憲訳・編『自筆原稿で楽しむ蘆花・愛子の世界旅行記『日本から日本へ』英語・E語対訳』(熊本E会, 2008)として刊行。▣『蘆花全集』全20巻(蘆花全集刊行会, 1928～30, 『日本から日本へ』は12～14巻所収;復刻版『徳冨蘆花集』〔日本図書センター, 1999〕では14～15巻所収)ほか多数。E訳に梶剛訳'Maro kaj roko〔海と岩〕'(RO 1923.4)。須々木要に『不如帰』訳稿があったが未刊。▣磯部幸子「蘆花とE」(RO 1958.5), 速川和男「徳冨蘆花と英学」(『英学史研究』1971.3), 『熊本E運動史』, 阿部軍治『徳冨蘆花とトルストイ』(彩流社, 1989), 中村青史「蘆花とE」(RO 2001.3), 野村忠綱「徳冨記念館に「蘆花とE」」(LM 2001.5), 吉田正憲「徳冨蘆花・愛子のE訳旅行記『日本から日本へ』」(RO 2003.11), 『現代日本朝日人物事典』, 『近代日本社会運動史人物大事典』, 『日本アナキズム運動人名事典』, 『日本キリスト教歴史大事典』。▣硲大福。

徳永一男 | とくなが かずお
1903.10.28～1943以降

福岡高, 九大(1929)/医学博士。九大副手, 助手をへて, 1930年沖縄県立病院眼科部長。21年10月福岡E会の講習に宗像勝太郎と参加後, 福岡高E会を結成。JEI, JEMA, 福岡E倶楽部各会員。▣『昭和2年KEL年鑑』。

徳永晋作 | とくなが しんさく
1890.2.14～1974.12.22

山口/七高(1912), 東大(1915)/鉄道院に入り, 1924年在外研究員となり, 25年ロンドン開催の第10回万国鉄道会議に出席。41年鉄道省工作局長を最後に, 日本車輌製造に転じ, 55年副社長, のち社長。日本鉄道車輌輸出組合理事長。20年末頃JEI入会。

徳永正勝 | とくなが まさかつ
1906.1.7～1994.3.31

岡山/六高(1926), 東北大(1929)/旧姓国

富/1934年東北大金属材料研究所冶金部助手から湯浅蓄電池製造に転じ、55年常務。33年仙台E会のザメンホフ祭で「非常時のE-istoの感想」を講演。34年3月JEI仙台支部設立に尽力。仙台E会員。📖増北美郎「E人国記(5)」(EL 1933.12)、RO 1934.5. 🏛東北大史料館。

徳永恕 | とくなが ゆき | 1887.11.21～1973.1.11

東京/東京府立第二高女補修科(1908)/二葉保育園園長。学生時代から働く婦人のための保育事業に一生を捧げる。府立第二高女で山川菊栄と同級で、その姉佐々城松栄や百島操の妹増千代とも親交。東京都名誉都民。キリスト者。E学習歴はないものの、1928年2月よりJEIの常設講習所として保育園の教室を提供。PEUの講習会にも施設を提供し活動を支援。📖RO 1928.2、山川菊栄「徳永恕さんと二葉保育園」(『おんな二代の記』平凡社、1972)、上笙一郎、山崎朋子『光ほのかなれども』(朝日新聞社、1980)、『現代日本朝日人物事典』、『近代日本社会運動史人物大事典』。

徳久三種 | とくひさ みぐさ | 1885.12.4～1958

山口/水産講習所(1907)/島根県立水産学校教諭、愛知県水産試験場長、日本昆布協会、全国海苔増殖協会各会長など。1921年10月JEI入会。📗『蠣の栄養と撰び方』(農林省水産局、1931)、『養鯉』(明文堂、1934)。📖半田芳男「故徳久三種を憶う」(『さけ・ます資源管理センター技術情報』74、1959)。

戸倉章 | とくら あきら | 1902.12.9～1970.12.19

神奈川/東大(1926)/東京農工大繊維学部教授、附属農場長など。弓道の達人としても有名。東大在学中にJEI入会。📗『弓矢に生きる』(私家版、1956)。

戸根堅次郎 | とね けんじろう | 1913～1947.7.15

和歌山/小学校/種々の労働に従事。軍隊生活で健康を害し、国立療養所千石荘(大阪)で終える。杳脱タケ子(1922～2005)ら医師団の支援下、患者自治会の運動に貢献。戦中、和歌山で宮本正男にEを学び、戦後、大久保和夫らと千石荘E会を組織し、療養所E運動の中核に。📖宮本正男「戸根堅次郎のこと」(LM 1951.7)。

利根光一 | とね こういち | 1922.3.11～2001.8.21

東京/第一東京市立中、東京美校(1947)/本名吉田漱(すすぐ)/歌人、美術史家。1943年学徒出陣により中国大陸を転戦。47年アララギに加わり、土屋文明に師事。49～67年東京都区立中教諭、67～79年都立高教諭、79年岡山大教授。キリスト者。98年『『白き山』全注釈』(短歌新聞社、1997)で第9回斎藤茂吉短歌文学賞。56年Eを学び、翌年長谷川テルの"En Ĉinio batalanta"に触れて、関心を持ち、長谷川を研究。58年9月JEI入会。『テルの生涯』(1969)でその事績を広く知らしめた。98年第46回関西E大会(奈良)で「みどりの星・長谷川テル」を講演。📗『テルの生涯』(要文社、1969)、『浮世絵の基礎知識』(雄山閣、1974)、「反戦のみどりの星・長谷川テル—明らかになったその死と遺児たち」(『世界』1978.10)、『増補版 テルの生涯』(要文社、1980)、「墓標なき烈士—長谷川テル・最後の行程」(『世界』1982.10)、『浮世絵の見方事典』(北辰堂、1987)、「「知ってるつもり?! 長谷川テル」をみる」(RO 1993.4)。📖「中国愛した"烈女"利根光一著「テルの生涯」」(『朝日新聞』1969.3.11)、『日本のE-isto名鑑』。

殿井一郎 | とのい いちろう | 1910.7.8～2003.9.8

和歌山/和歌山高商/全協繊維和歌山支部常任委員として活動し、1931年検挙。46年私立三尾商の英語と算盤の教師、47年和歌山県地方労働委員会事務局へ転職。のち和歌山大経済短大部教授。戦前、『プロレタリアE講座』を全巻購入するも、学習中断。終戦直後、再学習して、47年三尾商で講習会開催。50年和歌山緑丘会の学習会を指導。59年頃和歌山大E会を組織。81年JEI入会。94年視力低下により和歌山緑丘会を退会。E蔵書は和歌山県立図書館へ。📗『紀州ネル業発展の初段階』(和歌山大紀州経済

史文化史研究所, 1965), 『資料和歌山県労働組合運動史(1)』(同, 1973)。参「殿井一郎教授略歴および著作目録」(『経済理論』和歌山大経済学会, 117, 1970), 宮本正男「体験的和歌山全協史第一章」(『運動史研究』三一書房, 12, 1983), 『近代日本社会運動史人物大事典』, 『和歌山とE』。協江川治邦。

殿待好俊 | とのまち よしとし | ?~1998.8.25

1991年8月神戸E会に参加し, 木元靖浩から手ほどきを受ける。勤務先の会社が倒産後, 太陽神戸三井銀行に再就職。阪神・淡路大震災で家財, 職など一切を失い, 横須賀へ移住。96年3月より横浜E会に参加し, 広瀬香苗, 土居智江子らの指導を受ける。ざっくばらんな人柄で, 神戸, 横浜各E会で活躍。著'Veninte el Kobeo'("Novajoj tawtawas"横浜E会, 1996.3)。参LT 1999.3・4の追悼特集。協ドイヒロカズ。

鳥羽正雄 | とば まさお | 1899.12.13~1979.4.18

東京/一高(1921), 東大(1924)/文学博士。城郭研究の第一人者。古谷善亮と一高文科の同期。1933年神宮皇學館, 51年鹿児島大, 56年東洋大各教授など。20年5月JEI入会。著『日本城郭辞典』(東京堂出版, 1971)ほか多数。参「鳥羽正雄先生略年譜、著作目録」(『中京大学教養論叢』15:1, 1974)。

土肥賢一郎 | どひ けんいちろう
1918.5.14~1992以降

熊本/東大(1941)/宮崎大農学部講師など。1958年小坂狷二先生古稀記念事業委員会発起人。59年ザメンホフ百年祭委員会中央委員。

土肥実雄 | どひ さねお | 1896.7.17~1966.1.21

熊本/熊本中/筆名Doy Jitsuo/『人吉新報』編集兼発行人, 郷土史家。柳田國男門下で民俗学を学ぶ。1923年頃JEI入会。26年7月5日勝枝潤と熊本E会を母体に人吉E会創立。人吉にE塾を開く。戦後上京し, 64年1月JEI再入会。息子賢一郎もE学習。著「吾人は何故にEを研究宣伝するか」(『人吉新報』1931.7.4~19)。参三宅実平「土肥実雄さん」(RO 1966.5)。協森田玲子。

富井荘雄 | とみい たかお | 1894.11~1966以降

和歌山/京大(1920)/筆名杜生/加島銀行から三和銀行に転じ, 橘町, 丸の内各支店長などをへて, 1940年問屋橋支店長。退職後, 三国商店取締役。JEA会員(会員番号1041)。阪上佐兵衛による"La Espero"発行を高尾亮雄とともに支援。著「国際心とE」("La Espero"星光社, 2:5, 1921),「銀行に於ける適材適所主義」(『中央銀行会通信録』279, 1926)。参"La Espero"(2:1, 1921)。

富岡謙蔵 | とみおか けんぞう
1873.3.15~1918.12.3

京都/平安義黌普通学科/別名謙三, 号桃華/中国学の大家, 特に古鏡と南画を研究。京大講師。画家富岡鉄斎の長男。政府の教育方針に不信を持つ父に従い, 平安義黌普通学科のほかは独学, 子の益太郎(1907~1991, 鉄斎美術館初代館長)も同様に育てた。親友黒板勝美の勧めで, 妻のトシ子とEを学び, 1906年夫婦揃ってJEA入会(会員番号337, トシ子は338)。著『古鏡の研究』(富岡益太郎, 1920)。参神田喜一郎『敦煌学50年』(二玄社, 1960)。協太宰不二丸, 京都府立総合資料館。

富岡正己 | とみおか まさき
1917.10.1~2002.5.24

山形/山形商/山形市内で, 化粧品などの輸入雑貨を取り扱う「富岡正己商店」を経営。1980年山形Eクラブの講習会に参加。81年JEI入会。海外のE-istoと積極的に交流。山形Eクラブ事務局長, 機関誌"La Stelo de Yamagato"の編集長などを務めた。著「冬の友達・夏の友達」(LSP 1987.9)。参國井兵太郎「富岡正己さんの思い出」(RO 2003.2)。協國井兵太郎。

富田寛次｜とみた かんじ｜?~?

茨城/鉄道省工作局車両課勤務。留学後、三井化学などの勤務をへて、のち東京に株式会社泰工社を創業。鉄道院(のち鉄道省)工作局車両課勤務。職を辞して、1923~26年スイスのバーデンへ私費留学し、帰国後に三井化学などの勤務をへて、のち東京に株式会社泰工社を創業。鉄道院在職時にEを独学し、19年からJEA東京支部に参加。20年日本鉄道E会を設立し代表。留学中にバーデンE会創立に参画。23年第15回UK(ニュルンベルク)に参加して、エロシェンコと遭遇。翌年第16回UK(ウィーン)にも参加したほか、留学中に各地でE-istoと交流。著'Svislandon'(RO 1923.4)、'Al Nurnbergo'(RO 1923.12)、「防爆型2,000メッシュふるい機 Blower sifter」(『ケミカルエンジニヤリング』13:1, 1968)。参RO 1926.3, 津々見雄文他「泰工社社長富田寛次氏を訪ねて」(『粉体工学研究会誌』12:4, 1975)。

富田砕花｜とみた さいか｜1890.11.15~1984.10.17

岩手/日大/本名戒治郎/与謝野鉄幹の門下へ入り、のち社会主義に傾倒、民衆派詩人として活躍。白鳥省吾と親交。1906年JEA入会(会員番号311)。著『悲しき愛』(岡村盛花堂, 1912)、『兵庫讃歌』(兵庫讃歌刊行会, 1971)。参『追慕富田砕花先生』(神戸新聞出版センター, 1984)、和田英子『風の如き人への手紙』(編集工房ノア, 1998)、『近代日本社会運動史人物大事典』、『日本アナキズム運動人名事典』。

冨田冨｜とみた とむ｜1907.8~1991.7.9

茨城/水戸商(1926)/別名村野明、太田一郎、筆名冨田敦夫、Tom/明治製菓、松竹、大阪窯業セメント、ヤマト地銅などに勤務。日本歌人クラブ、現代歌人集会などに属した歌人。水戸時代にEに触れ、上京して就職後の1930年に国際語研究所で倉地治夫から学ぶ。引き続き帝大セツルメントで石内茂吉らと中垣虎児郎から学び、その機縁でPEA創立に際し国際部長。31年1月PEU中央委員。32年5月三浦つとむ、小松文彦らと検挙。33年松竹入社に伴い関西へ。戦後、短歌指導をしていた千石荘療養所(貝塚市)で大久保和夫らにEを勧める。小田切秀雄・真下信一編"Aŭskultu, la voĉojn de oceano!〔きけ わだつみのこえ〕"(KLEG, 1951)の共同E訳に参加。『日本歌人』にEに関する短歌を多数発表。同誌(1978.2)の比嘉春潮追悼に「エス語知る沖縄文化史くさわけの君は国男をその師とやせし」と。宮本正男の協力を得て、歌集『青の現実』や『源流讃』にEのタイトルを付し、E訳作品も掲載。由比忠之進の焼身を詠んだ「同志(カマラード)由比が身を焼く炎立つうつむきてゐしわれの眼の前」は『昭和万葉集』(講談社, 14, 1980)に収録。Hajkista Kluboに参加。「同志達」(「昔日試歩」所収)でかつてのプロレタリアE運動の同志らを短歌に詠む。堺E会員。著「あの眼に視られながら」(NR 22・23, 1972.7)、「EraroまたはFikcioについて「Pro-E運動に付て」を読んで」(NR 24, 1972.12)、『青の現実』(慶応通信, 1972)、「書評 Skiza historio de la utao"」(LM 1980.6)、「初心を抱くまで」(『日本歌人』1981.9)、『源流讃 脚韻歌集』(近代文芸社, 1991)。「昔日試歩」(中村伯三編『暗黒の時代を生きる』私家版, 2004)。参大久保和夫「療養所E運動の思い出」(LM 1972.7)、「富田敦夫人と作品」(『日本歌人』1973.4)、田中貞美「冨田冨逝く」(LM 1991.8)、『近代日本社会運動史人物大事典』、"Ordeno de verda plumo"、"Encyclopedia of the Original Literature"。

富田伴七｜とみた ばんしち｜1931.10.18~2011.12.19

愛知/名古屋盲学校中等部(1948)、京都府立盲学校高等部(1951)、同志社大(1955)/名古屋盲学校高等部英語教諭。愛知県視覚障害者協議会会長など。名古屋盲学校中等部で片岡好亀からEを知り、京都府立盲学校高等部で鳥居篤治郎の指導を受ける。同志社大在学中に小坂狷二『E捷径』点字版で学習継続。名古屋EセンターとĈambro Ĉarmaにも参加。80年第67回JK(横浜)で「盲人のためのE教材作りと講習会」を公

341

開講演。2006年第72回国際盲人E大会（フィレンツェ）に参加。07年名古屋ライトハウスの文化活動特別賞。日本盲人E協会会員。著「戦時下の盲学校と寄宿舎生活」（日本教職員組合編『私たちは訴える「障害者と戦争」』日本教職員組合, 1982）,「平成3年度における視覚障害者の大学進学状況について」（『視覚障害』日本盲人福祉研究会, 114, 1991）。参「盲人のための教材づくりと講習会を語る」（LM 1980.3）, 菊島和子『点字で大学』（視覚障害者支援総合センター, 2000）,『センター通信』（名古屋Eセンター, 266, 2012.3）,『Eと私』。

冨田弘|とみた ひろし|1926.4.4～1988.8.3

愛知/名大(1952)/独文学者, ドイツ社会思想史学者。愛知県立大教授から, 1978年豊橋技術科学大教授。豊橋技術大外国語センター長としてE研究班を指導。著メーリング著『レッシング伝説 第1部』（共訳, 風媒社, 1968）,『板東俘虜収容所』（法政大学出版局, 1991）。参『追想冨田弘』（冨田先生遺著刊行会, 1990）。

富田眞雄|とみた まさお|1903.8.15～1989.9.25

東京/東京府立一中(1920), 松本高, 東大(1926)/薬学博士。1932年帝国女子医専講師, 39年京大講師, 40～67年教授, のち京都薬科大学長。60年日本学士院賞。松本高在学中の21年4月JEI入会。松本E会長, JEMA会員など。著『最新有機化学』（広川書店, 1958）。参『富田眞雄教授退官記念誌』（富田眞雄教授停年記念事業会, 1967）。

富田嘉明|とみた よしあき|1899.10.25～1985以降

栃木/七高(1921), 東大(1924)/別名芳明（ほうめい）/高雄税関長, 台湾竹南郡守などを歴任。終戦時は台北放送局長。戦後, 社交ダンスに関する本を多く書き, 指導者, 審査員としても活躍。作曲もよくした。中学時代にEを学び, 1917年JEA入会（会員番号1134）, のちJEIにも参加。19年七高入学後, 校内でE講習を開催。著『社交ダンスブック』（金園社, 1958）ほか多数。

富永勇|とみなが いさむ|1866.5.26（慶応2.4.12）～1943.3.30

静岡/帝国医科大別科(1889)/旧姓川村/富永斎の父。陸軍軍医として日清・日露戦争に従軍。1894年静岡市に開業。東海看護婦学校長, 静岡盲学校教授など。鍼灸, 催眠術の研究も。高橋邦太郎（技師）の話に共鳴してE学習。1918年11月斎とともにJEA入会（会員番号1258）。のちJEIにも参加。著『鍼灸応用経穴辞典』（誠之堂, 1922）,『経穴図譜』（富永外科医院灸療研究所, 1927）。参『鍼灸之世界』（帝国鍼灸医会, 1943.5）。墓俗大福。

富永斎|とみなが いつき|1894.7.17～1978

静岡/日本医専(1917)/富永勇の子。富永外科病院副院長をへて, 1946年静岡市に富永医院開業。18年7月父の蔵書でEを学び, 同年11月父子でJEA入会（会員番号1259）。のち高橋邦太郎（技師）の指導で学習。戦後は静岡緑星クラブに所属。56年50周年記念第43回JK（東京）で表彰。57年1月静岡県E連盟名誉会長。JEI会員。参「先輩はなぜ・どうして学んだか」（RO 1956.7）。墓徳田六郎。

富永慶順|とみなが けいじゅん|1902.12.11～1944以降

千葉医大(1924)/栃木県立宇都宮病院をへて, 宇都宮診療院院長。1923年頃JEI入会。26年JEMA創立後, 栃木県支部幹事。32年10月宇都宮商業会議所での短期E講習を椎橋好と指導。UEAデレギート（宇都宮）, 宇都宮E会長など。

富松正雄|とみまつ まさお|1896.5.12～1969.12.12

福岡/長崎高商(1919)/筆名ToM/三菱重工業長崎造船所に勤務し, 1941年名古屋へ転勤。戦後, 故郷へ戻り, 晩年は大阪で。長崎高商1年の16年8月頃から加藤節『E独修』で独習。18年12月JEA入会（会員番号1274）, のちJEIにも参加。24年同僚の浦

田種一, 久米稔らと長崎E会を再興。高原憲を助けて長崎E会の会務全般を処理。40年5月長崎三菱E会顧問。50年儀部幸一らと久留米E会結成。56年50周年記念第43回JK(東京)で表彰。UEAデレギート(長崎)。娘西島悦枝もE学習。著「明治時代長崎でエス語をやった人」(RO 1936.6)。参「先輩はなぜ・どうして学んだか」(RO 1956.6),『長崎のE・前編』。協西島悦枝, 田平正子。

朝永振一郎 | ともなが しんいちろう
1906.3.31~1979.7.8

東京/京都一中(1923), 三高(1926), 京大(1929)/物理学者。東京教育大教授, 学長。1937~39年ドイツ留学。48年日本学士院賞, 65年ノーベル物理学賞。53年「光子の裁判」が, 阪大理学部E会によってE訳され, "Fotono ĉe juĝejo" として同会より出版。65年第50回UK(東京)顧問。岡田幸一と親交。著『朝永振一郎著作集』全15巻(みすず書房, 1981~85)ほか多数。参松井巻之助編『回想の朝永振一郎』(みすず書房, 1980), 伊藤大介編著『追想朝永振一郎』(中央公論社, 1981),『現代日本朝日人物事典』。

友松圓諦 | ともまつ えんたい
1895.4.1~1973.11.16

愛知/芝中, 宗教大(1919), 慶大(1924)/幼名春太郎, 旧名諦春/仏教学者。真理運動を展開。仏教の大衆化に注力。1927~31年独仏留学。31年9月より慶大でE講習会開催。RO(1934.7)に「仏教とE」を寄せ,「私共はあくまで,『緑の星』という理想の夢をもつべきである」と。著『仏陀の言葉』(甲子社書房, 1924)ほか多数。参RO 1932.1,『現代日本朝日人物事典』,『近代日本社会運動史人物大事典』。

豊川善曄 | とよかわ ぜんよう
1888.5.22~1941.8.17

沖縄/東京高師(1913)/旧名善可/大成中教諭をへて, 1914年氷川図書館主任。その後山梨, 北海道, 青島, 新潟, 東京で教壇に。28~35年沖縄県立三中教頭の後, 朝鮮へ渡り, 淑明女子高等普通学校教諭, 興亜学院院長など。京城で没。22年12月川原次吉郎, 小林鉄太郎, 谷亀之助, 上野孝男とE同人社を興し, 23年同社が出版事業を廃止するにあたり, 独力で新極東社を創業しE書の出版・販売を続行。同年JEI委員となり, 5月31日~6月14日石黒修, 佐々木孝丸, 岡本好次, 中村喜久男と東北・北海道E宣伝旅行。盛岡, 青森, 函館, 札幌, 旭川, 秋田, 土崎, 山形, 米沢, 福島をまわり, 講演47回, 聴衆は合計2万3000人。26年新極東協会を結成。36年4月14日京城で「Eの創始者ザメンホフ」と題する講演を放送。著ザメンホフ, プリヴァー『Eの本質とE文学』(川原次吉郎と共訳, 日本E社, 1922), 新極東社通信教授部『通信教授用初等E講義録』(新極東社, 1924), 'Alvoko' (RO 1924.12),『豊川善曄選集』(法政大学沖縄文化研究所, 2001)。参佐藤悦三「E運動の建前と本音」(LM 1977.9),『近代日本社会運動史人物大事典』。

豊蔵正吾 | とよくら しょうご
1912.7.30~2008.10.30

70歳でEを始め, 世界3大経典をEで読破。北海道在住。

豊沢武 | とよさわ たける | 1905.1.9~1972.2.2

山形?秋田/山形高/キリシタン研究。秋田県立図書館長。高校時代の21年6月JEI入会。山形高E会代表。著「秋田県立秋田図書館郷土博物室」(『博物館研究』14:9, 1941)。参井上幸次郎「図書館風土記—秋田県・岡山県の巻」(『図書館雑誌』46:12, 1952),「豊沢武追悼特集」(『叢園』叢園社, 81, 1972)。

豊田作太郎 | とよた さくたろう
1890.1.17~1927.5.14

東京/五高(1910), 東大(1915)/医学博士。下瀬川小児科病院副院長など。1920年末頃JEIに入り, 最期まで会員。JEMA会員。参「同志消息と報知」(RO 1927.7)。

豊田元樹｜とよだ もとき
1920.12.14〜2007.5.12

岐阜/新潟大(1941)/化学教諭として岐阜高，富田学園富田女子高などに勤務。小学4年生頃に『少年倶楽部』の記事でEを知る。病気療養中の1945年Eを学び，12月JEI入会。52年岐阜薬科大でE講習，同年川村清治郎，加藤隆通らとTELを組織し副会長。57年8月第44回JK(名古屋)副会長。1962年度TEL会長を務め，その後も副会長の一人として，川村会長を支えた。74年長く富田学園でEクラブを指導した功績により，全日本高校E連盟より表彰。岐阜E会長，UEAデレギート(岐阜)など。E関係蔵書は名古屋Eセンターへ。［著］「会報があればよかった」(RO 1982.10)，「回想」(RO 2006.4)。［参］『Eと私』，加藤文男「豊田元樹さんを悼む」(RO 2007.8〜9)，『センター通信』(名古屋Eセンター, 253, 2007)。［協］豊田和子，山田義。

豊田百合子｜とよだ ゆりこ｜1911.8〜1948?

東京/自由学園/結婚して山崎姓/音楽家。日本勧業銀行調査課長豊田久和保の娘。1936年単身第28回UK(ウィーン)に参加して，舞踏会の美人投票で1位に。引き続きウィーンの国立音楽学校に留学し，ピアノ教授法を学ぶ。ウィーン滞在中，同地のE会"Danubio"に参加し，日本に関する講演も。旅行先のチロルやプラハ，帰途のニューヨークなどでもE-istoと交流。39年12月帰国し，「あちらでは，Eが非常に役立つた」と。40年2月JEIで「豊田ゆり子さんにヨーロッパの近況を訊く会」開催。同年結婚して，岡山に移るが間もなく東京に戻り，42年前後小石川区丸山町で山崎ゆり子ピアノ塾を主宰。42年5月27日JEI東京支部の会合で音楽について講話。戦後山梨でE活動に参加か。［著］「雨 たそがれのVienoへ」(『E研究』1936.9)，「ヨーロッパから帰る」(RO 1940.2)。［参］「ミス・ニッポンあちらを席巻 美人投票で1位 エス語大会参加の豊田嬢」(『読売新聞』1936.9.7)，「大戦下の音楽家 帰朝した豊田百合子さんの話」(『朝日新聞』1939.12.3)，「豊田百合子さん帰る」(RO 1940.1)。

豊野令｜とよの れい｜1910〜1972以降

熊本/東京鉄道局教習所(1937)/鉄道職員。1935年東京鉄道局教習所専門部に合格し上京，54年熊本駅主席助役など。人吉E会で活動し，戦後，熊本E会に参加。［著］『くまもと駅物語』(熊鉄文化部, 1961)。

豊辺新作｜とよべ しんさく
1862.6.23(文久2.5.26)〜1927.3.22

越後国(現新潟)/陸士(1882)/陸軍中将。騎兵第14連隊長として日露戦争に出征，黒溝台でのロシア第2軍の猛攻を凌ぐ。1908年樺太守備隊司令官，09年騎兵第4旅団長，13年騎兵監，18年予備役。JEA会員(会員番号931)。［参］『日本陸軍将官事典』。

虎渡乙松｜とらわたり おとまつ
1878.8.20〜1926.12.15

秋田/東京医大(1908)/1912年函館に眼科病院開業。06年秋田でE学習。同年JEAに加わり(会員番号393)，のちJEIにも参加。24年高桑正吾の後を継いで函館E会長。25年5月〜26年7月医学研究のための洋行中，常に緑星旗を携帯し，25年第17回UK(ジュネーブ)に参加。26年7月函館E会の帰朝歓迎会で旅行談を語る。［参］函館E会「噫虎渡乙松氏」(RO 1927.3)。

鳥居市松｜とりい いちまつ
1905.9.28〜2000.1.8

愛知/八高(1926)，京大(1929)/旧姓伊藤/1949年名港海運専務，64年副社長，66年社長，76年会長。名古屋商工会議所副会頭。トランプのコレクターとして知られ，86年1月名古屋で「世界のトランプコレクション展」を開催。八高在学中にJEI入会。［著］『トランプのいろいろ』(私家版, 1982)。

鳥居篤治郎｜とりい とくじろう
1894.8.12〜1970.9.11

京都/東京盲学校師範科(1916)/盲人の教育と職業指導に一生を捧げた「盲人の父」。

常見誠一郎の義兄。4歳の時，熱病で失明。三重県で10年間，京都で26年間盲学校の教師。1921年小林卯三郎，橋本喜四郎と点字雑誌『ヒカリノソノ』を創刊。48年京都府盲人協会長，51〜56年京都府立盲学校副校長，54年日本盲人会連合会長，59年ヘレンケラー賞，61年京都ライトハウス常務理事兼館長，66年理事長。京都市名誉市民。Eは，15年東京盲学校の同級生エロシェンコに習い，秋田雨雀，小坂狷二らの知己を得る。16年アレキサンダーに会い，バハイ教徒に。22年3月全国盲人文化大会(大阪)で「盲人の間に国際語E語の普及をせしめること」を提案，満場一致で可決。23年第11回JK(岡山)内で盲人分科会を主宰。24年1月20日福喜多脩らと津E会を結成。28年岩橋武夫，熊谷鉄太郎らとJABEを創立し理事。54年第39回UK(オランダ，ハールレム)に八木日出雄と参加して，日本鍼灸学会第2回学術大会で「帰朝談」を講演。エロシェンコが点字で書いた書簡や作品を墨字に直し，高杉一郎訳編『エロシェンコ全集』の編集に協力。同年11月邑久光明園を訪問し，その後盲人ハンセン病患者のE学習を支援。56年50周年記念第43回JK(東京)で表彰。66年8月JABEを再建し会長。93年12月生誕百年記念の会。妻伊都もE学習。著八木日出雄『盲人E講習読本』(点訳，カニヤ書店，1922)，岡本好次『盲人用点字E和大辞典』全2巻(点訳，同，1923)，『永遠の黎明』(中原脩司，1936)，'Saluto al nia lekkvara' ("tempo" 32, 1937), 'Raporto pri la blindulfaka kunsido' (LM 1952.11)，『すてびやく』(京都ライトハウス，1967)。参「全国盲人文化大会」(RO 1922.5)，「地方E運動紹介(2)三重県」(RO 1932.3)，『世界盲人百科事典』(日本ライトハウス，1972)，和田三千子「エロシェンコの手紙」(ES 1978.7〜79.4)，片岡好亀「鳥居篤治郎先生の思い出」(『特殊教育三十年の歩み』教育出版，1981)，嶋田恭子「この人と1時間—鳥居伊都さんの巻」(ES 1983.10)，赤坂一『鳥居篤治郎』(日本盲人福祉研究会，1988)，故鳥居篤治郎氏の記念の会」(『朝日新聞』京都版，1993.12.10)，鳥居篤治郎先生生誕百年記念事業委員会編『無限を見可能性を信じた人間トリイの生涯』(同委員会，1994)，菊島和子『点字で大学』(視覚障害者支援総合センター，2000)，岸博実『ぼっちゃんの夢—とりい・とくじろう物語』(私家版，2013)『近代日本社会運動史人物大事典』，『道ひとすじ』，『闇を照らすもうひとつの光』，『盲目の詩人エロシェンコ』，「Eとハンセン病」。

鳥養利三郎 | とりがい りさぶろう
1887.2.8〜1976.9.24

徳島/徳島中(1906)，三高(1909)，京大(1912)/工学博士。日本電気工学界の権威。1920年より2年間独英米留学。京大総長，日本ユネスコ国内委員会会長，京都市名誉市民など。E学習歴は不明。65年第50回UK(東京)顧問。京大文書館に「鳥養利三郎資料」。著『鳥養利三郎先生随筆集』(林千博，1974)。参『現代日本朝日人物事典』。

な

内藤馬蔵|ないとう うまぞう
1873.11～1940.1.10

岡山/第一高等中(1896)、東大(1899)/1901～24年六高教授、1924～27年高知高校長。新村出と第一高等中文科の同期。ザメンホフが出した07年版『全世界E年鑑』に氏名掲載。

内藤為一|ないとう ためいち|1902～1970.8.3

愛知/中京財界の大物白石家の中軸にあり、戦後は日本交通印刷専務。1921年頃Eを学び、23年5月佐藤一英、石黒修、山田弘らと名古屋E社交倶楽部を創立し代表(同年7月まで)。24年中部日本E大会開催に尽力。26年4月中部日本E連盟創立委員。第23回(1935)・第26回(1938)JK(名古屋)準備委員会委員。37年誕生の長男を夏郎(naturo「自然」から)と命名。67年名古屋E会により「山田・内藤賞」創設。SAT会員。E蔵書は竹中治助へ。参竹中治助「内藤さんの手紙」(RO 1970.10)、同「E運動50年の内藤為一さん」(LM 1970.11)。

内藤良一|ないとう りょういち
1906.12.26～1982.7.7

大阪/三高(1927)、京大(1931)/医学博士。池田長守、近藤政市、宍戸圭一と三高理科甲類の同期。1937年より欧米で細菌、乾燥血漿などについて情報収集。帰国後、陸軍軍医学校防疫研究室主任となり、731部隊石井四郎中将の片腕に。フグ毒の研究で人体実験。50年日本ブラッド・バンク創設に取締役として参加し、73年ミドリ十字社長、78年会長。Eは、24年三高入学後、同校E会で桜田一郎、宍戸、八木日出雄らに学び、機関誌"Libero"に寄稿。京大入学後も医学生対象にE講習会を実施。28年3月郁文小(京都)で青年団にE講習。同年第16回JK(大阪)後の三高E会主催雄弁大会(京都)で「同志に訴う」を演説。JEI, JEMA各会員。著『輸血の実技』(医学書院、1956)、『老SLの騒音』(ミドリ十字、1980)。参『三高E会小史、森村誠一『悪魔の飽食』(光文社、1981)、宮本正男「『悪魔の飽食』と元三高E会会員」(LM 1982.11)、毎日新聞大阪本社編集局遊軍編『偽装』(晩聲社、1983)、常石敬一『医学者たちの組織犯罪 関東軍第七三一部隊』(朝日新聞社、1994)、青木冨貴子『731』(新潮社、2005)。

中庸雄|なか つねお|1899.9.27～1965⇔1967

埼玉/一高(1921)、東大(1924)/鉄道省札幌鉄道局工作部長などをへて、日本鉄道車輛協会常務理事、顧問など。谷口光平、浜田成徳と一高工科の同期。1920年10月JEI入会。著「誌上交通博物館：登山電車、鋼索鉄道、架空索道の話」(『旅』1935.12)。

中豊次郎|なか とよじろう
1887頃～1943⇔1951

和歌山/三高(1908)、東大(1911)/海軍監督官として川崎造船所に勤務。のち高岡高商、神戸女学院、プール高女各教授など。1921年11月頃JEI入会。23年尾道E倶楽部結成に協力。神戸の初期E運動に参加。徳田六郎によれば、「無骨の感じのする人だったが、E語は上手だった」。参「内地報道」(RO 1923.5)、『神戸のE』。

永井海乗|ながい かいじょう|?～1991.4.23

神戸市須磨区で「永文堂書店」を自営。1932年神戸E協会に参加。永文堂ロンドを設立し、講習などでE普及を図る。岡部須美夫の「国際文通協会」と協力関係を持ち、36年両者を合併して板宿E会を設立し会長。また同年「浄土創造運動」を始め、機関誌"La Scienca Elizo"を発行。JEI神戸支部代表。著「第21回大会に参加して」("La Bulteno de KEA"神戸E協会、1933.10～11)。参「特集 われらの2600年」(RO 1940.2)、『神戸のE』。

永井錦三郎 |ながい きんざぶろう| ?~1923.9.1

横浜 E 協会幹事。関東大震災で圧死。参 RO 1923.10。

中井玄乗 |なかい げんじょう
1884.6.24~1944 以降

大阪/北野中(1903), 大阪高等医学校 (1908)/大阪高等医学校附属病院, 木村病院(大阪) などをへて, 1924年フランス留学, 25年帰国後, 木村病院を中井病院と改称し経営, 31年大阪市南区に移転。23年頃 JEI 入会。

中井玄道 |なかい げんどう| 1878~1945.7.23

大阪/高輪仏教大/正福寺(大阪市)住職, 龍谷大教授。1902~06年西本願寺開教使としてシアトルに派せられ, シアトル別院を設立。龍谷大に中井玄道文庫。シアトル滞在中, O'Connor の著作で E 学習。22年龍谷大 E 会設立に際し会長。31年10月4日京都円山公園に仏教児童博物館を設立し館長となり, 主事に真田昇連を起用して, 児童の国際的親善を図るため館内に E 語部を設置, E 通信による資料寄贈・貸与を推進。子の玄英も E 学習。著『利害を超えて』(興教書院, 1940), 『教行信証講話』(法蔵館, 1995)。E 関係に「日向路の旅」(『中外日報』1939.8.16) など。参 浅野三智「中井玄道先生のこと」(『大阪 E 運動史 II』), 佐藤優香「J. M. シャーウッドと中井玄道による日米親善人形交換事業」(甲南女子大教育学専攻編『教育学論集』19, 2001)。

中井常次郎 |なかい つねじろう
1888.4~1965 以降

和歌山/和歌山中(1906), 三高(1909), 東大/鳥養利三郎と三高工科の同期。京大講師在任中の1919年仏門に帰依, 23年退官して帰郷。35年日本光明会を組織。日本光明会会長, 光明学園園主など。23年頃 JEI 入会。

中井虎一 |なかい とらいち
1902.2.17~1989.12.13

大阪/一高(1922), 京大(1927)/倫理学者。1952~57年広島大, 66~82年広島文教女子大各教授。上崎龍次郎, 乙部守と一高文科甲類の同期。19年一高緑星会結成と同時に入会。20年5月 JEI 入会。同年藤間常太郎, 天野忠慶, 磯崎晴美らとともに岩橋武夫の指導で E 学習。21年 JEI 委員。京大 E 会員。著『皇国日本の進むべき道』(共著, 教学局, 1940)。参 藤間常太郎「E を学びはじめたころ」(『大阪 E 運動史 II』)。協 広島大図書館, 広島文教女子大。

中井保造 |なかい やすぞう
1912.4.4~1999.11.30

鳥取/米子工/日産自動車をへて, 1954年尾張高の数学教諭に。31年就職のため名古屋へ転居後, 下村芳司に E を学ぶ。同年12月 JEI 入会。62年 MEM 委員。69年名古屋 E 会副会長。長く尾張高 E クラブを指導し, 74年全日本高校 E 連盟より表彰。EPA に属し, EPA 越年合宿の講師を務め, 大本の分苑の祭典後に信者に E 指導。JELE 会員。著「暇あるごとに」(NV 1966.1),「思い出から」(『名古屋 E 会創立50周年記念文集』1982),「大本教と E」(RO 1983.3)。参『日本の E-isto 名鑑』。

永井叔 |ながい よし| 1896.7~1976.11.30

愛媛/関学, 青山学院, 同志社(各中退)/1919年朝鮮竜山で兵役に就き, 三・一運動鎮圧などに服務中, 上官侮辱・兵器使用暴抗で禁固2年。「お互いは大空のように」,"Grandan Ĉielon!",「学べ E」などのたすきを掛け, マンドリンで流した街頭詩人。「大空詩人」とも呼ばれ, 中原中也に影響を与えた。29年頃 JEI に入会, 発行する『大空詩聞』誌に E 関係記事を掲載し, アルジェンタ・クンシードなどに参加。会合でたびたび余興としてマンドリンを演奏。32年梶弘和らと労農 E 同盟設立を企てたが, 流産。55年5月日本チルドレンセンター(Japana Geknaba Centro)設立。妻正

子は23年松山で開かれた石黒修の講習会でE学習。著『緑光土』(オホゾラ社出版部, 1925),「街頭に降れよ緑の星々」(RO 1929.10),「反戦のための闘争開始！「治安出動」を拒否した日本人兵士の記録」(『朝鮮研究』日本朝鮮研究所, 83, 1969),『大空詩人　自叙伝・青年篇』(同成社, 1970),『青空は限りなく　自叙伝・壮年篇』(同, 1972)。参『大空詩人とE語』(RO 1928.3),「内地報道」(RO 1929.8),「ロバとゆく青空詩人」(『アサヒグラフ』1952.6.11),「ロバの名はチエロ」(RO 1952.7),「天皇の命に服すること能わず　永井叔さんをたずねて」(『朝鮮研究』83, 1969),「"大空詩人"歌を再び病床の永井さんにカンパ続々「160歳まで生きるよ」」(『読売新聞』1975.2.7),「裏町の「大空詩人」永井叔さんが死去」(『朝日新聞』1976.12.1), 石黒修「E六十年(6)」(ES 1977.10),『反体制E運動史』。

永井柳太郎｜ながい　りゅうたろう
1881.4.16～1944.12.4

石川/関学普通学部(1902), 早大(1905), オックスフォード大/政治家, 評論家。文部大臣永井道雄(1923～2000)の父。1925年2月帝国議会に提出された「国際補助語Eニ関スル請願書」の紹介議員の一人。著『永井柳太郎氏大演説集』(大日本雄弁会, 1924)ほか多数。参倉地治夫「帝国議会へ請願」(RO 1925.3),『現代日本朝日人物事典』。

長尾堅造｜ながお　けんぞう｜1919～1985

京都/京都人文学園夜間部(1950)/建築会社を自営。京都建築労組, 日本共産党に所属。京都人文学園でE学習。1951年KLEG事務所用に, 大阪市北扇町の北さとり宅を建て増しした際, その相当部分の建築を材料費だけで請け負う。54年同事務所が中津に移転した際にも協力。参北さとり「京都人文学園とE」(LM 1969.10～11)。

長尾有｜ながお　たもつ｜1899.8.10～1974.9.7

兵庫/大阪歯科医専(1918)/農民運動家。日本農民組合淡路連合会を結成。兵庫県農民連盟, 日農兵庫県連各会長など。1923年頃JEI入会。参『現代日本朝日人物事典』。

中大路政次郎｜なかおおじ　まさじろう
1903.4.20～1935.12.13

滋賀/立命館大/三井銀行に勤務しながら, 立命館大専門部に通学。1921年末頃E学習。26年5月竹馬の友の中村尅三と大津E会結成, 講習会を通じて前後200名の会員を獲得, 機関誌"Amikeco"へ寄稿。29年銀行を辞めて, 大津市に中大路文具店を開業, 店舗は大津E会の事務所に。妻栄子と息子淳にもEを指導し, 淳は9歳でシェーラーと会話し, 栄子はPandora Rondetoを主宰。本人の遺志によるE葬には柴山全慶, 山本佐ら E-isto20名が参列。著'Prezento al novaj karaj amikoj' ("Pioniro" 2, ピオニーロ会, 1927.4), ラフカディオ・ハーン'Stranga Rakonteto〔不思議な話〕'(RO 1927.5)。参中大路淳「僕とE」(RO 1931.1), 中野寿一・中村尅三「中大路政次郎君のことども」(RO 1936.3)。協中村尅三。

長岡二郎｜ながおか　じろう
1923.12.17～1996.3.23

山形/山形師範/筆名 L. Monteto/師範学校卒業後, 航空隊入隊。1945年土浦海軍航空隊志願兵として訓練中, 結核を病み, 入退院を繰り返す。戦後は大谷小(山形)事務員など。国立療養所左沢光風園に入園中, 篠田秀男のドイツでの活躍を新聞で知り, 54年1月JEI入会。55年光風園E会を結成月刊『保健同人』を通じて全国にE学習希望者を募り, 57年1月"Verda Stelo"(のちVSと改題)を創刊し, 高瀬好子らの協力を得つつ86年1月まで発行の中心となり, 海外からの投稿も多数掲載。60年セケリの講演(山形市)を通訳。「山形大学にE会のできない限り山形のE運動は進展しない」が持論で, 庄子時夫による山形大E会設立(1968)を援助。北京放送を愛聴して, 放送でもしばしば取り上げられた。78年8月徳田六郎らと中国国際書店E部の招きで訪中81年9月東北E連盟副会長, 84年10月～92年11月会長。85年篠田病没により山形Eクラブ会長に。87年第28回東北E大

会(山形)会長。89年小坂狷二の没後20年を記念して高瀬と『小坂狷二 同志を語る』を編集し、第76回JK(東京)で配布。90年"El Popola Ĉinio"40周年記念行事に招かれ訪中。91～92年JEI理事。UEAデレギート(寒河江)、SAT、JPEA、寒河江E会各会員など。長年にわたり多くの外国人を自宅で歓待。晩年は酸素吸入器が離せない生活の中で地方会誌への執筆多数。墓石には'ESPERANTISTO★NAGAOKA Ziro'と。E蔵書は山形Eクラブへ。妻禮子とはEが縁で結ばれる。著「Verda Sanatorio」(RO 1972.10)、「中国を訪ねて」(ES 1978.10～12)、「『悪魔の飽食』のエス訳を！」(RO 1982.4)、「私の命を救ったE」(NV 1982.8)、「Verda Sanatorio 始末記」(LM 1986.4)、'Por kiu lerni?'(LM 1989.5)、'Monteto de skeletoj'(RO 1990.5)、『小坂狷二 同志を語る』。参「国際親善に一役 夫婦仲よくE語勉強」(『河北新報』1959.2.11)、「E-isto長岡二郎さん」(『河北新報』1964.3.1)、"Japanaj E-istoj"、長岡礼子「わが家のアルバムから」(ES 1977.8～11)、同「ヒュルコ夫妻を心でもてなし」(RO 1991.9)、Reza Kheir Khah 'Leteroj el Japanio 13'(RO 1992.7)、『日本のE-isto名鑑』、五味恵美子「長岡二郎さんとのなれそめのころ」(LM 1996.5)、佐藤勝一「長岡二郎さんを偲ぶ」(RO 1996.6)、三ッ石清「長岡二郎、坂本昭二両君をしのんで」(LM 1996.8)。

中垣虎児郎|なかがき こじろう
1894.4.20～1971.11.15

熊本/熊本県立中学濟々黌(1913)、京城中学附属臨時小学校教員養成所(1916)/一時は藤岡姓(離婚後復姓)、愛称tigro、筆名河野直道、西東なほみち、校正老人、Majstro Nenio, Tigrido ほか/E運動家。佐藤時郎の従兄。中学生の時、兄の持っていた二葉亭四迷『世界語』でEを知る。1916年朝鮮で小学校教師となり、教え子にE-isto宮田裕が。藤岡一(いち)と結婚するも、間もなく離婚。植民地における臣民教育に疑問を感じる中、22年長谷川理衛にEを学び、大山時雄と協力して朝鮮各地で精力的にE普及運動。23年E運動に専従するため教員を辞し、翌年帰郷し、25年上京。同年6月

1日京城E研究会の朝鮮E学会への改組に際して学術部委員。26年JEIに入会し、28～31年評議員。大島義夫、比嘉春潮らの知己を得て、柏木ロンドに加わる。一時静岡の岡本利吉のもとに身を寄せるが、30年東京に戻って国際文化研究所、プロレタリア科学研究所E研究会、PEUなどプロレタリアE運動で活動し、31年1月PEU教育部長兼中央委員。『プロレタリアE講座』(鉄塔書院、1930～1931)の第2～4巻の事実上の編集主任。31年頃宮本百合子にEを個人指導。宮本の「舗道」(『婦人之友』1932.1から連載。著者検挙のため未完)中のE講師のモデルと推定される。のち政治性を嫌って創作、教育活動に転じ、32年大島、三宅史平らと日本E文芸協会(翌年「E文学研究会」と改称)を結成し、『E文学』連載記事を『翻訳実験室』として刊行。E書の日本語訳も精力的に行う。この頃長谷川テルを指導し、理解者に。RO(1936.3～37.7)の「自由作文」欄を担当。36年よりJEIの依頼で葉君健、李益三、鄧克強、黄乃ら中国人留学生にEを教え、中華留日世界語学会の活動を支援して、個人的にも親交。また"Ĉinio hurlas"誌などを購読。これが原因で、37年6月検挙され、38年8月懲役2年、執行猶予4年。40年7月再び逮捕され、不起訴になるが、その後E活動を自粛。この前後、改造社、経済情報社、小山書店で校正や編集に従事。46年第2次JEA創立に参加、機関紙も編集。同年第2次JEA委員、日本共産党入党。47年第2次JEA常任委員。49年江崎誠致(1922～2001、作家、57年直木賞)の冬芽書房設立に参加し、『E初等講座』などを刊行。のちハト書房の名目だけの社長。54年から、Eで世界の児童作文を集めて日本語訳する平凡社の出版企画に準備段階から秋田雨雀監修『世界の子ども』全15巻(1955～57)として完成するまで参加し、その後も平凡社に勤務。59年1月～62年10月RO編集を担って、「つづり方教室」を担当し、E文記事も執筆。中村陽宇・宮本正男編"Japana kvodlibeto"(La Laguna: Stafeto, 1965)に散文1編が収録。ユニークな技法によるクレヨン画でも一部に知られ、65年坂井松太郎の世話で頒布。三ッ石清が市営住宅の住まいに中垣虎児郎

349

記念文庫を設置していたが、三ッ石の没後に処分されたもよう。🕮 'Aktoro' (RO 1927.9～10),'El koreaj fabeloj' (RO 1927.11～12),小川未明著'Birdo de feliĉo〔幸福の鳥〕'(RO 1928.11), 'Freneza danco' (RO 1929.8), 'Pri Barthuis' (RO 1930.3),「Eとプロレタリア」(『戦旗』1930.8), "La unua de majo" (鉄塔書院, 1931),徳永直著 "Malsato en riĉa rikolto〔豊年飢饉〕"(鉄塔書院, 1932),『初等E講座』(秋田雨雀と共著, 鉄塔書院, 1932),ウェルツル『極北黄金郷の三十年』(鉄塔書院, 1933),『翻訳実験室』(JEI, 1935),ベルグマン著『カムチャッカ探検旅行記』(学芸社, 1935),「世界人マラン」(『モダン日本』1936.8),プリボイ著『潜水艦乗組員』(改造社, 1937),『E初等講座』(冬芽書房, 1949), "50 fabloj de Ezopo" (JELK, 1954),「ポ・エ・ウのころ—戦前のE運動の思い出」(『文学』岩波書店, 1964.10),武田麟太郎'Vermiĉelo〔うどん〕'(宮本正男・石黒彰彦編 "El japana literaturo" JEI, 1965),「私のE運動史」(NR 22・23, 1972)。📄「国際語に躍る赤 留日中華学生を送還」(『読売新聞』1937.6.29),江崎誠致「素人画礼賛—中垣虎児郎の絵」(『芸術新潮』1959.9),高杉一郎『ザメンホフの家族たち』(田畑書店, 1981),小林勇『人はさびしき』(文藝春秋, 1973),宮本正男『長谷川テル作品集—反戦エスペランチスト』(亜紀書房, 1979),福田正男『イソップ再入門』(朝明書房, 1972),高杉一郎'Semanto kaj la Rikolto' (LM 1967.1),大島義夫「裾野の冬」(NR 18, 1971.1),同「K-do Tigro の死をいたむ」(NR 21, 1972.1),同「kamarado 中垣の足跡」(RO 1972.2),三ッ石清「魅力ある人 中垣虎児郎」(LM 1972.2),宮本正男「中垣虎児郎から学んだこと」(LM 1972.4),「中垣虎児郎追悼特集」(NR 22・23, 1972),小林勇「人間を書きたい—11—二人のE-isto〔伊東三郎と中垣虎児郎〕」(『文藝春秋』1972.11),坂井松太郎「中垣虎児郎を偲ぶつどい」(LM 1977.3),江崎誠致「昔のなかま」(『婦人公論』1986.4),「中垣虎次郎[ママ]自画像,息子さんの元へ」(RO 1999.4), RO 1999.8, 山本夏彦「回想の中垣虎児郎」(『文藝春秋』2002.2),イ・チョンヨン「한국에스페란토운동 80년사」(KEA, 2003),野村正太郎「中垣虎児郎さんのことなど」(中村伯三編『暗黒の時代を生きる』(私家版, 2004),峰芳隆「中垣虎児郎の自画像」(LM 2009.9),柴田巌『中垣虎児郎—日中E-isto の師』(リベーロイ社, 2010),畑山康幸「柴田巌『中垣虎児郎』を読む」(LM 2010.10),『近代日本社会運動史人物大事典』,『反体制E運動史』,『闘うE-istoたちの軌跡』,『プロレタリアE運動に付て』。🤝藤岡光一,宮田裕,砂田量爾・良子,三ッ石清。

中川純一 | なかがわ じゅんいち
1901.12.10～1977以降

京都/三高(1922), 京大(1927)/医学博士。産婦人科医。緒方富雄と三高理科乙類の同期。1933年京都市左京区に中川病院を開業。21年10月JEI入会。

中川勝八 | なかがわ しょうはち
1904.12.14～1981.1.10

愛知/三重高農/農林省統計官,日本花き生産協会事務局長,園芸雑誌編集など。三重高等農林学校在学中に野地里慶助からEを学ぶ。1924年11月JEIに入り,54～68年評議員。61年第10回関東E大会(浦和)議長団の一人。TEK,山手ロンドなどで活動。論文の抄録にEを使用。妻尋子もE学習。🕮「第28回招待の使命を帯びて」(RO 1939.6),「本邦各府県に於ける普通畑の生産成果について」(『日本作物学会紀事』23, 1955), "Frazaro E-Japana" (JEI, 1963)。🤝福田正男 'Nekrologo' (SAM 1981.1)。

中川時雄 | なかがわ ときお
1932.6.10～2011.10.28

大阪/神戸外大(1956)/Tokio Petrus Nakagawa/ワーズワースの詩などを研究した英文学者。西宮市の姉妹都市交流にも貢献。1960～61年フルブライト奨学生としてオハイオ大留学。大阪工大をへて,69年神戸外大助教授,76年教授,98年退官して名誉教授。のち広島国際大教授など。キリスト者。高校3年でE講座を受講し,阪大医学部生から学ぶ。神戸外大で貫名美隆のE講義を受講。伊東三郎の『Eの父ザメンホフ』に感動し,ホマラニスモに傾倒。芦屋E会で活動し,2003～06年同代表。1998～2006年KLEG副会長。1998年JEI入会。

2000年日本文体論学会大会で「ザメンホフ訳のHamletとNewell訳のHamletとの比較検討」を発表。Eの集まりでは常にEで話すことに努めていた。Eの蔵書は遺族により芦屋E会の津田昌夫へ。著 'TN's spiritual autobiography'(『神戸外大論叢』49 : 6, 1998),「E学習のおもい出,抱負」(RO 1998.8), 'Why do I read the two E versions of Hamlet?' (『大阪経大論集』52 : 6, 2002), '"Ambaŭ estas bonaj" Dankon, adiaŭ S-ro Macumoto!' (LM 2002.3)。参「中川時雄教授 河野守夫教授記念号」(『神戸外大論叢』49:6, 1998)。

中川年男|なかがわ としお
1909~1955.9.24

熊本/17歳の炭鉱労働者としてE界デビュー。その後新聞記者,会社職員,労働組合書記などをへて,最後は荒尾市社会教育課員として公民館勤務。1929年頃JEI入会。雄弁家として聞こえ,伊藤徳之助や外国人のE講演の通訳も。『くろだいや新聞』在勤の30年代,同紙にたびたびE関連記事を掲載。大牟田E会員。著「取次雑誌の不着」(RO 1930.7),「ザメンホフ素描」(『大牟田時事新聞』1935.12.14),「国語と国際語」(『筑後新聞』1936.4.17)。参荒木一郎 'S-ro Tosio Nakagawa' (RO 1955.12),『近代日本社会運動史人物大事典』。

長坂雄二郎|ながさか ゆうじろう
1903頃~1943以降

兵庫/神戸一中(1921),慶應義塾/魚崎の山邑系酒造の家系の生まれ。藤田源蔵のいとこ。龍神厚と神戸一中の同期。慶應在学中にE学習。1931年頃神戸E協会,PEU神戸支部準備会で活動。32年酒造の満洲進出で大陸へ渡る。36年1月頃JEI入会。同年3月謄写版で"Medusa"を独力印刷・発行。妻もE学習。著芥川龍之介著 'Kredo de "Biei" 〔尾生の信〕' (RO 1930.12),フアリングトン『古代科学思想史』(新民書房, 1942),エンリクェス『科学思想史の意義』(同, 1943)。参田中貞美「満州E運動史(6)」(LM 1969.7),栗西継「EKRELO 11」(RO 1974.8),『神戸のE』。

中里和夫|なかざと かずお
1914.12.21~2001.7.16

山形/山形中(1932),北大(1938)/1946年千歳市民病院初代院長,52年千歳市に中里医院開業。千歳市医師会長,千歳市ユネスコ協会長など。64年11月JEI入会。71年9月池本盛雄と千歳E会を結成し会長。E運動へ経済的支援も。北海道E連盟顧問,JEMA会員など。著「E語小ブーム」(『北海道新聞』1971.9.26),星田淳「D-ro中里に感謝の会」(RO 1982.5),同「中里和夫さんをしのぶ」(RO 2001.5)。

中沢信午|なかざわ しんご
1918.5.17~2002

新潟/東北大(1943)/遺伝学者。理学博士。山形大名誉教授,日本メンデル協会副会長など。戦後まもなく相馬黒光の自伝『黙移』を読んで,エロシェンコとEに興味を持つ。エロシェンコの安否を人民中国雑誌社に確認し,その訃を秋田雨雀と神近市子に通知。1957年12月JEI入会。仙台E会員。著『メンデルの発見』(共立出版, 1978),「チェコのいなか町で」(RO 1980.4),「詩人エロシェンコを想う」(RO 1982.2),『マリモはなぜ丸い』(中央公論社, 1989)。参嵯峨直恒「中澤信午先生を偲ぶ」(『遺伝』裳華房, 56:6, 2002)。

中沢誠一郎|なかざわ せいいちろう
1896.1.24~1986.8.29

京都/三高(1916),東大(1920)/工学博士。内務省防空研究課長などをへて,1949年大阪市大教授,57年建築事務所開業。23年頃JEI入会。著『大阪』(有斐閣, 1962),『都市学と総合アセスメント』(大明堂, 1982)。参近畿都市学会編『近畿圏整備と都市』(大明堂, 1968)。

中沢英昭|なかざわ ひであき
1933.3~2004.9.28

神奈川/東大(1956)/数学者。慶大助教授。Eで論文を書くため,2001年より横浜E会

で学習。板橋満子，小山武らのグループでE学習に励んだ。著ブルバキ『数学原論』(東京図書, 1971)。参LT 2004.10～11。

長沢米蔵|ながさわ よねぞう
1886.3.6～1976.9.23

埼玉/日本医学校(1906)/号鴨水/医学博士。1913年日本医専，20～47年日医大各教授。日医大E会長, JEMA日医大支部幹事, JEI会員など。著『日本医大生活』(現代思潮社, 1953)，『くろもん』(私家版, 1966)。

中島恭平|なかじま きょうへい
1910.8.9～2003.1.21

東京/東京物理学校(1937)/旧姓比留間/田中克三の義兄。八王子中教諭をへて，八王子で中島酒造を自営。1931年E学習。32年4月JEI入会。40年結婚により改姓。63年八王子E会を結成して会長となり，67年その活動のため「八王子Eの家」を設立。69年八王子E会内に中島賞を設置。71年第20回関東E大会(八王子)議長。72年JEI評議員。77年第26回関東E大会(八王子)議長。70年代JEIの経済的危機に際し50万円を寄付し，また78年新築の早稲田E会館にハムの設備一式を寄付するなど，経済的にもE運動を支援。86年第35回関東E大会(日野)で"Epizode pri sake-produkta-do"を講演。EKAROJ会長も務め，チェンバーズら国内外のE-istoとほぼ毎日交信。第2回川上賞。UEAデレギート(八王子，ハム)。しばしば外国人E-istoを自宅で歓待。妻千鶴もE学習。親類の中嶋元子もE-isto。著『中学校へのE導入の第一歩』(RO 1939.10)，「Eとアマチュア無線家」(ES 1976.8)，「E・ハムのすすめ」(RO 1980.5)。参中島千鶴『南十字星のごとく輝くオーストラリアの知人達』(LSP 1988.10)，黒柳吉隆「中島恭平さんを悼む」(RO 2003.4)。協中島酒造。

中島清次|なかじま きよつぐ|1915.1.26～?

長野/日大/中央乳製品社長，日本商業興信所社長，全国業務用乳製品卸商協同組合連合会理事長。1949年児童文学『白象』その他を出版。20年代後半JEI入会。

中島光風|なかじま こうふう|1900～1945.8.31

福岡/五高(1924), 東大(1927)/沢瀉久孝門下の万葉学者。歌人。田中貞美の従兄。阿川弘之の恩師で，阿川の小説「春の城」の矢代先生，「友をえらばば」の小島清風のモデル。1934年日大から広島高教授に。広島原爆で被爆死。東亮明と五高文科甲類の同期。同校在学中に大栗清実，永浜寅二郎らとE運動。JEI会員。ドキュメンタリー番組『光と風の生涯』(広島テレビ, 1970)がある。著『上世歌学の研究』(筑摩書房, 1945)，『中島光風歌集』全2巻(同刊行会, 1979～81)。

中嶋信|なかじま しん|?～?

青森?/青森県で農業。1922年頃JEI入会。50年代天間林E会長。67年8月6日市ノ渡喜一らと七戸E会を設立し会長。

長島知行|ながしま ともゆき
1901.1.28～1944以降

東京/東京工/高林光学機械製作所をへて，1932年浦和光器製作所創業。JEI初期に入会。長女の名はエスペラントのシンボルカラーから「ミドリ」。

中島豊子|なかじま とよこ|?～1969.2.10

武蔵野女子大/Eは，1965年11月慶應E会主催の講習会で普川洋一から指導を受ける。66年4月武蔵野女子大E会結成の中心。武蔵野E会の指導も。参普川洋一「中島さんの死」(RO 1969.4)。

永島直昭|ながしま なおあき
1894.2.26～1930.4.18

東京/東京外語(中退)/翻訳家。1918年創刊の雑誌『新しき村』の編集発行人。20年より約1年間，新しき村の出版部曠野社で生活し，23年愛知県一宮中の英語教師に。この間，『新しき村』，『生長する星の群』

『白樺』などに翻訳物を掲載。22年頃JEI入会。🈺バルザック著『老ゴリオ』(芸術社, 1922)、『真実の生活』(新しき村出版部, 1924)。

中島英信｜なかじま ひでのぶ｜
1908.3.24～1983.3.3

福岡/早大(1929)/戦前、労働組合運動に従事。戦後、東京都中小工業協議会委員長、拓大教授、北海道拓殖短大学長など。1918年Eの存在を知り、33年学習。46年JEI入会。52～53年ILOの仕事で欧米訪問の際、Eで交流。🈺『アメリカの中小金融』(中小企業研究所, 1951)、「スイスから」(RO 1953.2)、『設備投資と資金の調達』(日刊工業新聞社, 1959)。🈁「中島英信氏に聞く会」(RO 1953.6)、"Japanaj E-istoj"、『近代日本社会運動史人物大事典』。

中島泱｜なかじま ひろし｜
1912.12.20～1938.10.31

東京/北大(1936)/旧姓山本/農芸化学者。台北帝大助手。小説家中島敦の従弟。1936年札幌で初等E講習会に参加。38年1月札幌のE-isto乾直子と結婚して、台湾に赴任。同年5月応召して、9月中国戦線へ出征し、マラリアで戦病死。🈁「中島泱氏戦病死」(RO 1939.3)、『中島敦全集』(筑摩書房、別巻, 2002)。

中島又十郎｜なかしま またじゅうろう｜
1904.3.20～1989以降

新潟/四高(1923)、東大(1926)/国光生命、昭和生命をへて、1949年第一生命営業部長、57年第一生命ビルディング専務など。23年頃JEI入会。

中條資俊｜なかじょう すけとし｜
1872.12.5(明治5.11.5)～1947.3.1

山形/千葉医専(1901)/旧姓竹田/医学博士。国立伝染病研究所をへて、1909年北部保養院(青森)院長となり、38年間同院(1941年、国立に移管され松丘保養園)においてハンセン病の治療と研究に尽力。26年JEMA創立後、青森県支部幹事を務めた。姓を「ちゅうじょう」とする資料もあるが、採らない。🈁『青森県人名大事典』(東奥日報社, 1969)、中條資俊刊行会編『中條資俊伝』(青森県救らい協会, 1983)。

長洲一二｜ながす かずじ｜1919.7.28～1999.5.4

東京/横浜高商(1941)、東京商大(1944)/経済学者、政治家。横浜国大助教授などをへて、1963～75年教授。75～95年神奈川県知事を務め、公文書公開条例を制定したほか、民際外交、地方分権を推進。横浜国大助教授時代に渡辺輝一のゼミでEを学習。85年第72回JK(横浜)で「民際外交」を記念講演し、冒頭にEで挨拶。🈺『地方の時代と自治体革新』(日本評論社, 1980)ほか多数。🈁『認識のうた』(渡辺輝一先生追悼文集刊行委員会, 1989)、『現代日本朝日人物事典』。

永瀬實恵｜ながせ じつえ｜1938?～2010.4.26

社交ダンス講師。1998年茨木E会の講習会でE学習。茨木E会会員。ダンスを通じて多くの人にEを勧め、KLEGの林間学校などでもダンス講習。🈁'Jen ŝi, jen li' (LM 2004.5)、LM 2010.7。

中瀬古六郎｜なかせこ ろくろう｜
1870.1.26～1945.4.14

奈良/同志社英学校(1889)、同志社ハリス理化学校/理学博士。1896～1902年米国留学、18～22年同志社女学校長。キリスト者。丸善にいた中原脩司に化学書の出版を勧め、カニヤ書店創業のきっかけを作る。"tempo"にも協力。京都E連盟に参加。🈺『青年の教育』(岡本光塩堂, 1904)、『現代化学概観』(カニヤ書店, 1935)、'Aferoj en kolonioj' ("tempo" 20, 1936.7)、'Konturo de l' nuna ĉinjapana konflikto' (同 36, 1937.11)、'La misio de l' natursciencistoj' (同 43, 1938.6)。🈁『中原脩司とその時代』。

仲宗根源和｜なかそね げんわ
1895.10.6～1978.10.18

沖縄/沖縄一中(1913), 沖縄師範(1915)/筆名曽根一郎/第1次日本共産党結党に参画。『無産者新聞』初期の発行名義人。戦後は親米・反共派へ移行。川上喜光と沖縄一中の同級。沖縄での小学校教員時代に比嘉春潮と知り合い、E学習。1920年4月JEI入会。柏木ロンドに参加。伊東三郎を自宅に住まわせてE独習書(のち大島義夫、畑正世の補正をへて『プロレタリアE必携』となる)を書かせた。著『労農露西亜新教育の研究』(弘文社, 1925),'La Faraono'(RO 1927.10～28.3),『空手道大観』(東京図書, 1928)。参仲宗根みさを『仲宗根源和伝』(月刊政経情報社, 1987),『現代日本朝日人物事典』,『近代日本社会運動史人物大事典』。

永田明子｜ながた あきこ｜1936.6.18～1990.1.13

満洲撫順/藤女子短大/Woessink-Nagata Akiko, 本人は Ŭusink-Nagata Akiko と表記/高2の時、父伸一(室蘭工大教授)の影響で世界連邦建設同盟に入会。1955年高橋達治にEを学び、翌年藤女子短大にE会設立。65年世界連邦建設同盟主催の世界平和に関する全国論文コンテストに応募した「平和をいかにして保持するか　個人募集による世界警察の設置」が一等入選。淵田多穂里、出口京太郎、住吉勝也とともに世界連邦主義者E会を創立し、67年1月より本格的に活動。平取高(北海道)講師、北大理学部事務員の仕事に従事していたが、68年UEA本部勤務のためオランダへ渡り、70～73年機関誌 "Esperanto" ほかの編集に従事。72年オランダ人でUEA役員のウーシンク(Evert J. Woessink)と結婚。76年5～6月夫婦で里帰りし、札幌のほか関西を訪問。同年より10年間UEAの "UN kaj Ni〔国連と私たち〕" 編集長。77～79年オランダE協会会長。80年著書『偉大な小国オランダ事情』の刊行に合わせて、夫婦で日本に。83～84年『北海道新聞』にエッセー「ドーベルト村から」を不定期掲載。ヨーロッパの習慣を脱したEの語彙や語法をたびたび提案し、86年第71回UK(北京)では "Lingvaj vortoj en E por japanoj" を発表して、E文法用語の見直しを提起。UEAデレギート(世界連邦主義)。著「国連常備軍への具体的提案」(『朝日ジャーナル』1965.5.16),「Eを国連へ」(同 1965.6.13), 'Kial la japanoj maldiligentas respondi' (RO 1969.7), 'Kiel la nederlandanoj skribas la proprajn nomojn' (RO 1969.8), 'Por la diskutoj pri skribado de propraj nomoj' (RO 1970.1), 'Kongreso navigas' (RO 1971.1), 'La E-Movado en Nederlando' (RO 1975.4), 'Medito ĉe landolimo' (RO 1975.6), 'Eŭropaj kutimoj kaj la tutmondigo de E' ("E" UEA, 1976.5), 'Impresoj el Japanujo kaj Koreo' (夫と共著, "E" UEA, 1976.11),「国際的であるということ」(RO 1977.10),『偉大な小国オランダ事情』(鎌倉書房, 1980), 'Eŭroŝima paniko : "Atombombo Nederlanden"' (RO 1982.1), 'Atentu! Pri la enkonduko de novaj vortoj' (RO 1982.3),「殻を破る」(『藤の実』藤学園同窓会, 15, 1983), 'Lingvikaj vortoj de E el la vidpunkto de japanlingvano' ("Serta Gratulatoria in honorem Juan Régulo vol. II E-ismo" La Laguna, 1987), 'Ekonomia kaj jura aspektoj de tradukado en internaciaj organizajoj' (RO 1988.6), 'Ĉiam strebe al tutmondeco' ("E" UEA, 1989.5)。参「人」(『朝日新聞』1965.4.18),「日本代表に永田さんら　第12回世界連邦世界大会」(同 1965.6.19), "Japanaj E-istoj", 相原美紗子「永田明子」(EV 1968.10), E.J. Woessink 'Impreso pri la Japana E-movado' (RO 1976.8),「わたしのヨーロッパ・日本女性奮戦記」(『北海道新聞』1981.8.20)。参〈グラビア〉E-isto・永田明子さん」(『婦人公論』1983.10), 青木公「変わったオランダ旅行」(『WINDMILL』オランダ航空, 1983.11.12), 'Nekrologo' ("E" UEA, 1990.2), 峰芳隆「永田明子さんのこと」(LM 1990.3), HEL 1990.3～90秋。

中田勝造｜なかた かつぞう
1896.2.17～1944.4.1

秋田/青森畜産(1916)/秋田の野石尋常小教員、潟西村書記などをへて、1926～27年秋田県立図書館書記, 28～31年横手分館司書兼書記, 32～39年秋田県立図書館書記司書。Eは、20年千布利雄『E全程』,『大成

E和訳辞典』などで独習後，竹島豊雄の指導で学習。21年1月JEI入会。29年8月杉村謙吉，大山順造らと横手E会を設立し常任幹事，30年5月同会の宣伝雑誌"E Yokote"の発行に協力。32年11月3日秋田E会再建に参加後，運動の中核として活躍。32～35年のザメンホフ祭にJOUK（秋田）から記念放送。著「1934年を我等はかく戦う」(RO 1934.1)，「E語挿話」(『叢園』叢園社，10, 1936)。参「誌上座談会『そのころを語る』」(RO 1940.1～3)，『創立九十周年記念秋田県立秋田図書館史年表』（秋田県立図書館，1990）。協石黒ヨシエ，秋田県立図書館。

中田輝生|なかだ てるお|1953.8.8～2006.6.2

岐阜/東工大(1978)/コンピュータプログラマ。富士通研究所に勤務。小学生の時に漫画雑誌でEに興味を持ち，大学時代に目黒E会に参加してE学習。84年E-isto阿久津秀子と結婚し，夫婦でJEI終身会員に。86年川崎E会発足と同時に夫婦で参加。90年第77回JK（横浜）作曲コンクール入賞(2007年第92回UK（横浜）で追悼演奏)。94年第81回JK（東京）のテーマ曲を作曲。UEAデレギート（コンピュータプログラム），UEA終身会員，目黒E会員など。著「81-09 分散データベースシステム SDD-1」（『情報処理』情報処理学会，22: 3, 1981）。参青山徹編『目黒E会30年史 1963～1993』（同会，1993），『日本のE-isto名鑑』，北川郁子「中田輝生さん，追悼演奏」（"Eskalo"川崎E会，122, 2007），同「中田輝生さん　いつまでも空の星として輝いて！」(RO 2007.7)。

中田久和|なかた ひさかず|1899.7.14～1974.9.28

三重/六高(1920)，京大(1923)/旧姓沢瀉/沢瀉久孝の弟。フランス哲学研究者沢瀉久敬(1904～1995)の兄。京大講師をへて，1934年甲南高教授，51年甲南大事務局長兼理学部教授。菊沢季生，藤本豊吉と六高二部乙の同期。22年頃JEI入会。

中田穎郎|なかた ひでお|1911～1992.10.1

明治専門学校/明治専門学校在学中にE学習。長期中断後，1988年北九州E会に加わり，91年第65回九州E大会（熊本）で同会を代表して挨拶。参古賀史郎'Nekrologo'("Informilo"北九州E会，56, 1993)。

永田秀次郎|ながた ひでじろう
1876.7.23～1943.9.17

兵庫/姫路中(1895)，三高(1899)/官僚，政治家。永田亮一の父。中学校長，内務省，三重県知事などをへて，1920年東京市助役。23年東京市長となり関東大震災(1923.9.1)に遭遇し，区画整理など復興事業に尽力。29～43年拓殖大学長。帝国教育会会長。30年東京市長に再任し，第12回オリンピックの東京招致を推進(40年予定，のち返上)。36年拓務相，39年鉄道相，42年陸軍軍政顧問としてシンガポールに。俳人でもあり，高浜虚子，河東碧梧桐らとも交友。国立国会図書館憲政資料室に永田秀次郎・亮一関係文書。25年2月拓殖大での新渡戸稲造の講演に感動してEの支持者に。私費で高野山に関東大震災供養塔を建設するにあたり，井上万寿蔵に依頼して由来書をE訳し，名簿とともに埋設。33年1月4日JOAK（東京）から「日本国民の世界的地位」を講演し，世界共通語としてのEの普及を力説。34年9月29日東京鉄道E会主催宣伝講演会で「日本国民とE」と題して講演し，Eと愛国運動が矛盾しないと力説。著『永田秀次郎選集』（潮文閣，1942）ほか多数。E関係に「日本国民の世界的地位」(JEI, 1933)，質問者鈴木文史朗・菊池寛「永田秀次郎氏に物を訊く座談会」(『文藝春秋』1933.6)，「懐中電燈使用者はすべて泥棒か—異邦のE-istoに答ふ」(EL 1933.6)，「日本国民とE」(RO 1934.12)，「来年の万国教育会議にはEを用いたい」(RO 1936.3)など。参「関東震災殃死者名簿埋蔵由来記」(RO 1927.12)，「1万年経たぬ中に掘り出す悪戯者が心配じゃ　永田さんが2万円を投げ出した大震災供養塔いよいよ実現」(『東京朝日新聞』1930.6.18)，「JOAKより全国中継にて永田秀次郎氏　エス語に関し快心の放送」(RO 1933.2)，「鉄道に於ける宣伝講演会」(RO

1934.11)，岡本好次「永田拓相と語る」（RO 1936.4)，「時の話題」（RO 1940.1)，「故永田秀次郎氏とE」（RO 1943.11），永田秀次郎氏記念句碑建設会『永田青嵐と東京』（永田秀次郎氏記念句碑建設会，1952)，『郷土百人の先覚者』（兵庫県教育委員会，1967)，神島二郎「日本型保守主義の成立 永田秀次郎を手がかりとして」（『立教法学』6，1964)，拓殖大学創立百周年史編纂室編『永田秀次郎－自然体の伝道者』（拓殖大，2005)，『現代日本朝日人物事典』。

永田亮一 | ながた りょういち | 1911.9.26～1997.1.13

兵庫/慶大（1935）/政治家。永田秀次郎の長男。王子製紙などをへて，1952～83年衆院議員通算10期。外務次官，ロッキード問題調査特別委員長など。65年頃から外交用語をEにすることを提唱。衆院外務委員会（1972.4.12）で，国際会議では世界語としてのEを使ってほしいと述べ，35，6年前に夜学でEを習って小説や新聞が読めるようになり，非常に便利だと思っていたと。また，外国でもE語が浸透していくように，国際交流基金を活用するよう提案。国立国会図書館憲政資料室に永田秀次郎・亮一関係文書。参『京都新聞』1964.2.8，「記者の目」（『中日新聞』1965.5.4)。

中台一郎 | なかだい いちろう | 1909.2.25～1989.8.26

東京/東海小（1921）/別名仲一郎/鍛冶工，鋼鉄商。1948年日本共産党に入り，61年品川民主商工会副会長，63年より品川区議を4期，64年東京商工団体連合会常任理事。30年7月西岡知男らのE講習を受講。31年1月PEU中央委員。PEU城南支部により，日本代表としてInternacio de Proleta E-istaro創立大会出席のためベルリンへ派せられることとなったが，PEU本部はこれを否決。強行して，ウラジオストクでスパイ容疑で検挙。「密かにぞ 国を出づらむ 君まもれ 遠泳こなす 短軀豪胆」（冨田冨「同志達」)。著 "Proleta Kantaro"（PEU図書部，1932)，『死にそこないの記』（栄光出版社，1976)。参「ポ，エ，ウ，中央委員中台一郎の入露事情に関する件」（『思想月報』20，1936.2)，坂井松太郎「私のE運動史（9)」（NR 1968.11)，木下忠三「書評『死にそこないの記』」（LM 1977.8)，殷武巌「KEK国際大会に出席して」（『在日文芸民涛』9，1989)，『近代日本社会運動史人物大事典』，『反体制E運動史』。

中塚吉次 | なかつか きちじ | 1910.3.8～1939

兵庫/第一神戸商/筆名Nigra Kampo，黒田久雄/銀行，神戸市役所などに勤務。1931年PEU神戸支部準備会書記長。PEU本部の活動方針に飽きたらず，34年3月PEUを脱退し，9月若松寿郎とマルシュ社を結成し，若松，大倉輝雄，上野淳，野田秀二らと"Marŝu"を発行。35年2月末神戸E協会に提携を申し入れるも，これを拒絶された上，マルシュ社のメンバーの入会まで禁止される。宝木寛らの"Frato"，佐藤時郎らの"Tagiĝo"，"Saluton"，久山專一郎らの"Amiko"などに多大な影響を与えた。36年12月東京で検挙。神戸へ移送され，予審繋留中に手記を提出。獄中で発病し，阪大附属病院で没。著「進歩的E-istoの組織と活動」（"Marŝu"マルシュ社，1：3・4，1935)，「やさしい読物」（同，1：5・6，1935)。参『特高月報』1935.8，「名古屋ポポーロ社のプロレタリア文化運動」（『司法研究』28：9，1936.12)，「「E運動について」（昭和十二年七月中塚吉次手記，神戸地方裁判所検事局報告)」（『思想月報』1937.9)，宮本正男「解説［資料］E運動について」（NR 6，1967.2)，大島義夫「中塚吉次の記録を読んで」（同)，宝木実『レジスタンスの青春』（日本機関紙出版センター，1984)，『解放のいしずえ』，『反体制E運動史』，『危険な言語』，『プロレタリアE運動に付て』，『近代日本社会運動史人物大事典』。

中出丑三 | なかで うしぞう | 1901～1967以前

大阪/北野中（1919），三高（1922），京大（1925）/北野中在学中より梶井基次郎と親交。小川鼎三，吉原英夫らと三高理科甲類の同期。神戸市港湾課，京都府土木部監理課，大庄西中（尼崎）などに勤務。1921年10月JEI入会。著「梶井基次郎のこと」（『京大新聞』1942.8.5)。

長戸恭|ながと やす|1911.10.6~1993.1.22

愛知/愛知第一高女(1929), 奈良女高師(1932中退)/新姓横井/1935年結婚により改姓。奈良女高師在学中の32年春, 愛知県立第一高女時代の友人熊沢光子の勧めでEを学ぶ。同級生の長谷川テルをEの道へ誘い, ともに天理外語学生の宮武正道から学習し, 斎藤英三とも接触。同年9月長谷川と一緒に検挙され放校処分を受けて, 以後Eと疎遠になる。のち長谷川に関する著書を読み, 利根光一や宮本正男に情報を提供。長谷川の遺児の留学を支援。🖹「出会いと別れ」(宮本正男編『長谷川テル作品集』, 亜紀書房, 1979),「長谷川テルと二人の遺児」(『ジャーナリスト同盟報』51, 1979),「私とE」(LM 1980.10), 宮本正男「二人のテルちゃん 長谷川テルと熊沢光子」(『社会評論』59, 1986.8), 同'Du Ternjoj' (RO 1989.7~11), 久保田麻理子「ヴェルダ・マーヨを再び」(LM 1994.4),『横井恭遺稿集』(平塚昭隆, 1999), 参『奈良県水平運動史』(部落問題研究所, 1973), 大山峻峰「長戸恭と長谷川テル」(『長谷川テル作品集』)。

中西義雄|なかにし よしお
1899.11.5~1946.3.5

福岡/戸畑鋳物, 久保田鉄工所堺工場などに勤務。Eは, 小倉陸軍病院の現役兵だった22歳の時, 加藤節『E独習』で独習し, 1922年JEI入会。豊島竜象と協力して, 25年4月『仏教済世軍E号』を創刊, 25~26年"La lumo senbara"を編集。のち仏教済世軍理事長, JBLE理事など。26年戸畑鋳物E会を解散, 新たにLibera E-a Kluboを結成し代表。30年3月個人誌"Libero"創刊。33年大阪転居後, 岸和田E会長として, 米田徳次郎と普及活動。仏教済世軍E部委員, UEAデレギート(岸和田)など。🖹「点字E文法と小辞典」(JEI, 1928),『点字E講義』(済世軍点字出版部, 1929), 'Senorda' ("La Lumo Orienta" JBLE, 1, 1931),「E点字」(RO 1935.6),「大阪大会協議会で私はなぜ進藤氏案大会規約に賛否を表明しなかったか」(RO 1939.6), 参「戸畑の中西義雄氏より」(RO 1926.6),『昭和2年KEL年鑑』,「誌上座談会 そのころを語る」」(RO 1940.1~3)。

中野英子|なかの えいこ|1937.2.19~2008.1.16

愛媛/松山北高(1965), 愛媛大(1969), アンデレ宣教神学院/号恵依(えい)/愛媛県立第三養護学校事務長を早期退職後, アンデレ宣教神学院に入学, 卒業後は同学院図書館で司書ボランティア。キリスト者。Eは, 1964年11~12月松山市教育委員会と松山E研究会共催の講習に参加し, 中塚公夫の指導で学習。65年JEI入会。松山E研究会の機関誌"Verda Stelo"の印刷に協力。88年より松山E会, JEI愛媛支部各事務局長として活動に献身。アルジェンタ・グルーポ会員。🖹「国際的にものを見る眼を養ってくれる」(RO 1974.4),『おもちゃ箱』(私家版, 1991),「また会うのを楽しみに」(LM 2000.7)。参『日本のE-isto名鑑』,『Eと私』, 中塚公夫「追悼 中野英子さん」(LM 2008.4), 同「中野英子さん」(RO 2008.5)。

中野勝政|なかの かつまさ
1884.9.18~1979.7.22

福岡/東京工手専門学校/筆名土平(つちへい)/直方市堀鉱業所技師, 洋品店「コドモハウス」店主など。1925年畠村易の講演に感激してE学習。コドモハウスに中野E会の事務所を置き, 家族, 従業員にもEを教授。戦前・戦後を通じて北九州地方のE普及運動に尽力。小倉E会長, 北九州E連盟会員など。参『昭和2年KEL年鑑』。協中野鉄太郎, 大場格。

中野重治|なかの しげはる
1902.1.25~1979.8.24

福井/福井中(1919), 四高(1924), 東大(1927)/別名日下部鉄, 牧田栄蔵/小説家, 詩人, 評論家。丸岡図書館(福井県坂井市)に中野重治記念文庫。四高在学時, ラムステットの講演を聴く(『歌のわかれ』)。1930年11月6日獄中から妻原泉(1905~1989, 本名中野政野, 女優)へ宛てた手紙に「Eというもの私は全く知らないが, どうもいいもののように思われてならぬ。

これは外国語ではないがいろいろの点で便利なように思う。ことに今度でたアキタさん達のE講座などという恰好な物があるのだから。Eというものが物好きな人々の手から我々の手にうつって実用的になる時期だと思う」(『愛しき者へ』)と。栗栖継と親交を結び、その依頼でその編者『同じ太陽が世界を照らしている』などに推薦文を執筆し、作品のE訳を許諾。56年10月21日NHK「言葉の研究室」の「世界に通じる言葉」で土岐善麿司会のもと、丘英通と座談会。終生Eに好意を示した。著『中野重治全集』全29巻(筑摩書房、1996~98)ほか多数。E関係に「外国文化の日本紹介」(『教育・国語教育』1936.5)。E訳に訳者不詳 'Historio de Tecu〔鉄の話、抄訳〕'(『プロレタリアE講座』鉄塔書院、6, 1931所収)、栗栖継訳'La vento en frua printempo〔春先の風〕'("Literatura Mondo" 1949; "El japana literaturo" JEI, 1965に再録)など。参『Eをとおして中野重治の作品がスロヴァキア語で放送」(RO 1949.3)、栗栖継「中野さんと私」(『中野重治全集 月報』13, 1977.11)、山下英一「昭和四年版新撰E和辞典」(『中野重治研究会会報』5, 1989)、竹内栄美子『中野重治』(勉誠出版, 2004)、『現代日本朝日人物事典』、『近代日本社会運動史人物大事典』、『日本文学に現れたE』。

中野昇一|なかの しょういち
1905.1.20~1958.4.26

愛知/名古屋商(1923)/岡谷鋼機総務部長など。大正末頃Eを始め、三輪義明、成田常次郎とともに名古屋E会の中心的存在。戦後、ドイツの同志の手紙をきっかけにE運動を再開。JEI会員。参「E語に結ばれて」(『中部日本新聞』1954.4.12)、竹中治助「中野昇一さんを惜む」(RO 1958.6)。

中野正剛|なかの せいごう
1886.2.12~1943.10.27

福岡/中学修猷館(1905)、早大(1909)/幼名甚太郎、号耕堂、筆名戎蛮馬ほか/政治家、ジャーナリスト。三宅雪嶺の娘婿。1920年衆院議員。東條内閣を批判し、倒閣を謀った疑いで逮捕され、釈放後に自宅で割腹自殺。1925年2月帝国議会に提出された「国際補助語Eニ関スル請願書」の紹介議員の一人。著『国家改造計画綱領』(千倉書房, 1933)ほか多数。参倉地治夫「帝国議会へ請願」(RO 1925.3)、中野泰雄「父・中野正剛」(恒文社, 1994)、室潔『東條討つべし』(朝日新聞社, 1999)、『現代日本朝日人物事典』、『近代日本社会運動史人物大事典』。

中野太吉|なかの たきち|1902~1939.11.27

愛知/早大(1927)/早大在学中、学生運動に加わり、日本プロレタリア文化連盟地方協議会に参加。1931年12月宮田政子らとPEU名古屋支部を組織し、講習会、展示会などでE普及運動。33年1月同地方の一斉検挙に連座、懲役2年(執行猶予)。のち徴兵。帰還後、上京。参『近代日本社会運動史人物大事典』、『解放のいしずえ』。

中野忠一郎|なかの ちゅういちろう
1874.2.17~1930.10.14

京都/同志社(中退)、三高医学部(1897)/「京都のザメンホフ」と呼ばれた眼科医。1900年京都市に開業。Eは、06年ガントレットの通信教授で学習。21年末JEI入会。23年第11回JK(岡山)で、医学界におけるE普及の貢献により表彰。25年第13回JK(京都)準備委員長。カルテをEのタイプライターで作成。経済的にもE運動を支援。晩年の病床で「"Fundamenta Krestomatio"を胸の上に置いて火葬してくれ」と。JEMA会員。東大谷墓地の墓は'Trankvile Dormas ĉi-sube D-ro Ĉuiĉiro Nakano Batalanto de E'と八木日出雄による碑銘が刻まれる。E関係蔵書約400冊は京都府立図書館に寄贈され、のち藤本達生はその多くを閲覧。52年9月第39回JK(京都)に際し、参加者70名が墓参。参近藤国臣「京都の同志中野忠一郎氏の訃」(RO 1930.12)、「戦後もっとも盛会 第39回日本E大会」(RO 1952.11)、中野忠澄他『中野忠一郎の思い出』(京都文化社, 1979)、「新しい民主府政へ全力 中野信夫さん」(『京都民報』1981.8.16)、藤本達生「人生は実験、わが道歩む」(『日本経済新聞』1986.5.19)、中野卓・中野進共編『昭和初期一移

民の手紙による生活史』(思文閣出版, 2006), 藤本達生「婚活, 就活, KTP」(RO 2012.10).

中埜平吉 | なかの へいきち | 1892.3.5～1971以降

愛知/一高 (1913), 東大 (1917)/岡崎学園国際短大学長中埜肇 (1922～1997) の父. 1926年三井物産横浜支店から中埜銀行に転じ, 30年取締役兼支配人, 44～47年半田市議会議長, 47年亀甲冨 (半田市) 社長. 矢内原忠雄と一高英法科, 東大政治科の同期. 18年JEA入会 (会員番号1163). のちJEIにも参加. 図愛知県図書館.

中目覚 | なかのめ あきら | 1874.5.23～1959.3.27

宮城/二高 (1896), 東大 (1899)/地理学者. 1899年四高, 1903年広島高師各教授. 03～07年オーストリア・ハンガリーに留学, 氷河を研究. 19年より松山高でドイツ語を教え, 自然地理学を研究, ガントレットとともに秋芳洞および秋吉台カルストを調査. 21年大阪外国語学校初代校長, 40～43年北京興亜学院長. 戦後, 米占領軍軍政府教育顧問など. Eのほか英, 独, 仏, 伊, 中の諸語に精通. 05年9月ブリュッセルでE書を購入し独習. 大野直枝, 杉森此馬, 重松達一郎ら6名とともに, 09年1月26日広島E倶楽部結成後, 各地でE普及に努力. 同年12月JEA入会 (会員番号881), のちJEIにも参加. 15年高橋邦太郎 (技師) とEでの交流を主目的にハルビン, ウラジオストクを旅し, 旅行記『東亜旅行談』を刊行. 36年6月13日日本E運動三十周年祝賀晩餐会で回顧談を語る. 39年第27回JK (大阪) 会頭. 晩年は仙台E会で活動. 56年50周年記念第43回JK (東京) で記念品を贈られる. 大阪外語学校E会, 仙台E会各名誉会長など. 著'Pri la fondo de E-a Klubo Hirošima' (JE 4 : 10, 1909.10), 『東亜旅行談』(広島高等師範学校地理歴史学会, 1916), 『樺太の話』(三省堂, 1917), 『渡欧日記』(私家版, 1918), 『外来新語辞典』(博多成象堂, 1932), 「思い出」(RO 1936.6). 参高橋邦太郎 'Mia peresperanta vojaĝo' (JE 10 : 10・11, 1915. 11), 「先輩はなぜ・どうして学んだか」(RO 1956.6), 鳥山隆三「中目覚先生の地理学上の業績と秋芳洞」(『秋芳町地方文化研究』秋芳町地方文化研究会, 17, 1981), 石田寛「エリート教授中目覚」(『広島大学史紀要』2, 2000), 同「第二次世界大戦期北京における, 人文・社会経済系高等教育及び日本語教育の展開過程 中目覚 (院長・所長) を中心に」(『福山大学人間文化学部紀要』4～5, 2004～05), 『日本地理学人物事典 近代編1』. 図喜安善市.

中浜明 | なかはま あきら | 1900.1.8～1983.10.23

東京/逗子開成中, 七高, 京大, 東大/北海道で農業に従事. ジョン万次郎の孫. 東大生時代の1927年JOAKラジオ講座でE独習. JEI会員. 77年北見のザメンホフ祭に参加し, 30年代の資料を披露. 著『中浜万次郎の生涯』(冨山房, 1970), 『中浜東一郎日記』全5巻 (冨山房, 1992～95). 参池本盛雄「万次郎」(RO 1978.4).

永浜寅二郎 | ながはま とらじろう | 1902.10.31～1974.5.4

佐賀/佐賀中 (1921), 五高 (中退), 早大 (1929)/筆名泉茂男, 泉茂雄, Fonto/中学, 高校の英語教諭. のち英語塾経営. 五高在学中に沢瀉久孝からEを知り, 千布利雄『E全程』で独習. 1921年末JEI入会, 22年大栗清実, 光武文男, 畑正世らと五高E会を結成, "Nova Mondo"編集発行. 同年熊本E会結成に参加. Eに熱中するあまり6年間留年して退学, 上京. 28年柴田潤一によって設立されたE-isto文化協会に加わり, 編集委員. 柏木ロンド, PEUで活動. 労働者向けのE講習会を指導し, 歌唱指導にも定評あり. 37年佐賀へ戻り, 龍谷中教諭. 39年4月熊本のE-isto開田春江と結婚. 47年11月第22回KEL大会 (佐賀市) 副会長. 48年第2次JEA評議員. 53年5月佐賀E会副会長. 56年ROの「作文の教室」欄を1年間担当し, 自らの文章も掲載. 佐賀時代の島地威雄と親交. SAT, JELE各会員など. 著「俺達のやり方」(RO 1932.10), 'Eklipso en Hokkajdo' (EL 1936.8). 参N「永浜寅二郎追悼」(NR 28, 1974.9), 『近代日本社会運動史人物大事典』.

中林恭夫｜なかばやし やすお
1924.12.15～1965.2.12

東京/東大(1949)/石川達三『金環蝕』の西尾貞一郎のモデルとされる大蔵官僚。伊予西税務署長、札幌国税局間税部長などをへて、1961年7月池田勇人内閣秘書官、64年12月大蔵省証券局企業財務課長補佐。最期は不審死。46年10月小笠原謙三、加古沈らと東大E会を復活。47年第2次JEA常任委員。49年JEI評議員。参加古沈「東大E会復活について」(RO 1947.1)。

中原健次｜なかはら けんじ
1896.5.14～1978.5.6

岡山/小学校/郵便局員、巡査などをへて、労働運動へ。1929年岡山市議、35年岡山県議、37年人民戦線事件で検挙され懲役3年。46年日本社会党公認で衆院議員となり、60年まで6期。晩年は岡山解放戦士の墓の建設・運営に尽力。E学習歴は無し。59年ザメンホフ百年祭賛助員。参『近代日本社会運動史人物大事典』。

中原脩司｜なかはら しゅうじ
1894.12.1～1960.9.3

静岡/尋常小/丸善に入り、東京、京都で勤務後、1919年カニヤ書店(命名は新村出)を京都に開業、一般書以外に医学、化学、簿記関係のE書を出版販売、レコード作製。事務所をE運動に提供。戦中、消費組合運動に。45年日本社会党結党に参加し、京都中京支部役員。51年右派社会党、60年民主社会党結成に参加。京都綜合中小企業組合副理事長など。ローマ字論者。14年高尾亮雄にEを学び、19年8月JEA入会(会員番号1414)。京都市民E会を主宰。24年3月京都商業E協会創立に際し幹事。同年10月"Verda Folio"を創刊し、林稲苗の編集で15号(1925, 12)まで刊行。28年JEI京都支部発足に際し代表。PEU京都支部にも参加。29年11月平安E会を結成。34年11月から全文Eの時事雑誌"TEMPO"(2号より"tempo")誌を野島安太郎らの編集で刊行し、国際的にも高い評価を得た。37年第29回UK(ワルシャワ)に出席し、UK日本開催の可能性を探るが、実らず。40年9月野島とともに検挙され、"tempo"は7月発行の66号を最後に廃刊。48年9月第2次JEA委員、同年11月7日京都E連盟結成に際し書記長。49年9月第2次JEA評議員。56年KLEG副委員長。同年50周年記念第43回JK(東京)で表彰。妻信子は73年4月24日没。著"Paroladoj de D-ro L.L. Zamenhof"(カニヤ書店、1923；1963年JELKより復刻)、'Ričigu nian literaturon'("tempo" 25, 1936)、'Justa internacia konferenco'(同 37, 1937)「身振りの欧州旅行 或るE-istoの」(大泉八郎筆『河北新報』1938.3.4～5)、「ノーベル賞の国スエーデンを訪ねて」(『民衆の友』社会党京都府連、1949.12.15)。参「あの本屋がE-istoに何故なったか 化学書専門の京都のカニヤ」(『読売新聞』1924.11.2)、「先輩はなぜ・どうして学んだか」(RO 1956.7)、「中原脩司氏」(LM 1960.10)、松山尚夫・川野邦造「カニヤ書店主中原脩司さんの死をいたむ」(RO 1960.11)、「中原さんをしのぶ会」(LM 1960.11)、江口音吉「中原氏の想い出」(RO 1960.12)、『tempo(テンポ)復刻版全1巻』(名古屋Eセンター、1982)、『近代日本社会運動史人物大事典』、『解放のいしずえ(新版)』、『中原脩司とその時代』。

仲原善忠｜なかはら ぜんちゅう
1890.7.15～1964.11.25

沖縄/広島高師(1917)/俳号幽月/「おもろさうし」研究の先駆者。成城学園中等部長、沖縄人連盟会長など。琉球大に仲原文庫。1915年Eに触れ、17年JEA入会(会員番号1119)。比嘉春潮をE-istoに。中国の青島中に在勤中、青島E会代表を務めた。JEI会員。著'Gratulo'(JE 1918.3)、『おもろ新釈』(琉球文教図書、1957)、『仲原善忠全集』全5巻(沖縄タイムス社、1977～78)。参比嘉春潮『沖縄の歳月』(中央公論社、1969)、『現代日本朝日人物事典』。

中平孔三｜なかひら こうぞう
1909.3.15～2002.5.4

東京/高等小(1921)/別名岡田真/1930年まで神田の丸善に勤務。戦後は川崎市で銅、

鉄, 製紙原料商の中平商店を自営。Eは, 29年国際文化研究所主催の外国語夏期大学で学習。31年8月PEU入会。日本共産青年同盟に入り, 32年10月PEU組織部長, 12月検挙, 34年8月懲役2年, 執行猶予3年。49年11月椎橋好, 荒川進, 村上秀夫, 野村篤司, 若崎浩らと横浜E協会再建。96年JEI終身会員, JPEA会員。「転びても只では起きぬ 健(したた)かさ 君が動ぜぬ 物腰に見む」(冨田冨「同志達」)。著 丸木位里, 赤松俊子著"Pikka Dong, Rakonto pri Atombombo〔ピカドン〕"(E友の会, 1950)。参「極左の尖鋭分子130余名を検挙」(『東京朝日新聞』1931.9.7), 熊木秀夫「JPEA会費を今世紀末まで納めてくださった中平孔三さんのこと」(LVK 1995.11~12)。協関口登美子。

永松之幹 | ながまつ ゆきもと
1899.12.8~1943.2.27

福岡/三高(1921), 九大(1925)/医学博士。九大講師などをへて, 1938~43年盛岡医専教授。18年三高入学後, 同校E会に参加し, 八木日出雄, 岡本好次, 植田高三らと活動。20年7月JEI入会。21年10月8日伊藤徳之助, 村上知行らと福岡E会を結成。23年第11回JK(岡山)で医学分科会を主宰。24年4月3日KEL創立に参加。学生時代から九大E会代表として学内のE普及に尽くし, 大島広らを育成。36年洋行か。福岡E会長, JEMA, 福岡E倶楽部各会員。著「福岡E運動史」(『昭和2年KEL年鑑』)。参RO 1923.12。協岩手医大。

永見正夫 | ながみ まさお | 1922頃~1939.12.17

北海道/札幌商(在学中没)/北海道E連盟, 札幌E会の最年少会員として活躍し, 1939年札商Eグルーポを結成。同校でEの展覧会, 講習会を開催するなど精力的に活動。参「札幌商業学校Eグルーポ」(RO 1939.8), 相沢治雄「永見正夫君死去」(RO 1940.3)。

中溝新一 | なかみぞ しんいち
1891.9.8~1971.3.22

神奈川/東京外語/満鉄をへて, 中日文化協会主事, 『満蒙』, 『満洲年鑑』の編集など。小坂狷二の竹馬の友。1907年頃横須賀で小坂にEを習い, 08年JEA入会(会員番号858)。26年2月尾花芳雄を講師にJQAK(大連)からE講座ラジオ放送を実施, 28~29年第2回放送も実現。32年12月25日同局からザメンホフ祭にちなむ講演をラジオ放送。大連E会長, JEI, 関東州E会各会員など。56年50周年記念第43回JK(東京)で表彰。66年6月18日E運動60周年記念の集まり(横須賀)の公開座談会に出席。著『満洲大豆及其工業の前途』(中日文化協会, 1928), 『間島に於る朝鮮人問題について』(中日文化協会, 1931)。参「先輩はなぜ・どうして学んだか」(RO 1956.7), 小坂狷二「豊島小学同窓会」(VS 1964.2)。

永峰清秀 | ながみね きよひで | ?~1971.6.16

大阪市立盲学校/本名末次郎/大阪市立盲学校在学中に伊東三郎にEを習う。1963年1月JEI入会。JABEの会計を務めたほか, テープ版機関誌"Aŭrolo Japana"の企画も。65年第50回UK(東京)の盲人分科会で報告。病床でもE普及の歌を作るなど, 最期までEへ情熱を傾けた。参山川一弥「あるE-istoの死」(RO 1971.8)。協岸博美。

中村亥一 | なかむら いいち
1905.1.24~1981 ⇔ 1983

千葉/一高(1924), 東大(1928)/医学博士。丘英通, 沖中重雄らと一高理科乙類の同期。思誠会中村病院(千葉県勝浦)院長。1926年頃JEIに加わり, Eskulapida Klubo, JEMAにも参加。参'E-a hejmo en Kacuura'(RO 1926.9), 中村利枝『徳川養珠夫人伝』(中村亥一, 1971)。

中村卯三 | なかむら うぞう | 1903~1988

自動車業。1926年5月中大路政次郎と大津E会を結成。31年3月大津E連盟常務委員。希望社大津E会代表。35年第23回JK(名古屋)で滋賀県E連盟を代表して挨拶。40年2月JEI入会。最期までUEAデレギート(大津)。著「中大路政次郎君のことども」

(RO 1936.3)。

中村栄治 | なかむら えいじ
1909.11.28～1997.7.23

長野/夜間学校/幼い時に両親と死別，タクシー運転手の助手をしながら苦学。賀川豊彦の書生となり，キリスト教に入信。戦後，生協運動をへて，池上中（横須賀），岡野中（横浜）などの英語，社会科教諭。退職後は鍼灸師として，神奈川県大船に五生堂診療所を開業，のち生協の衣笠診療所へ。1947年9月JEI入会。池上中在職中の49年Eを選択科とし，生徒120名を指導。JEI横浜支部の困難な時期を支え，63年氷川丸で開かれた第12回関東E大会を成功に導く。90年別海町に転居後，パスポルタ・セルボ「ポプラの家」開設に奔走したが，体調を崩して横浜の自宅へ。のち藤沢市の老人ホーム睦愛園へ入所，ここから熱心に海外文通で東洋医学の宣伝に努力。横須賀E会理事，UEAデレギート（鍼灸），JPEA会員など。著「ベトナムとタイのE-istoを訪ねて」(RO 1981.10)。参LT 1997.7, 山田善之助「中村栄治先生の思い出」(LT 1997.11)。協熊木秀夫。

中村亀次郎 | なかむら かめじろう
1873.6.20～1935以降

一高医学部（1897）/岩内病院（北海道），根室町立病院などをへて，1919年秋田県金足村に中村医院を開業。21年JEI入会。26年JEMA創立後，秋田県支部幹事を務めた。

中村喜久夫 | なかむら きくお
1903.11.22～1944.5.31

三重/慶大/教員から新京商工会弘報調査課長。奉天（現瀋陽）で没。1921年6月9日慶大E会創立に参加。同年JEI入会。22年岡本好次と三重県阿漕浦でE講習会開催。23年豊川善曄，石黒修，佐々木孝丸，岡本と東北・北海道宣伝隊に参加。26年原作戯曲'Papavovendisto'を発表。30年鈴木清らと平塚市内でE講習。渡満後，新京E会幹事として，41年新京中央放送局に働きか

け，Eによる定期国際放送の実現に努力，自らも第1回放送に出演。著'Papavovendisto'(RO 1926.1～2), 'Knabo Friedrich Nietzsche en iu tago'(RO 1926.5)。参「地方E運動紹介(2)」(RO 1932.3), 鈴木清「私がEをはじめた頃」（田中吉野記，EV 1989.8）。協多木燐太郎。

中村精男 | なかむら きよお
1855.6.2（安政2.4.18）～1930.1.3

長門国（現山口）/東大（1879）/理学博士。長州藩士中村彖吉の長男。松下村塾に学び，1871年上京。内務省地理局，東大理学部，農商務省御用掛，中央気象台技師などを歴任し，81年東京物理学校創立に参画，86～89年仏独留学，95年8月～1923年2月中央気象台長。07年パリの万国気象協議会に出席した折にEを知り，帰国後独習。JEAに入り（会員番号875），10年理事，14年副会頭。物理学校を講演会場に提供，資金援助，来日したエロシェンコの世話など，日本E運動の低迷期を支えた。18年JEA評議員，20年会頭，20～26年JEI評議員。23年JEI終身会員。26年7月2日JEI法人化に際し初代理事長。29年第17回JK（東京）名誉会頭。40年5月物理学校同窓会で大石和三郎が「Eをとうして中村先生を偲ぶ」を講演。著『物理学』（共著，水野書店，1903），『大成E和訳辞典』（黒板勝美・千布利雄と共編，日本E社，1914），'Pri la meteorologio de Formoso'（JE 10：7・8, 1915），"Verkoj de D-ro Nakamura〔中村博士遺稿集〕"(JEI, 1932)。参RO 1930.2, 岡田武松「中村精男先生の気学上の貢献」（『気象集誌』2：8, 1930），同『気象学の開拓者』（岩波書店，1949），小坂狷二「中村老博士」(VS 1964.6)，『近代日本社会運動史人物大事典』。

中村幸一 | なかむら こういち
1911.12.21～1987以降

東京/早大（1934）/三井信託銀行四国，人形町各支店長などをへて，1963年アジア石油に出向後，扇町石油基地代表取締役など。早大進学後，同校E会，東京学生E-isto連盟に参加。

中村幸四郎|なかむら こうしろう
1901.6.6～1986.9.28

東京/東京府立一中(1919)、一高(1923)、東大(1926)/文学博士。トポロジーの紹介者。チャート式数学参考書の執筆者。足利惇氏、飯島正らと東京府立一中の同期。岡田家武、清水一と一高理科甲類の同期。1929～32年ドイツ、スイスに留学。阪大、兵庫医大名名誉教授など。20年5月JEI入会。署ヒルベルト『幾何学基礎論』(弘文堂書房、1943)ほか多数。参細川藤次「名誉会員中村幸四郎先生を偲びて」(『日本数学教育学会誌』69：1～2、1987)、『現代日本朝日人物事典』。

中村重利|なかむら しげとし
1906.4.1～1996.5.28

宮崎/宮崎師範/教員。1935年から香港の日本人小学校に勤務。戦後は中学に勤め、最後は西都市立穂北中校長。宮崎E会に参加し、杉田正臣の講習を熱心に受講。35年JEI入会。38年第26回JK(名古屋)で、「事変に際し真先にEを使つて日本の立場の宣明に尽力した」ことで、感謝決議。生涯E学習に励んだ。署「香港だより」(EL 1936.2)、'Japana E-isto en Brita kolonio' (RO 1939.10)、「香港の思い出」(LĜ 1982.3～5)。参RO 1935.8、大里義澄「「会員消息」中村重利さん」(LĜ 1995.5)。図中村俊宏。

中村静雄|なかむら しずお
1903.8.10～1992.12.10

福岡/明善中(1921)、五高(1924)、九大(1927)/四国電力に勤務し、農電振興会理事長など。1982年久留米ユネスコ協会創立。Eは、五高在学中の21年千布利雄『E全程』で独習。29年頃JEI入会。33年11月3日高松E倶楽部を設立後、高松、多度津などでE講習。戦後、松山のE運動再興に尽力。57年ユーゴスラビア出張に際し、欧州各地でE-istoと交流。58～59年JEI評議員。78年東京より郷里に帰り、久留米E会設立。UEAデレギート(電気工学、久留米)、JEI終身会員、JPEA、JESA各会員など。署「感謝のことば」("La Verdulo" 久留米E会

4, 1991)、「Eの内在思想」("La Verdulo" 15, 1992)。参 "Japanaj E-istoj"、「人類共通語の理想を求めて」(『西日本新聞』1990.7.28)、山本義人「中村静雄先生のこと」(LM 1993.2)。

中村實郎|なかむら じつろう
1926.11.1～2010.7.9

東京医専/医学者。日本郵趣協会理事、日本医学者切手の会会長。晩年は伊那市で介護施設を創設し、施設長。医学生として原爆直後の広島に入った経験からEに関わるようになり、1987年JEI入会、賛助会員。86年UK(北京)以降、ほぼ毎回UKに参加。2004年10月八ヶ岳E館創設10周年記念講演会で「元気に長生きする方法」を講演。Eの文通で各国の収集家と切手を盛んに交換。「Eと切手」(『郵趣』1968.4)、「内山さん」(『草』望月正弘、194、2013.6)。参望月正弘「追悼 中村實郎さん」(RO 2010.11)、望月正弘「「内山さん」と題する中村先生の詩とあれこれのこと」(『草』194、2013.6)。

中村秀一|なかむら しゅういち
1890.11.18～1976.7.4

宮崎/宮崎中(1909)、七高(1914)、東大(1920)/宮崎市助役、日向興銀専務などをへて、1960～73年宮崎信用金庫理事長。75年4月宮崎県立図書館・JEI宮崎支部共催の短期E講習を受講。参杉田正臣「84才のE入門者」(RO 1975.7)。

中村純一|なかむら じゅんいち
1901.10.28～1985.10.2

愛媛/一高(1922)、東大(1925)/上崎龍次郎、中井虎一らと一高文科甲類の同期。逓信省に入り、関東庁逓信局長、本省電務局長などを歴任。1945年退官後、49年衆院議員、55年宇和島市長など。20年5月JEI入会。

中村真一|なかむら しんいち
1890.4.8～1945以降

熊本/熊本医専(1913)/医学博士。妻フミ

は淵田多穂理の伯母。県立熊本病院レントゲン科主任，熊本医大講師などをへて，1932年熊本市に開業。16年頃Eを独習。18年淵田にEの存在を教えた。大塚貞喜（戦後，熊本県盲人福祉協会長）にEを教え，2人で点字辞書を作成。JEI会員。

中村季男｜なかむら すえお
1919.1.9～1992.12.1

岩手/岩手師範/小学校教諭，校長。カトリック教徒。第50回UK（東京）の成功のために托鉢して歩く白木欽松の姿に感動して，1964年よりEを学び，同年3月JEI入会。87年9月19日イーハトーボ宮古E会初代会長。署「Eをはじめて学習した頃」（LIE 1985.9）。参"Japanaj E-istoj"。

中村誠司｜なかむら せいし｜1892.1.3～1967.4.9

神奈川/東京高商（1915）/旧姓鈴木/小寺廉吉と東京高商の同期。増田貿易に入り，ロンドン支店に勤務。1921年日本砂糖貿易取締役となり，スラバヤ支店長を兼務。のち砂糖供給組合，日本糖業連合会などをへて，47年ソルゴ産業社長，54年日本ユネスコ協会連盟理事など。学生時代E学習。59年12月目黒ユネスコ協会に土岐善麿を招いて講演会を開催。

中村貴義｜なかむら たかよし
1899.1.20～1965以降

山梨/甲府中（1916），東京高工，東北大（1927）/理学博士。日本精器工業社長，スタンレー電気取締役，芝浦工大教授など。1931年10月より仙台E会の総務を担当。32年3月3日仙台放送局より「世界に於ける E 語の現状」を放送。参増北美郎「E人国記（5）」（EL 1933.12），ME 1990.10。

中村陽宇｜なかむら てるお
1911.7.24～1984.1.15

滋賀/大津商（1929）/本名鶴三，筆名三上照夫，中村田鶴雄，Danrak/1929年大本入信と同時にE学習。32年より35年第二次大本事件まで大本海外宣伝部で活動。37～38年カニヤ書店で，"tempo" 32～47号（1937.7～1938.10）を編集。39年評論家武藤貞一（1892～1983）主宰の月刊誌『祭政』のE欄を担当。43年1月JEI入会。戦後，進駐軍京都キャンプ通訳をへて，49年国際部長として大本に復帰，以後E文および英文による海外宣伝に従事し，また50年10月より最期まで"Oomoto"編集長。52年脊椎性麻痺を患い歩行不能となってからも，日本文学の翻訳ほか，文法上の「ata/ita論争」に加わるなど国際的に活躍。60年JEI語学委員会委員。62年Eアカデミー会員。64年"Enciklopedieto japana"の著述によりKoko社（コペンハーゲン）の"Aŭtoro de la jaro"を受賞。80年EPA顧問 81年大本参議。日本で最も多くE文を書いた一人。娘のますみもEを学習し，69年第54回UK（ヘルシンキ）に大本青年代表として参加。署正岡子規著 'Modernaj utaoj'（RO 1937.5），'Japanaj epigramoj'（RO 1937.6～9），「Eによってポルトガル語を学ぶ」（RO 1948.7），『国際補助語Eと人類人主義について』（愛善E会，1950），'Studo de E-a verbosistemo : simpozio pri-ata/ -ita'（Juan Régulo Pérez "La zamenhofa E" La Laguna : Stafeto, 1961），森鷗外著 "Rakontoj de Oogai"（分担訳，JEI, 1962），『Eの動詞体系』（コスモ社，1963），『神の子 神の民』（天声社，1964），"Enciklopedieto japana"（コスモ社，1964），岡倉天心著 "La libro de teo〔茶の本〕"（コスモ社，1965），"Japana kvodlibeto"（宮本正男と共編，La Laguna : Stafeto, 1965），芥川龍之介著 'En arbardensejo〔藪の中〕'（宮本正男・石黒彰彦編 "El japana literaturo" JEI, 1965），『辞書がなくても学べるエスペラント語入門』（EPA, 1993；改訂版，2010）参福田正男 'Nekrologo'（SAM 1984.2），黒田正幸 'Bedaŭrante iom fruan forpason de S-ro Teruo Nakamura, denaske rigora perfektisto'（LM 1984.2），'Nekrologo'（"E" UEA, 1984.2），伊藤栄蔵「中村陽宇氏を悼む」（RO 1984.4），"Japanaj E-istoj"，"Ordeno de verda plumo"，"Encyclopedia of the Original Literature"。

中村富強｜なかむら とみかつ
1887.6.20～1957以降

福島／東京高商（1910）／1912年大阪商船に入り、香港、台北各支店長などをへて、36年基隆支店長。42年関西汽船社長、46年阪神電鉄専務、50年常任監査役など。06年JEA入会（会員番号208）。著『経営と勤労所得税』（『関経連』関西経済連合会、3：6、1949）。

中村伯三｜なかむら ばくぞう
1909.3.13～1998.3.17

千葉／中学（中退）／本名パク三／中村有楽の次男、中村日出男の兄。名は父が刊行していた『東京パック』誌にちなむ。1932年日本共産党入党、家屋資金局員として活動し、33年1月検挙、同年4月起訴。戦前、大参社印刷所、天元社出版所などを経営。戦後、東京桐ヶ丘で30年以上にわたり地域新聞『北郊文化』を発行。55年ぶりにE-isto呉朗西と再会したことが縁で、86年中国浙江省嘉興市に日嘉日語学校を開校し日本側名誉校長（中国側は黄源）。日中両国の看護師交流にも尽力。世界連邦主義者。24年E学習。29年1月JEI入会。67年7月JEI再入会。84年『北郊文化』を改題した『年輪新聞』に"Placo de internacia interŝanĝo"欄を設け、殷武厳の協力でE文を掲載。晩年に殷武厳と企画したベテランE-istoの回想集は、のち阿井みどり、栗田公明により『暗黒の時代を生きる』として刊行。SAT、オーラ・アミーコ各会員。著『無遠慮の勧め』（北郊文化、1984）、LM 1984.10、「私とE」（RO 1990.11）、『古壽千福』（南北社、1993）、「わが家の楽しい戦前からの国際交流」（『北郊文化』復刊3、1995）、『暗黒の時代を生きる―E-istoたちの証言』（編、私家版、2004）。参「日中のシルバーパワー中国に日本語学校開く」（『朝日新聞』1988.6.21）、「「寿」集めた1千字 中国の本を老夫婦がめでたく出版」（同 1993.2.13）、『日本のE-isto名鑑』、『対酒―中村伯三』（中村久子、1999）、蒲豊彦「中村有楽とその子どもたち」（『流れやまぬ小川のように』）、呉念聖「呉朗西と中村有楽・伯三父子」（『人文論集』早稲田大学法学会、46、2008）、『近代日本社会運動史人物大事典』。協利波雄一、蒲豊彦。

中村春二｜なかむら はるじ
1877.3.31～1924.2.21

東京／東京高師附中（1896）、一高（1899）、東大（1903）／号枯林／父は国文学者中村秋香（あきか、1841～1910）。成蹊学園創立者。日本語のひらがな書きを提唱。成蹊大に中村春二記念室と中村文庫。1919年「国際連盟の生まれたこの新しい時代を迎えて国際語Eを学ぼう」と、浅井恵倫を招いて学内でE講習会開催。その後もE普及に努力、岩下順太郎、進藤静太郎、守随一らを育成。著『かながきのすすめ』（成蹊学園出版部、1922）、『椎の一もと』（中村春二遺稿刊行会、1928）。参'E en lernejo'（JE 1919.7）、中村浩『人間中村春二伝』（岩崎美術社、1969）、みやぞえ郁雄『中村春二―大正自由教育の旗手』（小学館、2006）、『近代日本社会運動史人物大事典』。協成蹊学園。

中村寿夫｜なかむら ひさお
1904.4.25～1962.8.9

岐阜／鹿児島高農、京大（1927）／農学博士。専売公社理事、秦野たばこ試験場長など。鹿児島高等農林学校在学中の1923年頃JEI入会。著『煙草植物病学』（朝倉書店、1948）。

中村久雄｜なかむら ひさお
1907～1996.11.13

北大（中退）／1928年田上政敏と北大E会結成。29年より全道各都市で講演会、講習会を開催し、北海道にEの種を播く。32年11月北海道E連盟結成に参画し、会報発行などの事務を担当。34年EPA北海本部代表。35年1月小樽E協会員苗村恵美と結婚。著「北海道に於けるE運動に就いて」（『北海タイムス』1933.6.24）。参相沢治雄「Neologismo排斥の行方」（LE 1975.4）、同「山部のE運動」（HEL 1986.7）、HEL 1997.1～2。

中村日出男｜なかむら ひでお
1914.7.14～2003.5.18

千葉／早稲田高等学院（中退）／中村有楽の三

男, 中村伯三の弟。東京府立四中2年の1928年兄伯三の手ほどきでE学習。32年3月JEI入会。33年小林多喜二の葬儀に参列しようとして1ヵ月特高に拘束。神田クンシードで活動。戦時中は肺浸潤の療養のため, 両親と小田原, 熱海, 伊東, 箱根などを転々。戦後, 宇治へ転居し, 箱根細工や宇治茶の販売, ブラザーミシンなどに勤務。この頃日本共産党に入党 (のち離党)。48年11月7日JEA京都支部結成に参画。一時中断後, 本格的学習を志して, 65年1月JEI再入会。67年7月18日羽根田明らと宇治E会を結成し, 同会の発展に貢献。田中貞美, 山崎隆三, 岡田静香らと憲法前文と第9条を守り世界に広める運動を展開し, 91年ロンド・ケンを結成, 93年8月から会長。93〜99年宇治E会 (途中, 宇治城陽E会と改称) 会長。娘百合子は67年第54JK (京都) 開会式で挨拶。SAT会員。03年9月宇治市でしのぶ会。著「ロンド・ケンのこと」(LM 1991.8), 「1945.8.15 敗戦の日の思い出」(LM 1995.8), 「Eと憲法第9条」(LM 1998.2), 'Milito solvas nenion' (RO 2002.1), 『流れやまぬ小川のように』。参「第9条は世界への贈り物」(『洛南タイムス』1995.5.3), 『日本のE-isto名鑑』, 岡田静香「師であり, 親であり」(LM 2003.7), 相川節子「気骨の人生」(同), 「物静かな信念の人を追悼」(『洛南タイムス』2003.9.30), VT 2003.9, 蒲豊彦「『流れやまぬ小川のように』を編集して」(LM 2007.1), 同「わたしたちの出した1冊の本『流れやまぬ小川のように』」(RO 2007.3), 「「報復の連鎖」に警鐘 平和運動に生涯, 中村さん E仲間が遺稿集」(『洛南タイムス』2007.1.1)。協岡田静香, 蒲豊彦。

中村正美 | なかむら まさみ
1943.9.27〜2005.10.12

三重/伊勢高 (1962), 京大 (1966)/丸紅に勤務。日本フォークダンス連盟公認指導者。1962年京大入学後, Eを学び, 京大E研究会とKLESで活動。KLESの会計, 書記をへて, 63年10月委員長。63年6月JEI入会。70年1月TEJA書記長。70〜71年および74年JEI評議員, 75〜82年理事。88年5月21日相原美紗子, 郡山千里らと千葉Eク

ルーボ結成。86年JEI参与, 93年JEI終身会員。千駄ヶ谷E会で活躍し, 千葉に転居後は千葉Eクルーボへ。ザメンホフの著作を研究し, E運動関連記事を多数ROに寄稿。E講習会の講師として多くの後進を指導。2004年手術後も直ちに活動に復帰するなど, 生涯Eに情熱を注いだ。『E日本語辞典』編集に協力。TEK事務局長, UEAデレギート (千葉), SAT会員など。JEIに500万円を遺贈。著「KLES (関西学生E-isto連盟) について」(LM 1965.6), 「私のみたTEJA」(LM 1969.9), 「初期のE運動について 1887年〜1907年」(RO 1974.12), 「1975年の日本のE運動をふりかえって」(RO 1975.12), 「1976年の日本のE運動をふりかえって」(RO 1976.12), 「1977年の日本のE運動をふりかえって」(RO 1977.12), 「日本E学会60年の歩み」(RO 1979.12〜80.1), 'La nuna stato de japana E-movado' (RO 1980.3), 「コンピュータを利用したE教育システム」(RO 1980.6), 「私の週末」(『週刊文春』1982.4.15), 「仕事だけが人生じゃない」(『宝石』1984.1), 「KLESのころ」(LM 1999.4), 'Malbona novajo en la nova jaro' (RO 2003.1), 'Akcizo altigos?!' (RO 2003.5), 「William Auld と Marjorie Boulton」(RO 2003.7), 『ザメンホフ通り』(青山徹・小林司と監訳, 原書房, 2005), 「『ザメンホフ通り』が翻訳・出版されるまで」(青山徹・小林司と共著, RO 2005.4),。参『日本のE-isto名鑑』, RO 2006.1。協相川節子。

中村有楽 | なかむら ゆうらく
1873.12.26〜1944.12.26

京都/中学 (中退)/本名中村弥二郎/北大路魯山人と星岡茶寮を共同経営した中村竹四郎の兄。中村伯三・日出男の父。1887年貸本屋「便利堂」を京都で開業。88年出版部を設け, 内村鑑三『後世への最大遺物』(1897) などを出版。1904年東京に有楽社創立, 安孫子貞治郎を編集者として『英文少年世界』(のち『英学界』と改題), 北沢楽天 (1876〜1955) を主筆に諷刺誌『東京パック』, 野口雨情 (1882〜1945) を編集陣に日本初の写真報道誌『グラフィック』ほかを発行, また単行本を出版, 堺利彦, 大杉栄らの社会科学叢書を発行。安孫子の勧

めで社内で黒板勝美を講師にE講習会を開催，受講生に山鹿泰治も。JEAに事務所を提供し，自らも入会（会員番号202）。有楽社からE教科書や辞書を出版し，継続してJEに広告を掲載。書「初めて掲げた日本E協会の看板」(RO 1936.6)。参小川菊松『出版興亡五十年』（誠文堂新光社，1953），中村日出男「わが父中村有楽の断面」(LM 1970.6)，野口存弥「山上の人中村有楽氏の生涯とその周辺」（『内村鑑三研究』キリスト教図書出版社，18, 1982），同『野口雨情―詩と人と時代』（未來社，1986），中村伯三『無遠慮の勧め』（『北郊文化』，1984），中村日出男 'Mondon sen ordonoj'（"La Mondon sen Armeoj" ロンド ケン，25～26, 1999～2000)，『流れやまぬ小川のように』，『近代日本社会運動史人物大事典』，『日本アナキズム運動人名事典』。協津野行彦，岡田静香，蒲豊彦。

中村幸雄 | なかむら ゆきお
1917.1.1～2002.7.30

東京/東大(1940)/逓信省，電気通信事業省，電電公社に勤め，超高周波研究室長，電気通信研究所次長，情報特許部長などを歴任。1969年退職後，日本通信協力をへて，79年インフォーコム技術事務所を開設，84年東農大教授。外国語が得意で，英，独，仏，伊，スペイン語のほか，フィンランド語，インドネシア語も学習。56～58年JEI評議員。JESA会員。書『家庭で学ぶ電気学』（長谷川書店，1947），「Belgrade Conference を終えて」（『UDC information』31, 1954），「役に立った外国語」（丸善サービスセンター，2002）。参「50周年記念座談会」(RO 1956.9)。

中室員重 | なかむろ いんじゅう
1908.4.15～1954.1.28

山梨/甲府商(1927)/本名中村員重（かずしげ）/詩人。『日本未来派』同人。1926年甲斐詩人協会結成に参画，会誌『山脈』発刊。自著『兵隊詩集』（海図社出版部，1931）の表紙に，'La Poemaro De Soldato' と。38年5月応召，43年5月除隊。同年8月徴用でスマトラへ。45年2月同地で再度召集され，終戦で現地除隊。シンガポールに抑留され，『抑留者新聞』に寄稿。宮沢賢治の詩のE訳と "Libro de amo" の和訳を試みたという。E訳稿のノートを含む資料は山梨県立文学館に寄託。書『海図年刊詩集1936年版』（育成社，1936）。参「中室員重追悼」（『中央山脈』24, 1954），「中室員重追悼」（『日本未来派』61, 1954），峰芳隆「詩人・中室員重について」(LM 1991.6)，『日本アナキズム運動人名事典』，『山梨とE』。協荻原克己，山梨県立文学館。

中室嘉祐 | なかむろ かすけ
1906.10.7～1995以降

奈良/大阪薬専(1927)/1944年阪大医専助教授，52年大阪薬大教授。阪大病院検査部主任時代の31年阪大医学部E会長。参RO 1931.12。

中森泰蔵 | なかもり たいぞう
1899.3.2～1952.7.17

広島/中学(中退)/「ほるぷ」創業者中森蒔人(1922～2004)，観世流シテ方能楽師中森晶三(1928～2008)兄弟の父。山林地主の家庭の生まれ。中学で大学の数学を解し，教師から「天才だ」と言われて，学校に通っても意味がないと退学。のち上京して，E運動とカナモジ運動に傾倒。1921年9月JEI入会。カナモジカイのPRに自作自演の16ミリ映画を作成。27年武蔵境駅前に書店を開業，店名はEの 'Klara'「明るい」から「クララ館」。久保貞次郎は，28年中森から山崎弘幾を同店で紹介されたという。戦時中，当局から店名変更を迫られ，看板の「クララ館」の文字の上に「中森書店」と殴り書きして抵抗。書『E文法読本』（ヨコモジ出版社，1924）。参RO 1925.2，中森蒔人『ほるぷの意義』（ほるぷ総連合，1972），三浦朱門「話の肖像画」（『産経新聞』1995.11.17），柴田巌「『クララ館』店主・中森泰蔵」(RO 2008.10)。協中森晶三，中森貫太，久保貞次郎。

中山昭彦 | なかやま あきひこ | 1909～?

東京/東大/弁理士。31年5月PEU加入。

32年11月日本共産党入党。34年4月検挙。

中山大樹 | なかやま おおき
1926.1.4～1991.11.27

山口/千葉大(1947)/農学博士。有胞子性乳酸菌「中山菌」の発見者。山梨大名誉教授。中学3年の1940年E独習。52年初等講習会に参加し、伊東三郎の指導で再学習。60年甲府Eロンド結成。61年3月JEI入会。62年第11回関東E大会(甲府)の開催に尽力、同年7月羽村合宿に参加。86年荻原克己らとJEI甲府準支部を結成し代表。山梨E会長、山梨大E同好会顧問、UEAデレギート(甲府、微生物学)、JELE、JESA各会員など。㊐『伊東先生と山梨県のE運動』(『高くたかく遠くの方へ』)、『環境調査のための微生物学』(講談社、1975)、'Ĉu homaro daŭre vivadas?' ("Sciencisto E-a Japana" JESA kaj Japana Branĉo de ISAE, 1981)。㊒ "Japanaj E-istoj"、『山梨とE』。

中山和久 | なかやま かずひさ
1927.3.26～2001.4.8

兵庫/大本の信者。1989年定年退職と同時にE学習。8年間豊中E会委員長。96年第44回関西E大会(豊中)組織委員長。

中山種秋 | なかやま たねあき
1911.10.3～1993.11.1

長崎/熊本医大(1936)/医学博士。解剖学者。鶴野六良と熊本医大の同期。九州歯科大名誉教授。論文の抄録をEで執筆。1958年小坂狷二古稀記念事業委員会発起人。㊐「骨分裂線特に不整裂線の意義」(『九州歯科学会雑誌』11, 1957)、『人体解剖学』(医歯薬出版、1972)。

中山知雄 | なかやま ともお
1909.1.22～1989.2.26

長崎/佐賀高(1928)、東大(1933)/医学博士。西成甫の娘婿。前JEI理事鈴木ますみの父。東大、東京高歯各副手、日本歯科医専、帝国女子医専各講師などをへて、1937年台北帝大助教授、46年日大教授、74年防衛医大副校長。25年石黒修の著作でE独習。28年8月JEI入会。29～36年エスクラピーダ・クルーボの中心人物。45～46年JEI評議員、47～70年監事。56年第41回UK(コペンハーゲン)において日本代表として挨拶。72年ベルギー開催の国際夏季大学においてEで解剖学を講義。79年JEI顧問。UEAデレギート(医学)、JELE、JEMA、JESA各会員など。弟信次も佐賀高でE学習。89年5月20日に偲ぶ会。㊐'Seiho NISHI, Skizo de lia sciencista vivo por junaj anatomiistoj okaze de lia 70-a naskiĝtago' (浦良治と共著, "Okajimas Folia Anatomica Japonica" 28, 1956)、『解剖学』(共著、メヂカルフレンド社、1970)、"Anatomio de homa korpo" (Lieĝo : Someraj Universitataj Kursoj, 1973)、「西先生とエスクラピーダ・クルーボ」(RO 1978.11)、「西先生の生い立ちと晩年」(『解剖学雑誌』日本解剖学会、55 : 2, 1980)。㊒T. Carlevaro "Valora enhave kaj didaktike"("E" UEA, 1974.2)、阪田隆「中山知雄先生を偲んで」(RO 1989.5)、松本健一「中山先生を悼む」(PO 1989.6)、鈴木ますみ'Neforgeseblaj vortoj' (RO 1991.11)、同「私の人生を豊かに彩るE」(RO 2012.11)、"Japanaj E-istoj"。

中山元雄 | なかやま もとお | 1902.1.5～1943以降

福岡/長崎医大(1925)/医学博士。下関市立高尾病院をへて、中国へ渡り、同仁会蘇州防疫所長。長崎医大在学中にJEI入会。28年城谷文城らと関門E倶楽部を結成。UEAデレギート(下関)、JEMA会員など。

南雲道夫 | なぐも みちお | 1905.5.7～1995.2.6

山形/東京府立一中(1922)、一高(1925)、東大(1928)/理学博士。阪大名誉教授。海軍中将南雲忠一の弟。三村征雄と一高理科甲類の同期。1949年2月大塚益比古、有安富雄、川辺和夫らとE Rondo en Natursci-enca Fakultato de Osaka Universitatoを結成し、阪大でE普及活動。50年「一年一論文をEで」運動の発起人の一人。58年福原満洲雄、佐藤徳蔵と協力し、日本数学会函数方程式論分科会の欧文専門雑誌"Funkciala

Ekvacioj"を創刊。📖『写像度と存在定理』(河出書房, 1948), 'Neniigu la armadon de l' tutmondo' (LM 1951.5), 『偏微分方程式論』(朝倉書店, 1974)。📖「森田正信さん」(LM 2007.5)。

名児耶馨 | なごや かおる
1903.2.10～1990.12.28

新潟／新潟高, 東大 (1927)／神戸製鋼所検査部長, 原子力室長など。東大在学中にJEI入会。📖RO 1934.3, 『友よ語らん』(新潟高六花会記念事業事務局, 1983)。

那須辰造 | なす たつぞう | 1904.7.30～1975.4.5

和歌山／福岡高, 東大 (1929)／小説家, 児童文学者, 翻訳家, 能楽鑑賞家。第10次『新思潮』同人。『文芸レビュー』ほか, 多くの同人誌に創作, 翻訳を発表。戦争で愛児を喪い, 児童文学へ。福岡高在学中の23年頃JEI入会。RO (1937.10) に「私も嘗てエス語を学びしことがあり, 今なおエス語の使命には同感致しおり」と。📖『那須辰造著作集』全3巻 (講談社, 1980) ほか多数。📖『実践国文学』(実践女子大, 8, 1975)。

灘尾弘吉 | なだお ひろきち
1899.12.21～1994.1.22

広島／広島中, 一高 (1921), 東大 (1924)／大分県知事, 文相, 衆院議長など。広島県名誉県民。安積得也, 木崎宏, 谷林正敏らと一高英法科の同期。20年9月JEI入会。📖『灘尾弘吉先生追悼集』(同編集委員会, 1996), 『現代日本朝日人物事典』。

名渡山愛仁 | なとやま あいじん
1899～1992以降?

沖縄／警察官。1924年以前JEI入会, 51年6月再入会。29年頃那覇で自殺した青年のノートのE文を解読するも, 身元判明に至らず。📖「身元不明のE-isto!」(RO 1982.2)。

名取木之助 | なとり きのすけ
1906.9.7～1989.9.1

東京／慶大 (1925), ミュンヘン工専／日本報道写真の先駆者名取洋之助 (1910～1962) の兄。1958年富士電機製造計測部長, のち監査役。慶大在学中にJEI入会。📖『セレン整流体』(共著, 電気書院, 1958)。

浪越春夫 | なみこし はるお
1911.3.21～1985.2.21

北海道／指圧師。日本指圧協会長浪越徳治郎 (1905～2000) の弟。戦前, 札幌E会で熱心に活動。1936年第24回JK (札幌) の普及講演会で, 蔡利斯の「中華民国における言語運動」を通訳。戦後, 札幌E運動の復興に協力。📖「各地報道」(RO 1940.6), 『改訂版・北海道E運動史』。

成田重郎 | なりた しげお | 1893.7.1～1982.12.17

秋田／ソルボンヌ大／美術史家, 翻訳家。浅野学園講師など。1907年頃Eを知り, 16年秋田雨雀の勧めで早稲田E会の会合に参加したのがきっかけで学習。20年第7回JK (東京) でJEI宣伝部委員に。21～26年パリに留学し, 21年第13回 (プラハ), 22年第14回 (ヘルシンキ) 各UKに日本代表として参加。プラハ大会では藤沢親雄の勧めで第15回UKの東京招致を提案 (のち撤回)。ヘルシンキ大会および24年パリでエロシェンコと再会。26年11月23日TEK月例会で「戦後の仏蘭西文学」を, 29年1月19日JEI会話会で「日本の古代文化と埴輪」を, Eで講演。33年8月秋田図書館でE講習。37年日本放送協会嘱託となり国際課に勤務するが, 文章中の天皇の呼称を不敬とされ免職に。48年小坂狷二還暦祝賀会で小坂を讃える詩を朗読。Eの原作詩も創作。📖『ロダン以後』(東京堂, 1941), 『知性の詩人ポール・ヴァレリィ』(東出版, 1976) ほか多数。E関係に 'El Parizo' (RO 1921.6), 「人類の睦び」(RO 1921.9), 'Sola mi eatas ĉiam' (RO 1926.6), 'Letero al fraŭlino atendontino' (RO 1926.8), 'Konsideroj pri la moroj de la japana socio antikva, al kiu apartenas la "haniŭa"'

(RO 1929.6～7),「過ぎし日の十字架の下に」(RO 1936.6),「私の記憶によれば」(RO 1969.12),「プラーハからヴェネチアへ」(LM 1977.4) など。参RO 1926.12,「誌上座談会『そのころを語る』」(RO 1940.1～3), "Japanaj E-istoj", 西海太郎「成田重郎さん追悼の記」(RO 1983.11), 猪飼吉計「幻の第15回東京大会」(RO 2000.6)。

成田常次郎｜なりた つねじろう
1908.6.25～1987以降

愛知/名古屋医大(1933)/医学博士。1939年神戸市立衛生試験所技師。のち名古屋女子医専教授をへて, 60年岐阜市に康生医院を開業。23年千布利雄の著作でE独習。28年1月JEI入会。29年愛知医大E会を組織。39年大連の関東衛生試験所へ移った後もE運動を続行。岐阜E会, JEMA各会員など。参RO 1940.3, "Japanaj E-istoj"。

成田良子｜なりた りょうこ｜1913～1937.11.13

1935年4月～36年1月, 36年4月～37年4月事務員としてJEIに勤務。参三宅史平「成田良子嬢を悼む」(RO 1937.12)。

鳴海完造｜なるみ かんぞう
1899.8.10～1974.12.9

青森/東京外語(1921)/ロシア文学者。1927年秋田雨雀に随行して訪ソし, ソ連に残って35年までレニングラードとモスクワの両大学で日本語を教授。その間ロシアの文化人と交流し, 古書を収集。戦後, 弘前大, 東海大でロシア語講師。一橋大に鳴海文庫。学生時代Eを学び, 20年5月JEI入会。24年2月高木岩太郎, 三浦元三と黒石E会設立。のち淡谷悠蔵らと青森E協会を結成。26年2月秋田の道川小, 松ヶ崎小で開かれたE講習会を指導。青森県E連盟委員, SAT会員。著『ロシア・ソビエト姓名辞典』(ナウカ, 1979)。参『秋田雨雀の全仕事』(共栄社出版, 1975), 池田健太郎「偉大なる書痴　鳴海完造」(『文藝春秋』1975.10), 青森県近代文学館『特別展　鳴海完造と秋田雨雀』(青森県文学館協会, 2012)。

鳴海要吉｜なるみ ようきち
1883.7.9～1959.12.17

青森/青森師範第二講習所(1907)/号帆羊, 漂羊, うらぶる, うらはる/秋田雨雀と黒石尋常小から高等小1年まで同級生。秋田「戯曲　緑の野」および田山花袋「トコヨゴヨミ」のモデル。青森, 北海道で小学校教員。1913年E運動が一因で教職を追われ上京後, 肥料会社社員, 東京市雇員など。ローマ字論者, 口語短歌誌主宰。06年E独習, 翌年講習会に参加し, JEA入会(会員番号746)。下北半島などでE宣伝に努力。ローマ字詩集 "Usio no Oto" (東京堂, 1916)冒頭に, 秋田による収録短歌4首のE訳を掲載。32年頃主宰する短歌誌『新緑』に自作短歌E訳を巻頭に掲載。「人のため 世界のためだと E を 宣伝したよ 半島の町で」(『やさしい空』(1932)所収) など。36年6月13日日本E運動三十周年祝賀記念雄弁会に出席し, 終了後に回顧談を語る。著『乳涙集』(私家版, 1904),『Tuti ni kaere』(日本のローマ字社, 1914),「ザメンゴフの人間性礼賛」(RO 1936.6;『万朝報』1936.6.22～27に転載)。参宮本正男「鳴海要吉」(LM 1981.2), 高橋明雄『うらぶる人』(津軽書房, 1993), 鳴海竹春『父の思い出』(私家版, 1999), 那須栄「鳴海要吉の北海道におけるE活動」(HEL 2001.2～4), 竹浪和夫『評伝鳴海要吉』(下北文化社編集委員会, 2010),『近代日本社会運動史人物大事典』,『日本アナキズム運動人名事典』,『日本文学に現れたE』。

南郷次郎｜なんごう じろう
1876.12.21～1951.3.5

東京/海兵(1898)/海軍少将。姿三四郎のモデル。嘉納治五郎の甥。「海の荒鷲」南郷茂章(もちふみ, 1906～1938)の父。日露戦争に出征。講道館館長。1923年頃JEI入会。著『東伏見宮依仁親王殿下大正七年欽命御渡欧日記』(東伏見宮家, 1921),『女子護身法』(旺文社, 1944)。

難波金之助｜なんば きんのすけ
1897.7.2～1973.2.14

岡山/小学校/鋳金家。大阪逓信局在勤時、吉田静一の内弟子として彫塑を習い、岡山市にアトリエを設置。ザメンホフの胸像も制作。戦争中は香港で練炭廠経営。戦後、岡山県立保育専門学園講師など。桃太郎伝説の史的研究の先駆者。1920年高尾亮雄からEを知り、千布利雄に紹介されて、『E全程』改訂版用の生原稿で学習。同年千布、伊東三郎、宮地伝三郎、赤司裕らと岡山E会を創立、代表として同地の運動を復興。23年第11回JK(岡山)会頭。24年JEI委員。28年1月広島で講習会開催。32年10月岡山E倶楽部設立に参画。戦後、直ちに八木日出雄、浦良治、法華暉良らと岡山E会を再組織。53年第40回JK(岡山)顧問。[著]『桃太郎の史実』(私家版、1930)、「追憶の断片」(RO 1964.7)、「岡山で地方最初の日本大会」(RO 1969.8)。[参]毛利鏡子「亡き父 難波金之助のこと」(臼井洋輔他『桃太郎は今も元気だ』吉備人出版、2005)、「岡山県・日本のニュルンベルグと言われるが…」、"Japanaj E-istoj"、『岡山のE』。

難波経一｜なんば つねかず
1901.1.11～1986.2.22

東京/東京府立一中(1918)、一高(1921)、東大(1924)/清水新平、山越邦彦らと東京府立一中の同期。谷林正敏、灘尾弘吉らと一高英法科の同期。横須賀、神戸各税務署長などをへて、1933年渡満後、専売総署副署長、専売総局副局長として満洲国の阿片専売制を指揮。戦後、山陽パルプ社長、関東ラグビー協会長など。20年5月JEIに入ったが、翌年退会。[参]佐野眞一『阿片王 満州の夜と霧』(新潮社、2005；増補版 2008)。

難波停吉｜なんば ていきち
1890.9.30～1975.2.1

栃木/工手学校(1908)/旧姓蓮実、晩年義亭と改名/建築家。代表作に、神戸栄光教会(1923年竣工、阪神・淡路大震災で倒壊、2004年再建)。晩年仏門に。E学習は1926年以前。27年全国のE-istoの拠金によって建てられた松崎克己の墓碑を設計。29～32年JEI評議員。30年4月より東京YMCAで開かれた初等E講習を平沢義一と指導。[参]「各地報道」(RO 1930.6)、伊藤喜彦「建築技師・難波停吉」(『学術講演梗概集 計画系』日本建築学会、2002)。

難波英夫｜なんば ひでお｜1888.2.5～1972.3.7

岡山/京北中(中退)/別名南英、熊谷丑太/社会運動家。全国水平社創立に全面的支援。国民救援会長など。1924年『ワシラノシンブン』創刊、E欄を設けて平出種作らに活動の場を提供。[著]『救援運動物語』(国民救援会、1966)『一社会運動家の回想』(白石書店、1974)。[参]『難波英夫追悼集』(国民救援会、1972)、『現代日本朝日人物事典』、『近代日本社会運動史人物大事典』、『岡山のE』。

南部環｜なんぶ たまき｜1886.8～1944以降

福井/東北大(1914)/高岡、秋田各中学の理科教諭、山形高教授をへて、姫路高教授兼生徒主事。秋田中在職中の1918年JEA入会(会員番号1167)。

南部寛人｜なんぶ ひろと｜1905～1987.3.23

山口/二高(1927)、台北帝大(1931)/静岡県立柑橘試験場、トモノ農薬などに勤務。1974年当時福岡に住み、パイナップル栽培の研究と指導のため、3年間スマトラへ。65年1月JEI入会。『朝日新聞』、『朝日ジャーナル』などへの投稿を通じてE普及に貢献。[著]『ミカン生理学初歩』(静岡県柑橘農業協同組合連合会、1963)、「海外向放送に」(RO 1968.8)、「Eこそこれからの世界語」(『朝日新聞』1986.1.22)。[参]竹中治助「南部寛人さんの投書のこと」(LM 1987.8)。

に

新国康彦|にいくに やすひこ
1904.4.2~1988.1.12

北京/米沢中, 浦和高, 東大(1928)/1925～30年帝大セツルメントで活動, 児童部に属し, 徳永恕, 穂積重遠らとも交流。のち社会局, 大阪府で職業行政に携わり, 陸軍司政官をへて, 戦後は宮城, 大阪各労働基準局などに勤務。1952年退官後, 労災病院(東京, 九州, 関東)事務局長をへて, 57～67年全国社会福祉協議会事務局長。日本身体障害者スポーツ協会理事, ベトナム孤児福祉教育財団施設部長など。浦和高時代に同級の守随一らと浦和高E会を創立。26年頃JEI入会。[著]「職業行政から社会福祉へ」(櫟林会編『櫟林の仲間たち』同社, 1975),「私のなかの歴史 学生ボラと社協局長」(『月刊福祉』全国社会福祉協議会, 62:11, 1979)。

新島繁|にいじま しげる
1901.11.3~1957.12.19

山口/山口高, 東大(1926)/本名野上巌/社会運動家。山田洋次監督映画『母べえ』(松竹, 2008, 原作は野上照代の同名書)主人公の夫のモデル。山口高で矢川徳光と同級。日大予科でドイツ語講師。1929年プロレタリア科学研究所創立と同時に参加。「コップ」中央協議員。31年思想問題で日大を免職。その後, 高円寺に大衆書房を開き, 文化運動を続行。41～45年駐日ドイツ大使館翻訳室嘱託。戦後, 日本共産党入党。自由懇話会, 民主主義教育研究会, 日本民主主義文化連盟などの創立に参画。最後は, 神戸大教授。神戸大に新島文庫。30年プロレタリア科学研究所E研究会に参加。新興教育研究所, ソヴェート教育研究会共訳編『ソヴェート同盟に於ける文化革命』(叢文閣, 1931)に, シュルギン「文化5ヵ年計画について」の後半をEから重訳し発表。自著『社会運動思想史』(三笠書房, 1937)にEの小見出しを付す。[著]ホフマン『天国と地獄の間』(アルス, 1925)ほか多数。[参]植村達

男「松竹映画『母べえ』に登場する『父べえ』はE-isto」(RO 2009.6),『近代日本社会運動史人物大事典』,『反体制E運動史』。

新島迪夫|にいじま みちお
1907.12.3~1972.11.1

埼玉/千葉医大(1934)/医学博士。1954年から2年間米国留学。東京医歯大名誉教授, 日本解剖学会理事長など。29年頃JEI入会。[著]『わかりやすい解剖・生理学』(鳳山社, 1963),『人体のしくみ』(南山堂, 1973)。

新関勝芳|にいぜき かつよし
1906.3.20~1994.4.27

広島/五高(1927), 東大(1930)/畑正世, 光武文男と五高の同期。新潟, 東京各地裁所長などをへて, 1970~71年大阪高裁官。ロッキード事件で田中角栄の弁護人(一審は主任弁護人, 二審以降は弁護団長)。五高在学中にJEI入会。

二井谷松輔|にいたに まつすけ
1906.11.3~1945.8.6

広島/長崎医大/薬剤師。広島市内で薬局経営。原爆により一家四人全滅。長崎医大薬学専門部在学中にJEI入会。

新出政雄|にいで まさお|1913~1979

ハワイ/東大/聖学院中教諭, 応召復員後, 広島県芸南高, 広島県庁, 大林組, 広島市役所, 三井化成に勤務。英語, ロシア語, ヘブライ語などにも精通。1964年9月JEI入会。65年第21回IJK(大津)でHirosimaについて講演, その後も広島や呉のE運動に貢献。[著]'Kelkaj problemoj rilate al komuna lingvo en Azio'(LM 1969.5~6),「ベロまわしのすすめ」(VS 1970.6)。

新村栄|にいむら さかえ|1890.5.3~?

長野/松本中/旧制中学卒業後, 片倉製糸(現片倉工業)に入り, 長野県平野, 大分県宇佐, 盛岡各製糸場長をへて, 1933年仙台

製糸場長に。JEI初期に入会。

仁木偉瑳夫|にき いさお
1921.4.29～2005.6.14

滋賀/慈恵医大(1947)/京都府立医大講師，助教授，国立四日市病院長など。1945年11月JEI入会。46年第2次JEA委員。同年11月24日その中心となって関東学生E同盟(12校参加)を結成。47年および49～51年JEI評議員。JELE会員。 著 "Lernolibro de E"(寧楽書房，1946)，「関東学生E同盟結成まで」(RO 1947.1)，『生理学』(共著，医学書院，1967)，『心臓病診断の技術』(共著，金芳堂，1970)。

西謙一郎|にし けんいちろう
1885.12.28～1942以降

新潟/千葉医専(1910)/医学博士。皮膚科医。千葉医大，東大各助手などをへて，1930年東京で開業。日本農民組合常任中央執行委員，下越農民協会会長，社会民衆党北蒲原支部長など。Eで論文執筆。西成甫と親交。 著 'Pri la spondilolizo de la 5-a lumbovertebro ĉe Ajnoj' ("Folia Anatomica Japonica" 慶大解剖学教室，4, 1926)。

西成甫|にし せいほ | **1885.1.6～1978.8.17**

東京/稚松小尋常科，雑司谷小高等科，早稲田中(1900)，一高(1904)，東大(1909)/解剖学者。医学博士。東北大教授，東大名誉教授，群馬大学長など。組織，著述，講習会指導などを通して，医学界でのE普及の最大の貢献者である。専門の論文をEで発表し続けたほか，医学関係の著述や宗教哲学関係の翻訳など多くの著作を遺した。また，進歩的知識人を当局の迫害からしばしば守った。南蛮通詞西吉兵衛の末裔。中山知雄の岳父，元JEI理事鈴木ますみの祖父。1911～15年ドイツ，スイスへ公費留学。田村於兎，宮路重嗣と一高医科の同期。東北大在職中の20年頃Eを独習し，東大に赴任した22年5月JEI入会。23年第11回JK(岡山)で，医学界におけるE普及の貢献により表彰。24年1月29日 Hipokratida Klubo を結成し初代会長。26年藤浪鑑，緒方知三郎，浅田一，村田正太，真崎健夫らとJEMA結成，6月5日TEK結成に参加。26～45年JEI理事。27年9月24日第14回JK(東京)を機にJOAK(東京)からラジオ放送。28年柴田潤一によって設立されたE-isto文化協会に参加。同年花王石鹸にE文添付のパンフレットにE文を添えることを提案し，実現させる。同年12月東京学生E-isto連盟復活に際し会長に。34年12月15日JOAK(東京)から「ザメンホフとE語」を放送し，JOBK(大阪)，JOCK(名古屋)に中継。36年3月JESA初代理事。45～67年JEI理事長。46年10月木戸又次，村上寿一らとTrimonta klubo を結成。48年第2次JEA評議員。52年2月JEMA会長。53～59年ISAE会長。58年第7回関東E大会(赤城)名誉議長，UEA名誉顧問。60年第47回JK(前橋)会長。62年八木日出雄がUEA会長就任に伴い辞任したため，第50回UK組織委員会会長を引き継ぐ。ベトナム反戦の立場から，"Pacon en Vjetnamio" 誌に寄稿し，'Memore de la morto de s-ro Jui' ("Pacon en Vjetnamio" 5, 1967) も。67年12月社会文化会館で開かれた由比忠之進の追悼集会の発起人。68年JEI顧問。同年ベトナム平和Eセンター名誉代表。UEA後援会名誉会員，デレギート(医学)など。晩年仏典のE訳に取り組むも，白内障を患い断念。墓碑には 'Ĉio foriras, ĉio revenas, senfine ruliĝas la rado de l'estado' と。77年10月東大医学部で追悼会。自らの遺骨を骨格標本として東大に遺す。 著 『小解剖学』(金原商店，1925)，『人体解剖学演習』全3巻(浦良治と共著，南江堂書店，1928)。E関係に "Medicina Krestomatio de E" (監修，カニヤ書店，1924)，Stamatov著，KrestanoffE訳『心の片隅〔Pri Unu Anguleto de l' Animo〕』(四方堂，1926)，夏目漱石著 "La Turo de Londono〔倫敦塔〕" (JEI, 1928; 1960年改訳)，「医学とE」(RO 1928.7)，「一つの追憶」(RO 1936.6)，'Kiamaniere mi komprenas la biogenezon, la formevoluon en la organisma mondo' (P. Neergaard (red.) "Sciencaj Studoj" Kopenhago : ISAE, 1958)，'Kial mi fariĝis E-isto?' (I. Lapenna編 "Memorlibro pri la Zamenhof-jaro" Londono : UEA-CED)，"Nia Korpo" (群馬E会，1961)，'La Laoco〔老子〕'

(RO 1966.7～9.1996；Amika E-Rondo/Laŭte!〔フランス〕, 1996),「回顧40年」(RO 1967.4), 'Tagiĝo de l' eŭropa kulturo en Japanujo' (RO 1967.5), 'Tiel mi penasas' ("Pacon en Vjetnamio" 3, 1967), 'Memore de la morto de S-ro Juj' (同 5, 1967) 'Vera patriotismo' (同 11, 1969), 杉田玄白著 "Rangaku Kotohajime〔蘭学事始〕" (共訳, Ĉiama Grupo, 1971),「自問自答 春場所一人相撲」(『日本医師会雑誌』1971.1),「科学用語と人類人主義に魅せられて」(RO 1974.4),「El la Vivo de Budao」(RO 1975.11～12) ほか多数。参木戸又次「講習活動軌道に乗る」(RO 1949.6),「50周年記念座談会」(RO 1956.9), 浦良治・中山知雄 'Seiho NISHI, Skizo de lia sciencista vivo por junaj anatomiistoj okaze de lia 70-a naskiĝtago' ("Okajimas Folia Anatomica Japonica" 28, 1956),「クローズアップ 西成甫氏 国際語への情熱」(『読売新聞』1965.7.14), 三宅史平「西先生の退任」(RO 1967.4), 宮本正男「西成甫先生死す」(LM 1978.9), RO 1978.10～11, 'S. Nishi' ("E" UEA, 1978.10),『解剖学雑誌』日本解剖学会, 55：2, 1980), 鈴木ますみ「Eとの出会いを作った西成甫」(LSP 1988.3), 同 'Neforgeseblaj vortoj' (RO 1991.11), 斎藤磐根『漱石の脳』(弘文堂, 1995), 艮陵同窓会百二十年史編纂委員会『艮陵同窓会百二十年史』(東北大学艮陵同窓会, 1998), 鈴木ますみ「私の人生を豊かに彩るE」(RO 2012.11),『現代日本朝日人物事典』,『近代日本社会運動史人物大事典』,『群馬のE運動 1903～2010』。

西忠雄｜にし ただお｜1912.4.10～1998.1.25

東京/東大(1937)/工学博士。東大名誉教授, 東洋大学長など。RO (1945.11)に「可及的早き方法にてEの街頭進出というか, 好むと好まざるとに拘らず英語の氾濫すべき事態に対応, 運動の展開を望む」と。JEI会員。著『建築材料学』(共著, 彰国社, 1958),『軽量コンクリートと重量コンクリート』(共著, 技術書院, 1966)。参「会員の声」(RO 1945.11)。

西彦太郎｜にし ひこたろう
1886.6.12～1955.10.28

東京/ライプチヒ大(1911)/Ph. D. 都ホテル, 琵琶湖ホテル各取締役, NHK経営委員など。JEA会員(会員番号938)。著『京都巡覧の栞』(共編, 近畿協会, 1928),『近畿京都』(同)。

西海太郎｜にしうみ たろう
1912.3.7～1999.7.28

兵庫/三高(1931), 東大(1936)/西洋史学者。西海智恵子の夫。姓の読みは本来「にしみ」だが, 読み間違えられることが多く, 本人も後年は「にしうみ」と称した。学生時代, 羽仁五郎の影響を受ける。1933年滝川事件に際し東大での反対運動に参加し, 5月検挙される。1937年日本放送協会に就職, 世界経済調査会をへて, 44年佐賀高講師, 47年教授(49年佐賀大に), 55年退官。のち82年まで中大教授。Eは, 28年三高入学後, 同校E部で学習。32年5月JEI入会。46年第2次JEA委員。佐賀大E会の顧問を務め, 歴史学の講義にE書きのテキストを採用したことも。佐賀高, 佐賀大, 中大でE講習会を数十回。59～61年JEI評議員。63～70年JEI評議員。68年9月5日世界連邦建設同盟E支部監事。71～74年JEI理事, 75～94年監事。85年E発表百周年日本委員会監査。この間たびたびヨーロッパを訪れ, E-isto と交流。UEAデレギート(東京, 博物館, 社会科学), JELE, JPEA 各会員など。長男真樹(国際法学者)とその妻香子もE学習。著『フランス現代史』(四海書房, 1948),『西洋近・現代史』(南雲堂深山社, 1970)。E関係に 'Kanto de vaganto juna fantazio〔逍遥の歌〕'(伊東三郎と共訳,『三高同会会報』1958),「ウィーンから」(RO 1961.11),「八十六才のラシーヌ夫人」(RO 1963.8),「ザメンホフ時代(すなわち帝国主義時代)のポーランドの歴史的環境」(RO 1973.1；1973.7),「世界E大会と国際歴史学会議に出席して」(『中央評論』154, 1980),「成田重郎さん追悼の記」(RO 1983.11),「黒板勝美博士の『欧米文明記』に現れたE関係事項」(RO 1984.12) など。参「歴史学をEで」(RO 1953.7),「三高E会小史」,「西海太郎教授略年譜・業績表」(『中央大学文学部紀要』104, 1982),「わが瀧川事件闘争と畏友菊池謙一」(瀧川事件・東大編集委員会編『私たちの瀧川事件』新潮社, 1985),『日本の

E-isto 名鑑』, 清水孝一「故西海太郎先生の真骨頂」(RO 1999.10), 古賀史郎 'Profesoro Taro Niŝiumi en mia rememoro'("Informilo"北九州 E 会, 64, 2000),『自由な精神の遍歴』(西海太郎先生追想・遺稿録刊行会, 2001), 清水孝一「書評『自由な精神の遍歴』」(RO 2002.5)。

西海智恵子|にしうみ ちえこ
1921.6.16〜2008.7.9

旧姓日高/都立高校の世界史教師。聖心女学院でも教鞭を執り, のちの美智子皇后を教えたことも。西海太郎の妻。1961年11月4日NHKテレビ「夢であいましょう」に三宅史平と出演し, Eについて説明, 会話を実演。88年頃本格的にE学習。61年第46回UK(ハロゲート)以降, 夫とともにたびたびヨーロッパを訪れ, E-istoと交流。その様子の写真などを高校の文化祭で展示。ドイツのクレーマンから日本のお母さんと慕われる。西日暮里Eクラブ会長。 著「ne-forgeseblaj vortoj」(RO 1989.3)。参青山充子「西海智恵子さん」(RO 2008.12),『Eと私』。

西尾勝也|にしお かつや|1945〜1994.5.16

長崎/生後8ヵ月の時, 長崎で被爆。1986年よりE学習。同年5月堺E会に入り, 89年講習会を指導。KLEG委員。参寺島俊穂「西尾勝也さんを悼む」(FO 1995.4)。

西尾寿男|にしお としお|1900.1.8〜1990.10.29

滋賀/一高(1921), 東大(1924)/仙台, 東京各鉄道局長, 鉄道弘済会理事長などをへて, 1955年日本交通公社社長。灘尾弘吉, 難波経一らと一高英法科の同期。20年5月JEI入会。著『観光の現状と課題』(編著, 日本交通公社, 1979)。

西岡知男|にしおか ともお
1902.2.10〜1970.12.29

和歌山/国民英学会(1922)/ジャーナリスト杉村楚人冠(1872〜1945)の甥。カルピス食品工業に入り, 台湾, 大阪, 甲府などで勤務。常務を最後に退職後, 1959年ピルマン製造専務。短歌をよくした。現役兵として台湾に赴いた際, 連温卿にEを習う。PEU結成に参加し, 東京支部で活動。その後台湾で連温卿と協働。戦後, 戦争に協力したE-istoの処分を要求。47年4月13日栗栖継らと大阪労働者E会を結成。「世に慣れて 空疎化示す わが歌に 若者同(どう)じ 君は組せず」(冨田冨「終戦前後」),「わが歌の 傾く臭み 吐き捨てて 知男作歌を始む即座に」(同)。参宮本正男「大阪労働者E会のこと」(LM 1978.9),『近代日本社会運動史人物大事典』。

西岡直一郎|にしおか なおいちろう
1898.7.10〜1978以降

和歌山/和歌山商(1918)/1922年名古屋の田島商店に入り, 36年取締役兼支配人。のち西岡海運商事社長。名古屋のE運動に参加, 講習会の講師などを務め, 26年4月11日, 中部日本E連盟設立に際し山田弘とともに常任委員。28年名古屋で初等E講習を指導。西岡海運商事の自社用連絡船を"Espero"と命名し, その写真がRO(1952.1)の表紙を飾った。著「英語看板に就ての一考察」("E en Nipponlando"国際語研究社, 2:12, 1926),『壺中天』(私家版, 1978)。参「内地報道」(RO 1928.7)。

西岡沆|にしおか ひろし
1908.12.15〜1975.11.23

宗教家。1927年Eの存在を知る。35年日本統治下のポナペ(ポンペイ)島で, 自ら"Esperanto"と名乗り,「EsperantoとEsperantisto」を開教。JEI終身会員。参"Japanaj E-istoj"。

西川景文|にしかわ かげふみ
1893.9.9〜1973.11.16

千葉/二高(1915), 東大(1920)/1921年東法寺(浅草)住職, 30年立正大教授, 35年本法寺(京都)第29世住職, 47年日蓮宗宗務総監。日中友好宗教者懇話会会長, 中国俘虜殉難者慰霊実行委員会副委員長など。23年頃JEI入会。著『日蓮は国賊か』(皇道仏

教会, 1942)。参孫東民他編『永遠の隣人―人民日報に見る日本人』(日本僑報社, 2002)。

西川敏彦｜にしかわ としひこ
1895.11.21～1977以降

愛知/八高(1917), 京大(1921)/医学博士。杉野耕平と八高第三部の同期。1923年中但病院長兼内科部長, 27年西宮市に開業, 45年岐阜県立女医専附属病院内科部長。のち民医連本田診療所(尼崎)をへて, 61年西宮市に西川医院を開業。26年11月第4回関西学生E雄弁大会(京大)で「片山病に就て」を特別講演。27年Eskulapida Klubo "Medicina Krestomatio de E"(カニヤ書店, 1924) の訳注書『医学E文集』(八木日出雄校閲) をカニヤ書店より発行。JEMA京都地方支部幹事, JEI会員など。著'Esplorado pri la《Gitterfasern》ĉe diversaj tuberkulozaj lokoj en la pulmo'(『日本病理学会会誌』15, 1925)。

西川豊蔵｜にしかわ とよぞう
1909.9.11～2004.6.20

京都/京都一中(1928), 三高(1931), 京大(1934)/近藤一夫, 田代晃二らと三高理科甲類の同期。1937年島津製作所に入り, 48年レントゲン課長, 56年レントゲン販売部副部長, 57年放射線機器販売部長, 70年常務, 73年専務, 76年顧問。Eは, 京都一中5年の時, 府立図書館で見つけた独習書で学習。28年三高入学後, 同校E会に参加。29年JEI入会。京大在学中に同校E会を主宰。"tempo"誌に寄稿。57年中国出張に際しE-istoと交流。66年1月高槻E会創立に際し相談役, 78年第2代会長, 98年名誉会長。86年以降高槻E会と中国常州市(高槻の友好都市)の世界語協会との交流を推進し, 88年竹内義一と常州市を訪問。82年第30回, 88年第36回各関西E大会(高槻)会長。36回大会では常州市E協会代表団を招待。80～89年KLEG副会長, 89～91年会長, のち顧問。91～92年JEI第8代理事長, 93年監事, のち参与。朝日新聞のインタビューに答えた「Eは遊びです」の一言に波紋も。盲人E運動の支援も。

「E語で話をするのは…肉体的快感を伴う」と。UEAデレゲート(高槻, ロータリークラブ), ISAE, JEMA, JESA各会員など。国際ロータリーE協会日本事務局長。著'Röntgen-radioj'("tempo" 19～25, 1936～37), 「隔世の感」(LM 1977.12), 「中国常州世界語協会訪問記」(LM 1986.6～7), 「北京におけるE世界大会について」(『反核産業人の会会報』14, 1986), 「Eと社交ダンス」(RO 1990.2), 「韓国E大会参加報告」(LM 1991.2), 「三高E部一回想と展望」(『三高同窓会会報』73, 1991), 「早稲田の2年を回顧して」(RO 1993.3)。参「戦時下のE運動」(『京都新聞』1982.7.11), 「西川豊蔵さん 日本E学会理事長(現代人物誌)」(『朝日新聞』1991.10.1), 『日本のE-isto名鑑』, 「西川豊蔵さん逝かれる」(LZ 2004.6), 植木国雄「故・西川豊蔵さんを偲ぶ」(RO 2004.10), 竹内義一「『遊び』と気骨と」(LM 2005.1), 「高槻E会と西川豊蔵さん」(LZ 2005.5), 高槻E会『高槻E会40年史 1966.1～2006.12』(同会, 2008)。

西川義治｜にしかわ よしはる｜1901～1929.2.27

横浜商(中退)/旧名禎造/紙袋製造会社ほか, さまざまな職業を転々。横浜商在学中の1918年千布利雄『E全程』でE独習。独習開始から半月後, 横浜YMCAで開かれたE講習会に参加した際, いきなり流暢なEで話し出して, 講師の尾関俊雄, 佐々城佑らを驚嘆させ, その後横浜E運動の中心として活躍。18年8月JEA入会(会員番号1263)。UEA, JEI各会員など。著Juglas「世界の果」("La Bulteno de KEA"神戸E協会, 1: 4, 1927)。参佐々城佑「想出す人々」(RO 1936.6)。図山下一彦, 前川治哉, 鈴置二郎。

西亀正夫｜にしき まさお｜1883～1945

広島/高等小/福岡県立浮羽女学校, 広島県立二中などの地理教員。独学で地理を学び, 独創的教授法を確立。広島大に西亀正夫文庫。1926年頃JEI入会。著『地理教育の諸問題』(古今書院, 1933)ほか多数。参三上昭荘『戦前における地理学・地理教育に関する研究―西亀正夫の業績を通して』(広島経済大地域経済研究所, 1993), 三上昭荘「篤学者西亀正夫の研究」(『広島経済大学研究論集』1987～18,

9, 1995)、齋藤之誉「西亀正夫における地誌教授法の形成過程―「地理区教授＋景観地理＋特徴中心主義」方式の定式化を中心に」(『麗澤学際ジャーナル』14, 2006)、『日本地理学人物事典 近代編1』。

西沢隆二|にしざわ たかじ
1903.11.18～1976.9.18

台湾/二高(1923中退)/筆名ぬやまひろし/詩人、社会運動家。徳田球一の娘婿。31年日本共産党に入党し、『赤旗』地下印刷を担当。34年治安維持法違反で検挙されて、終戦まで獄中にあり、戦後GHQの指令で出獄。のち路線対立から共産党を除名。Eは獄中で独習。詩集『編笠』(日本民主主義文化連盟、1946)に随所にEの単語を入れた特異な詩を書いた。著『ひろし・ぬやま詩集』(冬芽書房、1950)。参『西沢隆二の「詩」と真実』(日本共産党中央委員会出版部、1967)、長島又男『ぬやま・ひろしとその時代』(社会評論社、1985)、『現代日本朝日人物事典』、『近代日本社会運動史人物大事典』、『日本文学に現れたE』。

西田天香|にしだ てんこう
1872.3.18(明治5.2.10)～1968.2.29

滋賀/長浜開智小高等部(1886)/本名市太郎/宗教家、47年参院議員。一燈園を主宰。1919年エロシェンコの訪問を受け、Eに関心を寄せる。28年一燈園でE講習会を開催。朝の勤行後、'Bonan matenon'と挨拶し、一同を驚かせたことも。ポーランドで一燈園紹介文書がE訳され、ロンドンで印刷されて各地に配布される。Eを通して岩橋武夫と親交。著『西田天香選集』全5巻(春秋社、1967～71)ほか多数。参「一燈園の国際交渉」(『読売新聞』1928.7.27)、RO 1929.1、福井昌雄『一燈園と西田天香の生活』(モナス、1937)、相大二郎「一燈園とE」(LM 1976.3)、三浦隆夫『一燈園 西田天香の生涯』(春秋社、1999)、宮田昌明『西田天香―この心この身にのくらし』(ミネルヴァ書房、2008)、室田保夫「岩橋武夫研究覚書―その歩みと業績を中心に」(『関西学院大学人権研究』13、2009)、『現代日本朝日人物事典』、『日本キリスト教歴史大事典』、『日本アナキズム運動人名事典』。

西田信春|にしだ のぶはる
1903.1.12～1933.2.11

北海道/一高(1924)、東大(1927)/社会運動家。新人会で活動。全日本鉄道従業員組合本部書記として、東鉄管理局内の各支部を指導。1年間の兵役後、『無産者新聞』編集局員。29年日本共産党入党、4・16事件で検挙。31年11月保釈後、党中央オルグとして九州へ派せられ、同地の共産党組織の再建に力を尽くす。33年「九州共産党事件」の前日に検挙され、福岡署で取調べ中に死去したとされる。潮田富貴蔵、大野俊一と一高文科甲類の同期。獄中の手紙からすると、Eは相当できた。参石堂清倫他編『西田信春書簡・追憶』(土筆社、1970)、日本共産党福岡県委員会党資料委員会編『わが地方のたたかいの思い出 第3集 西田信春の生涯とその戦友たち』(福岡民報社、1993)、山岸一章『革命と青春―日本共産党員の群像』(新日本出版社、1970)、『現代日本朝日人物事典』、『近代日本社会運動史人物大事典』、『反体制E運動史』。協竹内栄美子。

西田英夫|にしだ ひでお
1903.6.29～1968.12.24

奈良/大阪高商、京大(1927)/太平洋海上火災保険に入り、大阪、名古屋、神戸、上海各支店に勤務し、転任地のE会に必ず参加。大阪高商在学中にEを学び、1921年天野忠慶ら同級生13名とJEI入会。23年細江逸記の支持下に大阪高商E会設立。同年11月11日関西学生連合E雄弁大会で「労働の分配」を講演。27年大阪E会創立に参加。28年第16回JK(大阪)開催に働く。35年名古屋支店長就任後、名古屋E連盟に属して講習会を指導。UEAデレギート(大阪)、SAT会員など。参松崎克己「緑星旗下の集い」(RO 1924.1)。

西田正一|にしだ まさいち|1893～1957.6.13

広島/東大(1921)/独文学者、北欧文学者。新潟高、高知高、台北高各教授をへて、1941年台北帝大予科教授兼予科長、44年甲斐三郎の後任として台中師範校長。戦

後, 茨城大講師, 広島大教授など。新潟高教授時代の21年10月JEI入会。🅟「イプセン」(『岩波講座世界文学』4, 1933)。

西田光徳|にしだ みつのり|1927.1.11~2011.11.25

20代で結核で国立療養所福寿園(福岡県)に入所してEに出会い, 所内にE会を結成。退所後, 北九州E会, 福岡E会で活動。1962~72年九州E連盟事務局長, 96~2005年同副会長など。原爆の体験を伝える会編著"Akvon, mi petas!"〔水ヲ下サイ〕(福岡E会, 1984)の共同E訳に参加。98年ブルガリアの文通相手Petko Arnaudovの"Balkana kuirejo"出版を支援。経営する会社の設備をE会活動に提供。息子光博にEを教える。🅟 「四連盟人物風土記11」(LM 1965.1), 鵜木敬憲「La Movadoを支える人々西田光徳さん」(LM 1985.12), 松本朗「追悼 西田光徳さん」(RO 2012.2), 同「大黒柱だった西田光徳さん」(LM 2012.2),『Eと私』。

西田亮哉|にしだ りょうや|1909.10.29~1978.4.21

大阪/関大(1935)/西方寺(岸和田)住職。佐野工高, 岸和田産高などの教諭。1927年父貞亮(1916年E学習)からEの存在を教えられ, 川崎直一の指導で学習。31年10月米田徳次郎と協力し岸和田E会を再建し書記長。同年個人誌"Semajno"発行。36年JEI入会。71年佐野高にEクラブを作り指導。72年ニュージーランドでE-istoと交歓。京都修道院のEでの広報に協力し, D. マックギルを同院に誘う。UEAデレギート(仏教)。🅟石井真峰"La vivo de Sankta Hônen"〔法然上人略伝〕(私家版, 1937), "Vizio de Monakejo en Kioto"〔京都修道院の構想〕(訳書, 私家版, 1972), 日向美則"La Vervekiĝo de Budhismo"〔修道院ができる日まで〕(抄訳, 私家版, 1978)。🅟池田弘「西田亮哉さんをしのぶ」(LM 1978.6),『香り高き生涯 西田亮哉上人偲び草』(京都修道院, 1979), 「仏教E運動を支えた人たち」(LJB 1984.9), 只石智津子「故西田亮哉氏ご蔵書をいただきに」(LJB 2000秋)。

仁科芳一|にしな けいいち|1906~1946.3.26

岡山/中学(中退)/別名裕志(ひろし)/父は物理学者仁科芳雄の従兄。家業の文房具店「昭文堂」の手伝い。1927年頃SAT入会。31年久山専一郎, 西橋富彦らとPEU岡山支部を再建し, 店舗の2階を会合に開放。32年岡山E倶楽部設立に参画し幹事。🅟岡一太『人生案内』(理論社, 1965),『岡山のE』。

仁科進|にしな すすむ|1922.11.28~2007.9.3

足立一中(東京)などの教員。1949~51年JEI評議員。79年1月JEGA設立に参画。2003年JEI退会。JELE会員。🅟「なぜ私は文通するのか？」(LM 1978.11)。

西野忠男|にしの ただお|1904.10.6~1963以降

秋田/秋田中, 東京商大(1928)/三和銀行に入り, 検査役主査などを務め, 1959年退職後, ダイハツ工業前橋製作所経理部長。秋田中在学中の21年11月頃JEI入会。

西橋富彦|にしはし とみひこ|1907~1982以降

岡山/高等小/製靴業。1933年2月日本共産党入党。33年7月検挙。戦後, 島津製作所労組結成に参画し, 49年全国産業別労働組合連合中央執行委員長。のち大羽病院(岡山)総務部長など。PEUに参加し, 岡山支部常任委員。37年1月久山専一郎と再検挙 70年8月JEI入会。🅟『岡山のE』。

西畑常|にしはた ひさし|1892.10.19~1940以降

山口/攻玉社/出水電気土木課長, 耳川電気技師長などをへて, 1932年満鉄鉄道建設局工事課記録統計主任。21年3月JEI入会。🅟『仮名遣と送仮名詳解』(大正商工社, 1927),『工事実例青山隧道編』(同, 1932)。

西原武宣|にしはら たけのぶ|1896頃~1963以降

旭川中(1914)/三池鉱業所に勤務。1926年8月大牟田E会結成に参加。37年大連E会のザメンホフ祭に参加。JEI会員。🅟「地方

会消息」(RO 1938.2)。

西村勇|にしむら いさむ|1911.4.17~1954.1.27

京都/同志社中 (1929), 同志社高商 (1932)/1944年丸物 (貴金属部) から住友金属工業へ。のち扶桑金属工業に勤務。船阪渡と同志社中の同期。26年中学でのE講習会で野村理兵衛からEを学ぶ。熱心に国際文通を行い, 52年結核で鞍馬口病院 (京都) に入院後も病院を連絡先にして続け, 院内でE講習も。参吉川奨一『中3人おかれた人』(リベーロイ社, 1996), 同「自著を語る」(LM 1996.12), 同「わたしの出した1冊のほん」(RO 1997.5)。

西村栄吉|にしむら えいきち|1883.5.10~1943以降

香川/七高 (1905), 京大福岡医大 (1909)/旧姓後藤/医学博士。保田収蔵, 脇中郎と京大福岡医大の同期。1910年北海道岩見沢に岩見沢病院開業。06年JEA入会 (会員番号115)。

西村光月|にしむら こうげつ|1883.4.22~1973.4.2

島根/島根一中 (1902), 東京外語第五教員養成所 (1906)/本名輝雄/相馬中 (福島), 杵築中 (島根), 鹿児島一中の教諭をへて, 1913年鹿児島商船水産学校英語教諭。19年大本入信。20年『大正日日新聞』記者。23年由里忠勝の講習会でE学習。24年大本海外宣伝部英語部・E部主任。25年出口王仁三郎の命により渡欧, 第17回UK (ジュネーブ) に大本を代表して参加し, 開会式副議長の一人に。25～27年および28～32年大宣伝使としてパリを本拠に英語とEで布教活動をして, 月刊 "Oomoto Internacia" を編集発行。26年第15回ドイツE大会 (ミュンヘン) に参加し, 日本語とEで挨拶し, ラジオ放送される。28年第20回UK (アントワープ), 30年第22回UK (オックスフォード) にも出席したほか, ヨーロッパ各地で講演活動も。30～40年UEA言語委員会委員。35年10月6日, 呉E会設立に際し顧問となった直後に第二次大本事件により検挙 (1942年無罪)。48年愛善E会顧問。59年大本参議, 64年常任参議。67年EPA顧問。芹沢光治良『人間の運命』に登場。著 "Origino de Oomoto" (大本, 1925), "Sinjoro Laŭdata" (天声社, 1928), 「パリ時代の思い出」(LM 1969.3),『緑葉集』(西村光月先生米寿記念刊行会, 1970)。参大谷正一「西村光月氏」("Verda Mondo" EPA, 10 : 1, 1934), "Japanaj E-istoj", 黒田正幸「西村光月さんを悼む」(LM 1973.6), 山内俊明「西村光月先生の想い出」(NV 1973.6), 伊藤栄蔵他編 "Kvindek jaroj de E en Oomoto" (EPA, 1973)。

西村祭喜|にしむら さいき
1892.10.23~1970.6.17

岡山/東京工科学校 (1904中退)/独学で電気主任技術試験4級に合格。1925年東京電燈従業員組合委員長, 26年関東電気労働組合委員長などを歴任。27年汎太平洋会議 (漢口) に出席。29年検挙され, 懲役5年。34年保釈後, 万年筆の製造に従事。38年中国へ渡り, 民衆工作に携わる。戦後, 治安維持法犠牲者国家賠償要求同盟事務局長など。Eを学び, 自ら開発した「ザメンホフ万年筆」を, 37年第25回JK (東京) で販売。著『遺稿 西村祭喜自伝』(西村充, 1972)。参「Jubileo万年筆」(RO 1938.3),『解放のいしずえ (新版)』, 伊藤晃『転向と天皇制』(勁草書房, 1995),『近代日本社会運動史人物大事典』。

西村繁治|にしむら しげはる
1910.9.3~1979以前

京都/三高 (1931), 京大 (1934)/関西電力に入り, 1960年近畿支社次長, 62年滋賀支店長など。28年三高入学後, 同校E会に参加, 機関誌 "Libero" に寄稿。29年11月長谷川朝一による上鳥羽E会結成に協力。参「会合だより」(RO 1930.2),『三高E会小史』。

西村哲也|にしむら てつや
1924.6.14~1996.1.4

西村那智子の夫。1992年JEI入会。UKに参加。外国人E-istoをたびたび宇治の自宅

で歓待。参「訃報」(VT 1996.1)。

西村那智子｜にしむら なちこ
1930.7.4~2011.3.13

西村哲也の妻。1988年JEI入会。2006~10年宇治城陽E会長。UEA終身会員。

西村浩｜にしむら ひろし
1901.6.27~1974.10.19

東京/一高 (1922), 京大 (1925)/立命館大名誉教授。専門は分光分析。ローマ字論者。曽田長宗, 竹田清らと一高理科甲類の同期。1920年5月JEI入会。

西村正雄｜にしむら まさお
1907.5.11~1940.5.23

鳥取/米子商 (1926)/1926~39年住友本社に勤務。登山好きの詩人。30年2月進藤静太郎にEを学び, 30~35年大阪E会で活動。35年4月大崎和夫の媒酌で, 長谷川テルの姉ユキと結婚。37年以来腰椎カリエスに苦しむ。原作詩を書き, RO誌にたびたび掲載。住友の上司で歌人の川田順 (1882~1966) に励まされ万葉集の翻訳に取り組むも, 第3巻で中絶。38年JEIの愛国行進曲E訳懸賞で2等入選。川崎直一の評では「originala poetoとして世界の舞台に昇れるところまで達していた」。後年, 宮本正男の協力で, 妻と伊藤幸一により原作詩集"Edelvejso"が刊行。中村陽宇・宮本正男編"Japana kvodlibeto" (La Laguna : Stafeto, 1965) に詩2編が収録。著 'Griza vivo' (RO 1933.11), 'Verda kampo, maljuna lago' (RO 1934.6), 'Monto Mjôkô' (RO 1935.1), 'Al korespondanto' (RO 1935.11), 'Fabelo' (RO 1936.11), 'Florvazo' (RO 1936.12), 'Pikniko' (RO 1940.9), "Edelvejso" (私家版, 1956)。参 伊藤幸一「西村正雄兄を憶う」(RO 1940.7), 川崎直一「実力と努力の西村君」(同), 伊藤幸一「"Edelvejso"の著者西村正雄君のこと」(LM 1956.12), "Ordeno de verda plumo", "Encyclopedia of the Original Literature"。

西村保男｜にしむら やすお｜？~？

西村隆男/満洲映画協会文芸部に勤務。1937年当時奉天E会に所属。41年9月17日新京中央放送局から"Teatrâjoj en Mancoukuo"をラジオ放送。著 'Teatrâjoj en Mancoukuo〔満洲国劇〕' (RO 1942.4), 『満洲芝居』(満洲事情案内所, 1944)。

西村ユキ｜にしむら ゆき
1909.2.25~2009.4.8

東京/東京府立第三高女/旧姓長谷川, 通称ユキ子, 幸子, 小沢ユキ/西村正雄の妻, 長谷川テルの姉。女学校の旧友の勧めでE学習。34年第22回JK (長崎) で正雄と運命の出会いをし, 翌年結婚するも, 5年で夫と死別。後年, 亡夫の原作詩集 "Edelvejso"の刊行 (1956) に尽力。その後Eから離れるが, 妹の遺児の帰国運動でEと再会。78年E訪中団に加わり, 遺児劉星・暁嵐兄妹に面会。群馬のE運動に参加。著「妹・長谷川テルの遺児を訪ねて」(RO 1978.12),「長谷川テルの遺児を訪ねて」(ES 1978.12),「妹テルについて」(宮本正男編『長谷川テル作品集』, 亜紀書房, 1979),「Eと私」(RO 1982.6),「大阪時代の思い出あれこれ」(『大阪E運動史II』),『日記の中の長谷川テル 明治45年~昭和14年』(共編, 朝日新聞出版サービス, 1999) 参 伊藤幸一「"Edelvejso"の著者西村正雄君のこと」(LM 1956.12),『群馬のE運動 1903~2010』。協 田平正子, 長谷川暁子。

西村嘉彦｜にしむら よしひこ
1915.4.21~2006.1.23

滋賀/三高, 京大/大阪市大, 愛知大各教授など。1932年三高入学後, 同校E部に参加し, 野間宏, 山田務名らと機関誌"Libero"を編集。著 ジェンティーレ『教育革新論』(刀江書院, 1940),『デカルトの哲学思想』(晃洋書房, 1988)。参「西村嘉彦教授略歴・主要業績」(『愛知大文学論叢』81, 1986)。

西村龍介|にしむら りょうすけ
1903.3.6〜1989.5.13

山口/九大（1926）/商工省大阪工業試験所をへて，1932年小西六本店六桜社に入社。40年多層式カラーフィルムを完成。48年小西六写真工業（現コニカミノルタ）取締役，68〜73年社長など。66年紫綬褒章。大阪工業試験所時代，28年来日したドイツ人技術者レオと意思疎通するためEを学習し，主にEで意思疎通して進んだ写真技術を伝授される。著『天然色写真論』(『写真月報』1940.12)。参『希望訪問 西村龍介氏』(『フォトアート』1967.4)，小西六写真工業株式会社社史編纂室編『写真とともに百年』(同社，1973)，「写真工業発展の道を歩み続けて—西村龍介前会長に聞く」(『日本写真学会誌』49: 1, 1986)。

西本寛一|にしもと かんいち
1901.12.14〜1971.8.1

奈良/関大（1922）/法学博士。関大，愛知学院大各教授など。自著『商法概要』(北陽商業学校，1928)の巻頭に「世界永遠の平和のためにEを学べ」とEで記し，"Espero"の一節を掲げて「此著を親愛なる同志に捧ぐ」と。著『株式会社定款論』(大同書院，1934)ほか多数。参RO 1928.8,「故西本寛一教授略歴・業績」(『愛知学院大論叢』17: 1〜2, 1974)。

西山徳助|にしやま とくすけ
1883.1.24〜1947.2.6

福岡/佐賀中（1903），五高（1906），東大（1910）/医学博士。歌人，平和運動家長野文子（1921〜2005）の父。高橋省三郎，藤原教悦郎と五高医科の同期。斎藤茂吉と東大の級友。1933年欧米視察。東大附属病院，三菱長崎造船所病院，九大附属病院などに勤務。長崎在住中の26年頃JEI入会。圀江崎正典。

新川正一|にっかわ しょういち
1899.4.12〜1979.9.21

神奈川/神奈川師範，広島高師/川崎高女，高津高女各校長をへて，1940年川崎市視学。のち川崎高女，川崎高女各校長を務め，59年退職。30年9月21日横浜E協会創立に参画。36年夏世界新教育会議（英国チェルトナム）に日本代表の一人として出席し，50ページの冊子"Virina edukado en Japanujo"を配布。視察やUEA本部訪問などヨーロッパ各地でE-istoと交流。56年5月JEI入会。59年5月20日川崎E協会を設立し会長。UEAデレギート（横浜）。著『女学校から職業へ』(交蘭社，1931)，「英語教授研究所座談会に対する疑義」(RO 1935.9)，"Virina edukado en Japanujo"（私家版，1936），'Moderna eduko en Japanujo' (RO 1936.12)，「ヨーロッパ旅行記」(EL 1937.3〜9)，『教育素描』(ショウエイ出版部，1976)。参RO 1936.8, RO 1936.11, RO 1936.12。圀新川英男，神奈川県立図書館。

新田為男|にった ためお|1917.3.3〜1995.3.24

北海道/苫小牧工/札幌五番舘自動車部，家業（精米業，家具販売業）をへて，1943年より38年間由仁町役場に勤務，学校給食センター長などをへて，収入役を最後に退職。ローマ字論者。Eは，苫小牧工在学中の34年頃同じ下宿の友人が学習していたのがきっかけで，同校教員の渡部隆志から手ほどきを受ける。35年3月上京した際，JEIの中等講習会で岡本好次に学び，翌月JEI入会。帰郷後ただちにE講習会を開き，由仁E会を結成。37〜38年国際文通に熱中。戦争による中断をへて，46年夕張E会を組織，由仁E会を再興。北海道E連盟顧問。最期までUEAデレギート（由仁町）。著「郵便スタンプの国際化について」(LE 1955.7)，「国際返信切手のこと」(LM 1978.8)。参 "Japanaj E-istoj"，『改訂版・北海道E運動史』, HEL 1995.4〜6，工藤尚「片想いから書斎派を経て国際語人へ」(『Eと私』)。圀新田彰。

新渡戸稲造 にとべ いなぞう
1862.9.1(文久2.8.8)~**1933.10.15**

陸奥国(現岩手)/築地外人英学校,共慣義塾,東京外語,東大予備門(1877中退),札幌農学校(1881)/農学博士,法学博士。札幌農学校で内村鑑三と同期。1884~91年米独留学。1920~26年国際連盟事務局次長としてジュネーブに駐在。キリスト者。52年10月発行の記念切手の肖像に。84~2004年五千円札の肖像。北大,東京女子大に新渡戸文庫。十和田市に新渡戸記念館,花巻市に花巻新渡戸記念館,盛岡市の先人記念館に新渡戸稲造記念室。21年プリヴァや藤沢親雄らの働きかけを受けて国際連盟代表として第13回UK(プラハ)に出席し,UEAの会合でE支持の演説(RO 1921.11に抄録)をし,Eに好意的な報告書を国際連盟に提出。報告書は堀真道らにより和訳され,冊子としてJEIから配布。連盟の第2回総会で決議の「国際補助語Eを公立学校の課目に編入する」提案に関連して,その調査報告を監修。第3回総会に提出,一部修正の上可決。柳田國男にEを推奨。一時帰国中の25年2月東京のE-istoが招待した歓迎会で国際連盟の事情を伝えて励ましたほか,26年の退任後も各所でEに好意的な発言。27年UEA名誉会員。30年JEI会長に推す動きがあったが,実現せず。96年第80回UK(プラハ)と平行して第1回「国際平和と民主主義のための言語に関するシンポジウム」(新渡戸シンポジウム)が開催される。2007年には第5回新渡戸記念国際シンポジウムが東京で開催。著『新渡戸稲造全集』全25巻(教文館,1969~2001)ほか多数。E関係は'E and the language question at the League of Nations', 佐藤全弘訳「Eと国際連盟における言語問題」(いずれも『全集』別巻2),「E語の学習をすすむ」(RO 1929.4),『東西相触れて』(実業之日本社,1928)など。参 'Bonvenigan kunvenon al D-ro Nitobe' (RO 1925.3), 石黒修「Eの援護者 新渡戸稲造博士」(EL 1933.12), 永田秀次郎「常に春風駘蕩の人」(『実業の日本』1934.11.1), 朝比賀昇・萩原洋子「日本E運動の裏街道を漫歩する 9」(ES 1976.1), 徳田六郎「新渡戸稲造博士の思い出」(RO 1984.11), 佐藤勝一「E界の恩人 新渡戸稲造」(『新渡戸稲造研究』5, 1996), 小林司「新渡戸シンポジウムの意義」(RO 1996.9), "E" UEA 1996.10, 猪飼吉計「E界の新渡戸博士」(『新渡戸稲造研究』8, 1999),「特集 新渡戸稲造とE」(RO 2001.2), 佐藤竜一『世界の作家 宮沢賢治』(彩流社, 2004),「特集:第5回新渡戸記念国際シンポジウム報告」(RO 2008.2), 木村護郎クリストフ・吉田奈緒子編『アジアにおける公正な言語政策に向けて』上智大学ヨーロッパ研究所・JEI, 2008), H. Tonkin 'The Nitobe Process in the Asian Context'(『上智ヨーロッパ研究』1, 2008), 新渡戸憲之・新渡戸明『十和田市・三本木原開拓と新渡戸家三代の歴史ガイドブック』(太素顕彰会・十和田市立新渡戸記念館, 2008), 藤澤全「新渡戸稲造の文献二編「ESPERANTO」誌と「加州毎日新聞」からの発掘」(『国際文化表現研究』国際文化表現学会, 4, 2008), 岡村民夫・佐藤竜一『柳田国男・新渡戸稲造・宮沢賢治Eをめぐって』(イーハトヴE会, 2010), 草原克豪『新渡戸稲造』(藤原書店, 2012),『現代日本朝日人物事典』,『近代日本社会運動史人物大事典』,『日本キリスト教歴史大事典』。

二関孝紀 にのせき たかのり 1940~2008.7.24

宮城/東北大(1964)/宮城で中学高校の教員。生家は萱場真遣族宅の向かい。1963年大卒直前にEを独習し,仙台E会の講習に参加して,菅原慶一・松本宙らの指導を受ける。63~66年頃ドイツの少女Monika Gebersと文通するが,中絶。99年自身の肝炎と両親の介護のため定年前に退職。2002年沼津E会の通信講座でEを再開。03年仙台E会に復帰し,ザメンホフ祭で萱場晴浦と40年ぶりに再会。同年JEI入会。Gebersとの再会を願うが,果たせず。長女をEのシンボルカラーから「みどり」と命名。著『私の病父母介護日記』(『月刊ゆたかなくらし』1999.7~2000.5),「40年前にさかのぼり」(RO 2004.4)。参『Verda Vento 二関孝紀追悼文集』(私家版, 2009),『Eと私』。

二瓶貢 にへい みつぐ 1908.5.21~1995以降

福島/安積中(1927),逓信官吏練習所/長野郵政研修所長,仙台郵政監察局第二部長な

どをへて、1961年郵政大臣官房郵政参事官、62年郵政大臣官房能率企画室長など。29年頃JEI入会。長期中断をへて、戦後に再学習。海外とEで文通も。著『アメリカの郵便制度』(通信教育振興会, 1948),『英語の手紙を書きましょう』(新樹社, 1950),「Karieroj の意味」(RO 1969.8)。参"Japanaj E-istoj"。

饒村佑一|にょうむら ゆういち|1901.5.8~1973以降

新潟/四高(1923)、千葉医大(1927)/医学博士。千葉病院をへて、1933年新京(現長春)に新都病院(36年慈光病院と改称)開業。43年帰国後、東京で開業。53年新潟へ移り、新生医院、三交病院に勤務。28年6月第1回東都医学生E雄弁大会で「病理学について」を演題。37年6月1日JEI新京支部の発会式を慈光病院で挙行。UEAデレギート(千葉)、JEMA会員。

丹羽正久|にわ まさひさ|1913.3.1~1999.10.23

愛知/熱田中(1930)/筆名丹羽星穹/家業の石鹸製造に従事するも、戦争激化で廃業を余儀なくされる。1939年名古屋市東区役所職員となり、以後主に社会福祉・社会教育関係の事務に携わり、Eを名古屋成人学校の科目に採用させるなど、職場でも熱心にE宣伝。68年瑞穂社会福祉事務所次長を最後に退職後、名城大校友会館に勤務。Eは、31年兄の影響で独習。34年名古屋YMCAで開かれた初等講習会で浅野孝に学ぶ。36年JEI、37年名古屋E会各入会。38年第26回JK(名古屋)準備委員会委員。48年第2次JEA委員。51年第38回JK(名古屋)を東区役所で開催。52年4月6日TEL創立に参加。56年TEL会長。57年第44回JK(名古屋)副会長、地方E運動への貢献により第10回小坂賞。68~75年KKK委員。72~75年JEI評議員。76年第63回JK(瀬戸)組織委員長。77~78年JEI監事、79~92年参与。名古屋E会副会長、TEL事務局長なども務め、長く中京地区のE運動を支えた。UEAデレギート(名古屋)、SAT, JELE, JPEA各会員など。99年12月名古屋でしのぶ会。墓石には"LA ANIMOJ de LA FAMILIO NIWA"と刻む。著「文通展おぼえ書(名古屋丸善画廊)」(LM 1967.6),「アイスランドの第1日」(LM 1969.4), "La Kordeziro de japana patrino〔裁断橋物語〕" (訳, 私家版, 1971 ; 1974年ポーランド語に重訳),"Pri la ponto Saidanbaŝi" (Societo por publikigi postsignojn de Horio, 1976), 高橋宏幸著"Vulpoj de Ĉironnup〔チロヌップのきつね〕"(金の星社, 1979),『『チロヌップのきつね』が出るまで」(LM 1980.10),「ペンフレンドの運命」(RO 1982.10), 'El nia kajero' (LM 1983.5~84.4),「遺稿 わが過去に悔いなし」(LM 2000.3)。参「電車改造の緑の家」(LM 1956.10), "Japanaj E-istoj",「"世界語"の普及に情熱」(『中日新聞』1976.7.31),「編集手帳」(『読売新聞』1980.8.26),「日本の名作童話Eに」(『中日新聞』1980.10.11), 山田義「La Movadoを支える人びと(丹羽正久さん)」(LM 1985.11), 山口真一'Nekrologo' (LJB 1999.12), 寺尾浩「丹羽正久さんを悼む」(LM 2000.1),「丹羽正久追悼号」(OD 2000.1), RO 2000.1,『センター通信』名古屋Eセンター, 214, 2000), 前田愛子「丹羽正久さん(1913-1999)の墓碑を訪ねて」(同 268, 2012)。

丹羽吉子|にわ よしこ|1909.1.1~1987.7.6

大阪/大阪市立高女(1925)/旧姓岩橋/英文タイピストとして浅野物産、日本綿花などに勤務。岩橋武夫の妹。寿岳静子の妹。1933年結婚により改姓。キリスト者。32年夏JOBK(大阪)のラジオE講座(講師は八木日出雄、進藤静太郎)でEを学び、PEU大阪支部に参加。夫の善次は31年3月大阪労働学校で開かれたプロレタリアE講習会で吉田清から学んだ。参丹羽善次『ぐろりあ物語』(本音を語る会, 1987), 丹羽善次・広吉泉『ひとりしずか―丹羽吉子の思い出』(クリスチャン兄弟社, 1988)。

ぬ

額田年|ぬかだ みのる|1906.3.26~1992.9.11

岡山/水産講習所/東邦大創立者額田豊(1878

〜1972)の長男。東邦大教授。1926年頃JEI入会。🗎『細菌学実習教程』(金原書店, 1937),『海女』(鏡浦書房, 1961)。

貫名美隆|ぬきな よしたか
1911.4.23〜1985.10.14

大阪/京大(1935)/アメリカ文学者。黒人文学とホイットマンを研究。1943年軍属として南方へ派遣され、46年復員して、神戸市立外事専門学校(のち神戸外大)教授。同大外国学研究所長などをへて、同名誉教授。黒人研究の会を創設。Eは小学生の23年小坂狷二『E捷径』で独習。39年9月大阪E会委員、同年E学力検定普通試験合格。48年4月大阪労働者E会委員長、同年9月第3回第2次JEA大会(大阪)議長。神戸E協会、のち51年1月9日神戸E会を結成し会長、同年KLEG創立に参加し、52年副会長。小田切秀雄・真下信一編"Aŭskultu, la voĉojn de oceano!〔きけ わだつみのこえ〕" (KLEG, 1951) 共同E訳の中心に。Instruista Ligo de Japanaj E-istoj創設に尽力。日本E運動50周年記念行事委員会委員。58年小坂狷二先生古稀記念事業委員会発起人。59年ザメンホフ百年祭準備委員会中央委員。60年JEI語学委員会委員。62年神戸外大に正規科目としてE講座を設置し、77年定年まで担当。63年岡本好次『新選エス和辞典』を宮本正男と改訂。63年第50回JK(吹田)大会大学で「黒人文学について」を講演。75〜77年同大外国学研究所に研究プロジェクト「現代国際環境における国際語の実情と可能性」を立ち上げ、宮本を有給の研究員に採用(他に藤間常太郎、松本清らが参加)。報告書として同研究所から『外国学資料』30〜31号(1976〜77)、『世界語思想史覚え書 国際語の成立』(『外国学研究』VI, 1977)を刊行。引き続き「現代と国際語研究会」を組織し、外部講師を招いてたびたび研究集会を開催。同大図書館長として内外のE書を収集し、所蔵図書目録"La E-a Libraro de Kobe Urba Universitato de Fremdaj Studoj" (1972) を同館から刊行。77〜85年KLEG会長。この頃、全国組織の在り方について積極的に提言するが、実らず。叙勲を拒否。83年セーモ刊行の会世話人となって、文法と単語集の小冊子"Semo" (初版10000部)を刊行し、広く配布。終生、平和の言語としてのEを擁護。86年解放運動無名戦士墓に合葬。妻の初子も神戸E会員。娘を「ユウナ」(juna「若い」から)と命名。没後に書斎から小林多喜二『1928年3月15日』訳稿が見つかり、宮本の監修で87年神戸外大で開かれた第35回関西E大会の記念出版として刊行。🗎「言語の発達と生命」(『朝光』1939.10),「E運動の理論が必要である」(LM 1957.7),「Zamenhofの手紙集の誤りについて」(『神戸外大論叢』8:4, 1958),『新選E和辞典』(宮本正男と共編、JEI, 1963), フォスター『黒人の歴史』(訳, 大月書店, 1970),「人間言語の神秘化から救われて」(RO 1974.4), "Kial do, Leaves of Grass de Walt (er) Whitman? -Etudo en Prozo" (『神戸市立外国語大学外国学研究所研究叢書』5, 1975; 宮本正男・上山政夫編"Japana Variacio" L'omnibuso, 1978に抜粋が収録),「外国学研究VIのサプルメント」(『外国学資料』神戸市外大外国学研究所, 31, 1977),「由比さんの10年忌 耳をとぎすまそう」(LM 1977.11),「自著を語る:Kial do,...」(LM 1978.1),「Eはどこにもあった」(ES 1979.8),「藤間常太郎先生を悼む」(LM 1982.12),「自著を語る:La semo」(LM 1983.9),「Semoへの反響」(LM 1984.2),「LA SEMOの反響」(RO 1984.8), 小林多喜二"La 15a, marto, 1928〔1928年3月15日〕" JELK, 1987)。🗎「小さな辞典で大きな国際理解」(『神戸新聞』1983.6.13),「LMを支える人びと 貫名美隆さん」(LM 1985.1), 松本清「貫名先生」(LM 1985.11), LM 1985.12,「貫名美隆追悼号」(『黒人研究』56, 1986), 松本清「貫名美隆先生を悼む」(RO 1986.1), 土屋哲郎「叙勲の拒否」(LM 1986.4), 貫名初子「宮本正男さんの最後のことば」(LM 1989.9), 松本清「神戸外大でのE講座」(LM 1998.4), 同「貫名先生のこと」(RO 2001.8), 貫名初子『社会の春は人がつくる』(兵庫県自治体問題研究所, 2004), 赤田義久「KLEG誕生のころ」(LM 2011.11),『神戸のE

ね

根岸貫｜ねぎし かん｜1862〜1928.10.28

静岡／静岡師範／庵原郡視学，小学校教諭などをへて東京に。1927年12月JOAK（東京）のE講座で学習し，翌年2月JEI入会。余命の少ないことを悟り，300日でE研究を完成させようと猛勉強。数冊を読破するまでになり，日記に「病中の生命は…エスに存し…歓喜限りなきを覚ゆ」と。🖊『小学校実験管理談』（東洋社，1902）。参「歓喜光明の言語―故根岸貫氏追悼の辞」（RO 1929.2），根岸機峰「我実兄根岸貫の告別式に」（根岸機峰『教科本位歌ならぬ歌と雑録』平岡書店，1930），川崎司「若き高木壬太郎　静岡での日々」（『キリスト教と諸学　論集』聖学院大，26, 2011）。

根岸春江｜ねぎし はるえ｜1908〜1937.7.18

神奈川／YMCA英語学校／タイピスト。詩人松永浩介（本名若井泉）の妻。ナップの横浜友の会に近づき，31年Eを学習。🖊『タイピストの日記　遺稿集根岸春江追悼のために』（同刊行会，1938）。参秋山清「埋もれた婦人運動家 10 根岸春江」（『婦人公論』1972.11），『近代日本社会運動史人物大事典』。

根岸博｜ねぎし ひろし｜1889.10.19〜1980.3.24

埼玉／一高（1911），東大（1917）／号鴻厓／医学博士。1931年岡山医大教授，49〜53年岡山大附属病院長。池原南と一高，東大の同期。18年JEA入会（会員番号1162）。JEI，JEMA各会員など。🖊『攝護腺肥大症と其治療法』（金原出版，1942）。

根道広吉｜ねみち ひろきち｜1899.10.28〜1957.1.15

茨城／東京商大（1926）／小椋広勝，細野日出男と東京商大の同期。大東亜省大臣官房会計課長，特別調達庁長官などをへて，1954年コロンビア公使。東京商大在学中の21年10月JEI入会。

根本潔｜ねもと きよし｜1903.8.21〜1994.9.3

茨城／小学校／鉄道省，新日国工業，東洋工機などに勤務。キリスト者。鉄道省工作局車輛課に配属され，上司の小坂狷二，同僚の三石五六，保坂成之，平林繁雄らの影響で日本鉄道E会の講習会に参加。1921年JEIに入り，23年委員。24年第12回JK（仙台）内の第1回SAT分科会に出席。29〜32年，44〜45年，49〜50年JEI評議員。75年E蔵書を東京Eの家へ寄贈。🖊『車輛術語』（JELF, 1939），「Biblio概説」（RO 1953.10〜12），「ああ，ますらおはたおれたるかな」（RO 1958.5）。参「会員の声」（RO 1945.10），忍岡守隆「E書籍を寄贈」（RO 1975.4）。協根本美津子。

の

ノイマン｜Hans-Dietrich Neumann｜1930.3.2〜1969.2.5

ドイツ／ゾルダウ高／化学者。親日家で，書道や雅楽を研究し，コンピュータのプログラミングにも精通。1965年第50回UK（東京）に参加し，電子計算機分科会で字上符の代用表記としてHでなくXを使うことを提案。大会後に日本に残り，八王子E会ほか各所のEの会合に参加し，多くの人と交友。66年4月JEI入会。同月第15回東海E大会（豊橋）で講演。66年6月18日E運動60周年記念の集まり（横須賀）に参加。同年第53回JK（名古屋）で「電子計算機，翻訳機械はEの発展を助ける」を講演。同年ベトナム平和Eセンター発足に協力。67年第16回関東E大会（所沢）においてUEAに緑星旗返還を要求することを提案（結果は却下）。同年7月一旦帰国し，10月再来日。68年第16回関西E大会（姫路）などに参加して，講演。大本や世界救世教などでもEを指導。文芸理論家井上良雄（1907〜2003）方に寄宿。鬱病で入院し，主治医の小林司との診断等の意思交換はEで。最期は自殺。2月11日のTEKとTEJAによる

追悼会には、参列者160名以上。SAT会員。参「盛大だった故ノイマン君追悼会」(RO 1969.3)、「ハンス・ノイマン氏急死 東京で追悼会開かる」(NV 1969.3)、三沢一弘「Neumannさんの思い出」("La Nova Tajdo" TEJA, 59, 1969)、小原孝夫・福田正男編 "K-do H.D. Neumann en nia koro"(朝明書房, 1969)。

野上清｜のがみ きよし｜1903〜1966.5.8

福岡/大阪工専(中退)/別名星みどり/計量器工。1946年日本共産党入党(のち離党)。59年大阪府交野町原子炉設置反対闘争に参加。61年共産党再入党。31年1月PEU中央委員、3月15日PEU大阪支部創設に際し書記長。同月大阪労働学校で開かれたプロレタリアE講習会で講師を務め、横田甚太郎を含む講習生全員とともに総検束。『労働雑誌』、『関西文学』などに翻訳作品を発表。Maja Rondoに協力。37年5月検挙。39年出獄間もない栗栖継を、実弟八郎の経営するジャパン・エキスポート社に斡旋。戦後、大阪労働者E会に参加。著ソヴェートE-isto同盟中央委員会編『ソヴェート案内』(訳, PEA大阪支部, 1932)、「『E文学』えの希望」(『E文学』フロント社, 17, 1935)、ゴーリキー「私は如何に学んだか」(『労働雑誌』労働雑誌社, 1936.8〜9)。参栗栖継「戦前のこと、思い出すままに(2)」(『葦牙ジャーナル』いりす, 73, 2007)、『近代日本社会運動史人物大事典』、『解放のいしずえ(新版)』、『反体制E運動史』。協栗栖継。

野上素一｜のがみ そいち｜1910.1.29〜2001.2.4

東京/東京府立一中補習科(1928)、浦和高(1931)、東大(1934)、ローマ大(1939)/ダンテ『神曲』などの訳で知られるイタリア文学者。文学博士。野上豊一郎・弥生子の長男。京大名誉教授。1951年バチカンで受洗。京大で小松左京の師。浦和高在学中にE学習。同校E会を代表して入山実とともに28年12月1日東京学生E-isto連盟結成に参加。30年9月より浦和高において昼休みを利用してEを教授。弥生子『若い息子』のモデルとされ、高校でのE活動の記述も。弥生子著『海神丸』のE訳刊行(1935)を機に、母にもEを教授。RO(1938.4, 1938.7)に表紙の能面の写真を提供。著『イタリア語入門』(岩波書店, 1954)ほか多数。E関係に「《oni》の言語哲学的解明の試み」(『La dua batalejo』浦和高E会, 1932.10)、'Doji'(RO 1938.4)、「伊太利便り」(『La dua batalejo』浦和高E部, 14, 1939)など。参「野上弥生子女史エス語学習」(RO 1936.7)、『現代日本朝日人物事典』、『日本文学に現れたE』。

野上弥生子｜のがみ やえこ
1885.5.6〜1985.3.30

大分/明治女学校高等科/小説家。野上豊一郎の妻、素一の母。1971年文化勲章。臼杵市に野上弥生子文学記念館。素一らをモデルに『若い息子』(1932)を著し、Eの活動の記述も。著『海神丸』の大崎和夫E訳(1935)が刊行されたのを機に、素一からEを教わる。夫とともに滞英中の39年3月、久保貞次郎の助言で『海神丸』のEからの英訳をE.W. Amos(ウェルズ『タイムマシン』の訳者)に依頼。著『野上彌生子全集 第II期』全29巻(岩波書店, 1986〜91)ほか多数。E訳作品に大崎和夫訳 "Kaijinmaru〔海神丸〕"(JEI, 1935; 1966年改訳再版)。参「野上弥生子女史エス語学習」(RO 1936.7)、『現代日本人物事典』、『近代日本社会運動史人物大事典』、『日本文学に現れたE』、『日本女性運動史人名事典』。

野木一雄｜のぎ かずお｜1910.9.21〜2006.5.21

京都/阪大(1936)/医学博士。1945年紀南病院内科医長、47年副院長、51〜83年大手前病院長、72〜75年大阪府病院協会長など。阪大在学中、同校医学部E会に参加し、同級の俣野四郎らと活動。JEMA会員。著 'Granda medicinisto paracelso'("Nia Tendaro" 阪大医学部E会, 1, 1933; RO 1934.6に再録)。参『野木一雄博士研究業績集』(大手前病院現・旧職員有志, 1986)、垂井清一郎「追悼 野木一雄先生」(『学友会ニュース』医学振興銀杏会, 216, 2007)。

野口市郎｜のぐち いちろう｜1896~1943

滋賀/八幡商，早大/一郎/近江兄弟社により米国留学ののち，台湾伝道など。水平運動に参加し，アナキズムにも傾倒。40~41年頃近鉄線小阪近くでEと英語教授の看板を出していたとされる。参「野口市郎略伝」(『風』22, 1997.9)，『日本アナキズム運動人名事典』。

野口援太郎｜のぐち えんたろう
1868.10.29（明治1.9.14）~1941.1.11

筑前国（現福岡）/鞍手郡公立中（1884），福岡県尋常師範（1890），東京高師（1894）/教育者。異名「和製ペスタロッチ」。1901年姫路師範学校校長となり，リベラルな学風を作る。14年独仏米留学。19年帝国教育会専務理事。23年頃JEI入会。著マロー『サンファミーユ』（目黒書店，1914）ほか多数。参「女子師範生総出でマークを売る 教育記念日の宣伝に 擁護同盟の計画」(『東京朝日新聞』1922.9.26)，『現代日本朝日人物事典』，『近代日本社会運動史人物大事典』。

野口喜久弥｜のぐち きくや
1906.9.30~1978以降

埼玉/岩手医専（1932）/泌尿器科医。1935年埼玉県行田に野口医院を開業。23年頃JEI入会。

野口喜三雄｜のぐち きみお
1906.1.30~2001.4.5

長野/松本高，東大（1932）/理学博士。1937年東大助手，40年講師，42年助教授，49~69年都立大，70~77年東邦大各教授。JEI会員。著南英一E訳 'Gejsero en Japanujo' (RO 1947.2)，同訳 'Anstatauajo de kotono fabrikata el morusujŝelo' (RO 1948.9)，『火山，温泉，油田かん水及び地下水の地球化学的研究』（野口喜三雄博士米寿記念論文集編集委員会，1994）。参小坂丈予「野口喜三雄先生の御逝去を悼む」(『火山』日本火山学会，46:4, 2001)。

野坂宏次｜のさか こうじ｜1925.9.12~1953.3

鳥取/倉吉中（1943），日大（1948）/1949年12月鳥取県安来町に医院開業，50年1月新日本医師協会島根支部幹事，同年8月~51年10月松江大衆診療所初代所長。49年倉吉一高在学中の山名清隆らと倉吉E会を結成。参RO 1949.4，山名清隆「『たそがれの町』に夜あけが来る」(RO 1949.5)，加藤暁『碧雲湖源流』（私家版，1986）。

野坂竹太郎｜のさか たけたろう
1884.2.7~1942.12.12

青森/東奥義塾（1902），一高（検定，1911），東大（1914）/農商務省技手，商工省技師など。1927年世界保険協会国際会議に出席後，9ヵ月にわたり世界一周視察。31年退官後，住友生命保険研究部長。キリスト者。20年末頃JEI入会。参野坂洋次『野坂竹太郎の記録』（私家版，1992）。蔵野辺地町立図書館。

野崎貞夫｜のざき さだお｜1937.8.15~2004年以前

中学/電電公社に勤務。1955年村田慶之助からEの手ほどきを受けた後，猛勉強の末に短期間でEをものにし，演劇へ進出。57年第44回JK（名古屋）の弁論大会で1位。60年7月24日藤城謙三，岸田準二らとJuna Klubo（63年 Trupo Nubo と命名）を結成し，61年第9回関西E大会（大阪）でロセッティ "Kredu min, sinjorino!" を，62年第10回同大会（奈良），第49回JK（東京）でシェークスピア "Otelo〔オセロ〕" を，63年第11回関西E大会（天理），第50回JK（関大）でイプセン "Reaperantoj〔幽霊〕" を，65年第21回IJK（大津）で真船豊原作，宮本正男訳 "Vintra sovaĝansero〔寒鴨〕" を上演。63年8月宮本正男，石黒彰彦らと同人誌 "Kajero" を創刊し，自らも太宰治，島木健作などの作品を訳出して掲載し，67年3月の8号まで刊行。柳田國男 "Japanaj malnovaj rakontoj〔日本の昔話〕"（天母学院，1965）の共同E訳に参加。抜群の行動力とEの実力は周囲の模範とされたが，突如，Eから離れ，のち宮崎県へ。MEM委員。妻（湯浅）ミチ子もE-istoで，演劇活動に参加。

著「E電報の打ち方」(LM 1961.7), 川端康成'La Hejmloko〔故郷〕'(LM 1963.2), 'Kajero'(LM 1966.4)。参「四連盟人物風土記(7)」(LM 1964.4), "Japanaj E-istoj", 野崎ミチ子「労働組合運動で生み育てている教育労働者の保育所」(EV 1974.4), 峰芳隆「関西の雑誌発行活動1」(LM 2013.6)。図 土居智江子, 土居敬和。

野崎延喜 | のざき のぶよし | 1906頃～1995以降

熊本/五高(1927), 京大(1930)/旧姓坂崎/加藤勤也と五高理科甲類の同期。熊本工高, 荒尾高の教諭。Eは, 1932年小坂狷二の著作で独習後, 講習会で山本斉に指導を受ける。45年12月JEI入会。49年第2次JEA委員。56年荒尾高職員に初等講習実施後, 荒尾E会を結成し会長。熊本E会幹事, 熊本E連盟委員など。著「1940年に備へよ」(EL 1936.12)。

野崎広太 | のざき ひろた
1859.7.18(安政6.6.19)～1941.12.2

備中国(現岡山)/慶應義塾/幼名兵三, 号幻庵, 筆名汲古庵主/中外商業新報社, 三越呉服店各社長など。数寄者としても聞こえ, 茶道の振興に貢献。1907年JEA入会(会員番号735)。JEI会員。図『茶会漫録』全12集(中外商業新報社, 1912～27),『らくがき』(宝文館, 1931)。

野崎又次郎 | のざき またじろう
1873.9.22～1940.9.23

三重/1896年カナダ太平洋汽船に入り, 晩年は青木運送(静岡)取締役。JEA会員(会員番号801)。

野崎又太郎 | のざき またたろう
1869～1940.9.23

岡山/岡山中, 第三高等中(1893), 帝大文科大(1896)/1902～05年岐阜中校長, 05年岡山中教頭, 17年岡山高女校長など。修身の時間に「英語はやめてEを世界語にすべきだ」と力説し, 学生の伊東三郎に影響を与えた。長男一雄もE学習。参「野崎又太郎君を送る」(『岐阜県教育会雑誌』132, 1905),『岡山のE』。

野島安太郎 | のじま やすたろう
1906.3.28～1989.11.25

大阪/今宮中, 京大(1930)/筆名 Akira Nojma, Nojima-Akira, Nozima-Akira, H/戦前, 京都市建築技手。戦後, 大阪学芸大, 神戸大各施設課長, 京大施設部長などをへて, 1963年文部省管理局教育施設部技術参事官, 66年公立学校共済組合技監, 69～76年梓建築事務所常任顧問。Eは, 中学2年の時千布利雄『E全程』で独習。34年10月カニヤ書店に中原脩司を訪ねて, E学習を宣言。37年中原が刊行する全文Eの時事雑誌"tempo"誌の編集に参加して, 後期には実質的に一人で編集を担う。無署名を含めて多くの記事も執筆。40年9月中原とともに検挙。43年5月JEI入会。戦後, 世界文学社発行の『世界文学』,『世界の子供』などにEからの翻訳を多数発表。48年第2次JEA委員。50年奈良E会再建。63年東京へ転居し, 64～67年JEI評議員。柳田國男"Japanaj malnovaj rakontoj〔日本の昔話〕"(天母学院, 1965)の共同E訳に参加。65年第21回IJK(大津)で日本古代建築について講演。UEAデレギート(奈良)。戒名は「緑星院法光日安居士」。没後に遺稿が書籍として刊行。うち"Goôs la 'ĉelisto"は坂本昭二が編集し, 生前の約束により田村義也(元岩波書店装丁者)が装丁。著 'Universalan kongreson al Japanion!'("tempo" 25, 1936), 武者小路実篤著 'La amikeco〔友情〕'(同 54～60, 1939～40), 芥川龍之介著 'La kapao〔河童〕'(同 60～66, 1940. 掲載誌廃刊のため中断),「ザメンホフを思う」(LM 10, 1951.12), 芥川龍之介著 "La Kapao kaj aliaj rakontoj〔河童その他〕"(JEI, 1954), 宮沢賢治原作, 田中澄江・川尻泰司脚色 "Gauche la 'ĉelisto"(人形劇『セロひきのゴーシュ』のシナリオ, JELK, 1955), 森鷗外著 "Rakontoj de Oogai"(分担訳, JEI, 1962), 梶井基次郎著 'La limono〔檸檬〕'(宮本正男・石黒彰彦編 "El japana literaturo" JEI, 1965),「回想」(NR 1971.9), 宮沢賢治著 'La sankta knabo de sovaĝansero〔雁の童子〕'(RO 1975.1～2),「私をひきずりこんだE

(RO 1982.5), シャロム・アレイヘム著, ザメンホフ E 訳『高等学校〔La Gimnazio〕』(重訳, JELK, 1988),「Gooŝ la 'ĉelisto」(宮沢賢治童話集, JELK, 1991),『宮沢賢治と E』(リベーロイ社, 1996),『中原脩司とその時代』。参「特集われらの 2600 年」(RO 1940.2),「Japanaj E-istoj」, 朝比賀昇「E運動に対する太平洋戦争中の弾圧について」(RO 1980.11),「tempo(テンポ)復刻版全1巻」(名古屋Eセンター, 1982),「『テンポ』誌 42 年ぶり復刻なる」(RO 1982.4),「戦時下の E 運動」(『京都新聞』1982.7.11), 竹内義一「野島安太郎氏に思うこと」(LM 1990.1), 坪田幸紀「追悼野島安太郎」(RO 1990.4), 坂本昭二「幸運のゴーシュ」(LM 1991.4), 永瀬義勝「『雨ニモマケズ』の訳者について」(LM 1996.4), 佐藤勝一「書評『宮沢賢治と E』」(LM 1996.8),『近代日本社会運動史人物大事典』。

能勢淡二｜のせ あわじ｜？〜？

六高/1938 年 10 月台湾製糖総務部長。1906 年に入学した高校で先輩に勧められて E 学習し, 海外文通。著『労働組合と赤化運動』(私家版, 1933),「私の経験」(RO 1936.6)。

野田秀二｜のだ しゅうじ｜？〜1986.10.17

1932 年 E 学習, 同年神戸 E 協会入会。35 年頃 JEI 入会。連温卿に協力して, 台湾 E 運動で活躍。マルシュ社のメンバー。78 年 JEI 再入会。

野田駿太郎｜のだ しゅんたろう｜1875.6.27〜1943 以降

五高医学部(1896)/満鉄病院などをへて, 1926 年佐世保市に眼科医院を開業。同年頃 JEI に加わり, 熱心に E 学習。JEMA 会員。

後岡満寿次郎｜のちおか ますじろう｜1911〜1981.1.29

鳥取/印刷工, のち大阪天王寺で印刷店を自営。評議会大阪印刷労組に参加。1931 年頃森田庄三郎を中心に, 河野八郎, 淡路谷増三らと関西プロレタリア E 研究会を結成, PEU には不参加。戦後, 大阪労働者 E 会へ。小川清一に協力して, 三菱電機 E 会を組織。竹花稔一, 山本達雄らの Kansai E-a Presejo の組版を指導。参宮本正男「プロエス運動史の断片的記録(4)」(NR 1968.11), 竹花人「KLEG が生まれたころ」(LM 1992.2),『近代日本社会運動史人物大事典』。

野知里慶助｜のちり けいすけ｜1889.4.16〜1945.4.8

長野/木曽山林学校(1906), 東大(1921)/山林技師から大学進学。1942 年三重高等農林学校教授。20 年足立武に E を学び, 同年末頃 JEI 入会。24 年三重高農 E 会を創立し, 同年の三重県 E 連盟設立の中心。参「誌上座談会『そのころを語る』」(RO 1940.1〜3)。協三重大。

野々村一雄｜ののむら かずお｜1913.3.10〜1998.1.12

愛知/熱田中, 大阪商大(1935)/経済学博士。一橋大名誉教授。1942 年満鉄調査部事件で検挙。大阪商大予科在学中, 熱田中の同級の都留重人からもらった『プロレタリア E 講座』第1巻で独習。30 年イズミ E 会を設立し代表。32 年 2 月 JEI 入会。泉北 E 会, 大阪 E 会で活動。51 年 6 月 21 日一橋大 E 会創立に際し川原次吉郎と顧問。86 年 JEI 再入会。90 年第 2 回 E 文化フォーラムで「ソ連・東欧で今何が起きているか」を講演。SAT, JELE 各会員など。著『ソヴェト学入門』(中央公論社, 1962),『回想満鉄調査部』(勁草書房, 1986) ほか多数。E 関係に「第 77 回 JK に参加して」("Raporto pri la 77-a Kongreso de Japanaj E-istoj"横浜 E 会, 1990) など。参植村達男「野々村一雄氏と E」(ES 1980.11),「野々村一雄先生略歴及び著作目録」(『千葉商大論叢』27:1, 1989),『現代日本朝日人物事典』。

野原休一｜のはら きゅういち｜1871.12.21(明治4.11.10)〜1948.6.29

山口/東京高師/1903〜07 年長野師範学校,

07～28年山口県長府町立豊浦中の物理・化学科教諭。ローマ字論者。06年『読売新聞』の黒板勝美の談話を見て、JEA創立と同時に入会（会員番号54）。09年遭難した潜水艇長の遺書をE訳してドイツの文通相手に送ったところ雑誌に転載され、Eが面白半分の遊び道具でないと感じ、Eによって「皇国日本の真相を世界に紹介すること」を使命と考える。"Le monde espérantiste"、"Internacia Pedagogia Revuo"の日本通信員として狂言「柿山伏」のE訳を寄稿など。JEにも特別寄稿家として日本古典のE訳などをたびたび寄稿。国際商業語協会に参加。退職後、翻訳に従事し、その大部分を自費出版。37年斎藤秀一の"Latinigo"を購読するも、特高の調査で「思想上何等容疑の点無き模様」とされる。同年12月E報国同盟発起人。39年『日本書紀』のE訳により第1回小坂賞。41年第18回九州E大会（下関）会長。UEAデレギート（長府）。[著]'Gemo alfluiga kaj gemo forfluiga'（JE 4：9, 1909.9）、'Legendo de Obasute Jama'（JE 5：1, 1910.1）、"Granda Lernado kaj Doktrino de Mezeco〔大学・中庸〕"（JEI, 1932）、"La Sukhavativjuho〔仏説阿弥陀経〕"（同, 1932）、"La Samanta-Mukhaparivarto〔観音経普門品〕"（JBLE, 1933）、"La Libro-Konstantajo de Fila Pieco〔孝経〕"（JEI, 1933）"Kroniko Japana〔日本書紀〕"全5巻（JEI, 1935～39）、鴨長明著"Hoodyooki〔方丈記〕"（E研究社, 1936）、"La Parabolo de la Urbo Magie Farita〔法華経化成喩品〕"（JBLE, 1936）、「明治時代の思ひ出」（RO 1936.6）、『欧文尊攘堂万骨塔解義』（尊攘堂事務所, 1938）、'Historiaj okazoj antaŭ 50 jaroj'（RO 1941.3）、北畠親房著"Zinno Sjootoo Ki〔神皇正統記〕"（JEI, 1941）。[参]「全日本E-isto同志諸君に檄す」（RO 1938.1）、「エス語版日本書紀 19年掛かり翻訳の労報われて野原休一翁へ小坂賞」（『読売新聞』1939.4.14）、「小坂賞第1回受賞者野原休一氏に決定」（RO 1939.5）、『特高月報』（1939.9）、上山政夫「野原休一について思い出すこと」（NR 1976.1）、山口県立豊浦高等学校百年史編纂委員会『山口県立豊浦高等学校百年史 近代』（同高, 2002）、『近代日本社会運動史人物大事典』。

延島英一 | のぶしま えいいち
1902.6.30～1969.7.6

東京/小学校/筆名高倉共平/文選工、アナキスト、評論家。早くに大杉栄に師事し、アナキストに。伊藤野枝の自伝的小説「ある男の堕落」（『女性改造』1923.11）に少年「N」として登場。1920年日本社会主義同盟の創立時に発起人に名を連ねる。25年労働争議で暴力行為に問われて入獄し、以後もアナキストとして活動。戦後は世界連邦思想に傾倒し評論家として活躍した。大杉栄の影響で語学にも熱心で、英語、フランス語、ドイツ語、Eを。戦後もE-istoとの交流、雑誌の交換など。[著]『無政府主義と農本主義』（不二社, 1932）ほか多数。[参]河上民雄「めぐりあい」（『毎日新聞』1978.11.22）、『近代日本社会運動史人物大事典』、『日本アナキズム運動人名事典』。

信原済夫 | のぶはら ますお | 1885頃～1967以降

岡山/六高（1908）、東大（1911）/堀江勝巳、渡部寿らと六高の同期。三井物産機械部総務係主任などをへて、ビル経営。六高在学中にE学習。

野間宏 | のま ひろし | 1915.2.23～1991.1.2

兵庫/北野中（1932）、三高（1935）、京大（1938）/小説家、評論家、詩人。1941年応召してフィリピンに赴くが、43年思想犯として陸軍刑務所に収監。旧陸軍の残虐さを描いた『真空地帯』（1952）が好評を博したほか、広く社会問題にも活動し、特に狭山裁判に深く関わった。1932年三高入学後、同校E会に参加、同級の西村嘉彦、山田務名らと機関誌"Libero"を編集・印刷。54年第41回JK（東京）のシンポジウム「なにを翻訳するか」に木下順二と参加。56年50周年記念第43回JK（東京）で講演。同年JEI賛助会員。"Postmilita japana antologio"（JELK, 1988）に、森田明のE訳で、「第36号〔N-ro 36〕」が収録。[著]『野間宏作品集』全14巻（岩波書店, 1987～88）ほか多数。[参]LM 1965.7、『三高E会小史』、『現代日本朝日人物事典』、『近代日本社会運動史人物大事典』。

野見山丹次｜のみやま たんじ｜?～?

福岡/農業。1929年頃JEI入会。31年寺崎忍助らと嘉穂E会設立。寺崎, 田江時次郎らと筑豊E-isto連盟で活動。39年4月JEI福岡支部代表。飯塚E会長。著『英語を排す』(『九州新報』1932.11.9～10)。

野村堅｜のむら けん｜?～?

早大教授。36年3月JESA顧問。娘を峯代 (minejo「鉱山」から) と命名。名を「かたし」とする資料も。著『工手学校試金実習ノート』(共編, 早稲田同文館, 1918), 『鉱業分析』全3巻 (日本鉱業新聞社, 1918～19)。参 'Intervjuo' (RO 1934.5)。

野村佐一郎｜のむら さいちろう｜1885.6.15～1943以降

滋賀/京大文学部 (1915), 九大医学部 (1921)/1922年滋賀県久徳村に野村医院開業。のち大阪商船の船医。03年頃O'Connor "E. The student's Complete Text Book" でE学習。九大でE会に参加。RO誌に歴史, 哲学などについてEで寄稿。著『簡明表解内科診断治療学』(南山堂書店, 1933), 『世界各国史』(崇文堂出版部, 1935), "Historieto pri Japanujo" (JEI, 1937; RO 1937.1に掲載されたものを単行本化), 'Kio estas filozofio?' (RO 1937.2), 'Pri ĉina litero kiel monda litero' (RO 1937.9), 'Disiĝo de literaturo el lingvostudado' (RO 1940.9), 『簡明言語学』(川瀬日進堂, 1941)。参「編輯後記」(RO 1937.1)。

野村正太郎｜のむら しょうたろう｜1916.9.10～2000.6.8

東京/日大中, 東京物理学校 (中退)/戦前は共立無尽, 浅草郵便局などに勤務。1938年, 42年応召。朝鮮咸興で終戦を迎え, 48年11月シベリアから引き揚げ。日本共産党に入り, 51～65年板橋区議, 65～73年東京都議。日本原水協理事。晩年は考古学研究に専心し, 文化財保存全国協議会全国委員, 板橋史談会顧問など。37年竹馬の友の佐藤亘の勧めでE学習。マルタ・ロンドに参加し, 中垣虎児郎, 下村信夫, 曽根原博利らから指導を受ける。JEI会員。著『武蔵の山河に生きた人びと』(昭和出版, 1985),「中垣虎児郎とE-istoの頃」(『不屈』治安維持法犠牲者国家賠償要求同盟東京本部, 278, 1997.8), 『補充兵日記1938～40』(伝承出版社, 1995),「中垣虎児郎さんのことなど」(中村伯三編『暗黒の時代を生きる』(私家版, 2004)。参 大井眸「ボンボヤージュ・パラディーゾン 野村さん安らかに」(『板橋史談』199, 2000.7), 香取孝作「野村正太郎さんを悼む」(『明日への文化財』文化財保全全国協議会, 46, 2001)。

野村誠四郎｜のむら せいしろう｜1911.2.7～1992.12.7

富山/砺波中, 富山薬専 (1932)/薬剤師。砺波中3年の時, いとこの野村理兵衛の影響でE独習。富山薬専E会で活動し, JEIにも入会。1933年故郷砺波で薬局を開業し, ウィンドーに「APOTEKO NOMURA」(野村薬局) と。47年6月野村理兵衛のE講習に参加後, 2人で精力的に講習会を開く。作家岩倉政治 (1903～2000) と懇意で, その作品をE訳して自費出版。著「試練の一年半」(RO 1949.3),「Apoteko Nomura」(RO 1982.6), 岩倉政治著 "La tago de senaeriĝo〔空気がなくなる日〕" (Biblioteko Kolombo, 1985), 同 "Rakonto komenciĝanta por terpomoj〔「てんころめし」からはじまる話〕" (同, 1989)。参 "Japanaj E-istoj",「日本の児童文学読んで」(『北日本新聞』1989.12.14), 野村理兵衛 'Forpasis s-ro Seiŝiroo Nomura' (LVK 1993.1～2)。

野村達｜のむら たつ｜1885.2.11～1935以降

医術開業試験 (1911)/博愛堂病院 (名古屋) をへて, 1913年岐阜県和知村に野村病院を開業。23年頃JEI入会。26年JEMA創立後, 岐阜県支部幹事を務めた。

野村正次｜のむら まさじ｜1908.3.28～?

大阪/神戸一中, 六高, 京大/経済学者。1940年福島高商 (のち福島経専, 福島大) 教授となり, 71年福島大学長事務取扱で定年退官。50年頃から福島経専 (のち福島

大)でE研究会を指導し，学内で講習会，展示会，語学劇などをたびたび開く。日本E運動50周年記念行事実行委員会委員。56年第1回東北E大会(仙台)で「国際貿易とE」を講演。59年ザメンホフ百年祭準備委員会中央委員。⚛「教官および教育者としての思い出と反省」(『商学論集』福島大学経済学部，39：4，1971)。参「野村正次教授退官記念講演記事」(同)。

野村理兵衛｜のむら りへえ
1907.8.4〜2008.1.13

富山/金沢一中，同志社大(1932)/筆名Rihej Nomura/野村誠四郎のいとこ。E-isto堀尚一(金沢大名誉教授)の義兄。戦争中は戦闘機のプロペラを作製。戦後，ニット生地会社を経営。Eは，金沢一中在学中の1923年同級生2人がEで話す姿に触発されて独習。26年同志社予科へ進学後，一木誠也と知り合い，新学期ごとに2人で初等講習，校内でE普及に励む。27年1月JEI入会。31年11月15日宍戸圭一，近藤国臣らと京都E連盟結成に参加。33年4月30日城端E会再建。30年代，岩田宗一郎，竹沢啓一郎，角尾政雄らとTinka Rondoを結成。46年第2次JEA委員。48年誠四郎と城端E会再興後，二人三脚でE運動。60年JEI語学委員会委員。ザメンホフの文例集めに生涯をかけて取り組み，その集大成"Zamenhofa Ekzemplaro"の著述により，90年第28回小坂賞および第1回OSIEK賞。その後も，動詞に限定しつつ，用例と語義区分を充実させた『ザメンホフの用例にみるE動詞の意義と用法』を90歳にして自分でワープロ入力して作り上げる。ナイジェリアの少年のE独習を支援するなど，海外のE普及にも尽力。UEAデレギート(城端，工業)。妻あや(1914〜2000)も33年来のE-isto。⚛"Ekzemplaro E-a"(私家版，1936；1950年再版)，『E日常用語活用辞典』(Pirato, 1964；Kim Pan-Sul訳・増補『예문이 든 에스페란토 소사전』KEA, 1981)，"Zamenhofa Ekzemplaro"(先行限定版，名古屋Eセンター，1987；第1版，同，1989)，「Zamenhofa Ekzemplaroの発刊に寄せて」(RO 1987.12)，'Salutas s-ro Rihej Nomura' (RO 1990.11)，『ザメンホフの用例にみるE動詞の意義と用法』(JEI, 1997)，「わたしの出した1冊の本」(RO 1997.12)，「文通と世界大会の思い出」(RO 2005.7)。参「会員の声」(RO 1945.11)，森田明「野村理兵衛さんが第1回OSIEK賞を受賞！」(RO 1991.2)，松田久子「野村あや様のご訃報を聞いておりながら」("PROGRESON"金沢E会, 29, 2000)，森田明「野村理兵衛さんとZamenhofa Ekzemplaro」(RO 2008.5)，小林司監修『Eの名文を作る法 ザメンホフの用例で学ぶ 野村理兵衛著「E日常語活用辞典」修整補完版辞典』(西京：ひばりが丘緑星会, 2008)，後藤斉'Pseŭdo-zamenhofaj ekzemploj en PIV : Testamente de s-ro NOMURA Rihej' (RO 2009.1)。

能本乙彦｜のもと おとひこ｜1912.1.20〜2005

東京/東大(1934)/理学博士。1938年陸軍気象部技師兼教官，40年小林理学研究所研究員をへて，49年東京農工大，72〜78年防衛大各教授。小林理学研究所名誉研究員。20年代後半JEI入会。⚛『分子音響学』(岩波書店, 1940)，グリフィン著『コウモリと超音波』(河出書房新社, 1970)。参深田栄一「能本乙彦先生を偲ぶ」(『電子情報通信学会技術研究報告. US, 超音波』106, 2006)。

野本寛｜のもと ひろし｜1887.1.8〜1944以降

神奈川/横浜商(1906)/横浜火災海上保険主事，京都，大阪各支店長など。1906年JEA入会(会員番号380)。

乗竹孝太郎｜のりたけ こうたろう
1860.9.29(万延1.8.15)〜1909.1.5

但馬国(現兵庫)/号粛堂/尺振八(1839〜86)に英語を学び，1879年田口卯吉の東京経済雑誌社の創立に参加，また嚶鳴社に入って民権論を提唱。横浜正金銀行をへて，1905年田口の死により東京経済雑誌社社長に就任し，自由貿易論を主張。JEA会員(会員番号737)。⚛スペンサー著「社会学之原理」(経済雑誌社, 1885)ほか多数。

は

パーマー｜Harold E. Palmer
1877.3.6～1949.11.16

英国ロンドン/Prospect House School/英語教育学者。文学博士。1922年沢柳政太郎の招きで，文部省英語教育顧問として来日。23年英語教授研究所を設立し所長。はじめ音声重視のオーラル・メソッドで，のち基礎語彙と動詞の構文パターンを中心に，教育実践と多くの著作により日本の英語教育改革に大きな足跡を残した。その考えは学習者用辞書という新しい概念の成立につながる。36年帰英。Eは，02年からのベルギーでの語学教師時代に出会い，友人数名とE会設立。04年頃から自分の語学学校にEを導入，教科書を著述し，直接教授法で指導。07年第3回UK（ケンブリッジ）でザメンホフと対面。その後イド（07年ボーフロンらが提案した国際語案）に転向。来日後の22年10月15日第10回JK（東京）の晩餐会に国際語の友人として招かれ，丘英通，小坂狷二がイドで歓迎の辞を述べたのに対し，「イドは話せない」と，英語でスピーチ（進藤静太郎がEに通訳）。36年3月14日，帰国に際して開かれた送別晩餐会と講演会で，英語学者とE-istoの共存共栄，国際語や人工語の必要などをEで力説。著"Direct Method Composition Exercises Book 2"（ヴェナブルズらと共著，英語教授研究所，1933），語学教育研究所編『パーマー選集』全10巻（本の友社，1995）ほか多数。E関係は"Méthode Palmer. E l'usage des français"（Bruges: Witteryck-Delplace, 1907），「人工語に対する私の考え」（RO 1936.4）など。参「日本大会余報」（RO 1922.11），「英語界の権威　不朽の功績のこして帰国」（『東京日日新聞』1936.3.15），「パーマー博士送別会」（RO 1936.4），小篠敏明『Harold E. Palmerの英語教授法に関する研究』（第一学習社，1995），伊村元道『パーマーと日本の英語教育』（大修館書店，1997），Richard C. Smith "The Writings of Harold E. Palmer: An Overview"（Hon-no-Tomosha, 1999），カウイー著，赤須薫他訳『学習英英辞書の歴史―パーマー，ホーンビーからコーパスの時代まで』（研究社，2003），相沢佳子『850語に魅せられた天才C. K. オグデン』（北星堂書店，2007）。

南風原朝保｜はえばる ちょうほ
1893.1.5～1957.2.21

沖縄/日本医専（1915）/医学博士。15歳で沖縄の医生教習所に進むも，在学中に廃校。1919年台湾へ渡り，台北医院医員，台北州検疫所，台北高女校医などをへて，24年台北に南風原医院開業。29年頃JEI入会。参与那原恵『美麗島まで』（文藝春秋，2002）。

芳我康衛｜はが やすえ｜1901頃～?

愛媛/明大（中退）/筆名喜多研二/陸軍軍属。大島義夫からEの指導を受け，フロント社に出入り。33年張赫宙著，大島訳"Forpelataj Homoj"の出版資金を提供。36年知り合いの将校に依頼され，その『川柳と自由』誌にE. Izugur "Je la nomo de l'vivo"から邦訳して「人生の名に於て」を連載。1971年6月JEI入会。著「ぼくとE」（NR 26～31, 1973.10～76.12）。

袴田八重子｜はかまだ やえこ
1910.1.3～1967.12

広島/福山高女/旧姓高橋，筆名朱美/夫は袴田陸奥男（日本共産党中央委員長袴田里見の弟）。1928年から大阪心斎橋の大丸デパートに勤務。文学少女で，詩や短歌を雑誌に投稿。労働組合運動に入り，非合法活動家の陸奥男と知り合って，ハウスキーパーになり，のち結婚。Eを習得したとされる。参袴田茂樹「母・八重子　二十歳の日記」（『中央公論』1994.8），『近代日本社会運動史人物大事典』。

萩野末吉｜はぎの すえきち
1860.10.14（万延1.9.1）～1940.2.13

岡山/陸士（1881）/陸軍中将。1885年浦塩（ウラジオストク）駐在武官となり，シベリアからモンゴルを視察。1992～95年ロシ

アヘ公費留学。日露戦争で第1軍参謀，のちロシア大使館付，歩兵第29旅団長をへて，12年台湾第2守備隊司令官，14年予備役。シベリア出兵に伴い，19～22年浦塩派遣軍司令部付。ペテルスブルグ在勤中の09年ポストニコフ大尉に啓発されてE学習。JEA会員（会員番号929）。24～26年JEI評議員。📖「同志諸君に懇請す」(RO 1926.4),「露都駐在中エス語を学ぶ」(RO 1936.6)。📖「萩野末吉・萩野健雄旧蔵地図・資料」(建設省国土地理院地図管理部, 1994)。

萩原時夫 | はぎはら ときお | 1907～1988以降

戦前，広島の福屋百貨店に勤務。戦後，万和，東京給食各社長など。広島時代にEを学び，JEI入会。1947年3月JEI再入会。自社発行の栄養調味料「オイステリヤ」の袋にE文を印刷。62～71年JEI評議員。SAT会員。📖 RO 1960.4。

萩原謙造 | はぎわら けんぞう | 1902～1940

京華商(1920)，小樽高商(1923)，東京商大(1927)/菅野祐治と小樽高商の同期。巣鴨学園商業部教諭をへて，1928年巣鴨高商教授。38年2月人民戦線教授グループ事件で検挙され，出獄後没。Eは，中学時代に学習。19年JEAに加わり（会員番号1291），小坂狷二の推薦で幹事に。同年末JEI創立に参画。早くから語学力にすぐれ，20年2月ラムステット歓迎会でセリシェフとクズネツォフの早口の演説を即席で巧みに通訳。20年京華商から小樽高商に進み，学内でE普及運動。21年小樽E会を結成し代表。26年より巣鴨学園で宝木武則らにEを教授。📖「Eの善用」(RO 1921.4), ヴァーゲマン『景気変動論入門』(共訳, 南北書院, 1932)。📖 小坂狷二「たくましい芽ばえ(2)」(VS 1964.12), 宝木実『レジスタンスの青春』(日本機関紙出版センター, 1984), 峰芳隆「山本佐三と萩原謙造のこと」(LM 1985.1), 星田淳「小樽のPioniro 萩原謙造について」(HEL 1993.4～7), 桜居甚吉「回想萩原謙造」(HEL 1993.12), 鈴置二郎「話すEに登場する人々」(RO 2000.6), 峰芳隆「種をまいた人びと 6」(RO 2013.6),『近代日本社会運動史人物大事典』。📖 宝木武則，進藤静太郎，星田淳。

萩原ナカ | はぎわら なか | 1917.3.21～2005.2.6

群馬/種々の職業をへて，最後は明大の女子寮で炊事を。1981年JEI入会。85年頃の初訪中以来，同国のE-istoと熱心に交流。吉井孝子，藤島敏子らと吉祥寺でEの輪読会を続けた。絵をよくし，日展で入選も。📖「世界大会初参加の記」(RO 1983.10),「『サルートン！』の誘い」(RO 1992.4)。📖 王士栄'Al mia patrino Hagiwara Naka'(RO 2005.11)。📖 藤島敏子，青山徹。

巴金 | ぱきん | 1904.11.25(光緒30)～2005.10.17

中国四川省成都/国立東南大学附中(南京)/本名李尭棠（りぎょうとう），字芾甘/20世紀の中国を代表する小説家，翻訳家，エッセイスト。アナキズムに傾倒。1977～83年中国作家協会主席，83年全国政治協商会議副主席などを歴任。21年成都で朝鮮人高自性からEを学ぶ。27～29年滞仏し，パリの古本屋で見つけた秋田雨雀著，守随一・須々木要共訳"Danco de skeletoj〔骸骨の舞跳〕"(JEI, 1927)に感動し，30年中国語に重訳。バギー(J. Baghy)の"Printempo en la aŭtuno"を『秋天里的春天』(1932)として中国語訳し，これに触発されて『春天里的秋天』(1932)を執筆。34年11月～35年8月日本留学。61年アジアアフリカ作家会議(東京)のために葉君健とともに中国作家代表団として来日し，E-istoとも交歓。66年文化大革命で批判され失脚したが，77年復活。中華全国世界語協会副会長。80年中国作家代表団団長として訪日。84年第47回国際ペン大会(東京)のため来日し，歓迎会で新刊の井上靖『楼蘭』の宮本正男E訳を井上本人（日本ペンクラブ会長）から受贈，返礼として『春天里的秋天』李士俊E訳(1980)を井上に贈呈。UEA名誉顧問。📖『巴金全集』(人民文学出版社, 2000)ほか多数。E関係は，嶋田恭子訳「骸骨の舞跳」訳者序」(ES 1980.4), 同訳「「秋の中の春」訳者序」(同), 同訳「随想録E」(ES 1980.11～12), 巴金著訳，許善述編『巴金与世界語』(中国世界語出版社, 1995),「E」(『探索集』筑摩書房, 1983)

など。参U. Lins 'Bakin : verksito, anarkisto, E-isto'("L'omnibuso" 39, 1970.9), 嶋田恭子「E-isto巴金」(ES 1980.1),「E運動　情熱衰えぬ巴金氏」(『朝日新聞』京都版, 1980.4.12),「歓迎巴金先生」(ES 1980.4), 高杉一郎「世界語者(E-isto)としての巴金」(『文学』1980.10), 同『ザメンホフの家族たち』(田畑書店, 1981), 嶋田恭子「巴金と朝鮮人」(『相浦杲先生追悼中国文学論集刊行会』同刊行会, 1992), 石成泰'E kaj Bakin'("E" UEA, 1994.10〜11), 高杉一郎『ひとすじのみどりの小径』(リベーロイ社, 1997), 望月正弘『世界語行脚』(静岡教育文化センター, 1998), 蒲豊彦'Librokulturo : Aŭtuno en printempo' (LM 2002.3), 陳舜臣「六甲随筆　日本語断念した巴金さん」(『朝日新聞』2004.11.1), 嶋田恭子「巴金と日本人E-istoたち――秋田雨雀著『骸骨の舞跳』E訳本をめぐって」(『中国学論集――海・太田両教授退休記念』翠書房, 2001),"E" UEA, 2005.11, 朱恩'E kaj Bakin'("Internacia Kongresa Universitato 60a sesio" UEA, 2006), 手塚登士雄「中国のアナキズム運動とE」(『トスキナア』皓星社, 3, 2006), 同「アナキストのE運動」(同6〜11, 2007〜10),『中国世界語運動簡史』,『日本アナキズム運動人名事典』, "Ordeno de verda plumo", "Encyclopedia of the Original Literature"。

伯左門|はく　さもん|1908.10.15〜1987.4.14

福井/福井中、國學院大予科(1929), 同国文学科(1932)/古文の教員として森高女(兵庫), 撫養商(徳島), 高山高(岐阜)などに勤務。西田天香に師事。1953年1月JEI入会。高山高在勤時、同校ユネスコ部でEを指導し、高山Eクラブを結成。JEIに経済的支援も。考古学者樋口清之(1909〜1997)にEを推奨。UEA, JELE各会員など。著'Ĝentila s-ro Hans-Dietrich Neumann'(小原孝夫・福田正男編"K-do H.D. Neumann en nia koro"朝明書房, 1969),「Fabrique Movado La Chaux de Fonds, Suisse」(LM 1977.1),「柴山全養老師の『十牛図』」(RO 1982.8),「おかげさまで」(私家版, 1985)。参中田輝生「私とE」(青山徹編『目黒E会30年史　1963〜1993』同会, 1993)。図豊田元樹。

箱崎孝平|はこざき　こうへい
1887.10.1〜1959以降

秋田/日本医学校(1912), 東大内科選科(1914)/医学博士。1916年帝国生命保険会社に入り、27年健康増進部長、のち医務課長など。学会発表のE要旨をROに寄稿。59年第46回JK(東京)に参加。著『実用美容術指針』(芝山本店, 1914), 'Metodo ekscii, ĉu kancersango entenas analizajojn' (RO 1958.10), 'Metodo ekscii, ĉu flua sango entenas kancerĉelajojn' (RO 1960.2)。

間泰蔵|はざま　たいぞう|?〜1936以降

海運会社の横浜支店支配人。関東大震災前の横浜E運動の中心人物。1916年11月JEA入会(会員番号1106)。19年横浜E倶楽部設立。同年速水真曹、小坂狷二、浅井恵らと国際商業語協会を設立し会計担当。20年浅井、速水らと協力して日本E貿易商会創立。JEI会員。

土師孝三郎|はじ　こうさぶろう
1905.3.8〜1978.9.6

石川/明治専門学校/金沢第一高女初代校長土師双太郎の三男。1939年日本電気入社、59年安藤電機取締役。明治専門学校在学中の22年10月JEIに加わり、畠村易、伊藤泰雄、田丸久竹、土樫917作、堀江槌雄らと明専E会で活動。25年10月戸畑尋常高等小で開かれたE講習を田丸久竹と指導。33年春〜35年9月横浜在住時、横浜E協会の有力メンバーとして活躍。35年JEI評議員。長年E運動へ経済的支援。E蔵書は横浜E会へ。著「地方会機関誌批判」(『E年鑑(1934)』JEI, 1934), 'Globforma superrapida vagonaro' (EL 1934.8)。図土師久枝、土居智江子。

初鹿野潤三|はじかの　じゅんぞう|?〜?

店員。JEA会員(会員番号226)。1911年頃の東京内幸町のJEAの例会で、中村精男、黒板勝美、小坂狷二らと共に常連。のちJEIにも参加。国際商業語協会員。

橋口英雄|はしぐち ひでお
1916.12.16～2010.11.3

大阪/浪華高商/橋口良彦の兄。戦後, 糸巻機の変速機を発明して特許を取り, 起業。Eは先に学んでいた次兄の勧めで, 長兄とともに1934年寺田治二から手ほどきを受け, 大阪E会に参加。一時移り住んだ城崎で但馬E会を設立。大阪ではテレフォンサービスを発案し, 吹田では平和都市宣言の翻訳や78年第26回関西E大会(吹田)で梅棹忠夫の講演会を目玉にして千里ニュータウン中にポスターを張り巡らせるなど, アイデアに満ちた活動スタイル。88年5月大阪港で炎上したソ連観光船の乗客でウラジオストク在住E-istoのS.アニケーエフ(のちロシア極東国立総合大学函館校に勤務)を援助し, 取材記者との通訳も。90年8月竹野町市民大学にアニケーエフを呼び, 講演させる。56～2007年JEI賛助会員。大阪E会, 吹田E会各会長。KLEG顧問。告別式と納骨法要では遺言により"La Espero"が家族によって歌われた。法名「釈英星」。[著]「Anikejevゲンキデスヨ」(LM 1988.6), 「Gaja Paradizoのこと」(LM 2001.3), 「わが弟, 橋口良彦のこと」(LM 2001.9)。[参]S. Anikejev 'Lingvaj baroj pligrandigas maltrankvilon kaj tumulton' (LM 1989.1), 「ソ連の新聞に紹介された竹野町の橋口さん」(『神戸新聞』但馬版, 1989.2.12), 「漂着のボトル縁で講演実現」(『毎日新聞』1990.8.17), S. Anikejev 'Informletero pri Vladivostok' (LM 1990.10), LM 2011.2, 後藤純子「Eの種まきを続けた橋口さん」(LM 2011.3), 佐藤守男「追悼　橋口英雄さん」(RO 2011.4)。[協]江川治邦, 橋口裕文, 岸田準二。

橋口良彦|はしぐち よしひこ
1920.12.27～2001.6.17

大阪/仏教大/教員。橋口英雄の弟。1943～45年スマトラ島独立守備隊員, 46年復員後, 高石中(大阪)の社会科教諭をへて, 53年から大阪府立聾学校高等部教諭, のち嘱託。35年頃兄英雄らの本でE学習。49年6月JEI入会。52年高石中E部を発足し顧問。同年9月21日, JELE結成に参画し書記。秋田雨雀監修『世界の子ども』全15巻(平凡社, 1955～57)の作文集めに協力。オランダ人J. van Hemert-Remmersの日本軍占領下スマトラでの体験記"Sur insulo malproksima"を邦訳し, 著者と十数年にわたり交流。85年6月第33回関西E大会(吹田)組織委員長。大阪E会長, UEA, JELE, JPEA各会員など。[著]「JELEいよいよ発足!」(SAM 1952.11), ヘメルト=レンメルス『遠い島 スマトラ島捕虜記〔Sur insulo malproksima〕』(朝日カルチャーセンター, 1981), 「自を語る」(LM 1981.8), 「その後の『遠い島』」(RO 1982.4), 「書評『ジャワからの誘拐』」(LM 1983.11)。[参]「オランダ女性の捕虜記 日本軍兵士が翻訳」(『朝日新聞』大阪版, 1981.11.22), 丹羽正久「書評"Sur insulo malproksima(遠い島)"」(LM 1982.4), 『日本のE-isto名鑑』, 橋口英雄「わが弟, 橋口良彦のこと」(LM 2001.9)。[協]橋口幸枝。

橋田慶蔵|はしだ けいぞう
1897.12.14～1979.5.3

大阪/大阪高工(1920)/大阪高工教授から, 1928年大阪中央放送局に転じ, 32年千里放送所長, 39年広島放送局技術部長, 戦後, 関大教授。27年大阪高工で隅谷信三らとともに米田徳次郎にEを学び, 大阪E会に参加。35年11月JEI入会。36年3月JESA顧問。細井末夫, 寺井利一に続いて, 52年高等学校教諭二級普通免許状「外国語(E)」を取得。53年JEI関大支部長。関大でE普及に努めたほか, 55年第42回, 63年第50回各JKの同校開催に大いに働く。JEI終会員, JELE会員など。2人の息子(小学生)にもEを教える。[著]『電気理論』(大石堂出張所書籍部, 1927), 'Renoviga movado de Japanaj literoj' (RO 1939.4), 'Speciala anteno taŭga por radio-stacio' (RO 1939.5), 「Eの内部意志と中立性」(『関西大学文学論集』6, 1952), 「国際語と自然科学術語」(『関西大学文学論集』1955.11)。[協]木下忠三。

橋詰直英|はしづめ なおひで|1900～1983

高知/東京高等商船(1925)/大阪商船の南米航路の機関長。戦後は宮本新治の再製樟

脳に勤務。1961年退職後, 再び外国航路へ。22年佐世保海軍工廠へ商船学校の実習に行った時, 講習会で桑島新, 津川弥三郎にEを習う。25年以来神戸E協会の熱心な会員。46年小田利三郎, 宮本, 宇都宮武雄らと同協会を再建, 52～61年同協会が神戸・海洋会館を会場に使用できるよう尽力。48年11月7日 Kansai E-a Federacio 結成に参画し, 伊藤幸一とともに書記長。图「テキサス無宿」(RO 1958.3), 「安田龍夫の訃」(RO 1959.5), 「外国E-istoの来訪に関して」(RO 1961.7)。参「橋本直英, 神戸のE史を語る」(『神戸のE』)。协宮本新治。

橋本五郎|はしもと ごろう
1903.5.1～1948.5.29

岡山/本名荒木稔, 他の筆名荒木十三郎, 女銭外二(めぜに そとじ)/探偵小説家。博文館で編集者として務めつつ小説を発表。1926年『新青年』の懸賞小説に「レテーロ・エン・ラ・カーヴォ」が入選し, 5月号に掲載, (『幻影城』1976.12に再録)。題がEの"Letero en la kavo"「穴の中の手紙」だとの注記はなし。

橋本静雄|はしもと しずお|1909.2.8～1964以降

愛知/逓信官吏練習所(1929)/1953年名古屋郵便局から国際電信電話に転じ, 61年営業部次長。29年頃JEI入会。

橋本竹彦|はしもと たけひこ|?～?

日州新聞(宮崎)編集長など。1929年宮崎市初のE講習会を主催。30年日州新聞に「Eについて」を書き, 県民の関心を高める。31年12月15日日野巌, 堀内恭二, 渡辺(巣山)毅らと宮崎E会設立。

橋本春雄|はしもと はるお
1904.12.7～1976.6.21

群馬/九大(1928)/農学博士。蚕糸試験場前橋支場長, 松本支場長, 中部支場長などを歴任し, 1966年退官。54年日本学士院賞。25年JEI, 27年福岡E倶楽部各入会。

53年第2回関東E大会(前橋)副議長。松本E会副会長として, 58年ザメンホフ祭を松本支場で開催。UEAデレギート(松本市, 養蚕)。图『蚕のテトラプロイド雌の遺伝学的研究』(農林省蚕業試験場, 1933)。

橋本弘|はしもと ひろし|1901.9.30～1973以降

茨城/一高(1922), 東大(1925)/サクション瓦斯機関製作所常務, 神鋼ファウドラー顧問など。竹田清, 西村浩らと一高理科甲類の同期。1920年5月JEI入会。

橋本文寿|はしもと ぶんじゅ|?～?

東京高師/函館師範, 静岡師範各校長など。函館師範在勤中の1925年3月～26年6月視察のため欧米に出張し, 25年第17回UK(ジュネーブ)に参加。26年7月函館E会の帰朝歓迎会で旅行談を語る。图『民本主義と国民教育』(宝文館, 1919), 『欧米行脚赤い鳥』(同, 1927)ほか。参「内地同志の活躍」(RO 1926.9)。

橋本雅義|はしもと まさよし
1902.7.31～1976.4.16

兵庫/神戸一中(1920), 東京商大(1928)/俳号橋本夜叉/清川安彦, 吉町義雄らと神戸一中以来の親友。三菱商事勤務をへて, GHQ経済顧問ほか, 外国系数社の役員を歴任。句作は, 1942年頃から『雲母』および同東京句会で活躍。21年JEI入会。22年6月高井修一(26年6月11日没)と神戸高商E協会を結成。参植山達男「神戸高商E会とその周辺」(『凌霜』凌霜会, 1979), 『神戸のE』。协徳田六郎, 鈴置二郎。

橋本萬太郎|はしもと まんたろう
1932.11.26～1987.6.7

群馬/東大院(1962), オハイオ州立大院(1965)/筆名HASHIMOTO, M. JOSEPH/Ph.D. 言語学者, 中国文学者。東京外大教授。編著『世界の中の日本文字』(弘文堂, 1980)の中で, 「昔, Eをまじめに習った」と。「普遍性の発見」(『月刊言語』1983.6

でもEに言及。著チョムスキー・ハレ共著『現代言語学の基礎』(原田信一と共訳、大修館書店, 1972)、『橋本萬太郎著作集』全3巻 (内山書店, 1999～2000)。参「橋本萬太郎教授　年譜と業績」(『アジア・アフリカ言語文化研究』東京外大アジア・アフリカ言語文化研究所, 35, 1988)。

長谷川謙 | はせがわ けん | 1883.3.4～1945.4.24

石川/一高 (1905)、東大 (1911)/長谷川信六の兄。学習院教授、大阪気象台長など。渡辺孫一郎と一高理科の同期。JEA会員 (会員番号1037)。著中村精男訳 'Tertremo en Hinda Oceano' ("The Meteorological Society of Japan"日本気象学会, 31, 1912)。

長谷川進一 | はせがわ しんいち
1902.7.1～1995.8.30

東京/東京府立一中 (1920)、慶大 (1927)、コロンビア大/社会学博士。小栗孝則と東京府立一中の同期。1927年時事新報社に入り、ワシントン、ロンドン、パリなどの特派員をへて、40年拓相秘書官、42年ジャパンタイムスに入社後、編集総務、取締役、顧問を歴任。東海大教授。キリスト者。66～67年JEI評議員。著ワインガルテン『キブツの生活』(時事通信社, 1964)、『ジャパン・タイムズものがたり』(ジャパン・タイムズ社, 1966)。参『進影録』(ディグ, 1996)。

長谷川信六 | はせがわ しんろく
1899.5.14～1977以降

東京/一高 (1921)、東大 (1926)/医学博士。長谷川謙の弟。近三四二郎、塩野正家と一高医科の同期。1933年日赤新潟支部病院、34年甲南病院各眼科医長などをへて、63年神戸に長谷川眼科医院を開業。24年1月29日西成甫らとHipokratida Kluboを結成。同年JEI委員。論文にEのレジュメを。JEMA会員。著『眼と細菌』(金原出版, 1955)。参RO 1925.1。

長谷川丈夫 | はせがわ たけお
1902頃～1949.11.17

岐阜/1942年6月～46年6月岐阜県恵那郡岩村町長、44年同村に私立岩村保育園設立。ローマ字を唱道し、Eの普及にも尽力。JEI初期に入会。参『岩村町史』(同町, 1961)。協岐阜県立図書館。

長谷川テル | はせがわ てる
1912.3.7～1947.1.10

山梨/東京府立第三高女 (1929)、奈良女師 (1932中退)/本名長谷川照子、中国で緑川英子、瀬川輝子, Verda Majo, V.M./日中戦争時に中国にわたり、抗日運動に参加した反戦活動家。西村ユキの妹。磯部幸子と高女の同窓。奈良女高師在学中の1931年頃、先に学習を始めていた姉の影響でEを知り、32年6月同級の長戸恭とともに天理外語学生の宮武正道からEを学習。同年8月ユキとJEIの夏期講座に参加。左翼系文化サークルとも接触し、シンパとみなされ警察に拘引されて、退学に。東京に戻り、JEIの無給タイピストのかたわら、東京の諸E会に参加。33年日本E文学研究会にも加わり、小林多喜二『蟹工船』E試訳などで中垣虎児郎らの指導を受ける。同会の『E文学』誌や『文学案内』(文学案内社)、RO、"La Mondo"(上海世界語協会)、"Infanoj sur tutmondo"(IAREV) などに文学や社会問題について寄稿を重ねる。「E訳日本文学作品目録」(RO 1935.2)は、三宅史平の指導を受けて、長谷川がまとめたとされる。E文学研究会の活動の中で36年劉仁と知り合い、同年結婚 (事実婚)。37年4月一足先に帰国した夫を追って、鄧克強、黄乃な中国人留学生の助けを借りて中国に渡る。葉籟士、郭沫若らの援助を受けて上海で活動の場を得て、『新華日報』に寄稿。同年9月日本のE-istoへの公開状で「お望みならば、私を売国奴と呼んでくださってもけっこうです」と。戦況により広州、武漢 (漢口)、重慶などに移動しながら、反ファシズム、反侵略戦争の論説の執筆と翻訳を続ける。武漢で行った対日宣伝ラジオ放送では、『都新聞』(1938.11.1)から名指しで「嬌

声売国奴」と報じられた。特に重慶での6年間には、日本軍による爆撃の中、文化工作委員会に加わり、39年"Heroldo de Ĉinio"(『中国報導』)に創刊号から執筆・翻訳などで協力したほか、41年"Flustr' el Uragano"(『嵐の中のささやき』)、石川達三『生きている兵隊』E訳、45年"En Ĉinio batalanta"(『戦う中国で』)など精力的に執筆を行った。戦後は国共内戦のなか東北に行き(周恩来の指示とされる)、東北民主政治協会に勤務。47年中絶手術の医療ミスのため黒竜江省チャムスで没。烈士陵園に埋葬され、のち83年に政府により、後を追うように死んだ夫と合葬される。54年北さとりと宮本正男により、"En Ĉinio batalanta"の抄訳が『婦人民主新聞』に連載。その後、利根光一、高杉一郎、宮本らによりての活動が次第に明らかにされた。中村陽宇・宮本正男編"Japana kvodlibeto"(La Laguna : Stafeto, 1965) に散文1編が収録。生涯は、初の日中合作ドラマ『望郷の星・長谷川テルの青春』(TBS, 1980.5.26, 主演栗原小巻)やドキュメンタリー『失くした二つのリンゴ』(テレビ朝日, 2008.2.8)としてテレビ化された(ただし、前者を宮本は「史実を無視」と批判)。また「知ってるつもり?!」(日本テレビ, 1993.2.7)などでも取り上げられた。たびたび演劇の題材にもなり、94年第81回JK(東京)の特別番組として94年グループ演劇工房が「ヴェルダ・マーヨ」を上演し、泉幸男の援助でビデオ録画されて販売。2005年第92回JK(横浜)では宝井琴桜による講談「日中の架け橋 長谷川テル」も。12年11月中華全国世界語協会・中国報道雑誌社主催で緑川英子生誕100周年座談会(北京)が開かれ、日本人では佐々木照央が出席。遺児劉星(1941.12～1996.12.30)と劉暁嵐(1946生)は、78年劉星が世田谷区長に肉親捜しを依頼する手紙を出したことから消息が確認され、79年テルの遺児を招く会(代表磯部)の招きにより来日し、第66回JK(神戸)ほかで挨拶。劉星は82～83年支援団体の援助で理化学研究所に留学。暁嵐は84～87年の間、当初支援を受けて東京電通大に、のち母の母校奈良女子大に留学し、一旦帰国。89年再来日して定住し、93年日本国籍を取得し

て「長谷川暁子」に。【著】'Historieto de japana literaturo'(RO 1935.2), 'Fraŭlino kiu amas besteton〔「堤中納言物語 虫愛づる姫君」〕'(RO 1935.3), 小林多喜二著'Peco el Krabŝipo〔『蟹工船』抄訳〕'("Esperanta Literaturo" 8, 1931.7, 石川達三著'Vivantaj soldatoj〔『生きている兵隊』〕' ("Heroldo de Ĉinio", 1941), "Flustr' el uragano"(重慶, 1941), "En Ĉinio batalanta"(重慶, 1945), 宮本正男編『長谷川テル作品集』亜紀書房, 1979; 家永三郎編『日本平和論大系』日本図書センター, 17, 1994に一部を除き再録), 高杉一郎訳・解説『嵐の中のささやき』(新評論, 1980), 龔佩康編訳『緑色的五月 紀念緑川英子』(北京:生活・読書・新知三聯書店, 1981; 友常一雄訳『緑の五月 みどりの五月 緑川英子記念』中国旅遊出版社, 1983), "Verkoj de Verda Majo"(中国世界語出版社, 1982)。【参】『思想月報』(1939.11),「在支女子共産党員緑川英子の反日「E」宣伝に関する件(外務省東亜局通報)」(『思想月報』1940.3), 三宅史平「ふたつの死—Verda Majo (Teru Hasegawa) mortis」(RO 1949.12)。西村幸子「テル子のことなど」(LM 1955.3), 堀鋭之助『記録 詩集』(独創社, 1966), 利根光一『テルの生涯』(要文社, 1969), 大島義夫「雨の水道橋 長谷川テルの思い出」(NR 12, 1969.4), 水野破魔子「女高師村晩景」(私家版, 1971), 小林司「長谷川テルのE観」(EV 22, 1972), 高杉一郎「エロシェンコと長谷川テル」(『朝日ジャーナル』1972.5.5), 澤地久枝「長谷川テル祖国への反逆と愛」(『別冊経済評論 伝記特集 日本のアウトサイダー』日本評論社, 1972),『奈良県水平運動史』(部落問題研究所, 1973), 劉暁嵐「長谷川テルの遺児から」(LM 1978.8),「反戦と日中友好にかけた生涯 誇りを胸に遺児 中国で成長」(『朝日新聞』1978.8.11),「長谷川テルの遺児兄妹 訪中の伯母と初の対面」(『朝日新聞』1978.8.19), 西村幸子「中国の甥と姪に会って」(LM 1978.11), 澤地久枝「長谷川テルへの旅」(『文藝春秋』1978.11), 福永牧子「「長谷川テル著作集」と私」(RO 1979.5),「反戦の母の祖国、兄妹が訪問」(『朝日新聞』1979.8.9), 杉山文彦「宮本正男編『長谷川テル作品集』によせて」(『中国研究月報』1979.9), 磯部幸子「劉兄妹を迎えて」(LM 1979.10), 高杉一郎『中国の緑の星 長谷川テル反戦の生涯』(朝日新聞社, 1980), 磯部幸子「テレビ化され

たテルの青春」(RO 1980.5)、山本明「リアリティ大切に」(『サンケイ新聞』1980.5.31)、小西岳「テルは生返らなかった」(LM 1980.7)、宮本正男「事実をゆがめたメロドラマ」(『社会評論』27、1980)、「愛中国地方的花」(『人民日報』1980.8.8)、呂元明「緑川精神」(LM 1980.8)、岩間芳樹「望郷の星　長谷川テルの青春」(『テアトロ』1980.10)、Ge Baoquan 'Rememoro pri Verda Majo, kunbatalantino de la ĉina popolo' ("El Popola Ĉinio" 1980.10)、呂元明、中山欣司訳「第二の勝利への道」(LM 1980.11)、小西岳・宮本正男「テルを「生き返らせる」ために」(同)、宮本正男 'Verda Majo' (LM 1981.1)、岩崎富久男「長谷川テルの墓　東北での緑川英子」(『アジア経済旬報』1192、1981.7)、鹿地亘『抗日戦争の中で』(新日本出版社、1982)、嶋田恭子「ヴェルダ・マーヨ」(ES 1982.3〜12)、黒田善治「長谷川テルと中国で」(LM 1982.7)、宮本正男「Verkoj de Verda Majo ができるまで」(LM 1982.9)、松本茂雄 'Liu Xing, filo de Verda Majo studanta en Japanujo' (LVO 1983.3〜5)、嶋田恭子「青山和夫氏の「長谷川テルと中国で」を読んで」(LM 1983.1)、「「戦士緑川英子の墓」除幕」(『朝日新聞』1983.8.10)、川田泰代「長谷川テルの足跡をたどる」(『状況と主体』谷沢書房、118、1985.10)、宮本正男「二人のテルちゃん　長谷川テルと熊沢光子」(『社会評論』活動家集団思想運動、59、1986.8)、'Vida Jerman kiel Verda Majo' ("E" UEA, 1986.9)、宮本正男「あたりさわりの多い評伝　長谷川テル・東京時代」(『社会評論』活動家集団思想運動、64〜69、1987〜88)、李益三「緑川英子在広州活動史実考証」(『老世界語者』北京世界語者協会、9、1988)、川田泰代、宮本正男編訳 'Mia parencino kaj amikino Hasegawa Teru' (RO 1988.10〜89.2)、宮本正男 'Du Ternoj' (RO 1989.7〜11)、黄乃 'Verda Majo kaj mi' ("El Popola Ĉinio" 1992.5)、「日中２つの祖国に生きた半生語る　劉暁嵐さん」(『朝日新聞』1992.8.14)、岩垂弘「遥かなるインターナショナル―三人のエスペランチスト　佐々木孝丸、長谷川テル、由比忠之進」(『軍縮問題資料』1993.1)、萩原洋子「「ヴェルダ・マーヨ」観劇の記」(LM 1993.3)、竹内登美子「「知ってるつもり?!」を見る」(同)、木内稔「『ヴェルダ・マーヨ』を上演して」(RO 1993.3)、利根光一「「知ってるつもり?!　長谷川テル」をみる」(RO 1993.4)、「川田泰代さんに聞く長谷川テル＝ヴェルダ・マーヨ」(同)、栗栖継「知られざる長谷川テル」(『状況と主体』1994.1〜2)、久保田麻理子「ヴェルダ・マーヨを再び」(LM 1994.4)、木内稔「『ヴェルダ・マーヨ』の特別上演に寄せて」(RO 1994.5)、栗栖継「長谷川テルと私」(『状況と主体』1994.9〜11)、光川澄子「「我が妹テル」を見て」(LM 1994.11)、グループ演劇工房「ビデオ「ヴェルダ・マーヨ」」(JEI, 1995)、東山湧三「憧れの人　長谷川テル」(LM 1995.3)、長谷川暁子「日本 E-isto の皆様へ」(同)、同「知られざる長谷川テル」(LM 1995.4)、東山湧三「「我が妹・テル」のこと」(LM 1995.7)、同「長谷川テルと演劇」(RO 1996.12)、北原芳子「ヒューマンアルバム　長谷川テル」(『潮』1997.8)、三宅栄治「長谷川テルあれこれ」(RO 1997.11)、「長谷川テルに関する文献案内」(LM 1998.5；2005.4〜5)、柴田巖「長谷川テル研究―日中戦争・中国における反戦活動の軌跡」(『千葉工業大学研究報告人文編』35、1998)、内田知行「重慶国民政府の抗日政治宣伝政策と日本人反戦運動」(『中国研究月報』1998.10)、Kurisu Kei 'Tragedio de Verda Majo' ("Riveroj" 23, 1999)、長谷川よね・西村幸子『日記の中の長谷川テル　明治45年〜昭和14年』(朝日新聞出版サービス、1999)、「闇を照らす閃光―長谷川テルと娘・暁子」(『あごら』BOC 出版部、253、1999.9)、呂元明著、西田勝訳『中国語で残された日本文学―日中戦争の中で』(法政大学出版会、2001)、「長谷川テルを辿る旅」(『あごら』280、2002.12)、「闇を照らす閃光 II―長谷川テルを上海・重慶に偲ぶ」(『あごら』296、2004.7)、中村浩平「平和の鳩　ヴェルダ　マーヨ　反戦に生涯を捧げた E-isto 長谷川テル」(『人文学研究所報』神奈川大学、37、2004)、澤田和子「今こそ思い起こそう　長谷川テルの生き方」(『軍縮問題資料』宇都宮軍縮研究所、297、2005.8)、安元隆子「中国抗日民族解放運動と長谷川テル―「戦う中国で」を中心に」(『国際文化表現研究』国際文化表現学会、2、2006)、ドイ・ヒロカズ「宝井琴桜さんの「長谷川テル伝・中国編」」(LM 2006.5)、『長谷川テル』編集委員会編『長谷川テル―日中戦争下で反戦放送をした日本女性』(せせらぎ出版、2007)、島村輝「私の胸には血潮のバラが咲いた―反戦 E-isto・長谷川テルの「文学」」(『昭和文学研究』56、2008)、蒲豊彦「一九三八年の漢口―林芙美子と長谷川テル」(『言語文化論叢

京都橘大学, 2～3, 2008～09), E. Esselstrom 'The Life and Memory of Hasegawa Teru : Contextualizing Human Rights, Trans/Nationalism, and the Antiwar Movement in Modern Japan'("Radical History Review" 101, 2008), 安元隆子「長谷川テル『戦う中国にて』を読む」(『語文』日本大学国文学会, 136, 2010), G. Müller, Trad. R. Haupenthal "Hasegawa Teru alinome Verda Majo (1912-1947). Japana E-istino en la ĉina kontraŭjapana rezisto" (Bad Bellingen : Iltis, 2010), 比嘉康文『我が身は炎となりて』(新星出版, 2011), 長谷川暁子『二つの祖国の狭間に生きる―長谷川テルの遺児暁子の半生』(同時代社, 2012), 山崎朋子『アジア女性交流史 昭和期篇』(岩波書店, 2012), 『現代日本朝日人物事典』, 『近代日本社会運動史人物大事典』, 『日本女性運動史人名事典』, 『近代日中関係史人名辞典』, 『岡山のE』, "Ordeno de verda plumo", "Encyclopedia of the Original Literature".

長谷川朝一|はせがわ ともかず
1905?～1934.2.13

京都/本名浅吉/京都駅車掌所に勤務。1929年西村繁治の支援下に上鳥羽E会を結成。33年第21回JK(京都)において, 田中覚太郎と鉄道分科会の世話人, 鉄道E連盟の結成を提唱。京都鉄道E会代表, JEI会員など。病身を押して, 各地で宣伝や講習会開催に尽力。遺言により, 棺は緑星旗で包まれ, エスペロ合唱で送られた。参「故長谷川朝一君を憶う！」『La Fervojisto』JELF, 30, 1934.3), 「内地報道」(RO 1934.3), 同(RO 1934.5)。

長谷川如是閑|はせがわ にょぜかん
1875.11.30～1969.11.11

東京/1898年東京法学院(1898)/幼名万次郎/ジャーナリスト, 文学者, 思想家。自由主義の立場から評論や小説, 紀行文などを執筆した。1919年大山郁夫らと『我等』を創刊。エロシェンコと交友。48年文化勲章。創刊号から24年にかけて『我等』に藤沢親雄, 平野長克らのE関係記事やエロシェンコ作品(福岡誠一による日本語訳を含む)を多数掲載させる。福岡編のエロシェンコ第三創作集『人類の為めに』(東京刊行社, 1924)に「はしがき」を寄せる。30年『我等』を『批判』と改題し, 表紙に"La Kritiko Socialista"ととEで併記。E学習歴はおそらくなし。署『長谷川如是閑集』全8巻(岩波書店, 1989～90)ほか多数。E関係に「言語の神秘性と階級的利用」(『新英米文学』1932.11), E訳に'Popoldanca literaturo de Japanujo'("tempo" 39～40, 1938.2～3), 'Antaŭparolo'(エロシェンコ"Stranga kato" JELK, 1983)。参佐高信『ビジネスマン一日一語』(にっかん書房, 1986), 峰芳隆『如是閑とE』(LM 1990.5), 『現代日本朝日人物事典』, 『日本アナキズム運動人名事典』。

長谷川寛|はせがわ ひろし
1886.12.23～1966.11.23

新潟/四高(1911), 東大(1915)/1922年新潟市に弁護士事務所開業。25年新潟市議。新潟民友会, 新潟県連合会, 新潟弁護士会各会長など。戦後, 日本社会党に入り, 46年新潟市長選に立候補, 落選。Eを支持し, 32年1月末より社会青年同盟新潟支部主催のプロレタリアE講習の会場に弁護士事務所を提供。参RO 1931.3。

長谷川理衛|はせがわ りえい
1899.11.25～1977.9.4

千葉/一高(1920), 東大(1924)/法学者。浅田栄次の娘婿。欧州留学から帰国後, 京城帝大教授。1950年金沢大, 52年千葉大各教授。井上万寿蔵, 竹内徳治と一高独法科の同期。18年E独習, 19年JEA入会(会員番号1436)。20年第7回JK(東京)でJEI宣伝部委員に。21年東北信州E宣伝隊に参加。22年大山時雄に招かれ, 京城でE講習会の講師。23～25年JEI評議員。JEI財団法人化のため寄附行為原案を作成。26年2～4月佐々木到一らに招かれ参謀本部で士官40名にEを指導。26～28年欧州留学。その間, 26年第18回UK(エジンバラ), 27年第19回UK(ダンチヒ), 第7回SAT大会(リヨン)に参加。パリでランティ宅に下宿。一時帰国後, 京城(現ソウ

401

ル)へ。31年京城医専E会顧問。34年4月浅田裕子と結婚, 12月JEI京城支部設立に際し代表。45〜50年JEI理事。48年日本国憲法のE訳 'La konstitucio de la Regno Japanio'(井上と共訳, RO 1946.12〜47.4) の著述により第4回小坂賞。同年9月第2次JEA評議員。53〜74年JEI理事。56年50周年記念第43回JK(東京)で表彰。69年第56回JK(東京)準備委員会委員長。UEAデレギート(京城), JEI終身会員, JELE会員など。著『国際補助語E』(堀真道・由里忠勝・須々木要・進藤静太郎と共訳, JEI, 1923), 'Adiaŭ, Japanlando, adiaŭ'(RO 1926.7), "La konstitucio de la Regno Japanio"(井上と共訳, KLEG, 1964), 「小坂さんの思想」(RO 1969.10)。参「参謀本部及陸軍省での講習」(RO 1926.3), 小坂狷二「華の巴里にて」(RO 1928.2),「先輩はなぜ・どうして学んだか」(RO 1956.6), 進藤静太郎「長谷川理衛さんの死を惜しんで」(VS 1977.12), 川崎直一「なき友の教え」(RO 1978.2), 若松清次郎「長谷川理衛氏」(AK 1986.3)。

長谷部文雄 | はせべ ふみお
1897.6.29〜1979.6.13

愛媛/一高(1920), 京大(1923)/経済学者。河上肇に師事。『資本論』を翻訳。立命館大, 広島商科大, 龍谷大各教授など。松本重治, 宮沢俊義と一高英法科の同期。1920年代初めにEを学び, JEI入会。同志社大在職時, 同志社E会長。SAT会員。妻美枝子もE学習。著マルクス『資本論』全7巻(日本評論社, 1948)ほか多数。参RO 1929.2, LM 1965.7, 「長谷部文雄教授略歴, 著作目録」(『龍谷大学経済経営論集』17 : 3, 1977), 宮川実編著『回想の長谷部文雄』(八潮書店, 1981), 『現代日本朝日人物事典』。

畑晋 | はた すすむ | 1907.3.17〜?

埼玉/東大(1930)/理化学研究所助手をへて, 40年同研究員, 内閣戦時研究所, 理研稀元素工業専務。55年防衛大教授。戦時中仁科芳雄の下で玉木英彦らと原爆の研究。東大在学中にJEI入会。著『化学実験ノート』(槇書店, 1957), 『一般化学概説』(同, 1958)。

畑正世 | はた まさよ | 1907.11.23〜1982

福岡/五高(1927), 慶大(1934)/医学博士。神奈川県衛生試験所などをへて, 1946年藤沢市に医院開業。学生運動のかたわら, 22年永浜寅二郎, 大栗清実, 光武文男らと五高E会結成。上京後, 柏木ロンドに参加, 大島義夫と協力して, 伊東三郎『プロレタリアE必携』を完成。JEI, 東京学生E-isto連盟, 慶應医学部E会各会員など。著藤沢古雪 "Gracia-Historia Dramo〔史劇がらしあ〕"(村上知行と共訳, KEL, 1930)。参大滝一『福岡における労農運動の軌跡』(海鳥社, 2002)。

波多江嘉一郎 | はたえ かいちろう
1908.10.1〜?

福岡/長崎薬専(1930)/波多江嘉兵衛の長男。父の勧めでE学習。1956年1月福岡E会長に就任。

波多江嘉兵衛 | はたえ かへえ
1885.4〜1957.1.15

福岡/前名嘉助, 号秋草/福岡市で薬種医療器械商を自営。波多江嘉一郎の父。1921年頃, 城戸崎益敏のE講習を受講。21年10月8日福岡E会の発会式に出席。同月JEI入会。参『昭和2年KEL年鑑』, LM 1957.3。

波多野完治 | はたの かんじ
1905.2.7〜2001.5.23

東京/一高(1925), 東大(1928)/号治人/文学博士。心理学者。お茶の水女子大学長, 国語審議会委員など。E学習歴は不明。1959年ザメンホフ百年祭賛助員。著『波多野完治全集』全10巻(小学館, 1990〜91)ほか多数。参日本児童研究所編『児童心理学の進歩』(金子書房, 41, 2002), 『現代日本朝日人物事典』, 『近代日本社会運動史人物大事典』。

波多野則三郎 | はたの のりさぶろう
1897.11.15〜1965.4.10

山口/高松商(1916)/号牛歩/富士紡績労務部長, 富友商会代表などをへて, 1962年川

崎駅ビル商店会長。東京都労委使用者側委員、日本労働研究所理事など。富士瓦斯紡績岐阜工場在勤中の23年頃JEI入会。

波多野正信｜はだの まさのぶ｜1900頃～？

山口／二高(1921)、東大／薬学士。36年3月JESA顧問。戦後、国立療養所晴嵐荘調剤官、患者、職員、看護師ほか、村長、国民学校長、青年学校長を通じて青年に接近し、46年10月村松E会結成。圕『E・羅・日・独・英・仏薬品名彙』(岡本好次・福富義雄・三雲隆三郎・山田武一と共編、南江堂書店、1930)。

畠村易｜はたむら やすし｜1897.5.12～1968以降

熊本／明治専門学校(1919)／日立製作所亀戸工場、明治専門学校教授をへて、1934年日産自動車機械工場長、40年満洲自動車理事、46年旭産業社長、61年小松製作所大阪工場副工場長など。21年2月JEI入会。22年明治専門学校E会結成。24年3月戸畑裁縫女学校で初等E講習。KEL評議員。圕『自動工作機械』(地人書館、1968)。參『昭和2年KEL年鑑』。

幡山二三郎｜はたやま にさぶろう｜1905～2005.12.4

同志社大(1932)／旧姓山口／芸名春風フミロー／京都府立図書館庶務係長など。73歳の時、ロゴス腹話術を習い、自費で腹話術人形を使ってキリスト教の伝道活動。1992年国際語学文化研修所のE講座に参加後、田平正子宅に通ってEの習得に励む。92年京都E会、JEI各入会。圕「新入会員自己紹介」(AVK 1992.8)、「十五の春」(RO 1993.1)、「第79回UKに参加して」(AVK 1994.12)、「嗚呼、シニョウロ森尻進」(『文学草起』文学草起の会、17, 1996)。參田平正子。

初芝武美｜はつしば たけみ｜1933.1.16～1996.10.8

東京／千葉一高(1951)、千葉大(1955)／1962年理研からオリジン電気へ。高校2年の49年中垣虎児郎『E初等講座』で独習。50年6月JEI入会。55年頃小坂狷二の中等講習を受講。60～74年JEI評議員。66～67年ELK事務局長。70～75年KKK委員。RO 1975.4～1987.3の編集長。75～90年JEI理事、91年参与、93年理事、95年参与。『近代日本社会運動史人物大事典』にE-istoの一部項目を執筆。94年12月4日フィンランド大使館主催のシンポジウム「友好の礎―初代フィンランド公使G. J. ラムステット」(於早大)に登壇。92～96年RO誌上に「日本E運動史」を連載。没後、石野良夫らにより単行本にまとめられ、第85回JK(金沢)の記念出版として刊行。圕「Eを楽しむ」(RO 1982.7)、「E百周年の国内出版物」(RO 1987.12)、「『E物理学用語集』を読んで」(RO 1988.3)、「展望」(RO 1988.7)、「JEI 70年のあゆみ」(RO 1989.10～11)、「JEI顧問安積得也先生のご逝去を悼む」(RO 1994.10)、「JEI75周年とフィンランド初代公使ラムステット博士」(RO 1994.11)、「宮沢賢治のE遍歴」(RO 1996.8)、『日本E運動史』(JEI, 1998)。參『日本のE-isto名鑑』、手塚丞「初芝武美さん追悼の辞」(RO 1996.12)、初芝君枝「初芝武美著『日本E運動史』―執筆当時の思い出」(RO 1999.3)。圖初芝君枝。

服田美喜｜はった みき｜1895～1955.8.3

東京／保育園長。戦後、婦人民主クラブに加入。1931年PEUに参加。參『解放のいしずえ(新版)』。

八田元夫｜はった もとお｜1903.11.13～1976.9.17

東京／新潟高(1923)、東大(1926)／演出家、劇作家。新潟高校長八田三喜(1873～1962)の長男。1945年八田元夫演出研究所を設立、のち高山図南雄が入所。58年下村正夫とともに劇団東演を創立。E学習歴は無し。59年ザメンホフ百年祭賛助員。秋田雨雀と親交。圕『演出論』(テアトロ社、1937)、「秋田雨雀のまぼろしの戯曲」(『赤旗』1974.5.28)ほか多数。參『現代日本朝日人物事典』。

服部健三｜はっとり けんぞう
1885.8.10〜1942.3.25

大阪／三高(1906)，東大(1909)／薬学博士。1917年スイス，米国留学。東大教授。1928年10月第4回薬学E-isto懇話会に出席。JEMA会員。🖹『裁判化学実験法』(共立社，1933)，『食用植物学』(共著，南山堂書店，1935)。参RO 1928.12。

服部繁｜はっとり しげる｜1893.11.22〜1957以降

広島／東京高商(1916)／三井物産に入り，神戸支店代理などをへて，1936年本店受渡係長。のち東京港運常務，東京都石炭協会会長など。横浜在住時の23年頃JEI入会。

服部静夫｜はっとり しずお
1902.2.22〜1970.4.17

東京／東京府立三中，一高(1922)，東大(1925)／理学博士。植物学者。小林英夫は東京府立三中以来の親友。小野英輔，和達清夫らと一高理科乙類の同期。東大名誉教授，岡山大学長，国語審議会委員など。1923年頃JEI入会。🖹『植物色素』(岩波書店，1936)，ルネックル『動植物の第二次代謝』(南江堂，1970)。参小林英夫「生い立ちから老いそめへ(5)」(『小林英夫著作集 月報』みすず書房，5，1976)。

服部亨｜はっとり とおる｜1911〜1984以降

三重／八高(1931)，京大(1934)／筆名pupo／1936年上京後，立川の陸軍航空技術研究所に入所。41年神戸へ転居。戦後は郷里亀山で農業，養鶏業。Eは，名古屋での中学時代に独習。34年全文E文の時事雑誌"TEMPO"(2号より"tempo")初代編集者，同誌に詩や音楽関係の記事，書評など多数寄稿。大文字の不使用を唱え，"tempo"で実践。武谷三男の論文'Naturscienco kaj Logiko'("tempo" 15, 1936)に協力。43年JEIがE訳を募集した「愛国百人一首」に百首全部を訳して応募(RO 1943.12)。中村陽宇・宮本正男編"Japana kvodlibeto"(La Laguna : Stafeto, 1965)に詩2編が収録。🖹「数式の読み方異見」(RO 1933.12)，'forigu balaston! nova rimedo, simpla facila kaj praktika'("tempo" 14, 1935.12)，島木健作"Karcero〔獄〕"(カニヤ書店，1937)，高瀬豊吉"Pri la Rilatoj inter Kemiaj Strukturoj kaj Fiziologiaj Agoj〔化学的構造と生理作用の関係について〕"(同，1937)。参tempo(テンポ)復刻版全1巻(名古屋Eセンター，1982)，嶋田恭子「服部亨氏にお会いして」(LM 1984.7)，『中原脩司とその時代』。

服部実｜はっとり みのる｜1894.5.12〜?

福島／東大／農商務省勤務をへて，浦和高，宇都宮農林各教授。宇都宮農林時代の1929年，学生の思想事件に連座し解職。31年帰郷して，農業に従事。32年全協での活動中検挙。戦後福島県農地委員。浦和高教授時代の27年6月18日埼玉会館で開かれたE講演会で「世界におけるE語」を講演。🖹『暫定農業経営学講義案要項』(私家版，1924)。参RO 1927.7，『近代日本社会運動史人物大事典』。

花沢正純｜はなざわ まさずみ
1943.11.28〜2007.11.6

東京／東京教育大院(1968)／筆名Floro／理学博士。数学者。東海大教授。多趣味で，詰将棋，詰碁などの世界でも知られた。Eは，1955年頃その存在を知り，93年津田幸男編『英語支配への異論』(第三書館，1993)を読後，大島義夫『E四週間』，同『新E講座』などで独習。同年JEI入会。Boris Kolker "Vojaĝo en E-Lando〔E国の旅〕"の共同和訳に参加。RO, LMのクイズの常連解答者。死の前日までE雑誌に目を通していたという。UEA, SAT各会員。論文の抄録をEで執筆。🖹リプシュッツ著『一般位相』(共訳，マグロウヒルブック，1987)，「はじめまして」(RO 1994.1)，「非樹形グラフにおける部分付値の最軽拡張問題 I」(共著，『東海大学紀要 理学部』34，1999)，'Kiel amatora E-isto' (RO 2004.5)。参LM 2008.1，田平正子「花沢正純さんを悼む」(RO 2008.2)，『Eと私』。

花田信之 | はなだ しんし | 1906~1979.11.13

京都/龍谷大/龍谷大学長花田凌雲の長男。ドイツ留学をへて、1941年浄土真宗本願寺派文書課長、45年財務部長、53~60年鎮西女子高校長など。学生時代、稲田連とともに龍谷大E会の指導に当たった。📖RO 1935.7、柴山全慶「教界E運動茶話」("Informilo de JBLE" 73~76, 1960).

花田緑朗 | はなだ ろくろう | 1901.6.8~1983.9.3

秋田/北大(1925)/大日本麦酒に入り、1943年札幌工場副工場長、46年工場長、49年日本麦酒札幌支店長。のち目黒、大阪各工場長などをへて、61年取締役。北大在学中の21年末JEI入会。

花村秋義 | はなむら あきよし | 1912頃~1975以降

福岡/嘉穂中(1930)/製瓦業をへて、新飯塚駅前で煙草店を自営。1932年12月日本国際速記協会設立に参加。35年飯塚E会のザメンホフ祭に出席。36年第24回JK(札幌)で飯塚E会を代表して挨拶。戦後は筑豊E会で活動。53年11月JEI入会。62年2月26日第50回UK九州後援会設立に際し、大場格とともに副会長。75年北九州E会入会。娘幾代もE学習。📖「国際速記術について」(『星影』広島E会, 2:4, 1935)、「秋のピクニーコィ」("Eĉ Guto" 飯塚E会, 5, 1949)。📖『北九州E運動史』。🤝田平正子。

花室憲章 | はなむろ けんしょう
1897.8.11~1940.2.7

熊本/岡山医専(1920)/医学博士。慶大医学部をへて、1923年台北医院医員兼台湾総督府医学専門学校助教授。26年JEMA創立後、台湾地方支部幹事を務めた。JEI会員。

花本英三 | はなもと えいぞう | ?~?

1930年E学習。尾道Eクラブ会員。56年第43回日本E大会(東京)に参加。58年小坂狷二古稀記念事業委員会発起人。59年ザメンホフ百年祭準備委員会中央委員。60年4月貝沼愛三・井上治郎とともに尾道を訪れたセケリを案内。63年E学力検定普通試験合格。📖「独学で各国の人と文通」(『毎日新聞』備後版、1959.9.1)。

羽仁五郎 | はに ごろう | 1901.3.29~1983.6.8

群馬/東京府立四中、一高(1921)、東大(1927)/旧姓森、筆名大川豹之介/歴史学者、思想家。1921~24年欧州留学。東大での師黒板勝美からEを知り、生涯Eの将来性を説く。京都人文学園のE導入に参画。49年第36回JK(東京)大会大学で「歴史と国際語」を講演。KLEG新事務所設立に協力。小田切秀雄・真下信一編、KLEG共同抄訳 "Aŭskultu, la voĉojn de oceano!"〔きけ わだつみのこえ〕"(KLEG, 1951) の推薦者の一人。妻説子(1903~1987)もE大会にメッセージを寄せるなど、Eの支持者。娘の結は6歳頃E学習後、2003年より沼津E会の通信講座で再学習。📖『羽仁五郎歴史論著作集』全4巻(青木書店, 1967)ほか多数。E関係は『私の大学』(講談社, 1966)、『現代とはなにか 羽仁五郎対談』(日本評論社, 1969)、「Eの確立から国語の確立へ」(LM 1969.9)、「ダイヤモンドのような男がなぜ」(『高くたかく遠くの方へ』)など。📖羽仁結『よみがえれ明日館スピリット―F. L. ライトと自由学園』(ネット武蔵野, 2002)、『現代日本朝日人物事典』、『近代日本社会運動史人物大事典』。

羽根田明 | はねだ あきら | 1927~1976.6.2

京都/京大/京都の高校教諭。教員組合運動、同和教育にも熱心に取り組む。1960年日本共産党入党。65年1月JEI入会、オードビンの講習に参加。66年斎藤英三と第51回UK(ブダペスト)に参加し、帰国後に本格的にE運動。67年7月18日中村日出男らと宇治E会を結成、以後、京都E界の中心的存在として活躍。京都E会長、KLEG組織部長、SAT会員など。📖「E運動について」(LM 1976.7)。📖「活躍さん28」(『京都新聞』山城版, 1967.11.11)、「Jen ŝi, jen li」(LM 1975.8)、AVK 1976.8。

馬場清彦｜ばば きよひこ
1903.12.24～1987.2.10

東京/慶大 (1930)/旧姓松本/学習院女子部長, 宮中顧問官などを歴任した松本源太郎 (1859～1925) の子。安田貯蓄銀行本店, 三井物産船舶部をへて, 1937年馬場汽船常務, 47年専務, のち社長。瀬戸田造船取締役など。19年肋膜炎の療養中に出会った山ノ井愛太郎の影響でE学習。21年2月JEI入会, この頃山ノ井から猛特訓を受ける。28～42年JEI評議員。28年12月多木燐太郎, 大島義夫, 伊藤巴西三らと東京学生E-isto連盟を結成。土岐善麿『外遊心境』(改造社, 1929) に収録されたE文の訳者。43～45年JEI監事。46年9月より自力で講習会を開き, Gaja Rondoを結成。48年第2次JEA評議員。50年JEI評議員, 51～70年監事。70年10月石黒彰彦, 川上憲一, 梅田善美らとザメンホフ・クルーボを結成し, 80年会長。79年JEI参与。UEAデレギート (銀行), 調布E会, 杉並E会各顧問など。著レイモント作, カーベE訳『レイモント短編集〔Elektitaj Noveletoj〕』(伊藤徳之助と共訳, JEI, 1930),「中学生と小坂先生」(RO 1969.10),「協会から学会へ」(1969.12), 'E kaj dialekto' (RO 1974.12),「今昔物語」(LM 1976.11), 'D-ro Egami Fujio forpasis' (LM 1982.9),「ザメンホフ・クルーボの役割」(RO 1985.12)。参阪田隆「馬場清彦先生のご逝去を悼んで」(RO 1987.5), SA 1987,『調布E会20年のあゆみ』。

馬場栄夫｜ばば さかお｜1894.11.1～1973以降

東京/東京府立一中 (1913), 八高 (1916), 九大 (1919)/川上理一と東京府立一中の同期。満鉄中央試験所冶金課長, GHQ民事検閲部検閲翻訳係などをへて, 1958年より特許翻訳に従事。キリスト者。東京工業試験所技師時代の21年JEI入会。

馬場恒吾｜ばば つねご｜1875.7.13～1956.4.5

岡山/第三高等中 (1894年第二高等中へ転学), 第二高等中 (1896中退), 同志社神学校 (1897中退), 東京専門学校 (1900中退)/ジャーナリスト。1909～13年滞米。貴族院議員, 読売新聞社長など。キリスト者。06年JEA入会 (会員番号153)。著『日露戦記』(安孫子貞次郎と共編, 有楽社, 1905) ほか多数。参御厨貴『馬場恒吾の面目』(中央公論社, 1997),『現代日本朝日人物事典』。

馬場八十松｜ばば やそまつ
1911.8.10～2003.4.14

小学校/広告クリエーター, 作家馬場マコトの父。カナ文字論者。富山で郵便局に勤務。1934年JEI入会, 35年富山E会幹事。38年12月, 神戸, 大阪からもゲストを呼んで, E-isto, カナ文字論者, ローマ字論者の合同座談会「文字と言葉の会」を開くも, 本人は急病で欠席。41年から逓信省派遣により中国各地で勤務し, 46年引き揚げ。金沢で北陸電気通信局に勤務し, 50年同局が世界各地の電話番号簿を集める際に, Eを活用。59年ザメンホフ百年祭委員会中央委員。のち静岡県で電報電話局長, 82年柏へ。著「田舎者の主張」(EL 1936.11)。参「カナモジ・ローマ字 エスペラント座談会」(RO 1939.1),「ババヤソマツ君送別会」(RO 1941.3),「北陸電気通信局でも」(RO 1950.7), 馬場マコト『従軍歌謡慰問団』(白水社, 2012)。協馬場マコト。

パブロフ｜Petr Aleksandroviĉ Pavlov
1871.10～?

ロシア/1912年E学習。東清鉄道ハルビン気象台測候所所長。中村精男と会見した際, 勧められてE学習し, カジ＝ギレイの後を継いでハルビンE会長。E文での気象報告やE－ロシア語気象学事典の述述も。何盛三, 岡田実, 山中英男らハルビン在住の日本人E-istoと交流したほか, 27年5月浅田一, 同年7月大石和三郎, 29年6月進藤静太郎, 33年6月山本佐三, 同年8月鈴木北夫, 34年5月河合秀夫, 40年5月井上万寿蔵, 41年三宅史平など, ハルビンを訪れる日本人をたびたび歓待。終戦後も満洲に残った由比忠之進と交友。参鈴木北夫「国際都市に同志を訪ねて」(EL 1933.11), 同「神戸から奉天まで ハルビンのパブロフさん」(『満洲産業建設学徒研究団報告〔昭和8年

度〕第五篇・紀行・感想」至誠会本部, 1934), 三宅史平「満洲国の2週間」(RO 1941.9〜11), 里吉重時「Pavlovさん」(RO 1982.6), アリマ・ヨシハリ「旧満州E会を思う」(『TOER』所沢E会, 46, 1991.7)。

浜田成徳｜はまだ しげのり｜1900.9.21〜1989.7.1

群馬/一高(1921), 東大(1925)/1949〜59年東北大教授, 67〜73年東京女子大理事長, 東海大理事長, 学長など。谷口光平, 中庸雄と一高工科の同期。20年5月JEI入会。箸『特殊真空管』(共立出版, 1934), 『真空管工学』(コロナ社, 1937)。

浜田直助｜はまだ なおすけ｜1906〜1941.5.12

福島/盛岡高農/日大二中の化学教諭。山県光枝の弟を担任したこともも。1938年応召, 40年中国へ渡り, 翌年戦死。Eは教諭になってから学習。下村芳司の指導下, 山県, 松原満らと「Japanaj Fabeloj」(国文社, 1933) の翻訳に取組む。夏目漱石『坊ちゃん』のE訳を試みたが未完。参月洞譲「浜田先生を想う」(RO 1941.9)。協月洞譲。

浜田正栄｜はまだ まさえ｜1912〜?

1958年小坂狷二古稀記念事業委員会発起人。69年8月JEI入会。富山, 石川で活動。参『郷愁の富山』(新興出版社, 1985)。

浜部寿次｜はまべ としじ｜1890.8.19〜1986.9.14

三菱造船所の技師。三菱造船の東京本社へ出張中, 長崎原爆で家族全員を喪う。1926年頃JEI入会。28年8月長崎県福江町で開かれたE普及講演会で「塩水と泥水」を講演。40年5月長崎三菱E会顧問に就任。参『長崎のE・前編』, 福田正男'Nekrologo'(SAM 1986.11)。

早川完吾｜はやかわ かんご｜1894〜1943以降

山梨/北大(1919)/台湾総督府技師などをへて, 1939年長野の下伊那農学校長から更級農業拓殖学校長。JEI初期に入会。

早川昇｜はやかわ のぼる｜1908〜1982.11.3

北海道/慶大/小樽市立図書館, 昭和女子高, 小樽海員学校などに勤務。日本詩人協会員。慶大在学中に飯田忠純にEを学ぶ。1949年小樽E協会に参加, 以後同地を中心に北海道E運動に参加。53年4月JEI第1回協議員会に小樽支部代表として参加。56年5〜8月小樽の正法寺本堂において僧侶, 檀家にE講習。アイヌ文化, 民俗学についての研究などをLEほかに発表。UEAデレギート(民俗学), 小樽E会員など。箸'Manlaboroj de Ainaj Sinjorinoj'(RO 1952.10), 'La Urso-Festo de la Aino'(LE 1953.10), 『アイヌの民俗』(岩崎美術社, 1970)。協星田淳。

林愛作｜はやし あいさく｜1873.10.21〜1951.2.10

群馬/マウントハーモン学校/1892年渡米。山中商店ニューヨーク支店をへて, 1909〜22年帝国ホテル支配人。JEA会員(会員番号911)。JEに帝国ホテルの広告を掲載。箸オスボーン『想像力を生かす』(創元社, 1950)。

林稲苗｜はやし いなえ｜1904.7.23〜1998.10.27

京都/三高(1925), 京大(1928)/社会学者。安田勇吉と中学, 高校で1年後輩。岡田幸一, 柴田実と三高文科甲類の同期。1943年愛知第二師範学校, 49年愛知学芸大, 68年岐阜女子大各教授。22年三高入学後, 同校E会で桜田一郎にEを習う。カニヤ書店に出入りし, 中原脩司の依頼で24〜25年"Verda Folio"全15号を編集。『三高E会小史』(私家版, 1979)を桑原利秀と共編。箸『「むら」の解体と再編成』(有信堂, 1967), 「大正末年の三高エス会と私」(『三高E会小史』), 「安田勇吉氏を偲ぶ」(LM 1982.5), 『愛宕の桜並木道』(私家版, 1985)。

林健｜はやし けん｜1932.12.26〜2006.4.12

本名健(たけし), 筆名Hans Jasik, Hake,

Haken, Hajasi Kenn/電気通信省（のち電電公社，NTT）職員．1968年勤務先で英語関係以外の仕事に就くため，受講料の安い言語として68年春JEIの初等講習を受け，6月JEI入会．69年森田健夫らと池袋E会結成に参加．70年以降TEJAが焼津で開いた全国合宿などの常連講師．72～74年匿名で"Plene idiota vortaro"などパロディーを青焼きコピーで刊行．74年4月から1年間LMの"El nia kajero"欄を担当．74～76年JEI評議員．74年から"l'omnibuso"のち"La dua buso"，"Riveroj"などに軽妙な短編小説の他，安部公房，眉村卓，夢野久作，筒井康隆らの短編，小川未明，新美南吉らの童話の翻訳を多数発表．75年6月全電通E-istoの会を結成し会長．75年早乙女勝元『ベトナムのダーちゃん』（童心社，1974）共同E訳を池袋E会内で呼び掛けて翻訳の中心に．78年原爆写真集『広島・長崎』共同E訳にも参加．同年宮本正男，上山政夫らによる"l'omnibuso"誌上のE連歌（rengao）に参加．同年第65回JK（三島）文芸コンクールで'Teleflarilo'により1位，以降入賞の常連となり，のち審査員に．宮本正男・上山政夫編"Japana Variacio"（L'omnibuso, 1978）に1編が収録．79年2月から2年間RO「翻訳教室」欄を担当．83年名古屋の人形劇団むすび座が第16回国際人形劇フェスティバル（ザグレブ）などでEで上演した「いっすんぼうし」の翻訳を担当，同劇は国内のE大会などでも上演された．84～89年植木郁郎が刊行した文芸誌"Preludo"を編集．未刊の絶筆'Formiko'を含む作品集は吉川獎一の手で刊行．没後，妻静江（2007.6.14没）も夫の遺志を引き継いでE学習し，2006年JEI入会．📖'Marjorie Boulton'（RO 1972.8），'Ĝuste en tiu tago...'（RO 1974.5），宮沢賢治'Arbaro de Kenju'（虔十公園林）（"l'omnibuso" 66, 1975.3），「「ダーちゃん」を訳して」（LM 1975.5），'Prude Krude'（RO 1976.3～77.3），「そして7年半が過ぎた」（RO 1976.6），'Teleflarilo'（RO 1978.12），中条一雄'Hirosima miamemore'（RO 1983.4～84.1），宮沢賢治'La ĝemelaj steloj'（双子の星ほか全19編）（分担訳，JEI, 1984），「Eで創作を」（RO 1985.1），"Pupo kaj lupo"（私家版，1987），"Mi malamas"（"l'omnibuso" 1988），

「天空の星一つまた落ちて」（RO 1988.3），開高健'Paniko〔パニック〕'（"Postmilita japana antologio" JELK, 1988），"Du neĝeroj"（リベーロイ社，1995），「単語あらかると」（LM 1995.1～96.3），「わたしの出した1冊のほん」（RO 1995.10），B. Vogelmann『新現実主義〔La nova realismo〕』（市村志郎と共訳，国際文化公房，1998），安部公房"La ruĝa kokono〔赤い繭〕"（リベーロイ社，2004），「自著を語る」（LM 2005.3），「私の出した1冊の本」（RO 2005.10），"Formiko"（リベーロイ社，2009），"Kafejo"（リベーロイ社，2009）．📖絵本『ベトナムのダーちゃん』世界の人に読ませたい 英語とEに翻訳」（『朝日新聞』1974.10.28），'Jen ŝi, jen li'（LM 1975.8），石成泰'Kondolence al HAYASI Ken'（RO 2006.10），石川尚志「林健さんの思い出」（RO 2006.11），吉川獎一「半年後に届いた手紙」（RO 2006.12），林静江「夫に倣って私もEを」（RO 2007.2），"Ordeno de verda plumo"．

林茂｜はやし しげる｜?～1928.6.7

福岡？/製鉄所勤務．鉄道治の弟．戸畑で活動し，1927年第15回JK（福岡）の準備に参画．戒名「星林院倶道希茂居士」．📖「噫!! 林茂君」（RO 1928.7）．

林髞｜はやし たかし｜1897.5.6～1969.10.31

山梨/甲府中（1915），慶大（1924）/筆名 木々高太郎，林久策，佐和浜次郎/医学博士．大脳生理学者，小説家．1932年ソ連留学，パブロフに条件反射理論を学び，日本へ紹介．「推理小説」という語の考案者．慶大教授など．17年小坂狷二の指導でE学習．37年病床の黒板勝美を見舞った際，学生時代に神田の和協楽堂でE大会があり，黒板が開会の辞を述べたことを記憶していると述懐し，黒板を感激させた．📖『木々高太郎全集』全6巻（朝日新聞社，1970～71）ほか多数．E関係は『趣味の生理学』（時潮社，1934），「日本語問題」（『東京日日新聞』1938.4.24, 4.27）．📖石黒修「国際語の問題」（RO 1938.7），植村達男「昭和13年の東京日日新聞から」，同「E, カナ文字論争」（『優績者』保険研究所，50：11, 1998），『現代日本朝日人物事典』．

林董｜はやし ただす
1850.4.11（嘉永3.2.29）～1913.7.10

江戸/ヘボン塾/幼名信五郎、のち董三郎、本姓佐藤/外交官。1866～68年英国留学。榎本武揚とともに函館で戦い降伏。新政府に仕え、西園寺内閣の外務大臣、通信大臣。日英同盟締結に尽力。ローマ字ひろめ会副会頭など。黒板勝美に担がれて、1907年第2回JK（東京）名誉会頭。10年JEA会頭。JEA名誉会員。❐『後は昔の記』（時事新報社、1910）。❐「E協会晩餐会　林薫名誉会頭の会頭就任、渡英の安孫子幹事送別兼ねて」（『読売新聞』1910.6.17）。

林鶴一｜はやし つるいち｜1873.6.13～1935.10.4

徳島/徳島中（1889）、第三高等中（1893）、帝大理科大（1897）/理学博士。和算研究の第一人者。東京高師講師などをへて、1911年東北大理科大設立に際し数学教室初代教授。東北大に林文庫。二葉亭四迷『世界語』でE学習。32年土井晩翠、三枝彦雄とともに仙台E会賛助会員。❐『算術教科書』全2巻（金港堂、1899）ほか多数。❐増北美郎「E人国記(5)」（EL 1933.12）。

林春雄｜はやし はるお｜1874.2.25～1952.1.1

愛知/第一高等中（1893）、東大（1898）/旧姓二宮/医学博士。高橋順太郎の弟子。1900年東大助教授、02～05年ドイツ留学、08～34年東大教授、37年逓信病院、38年国立衛生院各初代院長。勅選貴族院議員。中馬興丸と第一高等中医科の同期。Eの公用語化を主張し、Eで論文も執筆。JEA、JEI、JEMA各会員。❐『薬物之大要』（博文館、1907）、『薬治学講義』（吐鳳堂、1911）。

林文雄｜はやし ふみお｜1900.11.26～1947.7.18

北海道/札幌一中（1918）、北大予科（1922）、北大（1926）/号小熊星、東風/ハンセン病医師。医学博士。林富美子の夫。妹みつは塩沼英之助の妻。1927年親の反対を押し切ってハンセン病施設全生病院に就職し、31年光田健輔が国立療養所長島愛生園に転じると、これに同行。35～44年国立療養所星塚敬愛園長。キリスト者。北大時代の23年、Eを学習。全生病院で光田の影響下、佐竹結実を呼んで患者、職員にE講座を開講し、その後は塩沼に指導させる。Sieroszewski著、KabeE訳、黒川晴邦訳『悲惨のどん底〔La fundo de l'mizero〕』（長崎書店、1930）、黒川『歌集・新しき住家』（同、1931）の刊行に努力。長島愛生園でもEを教授。『レプラ』誌にE文の論文を寄稿。土井英一の慈善切手の提案を聞き、「救癩」目的の「愛国切手」として推進。❐'Reakcio de Rubino ĉe lepro'（『レプラ』日本癩学会、3, 1932）、『林文雄句文集』（大島青松園林記念文庫、1950）、『天の墓標』（新教出版社、1978）。❐おかのゆきお『林文雄の生涯』（新教出版社、1974）、林富美子編『思い出—林文雄の少年時代とその周辺』（私家版、1974）、松沢弘陽「大正期の北海道帝国大学とキリスト教—長崎次郎・林文雄・近藤治義を中心に」（『北大百年史通説』北大、1982）、林富美子『野に咲くベロニカ』（聖山社、1986）、森幹郎『足跡は消えても』（ヨルダン社、1996）、『日本キリスト教歴史大事典』。❐林富美子。

林富美子｜はやし ふみこ
1907.10.17～2007.9.12

香川/丸亀高女（1924）、東京女子医専（1929）/旧姓大西/林文雄の妻。女子医専在学中に金井為一郎から受洗。1930年全生病院、32年長島愛生園に勤務。36年結婚により改姓。のち星塚敬愛園、大島青松園（香川）、神山復生病院（静岡）をへて、58年御殿場に大阪診療所開業。71年より老人ホーム「十字の園」（静岡）で奉仕活動。全生病院に就職後、光田健輔の影響でE学習。Eで論文も執筆。❐'Lepromo ĉe konjunktivo palpebra'（『レプラ』日本癩学会、6, 1935）、『愛と慈しみの園』（日本MTL、1970）、『野に咲くベロニカ』（小峯書店、1981）。❐おかのゆきお『林文雄の生涯—救癩使徒行伝』（新教出版社、1974）。

林夫門｜はやし ふもん｜1921.8.22～1996.11.3

富山/東大（1943）/高岡高、礪波高などの教

諭。富山考古学会副会長。1949年3月JEI入会。JELE会員。

林昌隆 | はやし まさたか | 1906.7～1959以降

福岡/五高(1927), 九大(1931)/医学博士。畑正世, 光武文男と五高理科乙類の同期。宮崎県立病院などをへて, 1958～59年日炭中央病院長。五高在学中にJEI入会。

林学 | はやし まなぶ | 1884.2.7～1942.11.13

広島/一高(1905), 京大福岡医大(1909)/上田春治郎, 脇中郎と一高医科の同期。1910年横須賀海軍共済組合病院副院長, 15年横須賀に開業。06年JEA入会(会員番号178)。25年横須賀でラムステットの講演を聞いて再学習を決意し, JEI入会。29年12月14日横須賀E協会のJEI横須賀支部への改編に際し, 代表に就任。31年松葉菊延らと神奈川県E連盟を結成。協林寄人, 松葉菊延。

林道倫 | はやし みちとも
1885.12.21～1973.3.28

宮城/二高(1906), 東大(1910)/日本脳炎の原因を解明。1914年南満医学堂教授, 21年より3年間ドイツ留学, 24年岡山医大教授, 49～52年新制岡山大初代学長。退官後, 岡山市に林精神医学研究所, 林道倫精神科神経科病院を設立。東大在学中にEを学び, Eで論文も執筆。著『林道倫論文集』(同刊行会, 1984)。

林道治 | はやし みちはる | ?～?

福岡?/商業。林茂の兄。1926年以前からJEI会員。戸畑E会代表。32年11月戸畑市議選に出馬したE-isto越水武夫の事務局長。31年当時UEAデレギート(戸畑)。著『戸畑E会小史』(『KEL年鑑』KEL, 1927), 「同志村上茂義君を悼む」(RO 1929.11)。

林好美 | はやし よしみ | 1900.6.15～1963.4.27

三重/愛知薬学校/郷里波瀬村で苔泉堂薬局を経営し, のち医学を修めて医師に。1924年E学習。一燈園の生活で旅費を工面して, 28年日本人初のE行事参加目的のヨーロッパ観光旅行として4ヵ月間欧州を巡り, 第20回UK(アントワープ)に参加。帰国後, 一志E会を結成し会長。30年10月24日シェーラーが紀伊長島(三重)を訪れた際, 南見善と通訳。36年台湾, フィリピンへ赴き, 安田勇吉, 甲斐三郎, 浅井恵倫, 重栖度哉や同地のE-istoらと交歓。UEAデレギート(三重), JEMA会員など。数十冊のE文の日記を遺す。著「中部英国宣伝旅行に加って」(RO 1929.1), 『欧羅巴親類めぐり』(JEI, 1930), 「南洋緑の旅」(RO 1936.10～11), 「緑の星をしたって」(ES 1983.11～12)。参福田正男「林好美さんをしのぶ」(RO 1963.7), 「8月15日Eの日記 三重・従軍の医師, 無意味さ嘆く記述」(『毎日新聞』中部本社版, 2005.8.15), 「スタッフ近況報告(村瀬さな子先生)」(『信州大国際交流センターニュースレター』8, 2006)。

林屋清次郎 | はやしや せいじろう
1911.10.15～1983.1.25

石川/大阪商大/1935年住友海上火災保険に入り, 札幌, 福岡各支店長など。20年代後半JEI入会。

速水真曹 | はやみ しんそう
1875.10.5～1936以降

群馬/前橋中(1893)/のち信宗と改名/桑島新のまた従兄弟。横浜正金銀行, 河野貿易(神戸)などに勤務。宝生流謡曲の大家。1906年横浜の志村八巻合名会社において出張教授に来ていた黒板勝美, 千布利雄にEを習い, JEA入会(会員番号421)。07年JEA横浜支部幹事となり, 14年志村保一の後を継いで支部長, 18年JEA評議員。19年小坂狷二, 浅井恵倫, 藤沢親雄らと国際商業語協会を設立し会頭。20年JEI評議員同年浅井, 児玉四郎, 坂井田梅吉らと横浜に日本E貿易商会を設立, 高橋邦太郎(技師)を社長とし, 輸出入業部にEを導入。21年恐慌で経営は苦しく, 23年関東大震災で全財産を失う。震災後神戸へ, さらに

26年久留米へ転じ、両地の運動に積極的に参加したほか、横浜E協会の機関誌に毎号表紙を寄せた。23～26年JEI評議員。横浜E協会代表、顧問など。妻千枝、子益男もJEA会員（千枝の会員番号は1381、益男は1348）。著「協会横浜支部の思ひ出その他」(RO 1936.6)。

原二吉 | はら にきち | 1880.1～?

東京/東亜同文書院(1907)/旧姓田辺/警視庁外事係長ののち南千住、小松川各警察署長をへて、1923年麻布六本木署長。28年漢口総領事館警察署長、36年山海関総領事館主任領事など。朝鮮語、フランス語のほかEも学び、22年頃小学生の娘秀子にもEを教える。参「この子の笑顔が私の生活の泉」(『読売新聞』1922.7.16)。

原木文夫 | はらき ふみお | 1912.1.2～2000.10.29

群馬/神戸商大(1934)/住友生命に入り、岐阜、新潟各支社長、経理部長などをへて、1960年契約部長。学生時代E学習。31年頃学内にE会を組織しようとしたが、大学側の許可が下りず失敗。神戸E協会の機関誌"La Bulteno de KEA"を編集。卒論の付録としてジッド・リスト共著『経済学説史』の一章をE訳して提出。著「再び誤解を解くために」("La Bulteno de KEA"神戸E協会, 1932), Charles Gide 'Fragmento el la Politika Ekonomio' (RO 1933.9),「1934年を我等はかく戦う」(RO 1934.1)、参「大学卒業論文にE語」(RO 1934.2), 森英夫「E会始末記」(『紫竹古今集』同刊行会, 1979)。図植村達男、凌霜会。

原口栄 | はらぐち さかえ | 1889.11.3～1944以降

長崎/五高(1914), 京大(1919)/旧姓中島/医学博士。内野仙治と五高医科の同期。1920年頃長崎市に原口小児科医院を開業、34年神戸へ移転。26年頃JEI入会。JEMA会員。

原田三雄 | はらだ かずお | 1901～1987.7.28

1971年山口E会の創立者藤田武男の指名で同会長に就任し、15年間務めた。74年12月JEI入会。同年E学力検定普通試験合格。

原田三馬 | はらだ かずま | 1910～1953.3.12

北海道/法大(中退)/1939年北海道銀行から室蘭三ッ輪運輸へ。30年代帯広E会の中心として活躍。32年11月北海道E連盟設立に参画。33年8月独力で帯広の藤丸デパートにおいてE展開催、2日間の入場者は200名以上。34年第3回北海道E大会(小樽)雄弁大会で"Pri ekonomia krizo"を演説。35年転勤に伴い上京、10月TEK幹事。36～37年JEI評議員として会計事務を担当。36年4月E運動後援会幹事。37年秋病を得て北海道へ戻る。戦後、釧路E会を組織し、E運動復興に努力。48年第2次JEA評議員。著「語学に対する吾人の態度」(『十勝毎日新聞』1934.7.27),「少年ザメンホフ」(『十勝毎日新聞』1934.11.13～15),「エス運動は中央地方の相互認識から」(RO 1936.3),「国際通信礼賛」(RO 1936.8)。参「会員の声」(RO 1945.11)。

原田信一 | はらだ しんいち
1947.11.16～1978.10.16

神奈川/関東学院中(1963)、関東学院高(1966)、東大(1970)/言語学者。1974年都立大講師、76年助教授。天才的な生成文法学者として将来を嘱望されたが、自殺。中学生時代にE学習し、自前のE日辞書を作成。62年1月JEI入会。74年夏季E大学講師として「Eの言語学的評価」を講義。75～77年JEI評議員。生成文法によるEの分析を試みた。著「普遍文法への試み」(『Klerigilo-La vojo al Internacia Lingvo』東大教養学部国際語研究会, 1966),「変形生成文法理論」("La Torĉo" 9:1, 1967), チョムスキー・ハレ共著『現代言語学の基礎』(橋本萬太郎と共訳, 大修館書店, 1972),「E-istoのための言語学入門」(RO 1973.4～75.3),「言語学者はEをこう見る」(RO 1974.4),「言語学からみたE

(『月刊言語』1975.8),「古典鑑賞9 Lingvo stilo formo」(RO 1975.9),「かくして今日も」(RO 1976.6),「空白期間」(RO 1976.10),「座右の銘」(RO 1977.2), 福井直樹編『シンタクスと意味—原田信一言語学論文選集』(大修館書店, 2000)ほか。未完の未公刊論文として'Sintagmoj kaj sintagmostrukturo'。参『月刊言語』1979.2, 植村達男「若き言語学者原田信一の業績」(RO 1979.3), 同「新橋の喫茶店「エスペロ」にて」(ES 1982.7), 梶原洋一「懐中時計の学生」(RO 1992.11)。

原田忠雄 | はらだ ただお
1885.10.9~1953.10.17

広島/早大(1907)/大日本紡績青島工場長, 計算部長などをへて, 1935年常任監査役。戦後, 南興物産会長。早大に原田繊維文庫。1906年JEA入会(会員番号126)。参『早大図書館月報』(29, 1956)。

原田勇美 | はらた ゆうび
1850(嘉永3)~1916.10.6

出羽国(現山形)/号軒/鉄道院, 農商務省, 逓信省等に勤務。1907年にJEAに入会した早大生の息子真榘(ますき)(会員番号806)の影響で60歳近くでE学習し, 09年JEA入会(会員番号885)。真榘の夭逝の後, その志をつぎ, 11年11月"Orienta Azio"を謄写印刷で和風の絵を色刷りにして月刊誌として刊行。15年6月からは活字を購入して自ら印刷。JEAの沈滞を補うものとして, 小坂狷二, 福田国太郎, 浅井恵倫らが同誌を支援し寄稿。東京大崎に世界語書院を作り, 自著のE辞書や日本語独習書,『日本風景風俗写真帖』(高橋邦太郎(技師)E文説明, 1914)などを発行。"Orienta Azio"誌購読料により海外のE書を輸入して, 取次ぎ販売。同誌印刷中に動脈瘤で倒れ, 後事を小坂に託して没。息子の名を「真矩(まぬき)」とする記録もあるが, 誤り。著『初等E和訳辞書』(世界語書院, 1907),『東西洋の各国語とE』(日華世界語書院, 1907),『日華世界語教科書』全2巻(滝山書房, 1907),『独習自在E講義』(二酉堂, 1907),『初等和訳E辞書』(世界語書院, 1911),『E訳日本語独習』(同,

1912), "Verkaro de D-ro. L.L. Zamenhof"(同, 1916),「原田氏遺稿の二三」(JE 1916.11)。参JE 1916.9,「追悼号」(JE 1916.11), 志村章子「ガリ版文化史から見る『オリエンタ・アジーオ』の謎」(RO 1998.1), 同『ガリ版ものがたり』(大修館書店, 2012),『近代日本社会運動史人物大事典』,『日本E運動史料 I』,『秋田雨雀日記』。

春名一郎 | はるな いちろう
1930~1976.11.14

神戸一中(1948), 慶大/遺伝学者。RNAの合成で著名。慶大講師, 阪大教授など。1951年阪大理学部E会長となり, 11月寺本義男らと学部内でE展を挙行。

バローグ | Dezider Balog | ?~?

ハンガリー/1921年1月ウラジオストクから来日し, JEI入会。"Japan Advertiser"紙勤務。参RO 1921.1。

伴達郎 | ばん たつろう
1904.1.1~1985以降

愛知/八高(1924), 東大(1927)/町田一郎と八高文科甲類の同期。東京海上火災東京営業部長, 福岡支店長兼小倉支店長, 山種証券投資信託取締役社長など。八高在学中の1921年10月結城錦一, 蓮沼左千雄, 笠井善らとJEI入会。

半田正身 | はんだ まさちか
1881.9~1949.8.9

石川/四高(1898), 東大(1901)/1906~10年独英留学。広島高師, 八高, 三高各教授など。広島高師在職中, 広島E倶楽部に参加。著『新編化学教科書』2版(共編, 岩田佝太郎, 1915)。

ひ

ピーコック | Arthur W. Peacock | 1877?~?

オーストラリア/シドニーE会代表。UEA会員。1935年1月来日し, 大阪で貿易代理

業。8月から新星会に参加して, E普及活動も。

比嘉春潮|ひが しゅんちょう
1883.1.9~1977.11.1

沖縄/沖縄師範(1906)/本名春朝/沖縄で教員などをへて, 改造社で編集者。柳田國男門下の民俗学者, 沖縄研究家。南島史談会, 沖縄人連盟などに参加。沖縄県立図書館に比嘉春潮文庫。沖縄師範時代にEを知るが, 本格的な学習は1915年仲原善忠の勧めから。翌年沖縄の教員視察団の一員として訪台した際, 蘇壁輝に啓発され, 6月JEA入会(会員番号1074)。「最初は, たんなる語学的興味から学習を始めたのだが, …日本帝国における弱小民族的存在としての沖縄人の境遇がかえりみられて, 私は異常な熱意でこれを学習し」(『沖縄の歳月』)と。17年6月緑星倶楽部を結成し, 10月伊波普猷, 照屋輝一らとJEA沖縄支部創立。沖縄E会代表。18年JE(13:3)「琉球号」に執筆。22年からSAT機関誌"Sennaciulo"を購読し, その内容に魅せられる。23年頃から東京柏木の自宅でE研究会(のちの「柏木ロンド」)を清見陸郎, 中垣虎児郎, 大島義夫, 永浜寅二郎らと始め, SATと連絡を取り, プロレタリアE運動の基礎を据える。編集者の立場で清見, 中垣らの訳書を改造社から出版するのに助力。26年5月1日普及講演会後の晩餐会で伊波の琉球語スピーチを日本語に通訳。同年6月5日TEK結成に参加。27年からSAT発行図書の取次。33年7月6日田沼利男, 宗近真澄, 大崎和夫, 里吉重時らと武蔵野グルーポを結成。48年第2次JEA評議員。56年50周年記念第43回JK(東京)で表彰。61~63年ハワイ大に招聘されて滞在し, E-istoとも交流。67年12月由比忠之進の追悼集会の発起人。2006年沖縄県西原町立図書館前に顕彰碑が建立。著 'Luĉa insularo' (JE 1918.3), 'E en Luĉo' (同), 「琉球のE運動回顧」(RO 1936.6),「ホノルルだより」(RO 1962.9),「柏木ロンドのこと」(NR 7, 1967.8),『沖縄の歳月』(中央公論社, 1969),『比嘉春潮全集』全5巻(沖縄タイムス社, 1971~73),「ほんとの出合い」(『毎日新聞』1973.5.14),「インタビュー柳田国男との出会い」(『季刊柳田国男研究』3, 1973)。参「先輩はなぜ・どうして学んだか」(RO 1956.6), 大島義夫「比嘉さんを偲ぶ」(LM 1977.12),「追悼号」(SAM 1978.1), 峰芳隆「比嘉春潮とエロシェンコ」(LM 1980.12), 並松信久「比嘉春潮と沖縄研究の展開 インフォーマントとしての役割」(『京都産業大学論集 人文科学系列』5, 2013), 峰芳隆「種をまいた人びと 8」(RO 2013.9),『現代日本朝日人物事典』,『近代日本社会運動史人物大事典』。図 熊木秀夫。

日笠祐太郎|ひかさ ゆうたろう|1881.3~1945

岡山/六高(1904), 京大(1908)/旧名祐一郎/岡山電気軌道, 岡山バス各社長, 安田銀行協議役など。柿原政一郎と六高の同期。1906年JEA入会(会員番号47)。

東信一郎|ひがし しんいちろう|1875.5.1~1953

佐賀/済生学舎(1898)/絵本作家, 童話作家東君平(1940~1986)の父。日本郵船, 住友病院などをへて, 1916年神戸に東内科医院を開業。29年頃JEI入会。参『東君平の世界』(サンリオ, 1990)。

東亮明|ひがし すけあき
1903.5.14~1987.12.29

熊本/五高(1924), 東大(1927)/中島光風と五高文科甲類の同期。富山, 新潟, 東京, 熊本各地裁判事などをへて, 1959年東京高裁判事。のち金沢, 青森各地裁所長を歴任し, 68年弁護士事務所を開業。五高在学中, 中島, 大栗清実, 永浜寅二郎らとE運動。JEI会員。

東浦庄治|ひがしうら しょうじ
1898.4.8~1949.9.2

三重/八高(1920), 東大(1923)/小池経策と八高第一部甲類の同期。帝国農会で農政関係の調査に従事。一時産業組合中央会に転出。1936年帝国農会に幹事として復帰後, 43年農業団体統合直前までその指導者。戦後, 全国農業会副会長, 農業家畜保険協会長など。48年農業会解体=農協発足と

ともに農業団体の主流派から離れ，最期は自殺。21年JEI入会。著『日本農業概論』(岩波書店, 1933)，『日本産業組合史』(高陽書院, 1935)。参栗原百寿『人物農業団体史』(新評論社, 1956)。

東久世昌枝|ひがしくぜ まさえ
1892.2.26～1984.3.9

東京/学習院, 京大(1917)/伯爵東久世通禧(みちとみ, 1833～1912)の六男。瀬脇寿雄の娘婿。日本郵船監査役, 横浜貿易建物社長など。戦後, 母校学習院の立て直しに安倍能成の右腕として活躍。キリスト者。1921年JEI入会。

東元慶喜|ひがしもと けいき
1912.1.11～1993.3.2

第二早稲田高等学院(1934), 早大(1937)/旧名多郎/仏教学者。巴利文化学院(東京)講師などをへて, 1946年駒大講師, 77～84年教授。パーリ語に精通。学生時代E学習。駒大助教授時代の68年7月渡辺照宏の勧めでJEIに加わり, 再学習。著『病床の友へ』(満濡舎, 1966),「パーリ語とE」(RO 1969.11),「わが宗教体験の歴程」(『駒澤大学仏教学部論集』4, 1973),『古代インド民話集』(国書刊行会, 1986)。参『駒澤大学仏教学部論集』(24, 1993)。

比企元|ひき はじめ|1898.6.8～1990.1.2

東京/三高(1921), 京大(1924)/栗山一郎と三高第二部甲類の同期。1946年復興建設技術協会理事長, 53年日本保線協会専務理事など。21年JEI入会。

引田重夫|ひきた しげお|?～?

一高, 東大(1924)/内務官僚。京都府総務部庶務課長, 長崎県経済部長などをへて, 1947年岩手県知事。一高在学中の20年9月JEI入会。

樋口勘次郎|ひぐち かんじろう
1872.1.7(明治4.11.27)～1917.12.13

長野/東京高師(1895)/本名勘治郎/東京高師附小訓導をへて, 東京高師教授。「活動主義」による新教育を提唱。教育界に社会主義を紹介。のち国家主義に。1900～03年仏独留学。その間, トゥールーズ大のルール教授らの勧めでE学習。帰国後,『国家社会主義新教育学』(同文館, 1904)でEを推奨し,『教育時論』などにもEについて寄稿。06年6月25日東京YMCAで「Eに就て」を講演。著『新教授法』(同文館, 1899; 復刻版, 有明会館図書部, 1981)ほか多数。参藤間常太郎『日本国際語思想史』(大阪E会, 1941),『日本E運動史料 I』, 下條拓也・小林輝行共著「樋口勘次郎の「活動主義」教授理論とその教育実践への影響」(『信州大学教育学部附属教育実践総合センター紀要 教育実践研究』1, 2000)。

樋口幸吉|ひぐち こうきち
1909.9.15～1982.8.31

福島/保原中, 福島高商(1930)/別名谷川清二, 塩谷幸吉/石川道彦の義兄。三菱商事に勤務。のち筆耕業。1946年日本共産党入党, 新潟地区委員長として, 47年税金是正会を組織。49年専従活動家となり, 中央委員会機関誌経営次長, 市民部副部長, 財政分室責任者などを歴任, 77年中央委員会顧問, 79年以降嘱託。31年5月福井愛親らとPEU新潟支部を設立し, 翌年5月より支部責任者。32年10月上京。33年PEU書記長となるも, 8月塩谷キヨと検挙され, 自宅から『カマラード』600部が押収。34年12月懲役2年, 執行猶予3年。36年JEI入会。46年第2次JEA委員。著'Sado-okesa〔佐渡おけさ〕'(RO 1937.2)。参「E書記長送局 結局転向せず」(『朝日新聞』1933.12.14),『プロレタリアE運動に付て』。

樋口彰一|ひぐち しょういち
1888.2.10～1955以降

山口/長崎医専(1913)/山口県豊浦郡瀧部村で昇陽堂薬局を経営。同村長, 大政翼賛

会郡支部長なども。1923年頃JEI入会。著『防長切支丹史話』(ザビエル顕彰委員会, 1949)。

樋口政和 | ひぐち まさかず
1900頃~1983⇔1985

新潟/一高(1921),東大(1924)/難波経一,西尾寿男らと一高英法科の同期。昭和飛行機工業調査課長などをへて,戦後は,持株会社整理委員会,協和電設,新潟産業などに勤務。1921年JEI入会。22年夏,新潟県岩船で開かれた夏季大学で80名にEを指導。圖「内地報道」(RO 1922.9)。

彦坂重雄 | ひこさか しげお | 1907~1969.2.8

静岡/1932年赤色救援会東京地方事務員,33~34年赤色救援会中央委員会事務員。『救援新聞』の印刷に従事し,名プリンターとして知られた。この間,本所で木賃宿「日之出屋」を経営し,日本共産党,労働組合などに便宜を図る。のち電気工事人として旅に出て,旅先より救援活動。戦後,旧緑の会,江東会で活動。31年3月プロレタリアE講習会に参加。参「解放のいしずえ」(新版)。

彦坂本輔 | ひこさか もとすけ | ?~?

経歴不詳。東京市浅草区在住。1908年JEA入会(会員番号842)するが,翌年除名。08年10月~09年4月謄写版の全文E文個人誌 "Samideano Ĉiumonata" を刊行。09年5月ヴェールダ・ステーロ社を設立し,自費で印刷機械を買い入れて活版印刷の同名誌を再出発。当初は "Internacia Ilustrita E-a Revuo kun aldono de kolorigita originala pentraĵo de japano, ĥino aŭ koreo" と副題して,大判のカラー口絵ページを付し,外国からの寄稿も多数掲載。野原休一も数度寄稿。ただし語学的に不十分なところをJEAの千布利雄から激しく批判され,両者の確執も。14年E-a Biblioteko Internacia として "Tondaja Sookiĉi, Malnova japana rakonto" をE訳し刊行。同年ザメンホフ訳Martaを『女の運命』として翻訳刊行。23年頃JEIに参加。関東大震災(1923.9.1)で家屋全焼。著『女の運命』(東亜堂, 1914)。参 'Nova gazeto en Japanujo' (JE 4:6, 1909.6),野原休一「明治時代の思い出」(RO 1936.7),「Martaの二つの日本語訳」。

久板栄二郎 | ひさいた えいじろう
1898.7.3~1976.6.9

宮城/東大/劇作家。東大在学中に新人会に接近。卒業後プロレタリア演劇運動に入り,1934年秋田雨雀,村山知義らと新協劇団創立。その間,一時宮本正男と同居。社会派リアリズム戯曲。のち映画のシナリオを手がける。E学習は不詳だが,36年4月からの新協劇団演劇研究所でのE講座を受講したか。戯曲『神聖家族』(新潮社, 1939)に登場人物がEを学習しながらEについて語る場面があり,39年村山の演出によりその部分がさらに拡大されて築地小劇場で上演された。著『久板栄二郎戯曲集』(テアトロ, 1972)ほか。参「新協劇団演劇研究所課外E講座」(RO 1936.5),「舞台でKato mangas raton, 新協の「神聖家族」まるでE宣伝劇」(RO 1939.6),吉屋信子「『神聖家族』のフキ子」(『新協劇団』1939.6.1臨時),宮本正男「自分史・E運動1」(LM 1987.12),『近代日本社会運動史人物大事典』,『日本文学に現れたE』。

久内清孝 | ひさうち きよたか
1884.3.10~1981.4.12

東京/麻布中,横浜英語学会/異名「第二の牧野富太郎」。東邦大名誉教授。1906年JEA入会(会員番号563)。同年11月24日JEA横浜支部の発足に志particle保一と尽力。著『植物採集と標本製作法』(共著, 総合科学出版協会, 1931),『帰化植物』(科学図書出版社, 1950)。参『横浜植物会年報』11(横浜植物会, 1982),幾瀬マサ編『久内清孝名誉教授追悼集』(広川書店, 1982)。

ピサロ | Ludovic-Rodo Pissarro
1878.11.21~1952.10

フランス, パリ/本名 Ludovic-Rodolphe Pissarro, ロード/画家, 彫刻家, エッチング作

家。印象派の画家カミーユ・ピサロの四男。父の作品のカタログを編纂。「フランス時代」の初期のE-isto。労働者E運動に参加。ザメンホフに心酔し，35年パリのアンデパンダン展に胸像を出展。EL 1934年1月号から「ヨーロッパ知名同志画像」と表紙絵や挿絵を提供。37年E運動50周年記念としてJEIがエッチングのザメンホフ像を美術複製して頒布。38年訪欧中の久保貞次郎とパリで会い，大英博物館訪問に便宜を図る。没後にもRO誌にカットが掲載。父の小伝をEで刊行。圕Octave Mirbeau 'Administracio'（EL 1935.1～2），"Camille Pissarro ; son art-son œuvre"（L. Venturiと共著．Paris : P. Rosenberg, 1939），"Vivo de Pisarro"（Portugala Eldona Rondo, 1948），"Ludovico-Rodo Pissarro (1878-1952) : retrospective exhibition, 11th November to 7th December 1996"（London : Stern Art Dealers, 1996）．參EL 1935.4, RO 1937.11,「Ludovic Rodo Pissarro」（RO 1953.1），「久保貞次郎新JEI会長を訪ねて」（RO 1989.7），太田将勝「久保貞次郎論　創造美育活動初期まで」（『上越教育大学研究紀要』21 : 1, 2001）．

土方辰三 | ひじかた たつぞう | 1904.6.8～1985以降

東京/佐倉中，浦和高，東大（1928）/英文学者。1934年五高教授，39年浦和高教授などをへて，49年東大助教授，53年教授。65年停年退官し，成蹊大教授。日本ハウスマン協会初代会長。守随一，新国康彦らと浦和高E会を創立。圕『イギリスの文学』（東京創元社，1958），「明治・大正・昭和 詠草」（櫟林社編『櫟林の仲間たち』同社，1975）ほか。參新国康彦「職業行政から社会福祉へ」（櫟林社編『櫟林の仲間たち』同社，1975）．

菱沼平治 | ひしぬま へいじ | 1869～1937.11.15

宮城/宮城中（中退），成立学舎，東洋英和，教員検定（1898），シカゴ大院（1911）/英語学者。正則英語学校，麻布中などの教諭をへて，1907年広島高師教授，28年神戸女学院専門部長。広島高師在職時，広島E倶楽部に参加。圕ミルトン『コウマス』（丁未出版社，1919），『菱沼先生遺稿集』（修文館，1939）．

參松村幹男「菱沼平治と英語教育」（『英学史論叢』日本英学史学会中国・四国支部, 23, 2000）．

ビショップ | R.J.W. Bishop | ?～?

神戸在住の貿易商。The Pacific Commercial Co. に勤務。1923年神戸E社交会で普及活動。息子K.W. BishopもE学習。參『神戸のE』．

日高第四郎 | ひだか だいしろう | 1896.2.16～1977.12.14

東京/学習院中等科，一高（1918），京大（1922）/高田休広と一高英法科の同期。国立教育研究所初代所長，文部事務次官，国際基督教大名誉教授など。学校教育法，教育基本法制定に尽力。キリスト者。1921年末頃JEI入会。24年東京高師で70名にE講習。圕『教育改革への道』（洋々社，1954），『民主教育の回顧と展開』（学習研究社，1966）．參『現代日本朝日人物事典』．

人見誠治 | ひとみ せいじ | 1898.1.12～1978.1.16

秋田/秋田中（1915）/1927年秋田魁新報社に入り，47年社長，69年会長。秋田県教育委員長など。23年頃JEI入会。參鷲尾三郎『戦後秋田を興した25人』（秋田文化出版社，1989）．

人見亨 | ひとみ とおる | 1909.4.1～1959.3.1

京都/京都師範/京都の小学校教員。師範学校在学中にプロレタリア作家同盟に参加。1930年京都市の小学校教員となり，日本労働組合全国協議会日本教育労働者組合京都支部の組織指導に当たる。教職を追われた後，消費組合運動，部落解放運動，農民組合運動へ。戦後，日本共産党に入るも，55年第6回全国協議会で離党。59年亀岡市長選に出馬して落選。32年第一養正小（京都）の少年団にEを指導。參朝田善之助『差別と闘いつづけて』（朝日新聞社，1969），『解放のいしずえ（新版）』，『日本社会運動人名辞典』．

日野巌｜ひの いわお｜1898.9.1～1985.3.13

山口/六高 (1920), 東大 (1923)/号青波/農学博士。1926年宮崎高等農林学校教授。日向郷土会を主宰し, 雑誌『日向』を刊行。40年県立上代日向研究所民俗部主査。42年陸軍司政官として南方に転出。サランゴール博物館長, 仏印農林大学長, 山口獣医畜産専門学校教授をへて, 49年山口大教授, 53年農学部長。のち宇部短大教授。23年頃JEI入会。29年宮崎高等農林学校でE講習を主宰。31年12月15日橋本竹彦, 巣山毅, 堀内恭二らと宮崎E会を結成し会長。33年第10回九州E大会 (宮崎) 会長。34年から2年間ブラジル, ヨーロッパで在外研究を行い, E-istoとも交流。40年第28回JK (宮崎) 会頭。JESA会員。著『動物妖怪譚』(養賢堂, 1926), 『植物怪異伝説新考』(有明書房, 1978)。参湯川敬夫「日野巌先生」(『日本植物病理学会』51 : 3, 1985), 松本淳「バベルに挑む」(『宮崎県地方史研究紀要』宮崎県立図書館, 31, 2005)。

日野巌｜ひの いわお｜1898.3.24～1982.8.16

愛媛/慶大/筆名日野畠夫/20世紀初頭西域を踏査し, 『伊犂紀行』を著した日野強 (つとむ, 1866～1920) 少佐の子。中学教師をへて, 福知山高, 成美学園で教鞭を執り, 京都短大教授。『三田文学』などに小説を発表。のち『英文大本』編集者。中学時代E学習。戦後, EPAの活動に協力, "Nova Vojo" へ寄稿し, E文英訳も。1964年JEI入会。UEAデレゲート (綾部)。著『我独り清めり』(『新文明』新文明社, 5 : 11～6 : 2, 1955～56), 「言葉という問題」(NV 1971.10)。参"Japanaj E-istoj"。協俗大福。

檜山実｜ひやま みのる｜1907.6.1～1982.12.18

東京/成蹊高, 東大 (1932)/薬学博士。1943年大日本製薬に入り, 59年製剤部長, 61年常務取締役など。成蹊高在学中にJEIに入り, 29～30年評議員。東京学生E-isto連盟, 帝大E会で活動。61年5月JEI再入会。65年第50回UK大阪後援会顧問。

日吉フミ｜ひよし ふみ｜1904.1.2～1989.12.18

東京/日本女子大 (1925)/新姓奥平/奥平光の妻。1925年結婚により改姓。23年佐々城佑の指導でE学習。参鈴置二郎編「神戸の戦前のE界を語る」(LJ 1989.4)。協甲斐ルミ。

平井征夫｜ひらい ゆきお｜1944.5.7～2002.9.30

満洲/大阪外大, バルセロナ大/Dil Avia/スペイン語通訳, 翻訳家。1974年妻倭佐子の影響でE学習。75年1月JEI入会。79年カタルニア語の研修とスペイン市民戦争に参加したとされるE-isto部隊AntaŭenとMangada大佐の調査のためバルセロナ大へ留学。80年大阪E会入会, のち機関誌を編集。80～82年ESに「バルセロナ日記」を連載。87年大阪市環境保健局が環境汚染監視センター (天王寺区) に設置した環境データ処理システムをE風にPROSPERIOと命名。93年第78回UK (バレンシア) で "E kiel batalilo-Verda Majo kaj Generalo Mangada" を講演。94年12月「フリッツ・ヒューザー研究所所蔵　労働者E運動史展」のピースおおさか (大阪国際平和センター) での開催に尽力。94～97年JEI評議員。99年大阪・ハンブルク姉妹都市提携10周年記念行事に大阪E会を代表してハンブルクE会と協力して参加。同年大阪市クレオ西大阪主催の「インターネット時代の国際語―E入門」を企画し, 入門講座を指導する一方で, 藤本達生, Joel Brozovsky, 田平正子, 峰芳隆, 寺島俊穂ら計13人の外部講師にE文化の現状を話させた (受講者約60人)。2000年第48回関西E大会 (堺) でシンポジウム「地球時代のコミュニケーション」を企画, 司会。UEAデレゲート (歴史, 文学, 観光), SAT会員など。02年12月大阪で追悼会。著「韓国を旅して」(倭佐子と共著, ES 1978.2), 'Kun E al Hispanio' (LM 1979.5), B. シュベールカソー・J. ロンドーニョ編『歌っておくれビオレッタ』(共訳, 心泉社, 1988), 'El nia kajero' (LM 1989.7～90.8), 'Pri UK en Valencio' (LM 1993.7), 「日本の仲間も活躍」(LM 1993.8), 「78a UK余話」(LM 1993.9), 「幻のE-isto部隊〈Antaŭen〉」(LM 1993.11～94.1), 「翻訳研究会に参加して」(LM

1994.10),「労働者E運動史展」(LM 1995.1),「OESドタバタ劇笑史」(同), 'Pri mia tradukajo' (LM 1995.10),「スペイン戦争とE」(LM 1997.6),「今年を目指す大阪・ハンブルグ両E会」(LM 1999.1),「OESプロジェクト着々進行」(LM 1999.5),「クレオ西E講座奮戦記」(LM 1999.9),「「つながり小辞典」発刊準備」(LM 2000.4),「より強力な"民際"運動を!」(LM 2000.6),「言葉の向うに」(LM 2001.1),『バルセロナ日記』(リベーロイ社, 2003), "Hispana, Kataluna, Mangada..." (リベーロイ社, 2003). 参栗栖継「宝木武則にあらためて要望する」(LM 1995.3),『日本のE-isto名鑑』, G. Roemer 'Planoj kaj esperoj' (LM 1999.5), 松本徹「親分の死を悼む」(LVO 2002.10), 辰巳博「平井さんとKompona Klaso」(LVO 2002.11), 後藤純子「平井征夫さんの死を悼む」(RO 2002.12), 三津英子「平井征夫さんあまりにも早すぎます」(LM 2002.12), 平井倭佐子「遺稿集『バルセロナ日記』の出版」(LM 2003.9), 同「わたしの出した1冊の本」(RO 2004.4). 協石野良夫.

平岩馨邦 | ひらいわ よしくに
1897.11.10～1967.10.2

東京/東京府立一中(1915), 一高(1920), 東大(1923)/理学博士. 1937年広島文理大教授, 64年福岡女学院短大初代学長など. 広島で被爆. 敬虔なキリスト者. 三浦元春, 吉田洋一と一高理科の同期. 21年10月江崎悌三, 吉岡俊亮とJEI入会. 著『しろねずみ』(丸善, 1941),『私の動物記』全2巻(平岩先生古稀記念著書刊行会, 1967).

平岡伴一 | ひらおか ともかず
1894.4.25～1975.2.17

東京/早大(1916), 東大(中退)/長野中, 茨城商, 呉中などの教諭をへて, 1939年富山高, 57年富山大, 60年愛知学院大各教授. 24年E学習. 27年日本ローマ字会富山支部設立. 36年富山E会長. 50年富山大E研究会新設に際し顧問. 51年小寺廉吉と富山県E連盟を創立し, 53～60年会長. 61年第48回JK(富山)名誉会長. 著『ローマ字引き和英辞典』(共編, 日本のローマ字社, 1930),「みどりの教室」("La Lumo el Toyama"富山大E研究会, 3, 1951),「新国際語Neo」("La Torĉo" 26, 伊藤巳西三, 1961),「日本大会の意義」(『北日本新聞』1961.8.2夕刊),「ドイツ語研究とE」(RO 1963.6). 協丹羽正久.

平岡昇 | ひらおか のぼる
1904.9.19～1985.12.3

福岡/福岡高, 東大(1928)/仏文学者. 東大, 早大各教授など. 福岡高在学中の1922年5月西南学院で開かれた講習会で永松三幹にEを習い, JEI入会. 28～32年JEI評議員. RO(1930.3)を編集. E文学研究会にも参加. 中垣虎児郎と親交. 著ブウルジェ著『作家の心理』(山本書店, 1935)ほか多数. E関係に'Pri "noh"' (RO 1926.7),「泰西エス文芸の渉猟」(RO 1927.1～7), 石川雅望著'Efiko de forgesigilo'〔忘れ薬のききめ〕(RO 1927.4), 'Traduku nuntempan literaturon!' (RO 1927.7), 志賀直哉著'Seibei kaj la kujetoj'〔清兵衛と瓢箪〕(RO 1927.12),「ワシリイ・エロシェンコ」(RO 1930.3), 時枝誠之著"Traktato pri la origino de japana popolo"〔日本民族の起源〕(露木清彦と共訳, JEI, 1930),「中垣君の思い出」(NR 1972.7)など. 参『昭和2年KEL年鑑』,『現代日本朝日人物事典』.

平川さだの | ひらかわ さだの | ?～1977以降

日本女子大/旧姓矢島/1926年結婚により改姓. 22年日本女子大で開かれたE講習会で, 何盛三の指導を受ける. 森田(佐々城)松栄らと勉強を続け, 25年1月JEI入会, 同年春クララ会結成に参加. 26年5月1日E普及講演会において,「Eの命」をEで講演. 晩年までJEI会員. 著'Voĉeto de talpido' (RO 1925.11), 'Sopirante al bedaŭrata animo' (RO 1926.3), 'La vivo de E' (RO 1926.8),「故佐々城夫人を偲びて」(RO 1933.8).

平川寿 | ひらかわ ひさし | 1914.1.9～2006.10.12

広島/広島県呉市で平川印舗を自営. 1933年E学習, 35年JEI入会. 戦前, 矢野泰と協力して呉E運動の振興に努力. 戦後, 呉E読書会に参加. 76年頃呉市で「読書とおしゃべりの会」を主宰. KLEGの活動を財

政面でも支援。中四国E連盟結成大会、関西E大会などの記念スタンプを制作し寄付。E蔵書は、生前、吉田肇夫へ。参'Jen ŝi, jen li'（LM 1975.5）、吉田肇夫「広島のE情報」（RO 1989.5）、同「訃報」（『広島E会報』204, 2006）。

平沢義一｜ひらさわ ぎいち｜?~1934.1

1929年頃東京YMCAにE研究会を組織。30年秋JEIの初代専任書記に採用されたが、病気のため10ヵ月で退任。その後も病軀をおしてJEIで講師を務めた。参「平沢義一君の訃」（RO 1934.3）。

平田勲｜ひらた いさお｜1888.6.17~1942.10.22

東京/千葉中、四高（1910）、東大（1915）/旧姓相磯/千葉、東京各地裁検事、大審院検事などをへて、1936年東京保護観察所長、38~41年満洲国司法部最高検察庁次長。三・一五、四・一六事件合同公判の立会検事。佐野学、鍋山貞親らの転向に関与。E運動の国策順応に働き、38年3月16日JEIで「非常時局とE」、39年8月6日全満E懇話会（新京、現長春）で「時局とE必修」を講演し、「E精神こそ八紘一宇の精神と一致する」と。E報国同盟の影の演出者と目される。著『非常時局とE』（JEI, 1938）、「「八紘一宇」とE」（『新京日日新聞』1939.10.21~24）。参「昭和14年全満E懇談会」（RO 1939.10）、松本健一「平田氏講演の反響」（RO 1940.1）、朝比賀昇「E報国同盟結成のころ」（NR 1973.6）、同「E報国同盟の人びと」（RO 1987.8）、伊藤晃『転向と天皇制』（勁草書房, 1995）、松本健一「日本E運動史外伝 3」（RO 2000.3）。

平田岩雄｜ひらた いわお｜1910.12.9~1986.10.9

北海道/札幌二中/日本製鋼所室蘭製作所機械工場事務職員。1933年E学習。40年JEI入会。何度か中断をへながらも、室蘭E会長を務め、北海道E運動に貢献。60年4月15日JEI室蘭支部結成に際し支部長、第24回北海道E大会（室蘭）準備委員長。著『国際語E』（『室蘭民報』1959.8.28）。図濵田國貞。

平田義次｜ひらた よしつぐ｜1903頃~1943⇔1951

神奈川/三高（1923）、東北大（1927）/桜田一郎、松下進らと三高理科甲類の同期。特許局機械部に勤務。1921年2月JEI入会。

平塚らいてう｜ひらつか らいてう｜1886.2.10~1971.5.24

東京/東京女高師附属高女（1903）、日本女子大（1906）/本名明（はる）、雷鳥、明子とも/婦人解放運動の指導者。1911年『青鞜』を創刊。55年世界平和アピール七人委員会創立委員の一人。49年世界連邦建設同盟入会を機に、姪の小高美沙子（小高英雄の妻）を講師として、夫奥村博史（1889~1964, 事実婚）、長男夫婦と家族ぐるみでE学習。E講習会の会場に自宅を提供。EVA協力会員となり、EVA（21, 1956.12）や同（44, 1962.10）に便りが掲載。著『平塚らいてう著作集』全8巻（大月書店, 1983~84）ほか多数。E関係に「平和のつばさ」（『婦人タイムズ』1950.1.22；『著作集』7巻所収）、「人類に一つ言葉を！」（『文藝春秋』1951.3；『著作集』7巻所収；LM 1987.9再録）など。参小林登美枝『平塚らいてう』（清水書院, 1983）、米田佐代子『平塚らいてう』（吉川弘文館, 2002）、『現代日本朝日人物事典』、『近代日本社会運動史人物大事典』、『日本アナキズム運動人名事典』、「日本女性運動史人名事典」。図NPO平塚らいてうの会、米田佐代子、硲大福。

平出種作｜ひらで たねさく｜1892.9.30~1964.2.13

静岡/小学校（中退）/植物染料の専門家として岡山乾溜、日本山林工業（三重）、日本染料製造（大阪）などに勤務。草木染をよくした。戦後、九州で進駐軍相手の通訳。植物画も得意として、上村六郎『日本上代染草考』（大岡山書店, 1934）などに口絵として提供。のち家族会議で姓の読みを「ひらいで」に。1921年2月新しき村岡山支部の同人として成田重郎にEを習い、翌月JEI入会。同年対馬厳原でE講習を実施。岡山E会で伊東三郎、難波英夫と知り合う。24

年10月JEI大阪支部創立委員。難波英夫の『ワシラノシンブン』E欄に寄稿。25年2月大阪府南河内郡野田村のワシラノシンブン社でE講習を行い、終了後、Verda Montoを結成。26年6月渥美小（大阪）で開かれた第2回E学術講演会で「硝子印刷の話」を講演。タゴール『犠牲』、司馬江漢『江漢西游日記』などをE訳するが、未刊。59年12月JEI再入会。 著「猿と神さまと人間の話」（『週刊朝日』1923.7.8）。 参 RO 1925.3, 伊東三郎「平出種作君をおもう」（RO 1964.7）、平出隆『鳥を探しに』（双葉社、2010）、同「書きこぼしの鴉」（『日本経済新聞』2010.5.30）、同「私のティーアガルデン行 6」（『scripta』紀伊國屋書店, 26, 2013）、峰芳隆「種をまいた人びと 1」（RO 2013.1）。 協 平出隆。

平野亥一 | ひらの いいち | 1900頃～1953以降

千葉/六高（1921）、東大経済学部、同文学部（1928）/国際文化振興会に勤務。六高在学中の1921年2月JEI入会。 著「上野藤原の獅子舞歌」（『民俗芸術』3:1, 1930）。

平野子平 | ひらの しへい
1892.10.20～1935.2.22

静岡/八高（1914）、東大（1919）/医学博士。札幌鉄道病院外科長などをへて、1931年仙台鉄道病院副院長兼外科医長、32年院長。33年10月からの在外研究中に、敗血症のためベルリンで客死。29年10月23日札幌鉄道E会設立に際し初代会長。31年10月より仙台E会の総務を担当。31年末仙台鉄道E会を創立し、会長として仙台鉄道病院の職員らにE講習。JELF顧問。 参 仙台E会・仙台鉄道E会「平野子平博士を悼む」（RO 1935.6）。 協 都立中央図書館。

平野宗浄 | ひらの そうじょう
1928.7.2～2002.7.6

大阪/花園大（1955）/俗名五郎、室号素雲軒/1945年大徳寺真珠庵（京都）で出家得度。64年花園大講師、71年助教授、76～88年教授。92年瑞巌寺（宮城）住職。花園大で柴山全慶から禅を学ぶ。禅の国際化に努力

し、インド、タイ、中国などを訪問したほか、2000年にバチカンを訪問してローマ法王とも会見。妻廣子が後藤斉のE講習に参加したのが縁で、95年3月夫婦揃って仙台E会入会。 著『一休宗純』（名著普及会, 1981）、『一休と禅』（春秋社, 1998）。 参『禅文化』（禅文化研究所, 186, 2002）、『現代瑞巌寺の一世紀を回顧して 江月・白雲・五雲・素雲 四代展』（瑞巌寺, 2004）。

平野長克 | ひらの ながかつ | 1895.3.4～1966以降

東京/東京外語/筆名夕顔、誠也（せいや）、星磨、B.S.N. Hirano, J.H., J.N. H/男爵。画家、小説家、詩人、科学者と称す。田原本藩主平野長裕（1845～1872）の孫。貴族院議員平野長祥の長男。伊藤徳之助と小学1年から同級。東京放送局、大正日日新聞社、大阪証券取引所などで働き、東京、大阪、仙台、札幌などを転々。Eは、1916年独学後、秋より小坂狷二の指導を受ける。同年JEA入会（会員番号1104）。19年2月普及活動の活発化のためJEA幹事に。20年7月福田国太郎、相坂佶、森内英太郎と資金を出し合い、"Verda Utopio"を創刊、挿絵も担当。大阪E協会員阪本朝子と結婚。49年8月『東北タイムズ』を創刊、題字、社是、その他随所にE記事を掲載。UEAデレギート、JEI会員など。 著 'Koro en Noktomezo'（JE 1918.1）、'Kiel Malbele! Kiel Belege!'（JE 1918.5～19.3）、'Japaninoj kaj E'（JE 1919.4）、'Granda tertremo'（RO 1923.10）、平野長克「吾が友は逝きぬ!!」（RO 1961.6）、「あの頃の事」（RO 1966.1）。 参『改訂版・北海道E運動史』。

平野雅曠 | ひらの まさひろ
1911.2.13～2005.4.24

熊本/熊本中（1928）/旧名正夫/「天草小唄」の作詞家。1930～71年熊本市職員。29年E独習。38年同僚の市原梅喜がEでタイプを打つ姿に発奮、市原、伊東三郎に交わり学習再開。39年5月JEI入会。48年独力で"Verda Kampo"創刊。長田新編 "Infanoj de l'atombombo〔原爆の子〕"（JELK, 1951；1958）、清水幾太郎 "La infanoj de militbazoj

〔基地の子〕"(JELK, 1954)の共同E訳に参加。秋田雨雀監修『世界の子ども』全15巻(平凡社，1955〜57)の編集に協力。61年日独友好百年祭でドイツを旅した坂口主税熊本市長の意を汲み，ハイデルベルク市のE-istoに市民生活の情報提供と関係当局への打診を依頼。数回の文通がニュースとなったことがきっかけで，92年両市は友好都市に。晩年はE界を退き，古代史の研究と執筆に専念。SAT会員。息子有益もE学習。圕『熊本E運動史』，「伊東三郎の墓前で」(LM 1979.4)，「『姉妹都市』裏方話」("Vojo Senlima"熊本E会, 78, 1982)，『鄙語随記』(私家版, 1999)。參保村翠「Estimata平野雅曠さんにお会いして」("Vojo Senlima" 147, 2000)，"Vojo Senlima" (164, 2005)。圀平野有益，野村忠綱。

平野利助｜ひらの りすけ｜1893.6.30〜1943以降

京都医専(1919)/羽津病院(四日市)副院長などをへて，四日市に平野医院を開業。1930年羽津病院の看護婦30名にE講習。福田正男によれば，戦時中，右傾化。UEAデレギート(四日市)。參「地方E運動紹介三重県」(RO 1932.3)，福田正男「北勢E連盟五井博士をしのんで」(SAM 1973.10〜75.10)。

平林繁雄｜ひらばやし しげお｜1900〜1928.8.17

奈良/岩倉鉄道学校/鉄道省工作局車輛課などに勤務。堀真道と小学校の同窓。1920年5月JEI入会，23年委員となり，保坂成之らと庶務を処理。參保坂成之・小坂狷二「平林繁雄君の死」(RO 1928.10)。

平松喜三郎｜ひらまつ きさぶろう｜1882.2.8〜1966.6.4

長崎/旧姓尾崎/長崎市で米穀貿易業「松尾屋」を経営。戦後，長崎県食糧営団理事長，長崎食糧倉庫会長などに。1926年頃JEI入会。

平松金次｜ひらまつ きんじ｜1896頃〜1964.8.25

神戸一中(1914)，関学(1919中退)，京大/島根県立盲学校講師。1957年松江経理学校でE講習。59年6月JEI入会。市民へのE普及を図ったほか，同僚森田誠とともに盲学校内のEクラブを指導し，各国の盲学校とのE通信を推進して，58年度から選択科目に。59年ザメンホフ百年祭に際し点訳奉仕活動を提案し，ボランティアに点字を指導。圕「点訳奉仕をしよう」(RO 1963.11)，「盲学校で選択科目に」(RO 1958.6)，「E学習と点訳奉仕」(RO 1960.6)。圀岸博実。

平松義輝｜ひらまつ よしてる｜?〜1945?

東京/早稲田高等学院，早大/別名辻久夫，相良武夫/早大一高等学院在学中に村上信彦らとアナキズムに傾倒し，早大進学後，『黒旗』に参加。太平洋戦争末期，フィリピン戦線で病気になって置き去りにされ，手榴弾で自爆したと伝えられる。村上とともに小池英三にEを学び，1929年11月山鹿，安井義雄，島津末二郎，古河三樹松らと"La anarkiisto"を発行。同誌に古田大次郎(1900〜1925)の遺稿を訳出。參『日本アナキズム運動人名事典』。

平山重勝｜ひらやま しげかつ｜1904〜1994.4.5

愛知/三重高農(1925)，京大(1928)/農学博士。徳川生物研究所，厚生省衛生試験所などをへて，1954〜67年三重大，67〜76年松阪女子短大各教授。Eは，中学時代，講習会に参加し，石黒修から手ほどきを受ける。三重高等農林学校2年生の24年教授野知里慶助によって設立された同校E会の代表に。晩年再学習を志し，91年JEI入会。圕『植物のヴァイラス病』(岩波書店, 1938)，「希望は生ある限り」(RO 1991.4)。參RO 1924.4, 久能均「平山重勝先生」(『日本植物病理学会報』60 : 4, 1994)。

昼間和男｜ひるま かずお｜1911頃〜1945.7.15

東北大(1935)/大学を卒業して，野砲兵第二連隊付陸軍軍医となり，陸軍軍医学校入学。東北大医学部E会員，吉田松一の教えを受ける。南方戦病死。圀東北大艮陵同窓会。

弘好文 | ひろ よしぶみ | 1898.5.6~1958.6.19

熊本/五高(1920), 東大(1924)/医学博士。北条春光と五高, 東大の同期。1930年札幌市立病院小児科医長, 47年熊本医大, 50～58年北大各教授, 52年財団法人愛育協会初代理事長。東大在学中にJEI入会。JEMA会員。 参 『故弘好文教授業績目録』(北大医学部小児科学教室, 1960)。

広瀬基 | ひろせ もとい | 1873.6.22~1943以降

新潟/大阪医学校(1901)/産婦人科医。市立奈良病院, 丹後峰山病院などをへて, 1911年新潟市に広瀬医院を開業。26年JEMA創立後, 新潟県地方支部幹事を務めた。JEI会員。 著 「中支那に於ける所謂黒熱病」(『北越医療会雑誌』54:12, 1939)。

広瀬静水 | ひろせ やすみ | 1925.6.4~2007.1.17

京都/同志社大/大本教主出口紅の父。1945年大本に入り, 48年出口直日・日出麿の次女麻子と結婚。大本総務, 大道場長, 参議をへて, 総長。人類愛善会名誉会長, 世界連邦日本宗教委員会委員長など。57年E学習。65年2月JEI入会。UK, JKの大本分科会で基調講話。バチカンの「世界宗教者の平和と祈りの集い」でEの意義を世界の宗教家に訴えた。 参 "Japanaj E-istoj"。

広田直三郎 | ひろた なおさぶろう
1872頃~1943.2.25

福岡/豊津中(1891), 第五高等中(1894), 東大(1898)/釜山, 会津, 長崎, 恵那の各中学校長などをへて, 1931～34年東京鉄道中第5代校長。千住武次郎と第五高等中文科の同期。JEA会員(会員番号1073)。JEIにも参加。 著 『中学西洋歴史』(来島正時, 1900), 『寒灯夜話』(私家版, 1915)。

広田洋二 | ひろた ようじ | 1899.8.22~1990.9.17

東京/東京高師附中, 一高(1921), 東大(1924)/外交官, 外交評論家。女性解放運動家加藤シヅエ(1897～2001)の弟。サンフランシスコ領事館領事, 上海日本総領事館情報部長など。極東軍事裁判で白鳥敏夫を弁護。舟橋諄一, 堀真道らと一高英法科の同期。JEI会員。 著 「Eの創始者ザメンホーフの伝」(『改造』1922.8), 「E講座」(『女性改造』1922.11), 「中共の対外政策の20年—1949～1969年」(『月刊共産圏問題』14:3, 1970), 「自主外交の構図と戦略目漂」(『日本及日本人』1481, 1970)。 参 『日本近現代人物履歴事典』。

弘中一雄 | ひろなか かずお
1910.2.25~1980以降

茨城/日大(1936)/医学博士。婦人科医。東北大, 古河炭鉱病院などをへて, 1956年横浜に弘中医院開業。35年E学習。51年11月古河炭鉱病院で初等E講習会を開催・指導。69～70年横浜E会長。 参 "Japanaj E-istoj"。

広松武夫 | ひろまつ たけお | 1911.4.1~1963以降

福岡/長崎高商(1931)/三井化学工業大阪営業所代理, 名古屋営業所長など。1930年6月25日長崎高商E会を結成。

ふ

符悩武 | ふ のうぶ | 1903~1932.3.16

中国広東省/1919年Eに触れ、25年本格的に学び、上海世界語学会に参加。27年鎮江世界語学会を設立。UEA デレギート（鎮江）。30年7月高原憲の招きにより日本語学習のため6ヵ月の予定で長崎へ。長崎のE活動に参加し、同年8月第7回九州E大会（中津）で挨拶。城戸崎益敏らの知己を得る。10月大津、京都、松江などでE-istoと交流して帰国。32年1月鎮江世界語学会の機関誌"Matenigo"を創刊し、日本の中国侵略を非難する論陣を張るが、間もなく病死。著『世界語日記作法示範』（緑葉書店、1936）。参「内地報道」(RO 1930.9)、『中国世界語運動簡史』。

ブーイ | Henry Pike Bowie
1848.4.1~1920.12.23

米国/カリフォルニア大/雅号威威/法律家。日本文化に深く関心を寄せ、日本画を研究し、自らも描く。日本人と結婚。詩人平野威馬雄の父、歌手で料理研究家平野レミの祖父。レミの回想に「ことばはドイツ語、フランス語から、E語まで話せ、父は厳しく教えられたようです。」とあるが、不詳。著"On the Laws of Japanese Painting" (P. Elder & Co., 1911)。参「日本愛した風流人ブーイ氏、"近代日本画の夜明け展"で異彩放つ」（『朝日新聞』1989.5.4）。

フェドルチャク | Dimitri Fedorčak | ?~?

ハンガリー/1921年第13回UK（プラハ）に参加。パリ、ロシアをへて、33年3月～34年にかけて滞日。33年には東京、横浜、名古屋、京都、大阪、神戸、福岡県京都郡、台北、金沢などで、旅行談を語り、各地でE-istoと交流。京都では柴山全慶宅に滞在し、5月4日臨済宗大学のE展覧会で講演（柴山全慶通訳）。外島保養院（村田正太院長）を訪問してEグループとも交流。34年にも名古屋、仙台、秋田、小樽、札幌、京都、広島、京城（現ソウル）などを訪問。名古屋では講習会に飛び入り参加し、直接教授法を実演。この前後、南京も訪問し、中国E運動に刺激を与える。参『和歌山とE』。

深井正淑 | ふかい まさよし | 1906.5.3~1975.6.1

富山/富山高（中退）/筆名 Maf/立山製紙工場長、取締役などをへて、北陸白洋舎を創立。1928年Eを学び、JEI入会。31年石黒彰彦らと富山E会を再建。32年5月21日マヨールの講演を通訳。同年12月大場格、問田直幹、鶴野六良、花村秋義、余川久雄、松田周次と日本国際速記協会を設立。61年第48回JK（富山）会長。UEA デレギート（富山）。イズグール"Je la nomo de la vivo"の日本語訳の遺稿があるとされる。著テオベルト「革命的工場新聞」（『プロレタリア科学』プロレタリア科学研究所、2 : 12, 1930），'Sur la gusta vojo' (RO 1932.5)，「1934年を我等はかく戦う」(RO 1934.1)，「Eと県知事一行」（『富山日日新聞』1936.11.6）。参『旧制富山高等学校思想文化運動史』（新興出版社、1983）。

深見弾 | ふかみ ただし | 1936.6.15~1992.7.28

岐阜/早大(1959)/本名山田忠/1959~79年ナウカに勤務後、フリーの翻訳家としてロシア、東欧のSF作品を多数紹介。中学時代Eに興味を持ち、個人教授を受けたが、担任教師の妨害で中断。ESの購読者で、一時編集にも参与。生涯Eを支持。著ロイス著『チェルノブイリからの脱出』（徳間書店、1992）ほか多数。E関係は、「Eでこそ日本SFの翻訳紹介を」(ES 1980.3) など。

深谷昌次 | ふかや まさつぐ
1913.10.19~1974.9.3

埼玉/浦和高、東大(1938)/農学博士。大原農業研究所などをへて、1951年農林省農業技術研究所昆虫科室長、56年昆虫科長、66年退職後、東京教育大教授。浦和高在学中にE学習。36年JEI入会。浦和高出身の帝大学生で結成された Marŝada Grupoを守随一、笹山晋夫らと支えた。62~65年JEI評

議員。福田正男によれば,「流暢なEの話し手」。著「E余談」("La Dua Batalejo"浦和高E部, 14, 1939),『作物害虫の天敵』(河出書房, 1950),『虫』(三十書房, 1956)。図福田正男。

福井愛親｜ふくい あいしん｜1906頃~1974.2.1

新潟/1930年教員組合結成運動に参加し,教職を解雇。46年日本共産党入党。47~50年新潟県教員組合村上支部執行委員, 本部執行委員など。31年5月樋口幸吉らとPEU新潟支部を創立し責任者。48年新潟県岩船郡村上町青年団文化部の招きで,「新しい日本のための国際語Eについて」を講演。参「国内通信」(RO 1948.9)。

福井一明｜ふくい かずあき
1927.12.4~2003.7.6

和歌山/東京教育大体育学部(1954), 同教育学部(1956)/島根大名誉教授。1961年講師として島根大へ赴任後, 直ちに学内でE講習。65年JEI松江支部副支部長, EPA松江支部副支部長。同年11月島根県, 松江市各教育委員会, 島根新聞社後援のE講習会を酒井菫と指導。著『学校保健概説』(第一法規出版, 1992)。

福生祐郎｜ふくお すけろう
1885.10.27~1943以降

三重/愛知医専(1908)/医学博士。1913年ドイツ留学。帰国後, 愛知医専教授をへて, 19年四日市に福生医院を開業。26年頃JEI入会。26年JEMA創立後, 三重県支部幹事を務めた。

福岡誠一｜ふくおか せいいち
1897.6.1~1975.8.19

高知/七高(1920), 東大(1923)/正木ひろしと七高英法科の同期。1927年新聞連合漢口支局長。のち外信部長ロンドン特派員をへて, 36年同盟通信に転じ, ロンドン支局長, 大阪支社長, 南方総局長を歴任。48年リーダーズダイジェスト日本支社に入り, 編集長。電通取締役。日本ばら会理事。

東大在学中にEを学習。長谷川如是閑に協力して『我等』を編集し, 藤沢親雄やエロシェンコにE関連記事を執筆させ, 自らもエロシェンコ「落葉物語」などを対訳で掲載したほか, E講座も連載。エロシェンコの第一創作集『夜あけ前の歌』(叢文閣, 1921), 第二創作集『最後の溜息』(同)の発行に協力。22年北京の魯迅宅に滞在中のエロシェンコを訪れて滞在し, 魯迅から訳書『愛羅先珂童話集』(1922)を, 扉に"Al kara sinjoro S, Fukuoka/de la Tradukinto"と献辞入りで, 受贈。第三創作集『人類のために』(東京刊行社, 1924)の編者。『解放』にエロシェンコ著「落ちる為の塔」を訳載。著ションフィールド著『スエズ運河』(岩波書店, 1940),『ばらを楽しむ』(主婦の友社, 1965)。参峰芳隆「エロシェンコと比嘉春潮」(LM 1980.12), 藤井省三『エロシェンコの都市物語』(みすず書房, 1989), 峰芳隆「如是閑とE」(LM 1990.5), 太田哲男『清水安三と中国』(花伝社, 2011),『盲目の詩人エロシェンコ』,『反体制E運動史』。

福島要一｜ふくしま よういち
1907.8.5~1989.9.1

東京/一高(1930), 東大(1934)/三角省三と一高理科甲類の同期。1936年岡山県薄荷試験所長, 39年北京興亜院華北連絡部農政班へ。43年帰国後, 農林省農事試験場農業気象部長, 47~49年統計調査部作物報告課長。退官後, 消費生活研究所理事, ベトナム戦犯裁判日本代表など。農学, 環境, 平和問題などで国際的に活躍。農文協図書館に福島要一文庫。E学習歴は不明。56年日本E運動50周年記念に際しJEI賛助会員。著『あすのための警告』(新潮社, 1968)ほか多数。参『福島要一先生追悼集』(全国農業教育研究会, 1995)。

福田栄一｜ふくた えいいち
1907.8.19~1979.11.28

三重/明大(1944)/日刊工業新聞社参事など。福田正男の兄。泗水詩人会, 泗水シネマを囲む会, 四日市山岳会, 四日市スキークラブ, 四日市文学同好会, 泗水俳句同人

会の創立に参加。1927年弟正男と一緒にE学習。32年1月9日正男とともに橋北E協会(同年3月泗水E会と改称)を結成。参福田正男「福田栄一死亡」(SAM 1979.12)。

福田国太郎 | ふくた くにたろう
1886.9.6～1940.3.3

鳥取/鳥取県立農学校(1903)/小坂狷二, 千布利雄と並ぶ日本E界初期の三羽烏。アナキスト。1903年 O'Connor "E. The student's Complete Text Book" でE独習。06年JEA入会(会員番号100)。"Internacia Socia Revuo" にも多く寄稿。山鹿泰治との文通が原因で鹿児島の専売局を辞職, 帰郷したところを逮捕, 約1ヵ月拘留。13年上京し, 14年共同火災保険に入社。15年7月平民講演会でエロシェンコの通訳。19年大阪へ転勤。20年7月相955, 平野長克, 森内英太郎と資金を出し合い, 文芸や社会問題を扱う全文Eの "Verda Utopio" 誌を発刊(1923年第3号で廃刊)。22年千布利雄『E読本及文範』(Verda Utopio社)出版。27年, 翌年の第16回JKの大阪開催に備えて大阪E会を設立。SAT創立時から熱心な会員。UEAデレギート(大阪)。蔵書家として知られた。参川崎直一「自慢くらべ―「E」文庫」(RO 1930.4), 伊東三郎『日本E学事始』(鉄塔書院, 1932), 川崎直一「福田さんの憶出」(RO 1940.5), 藤間常太郎「福田国太郎先生を悼む」(同), 山鹿泰治「先輩K. フクダをしのぶ」(LM 1951.3), 小坂狷二「両重鎮国太郎と邦太郎」(VS 1965.11), 山鹿泰治「玉石同架(2)」(LM 1968.3), 手塚登士雄「アナキストのE運動」(『トスキナア』皓星社, 6～11, 2007～10), 『近代日本社会運動史人物大事典』, 『日本アナキズム運動人名事典』, 『反体制E運動史』。

福田源蔵 | ふくだ げんぞう
1881.10.15～1974.1.7

熊本/熊本県師範(1899), 東京高師(1909)/東京高師助教授, 新発田中, 佐賀中各教頭, 高田中, 長岡中各校長などをへて, 1927～44年熊本中, 54～66年熊本鉄道学園各校長。Eは, ガントレットの通信教育で学習。06年JEA入会(会員番号260)。

36年ベルリン・オリンピック視察前に熊本E会へ学習法を照会。参平野雅曠「福田源蔵先生とE語」(『熊本日日新聞』1980.10.20), 藤岡光一「校長福田源蔵先生の想い出」(『福田源蔵先生伝』同刊行会事務局, 1991), 平野雅曠「福田先生とE」(同)。協平野雅曠, 熊本県立図書館。

福田定良 | ふくだ さだよし
1917.4.6～2002.12.12

東京/法大(1940)/本名瀬川行有/哲学者, 評論家。生活者の感覚に立脚した哲学を探求。中学時代E学習。1957年ヨーロッパ留学中に英国でドイツ人E-isto(不詳)と交流。著書『優等生の哲学』(毎日新聞社, 1979)の中で, ズブの素人4人でEの勉強会をやっている, と。著『新選組の哲学』(新人物往来社, 1974)ほか多数。E関係は, 「海外生活さまざま―Eが役に立った話」(『法大学生新聞』1958.5.25), 「自伝的喜劇論」(『思想の科学』1968.12), 「Eでなければできない仕事を!」(LM 1971.3)など。参『現代日本朝日人物事典』。

福田仁一 | ふくだ じんいち | 1913～1957

北海道/量徳高等小/書画骨董商。戦前の小樽E運動の中心人物。1932年北海道E連盟創立に参加し幹事。36年2月自宅に小樽E文庫を設立, 同年12月15日小樽E倶楽部を結成。37年4月E-isto太丸マツと結婚。42年渡満に際し, 300余冊のE蔵書を北海道E連盟へ。UEAデレギート(小樽)。著「国際補助語E」(『小樽新聞』1933.4.28～5.6), 「1934年を我等はかく戦う」(RO 1934.1)。協星田淳。

福田武雄 | ふくだ たけお | 1902.9.30～1981.1.6

大阪/一高(1922), 東大(1925)/工学博士。信濃川・万代橋の設計者。西村浩, 橋本弘らと一高理科甲類の同期。東大名誉教授, 国語審議会委員, 千葉工大学長など。1920年5月JEI入会。著『工業数学』(山海堂出版部, 1934), 『福田武雄博士論文選集』(同刊行会, 1993)。

福田赳夫 | ふくだ たけお | 1905.1.14～1995.7.5

群馬/高崎中、一高、東大 (1929) /大蔵官僚をへて政治家。1976～78年首相。衆院外務委員会 (1972.4.12) で、永田亮一の質問に対する外相としての答弁で「私も実は若いころEというものに興味を持ちまして、教科書も買ったり、それをもとにして学習をしてみたり、ある程度のところまでいっちゃった。ところが今日は全部忘れております。」と発言。著『回顧九十年』(岩波書店、1995)。参『現代日本朝日人物事典』

福田武三郎 | ふくだ たけさぶろう
1883.8～1921以降

島根/松江中 (中退) /別名福田竹三郎/印刷工。1907年大阪平民社に参加。大阪で仕事を転々としながら待遇改善を求めてストライキを指導。08年上京後は幸徳秋水、堺利彦らと親交を結び活動。19年JEA入会 (会員番号1374)、のちJEIにも参加。

福田正男 | ふくた まさお
1912.11.15～1988.11.14

三重/四日市商/筆名丸佐十郎、王彼得、紅田彼得ほか/清貧のうちに生涯をEに捧げたE-isto。福田栄一の弟。E-isto加沢絹子(1931生)の夫。民俗学者福田アジオ(1941生、Azio「アジア」から命名)の父。映写技術、タイプライターにも造詣が深かった。1928年少年雑誌で読んだ9ヵ国語を操るスパイに憧れ、JOCKのラジオ講座でE学習。林好美の通訳によるシェーラーの講演を聞いてEを続ける決意。31年JEI入会。32年兄栄一とともに橋北E協会(のち泗水E会、四日市E会と改称)を設立し、労働者に宣伝。「四日市E会宣伝突撃隊長」を自称。36年加藤隆通、五井義雄らと北勢E連盟を結成。同年東洋文史研究所の創立記念懸賞論文に 'Historieto de japana ŝintoismo' を応募し、選外佳作となり、校訂の上 "Orienta Kulturo" に掲載。37年応召で中国戦線へ。46年4月日本共産党入党。47年県会議員に立候補するも落選。48年第2次JEA委員、49年常任委員。第2次JEA解散に当たり、その残務整理を担当。E友の会を組織し、第2次JEAの機関誌NFに代わって、51年1月SAMを創刊。52～70年JEI評議員。秋田雨雀監修『世界の子ども』全15巻(平凡社、1955～57)の編集に協力。56年TEK代表。58年JEI組織委員会委員。62年7月より第50回UK(東京)組織委員会の有給の専任書記として大会成功のために奮闘。63年中垣虎児郎の支援組織「三金会」を坂井松太郎らと結成。65年から朝明書房を主宰し、自著ほかを多数刊行。中村陽宇・宮本正男編 "Japana kvodlibeto" (La Laguna : Stafeto, 1965)、宮本正男・上山政夫編 "Japana Variacio" (L'omnibuso, 1978) に散文が収録。由比忠之進の焼身に際して『原爆体験記』E訳の草稿と出版資金を託され、その刊行に尽力して、由比の『遺言集』も刊行。RO 1969年3～6月号を編集。71～76年JEI理事、77～79年評議員。79年『基礎E8ヵ国語辞典』などの著述、SAMの発行などの功績により第24回小坂賞。宮本正男の依頼で『日本語E辞典』の校正に参加。85年E発表百周年記念日本委員会発起人。八王子E会名誉会員。高田隆之にEを教えた。著 'Historieto de japana ŝintoismo' ("Orienta Kulturo" 2～5, 1936～37)、「この型この型」(EL 1936.9)、趙樹理著, Zee E訳 "La Tero〔大地〕" (E友の会, 1952)、「林好美さんをしのぶ」(RO 1963.7)、『日本E-isto名鑑』、"Japanaj E-istoj"、林芙美子著 'Putino kaj mangajo〔「放浪記」抜粋〕' (宮本正男・石黒彰彦編 "El japana literaturo" JEI, 1965)、『E便覧』、『E会話再入門』(朝明書房, 1967)、"La Gazetara Servo de la 50-a UK" (編著, 同, 1967)、『E文法再入門・冠詞の巻』(同, 1969)、"K-do H.D. Neumann en nia koro" (小原孝夫と共編, 同, 1969)、『日文E訳再入門』(同, 1970)、ザメンホフ著 "La Homaranismo〔人類人宣言〕" (同, 1970)、『イソップ再入門』(同, 1972)、「Kabe」(RO 1972.8)、「Samideano」(RO 1972.10)、"E Revuoj" (朝明書房, 1973)、「E便覧について」(LM 1974.8)、『かれは集　還暦記念』(朝明書房, 1974)、K. Kalocsay・G. Waringhien 共著『E文法大成 1』(訳注, 同, 1975)、ベトナム外文出版社編『炎の中で　南ベトナム小説集』(共訳, 東邦出版社, 1975)、『E文日訳再入門』(朝明書房, 1976)、『基礎E8ヵ国語辞典 (Fundamenta leksikono oklingva)』(同, 1979), 『阿呆正伝』(編著, 同, 1981), 『世界固有名詞辞典』(編著, 同, 1981), 『E雑学辞典 第1分冊別巻』(同, 1982), 『基礎9ヵ国語辞典 基礎E』(同, 1985). 参松葉菊延「La の周辺」(RO 1969.6), 中西昭雄「市井の人銘銘伝2 十六歳からのEの初心を貫く」『望星』1987.6), 栗田公明「福田正男氏の訃報に接して」(LVK 1988.12), 水野義明「『同志』は不滅だ」(PO 1988.12), 松下理八「福田正男さんの思い出」(LM 1989.1), 熊木秀夫「福田正男さんと私」(RO 1989.2), 市原梅喜 'Kial vi forlasis nin kamarado M. Hukuta' (SAM 1989.4), 西海太郎「E界の生字引・福田さん追悼」(同), 『近代日本社会運動史人物大事典』, "Ordeno de verda plumo".

福田万七｜ふくだ まんしち
1885.11.24～1944以降

京都/日本医学校/内科医. 元大阪電通大学長福田国弥の父. 警視庁衛生課, 田中病院, 伝染病研究所をへて, 1914年京都市に福田医院開業. 20年代後半JEI入会.

福田良太郎｜ふくだ りょうたろう
1884.4.2～1956.3.1

商工中(1902)/1941年北隆館社長. 48年北隆館書店を設立し, 社長を兼任, 51年相談役. 岡本好次と "La Apoteozo de la Dioj: Ebisu kaj Daikoku〔恵比寿大黒二神奉詞〕" (私家版, 1928) を共訳発行. 著『北隆館五十年を語る』(北隆館, 1940).

福谷温｜ふくたに おん｜1896.10.7～1944以降

愛知/京大(1922)/旧姓竹本/内科医. 実業家福谷元次(1880～1943)の子. 京大附属病院をへて, 1931年豊橋病院長. 京大附属病院在職中JEI入会.

福地剣吉｜ふくち けんきち
1883.1.11～1960.2.24

三重/三高(1905), 京大(1908)/裁判官. 1926年欧米留学. 函館, 名古屋各控訴院判事などをへて, 31年徳島, 36年神戸, 39年京都各地裁所長, 43年札幌控訴院長など. 戦後, 京都府保護司会長, 京都地労委会長. 06年JEA入会(会員番号376).

福地誠一｜ふくち せいいち
1909.5.14～1985.5.1

東京/中学(中退)/1932年鵠沼海岸駅前に鵠沼書店開業. アマカメラマンとしても活躍. 27年12月東京放送局のラジオE講座がきっかけで, 小坂狷二『E捷径』で独習. 35年7月JEI入会. 42年石賀修の主張したEの日本語化に反対. 戦後, 藤沢E会の例会を鵠沼書店で開催. 65年第50回UK(東京)に参加. 高木和男と親交. 著「外国郵便が当局の目に」(RO 1982.6), 『鵠沼の五十年』(菜根出版, 1984), 『大震災日記』(高木和男, 1986). 協福地美沙子, 鵠沼を語る会.

福富義雄｜ふくとみ よしお
1897.4.28～1969.3.5

福島/明治薬専(1918)/1920年日本医専調剤員, 34～40年日医大初代薬局長, のち中外新薬商会工場長に転じ, 43年取締役, 52年退職後は製薬会社を自営. 22年頃から明治薬専E会, 東京学生E連盟で活動. 岡本好次, 波多野正信らと Hermesa Rondeto を創立. 27年春より『明友薬剤誌』にE講義を連載. 28年4月 E-isto 金沢キノエ (1937年12月3日没) と結婚し, 新婚旅行を兼ねて第16回JK(大阪)に参加. 28～45年JEI評議員. 35年9月東京薬学 E-isto 懇話会代表. JEMA会員. 著「趣味のE語」 (RO 1927.3), 『日本薬局方E・日・羅・独・英・仏: 薬品名彙』(岡本好次・波多野正信・三雲隆三郎・山田武一と共編, 南江堂, 1930). 参「特集 われらの2600年」(RO 1940.2). 協上田嘉三郎, 中外製薬, 日本医大.

福永五三男｜ふくなが いさお
1902.2.20～1988.10.9

福岡/中学修猷館(1919), 七高(1922), 東北大/桂井富之助, 米山修一と七高理科甲類の同期. 徳島師範学校に数年勤務後, 結核を病み, 以後療養生活. 徳島師範在勤時

の1929年E学習。戦前より洪亨義とE文通。戦後、蜂谷千寿子を動かし、EVA結成のきっかけを作る。長田新編"Infanoj de l'atombombo〔原爆の子〕"(JELK, 1951；1958)の共同E訳に参加。原爆の体験を伝える会編著"Akvon, mi petas!〔水ヲドサイ〕"(福岡E会, 1984)の共同E訳の中心。MEM委員。武藤たつこ(1949年生)らにEを教える。著「各国民に原爆の実態を！」(LV 1970.8), "En la nubon ŝi sorbiĝis for!〔雲になってきえたーナガサキの原爆読本初級用〕"(共訳, KEL, 1973), 'Minomata〔tiel〕'("Heroldo de E" 1974.2.16；ポーランドの週刊誌"Wiadomości"に訳載),「仏教に理解ある熱心な同志を求む」(RO 1977.3)。参今井正毅「Akvon…が出版されるまで」(LM 1984.12), 蜂谷千寿子「私とEとEVA」(EV 1985.8),「追悼号」(LV 1988.10～12), 蜂谷千寿子「EVA誕生の頃」(EV 1997.5)。協西田光徳。

福永和利|ふくなが かずとし
1905.9.7～1992.11.22

愛媛/三高(1927), 東北大(1930)/英文学者。梅原義一、進藤復三と三高文科甲類の同期。辛鳳祚と東北大の同期。栴檀中(仙台), 仙台一高などをへて、1948年気仙沼高校長、54年奈良女子大教授、59年同附属幼稚園長(兼任), 69年定年後、大谷大教授、金蘭短大講師など。栴檀中在職中、櫻井肇山校長とともに仙台E会に参加。栴檀E会代表。著『ジェイムズ・ジョイス』(研究社出版, 1934),『園の年中行事』(編著、ひかりのくに昭和出版, 1952)。参「福永氏の功績に光を」(『リアスの風』三陸河北新報社, 2006.6.15)。

福永盾雄|ふくなが たてお|1894～1935.8.9

関学(1918)/日本メソジスト教会牧師。妻は津義(つぎ)。指揮者福永陽一郎(1926～1990)の父。妹みねは、関学での学友熊谷鉄太郎の妻。輪島、福井の教会に赴任。22年教会を辞して朝鮮開城に渡り、26年神戸で早緑幼稚園を経営。31年渡米してハリウッドで日本人教会の牧師になるが、病を得て33年帰国。20年JEI入会。著『幼児教育の実際』(津義と共著、イデア書院,

1929),『子供心』(同、新生堂, 1931)。参高橋さやか「母の故郷 福永津義・人間とその仕事」(『幼児の教育』日本幼稚園協会, 81：3～12, 1982)。

福永芳蔵|ふくなが よしぞう
1889.5.5～1944以降

静岡/済生学舎/内科医。1906～12年駿東病院副院長、13～15年日本医学校教授、15年京都市で開業。20年代後半JEI入会。

福原英蔵|ふくはら ひでぞう|1905.4～?

新潟/柏崎商/高崎市の吉野藤繊維問屋に勤め、のち取締役会長。内水面漁業振興にも尽力。1929年前後JEI会員。参『群馬のE運動 1903～2010』。

福原満洲雄|ふくはら ますお
1905.12.24～2007.2.7

東京/東京府立四中、一高(1926), 東大(1929)/理学博士。九大、東大、津田塾各教授、東京農工大学長など。1961年日本学士院賞。細井一六と一高理科甲類の同期。29年11月JEI入会。32年11月北海道E連盟設立に際し顧問。50年「一年一論文をEで」運動の発起人の一人。56年訪欧した際にEを活用し、ブダペストでの数学大会の開会式と閉会式ではEで挨拶も。58年南雲道夫、佐藤徳意らと、その中心となって日本数学会函数方程式論分科会の欧文専門雑誌"Funkcialaj Ekvacioj"を創刊、同誌にE書きの専門論文を発表。61～70年JEI監事、79年顧問に。85年E発表百周年日本委員会副会長。ISAE, JESA各会員など。著『常微分方程式』(岩波書店, 1950)ほか多数。E関係に 'Pri la teorio de endomorfismoj' (RO 1958.2)など。参「福原教授Eで挨拶」(RO 1956.8),「50周年記念座談会」(RO 1956.9), LM 2008.1,「福原満洲雄さん」(RO 2008.4),『現代日本朝日人物事典』,『日本のE-isto名鑑』。協石野良夫。

福本新吉｜ふくもと しんきち
1873.10.31～1935.4.1

神奈川/鎌倉師範/横須賀の尋常高等長井小訓導を皮切りに、横須賀小、高等第一横須賀小で教鞭を執り、1901年豊島小附属幼稚園の教諭小林ゆき(03年私立横須賀幼稚園を創立し園長)と結婚。03年12月尋常汐入小校長。のち尋常谷町、山崎、逸見、田戸各小の校長を歴任。退職後は県立横須賀高女の事務官。06年加藤節が開いた日本初の市民向けE講習会の会場に幼稚園を提供し、妻、中里弥惣治(海軍廠職工)、今沢秀雄(明大学生)ら十数名と一緒に受講。妻の経営する横須賀幼稚園の園児にEを指導したことも。加藤らが設立した日本E協会の幹事長、のちJEAに合流参加。JEA会員(会員番号276)。參大橋宇之吉「20年前を追懐して」(RO 1926.6)、小坂狷二「日本E運動の発祥」(RO 1956.6)、大橋卯之吉「Eと横須賀」(『横須賀文化協会会報』3, 1958)、小坂狷二「加藤節氏」(VS 1963.6)、石井昭『ふるさと横須賀』全2巻(神奈川新聞社, 1987)。圖横須賀市役所。

福本美代治｜ふくもと みよじ
1906.2.24～1945.8.25

鳥取/高等小/農業に従事したのち、1927年から後藤静香の希望社に社員として勤務し、Eに接する。31年印刷部でストライキを起こし、希望社衰退の一因に。大阪で労働運動に加わり、宮本正男の同僚。のち右翼に転向し、影山庄平の大東塾に入る。終戦直後の45年8月25日影山らと代々木で集団自決した「十四烈士」の一人。參大東塾十四烈士遺稿集編纂委員会編『大東塾十四烈士遺稿集』(大東塾出版部, 中巻, 1977)、宮本正男「あたりさわりの多い評伝 長谷川テル・東京時代」(『社会評論』活動家集団思想運動, 54～69, 1987～88)。

藤直幹｜ふじ なおもと
1903.3.6～1965.8.24

徳島/徳島中(1920)、京大(1928)/文学博士。1936年阪大助教授、48～65年教授。京大在学中にJEI入会。著『天皇制の歴史的理論的解明』(目黒書店, 1927)、『武家時代の社会と精神』(創元社, 1967)。參「藤直幹博士訃」(『史林』史学研究会, 48：6, 1966)。

藤井英一｜ふじい えいいち
1926～2006.9.4

神戸高工/山村硝子に勤務。1952年10月赤田義久と垂水Eロンドを結成し、機関誌"Semo"のタイプなどを担当。96年11月高槻市民会館の展示会で、約40年ぶりにEに再会し、吹田E会に入会。SAT会員。著「なつかしきかなE」(LVE 1997；1, LM 1997.3に転載)。圖赤田義久。

藤井制心｜ふじい せいしん
1902.6.14～1972.7.1

愛知/尾張中(1920)、龍谷大(1929)、スタンフォード大(1931)/音楽評論家、長円寺(名古屋)住職。京都女子高専などをへて、愛知大教授。龍谷大在学中に八木日出雄の勧めでE学習。1965年12月5日長円寺で行われた白木欽松追悼会で読経と訓話。著『仏教音楽史概説』(平楽寺書店, 1949)、『一塵一香』(同刊行会, 1970)。

藤井秀旭｜ふじい ひであき
1879.8.20～1940以降

大阪/一高(1903)、京大(1907)/医学博士。京大医学部、パラオ医院などをへて、1936年サイパン医院長。京大在勤中の07年JEA入会(会員番号755)。JEI会員。著ヘッケル他『小児病図譜』(共訳, 南江堂, 1911)、『京都帝国大学医学部小児科教室創立十五年記念誌』(私家版, 1919)。

藤枝晃｜ふじえだ あきら
1911.8.3～1998.7.23

大阪/大阪高(1931)、京大(1934)/東洋史学者、古写本学の世界的権威。文学博士。京大名誉教授。1959年日本学士院賞。31年2月から大阪高で10人ほどでE学習。著『文字の文化史』(岩波書店, 1971；講談社, 1999)など。參『現代日本朝日人物事典』。

藤枝了英 |ふじえだ りょうえい| ?~?

中国思想研究者。1943年甲南高校講師。E文でROに孔子の思想を紹介。🖹「中国語の単一化」(RO 1939.9),「「神仙伝」の老子伝」(『顕真学報』顕真学苑, 32, 1941),「社の原始的形態に就いて」(『支那学』10 : 2, 1942), 'Ideo de Konfucio' (RO 1943.9~10)。

藤尾専一 |ふじお せんいち|
1884.12.27~1944以降

高知/1928年大阪鉄道局工務係長, のち関西急行鉄道工務部長など。06年JEA入会 (会員番号359)。

藤岡勝二 |ふじおか かつじ|
1872.9.14 (明治5.8.12)~1935.2.28

京都/第三高等中(1894), 帝大文科大(1897)/文学博士。アルタイ系言語の研究者。雀部顕宜と第三高等中学本科の同期。1901~05年ドイツ留学。05年東大助教授, 10~33年教授。教え子に伊波普猷, 神保格, 辻直四郎, 小林英夫など。ローマ字ひろめ会評議員。06年JEA創立に参加し評議員(会員番号1)。24年2月11日東京高師で"Dum via[ママ] vojaĝo tra-eŭropa kaj amerika"を講演。🖹『羅馬字手引』(新公論社, 1906),『言語学論文集藤岡博士功績記念』(岩波書店, 1935)。参RO 1924.4。

藤岡由夫 |ふじおか よしお|
1903.3.6~1976.3.13

東京/東京府立一中(1919), 一高(1922), 東大(1925)/理学博士。国文学者藤岡作太郎(1870~1910)の長男。1929~32年オランダ, ドイツに留学。国際原子力機関アイソトープ部長, 埼玉大, 山梨大各学長など。橋本弘, 福田武雄らと一高理科甲類の同期。20年5月JEI入会。🖹『スペクトルと物質の構造』(鉄塔書院, 1933)ほか多数。参『究理為楽―藤岡由夫追憶』(同出版委員会, 1980),『現代日本朝日人物事典』。

藤川哲蔵 |ふじかわ てつぞう| 1903~1950.4.10

北海道/量徳高等小(1918)/文選工。1947年新聞社統合で小樽新聞社から札幌新聞社へ。小樽E運動育ての親。25年E学習。31年小樽E会を設立, 小樽E協会でも活動。同年JBLE設立に関係。初心者指導に定評があった。🖹「躍進日本とE語の学習」(『小樽新聞』1936.7.19),「会員の声」(RO 1945.11)。参江口音吉「藤川哲蔵氏を憶う」(RO 1950.6),『改訂版・北海道E運動史』。協星田淳。

藤川義太郎 |ふじかわ よしたろう| 1908~1980

福井/北野中(1926), 一高(1929)/1934~38年英国で電気事業見習。滞英中, イギリス労働党に入党。帰国途上, 米人女性アンナ・ライヘンベルヒ(1907~1980, 戦後の「赤狩り」で米国籍を喪失後, 藤川ハナを名乗る)と知り合い, のち結婚。帰国後, 日本発送電に入り, 46年日本電気産業労組結成に参加, 中央委員。レッドパージ後, 日本共産党中央委員会の国際部門で働く。玉木英彦と一高理科甲類の同期。E学習は滞英中。加藤孝一, 足立長太郎らと電産会創立を企画, 電産労組規約に組合名を英語とE (Tutjapana elektra laborista sindikato)で入れた主唱者。🖹『海を超えた愛と闘いと―藤川義太郎ハナ夫妻遺稿集』(ハナと共著, 東京電力差別撤廃闘争支援する会, 1982)。参増山太助『戦後期左翼人士群像』(つげ書房新社, 2000)。

藤沢親雄 |ふじさわ ちかお|
1893.9.18~1962.7.23

東京/開成中, 一高(1914), 東大(1917)/政治学者。Ph.D. 数学者藤沢利喜太郎(1861~1933)の長男。弟威雄(1895~1964)は企画院第七部長, 日本ビテイ社長。遠藤戎三と一高仏法科の同期。東大時代は吉野作造を中心とする新人会で活動。農商務省, 1920年国際連盟事務局などをへて, 24~30年九大教授, 32年国民精神文化研究所員, 41年4月大政翼賛会東亜局庶務部長, 同年9月大政翼賛会中央訓練所調査部長など。神道を研究して, 神道に基づく

日本国家学を構想、独自の日本学の確立を目指した。語学の天才とうたわれる。公職追放解除後、55〜61年日大教授。Eは、17年第5回JK(東京)の講演会で発心。テキストを購入して、4時間の研究後、翌日の遠足で流暢な会話を披露し、参加者を驚愕させたという。18年JEAに入り(会員番号1169)、19年2月普及活動の活発化のため平野長克と幹事に抜擢される。大庭柯公ら文化人や在京外国人を勧誘。同年国際商業語協会設立に参画。ウラジオストクを訪れ、ヴォナゴらと交歓。10月12日老壮会で講演。同年末小坂狷二らとともにJEI創立に動き、代表委員。20年ヨーロッパ出張に際し、JEI宣伝部員の肩書を得る。国際連盟事務次長新渡戸稲造に認められて、ジュネーブで国際連盟事務局に勤務。21年誕生した男児を、勤務地ジュネーブにちなみ寿音雄(1921〜1937)と命名。同年新渡戸を第13回UK(プラハ)に引き出して、Eに好意的な報告書を国際連盟に提出するようしむける。22年国際連盟第2回総会で「各国学校におけるE教授の実際」の提案をプリヴァラと協力し可決に持ち込む。ジュネーブでは柳田國男とも親しくして、そのE活動の刺激に。25年開局間もないJOAK(東京)から「Eについて」を放送(8.30)し、原稿を東京放送局編『ラヂオ講演集』第6集(博文館, 1926)に掲載。31〜44年JEI理事。32年第20回JK(東京)会頭。33年第21回JK(京都)大会大学で「皇道と人類人主義」を講演。35年コロムビア・レコードの会話レコードに小坂狷二、万沢まきとともに吹き込み。37年12月E報国同盟結成の代表的存在。38年8月3日"Kelkaj fundamentaj aspektoj de la japana spirito"をJOAK(東京)から海外向けラジオ講演。40年6月報知新聞特派員として訪欧の途上、満洲のハルビン、奉天(現瀋陽)で日本人E-istoと交歓。流暢なEを操り、その講演は川崎直一が「上品で美しい、まるで音楽を聞いているように気持ちいい」と絶賛。UEAデレゲート日本代表を務めた。48年小坂狷二還暦祝賀会に出席。56年50周年記念第43回JK(東京)で表彰。同年11月Eの会合としては久しぶりにスコルニックを囲む会に参加。著「世界の平和と国際語E」(『我等』1919:1)、「E練習の経験」(同 1919:11)、「浦塩まで」(同 1919:14)、'Impresoj en Vladivostoko' (RO 1920.1〜7)、'El la urbo de internacieco' (RO 1921.1)、'El Ĝenevo' (RO 1921.6)、「国際連盟に於けるE問題」(『東京朝日新聞』1923.3.16〜3.22)、'Por, per, pri E' (RO 1924.7)、"Pri historia evoluado de moderna Japanujo, kondukinta al la Renovigo de Imperiestra Reĝimo en 1869" (私家版, 1926)、「日満両国の共通語問題」(『満蒙』1934.3)、「思い出」(RO 1936.6)、『日本精神之本質』(東亜同文会, 1937)、'Kelkaj fundamentaj aspektoj de la japana spirito' (RO 1938.9) ほか。参「稀なる語学の天才 藤沢親雄君」(『読売新聞』1920.5.16)、「コロンビヤ・E語学習レコード 七月廿日全国一斉発売と決定」(RO 1935.7)、「全日本E-isto同志諸君に檄す」(RO 1938.1)、「先輩はなぜ・どうして学んだか」(RO 1956.6)、小坂狷二「巨星落つ」(RO 1962.9)、朝比賀昇「E報国同盟結成のころ」(NR 1973.6)、峰芳隆「如是閑とE」(LM 1990.5)、鈴置二郎「話すEに登場する人々」(RO 2000.6)、臼井裕之「国際派からオカルト・ナショナリストへ〜藤澤親雄の足跡を追う〜」(『E研究』JEI, 4, 2010)、『近代日本社会運動史人物大事典』。

藤城謙三 | ふじしろ けんぞう
1932.7.20〜2010.5.9

1960年代大阪E会の中心的メンバーだったが、のち会合には顔を出さずに、Pirato社を設立して出版に専念。64〜76年に谷崎潤一郎著、宮本正男・石黒彰彦訳"El la vivo de Syunkin〔春琴抄〕"や野村理兵衛『E日常用語活用辞典』などE書12点を出版。柳田國男"Japanaj malnovaj rakontoj〔日本の昔話〕"(天母学院, 1965)の共同E訳に参加。「わたしにできる文化への貢献は出版だけ」と割り切り、収入の相当部分をつぎこんだ。E-istoの演劇集団Juna Kluboの森本啓子と結婚。参「Jen ŝi jen li」(LM 1976.8)、LM 2010.9、「追悼 藤城謙三さん」(RO 2010.11)、峰芳隆「KLEGを中心とした出版活動 2」(LM 2012.12)。

藤田篤｜ふじた あつし｜1899.10.31~1974.6.14

東京/東大(1923)/生物学者。1927年富山高,30年静岡高,50年千葉大教授など。21年JEI入会。

藤田啓介｜ふじた けいすけ｜1925.3.21~1995.6.11

愛媛/名大(1948)/生化学者。岩手医大助教授をへて,1963年愛知学院大教授。64年南愛知准看護学校,68年名古屋保健衛生大(のち藤田保健衛生大と改称)を設立し,校長,学長。藤田学園理事長。大学病院の理念「われら,弱き人々への無限の同情心もて,片時も自己に驕ることなく,医を行わん」を竹崎睦子に依頼して"NI, KURACISTOJ, NIN OFERU AL MEDICINO KUN SENLIMA SIMPATIO POR MALFORTULOJ KAJ ĈIAM KUN NENIA AROGANTECO"とE訳し,大学病院玄関に刻ませる。

藤田源蔵｜ふじた げんぞう｜1904.9.25~1994.12.26

兵庫/源三,源蔵,宗義,崇義と改名/保険会社勤務をへて,戦後,マッチ薬品会社の3代目社長。Eは,1924年いとこの長坂雄二郎に習い,神戸E協会創立に参画。25年JEI入会。戦後,神戸市の老人会などでEを教授。54年第2回関西E大会に記念マッチを寄贈。73年緑星の下にEと日本語で「平和のために世界は一つ」と刻した碑を同市の平和台公園に寄贈。芦屋E会員。著'La fragmentoj de mia rememoro' (SL 1970.7), 'Hasetani Kastelo' (SL 1975.5)。参瀬尾正朝「老E-istoの執念」(LM 1978.1),「KESの過去・現在・未来」(SL 1985.8~86.2)。

藤田定｜ふじた さだむ｜1887.11.5~1943以降

大分/大阪高工(1912)/鐘淵紡績に入り,兵庫,西大寺,久留米,岡山,博多各支店工務主任をへて,1934年博多工場長。のち鉱業部工作課長など。岡山時代の26年頃JEI入会。

藤田重明｜ふじた しげあき｜1897.3.15~1985以降

福岡/中学修猷館(1916),五高(1919),九大(1922)/工学博士。竹田吉郎,山口良哉と五高二部工科の同期。1928年電気試験所福岡出張所長,44年渡満後,大陸科学院電気研究室主任。戦後,熊本大,九州工大,福岡大各教授など。21年末頃JEI入会。

藤田穊三｜ふじた しゅうぞう｜1879.8.10~1960.9.22

京都/同志社,神宮皇学館(1905)/1905年京都府立第二高女,14年鹿屋農学校(鹿児島),19年玉名中(熊本),21年福井県師範,23年城北中(高知),31年海南中(高知)各教諭など。Eは,06年秋,佐藤政資が『京都府教育会雑誌』に連載した「Eに就きて」で独習。07年JEA京都支部発会式に出席。のち高知で再学習し,高知E倶楽部に参加,岡田有対,松本冷鹿らと"El Sudo"発行。36年JEI入会。49年十数年をかけて「E語源辞典」を完成するが未刊。娘順子もE学習。著「協会京都支部発会当時の回顧」(RO 1936.6),「二葉亭の本で」(EL 1936.6), 'Pri etimologioj de E-aj vortoj' (RO 1936.12)。参RO 1949.6。協岡田泰平,高知県立図書館。

藤田九十九｜ふじた つくも｜1904~1981以降

徳島/徳島師範(1924)/徳島の名東郡,勝浦郡で教諭として働き,1941年退職。42年徳島県立聾啞学校に再就職するも,程なく辞職し,農業に従事。師範学校在学中にEを学び,21年2月JEI入会。同年9月9日桜木武雄とToku juna grupoを組織。富田只二らと徳島師範学校緑星会を結成。著『那賀川平野の和名抄五郷郷域と地割』(私家版,1981)。参「徳島師範学校から」("La Espero"星光社,2:4, 1921)。協徳島県立図書館。

藤田恒太郎｜ふじた つねたろう｜1903.6.21~1965.4.1

三重/一高(1924),東大(1928)/医学博士。歯の解剖学の権威。1931年東京高等歯科

医学校教授, 33年より2年間欧米留学, 45年東大教授. 55年白菊会初代会長に就任し, 献体運動を推進. 新潟大に藤田文庫. 丘英通, 沖中重雄, 斎藤力, 鈴木松雄, 中村亥一と一高理科乙類の同期. 27年頃JEI, JEMAに参加. 書『解剖学教科書』(南江堂書店, 1930) ほか多数.

藤田敏郎 | ふじた としろう
1862.8.1 (文久2.7.6)～1937.1.29

備前国 (現岡山)/東京商法講習所 (1882中退)/旧姓渡辺/1878年結婚により改姓. 85年外務省記生となり, 91年10月中南米初の日本領事館がメキシコ市に設置された際, 領事代理として着任. のちシカゴ, ムンバイ各領事, サンパウロ総領事などを歴任し, 1923年帰国. 06年JEA結成の報を聞き, JEAにE文の葉書を寄せて (JE 1:1, 1906), 入会し (会員番号80), JEAの最後まで会員. 第1回JK (東京) で来賓として「何故に余はE-istoとなりしや」を演説. のちJEIにも参加. 書『南米の殖民地』(アルパ社, 1924),『日華診療会話』(商務印書館, 1928),『海外在勤四半世紀の回顧』(私家版, 1931; 1999年日本図書センターより復刻). 参細谷新治著, 如水会学園史刊行委員会編『商業教育の曙 (一橋大学百年通史稿本)』(如水会学園史刊行委員会, 下巻, 1991), 久米晶文『酒井勝軍「異端」の伝道者』(学研, 2012). 協岡山県立図書館.

藤田富枝 | ふじた とみえ | 1898.3.15～1935以降

岡山医専 (1920)/外科医として, 住友病院 (愛媛) に勤務. 1926年JEMA創立時, 愛媛県支部幹事を務めた. JEI会員. 書『医語語原』(南江堂, 1934).

藤田文蔵 | ふじた ぶんぞう
1861.9.10 (文久1.8.6)～1934.4.9

因幡国 (現鳥取)/工部美校 (1882)/彫刻家. 1883年彫刻専門学校の設立を試み失敗. 90年東京美術学校雇, 91年講師, 99年女子美術学校初代校長, 1900～05年東京美術学校教授. 熱心なキリスト者で, 19年四谷キリスト教会の牧師に. 晩年JEI入会.

富士渓猛雄 | ふじたに たけお | 1913～1994.8.5

中国/宮城県警察本部鑑識課に勤務. 指紋分析の専門家. ロシア語, 中国語をよくし, 中国残留日本人孤児の世話や宮城善意通訳者の会で通訳のボランティアなども. 大本信徒. 1962年JEI, 仙台E会各入会. 87年来仙した米人E-isto, Joel Brozovskyを接待. 89年長春市E会副会長韋山夫婦を自宅で歓待. EPA会員. 書「第73回UKに参加して」(ME 1988.9～11). 参『河北新報』1965.1.21, "Japanaj E-istoj".

藤浪鑑 | ふじなみ あきら
1871.1.19 (明治3.11.29)～1934.11.18

愛知/第一高等中 (1891), 東大 (1895)/旧名鑑太郎/医学博士.「藤浪肉腫」の発見者. 1896～1900年ドイツへ公費留学. 京大名誉教授. 18年帝国学士院賞. 京大医学部のE運動を助け, 学位論文の欧文要旨にEの使用を許可. 25年極東熱帯医学会 (東京) で緒方知三郎のEでの発表を司会して, Eで閉会の挨拶. 26年緒方, 西成甫, 浅田一, 村田正太, 小野興作, 真崎健夫らとJEMA結成. 29年京大E会賛助会員. JEI, JEMA各会員. 書『疾病と社会』(小野田鉄弥, 1903),『藤浪鑑撰集』(南江堂, 1945). 参『現代日本朝日人物事典』. 協清川安彦.

藤野謙助 | ふじの けんすけ
1883.3.17～1943以降

北海道/北海道師範 (1903)/増毛, 釧路第一各高等小校長などをへて, 1927年釧路実科高女校長. のち釧路日進高等小校長, 女子国民学校長など. 32年5月30日丹貞一らと釧路E会を結成し初代会長. 同年11月北海道E連盟設立に参加. 参「釧路E会結成」(RO 1932.7).

藤野靖 | ふじの やすし | 1897～1984.10.12

石川/金沢一中, 四高 (1919), 京大 (1922)/1922年大分高商講師, 23～41年教授,

41〜46年文部省教学官。のち鹿児島経済大、青山学院大、帝京大各教授など。瀬川重礼と四高の同級。同校在学中にJEA入会(会員番号1098)。著『経済地理と地誌』(叢文閣、1939)、『大東亜経済地理』(千倉書房、1942)。参「藤野靖教授年譜および著作目録」(『帝京経済学研究』12:1・2、帝京大経済学会、1979)。

藤林房蔵 | ふじばやし ふさぞう
1873〜1943.2.25

東京/1910〜23年鬼怒川水力電気に勤務後、上京。大杉栄のE学校第3期生。06年JEA入会(会員番号623)、10年栃木へ移るまで積極的にJEAの会合に参加し、海外文通も。36年6月13日日本E運動三十周年祝賀晩餐会で回顧談を語る。国際商業語協会、JEI各会員。著「三十年前の思ひ出話」(RO 1936.6)。参「日本E運動三十周年祝賀記念雄弁会及晩餐会」(RO 1936.7)。

藤間常太郎 | ふじま つねたろう
1901.10.1〜1982.11.4

大阪/早大(1925)/1926年大阪朝日新聞社に入り、49年調査部長など。56年退職後、関大非常勤講師、58年専任講師、64年教授。大阪地労委公益委員、神戸外大講師、豊中市教育委員など。20年8月高尾亮雄、岩橋武夫にEを学び、9月早大に入ると、直ちに川崎直一らと早大E会を再建、同年10月JEI入会。25年大栗清実、伊東三郎らとE青年同盟を創立。41年『日本国際語思想史』の著述により第3回小坂賞。48年第2次JEA評議員。49年3月大阪E会委員長。67年12月E運動史研究会創立に参加。75〜77年貫名美隆が立ち上げた神戸外大外国学研究所の研究プロジェクト「現代国際環境における国際語の実情と可能性」に参加。77年第25回関西E大会(箕面・豊中)組織委員会会長。UEAデレギート(ジャーナリズム)、SAT会員など。著「我がE移人の三系統」(RO 1936.6)、『日本国際語思想史』(大阪E文庫、1940)、「Eと朝日新聞」(RO 1939.4)、「日本E運動の源流」(RO 1941.3)、「ザメンホフと日本」(LM 1967.5)、「ショー

ヴィニズムと国際語」(『外国学資料』神戸市外大、30、1976)、「Eを学びはじめたころ」(『大阪E運動史 Ⅱ』)、『近代日本における国際語思想の展開』。参貫名美隆「藤間常太郎先生を悼む」(LM 1982.12)、福田正男'Nekrologo'(SAM 1982.12)、田宮武「藤間常太郎先生を悼む」(『新聞学評論』日本マス・コミュニケーション学会、32、1983)、『近代日本社会運動史人物大事典』。

伏見康治 | ふしみ こうじ | 1909.6.29〜2008.5.8

東京/東京高、東大(1933)/理論物理学者。阪大助手、助教授をへて、1940年同教授、61年名大教授。78年日本学術会議会長となり、研究体制の整備や科学者の国際交流に尽力。83年参院議員。科学者の社会的責任から、原子力平和利用三原則の確立のほか、ひろく平和運動に関わった。一般向け著述による科学の啓蒙にも努め、折り紙の名人としても知られた。Eの支持者。著『伏見康治著作集』(みすず書房、1986〜88)ほか多数。

藤本円次郎 | ふじもと えんじろう
1881〜1959.11

香川/旧姓葛西/農業。社会主義運動家として普選運動に参加。JEAに加わり、のちJEIにも参加。自宅の洋館の屋根には緑星をデザイン。参土居節子「祖父とE」("La Pontago"香川E会、2、1992.9)。

藤本豊吉 | ふじもと とよきち | 1898〜1979以降

東京/六高(1920)、東大/大阪薬大教授。菊沢季生、中田久和と六高二部乙の同期。1921年6月JEI入会。著『シェイクスピア薬品考』(八坂書房、1979)。

藤本豊久 | ふじもと とよひさ | 1927〜1982.6.4

大阪/旧名洋一郎/はじめ機械工、のち東洋金属工業を自営。1948年大阪産別会議文化部主催のE講習に参加。ダイハツ本社工場(浦江)にE会を作り、第2次JEAに加盟。50年レッドパージ。77年E運動に復帰し、

翌年JEI入会。

藤本正人｜ふじもと まさと｜1920.4.7〜?

公務員。1939年E学習。46年JEI入会。キリスト者。

藤森成吉｜ふじもり せいきち
1892.8.28〜1977.5.26

長野/諏訪中(1910)，一高(1913)，東大(1916)/小説家，劇作家。E学習歴は無し。短編小説「拍手しない男」が，栗栖継E訳，ザールプスキー重訳により，チェコスロバキア労働組合会議の"Práca" 1948年8月7日号に'Viro, kiu ne aplaŭdas'として掲載。56年日本E運動50周年記念に際しJEI賛助会員。⬚『渡辺崋山』(改造社, 1935)ほか多数。⬚『藤森成吉追悼集』(日本国民救援会, 1977)，『現代日本朝日人物事典』，『近代日本社会運動史人物大事典』。

藤山禎子｜ふじやま ていこ
1952.10.31〜2007.7.22

宮崎/東京音楽大付高，東京造形大(1977)，サンフェルナンド美術大(スペイン)/画家，造形作家。自宅に各国の芸術家達を積極的にホームステイさせ支援。瑛九からEの教えを受けた母の勧めでE学習。2004年JEI入会。一時京都支部に所属。作品中やタイトルにE単語を使用。

藤原教悦郎｜ふじわら きょうえつろう
1883.11.28〜1939.11.5

島根/松江中(1902)，五高(1906)，京大福岡医大(1910)/医学博士。高橋省三郎と五高医科，京大福岡医大の同期。九大助教授，新潟医専教授などをへて，1922年新潟医大，32年九大各教授，34年英仏伊独留学。新潟医大在勤中，学内のE運動に参加。JEMA会員。⬚『新法医学』(金原書店, 1936)。

藤原咲平｜ふじわら さくへい
1884.10.29〜1950.9.22

長野/諏訪中(1903)，一高(1906)，東大(1909)/理学博士。異名「お天気博士」。小説家新田次郎(本名藤原寛人)の伯父。1920〜22年ノルウェー留学。中央気象台長，東大教授など。20年帝国学士院賞。武居哲太郎と諏訪中の同期。大島広と一高理科の同期。16年Eを学び，JEA入会(会員番号1039)。のちJEIにも参加。⬚『気象と人生』(鉄塔書院, 1930)ほか多数。E関係に'Rimarko pri formo de ciruso' ("The Meteorological Society of Japan"日本気象学会, 36, 1917)など。⬚根本順吉『渦・雲・人—藤原咲平伝』(筑摩書房, 1985)，『現代日本朝日人物事典』，山下一郎『藤原咲平先生の思い出』(中央企画, 1999)。

布施勝治｜ふせ かつじ
1886.10.16〜1953.11.27

新潟/東京外語(1907)/1916年東京日日新聞社入社，十月革命および内戦期に何度か訪露，レーニン，トロツキーへの取材に成功。51年公職追放解除後，産経新聞社論説委員。06年JEA入会(会員番号195)。⬚『露国革命記』(文雅堂, 1918)，『クレムリンの人々』(要書房, 1953)。

二神種郎｜ふたがみ たねろう
1887.2.8〜1945以降

愛媛/岡山医専(1912)/1916年より13年間北海道岩内の前田病院眼科医長を務めた後，29年同地に二神眼科病院を開業。英，独，仏，ラテン諸語に通暁。22年頃桜居甚吉を講師に招いて自宅でE講習。講習は1年半ほどで中断したが，本人は亡くなるまで熱心にEを学んだという。JEI, JEMA各会員。⬚桜居甚吉「岩内最初のE語学習」(『広報いわない』222, 1976)。

二葉亭四迷｜ふたばてい しめい
1864.4.4(元治1.2.28)〜1909.5.10

江戸/愛知県洋学校，松江変則中，森川塾，

済美黌、東京商業学校附属語学部(1886中退)/本名長谷川辰之助、別号冷々亭杏雨、二葉亭主人、四明など/言文一致体を創始した日本近代文学の先駆者。ウラジオストクに短期滞在中の1902年5月、ウラジオストクE会長ポストニコフに勧められEを学び、同会入会。その依頼と資金援助を受け06年7月日本最初のE独習書『世界語』、9月『世界語読本』(ザメンホフ"Ekzercaro de la lingvo internacia E"の翻訳)を彩雲閣より出版し、E宣伝文を発表。日本のE運動の源の一つに。同年9月JEA評議員(会員番号654)。友人の田鎖綱紀をEに誘う。のちEとは疎遠に。早大図書館所蔵の二葉亭四迷資料中にポストニコフ発のロシア語書簡や他の外国人からのE文書簡など。鈴木清順により「異聞世界語事始頌」(NHK FMシアター、1989.3.11)としてラジオドラマに。西木正明「間諜二葉亭四迷」(講談社、1994)にもE会出席の場面。著『二葉亭四迷全集』全8巻(筑摩書房、1984〜93)ほか多数。E関係は他に「Eの話」(『女学世界』1906.10)など『全集』4・7巻所収。参佐藤義雄「我国初期に於けるE語独習書瞥見」(RO 1930.11)、井上一「ピオニーロ二葉亭に触れ乍ら」(RO 1934.12)、伊東三郎「二葉亭とE」(『二葉亭研究』5、1938)、中村光夫「二葉亭四迷」(進路社、1947)、『早稲田大学図書館所蔵二葉亭四迷資料 目録・解説・翻刻』(同館、1965)、小田切秀雄『二葉亭四迷』(岩波書店、1970)、伊東三郎「二葉亭とE」(『高くたかく遠くの方へ』)、朝比賀昇・萩原洋子「日本E運動の裏街道を漫歩する 2」(ES 1975.5)、上田友彦「二葉亭四迷と『世界語』」(『学苑』昭和女子大近代文化研究所、603, 1990.2)、峰芳隆 'La unuaj libroj por japanoj' ("Japana Esearo N-ro 3" Libroteko Tokio, 2003)、野崎晃市『明治キリスト教の受容と変容 浅田栄次の目を通して』(筑波大博士論文、2006)、小林栄『明治大正露文化受容史—二葉亭四迷・相馬黒光を中心に』(春風社、2010)、鄭恵珍「Eと『言語』認識 二葉亭四迷の『世界語』を通して」(『中央大学大学院研究年報 文学研究科篇』41, 2011)、『日本E運動史料 I』、『近代日本における国際語思想の展開』。

二村四郎 | ふたむら しろう
1897.5.5～1971.11.6

福岡/小倉師範(1921)、天王寺師範(1928)/1944年東能勢国民学校、48年天王中・小各校長、56年松園塾を開き、子どもに習字などを指導。世界連邦豊中支部理事。世界暦の提唱、10進時計の製作など。23年E学習。豊能E会初期からの会員。私塾を長年E会に開放。図坂本昭二。

淵田多穂理 | ふちた たほり
1896.12.25～1970.5.1

熊本/中学済々黌(1916)、旅順工科学堂(1920)/戸籍上は1897年1月1日生まれ。「YMCAの歌」の作詞者。1920年満鉄に入り、白城子建設事務所電気長、張家口鉄道事務所電気班長などをへて、40年華北交通参事。46年引き揚げ後、人吉電気工事有限会社を設立。48～53年熊本、53～54年東京、54～59年金沢の各YMCAの主事。59年オリジン電気嘱託。18年伯母の夫中村真一からEを知り、24年大連の講習会で小坂狷二の指導を受ける。31年1月長春E会結成。32年4月「新満洲国首都新京より英語廃止運動を提唱す」と題した印刷物を作り各方面に配布。40年6月加藤孝一、小池常作らと張家口E会設立。49年5月神尾三伯の後任として熊本E会長。50年熊本YMCA、国立療養所菊池恵楓園などでE講習。のち金沢、東京へ移った後もキリスト者、世界連邦運動家として一貫してE普及、宗教家E-istoの団結に尽力。54～55年および62年JEI評議員。62年10月JAKE創立に参加。67年JEI評議員。68年9月5日世界連邦建設同盟E支部設立に際し初代支部長。JABE、ロンド・コルノの活動を献身的に支援。著『世界連邦運動E会を作ろう』(RO 1963.11)、「チチハル建設と鈴木さん」(『呂明さんを偲ぶ』満鉄施設会、1968)、「世界連邦とE」(NV 1968.12)。参田中貞美「満州E運動史」(LM 1969.2～70.2)、多羅尾一郎「淵田多穂理氏を思う」(RO 1970.7)、星野達雄『とこしえの希望に燃えて—YMCAと淵田多穂理』(東京キリスト教青年会、1997)、『熊本E運動史』。

舟岡省吾｜ふなおか しょうご
1890.6.13～1974.12.12

奈良／六高（1910），京大（1914）／旧姓細田／医学博士。1921年ドイツ留学。23年京大，50年岐阜県立医大各教授。29年京大E会賛助会員。JEI, JEMA各会員。著『燐酸エステルノ薬理学的研究』（塩野義商店，1931）。

舟阪渡｜ふなさか わたる｜1912.2.15～1974.7.28

京都／同志社中（1929），三高（1934），京大（1937）／工学博士。西村勇と同志社中の同期。荒井誠一と三高理科甲類の同期。京大講師，助教授をへて，1947年教授。31年三高入学後，同校E部に参加。著『燃料化学分析試験法』（修教社，1946）ほか多数。参『三高E会小史』。

舟橋諄一｜ふなばし じゅんいち
1900.5.31～1996.11.21

大分／神戸一中（1918），一高（1921），東大（1924）／法学博士。西尾寿男，堀真道らと一高英法科の同期。1930～64年九大教授。退官後，法大，創価大各教授。20年JEI入会。21年信濃尻学生キャンプで竹内徳治とE講習。著『民法典との訣別』（惇信堂，1944），『物権法』（有斐閣，1960）ほか，「内地報道」（RO 1935.10），『日本E運動史料 I』。

プフュッツェ｜Richard Pfütze｜?～?

ドイツ／ブラジル・サンパウロ音楽院教授。4ヵ月の休暇を利用した東洋旅行で，1931年3月来日。東京，横浜，名古屋，伊勢，大阪，京都，亀岡などでE-istoと交流。

ブラウン｜Mary C. Browne｜?～?

英国／エジンバラ大／1919年7月分析化学者の夫Maurice H. Browneとともにオーストラリアから来日。それ以前にUKに3回参加。東京に滞在して，JEA入会（会員番号1424, 1425）し，のちJEIにも。20年第7回JK（東京）に参加。

ブラット｜Abraham C. Blatt｜1895～1987

米国ニューヨーク／コロンビア大／沖縄で米陸軍の建築技師として働き，1947年頃からE学習。48年韓国に赴任して，洪与義とともにソウル，テグを中心に国内を巡回講演。沖縄に赴任して，49年5月東京にJEIを訪れ，JEI水曜例会復活のきっかけに。同年三宅史平とともに「新しき村」を訪問し，武者小路実篤に村について質問。のち東京へ移って，石黒彰彦の世話を受けつつ，山手ロンドで講師を務め，石黒美子らを指導。夫婦でJEIの例会にも熱心に参加し，自宅もEの勉強会に開放。49年第36回JK（東京）大会大学で "Nova homaro" を，53年第40回JK（岡山）大会大学で "Pri la signifo kaj la funkcio de la kooperativo" を講演。56年50周年記念第43回JK（東京）に参加しSATを代表して挨拶したほか，JKや関東E大会などにたびたび参加。この前後，各地を旅行してE-istoと交流してE行事に参加し，講演も。夫婦とも66年は米国在住で，留学中の田所作太郎と数年ぶりに再会して交歓。69年再来日。82年JEI入会。晩年は熊谷の老人ホームで。SAT会員。妻アンナとも英語とEを半々に使い，妻は70年12月7日阿佐ヶ谷で没。著「JELEの同志へ」（"La Informilo de JELE" JELE, 1, 1952.12），"Pri signifo kaj funkcio de la kooperativa movado"（私家版，1952），'E eatas tre facila'（RO 1953.3），'Pri signifo kaj funkcio de la kooperativa movado'（RO 1954.1），"La homaro estas unu granda vilaĝo, Ni civilizu ĝin. Jen kiel."（私家版，1979）。参「同志ブラット氏を迎える」（RO 1949.6），紀伊宇「先人後人なで斬り帖 10」（SAM 1954.1），「Eに生きる二人」（『朝日新聞』1956.11.9），武者小路実篤「世界的同志」（『武者小路実篤全集』17巻），殷武巌 'La vizito al Blatt'（RO 1986.6），磯部陽子「石黒美子とE死ぬまでE-isto」（RO 2010.2）。

プリヴァ｜Edmond Privat
1889.8.17～1962.8.28

スイス，ジュネーブ／パリ大／E運動家，平和運動家，ジャーナリスト，ヌシャテル大教授。1903年にEを学んで "Juna E-isto"

誌の創刊に参加。05年第1回UK（フランス，ブローニュ・シュル・メール）に参加。12年UEA委員になり，20～34年"E"(UEA)誌の編集長，24～28年会長。ジュネーブの国際連盟本部で20～21年通訳官，のち23～26年ペルシャの技術顧問，代理委員。事務次長新渡戸稲造の支持，職員藤沢親雄らの協力を得て，国際連盟がEを公的に支持するよう尽力し，22年国際連盟第2回総会で「各国学校におけるE教授の実際」の提案を可決に持ち込む。同時にEの教育や活用に関する国際会議を企画運営し，23年商業共通語に関する国際商業遊覧業会議（ベネチア）の開催では柳田國男の協力も得る。28年からジュネーブ大でEを講じる。柳田が「ジュネーブの思ひ出」（『定本柳田國男集』3所収，筑摩書房，1968年）でプリヴァをユダヤ人と回想するのは誤り。第二次大戦後は世界政府運動にEを持ちこんだ。51年UEA名誉会長。雄弁で聞こえ，Eの歴史記述や学習書の著述も。特に，初のザメンホフ伝である"Vivo de Zamenhof"は長く名著と見なされて，複数の邦訳が刊行されただけでなく，伊東三郎『Eの父 ザメンホフ』等にも多大な影響を与えた。ロマン・ロランと長く親密に交友し，往復書簡『善き隣人　プリヴァとロマン・ロラン』は片岡寿昭訳で『ロマン・ロラン全集』（みすず書房，40，1983）所収。ガンジーとも親交し，伝記を著述。スイス，ラ・ショー・ド・フォン市立図書館にE．プリヴァ文庫。【著】"Karlo"(Berlin：Möller & Borel, 1909), "Historio de la lingvo E"(Leipzig：Ferdinand Hirt, 1923～27), "Vivo de Zamenhof"(London：Brita E-Asocio, 1920), "Esprimo de sentoj en E"(UEA, 1931), "Aventuroj de pioniro"(La Laguna；J. Régulo, 1963) ほか。邦訳として，松崎克己訳『愛の人ザメンホフ』（叢文閣，1923），川原次吉郎註『カルロ』（四方堂，1925），松崎克己訳『ザメンホフの生涯』（JEI，1933），大島義夫・朝比賀昇訳『Eの歴史』（理論社，1957），梅棹忠夫・藤本達生共訳『ザメンホフの生涯』（『世界の人間像16』角川書店，1965），アルジェンタ・グループ訳『Eでは感情をどう言い表すか』（アルジェンタ・グループ，1995），水野義明訳『ザメンホフの生涯』（太平印刷，1996），横浜E会『カルロ』（メーボ・リブ

ロイ，2002）。【参】伊藤栄蔵「エドモン・プリバ博士の"憶い出"」（NV 1967.8），竹内義一「古典鑑賞10 Esprimo de sentoj en E」（RO 1975.10），萩原洋子「Eを育てた人々5」（RO 1976.5），A. Künzli "Universalaj lingvoj en Svislando"(La Chaux-de-Fonds：CDELI kaj Svisa E-Societo, 2006), 岡村民夫「ジュネーブの柳田国男 Eと方言の間で」（RO 2010.7～11.1），岡村民夫『柳田国男のスイス 渡欧体験と一国民俗学』（森話社，2013），"Ordeno de verda plumo", "Encyclopedia of the Original Literature", "E en perspektivo"。

ブリデル｜Louis Adolphe Bridel
1852.7.6～1913.3.23

フランス，パリ／ローザンヌ・アカデミー／スイス人の民法比較法学者。ジュネーブ大教授在職中の1900年お雇い外国人として東大に招かれ，フランス法などを講じる。在職のまま没。07年JEA入会（会員番号734），09年除名。名前をBourdelle（ブールデル）と誤記した資料も見られる。【参】松本暉男「身分法学者ルイ・ブリデルのフェミニスム―「女性と権利」を中心として」（『関西大学法学論集』9：2, 1960），小沢奈々「東京帝国大学スイス人法学教師ルイ・アドルフ・ブリデル（一八五二―一九一三）の生涯―明治後期お雇い外国人研究序説」（『法學政治學論究』慶大法研究科，74, 2007），同 "Louis Adolphe Bridel：Ein Schweizer Professor an der juristischen Fakultät der Tokyo Imperial University；Die geschichtliche Bedeutung der Yatoi zur späten Meijizeit"(Peter Lang, 2010)。

古市茂｜ふるいち しげる｜**1901.9.2～?**

鹿児島／秋田雨雀やエロシェンコと交流し，Eを通じてアナキズムへ。のち名瀬市議，助役など。【参】『日本アナキズム運動人名事典』

古河三樹松｜ふるかわ みきまつ
1901.1.16～1995.5.18

京都／大逆事件で刑死した古河力作の弟。堺利彦の売文社を手伝い，アナキズムに傾倒。1926年10月東京印刷工組合で山鹿泰

治、佐藤栄三らとE講習会を開いたとされる。29年山鹿泰治、安井義雄、島津末二郎らと"La anarkiisto"を発行。参「ニッポン人脈記　神と国家の間 1 おぼろ月夜に女と二人」(『朝日新聞』2010.1.30)、『近代日本社会運動史人物大事典』、『日本アナキズム運動人名事典』。

古沢末次郎|ふるさわ　すえじろう|
1898〜1976.8.27

神奈川/横浜英語学校/一時横山姓/戦前は在横浜スイス貿易商社員、『大分日日新聞』記者、英米大使館員の日本語教師。戦後、庶民金庫嘱託、レーモンド建築設計事務所員。1918年尾関俊雄の指導でEを学び、JEA入会(会員番号1203)。23年横浜から別府に移り、5月4日首藤基、杉若金一郎らとJEI別府支部設立。27年友人東宮豊達の死に際し故東宮豊達君遺児教育後援会発起人として奔走し、遺稿の有島武郎『惜しみなく愛は奪ふ』E訳の刊行(1931)に尽力。31年9月16日長野放送局から「国際補助語E」を放送。37年E報国同盟創立の推進役の一人で、事務局を担当。著'Rememoro pri sinjoro Toogu'(RO 1927.7)、ヴァンザント『外人重役の見た日本企業』(産業能率短期大学出版部、1970)。参「昭和2年KEL年鑑」、「「竹下書翰」エス語版」(『読売新聞』1938.3.6)、「誌上座談会『そのころを語る』」(RO 1940.1〜3)、朝比賀昇「E報国同盟結成のころ」(NR 1973.6)。図芹沢潔、多羅尾一郎。

古沢肥後男|ふるさわ　ひごお|1888頃〜1955以降

熊本/東京高師(1912)/三井工業学校などの英語教諭をへて、高知師範教頭。のち尾張へ。高知師範在勤中、校内でE宣伝。1935年橘田信行、松本冷鹿らによって高知E会が結成された際、顧問に就任。著「1934年を我等はかく戦う」(RO 1934.1)。

古荘雄二|ふるしょう　ゆうじ|
1937.3.17〜2003.11.23

兵庫/大阪学芸大/中学の社会科教諭。E学習は学生時代。1980年JEIに入り、同奈良支部、大阪E会、Heliko、JPEA、王寺ロンドなどで活動。2000〜03年RO誌音声版の朗読者。著「『パノラマ方式』体験記」(LM 2000.5)、「南京のE-istoに会う」(家温美と共著、LM 2001.6)。

古瀬利徳|ふるせ　としのり|1888.3.1〜1943以降

島根/熊本医専(1911)/産婦人科医。熊本病院、宇和島病院などをへて、1917年島根県稗原村に古瀬医院を開業。23年頃JEI入会。JEMA会員。

古田立次|ふるた　たつじ|1885.12.17〜1977

岡山/北野中(1903)、東京美校(1908)/のち達賛(たつじ)と改名/白木屋呉服店図案部、日本紙器製造意匠部などをへて、1919年長崎商品陳列所長、20年岡山県商品陳列所長、25年日本美術学校教授。26年「古田アルデバラン図案社」を設立。同年結成された商業美術家協会に参加、浜田増治(1892〜1938)とともに同協会の中心。岡山県商品陳列所長就任後、同所をE運動の拠点とし、看板、説明書、値段表もEで。その没頭ぶりが誤解を生み、所長職を辞す羽目に。岡山通商国際語協会を主宰。高橋邦太郎(技師)と親交。著「紙器包装物に関する諸知識」(アトリエ社編『現代商業美術全集』アルス、12、1929)、参「描き文字考」(『アイデア』317、2006)、『岡山のE』。図岡山市立中央図書館。

古野健雄|ふるの　たけお|1903〜1973.2.2

山口/朝鮮総督府立竜山中/朝鮮総督府鉄道図書館に勤務。終戦後引き揚げ、日比谷図書館、国立国会図書館をへて、1969年立正女子大図書館主任。LM誌に製本法を寄稿。著"La Movado"を製本する方のために―やさしい製本のしかた」(LM 1958.5〜6)、『図書館の製本』(編、日本図書館協会、1972)。参「故・古野健雄氏追悼」(『図書館雑誌』67:5、1973)。

古橋柳太郎 | ふるはし りゅうたろう
1882.12.7~1961

東京/六高(1906)，東大(1910)/建築設計家。ガントレットの愛弟子。少年期より東京，岡山でガントレット宅に住み込み，建築やEを習う。1911年清国政府技師となり，翌年中華民国成立とともに帰国。14年古橋建築事務所を設立。代表作に安中教会礼拝堂，後楽園球場など。キリスト者。JEA会員(会員番号246)。著「教会生活の想い出」(『日本基督教団本郷中央教会70年の歩み』，1960)。参赤井励『オルガンの文化史』(青弓社，1995)。

古谷善亮 | ふるや ぜんすけ
1900.1.29~1983.4.26

東京/一高(1921)，東大文学部(1924)，同法学部(1925)/旧名善次郎/鳥羽正雄と一高文科の同期。日本乗合自動車協会理事長などをへて，1970~80年交通文化振興財団理事長。井上万寿蔵の指導でE学習。著『改正地方鉄道法』(鉄道経営社，1931)，『交通論解説』(交通社，1950)。参和田圭子「井上氏の訃報に接し」(RO 1977.11)。

古谷綱正 | ふるや つなまさ
1912.4.15~1989.5.11

東京/京大/ジャーナリスト，ニュースキャスター。1935年毎日新聞社に入社し，論説委員に。64年退社し，81年までニュースキャスターの草分けとしてTBSテレビ系「ニュースコープ」に出演。旧制高校時代3カ月ほどE講習に通う。E百周年にメッセージを寄せ，「国際的連帯，ひいては平和に寄与するものとして，E運動は支持したい」と。評論家の兄綱武(1908~1984)はE-isto吉沢(斎藤)久子の夫。著『保守党政治の周辺』(みすず書房，1962)ほか。参RO 1987.8，古谷糸子『こんばんは，古谷綱正です—あるジャーナリストの肖像』(鎌倉書房，1991)，『現代日本朝日人物事典』。

古屋登代子 | ふるや とよこ | 1880~1969

山梨/東洋英和(1900)/旧姓結城，別名登世子/英語教育者。日本初の女性通訳者，ラジオ英語会話講師。結城無二三(新撰組，甲陽鎮撫隊に加わり，のち牧師)の娘。東洋英和女学校，高知高女などの英語教師をへて，1917年大阪に古屋女子英学塾を設立。34年講師だった岩橋武夫を教頭に登用するが，運営をめぐる紛争で塾を追われる。闘病経験から心霊研究に進み，高尾亮雄とも親交。晩年は世界連邦運動にも。キリスト者。24年頃国際連盟協会大阪支部主催のE講習会に参加し，相坂佶の指導を受ける。同年10月JEI大阪支部創立委員，同支部の常設講習会に塾を提供。同年12月15日大阪ザメンホフ祭で"Lumo el Oriento"と題してEで講演。25年第13回JK(京都)に参加し，大会協議会でE賛美論を展開。28年Eを古屋女子英学塾の第2外国語に定め，自ら教授。著「英語の必要時代よりE語へ E語の宣伝は終生の仕事 古屋登代子さん」(『読売新聞』1924.9.11)，『ラヂオ初等英語講座教材』全2巻(大阪放送局，1926)，『苦闘十年』(古屋女子英学塾同窓会，1926)，『女の肖像』(アサヒ芸能出版，1962)。参堀田穣「高尾亮雄と女たち—菅野スガ・三笠万里子・古屋登世子」(『人間文化研究 京都学園大学人間文化学会紀要』29，2012)。協奥村林蔵。

ブレールスフォード | John Annesley Brailsford
1883~1956.5.18

ニュージーランド大ヴィクトリア・カレジ(ウェリントン，1904)/ニュージーランド/ニュージーランド大の英文学講師，ジャーナリスト。クエーカー教徒で，第一次大戦時に良心的兵役拒否により2年服役。厳格な菜食主義者。1922~26年英字新聞"Japan Chronicle"の記者として神戸に在勤。関東大震災(1923.9.1)で孤児となったスラブ系の幼児2人を引き取る。奥平光らと協力して神戸で，特に神戸在留外国人へのE普及に尽力。"Japan Chronicle"にたびたび関係記事を執筆。23年第11回JK(岡山)で挨拶。同年11月11日関西学生連合E雄弁大会で演説。岩橋武夫の英国留学を援助

し, その妹寿岳静子・文章夫妻とも交友。25年第13回JK(京都)に参加し, 大会後の普及講演会(大阪)で講師。日本の対中政策を痛烈に批判。28年ニュージーランドのハミルトンでE講習を行い, E会結成。JEI会員。署 'E in Kobe' ("Japan Chronicle" 1923.7.15, 7.21), 'Students of other lands' ("The Spike : or, Victoria College Review" 1926.9), "East and West after the war" (私家版, 1946). 参松崎克己「緑星旗下の集い」(RO 1924.1), 岩橋武夫『光は闇より』(日曜世界社, 1931), 伊東三郎「岩橋武夫君をしのんで」(RO 1955.2), 奥平光『英語街の漫歩』(研究社, 1956), 徳田六郎「草創時代の神戸E界」(RO 1976.8), 寿岳文章「私の戦中戦後史抄 15」(『英語青年』1985.1), 寿岳文章・寿岳章子『父と娘の歳月』(人文書院, 1988), 峰芳隆「忘れられた恩人 J. A. ブレールスフォード」(LM 1991.1), 『近代日本社会運動史人物大事典』, 『神戸のE』。協鈴置二郎。

フレイレ | F.V. Freire | ?〜?

ポルトガル/香上銀行マニラ支店勤務。山鹿泰治と文通し, 1909年夏訪日して1ヵ月滞在。山鹿に東京市内を案内してもらい, 吉原へも。千布利雄らとも交流。参 'El memorajo de T. Yamaga 1' (LM 1955.8), 「先輩はなぜ・どうして学んだか 山鹿泰治」(RO 1956.6)。

プロクター | Percy Procter | 1860?〜?

オーストラリア/UEAデレギート(ブリスベーン)。神智学を信奉。1927年来日して神戸, 大阪などでE-istoと交流したのち, 7月9日JEIを訪問し, 徳田六郎の案内を受けつつ, JEIの例会にもしばしば出席。ケイシーの同伴で, 鎌倉や富士山へも。同月30日TEK主催の大山時雄と共同での歓迎会で旅行談や神智学の話を語る。横浜で椎橋好の案内で商工会議所を訪問したのち, 8月29日離日。

へ

ヘイデン | William Van der Heyden
1844〜1910以降

オランダ/1877〜1910年神戸・横浜の病院に医師として勤務。1888年読売新聞にヴォラピュク(1879年に J. M. シュライセーが発表した世界語案)の解説を寄稿し, 関連記事も多数。89年ヴォラピュク—日本語辞典『和訳世界語辞林』を日本語教師佐々木隼士と共編で横浜の丸屋書店(丸善の前身)から出版。田鎖綱紀らをヴォラピュクに導いた。参藤間常太郎「小坂先生の生誕と日本最初のE文献」(RO 1938.7), 宗田一他編『医学近代化と来日外国人』(世界保健通信社, 1988), 『近代日本における国際語思想の展開』。

ペリー | Charles Arthur Parry
1869.9.23〜1949.3.25

インド, カルカッタ/ロンドン大(1891)/1903年来日し, 高知, 仙台, 大阪などで英語教師, 10〜11年 "The Japan Herald" 紙の編集者。のち横須賀の海軍機関学校で教師。武術も学ぶ。08年仙台在住時にEの普及を試みるが果たせず, 日本人の無理解を嘆く手紙をフランスの友人へ。19年3月鎌倉片瀬方面に遠足した大橋卯之吉, ガントレットらの訪問を受ける。"The Japan Advertiser" (1919.4.19) に「世界の言語とE」について寄稿。20年東京外語でE講習を指導。JEA会員(会員番号1306)。署J.C. Balet "Military Japan" (Yokohama : Kelly and Walsh, 1910). 参桑原利秀「79年前, 仙台に居たペリーという E-isto」(ME 78, 1987.2)。

ベルトロー | Henri Bertelot | ?〜?

フランス/フランス東洋艦隊の軍艦ラモット・ビッケ号に乗り組み, 1936年7月横浜に寄港して, E-istoと交歓。同船乗組員と新日本拳闘協会の間の日仏拳闘試合(国民新聞後援)を横浜E協会会員とともに仲介。

8月寄港先の室蘭で, 同乗のMaurice Locretを連れて, JEI特使岡本好次の地元E-istoとの懇談会に同席し, フランス事情を語る。函館, 青森でもE-istoと交歓。參「日仏拳闘試合にE語」(RO 1936.9)。

ペレール｜Lucien Péraire
1906.4.16～1997.11.19

フランス/ほぼ不就学/労働者。1927年SAT大会(パリ)に参加。Eを利用して自転車による世界旅行を実行。その間, 写真を絵葉書にして売って旅費に充てる。28年フランスを出発し, ドイツ, シベリアを走破して, 30年6月11日ハルビンで大和田雛子から紹介状を受ける。7月28日ウラジオストクから出航し, 8月1日伏木港(富山)に上陸。翌日からの第18回JK(金沢)に飛び入り参加して, 開会宣言を任され, 分科会で旅行談を語る。富山, 新潟をへて東京に滞在。希望社, 全生病院などを訪問。横浜, 宇治山田, 久居, 名古屋, 岐阜, 大津, 京都, 神戸, 姫路, 広島, 別府, 下関, 小倉, 八幡, 福岡, 久留米, 長崎などを巡り, E-istoと交流。この間, 各地で新聞社, 学校などを訪問し, 講演。9月12日柴田義勝の通訳で由比忠之進らと旅行談をJOCK(名古屋)からラジオ放送。11月6日, 長崎から上海へ出航。中国をへてベトナムへ赴き, 同地のE運動に大きな影響を与える。タイ, シンガポールなども巡り, アメリカを目指すが果たせず。台湾を経由して帰路につき, 32年4月神戸と敦賀に立ち寄り, 大和田らと交歓。同年7月帰国。74年訪仏した前田米美に旅行の思い出を語り,「日本だけだったよ, 私を人間らしく親切にもてなしてくれたのは」と述懐。速記で書きとめておいた旅行記を後年に出版。著 'Kelkaj tagoj el mia vivo' (RO 1930.9～12), "Tra la mondo per biciklo kaj E" (SAT, 1990)。參「シベリア鉄道を自転車で一ト走り エス語で世界一周の仏青年, ハルビンに安着す」(『東京朝日新聞』1930.6.11),「Eの勢力をたずねて世界ひとり旅」(同 1930.8.21),「自転車で世界一週E語のペレイル君」(『南洋日日新聞』シンガポール, 1932.1.29),「S-ro biciklisto subite reaperas」(RO 1932.6), 前田米美「Trans generacioj E vivadas」(LM 1978.9), 村田慶之助「来日した文通友だち」(RO 1982.12)。いとうかんじ「サランとシューラ」(LM 1987.5～6)。

辺見和郎｜へんみ かずろう
1922.8.3～1999.4.18

宮城/東京外大/新聞人。作家辺見庸の父。戦後, 宮城へ戻って新聞社を設立, のち共同通信社へ。1961年福島民友新聞社に転じ, 82年取締役論説委員長。学生時代と華中から復員直後の2度Eを学習するも中断91年JEI, ロンド・マーヨに参加し, 94～97年ロンド・マーヨ会長。庸は2002年第89回JK(福島)で「非戦―不安の世紀を越えて」を講演し, 由比忠之進と長谷川テルに触れ, 父とEについても言及。著「中国の漢字, 日本の漢字」(『文化福島』116, 1981),「今度こそ三度目の正直!?」(RO 1992.4),「東北大会の成功を祈念」("La Flugiloj" ロンド・マーヨ104, 1996)。參辺見庸「言問団子」(『文藝春秋』1998.11),「辺見和郎氏とE」(『政経東北』1999.11), 北川郁子「辺見庸氏熱く現代を語る」(RO 2002.12),『福島E会ロンド・マーヨ 20年のあゆみ』。

ほ

帆足計｜ほあし けい｜1905.9.27～1989.2.3

大分/六高(1928), 東大(1931)/政治家。1952年高良とみ参院議員らと, 日本人として初めて新中国を訪問。E学習歴は不明。56年日本E運動50周年記念に際しJEI賛助会員。著『統制会の理論と実際』(新経済社, 1941),『ソ連・中国紀行』(河出書房, 1952)。參『現代日本朝日人物事典』。

北条春光｜ほうじょう はるみつ
1898.5.4～1971.9.14

埼玉/五高(1920), 東大(1924)/医学博士。法医学の第一人者。1931年欧米留学。34年長崎医大, 40～61年九大各教授, のち日医大教授。弘好文と五高, 東大の同期。学

生時代JEI入会。JEMA会員。📖『法医学』(金原出版, 1958)、『法医学実習』(金原出版, 1961)。📖『洒々楽々北条春光先生追悼集』(九大医学部法医学教室同門会, 1972)。

北條元一｜ほうじょう もとかず
1912.12.7～2005.12.25

京都/京都一中(1929)、三高(1932)、東大(1936)/本名清一(きよかず)/独文学者。東工大名誉教授。E学習歴は不明。1959年ザメンホフ百年祭委員会費助員。📖『芸術認識論』(北隆館, 1948)、『北條元一文学・芸術論集』(本の泉社, 2002)ほか多数。📖『民主文学』(日本民主主義文学会, 538, 2006)、『世界文学』(世界文学会, 103, 2006)。

朴憲永｜ぼく けんえい
1900.5.28～1955.12.15?

朝鮮忠清南道/高城高等普通学校(中退)、モスクワ共産大/박헌영、パク ホンヨン/朝鮮共産主義運動中心人物の一人。1919年三・一運動に参加後、上海へ亡命、高麗共産党に入党。22年極東民族大会(モスクワ)に参加し、帰国後逮捕。釈放後、『東亜日報』記者。25年朝鮮共産党結成に活躍したが、再逮捕され、モスクワへ脱出。32年上海で逮捕。39年出獄後も光州の煉瓦工場の労働者に身をやつして地下運動を続行。45年9月朝鮮共産党を再建し最高指導者に。翌年米軍政府から逮捕命令が出たため「越北」。48年朝鮮民主主義人民共和国成立に際し副首相兼外相。53年「米帝のスパイ」として逮捕され、55年12月15日死刑宣告。E学習は20年上海亡命中か22年からの獄中でと思われる。24年金億らと協力して京城(現ソウル)で講習会を開き、金、大山時雄、山本作次らによる朝鮮E-isto連盟結成に参加。『東亜日報』などに精力的に寄稿。E活動は24年中だけと推定される。📖'La skizo de E-a movado en Koreujo'(『東亜日報』1924.3～4)、『朴憲永全集』全9巻(역사비평사, 2004)。📖松本清張『北の詩人』(中央公論社, 1964)、磯谷季次『わが青春の朝鮮』(影書房, 1984)、宮本正男'Pak Hun-yung'("Senacieca revuo" 1986)、高峻石『朴憲永と朝鮮革命』(社会評論社, 1991)、金哲夫「上海 1920- 21年」(LM 1992.8)、同'Pri PAK Heon Yeong'(LM 1992.10～93.12)、土居智江子「朴憲永のこと」(LT 1994.7)。

朴烈｜ぼく れつ
1902.2.3～1974.1.17

朝鮮慶尚北道/京城高等普通学校(中退)、明大/박렬、パク ヨル、本名朴準植/1919年三・一運動に参加し、のち渡日。アナキズムに接し、爆弾による直接行動を主張。26年天皇暗殺を図ったとして、死刑宣告(のち無期懲役に減刑)。戦後、在日本朝鮮居留民団長をへて、韓国に帰国。のち北朝鮮へ。慶尚北道聞慶市に朴烈義士記念館。21年朝鮮人学生と労働者を対象にE研究会を組織して幹事となり柴田武福に講師を依頼したと報道されたが、不詳。📖「突然解散を命ぜられた朝鮮人団体の研究会」(『読売新聞』1921.12.4)、『近代日本社会運動史人物大事典』、『日本アナキズム運動人名事典』。

保坂成之｜ほさか せいし
1900.5.5～1976.12.11

千葉/岩倉鉄道学校/1916年9月鉄道院工作局車輌課員、29年東洋電機製造に転じ、45年戸塚工場工作課長、51年立正電機製作所取締役、59年常務。19年三石五六からEについて聞き、小坂狷二に学ぶ。JEI設立と同時に入会し、JEAからJEIへ移行に伴う庶務を三石と処理。21年東北各地を巡回講演。東京在住時、三河島の自宅に「人類人の家」という看板を掲げた。26年1月27日JEI主催講演会で「電気機関車と電化計画」をEで講演。28～43年JEI評議員。30年9月21日横浜E協会創立に際し初代会長。56年50周年記念第43回JK(東京)で表彰。息子を十須人(Ĝusto「正確」から)と命名。UEAデレギート(横浜)、JEI終身会員など。📖'Elektra lokomotivo en Japana fervojo'(RO 1925.3)、「Per Balono al la Poluso を読みて」(RO 1931.3)、「JEI初期の小坂先生について」(RO 1969.11)。📖RO 1926.3、大島義夫「JEIとわたし(1)」(NR 1970.2)。📖保坂みつ、根本潔、小坂丈予、大島義夫。

星新一｜ほし しんいち｜1926.9.6〜1997.12.31

東京/東京高師附中, 東京高, 東大(1947)/本名親一/ショートショートを得意としたSF作家。柿内三郎の甥, 出沢三太の異母弟。一時JEIに属し, 1980年の年賀状に「遠大な計画」の冒頭の松葉菊延E訳を掲載。87年E百周年にメッセージを寄せ,「世界各国に読者ができました。うれしいことです。」と。著『星新一の作品集』全17巻(新潮社, 1974〜75)ほか多数。E関係に「Eも, 持ちかけ方によってはブームになるだろう」(ES 1980.3)。E訳作品に山田忠宏訳 'Neĝa Vespero〔雪の夜〕'(LM 1963.3), 白石茂生訳 'La vivo post tri jaroj〔三年目の生活〕'("Kajero" 2, 1963), 松葉菊延訳 "Mikronoveloj de Sin'iti Hosi"(Libroteko Tokio, 1983)など。参栗栖継「E文入り年賀状」をめぐって」(ES 1980.3), 松葉菊延「星新一ショートショート翻訳記」(RO 1983.9), RO 1987.8, 最相葉月『星新一一〇〇一話をつくった人』(新潮社, 2007), 『現代日本朝日人物事典』。

星信雄｜ほし のぶお｜1886.5.25〜1943以降

新潟/四高(1907), 東大(1911)/東京三井慈善病院をへて, 1914年新潟市に星病院を開業。新潟県議, 新潟市医師会副会長など。21年沼垂E会を設立し会長。同年JEI入会。JEMA会員。参『日本E運動史料 Ⅰ』。

星野孝平｜ほしの こうへい｜1910.1.24〜1990.11.21

新潟/三高(1931), 東大(1934)/理学博士。田代晃二, 西川豊蔵らと三高理科甲類の同期。東大在学中に理研の研究生に。1934年東洋レーヨン入社, 45年研究部長, 66年常務理事。39年ナイロンの合成に成功。戦後は主にナイロン樹脂を研究。その技術は多方面に応用され, 東レを業界のトップ企業に。27年三高入学後, 北村松之助, 石井一二三の勧めで, 同校E会に参加。著『合成繊維』(共著, 高分子化学協会出版部, 1949)。参『三高E会小史』。

星野行恒｜ほしの ゆきつね｜1893.8.20〜1943以降

長崎/日本歯科医専(1918)/医学博士。はじめ長崎市に開業。のち京大をへて, 1932年京都市に開業, 35年大阪星病院歯科部長キリスト者。24年長崎の第1回ザメンホフ祭が長崎市本石灰町の自宅で開かれて以降, 自宅を長崎E会の事務所, 集会所に提供。JEI, JEMA各会員。著『歯牙伝導聴話器『ホシノフォン』に就て」(『医科器械学雑誌』12 : 10, 1935)。参『長崎のE・前編』。

星野芳樹｜ほしの よしき｜1909.3.30〜1992.5.31

東京/静岡高(1930中退)/左翼運動家。戦後, 参院議員, 『静岡新聞』論説主幹。満洲国国務院総務庁長官(のちA級戦犯として終身刑, のち釈放)星野直樹(1892〜1978)の弟。ケニアにスワヒリ語学院を創設。1931年Eを独習し, 同じ頃日本共産党に入党。33年非合法活動で検挙され, 獄中で西田幾太郎『善の研究』や法華経のE訳にも取り組む。戦中, 上海で中国人E-isto潘逖書と容海中学校を開き, 校歌のメロディーに "La espero" を採用。潘を通じて他の中国人E-istoとも連絡。45年, 終戦で蘇州から引き揚げてきた法華暉良とE講習会を開く米人クロフォードを通じて, 上海在住の外国人E-istoと連絡し, 定期的に会合し, 同年12月ザメンホフ祭には松原雪江を含め11ヵ国のE-istoが参集。引き揚げ後47年数寄屋橋で同胞引揚促進祈願の断食を行い, Eで演説。49年第2次JEA評議員。69年JEI入会。著『上海露地裏の人々』(世界社, 1947), 『共産主義卒業記 思想の遍歴とわが半生』(土佐書房, 1948), 「上海終戦前後」(RO 1950.2), 『星野芳樹自伝』(リブロポート, 1986)。参潘逖書 'El Ŝanhajo' (RO 1950.3), 『現代日本朝日人物事典』。

ポストニコフ｜Fjodor Aleksejevic Postnikov｜1872.2.29(ロシア暦2.17)〜1952.5.10

ロシア帝国コフノ(現リトアニア, カウナス)/F.A. Post/1891年E学習し, ペテルブルグでE運動。94年長崎を訪問し, E宣伝

をするが、不発。1900年ロシア陸軍工兵大尉としてウラジオストクに赴任し、02～05年ウラジオストクE会長。02年ウラジオストクを訪れた二葉亭四迷と知り合ってEを学ばせ、日本人向けE入門書の出版を依頼。同年および03年に来日し、二葉亭にE教科書の出版資金として50ドルを寄託。06年二葉亭『世界語』として実現して、日本のE運動の源の一つに。日露戦争中に気球"Espero"を作る。06年米国に移住し、カリフォルニア、アーカンソー各州でE運動。25年サンフランシスコで小坂狷二と遭遇。37年滞米中の須々木要の訪問を受けるが、訪米中の磯部幸子とは会えず。47年7月宮本新治の要請に応じて、北米E大会(ニューハンプシャー州コンウェイ)に、戦後、日本で禁止されていたEによる国際文通の再開をマッカーサーに請願することを提案し、満場一致で可決(48年5月GHQは国際通信の用語制限を解除)。米国E-isto人名録を編纂。51年訪米した宮本を自宅で歓迎。早大図書館所蔵の二葉亭四迷資料中に二葉亭宛のロシア語書簡。著「Kiu estas kiu inter Nord-Amerikaj E-istoj」(私家版, 1947). 参 小坂狷二「太平洋を越え」(RO 1926.3)、磯部幸子「Pioniro Feodor A. Postnikov氏のことども」(RO 1938.2)、須々木要「F.A. Postnikov氏訪問記」(RO 1938.7)、「各国の近況」(RO 1947.11)、「EANA大会MAC元帥へ請願」(RO 1947.12)、「日本の運動に関係深いS-ro F.A. Post」(RO 1952.9)、宮本新治「ポストニコフ氏を訪う」(RO 1952.10)、『二葉亭四迷全集』全8巻(筑摩書房, 1984～93)、Bernard Golden 'Fjodor Postnikov' ("La ondo" 31, 1996), M. Bronŝtejn "Dek tagoj de la kapitano Postnikov" (Tiĥvin, 2004)、野崎晃市『明治キリスト教の受容と変容　浅田栄次の目を通して』(筑波大博士論文, 2006)、『近代日本における国際語思想の展開』、"Ordeno de verda plumo". 図 星田淳。

ポスピシル | Bohumil Pospíšil | 1902?～?

オーストリア・ハンガリー帝国(現チェコ)/世界旅行家、ジャーナリスト、著述家。世界旅行を企てて1926年8月プラハを発ち、バルカン諸国からトルコ、ペルシャ、インド、ビルマ、中国、モンゴル、満洲、朝鮮などをへて、下関に上陸。途中、奉天(現瀋陽)、大連、京城(現ソウル)で日本人E-istoと交流。28年2月24日上京し、JEIを訪問。3月6日TEKの歓迎会を受ける。名古屋でもE-istoの案内で新聞社を訪問。数週間滞日ののち、離日。29年5月台湾に現れ杉本良を訪問。ニュージーランドなどをへて、31年頃チェコスロバキアに帰国し、旅行記を著述。35年第二次大戦を逃れてニュージーランドに移るが、その後の消息不詳。著『踏破十万粁』(RO 1928.4), "Wandering on the Islands of Wonders (New Zealand)" (Dunedin [N.Z.]: Coulls Somerville Wilkie, 1935). 参「エス語の友を訪ねて、無銭旅行の青年　故国チェッコのプラグを出て4万キロを突破して来朝」(『東京朝日新聞』1928.2.26)、「十万粁世界旅行の同志」(RO 1928.4), Jaroslav Olša, jr. 'Seven Czech Travellers in Korea' (Kang Hong Bin・Jaroslav Olša, jr. (eds.) "1901 Photographs of Seoul by Enrique Stanko Vráz and Other Early Czech Travellers' Views of Korea" Seoul: Seoul Museum of History・Embassy of the Czech Republic to the Republic of Korea, 2011)。

細井一六 | ほそい いちろく | 1905頃～1933以前

愛知/一高(1926)、東大(1931)/福原満洲雄と一高理科甲類の同期。東大在学中にJEI入会。著 ヘエウッド『十七世紀十八世紀世界地理発見史』(古今書院, 1929)、「狐の嫁入り」(『民俗学』2:1, 1930)。

細井末夫 | ほそい すえお | 1911～1996.2.20

北海道/札幌師範/1936年萱野小訓導, 41年幾春別国民学校訓導, 42年八雲中教諭, 49年八雲高教諭, 72年退職後, 84年まで土地家屋調査士。31年札幌師範を病気休学中、希望社発行の『希望』でEを知り、EKで独習。34年1月JEI入会。49年10月勤務先の八雲高にEゼミナールを結成し、52年3月まで指導。同年7月「外国語(E)」の高校助教諭免許状を取得。92年RO全号を北海道E連盟へ寄贈。JELE会員。著「高等学校のE」(RO 1952.10)、「E教員免許状について」(LE 1973.7)。参「中・高等学校教員「E」免許状」(RO 1952.9)、「RO全巻寄贈される」

(HEL 1992.11〜12)，星田淳「八雲の Izolitaj samideanoj 訪問記」(HEL 1993.1〜3)．🔲相沢治雄．

細江逸記｜ほそえ いつき｜1884.9.28〜1947.3.11

三重/東京外語(1906)/旧姓守/英語学者．文学博士．東京外語で浅田栄次に師事．1919年大阪高商教授，23〜25年英国留学，31〜44年大阪商大教授．関大に細江文庫．07年JEA入会(会員番号728)．20年11月12日天野忠慶らによって大阪高商で開かれたE講習会を指導．23年西田英夫らによる大阪高商E会設立を支援し，のち大崎和夫らを指導．🔲『英文法汎論』(泰文堂，1926)，『英国地方語の研究』(篠崎書林，1956)ほか多数．🔲『英語学人名辞典』．

細江静男｜ほそえ しずお｜1901.7.4〜1975.8.29

岐阜/慶大(1930)，サンパウロ州立大/医学博士．異名「ブラジルのシュバイツァー・アマゾン先生」．1930年外務省の留学医としてブラジルへ渡り，現地人や日系移民の医療と福祉の向上に生涯を捧げた．下呂町名誉町民．学生時代JEIに参加．🔲『アマゾン先生』(産報，1963)．🔲『細江静男先生とその遺業』(同刊行委員会，1995)．

細川憲寿｜ほそかわ けんじゅ｜1889〜1945

京都/大谷大(1918)/徳円寺(京都)住職．大谷大幹事，学監など．1921年11月大谷大で桜田一郎を講師に開催されたE講習会の世話人．同年12月谷山弘蔵らと同校E会を設立．31年JBLE創立に参加し相談役．🔲太宰不二丸『回想―五十年』(私家版，1983)．🔲太宰不二丸．

細川三酉｜ほそかわ さんゆう｜1909〜1987

京都/私立京都工学校/別名斎藤/戦前，大丸に勤務．PEU壊滅後，1936年1月宮島宗三らと京都プロレタリアE研究会を結成．同年3月京都の日本共産党組織の再建を図り，12月検挙．戦後，京都の共産党組織の再建に努力．🔲内務省警保局『社会運動の状況　昭和十二年』(復刻版，三一書房，1972)．

細田悟一｜ほそだ ごいち｜1898〜1982

山口/旧姓岡村，筆名相模太郎，一目山人(いちもくさんじん)/株式評論家．一目均衡表の考案者．1924年都新聞に入り，商況部長などを務め，41年退社．23年頃JEI入会．🔲『一目均衡表』(経済変動研究所，1975)，『わが最上の型譜』(同，1977)．

細田友雄｜ほそだ ともお｜1913.11.21〜2006.9.11

岐阜/浦和高，東大(1938)/農学者．農林省農事試験場，東北大助手などをへて，1953〜77年東京教育大教授．74年日本農業生物学研究会会長．晩年，遺伝子組み換え作物の性急な実用化と日本の軍事大国化を憂いた．追悼文に「人間愛に満ちてE語に通じ」と．🔲『栽培とたねの科学』(明文堂，1958)．🔲生井兵治「細田友雄博士を偲んで」(『育種学研究』9, 2007)．

細田文夫｜ほそだ ふみお｜?〜1930

東大/健康上の理由で東大医学部から農学部へ転部．1928年5月東大農学部のE講習会を江上武夫と指導．同年12月東京学生E-isto連盟結成に参加．29年JEI評議員．同年5月，日医大3年生に初等E講習を実施，これがきっかけで同校ではE学習の機運を生じ，同校E会が再建された．🔲伊藤巳西三「細田君の死を悼む」(RO 1930.8)，大橋介二郎「細田兄を憶う」(RO 1930.8)．

細野日出男｜ほその ひでお｜1902.6.20〜1981.10.5

東京/東京商大(1926)，ペンシルバニア大院(1930)/交通学者．「タイタニック号」沈没事故の生存者細野正文(1870〜1939)の次男，松田惇雄の義弟，ミュージシャン細野晴臣の父．小椋広勝，根道広吉と東京商大の同期．中大名誉教授．東京商大在学中にJEI入会．🔲「細野日出男教授略歴および研究文献目録」(『商学論纂』中大商学研究会，14：

1～3, 1973)、「細野日出男教授略歴」(『亜細亜大学経済学紀要』7：3, 1982)。

細谷資明｜ほそや すけあき
1924.12.5～1997.3.8

三高、東大(1947)、ウェールズ大院/理学博士。東大名誉教授、日本結晶学会長など。1949年E学力検定普通試験に合格。著『大学受験物理解法の決め手』(共著、学習研究社、1969)、ブラッグ『結晶学概論』(共訳、岩波書店、1978)。参『日本結晶学会誌』(39：4, 1997)。

法華滋子｜ほっか しげこ｜1912.4.1～1940.1.4

岡山/岡山女師(1930中退)/法華暉良の妹。岡山女師在学中に兄暉良の影響でE学習。同校中退後、暉良を頼って上京。神田の喫茶店「ガンロウ」、「E」に勤務、Eを操るウェイトレスとして、一躍、青年E-istoの人気者に。PEUに参加。1932年10月第20回JK(東京)の会場で検挙。インド人貿易商と恋に落ち、33年長女梨良子を出生。日本共産党の資金活動に協力したという。61年岡一太の推薦により大倉斐子とともに無名戦士の墓に合葬。参岡一太『希望の歌』(理論社、1970)、田外幸恵「真庭が生んだ女性E-isto」(『真庭タイムス』1993.1.1～12)、同『Eの女法華滋子の生涯』(私家版、1995)、同『Eの女—法華滋子の生涯』(『人権21』岡山人権問題研究所、174～179, 2005～06)、『近代日本社会運動史人物大事典』、『日本女性運動史人名事典』、『解放のいしずえ』、『岡山のE』。協 田外幸恵。

法華暉良｜ほっか てるよし
1904.6.27～1965.8.20

岡山/早稲田専門学校(中退)/別名日良/法華滋子の次兄。岡山県真庭郡川上村(現真庭市)村長を2期務め、蒜山高原の観光開発に尽力。蒜山高原の一角に顕彰碑。奇人で知られた天性の宣伝家。岡山の商業学校に在学中の1923年頃JEI入会。27年SAT加入。28年北隆館E研究会結成に尽力し、7月より講習。柏木ロンドに属し、29年第17回JK(東京)で同ロンドを代表して挨拶。

30年プロレタリア科学研究所のE講習の指導者の一人。32年10月岡山E倶楽部創立に参加。戦時中は中国に。戦後、上海で星野芳樹らとE運動。ザメンホフ祭の中心となり、重慶から来た長谷川テルと邂逅。著「シャンハイのE運動」(NF 1946.11)。参「この人 この道」(『夕刊岡山』1959.2.7)、岡一太「ほっか・てるよし君を悼む」(RO 1965.10)、『近代日本社会運動史人物大事典』、『岡山のE』。

堀田健蔵｜ほった けんぞう｜1903.10.1～2001

弁護士。1934年E学習。JEI、横浜E会各会員。著「学力検定について」(RO 1969.5)。

堀田幹雄｜ほった みきお｜1909.7.4～1963以降

大阪/四高(1929)、東北大(1932)/オリエンタルペイントに入り、技術部長などをへて、1955年関西ペイント技術部長代理、57年尼崎工場生産部長など。大学時代JEI、仙台E会、東北大E会各入会。30年11～12月仙台E会で女性向け講習会を指導。31年5月8日より酒井瞭吉宅で開かれた、ザメンホフ訳 "Fabeloj de Andersen" の輪読会を松本浩太郎と指導。参桑原利秀「東北帝大E会報告」(『工明会誌』東北大工学部工明会、12, 1931)。

穂積重遠｜ほづみ しげとお
1883.4.11～1951.7.29

東京/東京高師附中、一高(1904)、東大(1908)/法学博士。異名「日本家族法の父」。穂積陳重の長男。陸軍大将児玉源太郎(1852～1906)の娘婿。1912～16年独仏英米留学。東大名誉教授、貴族院議員、最高裁判所判事など。E学習歴は無し。26年亡父に代わってJEI顧問に就任。著『父を語る』(私家版、1929)ほか多数。参『現代日本朝日人物事典』。

穂積陳重｜ほづみ のぶしげ
1855.8.23(安政2.7.11)～1926.4.7

伊予国(現愛媛)/明倫館、大学南校、開成学校、ベルリン大(1881)/旧姓入江/日本最

初の法学博士。民法の祖。穂積重遠の父。岳父は渋沢栄一。民法，商法などの起草に参加。1876〜81年英独留学。東大教授，貴族院議員，枢密院議長など。筑波大，東大，首都大に穂積文庫。1922年帝国学士院総会で小坂狷二の講演と田中館愛橘の演説を聴いてJEI入会。26年JEIの法人化に伴い，会長就任を内諾するも急逝。【著】『穂積陳重遺文集』全4巻（岩波書店，1932〜34）ほか多数。【参】穂積重行『明治一法学者の出発』（岩波書店，1988），白羽祐三『民法起草者穂積陳重論』（中大出版部，1995）。

堀栄二 | ほり えいじ | 1886.10.5〜1946.4

愛知/名古屋商，パシフィック大，カンザス大/享栄学園創立者。1913年米国留学から帰国し，名古屋市に「英習字簿記学会」を創立。30年享栄商の上海旅行に同行した山田弘と中国のE-istoの交流を見て，翌年より2年間，Eを同校の必須科目に（講師は山田，白木欽松）。【参】山田天風「名古屋とE」（『名古屋E会創立50周年記念文集』1982），影山昇「堀栄二の自己実現と中等商業教育」（『東京水産大学論集』35, 2000）。

堀要 | ほり かなめ | 1907〜?

岡山/神戸商実習学校/佐世保商業銀行をへて，1939年親和銀行に入り戸畑支店長，島原支店長，常務審査部長など。20年代後半JEI入会。

堀正一 | ほり しょういち | 1913.10.5〜2005.10.4

東京/東京文理大（1938）/生物学者。E-isto堀泰雄（JEI副理事長など歴任，2004年小坂賞）の父。群馬師範をへて，群馬大教授，のち名誉教授。油絵をよくした。1952年6月JEI入会。53年第2回関東E大会で，ダム建設問題で揺れていた「尾瀬」を植物学者の立場からスライド付きで講演し，白黒スライド『尾瀬』（30コマ，E日両語解説つき）を販売。10本分の売上金をJEIへ寄付。西成甫を囲んで上田正雄，山添三郎，田所作太郎らとEの研鑽に励み，群馬大学芸学部E会，群馬E会の指導に当たる。58〜62

年JEI評議員。63〜66年ISAE日本代表。68年絶滅した巨鳥モアを尋ねてニュージーランドへ赴き，E大会に参加。73〜74年JEI理事。84年群馬E会顧問。専門誌や『群馬大教育学部紀要』にE書きの論文を多数発表。RO誌にも一般向け科学記事を多数寄稿し，"La volvotigo de amikeco"にまとめられる。JELE, JESA各会員など。妻すみ，泰雄の妻玉江もE学習。【著】『尾瀬の湿原をさぐる』（築地書館，1973）ほか多数。E関係に'La societo de la japanaj simioj'（RO 1958.5），'Kaptado de polenoj en la aero'（RO 1958.10），'Kiamaniere naskiĝis la torfokampoj en Japanujo'（RO 1961.6），'La polenoj en torfokampoj'（RO 1962.1），'Kial ni forte kontraŭas al la nukleaj eksperimentoj?'（RO 1962.5），'La kato'（RO 1963.11），"La volvotigo de amikeco"（群馬E会，1965），'Vojaĝo al Formoso'（RO 1967.3〜68.4），"La vojaĝoj al la sudaj insuloj"（群馬E会，1971），"La Vojaĝo al Novzelando"（群馬E会，1972）など。【参】松葉菊延「書評 "La volvotigo de amikeco"」（RO 1965.10），鈴木善彦「書評 "La Vojaĝo al Novzelando"」（LM 1982.4），Yoshie Kleemann 'Memoroj pri prof. Hori'（RO 2005.12），堀すみ「米寿の手習い」（RO 2006.4），田所作太郎「わたしのE人生」（『Eと私』），『群馬のE運動 1903〜2010』。【協】堀泰雄。

堀種治 | ほり たねはる | 1905.7.15〜1997.4.5

兵庫/長崎高商（1927）/1959年三菱倉庫取締役，60年四日市倉庫専務，62年社長，74年会長，82年相談役。Eは，「世界はひとつ，言葉もひとつ，国境は世界共通語を持ってなくそう」の信念の下，87年正月より独学。【著】「フェアプレー精神で」（『日刊工業新聞』1987.5.16）。

堀真道 | ほり まみち | 1900.7.25〜1974.1.5

奈良/一高（1921），東大（1924）/1934年横浜地裁，37年旭川地裁各検事，38年札幌控訴院判事。39〜40年訪米。42年東京控訴院各判事，49年釧路地裁所長，52年参院法務常任委員会専門員，55年東京高裁判事，62年公証人など。剣道の達人。灘尾弘吉，引田重夫らと一高英法科の同期。18年一

高・帝大シベリア旅行団に参加、市河彦太郎がEで外国人と交流する姿に刺激され、千布利雄『E全程』で独習後、長谷川理衛、井上万寿蔵らと一高緑星会結成。19年8月JEA入会(会員番号1433)、同年JEI設立に参画。20年第7回JK(東京)でJEI図書係に選出。21年川原次吉郎率いる東北信州宣伝隊に参加。23年新渡戸稲造の国際連盟報告書を和訳して冊子にし、JEIから配布。28～32年JEI評議員。29年第17回JK(東京)副会頭。33～37年JEI監事。37年中垣虎児郎の治安維持法違反事件の論告に立ち、異例の執行猶予つきの求刑。39年第7回北海道E大会(札幌)会長。43～45年および53～70年JEI理事。62年TEK会長。64～65年ELK会長。71～73年JEI監事。56年50周年記念第43回JK(東京)で表彰。終生JEIに献身。署「漢字制限とE」(『読売新聞』1922.8.19～20)、『国際補助語E』(由里忠勝・須ケ木要・長谷川理衛・進藤静郎と共訳、JEI、1923)、『国際補助語E 国際連盟常設事務局報告書』(JEI、1924)、「TEK誕生の思い出」("MERKURO" TEK、23、1962)、「大正時代の小坂さん」(RO 1969.10)。参「先輩はなぜ・どうして学んだか」(RO 1956.2)、長谷川理衛「あるがゆえにあらしむる」(RO 1974.4)、福田正男「TEKの父堀真道先生をいたむ」(SAM 1974.5)、『反体制E運動史』。

堀義路|ほり よしみち|1896.2.7～1972.10.17

東京/三高(1917)、東大(1920)/日本のエネルギー源を石炭から石油と原子力に転換させた陰の功労者。1923～24年英国留学。北大、藤原工大各教授、北日本ゴム社長など。22年頃JEI入会。参『現代日本朝日人物事典』。

堀内恭二|ほりうち きょうじ|1907.11.16～1968.8.4

東京/東京府立一中(1924)、浦和高(1926)、京大(1930)/埼玉県知事堀内秀太郎(1873～1941)の長男。今井四郎、吉川春寿と東京府立一中の同期。1930年神都電気から九州水力電気(のち九州電力)へ転じ、人事課長、宮崎支店長などをへて、66～68年常務取締役、のち顧問。浦和高在学中の23年頃JEI入会。26年京大入学後もE運動を続行。31年4月福岡から大分へ転勤し、5月4日大分E会を設立。直後に宮崎へ転勤、12月15日宮崎E会創立に参画。33年7月福岡へ戻り、以後福岡E会で活動。65年第39回九州E大会(福岡)会長。福岡E会、KEL各会長、UEAデレギート(福岡)、SAT会員など。署'La Fadeno de Araneo'(RO 1926.11)、「国際問題とE」(『国民新聞』埼玉版、1932.1.7～19)、『KEL25年史』(福岡E会、1962)。参「内地報道」(RO 1927.6)、佐藤悦三「堀内恭二さん急逝」(RO 1968.10)。図佐藤悦三、九州電力。

堀内敬三|ほりうち けいぞう|1897.12.6～1983.10.12

東京/東京高師附中(1915)、ミシガン大(1921)、MIT(1923)/音楽評論家。生家は浅田飴本舗。1917～23年米国留学。キリスト者。E学習歴は無し。37年JEIがザメンホフの詩"Al la Fratoj"の作曲を公募したE歌曲懸賞の審査員。署『音楽家を志す人のために』(現人社、1933)ほか多数。参堀内和夫『「音楽の泉」の人堀内敬三』(芸術現代社、1992)、『現代日本朝日人物事典』。

堀内庸村|ほりうち ようそん|1900.7.13～1962.2.10

兵庫/早実(1921)/本名健一/評論家。1937年青年文化振興会主幹、43年満洲開拓読書協会理事。戦後、国語審議会委員、日本ローマ字会常務理事、分かち書き研究所所長など。RO(1952.8)に田中館愛橘を偲んで、E書きの追悼文'D-ro TANAKA-DATE'を寄稿。邑久光明園の盲人ハンセン病患者蜷川ひさしの詩「惜春」と職員森幹郎の「絶望から立ちあがったライ盲たち」のE訳を仲介し、RO(1955.9)に掲載させる。56年日本E運動50周年記念に際しJEI賛助会員。署『般若心経より観た社会不安と思想宗教』(泰東閣書房、1936)、『国民読書と図書群 新しき読書文化のために』(青年文化振興会出版部、1943)、『カナ・ローマ字共通でやさしい分かち書き法』(ダイヤモンド社、1959)。

[参]「50周年記念座談会」(RO 1956.9), 森幹郎『証言・ハンセン病』(現代書館, 2001), 書物蔵「戦時読書運動の決定的瞬間 堀内庸村と国民読書」(『文献継承』13, 2008).

堀江勝巳 | ほりえ かつみ | 1885.5.29〜1967以降

東京/東京府立一中(1903), 六高(1908), 京大(1911)/工学博士. 熊本市水道部長, 横浜市水道局長, 華中水電水道部長, 日本水道コンサルタント会長など. 1935年, 欧米の水道事情を視察旅行. 横浜時代に疑獄事件で起訴されるも, 無罪に. 渡部寿と六高の同期で, 同校在学中にE学習. [著]「欧米の水道を見て」(『水道研究資料』10, 1935).

堀江清弥 | ほりえ せいや | 1893.4.23〜1982.5.28

福島/東京学芸大講師, 実践女子大, 跡見学園女子大各教授など. JEI初期会員. [著]『スタンダード英熟語』(清水書院, 1956), 『図解英文法』(大学書林, 1966).

堀尾太郎 | ほりお たろう | 1919.1.6〜2011.9.17

阪神電車の電気技師. 30歳代でEを学習. 勤務先同僚の楠田善助と協力してE展示会を開いたことも. 退職後に再学習して1986年JEIに再入会. 88年堺E会に入会. ソ連・東欧などのE-istoと文通し, 来信の日本語訳を『東欧のかたすみから』(私家版, 1991)として刊行. JAKE会員. [著]「Delegit-Retoでこんなことも」(LM 1998.9), 「unu tagoとla unua tago創世記の翻訳について」(LM 2003.6). [参]「ユトリスト 東欧の声 じかに Eで国際交流 堀尾さん」(『読売新聞』1992.1.24).

堀場信吉 | ほりば しんきち
1886.1.29〜1968.2.16

京都/京都二中, 三高(1907), 京大(1910)/物理化学者. 堀場製作所創業者堀場雅夫の父. 1918〜24年欧米留学をへて, 24〜47年京大教授. のち同志社大工学部長, 浪速大(現大阪府大)学長など. 66年文化功労者. 67年秋, 81歳で京都のE講習会に参加するも, 病気療養のため中絶. 病室の壁に貼って最期まで毎日眺めた自筆の文"Mia preĝo : Nia Dio de la absoluta dimensio, la vero de Universo, estas ĉiam kun ni"(「絶対次元の我らの神よ, 宇宙の真理は常に我らと共に」)が絶筆となった. [参]斎藤英三'81-jara komencanto, brilkariera eksrektoro'(LM 1968.5), 水渡英二「堀場信吉の業績と経歴」(『化学史研究』22, 1983).

堀見克礼 | ほりみ かつひろ
1867.2.7(慶応3.1.3)〜1932

土佐国(現高知)/大阪高医(1896)/堀見俊吉の伯父. 1912〜13年ドイツ留学. 大阪高等医学校教授. 06年JEA入会(会員番号526). [参]堀見末子著, 向山寛夫編『堀見末子土木技師』(私家版, 1990).

堀見俊吉 | ほりみ しゅんきち
1915.3.5〜1985.4.17

高知/城東中(1932中退), 拓大(1938中退), 明大(1942中退)/台湾土木の功労者堀見末子(まっす, 1876〜1966)の長男. 堀見克礼の甥. 1930年父と世界一周旅行に出かけ, ブラジルで父と別れて, コーヒー栽培や森林伐採に従事, さらに渡米し, 31年帰国. 城東中(高知)在学中より左翼運動に加わり, 繰り返し検挙され, 38年10月懲役2年, 執行猶予3年. 小島経済研究所在勤時の41年4月再検挙, 翌年東京予防拘禁所へ. 44年第二次図南奉公義勇団に応募して出所を認められ, 南方へ. 戦後は朝日新聞社, 国際出版社, 電通, 国際放映に勤務. 36年中塚吉次, 東宮豊守, 中村三郎らとPEUの再建を図る. 71年旧PEUメンバーによる新年会を東京小金井の自宅で開催. 前田義徳と親交. [参]「元ポエウグルーポ新年会」(RO 1971.3), 堀見末子著, 向山寛夫編『堀見末子土木技師』(私家版, 1990), 『近代日本社会運動史人物大事典』.

本郷新 | ほんごう しん | 1905.12.9〜1980.2.13

北海道/札幌二中, 東京高等工芸学校(1928)/彫刻家. 高村光太郎に師事. 代表作に「わだつみのこえ」, 「嵐の中の母子像」

など。E学習歴は不明。1953年5月27日JEIで欧州旅行談、特にチェコの印象を披露。59年ザメンホフ百年祭賛助員。📘『彫刻の美』(冨山房, 1942)、『本郷新』(現代彫刻センター, 1975)。📄「本郷新氏に聞く会」(RO 1953.7)、本郷淳『おやじとせがれ』(求龍堂, 1994)、『現代日本朝日人物事典』。

本郷秀規 | ほんごう ひでき
1898.4.5～1969.3.11

電気技師。10以上の特許を保有。1926年進藤静太郎の指導でE学習。39年第27回JK(大阪)に参加。UEAデレギート(大阪池田市)、JEI会員など。📄「会員の声」(RO 1945.11)。

本田喜代治 | ほんだ きよじ
1896.10.15～1972.10.22

兵庫/神戸一中(1915)、東大(1922)/社会学者。フランス社会学、アジア的生産様式などを研究。森村義行と神戸一中の同期。熱心なE支持者。📘『仏蘭西自然主義』(辰野隆と共著、三省堂, 1936)ほか多数。📄『日々の糧』(本田喜代治追悼文集刊行会, 1973)。📄芥川集一「本田喜代治先生を偲ぶ」(『社会学評論』日本社会学会、24:3, 1973)、『現代日本朝日人物事典』。

本多孝一 | ほんだ こういち | ?～?

1906年JEA創立時に入会(会員番号27)。英語関係の著書多数。📘『英文暗記法　会話作文応用自在』(英語研究社, 1910)。

本多光太郎 | ほんだ こうたろう
1870.3.24(明治3.2.23)～1954.2.12

愛知/第一高等中(1894)、帝大理科大(1897)/理学博士。磁性物理学の世界的権威。1907～11年独英留学。東北大名誉教授、仙台市名誉市民など。16年帝国学士院賞。37年文化勲章。東北大に本多記念館。E学習歴は無し。桑原利秀の要請で、井上仁吉の後任として、31年10月～33年4月仙台E会長。📘『磁気と物質』(裳華房, 1917)

ほか多数。📄石川悌次郎『本多光太郎伝』(日刊工業新聞社, 1964)、黒岩俊郎『本多光太郎』(吉川弘文館, 1977)、『現代日本朝日人物事典』。🖼桑原利秀。

本田直一 | ほんだ なおいち
1891.7.28～1994.7.8

山口/専大(1921)、高等精密工学校(1938)/網元の家に生まれ、19歳まで魚屋奉公と漁師。のち農商務省、逓信省に36年間勤務。通信事業用品研究所の創設を提言し、初代所長。1959年浦和市長となり、2期8年、革新市長として活躍。74年生活クラブ生協埼玉を創立し、理事長。浦和市名誉市民。通信省時代にEを学習し、秋田雨雀や比嘉春潮と交友。プロレタリアE運動にも参加。市長在任中もしばしば埼玉のEの会合に出席し、61年第10回関東E大会(浦和)では来賓挨拶をEで行う。📘『臍のうら』(実業之日本社, 1963)、『魚流人生九十年』(創芸社, 1983)、『人間雑魚の回顧譚』(協同図書サービス, 1987)。📄遠井國夫「E-isto市長再選」(RO 1963.6)、和田ひょうき編『歴代浦和市長自伝』(情報さいたま社, 2000)。

本田光次 | ほんだ みつじ | 1915.3.30～1965.6.3

京都/名古屋電気工専/昭和電工に入り、秩父、富山各工場、本社などに勤務。1936年1月頃JEI入会。43年JEIがE訳を募集した「愛国百人一首」に応募。57年1月20日上田嘉三郎、遠井國夫、犬飼健夫、小俣郁夫らと埼玉県E会結成。娘洋子は、父から熱心にEを教えられ、日本女子大にEクラブを結成し、E活動で知り合った渡辺則夫と結婚。📘宮沢賢治 'La ĉefo de Rejno-Bando〔カイロ団長〕' ("El Japanio" E通信社, 14～15, 1953)。📄峰芳隆「『ホンダ・ミツジ』さんを知りませんか」(LM 1996.3)、同「『ホンダ・ミツジ』さんが判明」(LM 1997.4)。🖼渡辺洋子、清水孝一、大庭篤夫。

本村肇 | ほんむら はじめ | 1963.5.1～2003.10.7

東京/明学大/都内の高校の英語教諭。キリスト者。1993年朝日カルチャーセンター

451

で山崎静光にEを学び, JEI入会。96年6月〜2001年3月RO編集部員。[著]「Eこそ真の国際語」(RO 1994.11)。[協]萩原洋子, 北川郁子, 石野良夫。

ま

マーティン |Samuel Martin
1924.1.24～2009.11.28

米国ピッツバーグ／カリフォルニア大 (1947)／言語学者。イェール大教授。日本語、朝鮮語などを研究し、論文や研究書、辞書など著作多数。終戦時に日本語専門家の海軍中尉として日本に駐留し、岡山で八木日出雄らと、東京でもE-istoと交流。46年国際文通再開許可に関してJEIに協力。53年第38回UK（ザグレブ）参加後に来日し、11月11日JEIでの歓迎会で旅行談を語る。ほか、たびたび研究のため訪日。比嘉春潮と交友し、比嘉への来信はつねにEで。日本語文法の研究論文の参考文献に岡本好次『新撰和エス辞典』を挙げる。[著]'El vojaĝo al Japanujo' (RO 1954.2～5)。[参]比嘉春潮「ホノルルだより」(RO 1962.9)、同「沖縄の歳月」(中央公論社, 1969)、藤本達生「進々堂」(RO 1976.12)、'In Memoriam: Samuel Martin, Illuminated Korean and Japanese Languages' ("Yale News" 2010.1.15)。

マイヤー，レオ |Leo Meyer|1901.6.27～?

英国／1925～28年五高で英語教師。1927年第15回JK（福岡）に参加して、普及講演会で「英国人が何故Eの必要を云々するか」を詳しくEで講演し、藤沢親雄が通訳。熊本E会に参加。[参]上村直己「第五高等学校外国人教師履歴 附録」（『九州の日独文化交流人物誌』熊本大学文学部地域科学科, 2005）。

マイヤー，カール |Karl Maier
1901～2000.7.25

ドイツ／歯科技工士。1924年E学習。30年ナチスの台頭を予感してドイツを離れ、米国、メキシコをへて、32年3月突然来日。横浜、東京滞在ののち、西日本に旅行して、別府、福岡、大牟田、長崎、大阪、奈良などでE-istoと交流し、講演や新聞社訪問など。東京に戻り、8月JEIの会話講習会で西村ユキ・長谷川テル姉妹らを指導し、テルの印象では「二十五歳位の一見不良外人という感じ」。夏期講習でも講師。E-istoの許婚者Hedwig Waltherも33年3月来日し、9月結婚。約1年半東京に滞在ののち、33年10月大阪をへて、天津へ。55年まで中国に滞在。東ドイツに帰国してE運動の復活に貢献。99年第84回UK（ベルリン）の開会式で高齢参加者として紹介される。[著]'Letero de ges-roj Maier' (RO 1934.1)。[参]「エス語で世界一周」（『大和日報』1932.3.28)、「独逸同志来訪」(RO 1932.4)、'D-ro Maier kaj lia edzino' ("El Popola Ĉinio" 1984.4)、長谷川よね・西村幸子『日記の中の長谷川テル』（朝日新聞出版サービス, 1999)、U. Lins 'Mit 99 ein glücklicher Mensch-Karl Maiers langes Leben in Ostasien und Deutschland' ("E aktuell" 2000.3)、同 '"Mi estas feliĉa homo" La preskaŭ 100jara vivo de Karl MAIER en Germanio kaj Orienta Azio' (RO 2000.6)、Fritz Wollenberg 'Ni funebras pri Karl Maier (1901-2000)' ("Berlina Informilo" 2000.9)、『117年間のラブレター―長崎とE』。

前川周治 |まえかわ しゅうじ|?～?

日本石油に勤務。1921年10月頃JEI入会。京城E会を支援。35年朝鮮から新潟へ。[著]『石坂周造研究 志士・石油人としての両半生』(三秀社, 1977)。

前川典子 |まえかわ のりこ
1949.7.25～1977.5.9

大阪／桜塚高 (1968)／大商繊維に勤務。1969年豊能E会の講習に参加。70年KLEG教育部員として通信教育講座設立に参画。73年JEI入会。同年4月～74年11月LMの「初等翻訳教室」担当。73年度KLEG賞。74年11月病床につくまでLM編集部員。EVA常任幹事。没後、姉夫婦の的場勝英・朋子もE学習。[著]「初等翻訳教室」(JELK, 1975)。[参]EV 1977.7、豊中E会編『きびたき―前川典子追悼文集』（前川武, 1978)、的場朋子「すばらしさを再認識」(RO 1996.2)、同「最近心に強く響いたできごと」(LM 2013.6)。

前田一三｜まえだ いちぞう｜1904～1977

愛知/八高(1925), 京大(1928)/白井好巳, 山本洋一と八高理科甲類の同期。運輸省第四港湾建設部長, 名古屋港管理組合専任副管理者など。1923年頃JEI入会。著『港を眺めて』(月刊名古屋港刊行会, 1968)。

前田喜美子｜まえだ きみこ｜1927.1.2～2005.1.21

京都/京都府立第一高女/筆名 emilia k. m. gojkampf/永末書店で編集者。田中早智子(筆名 m. fruscieva)の姉。KLEG個人会員。永末書店に勤務時, いとうかんじの勧めでE学習。いとう編のザメンホフ著作全集(PVZ)の臨時委員三人の一人。PVZ全巻を妹のリトグラフで飾らせた。参 m. fruscieva「いとうさんとの楽しい思い出」(RO 2005.11), 田中早智子「いとうかんじさんの思い出」(LM 2009.3)。

前田健一｜まえだ けんいち｜1901.3.21～1949.6.2

兵庫/第二神戸中(1918), 関学高商部(1921)/『海運通信』記者をへて, 1934年より神戸市役所に勤務。Eは, 17年千布利雄『E全程』で学習。千布に心酔し, 反JEIの立場を貫く。23年より神戸のE運動に参加し, 24年神戸E協会設立以来, 幹事役を務めるなど, 戦前の神戸E界の中心人物。小田利三郎のEの師。酒をこよなく愛し, 異名'Botelo'。参 鈴置二郎編「神戸の戦前のE界を語る」(LJ 1989.4), 『神戸のE』。協 中道民広。

前田三遊｜まえだ さんゆう｜1869.11.30(明治2.10.17)～1923.11.15

京都/共立学校/本名貞次郎/中江兆民主宰の『東雲新聞』をへて, 1891年『芸備日日新聞』, 93年『東京自由新聞』, 96年『芸備日日新聞』に勤務。兆民に師事し, 部落解放運動を援助。1909年頃から高橋邦太郎(技師)らに『芸備日日新聞』の紙面を提供しE宣伝に協力。広島E倶楽部に参加。JEA会員(会員番号956)。のちJEIにも参加。著『国民要鑑』(岡本偉業館, 1902), 『三遊随筆』(有末清重, 1925)。参『解放のいしずえ』。

前田重作｜まえだ じゅうさく｜1909頃～1948

高知/高知師範, 東北大(1937)/1942年頃, 和彦と改名/理学博士。1943～46年東北大科学計測研究所助教授。東北学院中学部でも教鞭を。Eは高知師範在学中に独習。小学校で1年間Eを正課として教授。34年8月16日仙台E会の例会に初参加。35年8月同E会の例会で「Mia hejmloko 土佐」を発表。著 'On some osculating figures of the plane curve'(『東北数学雑誌』東北大, 49, 1943), 「一般歯車の幾何学 歯型曲面の理論(第1報)」(『東北大学科学計測研究所報告』1, 1951)。参 広瀬典民「土佐と反骨」(『道標』高知県高等学校教育研究会倫理部会, 25, 1988), ME 1990.10, 『科研50年1942-1993 東北大学科学計測研究所創立五十周年記念誌』(同研究所, 1995)。協 東北大史料館。

前田勤｜まえだ つとむ｜1895.2.14～1946

石川/四高(1915), 九大(1918)/本野桂次と九大電気工学科の同期。理研に勤務。1925年Eを学び, 翌年より研究報告は専らEで発表。理研在職中, JEIに入り, 所内でE普及活動も。36年3月JESA顧問。36年8月JEIの第2回E夏期大学で「E科学」を課外講義。空襲で家と財産を全て失い, 帰郷後, 没。東京薬学E-isto懇話会員。著 "La Mekanismo de la Hardiĝo kaj Malmoliĝo de Cemento"(理研, 1928), "Koloidkemia Terminaro"(私家版, 1929), 「日本のEがき科学文献」(RO 1934.12付録), 'La Plena Vortaro vidita de kemiisto'(RO 1935.1), 'Stellan Engholm en leteroj'(RO 1935.6), 'Drezenの近著を読む'(RO 1935.7), 'Analizo de la termika fenomeno en la sistemo portlandcemento kaj akvo'(『理研欧文報告』787, 1938), 'Parolas pri la nuntempa ukiyoe'(RO 1939.10)。参「セメントに関するエス語の論文発表 理研の前田氏」(RO 1926.4), 'Intervjuo'(RO 1934.4)。

前田俊太郎｜まえだ としたろう
1905.3.17〜1981以降

東京/慶大/1930年大卒後, 安田銀行(現みずほ銀行)に入り, 五反田支店長, 浦和支店長, 庶務部株式課長などをへて, 59年昌和販売常務, 60年昭和軸受商会社長。慶大在学中にJEI入会。

前田直平｜まえだ なおへい｜1884〜1986

山梨/山梨師範/国字改良論者。16年間山梨県内の小学校教師を務めた後, 検定試験を受けて中等教育界に転じ, 1918年甲府高女, 日川中などに勤務, 37年定年退職。日本文の非能率性に疑問を持ち,「前田式ヨコカナ」を考案。大神真教という結社を創立し, 機関誌の発行や新国字の字母製作などに専念, 新国字の普及に没頭。戦後, 上京, NHKやGHQの通訳を務めながら, ヨコカナ式の速記法を完成。「最も過激な国字改良論者」と評され, 100歳を越えても毎日Eの学習に励んだ。著『国字問題の解決』(ヨコガナヒロメ会, 1926),『大神真教典』(私家版, 1929)。参『読売新聞』山梨版, 1986.1.7。

前田徳泰｜まえだ のりやす｜1876〜1939以降

北海道/北海中(1897)/筆名前田緑郎, Verda Viro/北大職員。札幌出身。1921年末JEI入会。ROに火野葦平作品のE訳を寄稿。39年E学力検定普通試験に合格。著火野葦平 'Ĉevalo〔土と兵隊(抄訳)〕' (RO 1936.6)。参『改訂版・北海道E運動史』。

前田穣｜まえだ みのる｜1887.10〜1955.6.28

三重/東大(1913)/旧姓伴野/仙台, 大阪各鉄道局長, 鉄道省監督局長などを歴任し, 1937年退官。戦後, 参院議員。鉄道E運動の支援者。34年9月29日東京鉄道E会主催のE宣伝大講演会で「私のE」を講演。35〜37年JEI理事。JELF顧問。参「鉄道に於ける宣伝講演会」(RO 1934.11),「学会の新理事二人」(EL 1935.3)。

前田義徳｜まえだ よしのり
1906.1.31〜1983.12.17

北海道/旭川中(1923), 東京外語(1927), ローマ大(1934)/ジャーナリスト。1933年イタリアへ留学。35年朝日新聞社に入り, ローマ, トルコ各支局長などをへて, 43年帰国。NHK会長, 国語審議会会長など。E学習歴は不明。65年第50回UK(東京)顧問。堀見俊吉と親交。著『トルコ』(朝日新聞社, 1943),『国際社会と放送』(日本放送出版協会, 1979)。参志賀信夫『前田義徳』(同伝刊行会, 1987),『堀見末子土木技師』(私家版, 1990),『現代日本朝日人物事典』。

前原準一郎｜まえはら じゅんいちろう
1879.5.9〜1964.12.4

群馬/前橋中(1899), 東京高工(1902)/実業家。斎藤玉男と前橋中本科の同窓。桐生市織物学校教師をへて, 1906年桐生製作所を創立。17年桐生機械を設立して専務取締役, 40年社長, 41年相談役。25年桐生市会議員に当選。22年堀真道を講師に社員にE講習。31年2月木戸又次, 由利皆吉らと群馬E連盟を設立し理事。年末, 得意先へ配る手帳の日付をEで。晩年まで高い学習意欲を保持。参「最後の場合に」(RO 1965.3),「E日記帖」(EL 1937.7), 三宅史平「前原さんの思い出」(RO 1965.2),『群馬のE運動1903〜2010』。協桐生市立図書館, 堀泰雄。

眞壁禄郎｜まかべ ろくろう
1930.4.19〜2012.4.7

新潟/新潟大/眼科医, 医学者。フランクフルト大眼科教授。1949年新潟大で小林司にEを習い, JEI入会。100人ほどのE-istoと文通。52年JEI新潟大支部初代代表。60年ドイツ留学し, フランクフルトのE会に加わってR.ゼルテン(94年ノーベル経済学賞)らと交友。ドイツに定住し, ドイツ人Siglinde Bonnerと結婚して, 74年ドイツ市民権を取得。61年東西文化交流講演会(ロンドン)で「日本における成長経済の問題」を講演。91年第76回UK(ベルゲン)の大会大学で「失明原因の変遷」を講演。

Internacia Medicinista E-konferenco で講演し，論文をEでも執筆。94年世界E医学賞。95年新潟で盲人福祉に従事する弟の依頼により『そうしないでこうして下さい 視覚障害者との接し方』を日本語に重訳し，小林らの協力で北陸電力の援助を受け刊行して，広く配布。Eラジオ放送の愛聴者で，たびたび番組にも協力。Eを介しての日独親善などの功績で，2003年瑞宝小綬章，08年ドイツ連邦共和国功労勲章。署「多彩なE放送」（RO 1986.2），ホルヴィッチ『眼科学ポケットアトラス』（イースタン・ブック・サーヴィス，1990），「ウィーンのE名所を訪ねて」（小林司らと共著，RO 1993.1），H. Van Dyck『そうしないでこうして下さい 視覚障害者との接し方〔Ne tiel sed ĉi tiel〕』（私家版，1995），「わたしの出した1冊のほん」（RO 1995.4），'E kai mi'（RO 2004.2），「機関誌『E』を共に半世紀」（RO 2004.6），「文通からドイツ功労章まで」（RO 2008.5）。参「視覚障害者との接し方を紹介した小さな手引書」（『読売新聞』1995.2.21），「真壁禄郎さん瑞宝小綬章を受賞」（RO 2004.2），「元フランクフルト大教授真壁さんドイツの勲章を受章へ 眼科治療の研究に貢献 新潟市出身」（『新潟日報』2008.2.7），斉藤ツメ「真壁禄郎さんの思い出」（RO 2012.6），『Eと私』。

牧敏弘｜まき としひろ｜1939.1.13~1995.1.18

1961年富山で日本E大会のために働く。のち北海道へ移り，80年代に日高と苫小牧でE活動。80年代後半から病院生活。参 HEL 55, 1994.12・95.1, 同 56, 1995.2・3。

槙正博｜まき まさひろ｜1908頃~1984.1.7

京都/1933年京都消費者組合業務者として壬生（京都）で活動。45年第一工業製薬京都工場労組結成に参加し，47年副組合長。国民救援会，日中友好協会，京都民主運動の歴史を語る会会員など。PEU京都支部に参加。

牧瀬五一郎｜まきせ こいちろう｜1866.12.22（慶応2.11.16）~1920.6.26

肥前国（現佐賀）/第一高等中（1888），帝大文科大（1891）/文部省に入り，1903年参事官兼大臣秘書官。のち山口高教授，山口尋常中校長，中央幼年学校教頭などをへて，東京開成館社長。欧州出張中の12年，それまでE学習歴はなかったものの，新聞で第8回UK（クラクフ）の開催を知って出席，他に日本人参加者がいなかったために日本代表に任じられ，隣席の英国人にEで書いてもらった原稿で挨拶。14年4月16日JEAの例会に出席。署『教育学』（三木佐助，1897），『軍人精神訓』（共編，陸軍中央幼年学校，1916）。参『日本E運動史料 I』。図山崎静光，石野良夫。

牧瀬菊枝｜まきせ きくえ｜1911.9.3~?

静岡/実践女専/旧姓島崎/岩波書店編集部に勤務し，野上弥生子，宮本百合子と親交。戦後は聞き書きの手法による女性史研究で，田中ウタらを取り上げる。1932年岩波小百合（岩波茂雄の娘）や阿部和子（阿部次郎の娘）にすすめられ『プロレタリアE講座』で学習。清見陸郎訳『寡婦マルタ』を戦後の女性に推奨。署「「人形の家」と「寡婦マルタ」婦人のための名作物語」（『信濃民主評論』1: 2, 1946），『田中ウタ—ある無名戦士の墓標』（編，未來社，1975），『聞書 ひたむきの女たち—無産運動のかげに』（朝日新聞社，1976），『1930年代を生きる』（思想の科学社，1983）。参『現代日本朝日人物事典』，『近代日本社会運動史人物大事典』，『日本女性運動史人名事典』。

牧田定丸｜まきた さだまる｜?~1949

1934年JEI入会。36年から結核で療養所生活。周囲に仲間のいない中で，Eで海外文通をし，ROの「和文E訳」で長く大島義夫の指導を受ける。JEI宛ての最期の手紙で「満十年を超ゆる入院生活の中でEは常に心の灯でございました」と。参三宅史平「ふたつの死—Verda Majo (Teru Hasegawa) mortis」（RO 1949.12）。

槙田長亀 | まきた ちょうき | 1906~?

青山学院/1962～66年熊本市立東野中初代校長。熊大附属中教頭時代，鶴野六良は校医。熊本E会の長老。多羅尾一郎にEを学ぶ。99年熊本E会で再学習。著『一筋の道』(私家版, 1969)，「80年前のことです」("Vojo Senlima"熊本E会, 156, 2003.4)。

真崎健夫 | まさき たけお
1893.10.20~1977.11.21

熊本/一高(1915)，東大(1919)/薬理学者。1924～34年新潟医大，34～57年北大各教授。東宮豊達と一高，東大の同期。25年新潟医大Eクラブを設立し会長。横田武三とともにその中心となって講習会，会話会を開き，山添三郎らを育成。26年緒方知三郎，西成甫，藤浪鑑，浅田一，村田正太らとJEMA結成。29年久保義郎，渡辺正亥らと北越E会結成。39年第7回北海道E大会(札幌)顧問。戦後，国連へE支持を求めた請願署名運動に協力。図山賀勇，北大附属図書館。

正木ひろし | まさき ひろし
1896.9.29~1975.12.6

東京/東京府立三中，八高(中退)，七高(1920)，東大(1923)/本名昊(ひろし)/弁護士。1944年警察の拷問による被疑者殺害事件を告発し(「首なし事件」)，戦後にも三鷹事件や八海事件などの冤罪事件の弁護に立ち，反権力の姿勢を貫いた。日本近代文学館に正木ひろし文庫。福岡誠一と七高英法科の同期で，七高在学中，福岡とともに「天然倶楽部」のメンバー。20年10月JEI入会。エロシェンコと交わり，熱心にE学習。59年ザメンホフ百年祭賛助員。著『正木ひろし著作集』全6巻(三省堂, 1983)ほか多数。参家永三郎『権力悪とのたたかい』(弘文堂, 1964)，「抵抗の弁護士・正木ひろし」(『創』1980.11)，川上徹『アカ』(筑摩書房, 2002)，前坂俊之「正木ひろしの戦時下の言論抵抗」(『国際関係・比較文化研究』静岡県立大, 3, 2004)，『現代日本朝日人物事典』，『盲目の詩人エロシェンコ』，『夜明け前の歌―盲目詩人エロシェンコ』。

増田英一 | ますだ えいいち | 1895~1981以降

正則中/印刷業，詩人。中学時代アナキズムに傾倒。1926年杉原万亀夫，緒方昇と黒旋風社を結成し，黒色青年同盟創立に参加，『黒旋風』創刊。27年11月同誌最終号を独力で発行。のち黒色青年同盟を脱退。戦災で家と母を失い，戦後は放浪の詩人に。26年SAT入会。38年4月15日東京保護観察所で開かれたE講演会で「当局に対する希望」を講演。同年6月JEI臨時役員会で「転向声明書」草案を通すよう迫ったが，大石和三郎理事長により拒否される。著「日本E運動の現状とその動向に就て」(RO 1938.9)。参「保護観察所で講演」(RO 1938.6)，「三銃士の再会」(RO 1981.4)，松本健一「日本E運動史外伝 2」(RO 2000.2)，『近代日本社会運動史人物大事典』，『日本アナキズム運動人名事典』。

増田七郎 | ますだ しちろう | 1905.4~1943.12.29

東京/東大(1928)/旧姓加藤/政治学者加藤弘之(1836～1916)の孫。女子美大学長加藤成之(よしゆき, 1893～1969)，探偵小説家浜尾四郎(1896～1935, 旧名加藤四郎)，音楽評論家京極高鋭(1900～1974, 旧名加藤鋭五)，喜劇俳優古川緑波(1903～1961, 旧名加藤郁郎)の弟。妻豊子は陸軍大将尾野実信(1865～1946)の次女。東大附属図書館司書。1923年頃JEI入会。著『忠臣蔵』(弘文堂, 1940)。

増田貢 | ますだ みつぐ | 1903.10.1~1984.10.30

東京/早大(1928)/室蘭中，函館中，室蘭高女，室蘭工大をへて，1969～79年札幌商大教授。33年10月室蘭E会設立に際し初代会長。室蘭工大助教授時代の50年9月より民主主義科学者協会室蘭支部主宰のE研究会を指導。60年北海道E大会(室蘭)において発音指導。著ポウツマ『英語動詞のムード研究』(篠崎書林, 1953)，『英語学入門』(同, 1970)。

増永茂重郎｜ますなが しげじゅうろう
1883.11.28～1965⇔1967

埼玉/京華中(1901)、五高(1905)、東大(1909)/満鉄に入り、撫順炭鉱主任、老虎台採鉱所長などをへて、1934年満洲内燃機取締役。撫順在住中の26年頃JEI入会。37年大連E会のザメンホフ祭に出席。参「地方会消息」(RO 1938.2)。

桝野助治郎｜ますの すけじろう
1893.3.27～1989以降

石川/会社員。1922年専大で川原次吉郎にEを学び、22～36年金沢E会で活動。29年JEI入会。静岡市在住中の37～40年高橋邦太郎(技師)、飯塚伝太郎らとE運動。57年1月静岡県E連盟顧問。UEAデレギート(金沢)、SAT会員など。著「1934年を我等はかく戦う」(RO 1934.1)、「第8回北陸E大会」("Amikoj de E" E友の会, 3:11, 1934)、「羽衣の松とE」(RO 1935.7)。参"Japanaj E-istoj"。

増山元三郎｜ますやま もとさぶろう
1912.10.3～2005.7.3

北海道/東大(1937)/数理統計学者。理学博士。1970～88年東京理科大学教授。原爆の被害調査や、サリドマイド裁判で因果関係を統計学的に立証。英独仏のほか、ロシア語、イタリア語、スペイン語、中国語、アラビア語もよくした。宮村摂三にE学習の刺激を与える。参「50周年記念座談会」(RO 1956.9)。

俣野四郎｜またの しろう｜1910.8.24～1999.1.28

大阪/北野中(1928)、阪大(1935)/医学博士。山崎禎一と北野中の同期。阪大附属病院、大阪市水道局診療所をへて、1967年より三洋電機本社診療所に勤務。28年Eを学び、JEI入会。阪大在学中、池田一三らと医学部E会を組織し会長。E書きの卒論 'Pri la ŝorgigoj de la stomakomukozo de la blanka rato post naskiĝo' を提出。43年スマトラへ出征、46年復員。51年KLEG創立の中心の一人。長田新編"Infanoj de l'atombombo〔原爆の子〕"(JELK, 1951; 1958)、小田切秀雄・真下信一編"Aŭskultu, la voĉojn de oceano!〔きけ わだつみのこえ〕"(KLEG, 1951)の共同E訳に参加。結核診療所E会を支援。『小坂E講座』(JEI, 1957)刊行に努力。57年5月より1年間KLEG委員長。同年第5回関西E大会(大阪)委員長。66年1月10日高槻E会創立に際し相談役。71年KLEGに匿名で「某氏奨学金」を創設、KLEG顧問。72年KLEG新事務所を保有するために設立された株式会社エスペラント(資本金は全国からの寄付金635万円、のち有限会社)の代表取締役に。75年よりベテランE-istoの親睦会Gaja Rondoを黒田正幸、橋口英雄らと運営。UEAデレギート(医学)、JEMA会員など。99年第47回関西E大会(神戸)でしのぶ会。著 'Endokrinaj glandoj' (RO 1935.6～12)、「療養所の同志たちへ」(LM 1951.7)、「原爆の惨禍をもっと世界に知らせよう」(LM 1952.11)、'Ni semu kaj semu konstante' (LVO 1982.1)。参『日本のE-isto名鑑』、LM 1999.3、戸田游晏「或る医学者の成巫過程―故俣野四郎医学博士の瞑想による手技治療」(『宗教研究』日本宗教学会, 77:4, 2004)、浮田政治「高槻E会と俣野四郎さん」(LZ 2005.7)。

俣野仁一｜またの にいち｜1910.6.19～1992.2.12

大連/満洲医大(1936)/医学博士。大連医院耳鼻科に勤務し、1941年応召で中国戦線へ。46年復員後、三菱重工業病院をへて、55年広島市にマタノ医院開業。満洲医大在学中にE学習。一時中断をへて、60年頃独習。69年E講習会に参加。71年2月JEI入会、11月中四国E-isto連合会長。広島E会長を務め、吉田肇夫の呼び掛けに応じて、広島平和記念資料館の展示品のE版解説テープを作成し、78年同館に寄贈。UEAデレギート(広島)。著「騒音の前庭機能に及ぼす影響」(『労働科学』労働科学研究所, 27:2, 1951)、「礒谷さんのいったこと」(LM 1977.10)。参「RH会員登場」(LH 1976.11)、「世界共通語で被爆の実相を」(『中国新聞』1978.6.25)。図 俣野美枝。

町田一郎｜まちだ いちろう
1902.8.11〜1992.1.16

長野/八高(1924)、東大(1927)/伴達郎と八高文科甲類の同期。三菱銀行企画課長、調査部長などをへて、1958年常務。三菱経済研究所長、萬興業社長など。八高在学中にEを学び、22年9月16日新愛知新聞社岐阜支局主催のE普及講演会で「Eの宣伝状況について」を講演。❐『ケインズ先生の妙案』(日本経済新聞社、1971)、『真説東洲斎写楽』(日経事業出版社、1989)。

松井繁｜まつい しげる｜1899.9.10〜?

大阪/堺中/1918年住友銀行(現三井住友銀行)に入り、本店営業部などに勤務。JEI初期会員。

松井知時｜まつい ともとき｜1873頃〜1922以降

第四高等中(1893)、東大/三高教授(フランス語)。1906年JEA入会(会員番号19)。三高学生にEを推奨。❐『邦語仏蘭西文典』全2巻(博文館、1902)、『仏語の発音及文法』(編著、大倉書店、1916)。参『三高E会小史』。

松井不朽｜まつい ふきゅう｜1894〜1982.12.4

愛知/本名広文/アナキスト。戦前、『大公論』(1914年月刊誌として創刊、19年日刊紙に。22年『金剛石』と改題)を主宰。天皇制批判などで数回検挙。戦後は『金剛石』(のち『人間改造』と改題)、『ナゴヤ経済界』(のち『民主経済』と改題)の発行ほか、NHK受信料不払い運動、帝銀事件平沢貞通救援支援運動などに従事。23年金剛石会館でザメンホフ祭を開催(由比忠之進らも参加)。38年第26回JK(名古屋)に参加。❐「わが50年の赤裸々人間像」(『金剛石』1967.12.25)。参『日本アナキズム運動人名事典』。

松浦国夫｜まつうら くにお
1918.12.7〜2002.9.11

山口/萩商/三井銀行下関支店長を最後に定年後、蓬莱殖産へ。三井銀行大阪支店在勤時、宮本正男と知り合う。1988年練馬区公民館成人学校で和田誠一にEを学び、89年2月練馬E学習会を結成。89年JEI入会。練馬E会長を務め、2001年6月まで機関誌"NERIO"を編集。❐「JEI支部めぐり 27 練馬支部」(RO 1993.6)。参中神田鶴「松浦国夫さんを偲んで」(RO 2003.2)。

松浦新之助｜まつうら しんのすけ
1891.11.15〜1975.4.6

静岡/東大/化学者。広島高工(現広島大)講師をへて、1920年同教授、22年独米へ留学。39〜55年九大教授、のち静岡女子短大(現静岡県立大)学長、静岡女子大(現静岡県立大)初代学長。日本温泉科学会会長。JEI会員。❐『フッ素の研究』(共著、東大出版会、1972)。

松枝茂夫｜まつえだ しげお
1905.9.25〜1995.9.23

佐賀/福岡高(1927)、東大(1930)/中国文学者。都立大名誉教授。福岡高在学中にE学習。❐『松枝茂夫文集』全2巻(研文出版、1998〜99)ほか多数。参「松枝茂夫先生略歴・業績」(『早稲田大学教育学部学術研究 国語・国文学編』早大教育会、24、1975)、『現代日本朝日人物事典』、『征きて還りし兵の記憶』。

松尾音治郎｜まつお おとじろう
1864(元治1.2)〜1944以降

兵庫/同志社英学校(1886)、同志社神学科(1889)、イェール大/旧姓川本、号霽月堂主人/高雄電鉄社長、京都購買組合理事など。キリスト者。1925年第13回JK(京都)準備委員。❐デール『活ける基督と四福音』(警醒社、1892)、『貿易上より見たる露西亜』(北文館、1917)。参RO 1925.8、『日本キリスト教歴史大事典』。

松尾隆｜まつお たかし｜1907.5.30〜1956.12.17

長崎/早大(1933)/筆名木寺黎二/ロシア文学者。早大教授。言論の自由と大学の自治

を守るために闘い抜いたマルクス主義者。1945年11月早大専門部工科でE講習を指導。英語英文学の授業でも青島茂(46年入学)ら学生にEを奨励。JEI, JELE各会員。🕮シエストフ『無からの創造』(三笠書房, 1934),『ドストイエフスキイ文献考』(三笠書房, 1936)。参『松尾隆 早稲田の疾風怒濤時代を駆け抜けた一教師』(松尾隆教授記念行事会, 1986), ふじとおる「松尾隆＝木寺黎二 著作目録(稿)」(『文献探索』金沢文圃閣, 1998), 蜷川譲『敗戦直後の祝祭日』(藤原書店, 1998), 饗庭三泰「早大教授・松尾隆の一言」(RO 2007.3)。協饗庭三泰, 青島茂。

松尾武幸 | まつお たけゆき
1889.11.19～1951.5.26

福岡/五高(1911), 九大(1915)/旧姓斎藤, 号夢公/医学博士。九大助教授, 鹿児島病院副院長などをへて, 九大教授となり, 1943～50年九大別府温泉治療学研究所長, 50年下関厚生病院初代院長。26年JEMA創立後, 鹿児島県支部幹事に。JEI会員。🕮『実験温泉治療学』(金原商店, 1944)。

松尾秀郎 | まつお ひでろう
1908.2.11～1979以降

奈良/畝傍中(1925), 東北大(1932)/工学博士。住友ベークライト技師長, MTP化成顧問など。1929年頃JEI入会。🕮『合成樹脂と其応用』(科学主義工業社, 1941),『ポリエチレン』(誠文堂新光社, 1960)。

松岡脩吉 | まつおか しゅうきち
1905.11.12～1995.2.4

奈良/東大(1929), ロンドン大(1939)/医学博士。東大教授, 日体大名誉教授など。学生時代, Eskulapida Klubo, JEMAに加わり, 28年6月第1回東都医学生E雄弁大会で閉会の辞を。🕮『個人と公共の衛生』全2巻(医歯薬出版, 1961～62), Ross『産業精神衛生』(同, 1968)。参『松岡脩吉教授研究業績目録』(日体大衛生学教室, 1982),『日本衛生学雑誌』(日本衛生学会, 50:2, 1995)。

松岡武一郎 | まつおか たけいちろう
1911.12.23～1999.5.23

三重/京大(1936)/1944年松岡産業社長, 74年松岡鉄構製作所社長(兼任)。美声の持主で京大コーラス部で活躍し, 61～63年三重県合唱連盟理事長。30年代から北勢E連盟へ財政的支援を惜しまず, また山形刑務所を出所した加藤隆通や復員した福田正男を自社に就職させた。戦後, 加藤, 福田とともに北勢E連盟再建に尽力, 自社でE講習も。49年第2次JEA評議員。🕮'Problemo de amo'("Juna Japanlando"北勢E連盟, 4, 1938),「E-istoの合唱団を作ろう」(LM 1953.1)。参福田正男「五井博士をしのんで(7)」(SAM 1975.10)。協松岡工業。

松木慎吾 | まつき しんご ?～1971.3.30

盛岡高等農林, 東京文理大/岩手女師, 盛岡高女で物理の教諭。1921年頃高等農林のクラス仲間とE学習。30年頃岩手E学会に参加し, 30年10月シェーラーを受け入れ。大川晃にEを教え, 33年夏, 大川, 井川静らと盛岡Eロンドを結成。37年上京。参「松木氏帰省歓迎会」(RO 1938.9)。協大川静江。

マックギル | David Armitage MacGill
1915～1996.12.7

英国スコットランド/ニュージーランド大/愛称Daĉjo/教員。1921年ニュージーランドに移住。大学時代の35年Eを学び, オークランドやウェリントンで活動し, 73年までニュージーランドE協会で教育部門を担当。65年第50回UK(東京)に参加し, 北九州なども訪問。仏教に深く関心を寄せ, 西田亮哉と知り合って, 日向美則が計画中の京都修道院のことを聞く。定年後の77～93年日本に居住。京都市大原の京都修道院に身を寄せ, 日向著西田E訳の"La Vervekiĝo de Budhismo"を英訳するなど, 同院の英語, E関係の仕事に従事。77年第18回東北E大会(仙台)でニュージーランドのマオリ族について講演, 82年第14回林間学校で直接教授法による指導をするな

ど、たびたび各地のE行事に参加。81年来日したハンガリーのE-istoマークシュ・ガーボルを修道院で迎える。93年帰国。家族らにもEを教え、特にEの母語話者として育った長男ステファン(Stefan)は80～84年UEA事務局長のほか、著述や編集活動などで国際的に活躍し、65年と80年来日。娘ロウィーナ(Rowena)は初め大本国際部勤務、のち影絵劇団員として71～96年滞日し、85・86年全国合宿(入間)で「ねずみの嫁入り」などを、88年第75回JK(札幌)で「三枚のお札」をEで上演。著 'Daĉjo informas'("Novzelanda E-isto" 1977.5), Yoshinori Hyūga 'Awakening to truth through Buddhism'(京都修道院, 1978)。参マークシュ・ガーボル「緑星企業の援助を受けて」(RO 1983.4)、田平正子「この人と1時間」(ES 1983.7・8)、日向美則『真説死後の書』(祥伝社, 1986)、松田達夫「出会い」(NV 2006.4)。

松隈健彦 | まつくま たけひこ
1890.3.18～1950.1.14

佐賀/五高(1910)、東大(1913)/天文学者。理学博士。1925年英米独仏留学。海兵、六高、一高各教授などをへて、28年東北大助教授、34年教授。16年高橋邦太郎(技師)の紹介でJEA入会(会員番号1064)、のちJEIにも参加。六高在職中、赤司裕と協力してE普及に努力。30年東北大の天文学教室から"Sendai Astronomiaj Raportoj"を創刊、自分の論文2本にEの抄録を付し、号数を'N-ro'とEで表記。31年12月15日仙台放送局より「国際語Eの使命と本質」を放送。34年3月JEI仙台支部発足に参加。36年3月JESA初代理事。同年12月15日仙台放送局のザメンホフ祭放送に登場し、翌日仙台E会で「E語が役立ったスウェーデン山中の旅行」を講演。仙台E会員。著 'Pri la dinamiko de la globaj stelamasoj〔球状星団の力学〕'("Sendai Astronomiaj Raportoj" 1:1, 1930)、'Esploradoj pri la periodaj orbitoj〔周期軌道に関する研究〕'(同 1:9, 1935)、「Eと私」(RO 1936.5)、『宇宙』(岩波書店, 1938)、『暦の話』(国民図書刊行会, 1944)。参松隈昭「父松隈健彦とE」(RO 1950.3)、ME 1990.10。

マッケンジー | Daniel Rial McKenzie
1861.2.16～1935.4.1

カナダ、オンタリオ州/トロント大(1886)/1888年来日し、四高の英語教師のかたわら自給伝道師。90年金沢に英語学校を設立。91年四高を辞してカナダ・メソジスト派教会宣教師に専念し、福井、金沢などで伝道して、1905年金沢育児院を設立。10年神戸に移り、関学教師、のち理事、さらにカナダ・ミッション教会議長として重きをなす。東京で客死、青山霊園外国人墓地に埋葬。O'Connerの学習書でEを学び、03年夏金沢を訪れたガントレットに推奨し、ともに石川県立一中で講習会を開催。05年ガントレットらとともにザメンホフにより臨時言語委員に選任。06年JEA入会(会員番号350)、09年除名。金沢でユンケルら知人にEを勧め、その一人阿閉政太郎を通じて、その子温三のE学習に刺激を与える。金沢育児院にはのち篠原久子(松田周次の妻に)が就職。参岡本好次「ガントレット氏とマッケンジー氏」(RO 1956.4)、阿閉温三『牧畜一代記』(私家版, 1967)、峰芳隆「忘れられた先駆者 D. R. マッケンジー」(LM 1989.5)、小林信雄「カナダ人宣教師マッケンジー夫妻を偲ぶ」(『キリスト教主義教育 キリスト教主義教育研究室年報』関学、21, 1992)、後藤田遊子「D. R. マッケンジーと金沢英学院」(『北陸学院短期大学紀要』30, 1998)、梅染信夫編『北陸のキリスト教』(梅書房, 2005)、日本基督教団白銀教会編『白銀教会100年史』(同教会, 2011)、『日本キリスト教歴史大事典』。協金沢市立図書館。

松坂勝郎 | まつざか かつろう
1909.3.9～2001.1.11

岩手/岩手工/郵便取扱所、日本鋳造、岩手県食糧工業をへて、1949年岩手県パン工業協同組合設立に参画し専務理事、翌年理事長。E学習は30年代。64年3月JEI入会。68年盛岡Eロンド会長として、佐藤勝一とともに岩手県パン工業協同組合主催「世界の主食パン写真展」開催を企画し、20ヵ国から資料を収集して、3日間で1万人以上の入場者を集める。この成功により盛岡E

ロンドは白木賞。参「Eの企画による パン写真展」(RO 1968.6),「世界の主食パン写真展」(『日本パン菓子新聞』1968.4.19), 進藤静太郎「どのようにして盛岡の『世界の主食パン展』は成功したのか」(NV 1968.10).

松崎克己 | まつざき かつみ
1901.2.26〜1926.2.2

東京/東京府立四中, 東京商大(1923)/碧川澄の夫。第一生命に勤務。東京府立四中在学中の1916年よりE学習。同年12月28日小坂狷二を訪問し, 流暢なEで驚嘆させる。17年2月JEA入会(会員番号1117)。19年10月小坂の推薦でJEA幹事となり, 12月JEI創立の実行委員。20年第7回JK(東京)でJEI編集・教育部委員に選出。21年4月進藤静太郎と東京商大内に一橋E会設立。22年軽井沢で開かれた日本初のE夏季大学で講師。23年ROに学習記事を連載し,『Eやさしい読み物』として単行本化。24年6月23日碧川澄と結婚。同年7月JEI第5期代表委員。25年3月2日誕生の長女にルミ(lumi「光る」から)と命名。E青年同盟, クララ会に協力。26年3月14日に追悼会。"HOMARANO"の文字の下に緑星が刻まれた墓碑が, 多数のE-istoの拠金により建立。国際商業語協会, SAT各会員など。訳注の遺稿を多数遺した。長女(潮地)ルミは, 36年日本E運動30周年祝賀記念雄弁会で挨拶, 64年7月JEI入会。著'Hagoromo'(JE 1918.9), プリヴァー『愛の人 ザメンホフ〔Vivo de Zamenhof〕』(叢文閣, 1923;改題して再刊『ザメンホフの生涯』JEI, 1937),『Eやさしい読み物』(JEI, 1924)。参 RO 1926.4, 松崎すみ 'Printempa Rememoro'(RO 1926.5), 小坂狷二「たくましい芽ばえ(2)」(VS 1964.12), 潮地悦三郎「郷にはいっては郷に従う模範的な民宿」(RO 1966.1), 大島義夫「JEIとわたし(1)」(NR 1970.2), 栗原多慶子「"愛の人ザメンホフ"を愛した兄のこと」(PO 1987.3), 鈴置二郎「話すEに登場する人々」(RO 2000.6).

松崎寿三 | まつざき としぞう
1870(明治3.3)〜1960.11.25

山口/帝大文科大(1895)/農商務省水産局長, 共同漁業社長, 日本水産相談役など。JEA会員(会員番号919)。著『漁業法施行規則講義』(大日本水産会, 1911).

松沢太治郎 | まつざわ たじろう
1903頃〜1952以降

山形/山形中(1921), 山形高(1924), 東大(1927)/横浜市役所に勤務。1950年頃山形市議会議員, 山形県PTA連合会長。23年頃JEI入会。

松下進 | まつした すすむ
1903.3.16〜1992.10.20

京都/三高(1923), 京大(1926)/理学博士。京大名誉教授。桜田一郎, 神先藤五郎らと三高理科甲類の同期。1920年三高入学後, 同校E会に参加, 機関誌"Libero"に寄稿。21年JEI入会, 79年再入会。著『スワート・ヒンズークシ紀行』(三一書房, 1958)。参『三高E会小史』,「故松下進先生ご略歴・著書論文目録抄」(『地学研究』日本地学研究会, 42:2, 1993).

松下理八 | まつした りはち
1920.6.8〜1998.2.12

東京/東京府立化学工業学校(1938)/化学研究所, 製薬会社に勤務。1978年退職後, 枚方の自宅で塾を開く。35年頃古本屋でE書を手にし, Eとザメンホフに傾倒。47年6月JEIに入り, 本格的に学習。49年第2次JEA委員。50年12月TEK再建に参加。51〜54年JEI評議員。66年4月小寺廉吉, 多田浩子らと枚方E会結成。会長として同会を支え育てる一方, 大津E会への出張講師やKLEG通信教育の講師を務めるなど, 広く関西地方の運動に貢献。92年度KLEG賞。83〜97年KLEG会計監査, 枚方E会顧問, E将棋クラブ会員など。98年4月19日枚方E会が「しのぶ会」。著「林間学校わがまま生徒の記」(LM 1977.10), 'Historieto de nia rondo'"("La Ponto"枚方E会, 6, 1980)，「多田浩子さんの想い出」(EV 1992.12)．参田平正子「たかが大会 されど大会」(AVK 1990.11)，『日本のE-isto名鑑』，林周行「松下理八さんをしのんで」(LM 1998.4).図吉川奨一，大西真一．

松田惇雄｜まつだ あつお｜1906.9.7〜1991.2.24

東京/東大(1932)/細野日出雄の義兄．浅野物産をへて，1936年日立製作所へ．48年日本塗料工業会へ出向し常務理事，事務局長．51年日立製作所に戻り，営業部副部長，菅原工業取締役などをへて，79年和洋女子大理事長・学長．中学時代の21年12月JEI入会．

松田勝彦｜まつだ かつひこ｜？〜1942以降

朝日新聞社の速記記者．Eは，大阪E会で松本鼎(1934年5月5日没)から指導を受け，のち同会の発展に尽力．小笠原誉至夫発行の"La Suno"の協力者．署「目標は高等試験」(RO 1939.5).参藤間常太郎「Eと朝日新聞」(RO 1939.4)，「池川清，松田勝彦君応召」(RO 1939.11)，奥村林蔵「OES思い出話(2)」(LVO 1995.4).

松田周次｜まつだ しゅうじ｜1914.2.15〜1981.5.10

石川/石川県立工業学校(1931)/Kenziido Miyazawa/農薬開発，農具の改良などに尽力，金沢で「松田農薬」を経営．1931年E学習．32年12月大場格，問田直幹，鶴野六良，花村秋義，余川久雄，深井正淑と日本国際速記協会設立．38年1月反戦思想により検挙，39年1月陸軍刑法違反の罪名で禁錮4ヵ月，執行猶予3年．64年8月第51回IK(東京)で"Kenzyu Parko-Arbaro"の翻訳により新人文学賞．68年9月世界連邦建設同盟E支部理事．70年1月斎藤賢二らと北陸E連盟結成．宮沢賢治の作品をはじめ，日本文学の翻訳に精力的に取り組み，金沢E会婦人部のベトナム小説の日本語訳『竹笛』(新日本出版社，1975)の発行に協力．金沢E会長として長く自宅を例会会場に提

供し，北陸E界を指導．UEAデレギート(金沢)．遺稿"Japanaj noveloj"(湯浅克衛「先住移民」，長塚節「太十と其犬」のE訳)は石川県生協理事長を務めた妻久子(1913生，旧姓本屋，篠原)によりタイプ打ちされ刊行．久子も戦前からの熱心なE-istoで，能登に「のとEの家」を開く．署「速記．ローマ字．E」(EL 1936.9)，湯浅克衛著'Migranto〔移民〕'(RO 1937.5)，宮沢賢治著"Kenzyu parko-arbaro〔虔十公園林〕"(私家版，1964)，宮沢賢治著'La restoracio, kiee oni multe mendas'("Kajero" 8, 1967)"Japanaj noveloj"(私家版，1981).参『特高外事月報』1938.1，「ロンド訪問 6」(RO 1975.6)，朝比賀昇「E運動に対する太平洋戦争中の弾圧について」(RO 1980.11)，J.R. Scherer 'Kiom plia konfuzo? aŭ kie estas Samideano Matuda?'("Heroldo de E" 1967.9)，川西徹郎'Nia kara Ŝuĝi Macuda forpasis!'(LM 1981.6)，北川和夫「松田周次さんを悼む」(RO 1981.9)，松田久子「夫松田周次を偲んで」(RO 1982.5)，比嘉康文『我が身は炎となりて―佐藤首相に焼身抗議した由比忠之進とその時代』(新星出版，2011)，橘晃文「日本語を母語とするひとが，どのようにしてE-istoになったか」(『大阪観光大学紀要』13, 2013)，『近代日本社会運動史人物大事典』．

松田心一｜まつだ しんいち｜1903.11.15〜1973.11.6

石川/四高(1926)，金沢医大(1930)/医学博士．水俣病の原因究明に努力．慶大助手，山口県衛生部長などをへて，1950年国立公衆衛生院疫学部長．のち女子栄養大教授．22年1月頃JEI入会．署『家庭医学法典』(共編，社会保険法規研究会，1956)，『疫学の基礎知識』(第一出版，1958).

松田恒治郎｜まつだ つねじろう｜1869.6.5(明治2.4.25)〜1931.2.17

大和国(現奈良)/大阪中，済生学舎/奈良の開業医．松田正夫の父．1906年Eを学び，Eが通じるか試すためザメンホフに手紙を出し，返事をもらう．ザメンホフと文通した数少ない日本人の一人．07年JEA入会(会員番号780)．福田国太郎の"Verda

463

Utopio"に協力。UEAデレギート(奈良県磯城郡)、JEMA奈良県支部幹事など。診察簿などもEで書き、外国郵便の来ない日はなかったと伝えられるほど世界各国の人と文通し、各地の絵葉書を待合室に展示。息子武夫の三高での同級生、八木日出雄ともEで文通し、刺激を与え、長く交流。妻シゲ、次男武夫、三男正夫らにもEを教える。著'Tak'a-Ošoo kaj Jagju-Tajimanokami'("Verda Utopio" 2:1, 1921)。参「松田恒治郎先生より」("La Espero"星光社, 2:1, 1921)、「松田恒治郎氏の訃」(RO 1931.5)、藤間常太郎「ザメンホフと日本」(LM 1967.5)、桑原利秀「松田恒治郎さんのE一家」(LM 1983.4)。協髙木津也。

松田解子｜まつだ ときこ
1905.7.18〜2004.12.26

秋田/秋田女師/本名大沼ハナ/鉱山事務所で働きながら、苦学して教師に。1926年上京後、文筆活動へ。プロレタリア作家同盟に参加、労働運動、女性解放運動などにも挺身。E学習は不明。59年ザメンホフ百年祭賛助員。著『おりん口伝』全2冊(新日本出版社、1966〜68)、『地底の人々』(民衆社、1972)。参佐藤征子『松田解子とわたし』(影書房、2002)、『民主文学』(2005.3, 日本民主主義文学会)。

松田孫治郎｜まつだ まごじろう
1881.4〜1943以降

福岡/和仏法律学校(1900)/長崎、函館各控訴院判事、長崎地方裁判所部長、徳島、水戸各裁判所長などをへて、1935年広島、37年名古屋各地方裁判所長。長崎時代の23年頃JEI入会。

松田正夫｜まつだ まさお｜1908.7.7〜1980

奈良/三高(1928)、京大(1932)/医学博士。松田恒治郎の三男。風間恒弘と三高理科乙類、京大医学部の同期。大阪赤十字病院産婦人科部長などをへて、1951年田辺市(和歌山)に松田産婦人科医院を開業。最晩年は京都在住。23年父の指導でE学習。三高E会をへてJEIへ。京大在学中に医学部でE講習。風間とともに八木日出雄編"Medicina Krestomatio"(JEI, 1935)の編集に協力。50年大阪赤十字病院で医師、歯科医、看護士にEを教授。開業後も自らガリを切ってテキストを作り、自院で講習会を開くなど、E普及に尽力。UEAデレギート(ロータリークラブ)。次兄武夫(医師。八木日出雄、永松之幹らと三高三部の同期)もE学習。参"Japanaj E-istoj"、『三高E会小史』。協髙木津也、碕大福。

松田道雄｜まつだ みちお｜1908.10.26〜1998.6.1

茨城/京大(1932)/医師、育児評論家。「世界共通の手話」で健聴者向けの世界共通手話を提案し、「国籍のちがう人が、同国人とおなじに話しあえるよろこびを、Eをやる人は知っているはずだ。そのよろこびを、難聴の人をふくめて、世界中にわけあたえてほしい」と。著『松田道雄の本』全16巻(筑摩書房、1979〜81)ほか多数。E関係に「世界共通の手話」(LM 1991.3)。参『近代日本社会運動史人物大事典』、『日本アナキズム運動人名事典』。

松田ユキ｜まつだ ゆき｜1910〜?

京都/高女/1932年日本共産党の地下活動に参加。その時1900円余りを党資金として拠出。党関西地方委員会庶務部長の城干城(1910年生)のハウスキーパーに。33年6月大阪で検挙。PEU京都支部員。参『特高月報』(1933.7)、『近代日本社会運動史人物大事典』。

松葉菊延｜まつば きくのぶ
1903.4.9〜1989.11.4

神奈川/横須賀市立実業補習学校/製図工。1918年横須賀海軍工廠造機部製図工場、44〜45年香港南了船渠株式会社に勤務ののち、45年香港で応召。戦後は46年横須賀兵器処理事務所、48年富士自動車追浜工場などに勤務。57年横須賀市制50周年記念文化功労賞、退職後は自宅で数学・英語の塾を運営。88年横須賀市市長賞。横須

賀米空母の母港化に反対する文化人の会会長。小学5年の時、親友からEについて聞き、19年大橋宇之吉より個人指導を受ける。21年JEI入会。その後横須賀、八幡でE普及活動。25年セリシェフの"Oriento"発行に協力。26年アイヌのユーカラ一編のE訳をROに掲載。28年4月E-isto橘川葉瑠子と結婚。31年共産党員、国際政治スパイなどの嫌疑で検挙されたが釈放。35年露木清彦によって結成された東洋文史研究所に協力。38年7月自由に広東語とEを操れたためスパイ容疑をかけられ再検挙、9月釈放。"tempo"誌に寄稿。終戦直後、洲崎敬三らと協力し、神奈川県内各地でE講演会を開いて運動の復興に尽くす。46年第2次JEA委員、47年常任委員。48年森山賞。RO（1957.10～58.7）の「和文E訳練習帳」欄を担当。60年JEI語学委員会委員、61～62年評議員。65年第14回関東E大会（榛名）議長団の一人。71年第56回UK（ロンドン）参加の途上、エストニアで58年から文通していたドレーゼン（H. Dresen）を訪問。同年著述および教育によるE普及活動、特に江上不二夫『生命を探る』の翻訳により第17回小坂賞。北海道E連盟が刊行した知里幸恵"Ainaj Jukaroj〔アイヌ神謡集〕"（北海道E連盟、1979）を監修。UEAデレギート（横須賀）。Eで世界の小学国語教科書を収集。娘リリ子（liriko「抒情詩」から）は夭折、他に息子を宣弘（nov'filo「新しい息子」から）、娘をEのシンボルカラーから「みどり」と命名。義兄橘川愛寿、姪雑賀須美もE学習。石川惣七、岩崎剛、中村正美、石川智恵子（1951生、JEI理事などを歴任）らにEを教えた。署'Tororo hanrok, hanrok!'（RO 1926.10）、「迷想誤論」（RO 1932.6）、「日本詩歌のE訳について」（RO 1934.2～12）、「詩の構成」（EL 1934.1～5）、'Utaoj el "Sin-kokinsyû"'（"tempo" 42, 1938.5）、'Utaoj el "Man'yôsyû"'（同 47～48, 1938.10～11）、「セケリ氏をかこんでセミナリオ　組織問題を話し合う」（LM 1960.7～8）、森鷗外"Rakontoj de Oogai"（分担訳、JEI、1962）、里見弴'Unu brako de Ginzirô〔銀次郎の片腕〕"（宮本正男・石黒彰彦編"El japana literaturo" JEI、1965）、山本有三'Umihiko kaj Yamahiko〔海彦と山彦〕'（同）、『E発音のすべて』（朝明書房、1966）、

"Sesdek Tradiciaj Popolkantoj de Japanujo"（天母学院、1968）、「Laの周辺」（RO 1969.6）、「伊東三郎の訳詩によせて」（NR 14, 1969）、「七人の隠密にかこまれて」（NR 1969.7；LM 1982.5）、江上不二夫"La Serĉado de Vivo〔生命を探る〕"（JEI、1971）、『和文E訳研究』（E研究社、1971）、『翻訳の実際』（E研究社、1975）、「E詩の展望」（RO 1976.1～77.2）、'Kial la Espero malbele sonas dum la kantado?'（LM 1976.6）、'Epitetigo de propraj nomoj'（RO 1979.12）、「椰子の木には枝はない！」（RO 1981.1）、「横須賀のE運動」（『横須賀の文化』横須賀文化協会、16, 1981）、「Hilda Dresenの思い出」（RO 1981.7）、「韓国ひとり旅」（RO 1982.12）、星新一"Mikronoveloj de Sin'iti Hosi"（Libroteko Tokio, 1983）、'Hajko kaj utao kiel originalaj poemoj'（E. Haupenthal (ed.) "Li kaj ni" Antverpeno-La Laguna : TK Stafeto, 1985）、ザメンホフ『Eことわざ成句辞典』全2巻（訳注、JEI、2006）。参川崎直一「1938年のある事件」（NR 1969.4）、『三浦幸一追悼号』（横須賀E会、1969）、星田淳「ユーカラのE訳のこと」（『月刊言語』1980.3）、朝比賀昇「E運動に対する太平洋戦争中の弾圧について」（RO 1980.11）、清水孝一'Adiaŭ, nia kara Matuba!'（PO 1989.12）、水野義明'Falis pino, velkis krizantemo!'（同）、小西岳「松葉菊延さん」（LM 1990.1）、星田淳「S-ano まつばきくのぶをおもう」（HEL 1990.1～2）、津野行彦「松葉菊延先生を悼む」（RO 1990.2）、川端康成"Dormantaj belulinoj〔眠れる美女〕"（Svidniko : Libro-mondo, 1993）。図津野行彦、犬丸文雄、石野良夫。

松葉重雄｜まつば しげお｜1887.12～1953.11.29

東京/五高（1909）、東大（1912）/農学博士。東大教授、東京獣医畜産大学長、日本生物学研究所長など。1918年10月よりEを学び、翌月JEA例会で演説。JEA会員（会員番号1242）。19年楽団を組織しE普及音楽会を開催。20年JEI創立後初の第7回JK（東京）で議長となり、JEI評議員、宣伝部委員に。村田正太は、彼の流暢なEの演説を聞いて学習に踏み切ったという。署『家畜疾医学』（産業図書、1945）、『獣医外科各論』（克誠堂、1948）。参鈴置二郎「話すEに登場する人々」（RO 2000.6）。

松場勢太郎｜まつば せいたろう
1863.12.22（文久3.11.12）〜1935以降

紀伊国（現和歌山）/小学校（1878）/小学校卒業後，大阪に出て英語を学び，1883年大阪西教会で受洗。85〜1913年和歌山県下にて小学校教育に従事。のち故郷田辺町で書籍販売のかたわら，自宅で英語を教授。田辺教会の長老として日曜学校長も。21年2月JEI入会。24年田辺小学校で教師6人にEを指導。参警醒社編『信仰三十年基督者列伝』（同社, 1921），『日本キリスト教歴史大事典』，『和歌山とE』。

松原言登彦｜まつばら ことひこ
1906.3.19〜2000.5.27

愛知/東洋大/本名満，弁財寿/3年間の教員生活をへて，1930年ひとのみち教団に入信。37年頃御殿場でEを話す宗教家清水真照に出会い傾倒，ひとのみちを離れて，清水のもとへ。48年天祖光教大司教。Eは東洋大師範科在学中に学習。46年5月JEI入会。53年より金沢市で印刷所を経営し，Eのカルタ，紙芝居，初級読本用掛図（斎藤英三画），雑誌『世界の子ども』などを発行。のち名古屋で天祖光教の天母学院（AMO-Akademio）としてEの通信講座を行い，布教と無関係な種々のE関係書やソノシートを刊行。57年親交があった下村芳司の"Japanaj Fabeloj"（1933）を中村陽宇の校訂を得て再刊したほか，小坂狷二"El orienta florbedo"（1956），磯部晶策編"Japana Kantaro"（1957），柳田國男"Japanaj malnovaj rakontoj〔日本の昔話〕"（1965）などを出版。この貢献により63年第14回小坂賞。62〜65年藤本達生を天母学院のE専任者として雇用。71年教団から派遣されて第56回UK（ロンドン）に参加し，ルルドやバチカンなども訪れてヨーロッパの宗教事情を視察。74年名古屋E会副会長，のち名誉会長。UEAデレギート（守山，名古屋），JELE会員など。娘の清水宏子もE学習。2000年第49回東海E大会で宏子が「父・松原言登彦のこと」を講演。著"La sepa kandelingo"（天母学院, 1953），"Kio estas Amoismo"（同, 1954），"La Sankta Skribo de Amo"（同, 1955）『誰にでもできる絵で学ぶ世界共通語E』（同, 1955），"Saiin-Monaĥejo de Amo"（同, 1955），"Vera Dio kaj Falsa Dio"（同, 1956），"Vin alvokas Atendata L'Savanto el Japanujo"（同, 1957），"La Voĉo de Sfinkso"（同, 1957），『誰にもわかるE講習読本』（同, 1958），"La Blanka Lilio"（同, 1958），"Pri reveninta Savanto"（同, 1959），"Vin alvokas Atendata L' Savanto el Japanujo"（同, 1965），『霊泉を訪ねて―オドよりルルドへ ヨーロッパの旅』（天母学院, 1976）。参「四連盟人物風土記（2）」（LM 1963.10），"Japanaj E-istoj"，竹内義一「松原言登彦さんを見舞う」（LM 2000.7），山田義「名誉会員・松原言登彦さん逝く」（OD 2000.7），桜井雪子「松原言登彦氏について」（同），藤本達生「Eが命の生涯」（LM 2000.8），三ッ石清「松原言登彦 その人と業績は」（RO 2000.8）。

松原茂｜まつばら しげる
1899.12.5〜1955以降

岐阜/岐阜県笠原町で松原薬局を自営。1926年頃JEI入会。調剤用の薬袋にEを印刷し，薬名もEで表記。JEMA会員。参「E薬名」（RO 1928.1）。

松原雪江｜まつばら ゆきえ
1908以前〜1948以降

看護師。大阪市の聖バルナバ病院などに勤務。戦前，大阪E会に参加し，1939年第27回JK（大阪）準備委員。従軍看護婦として大陸転戦中も白衣に添えて緑星章を携帯。45年上海で星野芳樹らのザメンホフ祭に参加。戦後も大阪でE運動。著Tamura Akiko 'Mia Batalo'（RO 1939.4）。参西村幸子「大阪時代の思い出あれこれ」（『大阪E運動史II』），奥村林蔵「OES思い出話（2）」（LVO 1995.4）。

松村武雄｜まつむら たけお
1883.8.23〜1969.9.25

熊本/熊本中，五高（1907），東大（1910）/文学博士。神話研究に文献学，歴史学，民俗学の手法を導入。1922年英独仏，オーストリアに留学。浦和高教授。浦和高E会長と

して校内のE運動を支援。著『欧州の伝説』(金尾文淵堂, 1914)ほか多数。E訳作品に,「アイヌの伝説」(脇坂圭治訳 'Legendoj de Aino' RO 1938.8)。参『現代日本朝日人物事典』。

松村直 | まつむら | ?～1970.3.24

防府高教員として同校Eクラブを指導。1958年小坂狷二古稀記念事業委員会発起人。59年ザメンホフ百年祭準備委員会中央委員。同年国立療養所山陽荘で講習。70年3月27日小野田市でザビエル高校葬。

松本員枝 | まつもと かずえ
1899.9.26～1994.8.31

和歌山/滋賀女師(1917), 東京女高師(1922中退)/別名量枝/大阪女性運動の草分け。関西婦人クラブの創立者。『婦人民主新聞』大阪支局長など。東京女高師在学中にEを学習し, 校内にE研究会を組織。病気退学の後, 大阪で教員, 団体職員。23年頃JEIに入会し, その後も学習。戦後, 小西綾, 関久子(1901～1996)とともに, 北さとりらのE運動を支援し, 51年『婦人民主新聞』に長谷川テル著, 北・宮本正男共訳『戦う中国にて〔En Ĉinio Batalanta〕』を11回連載。参北さとり「京都人文学園とE」(LM 1969.10～11), 松本員枝聞き書きの会編『自由と解放へのあゆみ―松本員枝聞き書き』(ドメス出版, 1982), 北さとり「松本員枝さんを悼む」(EV 1994.9), 『現代日本朝日人物事典』, 『近代日本社会運動史人物大事典』, 「日本女性運動史人名事典」。

松本清 | まつもと きよし | 1907.6.10～1993.1.9

佐賀/神戸高商(1929)/住友倉庫相談役, 東洋大名誉教授など。神戸高商在学中にJEI入会。著『日本倉庫史』(大日本出版社峯文荘, 1937), 『港湾三法の解説』(五島書店, 1965)。

松本清 | まつもと きよし
1930.12.20～2001.10.9

兵庫/京大(1953)/鷹取中, 須磨高各教諭, 神戸市教育研究所指導主事など。姫路高在学中, 世界平和のために役立つ仕事がしたいとE学習。京大E会に入り, 坂本昭二, 藤井浩, 村上浩らとE運動。"Infanoj de l'atombombo〔原爆の子〕"(JELK, 1951; 1958)出版の中心として活躍したほか, 原爆絵ハガキのE版発行, 1952年4月京大で全国学生E-isto協議会を開催し, 平和憲法擁護・徴兵反対のアピール。卒論は「ZamenhofにおけるHomaranismoの研究」。55年JEI神戸西支部代表, 鷹取中にE会を組織し, KLEGに加盟。同年4月貫名美隆の司会で川口佐千子とE結婚式を挙行。須磨高でも校内E会を育成しつつ, 神戸E会員として貫名と同地のE運動を支える。74年神戸市教育委員会主催の市民大学のE講座講師。75～77年貫名が立ち上げた神戸外大外国学研究所の研究プロジェクト「現代国際環境における国際語の実情と可能性」に参加。貫名退官の後, 77～98年神戸外大のE講座を担当。78年JEI入会。83年貫名とともにセーモ刊行の会を作り, 文法と単語集の小冊子 "Semo"(初版1万部)を制作し, 広く配布。貫名亡き後, 会長職を引き継ぐ。92～96年KLEG副会長, 97年会長。UEAデレギート(神戸, 教育), SAT会員など。著「かくあってほしい」(SAM 1952.6), 「Eによる公共放送の現状(1977年)」(『外国学資料』神戸市外大, 31, 1978), 「Ambaŭ estas bonaj」(LM 1981.12), 「中国のE書出版の近況」(LM 1982.6), 「貫名先生　ありがとうございました」(LM 1985.11), 「ザメンホフ再読 Lingvaj Respondoj」(LM 1988.2), 「ザメンホフ再読 Aldono al la Dua Libro」(LM 1989.1), 「Lingvaj Respondojを読む」(LVO 1989.1～12), 「宮本正男追悼・宮本さん　ありがとう」(LM 1989.9), 「坂本昭二追悼・KLEG創設の仕事の中で」(LM 1996.6), 「神戸外大でのE講座」(LM 1998.4), 「KLEG誕生のころの思い出」(LM 1998.11), 「貫名先生のこと」(RO 2001.8)。参貫名美隆「松本清さんのこと」(RO 1982.6), SL 2002.3, 赤田義久「松本清氏を悼む」(LM 2002.3), 中川雄雄 "'Ambaŭ estas bonaj' Dankon, adiaŭ S-ro Macumoto!"(同), 中道民広「松本清さん安らかに」(RO 2002.5), 李士俊 'Memore al amiko Kijoŝi Macumoto' (LM 2002.8)。

松本圭一 | まつもと けいいち
1886.6.4～1976.3.9

静岡/静岡中, 二高(1909), 東大(1913)/1906年二高入学後, 東京で海老名弾正より受洗, キリスト者として生きることを決意。14年石井十次設立の岡山孤児院分院茶臼原孤児院(宮崎県茶臼原)に就職し, 15年大原孫三郎院長に提案して分院内に農場学校を創立し校長。同年10月外地殖民村建設の調査のため, 柿原政一郎と朝鮮を視察。21年日本の労働代表として第3回国際労働会議(ILO第3回総会, ジュネーブ)に出席するが, 労働団体を無視した自国政府の代表選出方法に抗議, また議題をめぐっても日本政府代表と激しく対立。帰国後, 日本政府より「非国民」,「逆賊」扱いをされ, 26年ブラジルへ移住, のち同国の農業, 養鶏の発展に尽力。ILO第3回総会においてフランス代表 Justin Godart(1871～1956, UEA名誉会員)とE推薦の決議のために働き, ILO事務局によって初めてEの報道回章が作成された。著「予の立場」(『東京日日新聞』1921.7.31～8.1)。参「国際労働会議—E建議案可決」(RO 1922.2), 飯塚恭子『祖国を追われて—ILO労働代表松本圭一の生涯』(キリスト新聞社, 1989),『近代日本社会運動史人物大事典』。

松本健一 | まつもと けんいち
1910.2.2～1999.8.5

神奈川/中大(1930)/第百銀行, 満洲国経済部金融合作社に勤務。戦後, 成田税務署直税課長, 江東税務署所得税課長, 東京国税局協議官など。1963年退官後, 市川市に税理士事務所開業。30年E学習。34年4月JEI入会。38年JEI評議員となり, 会計の近代化に貢献。同年11月渡満後, 新京E会に参加。41年4月住吉勝也・知恵子の媒酌でE-isto伊東耐子(1917～1992)と結婚(結婚写真はRO(1941.8)の表紙に)。46年引き揚げ後, 横須賀で松葉菊延, 大橋宇之吉らと活動。51～66年JEI評議員。54年島津徳三郎らと中山クンシード結成。57～64年TEK会長。58年JEI組織委員会初代委員長。60年第50回UK(東京)組織委員会の会計となり, 62年より資金集めに奔走, 大会成功の立役者の一人。62年ROの「初級読みもの」欄を1年間担当。63年第12回関東E大会(横浜)議長団の一人。71年JEI監事, 73～78年理事。73年7月からは財務部長を兼務し, 早稲田E会館建設(78年竣工)に尽力。79年1月JEGA創立に参加。同年JEI参与。87年ELK顧問。88年"Japanlingva Aldono de Internacia-ekonomika vortaro en 9 lingvoj"の著述により小坂賞。92年6月第41回関東E大会(東京)委員長。第84回UK参加のため訪れたベルリンで急逝。毎年ザメンホフの命日にJEIへの寄付を欠かさなかった。JEGA会員。妻耐子も新京E会, 山手ロンドなどで活動し, 第50回UK開催に協力。娘今村美亜子(美亜は'mia「私の」'から)もE学習。E関係蔵書は遺族によりJEIへ。墓碑には大きな緑星が。著 'Mia vivo sur la nova tero' (RO 1939.9),「満洲E運動年表」(田中貞美と共編, RO 1940.4),「歴史的な日本大会」(RO 1960.10),「昭和13年のある日」(LM 1979.6),「JEIとともに歩んで」(RO 1995.8),「日本E運動史外伝」(RO 2000.1～3)。参『日本のE-isto名鑑1996』, 堀泰雄「松本健一さんの死を悼む」(PO 1999.9), 手塚丞「松本健一さんを悼む」(RO 1999.10)。協今村美亜子, 石野良夫, 宮田裕。

松本浩太郎 | まつもと こうたろう
1910.3.7～1981.11.14

岡山/東北大(1933)/筆名=松庵又十郎/鉄道省に入り, 大臣官房保健課などをへて, 1947年国鉄本社統計調査課長, 55年日経連社会保障部次長, 66年熊本商大, 67年千葉商大各教授など。31年春, 東北大E会主催のE講習を数回指導。同年3月9日萱場真の告別式においてEで祈禱を。同年5月8日より酒井瞭吉宅で開かれた, ザメンホフ訳"Fabeloj de Andersen〔アンデルセン童話集〕"の輪読会を堀田幹雄と指導。同月仙台E会を退会。鉄道省入省後, 東京鉄道E会で活動。著『社会保険と社会保障』(労働文化社, 1949),『年金の話』(日本経済新聞社, 1965)。参桑原利秀「東北帝大E会報告」(『工明会誌』東北大工学部工明会, 12, 1931), ME 1990.10。

松本重一 | まつもと しげいち
1901.5.1～1969以降

陶原小（瀬戸市）教諭，保育園長など。1923年E講習会で石黒修から手ほどきを受け，JEI入会。主に小学校でEの宣伝・講習を行い，26年4月中部日本E連盟創立委員。27年5月長男重樹が6歳で夭逝，'Espero'が歌えたという。30年瀬戸で少年E会を結成し指導。33年名古屋E会委員。同会の機関誌ODを編集。金城Eクラブ会長。 参「読者消息」（"E en Nipponlando"国際語研究社, 3 : 7～8, 1927）, "Japanaj E-istoj"。

松本重治 | まつもと しげはる
1899.10.2～1989.1.10

大阪/神戸一中（1917），一高（1920），東大（1923）/国際ジャーナリスト，国際文化会館創設者。村田治郎，安田龍夫と神戸一中の同期。長谷部文雄，宮沢俊義と一高英法科の同期。1923～27年欧米留学。20年5月JEI入会。 著『上海時代』全3巻（中央公論社，1974～75）ほか多数。 参『追想松本重治』（同刊行委員会，1990），『現代日本朝日人物事典』。

松本常重 | まつもと つねお
1901.12.27～1943.10.14

富山/富山薬専/筆名松本つねを，Piero/1924年九大農薬化学科助手。27年退官し帰郷。29年北陸タイムス社入社。33年頃から富山のデパート大丸の隣で薬局を経営，看板には緑の横文字で'CUNEO APOTEKO'（ツネオ薬局）と。まもなく大丸内に支店設置。俳句もよくした。富山薬専在学中にEを学び，23年同校E会を設立。26年4月中部日本E連盟創立委員。27年4月14日富山E会を設立し会長。ハンガリー民謡をEから重訳し『北陸タイムス』に，また富山E会の機関誌"Sprono"に自作のE詩やハンガリー民謡のE訳などを発表。JEMA会員。 参尾政雄「ハンガリア民謡と松本つねを氏の訳」（"La Torĉo" Ĉiama Grupo, 97, 1973.9）。 協山村義信。

松本日宗 | まつもと にっそう
1906.3.6～1992.7.8

香川/東洋大/旧姓高岡/法華宗僧侶，大僧正。盛岡の本正教会（のち本正寺）で布教。36年香川に戻り本照寺住職。33年盛岡Eロンドの創立メンバーの一人。日蓮の遺文と法華経のE訳を目標に学習に励む。Eで読経も。33年大川晃とともに願教寺（盛岡）の学僧に初等E講習。依頼を受けて，宮沢賢治の遺言によって印刷された『国訳妙法蓮華経』（宮沢清六，1934）を校正。35年3月盛岡から京都へ移るに当たり，「盛岡は良い所です。事情が許すならば盛岡に永住したい。そして緑星院E寺でも作って大いにやるんだが」と。「遺稿 孝子宮沢賢治の父の思出」でプリヴァのザメンホフ伝に言及。 著『法華信仰随想』（東方出版，1982），「遺稿 孝子宮沢賢治の父の思出」（『桂林学叢』18, 2003）。 参錢野無郎 'Bruo'（"MER"盛岡Eロンド, 18, 1935.3），「松本日宗・桃井観城両先生追悼号」（『桂林学叢』18, 2003）。

松本正雄 | まつもと まさお
1901.3.14～1976.4.15

東京/青山学院（1924）/英語教師をへて，1927年平凡社入社。28年国際文化研究所創立に加わり，『国際文化』刊行に尽力。29年同研究所主催の外国語夏期大学を運営。日本プロレタリア作家同盟に属し，米国文化を紹介。38年日本評論社に転じ，『日本評論』編集。44年11月横浜事件に連座，45年8月釈放。戦後，『新日本文学』編集長，日本民主主義文化連盟常任委員長，日本ジャーナリスト会議副議長など。21年4月JEI入会。同年伊東三郎，多羅尾一郎らと青山E会を創設し代表。伊東と連れ立って秋田雨雀，小野俊一，三島章道，大庭柯公，後藤新平，ラムステット，エロシェンコ，セリシェフらを訪問したことも。プロレタリア科学研究所E研究会に所属。 著『アメリカ文学史論』（九州評論社，1947），『過去と記憶』（光和堂，1974），「金ボタンの学生時代から」（『高くたかく遠くの方へ』）。

松本政雄｜まつもと まさお
1908.10.11～1984.3.4

東京/東京高等歯科医学校（1933）/生理学者。1945年前橋医専、48年前橋医大、54年群馬大各教授。学生時代、東京高等歯科医学校E会、東京学生E-isto連盟で活動。戦後、群馬大の学生E運動を支援。JEI会員。署『神経模型』（篠原出版、1975）。

松山尚夫｜まつやま？｜？～？

1932年頃からE運動に参加。一木誠也に指導を受け、プロエス・大本にも参加。"Tempo"創刊に尽力。戦後も京都で活動し、51年KLEG創立に参加。参RO 1960.3、『中原脩司とその時代』。

マヨール｜Major József｜1904.2.2～1993.8.5

ハンガリー/ソルボンヌ大/Jozefo Major/ブダペストでE学習。パリで大本国際部で書記として働いたのち、ニューヨークをへて、1932年2月14日亀岡の大本本部海外宣伝課に着任し、"Oomoto Internacia"の編集に従事。そのかたわら紀伊長島（三重）、名古屋、横浜、東京、仙台、函館、小樽、松山、台北、台南、大阪、神戸など各地を旅行してE-istoと交流し、活動を支援。32年5月10日JOHK（仙台）から「ハンガリーと日本の友情について」、27日JOJK（金沢）から「欧州哲学界の現状」（通訳小高英雄）、9月13日JOIK（札幌）から「日本とハンガリヤとの友誼」（通訳井上照月）をラジオ放送。8月第1回北海道E大会（空知郡山部村）で直接教授法を説明し、「欧州哲学界の最近の傾向」を講演、10月第20回JK（東京）で"Pri la rekta metodo"を講演。12月第2回台湾E大会で講演、33年夏期E学校（北海道）で講師、第21回JK（京都）で「完全なE語教授法の諸条件」を講演など、滞日中に100回以上の講演。34年大本を引き払って神戸で商社に入り、ついで名古屋に移る。37年2月上海へ、のちニュージーランドに移り、科学技術研究省に勤務のかたわら、"Novzelanda E-isto"の編集、寄稿など晩年まで熱心にE活動。67年ヨーロッパ旅行の途中に夫人づれで再来日。名古屋、広島、松江、高松、下関、東京、大阪などで講演などを行い、旧知の人とも交歓。69年、89年にも来日。署'Saluto'（RO 1932.5）、'La horo por E'（"tempo" 4、1935.2）、'Pripensindaĵoj porkongresaj'（RO 1935.10）、'Nudpieda Gen'（"Nov-zelanda E-isto" 1985.11）、'Liberala kaj dinamisma kulturo prezentiĝas al la mondo'（"E" UEA、1989.5）。参「Jozefo Major氏来る」（RO 1932.3）。

マラン｜Eugène Gaspard Marin
1883.10.8～1969.9.27

ベルギー/ブリュッセル新大学/資産家の息子で、多くの言語に通じた民族誌研究家。エリゼ・ルクリュから学問的および思想的な影響を受け、アナキズムに傾倒。1899年Eを学習。1914年第一次大戦を逃れて英国に移り、アナキズムの実践地ホワイトウェイ・コロニーに住んだ。26年第18回UK（エジンバラ）で小寺廉吉と出会って、コロニーに招く。一大博物館としての世界を見て回ることを楽しみとして、長年にわたり世界各地を旅行。西欧、エジプト、インドなどをへて、35年8月朝鮮から下関に上陸。亀岡の大本本部で1週間過ごしたのち東京に至り、比嘉春潮らの世話を受けつつ36年5月まで滞在して研究活動。新しき村東京支部を訪問して、中垣虎児郎の通訳で武者小路実篤と会談。36年5月岐阜で坪内由市らと、6月宮崎県美々津で河野誠恵と、宮崎市で杉田正臣らと、熊本で加藤孝一、山本斉らとなど、各地でE-istoと交流し、刺激を与えた。同月福岡から朝鮮へ向かうにあたり「美しい芸術と礼儀の国」へ感謝。48年UKの様子をJEIに伝えつつ、比嘉の消息を尋ねる。49年民族誌資料の絵と解説を書いたカードのセットを"Karta enciklopedio"として刊行。収集資料はのち大英博物館所蔵に。署'Somali Games'（"Journal of the Royal Anthropological Institute of Great Britain and Ireland" 61、1931）、"Ni"（Whiteway : la aŭtoro、1948）、'La origino de la pentrarto'（"Scienca Revuo" 3 : 1、1951）、"G. Marin vizitas sian hejmon-la mondon"（Zagreb : Internacia Kultura Servo、1974）。参小寺廉吉

「WHITEWAY COLONY南イングランドのトルストイ主義者の村訪問記」(『研究論集』高岡高商研究会, 1, 1929), 「白耳義の同志の来訪」(RO 1935.10), 「マラン氏離京」(RO 1936.7), Nellie Shaw "Whiteway : a Colony on the Cotswolds" (London : C.W. Daniel, 1935), 「ベルギーの奇人, 涯なき行脚 22年前に出発」(『東京朝日新聞』1936.5.15), 中垣虎児郎「世界人マラン」(『モダン日本』1936.8), 「UKが日本の挨拶に最大の拍手 Marin氏のたより」(RO 1948.10), 小寺廉吉「灯台だった柳田先生」(『近畿民俗』31, 1962 ; 後藤総一郎『柳田國男研究資料集成』日本図書センター, 7, 1986所収), 比嘉春潮『沖縄の歳月』(中央公論社, 1969), R.M. Cash 'Modeste interesa' ("E" UEA, 1974.7·8), 杉田正臣「はじめての外人E-isto」(RO 1982.4), 坪内由市「我が家に来た世界旅行家」(RO 1982.12), Jacques Gillen "Les activités en Belgique d'un anthropologue anarchiste : Eugène Gaspard Marin (1883-1969)" (Bruxelles : Université Libre de Bruxelles, 1997), 山田晴通「19世紀末英国のトルストイ的アナキズムの実践地「ホワイトウェイ・コロニー(Whiteway Colony)」の歴史と現在の景観」(『人文自然科学論集』東京経済大, 128, 2009), 後藤斉「世界人マラン」(RO 2012.7)。📷Sara Pimpaneau, 宮崎県立図書館, Hilary Chapman。

丸岡共子 | まるおか きょうこ | ?~1990.11.16

本名菱田恭子/早くに夫に先立たれ, ピアノの講師で生計を。Eは, 幼稚園の時, 両親の会話で知り, 1969年秋初等E講習会に参加。75年12月JEI入会。京都E会の会計を担当したほか, 80年同会の活動場所として京都市中京区にマンションを購入し, 例会, 学習会などに提供。Eの単語に男性語尾がないことを批判。📖「男性中心語ということ」(AVK 1975.6), 'La longa vojo al mia salono' (AVK 1982.12), 'Kasraporto de Salono' (AVK 1984.12)。📎AVK 1990.11, 田平正子 'Adiaŭ, Salono!' (AVK 1991.4), 福森英志「ぼくのE雑記帳」(AVK 1992.2), 田平正子「Al Vi Kara 20周年と丸岡共子さん」(AVK 1994.12), 相川節子「集会場提供のいきさつ」(AVK 1996.10)。📷相川節子, 田平正子。

丸本晋 | まるもと すすむ | 1908.5~1985.7.1

兵庫/京都府立医大(1931)/1959年京都府立医大教授, 64~66年附属病院長, 69~71年学長代行。学生時代E学習。📖『短歌回診』(初音書房, 1979), 『酸漿の朱』(みぎわ書房, 1983)。

丸谷喜市 | まるや きいち | 1887.10.3~1974.7.10

北海道/神戸高商, 東京高商専攻部(1912)/号緑野/1917年神戸高商教授, 18~21年欧米留学, 29年神戸商大教授, 42~46年学長。のち甲南大, 大産大各教授など。石川啄木と交遊。22年6月12日神戸高商E会設立に際し初代会長。📖『経済学原論』(宝文館, 1928), 『春のおち葉』(丸谷雅一, 1975)。

丸山喜一郎 | まるやま きいちろう | 1922.2.15~2005.6.18

東京/小学校/関東大震災以降, 目黒で成長。13歳から主に旋盤工。目黒E会の文化祭でEを知り, 1981年都庁E会の入門講習会に参加, 神田千賀子の指導で学習。新宿E会の機関誌 "La Paŝoj" の表紙を木版画で飾ったり, 82年5月第15回全国合宿(焼津青年の家), 6月都庁E会の水元合宿に参加。旺盛な好奇心とバイタリティーは周囲のよい刺激へ。82~94年JEI会員。📎 "La Paŝoj" (新宿E会, 号外, 1982.6)。📷石野良夫。

丸山順太郎 | まるやま じゅんたろう | 1882.6.17~1970.3.15

兵庫/暁星学校, ソルボンヌ大(1922)/1905年学習院教授, 15年陸軍教授, 陸大教官。青山学院, 東京文理大, 法大各講師など。のちアテネ・フランセ副校長となり, 39年辞任。キリスト者。06年7月『世界語』(ガントレットと共著, 有楽社)を出版。56年日本E運動50周年記念に際しJEI賛助会員。📖『和仏辞典』(白水社, 1927), 『コンサイス仏和辞典』(三省堂, 1937), 『コンサイス仏和辞典』(川本茂雄と共編, 三省堂, 1958)ほか。

丸山丈作 | まるやま じょうさく
1875.3.15～1971.5.6

新潟/東京高師(1901)/別表記マルヤマジョウサク/福井, 香川, 新潟各師範教諭をへて, 1908年東京府立第三高女教頭。23年東京府立第六高女(現都立三田高)初代校長となり, セーラー服の採用, 温水プールの導入, 外国航路を利用した横浜・神戸間の修学旅行の実施など, 開明的な校長として知られた。国語改革にも発言。校内に戦意高揚のポスターを貼ることを許さぬなど, 反戦的態度が軍部の批判の的となり, 41年依願退職。戦後, トキワ松学園校長, カナモジカイ理事など。26年より第六高女において上級生対象にEの課外講義を設置(講師は石黒修)。30年文部省にE教育実施を申請し, 翌年許可。35年より正課としてEを採用, 受講生に森田玲子, 妹丸山ハルのほか, シャンソン歌手石井好子などもいた。37年には48人の受講生を擁したが, 41年戦争により途絶。36年8月JEIの第2回E夏期大学で「Eと教育の諸問題」を講義。37～44年JEI監事。森田ら生徒, 教員安河内次雄のほか, 奥村林蔵らにも影響を与えた。著『左横書は必要で自然』(『東京市教育会雑誌』267, 1927), 「漢字ヲヤメル順序」(『東京市教育会雑誌』282, 1928), 「吾等の希望はしだいに実現する」(EK 1930.10), 「中等教育に於ける英語を如何にすべきか」(『東京市教育会雑誌』373, 1935), 「中等学校における外国語及びE語について」(RO 1935.9), 『丸山丈作自伝 喜寿まで』(私家版, 1953), 『ワガ言行』(私家版, 1956), 「東京府立第六高等女学校」(『暮しの手帖』1964冬)。参 石黒修「東京府立第六高女E語科」(RO 1937.6), 杉山文雄「土岐さんの思い出」(『わかば』東京三田高・元府立第六高女同窓会, 23, 1981), 饗庭三泰「忘れられた教育者」(RO 1999.2), 『近代日本社会運動史人物大事典』。協 藤井ヤス, 森田玲子, 饗庭三泰。

丸山通一 | まるやま つういち
1869.9.30(明治2.8.25)～1938.1.7

伊予国(現愛媛)/独逸新教学校(1892)/普及福音教会の中心として活躍, 同派の月刊誌『真理』を編集。1897年以降, 大阪府立医学校教諭, 五高, 二高予科, 一高の嘱託教諭などをへて, 1900年一高のドイツ語教授。ローマ字論者。06年JEA創立に参加し評議員(会員番号7)。著『独逸音声学大意』(南江堂書店, 1901), 『羅馬字のすすめ』(新公論社, 1906)。協 丸山通泰。

丸山博 | まるやま ひろし
1909.12.13～1996.10.10

広島/阪大(1935)/医学博士。森永ヒ素ミルク事件の解明に取り組んだ衛生学者。阪大教授, 大阪から公害をなくす会, アーユルヴェーダ研究会各会長など。学生時代, E学習。著『丸山博著作集』全3巻(農山漁村文化協会, 1989～90)ほか多数。参『現代日本朝日人物事典』。

丸山幸男 | まるやま ゆきお | ?～1996.12.15

大宮市の片柳中, 西中などの理科教諭。Eは, 高校時代, ザメンホフの思想に共鳴して独習。1964年10月JEI入会。81年片柳中にEクラブをつくり指導。埼玉E会, EKAROJ会員。著『はじめてのE文通』(ALE, 1982; 埼玉E会, 1985)。参「Eは若者の地球語」(ES 1983.2～7), 遠井國夫「埼玉のE運動と私」(『関東E連盟40年史』)。

万沢まき | まんざわ まき | 1910.9.12～2009.6.23

熊本/熊本第一高女/通称まき子/東京鉄道局工作部にタイピストとして勤務, のちスウェーデン語児童文学の翻訳家。鉄道弘済会社会福祉部ケースワーカー。高女時代にE独習を試み, 就職後の1929年に上司の小坂狷二の講習で本格的に学習。JELF委員として活躍。35年コロムビア・レコードの会話レコードに小坂, 藤沢親雄とともに吹き込み。36年日本E婦人連盟を結成して委員長になり, 翌37年「図書館緑化運動」(E書寄贈運動)を推進。E訳されたラーゲルレーヴ作品に感銘を受け, 原文で読むため37年頃からスウェーデン公使バゲや市河彦太郎の協力でスウェーデン語を学習し, 翻訳家に。戦後もスウェーデンのE-istoの援助を受けて, 翻訳活動を再開。46

年第2次JEA委員。47〜52年，55〜58年JEI評議員。58年小坂狷二先生古稀記念事業委員会発起人。59年ザメンホフ百年祭準備委員会中央委員。弟の和雄もE-isto。圕「トレントへ」(EL 1933.10),「ベツレヘムの子供等―エス文学の紹介」("La Fervojisto" JELF, 45, 1935.6), 'La viro kun ruĝa kravato'(『E文学』フロント社, 17〜18, 1935.8〜10),「E訳泰西文学紹介」(RO 1936.3〜12), 佐藤春夫著 'Okaasan'〔「オカアサン」〕'(RO 1937.4), 志賀直哉著 'Dio al subkomizo〔小僧の神様〕'(RO 1938.9〜10；宮本正男・石黒彰彦編入 "El japana literaturo" JEI, 1965に再録), 'Kion faras la japanaj E-istinoj' (RO 1939.6), 'Kian influon donis la ĉina afero sur la virinan movadon en Japanio'（矢次とよ子と共著, RO 1939.7),「露木さんの思い出」(RO 1939.8),「青春の再建―職業婦人の生活目標〈友へ（タイピスト生活十年間の感想)〉」(『新女苑』1941.3), 古谷綱武「教養と生き甲斐」(『新女苑』1941.5), トペリウス『小鳥の歌と物語』(実業之日本社, 1942),「未知の言葉を探ねて」(『少女の友』1946.1),「大橋介二郎氏をいたむ」(RO 1951.5), ラーゲルレーヴ『沼の家の娘』(三笠書房, 1951), トペリウス『星のひとみ』(岩波書店, 1953),「セケリとアヴァイトとヴィノバについて」(『机』紀伊国屋書店, 11 : 6, 1960),「東鉄時代の小坂先生」(RO 1969.10),「戦前の婦人E-istoたち」(EV 1975.6),「高橋邦太郎さんのこと」(ES 1978.1),「トペリウス童話とともに」(『図書』1995.6),「思い出されることなど」(RO 2004.6),「進駐軍の館で笑ったこと」(RO 2005.5)。參「コロンビヤ・E語学習レコード 七月廿日全国一斉発売と決定」(RO 1935.7),「タイプのキイを叩く彼の女は偉い語学者」(『報知新聞』1939.5.12),「50周年記念座談会」(RO 1956.9),「Eの話」(『朝日新聞』1968.5.19), 高嶋千里「E-isto訪問 万沢まき (東京都)」(EV 1969.4), 木村喜七治「語学SPレコード」(RO 1995.11), 万沢和雄「追悼 姉万沢まきの思い出」(RO 2009.11),『EVA 50年の歩み』(EVA, 2009),「熊本E運動史」。

み

三浦幸一 | みうら こういち
1912.3.1〜1967.6.28

神奈川/横須賀中/海軍工廠の記録工, 建築技師。建築現場で事故死。1930年頃同僚の山口安夫の影響でE学習。31年E通信のためソ連のスパイの容疑で, 同僚の松葉菊延, 山口とともに検挙され, 三浦のみ起訴, 禁固4ヵ月, 執行猶予4年。戦後, 横須賀E会に復帰して活動。E会話が巧みだった。圕「炎は消えない」("Nova Lumo de Yokosuka" 横須賀E会, 5, 1969)。參大橋卯之吉「三浦幸一さんの死」(RO 1967.10),『三浦幸一追悼号』(横須賀E会, 1969)。

三浦つとむ | みうら つとむ
1911.2.15〜1989.10.27

東京/東京府立工芸学校 (1927中退)/本名二郎/言語学者, 評論家。スターリンの言語論を批判して日本共産党を除名。三浦言語学を構築。PEUに参加し, 1932年5月冨田冨, 小松文彦らと検挙。『カマラード』の最後の発行名義人。『認識と言語の理論』第1巻 (勁草書房, 1967) など著作でしばしばEに論及。SAT会員。「原紙切り 巧者の仲間 三浦より 教はるすべを 糧と頼らな」(冨田冨「同志達」)。圕『三浦つとむ選集』全6巻 (勁草書房, 1983〜91) ほか多数。參『現代日本朝日人物事典』。

三浦信夫 | みうら のぶお | 1904?〜1976.8.1

映画プロデューサー。大映京都撮影所長, 大映専務。若い頃『プロレタリアE講座』でEを知る。伊藤大輔監督『ジャン・有馬の襲撃』(1959公開) の制作にあたり仮想国イベリアの国語にEの採用を提案。梅棹忠夫の助言により藤本達生が市川雷蔵, 山村聰, 山茶花究, ジェリー藤尾らにEを実地指導。圕「日本映画の現状」(『社会と学校』3 : 11, 1949)。參「E語のセリフ 架空のイベリア語に」(『読売新聞』1959.5.27), 藤本達生「ジャ

ン・有馬の襲撃」(LM 1959.7), 同「'ジャン・有馬の襲撃'のはなし」(RO 1959.9～10), 福田正男「Eの地方的訛と日本的訛」(LM 1961.2)。

三浦元春 | みうら もとはる
1899頃～1921⇔1923

東京/一高(1920), 東大(在学中没)/平岩馨邦, 吉田洋一と一高理科の同期。1919年JEA入会(会員番号1400)。井上万寿蔵, 長谷川理衛らと一高緑星会を結成。南英一にEを推奨。JEI会員。

三尾良次郎 | みお りょうじろう
1894.5.28～1978

宮崎/京大(1923)/歴史学者。満洲教育専門学校, 台北高校教師をへて, 戦後, 初代日向市長など。日向市名誉市民。1958年日向E会設立に際し初代会長。著『黒田の家臣物語』(夕刊新都タイムズ社, 1965),『日知屋物語』(本多企画, 2002)。

三上英生 | みかみ ひでお | 1887～1943.3.16

広島/早大(中退)/1927年より成蹊高等学校守之寮舎監。小説家細田民樹(1892～1972)の親友。29年久保貞次郎の努力によって成蹊E会が復活した際, 岩下順太郎の指導で久保, 川俣浩太郎, 菅野尚明らとE学習に励む。同会の発展に尽くし, Eによる学生の国際交流のために働いた。図久保貞次郎。

三木恵教 | みき えきょう | 1878.1.11～1936.6.20

岡山/大阪浄土宗教校(1901)/旧名神谷正七/1896年浄光寺(岡山)住職三木慧猛の養子に。専修寺(大阪)住職をへて, 1925年頃長円寺(大阪)住職。大阪光明会創立者の一人。06年JEA入会(会員番号82), のちJEIにも参加。参『光明』(真生同盟大阪支部, 140, 1936), 峰芳隆「三木恵教のこと」(LJB 1985.12)。図三木有司。

三木鉄夫 | みき てつお | 1898.10.16～1979.4.17

兵庫/東北大(1923)/航空工学の権威。愛知時計電機体部副長, 阪大, 大阪府大各教授など。1921年11月頃JEI入会。著『航空工学』(太陽堂, 1932),『航空宇宙工学概論』(森北出版, 1966)。

三木行治 | みき ゆきはる | 1903.5.1～1964.9.21

岡山/岡山中, 六高(1925), 岡山医大(1929), 九大法文学部(1934)/医学博士。異名「桃太郎知事」。医師から官界へ。1951～64年岡山県知事として県の近代化に尽くした功労により, 64年日本人として初めてマグサイサイ賞受賞。世界連邦主義者。青年時代E学習。53年第40回JK(岡山)において知事としてEで祝辞。法華輝良と親交。著『太陽と緑と空間』(ぺりかん社, 1965)。参山崎始男『三木行治と私』(日本社会党岡山本部, 1964),『私なき献身・三木行治の生涯』(故岡山県知事三木行治顕彰会, 1969),『現代日本朝日人物事典』,『岡山のE』。

三雲隆三郎 | みくも りゅうざぶろう
1898.8.5～1971.11.1

東京/京華中(1916), 二高(1921), 東大(1924)/薬学者。岩佐愛重と京華中の同期。警視庁衛生検査所長などをへて, 1957～67年東京薬大教授。学生時代Eskulapida Klubo に属し, 岡本好次, 福富義雄らと Hermesa Rondeto を設立。32年第20回E大会(東京)で薬学分科会を主宰。33年磯部美知らと警視庁内にE研究会を組織。JEMA, 東京薬学E-isto 懇話会各会員など。著'E notlibro de ĥemiisto' (RO 1929.7), 'Veneno de globfiŝo' (RO 1929.9),『日本薬局方E・羅・日・独・英・仏薬品名彙』(共編, 南江堂書店, 1930),『食品衛生の実際』(雄山閣, 1950)。参「警視庁公認のE研究会」(RO 1933.7)。

三崎明麿 | みさき あきまろ
1899.1.26～1987.2.14

北海道/鉄道省属となり, 1934年三信鉄道運輸課長, 43年流山鉄道に転じ, 同社の電

化を完成。46年三河タルク鉱業を創業。三信鉱工会長, 流山電鉄相談役など。鉄道局運輸課在勤中の20年末頃JEI入会。著『夢を追う男の一生』(日刊工業新聞社出版局, 1979)。

美沢進｜みさわ すすむ｜1849(嘉永2)～1923.9.16

備中国(現岡山)/慶應義塾/字業卿/小坂ミツの父。小坂狷二の岳父。福沢諭吉の推薦で三菱商業学校教授となるも, 他の教員と合わず辞職。1882年再び福沢の肝煎りで横浜商法学校初代校長となり, 以後42年間を同校一筋に生きた「校祖」。1920年JEI入会。参『Y校百年史』(同編集委員会, 1982)。

三沢正博｜みさわ まさひろ
1930.12.21～2002.4.17

東京/東大院(1954)/比較教育学者。1956年北海道学芸大助手, 76年教授。50年鈴木唯一にEを学ぶ。鈴木を中心にローザ・ロンドを結成, 52年"Verda Amiko"創刊。一時中断をへて, 66年学内にEサークルを結成し学習再開。67年4月JEI入会。74年5月北海道教育大札幌分校E会顧問。85～88年北海道E連盟会長。91～92年JEI理事。UEAデレゲート(教育学, 教育), 札幌E会, JELE各会員など。著レイベンクルプ『歴史教授法』(明治図書, 1963), 『歴史としての教育』(北海道教育大教育学部札幌校教育学科, 1996)。E関係に 'Pri la internaciigo de edukado kaj la demo de kompara pedagogio' (RO 1985.2), 「私とE」(RO 1985.3～10), 「教育の国際化とE」(『北海道教育大学紀要 教育科学編』39:1, 1988), 「HEL会長辞任のご挨拶」(HEL 1989.3～4)など。参「ぶらり訪問」(『北海タイムス』1987.5.25), 星田淳「三沢正博さん追悼」(RO 2002.9), HEL 2002.9。

三島章道｜みしま あきみち
1897.1.1～1965.4.20

東京/学習院高等科(1918)/本名通陽(みちはる)/警視総監三島通庸(1835～1888)の系。ボーイスカウト運動の指導者。1916年頃有島生馬とともに小坂狷二からEを学ぶ。21年1月JEIに加わり, 4月千駄ヶ谷青年団で小坂, 何盛三, ラムステットらの講演会を開き, 引き続き足立武, 長谷川理衛, 井上万寿蔵を講師に同所でE講習会開催。22年2月千駄ヶ谷少年団結団に際し, その徽章に 'Estu preta' (そなえよ　つねに)と入れさせる。26年JEI顧問。著『英雄一代』(新潮社, 1938)ほか多数。E関係に「創案者の五年忌に」(『東京朝日新聞』1921.3.29～31), 「ボーイスカウトとE」(RO 1924.4)など。参「少年団とE語」(RO 1922.2), 小坂狷二「三島通陽のこと」(RO 1965.10), 平野長克「あの頃の事」(RO 1966.1), 『現代日本朝日人物事典』。

三島一｜みしま はじめ｜1897.10.24～1973.10.12

埼玉/三高(1923), 東大(1926)/関谷泉と三高文科丙類の同期。祖父三島中洲(1830～1919)の漢学塾を発展させ, 1928年二松学舎専門学校創立。中学時代, 松崎克己とE学習。20年三高入学後, 同校E会に参加し, 八木日出雄らと運動。同年11月JEI入会。中国からの帰りにラムステットと同船し, 船上でたびたび散歩をともにする。56年日本E運動50周年記念に際しJEI賛助会員。著『東亜史概説』(三邦出版社, 1944), 『中国史と日本』(新評論, 1977)。参「50周年記念座談会」(RO 1956.9), 『現代日本朝日人物事典』。

水川潔｜みずかわ きよし｜1891.6.21～?

岡山/東大/1921年大卒後, 農商務省技師となり, 酒田, 大阪, 門司各米穀事務所長, 米穀局調査課長。67年当時日本アスファルト代表取締役。JEI初期に入会。

水口俊明｜みずぐち としあき
1904.8.28～1993.2.17

東京/千葉医大(1929)/医学博士。千葉医大法医学教室をへて, マレー半島のゴム園の嘱託医。1941年帰国するも, シンガポール陥落後, 再びマレーシアへ。46年引き揚げ。神奈川のゴム会社の工場医をへて, 49年池袋に水口医院開業。松山高在学中の23年3月松山で開かれた石黒修のE講習会

に参加。27年千葉医大に鈴木正夫らとFoliaro Kluboを結成。28年6月第1回東都医学生E雄弁大会で「音楽とE」を演説。伊東三郎を3ヵ月ほど自宅に住まわせたことも。36年1月JEI入会。91年町田E会長。千葉E会長，UEAデレギート(千葉)，JEMA，JEGA各会員など。著'Rememoroj de Nekropsiisto'("La Organa Gazeto de Zamenhof-Klubo" 3, 1984),「気になる秋の叙勲」(『赤旗』1986.11.30),「老人3人が集まりE学習」(『朝日新聞』川崎版, 1990.1.12)。参石黒修「E六十年(6)」(ES 1977.10), 成田淑子「この人と1時間」(ES 1984.12)。協水口俊夏。

水科吉郎｜みずしな きちろう
1884.10.3～1966.4.21

宮城/仙台医専(1907)/京大名誉教授水科篤郎(1920～1988)の父。県立宮城病院，室蘭市立病院をへて，1925～27年スイスへ留学。32年室蘭市に水科医院開業。06年JEA入会(会員番号180)。のちJEIにも参加。室蘭E運動の草分けとして23年頃まで熱心に活動したが，留学を機にEと疎遠に。参岡本好次「北海道及東北の同志を訪ねて」(RO 1936.9)。著水科三和子, 室蘭市医師会。

水島久馬｜みずしま きゅうま
1898.6.23～1953以降

神奈川/上海公立商/1919年海外渡航者用旅館「津久井屋」を横浜に開業。27年ニュー・ヨコハマ・エキスプレス創業に参加し取締役，34年社長。横浜ホテル社長。JEI初期に入会し，横浜支部の活動に自宅を開放。参「内地報道」(RO 1930.8)。

水野明善｜みずの あきよし
1917.11.27～1986.2.21

東京/早大(1941中退)/文芸評論家。宮本百合子の研究家。茨城製作所社長, 会長など。中学生のときEを学び，警察に取り調べられたのを機にマルクス主義に傾倒。著『近代文学の成立と宮本百合子』(新日本出版社, 1980),『浅草橋場・すみだ川』(新日本出版

社, 1986)ほか。

水野輝義｜みずの てるよし
1912.7.2～2000.3.4

岐阜/東濃中(1930), 岐阜師範(1934)/1932年加納キリスト教会で受洗。岐阜の瑞浪, 小泉各小学校をへて, 40年文検英語科合格後, 東濃中へ。43年日本語視学員としてフィリピンへ渡り，終戦は同地で。46～55年多治見高, 55～79年金城学院の英語教諭。日比友好協会員としてフィリピンとの交流に尽力。30年後藤静香の希望社によってEに接する。多治見高でEを選択科目として教授。55年JEI入会。67年4月より金城学園の中学生有志に放課後を利用してE指導。68年9月5日世界連邦建設同盟E支部理事。74年川村清治郎の後任としてTEL会長。多額の基金を提供するなど，東海E界の重鎮として活躍。SAT, JELE各会員など。著「高校一英語教師のE随想」(LM 1953.2), 'Ĉu vi ankaŭ estas krokodilo?'(RO 1977.10),「私とE」(『名古屋E会創立50年周年記念文集』1982)。参「希望の"つぶやき"」(『中部読売新聞』1977.1.18),『日本のEisto名鑑』, 松田弘「故水野輝義氏への弔辞」(OD 2000.3),『豊かな人生クラブニュース』(冨永新男, 85, 2000.4), 竹崎睦子「水野輝義先生のこと」(OD 2000.7)。協水野開子, 山岡万友美。

水野葉舟｜みずの ようしゅう
1883.4.9～1947.2.2

東京/豊津中(福岡), 早大(1905)/本名盈郎, 別号蝶郎/詩人, 小説家。小品文と呼ばれる作品群で名を馳せたほか, 書簡文範輝の著作が多い。日本近代文学館に水野葉舟コレクション。1905年佐々木喜善と知り合って佐々木の語る民話に関心を覚え, のち柳田國男に紹介して『遠野物語』成立のきっかけを作る。ローマ字論者。24年千葉県印旛郡に移住し半農生活に。宮沢賢治・高村光太郎とも交友。『明治文学全集』所収年譜の1916年項に「かねてから…Eに関心を持ち」とあるが, 不詳。『秋田雨雀日記』(1917.1.14)によれば, 秋田の東洋音楽

学校での「ローマ字の兄弟としてのE運動」の講演を司会。署『水野葉舟,中村星湖,三島霜川,上司小剣集』(『明治文学全集』筑摩書房, 72, 1969),『遠野物語の周辺』(国書刊行会, 2001)。

水野義明｜みずの よしあき
1932.6.1～2012.6.17

神奈川/東大(1955)/英語学者,言語学者,E研究者。山梨大をへて明大に赴任し,古関吉雄の影響で1961年E学習。66年6月JEI入会。81年3月29日白石健,殷武巖らと所沢E会を設立し初代会長となり,86年頃まで独力で機関誌を発行。81年第68回JK(東京)大会大学で"E inter lingvoj de la mondo"を講演。82年JEI終身会員。同年秋学期東大教養学部全学一般教育ゼミナール(自主ゼミ)でEを担当。82～83年JEI評議員。84年4月～85年3月「ヨーロッパの言語事情と国際語Eの可能性」の課題で在外研究によりEでヨーロッパ28ヵ国の約120都市を歴訪。各地でE-istoと接して,国際語運動の実情を調査し,その体験を『新「E国」周遊記』にまとめて出版。85年第34回関東E大会(水戸)で"La vojaĝo en Eŭropo dum 330 tagoj"を講演。86年関東E連盟会長代行,87年から最期まで会長。86年10月24日NHKラジオ第2放送「外国語への招待」で栗栖継と対談。同年12月～87年1月東欧Eツアー(14名)を団長として率いて,ハンガリー,ポーランド,ソ連を歴訪。87年第35回関西E大会(神戸)で「ヨーロッパの言語事情とE」を講演。同年E発表百周年記念第74回JK(東京)で公開シンポジウム「いま,国際交流の言語とは?」に登壇し,Eの立場から発表(報告書は同大会記念品として配布)。90年7～10月「1990年中南米各国Eおよび言語文化事情調査旅行」として植木国雄,中村祥子とともに中南米12ヵ国を巡り,第75回UK(ハバナ)に参加したほか,各地でE-istoと交流。その報告会を同年第8回関東E連盟秋の合宿(五日市町,現あきる野市)で。91年JEI理事,研究教育部長となり,紀要『E研究』の創刊(1992)を推進。95年「多くの著述,翻訳によりEの意義を内外に知らせた功績」により第33回小坂賞。同年よりJEI参与,2012年顧問。UEA終身会員,明大E研究会長など。明大法学部の選択科目プロゼミのE授業を古関から引き継いで開講。大学の紀要にE関係論文を多数寄稿。没後に妻恵子,娘あゆもEを学んでJEIに入会し,所沢E会の事務局と会長に。署「「国際共通語」の基本問題」(『明治大学教養論集』65, 1971),「Eの「国際性」について」(同132, 1980),『アリー・バーバーと40人の盗賊』(私家版, 1981), C. ピロン『E語の位置測定』(名古屋Eセンター, 1981), 'Kie situas E inter lingvoj de la mondo?'(『明治大学教養論集』150, 1981),「「トルストイ方式」の試み」(RO 1983.6),「古関吉雄先生のプロフィル」(PO 1984.2),「ヨーロッパ—「東」と「西」11ヵ月のE旅行を終えて」(RO 1985.9),「ヨーロッパのE事情散見—東欧を中心として」(『明治大学教養論集』187, 1986),『新「E国」周遊記—ソ連・東欧編』(新泉社, 1986),『新「E国」周遊記—西欧編』(新泉社, 1986),「「緑の新世紀」をワルシャワで迎えて」(RO 1987.3), 'Certe venkos ni'(RO 1988.1), "Vojaĝo de Amikeco-Tra Eŭropa E-ujo Parto 1 Oriento"(東京E図書刊行会, 1988),「手紙に始まり,手紙に終わる」(RO 1989.6),「中南米のE事情について」(『明治大学教養論集』234, 1991),『新「E国」周遊記—中南米編』(新泉社, 1991), F. ロ=ジャコモ『言語の発展』(大村書店, 1992),「「高度の学習辞典」を目指して」(RO 1992.11), M. ボールトン『Eの創始者ザメンホフ』(新泉社, 1993), W. ヘラー『リディア—Eの娘リディア・ザメンホフの生涯』(近代文藝社, 1994),「小坂賞を受賞して」(RO 1995.12), アンドリュー・ラージ『国際共通語の探求—歴史・現状・展望』(大村書店, 1995), E. プリヴァー『ザメンホフの生涯』(太平印刷, 1996),「東アジアのE事情」(『明治大学人文科学研究所紀要』41, 1997), L. L. ザメンホフ『国際共通語の思想—Eの創始者ザメンホフ論説集』(新泉社, 1997),「明治大学のE授業について」(RO 2002.8),「文献を日本語に訳して」(RO 2002.9), 早乙女勝元他"Granda aeratako de Tokio〔東京大空襲〕"(堀泰雄と共訳, 関東E連盟, 2005)。参遠井国夫「水野義明さん」(RO 1984.5),「らいたあ登場 水野義明さん『新E国』周遊記』国際語としての実用性に経験を通して強い確信」(『朝日新聞』1986.

6.10)、遠井国夫「追悼 出会いと別れ—水野義明氏を悼む」(RO 2012.8・9)、井出孫六「今日の視角 エスペラントの力」(『信濃毎日新聞』2013.6.13)、『関東E連盟40年史』。

三角省三 |みすみ せいぞう
1910.9.4〜1998.8.27

大阪/東京府立一中 (1927)、一高 (1930)、東大 (1935)/理学博士。福島要一と一高理科甲類の同期。1954年山形大、56年九大、74〜84年九産大各教授。一高在学中にJEI入会。[著]『無機化学概論』(培風館、1962)、『基礎分析化学』(広川書店、1978)。

ミスレル |Alfonse Mistler|1873.2.5〜1953.3.17

フランス、アルザス州 (当時ドイツ領)/リースオランジ師範 (1892)/帰化後、光照三郎/1年間ブザンソン中に勤務後、マリア会修道士に。兄Jeanの影響でE学習。来日前ザメンホフと文通。1893年来日し、長崎海星中で物理・化学を教授。96年同中、海星商の生徒約60名にE講習。1902年11月26日付の英字新聞"Nagasaki Press"にEの宣伝記事を書き、黒板勝美のE学習の動機を作り、日本のE運動の源の一つに。09〜12年東京暁星中に奉職。12〜34年長崎へ戻り、再び海星中に勤務。34年横浜のセント・ジョセフ学院へ転出し、日本に帰化。墓は横浜のマリア会墓地に。2010年第97回JK (長崎) で海星学園理事長山崎喜彦により公開講演「アルフォンス・ミスレル先生とその時代」。[参]『昭和2年KEL年鑑』、小林司「外人墓地にお墓があるミスレルさんのこと」(LT 2003.7)、小林司・盛脇保昌「Eが日本にきた道」(『2003年度JEI研究発表会予稿集』JEI、2003)、盛脇保昌「長崎にEを伝えたミスレルの生誕地を訪ねて」(RO 2009.1)、山崎善彦「アルフォンス・ミスレル先生とその時代」(RO 2010.12)、『近代日本における国際語思想の展開』、『117年間のラブレター—長崎とE』。

溝上竹雄 |みぞがみ たけお|1912〜1967.8.26

大阪/関西工学専修学校/電気工。小学校を5年で中退し苦学。1932年4月PEUに入り、33年大阪支部の財政責任者に。同年9月検挙。のち応召。40年9月"Fundamenta Krestomatio"の研究会を心斎橋森永喫茶店で催したところ検挙され懲役2年。戦後、大阪労働者E会で活動。[参]『思想月報』(1942.1・2)、宮本正男「正誤と故溝上竹雄さんのこと」(NR 1967.10)。

溝口康人 |みぞぐち やすと|1896〜1987以降

大分/大分中、海兵 (1918)/大分大に勤務。1930年代E学習。一時中断をへて、68歳の時、大分でE講習会に参加。67年JEI入会。RH大分市民ロンドの育ての親。講習会の案内に新聞社をまわり、学習会に自宅を提供。大分E会長、SAT会員など。[著]「Eと学校教育」(LH 1976.10)。[参]「RH会員登場」(LH 1976.10)。

三田定則 |みた さだのり|1876.1.27〜1950.2.6

岩手/岩手尋常中 (1893)、山口高、東大 (1902)/旧姓関/医学博士。法医学者、血清学者。1909〜12年仏独留学。東大名誉教授、台北帝大総長、岩手医専校長など。26年東京開催の第3回汎太平洋学術会議が用語を英語に限定しようとしたことに対して、中村精男、黒板勝美、林春雄、西成甫、緒方知三郎、田村憲造、松葉重雄、丘浅次郎、村田正太、大石和三郎、藤浪鑑、藤沢親雄、伊藤徳之助、大島広、市川厚一、真崎健夫、浅田一らと連名の「意見書」を提出して、これに抗議。JEMA会員。[著]『法医学大意』(松華堂書店、1928)、『自殺・他殺』(鉄塔院、1933)。[参]「汎太平洋学術会議に対する抗議に就て」("Jarlibro de JEMA por 1927")、『現代日本朝日人物事典』。

三田智大 |みた のりたか|1893.8.30〜1968.8.18

静岡/北大 (1919)/函館師範、十勝農学校各教諭、青森県立三本木農学校教頭、徳島県立農業学校長など。1915年二葉亭四迷『世界語』を通読、19年JEA入会 (会員番号1277)、のちJEIにも参加。同年2月北大E研究会設立。卒論「各種乳酸菌による乳酸

石灰生成の実験」にEと中国語のレジメを添付。21年3月札幌から帯広へ移り、国際商業語協会入会。北海道各地でE普及運動を行い、29年7月帯広E会設立。32年11月相沢治雄、原田三馬、渡部隆志らと北海道E連盟設立。56年50周年記念第43回JK(東京)。🕮「札幌でE語を学び始めた」(RO 1936.6)、『家庭農産製造』(柏葉書店、1949)。
参「驚異驚嘆」(RO 1920.7)、「先輩はなぜ・どうして学んだか」(RO 1956.7)、星田淳「S-ro 三田智大の万葉集試訳について」(HEL 1991.6～7)。

三田村四郎 | みたむら しろう
1896.5.25～1964.6.20

石川/川口商夜学校、正則英語学校/本名四朗、別名小泉保太郎/労働運動家。1921年高田集蔵の先妻九津見房子(1890～1980)と再婚。同年12月JEI入会。百島操の大阪東教会で福田国太郎にEを習う。23年SAT入会。中垣虎児郎によれば、29年柏木ロンドが、獄中の左翼運動家へE書の差し入れを行った際、"Fundamenta Krestomatio"を要求。参九津見房子「獄窓にて三田村四郎はかく語る」(『改造』1933.9)、坪田幸紀「日本の事始め サターノたち 2」(RO 1984.11)、『現代日本朝日人物事典』。

三石五六 | みついし いつむ
1896.6.3～1957.12.31

静岡/鉄道省技師。三ッ石清の叔父。戦前は鉄道院工作局車両課、名古屋鉄道局浜松工場などに勤務。戦後は労働組合運動に。小坂狷二にEを学び、JEI創立と同時に入会、以来、その庶務、会計を助け、今日の財政的基礎を据える。1926年JEIの財団法人化に伴い大井学とともに初代常務理事となり、40年浜松に転勤するまで理事。56年50周年記念第43回JK(東京)で表彰。57年1月静岡県E連盟顧問。息子を恵須人(esto「存在」から)と命名。JEI終身会員。
参「三石五六氏死去」(RO 1958.2)、RO 1958.3。

三ッ石清 | みついし きよし
1913.11.1～2009.8.20

静岡/東京鉄道中(夜間)/本名三石清、筆名Sentaŭgulo、シーラカンス/日雇い労働者をへて、E活動の実践者。自然を友として生き、日本山岳会会員。環境庁自然公園指導員なども。三石五六の甥。小卒後、13歳で鉄道省の少年鉄道員として小坂狷二と同室で勤務。29年鉄道E会の講習会で小坂の指導でE学習。プーシキン作品E訳を読んだ感動から、E文学に耽溺。中垣虎児郎のマルタ・ロンドにも参加。教育召集中にEのことで憲兵の疑惑を招き、ニューギニアに転属させられ、死地をさまよったのち、辛うじて生還。47年8月第2次JEA常任委員。レッドパージで鉄道博物館企画係の職を追われ、日雇い生活に。家族(妻と娘二人)と離別し、東京、静岡での日雇い労働を経て、58年頃から名古屋に居住したが、その後も定職を持たず、港湾労働者や家庭教師で生計を立て、北海道を中心に各地のE-istoを訪ねて放浪することが多かった。60年高杉一郎らと"Amikoj de Nova Azio"の運動を提唱。さまざまな会を作ったが、多くは彼一人だけのもので活動実態は不詳。NHK名古屋放送局のテレビ番組「話題を追って 日雇い労働者の学者・三ッ石さん」(1966.4.27)で取り上げられる。66年 Gaja Omnibuso を結成し代表。70年栗田公明・渡辺康夫・田中孝幸と「中垣虎児郎を守る会」を結成。71年から合宿の講師やE-isto訪問で全国を巡り、太平洋大会(中国青島)や韓国E大会にも参加。72～74年JEI評議員。73年E通信教育協会を作り講習活動。92年第66回九州E大会で「E文学を愛好して60年」を講演し、「私の大学はEだった」と。SAT会員。市営住宅の住まいに中垣虎児郎記念文庫として関係資料を保管していたが、2008年老人ホームへ移る際に他の蔵書を含めて処分された。終生、E文学を愛好した。🕮「JEA大会を終えて」(RO 1948.11)、「地方会機関誌の紹介」(RO 1960.11～62.7)、「毛沢東と世界語」(LM 1964.1)、「魅力ある人 中垣虎児郎」(LM 1972.2)、'Al-voko el Japanio'("Sennaciulo" SAT, 1975.8・9)、「Eつれづれ」(ES 1976.9～12)、ヴァランギャ

ン「E運動の歴史的スケッチ」(ES 1977.6～7), 'Al nova juna amiko' (RO 1990.4),「Eと私」(RO 1992.6),「日本E協会と大島義夫の役割」(LM 1992.10),「名古屋からの手紙」(HEL 1994.12・95.1)「長岡二郎・坂本昭二両君をしのんで」(LM 1996.8),「股武厳先生をしのんで」(LM 1998.8),「Eの不慮の死に我は哭泣す」(LM 2000.6),「松原言登彦 その人と業績は」(RO 2000.8),「E運動の同志,竹中治助」(LM 2001.3), 'Mi estis soldato en Nov-Gvineo' (RO 2006.8・9),「二葉亭四迷と葉籟士について」(RO 2006.11). 参 中山欽司「三ッ石清さんのこと」(RO 2009.12), 同 'Memoroj de s-ro MITUISI' (LM 2010.2), 西山秀夫「追悼 三ッ石清さん」(『山岳』日本山岳会, 105, 2010.6). 協 中山欽司

三ッ木金蔵 | みつぎ きんぞう | 1904～1985頃

東京/早実/別名奥戸武郎, 桑原, 戦後「幹人」と改名/1932年8月日本共産党入党。資金局で活動。32年11月検挙。戦後, 東京九段で出版社「東峰書房」を経営。30年7月6日PEA創立大会に出席。65年1月JEI入会。「しばらくは 君の寓居に 寄食しき 慣れぬ文案 作り当て込み」(冨田冨「同志達」). 参「エス同盟員等10余名検挙 文化連盟再建の企？」(『朝日新聞』1932.5.10),『近代日本社会運動史人物大事典』. 協 熊木秀夫

光田健輔 | みつだ けんすけ
1876.1.12～1964.5.14

山口/錦川学舎, 済生学舎(1896), 東大医科選科(1898)/旧姓吉本/ハンセン病医師, 全生病院長, 長島愛生園長など。上山満之進の義兄。ハンセン病事業に一生を捧げ, 1951年文化勲章(柳田國男と同時)。近年は絶対隔離政策の推進者として批判の対象になる。防府, 岡山各名誉市民。キリスト者。1923年頃JEI入会。29年5月から林文雄とともに全生病院で佐竹結実によるE講座を開催し, その後は塩沼英之助に指導させる。患者, 職員らの学習を促して, 全生Eクルーボを発足させ, 30年4月に全生学園(小学校)の科目に「特別科」としてEを加える。31年長島愛生園(岡山)の開設にあたり, 林や職員宮川量のほか, 患者黒川眸らも「開拓者」として同行させる。38年の塩沼の沖縄愛楽園長としての赴任にあたって, 全文Eの手紙を送って励ましたと伝えられるが, 不詳。JEMA会員。著 'La problemo de ambaŭ seksoj en lepro kaj eŭgenika operacio' ("Medicina Revuo" JEMA, 45～47, 1952),『愛生園日記』(毎日新聞社, 1958). 参「全生病院Eクルーボ」(RO 1930.4), 小川正子『小島の春』(長崎書店, 1938), 内田守『光田健輔』(吉川弘文館, 1971), 桜井方策「塩沼兄が一応の引退に寄せて」(『楓』387, 1973),「Eとハンセン病」,『現代日本朝日人物事典』,『近代日本社会運動史人物大事典』.

光武文男 | みつたけ ふみお
1902.9.19～1973以降

佐賀/佐賀中(1920), 五高(1927), 千葉医大(1931)/吉野病院(小田原)などをへて, 1936年9代続く光武医院(佐賀県城田村)を継承。佐賀県神埼郡医師会長。22年永浜寅二郎, 大栗清実, 畑正世らと五高E会を結成。47年第22回九州E大会(佐賀)で「医学とE」を講演。JEMA会員。

三戸章方 | みと あきかた | 1898.12～1943⇔1951

広島/八高(1919), 東大(1922)/大阪逓信局技師, 東京地方逓信局, 海事部横浜出張所, 広島逓信海事部長などをへて, 1941年神戸海務局玉野支局長。八高在学中にEを学び, 18年より校内で熱心に宣伝。同年JEA入会(会員番号1226), のちJEIにも参加。

碧川澄 | みどりかわ すみ
1905.5.29～1993.10.27

北海道/立教高女/一時松崎すみ/松崎克己の妻。日露戦争に反対し, のち軍事教練反対キャンペーンを展開した新聞記者碧川企救男(1877～1934), 女性解放運動家かた(1869～1962, 旧姓堀, 三木)の長女。三木露風の異父妹。兄は映画撮影監督碧川道夫(1903～1998), 妹芳子は映画監督内田吐夢(1898～1970)の妻, 末妹清(1912～1974)

は日本最初の重症心身障害児施設「島田療育園」総婦長。誕生80日ほどで碧川本家の養子に。1924年6月松崎克己と結婚し改姓。25年クララ会に加わり，35年頃まで熱心にE運動。親戚の斡旋で東京中央郵便局に入り，外来郵便検査係でE郵便の検閲を担当。34年10月山里宗伝（翻訳家，NHK文化研究所に勤務）と再婚。のち結核を患い，闘病生活。戦後，保健同人社に入って編集に従事，『保健同人』にE記事を掲載，療養者E運動の気運をつくる。51年和田美樹子と共同で第7回小坂賞。ラジオ東京の療養番組で「療養のママ」として活躍。64年4月松本照男の紹介でJEI再入会。キリスト者。圕'Printempa rememoro'（RO 1926.5），『いと小さきものゝ』（私家版，1993）。参潮地悦三郎「郷にはいっては郷に従う模範的な民宿」（RO 1966.1），碧川道夫編『赤まんま—碧川清姉追悼文集』（私家版，1975），河野浩美「命一コマ」（『こぶしの花』読売新聞社，1983），「岩下五百枝さんは語る」（EV 1996.10）。圙潮地ルミ，石野良夫。

南英一｜みなみ えいいち
1899.11.29～1977.9.15

兵庫／一高（1920），東大（1923）／理学博士。地球化学の発展に貢献。鈴木貞，村田治郎，用瀬英と一高工科の同期。小坂丈予の学問上の師。1933～35年ドイツ留学。東大名誉教授。カトリック教徒。中学時代，黒板勝美が『中学世界』に寄せた一文でEを知る。一高3年生の19年6月頃から親友三浦元春の勧めで独習し，翌月JEA入会（会員番号1410），のちJEIにも参加。45～53年JEI理事。46年10月東大E会復活に際して，その指導教官に。49年田沼利男，川崎直一，松原八郎らと日本カトリックE-isto会設立。50年「一年一論文をEで」運動の発起人の一人。56年50周年記念第43回JK（東京）で表彰。国際カトリックE-isto連盟日本支部代表。E蔵書はJEIへ。圕『人工鉱物』（岩波書店，1931），『発光分光分析法』（共著，共立出版，1957）。E関係に'Vira kaj virina magneto'（RO 1948.11），'El varmaj fontoj precipitiĝas hokutolito kaj gutas hidrargo'（RO 1953.4），'Hokutolito ĉe Tamagaŭa varmofonto'（南英一先生還暦記念事業実行委員会編 "Geochemistry of the Tamagawa Hot Springs" 1963），'Letero el Japanujo'（"Espero Katolika" 1970.3・4）など。参「先輩はなぜ・どうして学んだか」（RO 1956.6），南英一先生還暦記念事業実行委員会編 "Geochemistry of the Tamagawa Hot Springs" 1963，『現代日本朝日人物事典』。圙桑原利秀。

南薫｜みなみ かおる
1900.2.5～1966.12.29

大分／慶大／安田銀行に勤務し，渡満後，新京（現長春）で「東亜ホテル」を経営。ほかに得意の英語を活かして通訳，翻訳，また横浜タイヤにも勤務。晩年は故郷中津で英語塾を開く。EPAに属し，1927年より名古屋の自宅でEを無料教授。参RO 1927.5。

南見善｜みなみ けんぜん
1908.12.17～1986.12.5

三重／光山学院／筆名南晶世（しょうせい）／南式速記の考案者。1925年友人の勧めでE学習。京都E会に加わり，熱心に例会・講習会に参加。28年小林留木が紀北実践女学校を開校し，Eを正課に採用した際，毎月松阪より出張して講師を務め，翌年同校の専任書記に。30年10月24日シェーラーが紀伊長島を訪れた際，林好美と通訳を担当。34年大阪府衛生会に就職したのを機に大阪へ活動の場を移し，俣野四郎，髙橋運，村田慶之助，米田徳次郎，川崎直一，進藤静太郎らと交流。41年東京に移り，商業組合中央会に勤務。戦後，愛知県議会事務局調査課主事として欧州各国の議会制度の調査をEで実施。54年練馬区に南医学速記事務所を開き，医学専門の速記者に。76年オランダ，ドイツ，オーストリアを旅し，同地のE-istoと交歓。その後たびたび世界各地を旅行してE-istoと交流。晩年はJBLEに入り，会計監査のほか，仏典のE訳にも取り組んだ。UEAデレギート（速記術），岸和田E会顧問など。圕"Historieto de la Nanzenji Templo"（南禅寺，1928），'El taglibroj de knabinoj'（RO 1930.1），'Vengo de Korvo〔雑宝蔵経巻第十より〕'（"La Lumo Orienta" JBLE, 1, 1931），甲賀三郎著 "La Dezerto

〔荒野〕"(私家版, 1932),「国際語Eと警察」(『三重警友』41, 1932),「E書翰文実例集」(EPA, 1935),「私のE遍歴」(LM 1976.11),'Vojaĝo per Pasporta Servo' (RO 1976.12),「初めての海外旅行」(RO 1978.4),「憧れのスイス」(ES 1978.5〜6),「早春のスペイン紀行」(『速記時報』東京速記士会, 5, 1978),「ニュージーランドへの旅」(ES 1981.4),「カメラの旅 オークランド・フィジー」(『速記時報』15, 1981),「Eの友3つの出会い」(『速記時報』1981.10),「スペイン・ポルトガルの旅」(『速記時報』1983.10). 参「地方E運動紹介 その2 三重県」(RO 1932.3),「愛知県議会資料集めにE利用」(RO 1950.7), 福田正男 'Nekrologo' (SAM 1987.1), 太宰不二丸「思い出」(LJB 1987.4). 協南医学速記事務所, 俣野四郎.

南洋一郎|みなみ よういちろう
1893.1.20〜1980.7.14

東京/青山師範(1913)/本名池田宣政(よしまさ), 筆名池田宣政(のぶまさ), 荻江信正/「南洋一郎」で冒険小説,「池田宣政」で伝記小説,「荻江信正」で学園小説を多数執筆. 1926年コペンハーゲンで開かれたボーイスカウト世界大会に出席. キリスト者. E学習歴は不明. 59年ザメンホフ百年祭賛助員. 著ルブラン『怪盗ルパン全集』全30巻(ポプラ社, 1958〜80)ほか多数. 参『現代日本朝日人物事典』.

源孝強|みなもと こうきょう
1906.4.26〜1992.6.21

京都/京都商工/1963年から京都府議を3期. 戦前, プロレタリアE運動に参加し, 妻照子ともE学習会で出会う. 参源照子「年の初めのラブレター」(『赤旗』1995.1.8).

三根隆雄|みね たかお|1916.10.31〜1992.12.9

福岡/八高(1936), 東大(1940)/化学者. 三根孝子の夫. 名大助教授. 1932年E学習. 35年11月JEI入会. JEI終身会員, JPEA, JESA各会員など. 著「会員の声」(RO 1945.11),「三根先生を励ます会」(RO 1962.8).

三根孝子|みね たかこ|1922.1.13〜1976

東京/東京府立第五高女/三根隆雄の妻. 1947年E学習. 名古屋E会で庶務を担当.

峰下銕雄|みねした てつお
1906.3.6〜2001.12.10

佐賀/満洲医大(1932)/荒川衛次郎の娘婿. 1938年満洲医大助教授. 太平洋戦争中, 軍医としてジャワ, ビルマへ. 47年塩野義製薬研究所次長兼研究員となり, 52年取締役. のち塩野義製薬油日ラボラトリーズ, 環境保健生物研究センターなどに勤務. 満洲医大在学中の29年2月JEI入会. 奉天E会に加わり, 満洲医大E会委員長を務めた. 満洲医大で安部浅吉らの翻訳グループに参加. 65年第50回UK大阪後援会顧問. 66年6月22日吹田E会創立に際し初代会長. JEMA会員. 著『満洲に於ける漢方医の実情』(共著, 満洲医大東亜医学研究所, 1937),「満州医大にて」(RO 1982.4). 参佐々木安子「吹田E会年表」(LVE 2004.3). 協峰下哲.

美野田琢磨|みのだ たくま
1875.9.1〜1959.7.30

宮城/二高(1896), 東大(1899)/旧姓森/鉄道官僚, 実業家. 台湾総督府鉄道部, 帝国鉄道庁勤務をへて, 東京で機械販売商の自営, 土木会社顧問など. 長女俊子を通してその夫の英国人日本学研究者フランク・ホーレー(1906〜1961)の活動を援助. Eは1903年7月頃から独習. 12年原田勇男の世界語書院からE図書を入手し耽読, 広島の高橋邦太郎(技師)と文通開始. 16年5月JEA入会(会員番号1069). 26〜45年JEI理事. 29年万国工業会議(東京)に高橋と連名で 'The World Engineering Congress and E' を発表. 第17回(1929)・第20回(1932)JK(東京)準備委員長. 36年4月E運動後援会幹事. 37年第25回JK(東京)組織委員長. 戦後JEI理事総辞職の際, 再選を固辞. JEIに終身会員相当の寄付を行いながら終身会員となることを辞退. 妻モトもEに通じた. 著「Eの思い出」(RO 1936.6). 参 'Alvoko al inĝenieroj-E-istoj pri Internacia

Teknika Kongreso'」(RO 1929.5),「万国工業会議」(RO 1929.12),「先輩はなぜ・どうして学んだか」(RO 1956.1), 小坂狷二「元老美野田翁を悼む」(RO 1959.9), 横山學『書物に魅せられた英国人 フランク・ホーレーと日本文化』(吉川弘文館, 2003).

美濃部俊吉 | みのべ しゅんきち
1870.1.7 (明治2.12.6)〜1945.9.26

播磨国 (現兵庫) /第一高等中 (1890), 帝大文科大 (1893) /憲法学者美濃部達吉 (菊池大麓の娘婿) の兄. 都知事美濃部亮吉の伯父. 農商務, 大蔵各大臣秘書官などをへて, 1903年官を辞して北海道拓殖銀行頭取. のち朝鮮銀行総裁, 満洲取引所理事長など. 朝鮮銀行総裁時代の23年頃JEI入会. 著 バンベルゲル『五十億法償金論』(農商務省, 1895),『西湖曽禰子爵遺稿並伝記資料』(私家版, 1913).

箕輪重胤 | みのわ しげたね | 1906頃〜1953以降

北大 (1930) /台北大助手など. 北大在学中にJEI入会. 1931年11月より台北E会主催の講習会を井上鉄男と指導. 32年第2回台湾E大会書記. SAT会員. 著『おもしろい動物たち』(東西文明社, 1953).

三原新太郎 | みはら しんたろう
1876.4.6〜1957?

東京/五高 (1900), 東大 (1906) /医学博士. 東京で開業するも, 関東大震災 (1923.9.1) で被災して釧路病院長の職を得, のち鳥取村 (現釧路市) に鳥取医院を開業. のち朝鮮, 長崎などで医業に従事. 1932年藤野謙助が新設した釧路E会の顧問に就任. 参 辻見啓治『釧路地方医学史』(釧路市, 1967).

三村常信 | みむら つねのぶ
1872.10.25 (明治5.9.23)〜1935以降

京都医学校 (1897) /丹後丹州病院副院長, 山田病院 (京都市) などをへて, 京都府淀町に三村医院開業. JEA会員 (会員番号792).

三村征雄 | みむら ゆきお
1904.11.22〜1984.10.16

東京/東京府立四中 (1922), 一高 (1925), 東大 (1928) /東大名誉教授. 南雲道夫と一高理科甲類の同期. 19年JEA入会 (会員番号1448). のちJEIにも参加. 著『ヒルベルト空間論』(春日書房, 1948),『微分積分学』(裳華房, 1955).

三森重義 | みもり しげよし
1910.3.8〜1989.6.20

栃木/東大 (1934) /経団連調査部からゴム統制会に転じ, 編集業務を担当. のちゴム産業復興会議事務局長をへて, 1949年ラバーダイジェスト社を設立し, 月刊『ラバーダイジェスト』, 旬刊『ポリマー通信』などを刊行. 東大在学中にE学習. 協 三森義道.

宮静枝 | みや しずえ | 1910.5.27〜2006.12.25

岩手江刺/岩谷堂高女 (1928) /旧姓菅野, 筆名南城幽香/反戦詩人, 小説家. 1931年文学を志して上京. 34年結婚により改姓. 啄木会, 賢治の会で活動. 45年東京大空襲後, 盛岡へ転居. 51年高村光太郎を訪ね交流. 92年土井晩翠賞. Eは, 30年代初め, 盛岡で開かれたE講習会で松本日宗の指導で学習. 著『菊花昇天』(Laの会, 1963),『山荘 光太郎残影』(熊谷印刷出版部, 1992. 土井晩翠賞受賞作) ほか多数. 参 みやこうせい「ひたすらなる情念, 母 宮静枝」(『盛岡学』荒蝦夷, 1, 2005), 佐々木匡「一閃の光の弥―宮静枝さん追悼」(『岩高同窓会報』岩谷堂高同窓会, 44, 2007).

宮寛 | みや ひろし | 1885頃〜1923⇔1933

埼玉/一高 (1906) /鶴見祐輔, 渡辺銕蔵と一高英法科の同期. 1923年頃JEI入会.

宮川一郎 | みやかわ いちろう
1895.9.5〜1960.4.2

東京/九大 (1921) /工学博士. 名大教授, 名

古屋産業科学研究所理事など。1920年11月JEI入会。著『石炭の自然発火』(共立出版, 1943),『燃料及び熱管理概論』(共著, 工業通信社, 1950)。

宮川量 | みやかわ はかる | 1905.1.26～1949.9.3

岐阜/斐太中(1922),千葉高等園芸学校(1928)/号東洋癩/岐阜県高山の暎方寺の三男に生まれ,数え年9歳の時,東本願寺で得度。のちキリスト教徒に。白川英樹(2000年ノーベル化学賞,東工大生時代に一時E部で活動)の叔父。1929年農業園芸の指導のため看護手見習として全生病院に入り,塩沼英之助らと親交。30年光田健輔について長島愛生園へ移り,入園者とともに開拓事業に従事。38年塩沼の国頭愛楽園長就任に伴い,同園事務長に就任したが,健康を害して,40年退職,翌年長島愛生園嘱託。1929年以前にE学習。全生病院のE講座にも協力。土井英一と,その没後は土井晩翠と文通して,慈善切手運動に協力。『レプラ』掲載論文にEの抄録をつける。著「私と故広畑さん」(『山桜』11:2, 1929),「愛国慈善切手運動の提唱者 土居一兄[ママ]を憶ふ」(『日本MTL』35, 1934.1),「救療史蹟西山光明院に就いて」(『レプラ』6, 1935),「鎌倉時代に於ける癩救済者忍性律師の研究」(『レプラ』7, 1936),「愛国切手が世に出るまで」(『日本MTL』96, 1939.3),『飛騨に生まれて―宮川量遺稿集』(私家版, 1977)。参森幹郎『足跡は消えても』(ヨルダン社, 1996),平井雄一郎「宮川量と桜井方策,二つの「日本癩病史」」(『国立ハンセン病資料館研究紀要』3, 2012),「Eとハンセン病」。協林富美子,宮川洋之。

宮城音弥 | みやぎ おとや | 1908.3.8～2005.11.26

東京/千葉中,京北高,京大(1931)/医学博士。戦後の心理学ブームの火付け役。小河原幸夫のいとこ。東工大,日大各教授など。中学時代からEを学び,フランス留学中にはEで日本の昔話について講演。1937年慶應医学部E会入会。38年1～3月JEI主催初等講習,4～6月同中等科の講師。39年5月磯部幸子と結婚(のち離婚)。48年第2次JEA評議員。56年50周年記念第43回JK

(東京)において講演。58年イタリア出張に際し,E-istoと交流。江上不二夫と親交。著『日本人の性格』(朝日新聞社, 1969)ほか多数。E関係に'Malesperanto'(RO 1938.3),「国際語E」(『工業大学新聞』1956.10.20),「なげだしたくなる心理とは」(『PHP』1974夏季増刊),「人間の心を探求する」(岩波書店, 1977),「日本人を語る」(ES 1976.7),「めぐりあい―江上不二夫君」(『毎日新聞』1982.4.26夕刊)など。参松葉菊延「『ユーカラ』のE訳と小河原幸夫君のこと」(ES 1980.6),『現代日本朝日人物事典』。

三宅亥四郎 | みやけ いしろう
1869.12～1923以降

熊本/同志社普通学科(1890),同神学科(1894),イェール大/旧姓鎌田/Ph.D. 1896～1901年米国留学。帰国後,早大講師をへて,03～23六高教授。のち静岡高教授。六高在勤中Eを学び,ザメンホフが出した07年版『全世界E年鑑』に氏名掲載。

三宅史平 | みやけ しへい
1901.10.16～1980.5.29

島根/市岡中(中退)/M. Ŝ., Mijake-Ŝihej/戦中に一時由比忠之進の世話で会社勤務した以外,40年に渡りJEIの専従職員(のち専務理事)を務め,事務や機関誌編集,公私の立場での数多くの著述によって一生を通じてE運動に貢献した。その期間,JEI事務所に居住。特に戦時中は,弾圧と戦争協力の間のぎりぎりの選択でJEIの存立を辛うじて保持した。市岡中(大阪)で川崎直一と同級。自由律歌人。病気療養中の1920年5月頃川崎が早大でEを学び始めたと聞いて学習を決意し,翌月JEI入会。25年上京。石黒修の紹介で梶弘和のE研究社で編集に従事。31年川崎の紹介でJEI有給書記。32年大島義夫,中垣虎児郎,下村芳司らと日本E文芸協会(翌年「E文学研究会」と改称)を作り,自宅を事務所に。JEIの学習雑誌ELを33年創刊から37年終刊まで編集。小坂狷二『E文学』(『岩波講座世界文学』6巻の一部, 1933)を大島とともに代筆。38年よりROを編集。同年4月東

京保護観察所において所員に対し「E運動の組織および非常時における国際語の重要性」を講演。39年JEI書記から主事に昇格。41年満鉄の招請で満洲国を視察し、第10回全満E大会(新京,現長春)に出席、同地のE-istoと交流。47～71年JEI専務理事。47年文部省教科書『中等国語一』にザメンホフの伝記「国際語」が採録され、放送劇「Eの誕生」(RO 1948.7～8に掲載)が俳優座出演でJOAK(東京)から放送(1948.5.5)されて、中等教育界のEブームの呼び水になった。53～67年KKK委員。秋田雨雀監修『世界の子ども』全15巻(平凡社,1955～57)に協力。第50回UK(東京)に備え、61年合宿訓練を野辺山で実施。65年の第50回UK(東京)開催のための活動がNHKテレビ「現代の記録」で「E-istoある理想主義者の群像」(1964.2.15)で取り上げられる。中村陽宇・宮本正男編"Japana kvodlibeto"(La Laguna : Stafeto, 1965)に詩1編が収録。67年Eアカデミー会員、12月社会文化会館で開かれた由比の追悼集会の発起人。71年12月健康上の理由によりJEI専務理事を退任。79年UEA名誉会員。『E小辞典』は長く日本で最も使われる辞書となったほか、基本的な語学書も著述。ROほかに専務理事等としての無署名記事も多数。少数ながら、優れた文学作品を執筆し、宮本正男は「休場ばかりの横綱」、「日本で一番うまいE-isto」と評した。80年9月「三宅史平先生を偲びEsperantologioを語る会」が開催。妻田鶴(1987年8月24日没)もEを学んだ。署岡本綺堂著"Epizodo de Ŝuzenzi〔修禅寺物語〕"(E研究社, 1931)、『ら行の憂鬱・窓のある喜劇』(表現社, 1935)、"El Tragedioj de Shakespeare"(JEI, 1935)、「E文献抄」(『書物展望』7:3, 1937)、《Literatura Mondo》とそのひとびと」(『文芸』1938.1)、レイモン著、カーベほかE訳『祖国に告ぐ〔Ave Patria k. a.〕』(今日の問題社, 1941)、「満洲国の2週間」(RO 1941.9～11)、'Tra Manĉoŭkŭo en du semajnon'(RO 1941.10)、Daudet "Leteroj el Mia Muelejo"(JEI, 1949)、JEI『より美しき世界のために』(JEI, 1955 ; 1957年『E・世界を友として』と改題)、『E初級読本』(JEI, 1957 ; 1962年京都点字社より点字版発行)、『E基礎1500語』(大学書林, 1958)、『Eの話』(同, 1961)、『E小辞典』(同, 1965)、『Eの歴史』(JELS, 1965)、「常用語はどう選んだか」(RO 1967.5)、「E」(加藤秀俊・真鍋博編『2001年の日本』朝日新聞社, 1969)、『基本E文法』(東京E社, 1972)。『E文学』、"Arĝenta duopo"などにも寄稿。参紀伊宇「先人後人なで斬り帖(2)」(SAM 1953.3)、「三宅史平大いに語る」(LM 1961.9)、「ここに生きる E-isto 三宅史平さん」(『朝日ジャーナル』1963.2.24)、RO 1971.12, 梶弘和・石黒彰彦'"Dankon" al S-ro Mijake'(RO 1972.5)、宮本正男「三宅が死んだ」(LM 1980.7)、RO 1980.8, 殷武厳「三宅史平さんを偲んで」(RO 1980.11)、三宅露「三宅史平 弟の思い出」(LSP 1987.10)、上脇霜「兄・三宅史平のきれぎれの思い出」(LSP 1987.11)、立川晴二「国語教科書に現れたE教材」(RO 1998.11)、清水孝一「口下手の先生が…」(RO 2001.8)、『近代日本社会運動史人物大事典』。

三宅正一｜みやけ しょういち
1900.10.30～1982.5.23

岐阜/岐阜中, 早大(1923)/農民運動家, 政治家。新潟の木崎村大争議を指導。早大在学中にJEI入会。署『農村と青年運動』(社会評論社, 1927)、『幾山河を越えて』(恒文社, 1966)。参『現代日本朝日人物事典』。

三宅雪嶺｜みやけ せつれい
1860.7.7(万延1.5.19)～1945.11.26

加賀国(現石川)/愛知英語学校, 東京開成学校予科, 東大(1883)/本名雄二郎, 幼名雄次郎/文学博士。ジャーナリスト。妻花圃(1868～1943)は田辺朔郎の妹。中野正剛の岳父。1916年第3回JK(東京)でE支持の講演。署「来賓演説」(JE 11:6, 1916)、「無題」(JEI編集部編『国語の擁護を論じて国際語に及ぶ』JEI, 1932)、『同時代史』全6巻(岩波書店, 1949～54)ほか多数。参柳田泉『哲人三宅雪嶺先生』(実業之世界社, 1956)、『現代日本朝日人物事典』。

三宅徳嘉｜みやけ のりよし
1917.4.20～2003.11.16

東京/東大(1941)/翻訳, 辞書編纂でフラン

ス語普及に貢献。都立大,学習院大各教授など。Esp-isto石川尚志の叔父で,石川にEを勧める。E学習歴は不明。1959年ザメンホフ百年祭賛助員。📖『新和仏小辞典』(白水社, 1973)ほか多数。📎高橋治男「コレクション紹介 三宅徳嘉教授旧蔵書」(『マイクル』中大図書館, 7, 2006),『現代日本朝日人物事典』。
🤝石川尚志。

三宅ヒサノ|みやけ ひさの
1905.5.3~1993.7.20

岡山/東京高等技芸学校/新姓池田, 別名久乃, 筆名小波鶴翔/高小卒業後に中国民報社で, のち上京して博文館などで文選工。労組に入り, 婦人部長として労働争議に参加。徳永直『太陽のない街』の「大宅婦人部長」のモデル。39年結婚により改姓。戦後は学習塾経営, 日本舞踊師範など。Eは看護婦になって世界を一周しようと, 1921年『中国民報』記者太田郁郎に習い, のち中国民報社のEグループにも参加。24年上京後, クララ会で佐々城松栄の指導を受け, 柏木ロンドにも参加。29~31年JEI評議員。RO誌や岡本好次『新撰和E辞典』の活字を拾う。戦後はEと疎遠になったが, 晩年にかつての仲間の誘いでE行事に参加。📖'Forjetu Timemon!'("Pioniro" 3, 山中英男, 1928), 'Tago el mia vivo'("Sennaciulo" 239, SAT, 1929), 「Eと私」(中村伯三編『暗黒の時代を生きる』私家版, 2004)。📎宮本正男「3人の先駆者」(EVA 31, 1958), 岡山女性史研究会『近代岡山の女たち』(三省堂, 1978), 「植字工の技能と著者の責任」(RO 1984.1), 「会員さん訪問」(『東腎協』78, 東京都腎臓病患者連絡協議会, 1989),『近代日本社会運動史人物大事典』,『日本女性運動史人名事典』,『岡山のE』。
🤝池田直一, 田外幸恵。

宮崎基一|みやざき きいち|1903.4.8~1980.3.1

群馬/前橋中(1920), 一高(1923), 東大(1928)/第一港湾開発, 三井不動産各専務など。一高在学中の1920年9月JEI入会。

宮崎公子|みやざき きみこ
1910.2.23~1999.2.2

熊本/日本女子大(中退)/別名伊東公子/伊東三郎の自由奔放な活動を支えた妻。竹工芸家宮崎珠太郎(ŝtalo「鋼鉄」から)の母。三井物産に勤める父の仕事の都合で1歳で満洲へ。小学5年の時, 見知らぬ学生からEの存在を教えられる。1921年帰国。成女高女3年生の時, 秋田雨雀・小坂狷二『模範E独習』で独習。29年国際文化研究所主催の外国語夏期大学に参加。画家を志し, プロレタリア美術家同盟に参加。外国語夏期大学の講師だった伊東と, 31年暮結婚したが, 32~36年夫は獄中に。38年夫婦で熊本へ。45年12月JEI入会。46年日本共産党に入り, 翌年熊本県議選に立候補し落選。のち東京へ戻る。67年夫婦で第52回UK(ロッテルダム)に参加。81年3月29日水野義明, 殷武巌らと所沢E会結成。"La Armeo de Hirohito〔天皇の軍隊〕"(Biblioteko Kolombo, 1990)の共同E訳に参加。JPEA理事, SAT会員など。📖「ベトナム人民と伊東三郎」(ES 1975.12)。📎「『平和の鐘』復刻版」(RO 1971.2), 「思い出」(NR 22・23, 1972.7), 「Eとの出会い」(NR 1992.8), 「Eとの出会い」(中村伯三編『暗黒の時代を生きる』私家版, 2004)。📎藤島敏子記「私がEを始めたころ」(LVK 1986.11), 熊木秀夫「大栗清実と伊東三郎」(LVK 1990.6~92.1・2), 同「伊東三郎と宮崎公子」(『平和・解放・人権を貫いた宮崎公子さんを偲ぶ会』)宮崎公子さんを偲ぶ会実行委員会, 1999),『近代日本社会運動史人物大事典』。
🤝熊木秀夫, 星田淳。

宮崎虎之助|みやざき とらのすけ|1872~1929

宗教家。仏陀・キリストに次ぐ第三の予言者・メシヤ(救世主)と自称。『秋田雨雀日記』(1915.11.28)に「朝, エロシェンコ君きたり, 宮崎虎之助氏と会話(E)をかいた。」とあるが, 不詳。📖『我が新福音』(1904)ほか。📎エロシェンコ「雨が降る」(『早稲田文学』123, 1916), 柏木隆法「宮崎虎之助・光子の生涯」(『禅文化』178~181, 2001)。

宮崎道治｜みやざき みちはる
1905.10.4〜1986.11.6

東京/六高 (1928)，東大 (1931)/薬学博士。1932年神戸女子薬専教授，39年藤沢薬品工業に転じ，50年京都研究所長，56年大阪研究所長，60年開発部長などをへて常務。東大在学中にJEI入会。

宮沢賢治｜みやざわ けんじ
1896.8.27〜1933.9.21

岩手/盛岡中 (1914)，盛岡高農 (1918)/詩人，童話作家。花巻農業教諭を辞し，羅須地人協会を主宰して独自の立場から農民を指導。一時社会主義に傾斜した熱心な法華経信者。1996年8月発行の「文化人切手」の肖像に。花巻市に宮沢賢治記念館，宮沢賢治イーハトーブ館，岩手大に宮沢賢治センターなど。E学習は22年と26年の2説あり。26年12月12日東京国際倶楽部でラムステットの講演を聴き，講演後，農村問題，言語問題について語り合い「著述はEによるのが一番」と勧められる。丸ビルの旭光社で「工学士の先生から」Eを教わると父宛ての手紙 (1926.12.15) に記すが，それが誰かは不詳。旭光社経営者上野孝男とのつながりから法学士の川原次吉郎と推測する説も。「E詩稿」と呼ばれる未発表詩8編を遺したが，語学的な誤りがみられる。27年3月羅須地人協会でEを講義。「一九三一年度極東ビヂテリアン大会見聞録」(23年頃執筆の生前未発表作『ビヂテリアン大祭』改作の未完草稿) で花巻温泉を舞台に作中人物が "Tobakko [ママ] ne estas animalo." とEを話す場面。『花巻温泉ニュース』(1931.1.15) にE文の広告が掲載されており，賢治の関与も推測できるが，不詳。30年頃から佐々木喜善と親交を深め，32年佐々木の花巻でのE講習を援助。『ポラーノの広場』の「ポラーノ」(「ポラン」のE形)，その中の「イーハトーヴォ」(岩手県を理想化した「イーハトーヴ」のE形)，「センダード」(仙台に比定)，「シオーモ」(塩釜) などの呼称にはEの影響がある。なお，「イーハトーヴ」や「イーハトーブ」がEで岩手県ないし理想郷を意味するという俗説が見られるが，誤り。『貝の火』の主人公「ホモイ」をhomoj「人々」からとするなど，独特の造語をEに引き寄せようとする諸説もあるが不詳。その生涯は井上ひさしの戯曲『イーハトーボの劇列車』(初演1980年五月舎)，東映映画『わが心の銀河鉄道 宮沢賢治物語』(大森一樹監督，緒方直人主演，1996) ほか多くの作品の題材になった。青木豪脚本「E―教師たちの修学旅行の夜」(初演2006年文学座) ではE詩稿の「企てと無」(宮本正男日本語訳) がモチーフ。📖〈新〉校本宮沢賢治全集』全19冊 (筑摩書房，1995〜2009) ほか多数。「E詩稿」は『全集』6巻所収。E訳作品のリストは，峰芳隆編「Eに翻訳された宮沢賢治の作品リスト」(野島安太郎『宮沢賢治とE』リベーロイ社，1996) に。ほかに小西岳訳『対訳・宮沢賢治童話集』(JELK, 2000) など。劇場用アニメ「銀河鉄道の夜」(ますむらひろし原案，杉井ギサブロー監督，1985. 作中の文字が全てE)，オーディオブックCD『宮沢賢治 銀河鉄道の夜 Nokto de la Galaksia Fervojo』(パンローリング，2010. 一部Eの併読) なども。📖『四次元』(宮沢賢治研究会, 171, 1965)，田中貞夫 'Miyazawa Kenzi kaj E' ("Kajero" 5, 1965)，宮本正男「E詩人宮沢賢治」(草野心平編『宮沢賢治研究II』筑摩書房, 1981)，峰芳隆「宮沢賢治は，いつEの学習を始めたか」(LM 1991.5)，佐藤竜一『宮沢賢治の東京』(日本地域社会研究所，1995)，佐藤清文「言葉の創造 宮沢賢治とEについて」(『北の文学』31, 1995)，「特集：Eと宮沢賢治」(RO 1996.8)，佐藤勝一「宮沢賢治『E詩稿』の成立 (1)」(『宮古短期大学研究紀要』6: 2, 1996)，原子朗『新・宮沢賢治語彙辞典』(東京書籍, 1999)，野島安太郎『宮沢賢治とE』(リベーロイ社, 1996)，「特集Eと宮沢賢治」(RO 1996.8)，内藤正敏「宮澤賢治と佐々木喜善―異界・E・宗教」(『文学』7: 1, 1996)，「拡がりゆく賢治宇宙―19世紀から21世紀へ」(宮沢賢治イーハトーブ館, 1997)，峰芳隆「宮沢賢治におけるE」(『国文学 解釈と鑑賞』2000.2)，佐藤竜一『世界の作家 宮沢賢治―Eとイーハトーブ』(彩流社, 2004)，同「わたしの出した1冊の本」(RO 2005.3)，渡部芳紀編『宮沢賢治大事典』(勉誠出版, 2007)，峰芳隆 'Miyazawa Kenzi, kiu provis verki E-e' ("Japana Esearo N-ro 4" Libroteko Tokio, 2008)，岡村民夫『イーハ

宮沢俊義 | みやざわ としよし
1899.3.6～1976.9.4

長野/東京府立四中(1917),一高(1920),東大(1923)/法学博士。1930～32年仏独米留学。東大名誉教授,国語審議会副会長,プロ野球コミッショナーなど。「八月革命説」を唱え,新憲法を擁護。長谷部文雄,松本重治と一高英法科の同期。熱心なE支持者で,53年ラジオ東京「十分評論」(1953.1.17)で「世界語」の題で語り「世界中の人間が,その母国語のほかに,Eのような,ほんとうの世界共通語を使うようになるという「夢」を捨てたくない」と。56年日本E運動50周年記念に際しJEI賛助会員。60年中国文字改革視察日本学術代表団の一員として土岐善麿,高杉一郎らと訪中。弟明義は旧制中学在学中の21年JEI入会。著『あたらしい憲法のはなし』(朝日新聞社,1947),「英語帝国主義」(『世界』242,1966)ほか多数。E関係に「国際語について」(RO 1953.3)。参「宮沢俊義先生の略歴・主要著作」(『ジュリスト』634,1977),『現代日本朝日人物事典』,『近代日本社会運動史人物大事典』。

宮路重嗣 | みやじ しげつぐ | 1883.1.3～1951.9.5

新潟/一高(1904),東大(1908)/医学博士。細菌学者。1911～14年オーストリア,ドイツへ公費留学。14年新潟医専,22年新潟医大,44年福島女子医専各教授。田村於菟,西成甫と一高医科の同期。新潟医大Eクラブを,同僚の工藤得安,真崎健夫らと支えた。JEMA会員。著『微生物学』(南山堂,1942),『医史医学の歩み』(新潟医大学士会,1952)。

宮地伝三郎 | みやじ でんざぶろう
1901.1.26～1988.10.21

広島/福山中(1920),六高(1922),東大(1925)/理学博士。京大名誉教授,日本モンキーセンター所長など。須々木要と六高の同期。同校在学中にEを学び,1920年12月17日千布利雄,難波金之助,伊東三郎らによる岡山E会結成に参加。著『宮地伝三郎動物記』全5巻(筑摩書房,1973)ほか多数。参『岡山のE』,『現代日本朝日人物事典』。

宮下義信 | みやした よしのぶ
1899.3.9～1942.7.11

京都/三高(1920),東大(1923)/池田英苗と三高第二部乙丙類の同期。京大助手,実業学校の英語教師など。21年10月東大動物学教室の岡田要,平岩馨邦,江崎悌三,藤田篤,北川三郎,吉岡俊亮,内田亨らとJEI入会。小林英夫と日本少年寮のルーム・メートで,エリヤスブルク『ロシヤ文学史』(筑摩書房,1943)を共訳。著『原虫類』(岩波書店,1930),『独逸語基礎単語四〇〇〇』(共著,タイムス出版社,1930),『生命の起原と進化』(内田亨と共訳,岩波書店,1931)。参小林英夫「宮下さんのおもかげ」(『小林英夫著作集』みすず書房,10,1977)。

宮田聰 | みやた あきら | 1900.10.22～1984.10.28

愛知/八高(1921),東大(1924)/旧姓大場/工学博士。アルマイトの発明者。大木喬之助,清水新平と八高第二部甲類の同期。理研主任研究員,理事長など。1921年JEI入会。著『電気化学階梯』(鹿鳴出版社,1948),『陽極酸化』(日本工業新聞社,1954)。参『現代日本朝日人物事典』。

宮田幸一 | みやた こういち | 1904.4.7～1989.3.8

山梨/甲府中(1922),東京高師(1926)/文学博士。鶴見大名誉教授。東京高師在学中にJEI入会。東京高在勤時,同校E会を結成,校内でE講習。著『日本語文法の輪郭』(三省堂,1948),『教壇の英文法』(研究社,1961)。参「宮田幸一教授記念論文集」(『鶴見

大学紀要　第2部』15, 1978)。

宮武正道 |みやたけ せいどう
1912.9.6～1944.8.16

奈良/奈良中(1930)，天理外語(1932中退)/本名正道（まさみち）/奈良市の旧家の一人息子で，病身のため就職せずに，南洋研究に生涯を捧げて，1935年マレー語書き日本語文法を自費出版。奈良中在学中にEを学び，天理外国語学校在学中の30年奈良E会を結成して北村信昭，田村復之助らと活動。謄写版 "El Nara" を編集出版。石浜純太郎や川崎直一，泉井久之助の知遇を得る。32年6月マヨールの講演「ハンガリーと日本」を通訳。同年7月ジャワを訪れ，バタビヤE会の Liem Tjong Hie, Buenting ら E-isto と交流し，新聞社社長 Harahap らにEを宣伝。35年露木清彦によって結成された東洋文史研究所に協力。長谷川テル，長戸恭らにEを指導。37年斎藤秀一の "Latinigo" を購読。39年E文の日本語文法書を刊行。40年京阪神合同ザメンホフ祭で「南方共栄圏の民族と言語」を講演。50年6月18日石浜，川崎らの発起で追憶の集まり。著『瓜哇見聞記』(私家版, 1932)，エラケツ述『宮武正道報告　ミクロネシヤ群島パラオの土俗と島語テキスト』(訳編, 私家版, 1933)，『マレー語』(朝日新聞社, 1942)，『標準馬来語大辞典』(共編, 博文館, 1943) ほか多数。E関係に 'Popol-rakontoj kaj popol-kantoj de Palau insulo'（RO 1931.7～9)，「Java の E-istoj を訪う」(RO 1932.12)，「南洋写真だより」(『Orienta Kulturo』4, 1937)，"Japana gramatiko por E-istoj"（岡崎屋書店, 1939）など。参『南洋よりE語レコードの注文』(RO 1932.11)，「Parada Harahap 氏の来朝」(RO 1934.1)，川崎直一「日本語の世界的発展―Miyatake : Japana gramatiko 発刊」(RO 1939.7)，「特集 われらの2600年」(RO 1940.2)，北村信昭「奈良E学事始」(『奈良県観光』1964.1.10)，川崎直一「宮武の進んだ道」(同 1964.9.10)，乾健治『大和百年の歩み　社会・人物編』(大和タイムス社, 1972)，北村信昭『奈良いまは昔』(『奈良新聞』1977.3.10)，『宮武正道 追想』(宮武タツヱ, 1993)，三田牧「想起される植民地経験―「島民」と「皇民」をめぐるパラオ人の語り」(『国立民族学博物館研究報告』33 : 1, 2008)，黒岩康博「宮武正道の「語学道楽」―趣味人と帝国日本」(『史林』史学研究会, 94 : 1, 2011)。

宮野三良 |みやの さぶろう |1894.7.23～?

金沢医専/内科・婦人科医。1918年金沢医専卒業後，延寿堂病院，金沢大婦人科教室，日赤鳥取支部病院小児科医長をへて，27年徳久病院に勤務。29年頃JEI会員。

宮野武雄 |みやの たけお |1902～?

1932年10月第2回JELF総会議長。JELF常任委員。著『日本文学に現われたものの運ぱん』(交通日本社, 1956)。

宮原将平 |みやはら しょうへい
1914.12.17～1983.1.31

東京/北大(1937)/理学博士。磁性物理学の権威。1943年名大助教授，49年北大教授。同年イールズ事件で占領軍の教育干渉へ反対闘争。78年北大名誉教授。日本物理学会長，北海道原水協理事など。30年代E学習。戦後，名大在職中，江上不二夫の影響で再学習。自著『強磁性体論』(白文堂, 1947) の各章にEの要旨を付す。50年「一年一論文をEで」運動の発起人の一人。68年第55回JK（札幌）において "Nuntempa progreso de solidostata fiziko" をEで講演。札幌E会顧問。著『磁気と磁石』(白水社, 1943)，『科学との対話』(白石書店, 1983)。E関係に「私はE-istoにこう望む」(LM 1968.9)。参『日本の科学者』(日本科学者会議, 18 : 5, 1983)，『日本物理学会誌』(38 : 6, 1983)。

宮原正春 |みやはら まさはる
1916.2.18～2002.11.23

兵庫/神戸一中(1933)，大阪高医専(1941)/1947年神戸市長田区に外科医院開業。72年1月JEI入会。88年神戸E入会。東京移住後は東葛E会に所属。晩年，歩行困難になってからもEの学習を欠かさなかった。

宮村摂三 |みやむら せつみ| 1915.5.6~2007

大分/東京府立一中, 一高(1936), 東大(1939)/地震学者。東大地震研究所助手, 教授, のち所長。日本アルバニア協会顧問。東京府立一中在学中の1929年頃国語教師重松鷹泰からEの指導を受ける。大学では増山元次郎と玉木英彦の影響を受け, 地震研究所では南英一から刺激を受ける。86年サンマリノ国際科学アカデミーで"Subteraj nukleaj eksplodoj kaj sismologio"を講演。87年 Jubilea E-konferenco en Graz の国際名誉委員会に推されたが, 実際には参加せず。「Eが科学の分野では最も公平な国際性を持つ」と主張して, 科学界でのE普及を推進, 自らもEで研究報告を執筆。書 'Tertrema movado kaj kvalito de grundo ĉirkaŭ la urbeto de Gobo, Wakayama prefekto'(『東京大学地震研究所彙報』26, 1950), 'Tertrema ondo'(RO 1950.9),「グルジアから」(RO 1960.8),『回想の地震学人生』(新日本出版社, 1991),「Eの思い出」(LM 1992.4) など。参「50周年記念座談会」(RO 1956.9), 桑原利秀「研究報告をEで 宮村摂三さん」(RO 1984.8)。

宮本一郎 |みやもと いちろう| 1920.8.9~2006.12.26

兵庫/金沢高工(1941)/1950年9～12月東京教育大へ内地留学後, 64～86年富山高専, 86～96年福井工大各教授。71年E学習。72年1月JEI入会。富山E会の活動を支えたほか, ロータリークラブ, 市民大学などでE講習も。UEAデレギート(高岡, 数学), JELE会員など。書『工科系のための微積分学教程』全2巻(学術図書出版社, 1991),『よくわかる統計学概要』(同, 1993)。E関係に「教材"Ĉu vi parolas E-e?"を講習会に使ってみて」(RO 1981.9),『日常会話のエッセンス 日本語・E・英語・中国語』(姜琴芳と共著, 桂書房, 1998), 洪自誠「Cai Gen Tan〔菜根譚〕」(姜琴芳と共訳, 私家版, 2001),『東西対照ことわざ選』(私家版, 2003)。参桔梗隆「宮本一郎さんを悼んで」(RO 2007.4)。協宮本愛子, 桔梗隆。

宮本馨太郎 |みやもと けいたろう| 1911.7.30~1979.4.12

東京/立教大(1935)/民俗学者。1947～77年立大大教授, のち名誉教授。日本常民文化研究所創設理事。文化財保護, 博物館行政の指導に尽力。東京都台東区に(財)宮本記念財団物質文化研究資料館。29年頃 JEI 入会。書 A. C. ハッドン『首狩種族の生活』(彰考書院, 1944),『かぶりもの・きもの・はきもの』(岩崎美術社, 1968),『民具入門』(慶友社, 1969) ほか多数。参「宮本馨太郎先生を偲んで」(『博物館研究』14: 6, 1979),「宮本馨太郎先生略年譜・博物館関係執筆目録」(『Mouseion 立教大学博物館研究』立教大博物館講座, 25, 1979)。

宮本幸三郎 |みやもと こうざぶろう| 1909.4.18~1997.5.17

京都/大阪外語(1931)/イタリア語学者。満洲国外務局から, 1940年12月ローマ駐在満洲国公使館へ。戦後, 大阪外大教授など。大阪外語在学中にE学習。渡満後, 新京E会に属し, 40年E版『満洲案内』の発行に尽力。50年より大阪外大で研究外国語としてE授業を担当。JELE, 宇治城陽E会各会員など。参「宮本幸三郎氏歓送会」(RO 1940.11),「大阪外大のE」(RO 1950.6)。

宮本新治 |みやもと しんじ| 1906.1.10~1998.3.31

福岡/同志社大(1929)/再製樟脳に勤務, のち社長。詩人伊東静雄(1906～1953)の親友。Eは, 1929年小坂狷二『E捷径』で独習し, 神戸E協会入会。30年JEI, 31年UEAに加入。32年神戸E協会員吉田貞子と結婚。34年 Konan Amika Rondo を結成し, 毎週自宅で例会。46年小田利三郎, 橋詰直英らと神戸E協会を再建, 第2次JEA委員。同年, 米国のE-istoから送られた食料を戦災児の施設に寄付したことが新聞で紹介。日本に対して禁止されたEによる国際文通を再開させるため, 米英のE-istoに書面で協力を要請, これを受け取ったポストニコフは47年7月北米E大会に提案し, 満場一

致で可決 (48年5月GHQは国際通信の用語制限を解除)。51年9月商用の訪米でポストニコフらE-istoと交流。52年4月ザメンホフを偲ぶ会(大阪)で「Eでアメリカを旅して」を講演。53～70年神戸E協会会長。63年11月1日由里忠勝らとロンド・ユンカーノ結成。70年Eによる国際親善貢献によりロータリークラブより表彰。UEAデレギート(神戸)、JEI終身会員など。息子夫婦の宮本正夫(京大E研)・(奥村)康子(奈良女子大E研)もE学習。圕 'Ĉe la loko malvarma' ("La Bulteno de KEA" 神戸E協会, 1934.11)、ボーン著「白蟻」(重訳、『久須乃木』台湾総督府専売局, 10, 1939)、「北米の旅・忘れ得ぬ人々」(RO 1952.3～12)。参 'E helps to make new friends' ("The Mainichi" 1946.7.16)、「EANA大会MAC元帥へ請願」(RO 1947.12)、小高根二郎『詩人、その生涯と運命』(新潮社, 1965)、鈴置二郎編「神戸の戦前のE界を語る」(LJ 1989.4)、鈴置二郎「外国郵便の解禁と宮本新治の民間外交」(同)、同「神戸で活躍した宮本新治、由里忠勝、カオさんを偲んで」(RO 1998.9)、『神戸のE』。圖宮本奈美子。

宮本正男 | みやもと まさお
1913.1.8～1989.7.12

和歌山/高等小(1927)/筆名 Dumo, Mijamoto Masao, Miyamoto masao, 寺田朝雄、緑川通、Midaragauxa-Tooru, Midorikawa T., Karna Voro, 鉄、明石六郎、緑阿弥/前半生は労働運動に従事し、後半生はEに捧げた。運動面においては地域・職域のEグループの連合体としてのKLEGを育て、各地の地方連盟の連合体としての全国連盟の結成を主張してJEIと対立したが、個別の活動においては協働を惜しまなかった。文芸面では同人誌活動を進めつつ、詩や小説の創作を重ねて、日本のE文学のレベルを高め、国際的にもE文学の新しい面を拓くものと高く評価された。エロシェンコ作品や長谷川テルの事績を高く評価してそれぞれの作品集を刊行したほか、E運動史研究や辞書編纂、文学作品集編集などでも大きな業績を残した。1929年から和歌山と大阪で労働運動に携わり、全協で山田六左衛門(山田雪子の夫)の下で活動。33年9月検挙さ

れ、以後検挙と転向を繰り返す。この頃、短歌や詩を作り沖田英夫の筆名で『プロレタリア短歌』、『プロレタリア詩』に投稿(『日本プロレタリア文学大系』、『日本プロレタリア文学集』に再録)。業界誌記者兼広告取り、各種小企業の実質的・名目的経営者など。44年召集され、沖縄で従軍するが、自ら米軍に投降。46年捕虜収容所での取り扱い改善を求めてストライキを組織。同年大阪に戻って共産党に復党するが、50年離党し、以後は政治活動から離れ、党派に属さずに文化運動としてのE活動に専念。「自由社会主義者」を自称。Eは、33年12月大阪刑務所内で秋田雨雀・小坂狷二『模範E独習』により学習し、35年11月JEI入会、36年から和歌山、大阪でE運動に参加。43年山田尚枝と結婚。47年大阪労働者E協会に参加。48年長女をルミ(lumi「光る」から。翌年病死)と命名。同年栗栖継らとE文通で得た海外ニュースを国内に発信する『E通信』を創刊(49年第9号で廃刊)して、E運動の社会的復権のために努力するとともに、E通信社としてE文献を多数刊行。49年第2次JEA委員。51年KLEG創立にあたり事務局専従になり、その機関誌の編集を創刊から86年ごろまで担当。小田切秀雄・真下信一編 "Aŭskultu, la voĉojn de oceano!〔きけわだつみのこえ〕" (KLEG, 1951)の共同E訳に加わって成功に導き、時代の要請に応える社会性のある共同翻訳活動のさきがけに。日本E図書協同組合(JELK、のち「日本E図書刊行会」、KLEGの図書部門として吸収)の設立を提唱し、自ら活版製版も。坂本昭二らと発案して、長田新編 "Infanoj de l'atombombo〔原爆の子〕" の共同E訳を行い、51年にJELKから刊行。51年から関西の各都市で一斉に入門講座を開催する活動を主導し、その後全国的に展開されるきっかけに。60年UK文芸コンクール翻訳詩部門で日本人として初めて3位入賞、63年には同原作詩部門で日本初の1位を獲得し、65年にも1位、66年同コンクール詩部門の審査員。64年SAT文芸委員。65年第50回UK(東京)記念出版の戦前日本文学選集 "El japana literaturo" を中心となって編集し、自らも森鷗外 'La venĝo sur la kampo Goziingahara〔護持院原の敵討〕'を寄稿。民話研究会を作り、柳田國男"Japanaj malnovaj rakontoj〔日本の昔話〕"(天母学院, 1965)を共同E訳。66年 Hajkista Klubo を作り、毎月郵便で句会を行って、73年まで毎年句集を刊行。66年ベトナム平和Eセンターを小西岳、斎藤英三らと発足させて代表になり、機関誌"Pacon en Vjetnamio"誌(1966〜70)を発行し、自らもたびたび寄稿。同年12月E運動史研究会を小林司らとともに創立。72年度KLEG個人賞、73年各種著述、特に関西地区における組織活動による貢献により小坂賞。73年「Eは『民際語』でないか?」でEを「民際語」として捉えることを提案。73年5月から10年かけて『日本語E辞典』を編集し、83年8月この功労によりJEIから特別学術功労賞。75年貫名美隆に招かれ神戸外大で有給の研究員に。79年5月〜82年6月LM編集長。KLEG顧問など。長谷川テルの事績の発掘と紹介に努め、『長谷川テル作品集』(1979)を編集したほか、"Verkoj de Verda Majo"(中国世界語出版社, 1982)の編集でも葉籟士に協力。84年7月UEA名誉会員。85年招待されて訪中し、第33回関西E大会(吹田)で「北京、上海で見たこと聞いたこと」を講演。86年Eアカデミーオ会員。E百周年記念の戦後日本文学選集"Postmilita japana antologio"(1988)でも編集の中心に。89年8月大阪で「しのぶ会」、11月第76回JK(東京)でも「しのぶ会」。94年第42回関西E大会(池田市)でシンポジウム「宮本正男研究」。息子義人(1950生)もE-isto。中野雅夫『沖縄の反乱「生きよう会」始末記』(1957)主人公のモデル。圕『宮本正男作品集』全4巻(JELK, 1993〜94)ほか。『日本プロレタリアE運動弾圧小史』(E通信社, 1950), "Kanto de l'koro"(JELK, 1955), 森鷗外著"Rakontoj de Oogai"(分担訳, JEI, 1962),『対訳やさしいEの読み物』(大学書林, 1962),『新選エス和辞典』(貫名美隆と共編, JEI, 1963), 中島敦著"La Obstino : rakontoj de Nakazima Atusi〔李陵ほか〕"(Pirato, 1963),「エス和改訂版のできるまで」(RO 1964.1),「El japana literaturo」(石黒彰彦と共編, JEI, 1965), "Japana kvodlibeto"(中村陽宇と共編, La Laguna : Stafeto, 1965), 井原西鶴著"Kvin virinoj de amoro〔好色五人女〕"(Pirato, 1966),「Japana kvodlibetoについて」(RO, 1966.3), "Pri arto kaj morto"(E研究社, 1967 ; 73年 M. de Seabraによりポルトガル語訳),「プロエス運動史の断片的記録」(NR 8〜27, 1967.10〜1974.5), 由比忠之進筆、宮本正男訳「ジョンソン大統領への抗議文—編集者への手紙」(『世界』1968.1), 谷崎潤一郎"El la Vivo de Syunkin〔春琴抄その他〕"(石黒彰彦と分担訳, Pirato, 1968),『E文通案内』(白石茂生と共著, 要文社, 1969),『現代人のE』(編, 要文社, 1969〜77),「理想語から現実語へ」(『朝日新聞』1969.8.1),『対訳 エロシェンコ短編集』(大学書林, 1970),「Eは平和のコトバか?」(LM 1970.2), 'Reciprokigi la kulturon' ("E" UEA, 1970.3), "Invit'al japanesko"(La Laguna : Stafeto, 1971),「由比忠之進は何を考えていたか?」(LM 1971.11),「Eは『民際語』でないか?」(LM 1973.1),「Stafetoのこと」(RO 1973.3),『反体制E運動史』, 石川啄木著"Utaaro de Takuboku〔一握の砂、悲しき玩具〕"(L'omnibuso, 1974),「斉藤秀一の評価について」(NR 27, 1974.5), "Historieto de Japana E-Movado"(L'omnibuso, 1975 ; 再版, KLEG, 1977),「カロチャイと日本」(LM 1976.5), "Naskitaj sur la ruino : Okinavo"(Pirato, 1976),「E出版業のうらおもて」(LM 1976.12),「E文学の可能性と日本におけるその現状」(RO 1976.10〜12), 峰 芳隆編"El la japana moderna poezio"(L'omnibuso, 1977), 依岡勇三郎『ゼネラルモータースストライキ実戦記』(編, ウニタ書舗, 1978),「戦後E原作文学の現状」(『外国学資料』神戸市外大, 31, 1978), 'La ebleco de internacia literaturo en E kaj ĝia nuna stato en Japanio' (同),『長谷川テル作品集』(編, 亜紀書房, 1979), "Skiza historio de la utao"(La kritikanto, 1979), "Sarkasme kaj entuziasme" (同, 1979), "L'omnibuso kun la tri pasaĝeroj"(上山政夫・斎藤英三と共著, L'omnibuso, 1980),『濁流を悠々と—山田六左衛門とその時代』(編, 山六会, 1981), "Hajka antologio"(上山政夫と共編, L'omnibuso 1981), 'Verda Majo' (LM 1981.1), エロシェンコ著"Malvasta kaĝxo〔狭い檻ほか〕"(JELK, 1981), 黒島伝治著 'Siberio en neĝo〔雪のシベリア他〕' (l'omnibuso 1982), 'Hiroŝimo-Aziŝimo-Mondŝimo'(LM 1982.2),「Verkoj de Verda Majoができるまで」(LM 1982.9),「大杉栄のE」(ES

1983.5〜7・8)、『日本語E辞典』(JEI, 1983)、エロシェンコ著'Pluvas'("Stranga kato" JELK, 1983)、「『日本語E辞典』年代記」(RO 1983.8)、「体験的和歌山全協史第一章」(『運動史研究』三一書房, 12, 1983)、「日E辞典のことども」(LM 1983.9)、井上靖著"Loulan ; kaj Fremdregionano〔楼蘭、異域の人〕"(JEI, 1984)、'La morta suito'(L'omnibuso, 1984)、『沖縄戦に生き残る』(小川町企画出版部, 1984)、「中間報告・司法省派遣図南奉公義勇団」(『運動史研究』14, 1984)、「La morta suitoについて」(LM 1984.10)、「北京・上海—E-istoの旅」(『社会評論』活動家集団思想運動, 54, 1985)、「私観・中国E運動」(LM 1985.10)、「名詩名訳 迷釈迷注」(LM 1986.1〜9)、「平和のための文献を作る仕事」(RO 1986.8)、「二人のテルちゃん 長谷川テルと熊沢光子」(『社会評論』59, 1986.8)、「師復、『民声』のE」(LM 1986.11〜87.5)、'E-sindromo'("Sennaciulo" SAT, 1987.5)、「わたしの手さぐり作詞法」(RO 1987.7〜10)、「『新世紀』のE」(LM 1987.7)、「あたりさわりの多い評伝 長谷川テル・東京時代」(『社会評論』64〜69, 1987〜88)、'Juan Régulo Pérez kaj la E-a originala literaturo'("Serta Gratulatoria in honorem Juan Régulo vol. II E-ismo" La Laguna : Universidad de La Laguna, 1987)、「自分史・E運動」(LM 1987.12〜90.4)、『大杉栄とE運動 付・在日中国人E-isto運動と大杉栄、師復,〈民声〉のE』(黒色戦旗社, 1988)、'Postmilita japana antologio'(小田切秀雄・小西岳と共編, JELK, 1988)、佐多稲子著'El "Stari ĉe la Tempo-Fluo"〔時に佇む(第11章)〕'("Postmilita japana antologio")、大岡昇平著'Ĝis mi estis kaptita〔捉まるまで〕'(同)、『戦後日本文学選集のこと』(RO 1988.6)、川田泰代著'Mia parencino kaj amikino Hasegawa Teru'(編訳, RO 1988.10〜89.2)、『死の組曲 大杉栄—アナキスト・E-istoの軌跡』(『社会評論』71〜76, 1989〜90)、'Du Ternjoj'(RO 1989.7〜11)、'Japanaj vintraj fabeloj'(SAT, 1989)、'Ĉu vere sen rezisto?'("E" UEA, 1989.12)、ほか多数。参斉藤孝「日本エスペランチストの群像」(『世界』1974.11)、白石茂生「新刊案内」(LM 1979.8)、Valo 'Recenzo : Sarkasme kaj entuziasme'("l'omnibuso" 87, 1980.1)、芹沢潔「10年のプロジェクトを終えて」(RO 1983.3)、石堂清倫「書評と紹介 宮本正男『死の組曲』」(『運動史研究』14, 1984)、

吉野亨『反聖畸人伝』(青弓社, 1985)、星田淳'Pri S-ano宮本正男'(HEL 1988.3)、同「S-ro宮本正男が遺したもの」(HEL 1989.7〜8)、殷武巌「宮本正男氏を悼む」(『TO』所沢E会, 8, 1989.8)、LM 1989.8〜10、「宮本正男氏を悼む」(『思想運動』活動家集団思想運動, 1989.8.1・15)、G. Silfer 'Japano ĉe l' Parnaso'("Literatura foiro" 1989.8)、菅原慶一「宮本正男さんと無言の教え」(ME 1989.9)、RO 1989.11、'Miyamoto Masao'("E" UEA, 1989.11)、「宮本正男氏を悼む」(『社会評論』75, 1989)、岡崎健二「宮本正男氏を惜しむ」(RO 1990.1)、小林司「宮本正男の生きかた」(RO 1990.3)、竹内義一「運動指導者としての宮本正男」(RO 1990.4)、後藤純子「不思議なご縁で 宮本正男さんと父」(LVO 1990.4)、滝沢岩雄「宮本正男さんのこと」(LM 1992.10)、坂本昭二「宮本正男のシッポ」(LM 1995.2)、G. Berveling 'Pri verkoj de Miyamoto Masao'("Fonto" 1995.2)、峰芳隆編 'Vivo kaj verkoj de Miyamoto Masao'(リベーロイ社, 1999)、「宮本正男小特集」(LM 1999.7)、「宮本正男没後15年特集」(LM 2004.7)、U. ストラウス著, 吹浦忠正監訳『戦陣訓の呪縛—捕虜たちの太平洋戦争』(中央公論新社, 2005)、佐々木辰夫『沖縄戦 もう一つの見方—宮本正男らの集団投降運動を中心に』(スペース伽耶, 2012)、『原爆の子』をうけつぐ会編『長田新編『原爆の子』・発刊60年『原爆の子』をうけついで』(本の泉社, 2012)、赤田義久「宮本さんの著書を読み返して思うこと」(LM 2013.3)、田熊健二「竹花人さんが版画家になったきっかけ」(LM 2013.5)、峰芳隆「関西の雑誌発行活動1」(LM 2013.6)、C. Minnaja 'Masao Miyamoto : nia ĉefa eksereŭropana'("Literatura Foiro" 262, 2013)、ドイヒロカズ「追悼記に書き残したこと」(LM 2013.7)、『近代日本社会運動史人物大事典』、"Ordeno de verda plumo"、"Encyclopedia of the Original Literature"、"Een perspektivo"。

宮本百合子 | みやもと ゆりこ
1899.2.13〜1951.1.21

東京/東京女高師附属高女(1916)、日本女子大(1916中退)/旧姓中條(ちゅうじょう)、本名ユリ/プロレタリア作家、評論家。1918年米国遊学、27年訪ソし、秋田雨雀ら

とも親交。30年までヨーロッパに滞在。宮本顕治（日本共産党議長）の妻。プロレタリアE運動を支持し、31年頃自らも中垣虎児郎の個人指導で学習。「舗道」（『婦人之友』(1932.1)から連載。著者検挙のため未完）中のE講師は中垣がモデルと推定される。32年9月PEUの講習会の講師を引き受ける。戦後にかけて多くの文章でザメンホフE訳、清見陸郎重訳『寡婦マルタ』に言及し、若い女性に読むことを推奨。「道標」（『展望』(1947.10)から連載）でもEに言及。**著**『宮本百合子全集』全33巻（新日本出版社、2000～04）ほか多数。**参**『特高月報』1937.9、栗栖継「生者よ語れ！」（『新日本文学』6:4, 1951.4)、柴田巌『中垣虎児郎―日中E-istoの師』（リベーロイ社、2010）、「Martaの二つの日本語訳」、『現代日本朝日人物事典』、『近代日本社会運動史人物大事典』、『解放のいしずえ』、「日本女性運動史人名事典」、『秋田雨雀日記』。**協**栗栖継。

宮脇参三｜みやわき さんぞう
1899.12.16～1997.10.19

和歌山/一高(1922)、東大(1925)/中井虎一、中村純一らと一高文科甲類の同期。警視庁特別高等警察部労働課などをへて、1946年東北通産局初代局長、47年北日本電線社長、64年会長など。20年5月JEI入会。

三輪義明｜みわ よしあき｜1906.9.22～1985.11.2

愛知/尾張中(1924)、名古屋高商(1928)/帝国生命静岡出張所長、埼玉支社長、朝日生命名古屋支社長などをへて、1961年日野自動車販売取締役、63年常務、68年監査役、同年日野不動産社長。日本ユネスコ協会連盟評議員。脇坂智証とは、19年尾張中入学以来の旧友。名古屋高商在学中にE学習。29年2月名古屋市立衛生試験所員を中心として名古屋E倶楽部を設立。のち特高E語研究会の指導も。45年7月JEI入会。46年第2次JEA委員、47年常任委員。47～52年JEI評議員。49年12月第2次JEA常任委員長に推挙されるも、本人不在の場での決定だったことから、これに立腹、加

えて同協会の活動方針への不満や杜撰な会計処理などを理由に翌年退会。67年JEI終身会員。80年太宰不二丸の後任としてJBLE会長。同年『E訳仏教聖典』編纂委員会委員長に就任し、"Instruoj de Budho"（仏教伝道協会、1983）の刊行に導く。妻の三輪和もE-istoで、一時JEI事務局ボランティア。**著**「ユネスコ運動と国際」（『ユネスコ新聞』1977.3.1)、「ユネスコにEを！」（RO 1977.5)、「E訳仏教聖典が世に出るまで」（LM 1983.5)、「先づ財政の確立を!!」（『JBLE月報』JBLE, 204, 1983.10～12)。**参**福田正男'Nekrologo'(SAM 1985.11)、LJB 1986.5。

三輪田元道｜みわた げんどう
1872.4.14（明治5.3.7）**～1965.1.12**

香川/一高(1898)、東大(1901)/旧名山下富五郎/1893年三輪田高女創設者三輪田真佐子(1843～1927)の養子となって改名。三輪田高女校長、東京市議、都議など。Eを支持し、1926年4月17日三輪田高女でE普及講演会を開催したのに続けて、同月20日より佐々城松栄を講師に招いてE講習を開催。**著**『家庭の研究』（服部書店、1908）ほか多数。**参**「東京で最初の 女学校でE語講習」（RO 1926.4)、『現代日本朝日人物事典』。

む

向井孝｜むかい こう｜1920.10.4～2003.8.6

東京/中大(中退)/本名安田長久/アナキスト、反戦活動家、詩人。犬山藩家老職の家系。寺西鉄工所（姫路）工場長、近畿丸製ナット工業組合事務局長など。1946～68年日本アナキスト連盟で活動。47年アナキスト詩人集団「イオム同盟」(iom「いくぶん, 少し」から）の結成に参加。非暴力直接行動の市民運動において『イオム通信』、"Saluton"、"La Nigreco"などのミニコミ誌を発行。E学習は30年代。65年2月再学習のためJEI入会。同年5月峰芳隆、田中豊彦（姫路工大E研）らと姫路E会を設立し、会長。65年第50回UK（東京）におい

て戦争抵抗者インター分科会を共同司会。SAT会員。著「lernontojは無尽蔵だ！ 姫路E会のアンケートから」(LM 1966.2)、「EはE-istoのためにあるのか」(LM 1966.6)、「平和とE展」(LM 1967.2)、「焼身死の意味」("Verda Placo" 姫路E会, 1967.12)、「山鹿泰治の生涯」(RO 1971.1)、『山鹿泰治—人とその生涯』(自由思想社, 1984)、『向井孝小詩集 ビラについて』(WRI-JAPAN出版部, 1983)、『エェジャナイカ, 花のゲリラ戦記』(共著, 径書房, 1989)、『向井孝の詩』(ウリ・ジャパン, 1996)、『暴力論ノート—非暴力直接行動とは何か』(「黒」発行所, 2002 ; 増補版, 2011)。参「特集 向井孝」(『黒 La Nigreco』「黒」発行所, 10, 2004)、「向井孝追悼特集」(『ゆう』自由誌「ゆう」の会, 1, 2004)、三ッ石清「反骨の詩人を一周忌に回想」(『朝日新聞』名古屋版, 2004.8.18)、「向井孝氏のこと」(『センター通信』名古屋Eセンター, 245, 2005.8)、大澤正道『忘れられぬ人々』(論創社, 2007)、『現代日本朝日人物事典』、『日本アナキズム運動人名事典』。

向井正｜むかい ただし｜1899.1.1～1971.11.15

兵庫/神戸シュバイツァーの会の代表世話人。「精神薄弱児の父」糸賀一雄(1914～1968)の残した借金の返済に尽力。『向井ダンス月報』を発行。キリスト者。神戸Rondo Kunflue会員。1970年由比忠之進訳『原爆体験記』を海外に贈るために, 代表を務める「兵庫県内在住被爆者援護の会」から寄金し, それにより同書100冊が追加寄贈された。KLEGの事務所問題にも協力。参「由比忠之進訳『原爆体験記』100冊寄贈」(LM 1970.8)、柴田義勝「老碩士の事故死」(『週刊名古屋』週刊名古屋社, 1325, 1972.2.5)、『のじぎくの人 向井正さん』(向井節子, 1972)。

向井豊昭｜むかい とよあき｜1933～2008.6.30

東京/玉川大(中退)/小学校教員, 小説家。青森県で育ち, 北海道日高の小学校に25年勤めたのち, 1987年53歳で退職し, 東京へ。95年『BARABARA』で早稲田文学新人賞(史上最高齢)。アイヌ問題との関連でEに関心を寄せ, 71年頃に独学し, 72年JEI入会。同年「忘れられたアイヌ」でE文

北海道観光パンフレットにアイヌ問題がぬけていることを批判。アイヌ民話をE訳し, 2冊を自費出版。これを更科源蔵に贈呈したところ, 更科がかつて高村光太郎から贈られた『大成和E新辞典』を譲られる。76年「Saitô-Hidekatu」(小説集『ここにも』私家版, 1976所収)で斎藤秀一を自身に重ね合わせつつ描く。フレネ教育団体のE委員会が発行する"ICEM-E"に教育実践報告や掌編小説などをたびたび寄稿。丹羽正久による高橋宏幸『チロヌップのきつね』のE訳(1979)に協力。北海道E連盟のユーカラE訳"Ainaj jukaroj"(北海道E連盟, 1979)刊行にあたり, 鳧舞(けりまい)小学校の児童画を挿絵に提供。2007～08年死を予期しつつ, 手書きの個人誌"Mortos"(「死ぬだろう」の意)を刊行。未発表作「用意, ドン！」ではエストニアの詩人V.ベークマンの詩のE訳もモチーフ。三ッ石清は「心の友」と。著「忘れられたアイヌ」(『考える高校生』高文研, 1972.7)、"Panampe kaj penampe : El ainaj popolfabeloj"(私家版, 1974)、「Eという理想」(『北方文芸』7 : 9, 1974)、"Ambaŭ mamoj de la monto Porosir : el ainaj popolfabeloj"(私家版, 1975)、「Unu paĝeto en mia lernejo vivo を読んで」(LM 1975.10)、'"Aino" estas "la homo"'("Etnismo" 7, 1976)、V. ベンチク「シャーネックの死」(『日高PEN』7, 1976)、「一冊の辞書」(LM 1977.8)、'Pri agado' (LM 1978.2)、'Letero el Japanio' ("ICEM-E" 7, 1978)、「書評 Lumo de Orienta Eŭropo」(LM 1979.8)、「ICEM-Eとわたし」(LM 1983.3)。参「仲間を訪ねて―向井豊昭さん」(ES 1975.6)、「Eのアイヌ民話」(『北海道新聞』1975.6.6)、丹羽正久「「チロヌップのきつね」がでるまで」(LM 1980.10)、三ッ石清「向井豊昭さんの早稲田文学新人賞を祝う」(LM 1996.1)、「土台に日高の生活 向井豊昭さん」(『北海道新聞』1996.1.6)、「特別企画 追悼 向井豊昭 1933～2008」(『幻視社』4, 2009)、岡和田晃「向井豊昭の闘争」(『未来』2012.1～2013.1. 単行本化予定)、峰芳隆「向井豊昭さんのこと」(LM 2012.10)、綿野恵太「遊歩する情動—向井豊昭と短歌」(『子午線』1, 2013)。

武笠三｜むかさ さん
1871.2.24(明治4.1.6)～**1929.3.18**

埼玉/東大/号山椒/国文学者。童謡「案山子」の作詞者。氷川女体神社の宮司の家の生まれ。四高、七高などで教鞭を執り、1908年より17年間にわたり文部省編纂官として国定教科書の編纂に従事。七高時代に知り合ったラゲ神父(1854～1929)の新約聖書翻訳に協力。E学習も七高時代。16年JEA入会(会員番号1075)。のちJEIにも参加。著『国民乃歌』(有朋堂書店, 1916)。参 JE 1916.7.

武者小路実篤｜むしゃこうじ さねあつ
1885.5.1～1976.4.9

学習院中等科(1903)、同高等科(1906)、東大(1907中退)/白樺派の代表的小説家。1918年自立共生の理想郷を目指す「新しき村」を宮崎に建設(のち主体は埼玉に移転)。本人は26年離村。調布市に武者小路実篤記念館、木城町(宮崎)に武者小路実篤記念館、毛呂山町(埼玉)に武者小路実篤記念新しき村美術館。19年2月「新しき村の国際語は矢張りEにしたい」として、木村荘太を先生役に宮崎の村内でE講習を始める。「新しき村の次のゼネレーションは日本語以外にEだけはものにさせてをきたい」と学習を奨励するが、本人の学習歴は不詳。「エスペランド〔ママ〕が盛んになることはよろこびだ」(「何処へ行つても」)とも。35～36年頃東京事務所にマランの訪問を受け、会談。49年にもブラットと三宅史平の訪問を機に「世界中の人がつきあふには、Eが出来ると便利だと思ふ」(「世界的同志」)としつつ、東宮豊達を回想。68年の宮本正男宛て葉書では「僕は主意には賛成ですが、日本語以外は覚える余力がありませんでした。」と。著『武者小路実篤全集』全18巻(小学館, 1987～91)ほか多数。E関係は「雑感 新しき村と亡国の民」(『新しき村』1919.2;『全集』8)、「六号雑記」(同 1919.9;『全集』8)、「何処へ行つても」(『不同調』2:5, 1926;『全集』7)、「世界的同志」(『新しき村』1949.8;『全集』17)。E訳に東宮豊達訳'Eĉ mi tion ne scias〔わしもしらない〕'(RO 1926.10～11)。

参 中垣虎児郎「世界人マラン」(『モダン日本』1936.8)、「武者小路実篤のハガキ」(LM 1976.6)、渡辺貫二『武者小路実篤 人物書誌大系9』(日外アソシエーツ, 1984)、大津山国夫『武者小路実篤研究―実篤と新しき村』(明治書院, 1997)、奥脇賢三『検証「新しき村」』(農山漁村文化協会, 1998)、山野裕『武者小路実篤と新しき村とE』(PO 248, 2011)、『現代日本朝日人物事典』、『近代日本社会運動史人物大事典』、『日本アナキズム運動人名事典』、『日本キリスト教歴史大事典』。

武藤於菟｜むとう おと｜1876～1942.12.18

佐賀/佐賀中(1895)/土木技師。武藤丸楠の父。1909年頃箕面電車の、ついで12年頃近鉄奈良線生駒山トンネルの建設工事に従事。はじめヴォラピュキスト。06年満鉄大連工場在勤中Eを独習し、上司の高橋邦太郎(技師)に推奨。JEAに参加(会員番号692)。初期は国際文通に専念。11～12年高橋を中心に広島高師の教授らと広島E会設立。20～26年仙台市電気局に勤務し、24年第12回JK(仙台)会頭。24～26年JEI評議員。福田国太郎らとも親交。国際商業語協会、SAT各会員。妻シメ(1938年7月9日没)もE学習。参「ハンガリーの老詩人」(『中国新聞』1965.2.16)。

武藤丸楠｜むとう まるくす｜1906.2.7～1996.2.2

新潟/二高(1925)、京大(1927中退)/潔に改名、別名田中丸楠、藤野啓次、北原秀夫、Ivan Armilov/武藤於菟・シメの子。二高、京大を通じ栗原佑と交友。京大在学中に社研に参加。1926年京都学連事件第2次検挙で検挙、禁固8ヵ月、執行猶予5年。29年プロレタリア科学研究所設立と同時に参加、主に中国問題、ヨーロッパ問題を研究。32年満鉄に入り、東京支社調査室資料係主任、東亜経済調査局外国資料係主任などをへて、45年3月満洲人造石油吉林工場副長終戦で引き揚げ。46年福岡で米軍民間検閲局翻訳官。52～61年西日本新聞社編集局嘱託、同編集委員。61年九大講師、64年助教授、68年教授。69～71年福岡女学院短大教授、74～83年同準専任教授。専門は

英語学。父の影響で、19年からE学習。21年11月頃JEI入会。22年二高入学後、同校E会代表として活躍。吉田松一とは二高以来の親友。23年第11回JK(岡山)で伊東三郎と知り合う。京大中退後、上京し、柏木ロンド、プロレタリア科学研究所E研究会、PEAに参加、31年1月PEU編集部長。中垣虎郎、大島義夫らとともに常にプロレタリアE運動の中心で活躍。『プロレタリアE講座』第1巻を執筆(発音、例文、説明を大島と担当)、編集。31年1月PEU中央委員、10月機関誌『カマラード』の編集発行兼印刷人、同年11月日本プロレタリア文化連盟成立と同時にPEUを代表して塚元周三と参加。のちJEIとの一定の協力を機関誌で訴えたことから、内部批判の的に。32年夏転向を声明し、以後E運動と疎遠に。图レーニン『第一革命と其の前夜』(共訳、白揚社、1929)、チャイルド『歴史のあけぼの』(共訳、岩波書店、1958)、マズーア『デカブリストの反乱』(共訳、光和堂、1983)、E関係に『日本E学事始―伊井迂氏談論集』(鉄塔書院、1932；1977年理想閣より復刻)、「われらのピオニール同志秋田雨雀」(『カマラード』PEU、2：4、1932.4)、「中垣虎郎さんのこと」(NR 22・23、1972)、「若き日のペトロ宮崎君」(『高くたかく遠くの方へ』)、'Plumamiko de Mia Patro' (LV 1986.5)。图大島義夫「柏木ロンドのこと」(LM 1984.8～85.6)、『近代日本社会運動史人物大事典』、『反体制E運動史』、『闘うE-istoたちの軌跡』。図福岡女学院大。

宗像勝太郎 | むなかた かつたろう | 1903～1953

福岡/小倉中(1922)、福岡高、九大(1929)/逓信省職員。伊藤徳之助の教え子。1931年逓信省の上司松前重義(1901～1991、東海大創立者)が東京の自宅で始めた「教育研究会」に参加。被爆後の広島の電気通信設備復旧を総指揮。のち九州硝子会社鉄工所に勤務。Eは、21年10月福岡E会が初めて開いた講習に徳永一男と参加し、伊藤の手ほどきで学習。22年小倉高女でE展示会と宣伝会を企画・開催。31年TEK幹事。32年JEI評議員。広島逓信局工務課高松出張所長時代の34年高松E会入会。JEI、福岡E倶楽部各会員など。图奥村林蔵「九月十五日」(『星影』広島E会、2：4、1935)、大場格「伊藤徳之助先生のこと」(LM 1961.3)、『広島原爆戦災誌』全5巻(広島市、1971)、「教育開眼受賞金基に私塾開く(松前重義が語るわが昭和史8)」(『朝日新聞』1986.9.3)、『松前重義と望星学塾』(東海大出版会、1986)。

宗近真澄 | むねちか しんちょう
1901.6.16～1935.12.23

広島/海軍技手養成所/4歳で父を喪い、母の手で成長。高等小学校卒業後、呉工廠に勤務。兵役後、海軍技手養成所(横須賀)に学び、呉工廠、艦政本部で働く。後藤静香の希望社運動に加わり、ハンセン病やアイヌにも関係。松葉菊延と知里真志保を引き合わせる。1926年8月2～14日海軍技手養成所で松葉を講師に初等E講習会を開催。27年4月3日JEI入会、31～35年評議員。32年JEI主催の初等・中等講習会で講師を務めたほか、RO(1932.4～1933.2)の海外報道欄を担当。33年7月6日田沼利男、比嘉春潮、大崎和夫、里吉重時らと武蔵野グルーポを結成。图「全生病院を訪ねて」(RO 1930.9)、「記念艦三笠とE」(RO 1935.7)。图「宗近評議員の訃」(RO 1936.1)、松葉菊延「宗近兄を悼む」(RO 1936.2)。図松葉菊延。

村井徳寿 | むらい とくひさ
1871.10.3 (明治4.8.19)～1944以降

長崎/長崎第五高等中学医科(1893)/旧姓中尾/陸軍軍医少将。近衛第二、第九各師団、台湾軍司令部第十七、第八各師団などに勤務。日清戦争、日露戦争に従軍。1919年予備役となり、東京渋谷に松寿堂医院を開業。07年JEA入会(会員番号818)。のちJEIにも参加。

村上和三 | むらかみ？ | ？～？

大分/長崎医専(1903)/江戸から現在まで続く中津の医家の生まれ。戦前中津市長、中津市医師会長、玖珠郡森町長、大分県知事などを歴任。96年中津市歴史民俗資料館分館として村上医家史料館が開館。20年代後半JEI入会。

村上沢｜むらかみ さわ｜1909.4.25〜1973.4.29

宮城/宮城女専 (1930)、東北大 (1949)/教育心理学者。新潟大講師、東北大助教授などをへて、1966〜73年仙台白百合短大教授。31年1〜2月仙台E会主催の講習で桑原利秀にEを習い、終了式では講習生を代表して挨拶。同年5〜10月桑原の指名で仙台E会の書記を務めるなど、33年上京するまで同会で熱心に活動。35年頃から横浜でロンド・アミキーノの指導などに当たったが、松葉菊延との文通が原因で、41年3月治安維持法違反容疑で検挙され、「今後Eはやらない」と誓って釈放。58年11月東北大E会主催の講習会を指導。著 小泉八雲 'Ĉagreno〔病理上の事〕' ("La Bukedo" 仙台E会, 1, 1933)。参『特高月報』1941.3, "Japanaj E-istoj", ME 1973.5, 『宮城県女子専門学校史』(宮城県女子専門学校同窓会白楊会, 1986)、『近代日本社会運動史人物大事典』。協 松本宙、宮城県図書館。

村上寿一｜むらかみ としかず
1910.3.28〜1977.1.22

和歌山/和歌山工 (1927)/1940年東洋レーヨンから帝国硫黄工業に転じ、59年常務。のち昭和工業役員など。33年7月JEI入会。46年10月西成甫、木戸又次らとTrimonta kluboを結成。大塚E会員。参 木戸又次「講習活動軌道に乗る」(RO 1949.6)。

村上知行｜むらかみ ともゆき
1899.2.11〜1976.3.23

福岡/小学校(中退)/ジャーナリスト、中国研究者。中国語を独学して、1927年中国に渡る。中国人と結婚して中国民衆に深く共感しつつ、著述を多数著し、中国通として高い評価を受ける。盧溝橋事件勃発時には読売新聞特派員として活躍。中国四大奇書の邦訳も。最期は自殺。1920年E独習。同年7月JEI入会。21年10月8日伊藤徳之助、永松之幹らと福岡E会結成。27年第15回JK(福岡)に参加。56年7月14日日本E運動50周年記念座談会に出席。著 'Sinjorino Itoo' (RO 1926.4)、'Bravulo kaj vulpo' (RO 1927.3)、上田秋成著 'Blua Kufo〔青頭巾〕' (RO 1928.1)、同 'Amo de Serpento〔蛇性の淫〕' (RO 1928.8〜11)、藤沢古雪著 "Gracia-Historia Dramo〔史劇がらしあ〕" (畑正世と共訳、KEL, 1930)、『秦の始皇』(大阪屋号書店、1943)、『北京より東京へ』(桜井書店、1948)、「E語と日本人」(『世界文化』日本電報通信社、1948.6)、「北京・E」(『アサヒグラフ』1952.9.17)、『水滸伝』全8巻 (修道社、1955)、「ザメンホフ百年祭を迎えて」(『読売新聞』1959.7.31) など。参「50周年記念座談会」(RO 1956.9)、奈良和夫「村上知行覚え書」(『日中芸術研究』36〜37, 1998〜2002)、石崎等「村上知行の〈北京〉」(『立教大学日本文学』94, 2005)、「地球人間模様＠チャイナ 47 気骨の反戦作家」(『山陽新聞』2010.1.18)、『現代日本朝日人物事典』、『近代日本社会運動史人物大事典』、『近代日中関係史人名辞典』。

村上信彦｜むらかみ のぶひこ
1909.3.30〜1983.10.21

東京/早稲田第一高等学院(中退)/筆名和見(にぎみ)正夫/小説家、服装評論家、女性史研究者。小説家村上浪六(1865〜1944)の子。はじめアナキストとして『クロポトキン全集』の翻訳に参加。中学時代、平松義輝らと小池英三にEを学ぶ。『音高く流れぬ』(全3巻、興風館、1940〜42)、『黒助の日記』(全3巻、偕成社、1977)でEに言及。黒川晴も訳したSieroszewski著、Kabe訳 "La fundo de l'mizero" を『悲惨の涯』(1940)の題で重訳。1964年9月JEI入会。著『服装の歴史』全3巻 (理論社、1955〜56) ほか多数。E関係に外山英夫著 "Aŭtuno〔秋〕"(青春派社、1934)、シエロツエウスキ『悲惨の涯〔La Fundo de l'mizero〕』(興風館、1940)、「私とEの出会い」(LM 1968.7)、「小池英三の思い出」(LM 1974.11)、『高群逸枝と柳田国男』(大和書房、1977) など。参『現代日本朝日人物事典』、『近代日本社会運動史人物大事典』、『日本アナキズム運動人名事典』、『日本文学に現れたE』。

村上秀夫 | むらかみ ひでお
1912.1.10～1996.11.12

秋田/早大(中退)/長年,小田原で月刊ローカル紙『東日新報』を発行。ユネスコ,ローマ字運動にも参加。秋田時代,Eで水を'akvo'ということを知ったことがきっかけでE学習。1936年3月JEI入会。47年9月7日北村宏,松尾繁一,山口登之らと箱根E会を結成し,15日から初等講習会の講師。48年8月小田原E会と改称し,会長。50年7月第37回JK(横浜)書記。海外との文通に熱心に取り組み,来日した外国人E-istoを何度も自宅に宿泊させたり,自らもE-istoを訪ねてアフリカまで旅したことも。生涯Eへ情熱を傾注。著「運動が宙にういている」("Romazi Sekai" 1950.10, Nippon Romazi-kai)。参播摩晃一「〈小田原ローマ字会〉と〈箱根E会〉」(『西さがみ庶民史録』49, 2002)。協村上英子,石野良夫。

村上冨士太郎 | むらかみ ふじたろう
1895.1.8～1956.12.31

大阪/東京府立一中(1912),一高(1915),東大(1918)/徳川夢声と東京府立一中の同期。宇佐美珍彦,北岡寿逸と一高英法科の同期。農林省山林局長,馬政局長官などをへて,1941年退官後,日本木材,日本森林素道各社長など。19年JEA入会(会員番号1340)。のちJEIにも参加。著「米穀対策について」(日本商工会議所, 1935),『米穀自治管理法に就て』(全国米穀販売購買組合連合会, 1936)。

村上正己 | むらかみ まさみ
1900.1.28～2001.6.26

広島/福山中,明治専門学校/明治専門学校助手をへて,数学教諭として1925年愛知一中,36年北野中(大阪)へ。のち千葉中教頭をへて,大阪へ戻り,44年市岡工初代校長。戦後,泉尾工,泉尾工高,都島工高各校長を歴任し,62年大阪繊維工高初代校長。明治専門学校在勤中の23年よりEを学び,北九州の中等学校をまわってE運動を。29年JEI入会。勤務校で熱心にE宣伝。

UK参加歴7回。著「共産圏ところどころ」(山賀勇編『バルナ大会参加の記』JEI旅行団, 1978),『デモシカ先生奮闘記』(青葉図書, 1982)。参「顕彰者からのお便り」(RO 1990.11)。協田平正子,石野良夫,染川隆俊。

村上吉蔵 | むらかみ よしぞう
1897.12.21～1982.7.11

鳥取/鳥取中,早大(1920)/1923年鳥取にオーロラ印刷社を設立,『水脈』,『農民新聞』などを刊行。23年頃JEI入会。参『近代日本社会運動史人物大事典』。

村川重郎 | むらかわ しげお
1895.6.2～1973.7.30

山口/三高(1917),東大(1920)/旧姓山県/日本農薬取締役兼技師長,北興化学副社長など。1920～21年JEI会員。著『農薬の化学と応用』(朝倉書店, 1941)。参福永一夫「村川重郎氏をいたむ」(『日本応用動物昆虫学会誌』17:3, 1973)。

村瀬守保 | むらせ もりやす
1909.12～1988.7.19

東京/中学(中退)/37年応召して二等兵として中国戦線に従軍し,南京攻略戦で記録写真を多数撮影して,後年出版。南京虐殺の証拠とされる。除隊後は埼玉で会社経営。戦後,日本共産党員。1930年代初めEを学習。所有したヨットにEで"EVOLUCIO"(進化)と。34年E書をもっていたことから大阪駅で逮捕される。著『私の従軍中国戦線 兵士が写した戦場の記録 村瀬守保写真集』(日本機関紙出版センター, 2005)。参木下専太郎「新しいタイプの共産党員 村瀬守保さん」(『月刊学習』日本共産党中央委員会出版局, 1988.11～12)。

村田慶之助 | むらた けいのすけ
1910～1987.9.20

大阪/京一商/1927年夏～28年3月従兄の山中英男宅に寄寓した際,勧められてEを学び,JEI入会。29～33年EPAに参加。55年大阪ユネスコ協会主催の夏期E講習会を

指導。59年大阪Eクラブ委員長。61年6月第9回関西E大会で発表された'Kanto de KLEG'を作詞（作曲は小西岳）。柳田國男"Japanaj malnovaj rakontoj〔日本の昔話〕"（天母学院, 1965）の共同E訳に参加。Hajkista Kluboに参加。56年から晩年のヴォーンと文通して，切手の交換で慈善事業に協力。マラントとも文通。生前，蔵書の大半をKLEGへ。著EPA『基本E講義』（伊藤栄蔵と共著，第二天声社, 1931），同『基本E教科書』（同），「文通が奇縁でハンガリヤ版『妻の屍を抱いて』が出るまで」（LM 1958.9），「Rupert Falkland Vaughanと切手に就いて」（RO 1959.6），「国際文通週間に寄せて一生のEを味わう」（LM 1959.10），'Bonzo Ikkju'（LM 1960.7），「来日した文通友だち」（RO 1982.12），「シンボルマークにあこがれて」（LM 1983.8）。参宮本正男「またひとり友が死んだ」（LM 1987.10），"Ordeno de verda plumo"。

村田治郎｜むらた じろう｜1895.9.23~1985.9.22

福島/神戸一中（1917），一高（1920），京大（1923）/工学博士。東洋建築史学の泰斗。松本重治，安田龍夫と神戸一中の同期。京大名誉教授。1959年日本学士院賞。鈴木貞，南英一，用瀬英と一高工科の同期。20年5月JEI入会，21年末退会。著『村田治郎著作集』全3巻（中央公論美術出版，1986~88）ほか多数。

村田尊夫｜むらた たかお｜1920~1969.9.1

カナモジカイ事務局長。1950年静岡の国立療養所湊病院にミナトEロンドを組織し，53年退院まで，代表として院内のE普及に努力。JEI会員。著「療養所の展覧会」（RO 1951.10）。

村田正太｜むらた まさたか
1884.10.5~1974.12.20

高知/一高（1912），東大（1917）/医学者。梅毒診断法として村田反応を考案。1926年村田外島保養院長となりハンセン病患者の自由と自治を尊重するが，32年吉田清らの検挙後の対応をめぐり辞任（「外島事件」）。のち日大医学部でドイツ語教授など。日本医学界へのE導入に貢献。E歴2ヵ月の松葉重雄の流暢なEの演説を聞いて学習を決意し，19年JEA入会（会員番号1387）。22年『医学新報』に1年間E講義を連載。23年第11回JK（岡山）で医学界におけるE普及の貢献により表彰。24年Hipokratida Klubo結成に参加。24~26年JEI評議員。25年第4回極東熱帯医学会（東京）において緒方知三郎とともにEで学術講演。26年緒方，西成甫，藤浪鑑，浅田一，真崎健夫らとJEMA結成。外島でもEを奨励し，吉田に患者のEグループを指導させる。28年柴田潤一によって設立されたE-isto文化協会に参加。30年シェーラーの講演会で「国際文化とE」を講演。45~46年JEI理事。56年50周年記念第43回JK（東京）で表彰。著「独逸語とE」（『医人』1, 1919），『E講話』（医事新聞社, 1923），『E講座』（吐鳳堂, 1923），『E独習』（医事新聞社, 1926；『E講座』の改訂版），"La Plej Simpla Metodo por Serodiagnozo de Sifiliso"（医事新聞社, 1926），「世界医学文献はE語で統一せよ」（RO 1936.6），「癩の治療研究所を設立せよ」（『医事公論』1390, 1939.3.18）。参'Laboru homaranoj'（RO 1923.3），「Scherer氏の宣伝旅行」（RO 1930.12），「実にならぬE漫談」（RO 1936.8），桜井方策「旧外島保養院誌」（『楓』328~386, 1968.4~1973.7），日本大学医学部『日本大学医学部四十年史』（同学部, 1970），桜井方策「村田正太先生を追悼す」（『レプラ』44, 1975），石黒修「村田正太さんを悼む」（RO 1975.4），松橋直「村田正太先生を偲んで村田反応創始者」（『臨床検査』19 : 3, 1975），小山仁示「外島保養院事件に関する新聞報道」（『関西大学人権問題研究所紀要』18, 1989），同『戦争 差別 公害』（部落解放研究所, 1995），松岡弘之「ハンセン病療養所における患者自治の模索―第三府県立療養所外島保養院の場合」（『部落問題研究』173, 2005），『現代日本朝日人物事典』，「Eとハンセン病」。協染川隆俊。

村林孫四郎｜むらばやし まごしろう｜?~1943以降

長崎/東京高師（1903）/常磐松高女教務主任など。1906年JEA入会（会員番号251）。著『鹿児島語法』（吉田文弁堂, 1908），『古事記辞典』（錦正社, 1942）。

村松清江｜むらまつ きよえ
1908.3.21～1977.4.7

東京/帝国女子医専(1930)/旧姓関口/医学博士。武蔵野に村松医院を開業。鈴木鎮一(1898～1998.スズキ・メソードの創始者)の才能教育運動に共鳴し協力。医専在学中に兄と西成甫の影響でE学習、校内にMinerva Rondoを結成し、JEIにも入会。56年11月JEI再入会。67年才能教育運動を紹介するE文冊子を刊行。同年第52回UK(ロッテルダム)に娘と参加。72年EVA入会。JEMA帝国女子医専支部幹事。📖'Aerologia observatorio'(中村煉子と共著、RO 1927.8)、"La Japano Suzuki Ŝin'iĉi : talento-edukado por la feliĉo de ĉiuj geknaboj"(私家版、1967)、「日本の才能教育を紹介」(RO 1967.12)。自筆の略伝は山下愛子『近代日本女性史・科学』(鹿島研究所出版会、1970)所収。

村松幸喜｜むらまつ ゆきよし
1940.7.24～2000.9.13

東京/法政一高、法大/旧名幸歡/法政一高進学前後にE学習。1961年8月JEI入会。62年羽村合宿に参加。流暢な会話で学生の間で異彩を放つ。66年TEJA委員長。67年3月石黒彰彦・漢子の媒酌で金子愛司の娘あや子と結婚。71～74年JEI評議員、75～84年理事。74年訪中日本E代表団に加わり訪中。海外のE短波放送を愛聴し、『短波』誌にたびたび受信報告が掲載される。79年北京放送の招待で訪中し、同局のほか "El Popola Ĉinio" 編集部などを訪問。同年 UEA の komitatano A に。94年JEI終身会員。同年家業の畳屋を廃業し、西武不動産に入り、山梨に転居。山梨E会で活動し、機関誌にたびたび寄稿。連載中だった、日本人外交官と結婚したユダヤ人E-istoを主人公とした創作「ガリーナ」は中絶。UEAデレギート(旅行、古銭、弓道、ハム、社会科学)、JEI参与、EKAROJ会員など。📖「横浜からブタペスト迄」("Bulteno de TEJA" TEJA, 33～34, 1967)、'Intimaj interparoloj en Pekino'("Kontakto" JEJO, 1974.1)、'Renkontiĝo kun ĉinaj E-istoj'("l'omnibuso" 62, 1974.7)、「北京再訪記」(LM 1979.6)、'Vizi-to al Radio Pekino'(RO 1979.6)、'Revizito al Pekino'("El Popola Ĉinio" 1979.9)、「Eの受信報告書」(『短波』日本BCL連盟、6：9、1981)、「戴頌恩の死を悼む」(RO 1999.4)。📖『日本のE-isto名鑑』、芹沢潔「村松幸喜さんを悼む」(RO 2000.11)、『山梨とE』。🤝芹沢潔。

村本達三｜むらもと たつぞう｜1880.6.13～1947

岡山/岡山師範附小/印刷業。村本研精堂を自営。1905年ガントレットにEを学び、その通信教育を援助。06年3月、日本最初のE書 "A short vocabulary English-E and E-English" を発行。このとき大文字だけだが日本最初のE活字を自ら作った。5月黒板勝美の読売新聞記事を見てガントレットの通信教育について伝え、JEA設立に向けて受講者名簿を黒板に送って協力。自らもJEA入会(会員番号24)。09年4月から千布利雄企画の外国人向けJEの印刷を引き受け、出資者の赤木久太郎同様、経済的大打撃を受けた。35年12月岡山Eクラブ主催のザメンホフ祭に参加し、思い出を語る。国際商業語協会、JEI各会員。📖"A Short Vocabulary English-E and E-English"(研精堂、1906)、「ガントレット氏についてE語を学ぶ」(RO 1936.6)。📖「編集日誌」(『読売新聞』1906.5.21)、峰芳隆「105年目の里帰り―村本達三の絵葉書」(LM 2011.4)、『近代日本社会運動史人物大事典』、「岡山県・日本のニュルンベルグと言われるが…」、『岡山のE』。

村山知義｜むらやま ともよし
1901.1.18～1977.3.22

東京/一高、東大(1921中退)/画号TOM/演出家、劇作家、小説家、画家で、「日本のダヴィンチ」とも異名をとった。キリスト者。1931年日本共産党に入党し、検挙歴も。新劇大同団結を提唱して、1934年新協劇団を秋田雨雀、久板栄二郎らと結成。1931年1月18日PEU創立大会の会場に上落合のアトリエを提供。E学習は不詳だが、36年4月からの新協劇団演劇研究所でのE講座を受講したか。39年久板作戯曲「神聖家族」でE学習の場面を拡大して演出し、築地小劇場で上演。📖『村山知義戯曲集』全2巻(新

501

日本出版社, 1971),『演劇的自叙伝』全3巻(東邦出版社, 1970〜74)ほか多数。参「新協劇団演劇研究所課外E講座」(RO 1936.5),「舞台でKato manĝas raton. 新協の「神聖家族」まるでE宣伝劇」(RO 1939.6), 村山知義研究会編『すべての僕が沸騰する―村山知義の宇宙』(読売新聞社他, 2012),『現代日本朝日人物事典』,『近代日本社会運動史人物大事典』,『日本アナキズム運動人名事典』,『日本文学に現れたE』。

無漏田慶哉 | むろた けいや | 1951.3〜2011.2.10

宮崎/1952年城戸崎益敏『E第一歩』で独習。宮崎で杉田正臣, 大阪で坂本昭二, 宮本正男らの指導を受ける。豊能E会, のち池田E会で活動。柳田國男 "Japanaj malnovaj rakontoj〔日本の昔話〕"(天母学院, 1965)の共同E訳に参加。奈良に移り, 奈良E会長。著「杉田先生をお見舞いして」(LM 1985.9)。

め

メゼイ | Mezey István | 1895〜?

ハンガリー/ブダペスト日本協会副会長。第一次大戦に従事し, 捕虜としてシベリアに移送されたところをシベリア出兵の日本軍に救出されて, 日本経由で帰国。のち親日家に。1937年12月〜38年5月文化使節として来日して, 日洪文化協会の設立に立ち会い, 講演や放送出演など親善活動。帰国直前に勲三等瑞宝章。20年頃E学習。訪日中に, 東京, 大阪などでE-istoとも交流し, 日本の国策を支持する著述も。著 "Hungaro–Japanese Relations in 1935"(Budapest : Royal Hungarian University Printing Office, 1936), "Hungaro–Japanese Relations in 1936"(同, 1937), 'Mia impreso pri Japanujo'(RO 1938.5), "La nuna ĉina afero"(JEI, 1938), "Az igazi Japán"(Magyar Nippon Társaság, 1939), 'Hungaraj militkaptitoj kaj japanaj soldatoj en Siberio'(RO 1941.1)。参 RO 1938.4〜5,「「言葉の友」200万へ 正しき事変の認識 イ博士がエス語の快著」(『読売新聞』1938.3.23), 池川清「ハンガリーの思い出」(RO 1938.5),「親善の

使命を果して「正義日本」の行脚 ハンガリーのメゼー博士」(『東京朝日新聞』1938.5.19), 近藤正憲「シベリア出兵期, 日本軍によるハンガリー人捕虜射殺事件の研究」(『スラヴ研究』53, 2006), 小川誉子美『欧州における戦前の日本語講座 実態と背景』(風間書房, 2010)。

も

用瀬英 | もちがせ あきら | 1899頃〜1926.1.6

東京/一高(1920), 東大(1923)/鈴木貞, 南英一, 村田治郎と一高工科の同期。海軍造機大尉。佐世保で没。東大在学中よりE運動に参加。1923年横須賀海軍工廠技手養成所で開かれたE講習を松葉菊延と指導。JEI会員。参井上万寿蔵 'Benataj estu bedaŭrataj animoj!'(RO 1926.3)。

望月周三郎 | もちづき しゅうざぶろう | 1892.3.1〜1967.7.22

千葉/立教中(1911), 二高(1915), 京大(1919)/旧姓国松/医学博士。1923〜49年慶大教授, 49〜53年岐阜県立医工科大学長, 53〜59年慶大教授。京大でE学習。24年 Hipokratida Klubo 結成に参加。26年第18回UK(エジンバラ)に夫婦で参加。同年12月慶大医学部E会を設立し会長。27〜44年JEI理事。36年3月JESA理事。JEMA会員。著 'Ĉu eŭropanoj estas pli altgradaj ol japanoj?'(RO 1929.8),『学生人体生理解剖図説』(梓文堂, 1954)。参『望月周三郎教授退職記念論文集』(慶大医学部解剖学教室ぺてら会, 1961)。協慶大医学情報センター。

本野桂次 | もとの けいじ | 1893.8〜1945.9.10

東京/東京府立一中(1911), 一高(1915), 九大(1918)/京口謙一郎と東京府立一中の同期。八木憲一と一高工科の同期。前田勤と九大電気工学科の同期。大日本人造肥料に入り, 七尾, 名古屋各工場長, 参事など。1911年七尾E会入会。RO(1935.5)に「明治44年からの古い同志」と。JEI会員。

本野精吾｜もとの せいご｜1882.9.30～1944.8.13

東京/暁星中、一高(1903)、東大(1906)/建築家、デザイナー、モダニズムの先駆者。読売新聞第2代社長本野盛亨(もりみち、1836～1909)の五男。和崎洋一の父。三菱合資会社勤務をへて、1908年京都高等工芸学校教授。09～11年ドイツ留学。帰国後、西陣織物館を設計。37年大橋廉堂(介二郎)邸を設計(現存せず)。ローマ字論者。23年京都高工にE会創立。27年日本インターナショナル建築会の設立に参画し、宣言文や機関誌の表紙にEを使用。29年5月京都学生E-isto連盟創設に際し初代会長。同年11月第6回関西学生E語雄弁大会で"La nova arkitektura movado kaj internacia ideo"を演説。30年10月シェーラーの講演会で「近代建築の本質」を講演。"Verda Mondo"(1931.1～32.6)の表紙をデザイン。33年第21回JK(京都)準備委員長、大会大学長。38年4月京都高工E会を再建。39年小坂賞額皿図案懸賞の選考を担当し、4月第27回JK(大阪)で「小坂賞額皿について」を講演。同年8月訪米し、ニューヨークで同地のE-istoと交流。脇清吉が主宰する広告デザインの研究団体"Presarto"会創立発起人で名付け親。和崎の友人梅棹忠夫は本野の蔵書を貸してもらってE学習。UEAデレギート(京都)。著'Funkciecaj elementoj de malnova japana arkitekturo kaj nova sento'("Arkitekturo Internacia"私家版、4、1929)、「日本式ローマ字運動とE運動」(『京都高工会会報』13、1930)、「E」(『インターナショナル建築』日本インターナショナル建築会、1931.8)、'Arkitekturo kaj E'("Verda Mondo"EPA、1932.3)、「額皿図案審査評」(RO 1939.4)、「アメリカの旅」(RO 1940.2)。参「モトノ・セイゴ氏に物を尋ねる会」("SCIENCO、2:4、1938")、嶋田厚・津金澤聰廣編「復刻版「プレスアルト」第1号～第73号」(柏書房、1996)、笠原一人「「日本インターナショナル建築会」における本野精吾の活動と建築理念について」(『日本建築学会計画系論文集』583、2004)笠原一人「生き続ける建築 5 本野精吾」(『INAX REPORT』171、2007.8)、松隈洋監修『建築家本野精吾展図録 モダンデザインの先駆者』(京都工芸繊維大学美術工芸資料館建築アーカイブ研究会、2010)、峰芳隆「種をまいた人びと5」(RO 2013.5)。協桑原利秀、京都府立図書館、笠原一人。

百島操｜ももしま みさお｜1880～1965.3.28

佐賀/東京神学社(中退)/号冷泉/はじめトルストイアンとして有名。トルストイと文通も。1910年高知の安芸教会から大阪東教会へ転じ、同教会を大阪E協会の会場に提供。福田国太郎、相坂佶らと交流。27年牧師職を追われ、露天商人をへて、大阪堺筋日本橋に社会科学書専門店「同人協会」を開店、ザメンホフ像をマルクス像と並べてE書も販売。三・一五事件で2回留置。33年東住吉区南田辺で大阪商大生を対象とした書店経営。44年同区田辺西之町に書店開業。46年日本共産党入党。著『トルストイ短篇集』(内外出版協会、1907)、トルストイ『吾は如何にして信仰に入りしか』(大阪トルストイ研究会、1917)。参霜越四郎『大阪東教会五十年史』(日本基督教団大阪東教会、1931)、『解放のいしずえ(新版)』、『日本アナキズム運動人名事典』。

桃井鶴夫｜もものい つるお｜?～?

1930～47年にかけて英独仏語の学習書を多数執筆。32年当時としては他言語の学習書にも類例のまれな挿し絵入りE学習書を著述。著『アルス新語辞典』(アルス、1930;大空社、1995)、『E30日』(内外社、1932)、『英語会話の手引』(産業図書、1945)ほか。

森於菟｜もり おと｜1889.9.13～1967.12.21

東京/一高(1909)、東大医科大(1914)、同理科大(1919)/医学博士。森鷗外の長男。何盛三の甥。田村憲造と一高、東大医科大の同期。1920～22年ドイツ留学、22年東大助教授、36年台北帝大教授、47年引き揚げ後、帝国女子医専教授。20年9月JEI入会。著『解剖台に憑りて』(昭和書房、1934)ほか多数。

森久仁子|もり くにこ|1923.3.2～2005.8.19

東京/明大(1954)/明大付属中野八王子中高の英語教諭。1988年練馬公民館主催のE講座で和田誠一から手ほどきを受け,有志と学習継続。89年練馬E学習会結成に参加。同年JEI入会。参中村幸代「森久仁子先生を悼む」(RO 2005.11)。協森幹臣。

森茂樹|もり しげき|1893.2.26～1971.4.21

兵庫/神戸一中(1912),京大(1919)/医学博士。藤浪鑑に師事。熊本医大,京大,関西医大各教授などをへて,1957年山口医大学長,66年神戸学院大初代学長。JEI,JEMA各会員。著『内分泌学』(南山堂,1940),『病理学総論』(日本医書出版,1945)。参森井外吉「私の恩師―森茂樹先生」(『臨床科学』23:10,1987)。

森祥寅|もり しょういん|1907.2.22～1994.12.4

長崎/戦前,文部省官吏として中国滞在。1947年長崎師範男子部に英語教師として赴任し,72年長崎大を退職。Eは,27年東京放送局のラジオ講座で学び,TEK,アルジェンタ・クンシードなどに参加。長崎大の専門課程でEを教授したことも。71年深堀義文らと長崎E会を再興し事務を担当。82～83年JEI評議員。86年まで長崎E会書記として同会の活動を支えた。著「第46回九州E大会」(RO 1972.9),"En la nubon ŝi sorbiĝis for!"〔雲になってきえた―ナガサキの原爆読本初級用〕"(共訳,KEL,1973),「新年に想うこと」(RO 1979.1)。参『森祥寅先生停年退官・武居正太郎先生遷暦・記念論文集』(同刊行委員会,1972),『117年間のラブレター―長崎のE』。

森卓明|もり たくみょう
1897.10.5～1987.10.24

岡山/格致学院(1915)/1921～86年永正寺(岡山)住職。超中根式速記の創始者。24年京都速記研究所を開設,翌年『速記研究』創刊。近畿速記士連盟,京都速記士連盟各会長など。21年JEIに入り,速記界にEを宣伝。29年12月京都のザメンホフ祭で「速記の話」を講演。著「中根式速記法発表記念日に際して」(『速記研究』1927.5),『超中根式速記法』(京都速記研究所,1931),『永正寺とわたし』(私家版,1987)。協山嵜岱子,大場格。

森毅|もり たけし|1890頃～1964以降

旧姓猪飼/1958～60年荒川区議会議長。06年大杉栄が始めたE学校の一期生で最年少生徒。小山英吾の義弟。会場となった習性小学校経営者小山の甥。NHKテレビ「現代の記録」(1964.2.15)で白木欽松らE-istoが取り上げられたのを機にJEIに名乗り出る。参小山英吾「日本で最初のE語学校」(RO 1936.6),「NHKテレビの反響」(RO 1964.4)。

森敏郎|もり としろう|1900～1936以降

長崎/商工補習校3年修了/別名大村/1930年3月プロレタリアE講習会に参加して以降,左翼文献を耽読。同年7月6日東京高円寺の自宅でPEA創立大会を挙行し,出版部長に。31年4月第二無産者新聞の事務に携わり,7～10月同紙中部支局責任者,11月より中央部組織部補助。31年12月検挙され,32年2月起訴,33年7月懲役3年。恩赦により,35年1月長崎刑務所を出所。参丹羽道雄「『同友会』の記録」(『運動史研究』三一書房,6,1980),『近代日本社会運動史人物大事典』。

森内英太郎|もりうち えいたろう
1896頃～1954以降

早大(1918)/加дух銀行に勤務。戦後,江戸川化学工業調査渉外部長。1917年12月23日,バハイ教のオーガー博士夫妻の送別会に出席し,Eで挨拶(『秋田雨雀日記』による)。18年JEA入会(会員番号1194)。同年,就職のため大阪へ行き,大阪E協会に参加。20年7月福田国太郎,平野長克,相坂估と資金を出し合い,"Verda Utopio"を発刊,同誌に創作などを発表。JEI会員。著原著者不詳'Amo'(訳,"La Espero"星光社,2:4,1921)。参相坂估「大阪E運動の思い出」(RO 1930.8)。

森上富夫｜もりがみ とみお
1886.11～1934.11.20

田鎖式一色の議会速記に新風を送り込んだ、ガントレット式日本語速記法の継承者。岡山でガントレットに速記を学び、1909年臨時雇いの衆院速記者に。18年技手任官、32年退官。18年JEA入会（会員番号1176）。のちJEIにも参加。著『ガントレット式日本語速記術』（ダイヤモンド社、1934）。

森下公平｜もりした こうへい
1917.3.8～1988.3.19

福岡／中学修猷館（1934）、山口高（1940）、九大（1943）／1943年九大産婦人科教室入局、44年中支独立歩兵隊、軍医見習士官で入隊。46年復員、同年国立福岡病院産婦人科部長、48年福岡市に森下産婦人科開業。福岡県保険医協会長、福岡文化連盟理事、西日本シネグループ代表など。山口高在学中、ローマ字論者となり、この頃Eも学習。62年E講習会で再学習。64年1月JEI入会。E運動に医院の一室を提供、「森下サロン」と呼ばれた部屋は、福岡E会の活動拠点に。JPEA理事、福岡E会副会長など。著「Eを大衆の中に！」（LV 1967.12）、「E運動の行く手」（LV 1986.5）。参LV 1988.4、西田光徳「森下公平さん」（LVK 1988.7）。協西田光徳。

森下二郎｜もりした じろう
1885.9.9～1962.6.27

長野／飯田中（1903）、東京高師／長野高女教頭、松本高女校長など。キリスト者。日中戦争下、「聖戦」に疑問を感じ、「支那の国の民は憎まず慈しむといふ死傷三万は民にあらじか」などの反戦歌を詠んだ。E学習は1926年以前。JEI会員。日記にEを使用。下伊那教育会館に森下文庫。著『一言芳談抄』（岩波書店、1941）、西尾実他編『神と愛と戦争』（太平出版社、1974）。参西尾実「森下二郎君とその生涯」（『信濃教育』1963.6）、同「回想・私の青年教師時代―飯田小学校での実践と畏友森下二郎」（『日本文学』日本文学協会、24：5、1975）、杉哲「西尾実と道元 IX」（『熊本大学教育学部紀要 人文科学』60、2011）。

森尻進｜もりじり すすむ｜1906～1994.4.24

福岡／同志社大／1923年頃京城（現ソウル）で開かれたE講習会で、山本作次から手ほどきを受け、E運動に参加。戦後、福岡で不定期の個人紙『西日本民衆政経新聞』を発行し、1976年4月から九州E大会毎に「E特集号」を刊行。E大会やE合宿では「ひげのおじさん」の愛称で親しまれた。参幡山二三郎「嗚呼、シニョウロ森尻進」（『文学草起』文学草起の会、17、1996）。

森田伊助｜もりた いすけ
1867.1.15（慶応2.12.10）～1935.11.2

武蔵国（現神奈川）／貸地貸家業を営み、1893年横浜市議、1907～28年神奈川県議。横浜水道完成の功労者。JEA会員（会員番号695）。著『体験四十年』（『都市問題』東京市政調査会、14：3、1932）。協横浜市中央図書館。

森田桂次｜もりた けいじ｜1908～1961以降

新潟／東北大（1932）／新潟県衛生部公衆衛生課などをへて、新潟県立保健婦専門学院長。E学習歴は不明。1959年ザメンホフ百年祭準備委員会中央委員。

森田誠｜もりた せい｜?～?

鳥取／松江盲学校教諭。自身も全盲。同僚の平松金次とともに生徒にEを指導。チェコのチエホとE点字で文通。参『三年続く励まし合い 盲学校教諭とチェコの元牧師』（『朝日新聞』島根版、1958.12.7）。協岸博実。

森田正信｜もりた まさのぶ
1923.3.7～2007.3.11

大阪／浪速高、阪大（1945）／理学博士。専門はマイクロ波工学。奈良学芸大助教授などをへて、関大教授。1993年定年後も、98年まで非常勤で同校に勤務。49年JEI入会。吹田ロンドに参加。宮本正男、児島壮一、俣野四郎らの指導でE学習。参「森田正信さん」（LM 2007.5）。協大塚顗三、岸田準二。

守田正義｜もりた まさよし
1904.8.24～1992.6.7

東京/東京盲学校普通科/作曲家。日本プロレタリア音楽同盟の結成に参画し、中心的に活動。1930年代現代音楽の旗手と謳われる。終戦の2ヵ月後に〈現代音楽〉試演会を開催。盲学校でエロシェンコと親交し、秋山雨雀を紹介され影響を受ける。卒業後、大阪で労働運動の支援をし、伊東三郎とＥ青年同盟を作ろうとした。著『音楽のうけとりかた』(光の友社, 1955), 矢沢寛編『守田正義の世界　一音楽家の自伝』(みすず書房, 1981)ほか。参秋山邦晴『昭和の作曲家たち―太平洋戦争と音楽』(みすず書房, 2003),『近代日本社会運動史人物大事典』,『日本アナキズム運動人名事典』。

森田茂介｜もりた もすけ｜1911.7.26～1989.1.3

東京/東京府立五中(1929), 松山高(1932), 東大(1936)/建築デザイナー。工学博士。府立五中で植村清二の教えを受け、長く家族ぐるみで親交。土浦亀城建築設計事務所, 戦災復興院をへて, 1953～82年法大教授。53～59年森田建築研究室, 59～82年森田服部建築設計事務所を主宰。主な作品に箱根強羅ホテル、法大付属第一中学校・高校など。25年頃Ｅを学び, JEI入会。一時中断後, 73年4月JEI再入会し, UKにも参加。北欧を愛し, 80年第65回UK(ストックホルム)では念願としていた同市庁舎を「体験」。JELE会員。妻洋子もＥを学び, 94年夫の遺志を継いで山梨県長坂町(現北杜市)の土地と建物を研修施設としてJEIへ寄贈(八ヶ岳Ｅ館)。著『住居の手引』(洋子と共著, 婦人之友社, 1964), "Ĝoja arkitekturo"(私家版, 1964), "Ĝoja arkitekturo dua"(同, 1985)。参土居敬和「『希望の森』JEI所有に！」(LT 1994.5), 森田洋子「ごあいさつ」(RO 1994.7・8), 高橋充宜「小荒間建築雑記」(RO 1994.10), 森田洋子「Ｅと建築と森田茂介」(RO 1994.10),「国際共通語にかける夢」(『婦人之友』1995.6), 森田洋子「寄贈者は語る」(RO 2004.4), 植村鞆音『歴史の教師植村清二』(中央公論新社, 2007),『山梨とＥ』。

森田安雄｜もりた やすお｜1911.4.21～2002.4.16

高知/東京外語/元JEI常務理事森田明の父。満鉄に入り, ハルビンで終戦。戦後は高校教員。高知城東中3年の時, 校内で開かれた伊藤栄蔵のＥ講習会で感銘を受けて独習。1930年代から, 戦中, 戦後の一時期を除き, 80年代までJEI会員。息子の通う高知学芸高のＥクラブを指導したことも。63年岡田有対, 徳永邦弘らと高知Ｅ会を再興し会長。50年代に"Heroldo de E", 60～80年代には"Nuntempa Bulgario, Hungara Vivo"を廃刊まで購読し, 二誌に掲載された短編を多数翻訳し, 私家版として友人に配布。JELE会員。著『ブルガリアの短い短編小説集』(私家版, 1972),『リリ・プロメト小品集』(同, 1975),『ハンガリー短編小説集』(同, 1988)。図森田明, 岡田泰平。

守田有秋｜もりた ゆうしゅう
1882.3.5～1945.1.28

岡山/東京専門学校(中退)/本名文治, 別号白峯生, 鉄血生/秋山定輔家で成長。1897年秋山を頼って上京, 山川均を知り共鳴。1900年山川らと創刊した『青年と福音』に発表した「人生と大惨劇」が皇太子成婚を批判したとして重禁錮3年6ヵ月, 罰金120円, 監視1年。刑法第117条第1項の初適用とされる。05年秋山の二六新報社入社後, 社会主義運動へ入ったが, 大逆事件を機に運動を離れる。24年二六新報社を退社し, 文筆活動に専従。39年大陸に渡り, 42年病を得て帰国。06年JEA入会(会員番号255)。著『血染の釘』(春陽堂, 1893)ほか多数。参『山川均自伝』(岩波書店, 1961),『日本アナキズム運動人名事典』,『近代日本社会運動史人物大事典』。

森田玲子｜もりた れいこ｜1918.1.27～2002.6.23

東京/東京府立第六高女/日本近世史研究家森田誠一(1909～1987)の妻。第六高女で丸山丈作の薫陶を受け, 同校の授業でＥ学習。戦後, 再学習し,『ナガサキの原爆読本』の共同Ｅ訳に参加。1973～98年JEI会員。熊本Ｅ会事務局長として同地の運動に

献身。87年神奈川へ移り，犬丸文雄の誘いで横須賀E会久里浜グループに参加。また晩年を過ごした老人ホーム「油壺エデンの園」にもEグループを作るなど，生涯Eへ情熱を傾注。横浜E会，JPEA各会員。行動・信念の人として，饗庭三泰，橋口成幸らに多大な影響を与えた。署「En la nubon ŝi sorbiĝis for!〔雲になってきえた―ナガサキの原爆読本初級用〕」(共訳，KEL, 1973)，「かけだしE-istinoの大会感想」(RO 1973.10)，'Por kio virinoj naskas infanojn?' (EV 1979.10)，「ノーベル賞とE辞典」("Vojo Senlima" 熊本E会, 77, 1982.9)。参「Jen ŝi, jen li 森田玲子さん」(LM 1976.3)，吉田正憲「La Movado を支える人びと(森田玲子さん)」(LM 1986.1)，饗庭三泰「さようなら，森田玲子さん」(LM 2002.12)，橋口成幸「Renjo の思い出」(LM 2003.2)。関 饗庭三泰，橋口成幸，犬丸文雄，土居敬和。

森永善一｜もりなが ぜんいち
1884.3.27～1944以降

長崎/三菱鉱業から日本化成工業に転じ，骸炭工場副長，コークス工場次長など。JEA会員(会員番号874)。のちJEIにも参加。

森原圭二｜もりはら けいじ
1903.6.10～1993.9.15

広島/旅順工大専門部(1925)/旧名奎二/電源開発総裁藤井崇治(1894～1975)の従兄。満洲国交通部航空司通信科長，札幌通信局電波部長などをへて，1957年中部日本放送常務，のち監査役。Eは，26年独習後，尾花芳雄の指導で学習。戦前の大連E界で活躍。参「JQAKのE語講座放送」(RO 1928.12)。

森村義行｜もりむら よしゆき
1896.6.4～1970.11.3

京都/神戸一中(1915)，京大(1921)/旧姓松方/実業家。松方正義の十男。本田喜代治と神戸一中の同期。1921年森村銀行入行，同頭取，森村商事，日本碍子各社長，日本陶磁協会理事長，日本フェンシング協会長など。JEI初期に入会。

森本慶三｜もりもと けいぞう
1875.3.10～1964.12.5

岡山/京都一中(1894)，東大(1905)/旧姓直原/内村鑑三に師事。津山，山陽，中国各銀行の取締役など。内村を招いて伝道に努め，キリスト教講演会，聖書研究会，禁酒運動などを推進。津山基督教図書館，津山科学教育博物館設立をはじめ，地域文化の向上に貢献。津山市名誉市民。津山市に森本慶三記念館。29年頃JEI入会。署『森本慶三選集』全5巻(教文館，1966～71)。参森本謙三編『宝を天に積む』(津山キリスト教学園，1965)，『近代日本社会運動史人物大事典』。

森本謙蔵｜もりもと けんぞう
1886～1950

大阪/北野中(1904)，早大(1907)/別名謙新/京大，東大各附属図書館をへて，1926～44年明大図書館に勤務，司書，司書長として同館の基礎を築く。私立大学図書館協議会の結成に尽力。29年頃JEI入会。署『新しい解釈の徒然草とその口訳』(大阪岡田文祥堂，1917)，『現代文新講』(創生社，1924)。参『簡約日本図書館先賢事典(未定稿)』。

森本重武｜もりもと しげたけ
1907.7.17～1984.12.21

東京/一高(1929)，東大(1935)/玉木英彦，藤川義太郎と一高理科甲類の同期。テレビ朝日常務取締役，エレクトロニクス協議会専務理事，日本アマチュア衛星通信クラブ会長など。1928年12月一高E会を代表して，東京学生E-isto連盟結成に参加。29年JEI入会。署『無線送信機』(電気書院，1947)，『テレビ百科』(共著，旺文社，1959)。

森本二泉｜もりもと にせん｜?～1942以降

広島/広島の資産家の長男。みどり幼稚園園長。国際コドモ同盟を主宰。Eは，1923年広島で開かれた講習会で，桑田茂らとともに高尾亮雄から手ほどきを受けた後，広島E研究会を結成し会長。同年JEI入会。広島市国泰寺町で経営する幼稚園をEのシ

ンボルカラーから「みどり幼稚園」と命名，28年同園で初等E講習会を開催(EL 1935.8に，塔に緑星のついた園舎の写真掲載)。支部長をしていたボーイスカウトを大量動員してラムステットの歓迎式を演出し，その提案により次男に「捨郎」(stelo「星」から)と命名。JEI会員。著『防空戦と兵器の作り方』(文明社, 1942). 参RO 1928.10, 高橋謙「ラムステット公使の来広」(『星影』広島E会, 2:4, 1935), 桑田茂「特別談話『40年前の状態』」("La Riveroj"号外, 広島E会, 1963.12), ラムステット著, 坂井玲子訳『フィンランド初代公使滞日見聞録』(日本フィンランド協会, 1987), Osmo Buller 'Ambasadoro en Nipono' ("E" UEA, 1988.12), 堀田穣「再び『瀬戸内海コドモ連盟』について」(『人間文化研究 京都学園大学人間文化学会紀要』19, 2007).

森本良平|もりもと りょうへい
1917.3.14~2012.11.19

北海道/函館中, 東大(1941)/地震地質学者, 火山学者。東大工学部講師などをへて, 東大地震研教授, 同所長。地震研助教授時代の52年, 助手の小坂丈予らと明神礁噴火などを調査。53年ROに昭和新山に関する記事を寄稿。著'Naskiĝas nova monto' (RO 1953.9), 『日本の火山』(東京創元社, 1958).

森山稔|もりやま みのる|1909.3.21~1980.2.16

北海道/昭和医専(1932)/眼科医。医学博士。東大解剖学教室をへて, 1938年東京に森山眼科医院開業。34年Eを学び, のち中垣虎児郎に師事。PEUに同調し, 困難な時代にも態度を変えず。45~48年および50~59年JEI評議員。56年11月妻美代と山手ロンドに参加。57年E研究奨励のため森山奨学金を創設。著火野葦平 'Sučinfano sur la batalkampo〔土と兵隊〕' (RO 1939.12). 参「失明勇士に贈る伊国傷兵の心の糧」(『中外商業』1939.12.2), 「東京の1Esp-istoへ イタリア傷兵院総裁から贈物」(RO 1940.1), "Japanaj E-istoj", 里吉重時「森山稔博士を悼む」(RO 1980.6). 図福田正男.

門間祐太郎|もんま ゆうたろう
1906~1992.12.7

東京/東大(1934)/高梨組社長。一級建築士。1976年4月東海林敬子の紹介でJEI入会。78年横浜E会に参加。勉強熱心で, 鎌倉E会の学習会にも参加。日中友好文通の会会員。著「孫娘の文通を仲介して」(ES 1980.8), 'Mi vizitis E-istojn en Ĉinio' (LT 1981.5~9).

や

矢川徳光｜やがわ とくみつ
1900.11.26～1982.2.23

長崎/長崎中(1919)，山口高，京大(1926)/別名鈴木二郎，杉原健三/マルクス主義教育学者．作家，詩人，翻訳家矢川澄子(1930～2002)の父．1929年頃JEI入会．31年1月PEU中央委員．PEU東京支部中部地区責任者．新興教育研究所E研究会の責任者．53年TEK・朝日E会共催のザメンホフ祭に出席し，同年国際教育会議(ウィーン)に参加後に出会ったE関連の体験を語る．著『矢川徳光教育学著作集』全6巻(青木書店，1973)ほか多数．E関係に「国際的冷汗の記」("Informilo de Japana Edukista Ligo Esperantista" JELE, 4, 1953)など．参『現代日本朝日人物事典』．

八木金之丞｜やぎ きんのじょう
1896.10.7～1944以降

新潟/愛知医専(1920)/医学博士．台湾総督府高尾医院，台湾総督府医学専門学校などをへて，1929年静岡市に開業．26年JEMA創立後，台湾総督府医学専門学校支部幹事を務めた．著『伝染病学法医学提要』(精文堂，1924)．

八木憲一｜やぎ けんいち｜1893.2～1951以降

新潟/一高(1915)，東大(1918)/本野桂次と一高工科の同期．清水組に入り，理事兼技師長などをへて，満洲清水組代表，清水組監査役など．1923年頃JEI入会．著『一般構造』(共著，常盤書房，1933)，『煉瓦及石構造』(共著，同，1934)．

八木長人｜やぎ ながと｜1897.7.31～1976.6.8

岡山/一高(1920)，東大(1923)/旧姓南部/内田亨，吉岡俊亮と一高農科の同期．東京朝日新聞社経済部に入り，整理部次長，連絡部長などをへて，1942～44年中部総局長，47年退職，52年ユニバーサル通信社創設．カトリック教徒．21年末頃JEI入会．農民啓蒙運動の一つとしてEの採用を主張．著「農村教育問題と国際語」(『農政研究』2：3，1923)，『食糧政策の見方』(日本評論社，1926)．

八木仁平｜やぎ にへい｜1909.10.28～1990以降

大阪/大阪外語/本名米田博，筆名 Verda Papago/映画の演出，脚本，撮影などに従事．1927年頃"Unua Libro"でEを学び，30年大阪で野上清，沢井博，富岡純らとプロレタリアE研究会(のちPEU大阪支部に発展)結成．46年第2次JEA委員，47年常任委員．中垣虎児郎をして「わが及ぶところにあらず」と言わしめたほどのEの実力者．70年前後から"l'omnibuso"に多くの散文を寄稿し，のち"Mozaiko-Tokio"に収録．宮本正男・上山政夫編"Japana Variacio"(L'omnibuso, 1978)に散文が収録．著ポー『月え昇った男』(真光社，1948)，「ブラジルの作家カンテイド・ボルティナリのこと」("BBBB"冬芽書房，4，1950.3), 'Rememoroj tra opaleska nebulo' (NR 1972.7～75.4), 'La tragedio de Esperanto-rilate al "La danĝera lingvo"' ("l'omnibuso" 55, 1973.5), 'Tiu ĉi bela Tokio' (RO 1973.12), "Mozaiko Tokio" (L'omnibuso, 1975), 「斎藤英三氏のこと 自著"Mozaiko Tokio"の収録された"Trezoro"出版に寄せて」(LM 1990.5), "Ordeno de verda plumo".

八木日出雄｜やぎ ひでお｜1899.8.18～1964.5.6

兵庫/北野中(1918)，三高(1921)，京大(1925)/産婦人科医学者．子宮がん手術の権威．医学博士．岡山E会員八木富士雄の父．1927年京大講師，29年助教授，34年岡山医大教授，44～46年岡山医大附属病院長，55～57年岡山大附属病院長，58～62年学長，62年川崎癌研究所(岡山)所長．日本産婦人科学会長，日本ガン学会長，岡山県ユネスコ協会長など．北野中2年生の14年にEを知り，17年夏から独習．18年親友植田高三と北野中から三高へ進学，松田武夫と知り合い，その父松田恒治郎とEで文通．19年3月JEA入会(会員番号1305)，12月15日植田，吉町義雄，宇津木睦夫らと

509

三高E会を創立。同月校内のエロシェンコ講演会で急遽通訳を務めることになり, 見事にできたことで自信をつける。20年2月機関誌"Libero"創刊。桜田一郎, 宍戸圭一, 奥村勝蔵, 安田勇吉その他の人材が三高E会から輩出したのは彼の努力に負うところが多いと植田は評価。24年3月京都商業E協会創立に際し新村出, 杉本武夫とともに顧問。同年JEI委員。26年4月松沢あかし(ロサンゼルス, ベルリン両オリンピックの水泳監督松沢一鶴〔1900〜1965〕の妹)と結婚。同年11月第4回関西学生E雄弁大会(京大)で「健康への道」を特別講演。27年12月誕生した長女をEのシンボルカラーから「翠」と命名。28年柴田潤一によって設立されたE-isto文化協会に参加。31年第19回JK(京都)会頭。32年8月16日〜9月17日JOBK(大阪)のラジオE講座を進藤静太郎と担当し, 多くの局で中継放送された。36年3月JESA顧問。37年欧米出張に際して第29回UK(ワルシャワ)に日本代表として参加, 学術講演や日本紹介の講演。岡山医大E部名誉部長。50年「一年一論文をEで」運動の発起人の一人。51年第28回JK(名古屋)で"Ĉu ekzistas edukado al la feto?"を講演。52年JEMA副会長。53年第40回JK(岡山)委員長, KKK初代委員長。54年第39回UK(オランダ, ハールレム)国際夏期大学で"La problemo de loĝantaro en Japanujo"を講演。56年50周年記念第43回JK(東京)で表彰。57年八木奨学金を創設。58年第43回UK(マインツ)国際夏期大学で「原爆による後遺症」を講演。58年UMEA会長。59年UEA副会長。60年第50回UK(東京)組織委員会会長(62年UEA会長就任に伴い辞任し, 西成甫に引き継ぐ)。61年第46回UK(英国ハロゲート)国際夏期大会で"Esenco de la japana arto"を講演。62年アジア初のUEA会長に就任。63年6月中国四国E連盟結成に際し名誉会長, 8月第48回UK(ブルガリア, バルナ)会長。千野かほる作詞・鳥取春陽作曲「籠の鳥」, 鹿島鳴秋作詞・弘田龍太郎作曲「おうち忘れて」などのE訳も。東京へ第50回UK(1965)を招致した中心人物だったが, 大会準備中に急逝。大会後に, 外国人参加者30名が墓参。UEAデレギート(日本代表, 京都, 岡山), JEMA京大支部幹事など。JKの弁論大会に八木杯を, 自然科学・医学文献でのE使用に八木奨学金を提供した。緑星が刻まれた墓碑には'PROFESORO DE AKUŜ-GINEKOLOGIO', 'REKTORO DE OKAYAMA UNIVERSITATO', 'PREZIDANTO DE UEA'と。法名「緑星院殿仁徳永照大居士」。2006年第93回JK(岡山)の記念品として土居智江子の編集で記念誌『意あるところ道あり』が刊行。息子の富士雄にもEをしこむ。參'Mia Ekstazo' (RO 1920.6), 『国際語E講習読本』(カニヤ書店, 1921), 『日本語E小辞典』(桜田一郎・安田勇吉・奥村勝蔵と共編, 同, 1922), 『我国に於ける外国語問題とE』(同, 1924), 『JOBK夏期特別語学講座放送テキスト・E講座』(進藤静太郎と共編, 日本放送協会関西支社, 1932), "Medicina Krestomatio"(編, JEI, 1935), 「回顧」(RO 1936.6), 「Jubilea kongreso 見聞記」(EL 1937.10), 'Ĉu ekzistas edukado al la feto?' (RO 1952.1〜2), 「世界E大会に出席して」(RO 1954.10), 'Impresoj de Haarlem' (RO 1955.12), 「世界平和と世界共通語」(『国立大学協会会報』1958.11), 「Zamenhof博士の孫さん」(RO 1959.10), 「第46回世界E大会に出席して」(RO 1961.10〜11), 「第50回世界大会開催について日本全国のE-istoへのお願い」(RO 1961.12), 「第47回世界E大会概況」(RO 1962.11), 'Tokio invitas vin' ("E" UEA, 1963.1), 'Antaŭen kun kredo' ("E" UEA, 1964.1), 『意あるところ道あり』(JEI, 2006)。參「先輩はなぜ・どうして学んだか」(RO 1956.6), 「岡山県・日本のニュルンベルグと言われるが…」, RO 1964.6〜7, "E" (UEA) 1964.7・8, 梅田善美「ソフィアの八木先生」(RO 1964.8), 西海太郎「Harrogateの Profesoro Yagi」(RO 1964.10), 'Ĉe la tombo de Hideo Yagi' ("E" UEA, 1965.11), RO 1966.7, 桑原利秀「八木日出雄さんの思い出」(RO 1979.10), 桑原利秀「松田恒治郎さんのE一家」(LM 1983.4), 八木富士雄'Kiel pilgrimo por mia amata patro' (RO 2000.10), 同「完全主義と国際主義に徹した生涯」(RO 2001.8), 同「八木日出雄とエロシェンコ」(RO 2005.5), 土居智江子「わたしの出した1冊の本」(RO 2007.7), 『近代日本社会運動史人物大事典』, 『三高E会小史』。圖土居智江子, 柴山純一。

矢崎富美人｜やざき ふみと
1906.10.18～2001.3.4

長野/諏訪中（1924），名古屋医大（1932）/医学博士。三重県立静澄園，四日市羽津病院各院長などをへて，1949年名古屋に矢崎医院開業。愛知学院大講師など。31年1月JEI入会。名古屋医大E会長。34年『名古屋医事新誌』にE講座を連載。35年第23回JK（名古屋）準備委員長。37年JEI名古屋支部委員。38年第26回JK（名古屋）準備委員会委員。85年竹中治助の紹介でJEI再入会。UEAデレギート（医学）。圕「Eと医学」（『愛知医大新聞』1932.5.25），「1934年を我等はかく戦う」（RO 1934.1），'La konturo de la urbo Nagoja'（RO 1935.10）。参「顕彰者からのお便り」（RO 1990.11）。

矢島英男｜やじま ひでお｜?～?

鉄道技術者。1932年鉄道E連盟常任委員。34年橋桁架設の新方式に関する論文を'Instalo de stangeframita fertrabo per ŝipo'としてE訳し，翌年ドイツの専門誌"Die Bautechnik"に抄訳される。35年鉄道省発行のE文案内冊子"Japanujo"発行に際し，本文をE訳。36年4月E運動後援会発足に際して幹事。6月13日日本E運動三十周年祝賀記念雄弁会で司会。同年朝鮮鉄道局工務課保線係に赴任。圕「鉄道省国際観光局を驚かしたEの偉力」（RO 1936.2），「車中で永田拓相と語る」（『鉄道青年』1936.5）。参'Aperis nova gvidlibro "JAPANUJO" eldonita de Japana Fervoja Ministrejo'（RO 1935.8），「国鉄の技術E語で紹介さる」（RO 1935.12），「矢島英男氏送別会」（RO 1936.9）。

安井義雄｜やすい よしお｜1908.7.21～1985.1.2

東京/東京府立実科工業学校（1926）/ヤスイガクフ印刷を興し社長。芝浦製作所に入り，労働組合で活動中の1926年頃山鹿泰治にEを学ぶ。29年11月山鹿，島津末二郎，平松義輝，古河三樹松らと"La anarkiisto"を発行，第4号から編集発行兼印刷人。岩下順太郎らとEの直接教授法を日本に移入。30年代初頭，日大在学中の洪亨義にEを教授。アルジェンタ・クンシード，神田クンシード，浅草E会などに加わり，長谷川テルとも交流。37年1月E合唱団ロンド・ハルモニーアを結成。同年JEIが募集したザメンホフの詩'Al la fratoj'の作曲公募で，応募作品すべてを選考途中の試聴会で歌う。63年10月来日した洪亨義の紹介でJEI入会。67年12月由比忠之進の追悼集会で歌われた"La Espero"を指揮（ピアノは松本健一の妻耐子）。78年杉並E会に参加し，歌唱指導も。北原白秋作詞・山田耕筰作曲「この道」，「ABCの歌」などをE訳。Eを通して世界の民謡に接し，日本に紹介。娘喜久江もEを学ぶ。圕'Al Kurso-gvidantoj'（RO 1932.10），「応募曲を歌って見て」（RO 1937.11），『輪唱集』（私家版，1950；1959年Rondo Familiaより改訂増補），『世界の名歌 男声合唱』（編，好楽社，1955），『子供の為の輪唱集』（私家版，1960），'Antaŭ la animo de s-ro Hong Hengwi'（『洪亨義先生文選』同刊行委員会，1969），'De kant' al kanto'（RO 1972.11），「はじめに身振りありき」（LM 1977.2）。参「内地報道」（RO 1937.3），忍岡守隆'Iom pri mia edzino'（EV 1974.10），福田正男'Yasui Yosio san'（SAM 1985.1)，同「直接教授法の開拓者ボーカリスト逝く」（RO 1985.3），キクチカズヤ「安井義雄さんの思い出」（SA 1985.3），法政大学アリオンコール70年史編集委員会編『法政大学アリオンコール70年史』（法政大学アリオンコールOB会，1998），イ・チョンヨン編"En E ni amikiĝas"（KEA, 2003），『日本アナキズム運動人名事典』。圖忍岡守隆，犬丸文雄。

安賀秀三｜やすが ひでぞう｜1902～1971.3.12

大阪/東大/新人会会員，労働農民党東京府連書記。兄の経営する安賀鉄工所に勤務。ローマ字論者。E学習は今宮中時代か。戦後，大阪労働者E会に加わり，のち同会解消に努力。勤務先の堺工業高校にEクラブを創立するなど，堺方面で活動。妹の君子（1906～1943，労働運動家春日庄次郎の妻，獄死），息子の亮もE学習。参『日本文学に現れたE』。

八杉貞利｜やすぎ さだとし
1876.9.16～1966.2.26

東京/東大(1900)/レニングラード大名誉文学博士。アイヌ語研究からロシア語研究へ。ロシア語ロシア文学の普及・発展に貢献。1901～03年ロシア留学。東京外国語学校名誉教授、日本ロシア文学会初代会長など。東京外大に八杉文庫。ザメンホフが出した07年版『全世界E年鑑』に氏名掲載。著『岩波ロシヤ語辞典』(岩波書店, 1960)ほか多数。参岡部匠一「おろしあ言葉を究めた人・八杉貞利(明治9年-昭和41年)をめぐる群像 平賀譲、加藤寛治、廣瀬武夫」(『金沢大学大学教育開放センター紀要』14, 1994)、佐藤喜之「八杉貞利とロシア語学 明治・大正の言語学その8」(『學苑』816, 2008)、『現代日本朝日人物事典』。

安河内次雄｜やすこうち つぎお
1898.1.3～1981.6.14

大分/福岡師範(1917)、東京高師(1923)/和歌山、神奈川各師範学校教諭をへて、1927～43年東京府立第六高女で教鞭を執る。同僚によれば、「若い先生たちが丸山(丈作)校長に意見を申し出る場合の取りまとめ役」。戦後、戸畑市立高女、鞘ヶ谷小各校長をへて、50年洗足学園に招かれ再上京、調査室主事、短大事務局長、教授を歴任し、76年退職。熱心なローマ字論者。第六高女在職中、丸山丈作の影響でE学習。戦時中、中学に入学した長男浩にEの入門書をプレゼント。戦後、JELEに参加。参安河内浩『安河内次雄・敏子金婚式』(私家版, 1981)、同『故安河内次雄七七日忌』(同)。図安河内浩。

保田収蔵｜やすだ しゅうぞう｜1883頃～1933以前

神奈川/一高(1905)、京大福岡医大(1909)/脇中郎と一高医科、京大福岡医大の同期。1906年JEA入会(会員番号148)。

安田清次郎｜やすだ せいじろう
1901.11.3～1974.12.24

愛知/八高(1925)、東大(1928)/心理学者。名古屋市大、中京女子大各教授など。八高在学中にJEI入会。

安田龍夫｜やすだ たつお｜1899.8.31～1958.3.6

大阪/神戸一中(1917)、大阪医大(1924)/病理学者。医学博士。松本重治、村田治郎と神戸一中の同期。1931年阪大助教授、43年陸軍軍政地教授となりマニラ在任、47年阪大教授。大阪医大E倶楽部の中心として活躍。28年第16回JK(大阪)後の三高E会主催雄弁大会(京都)で「子供の話」を演説。大阪E会の講習会も指導。ヨーロッパから帰国して間もない39年4月第27回JK(大阪)で、特別講演。戦後、神戸E協会長。JEMA会員。著'Eretoj pri infanoj'(RO 1929. 1)、「語学と国際語について」(『大阪時事新報』1931.4.15)、'Pri la problemo de vino'(RO 1935.7)、『臨床病理学』(永井書店, 1951)。参橋詰直英「安田龍夫の訃」(RO 1959.5)。図大阪府立中之島図書館。

安田実｜やすだ みのる｜1910.11.6～2000?

三重/東京医専(1934)/医学博士。1941年陸軍軍医、46年鳴和病院副院長、53年金沢市に安田小児科医院開業。UEA, JEI各会員。著Grgurina. A『診療室覚え書き〔Ĉe Doktoro〕』(私家版, 1965)。参『日本医事新報』1965.8.28。図川西徹郎。

安田勇吉｜やすだ ゆうきち
1904.3.4～1982.1.31

京都/三高(1924)、京大(1927)/林稲苗と中学、高校で1年先輩。辛川武夫と三高理科甲類の同期。1927年台湾総督府官房技師。48年引き揚げ後、清和建築設計事務所常務取締役、清幸建設常務理事など。21～27年三高E会、京大E会で活動。23年11月11日関西学生連合E雄弁大会で「人類人主義の立場より見たる労働問題」を講演。27～45年台北E会で活動。31年7月

JFAK(台北)から初級E講座をラジオ放送。同年9月第1回台湾E大会委員。UEAデレギート(台北)。🗎『日本語E小辞典』(八木日出雄、桜山一郎、奥村勝蔵と共編、カニヤ書店、1922)、中田信子"Inkubo〔処女の掠奪者〕"(同、1924)。🔗松崎克己「緑星旗下の集い」(RO 1924.1)、『三高E会小史』、林稲垣「安田勇吉氏を偲ぶ」(LM 1982.5)。🔗野島安太郎。

安武直夫 | やすたけ ただお
1887.6~1959⇔1961

福岡/五高(1910)、東大(1914)/旧姓田崎/内務官僚。調所一郎の曽祖父。山形県理事官、内務省警保局事務官などをへて、1932～35年台湾総督府文教局長。35年朝鮮平安南道知事となり、朝鮮のミッションスクールに神社参拝を強制するなど皇民化政策を推進。翌年退官。戦後、ヤサカ産業社長。24年夏柳田國男を内務省社会局に招きE講演会およびE講習会(講師は粟飯原晋)の開催に尽力し、同局内に五月野E会を結成。27年7月25～30日にも同局でE講習会(講師は粟飯原)を開催。「他に余り趣味がないのでE語に熱心」(『台湾日日』1932.6.21)と。JEI会員。🗎『我国に於けるデモクラシーの思潮』(内務省警保局、1918)。🔗RO 1924.8, RO 1927.8, RO 1932.8。

保見国治 | やすみ くにはる | 1891.8.6~1945以降

三重/三重一中/号朝花、別名石橋朝花/1922年新福井日報社に入社。ほかに『新愛知新聞』政治部記者、『大和旭新聞』主筆など。24年2月より『新愛知新聞』に週1回E欄の連載を始めるも、翌月転勤のため、山田弘にバトンタッチ。28年8月10日竹内孝、深海政夫らと福井E会を結成し会長。31年10月24日享栄商E会発会に際し顧問に。JEI会員。🗎『紅き血の渦巻』(別所万善堂、1918)、『現代科学と仏教教理』(共著、新愛知新聞社、1923)。🔗『新聞人名鑑(第2版)』(新聞之新聞社、1929)。

矢住みきの | やすみ みきの | 1901~1966.8.11

鹿児島/東京女子大(1923)/旧姓重松/重松達一郎の娘。日東食品会長矢住清亮(1900~1989)の妻。キリスト者。クララ会で活動し、1933年YWCA女子グルーポ結成に参加。藤沢市辻堂の自宅をEの講習会、例会に開放。JEI, JAKE各会員など。葬式で多羅尾一郎がEで弔辞。🔗RO 1966.11。

安村和雄 | やすむら かずお
1910.10.7~1995.9.15

神奈川/東大(1934)/宇都宮、東京各地裁所長、最高裁事務総長などを歴任。1975年東京高裁長官を退官し、79年日本プロ野球選手会初代理事長に就任。28年8月JEI入会。68～70年JEI評議員。🗎「ストックホルムの法廷」(『東京地裁広報』1963.2)、「オスロの法廷」(同)、「ベルゲンからハンブルグへ」(同1963.5)。🔗「顔 1365 安村和雄=日本プロ野球選手会理事長 判官バスバーロ氏」(『読売新聞』1981.2.10)。

安本徹 | やすもと とおる | 1915.11.17~1973.1.5

熊本/五高(1937)、京大(1940)/朝鮮総督府穀物検査所などをへて、戦後、九州女学院の生物教論。キリスト者。九州女学院の生徒に熱心にEを推奨し、1960年より校内でE講習も。62年10月10日JAKE創立に参加。🔗木野榮二、吉部洋平、保村翠。

谷田部勇司 | やたべ ゆうじ | ?~1945以降

別名呉世民、楊世民/製缶工で芝浦労働組合に属し、機関紙の編集・発行を担当。全国労働組合自由連合会事務所で開かれた夜間E講習会で山鹿泰治の指導を受ける。官憲の目を逃れて中国に渡り、アナキズム運動に参加。33年3月有吉明(1876～1937)中国公使の暗殺を画策するも失敗、福建省に逃れ、呉世民と名乗り、泉州の平民中学でEを教授。のちジャワへ渡り、楊世民と名乗って永住したと伝えられる。🔗向井孝『山鹿泰治―人とその生涯』(自由思想社、1984)、『日本アナキズム運動人名事典』。

矢次とよ子 |やつぎ とよこ| ?～1950.10

旧姓小沢/1925年佐々城松栄の指導でクララ会でE学習。結婚後も主な会合に顔を出し、川原ときとともに女性E-istoの活動を積極的に支援。35年夫矢次一夫が主筆を務める『国策』誌に"Ŝtata Politiko"と付記させる。39年婦人E連盟常任委員。戦争末期にもJEIの会費を欠かさず払い続けた数少ない会員の一人。著「如何にして家庭を合理化するか 家庭は我等にとって重荷であるか」(『婦人運動』10:2, 1932)、「共同炊事の問題」(『女性展望(婦選)』12:3～6, 1938)、「S-ino ガントレット訪問記」("La Informilo"婦人E連盟, 7, 1938)、'Kian influon donis la ĉina afero sur la virinan movadon en Japanio' (万沢まきと共著, RO 1939.7)。参三宅史平「矢次とよ子夫人」(RO 1950.9)。

八代英蔵 |やつしろ えいぞう
1909.12.11～1988.3.31

樺太/山梨師範/逓信省官吏の父に随って新潟、松本、金沢を転々、1921年甲府へ。市川小をふりだしに日川中、韮崎一高、甲府一高などの音楽教諭をへて、65年塩山商高校長。のち明野村教育長など。チェロの名手で、山梨県音楽界の草分け的存在。27年E学習。30年甲府E協会設立。46年2月JEI入会。48年篠遠喜人、塚田正勤、荻原克己らと山梨E会設立。韮崎一高、甲府一高にE部設立。'Norda Stelo'と名付けた合唱団の指導も。JELE会員。参「塩山商高校長になった八代英蔵氏」(『山梨日日新聞』1965.6.14)、"Japanaj E-istoj"、福田正男「長者の風格・八代英蔵先生を偲ぶ」(SAM 1988.4)、『山梨とE』。図荻原克己。

矢内原忠雄 |やないはら ただお
1893.1.27～1961.12.25

愛媛/神戸一中(1910)、一高(1913)、東大(1917)/経済学博士。中埜平吉と一高、東大の同期。一高在学中に内村鑑三の影響でキリスト者に。1920～23年英独留学。日本の植民政策を批判。51～57年東大総長。琉球大に矢内原忠雄文庫。東大総長時代の53年、郵便友の会のインタビューで、「あれは、非常にやさしいことばで、オランダ、イギリスなどの小学校でも教えています。それに、ことばのハンディキャップがなく、どこの国の人々にとっても外国語だから、これを使えばおたがいに一対一だ。ひけ目を感じる必要がない。ぜひ、やってごらんなさい」と、E学習を推奨。著『矢内原忠雄全集』全29巻(岩波書店, 1963～64)ほか多数。参「矢内原学長Eを進める」(RO 1953.6)、矢内原伊作『矢内原忠雄伝』(みすず書房, 1998)、鴨下重彦他編『矢内原忠雄』(東京大学出版会, 2011)、『現代日本朝日人物事典』、『近代日本社会運動史人物大事典』、『日本キリスト教歴史大事典』。

柳沢保恵 |やなぎさわ やすとし
1870.12.12～1936.5.25

新潟/学習院/日本統計学の先覚者。柳沢統計研究所を主宰。貴族院議員、第一生命社長など。1906年9月大杉栄、ガントレット、二葉亭四迷らとJEA評議員に。JEA名誉会員。著『統計学』(早大出版部, 1901)、『東京市勢調査の沿革』(私家版, 1908)。参三潴信邦他「柳沢保恵と柳沢統計研究所」(『統計学』産業統計研究社, 72, 1997)。

柳田英二 |やなぎだ えいじ
1910.12.18～1981.7.4

青森/早大(1935)/筆名秋山文生/東奥義塾在学中の1925年詩人福士幸次郎(1889～1946)の指導を受けた同人誌『わらはど』に参加。27年早大に入り、独文学専攻のかたわら、詩作に励む。E学習は29年以前。30年早大E会主催の中等講習を指導。36年青森に戻り、同年11～12月東奥義塾において笹森順造(1886～1976)塾長、田中定二教諭らが生徒のために開いた初等E講習を指導。37年第五十九銀行入行。弘前詩話会を結成。46年一戸謙三(1899～1979)、植木曜介(1914～1971)らと『壱年』創刊。弘前E会に属し、E関係蔵書は同会へ。JEI会員。参RO 1930.12, RO 1935.5, RO 1936.12。

柳田國男｜やなぎた くにお
1875.7.31～1962.8.8

兵庫/開成中, 郁文館中, 第一高等中(1897), 東大(1900)/旧姓松岡, 筆名赤松国祐, 川村杏樹, 久米長目, 尾芝古樟, 俳号柳叟ほか/農政官僚から貴族院書記官長, 国際連盟委任統治委員をへて, 日本民俗学を創始。1924年吉野作造とともに朝日新聞社顧問に就任。柳田為正の父。新村出と一高時代以来交友。51年文化勲章(光田健輔と同時)。福崎町(兵庫)名誉町民。同町に柳田國男・松岡家記念館。利根町(茨城)に柳田國男記念公苑。飯田市美術博物館に柳田國男館。慶大, 成城大に柳田文庫。21年国際連盟勤務のためジュネーブへ渡り, プリヴァや新渡戸稲造が主導した国際連盟でのE採用論議に触発されてEに関心を深め, 佐々木喜善にEを勧める。同年帝国議会へのE採用請願署名運動を提起し, 署名簿を携え一時帰国。22年スイスへの再渡航中に本格的に学習。ジュネーブのE会に参加し, 会話の個人レッスンも受ける。23年ベネチアで開かれた「商業共通語に関する国際商業遊覧業会議」の開催にプリヴァらと働き, 傍聴。帰国後27年頃まで各地でEについて講演など熱心に普及活動。22～26年JEI評議員。26年第14回JK(東京)で議長。同年JEIの財団法人化にあたり理事に就任。32年11月訪問中の長野で, 猪川城らに招かれE関係者らとの晩餐と講習会受講生との茶話会に出席。39年JEI顧問。署『定本 柳田國男集』全36巻(筑摩書房, 1962～64), 『柳田國男全集』(筑摩書房, 1997～刊行中)ほか多数。E関係は, 『定本 柳田國男集』3巻に「ジュネーブの思い出」(『国際聯合』国聯社, 1, 1946), 同29巻に「当面の国際語問題」(『朝日新聞』1925.10.6～8)「国語の管理者」(『新政』新政社, 4:1, 1927), 「日本が分担すべき任務」(RO 1927.1), など。E訳作品に民話研究会訳 "Japanaj malnovaj rakontoj〔日本の昔話〕"(天母学院, 1965)など。参「国際語教習の請願を議会に提出」(『東京朝日新聞』1922.1.21), 「摂政の宮殿下 Eについて語らせ給ふ」(RO 1922.5), 「商業共通語に関する国際商業遊覧業会議」(RO 1923.7), 進藤静太郎「La parolado de S-ro K. Yanagita」(RO 1924.

2), 「民話研究会のこと」(RO 1961.1), 高藤武馬「柳田国男 日本語の近代化に尽した人々8」(『言語生活』1968.8), 奈良宏志「柳田国男とE」(『柳田國男研究』白鯨社, 4, 1974), RO 1975.9, 柳田為正「父を語る」(『柳田國男研究』8, 1975), 朝比賀昇・萩原洋子「日本E運動の裏街道を漫歩する 9」(ES 1976.1), 樺山紘一「柳田国男の同時代性」(『朝日新聞』1982.6.14), 岡村民夫・佐藤竜一『柳田国男・新渡戸稲造・宮沢賢治 Eをめぐって』(イーハトヴE会, 2010), 岡村民夫「ジュネーブの柳田国男—Eと方言の間で」(RO 2010.7～11.1), 伊藤幹治『柳田国男と梅棹忠夫—自前の学問を求めて』(岩波書店, 2011), 「総特集 柳田國男」(『現代思想』2012.10), R.A. モース・赤坂憲雄編『世界の中の柳田国男』(藤原書店, 2012), 関口敏美『柳田國男の教育構想—国語教育・社会科教育への情熱』(塙書房, 2012), 岡村民夫『柳田国男のスイス渡欧体験と一国民俗学』(森話社, 2013), 「Eづいた柳田國男」, 『現代日本朝日人物事典』。

柳田為正｜やなぎた ためまさ
1915.5.11～2002.5.28

東京/成城高, 東大/動物生理学者。お茶の水女子大名誉教授。柳田國男の長男。平良市(沖縄)中央公民館に柳田為正文庫。小学生であった1924年ごろ, ジュネーブの国際連盟勤務から「Eづいて帰ってきた」父から夕食後の家族団欒としてE単語を学ぶ。文法などはのちに自分で学習。37年斎藤秀一が結成した国際ローマ字クラブに参加し, 全文Eの"Latinigo"誌創刊号を購読。署「父を語る」(『柳田國男研究』8, 1975)。参『特高月報』1939.4。

柳瀬寛｜やなせ ひろし｜1890.4.10～1935以降

高知/京都医専(1912)/佐々野病院(高知市)をへて, 1914年高知県長岡村に柳瀬医院を開業。26年JEMA創立後, 高知県支部幹事を務めた。

柳瀬正夢｜やなせ まさむ｜1900.1.12～1945.5.25

愛媛/日本美術院研究所/本名柳瀬正六(やなせまさむ), 筆名夏川八朗/洋画家, 漫画

家。1914年上京し、画家の道に。20年読売新聞社に入社し、政治漫画を描く。21年『種蒔く人』同人。前衛美術からプロレタリア美術に進み、政治風刺の漫画やカットを『赤旗』、『戦旗』などに掲載。東京都現代美術館に柳瀬文庫。『プロレタリアE講座』全6巻(鉄塔書院, 1930～1931)の装丁を担当。柳瀬文庫には同講座の全巻も所蔵。參『柳瀬正夢画集』(叢文閣, 1930)。參『近代日本社会運動史人物大事典』、『日本アナキズム運動人名事典』。

矢野笹雄 | やの ささお | 1909.4.16～1981.12.17

兵庫/神戸三中(中退)/製図工。神戸を中心に人民戦線運動に参加。野間宏に大きな影響を与え、『青年の環』のモデルにも。1936年および40年検挙。50年全造船労組中央執行委員となり上京するも、同年11月レッドパージ。64年日本共産党を離党後、文筆活動へ。獄中でEを学び、"Marŝu"に協力。戦後、川崎造船E会を作り、48年第2次JEA委員。64年5月JEI入会。署『支部職場班の運動報告』(NF 1949.12)、『矢野笹雄の遺稿と回想』(矢野笹雄遺稿編集委員会, 1990)。參栗栖継「EKRELO 10」(RO 1974.7)、『近代日本社会運動史人物大事典』。協赤田義久。

矢野登 | やの のぼる | 1905.7.11～1967.11.4

熊本/五高(1925), 京大(1929)/医学博士。八幡製鉄所病院などをへて、1944年三重県立医専初代皮膚泌尿器科学教授。のち三重県立医大、三重大各教授。専門は泌尿器科。戦前Eを学び、戦後、岡本好次、工藤鉄男らと三重県E会を結成。59年ザメンホフ百年祭委員会中央委員。參稲田務「矢野登教授の御逝去を悼む」(『日本泌尿器科学会雑誌』59:4, 1968)。

矢野祐太郎 | やの ゆうたろう
1881.3.15～1938.8.22

東京/東京府尋常中(1897), 海兵(1900)/海軍大佐から宗教家へ。1916年大本に入り、翌年綾部へ移住。26年出口王仁三郎入蒙の舞台裏で活躍。のち「世界大門」に入り「日之出神諭」を研究。その後、大門とも袂を分かち独自に日之出の神の神業を行う。天皇に接近しようとしたため当局に連行され、不敬罪で起訴。脳溢血で死亡と発表されたが、監獄で毒殺されたとも。06年JEA入会(会員番号322)。署『神政龍神会資料集成』(八幡書店, 1994)、松本清張『神々の乱心』全2巻(文藝春秋, 1997)、久米晶文『酒井勝軍「異端」の伝道者』(学研, 2012)。

ヤノーシェク | | 1927?～?

チェコスロバキア/オーストラリアに亡命。1955年12月7日文通相手の久保田囿夫を頼って観光目的で来日。同月東京のザメンホフ祭で挨拶。神戸、大阪などでも交流して、数ヵ月滞日。參 'Czech Esperantist Here'("The Mainichi" 1956.1.31)。

矢部周 | やべ あまね | 1898～1946以降

福島/早大/高畠素之門下のジャーナリスト。国民新聞記者をへて、1924年やまと新聞に入り、編集局長。『秋田雨雀日記』(1923.1.22)に「朝、矢部君がEのことできた」と、同(1923.2.8)に「矢部周君はE運動のことでやってきた」とあるが、不詳。署『何を語つたか 滞京中の宇垣総督』(経済国策社, 1934)ほか。參山崎扇城『新聞人史』第1編(新聞事報社, 1929)、『新聞人名録 昭和五年版』(新聞之新聞社, 1929)、田中真人『高畠素之』(現代評論社, 1978)。

山内豊中 | やまうち とよなか
1885.5.30～1952.10.30

高知/学習院, 海兵(1904), 海大(1917)/海軍少将。山内豊信(容堂)の孫。軽巡洋艦神通艦長、宣仁(のぶひと)親王附武官、第3駆逐艦司令、侍従武官、馬公要港部司令官など。20年7月JEI入会、23年終身会員。

山内安太 | やまうち やすた | 1882頃～1941以前

東京物理学校(1905)/気象学者。高層気象台などに勤務。JEA会員(会員番号1034)。

のちJEIにも参加。著「風力計示度に及ぼすべき測風台建物の影響如何」(大石和三郎と共著『高層気象台彙報』4, 1928),「風力計示度七掛け問題」(同)。

山内陽明|やまうち ようめい|1902～1988

愛媛/松山商/旧姓中野,本名二郎,通称俊明/商業。1923年大本に奉仕。24～30年全国各地で大本のE講師。30年奉仕を辞し,のち亀岡で菓子・果実販売,喫茶を経営し,外国人E-istoを歓待。妻房子もE学習。協重栖度哉。

山賀勇|やまが いさむ|1905.8.27～1987.6.6

新潟/新潟医大(1930)/医学博士。青森県立病院をへて,1935～37年北大で研究。37～41年滝川町立病院眼科医長,41年小樽に山賀眼科医院開業。50年小樽ユネスコ協会発足に尽力し,74年会長,79年日本ユネスコ国内委員会委員。中学4年の22年『Eの鍵』でEを知り,23年新潟高で1年先輩の林不二夫,26年新潟医大で横田武三教授から指導を受ける。青森時代,葛西藤太,神潔らと交流。40年4月JEI入会。47年春小樽E協会を再建し会長。同年第2次JEAに加盟。48～71年北海道E連盟会長。48年第12回北海道E大会(札幌)会長。51年JEI小樽支部代表。52年第16回北海道E大会(札幌)会長。加藤静一"Lernolibro pri oftalmologio〔眼科読本〕"(JEI, 1960)の編集に協力。67年第31回北海道E大会(小樽)会長。68年第55回JK(札幌)会長。70～81年JEI評議員。知里幸恵"Ainaj Ju-karoj〔アイヌ神謡集〕"(北海道E連盟,1979)の共同E訳に参加。80年JEI終身会員。福田正男のSAM発行を経済的に支援。JEI顧問,UEAデレギート(小樽,医学),JEMA,JESA各会員など。著『眼科の栞』(半田屋書店,1940),「作品をどうして集めたか」(RO 1951.3),「眼科人名辞典」(『臨床眼科』7, 1953),「Eの旅」(ES 1977.5～8),「バルナ大会参加の記」(JEI旅行団,1978),「一冊の本」(近代文芸社,1983)。参江口音吉「山賀先生に憶う」(RO 1987.8),福田正男「山賀勇先生を偲ぶ」(SAM 1987.11),HEL 1987.7～9,高橋要一

「D-ro山賀勇逝去」(PO 1987.10),前田米美「小樽にて,山賀勇先生を偲ぶ」(HEL 1988.9～11)。

山鹿泰治|やまが たいじ|1892.6.26～1970.12.6

京都/京都一中(1907中退)/救世軍の信者(兵士)から転じて,長くアナキズムの立場からE運動に献身。染色作家山鹿清華(1885～1981)の弟。1907年中村有楽の有楽社の住み込みの小僧となり,11年から築地活版などで印刷工。08年2月有楽社内の講習会で黒板勝美から手ほどきを受け,09年JEAに参加し(会員番号904),10年書記。09年訪日したフレイレを接遇し,東京市内を案内。11年大杉栄にE文の葉書を出して知己を得て,アナキズムに傾倒。中国に計5回赴き,多くの中国人E-istoと親交。上海の師復の『民声』("La voĉo de popolo")のE欄に協力し,発行を助ける。16年北一輝にEの話をして,北宅の居候に。19年P.ベルテローの"La evangelio de la horo〔時の福音〕"を含む秘密出版で禁固3年。22年大杉の旅券工作のため北京に赴き,エロシェンコと再会。27年石川三四郎,岩佐作太郎とともに上海労働大学E講師。29年小坂狷二の口添えで,小林留木の紀北実践女学校でEを教授。同年11月小池英三,安井義雄,島津末二郎,古河三樹松らと"La anarkiisto"を発行。32年から「老子」のE訳に取り組み,のちスペイン語に重訳される。39年台湾に渡り,連温卿らとE講習会を開く。41～44年陸軍軍属として徴用されて,フィリピンに赴き,同地のE-istoを探して,交流。48年第2次JEA評議員。54年9月大杉栄の記念会に参加し,Eで大杉の思い出を語る(通訳磯部晶之助)。56年50周年記念第43回JK(東京)で表彰。60～61年戦争抵抗者インターナショナルの大会(インド)に日本代表としてEで演説。SAT会員。71年2月11日追悼会。長女を「アイノ」(アルファベット第1字'A'と女性を示す接尾辞'-in-'から)と命名。著『日・E・英・支会話と辞書』(大道社, 1925),ポール・ベルテロー『平民の鐘—無政府の福音〔La Evangelio de la Horo〕』(地底社, 1929；1970年黒色戦線社より復刻),『Eの鍵』(小坂狷二と共著, JEI, 1930),『時の福音』(新世紀社,

1933；1953年私家版)、「古い日記帳から」(EL 1935.8〜9)、「数々の思い出」(RO 1936.6)、『世界語老子』(私家版, 1939)、『日比小辞典』(共編, 私家版, 1943)、"Korelativaj vortoj 45"(私家版, 1951)、「体験を語る」(SAM 1951.10〜52.1)、"Legolibro"(私家版, 1952)、ベルトゥロ『時の福音, 平和の鐘』[La Evangelio de la horo]』(Anarkista Federacio Japana, 1953)、「北京にいたエロさん」(LM 1953.10；同1971.12に再録)、'El memorajo de T. Yamaga' (LM 1955.8〜9)、"Japanaj martiroj de anarkista movado"(日本アナキスト連盟, 1957)、『世界語・老子』(ベネズエラ：Lnta, 1962)、「国立労働大学とE」(LM 1971.4)、『老子直解』(山鹿文庫, 1992)、「たそがれ日記」(『ゆう』自由誌「ゆう」の会, 2006.11〜2010.5)。参立野信之『黒い花』(新潮社, 1955)、「先輩はなぜ・どうして学んだか」(RO 1956.6)、「山鹿泰治に昔をきく」(SAM 1956.1〜2, 1958.3)、「Eに生きる二人」(『朝日新聞』1956.11.9)、「山鹿泰治死す」(LM 1971.2)、向井孝「山鹿泰治の生涯」(RO 1971.2)、宮崎公子「『平和の鐘』復刻版」(同)、福田正男 'Mortis Yamaga Taizi, Pioniro-E-isto' (SAM 1971.2)、逸見吉三「山鹿泰治, 人とその生涯—Eとアナキズムの生活者」(『現代の眼』1972.2)、向井孝「Eとアナキストたち—山鹿泰治をめぐって」(『現代の眼』1973.7)、玉川信明「山鹿泰治」(『面白半分』1973.9)、向井孝『山鹿泰治一人とその生涯』(自由思想社, 1984)、朝比賀昇・萩原洋子「日本E運動の裏街道を漫歩する 8」(ES 1975.12)、鶴見俊輔「山鹿泰治のこと」(『思想の科学』83, 1977.11臨時増刊；『鶴見俊輔集』筑摩書房, 12, 1992, および『思想をつむぐ人たち—鶴見俊輔コレクション 1』河出書房新社, 2012に再録)、藤巻謙一「わたしの出した1冊の本」(RO 1993.1)、手塚登士雄「アナキストのE運動」(『トスキナア』皓星社, 6〜11, 2007〜10)、大澤正道『忘れられぬ人々』(論創社, 2007)、『現代日本朝日人物事典』、『近代日本社会運動史人物大事典』、『日本アナキズム運動人名事典』、『盲目の詩人エロシェンコ』など。

山家信次｜やまが のぶじ｜1887.5.7〜1954.11.4

大阪/五高 (1908)、東大 (1911)/工学博士。1922年東大教授, 35年海軍火薬廠長, 37年海軍造兵中将, 41年京城帝大教授, 44年総長。戦後, 日本カーリット専務など。五高在学中にJEA入会(会員番号252)。著『熱力学』(一橋書房, 1955)。参『山家信次先生遺芳録』(同刊行会, 1986)。

山県五十雄｜やまがた いそお｜1869.4.26(明治2.3.15)〜1959.3.15

近江国(滋賀)/大阪中, 第一高等中(1891)、東大(中退)/1898年『万朝報』に入り, 記者, 主筆をへて, 『ソウル・プレス』社長兼主筆。終戦まで30余年外務省嘱託。キリスト者。1906年JEA創立に参加し評議員(会員番号10)。著『英詩研究』全3巻(言文社, 1903〜04)ほか多数。協津野行彦。

山県光枝｜やまがた みつえ｜1906.10.20〜1984以降

東京/東京府立第三高女/1939〜45年満洲国立博物館司書。Eは20年代に独学。のちJEIに参加し, 下村芳司の指導を受ける。下村の指導下, 浜田直助, 松原満らと"Japanaj Faboloj"(国文社, 1933)の翻訳に取り組む。39年5月渡満後, 田中貞美, 松本健一らとE運動。新聞紙上で「E精神が言語における民族協和の精神にいかされるべき」と。40年JEIの和文E訳懸賞で有島武郎「火事とポチ」をE訳し1等(RO 1941.2収録)。戦後はEと疎遠に。著山本有三 'Mara Ĉaso・Monta Ĉaso〔海彦と山彦〕'(RO 1939.1〜2)、「大陸と日本語」(RO 1939.9)、「満洲国とE」(『満洲新聞』1939.11.5〜6)、'Virina vivo en la nova urbo' (RO 1939.12)、'Sankta fontejo kaj vundita cervo' (RO 1940.3)、'La tombo de sindonema filo' (RO 1941.4)、'Ora spegulo en la lago' (同)、'Legendoj pri la devenode la manĝuroj' (RO 1941.10)。

山川石太郎｜やまかわ いしたろう｜1904.1.1〜1968.2.23

鳥取/鳥取商/大本総務部長, 財務部長など。1923年E学習。24〜35年"Oomoto"編集。戦前"Verda Mondo"を編集。45年大本に復帰。管財部長, 総務を歴任し, 大本のE

運動に財政的支援を惜しまなかった。EPA理事。協重栖度哉。

山川一弥｜やまかわ いちや
1930.2.7〜1986.10.8

大阪/鳳中学, 天王寺師範, 大阪学芸大, 大阪外語大/大阪の高石, 忠岡, 長尾, 月州, 鳳各中学の音楽と英語の教諭。高石中在職中, 同僚の橋口良彦にEを学ぶ。1965年6月JEI入会。堺E会長として, 同会の発展に寄与。盲人E-istoとの交流にも熱心で, Eの点訳やテープを作成。KLEGのE林間学校の講師を務め, 歌やフォークダンスも指導。関西大会でも歌唱指導。著『小中学生のためのE入門』(私家版, 1968),「あるE-istoの死」(RO 1971.8)。参「Jen ŝi, jen li」(LM 1981.4), 奥村林蔵「悼 山川一弥さん」(LM 1987.2), 寺本元子「山川一弥会長を悼む」(FO 1987.7)。協奥村林蔵。

山川菊栄｜やまかわ きくえ
1890.11.3〜1980.11.2

東京/東京府立第二高女, 女子英学塾(1912)/旧姓森田, 一時青山姓, 筆名野坂竜子ほか/女性解放運動家, 評論家。山川均の妻, 佐々城松栄の妹, 山川振作の母。神奈川県立かながわ女性センターに山川菊栄文庫。E学習歴は無し。山口小静を高く買った。1956年日本E運動50周年記念に際し均とともにJEI賛助会員。著『山川菊栄集』全11巻(岩波書店, 1981〜82)ほか多数。参山川振作「山川菊栄の航跡」の「著作目録」について」(『婦人問題懇話会会報』30, 1979),「山川菊栄先生略歴・主要書・訳書」(同 34, 1981), 菅谷直子『不屈の女性』(海燕書房, 1988), 山川菊栄記念会編『たたかう女性学へ』(インパクト出版会, 2000),『現代日本朝日人物事典』,『近代日本社会運動史人物大事典』,『日本アナキズム運動人名事典』,「日本女性運動史人名事典」。

山川強四郎｜やまかわ きょうしろう
1892.9.23〜1980.11.25

長崎/九大(1919)/医学博士。メニエール病の原因である内リンパ水腫の発見者。

1929〜31年金沢医大, 32〜56年阪大各教授。九大時代Eを学び, 福岡E倶楽部に参加。65年第50回UK大阪後援会顧問。JEMA会員。著『内科疾患と鑑別を要する耳科疾患』(金原書店, 1938),『レ線学的診断と治療』(共著, 日本医書出版, 1953)。参佐野光仁他「山川強四郎名誉教授の側頭骨病理所見」(『Equilibrium Research』45:4, 1986)。

山川振作｜やまかわ しんさく
1917.9.7〜1990.7.3

岡山/東大(1941)/動物生理学者。山川均・菊栄の長男。1966〜78年東大教授, 退官後, 星薬科大, 国学院大各教授。小学生時代, 伯母佐々城松栄にEを習い, 26年第14回JK(東京)に参加。大学進学後, JEIの講習会で再学習。46年JEI藤沢支部設立に働く。東大教養部のEサークルを, 玉木英彦に代わって数年間指導。著「ソ連文士アガボフ氏と語る」(RO 1946.1〜3), ロウラー『血液型の遺伝』(河出書房新社, 1974)。

山川均｜やまかわ ひとし
1880.12.20〜1958.3.23

岡山/同志社(1897中退)/別名麦, 麦粒, 無名子/明治, 大正, 昭和と活躍した社会主義の理論家。山川菊栄の夫。蔵書は法大大原研究所の向坂逸郎文庫に。1906年JEA入会(会員番号192)。56年日本E運動50周年記念に際して菊栄とともにJEI賛助会員。著『山川均全集』全20巻(勁草書房, 1966〜2003)ほか多数。参山川振作「臨終記」(『世界』1958.6), 山川菊栄・向坂逸郎共編『山川均自伝』(岩波書店, 1961), 川口武彦『山川均の生涯』全2巻(社会主義協会出版局, 1986〜87),『現代日本朝日人物事典』,『近代日本社会運動史人物大事典』,『日本キリスト教歴史大事典』,『反体制E運動史』,『岡山のE』。

八巻頴男｜やまき てるお｜1894〜1979.9.29

長崎/関学(1914, 中退), 青山学院(1920)/カトリック研究家。プロテスタントでありながらカトリックの聖人アッシジのフランシスコに傾倒し, 熱心に研究。柳宗悦と親

しく，その編集する『白樺』にフランシスコ伝の翻訳を連載し，のち単行本に。鎮西学院訓導として長崎時代のコルベ神父（1894～1941，アウシュビッツ収容所で身代わりに餓死刑を受け，のち列聖）と親交し，翻訳の協力や秘書の役割も果たす。1931～33年仙台の穀町教会（33年2月日本メソジスト仙台教会と合併）主牧師。のち上京し，カトリックに改宗。戦後，西宮市の仁川学院校長，神戸海星女子学院大，英知大などに勤務。鎮西学院在勤中の23年頃JEI入会。仙台時代，東北学院で教鞭を執り，同校高等学部E会顧問。著『三人の伴侶の著はせる聖フランチェスコの伝』（編著，警醒社書店，1924），『聖フランシスコの理想』（東京聖フランシスコ第三会，1936），リヨン『現代とカトリック教会』（ドン・ボスコ社，1969）。参長谷部俊一『光と闇』（キリスト新聞社，1978），小崎登明『長崎聖母の騎士資料集第一巻 来日と大浦の一年』（私家版，1980），小崎登明『ながさきのコルベ神父』（聖母の騎士社，1988），川下勝『コルベ』（清水書院，1994）。協小林喜成，小崎登明。

山口喜一｜やまぐち きいち
1881.12.22～1969.5.22

福島/同志社，明治学院，東京政治学校修業/旧姓原/佐藤徳意の岳父。松本商教諭から信濃実業新報社へ。のち『会津日日新聞』，『北海旭新聞』各主筆などをへて，北海タイムス社長。キリスト者。1906年安孫子貞治郎と知り合い，同年5月『北海旭新聞』に赴任後，E会話をしばしば同紙に連載，この頃本人もE学習。著『老新聞人の思い出』（山口政民喜寿記念会刊行会，1957）。参岡本好次「北海道及東北の同志を訪ねて」（RO 1936.9）。

山口啓志｜やまぐち けいし
1900.9.9～1981⇔1983

東京/一高（1921），東大（1924）/1933年大日本雄弁会講談社に入り，出版局学術課長，編集局長，出版局長などを歴任。舟橋諄一，堀真道らと一高英法科の同期。21年JEI入会。

山口小静｜やまぐち こしず
1900.1.3～1923.3.26

台湾/東京女高師（1919中退）/別名吉田梅子/社会運動家。学生時代に山川菊栄の影響で社会主義を学ぶが，労働運動と関わったとして退学処分に。菊栄や河崎なつなどの援助を受けて，社会主義団体「水曜会」などにも参加し，台湾神社宮司の父と対立。療養のため台湾に戻ったのち，連温卿と台湾E学会，台湾文化協会を指導して，連を山川均・菊栄夫妻に紹介。かたわら労農ロシア飢饉救援運動を組織。菊栄に後継者と見込まれていたが，結核で夭折。著「赤化か緑化か」，ロマン・ローラン「人類解放の武器はE」（いずれも『匈牙利の労農革命』水曜社出版部，1923），ラッパポート『社会進化と婦人の地位』（山川菊栄のための下訳，吉田書店，1924）。参クララ会編"Vortoj de Macue Sasaki"（JEI，1934），山川菊栄『女二代の記』（日本評論新社，1956），山川均「尊敬すべき同志山口小静氏」（『山川均全集』勁草書房，5，1968），宮本正男「山口小静のこと」（"La Torĉo"伊藤巳西三，76，1965.12），同「山口小静のこと」（LM 1971.7～10），松田はるひ「緑の蔭で—植民地台湾E運動史」（RO 1977.6～11），江刺昭子「覚めよ女たち—赤瀾会の人びと」（大月書店，1980），尾崎秀樹「山口小静の生と死—山川菊栄の回想にふれて」（『山川菊栄集 月報』9，1982.2），呂美親「"La Verda Ombro"，"La Formoso"，及其他戦前在台湾発行的世界語刊物」（『台湾文学史料集刊』国家台湾文学館，1，2011），『解放のいしずえ』，『近代日本社会運動史人物大事典』，『日本女性運動史人名事典』，『反体制E運動史』，『危険な言語—迫害のなかのE』。

山口慎一｜やまぐち しんいち
1907.4.8～1980.2.10

福岡/長春商（1925），東亜同文書院（1929）/筆名大内隆雄，矢間恒耀，徐晃陽/翻訳家，文芸評論家。満鉄に入り，1932年『満洲評論』編集長。同年末左翼分子の嫌疑で検挙。翌年満鉄を退社し帰国。34年再渡満，文芸活動を開始。40年新京日日新聞社論説部長，44年満洲映画協会娯民映画部文芸課長。46年引き揚げ後，延岡市役所，緑ヶ丘高，

緑ヶ丘学園短大などに勤務。23年頃JEI入会。24年長春で小坂狷二と交歓。41年第10回全満E大会（新京、現長春）に出席。󰂈「E-istoの思い出」（『書香』満鉄大連図書館、2期12、1930.3）、古丁『平沙』（中央公論社、1940）、『満洲文学二十年』（国民画報社、1944）。󰂊岡田英樹『文学にみる「満州国」の位相』（研文出版、2000）。

山口豊雄｜やまぐち とよお
1912.9.17〜2000.7.26

長野/長野商（1930）、下高井農業学校産業組合科/1930年長野信用金庫に入り、72年理事長、86年会長。長野県信金協会長、全国信金協会副会長など。青年時代E学習。

山口昇｜やまぐち のぼる｜1891.3.8〜1961.2.12

静岡/一高（1911）、東大（1914）/工学博士。土木技師、土木学者。内務省をへて、1918年東大助教授、24〜26年米国留学、26〜48年東大教授。青山士の依頼で、信濃川・大河津自在堰補修工事竣工記念碑（1931）のE文を担当し、青山作「万象ニ天意ヲ覚ル者ハ幸ナリ」、「人類ノ為メ国ノ為メ」を、'Feliĉaj estas tiuj, kiuj vidas la Volon de Dio en Naturo' 'Por Homaro kaj Patrujo' とE訳。󰂈『応用力学ポケットブック』（鉄道時報局、1930）、『土の力学』（岩波書店、1936）。󰂊最上武雄「故山口昇先生」（『土木学会誌』46 : 3, 1961）、「名誉会員山口昇博士の御逝去をいたむ」（『土と基礎』9 : 1, 1961）、高橋裕「名誉員青山士氏をお訪ねして」（同47 : 1, 1962）、峰芳隆「Feliĉaj estas tiuj, kiuj... 一信濃分水記念碑について」（LM 1985.11）、高崎哲郎『評伝技師青山士 その精神の軌跡』（鹿島出版会、2008）。󰂋横山英、徳田六郎、六郷惠哲。

山口勝｜やまぐち まさる
1862.2.12（文久2.1.14）〜1938.10.4

江戸/陸士/陸軍中将。日露戦争の際、陸軍省軍務局砲兵課長として砲兵の増強に尽くす。1889〜93年イタリア、97〜99年フランスを視察。1914年第十師団長、16年第十六師団長など。21年2月JEI入会。󰂊『日本陸軍将官辞典』。

山口美智雄｜やまぐち みちお
1937.1.18〜2006.10.1

長野/岡谷中（1952）、諏訪清陵高（1955）、東京教育大/諏訪清陵高、岡谷工高などの国語教員。1985年E学習。アルジェンタ・グルーポに属し、小林司が提案したGiordano Moya Escayola『Eの将来展望〔E en Prospektivo〕』の共同E訳に参加。非常な読書家で、85年以降LMに多数の読書案内、書評を寄せ、のち『E読書ノート』に。"Riveroj" に数編の詩も。󰂈『E読書ノート』（リベーロイ社、1999）、「ザメンホフの問題：わが『ハムレット』」（LM 1999.2）、「Pajleroj kaj stoploj」（LM 1999.5）、「Noveloj el Antikva Ĉinio」（LM 1999.10）、「La ŝtona urbo」（LM 2000.1）、「Durankulak」（LM 2000.7）、「La familio」（LM 2000.11）、「Akbar」（LM 2001.6）、「Neniu ajn papilio」（LM 2001.11）、「La tago kiam Jesuo perfidis」（LM 2002.5）、「Aleksandr Puŝkin—Elektitaj verkoj」（LM 2002.12）、「La skandalo pro Jozefo」（LM 2003.1）、「Fulmotondro」（LM 2004.1）、「Tilla」（LM 2004.4）、「La obstino を再読する」（LM 2004.7）、「Kaj kiu Pravas—memorspertoj」（LM 2005.1）、「Sensorteco」（LM 2005.7）、「Reĝino Jokasta」（LM 2006.8）、「La ajoj kaj la sezonoj」（LM 2007.1）。󰂊『日本のE-isto名鑑』、山本辰太郎「山口美智雄さんを偲ぶ」（"Verdaj Montaroj" JEI 長野支部、46, 2006）、同「山口美智雄さんを悼む」（RO 2007.4）。

山口安夫｜やまぐち やすお｜1911.1.21〜?

横須賀海軍工廠の記録工。1931年E通信のためソ連のスパイ容疑で、同僚の三浦幸一、松葉菊延とともに検挙され、厳重説諭で釈放。󰂊『E運動の概況』。

山口良哉｜やまぐち よしや
1899.2.28〜1964.11.2

長崎/五高（1919）、東大（1922）/竹田吉郎、藤田重明と五高二部工科の同期。1923年三菱電機に入り、神戸製作所長などをへて、

57年常務，のち副社長。三菱電機長崎製作所在勤中の26年頃JEI入会。三菱E会で活動。参『長崎のE・前編』，今北孝次『われ，三菱人生に悔いなし』(日新報道，1987)。

山口義郎|やまぐち よしろう
1910.11.27~1991.2.9

広島/東京外語/英文学者。青山学院女子短大，長岡技科大各教授など。東農大講師時代の1954年1月より学内で初等講習を指導。他言語に応用可能なE式手旗信号を考案。79年JEI入会。著"Facila semaforo E-a"(La Orienta Stelo, 1956)，『英語語源要覧』(あけぼの社，1960)。

山口与平|やまぐち よへい
1887.5.26~1966.5.11

静岡/五高(1909)，東大(1912)/理学博士。1927年英国留学。東大名誉教授，理研名誉研究員など。20年代E学習。中断をへて，戦後JEIへ。日本化学会の『化学会誌』に南英一と協力してE文論文の受付を決定。著『ラヂウム』(読書会，1915)，『基礎電気化学』(裳華房，1943)。協桑原利秀。

山越邦彦|やまこし くにひこ
1900.6.23~1980.4.7

東京/東京府立一中(1918)，一高(1922)，東大(1925)/建築家。清水新平，谷口光平らと東京府立一中の同期。福田武雄，藤岡由夫らと一高理科甲類の同期。床暖房や浄化槽，太陽熱，メタンガスの利用などエコロジーの考え方を先取りする，科学性と社会性のある住宅建築を提唱。建築のドクメンテーションの確立にも尽力。戸田組をへて，北京大，法大，横浜国大各教授など。中性洗剤の毒性についても発言。1920年5月JEI入会。33年川尻東次が創立した人形劇団プークの女性団員と結婚し，新居として三鷹駅近くに科学的実験住宅を建設(2006年取り壊し)して"Domo Dinamika"(動力学的家)と命名し，「私のDomoは"Per E al mondpaco"の精神を建築で行ったのです」と。他に久我山の「多角生活の住宅」にも"Domo Multangla"[ママ]とEに基づいた命名。JEI会員の住宅を設計したことも。著「Domo Dinamika」(『新建築』新建築社，9：10, 1933)，「実験住宅Domo Dinamikaの報告」(『住宅』25：279, 1940)，「"Domo Multangla"多角生活の住宅」(同 25：285, 1940)，『合成洗剤の科学』(共著，学風書院，1962)，『台所の恐怖』(共著，白鳳社，1964)ほか。参「E主義の住宅」(EL 1933.10)，三宅史平「ゆかだんぼう」(RO 1971.8)，矢野和之他「自然との循環系をもつ科学的実験住宅─昭和初期のDOMO DINAMIKA, DOMO MULTANGLAが示唆しているもの」(『建築文化』336, 1974)，梅宮弘光他「山越邦彦のエコロジカルな住宅思想に関する多面的研究」(『住宅総合研究財団研究論文集』33, 2006)，矢代眞心他「山越邦彦旧邸「ドーモ・ディナミーカ」と残存資料の調査概要について　山越邦彦研究・その3」(『学術講演梗概集 F-2，建築歴史・意匠』日本建築学会，2007)。協神奈川県立川崎図書館。

山崎功|やまざき いさお|1942.1.13~1995.6.15

東京/早大(1964)/富士通FIP部長など。1960年Eを学び，早大E会で活動。同年7月JEI入会。61年8月日本学生E連盟再発足に参加。62年羽村合宿に参加。67~73年JEI評議員。68年TEJA委員長。著「TEJAに文化活動を」("Bulteno de TEJA" 33, 1967)，「E祭について」("Bulteno de TEJA" 39, 1967)。協山崎圭子。

山崎一雄|やまざき かずお
1896.5.9~1977.11.21

石川/四高(1918)，東大(1921)/別名友成与三吉，大島三郎，立ン坊ほか/東大で新人会に加盟，1920年機関誌『先駆』(題字に"La Pioniro"と併記)の発行名義人。21年『大阪時事新報』入社，22年『東京朝日新聞』へ。同年モスクワに入り，プロフィンテルン執行委員代理。23年帰国後，『国民新聞』，『中外商業新報』各記者，同時に合法無産政党結成に参加。26年社会民衆党結成に加わり，機関紙部長など右翼社会民主主義の立場で活動。戦後，日本社会党結成に加わり，機関紙編集局長などを務め，

51年東京大島の岡田村村長。四高時代の16年JEA入会（会員番号1096）。おそらく吉野作造のEへの関心を再燃させ、新人会の機関紙『デモクラシイ』(1:7, 1919.10)に「ザメンホフ博士とE」を書いて、初期学生運動にEを広めた。書英国労働党編『社会主義の政治』(日本民衆新聞社, 1929)。参『近代日本社会運動史人物大事典』、『反体制E運動史』。

山崎桂男｜やまざき かつお
1908.3.10～1946.1.5

東京/東京外語（中退）/俳号黙人/農民運動家。大岡昇平の旧友。1929年夏、国際文化研究所主催の外国語夏期大学E講座に参加、伊東三郎に共鳴して農民運動へ。Eでは中垣虎児郎に師事し、中垣宅に寄食したことも。PEAのE講習会で講師も。31年3月山形県小田島村の農民闘争を指揮し、懲役1年2ヵ月、執行猶予5年。出所後、南洋へ渡り、E-isto山口清子と結婚。妻の実家がサイパンで営む料亭を手伝った後、ロタ島の製糖工場に勤務。戦後、米軍通訳。収容所内で敗戦を信じない「勝ち組」の反感を買い刺殺される。参村山ひで『生命の綱の米の土』（駒草出版, 1986)、野村進『海の果ての祖国』（時事通信社, 1987)。

山崎久蔵｜やまざき きゅうぞう
1893.11.29～1977.4.22

京都/東北大(1928)/号白雲/徳島の美馬高女、名西高女、撫養中各校長などをへて、新潟大教育学部新発田分校主事、北海道学芸大教授など。1918年頃由里忠勝の指導でE学習。のち舞鶴E会を結成し代表。54年7月より北海道学芸大でE講習。札幌E会顧問、JEI、JELE各会員など。書『教育随想・教育論叢』（久米書店, 1939)、『学校風土記』（風貴堂, 1957)。協星田淳。

山崎定雄｜やまざき さだお
1900.12.23～1972以降

島根/鉄道教習所(1922)/1937年鉄道省陸運副監理官、46年鉄道弘済会本部事業部長、51～66年理事。21年12月頃JEI入会。書『陸運業の暖簾』（日本通運, 1942)、『特殊会社法規の研究』（交通研究所, 1943)。

山崎禎一｜やまざき ていいち
1910.9.20～1961.8

大阪/北野中(1928)、一高(1931)、東大(1934)/俣野四郎と北野中の同期。1946年神戸市立外事専門学校教授、50年神戸大助教授、61年教授など。米国で客死。一高在学中に一高緑星会、東京学生E-isto連盟、JEIに参加。書『地理通論』（名古屋正文館, 1939)、『世界経済地理』（ミネルヴァ書房, 1961)。参『国民経済雑誌』神戸大, 104:6, 1961)。

山崎弘幾｜やまざき ひろちか｜1892～1967

兵庫/國學院大(1920)、日大/筆名山崎笛郎/芝中で漢文、歴史を教授。1943年日本語教育業務委員としてフィリピンへ。戦後、岡山の関西高校、玉野高校で講師。相沢平吉と國學院大の同期。20年E学習、ヨコモジ社を主宰、E、カナモジ、ローマ字運動に貢献。40～42年JEI評議員。娘にチエロ(ĉielo,「空、天」から、のち改名)、息子にアジオ(Azio「アジア」から)、ナチオ(nacio,「国民、国家」から)と命名し、Eの特訓を施した。書『生命の日本字』（日本字文社, 1923)、『笑って覚へるE和辞典』（ヨコモジ社, 1926)、「心を虚しくして語れ」(RO 1939.10)。参山崎アジオ「僕とアメリカのE-istoたち」(RO 1961.1)、同「父・山崎弘幾とEの思い出」(LM 1984.3)。協山崎アジオ、久保貞次郎。

山崎不二夫｜やまざき ふじお
1909.1.2～1994.5.25

長野/一高(1928)、東大(1932)/筆名井上英一/農学博士。1951～69年東大教授、74年山崎農業研究所設立。農文協図書館に山崎不二夫文庫。31年PEU中央委員。JEI会員。書スピリドヴィッチ『言語学と国際語』（大島義夫と共訳、JEI, 1932；1976年L'omnibusoより復刻)、『農地工学』全2巻（東大出版会, 1971～72)、「ウルリッヒ・リンス著、栗栖継訳

『危険な言語—迫害のなかのE』」(『日本の科学者』日本科学者会議, 11：6, 1976),『ダム公害』(山崎農業研究所, 1983),「私の履歴書」(『山崎農業研究所所報』7, 1995.9)。参大島義夫「スピリドビチ『言語学と国際語』」(LM 1977.8),「科学者のあゆんだ道—山崎不二夫氏に聞く」(『日本の科学者』14：1～4, 1979.1～4), 安富六郎「名誉会員 故山崎不二夫先生と農村計画」(『農村計画学会誌』13：2, 1994)。

山崎勝|やまざき まさる|1933.7.20～2012.1.12

1985年横浜E会入会。2003年第88回UK(ヨーテボリ)でマジックを披露。小山武, 板橋力と『やさしいE対訳読み物 カルロKarlo』(2002)を出版。著「Eで書かれた墓・淺川桂」(RO 2008, 8・9)。参「山崎勝さんを悼む」(RO 2012.4)。

山崎雄一|やまざき ゆういち
1914頃～1992.5.20

筆名ちちろ虫, 風の子, MEDAKA/鉄道職員。1969年JEI入会。"La instruoj de Budho〔仏教聖典〕"(仏教伝道教会, 1983)の翻訳協力者。E関係蔵書98点は遺族により佐賀E会へ。著「合宿感想」("Vojo Senlima"熊本E会, 74, 1982.1)。参橋口成幸「山崎雄一氏を悼む」(LM 1992.8)。

山崎良文|やまざき よしふみ
1922.2.23～2003.2.17

大連/長崎高商/旧姓相川/長崎県職員。Eは, 1984年から独学し, 85年JEI入会。86年より長崎E会で総務を担当。遅咲きながら猛烈な勉強家で, 祈りによる平和運動(世界平和を祈る会)関係書籍のE訳ほか, 94年より始まった, 西野瑠美子"Konsolvirinoj de Japana Imperia Armeo〔従軍慰安婦のはなし〕"(Biblioteko Kolombo, 2007)の共同E訳に参加。UEAデレギート(長崎, 観光)。著「六十の手習い」(LM 1986.6), 'Impreso de Nederlando' (VH 1988.8), Degenkamp『美しいE文とは何か』〔E 60-jara, skizo pri la evoluo de la lingvo literatura〕(小林司・加藤巌・中塚公夫・山口美智雄と共訳, Arĝenta gru-po, 1995)。参『日本の E-isto 名鑑』, 深堀義文「故山崎良文氏を悼む」(RO 2003.5)。協山崎田鶴, 深堀義文。

山下巌|やました いわお|1905.12.14～1970

香川/宮崎商/宮崎大職員として, 1967年附属図書館事務長を最後に退職。31年12月堀内恭二, 巣山毅, 橋本竹彦らと宮崎E会創立, 美麗な謄写版の機関誌"Semanto"編集に創刊より携わり, 35～36年単独で編集。名プリンターとして城戸崎益敏『E名著読本』, 川崎直一『合成語辞典』などを印刷。E蔵書は宮崎E会へ。参松本淳「バベルに挑む」(『宮崎県地方史研究紀要』宮崎県立図書館, 31, 2005)。協宮崎大図書館。

山添三郎|やまぞえ さぶろう
1908.10.20～2007.1.15

新潟/新潟医大(1932)/号冠月/浅見正の兄。新潟医大助手をへて, 1937年労働科学研究所研究員, 42年北京医学院, 49年前橋医大, 74年共立女子大各教授。2006年11月受洗。新潟医大在学中の28年真崎健夫にEを学ぶ。シェーラーの講演を聞き刺激を受ける。36年3月JESA結成に参画。前橋医大に赴任して西成甫学長と出会って, Eと再会。54年2月JEI入会, 同年ISAE日本代表。58年第7回関東E大会(赤城)議長。64年第13回関東E大会(宇都宮), 65年第14回関東E大会(榛名)各議長団の一人。68年9月世界連邦建設同盟E支部監事。70年UMEA事務局長に就任し, 76～94年機関誌"Medicina Internacia Revuo"編集長を兼務。75～76年JEI評議員, 77～80年および83～84年同理事。78年第63回UK(ブルガリア, バルナ)大会大学で"Kio estas prostaglandinoj?"を講演。84年群馬E会長。85年E発表百周年日本委員会監査。85～86年JEI監事, のち参与。87年関東E連盟顧問。91年JEI終身会員。96年医学用語集の執筆, 医学分野におけるEの実践活動により第34回小坂賞。98年JEMA会長。2001年, 6年の歳月をかけて収録語数4万語の"Angla-E-a Medicina Terminaro〔英語E医語辞典〕"を完成させポーランドで出

版。群馬E会会報『Tri montoj』や関東E連盟機関誌POに一般向け医学記事やE体験記など寄稿多数。UMEA名誉会長、UEA名誉会員、デレギート（前橋）、ISAE、JEMA、JESA各会員など。蓍「赤城山ではどう学習したか」(RO 1963.11)、「EMT de UMEA（医学用語集）の仕事を終えて」(RO 1982.3〜4)、'Kiamaniere oni preventu senili-ĝon?' ("Heroldo de E" 1983.3.10)、"Angla-E-a Medicina Terminaro" (UMEA Shinoda-kuracejo, 2001)、「92歳になる群馬大学名誉教授山添三郎さん」(『両毛新聞』2001.7.18)、「わたしの出した1冊のほん」(RO 2002.6)、「私とE」(RO 2004.6)、"Kelkaj Komentoj kaj Eratumo kun Ŝanĝoj pri "Angla-E-a Medicina Terminaro"" (UMEA, 2004)、"E-a-Angla Medicina Terminaro" (UMEA Shinoda-kuracejo, 2006)。参堀泰雄「弔辞」(PO 2007.1)、同「山添三郎さんを悼む」(RO 2007.3)、『関東E連盟40年史』、『日本のE-isto名鑑』、『群馬のE運動 1903〜2010』。協堀泰雄。

山田金雄｜やまだ かねお
1885.9.18〜1966.10.19

岡山/慶應義塾(1910)/旧姓高取/1918年日銀から千代田生命へ転じ、のち専務。日本印刷工業会長、攻玉社理事長。JEA会員（会員番号283）。20年6月JEI入会。

山田耕筰｜やまだ こうさく
1886.6.9〜1965.12.29

東京/岡山養忠学校、関学本科（1904中退）、東京音楽学校(1908)、ベルリン王立アカデミー高等音楽院(1913)/作曲家、指揮者。日本音楽界の最高指導者の一人。ガントレット恒子の弟。1910〜14年ドイツ留学、17〜19年滞米。第二次大戦中は音楽による戦意高揚。56年文化勲章。明学大図書館付属日本近代音楽館に山田耕筰文庫。05年姉とともにその夫ガントレットからEを学び、ザメンホフから免状を受けたと自認。JEA会員（会員番号308）。蓍『簡易作曲法』（大阪開成館、1918）、後藤暢子編『山田耕筰作品全集』（春秋社、1989〜）、後藤暢子他編『山田耕筰著作全集』全3巻（岩波書店、2001）

ほか多数。Eについては「青春懺悔録」(『中央公論』1934.7)、『耕筰楽話』（清和書店、1935)、「問答有用 161 夢声対談・山田耕筰」(『週刊朝日』1954.5.16)などで言及。30年「耕作」から改名。参大島義夫「山田耕作とE」(NR 1966.3)、朝比賀昇・萩原洋子「日本E運動の裏街道を漫歩する 1」(ES 1975.4)、丘山万里子『からたちの道』（深夜叢書社、2002)、『現代日本朝日人物事典』、『日本キリスト教歴史大事典』。

山田貞元｜やまだ さだもと
1902.12.4〜1957.9.5

岡山/岡山中、富山薬専(1925)/筆名Junko/内務省衛生試験場、大日本製薬東京支店などに勤務。国学者の家柄の生まれ。父貞芳は教育者、感化院院長。中学で同級生伊東三郎とE学習。1922年富山薬専E会を結成し、"Kajero Kaprica"を発行。北陸E連盟の活動に尽力、のちHermesa Rondoに参画。28年柴田潤一によって設立されたE-isto文化協会に参加し会計委員。東京薬学E-isto懇話会員。55〜57年JEI評議員。JEMA会員。参「内地消息」(RO 1924.8)、伊東三郎「山田貞元君の思い出」(RO 1957.11)、『岡山のE』。

山田正三｜やまだ しょうぞう
1882.12.20〜1949.1.6

大阪/四高(1906)、京大(1909)/法学博士。1912〜18年米国留学。京大名誉教授。JEI初期会員。蓍『破産法』（弘文堂書房、1933）、『強制執行法』（弘文堂、1936）。

山田清一｜やまだ せいいち｜1907頃〜1926.10.23

岐阜/岐阜商(1925)/1923年頃JEI入会。26年4月中部日本E連盟創立委員。ROに記事の材料を提供。岐阜のE界で熱心に活動し、将来を嘱望されたが早世。参「噫山田清一君」(RO 1926.12)。

山田武一｜やまだ たけいち｜1893〜1965.9.12

東大/薬剤師。1932年東京滝野川区議。23年村田正太『E講話』、『大成E和訳辞典』を

入手, 24年日本E社の講習に参加。26年福富義雄, 三雲隆三郎, 波多野正信, 岡本好次らとHermesa Rondetoを結成し,『日本薬局方エス・羅・日・独・英・仏：薬品名彙』(南江堂書店, 1930)を共編。JEI, 東京薬学E-isto懇話会で活動。JEMA東京地方支部幹事。🖻 'Pri "Toso"' (RO 1927.1),「Fundamento de Eに三度邂逅」(RO 1936.6),「世界連邦会議A-Aに出席して」(RO 1957.12)。參「アホダラ経でかいたE宣伝の立看板」(RO 1926.8)。

山田忠弘｜やまだ ただひろ｜1940?～1993以前

大阪?/大阪府大/大倉工業(丸亀市)に勤務。1959年7月JEI入会。同年12月大阪府大E会設立。61年KLES創立に参加し, 同年前期のKLES委員長。63年香川E会長。柳田國男 "Japanaj malnovaj rakontoj〔日本の昔話〕"(天母学院, 1965)の共同E訳に参加。🖻「Eの歌について」(LM 142, 1962.12), 星新一 'Nega Vespero〔雪の夜〕'(LM 1963.3)。

山田務名｜やまだ ちかあき
1914.8.29～2006.5.2

鹿児島/三高(1935), 東大(1938)/旧姓高木, 筆名やまだつとむ, 号夢迷/京大講師をへて, 1948年石原産業入社, 68年常務, 73年富士チタン工業社長。80年石原産業四日市工場の廃硫酸垂れ流しの責任を問われ懲役3ヵ月, 執行猶予2年。天風会常任顧問。32年三高入学後, 同校E部で川村信一郎の指導を受け, 野間宏, 西村嘉彦と機関誌"Libero"を編集。🖻『まぼろしの楽土・満州』(展転社, 1988),『天風道八十年』(ウェルチ, 2005)。參『三高E会小史』。

山田とく｜やまだ とく｜1901.10.5～1990.5.28

群馬/日本女子大(1922)/別名德子, 登久子/高崎市名誉市長山田昌吉(1876～1944)の長女。マルクス主義者山田勝次郎(1897～1982, 蠟山政道の弟)の妻。1928年ドイツから帰国後, ソヴェート友の会, 日ソ文化協会などで活動。33年検挙, 懲役2年, 執行猶予4年。戦後, 日ソ親善協会理事など。74年夫婦で高崎市に山田文庫を設立。29年外国語夏期大学のE講座に参加, 同年JEI入会。その後, 女性労働者のEグループに加わり, 中垣虎児郎の指導で学習続行。SAT会員。參『高崎倉庫株式会社100年史』(高崎倉庫, 1998),『山田文庫三十年の歩み』(あさを社, 2005)。🈴群馬県立図書館。

山田弘｜やまだ ひろし｜1902.1.2～1993.8.16

愛知/明倫中/俳号天風, 筆名緋朗詩, Montokampo, Tempu/山一製綿所販売主任などをへて, 1933～44年名古屋で洋装店「大丸」を自営。のち愛知県産報, 栄屋営業部長をへて,「大丸洋装」を再開(1988年閉店)。明倫中在学中の17年末E独習。当初はEを否定し, 自身の所属する文通クラブが会員名簿や会報の短文にEを入れたのに抗議したことも。22年8月石黒修の市民向け講習会に参加し, JEI入会。23年5月石黒, 内藤為一, 佐藤一英らと名古屋E社交倶楽部(同年名古屋E協会と改称)を結成, 以後名古屋におけるE運動の中心的存在。24年JEI委員。24～25年『新愛知新聞』にE歳時記を連載。26年4月11日中部日本E連盟設立に際し西岡直一郎とともに常任委員に。同年8月10日JOCK(名古屋)からEについてラジオ放送。29年よりEを用いて雑貨の通信販売開始。30年11月享栄商の上海旅行に同行し, 上海, 台湾などでE-istoと交流し, 上海ではペレールに遭遇。翌年より同校においてEを必修科目として教授(のち白木欽松に引き継ぐ)。33年5月名古屋市内に婦人子供服専門の「大丸洋装店」を開店, 店内にはEの賛歌エスペーロ, タギージョが流れ, 看板, 包装紙にもEと日本語を併記。35年第23回JK(名古屋)会頭となり, 長谷川伸『東洋の侠血児』をE訳して記念出版に。Eでの句作もてがけ, Hajkista Kluboに参加。67年名古屋会により, 長年の功労を記念してその名を冠した山田・内藤賞創設。91年郷里(現愛西市)の西導寺に, 日本語とEで刻まれた米寿記念句碑が建立。94年名古屋Eセンターにより山田天風基金設立。UEAデレギート(名古屋, 商業)。戒名「緑星院釈天風」。94年遺族からの寄付をもとに名古屋

EセンターにE書出版のため山田天風基金が発足．署長谷川伸"Heroeca Junulo en Oriento〔東洋の侠血児〕"(JEI, 1935),「名古屋とE」(RO 1936.6), "Pri japana hajko kaj E-a hajko"(私家版, 1969), "En blanka nokto"(Hajkaro, 1970),「名古屋E運動の初期とマスコミ」(LM 1971.3),『星原句集』(星原俳句友の会, 1971), 'el la poemaro de unu pastro japana-Akiŝige Iĉiroo' ("l'omnibuso" 83, 1979.1),『私の落穂集』(山田正夫, 1990). 参嶋田恭子「この人と1時間」(ES 1984.5), 山田義「ハイキスト・山田天風」(LM 1986.5), 竹中治။「山田天風さんのE句碑について」(LM 1991.8), 同「山田天風さんご永眠」(LM 1993.10), "Ordeno de verda plumo", "Encyclopedia of the Original Literature".

山田房一|やまだ ふさかず|1901.2～1985.10.7

関西甲種商業/JEA会員(会員番号1240)．国際商業語協会, JEI各会員．署『言語関係刊行書目』(私家版, 1942),『生字攷』(私家版, 1963)．

山田正男|やまだ まさお|1912～1941

愛知/名古屋商/別名山田正雄/名古屋鍛鋼所に勤務．1934年佐藤時郎のポポーロ社に参加．36年検挙．39年天津工場に出張中, 名古屋地方で左翼分子の摘発が行われ, 帰国後, その救援活動を行って再検挙．40年末頃出獄したが, 半年後病死．参「名古屋ポポーロ社のプロレタリア文化運動」(『司法研究』28:9, 1936.12),『解放のいしずえ』．

山田稔|やまだ みのる|?～1933.6.7

長崎県工業試験室技手など．岡山在住中の1923年頃JEI入会．のち長崎へ移り, 27年長崎市で開かれたE講習を受講．28年6月諫早でE講習を指導．自ら開発した時計油に"Superkvalita oleo por horloĝo", 刀剣油に"Oleo por glavo"のレッテルを付し, Eでの注文には2割引で対応．UEAデレギート(諫早), 諫早緑之友E会顧問, JEI会員など．参「世界的時計油並びに刀剣油」(RO 1933.7),「長崎のE・前編」．

山田雪子|やまだ ゆきこ|1910.1.7～2004.3.22

京都/奈良女高師/旧姓上林/労働運動家山田六左衛門(1901～1978)の妻．チェコスロバキアのE運動の指導者の一人ルドルフ・ブルダと文通．宇治E会に属し, 会計を務めた．署『奈良女高師時代の長谷川テル』(LM 1952.6),「中国で平和運動E-isto長谷川テル」(『婦人民主新聞』1974.8.30). 参『濁流を悠々と―山田六左衛門とその時代』(山六会, 1981).

山田義秀|やまだ ぎしゅう|1909?～1993.2.21

臨済宗大(1934)/教員, 僧侶, 祝峰寺(豊田市)住職．臨済宗大E会を創立し, 柴山全慶の指導の下で機関誌"La Voĉo"を刊行．33年第21回JK(京都)仏教分科会で報告．52年E学力検定高等試験合格．愛知県で小学校教員．署『日E仏教術語辞典私稿』(臨済宗大E会, 1935). 参「仏教術語辞典出づ」(RO 1935.3). 協太宰不二丸．

大和庄祐|やまと しょうすけ|1908～1982.8.12

青森/函館商(中退)/筆名丸佐太(malsata「空腹」から)/社会運動家．東京モスリン亀戸工場試験工, 組合同盟革命的反対派に属し共産青年同盟に加盟, 四・一六事件で検挙, 1933年12月懲役2年, 執行猶予5年．36年中塚吉次の指導で函館プロエス研究会に加入し指導者に．Maja Rondoに協力．38年2月検挙, 42年予防拘禁．44年浅井喜一郎と司法省派遣図南奉公義勇団の一員として北ボルネオへ．戦後, 函館合同労組委員長など．50年函館E会主催の第1回初等講習会を指導．参『特高外事月報』1938.3, 宮本正男「司法省派遣図南奉公義勇隊」(『大阪労働運動史研究』大阪労働運動史研究会, 8, 1983), 同「中間報告・司法省派遣図南奉公義勇団」(『運動史研究』三一書房, 14, 1984).

山名実|やまな みのる|1879?～?

ハンセン病療養所全生病院の患者．1925年頃に失明．塩沼英之助が指導したE講習の一期生．黒川眸とならぶ優等生で, 光田

527

健輔は院内誌に「単語の暗記ではクラーボ〔ママ〕中第一であつて，E語による聖書の研究及暗誦等驚くべき記憶力の持ち主である」(『山桜』1930.2)と証言。「生ける辞書」，「堵保己一」などの評も。30年院内のザメンホフ祭で挨拶。『山桜』に35年まで俳句のE訳などを寄稿。🈶 'gvidite de knaboskoltano'(『山桜』1930.6), 'Rememoro de mortinta S-ro Hirohata'(『山桜』1931.12)。🈯光田健輔「村内他事」(『山桜』1930.2)，黒川眸『悲惨のどん底』(長崎書店，1930)，「Eとハンセン病」。

山名義鶴 | やまな よしつる
1891.9.17~1967.2.26

宮城/三高(1913)，東大(1917)/社会運動家。貴族院議員，日本労働者教育協会理事長など。1920年11月JEI入会。🈶『労働読本』(高橋至誠堂，1927)。🈯『山名義鶴の記録』(山名義鶴の記録刊行会，1968)，『現代日本朝日人物事典』。

山中吾郎 | やまなか ごろう
1910.7.23~1983.6.2

和歌山/伊都中(1928)，東京高師(1933)/岩手県教育長，岩手大講師などをへて，1958~76年衆院議員。Eは学ばなかったが，67年日本社会党教育文化政策委員長として「学制改革の基本構想案」を発表。義務教育へのE導入やEによるアジア大学について国会で論じた(衆院予算委員会1967.3.28, 1968.3.15 など)。73年第60回JK(亀岡)でシンポジウム「国際語問題についてわれわれはどう考えるか」に登壇。76年4月JEI入会。🈶『日本の進む道と教育文化改造論』(教育政治経済研究所，1972)，「Eを第2国語にしよう」(ES 1975.8)，『ろまんをもとめて』(熊谷印刷出版部，1984)。🈯「社会党の学制構想とE」(RO 1967.1)，「アジア国際大学とE」(RO 1967.5)，「国会でふたたびE論」(RO 1967.7), 'Grava paŝo en Japanujo' ("E" UEA, 1974.2),『山中吾郎』(山中吾郎追悼集刊行会，1984)。

山中清太郎 | やまなか せいたろう | 1905~1981.2

神奈川/早大(1939)/別名東礼次郎/連合通信社に勤務。1932年10月PEU加入。33年11月検挙。釈放後，再びPEUの活動に関与し，34年9月再検挙。🈯『特高月報』1935.10。

山中英男 | やまなか ひでお
1905.2.9~1980.9.26

京都/大阪逓信講習所/筆名Montulo/村田慶之助の従兄。1932年大阪中央電信局外信部から満洲電信電話へ転じ，34年ハルビン中央電報局通信課長。のちチャムス，本渓湖，チチハル，大連，承徳などの電報電話局長をへて，47年引き揚げ。48年国立京都療養所入所以来，最期まで療養生活。26年古書店で入手した秋田雨雀・小坂狷二『模範E独習』で独習。27年ピオニーロ会を組織し，機関誌"Pioniro"を編集発行。大阪E会の講師。大阪中央電信局内でも上司の妨害をはねつけてEを宣伝。33~36年ハルビンでパブロフ宅のE例会に参加。51年5月JEI入会。同年京都療養所E会を創立し，以後10年で患者1000人ほどにEを講じる。長田新編"Infanoj de l'atombombo〔原爆の子〕" (JELK, 1951 ; 1958)の共同E訳に参加。VSへの寄稿のほか，国際通信を指導。54年JEI主催の翻訳コンクールにおいて，宮沢賢治「セロ弾きのゴーシュ」のE訳 'Gaŭĉo Violonĉelisto'で2等入選(RO 1955.7~10)。61年ウースターの訪問を受ける。柳田國男 "Japanaj malnovaj rakontoj〔日本の昔話〕" (天母学院，1965)の共同E訳に参加。🈶石原栄三郎著 "Verda Karto〔緑の札〕" (JEI, 1931), 井伏鱒二著 'Salamandro〔山椒魚〕' (宮本正男・石黒彰彦編 "El japana literaturo" JEI, 1965), 「危険分子(?)ジャマナカ」(LM 1976.12)。🈯村田慶之助「OES の PIONIRO 山中英男」(LM 1980.11), 中村日出男 'Rememoro pri la bedaŭrata samideano YAMANAKA' (VT 1981.1)。🈴山中宏，村田慶之助。

山中福太郎｜やまなか ふくたろう
1883.4.24～1944以降

東京/錦城中/神田で祖父の代から続く質店「清水屋本店」を経営。1906年JEA入会（会員番号175）。

山根茂｜やまね しげる｜1905.2.22～1982.8.11

工学博士。工学院大名誉教授。E学習は1926年以前、理研在職中、Eで論文執筆。JEI会員。囲 'Ŝtupeca fenomeno ĉe la senakvigo de kalcio sulfata'（『理研欧文報告』216, 1929）, 'Kial alkoholoj malakcelas la malmoliĝon de gipscemento?'（同329, 1931）, 'Novaj konceptoj pri kombinoj formitaj ĉe la hidratiĝo de portland-cemento'（同786, 1938）。参「セメントに関するE語の論文発表」（RO 1926.4）。

山ノ井愛太郎｜やまのい あいたろう
1897?～1955.9.29

東京高等獣医（1915）/英、仏、独、伊、露、西、チェコ、ポーランド語に通じたという博言家。第一次大戦後、シベリアから送還のチェコ人捕虜を世話する。後半生は精神病院で。「Eを機関銃のように早口でしゃべる」少年として登場し、1916年JEA入会（会員番号1116）。JEAの講演会などで活躍。のちJEIにも参加。馬場清彦にEを特訓。戦後も病院内に研究会を作り、指導に当たった。栗栖継のチェコ語学習に刺激を与える。大江健三郎『同時代ゲーム』（新潮社, 1979）「第五の手紙」中の人物のモデル。囲『波蘭及び波蘭人』（波蘭児童救済会, 1921）、フィシャア『精神病治療の現代的方法』（全日本看護人協会, 1953）。参「松沢病院の哲人」に文化勲章ーチェコスロヴァキアから便り」（『朝日新聞』1955.2.6夕刊）、山室静「老ボヘミアンの死」（『東京新聞』1955.10.11）、三宅史平'S-ro A. Yamanoi'（RO 1955.12）、山鹿泰治「思い出のE-isto (1)—山ノ井愛太郎のこと」（LM 1958.5）、宮城音弥「なげだしたくなる心理とは」（『PHP』1974夏季増刊号）、馬場清彦「今昔物語」（LM 1976.11）、若松清次郎「山ノ井愛太郎氏」（AK 1986.3）、鈴置二郎「話すEに登場する人々」（RO 2000.6）、栗栖継「私はなぜ、どの

ようにしてチェコ文学者になったか」（『ORLOJ』チェコ倶楽部, Jaro-02, 2004.12）, 『日本アナキズム運動人名事典』。協 栗栖継、手塚登士雄。

山之内一郎｜やまのうち いちろう
1896.1.25～1959.8.24

鹿児島/七高（1917）、東大（1920）/法学者。ソビエト法を研究。鉄道大臣山之内一次（1866～1932）の子。1921年欧州留学。九大教授となるも、27年九大事件で休職に。のちプロレタリア科学研究所に参加。34～46年外務省嘱託としてソビエト調査に従事。47年東大、56年熊本大各教授。東大に山之内文庫。E学習歴は不明。56年日本E運動50周年記念に際しJEI賛助会員。囲『ソヴェート法論』全4巻（希望閣, 1931～32）ほか多数。参『社会科学研究』東大社会科学研究所, 7：2～4, 1956, 福島正夫他編『社会主義法の研究 山之内先生還暦記念』（勁草書房, 1958）、『解放のいしずえ（新版）』。

山内七郎｜やまのうち しちろう
1913.12.27～1983.5.15

宮城/東北大、陸軍経理学校/デザイナー大菅てる子の夫。主計将校としてガダルカナルに、のち高槻の糧秣廠へ。戦後、朝日新聞社に入り、大阪本社経理部次長を最後に退職後、近大教授。1969年吹田E会の初等講習に参加。青木鈴らと輪読会「みどりの会」で学習に励み、『朝日新聞』にE記事をしばしば持ち込んだ。囲『言海』（審美社, 1965）、『きょうも生きて』（私家版, 1984）。参 LVE 1983.6。

山内昇｜やまのうち のぼる｜1914.9.14～1941.1.6

東京/青山学院（1932）、日医大（1939）/陸軍軍医大尉。大学時代JEIの講習で原田三馬からEを学び、Fronto Rondoを結成して、活動の中心に。Eで知り合った斎藤久子（生活評論家吉沢久子）と婚約するが、1939年応召して中国戦線に派遣され、41年札幌月寒の陸軍病院で戦病死。参 斎藤久子「山内昇さんのこと」（RO 1941.5）、『山内昇大尉追

憶録』(山内国太郎, 1942), 『山内昇君を憶ふ』(フロントロンド, 1942), 吉沢久子『あの頃のこと 吉沢久子, 27歳。戦時下の日記』(清流出版, 2012)。

山羽儀兵｜やまば ぎへい｜1895.2.2～1948.2.4

三重/一高(1915), 東大(1918)/理学博士。1919年東大講師, 29～31年独仏留学, 帰国後, 東京文理大, 東京高師各教授。戦後, 日本共産党入党。12年一高入学後, 同期の伊藤徳之助からEについて聞き, 東京物理学校で開かれた講習会で千布利雄, 杉山隆治から手ほどきを受ける。16年JEA入会(会員番号1032)。日本E界の「冬の時代」を支えた一人。著『細胞学概論』(岩波書店, 1933), 『高等教育植物学図集』(養賢堂, 1948)。参「古くよりEをやられた方々よりの御返事(抜粋)」(RO 1936.6), 『解放のいしずえ』。

山村敬一｜やまむら けいいち｜1890.1.20～1957以降

熊本/五高(1912), 東大(1915)/長崎中をへて, 松山高, 横浜専門学校, 神奈川大各教授など。1934年喜安善市らによる松山高E会再建を支援し, 同会の指導に当たった。著『高等数学階梯』(三和書房, 1954)。参RO 1935.11。

山村義信｜やまむら よしのぶ｜1912.7.10～1990.12.19

富山/旧制中学/富南郵便局長など。Eは, 中学4年頃JEIの広告文「Eの奨め」に魅せられ独習。1931年7月JEI入会。富山E会, 北日本郵便切手協会E-isto倶楽部などで活動。スイスのA. Attingerと45年以上にわたり文通を続ける。著「奇しき縁の文通者」(RO 1982.10)。参「Eが結ぶ国際友情」(『北日本新聞』1960.11.11)。

山本一清｜やまもと いっせい｜1889.5.27～1959.1.16

滋賀/膳所中, 三高(1910), 京大(1913)/理学博士。1922～25年欧米留学。京大教授, 花山天文台長, 国際天文学連合黄道光委員長など。キリスト者。21年3月JEI入会。著『天文と人生』(警醒社書店, 1922)ほか多数。参『現代日本朝日人物事典』。

山本匡介｜やまもと きょうすけ｜1890.9.28～1937以降

愛知/慈恵医専(1916)/網走病院などをへて, 1919年愛知県渥美郡に山本医院を開業。23年頃JEI入会。JEMA会員。

山本耕一｜やまもと こういち｜1909.6.11～1990.7.17

青森/東北大(1936)/医学博士。弘前大名誉教授。弘前大に山本文庫。1935年9月19日仙台E会の例会に初めて顔を見せて以降, 熱心に例会に参加。36年11月菅原虎彦, 木下康民らと東北大医学部E会を再建。46年弘前で開かれたザメンホフ祭で「バチルスの両面の性質」をEで講演。70年10月弘前E会初代会長。71年4月JEI入会。著『全国各地報道』(RO 1937.1), 『雨雀自伝』, 『弘前大学名誉教授山本耕一先生追悼文集』(弘前大細菌学教室同窓会, 1990)。

山本栄｜やまもと さかえ｜1894.3.27～1974.12.15

神奈川/明大(1917)/建材会社, 電気会社などに勤務。1974年日本共産党入党。借地借家人組合の設立運動, 小選挙区制反対, 核基地化反対などの運動に参加。26年E学習。戦争中, 一時中断後, 61年再学習。JEI会員。著「坂井松太郎様」(RO 1963.3)。参"Japanaj E-istoj"。

山本作次｜やまもと さくじ｜1895.10.9～1947.7.20

滋賀/早大(1919)/別名高春, 素光/私立中央高等普通学校, 梨花女学校(辛鳳祚校長)で国語教師。山本佐三の兄, 望月E会代表山本辰太郎の父。野口雨情と交友。大本のE講習に参加。卒業後朝鮮に渡り, 1924年金億, 大山時雄, 朴栄来, 朴憲永らと朝鮮

E-isto連盟創立。25年6月1日京城E研究会の朝鮮E学会への改組に際し名誉委員。28年4～5月JODK（京城）のラジオE講座の講師を担当。同年内田馨，岸川澄勇とE読書会を結成。30年大本朝鮮主会の特派宣伝使。34年4月までEPA京城支部代表。引き揚げ後は佐三が後を継いだ薬局の離れで暮らし，旅先で急逝。柳宗悦の媒酌で結婚した妻はる（1903～1994）はラジオE講座で"La Espero"を歌唱。甥の山本鳰江（にほえ）もE-isto。参金三守『韓国エスペラヒ゜運動史』（淑明女子大学校，1976），山本辰太郎「『金の船』のはじめのころ」（『枯れすすき』野口存彌, 19, 1987），同「韓国E運動史」（RO 1995.11），『近代日本社会運動史人物大事典』。図山本辰太郎，山本鳰江。

山本佐三｜やまもと さぞう
1898.1.22～1959.7.23

滋賀/膳所中，金沢薬専/山本作次の弟。門司の化学会社から教員に転じ，1922年頃から7年間札幌商の化学，国語教諭。29年作次の渡韓に伴い，家業の薬局を継承。作次の影響で27年6月Eを学び，滋賀県E会を創立。30年シベリア鉄道経由でヨーロッパを旅し，第10回SAT大会（ロンドン），第22回UK（オックスフォード）に参加。SAT大会では議長団の一人。甥山本辰太郎，山本鳰江もE-isto。著「SAT大会その他」（RO 1931.4），「Eを通じて巡歴したるヨーロッパ旅行少感」（札幌商業校友会誌『札商文芸』付録, 1933）。参「山本氏の欧州E旅行記出ず」（RO 1934.4），「故山本佐三氏」（RO 1959.10），峰芳隆「山本佐三と萩原謙造のこと」（LM 1985.1），『近代日本社会運動史人物大事典』，『改訂版・北海道E運動史』。図山本辰太郎，中村列三，山本鳰江。

山本実彦｜やまもと さねひこ
1885.1.5～1952.7.1

鹿児島/日大/円本時代の先駆。改造社社長，衆院議員など。『改造』（1922.8）にE特集を組み，伊藤徳之助，広田洋二，何盛三，秋田雨雀，黒板勝美，ラムステットらに紙面を提供，また小坂狷二のE語講座を連載。同誌に"La Rekonstruo"の副題を付す。清見陸郎重訳『寡婦マルタ』，中垣虎児郎重訳『北極』，『潜水艇乗組員』，『カムチャッカ紀行』などのE関係書を出版。著『政府部内人物評』（政府研究会, 1909）ほか多数。参『出版人の遺言』（栗田書店, 2, 1968），松原一枝『改造社と山本実彦』（南方新社, 2000），『現代日本朝日人物事典』。

山本準一｜やまもと じゅんいち
1891.1.23～1940.4.12

岡山/陸士（1912）/陸軍少将。広島陸軍幼年学校訓育部長などをへて，1940年同校長。ザメンホフが出した07年版『全世界E年鑑』に氏名掲載。参『日本陸軍将官事典』。

山本常雄｜やまもと つねお｜1906.4.29～？

福岡/東鉄教習所/1926年東京鉄道教習所卒業後，27年千葉駅改札掛主任，36年船橋駅助役，49年福岡陸運総務部財務課長，52年熊本県陸運事務所長などをへて，59年福岡陸運局鉄道部長。青年時代にE学習。

山本庸彦｜やまもと つねひこ
1881.6.23～1951.10.18

山口/山口中，山口高，京大（1907）/旧姓坂本/1912～16年山口県三井村村長，31～44年華浦銀行頭取。06年JEA入会（会員番号632）。07年三村信常，角田俊徹らとJEA京都支部設立。のちJEIにも参加。図県立山口図書館。

山本寅雄｜やまもと とらお
1902.4.26～1979以降

東京/京大（1927）/西武鉄道社長山本源太の長男。山源機械工業，ヤマゲン製作所，三協鋳造，松本電鉄各社長など。キリスト者。1923年頃JEI入会。

山本光｜やまもと ひかる｜1908.2.8～2000.4.1

京都/一高（1932），東大（1936）/東京教育大名誉教授。一高緑星会で活動。JEI，東

京学生E-isto連盟各会員。著『森林保護』（産業図書, 1948）,『林業』（朝倉書店, 1958）。

山本斉｜やまもと ひとし｜1895~1970.1.19

熊本/旅順工大/鎮西中, 熊本工高などの教諭。1920年頃E学習。22年熊本E研究会を設立, 同年10月永浜寅二郎, 大栗清実らと熊本E会を結成し代表。UEAデレギート（熊本市）, JEI会員。著『国語と国際語』（『九州日日新聞』1926.8.12）,「1934年を我等はかく戦う」(RO 1934.1)。協森田玲子。

山本安英｜やまもと やすえ｜1906.12.29~1993.10.20

東京/神奈川高女/本名千代/異名「築地の娘」,「新劇の聖女」。木下順二『夕鶴』のおつう役。E学習歴は無し。小田切秀雄・真下信一編, KLEG共同抄訳 "Aŭskultu, la voĉojn de oceano!〔きけ わだつみのこえ〕"（KLEG, 1951）の推薦者の一人。1956年日本E運動50周年記念に際しJEI賛助会員。著『素顔』（沙羅書店, 1936）,『女優という仕事』（岩波書店, 1992）。参宮岸泰治『女優 山本安英』（影書房, 2006）,『現代日本朝日人物事典』。

山本有三｜やまもと ゆうぞう｜1887.7.27~1974.1.11

栃木/一高, 東大(1915)/小説家, 劇作家。漢字制限, 振り仮名廃止の運動にも参画。1965年文化勲章。三鷹市に山本有三記念館, 栃木市に山本有三ふるさと記念館。『風』（『朝日新聞』1930年連載）の中でプロレタリアE運動の一端を描き, 登場人物がEを話す場面も。37年露木清彦訳 "En la nebulo〔霧の中〕"がパリの放送局から放送され, 38年12月フランス語に訳されて再度放送へ。共編の検定教科書『小学国語5-2』（日本書籍, 1965）にザメンホフ伝を掲載し, 68年版から第50回UK（東京）開会式の写真も口絵に取り上げられ, 77年版まで継続。著『山本有三全集』全12巻（新潮社, 1976~77）ほか多数。E訳として下村芳司訳 "Infanmurdo〔嬰児殺し〕"（E研究社, 1930）,

山県光枝訳 'Mara Ĉaso・Monta Ĉaso〔海彦と山彦〕' (RO 1939.1~2), 松葉菊延訳 'Umihiko kaj Yamahiko〔海彦と山彦〕'（宮本正男・石黒彰彦編 "El japana literaturo" JEI, 1965）。参「パリ局E時間常設計画」(RO 1938.1),「霧の中」再放送」(RO 1939.1), 朝比賀昇・萩原洋子「日本E運動の裏街道を漫歩する 7」(ES 1976.5), 立川晴二「国語教科書に現れたE教材」(RO 1998.11), 安田敏朗『国語審議会』（講談社, 2007）,『現代日本朝日人物事典』,『近代日本社会運動史人物大事典』,『日本文学に現れたE』。

山本洋一｜やまもと よういち｜1904.10.10~2002

岡山/八高(1925), 東大(1928)/理学博士。白井好巳, 高橋公三らと八高理科甲類の同期。理研をへて, 1941年陸軍技術研究所へ。日本の原爆開発計画に参加。戦後, 久我山高専化学科長をへて, 48年日大教授。八高在学中にJEI入会。著『金属の腐食及防食』全2巻（共立社, 1938）,『日本製原爆の真相』（創造, 1976）ほか多数。

山本洋行｜やまもと ようこう｜？~1933 以降

ラジオ技師。1926年4月中部日本E連盟創立委員。33年3月10日沼津E会結成。UEAデレギート（沼津）。参RO 1933.5。

ゆ

湯浅半月｜ゆあさ はんげつ｜1858.3.30 (安政5.2.16)~1943.2.4

上野国（現群馬）/同志社(1885)/本名吉郎/詩人, 聖書学者。兄治郎（1850~1932, 政治家, 社会運動家）は先妻に先立たれ, 徳冨蘆花の姉初子（1860~1935）と再婚。妻辰子は神戸女学院最初の日本人理事。1885~91年米国留学。帰国後, 同志社教授。同校の校歌を作詞し, 校章を制定。99年退職後, 平安教会牧師, 京大講師などをへて, 1904~16年京都府立図書館長。晩年は聖書の翻訳に心血を注ぐ。07年4月14日JEA京都支部の発会式でE支持の演

説。著『十二の石塚』(私家版, 1885),『イザヤ書』(教文館, 1939)。参石井敦「図書館の大衆化に努力した人 湯浅吉郎」(『図書館を育てた人々 日本編Ⅰ』日本図書館協会, 1983),半田喜作『湯浅半月』(安中：同刊行会, 1989),『近代日本社会運動史人物大事典』,『日本キリスト教歴史大事典』,『簡約日本図書館先賢事典(未定稿)』。

湯浅啓温｜ゆあさ ひろはる
1900.2.1～1953.10.21

島根/東大(1926)/農学博士。ハムシ科,テントウムシ科など甲虫の分類の権威。クロミドリシジミ(Favonius yuasai)に献名。農林省農事試験場害虫部長,農業技術研究所昆虫科害虫防除第2研究室長などをへて,1952年東大講師。ローマ字論者。RO(1949.1)に「古い同志」と。著『読者の声』(RO 1926.5),『虫害防除の技術と実際』(共著,農民社, 1951),『稲の病害虫及び防除法』(共著,博友社, 1952)。参「昆虫学者を古里が漫画伝記に」(『中国新聞』2007.5.8)。

由比忠之進｜ゆい ちゅうのしん
1894.10.11～1967.11.12

福岡/朝倉中(1914),東京高工(1919)/弁理士,平和運動家。佐藤栄作首相の訪米を前にして,1967年11月11日首相官邸前で焼身抗議。翌12日虎の門病院で没。Eは,21年加藤節『E独修』で独学。24年JEI委員。30年名古屋へ転じ,放送局勤務のかたわら,警察の「緑化」(E普及)を目指し31年7月より毎週門前警察署のE講習を白木欽松と指導。32年2月11日竹中治助,白木らと名古屋E会創立。34～36年金沢に勤務し,松田周次らと親交。35年第23回JK(名古屋)で電気E会を代表して挨拶。38年第26回JK(名古屋)準備委員会委員。同年満洲に渡った後もE運動に参加。終戦後に留用に応募してハルビンにとどまり,その間パブロフの本を借りて読み,自らを慰める。長谷川テルの義弟と出会い,テルの遺児を日本に連れ帰ることを申し出るが,果たせず。49年9月帰国し,テルの客死を三宅史平に伝える。一燈園に身を寄せたこ

とも。50年名古屋E会に再入会。55年4月TEL会長。56年11月愛知県平和擁護委員会の訪中団に加わり,葉籟士らE-istoと交流。56年MEMの日本代表となって,機関誌"Paco"日本版を編集し,原爆関係の記事を多数寄稿。以後平和運動とE運動に挺身。"Japanujo hieraŭ kaj hodiaŭ"(東海E連盟, 1964)発行のため,原稿書きから広告とりまで,ほとんど一身に引き受けて働いた。66年名古屋から横浜へ転居し,横浜E会で相原美紗子らを指導。福田正男に『原爆体験記』E訳の草稿と出版資金を郵送で託して,焼身を決行。12月11日土岐善麿,小坂狷二,西成甫,比嘉春潮,三宅,伊東三郎らにより追悼集会が開かれ700名が参加。68年横浜E会とKLEGの有志により"原爆体験記"を世界へ送る会」が発足し,寄付金を募ってE訳書750冊を各地に寄贈。福田らにより『遺言集』が刊行。翌年以降もしばしば命日頃に各地で追悼会など。遺志をついで,チベットなどの結核患者救援資金のため「古切手を集めましょう運動」も竹中治助を中心に行われた。67年その焼身をモチーフに長田正之助が油絵「遠い道」を制作。68年高橋和巳の小説「黄昏の橋」で取り上げられる。同年解放運動無名戦士墓に合葬。99年第2回アジアE大会(ハノイ)に際し,ベトナム政府から友好勲章。戦争歴史博物館(ハノイ)に肖像などが展示。UEAデレギート(電気技術,特許)。長男を意出男(ideo「思想」から)と命名。著'Forprenita Tumoro'(RO 1934.9),「地方会はかく働け」(RO 1936.2), 西勝造'Movforto de sangocirkulo〔原題不詳〕'(RO 1937.12),「Eと私」(LM 1956.8),「中国だより」(LM 1957.1),「北京から羽田まで」(LM 1957.2), 'Mia vojaĝo tra Ĉinio'(RO 1957.3～4),「中国のE-isto」(LM 1957.3～4),「中国に於ける発明奨励に関する条例と商標登録条例」(『パテント』日本弁理士会, 10：5～6, 1957), Japana Gvidlibro編集委員会"Japanujo: Hieraŭ kaj Hodiaŭ"(TEL, 1965), 広島市原爆体験記刊行会編"Viktimoj de la Atombombo〔原爆体験記〕"(朝明書房, 1968),「最後の手記」(LM 1973.11)。参三宅史平「ふたつの死―Verda Majo(Teru Hasegawa) mortis」(RO 1949.12),「四連盟人物風土記(5)」(LM 1964.2),「首相あて抗

議の遺書 官邸前で焼身図る 訪米前日 横浜の老人重体」(『朝日新聞』1967.11.12)、大宅壮一「由比老人の死の純粋度」(『サンデー毎日』1967.11.26)、鶴見俊輔「大臣の民主主義と由比忠之進―焼身で訴えるということ」(『朝日ジャーナル』1967.11.26;『思想をつむぐ人たち―鶴見俊輔コレクション 1』河出書房新社、2012に再録)、由比忠之進君追悼集会準備委員会『由比忠之進遺言集』(朝明書房、1967;改訂増補 1968)、「由比忠之進追悼特集」("Pacon en Vjetnamio" 5, 1967.12)、"Bulteno de TEJA" (TEJA, 1967.12)、伊藤栄蔵「由比さん、安らかに、ザメンホフと共に！」(NV 1967.12)、ROおよびLM 1968.1～2、宮本正男訳「ジョンソン大統領への抗議文―編集者への手紙」(『世界』1968.1)、VS 1968.2、熊木秀夫・宮本正男「由比忠之進追悼の集い」(NR 9, 1968.2)、福田勗「日本E学者の死 James Kirkup氏作の追悼詩」(『時事英語研究』1968.6)、"Paco" 1968.8、「焼身自殺の一つの条件 家族が語る由比さんの性格」(NR 10, 1968.8)、渡部隆志「"La Torĉo"こぼればなし (3)」("La Torĉo" 91, Ĉiama Grupo, 1969.9)、蔵園正枝「わが父由比忠之進」(LM 1969.11)、横浜E会"Dokumentoj pri Jui (1)"(同会、1970)、本多勝一「由比忠之進への弔辞」(『殺される側の論理』朝日新聞社、1971)、宮本正男「由比忠之進は何を考えていたか？」(LM 1971.11)、越野素子"Dokumentoj pri Jui (2)"(横浜E会、1971)、由比静「夫が焼身自殺をしたあとに」(『マダム』1972.11)、前田俊彦「由比さんの5周年に思う」(LM 1972.11)、「由比忠之進事件関係文献」(同)、峰芳隆「Paco誌と由比忠之進」(LM 1974.11)、A. ハーズ、芝田進午訳『われ炎となりて』(青木書店、1975)、境重蔵「由比さんと一燈園生活」(LM 1976.10)、朝比賀昇・萩原洋子「日本E運動の裏街道を漫歩する 19」(ES 1976.12)、貫名美隆「由比さんの10年忌 耳をとぎすまそう」(LM 1977.11)、ドイヒロカズ「由比さんは私の心に生きている」(LM 1982.11)、「由比さんのお墓まいりへ」(LT 1982.11)、井出孫六「東京歴史紀行 昭和史の現場を歩く35 E老人―ベトナム戦争に抗議の焼身自殺」(『エコノミスト』1986.9.23)、岩垂弘「遥かなるインターナショナル―三人のエスペランチスト 佐々木孝丸、長谷川テル、由比忠之進」(『軍縮問題資料』宇都宮軍縮研究室、1993.1)、ドイヒロカズ「由比忠之進さん焼身抗議30年でかわったこと」(LM 1997.11・12)、「死をもって抗議する」(『文藝春秋』2002.1)、土居智江子『炎の行方』(Mevo-libroj, 2002)、辺見庸「反時代のパンセ 52」(『サンデー毎日』2002.9.8)、ドイヒロカズ「由比さんの焼身抗議」(『金曜日』2002.11.1)、小嵐九八郎『蜂起には至らず―新左翼死人列伝』(講談社、2003；2007)、土居智江子「私の出した1冊の本」(RO 2003.11)、吉田敏浩「いま、よみがえる老E-isto由比忠之進の問い」(『望星』東海教育研究所、34：12～35：1、2003～04)、比嘉康文『我が身は炎となりて―佐藤首相に焼身抗議した由比之進とその時代』(新星出版、2011)、同「わたしの出した1冊の本」(RO 2012.4)、忍岡守隆'La libro "Flamigi mian korpon" en la muzeo'(RO 2012.10)、『現代日本朝日人物事典』、『近代日本社会運動史人物大事典』、『日本アナキズム運動人名事典』、『反体制E運動史』、『名古屋E運動年表』。

結城錦一｜ゆうき きんいち
1901.4.21～1997.9.30

兵庫/八高(1922)、東大(1925)/旧姓広瀬/文学博士。北大教授、中京大名誉教授など。1921年八高で催されたE講習会で石黒修の指導を受けた後、直ちに同校E会を結成し代表。同年10月JEIに加わり、また第8回JK(東京)で名古屋地区代表として挨拶。著『最近心理学論文集』(岩波書店、1935)、シュトゥンプ『音楽のはじめ』(法政大学出版局、1995)。

湯川スミ｜ゆかわ すみ｜1910.4.25～2006.5.14

大阪/大手前高/本名澄子/平和運動家。湯川秀樹の妻。1932年京大の無給副手だった秀樹と結婚。62年世界連邦建設同盟会長、87年世界連邦世界協会名誉会長。E運動の理解者・支持者で、92年三好鋭郎の世話で第77回UK(ウィーン)に参加し、7月29日「平和の日」の集まりで「湯川スミから世界のE-istoへのアピール」(日本語、梅田善美がEに通訳)を講演。同年第79回JK(松島町)でも挨拶。93年以降の数年間、京都E会員。著『苦楽の園』(講談社、1976)、「E大会に出席して」(『世界連邦新聞』1992.9.1)。

参「湯川スミさんからのお手紙」(AVK 1992.2), 坂口泉「世界連邦運動とE」(AVK 1993.2), 三好鋭郎「湯川スミ世界連邦建設同盟会長を, E世界大会にお誘いして」(PN 1993.4), 『地球人時代』(みくまの文庫, 4, 1993)。協田平正子。

湯川秀樹｜ゆかわ ひでき｜1907.1.23～1981.9.8

東京/京都一中 (1923), 三高 (1926), 京大 (1929)/旧姓小川, 筆名玄圃/理論物理学者。京大教授。理学博士。湯川スミと結婚し, 改姓。1943年文化勲章, 49年ノーベル物理学賞。55年世界平和アピール七人委員会創立委員の一人。京都市名誉市民。京大に湯川記念館, 阪大に湯川記念室。59年第7回関西E大会で「Eと今後の世界」を講演, ザメンホフ百年祭名誉顧問。『現代科学と人間』(岩波書店, 1961) などでEを推奨。65年第50回UK (東京) 顧問。著『湯川秀樹著作集』全10巻 (岩波書店, 1989～90) ほか多数。E関係に「Eと今後の世界」(LM 1959.7; LM 1976.2に再録)。参堀正一 'D-ro Yukawa, nobel-premiito kaj lia teorio' (RO 1950.1), 植村達男「湯川秀樹博士のE観」(ES 1981.11)。

幸村恭典｜ゆきむら きょうすけ｜1932.3.14～2006.5.26

兵庫/高等小/筆名山田太郎/明石市新明町で幸村養鶏園を経営。1960年代半ばの台風で鶏舎が壊滅して廃業後, 会社員, 著述業など。玩具, クリーニング, 運輸, 製薬, 邦楽などの関係雑誌に幅広く寄稿。Eは, 55年12月伊東三郎『Eの父 ザメンホフ』に感動して, 56年2月より学習。赤田義久, 藤井英一らの垂水Eロンド (神戸, 1952年結成, 59年解散) に, 同業の村井正男と参加。養鶏の情報をEで収集。57年11月19日岡野嘉文らと明石E会を結成し会長。61年大本青年部が高砂市で開いたE講習会の講師の一人。鶏の雌雄鑑別法について海外とEで通信。UEAデレギート (養鶏)。著「僕はEの2年生」(LM 1957.6), 「スペインの養鶏」(『養鶏』日本養鶏新聞社, 2:2, 1958), 「海外養鶏だより」(『養鶏の日本』1958.12), 「地方E会の設立とその運営」(RO 1960.8)。参「世界中とEで文通」(『神戸新聞』1957.8.29), 『神戸のE』。協幸村みつこ, 幸村至, 赤田義久。

弓山重雄｜ゆみやま しげお｜?～1996.2.22

1927年花月堂本店 (岐阜県多治見町) が募集した和文E訳懸賞で1等。29年頃JEI入会。46年1月JEIに再入会し, 最期まで賛助会員。著武者小路実篤著 'Moraleco de maljuna skulptisto〔老彫刻家の道徳心〕' (RO 1927.7), 江戸川乱歩著 'Homa seĝo〔人間椅子〕' (RO 1928.4～6)。

湯本昇｜ゆもと のぼる｜1889.7.7～1972.5.24

群馬/一高 (1916), 東大 (1920)/仙台鉄道局経理課長などをへて, 1934年名古屋鉄道局経理部長, 三信鉄道株式会社専務取締役。名大初の女性博士湯本アサ (1902～1979) の夫。23年頃JEI入会。著『中央アジア横断鉄道建設論』(東亜交通社, 1939)。参『湯本昇先生追悼録』(湯本昇伝記編纂会, 1973)。

由里忠勝｜ゆり ただかつ｜1900.9.23～1994.5.8

京都/東京商大 (1924)/筆名由里祥星, Julio, Lilio/ライジングサン石油, 日本石油配給公団神戸所長, 紐育グロリアインタナショナル神戸支店長など。日本のプリヴァと呼ばれた雄弁家。Eは, 1919年東京商大在学中, 松崎克己の影響でガントレットに習う。21年JEI入会, 講習会でセリシェフの流暢なEに触れて発奮。23年出口王仁三郎の招きで大本本部で講習。26年土岐善麿にEを個人教授。29年第17回JK (東京) 会頭。43年芦屋へ移り, 46年小田利三郎, 宮本新治, 橋詰直英らと神戸E協会を再建。63年11月1日宮本らとロンド・ユンカーノ (70年芦屋E会と改称) を結成し, 芦屋E会の基礎を築く。69年第54回UK (ヘルシンキ) に参加して, 昔世話になったラムステットの墓参。71年3月～75年10月英国に滞在し, 71年第56回UK (ロンドン) に参加したほか, ヨーロッパ各地でE-istoと交流。77年10月第1回大本E大会 (亀岡) 名誉会長。芦屋E会長として, 79年第27回関西E大会 (神戸・芦屋) 会長を務めた。音による国際コミュニケーションを実

践し、「会話の無形文化財」と評された。UEAデレギート（芦үл）。📖'Kvin minutoj kun Einstein' (RO 1923.1), 'Vizito al Ajabe' (RO 1923.9),『国際補助語E』(堀真道・須々木要・長谷川理衛・進藤静太郎と共訳, JEI, 1923),『実用E会話』(日本E社, 1923), 出口王仁三郎著"Postmorta vivo, el 'Rakontoj el la Spirita Mondo'"〔霊界物語 死後の世界〕(天声社, 1924),『模範E会話』(E研究社, 1926), 大本海外宣伝部"Kio estas Oomoto?"(大本海外宣伝部, 1926；1930年改訂, 1936年発禁),「大本E運動の草分」(RO 1969.9),「ロンドン雑記」(LM 1971.6), 'Letero el Londono' (RO 1971.6),「ロンドン世界大会速報」(LM 1971.10),「ラムステッド博士の墓」(RO 1971.11),「ロンドン雑信」(LM 1972.1),「ギリシャ紀行」(LM 1972.6),「リスボン遊記」(RO 1972.7),「通ぜぬ英語」(LM 1972.11),「ダニューブ航行」(LM 1973.1),「Boulogne-sur-Merを訪ねて」(RO 1973.4),「50年前の回顧」(NV 1973.3), 'La mediteranea krozado' (RO 1973.8),「中東旅行」(LM 1974.3), 'MAJORKA' (LM 1974.9) 'El Londono' (RO 1975.12),「日本人のE」(LM 1977.5),「ELNA大会に参加して」(LM 1979.9),「土岐さんの思い出」(LM 1980.5),「黄金の青春時代」(RO 1982.3),「E70年前の思い出」(LM 1993.8)。参「先輩誌上訪問欄」("Verda Mondo"天声社支社, 3：2, 1927.2), 瀬尾正朝'La kurso de s-ro Yuri' (SL 1983.5), 西川豊蔵「故由里忠勝氏をしのぶ」(LM 1994.6),「追悼号」(LJ 1994.8), 鈴置二郎「神戸で活躍した宮本新治, 由比忠勝, カオさんを偲んで」(RO 1998.9), 同「話すEに登場する人々」(RO 2000.6), "Kvindek jaroj de E en Oomoto"。

由利皆吉｜ゆり みなきち
1874.5.15〜1931.10.13

北海道/医術開業試験(1900)/1906年慈恵医専で研究後, 前橋に由利眼科医院開業。28年11月17日群馬E研究会設立の中心。29年木戸又次を講師に由利眼科医院でE講習。31年2月8日前原準一郎, 木戸らと群馬E連盟を設立し理事。JEMA群馬県支部幹事。子ども(2男6女)にもEを教えた。没は35年以降とも。参『群馬のE運動 1903〜2010』。

ユンケル｜Emil Junker｜1864.7.27〜1927.7.11

ドイツ, ザクセン/バウツェン市師範学校/1885年商社勤務のため来日。97年5月〜1905年6月四高でドイツ語教師。神戸で"Japan Chronicle"紙の支配人を務めたのち, 07年一高ドイツ語教師となり, 芥川龍之介, 菊池寛らにも教える。最期まで在職し, この間に独逸学協会学校でも教えたほか, 雑誌への寄稿などにより日本のドイツ語学, ドイツ語教育に貢献。ドイツ東アジア協会でも長く役員を務める。四高時代にマッケンジーの勧めでEを学習。JEA会員(会員番号858)で, 例会の常連。14年12月16日の例会で「Eが今日の十倍して行われおりしならんには, 今回の欧州戦争は起こらざりしならん」と演説して, 出席者に感銘を与えた。17年第5回JK(東京)などにも参加。23年4月26日一高での普及講演会ではドイツ語で演説。📖『和独辞典』(共編, 有朋堂, 1919)。参上村直己「一高及び四高教師エミール・ユンケル」(『日独文化交流史研究』2005)。

よ

葉君健｜よう くんけん｜1914〜1999.1.5

中国湖北省/武漢大(1936)/イエ チュンジエン, Ye Qunjian, 号馬耳, 筆名Cicio Mar/作家, 翻訳家。1932年上海E協会の通信講座で独習。36年9月来日し, JEIを訪問。一躍中国人留学生E-isto界のリーダーに。10月10日磯部幸子の帰国歓迎会に出席し挨拶。12月15日TEKのザメンホフ祭で留日中国E学会を代表して挨拶。同月20日東京府立第六高女E会発会式でも挨拶。中垣虎児郎と親交。翌37年検挙され強制退去処分に。41年渡英。61年中国作家代表団として来日し, 中垣宅を訪問して, 24年ぶりに再会。中華全国世界語協会副会長, 名誉会長など。📖"Forgesitaj homoj"(上海：緑葉書店, 1937；重慶：LDE, 1985),「憶中垣君」(『新華日報』1938.2.6), 金子はるひ訳「Eの理想と現実」(ES 1978.11), オールド訳"Mon-

参RO 1936.11, RO 1337.2,「ブックレヴュウ Forgesitaj homoj」(『文芸』1937.11), 栗栖継「EKRELO 15」(RO 1974.1), 同「葉君健のこと」(ES 1978.11), 高杉一郎『ザメンホフの家族たち』(田畑書店, 1981), 山口美智雄「書評"Forgesitaj homoj","Montara vilaĝo"」(LM 1988.12), 高杉一郎「ひとすじのみどりの小径」(リベーロイ社, 1997), 柴田巌「中垣虎児郎と中国」(RO 2000.6), 同「中垣虎児郎一日中E-istoの師」(リベーロイ社, 2010),『中国世界語運動簡史』, "Ordeno de verda plumo", "Encyclopedia of the Original Literature".

葉籟士 | よう らいし | 1911.5.21~1994.2.2

中国江蘇省/東京高師(中退)/イエ ライシ, Ye Laishi, 本名包叔元, 筆名Ĵelezo, 包索原/文字改革運動家で, 人民出版社副社長, 中国科学院語言研究所副所長, 中国文字改革委員会秘書長などを歴任し, 中国語の横書きやローマ字表記の普及に貢献. 全人代代表, 全国政治協商会議委員も務めた. 27年上海でE学習. 28年日本に留学し, 東京高師プロ科の夏期外国語大学で武藤丸楠らに習い, JEI入会. 31年満州事変にあたり, 退学して帰国. 32年上海世界語者協会で"La mondo"誌を編集し, 長谷川テルの寄稿を受ける. 斎藤秀一のローマ字運動に協力し, その"Latinigo"誌に寄稿.「ゴーリキイを追悼する中国作家の言葉」E訳を栗栖継に提供しその重訳により『詩人』(1936.9)に発表. 37年上海で長谷川の抗日運動参加を支援し, その後も協力. 63年第50回JK(東京)に陳原らと中国代表として参加を希望したが, ビザがおりず果たせず. 73年第60回JK(亀岡)には, 陳原, 祝明義とともに参加が叶い, 日中E交流の功労者として, 長谷川, 斎藤, 中垣虎児郎, 由比忠之進の名を挙げて称える. 名古屋なども訪れ, 竹中治助宅を訪問. 宮本正男の協力を得て長谷川の著作集『Verkoj de Verda Majo』(中国世界語出版社, 1982)を編集. 86年第71回UK(北京)組織委員長. 同年UEA名誉会員. 著『中国話写法拉丁化一理論・原則・法案』(上海：中央拉丁化研究会, 1935), 斎藤秀一編訳『支那語ローマ字化の理論』(私家版, 1936),『漢語拼音入門』(北京出版社, 1964), 'Nia vizito al Japanio' ("El Popola Ĉinio" 1973.11),「写在《緑色的五月》出版的時候」(『読書』生活・読書・新知三聯書店, 1980.11),『葉籟士文集』(中国世界語出版社, 1995), 神田千冬訳『簡化漢字一夕談一中国の漢字簡略化』(白帝社, 2005). 参三ッ石清「毛沢東と世界語」(LM 1964.1), 福田正男「後世の篤志家のために」(LM 1964.2), 小西紀生「北京のE-istoたち」(RO 1966.5), 竹中治助「名古屋における葉籟士さんご一行」(NV 1973.10),『危険な言語一迫害のなかのE』, 栗栖継「入会の弁」(『思想の科学研究会会報』98, 1980), 高杉一郎『ザメンホフの家族たち』(田畑書店, 1981), 栗栖継「葉籟士のこと」(ES 1986.11~87.3), 同「葉籟士をおもう」(LM 1994.4), 同'Kiel mi memoras Ĵelezon' ("E" UEA, 1994.5), 高杉一郎「追悼・葉籟士先生」(RO 1994.7・8), 高杉一郎『ひとすじのみどりの小径』(リベーロイ社, 1997), 田中信一「中華人民共和国における文字改革の推移日誌」(『拓殖大学語学研究』106~116, 2004~07),『中国世界語運動簡史』.

横井憲太郎 | よこい けんたろう
1898.1.20~1946.6.4

愛知/熊本ナザレン神学校(中退)/筆名横井一粒子/1914年名古屋基督教会で受洗. 22年神学校中退後, 印刷技術を習得し, 24年一粒社創立, 出版と印刷を兼業. 31年書店開業. 平和と正義の信念を貫き, 官憲監視下でも福音伝道に努力. 14年文通相手の英国人よりEの存在を教えられ独習. 15年名古屋E協会を設立し, 同地にE運動を旗揚げ, 7月機関誌"La Mondo de E"創刊. 黒板勝美の激励を受け, 高橋邦太郎(技師), 小坂狷二, 浅井恵倫らと文通を重ねたが, 半年で中断. 38年柴田義勝著, 白木欽松訳"La Verda Stelo〔俺はなぜ百姓になったか〕"を印刷. 著『新約聖書画譜』(一粒社, 1939), マーレー『敬虔の栞』(同, 1944). 参山田弘「名古屋とE」(RO 1936.6), 横井憲太郎追想録刊行会編『キリスト者の勝利』(同刊行会, 1978).

横井領郎｜よこい りょうろう
1903.8.14〜1979.7.7

東京／一高(1923)，東大(1927)／鉄道省に入り，名古屋鉄道局工作課長などをへて，1948年日本車輌製造技術部長，のち常務取締役。塩川新助，横山喜之と一高理科乙類の同期。29年JEI入会。JELFに属し，同僚らに熱心にEを推奨。35年9月より大宮鉄道工場で初等E講習を指導。根本潔『車輛術語』の出版に協力。<u>著</u>「最近の感想」（"La Fervojisto" JELF, 76, 1938)。<u>参</u>「内地報道」(RO 1935.10)。<u>図</u>日本車輌製造。

横尾安夫｜よこお やすお｜1899.8.16〜1985.3.20

島根／旭川中(1918)，一高(1921)，東大(1925)／医学博士。解剖学者，人類学者。近三四二郎，塩野正家，長谷川信六と一高医科の同期。長崎医大，日医大各教授など。東大在勤時，Eskulapida Klubo, JEMA 各会員。<u>著</u>『東亜の民族』(理想社, 1942)，『講義用解剖名』(文精社, 1943)。<u>参</u>『つた』(横尾安夫先生遺稿随筆集・追悼文集編集委員会, 1986)。

横川誠一｜よこかわ せいいち｜1903〜？

京都／立命館大専門部／別名東山啓夫，山本政吉，加藤和夫，西川，荒木／1932年9月PEUに加入し，図書部責任者など。34年3月検挙。<u>参</u>『特高月報』1935.3,『近代日本社会運動史人物大事典』。

横田伊佐秋｜よこた いさあき
1916.12.25〜1998.1.14

埼玉／新潟高，東大(1939)／理学博士。横田武三の長男。北大助手，気象技術官養成所教授，新潟高教授などをへて，1949年新潟大助教授，63〜82年教授。52年新潟大学友会E研究部発足に際し初代部長。<u>著</u>『熱力学』(岩波書店, 1987)。<u>参</u>小林迪助他「横田伊佐秋先生を偲んで」(『日本物理学会誌』53: 7, 1998)。<u>図</u>新潟県立図書館。

横田甚太郎｜よこた じんたろう
1907.3.16〜2003.5.3

大阪／高等小／三菱製錬所，旧国鉄吹田工場などに勤務し，1923年農民運動に参加，29年日農吹田支部結成。その間，たびたび検挙され，29年懲役2年，執行猶予5年。出獄後，関西友禅労組を結成。無産者医療同盟の組織作りにも尽力し，33年三島無産者診療所を開設。37年吹田町議となるも，39年戦争に反対して懲役5年。戦後，日本農民組合と日本共産党の再建に努力，49年衆院議員に当選(1期)。31年大阪労働学校で開かれたプロレタリアE講習会(講師は吉田清)に参加し，平岡正三，丹羽善次，土田清，波多野幸好，足立公平ら，他の受講生とともに総検束。<u>参</u>宮本正男「大阪地方 社会主義的E運動史略年表」(NR 1968.11),『反体制E運動史』。

横田武三｜よこた たけぞう
1886.12.3〜1945.2.7

埼玉／一高(1907)，九大医科(1911)，東大物理科／生理学者。横田伊佐秋の父。1917年新潟医専教授，45年退官。勝沼精蔵と一高医科の同期。29年真崎健夫，久保義郎，渡辺正亥らと北越E会を結成。JEMA新潟医大支部幹事。<u>著</u>K. Durckheim『独逸精神』(三修社, 1942)。<u>図</u>山添三郎，新潟県立図書館。

横田勇治｜よこた ゆうじ｜1900.7.29〜1943以降

秋田／秋田中(1918)／1921年秋田銀行に入り，牛島，本荘各支店長などをへて，35年横手支店長，41年営業部次長など。23年頃JEI入会。

横山一郎｜よこやま いちろう
1900.3.1〜1993.7.28

神奈川／海南中，海兵(1919)，海大(1930)／海軍少将。太平洋戦争開戦時の在米日本大使館附海軍駐在武官。交換船で帰国後，巡洋艦球磨艦長。ミズーリ号上の降伏文書調印式に海軍首席随員として列席。戦後，受洗。1923年頃JEI入会。<u>著</u>『海へ帰る』(原書

房, 1970),『句集・乙女座』(私家版, 1990).

横山健堂｜よこやま けんどう
1871 (明治4.7.5)〜1943.12.24

山口/山口高, 東大 (1898)/本名達三, 筆名黒頭巾/評論家.『読売新聞』『大阪毎日新聞』『中央公論』などで活動し, 人物評論, 維新史, 教育史などの分野で著作が多い. 東京都立図書館の特別買上文庫の一つである横山健堂資料に, ザメンホフE訳 "Marta" の千布利雄による訳稿『小説マルタ』前編2分冊が含まれているが, 横山がこれを入手した経緯は不詳. 生年月日に異説あり. 著『新人国記』(敬文館, 1911) ほか多数. 参後藤斉「"Marta"幻の第3の日本語訳」(LM 2012.11). 蔵東京都立図書館.

横山重次｜よこやま しげじ
1904.6.13〜1975.12.3

富山/大阪高商/鳥取で書店自営. Eは, 1923年千布利雄『E全程』で独習. 戦前, 鳥取高農の学生らにたびたびE講習. 熱心に海外と文通. 47年, 田中康信, 太田行人らと鳥取E会を再建し会長. 47年JEI鳥取支部設立. 48年第2次JEA委員. 参"Japanaj E-istoj". 蔵太田行人, 田中康信.

横山武人｜よこやま たけと
1896.8.7〜1979.9.26

山形/東北大 (1922), スワンシー大 (1928)/神戸高工, 大阪高工各教授などをへて, 1960年大阪交通短大学長, 65年大阪交通大初代学長 (兼任). 21年12月頃JEI入会. 22〜24年神戸のE運動に熱心に参加. 26年文部省留学生として渡欧, "E en Nipponlando"(国際語研究社, 2:5, 1926) に「4月1日宮崎丸で渡仏, 同地で日本のE語運動に就いて講演の筈」と. 著『機械製図手本』(共著, 共立社, 1942),『工業力学』(共立出版, 1964). 参『神戸のE』.

横山忠一｜よこやま ただかず｜1898頃〜1951以降

兵庫/三高 (1919), 京大工学部 (1922), 同法学部 (1928)/今田英作と三高第二部甲類の同期. 大阪市電気局に勤務. 1921年JEI入会.

横山寅一郎｜よこやま とらいちろう
1859 (安政6.6)〜1923.5.22

肥前国 (現長崎)/五教館/1884〜95年私立大村中学初代校長, 95〜1907年長崎市長, 08年立憲政友会より衆院議員に当選し, 以来5期. 国際交流に熱心で, 99年グラバーの息子倉場富三郎 (1870〜1945) らと長崎内外倶楽部を設立. 07年JEA入会 (会員番号736), のちJEIにも参加. 25年第3回KEL総会 (別府) で講演.

横山良国｜よこやま よしくに｜1901〜1973以降

鹿児島/北野中 (1918), 六高 (1921), 東大 (1924)/農学博士. 粟飯原晋, 植田高三, 八木日出雄らと北野中の同期. 宇都宮大教授, 種麹協会会長, 東京栄養食糧学校長など. 1923年頃JEI入会.

横山喜之｜よこやま よしゆき｜1902〜1966

東京/東京府立一中 (1919), 一高 (1923), 東大/翻訳家, キリスト教研究家. 塩川新助, 横井領郎と一高理科乙類の同期. 1924年夏, 内村鑑三の呼び掛けに応じて, 政池仁 (1900〜1985) と山形県小国で伝道. 20年5月JEI入会. 著キェルケゴール『説教集』(新教出版社, 1948), シュワイツェル『文化と倫理』(新教出版社, 1953), フエルステル『キリストと人生』(ドン・ボスコ社, 1954). 参政池仁『内村鑑三伝』(再増補改訂新版, 教文館, 1977),『内村鑑三全集』(岩波書店, 39, 1983).

吉井孝子｜よしい こうこ
1911.3.14〜2010.11.25

1960年頃JEIの講習を, 70年頃天母学院の通信講座を受講. 81年JEI入会. 宮るりの指導を受ける. 99歳まで「世界の国々の方と楽しい文通を続け」た. 著「私とEの文通」(RO 2010.7).

吉井千代田｜よしい ちよた｜1899～1998

東京/東大(1931)/薬学博士。歌人，劇作家吉井勇(1886～1990)の弟。日本クレゾール工業などをへて，千代田化学研究所を設立。のち薬事日報社編集局長，顧問など。東大在学中の1921年10月JEI入会。著「鑑真大和上を偲んで」(『月刊和漢薬』ウチダ和漢薬，291, 1977)，「医薬品商品学」(『薬学図書館』薬学図書館協議会，30 : 2, 1985)。

吉井正敏｜よしい まさとし
1889.2.21～1963.3.1

熊本/東北大(1917)/理学博士。地球科学者。二高教授，仙台バプテスト教会日曜学校長，東北大教授，尚絅短大学長など。二高在職中，菊沢季生，武藤丸楠らに交じってEを学び，運動を支援。1924年7月26日，大日本基督教徒E協会創立に参加。同年第12回JK(仙台)準備委員。著『高等教育鉱物・地質学』全2巻(東洋図書，1930)。参武藤潔「思い出すまま」(ME 1990.10)。

吉井宗武｜よしい むねたけ
1912.1.30～1988.1.23

鹿児島/五高(1931)，阪大(1938)/医学博士。陸軍軍医となり，1946年復員。47年鹿児島県出水市に吉井医院開業，81年医療法人吉祥会初代理事長。五高在学中にE学習，同校E会長として講習会を指導。協吉井中央病院。

吉岡義一｜よしおか ぎいち｜？～1940.10.29

奈良/1925年頃奈良県水平社に加入。27年頃より東京で活動。千葉刑務所で服役。大阪府刀根山療養所にて没。『解放のいしずえ』によれば，「E語に堪能であった」と。

吉岡俊亮｜よしおか しゅんすけ
1895.9.15～1985.12.25

山口/一高(1920)，東大(1923)/理学博士。弟は，学習参考書の名著とされる『世界史の研究』(旺文社，1949)を著した吉岡力

(1908～1975)。内田亨，八木長人と一高農科の同期。1928年東京高，49年千葉大，58年東京医大各教授。21年10月江崎悌三，平岩馨邦らとJEI入会。JEMA会員。著『生物学者医学者用綜合動物学』(森於菟と共編，金原書店，1932)，『生物』(学生社，1953)，「少年寮時代の小林君」(『小林英夫著作集 月報』みすず書房，7, 1977)。

吉岡春之助｜よしおか はるのすけ
1893.3.11～1979.7.11

京都/同志社普通学校(1913)，早大(1918)/生物学者。桐生高工教授，群馬大工学部講師などをへて，共愛学園長。クロポトキンの影響を受け，「キリスト教的無政府主義者」を自称。戦争中も非戦と非暴力を貫く。1929年頃JEI入会。31年2月群馬E連盟結成に際し理事。著『蟻』(桐生高等工業学校学術談話会，1932)，『新約聖書原典入門』(キリスト教夜間講座出版部，1971)。参『日本アナキズム運動人名事典』。

吉岡正明｜よしおか まさあき｜1931～1995.2.18

高校/看板，テレビ番組の小道具などの製作会社伊佐梅取締役。1985年第34回関東E大会(水戸)において講習会「初級・中級の総まとめ」を指導。達者な習字の腕を活かして関東大会などの看板，横断幕を作製。調布E会員。著「ワルシャワのショパン」(LSP 1987.8)。協石野良夫。

吉川一水｜よしかわ いっすい｜1881～1946

東京/東京府中(1899)，一高(1902)，東大/宗教家。内村鑑三に師事。萱場真の親友。1924年第12回JK(仙台)開催に尽力。26年基督教無産者同盟中央執行委員長として，Eを同盟の公用語に。同年11月より坪井潔を講師に招き，東京・上野自治会館でE講習を開催。著『日々の糧』(野口書店，1951)。参RO 1926.12。

吉川岩喜｜よしかわ いわき｜1874.2～1942以降

東京/五高(1896)，東大(1899)/工学博士。

釜石鉱山, 平壌鉱業所, 朝鮮総督府各技師などをへて, 1924年早大教授. 早大初の学位授与者. 釜石赴任中の06年JEA入会(会員番号191). 教え子の野村堅にEを推奨. 著『坑気調整学』(共著, 修教社, 1937). 参「早稲田が生んだ最初の博士」『朝日新聞』1924. 8.24), 'Intervjuo'(RO 1934.5).

吉川喜八郎 | よしかわ きはちろう
1881.5.14~1937以降

長崎/熊本高工(1904)/鉄道技師. 九州鉄道, 鉄道省四日市工場などをへて, 1928年梅鉢鉄工所(大阪)技師長. 18年JEA入会(会員番号1179). 20年日本鉄道E会設立に際し小坂狷二とともに評議員. 21年日本鉄道E会主催の講演会で講演. JEI会員. 参『日本E運動史料 I』.

吉川桂太郎 | よしかわ けいたろう | 1888頃~?

JEA創立を知り入会(会員番号476). 父の知人, 速水真albumsから励まされ, 海外文通. 著「高知でエス語を勉強した頃」(RO 1936.6).

吉川友吉 | よしかわ ともきち
1893.4.25~1963.7.17

石川/金沢商/文房具商, 紙商, 器機商など. 1913年6月阿閉温三と北陸コレスポンデンス・クラブを設立し, 通信にEを利用. 14年3月阿閉, 浅井恵倫, 平岩愛吉らと金沢E会創立. 15年頃JEAに参加(会員番号1013), 金沢支部設立に際し幹事. 国際商業語協会, JEI各会員. 22~23年ブラジルなど南米に滞在し, 同地のE-istoと交歓. 出発に際し, E文による各地方の案内文を集めようとする「地方案内記」の原稿募集のため賞品を寄贈. 36年金沢E会宣伝部長. UEAデレギート(金沢). 56年50周年記念第43回JK(東京)で表彰. 長男信男もE学習. 著 'Unua impreso ĉe Brazilo'(RO 1923.1), 'El Brazilo'(RO 1923.9). 参「金沢から」("La Espero"星光社, 2:5, 1921),「地方案内記(吉川氏寄附懸賞募集)」(RO 1922.9),『特高外事月報』(1938.1),『中原脩司とその時代』, 笠野藤紀男「もう一度の挑戦準備中」(『Eと私』). 協 笠野藤紀男, 金沢市立図書館.

吉川春寿 | よしかわ はるひさ
1909.1.25~1981.11.25

神奈川/東京府立一中(1924), 一高(1927), 東大(1931)/俳号春藻/医学博士. 核融合研究の世界的権威吉川庄一の父. 今井四郎, 堀内恭二と東京府立一中の同期. 柿内三郎に師事. 東大名誉教授, 女子栄養大副学長など. 東大在学中にJEI入会. 1928年12月1日東京学生E-isto連盟結成に参加. Eskulapida Kluboで活躍. 著『臨床医化学』(協同医書出版社, 1946)ほか多数.

吉川貫夫 | よしかわ やすお | 1880~1955

東京/旧姓林/農林省技手として広島, 仙台, 静岡, 神奈川などで勤務. 小田原紡績在勤中の1918年高橋邦太郎(技師)にEを学び, 翌年JEA入会(会員番号1282), のちJEIにも参加. 21年東宮豊達と小田原E会を結成. E報国同盟監事. 著「東宮氏を偲びて」(RO 1927.9). 参「誌上座談会『そのころを語る』」(RO 1940.1~3).

吉木文平 | よしき ぶんぺい
1900.4.30~1971 ⇔ 1973以降

岐阜/東北大(1924)/別名吉木地香(ちこう)/理学博士. 旭硝子に入り, 研究所長, 窯業部長, 技術調査役などを歴任. のち成蹊大講師など. 東北大在学中にJEI入会. 著『耐火物工学』(工業図書, 1942),『鉱物工学』(技報堂出版, 1959).

吉田栄子 | よしだ えいこ | 1939.5.8~2000.4.17

山口/徳山高/旧姓鳥居/ニチボー高田工場在職中の1964年頃からE学習. 大阪本社転勤後, 坪田幸紀の指導を受け, 大阪E会で活動. のち徳山市に移り, 71年5月JEI入会, 6月より初等講座を指導し, 徳山E会設立. 78年結婚後, 一時徳山を離れたが, 再び徳山に戻り徳山大図書館, 同学生部松陵会事務局に勤務し, 92~2000年『松風』の編集に従事, 最後に編集した87号に

ガントレットを特集。不自由な足でE運動に熱心に取り組んだ。著「Eの思い出」(NV 1972.7)、「Eと私」(『岐山会誌』徳山高同窓会, 5, 1991)。参『松風』(徳山大学生部松蔭会, 87, 2000)。協石野良夫, 津野行彦。

吉田寛一 | よしだ かんいち
1894.6.22〜1945.9.3

広島/長崎医専(1924)/医学博士。広島被爆時の広島市医師会長。1924年長崎医専助手、30年宇治山田市宮川病院長をへて、31年広島市に内科・神経科病院を開業。39年広島市医師会副会長、44年会長、同年広島県議。自宅で被爆後も、臨時広島市病院長として被爆者治療に献身。長崎医専在職中、長崎E会、JEI、JEMAに参加。参江川義雄「原爆被爆時の広島市医師会長・吉田寛一先生」(『広島市医師会だより』2003.10)。

吉田清 | よしだ きよし | 1907?〜?

熊本?/1931年3月大阪労働学校で開かれたプロレタリアE講習会で講師。PEU中央委員に選出。外島保養院書記として所長村田正太に重用されるが、33年8月4日、思想問題で他の職員とともに大阪府特高に検挙され、村田の辞任に発展(外島事件)。中塚吉次、若松寿郎、大倉輝夫のマルシュ社に参加。戦後、栗栖継、西岡知男らと大阪労働者E会に加わり、講習会の講師も。48年JEI会員。『E通信』(大阪労働者E会)の創刊(1948)から発行人を引き受けるが、スパイの嫌疑をかけられ、運動から退く。著「癩患者壮丁の合格入営者実例調査報告」(『レプラ』4, 1933)。参桜井方策「旧外島保養院誌」(『楓』328〜386, 1968.4〜1973.7)、宮本正男「大阪労働者E会のこと」(LM 1978.9)、同「自分史・E運動 4」(LM 1988.3)、「Eとハンセン病」。

吉田謙吉 | よしだ けんきち
1897.2.10〜1982.5.1

東京/東京府立一中(中退)、府立工芸(1915)、東京美校(1922)/舞台美術家、デザイナー。築地小劇場で舞台やポスターを手掛け、映画美術、衣装デザイン、ブックデザインなども。美校在学中の二科展入選作「街に沈んだ機関車庫」(1922)にEのタイトル"La lokomotivo-provizejo subiĝinta sub urbo"をつけてもらうなど、Eに高い関心を寄せる。関東大震災後に今和次郎(1888〜1973)と創始した現代世相研究としての考現学に、Eの学問名にのっとり「modernologio」と命名(ただし、日本人に発音しやすいようにと「モデルノロヂオ」)。家族にもたびたびEを話題にした。著「現代生活の絵入報告書「モデルノロヂオ」」(『読売新聞』1930.8.27)、『考現学・モデルノロヂオ』(今和次郎と共著, 春陽堂, 1930)、『考現学採集 モデルノロヂオ』(今和次郎と共編, 建設社, 1931)、藤森照信編『考現学の誕生[吉田謙吉 Collection I]』(筑摩書房, 1986)ほか。参日本デザイン小史編集同人編『日本デザイン小史』(ダヴィッド社, 1970)、塩澤珠江『父・吉田謙吉と昭和モダン 築地小劇場から「愉快な家」まで』(草思社, 2012)、『近代日本社会運動史人物大事典』、『日本アナキズム運動人名事典』。

吉田栄 | よしだ さかえ | 1906.9.30〜1987.6.18

北海道/1921〜61年第一銀行に勤務。23年9月E講習会に参加、同年JEI、函館E会に加入。35年頃井上一、井口陸平、松樹明、山川吉男ら函館在住のE-istoとE語研究会を結成。69年第33回北海道E大会(函館)準備委員長。60年代函館E運動の復興に尽力。北海道E連盟へ財政的支援。UEAデレギート(函館、七飯町)。Eを学んだ弟正二は函館商在学中の30年5月8日早世。参RO 1930.7、『特高外事月報』1938.3、木村喜壬治「S-ro 吉田栄を偲ぶ」(HEL 1987.9)、峰芳隆「吉田栄さん死去」(LM 1987.11)、三ッ石清「名古屋より函館へ」(HEL 1999.9〜10)。

吉田周平 | よしだ しゅうへい | 1893.10.20〜1968

岡山/早大(1917)、東大(1923)/東京交通短大教授、早大、拓大各講師など。1921年5月JEI入会。著『英文法と作文』(東山堂書房, 1935)、『高等運用英文法』(同, 1943)。

吉田素兄 | よしだ そけい | 1877.2.25～1926以降

京都府立医学校(1897), 東大選科(1901)/東大附属病院をへて, 1908年より外科医として長浜病院(滋賀)に勤務。21年JEI入会。

吉田太市 | よしだ たいち | 1908～1991.10.26

自営業(技術翻訳)。1926年E独習。30年5月JEI入会。同年9月21日横浜E協会創立に参画。33年3～4月同協会・YWCA共催の女子初等E講習会を指導。37年第25回JK(東京)組織委員会幹事。48年JEI再入会。署「1934年を我等はかく戦う」(RO 1934.1)。署「顕彰者からのお便り」(RO 1990.11)。

吉田隆子 | よしだ たかこ | 1910.2.12～1956.3.14

東京/日本女子大附属高女/本名たか子/作曲家。飯島正の妹。独学で作曲を学び, 築地小劇場を中心に民衆のための音楽運動を展開。Eを学んで, Eを通じての芸術活動の中で, 川尻東次らと交友し, 川尻の人形劇団プークの創立に加わり, 音楽部員に。プロレタリア音楽同盟に参加。1935年「楽団創生」を立ち上げ, その音楽会のちらしには "Kreo Muziko" と。戦後も作曲活動。NHKテレビ「ETV特集 吉田隆子を知っていますか―戦争・音楽・女性」(2012.9.2)で紹介。明学大図書館付属日本近代音楽館に吉田隆子文庫。参クリティーク80編『吉田隆子』(音楽の世界社, 1992), 辻浩美『作曲家・吉田浩子 書いて, 恋して, 闊歩して』(教育史料出版会, 2011), 峰芳隆「吉田隆子作曲歌のE訳」(LM 2012.11), 『近代日本社会運動史人物大事典』。

吉田肇夫 | よしだ ただお | 1916.5.5～2010.10.29

高校の数学教師。広島で被爆。1950年Eを学習し, JEI入会。50～70年県立呉宮原高校でEクラブを指導し, 市民にも普及活動。「広島平和宣言」をEで世界に発信する活動を続け, "Voĝaĝo en Hirosima"(ひろしまEセンター, 1987)発行の原動力に。91～2007年広島E会長。ひろしまEセンターで後進を育成。署 'En Hirosima' (RO 1985.8), 「黒い盆地とヒロシマ」(『黒い盆地―呉市民の戦災応募体験記と資料』呉戦災を記録する会, 1996)。参忍岡守隆「吉田肇夫さんを偲ぶ」(RO 2011.10), LM 2011.7。

吉田辰夫 | よしだ たつお | 1904.3.23～1994.1.28

長野/東大(1927)/工学博士。国立国会図書館建築部長, 工学院大名誉教授など。1923年頃JEI入会。署『内・外装工事』全3巻(共著, 鹿島出版会, 1968)。

吉田常 | よしだ ひさし | 1908.6.19～1950以降

台湾/京大/のち宗達と改名/1948年5月まで山形県立図書館長。46年11月～47年2月山形市で開かれたE講習を指導。47年篠田秀男らと山形Eクラブを結成し幹事長。50年頃山形を去り, 以後消息不明。参桐井靖夫「平凡に常道を」(RO 1950.2), 菊地律郎「山形Eクラブ創立の頃」("La Stelo de Jamagato" 山形Eクラブ, 190～192, 1986)。協山形県立図書館。

吉田松一 | よしだ まついち
1904.9.25～1977.9.16

福岡/二高(1925), 東北大(1930)/医学博士。東北大副手, 講師をへて, 1935年満鉄に入り, 鞍山医院, 安東医院各医長, ハルビン病院小児科長などを歴任。戦後, 大津に吉田松一医院を開業。二高在学中にEを学び, JEI入会。武藤丸楠とは二高以来の親友。31年2月27日東北大医学部E会を結成, 翌月9日萱場真の告別式で同会を代表して弔辞を読む。32年3月1日仙台放送局から「国際語問題とE語の必要」を放送。34年3月JEI仙台支部創立に参加。同年11月～35年2月仙台E会長。戦後, 大津, 大阪各E会に参加。JEMA宮城県支部幹事。署 'Spritajoj' ("La Bukedo" 仙台E会, 1, 1933)。

吉田洋一 | よしだ よういち
1898.7.11～1989.8.30

東京/東京府立四中, 一高 (1920), 東大 (1923)/理学博士。数学者, 随筆家, 俳人。哲学者吉田夏彦の父。一高教授兼東大助教授をへて, フランス留学の後, 1930年北大教授。のち立教大, 埼玉大各教授など。平岩馨邦, 三浦元春と一高理科の同期で, 同校在学中の1920年5月JEI入会。福原満洲雄と親交。署『零の発見』(岩波書店, 1947) ほか多数。参『現代日本朝日人物事典』。

吉武好孝 | よしたけ よしのり
1900.12.15～1982.2.21

大分/東北大 (1931)/号一柿/文学博士。千葉大, 武蔵野女子大各教授など。日本ホイットマン協会会長。E学習歴は不明。1959年ザメンホフ百年祭賛助員。署『翻訳事始』(早川書房, 1937) ほか多数。参『英学史研究』(日本英学史学会, 15, 1982)。

吉武義之 | よしたけ よしゆき
1938.3.31～2004.12.30

大分/群馬大 (1966)/医学博士。1976年群馬大医学部第二内科講師を辞して, 別府に吉武内科医院開業。Eは, 学生時代に西成甫, 堀正一から手ほどきを受け, 学内のEクラブで活躍。60年8月JEI入会。61年野辺山合宿に参加し, 日本学生E連盟再発足に参画。参釘宮雅徳「吉武義之先生のこと」(LM 2005.4)。協大分県立図書館。

吉谷吉蔵 | よしたに きちぞう | 1890～1951以降

東京/青森中 (1908), 東京高商専攻部 (1915)/朝鮮銀行に入り, 1942年本店業務部長, 45年常任監事など。20年代後半JEI入会。

吉永義光 | よしなが よしみつ
1901.7.6～1987.6.25

長崎/岡山中 (1920)/1917年父の転勤で岡山へ。30年岡山商工会議所に入り, 54年専務理事兼事務局長。20年Eを学び, 岡山E会の例会に参加, 古田立次の右腕として活躍。ザメンホフ夫人クララやプリヴァの署名入りアルバムを含むE関係蔵書は, 遺族により2006年第93回JK (岡山) を機に山陽女子高へ寄贈され, 吉永文庫。署『岡山のおもちゃ』(日本文教出版, 1975), 『岡山の経済散歩』(同, 1980)。参『岡山のE』, 「明治後期～戦後のE書籍, 岡山の民家で発見」(『山陽新聞』2006.9.3), 原田扶佐子「山陽女子高校にEの寄贈図書」(RO 2007.7)。協吉永瑠美, 原田英樹, 原田扶佐子, 岡山県立図書館。

吉野作造 | よしの さくぞう
1878.1.29～1933.3.18

宮城/仙台一中 (1897), 二高 (1900), 東大 (1904)/本名作蔵, 別名古川学人, 松風軒, 翔天生/政治学者, 評論家, 社会運動指導者。法学博士。「民本主義」を説いた大正デモクラシーの旗手。小松清の岳父。1906～09年袁世凱の長男の家庭教師として中国に滞在, 10～13年独英米留学。キリスト者。東大に吉野文庫, 大崎市に吉野作造記念館。03年英国人ジャーナリストWilliam Thomas Stead (1849～1912, タイタニック号沈没事故で没) の記事を邦訳した「世界普通語エスペラントー [ママ]」を, 海老名弾正創刊の本郷教会の雑誌『新人』(新人社, 4 : 5, 1903) に無署名で発表してEを推奨。自身も同年11月からO'Connor "E. The student's Complete Text Book" で独習を始めるが, 中断。19年5月31日, 帝大E会主催の普及講演会で「Eと私」を講演, 再びEに目覚めて, 翌日より学習を再開し, JEA入会 (会員番号1413)。同年朝鮮人・中国人と対等に話すためとして周囲の学生にEを奨励。井上万寿蔵らの働きかけにより一高でも講演。20年JEI評議員。21年5月12日一高の普及講演会で"Mia ĉio pri E"を講演。弟子の川原次吉郎は「Eの本を便所のなかにおいて, 最後まで勉強された。便所のなかから本をもって来て, わたしに質問されたこともある」と。署『吉野作造選集』全16巻 (岩波書店, 1995～97) ほか多数。E関係に 'New Thought in Japan—The Growth of Liberalism and its Eventual Triumph' ("The

Japan Advertiser" 1920.4.2；太田雅夫・宮本由美訳「吉野作造「日本における新思想」(1920)」『桃山学院大学教育研究所研究紀要』6, 1997),「明治事物起原を読んで」(『新旧時代』明治文化研究会, 2：9, 1926),「Eと私」(『講学余談』文化生活研究会, 1927；「明治事物起原を読んで」の一章に「新人」記事を再録）など。參「帝大普及講演会」(JE 1919.6),「50周年記念座談会」(RO 1956.9)，松尾尊兊「吉野作造と朝鮮」(『人文学報』京大人文科学研究所, 25, 1968)，同「吉野作造と在日朝鮮人学生」(『原弘二郎先生古稀記念東西文化史論叢』同記念会, 1973)，朝比賀昇・萩原洋子「日本E運動の裏街道を漫歩する 6」(ES 1975.10)，『大正デモクラシーの旗手 吉野作造』(吉野作造記念館, 1995)，田澤晴子『吉野作造―人世に逆境はない』(ミネルヴァ書房, 2006)，松本三之介『吉野作造』(東大出版会, 2008)，尾崎護『吉野作造と中国』(中央公論社, 2008)，『現代日本朝日人物事典』，『近代日本社会運動史人物大事典』，『日本キリスト教歴史大事典』，「Eづいた柳田國男」。

芳野任四郎｜よしの じんしろう
1895.4.20～1982.6.24

東京/七高(1918)，東大(1921)/海軍技術少将。横須賀工廠造兵部附時代の1921年JEI入会。參『日本海軍将官辞典』。

吉野楢三｜よしの ならぞう｜1897～1942以降

大阪/東北大工学部(1923)，同法文学部/東京日日新聞記者，南支調査会調査員など。東北大在学中の21年秋JEIに加わり，学内でE講習会を開催。菊池季生とともにEで卒論を書いた。工学部卒業後，法文学部に再入学。24年第12回JK(仙台)でSAT分科会を組織。著「文化生活とE」(『貴善会誌』明治専門学校貴善会, 19, 1923),「列強の狙ふ支那のタングステン」(『科学主義工業』5：20, 1941),「南方共栄圏における立体的高度国防の重要地下資源」(『南方』4：4, 1942)。參『新聞人名録 昭和五年版』(新聞之新聞社, 1929)。

吉原正八郎｜よしはら しょうはちろう
1919.1.29～2001.2.23

北海道/中大(1941)/弁護士。世界連邦運動に挺身。1932年頃兄を通じてEを知り，38年学習。中断後，58年講習会で高橋要一，有馬芳治の指導で再学習。翌年札幌E会長。法律事務所を同会の活動に開放。60年1月JEI入会。84年活動不振の札幌E会を復興し，89年1月まで会長。88年第75回JK(札幌)組織委員会委員長。北海道E連盟副会長，顧問など。著『世界政府の基礎理論』(理想社, 1962),「世界連邦運動の同志・永田明子さん」(HEL 1990秋)。參「家庭訪問」(『北海タイムス』1967.10.11)，児玉広夫「弁護士吉原正八郎氏逝く」(HEL 2001.2～4)。

吉原英夫｜よしはら ひでお
1902.10.12～1992.8.3

兵庫/神戸一中(1920)，三高(1922)，東大(1925)/吉町義雄，清川安彦らと神戸一中の同期。小川鼎三，岸本通智らと三高理科甲類の同期。東大，大阪府大，神戸工専，姫路工大各教授など。三高在学中，八木日出雄にEを習い，1921年10月JEI入会。著『蒸気原動機』(アルス, 1941)，『ボイラと蒸気原動機』(養賢堂, 1956)。參『三高E会小史』。

吉町義雄｜よしまち よしお
1901.6.6～1994.9.25

東京/神戸一中(1920)，三高(1923)，京大(1927)/号霜硯/新村出門下の言語学者。文学博士。緒方富雄，吉原英夫らと神戸一中の同期で，特に橋本雅義は生涯の友。三高YMCA寄宿舎で尹明善と同室。1927年九大講師，41年助教授，63～65年教授。66年宇部短大，75～81年関西外大各教授。19年12月八木日出雄，植田高三，宇津木睦夫らの呼び掛けに応じて，三高E会創立に参加，八木の指導で学習。八木の卒業後は同会の主力となり，ラムステットや柳田國男の講演会の世話や市民向けの講習の指導なども。20年JEI入会。一時福岡のE活動にも参加。47年九大でE講習を指導。著『九州方言関係資料』(私家版, 1931)，『北狄和

545

語考』(笠間書院, 1977),「筑紫路記」(新村猛編『美意延年 新村出追悼文集』新村出遺著刊行会, 1981),「京洛四年」(長尾正昭編『第三高等学校基督教青年会百年史』同刊行会, 1990). 参『三高E会小史』.

吉道光一 | よしみち こういち
1919.6.1～1995.5.29

東京/東京物理学校/化学教諭として鶴来, 金沢二水, 星陵各高校に勤務. 戦前E学習. 1945年11月JEI入会. 75年5月北川久らが金沢二水高E同好会を結成した際, 顧問に. 文通相手のE-istoを海外へ訪ねたことも. SAT, JELE各会員など. 著「Eの教授」(翻訳,『石川県立金沢二水高等学校紀要』6, 1977). 参 'Vintraj olimpiaj ludoj en Saporo' (NV 1972.2), RO 1977.7. 協吉道美代子, 北川久, 石野良夫.

吉村哲二 | よしむら てつじ
1927.12.1～2004.10.16

三重/三重農専(1945)/土地家屋調査士. 1958年4月JEI入会. 松阪E会結成に参加し, 河合秀夫とともに講習会の講師役. 62年10月松阪E会員大谷アサ枝と結婚. 85年三重E会発足に夫婦で参加し, 癌の治療中も酸素ボンベ持参で例会に出席. VSに寄稿多数. 著「関西大会のぞき」(LM 1961.7),「S-ro河合の思い出」(VS 1976.1),「高瀬氏の思い出」(LVO 1986.1). 参山本修「吉村哲二氏を悼む」(RO 2005.2).

吉村鉄太郎 | よしむら てつたろう
1900.6.20～1945.3.24

東京/一高(1921), 東大(1925)/本名片山達吉/文芸評論家. 日銀理事片山貞次郎(1868～1920)と歌人松村みね子(1878～1957, 本名片山広子)の子. 安積得也, 木崎宏らと一高英法科の同期. 新興芸術派倶楽部に参加.『文学』,『詩と詩論』などに文芸評論を発表. 1920年9月JEI入会.

吉村良一 | よしむら りょういち
1891.1.1～1951以降

岡山/京大(1916)/医学博士. 神戸市民病院長など. 市立京都病院在勤中の1921年5月JEI入会.

義本正男 | よしもと まさお | 1929～2003.5

京都/立命館大(1953)/男山中(京都)などをへて, 1983～86年八幡第三小, 86～90年深谷小各校長. 退職後, 京都府総合教育センター教育相談員をへて, 92年より5年余り城陽市東部コミュニティセンター館長. 学生時代, 本屋で見つけた独習書でEに触れ, ザメンホフの思想に感動, 直ちに学内にE研究会を組織. 児童画の交換, 児童の国際文通の翻訳, 国際ペンパルクラブの運営などにEを活用, その熱心な活動振りはマスコミでもたびたび取り上げられた. 60年JEI入会したが, 地域のE運動には参加せずに校内活動のみ. 著『共に生きる』(私家版, 1996),『続・共に生きる』(京都梅花学園・あんびしゃ, 2003). 協笹田保治.

依田きくえ | よだ きくえ | 1897?～1978

山梨/看護婦. 1933年日本共産党活動家渡辺行隆のレポーターとして活動し, 検挙. 63～70年新日本婦人の会山梨県代表委員. 30年頃甲府湯田高女の安江松子からEを学ぶ. 参『山梨とE』.

依田喜代次 | よだ きよじ | 1910～1998

東京/開成中夜間部/別名小酒井潔/1931年PEU創立に参加. 32年共産青年同盟に加入. 33年7月検挙, 35年4月懲役2年, 執行猶予4年.「くりくりと 動く円ら眼 うさ知らぬ 同志(カマラード)よな 中部の要」(冨田冨「同志達」).

米井太郎 | よねい たろう | 1893.8.6～1943以降

京都/北野中(1912), 京都医専/皮膚科医. 陸軍軍医少尉, 京大附属病院をへて, 1922年大阪府北区で開業. 20年代後半JEI入会

著「大阪市内に於ける衣服材料の汚染状況に就て」(『国民衛生』11：12, 1934)。

米沢秀夫 | よねざわ ひでお
1905.11.15～1990.9.11

徳島/徳島中(1923), 山口高商(1926)/中国研究家。大阪市役所産業部貿易課員, 上海大阪貿易調査所長などをへて, 1935年中支那振興に入り, 文書, 調査各係長, 南京事務所長などをへて, 42年調査部資料課長。戦後, 日中友好協会副会長, 中国研究所理事, 愛知大講師など。山口高商在学中にJEI入会。のち上海へ渡り, 上海日本人E倶楽部(のち上海日本人E会と改称)を主宰。著『上海史話』(畝傍書房, 1942；復刻版, 大空社, 2002), 『近代中国のあゆみ』(青木書店, 1972) ほか多数。参「Ebner氏来朝」(RO 1933.10), 「上海日本人E会」(RO 1935.3), 「50周年記念座談会」(RO 1956.7), 「休憩室 E語日記」(『月刊学習』日本共産党中央委員会出版局, 1981.7)。

米沢允晴 | よねざわ まさはる
1936.3.25～1996.3.26

徳島/京大(1960)/女性初の日本物理学会長米沢富美子(1938年生, 慶大名誉教授)の夫。山一証券に入り, 主に国際金融業務を手がけ, 国際企画部長など。1987年退職後, 日本初のM＆Aの仲介会社レコフを友人らと創業し社長。のち会社顧問。学生時代, 京大E部長を務め, 61年同部の後輩奥富美子と結婚。富美子は2001年第88回JK(宝塚)で「21世紀の科学と人間」を講演して「定年後にはまたE-istoの仲間に加えてほしい」と述べ, 07年第92回UK(横浜)顧問も務める。参「[私のパートナー]会社顧問・米沢允晴さんVS理論物理学者・米沢富美子さん」(『読売新聞』1995.6.25), 米沢富美子『二人で紡いだ物語』(出窓社, 2000), 「女性は科学の開拓者(2)」(『日本経済新聞』2005.4.26), 米沢富美子「時代の証言者」(『読売新聞』2008.12.23)。

ヨネダ, カール | Karl Yoneda
1906.7.15～1999.5.9

米国カリフォルニア州/広島中(中退)/米田剛三(ごうそう), 別名剛, ハマ/労働運動家。米国生まれの二世。1913年一家で父の故郷広島に戻るも, 父が急死し, 苦学する中で社会主義や無政府主義に触れ, 労働運動に入る。Eを習い, エロシェンコの童話『夜あけ前の歌』に魅せられて, 22年無銭旅行で北京まで赴いてエロシェンコに会い, 寄居先の魯迅・周作人邸内に2ヵ月滞在。エロシェンコとは日本語またはEで話しし, 「赤い花」を口述筆記。26年日本での兵役を忌避して日本を脱出し, 帰米。マルクスに傾倒してカールと名乗り, 共産党に入党。34年西海岸港湾ストを指導。36年反ファシズム戦線の指針となったコミンテルン第7回大会ディミトロフ報告のE訳を文通相手の宝木武則に送る。太平洋戦争で日系人収容所に入れられるが, 米陸軍情報部に志願して入隊し, 中国・ビルマ・インドで日本兵向けのビラや放送での投降の呼びかけなどに従事。山崎豊子『二つの祖国』(1984年NHK大河ドラマ『山河燃ゆ』の原作)の主人公のモデルの一人と言われることもあるが, 本人は同作品には批判的。戦後は, 日系米人の歴史や労働運動に関する著述, ベトナム反戦運動, 戦時日系人強制収容賠償運動などで精力的に活動。著『在米日本人労働者の歴史』(新日本出版社, 1967), "Ganbatte : Sixty-year Struggle of a Kibei Worker" (UCLA Asian American Studies Center, 1984；田中美智子・田中礼蔵訳『がんばって―日系米人革命家60年の軌跡』大月書店, 1984), 『マンザナー強制収容所日記』(PMC出版, 1988), 『アメリカ一情報兵士の日記』(PMC出版, 1989年)。参「21日感無量の対面」(『毎日新聞』1984.9.20), 宝木実『レジスタンスの青春』(日本機関紙出版センター, 1984), 藤井省三「カール・ヨネダの北京―魯迅邸におけるエロシェンコ回想」(『猫頭鷹』『新青年』読書会, 7, 1989), 宝木武則「獄中記」(『河上肇記念会会報』70・71, 2001.8.15), 蒲豊彦 'Du japanoj en Koreio' (LM 2003.4), 廣畑研二「20世紀の証人カール・ヨネダ」(『トスキナア』皓星社, 5, 2007), 『近代日本社会運動史人物大事典』, 『日本アナキ

ズム運動人名事典』。協冨板敦。

米田徳次郎｜よねだ とくじろう
1881.4.24〜1956.11.1

奈良/日本医学校(1907)/洗礼名ルカ/医師。伝染病研究所，東大内科教室で研究後，1909年大阪市西成区に米田病院分院を開業。妻とく(1973年4月22日没)とともに聖公会所属のキリスト者で，育英事業，厚生保護事業にも尽力。22年頃川崎直一の治療をしたのが縁で，川崎にEを習う。24年頃国際連盟協会大阪支部主催のE講習会に参加(講師は相坂佶)。24年10月JEI大阪支部創立委員。28年第16回(大阪)，33年第21回(京都)各JK名誉会長。31年『関西医事』に中等講座「独文E訳」を連載，同年10月西田亮哉と岸和田E会を再建し会長。37〜38年南氷洋での調査にあたり，オーストラリアのE-istoと交流。戦後，大阪E文庫，小坂E講座刊行会などを援助。48年第35回JK(大阪)会長。同年11月7日Kansai E-a Federacio結成に際し会長。49年E研究振興のため米田奨学金設立。53年JEI顧問，同大阪支部長。55年第42回JK(吹田)会長。JEMA大阪地方支部幹事，岸和田E会名誉会長など。56年日本E運動50周年記念行事実行委員会副会長，同関西地区委員会委員長に推されるが，記念大会直前に没。墓碑は全文Eで。著「南氷洋から」(RO 1938.5)，「躍進日本の五十年まえ」(RO 1941.3)。参三宅史平「米田徳次郎氏逝去」(RO 1956.12)，松原八郎「故米田徳次郎先生と戦後の大阪におけるE運動」(LM 1957.1)，同「米田徳次郎先生のことども」(RO 1957.3)，RO 1958.2。

米原昶｜よねはら いたる｜1909.2.7〜1982.5.31

鳥取/鳥取一中(1926)，一高(1929中退)/父は貴族院議員米原章三(1883〜1967)。ロシア語通訳者，随筆家米原万里(1950〜2006)，料理研究家米原ゆり(井上ひさしの妻)の父。1949年鳥取全県区から衆院議員に初当選，のち東京2区に転じ当選計3回。『赤旗』編集局長，日本共産党名誉幹部会員など。Eは，21年鳥取中に入学した頃，講習会で村上吉蔵から手ほどきを受ける。59年から5年間，ヨーロッパ駐在日本共産党代表としてプラハに滞在した際，妻美智子とともに同地のE-istoと交流。著『自主独立の十年』(新日本出版社，1967)，『私のあゆんだ道』(東京民報社，1968)，米原昶著，鶴岡征雄編『回想の米原昶 1909〜1982』(同刊行委員会，1982)。参『米原章三伝』(同刊行会，1978)，NR 1992.8，佐々木照央「多読の楽しみ」(RO 2006.7)。協熊木秀夫。

米村健｜よねむら けん｜1907.2.2〜1987.7.4

鳥取/六高(1928中退)，法大(中退)/筆名峡健一/六高在学中より社会運動に参加。三・一五事件で検挙，懲役1年6ヵ月，執行猶予3年。全日本交通労組山陰支部を組織し，1931年12月再検挙，懲役1年。37年再々検挙。旅館，バス会社勤務をへて，戦後，日本共産党に加わり，米子市議。児童文学にも情熱を傾ける。71年，75年参院選に出馬し落選。Eは，プロレタリア科学研究所のE講座に参加。35年Maja Rondoに参加，36年3〜11月機関誌"Majo"を米子の自宅「Eの家」から発行。同年ポーポロ社特別同人。小林多喜二『工場細胞』のE訳を試みたが未刊。JPEA会員。長女理子に幼少時からE教育。著'Pri E de vortoj origine Japanaj'(『E文学』フロント社，17，1935)，'Epizodoj pri plekoglosoj'(『E文学』E文学研究会，19，1935)，「Eと文学」("Saluton"ポーポロ社，2，1936)。参「名古屋ポーポロ社のプロレタリア文化運動」(『司法研究』28：9，1936.12)，板野勝次『嵐に耐えた歳月』(新日本出版社，1977)，「追悼」(LVK 1987.8)，「国賊の妻」(『朝日新聞』鳥取版，1991.12.3)，前田朗「非国民がやってきた 59」(『週刊MDS』MDS新聞社，2009.4.24)，『近代日本社会運動史人物大事典』，『プロレタリアE運動に付て』，『岡山のE』。

米山修一｜よねやま しゅういち
1901.8.20〜1983⇔1985

長崎/小倉中(1919)，七高(1922)，九大(1925)/桂井富之助，福永五三男と七高理科甲類の同期。三菱造船に入り，広島造船

所造船部長,下関造船所副所長,西日本重工業神戸営業所長などをへて,1957年佐世保重工業常務,62年顧問など。29年頃JEI入会。

与良松三郎│よら まつさぶろう
1872.4.30(明治5.3.23)～1938.10.17

長野/長野師範(1893)/旧姓上野/新聞人。中日新聞社長与良ヱ(あいち,1908～1968)の父。ウラジオストク日本人小学校長,陸軍通訳などをへて,1907年名古屋新聞社主筆,28年社長。独学でEを学び,E訳聖書を愛読。名古屋E運動の有力な支援者。32年4月7日付『名古屋新聞』(1932.4.7)に,「日本の医学をEで世界に発表せよ」と。書『記者生活二十三年』(日本電報通信社,1929),『我を見る』(興風書院,1930)。参白木欽松「Eもやった老牧師を中心に」(RO 1935.1)。

ら

ラムステット |Gustav John Ramstedt
1873.10.22〜1950.11.25

フィンランド，ウーシマー県/ヘルシンキ大/アルタイ言語学の権威。1918年ヘルシンキ大教授，20〜29年独立直後のフィンランドの初代駐日公使として滞日。外交活動のほか，モンゴルと中国で調査旅行をし，東大で講義を行って柳田國男らに影響を与えるなど，学術的な活動も積極的に行った。1891年E学習，08年ヘルシンキ大で「言語学とE」を講義。日本着任直後の2月14日小坂狷二と藤沢親雄の訪問を受け，一時辞任をはさんで29年までの在任中に積極的に日本のE運動に参加。'El finnaj poemoj'（RO 1920.6〜7）は日本におけるフィンランド文学紹介の嚆矢と目される。日本人E-isto間に"Esperanta Finnlando"購読を促す。20年第7回JK（東京），24年第12回JK（仙台），27年第15回JK（福岡）をはじめ，横浜，横須賀，静岡，名古屋，京都，大阪，神戸，岡山，広島，長崎など各地でフィンランドの国情紹介とE普及の講演をした。外交官の地位を生かして日本の公的機関や新聞社等に対しても多くの機会にEを宣伝。26年『民族』（1：4, 1926）にE文の論文を寄稿し，編集部からの依頼で長谷川理衛が「アルタイ諸民族とその言語」として日本語訳。同年12月12日東京国際倶楽部で講演した際，宮沢賢治にEを推奨。27年7月25日内務省社会局のE講習会第1日に「芬蘭における社会施設」を講演。"Unu vivo—unu servado"（一生一仕）をモットーとし，蔵書印にも。帰国後は学究生活に戻る。36年フィンランド代理公使として着任した市河彦太郎夫妻と親交。37年八木日出雄の訪問を受ける。94年12月4日フィンランド大使館主催でシンポジウム「友好の礎―初代フィンランド公使G.J. ラムステット」（於早大）が開催され，初芝武美も登壇。著 'El finnaj poemoj'（RO 1920.6〜7），「E語の旅」（『改造』1922.8），荒牧和子訳『七回の東方旅行』（中央公論社, 1992），坂井玲子訳『フィンランド初代公使滞日見聞録』（日本フィンランド協会, 1987）。参 'La sendito de amikeco'（RO 1920.3），「摂政の宮殿下Eについて語らせ給ふ」（RO 1922.5），RO 1923.2, 進藤静太郎 'Adiaŭ Sendito de Amikeco'（RO 1923.4），'Ni Dankas, D-ro Ramstedt'（RO 1929.9），「ラムステツド博士の御帰国送別会」（RO 1929.12），「ラムステット博士から」（RO 1949.5），'Prof. G.J. Ramstedt'（RO 1951.1），八木日出雄「ラムステット博士を悼む」（RO 1951.2），野村正良「故ラムステッド博士，附著作文献目録」（『言語研究』19・20, 1951），由里忠勝「ラムステット博士の墓」（RO 1971.11），若松清次郎「ラムステット氏」（AK 1986.2），Osmo Buller 'Ambasadoro en Nipono'（"E" UEA, 1988.12），池本盛雄「E-isto何とラムステット」（PN 1992.9），初芝武美「JEI75周年とフィンランド初代公使ラムステット博士」（RO 1994.11），K. ライティネン「初代駐日フィンランド公使G.J. ラムステットの知的外交」（『スオミ』2000.3〜5），百瀬宏・石野裕子編著『フィンランドを知るための44章』（明石書店, 2008），ヘルシンキ大学世界文化学科編，植村友香子，オウティ・スメードルンド監訳『北緯60度の「日本語人」たちフィンランド人が日本語の謎を解く』（新評論, 2012）。

ランティ |Eŭgeno Lanti| 1879.7.19〜1947.1.17

フランス，ノルマンディ/小学校/本名Eugène A.A. Adam。他の筆名A. Lanty, Herezulo/Sennaciismoの創始者。36年来日し，約1年滞在。平明な文体の文章でも知られる。木工，家具工，木工学校教師。第一次大戦中Eを学び，労働者E運動に参加。1921年ナショナリズムを超えた労働者の協働を目指してSATを創立し，その機関誌"Sennacieca Revuo"の編集に従事。EE辞典"Plena Vortaro"（SAT, 1930）の発行を主導し，のち標準的な辞典と見なされるように。妻Ellen Kate Limouzinとの間でもEを使用し，その甥の作家ジョージ・オーウェルと接触。パリで長谷川理衛を下宿させ，小坂狷二も訪問。36年年金生活に入り，日本滞在を希望して11月28日横浜に上陸する。翌日第4回JELF大会（東京）に出席。JEIを頼るが，危険人物として警察の監視があるため，来日後の動静は「アダム氏」としてわ

ずかに報知されただけで、東京では少数とのみ接触。石川県山代町の竹内藤吉の招きに応じて、37年5月から4ヵ月滞在し、鈴木大拙『禅』をE訳したという。この頃から"tempo"編集部の求めで寄稿。7月に京都、大阪、名古屋、東京に旅行したのち、9月大阪に移る。野島安太郎、川崎直一、桑原利秀、進藤静太郎、多田浩子、関谷正純ら関西のE-istoとは比較的活発に交流。ピクニックや送別会なども。12月3日神戸を発ち、オーストラリアへ。離日後も"tempo"に寄稿。のち南米をへてメキシコで自殺。68年1月坪田幸紀ら関西のSAT会員らにより京都府でランティ祭、その後も84年にかけて命日近くに数回開催。［著］"For la neŭralismon!"（SAT, 1922）、Volter "Kandid"（SAT, 1929）、"Vortoj de Kamarado E. Lanti"（SAT, 1931）、'Elreviĝinto, senhejmiĝinto serĉas …'（"tempo" 31, 1937.6）、'Pri moralo kaj cetero'（同33〜37, 1937.8〜9）、'Pri Orientaj aferoj'（同42, 1938.5）ほか多数。"Leteroj de Lanti"（SAT, 1940）に滞日時の記録。［参］小坂狷二「華の巴里にて」（RO 1928.2）、「温泉郷に描く国際佳話」（『大阪朝日新聞』1937.5.2）、E. Borsboom "Vivo de Lanti"（SAT, 1940）、「Lantiは生きている」（RO 1947.1）、川崎直一「PIVのさしえ」（RO 1968.8）、同「Lantiの食と住」（NR 10, 1968.8）、三ッ石清「"Kio estas Zen?" de K-do Lanti」（RO 1969.3）、峰芳隆「SATの出版物」（RO 1974.7）、手塚登士雄「Eを育てた人々6」（RO 1976.6）、吉川獎一「Lantiの歯を治した男」（LM 1977.3）、『tempo（テンポ）復刻版全1巻』（名古屋Eセンター、1982）、関谷正純 'Rememoro kun Lanti'（RO 1983.5）、B. クリック著 河合秀和訳『ジョージ・オーウェル―ひとつの生き方』（岩波書店、1984）、江藤敏和「アン・リネルとE」（『リベルテール』リベンテール の会、1984.5）、坪田幸紀「ジョージ・オーウェル―その叔母ネリーとランティ」（LM 1984.11）、奥山康治「オーウェルとE-isto」（『人文論集』早稲田大学法学会、24, 1986）、伊藤俊彦「ランティと日本のE-istoたち」（LM 1986.11〜87.9）、坪田幸紀「1937年―ランティ・東京での日々」（RO 1987.1〜2）、坪田幸紀『葉こそおしなべて緑なれ』（リベーロイ社、1997）、高杉一郎『ひとすじのみどりの小径』（リベーロイ社、1997）、タニモトヒユキ「ランティの思想と21世紀」（LM

2003.2〜3）、同『Eとグローバル化』（JELK, 2003）、橘弘文「山代温泉のE-isto」（『大阪観光大学紀要』12, 2012）、『近代日本社会運動史人物大事典』、『日本アナキズム運動人名事典』、『反体制E運動史』、『危険な言語―迫害のなかのE』、『中原脩司とその時代』、"Ordeno de verda plumo"、"Encyclopedia of the Original Literature"。

り

李殷相｜り いんそう｜1903.10.22〜1982.9.18

朝鮮馬山/延禧専門学校（中退）/이은상、イウンサン、号鷺山、Verda Lee/早大、東洋文庫で学び、1931〜32年梨花女専教授ののち、『東亜日報』記者、『朝鮮日報』主幹。42年朝鮮語学会事件で検挙、45年予防拘禁を受け、朝鮮の解放まで獄中に。戦後、青邱大、ソウル大各教授、民俗文化協会長など。詩人としても有名。63年金胎京からEを学び、ともにKEAを立ち上げる。［著］金胎京訳 "Elektitaj sigoj de Nosan"（Nacia Kultura Asocio, 1976）ほか古典研究書・紀行文学など多数。［参］イ・チョンヨン『한국에스페란토운동80년사』（KEA, 2003）、三ツ井崇『朝鮮植民地支配と言語』（明石書店、2010）。

李益三｜り えきさん｜1913〜2004.2.13

中国広東/法大（中退）/Li Yi-san、リーイーサン/1937年他の中国人留学生とともに中垣虎児郎からEを学ぶ。6月検挙されて強制送還。帰国後従軍。新中国成立後、広州市四邑華僑中学の歴史教師、広州建国日報社資料室主任、広州市文史研究所研究員など。81年からEを再学習。森真吾と文通。原爆体験を伝える会編著『水ヲ下サイ』（同会、1972）をE訳 "Akvon, mi petas"（福岡E会、1984）から中国語に重訳し、『歴史大観園』誌に（1987.5から）連載。94年末渡米し、フロリダで没。［著］「緑川英子在広州活動史実考証」『老世界語者』北京世界語者協会、9, 1988）。［参］「国際語に躍る赤 留日中華学生を送還」（『読売新聞』1937.6.29）、森真吾「広州に

て」(LM 1987.11), 同 'Neforgeseblaj vortoj' (RO 1989.2), 佐藤勝一「熱烈歓迎」(RO 1989.6), 森真吾「追悼・李益三先生」(LM 2004.8)。

李光洙 | り こうしゅ | 1892～1950.10.25

朝鮮平安道定州/明治学院中(1910), 早大(中退)/이 광수, イ クワンス, 号春園, Printempa Ĝardeno, 香山光郎/1905～10年明治学院中などに留学。五山学校教員をへて, 15年早大に入るため再来日。この前後, 文学活動を開始し, 洪命憙と交友。17年『毎日申報』に連載した『無情』は朝鮮近代文学の長編小説の嚆矢。19年東京で独立運動を組織して, 二・八独立宣言を起草し, 上海に亡命。大韓民国臨時政府の機関紙『独立新聞』を編集。21年帰国し, 道徳改良による独立運動を志向するも, 22年に発表した『民族改造論』は世論から激しい非難を浴びた。その後『東亜日報』,『朝鮮日報』編集長のかたわら, 多くの恋愛小説, 歴史小説を発表して人気作家に。37年検挙, 以後対日協力者に変身し, 香山光郎と創氏改名し文人報国会で活動。Eは22年前後に辛鳳祚から学ぶ。24年『東亜日報』E欄の開設に貢献し, 大山時雄, セリシェフ, 小坂狷二, エロシェンコらからも寄稿を受ける。同年の金億や大山らによる朝鮮E-isto連盟結成にも尽力。著『李光洙全集』(ソウル：又新社, 1979)ほか。参三枝壽勝『アジア理解講座1996年度第3期「韓国文学を味わう」報告書』(国際交流基金アジアセンター, 1997), La redakcio de KEA "Rubriko E de la tagjurnalo Dong-a Il-bo, 1924" (KEA, 2004), 郭峻赫著 李静和・牧野武章訳「春園・李光洙と民族主義」(『政治思想研究』政治思想学会, 5, 2005), 波田野節子『李光洙・『無情』の研究 韓国啓蒙文学の光と影』(白帝社, 2008), 同「李光洙研究について」(『朝鮮学報』222, 2012), 権寧珉編著, 田尻浩幸訳『韓国近現代文学事典』(明石書店, 2012),『近代日本社会運動史人物大事典』, イ・チョンヨン『한국에스페란토운동 80년사』(KEA, 2003)。

李士俊 | リ シジュン | 1923.3.29～2012.11.10

中国河北省/四川国立六中/筆名Laŭlum/雑誌編集者, 翻訳家。1939年貧困の中でE学習。50年中華全国世界語協会の創設に参加。"El Popola Ĉinio" 副編集長。学習書の著述のほか,『水滸伝』,『三国志演義』,『西遊記』,『聊斎志異』等の中国古典文学や老舎, 郭沫若, 巴金, 毛沢東の著作など多数をE訳。82年8月 "El Popola Ĉinio" を代表して第69回JK(鎌倉)に参加し, 東京, 静岡, 名古屋, 大阪, 京都でも交流。83年Eアカデミー会員。95年11月八ヶ岳E館の開館1周年記念行事に招かれ「日本人に愛されている漢詩とE」を講演(のちDVD化)。引き続き東京, 名古屋, 大阪, 奈良ほかを訪れて, 名古屋の東別院青少年会館と大阪のアジア文化センターでも講演し, 大阪外大のE講座(谷博之講師)に出席して, 12月まで滞在。2004年UEA名誉会員, 同年第89回UK(北京)で大会大学学長。05年八ヶ岳E館に創設11周年を祝う詩を寄贈。10年に中国翻訳協会から中国翻訳文化特別功労賞, 11年中華全国世界語協会からE運動特別功労賞。著巴金著 "Aŭtuno en la printempo〔春天里的秋天〕" (中国報道社, 1980), 'Vivi esperantiste' (峰芳隆との対談, "Riveroj" 11～12, 1996.2～5), 'La rideto de Tomiko' (LM 1998.11), 'Mondo estas ĉio' (LM 2001.02), 'Vortaro por lernantoj' (LM 2002.4～連載中), 'Memore al amiko Kijoŝi Macumoto' (LM 2002.8), 'Vivu la frateco!-Pri la traduko de "Ĉe Akvorando(水滸伝)"' (LM 2004.06), 八ヶ岳E館10周年記念DVD『講演 漢詩とE』(八ヶ岳E館, 2004), 'Kongreso de usonaj esperantistoj' (LM 2005.08)ほか。参竹内義一「Laŭlum(李士俊)との出会い」(LM 1982.10), 峰芳隆「Laŭlumと話したことなど」(LM 1995.12), 「訃報 李士俊さん」(RO 2012.12), 峰芳隆「Laŭlumさんの思い出」(LM 2013.1), "Ordeno de verda plumo",『中国世界語運動簡史』。

利斎潔 | りさい きよし | 1900.7.19～1977以降

大阪/三高(1921), 京大(1925)/医学博士。八木日出雄, 永松之幹らと三高三部の同期。1931年大阪府貝塚に利斎医院を開業。20年9月JEI入会。

劉師培 | りゅう しばい | 1884.6.24～1919.11.20

中国江蘇省/一高/光漢, 申叔/革命運動家, のち清朝官僚のスパイとなり, 辛亥革命後は帝政復活の論陣を張る。1907年来日し, 幸徳秋水の影響でアナキストになり, 大杉栄に近づく。Eの学習時期は不明だが, 『日華世界語教科書』(東京：瀧山書房, 1907) の成立に, 景梅九らの中国人アナキストとともに関与したと考えられる。『天義』(16・19, 1908) にEの詳しい紹介を寄稿。08年『衡報』誌上に数度にわたり大杉の指導によるE講習の進捗を報告。のち, 上海に戻り, 世界語伝習所を設立したとも言われるが, 不詳。⇒遠野はるひ「国際主義と民族主義と 中国E運動史の試み5～6」(ES 1981.5～6), 宮本正男『大杉栄とE運動』(黒色戦線社, 1988), 嵯峨隆『近代中国の革命幻影—劉師培の思想と生涯』(研文出版, 1996), 林義強「「万国」と「新」の意味を問いかける 清末国学におけるE(万国新語)論」(『東洋文化研究所紀要』147, 2005), 手塚登士雄「中国のアナキズム運動とE」(『トスキナア』皓星社, 3, 2006), 同「日本の初期E運動と大杉栄らの活動」(『トスキナア』同, 4～5, 2006～07), 『日本アナキズム運動人名事典』。

劉仁 | りゅう じん | 1909.7.29(旧暦)～1947.4.22

中国奉天省(現遼寧省)/東北大学(中国), 東京高師/劉維藩, 劉鏡寰/長谷川テルの夫。1922年親の意思により楊春揮と結婚(童養婚)。31年北平(北京)で抗日運動に参加。33年満洲国官費留学生として来日し, 34年東京高師に入学。秋田雨雀, 中垣虎児郎らと交わってEを学び, 中華留日世界語学会に参加。その活動の中で長谷川と知り合い, 演劇鑑賞などで親密になって, 36年秋に結婚(事実婚)。37年帰国し, 長谷川とともに抗日運動に参加, 宣伝工作に従事。重慶では文化工作委員会に所属。戦後, 周恩来の指示により, 東北社会調査研究所研究員としてチャムスに赴く。妻の死後, 間もなく病死。東北烈士公墓に葬られ, 83年に政府により妻と合葬される。⇒高杉一郎『中国の緑の星 長谷川テル反戦の生涯』(朝日新聞社, 1980), 宮本正男「あたりさわりの多い

評伝 長谷川テル・東京時代」(『社会評論』活動家集団思想運動, 64～69, 1987～88), 長谷川よね・西村幸子『日記の中の長谷川テル 明治45年～昭和14年』(朝日新聞出版サービス, 1999), 『長谷川テル』編集委員会編『長谷川テル—日中戦争下で反戦放送をした日本女性』(せせらぎ出版, 2007)。

劉鳳栄 | りゅう ほうえい | 1897.11.27～1985

朝鮮平安北道鉄山/京城基督青年会館英語科(1917), 東京普及英語学院(1924)/유봉영, ユ ポンヨン, 法号安山, 法名青園/ジャーナリスト。JEA会員, JEIにも入会。1922年第10回JK(東京)で朝鮮代表として挨拶。36年朝鮮日報に記者として入社して, 40年廃刊まで在職。45年解放後復刊した朝鮮日報に再入社し, 編集局長, 主筆, などを歴任。淑明学院理事長, 第8代国会議員。⇒イ・チョンヨン『한국에스페란토운동80년사』(KEA, 2003)。

竜神厚 | りゅうじん あつし | 1903.2.1～1991.8.28

兵庫/神戸一中(1921), 神戸高商(1925)/長坂雄二郎と神戸一中の同期。日綿実業テキサス, モンパサ各駐在員をへて, 1942年上海支店へ。戦後, 53年東京支社機械部長, 58年取締役, 61年監査役など。23年頃JEI入会。

龍吐源一 | りゅうと げんいち | ?～?

徳島/1914年徳島E倶楽部を設立し, 11月『E研究』を創刊するも, 15年2月第2巻第1号を出し中絶。のち大阪へ移り, 16年3月相坂佶・辻利助・阪上佐兵衛・神崎泉らと大阪E協会を創立。

る

ルート | Martha Louise Root
1872.8.10～1939.9.28

米国オハイオ州/オバーリン・カレッジ/新

聞記者。1915年頃からバハイ教布教師として数回にわたり世界各地を巡歴。アレキサンダーの友人。世界旅行の中でEを学び，ザメンホフの娘リディアと知り合ってバハイ教徒にして，のちルーマニア王妃Marie Alexandra Victoria もバハイ教徒に。1915年初来日し，秋田雨雀や神近市子の知己を得て，E-istoにバハイを宣伝。その後も断続的に訪日して，バハイ教の布教をしつつ，E-istoとも接触。23年出口王仁三郎にバハイでEを採用していることを告げる。同年北京世界語専門学校で英語を教授。30年秋東京の歓迎会で旅行談を語る。著 "Bahaaj pruvoj de vivo post morto" (Bahaa E-Eldonejo, 1928)，「教育による世界平和を提言す バハイ教の理想を説く」(『読売新聞』1930.11.16)。参「共産主義の宣伝と睨まれた米国婦人」(『東京朝日新聞』1923.4.21)，「バハイ教とE」(RO 1926.4)，「ルート女史の活躍」(RO 1926.5)，W. ヘラー著，水野義明訳『リディア—Eの娘リディア・ザメンホフの生涯』(近代文藝社，1994)，藤田一乘「民国初期の世界語 北京世界語専門学校を中心に」(『中国言語文化研究』佛教大学中国言語文化研究会，10, 2010)，『秋田雨雀日記』, "Kvindek jaroj de E en Oomoto"。協 俗大福。

れ

レオ | Max Leo | ?～?

ドイツ/Ernemann社の写真工業技術者。1928年国立大阪工業試験所に招聘され，31年まで滞日。英語ができず，来日前に日本ではEが通じると聞き，Eを習得。助手の西村龍介ほかスタッフとは主にEで，時にドイツ語で意思疎通し，進んだ技術を伝授して日本の写真技術の向上に貢献。28年10月京大工業化学教室の松茸狩りに招かれ，宍戸圭一と歓談。参「内地報道」(RO 1928.11)，「希望訪問 西村龍介氏」(『フォトアート』1967.4)，「写真工業発展の道を歩み続けて—西村龍介前会長に聞く」(『日本写真学会誌』49：1, 1986)。

連温卿 | れん おんきょう | 1895.4～1957.11

台湾台北/公学校/筆名史可乗/台湾文化協会の中心人物として堺利彦，山川均らの影響下に活動。1913年9月児玉四郎にEを学び，12月蘇璧輝，王祖派らとJEA台湾支部(19年11月台湾E学会と改称)結成，16年JEA入会(会員番号1049)。19年10月 "La Verda Ombro" を創刊，山口小静らと協力し，ロシア飢饉救済運動にE団体として参加。22年から23年にかけて "La Verda Ombro" にエロシェンコの作品を掲載あるいは別冊付録として発行。山口『匈牙利の労農革命』発行のため蘇とともに山川菊栄に協力。23年第11回JK(岡山)でブローニュ宣言の破棄を提案しようとするも，議事に取り上げられず。31年9月第1回台湾E大会委員，32年第2回同大会書記。比嘉春潮，山鹿泰治らとも交友。JEI会員。本人は戦後もRen Onkyoと自署。著「台湾E運動の回顧」(RO 1936.6), "Elementaj lecionoj de E" (台湾E学会教育部, 1932), 遺稿 'Formosaj legendoj'。参『現代史資料 台湾』(みすず書房, 1971)，「インタビュー柳田国男との出会い」(『季刊柳田国男研究』3, 1973)，戴国煇「台湾抗日左派指導者連温卿とその稿本」(『史苑』35：2, 1975.3)，松田はるひ「緑の蔭で—植民地台湾E運動史」(RO 1977.6～11), 伊藤幹彦「台湾社会主義思想史—連温卿の政治思想」(『南島史学』60, 2002), 呂美親「『La Verda Ombro』, 『La Formoso』, 及其他戦前在台湾発行的世界語刊物」(『台湾文学史料集刊』国家台湾文学館, 1, 2011), 『近代日本社会運動史人物大事典』, 『日本アナキズム運動人名事典』。

ろ

ローズ | Joseph Rhodes | 1856.7.9～1920.2.28

英国/新聞記者。1901年Eを知り，02年英国北部キースリー(Keighley)に英国初のE会を設立。初の英E辞書 "The English-E Dictionary" (London：Stead, 1908)を編纂。06年外国在住者として初めてJEAに入会(会員番号694)。08年洋行中の黒板勝美を

ロンドンから自宅に招いて歓待。参黒板勝美『西遊二年欧米文明記』(文会堂書店, 1911), J. Merchant "Joseph Rhodes kaj la fruaj tagoj de E en Anglujo" (Bradford : Federacio E-ista de Yorkshire, 1922), P. Forster "The E Movement" (The Hague : Mouton, 1982), 西海太郎「黒板勝美博士の『欧米文明記』に現われたE関係事項」(RO 1984.12)。

蠟山政道｜ろうやま まさみち
1895.11.21〜1980.5.15

群馬/高崎中(1913), 一高(1917), 東大(1920)/政治学者。山田とくの義兄。市河彦太郎と一高英法科の同期。1925〜27年英国留学。衆院議員, お茶の水女子大学長など。19年JEA入会(会員番号1362)。同年市河, 清野暢一郎, 堀真道らとシベリア・満洲へ旅行し, 各地のE-istoを訪問。のちJEIにも参加。55年ストックホルムの国際政治学会に出席した際, 川原次吉郎とEの会合に参加し,「Eをつづいてやっていればよかった」と述懐。著『蠟山政道評論著作集』全6巻(中央公論社, 1959〜62)ほか多数。参『蠟山政道著作目録』(蠟山政道追想集刊行会, 1983),『現代日本朝日人物事典』,『近代日本社会運動史人物大事典』,『近代日中関係史人名辞典』。

魯迅｜ろじん｜1881.9.25(光緒7.8.3)〜1936.10.19

中国浙江省紹興/弘文学院, 仙台医専(1906中退)/本名周樹人, 小説家, 思想家。周作人の兄。仙台医専在学中に祖国の半植民地状況打破のため文学に転じ, 中国近代文学の祖に。紹興に紹興魯迅紀念館, 北京に北京魯迅博物館, 上海に魯迅紀念館, 東北大に魯迅記念展示室。1908年東京で張継のE講習を弟周作人らとともに受講したとする説もあるが, 採らない。『新青年』(5:5, 1918.11)掲載の銭玄同宛て書簡(『全集』9巻に日本語訳)で「人類は将来必ず一つの共通の言語を持つべきであると思うから…Eに賛成」と書くなど, Eを強く支持。中国に渡ったエロシェンコと親交を結んで, 北京の自宅に住まわせ, 周作人らとエロシェンコに北京大学でEとロシア文学の講師職を斡旋。「あひるの喜劇」(『吶喊』1923所収)でその生活を描く。エロシェンコの童話を日本語から中国語訳。22年滞在中のエロシェンコを訪れた福岡誠一に訳書『愛羅先珂童話集』(1922)を, 扉に "Al kara sinjoro S, Fukuoka / de la Tradukinto" と献辞を書いて, 贈呈。23年北京世界語専門学校の設立に関与し, 同年秋から25年3月まで講師。91年9月上海E会主催で「魯迅とE」シンポジウム(紹興)が開催。著『魯迅全集』全20巻(学習研究社, 1981〜88)ほか多数。E関係として, エロシェンコ『愛羅先珂童話集』(上海商務印書館, 1922), 同『桃色的雲』(北新書局, 1922)など。E訳に "Noveloj de Lusin"(中華全国世界語協会, 1963), "Noveloj de Lusin : plena kolekto"(外文出版社, 1974)ほか。参高杉一郎「魯迅と私」(魯迅『阿Q正伝』旺文社文庫, 1972),「Eの精神を学ぼう」(LM 1973.4), 池本盛雄「魯迅をEで読む会」(RO 1975.8),「E特集」(『魯迅友の会会報』64, 1976), 'Lusin kaj E' ("E" UEA, 1981.7・8), 藤井省三『エロシェンコの都市物語—1920年代 東京・上海・北京』(みすず書房, 1989), 同「カール・ヨネダの北京—魯迅邸におけるエロシェンコ回想」(『猫頭鷹』「新青年」読書会, 7, 1989), 同『魯迅事典』(三省堂, 2002), 沼野誠介『魯迅と日本』(文芸社, 2004), 手塚登士雄「魯迅, 周作人とE-istoたち」(『トスキナア』皓星社, 1〜2, 2005), 劉菲「魯迅と『エロシェンコ童話集』」(『熊本大学社会文化研究』7, 2009), 藤田一乗「民国初期の世界語 北京世界語専門学校を中心に」(『中国言語文化研究』佛教大学中国言語文化研究会, 10, 2010),『近代日本社会運動史人物大事典』,『日本アナキズム運動人名事典』,『中国世界語運動簡史』。協手塚登士雄。

ロスコー｜Norman Keith Roscoe
1891.2.24〜1947.4.20

英国ケンブリッジ/ケンブリッジ大(1911)/1915〜31年の間英国大使館員, のちチリ硝石販売会社員として日本滞在。日本アジア協会の会計係も。31年帰国。日本語もよくした親日家で, 32年上海事変で日本に同情的な発言。35〜45年頃は政府暗号学校で日本語翻訳に従事。滞日中の18年E学習, 20年第7回JK(東京)でJEI宣伝部委

員に選出。日本各地の普及講演活動に参加。ヴォーンと親交。22年11月山王ホテルに在日外国人を集めて講演会。⬚著 'The Development of Sport in Japan' ("Transactions and Proceedings of Japan Society" 30, 1933)。⬚参 'The Shanghai Crisis' ("International Affairs" Royal Institute of International Affairs, 1932.3),「ロスコーが死んだ」(RO 1948.9), John Ferris 'From Broadway House to Bletchley Park : The Diary of Captain Malcolm. D. Kennedy, 1934–1946' ("Intelligence and National Security" 4 : 3, 1989)。

わ

若槻福義｜わかつき？｜?～1982以降

ジャーナリスト。戦前に島根で『松陽新報』編集局長、1946年松江で週刊政論紙『嶋根民報』創刊。JEA 会員（会員番号1154）。📖『新島根の群像』（島根民報社、1957）、『嶋根民報 昭和57～59』（嶋根民報社、1982）。

若林勲｜わかばやし　つとむ｜1901.3.21～1988.11.13

徳島/徳中(1918)、東大(1925)/医学博士。1945年東大教授。のち東京医大教授。51年6月JEI入会。自著『実験室の計算知識』（医歯薬出版、1953）巻頭にヒポクラテスの箴言をE訳。📖『正しい観察と実験』（自由書房、1949）、『人体生理学摘要』（医学書院、1975）。📎『随流』（若林勲先生の追憶出版委員会、1994）。

若松寿郎｜わかまつ　としお？｜1905～1965以降

兵庫/高等小/青果業。プロレタリアE運動に加わり、1934年ヤパナ・コレスポンダ・グループ（神戸）設立に参画。中塚吉次のマルシュ社、アミーコ社同人。36年JEI入会。同年神戸市灘区の自宅に大屋安雄文庫を開設。40年9月検挙。65年4月三ツ石清の勤労者E教育協会結成に参加。📎三ツ石清「勤労者E教育協会結成」(LM 1965.7)。

脇清吉｜わき　せいきち｜1902.8.23～1966.4.15

北海道/小学校/古書店店主、プレスアルト研究会主宰者。21年「新しき村」に参加し、Eに親しむ。徴兵で旭川歩兵連隊に入営し、23年紀元節の閲兵式で軍旗への敬礼を拒否するが、不問に。24年除隊ののち、「自由労働者」として各地を転々。28年徳冨蘆花没後の愛子夫人宅（世田谷）で下働き。このとき大逆事件関係者の獄中書簡を秘かに筆写し、後年一部を公表。30年京都河原町で古本の夜店を始め、この頃妻トヨをE講座に通わせる。34年京都高等工芸学校（現京都工芸繊維大）前に古書店「ワキヤ書房」を開業し、武林無想庵や辻潤を居候させたことも。本野精吾ら同校教官の協力を得て広告デザイン発展のためプレスアルト(presarto)研究会を発足、37年から広告印刷の紹介批評月刊誌『プレスアルト』を編集発行。73号(1944)で終刊するが、49年復刊し、日本の広告デザインを海外に紹介。子にEにちなむ名をつけた。📖『人類人として住みよき大地に赴く』（私家版、1925）、『松江市内社会事業要覧』（松江社会事業調査会、1929）、『三十八年めの告白』（私家版、1964）。📎新井静一郎「十七年間の成果を見る　脇清吉氏の人と事業」（『電通月報　新聞・放送・広告』8:4, 1953)、脇清吉氏の碑をつくる会『碑―脇清吉の人と生活』（同会、1967）、山名文夫『体験的デザイン史』（ダヴィッド社、1976）、沢田トヨ『ある・いしぶみの声』（皆美社、1977）、嶋田厚・津金澤聰廣編『復刻版「プレスアルト」第1号～第73号』（柏書房、1996）、奥脇賢三『検証「新しき村」』（農山漁村文化協会、1998）、松隈洋監修『建築家本野精吾展図録 モダンデザインの先駆者』（京都工芸繊維大学美術工芸資料館建築アーカイブ研究会、2010）、『日本アナキズム運動人名事典』。

脇中郎｜わき　なかお｜1883頃～1933以前

広島/一高(1905)、京大福岡医大(1909)/医師。上田春治郎、林学と一高医科の同期。西村栄吉、保田収蔵と京大福岡医大の同期。1906年JEA入会（会員番号75）。

脇坂圭治｜わきさか　けいじ｜1906～1962.1.4

北海道/花園高等小/小樽貯金局を官憲の圧迫で追われ、岸鉄工所（小樽）へ。1932年よりEを学び、小樽E協会に参加、岸鉄工所内でE講習。34年岡崎霊夢と小樽仏教E会を結成。35～38年『北海タイムス』などに文学作品の重訳などを寄稿。📖'Antikvaj literoj en Temija'(RO 1937.8), 松村武雄 'Legendoj de Aino〔アイヌの伝説〕'(RO 1938.8), 'Leporeto kaj luno'(LE 1953.10)。📎江口音吉「脇坂圭治君を悼む」(RO 1962.2)。🎭星

田淳。

脇坂智証 | わきざか ちしょう
1907.3.18〜1999.1.26

岐阜/尾張中(1924),八高(1928),東大(1931)/5ヵ月で母を,3歳で父を喪い,1925年正養寺住職に。大卒後,帝国図書館,東京逓信講習所などをへて,43年正養寺に戻る。戦後,仁木中,輪之内中,登竜中各校長。19年尾張中入学以来,同期の三輪義明と親交。E学習は八高在学中。80〜92年JEI会員。80年頃真宗大谷派の僧侶としてJBLEに入り,86〜89年第4代理事長。仏教聖典のE訳出版に尽力。JELE, JEGA各会員など。著'Mia migrado de kredo'(LJB 1984.5),「北京のUK並に第73回JKに参加して」(LJB 1986.10),「浄土三部経解説」(LJB 1990.10)。参佐村隆英「前理事長脇坂智証先生逝く」(LJB 1999春)。

脇山俊一 | わきやま しゅんいち
1901頃〜1985以降

佐賀/五高(1922),京大(1925)/三菱電機長崎製作所に勤務。戦後は山一工業代表取締役,大越電建顧問など。1926年頃JEI入会。32年5月長崎E会の例会で「満洲旅行談」を発表。40年5月長崎三菱E会顧問に。参『長崎のE・前編』。

和気寛太郎 | わけ かんたろう
1926.2.15〜2003.7.12

広島/篆刻師。父の代から続く印判店を呉市で営み,1984〜92年広島県印章業組合常任理事。独身時代,牧師の勧めでE学習。64年10月平川寿の紹介でJEI入会。65〜69年名刺型カレンダーの裏面にE宣伝文を印刷して,毎年大量に配布。67年7月呉YMCAにおけるEの説明会開催に協力。同年10月第5回中四国E大会(呉市)開催に尽力。71年5月桑原兵二郎とともに会話会'Paserido'結成。75年8月より呉市のE読書会の常連。85年広島E会入会。88年6月よりE訳仏教聖典読書会に参加。参'Miksputo'(LM 1969.4)。協和気富美子,

吉田肇夫,忍岡守隆。

和崎洋一 | わざき よういち
1920.9.16〜1992.6.29

京都/三高,京大(1945)/旧姓本野/文化人類学者。本野精吾の四男,WOWOW社長和崎信哉の父。地球物理学から文化人類学に転じ,タンザニアを中心にバンツー系諸部族を研究。現地で「ピキピキ(スワヒリ語でオートバイ)」のおじさんと親しまれた。日本初の本格的スワヒリ語辞典を編纂。1972年天理大,79年富山大,86年中部大各教授。40年三高入学後,同校E部で活動。友人の梅棹忠夫にEを勧めて,父の蔵書を貸す。梅棹を中心に結成された人類学研究会を「近衛ロンド」と命名。またタンザニアの草原に開いた寺子屋に「マンゴーラ・ロンド」と命名。64年第4回KLEG秋の祭典で「ジャンボ・アフリカ」を講演。著『スワヒリの世界にて』(日本放送出版協会,1977),『スワヒリ・日本語辞典』(養徳社,1980)。参「文化人類学者,和崎洋一氏を悼む,定着する旅の人,「マライカ」の合唱で別れ」(『毎日新聞』大阪版,1992.7.7夕刊),和崎洋一先生追悼文集編集委員会編『テンベアの彼方へ』(同委員会,1993),梅棹忠夫『E体験』(JELK, 1994)。

和佐田芳雄 | わさだ よしお
1911.1.2〜1989.8.10

広島/高等小(1926)/別名村上義雄/製靴業。1924年広島市の尾長水平社,27年広島県水平社解放連盟の創立に参加。水平社内でアナキストとして活動。のち大阪,東京で運動。45年広島で被爆。戦後,被爆者団体協議会常任理事,農青社運動史刊行会同人など。大阪のアナルキスト青年連盟に起居していた29年頃E講習に取り組む。JEI, JPEA,広島E会各会員など。著「会員の声」(RO 1945.11),「和佐田芳雄さんの手紙」(LVK 1983.7),『近代日本社会運動史人物大事典』,『日本アナキズム運動人名事典』。

早稲田裕 | わせだ ゆたか | 1921.9.18〜1992.4.16

愛知/陸士/商社から学習雑誌の取次会社へ。

のち緑星企業を創業。Eは，1947年名古屋で江上不二夫の講習会に参加し，丹羽正久から手ほどきを受ける。翌年5月JEI入会。長田新編"Infanoj de l'atombombo〔原爆の子〕"（JELK, 1951；1958）の共同E訳に参加。55年4〜5月名古屋E会主催の講習会を国分敬治と指導。59年名古屋E会図書委員長。戦後最初の日本におけるSAT代表代理人（ペラント）として，SAT運動を再建し，SAT発行の"Plena Vortaro"の第7刷（1964）と第8刷（1971）の印刷を請け負った。高杉一郎『極光のかげに』，永井荷風『巴里のわかれ』のE訳を試みた。64年5月欧米出張に際し，各地でE-istoと交流。外国人E-istoに宿舎を提供し，また79年イスラエルのE-isto，T. Halaszに，83年ハンガリーのE-isto，マールクシュ・ガーボル（Markus Gábor）にそれぞれ緑星企業として南山大留学の奨学金を支給。「早稲田コレクション」と呼ばれた蔵書は，84年高杉一郎の仲介で和光大へ。SAT評議員，UEAデレギート（スポーツ航空学，ハム）など。娘みか（ハンガリー語学者，阪大教授）もEを学習し，ハンガリーにE留学。参'Vojaĝo al Sudo'（LM 1953.3〜5），高杉一郎'Amiko malproksima〔遠い友へ〕'（"Prometeo" 1, 1956），'Pri la franca kamarado'（LM 1956.3），永井荷風'Adiaŭ Parizo!〔「ふらんす物語」抜粋〕'（宮本正男・石黒彰彦編"El la japana literaturo" JEI 1965），'Iom da vortoj pri Vortaro de E, kompilita de Mijake-Ŝihej'（"l'omnibuso" 6, 1965.3），'S-ano Jui Ĉunoŝin, la aginta E-isto ekstenel el E-ista medio'（『東海E連盟25年の歩み』）。参マールクシュ・ガーボル「緑星企業の援助を受けて」（RO 1983.4），「エス語は仕事の実務です」（『人類愛善新聞』1983.4.18），嶋田恭子「この人と1時間」（ES 1983.6），小川五郎（高杉一郎）「梅根記念図書館と二つの新しい文庫」（『和光大学通信』37, 1985），竹崎睦子「早稲田さんのE」（LM 1992.6），マールクシュ・ガーボル『赤い太陽と緑の星』（私家版, 2012），Markus Gábor 'Ponto inter popoloj kaj kulturoj'（RO 2012.11），『征きて還りし兵の記憶』。協早稲田みか，永瀬義勝。

和田清｜わだ きよし｜1884.12.24〜1964.4.14

山形/早大（1906）/朝鮮で鉱業に従事。1919年東京へ戻り，23年東京図書倶楽部主事。早大在学中の06年E学習。JEA会員（会員番号683）。19年12月JEA臨時総会においてJEI設立が協議されると，内田荘一とともに「由緒あるJEAの名を棄てるのはけしからぬ」と猛反対。20年JEI評議員。国際商業語協会員。参小坂狷二「元老和田清氏を悼む」（RO 1964.6）。

和田幸太郎｜わだ こうたろう｜1924.9.23〜1981.2.24

東京/中大（1945）/世界救世教本部外国課長，主任など。1959年岡田よしの勧めでEを学び，同年9月JEI入会。61年5月世界救世教E会設立に携わり，その発展に貢献。62年世界救世教におけるE普及活動により第13回小坂賞。UEAデレギート（熱海）。協磯部幸子。

和田嘉子｜わだ さいこ｜1938.9.10〜2003.3.27

東京/不就学/4歳で結核を患い，1963年に退院するまで20年余を病院で。読み書きは父に教わり，後は独学。Eは，80年5月講習会で土居敬和の指導で学習。83年JEI入会。横浜E会で講師を務め，入院先でもE普及に尽力。著'Bestoj'（LT 1981.10）。参LT 2003.5，土居智江子「努力の人 和田嘉子さん」（RO 2003.6）。協和田佑孝。

和田誠一｜わだ せいいち｜1929.5.2〜2006.3.2

愛知/一高，東大（1953）/フランス戯曲翻訳家。商工中金在職中より飯沢匡（1909〜1994）演出でトマ『罠』を上演，のち多くのサスペンス・コメディを紹介。1970年退社後渡仏して，ブルヴァール劇を研究し，一時日本大使館にも勤務。73年帰国後，本格的に喜劇翻訳家として活躍。代表作に，トマ『8人の女たち』，『罠』，『殺人同盟』，ユッソン『マカロニ金融』，フォワシィ『救急車』など。日本大使館在勤中，訪仏した大本関係者のE会話に驚嘆してEに関心を

寄せる。79年JEI入会。81年3月所沢E会設立に際し名誉会員。83〜84年JEI評議員, 85〜86年理事, 87〜98年監事。杉並E会に属し, 機関誌SAに山川方夫(1930〜1965)の作品のE訳を寄稿。『E日本語辞典』の文学, 芸術, 美術, 演劇, 映画の専門語担当。「生涯E現役講師」を自認し, JEI, 早大エクステンションセンター, 日本大会などで活躍。第5回川上賞。妹花柳伊寿穂もE学習。著『新劇に現れたE』(RO 1984.6),「Eで演劇を」(RO 1985.1),「新劇とE」(RO 1996.12), 花柳伊寿穂編『現代フランス戯曲名作選 和田誠一翻訳集』全2巻 (カモミール社, 2010〜12)。参『日本のE-isto名鑑』, 水野義明「追悼和田誠一氏」(RO 2006.7), 花柳伊寿穂「和田誠一翻訳戯曲集刊行によせて 兄・和田誠一を語る」(『テアトロ』2008.5)。協花柳伊寿穂。

和田達源 | わだ たつげん | 1876.7.15〜1944.2.23

大阪/青山学院/真言宗僧侶, 法案寺南坊(大阪)院主, 大僧正。父は幕末に長崎通詞。1920年大阪市西成区に児童福祉施設みのり園を創設。Eを学んで, 寺をEの会合に提供し, 高尾亮雄らが指導した講習会に関学学生時代の岩橋武夫も妹(寿岳)静子と参加。参「貧しき子供たちに夏の衣服を与えて教育 宗教家の和田氏の努力」(『読売新聞』1925.7.29), 中部社会事業短大編『輝く奉仕者 近代社会事業功労者伝』(近代社会事業功労者伝刊行会, 1955), 関名之『岩橋武夫 義務ゆえの道行』(日本盲人福祉研究会, 1983), 寿岳文章・寿岳章子『父と娘の歳月』(人文書院, 1988)。

和田立美 | わだ たつみ | 1910.4.7〜1984以降

山口/日医大(1934)/医学博士。防府総合病院小児科部長などをへて, 1956年防府市に和田小児科医院を開業。戦前E学習。52年5月より防府高E研究会を指導。53年8月松村直(1970年没)とともに防府高Eクラブ・防府商高E会共催の初等講習を指導。著『甘辛談議』(近代文芸社, 1983)。参RO 1952.8。

和田豊種 | わだ とよたね | 1880.8.6〜1967.3.9

大阪/大阪医学校(1899)/医学博士。阪大名誉教授。32年間阪大精神病学教室の主任教授を務め, 精神医学の発展, 特に脳炎, 麻痺性痴呆病理, 治療の研究に貢献。日本精神衛生協会副会長, 大阪府精神衛生協議会初代会長など。1926年JEMA創立後, 大阪医大支部幹事を務めた。著『内分泌』(日本児童協会, 1920), 『精神衛生入門』(編著, 創元社, 1961)。

和田万吉 | わだ まんきち
1865.8.18(慶応1.6.27)〜1934.11.21

美濃国(現岐阜)/第一高等中(1887), 帝大文科大(1890)/文学博士。東大総長松井直吉(1857〜1911)の弟。東大附属図書館に勤務し, 1897年館長。1910年欧米留学。関東大震災(1923.9.1)による図書館焼失の責任をとって東大附属図書館長を辞任。近世文学の校訂に貢献。東京都立中央図書館に和田万吉旧蔵資料。06年JEA創立に参加(会員番号152)。著『図書館史』(芸艸会, 1936)ほか多数。参波多野賢一「和田万吉先生伝」(『図書館雑誌』1942.3, 1942.6), 石井敦編『図書館を育てた人々日本編I』(日本図書館協会, 1983)。

和田美樹子 | わだ みきこ
1905.10.11〜1998.4.27

兵庫/東京女高師/筆名和田巳喜/高校の国語教諭。1975年都立大泉高を最後に退職。37年大谷高女在職中, 同僚の上谷良吉, 貫名美隆にEを学び, 勤務校で普及運動。『保健同人』(1950.3)にE紹介の短文を発表したところ, 数百通の学習相談がJEIに殺到, 療養者E運動の気運を生む。51年碧川澄と共同で第7回小坂賞。著'La meme-dukado de virinoj en hejmo' (RO 1939.10)。参「療養所のE」(RO 1950.12)。

渡瀬亮輔 | わたせ りょうすけ
1900.7.20〜1978.1.14

熊本/一高(1922), 東大(1925)/植木庚子

郎、江川英文、桜田佐と一高文科丙類の同期。大阪毎日新聞社に入り、北京支局長、『東京日日新聞』政治部長などをへて、1956年毎日新聞社常務・主筆、58年RKB毎日放送副社長など。20年5月JEI入会。著『大東亜の方向』(東亜調査会編『西力東漸の史的展望』東京日日新聞社・大阪毎日新聞社、1941)。

和達清夫｜わだち きよお｜1902.9.8～1995.1.5

愛知/天王寺中、開成中、一高(1922)、東大(1925)/筆名西須諸次/理学博士。小野英輔、服部静夫らと一高理科乙類の同期。中央気象台長、気象庁長官、埼玉大学長など。名誉都民。1920年5月JEI入会。著『地震』(鉄塔書院、1933)ほか多数。参『現代日本朝日人物事典』。

渡辺一雄｜わたなべ かずお｜1904.1.7～1977

京都/三高(1923)、京大(1926)/古河電気工業に入り、1944年横浜電線製造所第一工場長、56年九州電線製造所長などをへて、62年岡野電線社長。三高E会で活動。参『三高E会小史』。

渡辺喜久造｜わたなべ きくぞう｜1904.11.15～1965.8.28

静岡/三高(1929)、東大(1932)/国税庁長官、公正取引委員会委員長など。旧制中学在学中の1923年頃JEIに入り、熱心にE学習。静岡緑星倶楽部会員。著『税制をどう改正したか』(日本経済新聞社出版部、1947)、『米国の税務行政』(東京国税局、1952)。参RO 1926.6、『現代日本朝日人物事典』。

渡邊慧｜わたなべ さとし｜1910.5.26～1993.10.15

東京/東京高、東大(1933)/理学博士。「五次元の場の理論」を唱えた物理学者。1933～36年フランス留学後、37年ドイツへ。東大、立教大各教授などをへて、50年渡米後、IBM主任研究員、ハワイ大各教授など。E学習は29年以前。東京学生E-isto連盟で活動。45～48年JEI理事。著『原子核と超微構造』(岩波書店、1937)ほか多数。参豊田利幸「渡邊慧先生を悼む」(『日本物理学会誌』49：7、1994)、『現代日本朝日人物事典』。

渡辺照宏｜わたなべ しょうこう｜1907.2.10～1977.12.27

東京/東大(1930)/印度哲学者。文学博士。在来の仏教教団の宗派意識を厳しく批判。1930～33年ドイツ留学。東洋大教授、成田山仏教研究所首席所員など。語学の才に恵まれ、十数ヵ国語に及ぶ翻訳あり。中学5年の時Eを学び、JEI入会。30歳代で三宅史平の指導で再学習。著『渡辺照宏著作集』全8巻(筑摩書房、1982)ほか多数。E関係に「目下の急務」(RO 1939.10)、「これからの国際語」(『政界往来』1968.11)、「第二の母国語を求めて」(LM 1969.2)、「E語の重要性ます」(NV 1969.2)など。参宮坂宥勝「追悼 渡辺照宏博士下」(『中外日報』1979.3.16)、『現代日本朝日人物事典』。

渡部隆志｜わたなべ たかし｜1898.5.6～1993.1.9

福島/札幌一中(1916)、北大/陸士に合格したが、病気で入学せず。大卒後、4年間の道庁土木部勤務をへて、10年間苫小牧工に勤務。1931～32年米国で水理学、水力機械学を学ぶ。35年富山市立工業へ転任。42年渡満し、奉天工へ。47年引き揚げ後、福井県に住み、48年織田中、49年進駐軍、丸岡高、50年中央中(福井師範附中)、53年北日野中、54～59年福井大附属明道中に英語教諭などとして勤務、のち金井学園へ。キリスト者。25年北海道で小坂狷二の講演を聴いてE学習。28年12月JEI入会。29年1～3月苫小牧工土木・建築科の3年生全員に対し準正課としてEを講義し、Tomako Verda Rondo結成。30年苫小牧E会創立(初代会長は義弟の門脇松次郎)。滞米中もシアトルを中心にE普及運動を続け、シアトルE会終身会員。32年苫小牧E会機関誌"La Granda Urso"、個人誌"La Norda Kruco"発刊、同年11月北海道E連盟設立に参画。35年旭川E会設立に尽力。同年富山へ移り、富山E会顧問。48年織田中で1年生を対象に、英語学習前にEの教

授を試みたが，進駐軍出仕の予定が出たため，9ヵ月で実験中止。54年伊藤巳西三，竹下外来男らと福井県E会を結成，会長として，E-istoを多数育成。54年「高等学校教諭仮免許状外国語(E)」を取得。UEAデレギート(苫小牧，富山)，JELE会員など。妻キヨミもE学習。著「北米緑色交歓」(RO 1931.11)，「学校講習第一主義」(RO 1936.12)，「"La Torĉo"こぼればなし」("La Torĉo" Ĉiama Grupo, 89〜93, 1969.5〜70.9)，「伊藤巳西三さんとの出会い」(同 95, 1973.5)。参『改訂版・北海道E運動史』，星田淳「渡部隆志氏(第1回HEL大会出席者)逝去」(HEL 1993.1〜3)。協北川昭二，星田淳。

渡辺武夫｜わたなべ たけお｜1908〜1927.9.5

東京/1925年夏，父明とともに西成甫のE講習会に参加。遺骸は "Fundamenta krestomatio" と一緒に荼毘にふされ，遺骨は父親筆のE文の略歴と埋葬された。参西成甫「渡辺武夫君の訃」(RO 1927.10)。

渡辺侃｜わたなべ ただし｜1893.10.29〜?

北海道/北大(1917)/農政学者。北見農事試験場長をへて，1927年北大助教授，43〜52年教授，のち酪農学園大教授。JEI初期に入会。著『農政学講義』(養賢堂，1936)，『国土と食糧』(弘文堂，1969)。

渡邊龍雄｜わたなべ たつお｜1903.1.6〜1989.10.27

長野/京大(1930)/1950〜66年宇都宮大教授。宇都宮E会長を務め，65年第14回関東E大会(群馬)議長団の一人。妻もE学習。著『植物病学』(養賢堂，1957)，「世界はせまい」(RO 1966.12)，『熱帯の果樹と作物の病害』(養賢堂，1980)。参若井田正義「渡邊龍雄先生」(『日本植物病理学会報』56:1, 1990)，東俊文「栃木県の関東大会とE-isto達」(『関東E連盟40年史』)。

渡辺哲｜わたなべ てつ?｜?〜1969.12.22

1923年頃E学習。28年JEI入会。36年9月第25回日本E大会(東京)組織委員会企画部委員。58年小坂狷二先生古稀記念事業委員会発起人。著「二葉亭四迷とE」(RO 1928.11)。参RO 1970.2。

渡辺銕蔵｜わたなべ てつぞう
1885.10.14〜1980.4.5

大阪/済美学校，広島一中，一高(1906)，東大(1910)/法学博士。細菌学者北里柴三郎の娘婿。鶴見祐輔と一高英法科，東大政治科の同期。1910〜13年英独，ベルギーに公費留学。東大教授，衆院議員，東宝会長など。戦時中，日独伊三国同盟に反対。「反共の闘士」として知られ，48年「東宝争議」時の同社社長。E学習は21年以前。JEI会員。著『反戦反共四十年』(自由アジア社，1956)ほか多数。参『現代日本朝日人物事典』。

渡辺輝一｜わたなべ てるいち
1900.1.4〜1988.4.21

愛媛/今治中，東京商大(1923)/1924年横浜高商講師，26年教授，49〜61年横浜大教授，退官後，関東学院大，青森大各教授など。妻のおじ月本喜多治の影響で，30年Eを学び，JEI入会。32年横浜高商E会設立。46年第2次JEA委員。越村信三郎と協力して横浜工業経営専門学校でE講習会開催。48年岩山明正，三ッ石清らと横浜E会を再建。49〜51年JEI評議員。56年第5回関東E大会(横須賀)，59年第8回関東E大会(横浜)各議長。68〜69年横浜E会会長を務めたほか，神奈川県E連盟代表，JEI横浜支部長として同地のE運動に貢献。JELE会員。著「オランダの学校とE教育〔新しい世界〕」(『新しい教室』中教出版，5:6, 1950)，『世界の教育』(共著，門脇書店，1955)。参「渡辺輝一教授の経歴・業績・研究歴」(『エコノミア』横浜国立大学経済学会, 18, 1961)，福田正男 'Prof. Watanabe Teruiti forlasis nian mondon!'(SAM 1988.6)，熊木秀夫「渡辺輝一先生を偲んで」(LVK 1988.7)，峰芳隆「渡辺輝一と井上清恒のこと」(RO 1989.3)，『認識のうた』(渡辺輝一先生追悼文集刊行委員会, 1989)。

渡辺則夫｜わたなべ のりお
1940.5.2～2012.4.12

慶大 (1963)/証券会社員。妻洋子は本田光次の娘。慶大E会長，TELS委員長となり，大庭篤夫とともにJELSを創設。1965年野辺山合宿に参加。のち程度の高いE会をめざしてロンド・メランコリーアを立ち上げ，『朝日ジャーナル』の取材も受けた。67～71年JEI評議員。80年大庭篤夫の紹介でJEI入会。90年JEI再入会。2003年TEK事務局長。署「1962年度収支予算表に関する公開質問」(RO 1962.7)，「スイスの投資信託」(『証券投資信託月報』34, 1963)，「島崎洋一さん」(RO 2009.3)。参峰芳隆「『ホンダ・ミツジ』さんが判明」(LM 1997.4)，沖田和海「渡辺則夫さんの思い出」(RO 2012.6)。

渡辺はつえ｜わたなべ はつえ
1926.3.10～2006.1.14

神奈川/帝国女子医専 (1948)/旧姓岩尾/1957年藤沢市に辻堂眼科医院を開業。第50回UK (東京) を機にE学習。66年10月JEI入会。太田和子，林佐智子らと矢住みきの宅で学習に励み，矢住没後，場所を自宅と太田宅に移して酒井瞭吉からE訳聖書などを習う。孫同伴でUKにも参加。湘南E運動に貢献。参林佐智子「追悼 渡辺はつえ様」(RO 2006.5)。

渡部寿｜わたなべ ひさし｜1886.1.27～1953 以降

三重/六高 (1908)，東大 (1911)/堀江勝巳と六高の同期。別府化学，多木製肥所各取締役など。六高在学中にE学習。

渡部秀男｜わたなべ？ ひでお｜?～?

1936年9月第25回JK (東京) 組織委員会幹事。37～38年JEI評議員。岡本好次が朝鮮に去った後，露木清彦・青木武造・酒井鼎・久保貞次郎とともにROを編集。

渡辺孫一郎｜わたなべ まごいちろう
1885.9～1955.6.12

栃木/一高 (1905)，東大 (1908)/理学博士。長谷川謙と一高理科の同期。東工大名誉教授。JEA会員 (会員番号613)。署『数学諸大要』(裳華房, 1921)，『新編高等代数学』(同, 1921)。参「第4代会長 渡辺孫一郎先生の思い出」(『日本数学教育学会誌』56 : 3, 1974)。

渡辺正亥｜わたなべ まさい
1905.5.20～1988.11.1

新潟/文部省図書館講習所 (1926)/新潟医大図書館をへて，1949年新潟県立図書館，63年順天堂大図書館各館長，67年南九州大，68～80年大東文化大各教授。27年11月クララ会員前田華子と結婚，"La Domo de Amo kaj Paco" と命名した新居を拠点に新潟E運動の再興に尽くす。29年真崎健夫，久保義郎らと北越E会結成，30年4月より中級講習会を指導。UEAデレギート (新潟)。署ガードナー『図書館の管理』(南江堂, 1963)，『図書館通論』(池上書店, 1973)。参落合辰一郎「"格子なき図書館" 実現の勇断」(『図書館雑誌』日本図書会協会, 1989.2)。協新潟県立図書館。

渡辺龍瑞｜わたなべ りゅうずい
1914.3.18～1995.12.1

栃木/大正大 (1934)/専称寺 (栃木) 住職。栃木県考古学会副会長。1935年那須野Eクラブを結成。署「栃木県の文化財」(『月刊文化財』第一法規出版, 42, 1967)。参「那須野Eクラブの誕生」(RO 1935.6)，『那須の遺跡 渡辺龍瑞先生寄贈資料目録』(栃木県立博物館, 1987)，『栃木県考古学会誌』(18, 1996)。協栃木県立図書館。

渡辺良一｜わたなべ りょういち
1914.5.7～1945.9.10?

朝鮮城津/沼津中 (中退)/中学を中退し，東京で住み込み店員になって，左翼思想に傾倒し，Eを学習。1934年兵役に就き，36年満期除隊ののち，満洲にわたり浜江省長官

房，のち同商工公会に勤務。45年7月応召し，9月戦病死とされるが詳細不明。「絶対あけるな」と言って残した遺品の木箱に多くのEの雑誌やノートがあった。娘の作家渡辺一枝（作家椎名誠の妻）もEを支援して，95年第82回JK(横浜)で「ことばが生れるとき」を記念講演し，チベット旅行時にラサのE協会を訪問。参渡辺一枝「いちばん書きたかったことを」(『女性のひろば』日本共産党中央委員会出版局1989.2)，「残留孤児と歩む自己発見の旅 旧満州生まれの作家・渡辺一枝さん」(『朝日新聞』1990.2.23)，渡辺一枝「ことばが生れるとき」(RO 1995.12)，同『ハルビン回帰行』(朝日新聞社, 1996)，同『チベットを馬で行く』(文藝春秋, 1996)。

亘理誠五郎｜わたり せいごろう
1911.9.4～1958以降

宮城/二高(1932)，東北大(1935)/古河鉱業に入り，1952～57年永松鉱業所長，のち阿仁鉱業所長など。二高在学中の31年3月9日萱場真の告別式で同校E会を代表して弔辞を述べる。著「畑野鉱山の鉱床成因に関する一考察」(『岩石鉱物鉱床学会誌』42:4, 1958)。

亘理俊雄｜わたり としお｜1901.3.3～1970.6.2

宮城/函館商(1920)，高文(1931)/1928年銀行員から英語教員に転身。盛岡中，函館中をへて，横浜専門学校，彦根高商，滋賀大経済専門学校各教授など。45年12月日本共産党に入り，46年同党滋賀県彦根地区委員会結成に参加，湖北地区の農民組合運動，部落解放運動を指導。レッドパージで滋賀大を追われ，彦根市で市民の税金闘争，漁民の漁業権解放闘争を指導。のち昭和女子大，函館商科短大に勤務。銀行員時代にEを学び，23年1月高桑正吾らと函館E会を設立し代表。40年2月JEI賛助会員。戦後，彦根のE運動再建に努力。1965年6月1日没とする資料もあるが，採らない。著チョーサー著『カンタベリー物語』(尚文堂, 1934)，「自由で奔放容易で偉大なEよ」(RO 1935.9)，「国際語のことども」(『文叢』彦根高商芸能班文芸科, 11, 1940)，「新興言語学の輪かく」(『彦根論叢』1, 1949)。参「努力の賜物高等教員検定パスした函中教諭亘理俊雄氏」(『函館日報』1931.7.4)，大和田敢太「滋賀大学におけるレッドパージ事件 大学における労働問題の歴史的教訓」(『彦根論叢』348, 2004)，『解放のいしずえ（新版）』。

日本エスペラント運動史年表

		国際E運動	●日本E大会	普及・組織・イベントなど
明治	1887	ザメンホフ,冊子『国際語』を刊行し,Eを提案 (7.26)		
	1888			
	1889	ドイツ,ニュルンベルクで初のE会 初の月刊誌 "La E-isto" ニュルンベルクで創刊 (〜1895)		
	1890			
	1891			◎丘浅次郎,ドイツでE学習(4月)
	1892			
	1893			
	1894	緑の星をEのシンボルに制定 ザメンホフE訳『ハムレット』		
	1895	"La E-isto",購読者の3/4が住むロシアへ持ち込み禁止され,廃刊		
	1896			
	1897			
	1898			
	1899			
	1900			◎このころ樋口勘次郎フランスでEを学習
	1901	E運動の中心,フランスに		
	1902	フランスのアシェット社からザメンホフ認定双書刊行		◎下瀬謙太郎,E学習
	1903	このころから各国にE協会設立 ザメンホフ編 "Fundamenta krestomatio"		◎黒板勝美,E学習 ◎マッケンジーとガントレット,金沢でE学習 ◎美野田琢磨,神保格,吉野作造,福田国太郎,武藤於菟ら,E学習
	1904			
	1905	ザメンホフ "Fundamento de E" 第1回UKフランス,ブローニュ・シュル・メール,ブローニュ宣言採択,言語委員会(のちEアカデミー)設置		◎ガントレット,岡山で家族や知人にEを教え,通信教授も ◎このころ安孫子貞治郎E学習し,有楽社でE書を輸入販売 ◎中目覚,ベルギーでE学習

刊行物	実用・交流など	社会
◎『読売新聞』がヴォラピュクに関する記事を多数掲載する中, Eを初めて紹介 (2.19)		
		大日本帝国憲法発布
		第1回帝国議会
		大津事件
		日清戦争
		下関条約・三国干渉 マルコーニ, 無線電信発明
		第1回オリンピック大会
		北清事変
		ノーベル賞制定
◎ミスレル, "Nagasaki Press" にE記事を寄稿 (11月)	◎二葉亭四迷, ポストニコフと知り合い, ウラジオストクのE会に出席, 日本語での教科書出版を依頼される	日英同盟
◎吉野作造, 『新人』に無署名E紹介記事		
◎樋口勘次郎『国家社会主義新教育学』でEを紹介		日露戦争
◎黒板勝美の談話をもとにした堺利彦の紹介記事が平民社の『直言』に (3月)		ポーツマス条約

		国際E運動　　　　　　　●日本E大会	普及・組織・イベントなど
明治	1906	第2回UKスイス，ジュネーブ ザメンホフ，人類人主義（ホマラニスモ）を唱える 　　　　●第1回　東京（9月）	◎組織的活動の始まり ◎加藤節，横須賀に日本E協会を設立（5月）し，のち黒板らの協会に合流 ◎黒板勝美，安孫子貞治郎ら，**日本E協会（JEA）創立**（6.12） ◎国民英学会でガントレット指導のE講習会（7～8月） ◎一ツ橋教育会館で初の普及講演会（8.13） ◎大杉栄，E学校を開く（9月） ◎東京，横浜，京都などにJEA支部
	1907	第3回UK英国，ケンブリッジ Eの改造案としてイドが提案される 　　　　●第2回　東京（11月）	◎佐々城佑，アメリカでE学習
	1908	第4回UKドイツ，ドレスデン（黒板勝美，新村出参加） **世界E協会（UEA）創設**（～現在）	◎大杉栄，中国人留学生にEを教授 ◎黒板勝美，洋行（～10），以後しばらくE運動の沈滞
	1909	第5回UKスペイン，バルセロナ	
	1910	第6回UK米国，ワシントンDC オジェシュコヴァ著，ザメンホフE訳"Marta"	
	1911	第7回UKベルギー，アントワープ	◎原田勇美，世界語書院を設立し，E書輸入など
大正	1912	第8回UKポーランド，クラクフ（牧瀬五一郎参加），ザメンホフ公的な地位から退く	◎中村精男，物理学校でE講習会 ◎阿閉温三，浅井恵倫ら金沢のHokuriku Exchange ClubでE採用
	1913	第9回UKスイス，ベルン	◎JEA台湾支部設立（12月）
	1914	第10回UKフランス，パリ（予定，第一次世界大戦のため中止）	
	1915	第11回UK米国，サンフランシスコ	◎東京帝大E会設立（11月）
	1916	●第3回　東京（4月）	◎E運動の再生へ ◎大阪E協会設立 ◎エロシェンコ，東京盲学校で講習を指導し，鳥居篤三郎らを育成
	1917	ザメンホフ没（4.14） 　　　　●第4回　東京（5月）	◎比嘉春潮，伊波普猷らJEA沖縄支部（10月）

刊行物	実用・交流など	社会
◎村本達三，初のE書"A short vocabulary English-E and E-English"を刊行 (3月) ◎黒板勝美の談話が『読売新聞』に掲載され，注目を引く (5月) ◎二葉亭四迷，『世界語』(7月)，『世界語読本』(9月)を刊行 ◎丸山順太郎・ガントレット『世界語E』(7月) ◎JEA "Japana Esperantisto"誌 (JE) 創刊 (8月) ◎日本E研究会編『世界語独習』(9月)，『世界語辞彙』刊行 (10月) ◎加藤節『全世界通用語E独習』(9月) ◎黒板勝美 "E-Japana vortaro" ◎『六合雑誌』，『中央公論』などにE関連記事	◎浅田栄次，東京外語学校の卒業式でEの挨拶 (4月) ◎第1回JKで浅田栄次，千布利雄がEで演説，大杉栄「桃太郎」E訳を朗読．	
◎有楽社からザメンホフ"Ekzercaro de la lingvo E"刊行 ◎原田勇美『日華世界語教科書』，『独習自在E講義』		
◎彦坂本輔，"Samideano Ĉiumonata"誌 (〜1910) ◎大杉栄，"Internacia Socia Revuo"に寄稿		
◎JEを外国向けに転換を図るが不調，休刊ぎみに ◎千布利雄，"Japanaj Rakontoj"をドイツで刊行 (初の日本語からの翻訳書の海外での出版)	◎エレデル来日 (初の外国からのE-isto)	伊藤博文暗殺
		韓国併合 大逆事件
◎原田勇美，"Orienta Azio"誌 (〜1916)	◎大石和三郎，ドイツ留学中にポツダムのE会に参加	辛亥革命
		大正改元
◎JE復刊 ◎中村精男・黒板勝美・千布利雄編『大成E和訳辞典』 ◎千布利雄『E全程』 ◎彦坂本輔E訳『女の運命』(初の文学書翻訳) ◎高橋邦太郎『日本風景風俗写真帖』	◎エロシェンコ，中村精男を頼って来日 (4月) ◎山鹿泰治，これ以降たびたび中国に ◎アレクサンダー，初めて来日	第一次世界大戦 (〜1917)
◎小坂狙二『組織的研究E講習書』(JEA台湾支部編述名義)	◎秋田雨雀，エロシェンコと出会う ◎コスチン来日 ◎高橋邦太郎と中目覚，ウラジオストク，ハルビン，北京などへE旅行 (初のE海外旅行)	対華二十一ヵ条要求
◎原田勇美編 "Verkaro de D-ro L.L. Zamenhof"	◎ヴォナゴ来日 ◎高橋邦太郎が集めた世界各国の児童画を大阪三越などで展示	
	◎ディック来日 ◎第4回JKで，外国人参加者も加わって喜劇を上演 ◎東京支部例会で通俗科学講演会	ロシア革命

		国際E運動	●日本E大会	普及・組織・イベントなど
大正	1918		●第5回 東京(4月)	
	1919		●第6回 横浜(5月),初めて東京以外で	◎学生の間でE熱 ◎東大で普及講演会(5月) ◎速水真曹,小坂狷二,浅井恵倫,ディックら,国際商業語協会 ◎三高E会設立(11月) ◎JEA改革の動きから,小坂狷二らを中心に日本E学会(JEI)設立(12.20)
	1920	第12回UKオランダ,ハーグ "E Triumfonta"(のち"Heroldo de E")創刊(〜現在) プリヴァ"Vivo de Zamenhof" ●第7回 東京(10月)		◎東京E倶楽部(TEK)発足 ◎鉄道E会発足 ◎出版・図書輸入の日本E社(押田徳郎),図書輸入・雑誌取次の極東E書院(何盛三)設立 ◎金億ら,朝鮮E協会創立
	1921	第13回UKチェコスロバキア,プラハ(現チェコ)(新渡戸稲造,藤沢親雄,成田重郎,宇佐美珍彦参加) このころプリヴァ,国際連盟ほかで活動 ランティら,SAT創設(第1回大会 プラハ) ●第8回 東京(10月)		◎各地で講習会など盛んに開催 ◎新渡戸稲造,世界大会に出席し,国際連盟にEに好意的な報告書を提出 ◎川原次吉郎,井上万寿蔵,長谷川理衛,堀真道,進藤静太郎ら,東北信州E宣伝隊(7月)
	1922	第14回UKフィンランド,ヘルシンキ(成田重郎参加) 文芸誌"Literatura Mondo"創刊(〜1949) ●第9回 東京(5月) ●第10回 東京(10月)		◎小坂狷二,帝国学士院で講演 ◎衆議院,Eに関する調査請願を採択 ◎大山時雄ら,京城E研究会を設立 ◎大本,Eを採用 ◎国際連盟協会にE部が設置され,機関誌『国際知識』にE欄が設けられる ◎川原次吉郎,上野孝男らE同人社
	1923	第15回UKドイツ,ニュルンベルク(大槻信治,富田寛次参加) ●第11回 岡山(8〜9月.関東大震災のため中断),初めて関東以外で		◎JEI会員急激に増加 ◎石黒修,豊月善暉,岡本好次,佐々木孝丸,中村喜久夫ら東北・北海道宣伝旅行(5.26〜6.6) ◎大杉栄,憲兵により虐殺
	1924	第16回UKオーストリア,ウィーン(富田寛次参加) ●第12回 仙台(7月)		◎東大医学部にHipokratida Klubo(のちEskulapida Klubo)結成 ◎日本エスペラント医学連盟(1月) ◎九州E-isto連盟発足,第1回大会
	1925	第17回UKスイス,ジュネーブ(江崎悌三,虎渡乙松,西村光月,桜井静枝,橋本文寿参加) ●第13回 京都(10月)		◎佐々城松栄ら,クララ会結成 ◎大本にE普及会 ◎参謀本部でE講習会(長谷川理衛指導)
	1926	第18回UK英国,エジンバラ(長谷川理衛,岩橋武夫,小寺廉吉,望月三郎夫妻,西村光月,内山敬二郎参加) 万国郵便連合,Eを平語として取扱い ●第14回 東京(9月)		◎緒方知三郎,西城甫,村田正太ら,日本E医学協会を設立 ◎梶弘和,E研究社を設立 ◎JEI,財団法人化,中村精男理事長(〜1930) ◎大本にE普及会(EPA)

刊行物	実用・交流など	社会
	◎浅井恵倫、東大の卒論に'Polineziaj popoloj kaj iliaj lingvoj'を提出 ◎ヴォーン来日、ロスコーE学習	シベリア出兵（～1922） 米騒動
◎北一輝『日本改造法案大綱』	◎藤沢親雄、ウラジオストクへE旅行 ◎蠟山政道、市河彦太郎、清野暢一郎、堀真道ら、シベリア・満州へE旅行 ◎セリシェフ、ロシアから亡命 ◎小坂狷二・みつ、E結婚式	朝鮮で三・一運動 中国で五・四運動 ベルサイユ条約 コミンテルン結成
◎JEI機関誌として"La Revuo Orienta"(RO)創刊（～現在） ◎福田国太郎、"Verda Utopio"誌を創刊 ◎ラムステット、ROに'El finnaj peomoj'を寄稿	◎ラムステット、フィンランド代理公使として来日（～1929） ◎藤沢親雄、ヨーロッパに赴きスイスで国際連盟勤務 ◎大場嘉藤、ウラジオストクでオーストリア、チェコ、ハンガリーのE-isto捕虜と交歓	国際連盟発足、日本常任理事国に
◎小坂狷二"Perloj el la Oriento" ◎『種蒔く人』にE記事	◎エロシェンコ追放 ◎柳田國男、国際連盟勤務のためスイスへ赴き、ジュネーブでE会に参加（～23）	ワシントン会議
◎千布利雄『E助辞詳解 前置詞』 ◎『改造』8月号で「E語研究」特集、以降講座を連載 ◎金田常三郎『独習自在国際語E講義』 ◎三高E会『日本語E小辞典』 ◎大場嘉藤『E日及日E海員語辞典』	◎ブレールスフォード、パーマー来日	ソ連成立
◎千布利雄『E助辞詳解 副詞』 ◎小坂狷二他『正則E講義録』 ◎プリヴァ著、松崎克己E訳『愛の人 ザメンホフ』 ◎小坂狷二・秋田雨雀『模範E独習』 ◎村田正太『E講話』、『E講座』	◎富田寛次、バーデンE会創立に参画 ◎武上耕一、'Biologia esplorado pri vermo "Stephanulus dentatus"'（『台湾総督府中央研究所農業部彙報』10）日本初のE書き科学論文か	関東大震災
◎安黒才一郎、ROに（日本初の？）原作小説'Pro ŝi'を連載 ◎東宮豊達、有島武雄『宣言』E訳をドイツから刊行 ◎出口王仁三郎『記憶便法エス和作歌辞典』	◎小坂狷二、中国出張で、中国、満洲、朝鮮のE-istoと交流 ◎島崎捨三、日本大会でEで集めた海外の児童画を展示 ◎園乾治、第17回北米E大会（デラウェア）参加	ソ連でスターリンが政権掌握
◎"Verda Mondo"、"Oomoto Internacia"創刊	◎小坂狷二欧米出張（～1927） ◎緒方知三郎と村田正太、第4回極東熱帯病学会でEで学術講演	治安維持法・普通選挙法制定 ラジオ放送開始
◎谷亀之助の四方堂『E文芸』創刊 ◎岡本好次『新撰エス和辞典』	◎清見陸郎、ROに'Orienta afero kaj E'を連載 ◎大石和三郎『高層気象台報告』を刊行し、E文で「ジェット気流」の発見報告 ◎宮沢賢治、ラムステットの講演を聴講 ◎長谷川理衛、ヨーロッパ留学	昭和改元

		国際E運動　　　　　　　●日本E大会	普及・組織・イベントなど
昭和	1927	第19回UKダンチヒ自由市(現ポーランド)(大石和三郎, 小坂狷二, 長谷川理衛, 瀬川重礼, 浅田一夫妻, 土岐善麿, 小寺廉吉参加) ●第15回　福岡(10月)	◎JOAK(東京)からEラジオ講座(講師大井学, 小坂狷二) ◎JOCK(名古屋)からEラジオ講座(講師石黒修)(9月)
	1928	第20回UKベルギー, アントワープ(瀬川重礼, 林好美, 小滝辰雄, 西村光月参加) ●第16回　大阪(4月)	◎岩橋武夫, 鳥居篤治郎, 熊谷鉄太郎ら, 日本盲人E協会を結成 ◎秋田雨雀, 佐々木孝丸ら, 国際文化研究所(のちプロレタリア科学研究所) ◎大島義夫, 比嘉春潮ら柏木ロンドを結成
	1929	第21回UKハンガリー, ブダペスト(進藤静太郎, 丘英通, 桜田一郎参加) ●第17回　東京(9月)	◎JOCK(名古屋)からEラジオ講座(講師石黒修)(3月) ◎大橋隆太郎, 東京堂にE図書コーナー
	1930	第22回UK英国, オックスフォード(多木燐太郎夫妻, 甲斐三郎, 後藤静香, 石黒修, 山本佐三参加) SAT, "Plena vortaro" 刊行 ●第18回　金沢(8月)	◎JEI, 大石和三郎理事長(〜1945)
	1931	第23回UKポーランド, クラクフ(川原次吉郎, 鈴木正夫, 伊藤徳之助参加) ●第19回　京都(10月)	◎日本プロレタリア・E同盟(PEU)結成(委員長秋田雨雀)(1月) ◎日本仏教E連盟結成 ◎日本鉄道エスペランチスト連盟 ◎全国学生エスペランチスト連盟 ◎第1回台湾E大会
	1932	第24回UKフランス, パリ ●第20回　東京(10月)	◎日本E文芸協会(のちE文学研究会)結成, 『E文学』創刊 ◎JEI, 本郷に事務所を新築(6月) ◎岡本好次, JEI書記長に(〜1937) ◎第1回北海道E大会
	1933	第25回UKドイツ, ケルン(井上万寿蔵, 河田三治参加) ●第21回　京都(11月)	
	1934	第26回UKスウェーデン, ストックホルム "Enciklopedio de E" 刊行 ●第22回　長崎(4月)	
	1935	第27回UKイタリア, ローマ(浅井恵倫参加) ●第23回　名古屋(9月)	◎中華留日世界語学会が発足し, 中垣虎児郎ら指導 ◎久保貞次郎, JEI特使として九州各地のE会を巡る ◎大本弾圧, E普及会壊滅

刊行物	実用・交流など	社会
◎清見陸郎, ザメンホフE訳から『寡婦マルタ』を重訳 (1929 文庫版, 1930 映画化) ◎守随一・須々木要, 秋田雨雀著『骸骨の舞跳』E訳 ◎千布利雄『大成和エス辞典』 ◎小坂狷二『エスペラント捷径』 ◎梶弘和, 菊池寛著『父帰る』E訳	◎鉄道省, 日本案内冊子 "Gvidlibreto por Japanlando" (井上万寿蔵, 岡本好次ら) ◎秋田雨雀, 訪ソ	昭和金融恐慌
◎杉本良『禁酒の国を見る』 ◎西成甫, 夏目漱石著『倫敦塔』E訳	◎江崎悌三, 在外研究からドイツ人妻シャルロッテを連れて帰国 (日本初のEによる国際結婚) ◎林好美, 初のE行事参加目的のヨーロッパ観光旅行 ◎桜田一郎, ドイツ留学中にライプチヒ, ベルリンなどでE会に参加	特別高等警察設置
◎土岐善麿『外遊心境』		世界恐慌
◎林好美『欧羅巴親類めぐり』 ◎希望社 "Esperanto Kiboŝa" (～1933) ◎『プロレタリアE講座』 ◎黒川眸訳『悲惨のどん底』 ◎柴山全慶『十牛図』E訳 ◎小坂狷二・伊東三郎『プロレタリアE必携』	◎金億, 「朝鮮短編小説集」E訳をROに連載 ◎RO, 自然科学特集号 (6月) ◎ペレール来日, 自転車旅行 ◎シェーラー来日, 講演旅行	ロンドン海軍軍縮会議
◎『カマラード』誌創刊 ◎東宮豊達, 有島武郎著『惜しみなく愛は奪う』E訳 ◎大島義夫, ドレーゼン『E運動史』日本語訳 ◎城戸崎益敏編『ザメンホフ読本』 ◎小野田幸雄『E四週間』	◎萱場真, E葬 (3.9) ◎井上万寿蔵, 観光事業研究のため欧米へ (～1933)	満洲事変
◎野原休一『仏説阿弥陀経』『大学・中庸』E訳 ◎『中村精男博士遺稿集』	◎マヨール来日	「満洲国」成立 五・一五事件
◎JEI, 学習雑誌『E』(Esperanto-Lernanto) 創刊 (～1937) ◎大島義夫, 張赫宙著『追はれる人々』E訳	◎『E文学』誌で日本文学翻訳コンクール	ナチス政権成立 日本, 国際連盟脱退を表明
◎中原脩司ら "Tempo" 誌創刊 (～1940) ◎RO, 仏教特集号 (7月)		
◎RO誌, 日本文学紹介特集号 (2～3月) ◎岡本好次『新撰和エス辞典』 ◎野原休一『日本書紀』E訳 (～1939) ◎中垣虎児郎『翻訳実験室』 ◎大崎和夫, 野上弥生子『海神丸』E訳	◎久保貞次郎, 第2回日米学生会議 (米国ポートランド) に参加 ◎荒木遙ら大牟田E会, 万国児童作品展覧会 ◎マラン来日 ◎鉄道省, 案内冊子 "Japanujo" (矢島英男)	天皇機関説が問題化

		国際E運動　　　　●日本E大会	普及・組織・イベントなど
昭和	1936	第28回UKオーストリア，ウィーン（豊田百合子，池川清参加） IEL（国際E連盟）設立され，JEIも加盟 ドイツでE教育禁止，ソ連でE弾圧始まる 　　　　　　　　●第24回　札幌 (8月)	◎日本E運動30周年 ◎JEIの有志によりE運動後援会 ◎露木清彦ら，東洋文史研究所を創設 ◎日本科学E協会 (JESA) ◎E婦人協会発足 ◎東京府立第六高女でEを正課に ◎岡本好次，JEI特使として北海道と東北のE会を巡る
	1937	E発表50周年，ザメンホフ没後20周年 第29回UKポーランド，ワルシャワ（八木日出雄，中原脩司参加） 　　　　　　　　●第25回　東京 (11月)	◎このころまでにプロレタリアE運動弾圧を受け，壊滅状態に ◎ザメンホフの夕 (4.14) ◎竹内藤吉，藤沢親雄ら，E報国同盟を結成 (12月) ◎婦人E連盟，「図書館緑化運動」
	1938	第30回UK英国，ロンドン 　　　　　　　　●第26回　名古屋 (10月)	◎JEI「非常時局とE」声明 (8月) ◎第1回小坂賞，野原休一に ◎斎藤秀一検挙（左翼言語運動事件）
	1939	第31回UKスイス，ベルン 　　　　　　　　●第27回　大阪 (4月)	◎JEI，E学力検定試験を実施
	1940	JEI，IELから離脱 　　　　　　　　●第28回　宮崎 (4月)	
	1941	●第29回　東京 (10月)	◎国際通信，ほぼ不可能に
	1942	●第30回　東京 (10月)	◎日本大会は，JEI年会として開催
	1943	●第31回　東京 (11月)	
	1944		◎決戦非常措置に伴い，JEIの活動の大幅縮小，日本大会不開催
	1945	●第32回　東京 (12月)	◎E運動の再開 (8月) ◎JEI，西成甫理事長 (〜1967) ◎JEI，懸賞論文「新日本とE」募集
	1946	●第33回　東京 (6月)	◎多くの地域・学校E会再建 ◎日本E協会（第2次JEA）設立 (〜1950)
	1947	第32回UKスイス，ベルン UEAとIEL，新生UEAに統合 　　　　　　　　●第34回　東京 (7月)	◎三宅史平，JEI専務理事 (〜1971) ◎京都人文学園でEを随意科目に

574

刊行物	実用・交流など	社会
◎野原休一『方丈記』E訳	◎市河彦太郎, フィンランド代理公使として在勤 ◎池川清, 第3回国際社会事業会議のため渡欧し, UKの国際夏期大学で講演 ◎新川正一, 世界新教育会議（英国チェルトナム）に参加 ◎磯部幸子, 国際女子親善協会E部の淑女親善団で渡米 ◎豊田百合子, ウィーンに留学し, E会に参加（〜1939）	二・二六事件
◎斎藤秀一, "Latinigo"誌を刊行 ◎長谷川テル "Flustr' el uragano"	◎長谷川テル, 中国に渡り抗日運動に参加 ◎満鉄, 観光案内 "Ek al Manĉukuo!" ◎米田徳次郎, 南氷洋での調査に参加 ◎メゼイ来日, ランティ来日 ◎このころイシガオサムと万沢まきのスウェーデン語学習, のち翻訳家に	盧溝橋事件, 日中戦争拡大 国民精神総動員運動 訓令式ローマ字公布
◎岩下順太郎, ファレール著『事変下日本の印象』E訳	◎名古屋市観光課, 案内冊子 "Nagoya", 大阪市観光課, 案内冊子 "Venu al Osaka" ◎国際観光局『七ヶ国語会話書』	国家総動員法
◎城戸崎益敏『E第一歩』		ドイツがポーランドに侵攻し, 英仏が宣戦
◎小坂狷二『エクゼルツアーロ註解』	◎市河彦太郎, JOAKから「日本の生活と文化」をEで海外放送（3.25）	皇紀2600年 日独伊三国同盟
◎野原休一『神皇正統記』E訳 ◎長谷川テル, 石川達三著『生きてゐる兵隊』E訳	◎三宅史平, 満洲視察で第10回全満E大会参加 ◎新京中央放送局からEによる国際放送	太平洋戦争開戦
◎進藤静太郎E訳『マライ戦記』, ROに連載 ◎秋田雨雀, ポールシャ著『山上の少年』日本語訳	◎RO, 宣戦の政府声明を日E対訳で掲載	ミッドウェー海戦で戦局悪化
◎小坂狷二『前置詞略解』	◎RO, 愛国百人一首の翻訳を募集, 掲載 ◎イシガオサム, 兵役拒否	
◎RO, 3月号までで休刊		本土空襲始まる
◎長谷川テル "En Ĉinio batalanta" ◎RO, 復刊（10月）	◎日本社会党, 国際語としてEの使用を綱領に盛り込む	広島・長崎に原爆投下, ポツダム宣言を受諾して日本降伏 連合国軍による占領と民主化政策 国際連合発足
◎岡本好次『新撰エス和辞典』, 鉄道教科書株式会社から刊行	◎マーティン, スター来日	現代仮名づかい・当用漢字告示
◎文部省国語教科書にザメンホフ伝	◎日本共産党, ディミトロフ「人民戦線戦術の諸問題」をEから重訳（河合勇吉）	日本国憲法施行, 学校教育法施行

		国際E運動	●日本E大会	普及・組織・イベントなど
昭和	1948	第33回UK スウェーデン, マルメ	●第35回　大阪 (9月)	◎Eでの国際文通再開 ◎栗栖継・宮本正男ら, E通信社を設立し, ニュース配信, 出版など
	1949	第34回UK 英国, ボーンマス	●第36回　東京 (9月)	
	1950	第35回UK フランス, パリ (桶谷繁雄オブザーバ) "El Popola Ĉinio" 創刊	●第37回　横浜 (7月)	◎このころ結核療養所で普及活動 ◎大本でE普及会再建
	1951	第36回UK 西ドイツ, ミュンヘン	●第38回　名古屋 (9月)	◎関西E連盟 (KLEG) 設立 ◎東京学生E連盟 (TELS) 発足 ◎川崎直一, 大阪外語大でE講義
	1952	第37回UK ノルウェー, オスロ (江上不二夫, 菅生哲雄参加)	●第39回　京都 (9月)	◎第1回東海E大会 ◎関東E連盟設立, 第1回関東E大会 ◎日本E図書協同組合 (JELK, のち「日本E図書刊行会」) 発足
	1953	第38回UK ユーゴスラビア, ザグレブ (現クロアチア) 世界平和エスペランチスト運動 (Mondpaca E-ista Movado, MEM) 設立	●第40回　岡山 (9月)	◎第1回関西E大会 ◎E婦人協会 (EVA) 結成
	1954	第39回UK オランダ, ハールレム (八木日出雄, 鳥居篤治郎参加) ユネスコ総会 (ウルグアイ, モンテビデオ) でE支持の決議	●第41回　東京 (9月), 原水爆実験反対決議	◎日本E-isto科学者協会 (JESA) 結成
	1955	第40回UK イタリア, ボローニャ (川原次吉郎, 篠田秀男参加) UEA, 事務所をオランダ, ロッテルダムに移転 ソ連, 東欧のE運動, 次第に復活	●第42回　吹田 (8月)	
	1956	第41回UK デンマーク, コペンハーゲン (中山知雄参加)	●第43回　東京 (11月)	◎日本E運動50周年 ◎土岐善麿, NHK国際放送から「Eの歴史と現状」放送 (6.14)
	1957	第42回UK フランス, マルセイユ	●第44回　名古屋 (8月)	
	1958	第43回UK 西ドイツ, マインツ (八木日出雄参加)	●第45回　福岡 (11月)	◎小坂狷二古稀記念事業
	1959	ザメンホフ生誕100周年 第44回UK ポーランド, ワルシャワ (伊藤栄蔵参加)	●第46回　東京 (8月), UK招致研究の提案	◎大映映画『ジャン・有馬の襲撃』(梅棹忠夫・藤本達生協力)

刊行物	実用・交流など	社会
◎土岐善麿『ひとりと世界』		占領政策転換 東京裁判結審 朝鮮半島南北分断
◎栗栖継『同じ太陽が世界を照らしている』 ◎栗栖継『世界の声』 ◎中垣虎児郎, 徳永直著『豊年飢饉』E訳	◎ブラット来日	中華人民共和国成立 湯川秀樹ノーベル賞 1ドル360円
◎伊東三郎『Eの父　ザメンホフ』 ◎高杉一郎『極北のかげに―シベリア俘虜記』	◎南英一ら,「一年一論文をEで」申し合わせ ◎このころ南見善, 愛知県議会事務局調査課主事として欧州各国の議会制度の調査	朝鮮戦争（～1953休戦） レッド・パージ
◎KLEG, La Movado (LM) 誌創刊 ◎福田正男"Samideano"誌創刊 ◎『きけわだつみのこえ』共同E訳		サンフランシスコ講和条約調印 日米安保条約
◎KLEG, 長田新著『原爆の子』共同E訳 ◎岡一太, 戯曲「緑の星の下に」		
	◎RO, 日本文学翻訳コンクール募集	地上波テレビ放送開始
◎小坂狷二『小坂E講座』 ◎田中貞美, 小倉豊文著『妻の屍を抱いて』E訳	◎シンプキンズ, 初めて来日	
◎平凡社から『世界の子供』(～1957)	◎篠田秀男, 欧米を巡り, 子宮頚癌の学術講演や手術 ◎このころ栗栖継のチェコ語学習, 翻訳家に ◎ウースター, 初めて来日	このころから高度経済成長
◎高杉一郎『盲目の詩人エロシェンコ』 ◎50周年記念行事委員会『日本E運動史料』,『E訳日本文学作品目録』,『日本におけるE科学文献目録』,『日本におけるE医学文献目録』		スターリン批判 日ソ国交回復 日本, 国連加盟
◎梶弘和『和エス辞典』 ◎プリヴァー著, 大島義夫・朝比賀昇訳『Eの歴史』	◎梶野佳子（のちシュミット）, ヨーロッパに取材旅行 ◎桑原利秀, 欧米出張 ◎第6回青年学生平和友好祭（モスクワ）に中野由紀子と阿部政雄参加	
◎小坂狷二E訳『E訳万葉集』 ◎三宅史平『E基礎1500語』	◎第7回青年学生平和友好祭（ウィーン）に日下部謙三, 木部陽子, 宮田奈津子参加	欧州経済共同体（EEC）発足
◎高杉一郎編『エロシェンコ全集』		

	国際E運動	●日本E大会	普及・組織・イベントなど
昭和 1960	第45回UK ベルギー，ブリュッセル	●第47回　前橋(8月)，UK招致決議	◎世界大会組織委員会発足　これ以降世界大会準備のため様々な活動 ◎日本Eアマチュア無線クラブ結成
1961	第46回UK 英国，ハロゲート(八木日出雄，西海太郎・智恵子，眞壁禄郎，鳥原茂之参加)	●第48回　富山(8月)	◎野辺山合宿(7月) ◎日本学生E連盟(JELS)発足 ◎関西学生E連盟(KLES)発足 ◎このころ世界救世教で普及活動
1962	第47回UK デンマーク，コペンハーゲン(八木日出雄，小林司，鈴木正夫夫妻，今井秀雄，加藤静一，山添三郎，井上清恒，橋田慶蔵，安村和雄参加)　八木日出雄，UEA会長(アジア人初)	●第49回　東京(8月)	◎羽村合宿(7月) ◎東京E-isto青年会(TEJA)発足
1963	第48回UK ブルガリア，ソフィア(八木日出雄，梅田善美，出口京太郎，東海林信行参加)	●第50回　吹田(8月)，雄弁大会に八木杯	◎大本E運動40周年記念祝典(亀岡)，記念碑を除幕
1964	第49回UK オランダ，ハーグ(磯部幸子，篠田秀男，松本清一，高杉一郎，篠田守正，貫名美隆，川村信一郎，多田清一参加)　北京放送からE短波放送	●第51回　東京(8月)	◎NHKテレビ「現代の記録」で「E-istoある理想主義者の群像」(2.15) ◎亀岡市とクニッテルフェルト市(オーストリア)との友好姉妹都市締結(伊藤栄蔵協力)
1965	第50回UK 日本，東京，第21回国際青年大会大津　篠田秀男，世界医学E協会(UMEA)会長	●第52回　東京(10月)	◎UK後に関西行事 ◎大本国際友好祭(8月)
1966	第51回UK ハンガリー，ブダペスト　国際民宿網「パスポルタ・セルヴォ」始まる	●第53回　名古屋(8月)	◎日本E運動60周年記念集会(横須賀) ◎ベトナム平和Eセンター発足 ◎ロンド・ハルモニーア発足 ◎高槻E会，E展
1967	第52回UK オランダ，ロッテルダム	●第54回　京都(7月)	◎JEI，江上不二夫理事長(～1978) ◎由比忠之進，焼身抗議
1968	第53回UK スペイン，マドリード	●第55回　札幌(8月)	◎JEI，小坂狷二会長 ◎TEJA，TELS第1回合宿(焼津)
1969	第54回UK フィンランド，ヘルシンキ	●第56回　東京(7月)	◎KLEG第1回林間学校 ◎エスペラントの家発足 ◎日本鉄道E連盟結成

刊行物	実用・交流など	社会
	◎セケリ初めて来日し, 講演旅行 ◎土岐善麿, 中国文字改革学術視察団長として訪中	日米安保条約改定と反対闘争
◎大島義夫『新稿 E四週間』 ◎三宅史平『Eの話』	◎アジア・アフリカ作家会議のため巴金, 葉君健来日	
◎中村陽宇他, 森鷗外著 "Rakontoj de Oogai" E訳	◎チェンバーズ来日	
◎貫名美隆・宮本正男編『新選エス和辞典　改訂版』 ◎川崎直一『基礎E』	◎出口京太郎と梅田善美, UK, IJKなどに参加し, 欧米歴訪	
◎斎藤英三 "L'omnibuso" 誌創刊 ◎中村陽宇 "Enciklopedieto Japana"	◎磯部幸子, UK参加の後ヨーロッパを巡り, 翌年大会の広報活動 ◎大会書記としてG．ポンピリオ着任 ◎オードビン来日 ◎"Japanujo hieraŭ kaj hodiaŭ"（由比忠之進）	海外旅行自由化 東京オリンピック
◎宮本正男・石黒彰彦編 "El japana literaturo" ◎三宅史平『E小辞典』 ◎出口京太郎『E国周遊記』 ◎中村陽宇, 岡倉天心著『茶の本』E訳 ◎岡一太・星田淳, ブイ・ドゥク・アイ著『トー・ハウ ーベトナムの若い母』日本語訳 ◎民話研究会, 柳田國男著『日本の昔話』を共同E訳 ◎堀正一 "Volvotigo de amikeco" ◎中村陽宇・宮本正男編 "Japana kvodlibeto"	◎UKに日本人993名, 外国人717名が参加（アジアからは韓国人2名のみ）, 大会前後に日本各地で地元E-istoと交流した外国人も多数 ◎ノイマン来日	ベトナム戦争激化, 反戦運動高まり 日韓基本条約 中国で文化大革命
◎三宅史平『基本E文法』	◎シュミット来日 ◎早大E研究会11名, 訪韓 ◎"Pacon en Vjetnamio" 創刊	
◎いとうかんじ『ザメンホフ』（〜1983） ◎宮本正男 "Pri arto kaj morto" ◎坂井松太郎他『E便覧』	◎早大, 法大などの学生21名, 訪韓	
◎阪田隆他 "Literatura Mondo" 復刻 ◎由比忠之進『原爆体験記』E訳刊行 ◎大島義夫『新E講座』（〜1970） ◎宮本正男, 谷崎潤一郎著『春琴抄』E訳	◎永田明子, UEA勤務のためオランダへ ◎松坂勝郎と佐藤勝一, 盛岡で「世界の主食パン展」 ◎藤本達生, 万博資料収集のため東欧へ	プラハの春 学生運動激化
◎利根光一『テルの生涯』 ◎石黒なみ子『Eの世界』 ◎宮本正男・白石茂生『E文通案内』	◎ブラット再来日 ◎ポンピリオ来日 ◎ウーシンク, ネールゴール来日	

		国際E運動　　　　　　　●日本E大会	普及・組織・イベントなど
昭和	1970	第55回UK オーストリア, ウィーン SAT, "Plena ilustrita vortaro" 刊行 ●第57回　高槻 (7月)	
	1971	第56回UK 英国, ロンドン ●第58回　東京 (8月)	◎JEI 夏期大学 (東京, 8月)
	1972	第57回UK 米国, ポートランド ●第59回　高松 (7月)	◎JEI 夏期大学 (高松, 7月) ◎Eの家, 代々木に移転
	1973	第58回UK ユーゴスラビア, ベオグラード (現セルビア) ●第60回　亀岡 (8月)	◎JEI, E会館建設計画 ◎KLEG, 新事務所 (豊中) に移転
	1974	第59回UK 西ドイツ, ハンブルク ●第61回　北九州 (11月)	◎名古屋エスペラントセンター発足
	1975	第60回UK デンマーク, コペンハーゲン ●第62回　金沢 (8月)	◎貫名美隆, 神戸外大で研究プロジェクト「現代国際環境における国際語の実情と可能性」(～1977)
	1976	第61回UK ギリシャ, アテネ 第1回太平洋大会　オーストラリア, メルボルン ●第63回　瀬戸 (8月)	◎JEI, 財団50周年記念講演会
	1977	第62回UK アイスランド, レイキャビク, 日本がファイン賞を受賞 ●第64回　東京 (8月)	◎JEI, 江上不二夫会長
	1978	第63回UK ブルガリア, ヴァルナ ●第65回　三島 (8月)	◎JEI, **早稲田E会館竣工** (5月) ◎栗栖継, 日中友好文通の会を設立し, Eを導入 ◎『翻訳の世界』誌主催の座談会
	1979	第64回UK スイス, ルツェルン 時事雑誌 "Monato" 創刊 ●第66回　神戸 (8月), 長谷川テルの遺児参加	◎JEI, 磯部幸子理事長 (～1988) ◎北見E会,「少数民族問題とEを語る会」開催 (2月) ◎JEI 創立60周年記念講演会 ◎写真集『広島・長崎』E版を世界に送る運動 ◎日本E-isto囲碁協会発足
	1980	第65回UK スウェーデン, ストックホルム 第2回太平洋E大会　カナダ, バンクーバー ●第67回　横浜 (8月)	◎JPEUをしのぶ会 (3.15) ◎TBSテレビ「望郷の星」(5.26) ◎新国際秩序における言語問題を考える会 (7月) ◎中国へEの本を贈る運動
	1981	第66回UK ブラジル, ブラジリア ●第68回　東京 (8月)	

刊行物	実用・交流など	社会
◎宮本正男・朝比賀昇『日本E文献目録　1906-1945』	小沢(マルカリアン)君枝, 渡英し, のちそろばん普及活動	よど号ハイジャック事件 大阪万国博
◎小西岳, 川端康成『雪国』E訳 　松葉菊延, 江上不二夫『生命を探る』E訳 ◎松葉菊延『和文E訳研究』	◎リンス来日 ◎熊木秀夫, 北ベトナム訪問	
◎堀正一 "La vojaĝo al Novzelando"		沖縄返還 日中国交正常化
◎いとうかんじ編 "plena verkaro de zamenhof"（〜2004） ◎九州E連盟『雲になってきえた―ナガサキの原爆読本初級用』E訳 ◎朝比賀昇・峰芳隆『日本E文献目録　1946-1972』	◎オールド来日 ◎土岐善麿, 徳田六郎訪中 ◎陳原, 葉籟士, 祝明義来日	第1次オイルショック 円変動相場制移行
◎大島義夫・宮本正男『反体制E運動史』(1987新版) ◎金沢E会婦人部『竹笛―南ベトナム短編集』を共同日本語訳	◎磯部幸子, 伊藤栄蔵, 徳田六郎ら訪中	
◎『月刊言語』,「国際共通語特集」(8月) ◎リンス著, 栗栖継訳『危険な言語』 ◎『エスペラントの世界』(ES)誌創刊 ◎池袋E会, 早乙女勝元『ベトナムのダーちゃん』を共同E訳 ◎金沢E会婦人部『ディエンビェンフーの時計屋　北ベトナム小説集』を共同日本語訳	◎目黒E会『世界を被う公害の実態と市民の対応―Eによる世界の公害の実態調査報告書』 ◎ベトナムからダオ・アン・カ来日	ベトナム戦争結
	◎マックギル来日	
◎朝比賀昇・萩原洋子『E運動の展望〈1〉』 ◎黒田正幸 "Lazur' kristala kaj pluv' susura" ◎Maimon "La kaŝita vivo de Zamenhof"	◎UEA会長トンキン来日 ◎徳田六郎, 長岡二郎, 梅田善美訪中	
◎宮本正男編『長谷川テル作品集』 ◎宮本正男 "Sarkasme kaj entuziasme" ◎『広島・長崎』E版 ◎北海道E連盟, 知里幸恵『アイヌ神謡集』E訳 ◎丹羽正久, 高橋宏幸著『チロヌップのきつね』E訳	◎E婦人協会『国際結婚―エスペランチストに対するアンケート調査と手記から』 ◎江森巳之助 "Invito al go-ludo"	イラン革命, 第2次オイルショック
◎井上ひさし「イーハトーボの劇列車」 ◎『三高E会小史』 ◎永田明子『偉大な小国オランダ事情』 ◎『性と平等』日本語版創刊	◎JEI訪中団(磯部幸子ら12名) ◎北米E連盟会長ハーモン来日	
◎高杉一郎『中国の緑の星』 ◎井上裕,『月刊言語』に「E入門」を連載 ◎二木紘三『国際語の歴史と思想』 ◎高杉一郎『ザメンホフの家族たち』 ◎宮本正男・上山政夫 "Hajka antologio"	◎"Monato"編集長マウル来日 ◎UEA副会長バルドゥル・ラグナルソン来日 ◎藤本ますみ『私たちの東欧記―ソビエトからブルガリアへ』	

		国際E運動　　　●日本E大会	普及・組織・イベントなど
昭和	1982	第67回UKベルギー, アントワープ 　　　　　●第69回　鎌倉 (8月)	◎第1回日韓青年セミナー (のち日韓中, 東アジア) ◎国際語学研究セミナー (同時通訳) ◎日本E-istoコンピュータ技術者の会
	1983	第68回UKハンガリー, ブダペスト, 梅田善美 UEA副会長に 　　　　　●第70回　亀岡 (8月)	◎JEI, 公開講演会「国際コミュニケーションにおける言語の役割」(11月) ◎宮本正男, JEI特別学術功労賞 ◎篠田秀男, 斎藤茂吉文化賞 ◎全日本高校E連盟
	1984	第69回UKカナダ, バンクーバー 第3回太平洋E大会　米国, ポートランド 　　　　　●第71回　盛岡 (8月)	◎ユネスコ国際文化交流フェスティバルでシンポジウム「国際文化交流に果たす言語の役割」など ◎広島Eセンター開設
	1985	第70回UK西ドイツ, アウグスブルク ユネスコ総会 (ブルガリア, ソフィア) でE100周年祝賀決議 　　　　　●第72回　横浜 (8月)	◎JEI, UK内「平和の日」行事に協力
	1986	第71回UK中国, 北京 　　　　　●第73回　大阪 (8月)	◎JEI, 社会言語学シンポジウム
	1987	E発表100周年 第72回UKポーランド, ワルシャワ 　　　　　●第74回　東京 (8月)	◎小坂賞, JEIに移管 ◎パソコン通信PC-VANにEグループ開設
	1988	第73回UKオランダ, ロッテルダム 第4回太平洋E大会　オーストラリア, ブリスベーン 　　　　　●第75回　札幌 (8月)	◎JEI, 井川幸雄理事長 (～1989)
平成	1989	第74回UK英国, ブライトン 　　　　　●第76回　東京 (11月)	◎JEI, 山崎静光理事長 (～1991) ◎JEI, 久保貞次郎会長

刊行物	実用・交流など	社会
◎泉幸男, 中沢啓治『はだしのゲン』E訳 ◎斎藤英三"La dua buso"誌創刊 ◎菊島和子『E-istoのための外国旅行入門』 ◎高杉一郎『夜あけ前の歌―盲目詩人エロシェンコの生涯』	◎菊島和子, 屋代ゆう子, 永田知子, インド訪問	
◎セケリ著, 高杉一郎訳『ジャングルの少年』(84年第30回青少年読書感想文全国コンクール課題図書) ◎宮本正男『日本語E辞典』 ◎『月刊言語』10月号で「E特集」 ◎日本仏教伝道協会『仏教聖典』E版 ◎岡一太『岡山のE』 ◎栗田公明, 被団協『ヒバクシャ』E訳	◎むすび座, E訳「いっすんぼうし」で国際人形劇祭(ザグレブ)に参加	世界コミュニケーション年
◎宮本正男, 井上靖『楼蘭』E訳 ◎宝木実『レジスタンスの青春』 ◎福岡E会, 『水ヲ下サイ』E訳 ◎植木太郎, 文芸誌"Preludo"を創刊 ◎阪直『E初級・中級の作文』 ◎田中貞美他編『日本E運動人名小事典』	◎人形劇団プーク, 国際人形劇祭(ザグレブ)に参加 ◎日中青年友好交流団にE-isto5名が参加 ◎水野義明, 在外研究でヨーロッパ各地を歴訪 ◎巴金, 国際ペン大会のため来日 ◎セケリ, 国立民族学博物館と福音館書店の招きで講演旅行	このころからワープロ専用機普及 新渡戸稲造, 5000円札の肖像に
◎大原喬・歌子『E国世界旧婚旅行』 ◎アニメ『銀河鉄道の夜』(小西岳協力) ◎横浜E会『サルートン! Eでこんにちは』	◎竹中治助ら, "El Popola Ĉinio"創刊35周年記念式典に招待され訪中	
◎水野義明『新E国周遊記』(~1991) ◎『社会言語学シンポジウム講演録―言語的多様性の中の国際語を考える』		このころからパソコン通信普及 チェルノブイリ原発事故
◎梅棹忠夫編『日本文明77の鍵』E訳 ◎『日本E運動史年表』 ◎E普及研究会『Ĉernobil skuis la mondon』	◎目黒E会『世界の住宅事情アンケート』 ◎梅田善美ら, 日本・中国E-isto交流の旅	
◎小田切秀雄・宮本正男・小西岳編"Postmilita japana antologio" ◎松本健一"Japanlingva Aldono de Internacia-ekonomika vortaro en 9 lingvoj" ◎野村忠綱『日本語E生物学用語集』	◎モンゴルE同盟会長ロブサンジャブ来日	
◎藤井省三『エロシェンコの都市物語―1920年代東京・上海・北京』 ◎野村理兵衛"Zamenhofa Ekzemplaro" ◎菊島和子『E-istoのための国際文通入門』 ◎宮本正男, 井原西鶴著『好色五人女』E訳	◎落合恵子のちょっと待ってMONDAY(文化放送)『女・25歳 文化放送・日本と世界各国のアンケート調査から』(東海林敬子協力) ◎西園寺正幸, 骨盤湧命法の普及活動	ベルリンの壁崩壊, 冷戦終結 平成改元

583

	国際E運動	●日本E大会	普及・組織・イベントなど
平成 1990	第75回UK キューバ, ハバナ, ソ・ギルス(韓国), UEA副会長となり, アジア運動連絡誌"Esperanto en Azio"創刊	●第77回 横浜(8月)	
1991	第76回UK ノルウェー, ベルゲン	●第78回 吹田(8月)	◎JEI, 西川豊蔵理事長(～1993) ◎"Esperanto en Azio"日本での編集, 発行に
1992	第77回UK オーストリア, ウィーン 第5回太平洋E大会 中国, 青島	●第79回 宮城県松島町(8月)	◎JEI, 研究紀要『E研究』創刊 ◎日本青年E連絡会(JEJ)発足
1993	第78回UK スペイン, バレンシア 国際ペン・クラブにE支部が加盟	●第80回 亀岡(8月)	◎JEI, 山崎静光理事長(～1999)
1994	第79回UK 韓国, ソウル, アジアE運動委員会設置	●第81回 東京(11月)	◎JEI創立75周年 ◎UK関連行事に協力 ◎八ヶ岳エスペラント館開館 ◎フィンランド大使館主催シンポジウム「友好の礎―初代フィンランド公使G. J. ラムステット」(12月)
1995	第80回UK フィンランド, タンペレ, イ・チョンヨン UEA会長に	●第82回 横浜(10月)	◎JR釜石線各駅にE愛称(佐藤勝一) ◎葛目苑子ら, 第4回世界女性会議(北京)で分科会など
1996	第81回UK チェコ, プラハ, プラハ宣言, 第1回新渡戸シンポジウム 第1回アジアE大会 中国, 上海	●第83回 広島(8月), 食中毒発生	
1997	第82回UK オーストラリア, アデレイド	●第84回 徳島県池田町(8月)	
1998	第83回UK フランス, モンペリエ	●第85回 金沢(10月)	◎JEI, 言語権に関するシンポジウム「人権としての言語―言語権の思想と実践」(10月) ◎いとうかんじ, JEI特別学術功労賞

刊行物	実用・交流など	社会
◎セケリ著, 栗栖継・栗栖茜訳,『アコンカグア山頂の嵐』 ◎M. ブルケルト著, 北川久訳『木がにげた』 ◎小坂狷二『E接続詞の用法』	◎北海道E連盟『アイヌ語をめぐるE-istoの活動』 ◎佐藤やす子『フランスのお城で夏休み』 ◎泉幸男, ユネスコアジア文化センター国際識字年記念絵本"Divenu do, kion mi faras!"E訳 ◎R．ヘイル・ハー来日	国際識字年 ドイツ統一 このころから急速にグローバル化進展
	◎広瀬香苗『各国に見る外国語教育』	ソ連崩壊、ユーゴスラビア紛争 湾岸戦争 このころ日本でバブル崩壊 「英語支配」論議
◎なだいなだ・小林司『20世紀とは何だったのか マルクス・フロイト・ザメンホフ』 ◎F. ロ・ジャコモ著, 水野義明訳『言語の発展—国際語Eの観点から』 ◎小西岳, 川端康成著『雪国』E訳	◎ウラジオストクで国際Eシンポジウム「太平洋地域—言語・文化・協同」	
◎『宮本正男作品集』(～1994) ◎ボウルトン著, 水野義明訳『ザメンホフ—Eの創始者』		EU成立
◎梅棹忠夫『E体験』 ◎菊島和子『E-istoのための会話独習法入門』 ◎ビデオ『知ればなるほど国際語E』全2巻 (東京ウェーブ社)		
◎日韓共通歴史教科書の会, 久保井規夫著『入門 朝鮮と日本の歴史』E訳 ◎E日本語辞典編集委員会『知っておきたいE動詞100』 ◎小林司・萩原洋子『4時間で覚える地球語E』 ◎土居智江子編"Gvidlibro pri E-movado en Azio"	◎李士俊, 八ヶ岳E館の開館1周年記念行事のため来日 (11月)	阪神・淡路大震災 インターネット普及
◎藤巻謙一『はじめてのE』 ◎野島安太郎『宮沢賢治とE』	◎上田友彦"Invito al japana ŝako"	アイヌ文化振興法 世界言語権宣言
◎堀泰雄"Raportoj el Japanio"(～2013) ◎高杉一郎『ひとすじのみどりの小径—エロシェンコを訪ねる旅』 ◎片岡忠『闇を照らすもうひとつの光—盲人E運動の歴史』 ◎水野義明訳『国際共通語の思想—Eの創始者ザメンホフ論説集』 ◎佐藤治助『吹雪く野づらに—E-isto斎藤秀一の生涯』		京都議定書
◎初芝武美『日本E運動史』		

		国際E運動　　　　　●日本E大会	普及・組織・イベントなど
平成	1999	第84回UKドイツ，ベルリン 第2回アジアE大会　ベトナム，ハノイ 　　　　●第86回　長野県望月町 (10月)	◎JEI，柴山純一理事長（〜2012） ◎第1回中国・四国E大会
	2000	第85回UKイスラエル，テルアビブ 　　　　●第87回　熊本 (10月)	
	2001	第86回UKクロアチア，ザグレブ 　　　　●第88回　宝塚 (10月)	◎JEI，公開シンポジウム「多文化共生の21世紀へ―英語公用語論をこえて」 ◎E図案のエコーはがき発行 ◎E版TRON発表 ◎UK招致の検討開始
	2002	第87回UKブラジル，フォルタレザ 第3回アジアE大会　韓国，ソウル SAT，"Plena ilustrita vortaro"改訂版刊行 　　　　●第89回　福島 (10月)	◎JEI，公開シンポジウム「外国語教育は英語だけでいいのか―多様な言語意識を可能にするために」
	2003	第88回UKスウェーデン，ヨーテボリ 　　　　●第90回　亀岡 (10月)	
	2004	第89回UK中国，北京，2007年大会の横浜開催決定 　　　　●第91回　犬山 (10月)	◎JEI，公開シンポジウム「言語からはじまる民主主義―ことばを変えると何が変わるのか」(11月)
	2005	第90回UKリトアニア，ビリニュス 第4回アジアE大会　ネパール，カトマンズ SAT，"Plena ilustrita vortaro"改訂版刊行 　　　　●第92回　横浜 (10月)，公開シンポジウム「日本人は『国際語』とどうつきあってきたか」	◎第92回UK国内準備委員会発足
	2006	第91回UKイタリア，フィレンツェ 　　　　●第93回　岡山 (10月)，公開シンポジウム「ガントレット家の人々」	◎日本E運動100周年 ◎青木豪「E：教師たちの修学旅行の夜」（文学座）
	2007	第92回UK日本，横浜 第40回国際教育者E-isto連盟(ILEI)大会　埼玉県嵐山町 　　　　●第94回　群馬県みなかみ町 (10月)	◎上智大学で第5回新渡戸シンポジウム (8月)
	2008	第93回UKオランダ，ロッテルダム 第5回アジアE大会　インド，ベンガルール 　　　　●第95回　和歌山 (10月)，国際言語年記念シンポジウム「なぜ今，国際言語年か―言語の多様性と対話の文化」	◎テレビ朝日『失くした二つのリンゴ』(2.8)

刊行物	実用・交流など	社会
◎言語権研究会『ことばへの権利―言語権とはなにか』 ◎S．シュティメッツ著，森真吾訳『クロアチア物語』	◎UEA会長エンドビー来日	欧州で単一通貨ユーロ導入
◎野島安太郎『中原脩司とその時代』 ◎松原八郎『つながり小辞典　parto A-K』 ◎小西岳訳『宮沢賢治童話集』	◎北海道E連盟『極東ロシア訪問記』	IT革命 英語公用語化論
◎小西岳，手塚治虫著『火の鳥　未来編』E訳 ◎島谷剛訳編『E狂言』	◎遠田裕政『近代漢方　治療編』	9.11同時多発テロ
◎土居智江子，辺見庸著『もの食う人びと』E訳	◎山口真一 "Enkonduko en Budhismon"	
◎平井征夫 "Hispana, Kataluna, Mangada..." ◎タニヒロユキ『エスペラントとグローバル化』 ◎山田シマ子編『ジーベさんの手紙―Eで文通33年』	◎西園寺正幸，DVD "Historio de Yumeiho Movado 1989-1994" ◎滋賀県琵琶湖研究所 "Lagoj en la mondo"（池本盛雄） ◎ゼルテン来日	イラク戦争
◎RO，通巻1000号（6月） ◎筒井和幸，『新見南吉作品集』E訳 ◎猪飼吉計，岡本文良著『愛の決断』E訳 ◎山本真弓他『言語的近代を超えて』	ピアニスト，アンドレイ・コロベイニコフ来日し，演奏会とCD作成	
◎小林司『ザメンホフ―世界共通語を創ったユダヤ人医師の物語』 ◎L．C．ザレスキ＝ザメンホフ・R．ドブジンスキ著，青山徹他監訳『ザメンホフ通り―Eとホロコースト』 ◎土居智江子『地球時代のことばE』 ◎山田義『Eでうたう日本の歌』 ◎江川治邦，わかやま絵本の会『稲むらの火―浜口梧陵のはなし』E訳		
◎E日本語辞典編集委員会『E日本語辞典』 ◎オールド著，臼井裕之訳『ウィリアム・オールド詩集』		
◎ブラジルで菊池寛著，梶弘和訳『父帰る』E版のDVD ◎田中克彦『E―異端の言語』 ◎『通い合う地球のことばエスペラントをめざして―日本E運動百周年記念事業委員会報告集』	◎UKに日本から1024名，海外から877名が参加 ◎ "Japanio Kalejdoskope" ◎広島Eセンター "Vojaĝo en Hirosima : gvidlibro pri la urbo de monumentoj"	
◎小西岳，有吉佐和子著『華岡青洲の妻』E訳 ◎木村護郎・吉田美奈子編『アジアにおける公正な言語政策に向けて―第5回新渡戸記念国際シンポジウム記録』 ◎安達信明『ニューエクスプレスE語』	◎ "Raportoj pri la invitprojekto : 20 invititoj el Azio al la 92a UK en Jokohamo" ◎北川久『自転車銀太の旅』（日本ベトナム友好協会川崎支部）E文担当	国際言語年

587

		国際E運動	●日本E大会	普及・組織・イベントなど
平成	2009	ザメンホフ生誕150周年 第94回UK ポーランド，ビャウィストク	●第96回　甲府（10月）	
	2010	第95回UK キューバ，ハバナ 第6回アジアE大会　モンゴル，ウランバートル	●第97回　長崎（10月），公開講演会「アルフォンス・ミスレル先生とその時代」	◎遠野物語出版100年記念公開講座（盛岡，5月）
	2011	第96回UK デンマーク，コペンハーゲン	●第98回　韓国・ソンナム（韓国E大会と共同開催）（10月）	
	2012	E発表125周年 第97回UK ベトナム，ハノイ "Plena ilustrita vortaro" オンライン版公開	●第99回　札幌（10月）	◎JEI，一般財団法人**日本E協会**に改組，鈴木恵一朗理事長
	2013	第98回UK アイスランド，レイキャビク 第7回アジアE大会　イスラエル，エルサレム	●第100回　東京（10月）	◎EPA創立90周年記念行事（亀岡他，5～6月）
	2014	第99回UK アルゼンチン，ブエノスアイレス	●第101回　小浜（10月）	
	2015	第100回UK フランス，リール		

刊行物	実用・交流など	社会
◎木村護郎・渡辺克義編『媒介言語論を学ぶ人のために』 ◎E女性協会『EVA50年の歩み』 ◎川西徹郎編『新ザメンホフ読本』 ◎『国際言語年から考える言語の多様性と対話の文化』		
◎土居智江子, 遠藤周作著『沈黙』E訳 ◎柴田巖『中垣虎児郎—日中E-istoの師』 ◎佐藤竜一編『Eをめぐって—柳田国男・新渡戸稲造・宮沢賢治』	◎臼井裕之,「北一輝によるE採用論という『逆説』」で第6回涙骨賞優秀賞	
◎比嘉康文『我が身は炎となりて』 ◎寺島俊穂『エスペラントと平和の条件』		東日本大震災・福島原発事故
◎タニヒロユキ『簡明E辞典』 ◎広高正昭『E俳句の作り方』 ◎藤巻謙一『まるごとE文法』 ◎本木洋子・高田三郎『よみがえれ, えりもの森』E訳	◎広島E会 "Pli sciu pri Hirosima"	
◎小西岳, 太宰治著『走れメロス』E訳 ◎岡村民夫『柳田國男のスイス』		

人名索引

索引凡例

本索引では，本事典の項目とした人物の見出し人名，その別名として掲載した名前のうち主要なもの，見出し人名に対する誤記・誤読の例，および項目とした人物の関連人物として本文中で挙げられている人名（一部を除く）を索引として採り，ゴシック体で表示した。
なお，参考文献の著者名，文献タイトル中の人名などは対象としない。

1 ── 本事典の項目とした見出し人名には，掲載ページを表示する。その人物が，他の人物の項目において関連人物として挙げられている場合は，当該項目の見出し人名と掲載ページ数で位置を示す。

 例 **宮沢賢治**……487 ── 見出し項目のあるページ数
   井上ひさし……55 ── 宮沢賢治が関連人物として挙げられている項目の見出し人名とページ数

2 ── 見出し人名の別名や，誤記・誤読の例などは，参照記号 ▶ により見出し人名の索引に送る。

 例 小川五郎 ▶ 高杉一郎

3 ── 本事典で項目となっていない人物名には，それを挙げている関連人物の見出し人名と掲載ページとを表示する。

 例 佐高信
   植村達男……70 ── 佐高信が関連人物として挙げられている項目の見出し人名とページ数

あ

アーヨ生 ▶有馬芳治
相磯勲 ▶平田勲
鮎川常基 ……………………… 1
相川良文 ▶山崎良文
相坂梅子
　相坂佶 ……………………… 1
相坂佶 ……………………………… 1
　浅井恵倫 …………………… 8
　北村兼子 ………………… 167
　阪上佐兵衛 ……………… 221
　高尾亮雄 ………………… 284
　平野長克 ………………… 420
　福田国太郎 ……………… 425
　古屋登代子 ……………… 440
　百島操 …………………… 503
　森内英太郎 ……………… 504
　米田徳次郎 ……………… 548
　龍吐源一 ………………… 553
相沢平佶 ▶相沢平吉
相沢治雄 ………………………… 1
　丹貞一 …………………… 317
　三田智大 ………………… 478
相沢平吉 ………………………… 2
　山崎弘幾 ………………… 523
相沢良 …………………………… 2
　秋田雨雀 …………………… 5
　島木健作 ………………… 248
相田清
　伊藤武雄 ………………… 50
相田弥生
　伊藤武雄 ………………… 50
饗庭三泰
　森田玲子 ………………… 506
粟飯原晋 ………………………… 2
　青木保雄 …………………… 3
　鎌田栄吉 ………………… 146
　園乾治 …………………… 282
　多木鱗太郎 ……………… 297
　竹下文隆 ………………… 302
　安武直夫 ………………… 513
　横山良国 ………………… 539
相原美紗子
　浅見正 …………………… 13
　鈴木清 …………………… 269
　中村正美 ………………… 366
　由比忠之進 ……………… 533
阿井みどり
　中村伯三 ………………… 365

アウネ
　小林歌子 ………………… 205
青江三奈
　笠松エト ………………… 133
青木秋雄 ………………………… 2
青木一郎 ………………………… 2
　緒方富雄 ………………… 110
　清川安彦 ………………… 174
青木豪
　宮沢賢治 ………………… 487
青木智
　小林司 …………………… 206
青木鈴 …………………………… 3
青木専治 ………………………… 3
青木武造 ………………………… 3
　久保貞次郎 ……………… 180
　小松文夫 ………………… 211
　酒井鼎 …………………… 220
　露木清彦 ………………… 325
　渡部秀男 ………………… 563
青木宣治 ………………………… 3
青木三雄 ………………………… 3
青木実
　徳川夢声 ………………… 336
青木もとじろう ……………… 3
青木保雄 ………………………… 3
青木ゆう子 …………………… 3
青木道 …………………………… 3
青島茂
　松尾隆 …………………… 459
青島友治 ………………………… 4
青野武雄 ………………………… 4
青山士 …………………………… 4
　山口昇 …………………… 521
青山菊枝 ▶山川菊栄
青山徹
　小林司 …………………… 206
青山延寿
　佐々城松栄 ……………… 230
赤尾晃 …………………………… 4
赤尾好夫 ………………………… 4
赤木久太郎 …………………… 4
　村本達三 ………………… 501
赤木駒吉郎
　　　　　　 ▶伊賀駒吉郎
赤木俊 ▶荒正人
赤沢琢三 ………………………… 5
明石憲男
　小西紀生 ………………… 203
赤司裕 …………………………… 5

難波金之助 ……………… 371
松隈健彦 ………………… 461
赤田義久
　藤井英一 ………………… 429
　幸村恭典 ………………… 535
赤渡志郎
　　　　　　　▶伊藤巳酉三
赤松克麿
　赤松信麿 …………………… 5
赤松定雄 ………………………… 5
　伊東尾四郎 ……………… 46
　鶴我盛隆 ………………… 326
赤松大二郎
　何盛三 …………………… 130
赤松孝子
　何盛三 …………………… 130
赤松常子
　赤松信麿 …………………… 5
赤松智城
　赤松信麿 …………………… 5
赤松信麿 ………………………… 5
赤松則良
　何盛三 …………………… 130
赤松盛三 ▶何盛三
赤松連城
　赤松信麿 …………………… 5
阿川弘之
　中島光風 ………………… 352
秋田雨雀 ………………………… 5
　相沢良 ……………………… 2
　足助素一 ………………… 13
　アレキサンダー ………… 22
　淡谷悠蔵 ………………… 22
　飯塚羚児 ………………… 26
　生田利幸 ………………… 28
　伊東三郎 ………………… 48
　伊東重治郎 ……………… 50
　臼井吉見 ………………… 73
　エロシェンコ …………… 86
　大久保和夫 ……………… 92
　大杉栄 …………………… 96
　大田黒年男 ……………… 98
　大場格 …………………… 100
　岡一太 …………………… 106
　小河原幸夫 ……………… 115
　小野兼次郎 ……………… 125
　小原孝夫 ………………… 128
　梶弘和 …………………… 134
　片山潜 …………………… 138
　茅原茂 …………………… 149

木村京太郎 ……………… 172
栗栖継 …………………… 183
斎藤百合 ………………… 219
坂井松太郎 ……………… 221
坂下清一 ………………… 222
佐々木孝丸 ……………… 228
茂森唯士 ………………… 242
柴田武福 ………………… 246
下中弥三郎 ……………… 252
関和男 …………………… 275
相馬黒光 ………………… 280
高杉一郎 ………………… 287
高山図南雄 ……………… 295
竹中治助 ………………… 304
鳥居篤治郎 ……………… 344
中垣虎児郎 ……………… 349
中沢信午 ………………… 351
成田重郎 ………………… 369
鳴海完造 ………………… 370
鳴海要吉 ………………… 370
巴金 ……………………… 394
橋口良彦 ………………… 396
八田元夫 ………………… 403
久板栄二郎 ……………… 415
平野雅曠 ………………… 420
福田正男 ………………… 426
古市茂 …………………… 438
本田直一 ………………… 451
松本正雄 ………………… 469
三宅史平 ………………… 484
宮崎公子 ………………… 486
宮崎虎之助 ……………… 486
宮本正男 ………………… 491
宮本百合子 ……………… 493
村山知義 ………………… 501
森内英太郎 ……………… 504
守田正義 ………………… 506
矢部周 …………………… 516
山中英男 ………………… 528
山本実彦 ………………… 531
劉仁 ……………………… 553
ルート …………………… 553
秋田千代子
　相沢良 ……………………… 2
　秋田雨雀 …………………… 5
秋田徳三 ▶秋田雨雀
秋谷豊
　白水ミツ子 ……………… 259
秋庭俊彦 ………………………… 6
稲村耕司 ………………………… 7

593

奥村勝蔵 116	浅井幾美	瓜生津隆雄 80	足立武 15
楠瀬熊彦 178	浅井恵倫 8	真田昇連 235	野知里慶助 389
秋元興朝 7	**浅井忠**	柴山全慶 247	三島章道 475
秋元寿恵夫	飯田雄太郎 26	太宰不二丸 305	**足立正** 15
秋元波留夫 7	**浅井時夫** 9	**浅野茂夫** 12	**足立長太郎** 15
秋元波留夫 7	**浅井一**	**浅野孝** 12	加藤孝一 140
秋山寛治 7	岩崎兵一郎 62	丹羽正久 383	藤川義太郎 430
秋山長三郎 7	**浅井誉至夫**	**浅野猛夫** ▶浅野孟府	**足立直次** 15
田中ウタ 308	▶小笠原誉至夫	**浅野孟府** 12	佐藤時郎 233
秋山定輔 7	**浅岡愛造** 9	**浅原六朗**	**安峰一郎** 15
守田有秋 506	**浅岡馨** 9	北川三郎 166	**厚井桂一**
秋山文陽 7	**浅川勲** 10	**朝比賀昇** ▶小林司	薄井秀一 72
芥川龍之介 8	**淺川桂** 10	**朝比奈隆**	**渥美樟雄** 16
田沼利男 314	**浅川勇吉** 10	川尻東次 154	興村禎吉 115
東宮豊達 334	**朝倉菊雄** ▶島木健作	**朝吹英二** 12	**安積得也** 16
ユンケル 536	**朝倉京**	**浅見信次良** 13	井出徳男 45
阿久津秀子	相沢良 2	**浅見正** 13	木崎宏 163
中田輝生 355	島木健作 248	山添三郎 524	楠井隆三 177
安黒篤	**浅田栄次** 10	**足利惇氏** 13	谷林正敏 313
安黒才一郎 8	イェーマンス 27	中村幸四郎 363	灘尾弘吉 369
安黒才一郎 8	エレデル 85	**足利惇麿** ▶足利惇氏	吉村鉄太郎 546
須々木要 268	ガントレット，エドワード	**足利尊氏**	**阿閉温三** 16
暁烏敏 8	160	足利惇氏 13	浅井恵倫 8
浅井恵定	古賀十二郎 197	**鰺坂国芳** ▶小原国芳	マッケンジー 461
浅井恵倫 8	左近義弼 227	**芦田弘** 13	吉川友吉 541
浅井恵倫 8	長谷川理衛 401	芦田幸江 13	**阿閉政太郎**
阿閉温三 16	細江逸記 446	**芦田幸江** 13	阿閉温三 16
伊藤徳之助 51	**浅田和子**	**飛鳥井孝太郎** 13	マッケンジー 461
岩下順太郎 62	進藤静太郎 260	**足助素一** 13	**アニケーエフ**
上田良吉 69	**浅田成也**	有島生馬 21	橋口英雄 396
小倉金悦郎 117	浅田一 11	佐々木孝丸 228	**安孫子貞次郎**
児玉四郎 201	**浅田一** 11	**東歌子** ▶大原歌子	▶安孫子貞治郎
進藤次郎 260	小野興作 125	**東季彦** 13	**安孫子貞治郎** 16
進藤静太郎 260	木村自老 172	**東隆** 14	薄井秀一 72
杉山隆治 267	古賀十二郎 197	**東俊文** 14	木村自老 172
鈴木泰 269	高見和平 294	**東原兵吉** 14	ザメンホフ 236
高杉一郎 287	谷口恒二 313	**東龍太郎** 14	中村有楽 366
高橋邦太郎(技師)	西成甫 373	小野興作 125	山口喜一 520
290	パブロフ 406	阪本勝 224	**安孫子連四郎** 17
竹内藤吉 299	藤浪鑑 433	高原憲 293	**油仁之助**
ディック 327	真崎健夫 457	**麻生介** 14	池田善政 30
中村春二 365	三田定則 478	下河原政治 252	**安部浅吉** 17
間泰蔵 395	村田正太 500	竹崎虎惣太 301	**安部公房** 17
林好美 410	**浅田裕子**	**阿曽村秀一** 14	守随一 255
速水真曹 410	長谷川理衛 401	**足立荒人** 14	鈴木秀四郎 270
原田勇美 412	**浅田幸政** 11	薄井秀一 72	峰下銕雄 482
横井憲太郎 537	セリシェフ 279	**足立公平** 15	**阿部和子**
吉川友吉 541	**浅野研真** 11	横田甚太郎 538	牧瀬菊枝 456
浅井喜一郎 9	**浅野三智** 12	**足立孝平** ▶足立公平	**阿部祈美**
大和庄祐 527	礒部晶之助 41	**安達隆一** 15	阿部清治郎 18

今村静雄 ⋯⋯⋯⋯⋯ 61	荒木稔 ⋯⋯⋯ ▶橋本五郎	後岡満寿次郎 ⋯⋯⋯ 389	磯辺弥一郎 ⋯⋯⋯⋯ 41
阿部敬二郎 ⋯⋯⋯⋯ 17	荒木遜 ⋯⋯⋯⋯⋯⋯ 20	松葉菊延 ⋯⋯⋯⋯ 464	飯田亀千代
安部孝一 ⋯⋯⋯⋯⋯ 17	荒田一郎 ⋯⋯⋯⋯⋯ 21	山賀勇 ⋯⋯⋯⋯⋯ 517	⋯⋯⋯⋯ ▶飯田亀代司
関口存男 ⋯⋯⋯⋯ 276	荒田洋治	粟田賢三 ⋯⋯⋯⋯⋯ 22	飯田亀代司 ⋯⋯⋯⋯ 25
安部公房 ⋯⋯⋯⋯⋯ 17	荒田一郎 ⋯⋯⋯⋯⋯ 21	石田啓次郎 ⋯⋯⋯⋯ 37	飯田しづえ
安部浅吉 ⋯⋯⋯⋯⋯ 17	荒畑寒村 ⋯⋯⋯⋯⋯ 21	古在由重 ⋯⋯⋯⋯ 198	飯田精次郎 ⋯⋯⋯⋯ 25
林健 ⋯⋯⋯⋯⋯⋯ 407	荒畑勝三 ⋯⋯⋯ ▶荒畑寒村	曽田長宗 ⋯⋯⋯⋯ 281	飯田精次郎 ⋯⋯⋯⋯ 25
阿部十郎 ⋯⋯⋯⋯⋯ 18	荒正人 ⋯⋯⋯⋯⋯⋯ 19	粟津三郎 ⋯⋯⋯⋯⋯ 22	飯田忠純 ⋯⋯⋯⋯⋯ 25
浦良治 ⋯⋯⋯⋯⋯⋯ 79	アラン	淡谷のり子	早川昇 ⋯⋯⋯⋯⋯ 407
阿部次郎	高田博厚 ⋯⋯⋯⋯ 289	淡谷悠蔵 ⋯⋯⋯⋯⋯ 22	飯田信夫 ⋯⋯⋯⋯⋯ 25
牧瀬菊枝 ⋯⋯⋯⋯ 456	有島生馬 ⋯⋯⋯⋯⋯ 21	粟屋弘明 ⋯⋯⋯⋯⋯ 22	飯田廣 ⋯⋯⋯⋯⋯⋯ 25
阿部清治郎 ⋯⋯⋯⋯ 18	足助素一 ⋯⋯⋯⋯⋯ 13	粟屋真 ⋯⋯⋯⋯⋯⋯ 22	十河博志 ⋯⋯⋯⋯ 281
阿部政雄 ⋯⋯⋯⋯⋯ 18	三島章道 ⋯⋯⋯⋯ 475	礒部幸一 ⋯⋯⋯⋯⋯ 41	飯田雄太郎 ⋯⋯⋯⋯ 26
安倍能成	有島武郎	桑島新 ⋯⋯⋯⋯⋯ 191	熊谷鉄太郎 ⋯⋯⋯ 181
東久世昌枝 ⋯⋯⋯ 414	足助素一 ⋯⋯⋯⋯⋯ 13	小西干比古 ⋯⋯⋯ 204	飯田幸雄 ⋯⋯⋯⋯⋯ 26
天海陸平 ⋯⋯⋯⋯⋯ 18	有島生馬 ⋯⋯⋯⋯⋯ 21	淡谷悠蔵 ⋯⋯⋯⋯⋯ 22	飯塚忠治 ⋯⋯⋯⋯⋯ 26
天崎興丸 ⋯⋯⋯ ▶中馬興丸	金子喜一 ⋯⋯⋯⋯ 144	秋田雨雀 ⋯⋯⋯⋯⋯ 5	飯塚伝太郎 ⋯⋯⋯⋯ 26
天沢退二郎	黒沢艮平 ⋯⋯⋯⋯ 189	鳴海完造 ⋯⋯⋯⋯ 370	桝野助治郎 ⋯⋯⋯ 458
近三四郎 ⋯⋯⋯⋯ 214	佐々城佑 ⋯⋯⋯⋯ 229	アン ウセン ⋯ ▶安偶生	飯塚羚児 ⋯⋯⋯⋯⋯ 26
天野栄十郎 ⋯⋯⋯⋯ 19	東宮豊達 ⋯⋯⋯⋯ 334	安偶生 ⋯⋯⋯⋯⋯⋯ 23	イーデス・ハンソン
天野忠慶 ⋯⋯⋯⋯⋯ 19	古沢末次郎 ⋯⋯⋯ 439	安重根	石井菊三郎 ⋯⋯⋯⋯ 31
橘善三 ⋯⋯⋯⋯⋯ 307	山県光枝 ⋯⋯⋯⋯ 518	安偶生 ⋯⋯⋯⋯⋯⋯ 23	飯沼一宇
中井虎一 ⋯⋯⋯⋯ 347	有島壬生馬	アンデルセン	飯沼一精 ⋯⋯⋯⋯⋯ 26
西田英夫 ⋯⋯⋯⋯ 377	⋯⋯⋯⋯ ▶有島生馬	大畑末吉 ⋯⋯⋯⋯ 102	飯沼一精 ⋯⋯⋯⋯⋯ 26
細江逸記 ⋯⋯⋯⋯ 446	有田源次 ⋯⋯⋯ ▶黒田源次	安東仁兵衛 ⋯⋯⋯⋯ 23	飯沼貞雄
天野文司 ⋯⋯⋯⋯⋯ 19	有地芳太郎	安藤武夫 ⋯⋯⋯⋯⋯ 23	飯沼一精 ⋯⋯⋯⋯⋯ 26
天谷幾三郎 ⋯⋯⋯⋯ 19	⋯⋯⋯⋯ ▶小笠原誉至夫	安藤天子	飯沼貞吉
アムルー ⋯⋯⋯⋯⋯ 19	有馬保夫 ⋯⋯⋯⋯⋯ 21	安藤武夫 ⋯⋯⋯⋯⋯ 23	飯沼一精 ⋯⋯⋯⋯⋯ 26
荒川進	アリマ・ヨシハル	安藤彦太郎	飯森正芳 ⋯⋯⋯⋯⋯ 26
安室孫盛 ⋯⋯⋯ ▶北村孫盛	⋯⋯⋯⋯ ▶有馬芳治	何盛三 ⋯⋯⋯⋯⋯ 130	イエ チュンジエン
綾部先 ⋯⋯⋯⋯⋯⋯ 19	有馬芳治 ⋯⋯⋯⋯⋯ 21	安藤通尋 ⋯⋯⋯⋯⋯ 23	⋯⋯⋯⋯⋯ ▶葉君健
新井堯爾 ⋯⋯⋯⋯⋯ 19	北尾虎男 ⋯⋯⋯⋯ 166	安藤和風 ⋯⋯⋯⋯⋯ 23	イエ ライシ ⋯ ▶葉籟士
加藤正道 ⋯⋯⋯⋯ 142	吉істокi正八郎 ⋯⋯⋯ 545		家石和夫
荒井誠一 ⋯⋯⋯⋯⋯ 19	有安富雄	**い**	栗栖継 ⋯⋯⋯⋯⋯ 183
舟阪渡 ⋯⋯⋯⋯⋯ 437	木庭二郎 ⋯⋯⋯⋯ 204	イ ウンサン ⋯ ▶李殷相	イェーマンス ⋯⋯⋯ 27
新井嗣雄 ⋯⋯⋯⋯⋯ 19	坂田昌一 ⋯⋯⋯⋯ 222	イ クワンス ⋯ ▶李光洙	猪飼毅
荒井達太郎 ⋯⋯⋯⋯ 20	南雲道夫 ⋯⋯⋯⋯ 368	伊井迂 ⋯⋯⋯ ▶伊東三郎	小山英吾 ⋯⋯⋯⋯ 213
新嘉喜倫元 ⋯⋯⋯⋯ 20	有山兼孝 ⋯⋯⋯⋯⋯ 22	飯尾幸男 ⋯⋯⋯⋯⋯ 24	伊賀駒吉郎 ⋯⋯⋯⋯ 27
荒川衛次郎 ⋯⋯⋯⋯ 20	有吉明	飯沢匡 ⋯⋯⋯⋯⋯⋯ 24	衣笠弘志
峰下鋹雄 ⋯⋯⋯⋯ 482	谷田部勇吉 ⋯⋯⋯ 513	和田誠一 ⋯⋯⋯⋯ 559	渋谷定輔 ⋯⋯⋯⋯ 248
荒川進 ⋯⋯⋯⋯⋯⋯ 20	アレキサンダー ⋯⋯ 22	飯島正 ⋯⋯⋯⋯⋯⋯ 25	猪谷六合雄 ⋯⋯⋯⋯ 27
アムルー ⋯⋯⋯⋯⋯ 19	秋田雨雀 ⋯⋯⋯⋯⋯ 5	足利惇氏 ⋯⋯⋯⋯⋯ 13	関口泰 ⋯⋯⋯⋯⋯ 276
椎橋好 ⋯⋯⋯⋯⋯ 239	エロシェンコ ⋯⋯⋯ 86	伊吹武彦 ⋯⋯⋯⋯⋯ 59	猪谷千春
中平孔三 ⋯⋯⋯⋯ 360	小野兼次郎 ⋯⋯⋯ 125	大岩誠 ⋯⋯⋯⋯⋯⋯ 91	猪谷六合雄 ⋯⋯⋯⋯ 27
荒川文六 ⋯⋯⋯⋯⋯ 20	神近市子 ⋯⋯⋯⋯ 147	蔵原惟人 ⋯⋯⋯⋯ 183	芳我康衛 ⋯⋯⋯⋯ 393
荒川義英	杉山隆治 ⋯⋯⋯⋯ 267	中村幸四郎 ⋯⋯⋯ 363	五十嵐三四郎
荒川衛次郎 ⋯⋯⋯⋯ 20	常見誠一郎 ⋯⋯⋯ 324	吉田隆子 ⋯⋯⋯⋯ 543	⋯⋯⋯⋯ ▶石川三四郎
荒木熊彦 ⋯⋯⋯⋯⋯ 20	鳥居篤治郎 ⋯⋯⋯ 344	飯島政雪 ⋯⋯⋯⋯⋯ 25	五十嵐正巳 ⋯⋯⋯⋯ 27
荒木寅三郎	ルート ⋯⋯⋯⋯⋯ 553	飯島道夫 ⋯⋯⋯⋯⋯ 25	井川幸雄 ⋯⋯⋯⋯⋯ 27
井上仁吉 ⋯⋯⋯⋯⋯ 54	淡路谷増三	イーストレーキ	井川静 ⋯⋯⋯⋯⋯⋯ 28

595

井川静	28	内田雄太郎	74	冨田冨	341	石黒漢子	35
井川幸雄	27	田畑喜作	314	イシガ・オサム		石渡博	39
大川晃	91	坪田一男	325	▶石賀修		礒部晶之助	41
松木慎吾	460	池原南	30	石賀修	32	江森巳之助	85
猪川城	28	根岸博	385	城戸崎益敏	170	川上憲一	151
柳田國男	515	池本盛雄		高良とみ	197	工藤勝隆	179
生田利幸	28	相沢治雄	1	塩沼英之助	240	小林歌子	205
井口陸平		中里和夫	351	福地誠一	427	里吉重時	235
吉田栄	542	飯河琢也	30	石垣幸雄	32	露木清彦	325
池垣岩太郎	28	生駒篤郎	31	石川雄		野崎貞夫	387
石井一二三	31	井坂鼎三 ▶小川鼎三		石川雄	34	馬場清彦	406
月本一豊	321	伊沢多喜男		石川宇三郎	32	深井正淑	423
津路道一	321	清野長太郎	275	石川栄助	33	藤城謙三	431
池上駿	28	伊沢紀 ▶飯沢匡		石川数雄	33	ブラット	437
池川清	28	井沢万里	31	石川紀美子		村松幸喜	501
伊藤幸一	48	岩崎剛	62	石川道彦	34	石黒漢子	35
池川大次郎		上山政夫	71	石川功一	33	石黒彰彦	35
池川清	28	白石茂生	257	石川三四郎	33	礒部晶之助	41
池川尚子		杉下瓢	265	菊岡久利	162	小林歌子	205
池川清	28	伊沢道盛		相馬黒光	280	ブラット	437
池川昌子		門倉清広	143	山鹿泰治	517	村松幸喜	501
池川清	28	石井菊三郎	31	石川順	33	石黒陽子	
池川稔	29	進藤静太郎	260	石川照勤	34	礒部晶之助	41
池田一三	29	石井十次		木内禎一	161	石黒修治 ▶石黒修	
岡芳包	108	柿原政一郎	132	石川惣七	34	石黒修	36
俣野四郎	458	松本圭一	468	松葉菊延	464	阿閇温三	16
池田薫	29	石井四郎		石川宅十郎	34	安藤和風	23
池田勝三郎	29	清野謙次	175	石川啄木		井手尾元治	45
池田菊苗		内藤良一	346	清水卯之助	251	植本十一	70
池田英	30	石井武次郎		石川雄	34	入田黒年男	98
池田哲郎	29	▶千住武次郎		石川武美		岡田実	110
池田長守	30	石井忠純 ▶石井漢		石川数雄	33	岡本千万太郎	111
近藤政市	215	石井伝一		石川達三		岡本好次	112
宍戸圭一	242	久保貞次郎	180	斎藤秀一	218	小河原幸夫	115
内藤良一	346	石井漢	31	中林恭夫	360	小原国芳	128
池田宣政 ▶南洋一郎		石井一二三	31	長谷川テル	398	カール王子	130
池田勇人		池垣岩太郎	28	石川智恵子		梶弘和	134
中林恭夫	360	田野良雄	314	松葉菊延	464	茅原茂	149
池田ヒサノ		月本一豊	321	石川尚志		清見陸郎	175
▶三宅ヒサノ		津路道一	321	三宅徳嘉	485	桐生悠々	176
池田英	30	星野孝平	444	石川美栄子		後藤静香	202
池田英苗	30	石井通則	31	石川雄	34	小林司	206
池田英苗	30	石井好子		石川道彦	34	斎藤秀一	218
池田英	30	丸山丈作	472	樋口幸吉	414	佐藤一英	231
宮下義信	488	石井林郎 ▶石井漢		石川安次郎	34	茂森唯士	242
池田弘	30	石内茂吉	31	石川湧		柴田義勝	247
池田満寿夫		大島義夫	95	石黒喜久雄	35	下村芳司	253
瑛九	80	川名信一	154	石黒捷三郎	35	杉浦武雄	265
池田宣政 ▶南洋一郎		坂井松太郎	221	石黒喜久雄	35	鈴森淑	272
池田善政	30	佐々木繁	228	石黒彰彦	35	津川弥三郎	321

596

土岐善麿 335	石渡博 39	オールド 105	竹内義一 300
豊川善曄 343	泉井久之助 40	塩山寛市 241	市野瀬潜 44
内藤為一 346	関本至 277	周力 254	一戸謙三
永井叔 347	宮武正道 489	スコルニク 268	柳田英二 514
中村喜久夫 362	イズグール	多田浩子 306	市ノ渡喜一 44
中山知雄 368	深井正淑 423	土井英一 332	市橋善之助 44
平山重勝 421	出水才二 40	長谷川テル 398	周作人 254
松本重一 469	泉正路 40	ポストニコフ 444	市原梅喜 44
丸山丈作 472	桜居甚吉 225	宮城音弥 484	加藤孝一 140
水口俊明 475	泉隆 40	葉君健 536	加藤隆通 141
三宅史平 484	泉天郎 ▶泉正路	礒部有理	河邑光城 158
山田弘 526	泉幸男	礒部晶之助 41	問田直幹 333
結城錦一 534	長谷川テル 398	礒部陽子	平野雅曠 420
石崎分一 37	磯英治 40	石黒彰彦 35	市原豊太 45
石田啓次郎 37	磯崎巌 ▶伊東三郎	石黒美子 35	市村宏 45
粟田賢三 22	磯崎融	板倉武 42	一柳慧
古在由重 198	伊東三郎 48	板橋鴻 42	白水ミツ子 259
曽田長宗 281	磯崎晴美	板橋力	イ・チョンヨン 24
竹内清 302	中井虎一 347	山崎勝 524	洪亨義 194
石谷行 37	磯崎眠亀	板橋藤吉	五木寛之
石田義則 37	伊東三郎 48	板橋美智子 43	伊東三郎 48
石田六朗 37	いそだ まさよし 40	板橋満子	井出於菟
石堂清俊 37	磯田和男 40	中沢英昭 351	▶坂井松太郎
石堂清倫 38	礒谷昭一 40	板屋叶 43	井手尾元治 45
須藤実 273	いそだ まさよし 40	梶井謙一 135	井出徳男 45
石堂清倫 38	磯野信威	一井修 43	出光佐三
石堂清俊 37	大河内正敏 93	市岡美之 ▶加藤美之	田中克三 309
石戸谷勉 38	礒部幸一 41	市河かよ子	伊藤鞍月 ▶伊藤栄蔵
石野昌代	重松俊 241	市河彦太郎 43	伊藤勇雄 45
金子愛司 144	富松正雄 342	市川厚一 43	伊藤勇 45
石野良夫	磯部晶策	三田定則 478	伊藤栄蔵 46
金子愛司 144	松原言登彦 466	市川重一 43	ウースター 65
初芝武美 403	磯部晶之助 41	荻原孝徳 115	上出金太郎 147
石橋喜一 38	大杉栄 96	篠遠喜人 244	忽那将愛 179
石浜純太郎 38	山鹿泰治 517	市河彦太郎 43	栗田茂 185
宮武正道 489	磯部ヒロ子	清野暢一郎 274	森田安雄 506
石浜恒夫	浅見正 13	芹沢光治良 278	伊東尾四郎 46
石浜純太郎 38	磯辺包光	堀真道 448	赤松定雄 5
石原純	磯辺弥一郎 41	万沢まき 472	伊東音次郎 46
萱場真 148	礒部真世	ラムステット 550	いとうかんじ
石原吉郎 38	礒部晶之助 41	蠟山政道 555	▶伊東幹治
鹿野武一 145	磯部美知 41	市川房枝	伊東幹治 46
石丸明義 39	三雲隆三郎 474	北村兼子 167	ザメンホフ 236
石丸鎮雄 39	磯辺弥一郎 41	市川雷蔵	髙橋和巳 290
石丸季雄 39	石川照勤 34	三浦信夫 473	前田喜美子 454
石山徹郎 39	磯部愉一郎	一木喜徳郎	伊藤巳西三 48
石渡金久	磯部幸子 41	杉村章三郎 266	池田善政 30
▶玉川勝太郎(2代)	礒部幸子 41	一木章三郎	今井勇之進 60
石渡博 39	石渡博 39	▶杉村章三郎	右近秀績 72
石渡雅子	梅田善美 77	一木誠也 44	大島義夫 95

あいうえおかきくけこさしすせそたちつてとなにぬねのはひふへほまみむめもやゆよらりるれろわ

索引

河野正彰	196
多木鱗太郎	297
竹下外来男	302
塚本赳夫	320
馬場清彦	406
渡部隆志	561

伊東公子 ▶宮崎公子
伊藤恭吉 48
| 武居哲太郎 | 298 |

伊藤圭介
| 桜井静枝 | 225 |

伊藤憲一郎
| 河野正彰 | 196 |

伊藤幸一 48
| 西村正雄 | 380 |
| 橋詰直英 | 396 |

伊藤好市 ▶貴司山治
伊東三郎 48
赤司裕	5
秋田雨雀	5
市原梅喜	44
伊藤敏夫	51
今村静雄	61
岩下順太郎	62
岩橋武夫	63
大栗清実	93
太田慶太郎	98
オールド	105
岡本和夫	111
小川長松	114
尾坂政男	120
小野兼次郎	125
何盛三	130
加藤孝一	140
加藤隆通	141
鎌田定夫	146
栢野晴夫	148
北畠武敏	167
栗原佑	186
洪命憙	195
小林勇	204
坂井松太郎	221
阪本勝	224
佐々木時雄	229
ザメンホフ	236
柴田潤一	246
渋谷定輔	248
下中弥三郎	252
須々木要	268
高杉一郎	287

高山図南雄	295
多羅尾一郎	316
辻利助	322
中川時雄	350
仲宗根源和	354
永峰清秀	361
中山大樹	368
難波金之助	371
野崎又太郎	388
畑正世	402
平出種作	419
平野雅曦	420
藤間常太郎	434
プリヴァ	437
松本正雄	469
水口俊明	475
宮崎公子	486
宮地伝三郎	488
武藤丸楠	496
守田正義	506
山崎桂男	523
由比忠之進	533
幸村恭典	535

伊藤静枝 ▶桜井静枝
伊東静雄
| 宮本新治 | 490 |

伊藤修 50
| 加藤孝一 | 140 |
| 小池常作 | 194 |

伊藤重治郎 50
| 伊藤重治郎 | 50 |

伊藤荘之助 50
伊藤真一
| 国分一太郎 | 198 |

伊藤祐武美 50
伊藤大輔
| 三浦信夫 | 473 |

伊東耐子
今里進三	60
住吉勝也	274
松本健一	468

伊藤武男
| 奥宮衛 | 116 |

伊藤武雄 50
伊藤太郎 50
伊藤長右衛門 51
伊藤長七 51
伊藤徳之助 51
| 東季彦 | 13 |
| 榎山時次郎 | 85 |

大島広	95
小倉金悦郎	117
城戸崎益敏	170
杉山隆治	267
中川年男	351
永松之幹	361
平野長克	420
三田定則	478
宗像勝太郎	497
村上知行	498
山羽儀兵	530
山本実彦	531

伊藤徳之 ▶伊藤徳之助
伊東俊一 51
伊藤敏男 51
伊藤敏夫 51
伊藤友江
| 伊藤幸一 | 48 |

伊藤直樹 52
伊藤野枝
大杉栄	96
木村荘太	172
白石朝太郎	257
延島英一	390

伊藤八郎 52
| 田中種助 | 310 |

伊藤秀五郎 52
伊藤洋 52
伊藤博文
安偶生	23
大山時雄	104
田鎖綱紀	297

伊藤正春 52
伊藤泰雄 52
| 土師孝二郎 | 395 |

伊東友賢
| 佐々城佑 | 229 |

伊藤庸二 52
伊藤隆吉 53
| 内木宗八 | 73 |
| 窪川一雄 | 181 |

伊藤ルイズ
| 大杉栄 | 96 |

稲垣藤兵衛 53
稲垣刀利太郎 53
稲垣和一郎 53
稲田連
| 花田信之 | 405 |

稲葉道寿 53

| 乾季彦 | ▶東季彦 |
乾直子
| 中島泱 | 353 |

犬飼健夫
| 小俣郁夫 | 128 |
| 本田光次 | 451 |

犬塚竹次 53
犬丸文雄
| 森田玲子 | 506 |

井上章夫 53
| 池上駿 | 28 |

井上乙彦 54
井上数雄 ▶石川数雄
井上清恒 54
井上舒菴 ▶井上万寿蔵
井上照月 54
| マヨール | 470 |

井上治郎
| 花本英三 | 405 |

井上仁吉 54
| 本多光太郎 | 451 |

井上信之介 54
井上留五郎
| 井上照月 | 54 |

井上直生 55
井上直弥
| 井上裕 | 55 |

井上のぶこ
| 小野隆夫 | 126 |

井上一 55
| 吉田栄 | 542 |

井上ひさし 55
栗栖継	183
宮沢賢治	487
米原昶	548

井上久 55
井上廈 ▶井上ひさし
井上裕 55
井川幸雄	27
江森巳之助	85
佐々木孝丸	228

井上富貴子
| 井上裕 | 55 |

井上正盛 56
井上万寿蔵 56
足立武	15
鵜近庄次郎	72
大槻信治	99
尾崎行雄	121

598

木崎宏 ……… 163	井原西鶴	岩倉政治	岩橋武夫 ……… 63
鈴木唯一 ……… 270	竹下外来男 ……… 302	野村誠四郎 ……… 391	岩橋静子 ▶寿岳静子
鈴木正夫 ……… 271	伊吹武彦 ……… 59	岩越元一郎 ……… 61	岩橋武夫 ……… 63
竹内徳治 ……… 299	飯島正 ……… 25	岩佐愛重 ……… 61	天野忠慶 ……… 19
辻直四郎 ……… 321	大岩誠 ……… 91	三雲隆三郎 ……… 474	伊東三郎 ……… 48
田誠 ……… 332	折竹錫 ……… 129	岩崎昶 ……… 61	ヴォーン ……… 71
永田秀次郎 ……… 355	井伏太郎 ……… 59	岩崎剛 ……… 62	エロシェンコ ……… 86
長谷川理衛 ……… 401	イプセン	松葉菊延 ……… 464	熊谷鉄太郎 ……… 181
パブロフ ……… 406	野崎貞夫 ……… 387	岩崎兵一郎 ……… 62	小林卯三郎 ……… 205
古谷善亮 ……… 440	今井金治 ……… 59	岩佐作太郎	斎藤百合 ……… 219
堀真道 ……… 448	今井坂一 ……… 59	山鹿泰治 ……… 517	寿岳静子 ……… 255
三浦元春 ……… 474	今井四郎 ……… 59	岩下五百枝 ……… 62	徳田六郎 ……… 337
三島章道 ……… 475	堀内恭二 ……… 449	岩下順太郎 ……… 62	鳥居篤治郎 ……… 344
吉野作造 ……… 544	吉川春寿 ……… 541	佐々城松栄 ……… 230	中井虎一 ……… 347
井上守 ……… 57	今泉栄助 ……… 60	岩下順太郎 ……… 62	西田天香 ……… 377
井上満 ……… 57	葛西菊太 ……… 133	浅井恵倫 ……… 8	丹羽吉子 ……… 383
井上保雄 ▶込田保雄	今泉啓助 ……… 60	岩下五百枝 ……… 62	藤間常太郎 ……… 434
井上靖	今井善治 ……… 59	梶弘和 ……… 134	古屋登代子 ……… 440
巴金 ……… 394	今井楢三 ……… 59	川俣浩太郎 ……… 156	ブレールスフォード
井上ゆり	津田安治郎 ……… 322	城戸崎益敏 ……… 170	……… 440
井上ひさし ……… 55	今井秀雄 ……… 59	久保貞次郎 ……… 180	和田達源 ……… 560
井上良雄	今井正毅 ……… 60	佐々城佑 ……… 229	岩場正三 ……… 63
ノイマン ……… 385	今井勇之進 ……… 60	進藤静太郎 ……… 260	須藤実 ……… 273
井上碌朗 ……… 57	池田善政 ……… 30	田村はるゑ ……… 316	岩橋吉治 ▶丹羽吉子
井口在屋 ……… 57	伊藤巳西三 ……… 48	中村春二 ……… 365	岩村ツキ
田中館愛橘 ……… 311	今岡十一郎 ……… 60	三上英生 ……… 474	岩村一木 ……… 64
井口丑二 ……… 57	今里進三 ……… 60	安井義雄 ……… 511	岩村昇
猪口金次郎 ……… 57	今里博三 ……… 60	岩下富蔵 ……… 62	小倉豊文 ……… 117
井ノ口誼 ……… 57	今沢秀雄	岩住良治 ……… 63	岩村一木 ……… 64
猪野謙二 ……… 53	福本新吉 ……… 429	岩瀬邦三郎 ……… 63	丘浅次郎 ……… 105
猪俣直治 ……… 58	今関秀雄	岩田三郎 ▶小島三郎	岩村通俊
祷克己 ▶祈幸守	葛山覃 ……… 140	岩田宗一郎 ……… 63	岩村一木 ……… 64
祈幸月 ▶祈幸守	今田英作 ……… 61	角尾政雄 ……… 132	岩本清 ……… 64
祈幸守 ……… 58	横山忠一 ……… 539	竹沢啓一郎 ……… 301	巌谷小波
祷正己 ……… 58	今田見信 ……… 61	野村理兵衛 ……… 392	赤木久太郎 ……… 4
祷豊己 ▶祷正己	井松太郎	岩田徳弥 ▶関登久也	岩山明正
祷正己 ……… 58	寺島岩次郎 ……… 331	岩永和朗 ……… 63	渡辺輝一 ……… 562
祈幸守 ……… 58	今牧嘉雄 ……… 61	岩永裕吉	殷武巌 ……… 64
伊庭想太郎	今村静雄 ……… 61	田中宏 ……… 310	中村伯三 ……… 365
伊庭孝 ……… 58	今村美亜子	岩波小百合	水野義明 ……… 477
伊庭孝 ……… 58	松本健一 ……… 468	牧瀬菊枝 ……… 456	宮崎公子 ……… 486
土岐善麿 ……… 335	入江規子	岩波茂雄	尹潽善
井幡清一 ……… 59	武谷止孝 ……… 305	岩波雄二郎 ……… 63	尹明善 ……… 65
伊庭八郎	イリエフ	牧瀬菊枝 ……… 456	尹明善 ……… 65
伊庭孝 ……… 58	入江曜子	岩雄二郎 ……… 63	吉町義雄 ……… 545
伊波普成	塚田勝 ……… 320	岩名義文 ……… 63	
伊波普猷 ……… 58	入山実 ……… 61	土井晩翠 ……… 333	**う**
伊波普猷 ……… 58	野上素一 ……… 386	岩野泡鳴	ヴァランギャン
比嘉春潮 ……… 413	岩尾はつえ	茅原茂 ……… 149	伊東幹治 ……… 46
藤岡勝二 ……… 430	▶渡辺はつえ	岩橋キラ	ザメンホフ ……… 236

ヴァン・ヒンテ……65	永松之幹……361	上野山重太郎……70	薄井秀一……72
ウーシンク	八木日出雄……509	上野隆司	足立荒人……14
永田明子……354	横山良国……539	木村喜壬治……172	安孫子貞治郎……16
ウーシンク永田明子	吉町義雄……545	植村清二……70	木村自老……172
▶永田明子	上田幸太郎……67	森田茂介……506	千布利雄……318
ウースター……65	上田春治郎……67	植村達男……70	臼井裕之
池川清……28	林学……410	クノール……180	北一輝……165
伊藤栄蔵……46	脇中郎……557	上村六郎	臼井吉見……73
山中英男……528	上田順三……67	平出種作……419	小林多津衛……205
韋山	上田信三……68	植本浩二 ▶植本十一	相馬黒光……280
富士渓猛雄……433	上田精一……68	植本コユウ	碓井亮……73
植木国雄	上田貞次郎	植本十一……70	宇多小路保喜
水野義明……477	上田信三……68	植本十一……70	▶北脇保喜
植木庚子郎……65	上田豊橘……68	上山政夫……71	歌橋憲一……73
江川英文……82	植田高三……67	井沢万里……31	内ヶ崎和夫……73
桜田佐……226	田中正平……310	伊東幹治……46	内ヶ崎作三郎
渡瀬亮輔……560	田中館愛橘……311	岩崎剛……62	土井英一……332
植木茂 ▶植木太郎	植田半次……68	江熊哲翁……83	内木宗八……73
植木太郎……66	荒木遜……20	岡一太……106	伊藤隆吉……53
林健……407	石丸鎮雄……39	黒田正幸……190	窪川一雄……181
植木直一郎……66	上田敏	竹下外来男……302	内田馨……73
植木曜介	島文次郎……248	谷口高……313	山本作次……530
柳田英二……514	上田穂……68	林健……407	内田荘一……73
上崎龍次郎……66	上田正雄……68	福田正男……426	尾花芳雄……127
乙部守……124	佐藤香……232	八木仁平……509	和田清……559
小林尋次……209	田所作太郎……308	ウェルズ	内田泰……74
中井虎一……347	堀正一……448	石黒彰彦……35	内田毅……74
中村純一……363	植田弥八郎……69	梅田善美……77	内田亨……74
上沢謙二……66	上田行夫 ▶上田穂	野上弥生子……386	宮下義信……488
上杉直三郎……66	上田良吉……69	ヴェルダ・マーヨ	八木長人……509
上田嘉三郎……66	上田良之助……69	▶長谷川テル	吉岡俊亮……540
右近秀蔵……72	ヴェナブルズ……69	ヴォーン……71	内田吐夢
小俣郁夫……128	池田善政……30	村田慶之助……499	碧川澄……480
車谷宙平……188	志甫三郎平……248	ヴォナゴ……72	内田三千太郎……74
本田光次……451	上浪朗……69	エロシェンコ……86	内田貢 ▶内田魯庵
上田撵一……67	上農勝弘……69	コロミエツ……213	内田雄太郎……74
植田義一……67	上野淳	藤沢親雄……430	池田善政……30
上田喜三郎	中塚吉次……356	ヴォルテール	清水勝雄……251
▶出口王仁三郎	上野孝男……69	池田薫……29	田畑喜作……314
植田高三……67	鎌田栄吉……146	鵜飼庄次郎……72	内田魯庵……74
粟飯原晋……2	茅原茂……149	右近秀蔵……72	内野仙治……74
青木保雄……3	川原次吉郎……155	宇佐美珍彦……72	島文次郎……248
浅田一……11	小林鉄太郎……208	北岡寿逸……166	原口栄……411
井手尾元治……45	茂森唯士……242	村上冨士太郎……499	内村鑑三……75
植田豊橘……68	谷亀之助……312	潮田富貴蔵……72	青山士……4
緒方知三郎……110	土岐善麿……335	大野俊一……100	安孫子貞治郎……16
岡本好次……112	豊川善曄……343	西田信春……377	車谷宙平……188
久留威……187	宮沢賢治……487	碓井孝子	中村有楽……366
周力……254	上野松三郎	碓井亮……73	新渡戸稲造……382
鈴木正夫……271	▶与良松三郎		森本慶三……507

矢内原忠雄 514	浦野由市 ▶坪内由市	江口勢太 82	宮下義信 488
横山喜之 539	浦良治 79	江口辰五郎 83	エルピン ▶安偶生
吉川一水 540	荒田一郎 21	江熊哲翁 83	エレデル 85
内山敬二郎 75	柏康 136	江崎シャルロッテ 83	ヴォナゴ 72
内山信愛 75	久米田克哉 182	江崎悌三 83	エロシェンコ 86
宇津木睦夫 75	難波金之助 371	江崎悌一	秋田雨雀 5
八木日出雄 509	瓜生津隆雄 80	江崎シャルロッテ 83	足助素一 13
吉町義雄 545	真田昇連 235	江崎悌三 83	アレキサンダー 22
宇都宮武雄 75	瓜生英二 80	江崎悌三 83	飯森正芳 26
橋詰直英 396	瓜生復男 80	江崎シャルロッテ 83	イェーマンス 27
宇都宮正 75	宇留賀栄一 80	北川三郎 166	伊東幹治 46
宇都宮義真 75	海野好子	阪本勝 224	井上満 57
内海貞夫 75	菅波任 264	桜井静枝 225	岩橋武夫 63
鵜沼勇四郎 75	ウン ムアム ▶殷武巌	平岩馨邦 418	ヴォーン 71
宇野朗		宮下義信 488	ヴォナゴ 72
宇野新 76	**え**	吉岡俊亮 540	臼井吉見 73
宇野新 76	瑛九 80	江崎誠致	小野兼次郎 125
宇野海策	久保貞次郎 180	中垣虎児郎 349	神近市子 147
相沢良 2	杉田正臣 265	重栖度哉 83	河合秀夫 150
鵜野正方 76	藤山禎子 435	黒田正幸 190	川上喜光 151
馬岡隆清 76	江浦通生 81	林好美 410	近藤光 215
梅川文男 76	江上武夫 81	枝村吉三 84	斎藤百合 219
梅棹忠夫 76	江上不二夫 81	エッケルマン 84	佐々木孝丸 228
川喜田二郎 151	細田文夫 446	江藤誠一 84	周作人 254
小松左京 211	江上波夫	江戸川乱歩	白石朝太郎 257
坂本昭二 223	江上武夫 81	梶弘和 134	杉山隆治 267
橋口英雄 396	江上不二夫 81	エト邦枝 ▶笠松エト	相馬黒光 280
三浦信夫 473	板橋美智子 43	江渡幸三郎	高杉一郎 287
本野精吾 503	江上武夫 81	▶江渡狄嶺	高津正道 289
和崎洋一 558	丘直通 107	江渡狄嶺 84	富田寛次 341
梅沢岩吉 77	木庭二郎 204	榎本武揚	鳥居篤治郎 344
梅田節子	坂田昌一 222	林董 409	中沢信午 351
梅田善美 77	佐藤了 234	榎本文太郎 84	中村精男 362
梅田善美 77	手塚治虫 329	海老名弾正	成田重郎 369
石黒彰彦 35	松葉菊延 464	徳冨蘆花 338	西田天香 377
大原歌子 102	宮城音弥 484	松本圭一 468	長谷川如是閑 401
川上憲一 151	宮原将平 489	吉野作造 544	福岡誠一 424
シェーラー 240	早稲田裕 558	エブナー 84	福田国太郎 425
馬場清彦 406	江上由紀	江森一郎	古市茂 438
湯川スミ 534	江上不二夫 81	江森巳之助 85	正木ひろし 457
梅津純孝 79	江川太郎左衛門英龍	江森巳之助 85	松本正雄 469
梅津元昌 79	江川英文 82	佐々木孝丸 228	宮崎虎之助 486
梅原義一 79	江川英文 82	榎山時次郎 85	宮本正男 491
福永和利 428	植木庚子郎 65	加藤輝雄 141	守田正義 506
浦田静江	小松清 210	野見山丹次 391	八木日出雄 509
植田高三 67	桜田佐 226	エラケツ, アテム 85	山鹿泰治 517
浦田種一 79	渡瀬亮輔 560	北村信昭 168	ヨネダ, カール 547
植田高三 67	江口音吉 82	エラスムス	李光洙 552
富松正雄 342	江口一久 82	池田薫 29	連温卿 554
浦田芳朗 79	江口廉 82	エリヤスブルク	魯迅 555

601

エンゲルス
　坂井松太郎 221
遠藤七郎 ▶小松七郎
遠藤戎三 88
　藤沢親雄 430
遠藤昌久 88
遠藤ルミ子
　里吉重時 235

お

オーウェル, ジョージ
　ランティ 550
及川孝子
　何盛三 130
及川周 88
　萱場真 148
種田虎雄 88
　十河信二 281
王雨卿 88
扇谷正造 89
王光華 88
王祖派 88
　児玉四郎 201
　蘇璧輝 280
　連温卿 554
近江秋江
　河本一止 196
近江谷栄次
　小牧近江 210
近江谷駉 ▶小牧近江
近江谷小牧
　　　　　▶小牧近江
大井亀吉 89
大石和三郎 89
　清水勝雄 251
　徳冨愛子 338
　徳冨蘆花 338
　中村精男 362
　パブロフ 406
　増田英一 457
　三田定則 478
大泉きよ 90
　大泉八郎 90
　土井晩翠 333
　土井八枝 333
大泉兼蔵 90
　熊沢光子 182
大泉充郎
　大泉八郎 90
大泉八郎 90

大泉きよ 90
　鈴木北夫 269
大石克一
　大石和三郎 89
大井上康 90
大井学 89
　小坂狷二 118
　柏木千秋 136
　佐々木喜善 227
大井了
　島田虔次 249
大岩誠 91
　飯島正 25
　伊吹武彦 59
　徳川義親 337
大内菊枝 91
大内兵衛
　川俣浩太郎 156
大内弘
　加藤静一 141
大江健三郎
　伊東三郎 48
　山ノ井愛太郎 529
大賀彌二 91
大神朝喜 91
大川晃 91
　井川静 28
　松本日宗 469
大川静江
　大川晃 91
大川周明
　今牧嘉雄 61
大木克己
　高木貞一 285
　高岸栄次郎 285
　竹内寿太郎 299
大木克巳 91
　江森巳之助 85
　大坪義雄 99
　勝俣銓吉郎 139
大木喬之助 92
　清水新平 251
　宮田聰 488
大木貞夫 92
大木浩元
　大木喬之助 92
大串静雄 92
大久保和夫 92
　戸根堅次郎 339
　冨田冨 341

大熊浅次郎 92
大倉斐子 92
　岡一太 106
　須藤実 273
　法華滋子 447
大倉輝夫 93
　吉田清 542
大倉輝雄
　中塚吉次 356
大栗清実 93
　伊東三郎 48
　岡一太 106
　小川長松 114
　寺尾三千春 331
　中島光風 352
　永浜寅二郎 359
　畑正世 402
　東亮明 413
　藤間譲太郎 434
　光武文男 480
　山本斉 532
大河内一男 93
大河内信威
　大河内正敏 93
大河内正敏 93
大越啓司
　浦良治 79
　菊池貞一 163
大越満喜子
　菊池貞一 163
逢坂正 ▶相坂佶
大崎和夫 93
　奥村林蔵 117
　里吉重時 235
　田沼利男 314
　西村正雄 380
　野上弥生子 386
　比嘉春潮 413
　細江逸記 446
　宗近真澄 497
大崎勝夫 94
大崎文子
　大崎和夫 93
大崎弥枝子
　大崎和夫 93
大崎泰 ▶大崎勝夫
大里義澄
　杉田正臣 265
大沢武男
　河田ユキ 154

大澤竹次郎 94
大沢ひさ子
　　　　　▶熊沢光子
大塩平八郎
　阪谷朗廬 222
大島完一 94
大島清子 94
大島孝一 94
　大島広 95
大島春野
　大島広 95
大島広 95
　東季彦 13
　大島孝一 94
　城戸崎益敏 170
　永松之幹 361
　藤原咲平 435
　三田定則 478
大島昊 95
大島義夫 95
　安部公房 17
　伊藤巳西三 48
　上農勝弘 69
　大泉きよ 90
　大岩誠 91
　小野田幸雄 127
　遠田裕政 129
　木下忠三 171
　小林勇 204
　斎藤秀一 218
　スター 272
　高木貞一 285
　高倉テル 286
　多木燐太郎 297
　寺島岩次郎 331
　徳川義親 337
　中垣虎児郎 349
　仲宗根源和 354
　芳我康衛 393
　畑正世 402
　花沢正純 404
　馬場清彦 406
　比嘉春潮 413
　牧田定丸 456
　三宅史平 484
　武藤丸楠 496
大島芳子
　大島義夫 95
大須賀サト
　　　　　▶大須賀里子

602

大須賀里子	96	守随一	255	大西祝		大橋衛	
大菅てる子		太田重雄	▶冲中重雄	木全多見	171	大橋宇之吉	101
山内七郎	529	太田勝子		大西富美子		小川梅吉	113
大杉栄	96	鈴木正夫	271	▶林富美子		大橋隆太郎	102
浅田一	11	大谷アサ枝		大西克知	100	大橋廉堂	
安孫子貞治郎	16	吉村哲二	546	大沼ハナ　　▶松田解子		本野精吾	503
荒畑寒村	21	大谷巌		大野俊一	100	大橋廉堂	
石堂清倫	38	岩田宗一郎	63	潮田富貴蔵	72	▶大橋介二郎	
板橋鴻	42	大谷紅子		西田信春	377	大畑末吉	102
神近市子	147	大谷光照	98	大野晋		大場辰之允	101
ガントレット, エドワード		大谷光照	98	古関吉雄	200	大場嘉藤	101
	160	九条良政	177	大野退蔵		大原歌子	102
北一輝	165	大谷幸四郎		大崎和夫	93	大原喬	102
木下順二	170	竹崎虎惣太	301	大野直枝	100	大原要　　　▶甘蔗要	
木村自老	172	大谷光明		杉森此馬	267	大原喬	102
久保田鬼平	181	大谷光照	98	中目覚	359	梅田善美	77
黒板勝美	188	大谷正一	98	大野直輔		大原歌子	102
景梅九	192	太田正雄		大野直枝	100	大原孫三郎	
小池英三	193	太田慶太郎	98	大野彦四郎	100	柿原政一郎	132
小寺健吉	201	太田行人		大場秋雄	100	松本圭一	468
小寺廉吉	201	竹田平一	303	大場聰　　　▶宮田聰		大藤軍一	103
小山英吾	213	田宮博	315	大庭篤夫		オームズビ	103
近三四二郎	214	横山重次	539	渡辺則夫	563	大村敏郎　　▶森敏郎	
坂本清馬	224	大塚遼一郎		大場格	100	大森一樹	
佐藤春夫	233	斎藤英三	216	白石茂生	257	宮沢賢治	487
島貫兵太夫	250	大塚正一郎	98	田原春次	315	大森志郎	103
白石朝太郎	257	大塚貞喜		深井正淑	423	大森寿恵子	
田中克三	309	中村真一	363	松田周次	463	高杉一郎	287
千布利雄	318	大塚達郎	99	大庭景秋　　▶大庭柯公		大森虎之助	103
張継	319	大塚益比古		大庭柯公	101	大森治豊	103
土岐善麿	335	木庭二郎	204	藤沢親雄	430	大山郁夫	
中村有楽	366	坂田昌一	222	松本正雄	469	長谷川如是閑	401
延島英一	390	南雲道夫	368	大橋宇之吉	101	大山健二	
藤林房蔵	434	大槻勝雄	99	小川梅吉	113	大山時雄	104
森毅	504	大槻信治	99	ペリー	441	大山順子	
柳沢保恵	514	エロシェンコ	86	松葉菊延	464	大山時雄	104
山鹿泰治	517	大月洋　　　▶大藤軍一		松本健一	468	大山順造	103
劉師培	553	大月武一	99	大橋卯之吉		杉村謙吉	266
大瀬貴明	97	大坪潔巳	99	▶大橋宇之吉		中田勝造	354
太田郁郎		大坪義雄	99	大橋介二郎	102	大山聖華　　▶大山時雄	
柿原政一郎	132	大木克巳	91	暁烏敏	8	大山籍次郎	104
三宅ヒサノ	486	勝俣銓吉郎	139	多羅尾一郎	316	大山時雄	104
太田和子	97	オードビン	99	露木清彦	325	小野忠正	126
渡辺はつえ	563	浅見正	13	本野精吾	503	金億	176
大田黒年男	98	大伴昭		大橋佐平		長谷川理衛	401
丘文夫	107	大伴峻	99	大橋隆太郎	102	プロクター	441
小河原幸夫	115	大伴峻	99	大橋新吉		朴憲永	443
太田黒百合子		鴻海蔵	99	大橋宇之吉	101	山本作次	530
植田半次	68	大西絹		大橋新太郎		李光洙	552
太田慶太郎	98	木全多見	171	大橋隆太郎	102	大山豊次郎	104

603

大山義年	104
大屋安雄	103
太田良子	▶岡田よし
オールド	105
大和田伸也	
城戸崎雛子	169
大和田荘七	
城戸崎雛子	169
大和田昇	105
栗原悦蔵	186
大和田獏	
城戸崎雛子	169
大和田雛子	
▶城戸崎雛子	
丘浅次郎	105
岩村一木	64
大杉栄	96
丘直通	107
丘英通	107
岡倉由三郎	108
三田定則	478
岡一郎	106
岡垣千一郎	108
岡一太	106
大倉斐子	92
小川長松	114
法華滋子	447
丘喜美子	
丘英通	107
岡潔	107
岡潔治	107
岡倉天心	
岡倉由三郎	108
清見陸郎	175
岡倉由三郎	108
岡崎郁子	
岡崎霊夢	108
岡崎英肇	▶岡崎霊夢
岡崎霊夢	108
脇坂圭治	557
岡三郎	▶岡麓
小笠原謙三	
中林恭夫	360
小笠原誉至夫	108
奥村林蔵	117
隅谷信三	273
高尾亮雄	284
松田勝彦	463
岡島寛一	109
岡田有時	▶岡田逸雄

岡田家武	109
中村幸四郎	363
岡田栄吉	109
緒方洪庵	
緒方知三郎	110
岡田幸一	109
柴田実	246
朝永振一郎	343
林稲苗	407
尾形昭二	109
岡田信次	109
岡田泰平	109
楠宗道	178
岡田達郎	
岡田敏郎	110
岡田千里	110
岡田敏郎	110
緒方富雄	110
青木一郎	2
緒方知三郎	110
清川安彦	174
塩川新助	240
中川純一	350
吉町義雄	545
緒方知三郎	110
浅田一	11
緒方富雄	110
小野興作	125
鈴木正夫	271
西成甫	373
藤浪鑑	433
真崎健夫	457
三田定則	478
村田正太	500
緒方直人	
宮沢賢治	487
緒方昇	
増田英一	457
岡田逸雄	110
岡田浩	▶寺尾浩
岡田真	▶中平孔三
岡田実	110
青木もとじろう	3
パブロフ	406
岡田茂吉	
岡田よし	111
岡田有対	
藤田穧三	432
森田安雄	506

岡田要	111
内田亨	74
江崎悌三	83
北川三郎	166
宮下義信	488
岡田よし	111
和田幸太郎	559
丘直通	107
江上不二夫	81
丘浅次郎	105
丘英通	107
丘直道	
江上不二夫	81
岡上美咲	▶黒田礼二
岡上守道	▶黒田礼二
岡野嘉文	
幸村恭典	535
岡野福太郎	111
岡林寅松	▶岡林真冬
岡林真冬	111
丘英通	107
安積得也	16
丘浅次郎	105
丘直通	107
沖中重雄	115
斎藤力	218
柴田義勝	247
鈴木松雄	271
土岐善麿	335
中野重治	357
中村亥一	361
パーマー	393
藤田恒太郎	432
丘文夫	107
岡麓	108
岡部須美子	
永井海乗	346
丘正通	
丘浅次郎	105
柴田恭二	245
岡村馨	111
岡村粂一	111
岡村悟一	▶細田悟一
岡本愛子	
岡本好次	112
岡本和夫	111
岡本帰一	
川尻東次	154
岡本綺堂	
梶弘和	134

岡本千万太郎	111
岡本唐貴	112
岡本登喜男	
▶岡本唐貴	
岡本信弘	
岡本好次	112
岡本博行	
阿閉温三	16
岡本博之	112
岡本普意識	
▶岡本利吉	
岡本弥寿男	
岡本唐貴	112
岡本義雄	112
今宮之助	213
岡本好次	112
青木武造	3
浅野研真	11
石黒修	36
植田高三	67
岡倉由三郎	108
緒方知三郎	110
金井博治	144
城戸崎益敏	170
工藤鉄男	179
久保貞次郎	180
久留威	187
桑原一	192
酒井鼎	220
清水勝雄	251
鈴木正夫	271
露木清彦	325
豊川善曄	343
永松之幹	361
中村喜久夫	362
新田為男	381
貫名美隆	384
福田良太郎	427
福富義雄	427
ベルトロー	441
マーティン	453
三雲隆三郎	474
三宅ヒサノ	486
矢野登	516
山田武一	525
渡部秀男	563
岡本利吉	113
中垣虎児郎	349
岡芳包	108
小川梅吉	113

小川一夫		奥田瞭	▶小田切秀雄	田中貞美	309	黒岩涙香	188
岩永和朗	63	奥平光	116	小椋広勝	118	河本禎助	196
小川久三郎	113	岩橋武夫	63	細野日出男	446	児玉四郎	201
石川栄助	33	土谷壮一	323	雄倉和太郎	118	小寺駿吉	201
金野細雨	215	日吉フミ	417	小栗孝則	118	小林勇	204
小川浩一	▶北村順治	ブレールスフォード		長谷川進一	398	小林茂吉	209
小川五郎	▶高杉一郎		440	桶谷繁雄	118	コロミエツ	213
小川順子		奥田フミ	▶日吉フミ	小此木真三郎	118	坂下清一	222
高杉一郎	287	奥田克己	115	久保貞次郎	180	酒向元	226
小川信一		岡田静香		小此木貞次郎		佐々木寿丸	228
大河内正敏	93	田中貞美	309		▶久保貞次郎	ザメンホフ	236
小川清一	114	中村日出男	365	小坂狷二	118	茂森唯士	242
後岡満寿次郎	389	奥田美穂	116	相沢平吉	2	周力	254
小川政修		奥宮加寿		赤司裕	5	進藤静太郎	260
小川政恭	114	奥宮衛	116	浅井恵倫	8	杉本良	267
小川鼎三	114	小野俊一	126	浅川勲	10	杉山隆治	267
岸本通智	165	北川三郎	166	足助素一	13	鈴木唯一	270
中出丑三	356	小林英夫	209	足立武	15	セリシェフ	279
吉原英夫	545	近四二郎	214	有島生馬	21	宋禹憲	280
小川長松	114	斎藤百合	219	イ・チョンヨン	24	十河信二	281
岡一太	106	奥宮健之		池田勝三郎	29	園乾治	282
小川秀樹	▶湯川秀樹	奥宮衛	116	伊藤徳之助	51	高尾亮雄	284
小川広司	114	奥宮衛	116	稲垣刀利太郎	53	高杉一郎	287
小川政禧		奥富美子		井上万寿蔵	56	高瀬好子	288
小川政恭	114	米沢允晴	547	井口在屋	57	高橋邦太郎（文学者）	
小川政恭	114	小熊鋖一	116	上山政夫	71		291
小川未明		奥村勝蔵	116	鵜近庄次郎	72	高見順	294
林健	407	稗村耕司	7	内野仙治	74	田口弼一	298
小川芳男	115	楠瀬熊彦	178	大井学	89	竹下和	302
小河原幸夫	115	桜田一郎	225	大石和三郎	89	武田凞	303
宮城音弥	484	八木日出雄	509	大島義夫	95	多羅尾一郎	316
荻江信正	▶南洋一郎	奥村絹江		大場秋雄	100	チェルニン	317
沖田英夫	▶宮本正男	奥村林蔵	117	岡一太	106	千布利雄	318
沖中重雄	115	奥村秀次		小川梅吉	113	坪内由市	325
丘英通	107	大久保和夫	92	小川長松	114	鶴見祐輔	327
斎藤力	218	奥村博史		小倉金悦郎	117	田誠	332
鈴木松雄	271	平塚らいてう	419	小坂丈予	120	東宮豊達	334
中村亥一	361	奥村康子		小坂ミツ	120	徳川家達	336
藤田恒太郎	432	宮本新治	490	小坂由須人	120	富田伴七	341
荻原孝徳	115	奥村林蔵	117	押田徳郎	123	鳥居篤治郎	344
興村禎吉	115	小笠原誉至夫	108	落合一哉	124	長岡二郎	348
渥美樟雄	16	富樫東十郎	335	小野俊一	126	中溝新一	361
荻原克己		丸山丈作	472	小原孝夫	128	貫名美隆	384
市川重一	43	奥山才次郎	117	柏木千秋	136	根本潔	385
荻原孝徳	115	桑原利秀	191	茅原茂	149	野崎延952	388
篠遠喜人	244	小倉金悦郎	117	木下忠三	171	パーマー	393
八代英蔵	514	伊藤徳之助	51	木村京太郎	172	萩原謙造	394
荻原守衛		杉山隆治	267	金億	176	間泰蔵	395
相馬黒光	280	小倉豊文	117	車谷宙平	188	初鹿野潤三	395
小串孝治	115	川平浩二	156	黒板勝美	188	初芝武美	403

あいうえおかきくけこさしすせそたちつてとなにぬねのはひふへほまみむめもやゆよらりるれろわ

索引

605

林籐	408	尾崎咢堂	▶尾崎行雄	小高英雄	123	小野英輔	125
速水真曹	410	尾崎愕堂	▶尾崎行雄	栗田茂	185	小野英輔	125
原田勇美	412	尾崎一雄	121	平塚らいてう	419	小野俊一	126
平野長克	420	尾崎喜三郎		マヨール	470	加瀬俊一	137
福田国太郎	425		▶平松喜三郎	小滝顕八	▶小滝辰雄	服部静夫	404
福地誠一	427	尾崎紅葉		小滝辰雄	124	和達清夫	561
藤沢親雄	430	須々木要	268	小田桐儀子		尾上圭二	127
淵田多穂理	436	尾崎秀実	121	田上政敏	294	小野兼次郎	125
保坂成之	443	尾崎元親	121	小田切秀雄	124	エロシェンコ	86
ポストニコフ	444	尾崎行雄	121	大久保和夫	92	小野圭次郎	125
穂積陳重	447	尾崎行輝	121	木下忠三	171	小野興作	125
松崎克己	462	尾崎行輝	121	新村猛	263	浅田一	11
松原言登彦	466	尾崎義	122	吹田好雄	263	東龍太郎	14
万沢まき	472	長田新		冨田冨	341	加藤美之	143
美沢進	475	大久保和夫	92	貫名美隆	384	高原憲	293
三島章道	475	小林司	206	羽仁五郎	405	藤浪鑑	433
三石五六	479	坂本昭二	223	俣野四郎	458	尾野実信	
三宅史平	484	平野雅曠	420	宮本正男	491	増田七郎	457
宮崎公子	486	福永五三男	427	山本安英	532	小野俊一	126
宮本新治	490	俣野四郎	458	小田島栄	124	奥宮衛	116
宮本正男	491	宮本正男	491	小田達夫	▶小田利三郎	小野英輔	125
山鹿泰治	517	山中英男	528	小田達太郎	123	加瀬俊一	137
山口慎一	520	早稲田裕	558	許斐三夫	204	茅原茂	149
山中英男	528	長田茂雄	122	織田英雄		茂森唯士	242
山本実彦	531	長田正之助	122		▶小田切秀雄	松本正雄	469
由比忠之進	533	由比忠之進	533	小田万里	▶井沢万里	小野節子	
横井憲太郎	537	小山内薫		小田利三郎	123	小野英輔	125
吉川喜八郎	541	秋田雨雀	5	橋詰直英	396	小野隆夫	126
ラムステット	550	木村荘太	172	前田健一	454	小野忠明	
ランティ	550	長内忠雄	122	宮本新治	490	小野忠正	126
李光洙	552	小沢孝一郎	122	由里忠勝	535	小野忠弘	
渡部隆志	561	小沢寅吉	122	落合一哉	124	小野忠正	126
小坂丈予	120	小沢信俊	122	乙骨太郎乙		小野忠正	126
小坂狷二	118	オジェシュコヴァ		江崎悌三	83	小野田幸雄	127
南英一	481	ザメンホフ	236	乙部泉三郎	124	小野花子	
森本良平	508	押川方義		小松清	210	小野圭次郎	125
小坂千尋		相馬黒光	280	高橋邦太郎（文学者）		小野記彦	127
小坂狷二	118	押田徳郎	123		291	井上裕	55
尾坂政男	120	クズネツォフ	177	乙部守	124	丘直通	107
小林紫峰	205	佐多芳久	231	上崎龍次郎	66	小野マヤ	
柴田潤一	246	多羅尾一郎	316	久保田満年	181	坂本昭二	223
田村於兎	315	尾城浅五郎	123	小林尋次	209	小野基	▶高橋基
小坂ミツ	120	オスカル２世		中井虎一	347	小野由美子	
小坂狷二	118	カール王子	130	小野アンナ		小野隆夫	126
小坂丈予	120	オストヴァルト		奥宮衛	116	小野誉一	
小坂由須人	120	コットレル	201	小野俊一	126	伊東三郎	48
美沢進	475	尾関俊雄		小林英夫	209	オノ・ヨーコ	
小坂由須人	120	西川義治	376	近三四二郎	214	小野英輔	125
小坂狷二	118	古沢末次郎	439	小野一良	125	大橋訥庵	
尾崎雲沖	▶尾崎元親	小高神孫	▶小高英雄	小野英二郎		大橋介二郎	102

尾畑乙蔵 127	ガウリエ	葛西藤三郎 133	梶間百樹 135
尾花芳雄 127	谷本富 314	土岐勇太郎 336	梶山亀久男 136
有馬芳治 21	カオ 131	山賀勇 517	梶山季之 136
内田荘一 73	香川綾	笠木良明	上代淑 136
中溝新一 361	香川昇三 131	口田康信 178	柏井忠安 136
小原喜三郎 128	香川昇三 131	笠松エト 133	柏木千秋 136
小原国芳 128	賀川正彦 131	風間恒弘 133	鹿地亘
おはらせいきち	賀川庸夫 131	月本一豊 321	貴司山治 164
ザメンホフ 236	柿内三郎 131	松田正夫 464	柏原秀子 136
小原孝夫 128	坂田昌一 222	風間豊平 133	柏康 136
小原憲雄 ▶宋禹憲	星新一 444	風見章 134	浦良治 79
小俣郁夫 128	吉川春寿 541	加沢絹子	春日井真也 137
本田光次 451	柿原政一郎 132	福田正男 426	春日正一 137
重栖度哉 ▶重栖度哉	日笠祐太郎 413	カジ＝ギレイ 135	春日庄次郎
沢瀉久一 ▶中田久和	松本圭一 468	高橋邦太郎(技師)	安賀秀三 511
沢瀉久孝 128	角尾君子	290	加瀬寿満子
白壁傑次郎 258	角尾政雄 132	パブロフ 406	加瀬俊一 137
高倉テル 286	角尾晋	梶井謙一 135	加瀬俊一 137
中島光風 352	古屋野宏平 212	板屋叶 43	小野英輔 125
中田久和 355	角尾芳風 ▶角尾政雄	梶井基次郎	小野俊一 126
永浜寅二郎 359	角尾政雄 132	梶井謙一 135	北川三郎 166
沢瀉久敬	岩田宗一郎 63	中出丑三 356	加瀬英明
沢瀉久孝 128	須山幸男 274	梶隆	加瀬俊一 137
小山桂一郎 128	竹沢啓一郎 301	梶弘和 134	片岡孝 137
小山田太一郎 129	野村理兵衛 392	梶チエ	片岡寿昭
折竹錫 129	角野秀	梶弘和 134	プリヴァ 437
折茂恵二郎 129	佐川幸一 224	梶剛 ▶梶弘和	片岡敏洋 137
遠田弘一	郭沫若	梶野佳子	片岡好亀 137
遠田裕政 129	長谷川テル 398	▶シュミット佳子	富田伴七 341
恩田重信 129	李士俊 552	梶弘和 134	片桐清治 138
遠田裕政 129	筧邦麿 132	梶博子 135	片野重脩 138
	筧二郎 132	梶真知子 135	片山潜 138
か	筧太郎 132	清見陸郎 175	片山達吉
ガーボル，マールクシュ	筧隣太郎 132	千賀郁夫 279	▶吉村鉄太郎
マックギル 460	影山庄平	田中顕道 309	片山広子
早稲田裕 558	福本美代治 429	谷亀之助 312	吉村鉄太郎 546
カール王子 130	火剣 ▶相坂佶	田原春次 315	勝枝利潤 138
甲斐三郎 130	鹿児島茂 132	永井叔 347	土肥実雄 340
西田正一 377	加古沱	三宅史平 484	勝沼精蔵 138
林好美 410	中林恭大 360	梶博子 135	横田武三 538
開田春江	葛西円次郎	梶弘和 134	勝部鎮雄 139
永浜寅二郎 359	▶藤本円次郎	鹿島卯女 135	勝俣銓吉
甲斐テル	葛西勝彌 133	鹿島精一	▶勝俣銓吉郎
甲斐三郎 130	笠井鎮夫 133	鹿島卯女 135	勝俣銓吉郎 139
甲斐虎太	笠井善三	梶真知子 135	大木克巳 91
甲斐三郎 130	伴達郎 412	梶弘和 134	大坪義雄 99
貝沼愛三 131	葛西藤三郎 133	鹿島則幸 135	小久保覚三 198
花本英三 405	葛西藤太 133	北原二郎 167	勝本清一郎 139
甲斐文七	葛西藤三郎 133	鹿島鳴秋	勝守寛 139
甲斐三郎 130	今泉栄助 60	八木日出雄 509	桂井富之助 139

あいうえおかきくけこさしすせそたちつてとなにぬねのはひふへほまみむめもやゆよらりるれろわ

索引

607

福永五三男 427	坂田昌一 222	金井太郎 143	高津正道 289
米山修 548	加藤剛 141	金井博治 144	鎌田亥四郎
かつらぎぼたえもん	加藤輝雄 141	神吉正一 159	▶三宅亥四郎
▶出口日出麿	加藤成之	金井朗▶河原一弥	鎌田栄吉 146
桂小米	増田七郎 457	金沢キノエ	鎌田定夫 146
▶桂枝雀（2代)	加藤宣道 142	福富義雄 427	カミーユ・ピサロ
桂枝雀（2代) 139	加藤花子	金松賢諒 144	ピサロ 415
葛山覃 140	加藤節 142	金丸重嶺 144	神尾三伯 146
加藤杲	加藤明子 142	金子愛司 144	淵田多穂理 436
加藤剛 141	重松太喜三 242	村松幸喜 501	神先豊五郎 146
加藤郁郎	出口王仁三郎 328	金子喜一 144	松下進 462
増田七郎 457	出口日出麿 329	金子菊司	神近イチ▶神近市子
加藤一郎 140	加藤弘之	金子愛司 144	神近市子 147
加藤鋭五	増田七郎 457	金子二郎 145	秋山雨雀 5
増田七郎 457	加藤文男	金子兜太	アレキサンダー 22
加藤一雄 140	加藤静一 141	出沢三太 329	エロシェンコ 86
加藤観澄 140	加藤辨三 142	金子鋭 145	相馬黒光 280
加藤勤也 140	加藤正典 142	金子洋文	髙杉一郎 287
野崎延喜 388	加藤正美 142	梶弘和 134	中沢信午 351
加藤桂子	加藤正道 142	小牧近江 210	ルート 553
加藤静一 141	新井尭爾 19	東宮豊達 334	上出金太郎 147
加藤孝一 140	加藤万里	金子百合子	神谷正七▶三木恵教
市原梅喜 44	加藤正典 142	金子愛司 144	神谷四郎
加藤隆通 141	加藤節 142	金子美雄 145	加藤清之助 141
神尾三伯 146	富松正雄 342	桑原利秀 191	上山満之進 147
小池常作 194	中西義雄 357	谷村正夫 313	光田健輔 480
寺島岩次郎 331	福本新吉 429	土井英一 332	上谷良吉 147
藤川義太郎 430	由比忠之進 533	金田貴道 145	和田美樹子 560
淵田多穂理 436	加藤美智子	金田常三郎 145	亀崎佳子 147
マラン 470	▶板橋美智子	茅原茂 149	亀沢深雪 147
加能作次郎	加藤方寅	茂森唯士 242	亀山侑平 148
佐々城松栄 230	板橋美智子 43	金田直子	加茂秀雄 148
加藤シヅエ	加藤美之 143	髙田聖史 289	逵寅吉 321
広田洋二 422	門川俊三 143	金村久光▶金明烈	加茂谷村▶加茂秀雄
加藤七郎▶増田七郎	門川敏 143	嘉納治五郎	何盛三 130
加藤四郎	角川健雄	南郷次郎 370	鎌田栄吉 146
増田七郎 457	井沢万里 31	加納哲雄 146	河合秀夫 150
加藤新▶加藤明子	上山政夫 71	田中貞美 309	谷亀之助 312
加藤静一 141	門川敏 143	鹿野登美	徳川家達 336
オールド 105	門川俊三 143	鹿野武一 145	パブロフ 406
鈴木正夫 271	門倉清広 143	鹿野武一 145	平川さだの 418
山賀勇 517	角野真一 143	石原吉郎 38	三島章道 475
加藤清之助 141	門脇松太郎	菅季治 159	森於菟 503
加藤隆通 141	岡垣千一郎 108	何礼之	山本実彦 531
五井義雄 193	門脇松次郎	何盛三 130	茅誠司 148
都留重人 326	渡部隆志 561	椛島通則	栢野晴夫 148
豊田元樹 344	金井圓	石井通則 31	萱野次郎 148
福田正男 426	金井太郎 143	何初彦	萱場晴浦 148
松岡武一郎 460	金井為一郎 143	何盛三 130	萱場真 148
加藤正 141	林富美子 409	樺山寛二	二関孝紀 382

萱場セルヴァント・デ・ホマーロ	川上潔 151	河崎なつ 153	豊川善曄 343
▶萱場晴浦	奥田美穂 116	山口小静 520	野々村一雄 389
萱場真 148	河上謹一	川崎信子	堀真道 448
石川宇三郎 32	大野直枝 100	鎌田定夫 146	宮沢賢治 487
井上仁吉 54	川上憲一 151	川尻泰司 153	吉野作造 544
及川周 88	石黒彰彦 35	川尻東次 154	蠟山政道 555
片桐清治 138	古関吉雄 200	川尻東次 154	川原とき
萱場晴浦 148	馬場清彦 406	川尻泰司 153	川原次吉郎 155
菊沢季生 162	河村晴夫	山越邦彦 522	矢次とよ子 514
黒沢良平 189	河村北星 158	吉田隆子 543	河原広夫 ▶小山秋雄
桑原利秀 191	川上民子	川尻東馬	泉正路 40
田中館秀三 311	川上理一 151	川尻東次 154	永田秀次郎 355
二関孝紀 382	川上徹	河瀬収 154	川人芙美子 156
吉川一水 540	川上潔 151	竹広登 304	川平浩二 156
吉田松一 543	河上肇	田野良雄 314	川辺和夫
亘理誠五郎 564	大野直枝 100	河田三治 154	木庭二郎 204
茅原華山	末川博 263	川田順	坂田昌一 222
茅原茂 149	長谷部文雄 402	西村正雄 380	南雲道夫 368
茅原茂 149	川上眉山	川田雄 ▶石川雄	河辺健一 156
香山光郎 ▶李光洙	赤木久太郎 4	川田泰代 154	川俣浩太郎 156
佳山やす子	川上理一 151	河田ユキ 154	久保貞次郎 180
高橋達信 292	黒田寿男 190	川名信一 154	三上英生 474
辛川武夫 149	川喜田二郎 151	石内茂吉 31	川村晃
安田勇吉 512	河北真太郎 152	川西徹郎	川村清治郎 157
辛島詢士 149	川北真太郎	杉谷文之 266	川村勇 ▶富永勇
唐橋桂子	津田千秋 322	川西洋太郎 155	川村市郎 156
加藤静一 141	河口玄昌 152	川野邦造	川村貞治 156
カルネイロ 149	川口佐千子	駒尺喜美 210	川村信一郎 157
カロチャイ	松本清 467	佐々木時雄 229	川村信一郎 157
池川清 28	川越ユリ	新村猛 263	川村貞治 156
今岡十一郎 60	坂本昭二 223	河野健一	山田務京 526
河合徹 149	川崎直一 152	殷武巌 64	川村清治郎 157
河合俊郎 150	大島義夫 95	河野猪一	片岡好亀 137
河合直次郎 150	岡本好次 112	▶久津内猪一	加藤隆通 141
川村清治郎 157	クズネツォフ 177	河野八郎	上出金太郎 147
河合秀夫 150	桑原利秀 191	後岡満寿次郎 389	河合直次郎 150
梅川文男 76	佐藤義人 234	川端康成	豊田元樹 344
篠遠喜人 244	高津正道 289	川人芙美子 156	水野輝義 476
邃寅吉 321	田沼利男 314	川原勇雄	川村惣之輔 158
パブロフ 406	西田亮哉 378	川原次吉郎 155	河村禎二
吉村哲二 546	西村正雄 380	河原一弥 155	河村北星 158
河合勇吉 150	藤沢親雄 430	川原次吉郎 155	河村晴重 ▶河村北星
宝木武則 295	藤間常太郎 434	秋山文陽 7	河村北星 158
河合譲 150	南英一 481	上野孝男 69	河邑光城 158
河合良成	南見善 481	茅原茂 149	市原梅喜 44
河合勇吉 150	三宅史平 484	小寺駿吉 201	川村緑
河内一彦	宮武正道 489	小林鉄太郎 208	川村清治郎 157
高尾亮雄 284	山下巌 524	茂森唯士 242	河村隆司
川上喜光 151	米田徳次郎 548	竹内徳治 299	河村北星 158
仲宗根源和 354	ランティ 550	谷亀之助 312	

あいうえおかきくけこさしすせそたちつてとなにぬねのはひふへほまみむめもやゆよらりるれろわ

索引

609

川村六郎	158
川本昭雄	158
河本吉衛	158
田中房雄	310
河元早奈枝	
礒谷昭一	40
土屋哲郎	323
川本茂雄	158
河本正二　▶河本一止	
河本大作	
佐々木到一	229
川本信之	158
神吉正一	159
簡吉	159
神吉晴夫	159
神崎泉	
相坂佶	1
阪上佐兵衛	221
高尾亮雄	284
龍吐源一	553
ガンジー	
小林多津衛	205
プリヴァ	437
甘蔗要	159
ツースベルト	319
寒水	
伊藤長七	51
菅季治	159
鹿野武一	145
木下順二	170
韓青才	
島田慶次	249
神田継治	160
神田効一	160
神田千賀子	
丸山喜一郎	471
神田慶也	160
神田利吉	160
岸登恒	
▶ガントレット恒子	
岸登烈	
▶ガントレット，エドワード	
ガントレット，エドワード	160
浅田栄次	10
伊東尾四郎	46
小原孝夫	128
柿原政一郎	132
上代淑	136
ガントレット恒子	161

黒板勝美	188
小林武三	205
堺利彦	220
坂本鶴子	224
進藤静太郎	260
田川大吉郎	297
中野忠一郎	358
中目覚	359
福田源蔵	425
古橋柳太郎	440
ペリー	441
マッケンジー	461
丸山順太郎	471
村本達三	501
森上富夫	505
柳沢保恵	514
由里忠勝	535
吉田栄子	541
ガントレット恒子	161
ガントレット，エドワード	160
山田耕筰	525
菅野静枝　▶宮静枝	
上林雪子　▶山田雪子	

き

城井尚義	161
木内禎一	161
石川照勤	34
木岡永次郎	161
木々高太郎　▶林髞	
菊岡久利	162
菊川宝城	162
菊沢季生	162
阿部十郎	18
井上仁吉	54
猪口金次郎	57
梅棹忠夫	76
及川周	88
大泉八郎	90
萱場真	148
喜安善市	173
栗原佑	186
黒沢良平	189
鈴木義男	271
土井英一	332
中田久和	355
藤本豊吉	434
吉井正敏	540
吉野梄三	545

菊沢正達	162
菊島和子	
川尻泰司	153
菊池介二郎	
▶大橋介二郎	
菊池和也	
植木太郎	66
菊池寛	
梶弘和	134
下村芳司	253
ユンケル	536
菊地行蔵	162
菊地盛	162
笹山晋夫	231
菊池大麓	163
美濃部俊吉	483
菊池毅	163
菊池貞一	163
菊池満喜子	
浦良治	79
菊知芳子	163
木崎宏	163
安積得也	16
楠井隆三	177
白畠正雄	259
谷林正敏	313
灘尾弘吉	369
吉村鉄太郎	546
岸川澄勇	
内田馨	73
山本作次	530
岸重三	163
岸田準二	
野崎貞夫	387
大杉栄	96
岸田日出刀	164
岸田佳宣	164
木島始	164
木島正夫	164
木島嘉一郎	204
岸本重太郎	164
雄本時哉	165
岸本通智	165
吉原英夫	545
貴引山治	164
栗栖継	183
菅原慶一	264
岸山芳太郎	165
北一輝	165
何盛三	130

北大路魯山人	
中村有楽	366
北岡寿逸	166
宇佐美珍彦	72
村上冨士太郎	499
北岡正見	166
北尾虎男	166
有馬芳治	21
北川三郎	166
加瀬俊一	137
茅原茂	149
茂森唯士	242
宮下義信	488
北川昭二	
川平浩二	156
北川承三	166
北川二郎	166
北川久	
吉道光一	546
北川豊	167
喜多源逸	165
コットレル	201
宍戸圭一	242
北里柴三郎	
蔵原惟人	183
渡辺銕蔵	562
北さとり	
駒尺喜美	210
佐々木時雄	229
新村猛	263
竹内登美子	299
竹内義一	300
多田浩子	306
長尾堅造	348
松本員枝	467
北沢秀一	
薄井秀一	72
北沢長梧　▶薄井秀一	
北沢一　▶薄井秀一	
北沢楽天	
中村有楽	366
北城郁太郎	167
北野中	
俣野四郎	458
北野道彦	
高瀬好子	288
北畠武敏	167
北原二郎	167
鹿島則幸	135
塚田貞雄	320

都川正 320	木下逸治 170	木村荘八	薄井秀一 72
岐田晴湖 165	木下郁 170	木村荘太 172	須藤蔀 273
岐田穂波	木下順二 170	田辺茂一 312	桐生亮 176
岐田晴湖 165	伊藤巳酉三 48	木村荘平	金億 176
北政一 165	菅季治 159	木村荘太 172	大山時雄 104
北御門二郎	野間宏 390	木村荘十二 173	辛鳳祚 260
碓井亮 73	山本安英 532	木村荘太 172	朴憲永 443
北村兼子 167	木下忠三 171	木村忠蔵 173	山本作次 530
北村南洋次郎 167	青木鈴 3	木村泰夫 173	李光洙 552
北村信昭 168	大島義夫 95	木村又一郎 173	金学成 176
エラケツ，アテム 85	平良文太郎 283	佐藤申一 233	金岸曙 ▶金億
宮武正道 489	土岐勇太郎 336	木本凡人 173	金順学
北村宏	木下雅夫 ▶佐藤方哉	木本正胤 ▶木本凡人	大山時雄 104
村上秀夫 499	木下三四彦 171	木元靖浩	ギンズ
北村孫盛 168	木下杢太郎	殿待好俊 340	坂井松太郎 221
北村順治 168	太田慶太郎 98	喜安善市 173	金胎京
北脇保喜 168	木下康民 171	植村清二 70	菊知芳子 163
橘川愛寿	喜安善市 173	大泉八郎 90	李殷相 551
松葉菊延 464	菅原虎彦 265	木下康民 171	金明烈 176
橘川葉瑠子	山本耕一 530	後藤三男 203	
松葉菊延 464	吉備真庭	山村敬一 530	く
木津義雄 168	市原豊太 45	京口謙一郎 174	グエン・チ・ゴック・ラン
木寺清一 168	木全白羊	本野桂次 502	北政一 165
鬼頭豊 169	木全多見 171	京口元吉 174	日下部文夫
城戸崎雛子 169	木全多見 171	京極高鋭	小林胖 209
城戸崎益敏 170	キムウク ▶金億	増田七郎 457	草刈邦彦 177
草刈孟 177	キムミョンヨル	清川安彦 174	草刈孟 177
ペレール 442	▶金明烈	緒方富雄 110	草野俊助 177
城戸崎益敏 170	木村愛子	神先藤五郎 146	草野貞之 177
東季彦 13	下村芳司 253	橋本雅義 397	九条節子
岩下順太郎 62	木村曙	吉原英夫 545	九条良政 177
植村達男 70	木村荘太 172	旭山 ▶石川三四郎	九条良政 177
大島義夫 95	木村金松 172	許広平	大谷光照 98
城戸崎雛子 169	木村貫一郎 172	朱文央 254	楠井隆三 177
ザメンホフ 236	木村喜壬治 172	清信重 174	白畠正雄 259
高瀬好子 288	木村京太郎 172	河合徹 149	谷林正敏 313
波多江嘉兵衛 402	木村康一 172	清寛	楠田善助 177
符悩武 423	木村自老 172	清信重 174	堀尾太郎 450
無漏田慶哉 502	安部孝一 17	清野謙次 175	クズネツォフ 177
山下巌 524	大杉栄 96	清原一彦 ▶西光万吉	川崎直一 152
城戸房嗣 169	木村精一郎 172	清見陸郎 175	萩原謙造 394
城戸又一 169	木村荘五	ザメンホフ 236	楠宗道 178
木戸又次 169	木村荘十二 173	比嘉春潮 413	楠瀬熊彦 178
安積得也 16	木村荘十	宮本百合子 493	稗村耕司 7
田所作太郎 308	木村荘太 172	山本実彦 531	奥村勝蔵 116
西成甫 373	木村荘太 172	桐沢長徳 175	楠瀬康雄 178
前原準一郎 455	周作人 254	桐原真一 175	楠瀬熊彦 178
村上寿一 498	武者小路実篤 496	桐生潤三 175	楠瀬幸彦
由利皆吉 536	木村艸太	桐生政次 ▶桐生悠々	楠瀬康雄 178
絹島湛子 ▶大泉きよ	木村荘太 172	桐生悠々 176	楠美正 178

鹿島則幸	135
北原二郎	167
久住久	178
葛谷信夫	178
池田善政	30
楠山多鶴馬	178
葛和義男	178
口田康信	178
久津内猶一	179
忽那将愛	179
沓脱タケ子	
戸根堅次郎	339
九津見房子	
高田集蔵	289
三田村四郎	479
工藤勝隆	179
工藤喬三	179
工藤忠夫	179
工藤鉄男	179
矢野登	516
工藤得安	179
宮路重嗣	488
國井勝夫	179
國井彦十	180
國井兵太郎	
國井勝夫	179
国兼信一	180
国木田独歩	
佐々城佑	229
国冨正勝　▶徳永正勝	
国松周三郎	
▶望月周三郎	
クノール	180
久保井規夫	
河原一弥	155
窪川一雄	181
伊藤隆吉	53
内木宗八	73
久保貞次郎	180
瑛九	80
江崎シャルロッテ	83
小此木真三郎	118
川俣浩太郎	156
小林武三	205
酒井鼎	220
塩山寛市	241
周力	254
菅野尚明	264
露木清彦	325
中森泰蔵	367

野上弥生子	386
ピサロ	415
渡部秀男	563
久保田鬼平	181
窪田角一	181
久保田圀夫	
矢野祐太郎	516
ヤノーシェク	516
久保田満年	181
足利惇氏	13
飯島正	25
栗原美能留	186
久保秀雄	181
久保義郎	181
真崎健夫	457
横田武三	538
渡辺正亥	563
熊谷みね	
熊谷鉄太郎	181
福永盾雄	428
熊谷鉄太郎	181
岩橋武夫	63
小林卯三郎	205
鳥居篤治郎	344
福永盾雄	428
熊谷良一	182
熊木秀夫	
伊藤敏夫	51
大島義夫	95
熊沢勝子	
熊沢光子	182
熊沢光子	182
長戸恭	357
久米田克哉	182
久米稔	182
浦田種一	79
富松正雄	342
公文恵章	182
久山専一郎	182
伊藤敏男	51
中塚吉次	356
仁科主	378
西橋富彦	378
倉石武四郎	
土岐善麿	335
倉田百三	
須々木要	268
倉地鋭次	183
倉地治夫	183
石黒修	36

シェーラー	240
柴田義勝	247
竹中治助	304
冨田冨	341
倉地広子	
倉地治夫	183
倉西藤五郎	
神先藤五郎	146
グラバー	
横山寅一郎	539
倉橋泰彦	183
倉場富三郎	
横山寅一郎	539
蔵原惟人	183
飯島正	25
久保田満年	181
蔵原春江	
蔵原惟人	183
クララ	
吉永義光	544
栗城賢輔	
菅波任	264
栗栖茜	
栗栖継	183
栗栖継	183
井上ひさし	55
ヴォーン	71
岡一太	106
貴司山治	164
鬼頭豊	169
国分一太郎	198
阪上睦郎	221
佐々木時雄	229
佐藤春夫	233
佐和慶太郎	238
下中弥三郎	252
吹田好雄	263
高山図南雄	295
中野重治	357
西岡知男	375
野上清	386
藤森成吉	435
水野義明	477
宮本正男	491
山ノ井愛太郎	529
葉籟士	537
吉田清	542
栗栖継之進　▶栗栖継	
栗田公明	
千賀郁夫	279

中村伯三	365
三ッ石清	479
栗田茂丸　▶栗田茂	
栗田茂	185
栗林亨	186
栗原悦蔵	186
大和田昇	105
栗原小巻	
長谷川テル	398
栗原貞子	186
栗原佑	186
菊沢季生	162
武藤丸楠	496
栗原美能留	186
小林尋次	209
栗原基	
栗原佑	186
栗原唯一	
栗原貞子	186
栗原美吉	186
厨清	187
栗山五百枝	
▶岩下五百枝	
栗山一郎	187
比企元	414
栗山重	187
栗山晴光　▶栗山重	
栗山仁	187
久留島義忠	187
来栖光一	187
久留威	187
鈴木正夫	271
逵寅吉	321
車谷宙平	188
クレーマン	
西海智恵子	375
黒板勝美	188
赤松定雄	5
安孫子貞治郎	16
石川照勤	34
伊藤徳之助	51
井上万寿蔵	56
薄井秀一	72
小倉金悦郎	117
梶間百樹	135
加藤節	142
ガントレット，エドワード	160
木内禎一	161
北一輝	165

堺利彦 220	口田康信 178	島津徳三郎 250	黄鉄
ザメンホフ 236	杉浦武雄 265	平松義輝 421	蘇璧輝 280
新名直和 262	田誠 332	村上信彦 498	幸徳秋水
新村出 262	クロフォード	山鹿泰治 517	荒畑寒村 21
杉山隆治 267	星野芳樹 444	小池経策 193	石川安次郎 34
高楠順次郎 286	クロポトキン	東浦庄治 413	大須賀里子 96
千布利雄 318	市橋善之助 44	小池常作 194	岡林真冬 111
富岡謙蔵 340	菊岡久利 162	加藤孝一 140	清水卯之助 251
中村有楽 366	吉岡春之助 540	淵田多穂里 436	福田武三郎 426
野原休一 389	桑島新 191	小泉善四郎	劉師培 553
初鹿野潤三 395	粟屋真 22	▶後藤善四郎	河野誠恵 195
羽仁五郎 405	津川弥三郎 321	小泉八雲	マラン 470
林癸 408	橋詰直英 396	土井英一 332	河野広道 196
林薫 409	速水真曹 410	土井晩翠 333	河野正彰 196
速水真曹 410	桑田茂	小泉保太郎	勝如 ▶大谷光照
ミスレル 478	森本二泉 507	三田村四郎 479	香竹小録 196
三田定則 478	桑田春風 191	小磯国昭	高村坂彦 196
南英一 481	桑田正作 ▶桑田春風	小林恭一 205	高村正彦
村本達三 501	桑野健治 191	五井義雄 193	高村坂彦 196
山鹿泰治 517	桑原利秀 191	加藤隆通 141	洪命憙 195
山本実彦 531	伊藤幸一 48	福田正男 426	李光洙 552
横井恵太郎 537	奥山才次郎 117	小岩井浄 194	河本一止 196
ローズ 554	カール王子 130	妹尾義郎 278	河本禎助 196
黒岩周六 ▶黒岩涙香	金子美雄 145	芹沢光治良 278	高本索 196
黒岩涙香 188	川崎直一 152	黄一寰 ▶黄乃	黄友発 195
斯波貞吉 245	本多光太郎 451	小岩井茂 194	高良とみ 197
クローザー 189	村上沢 498	洪亨義 194	帆足計 442
黒川賢治 ▶黒川眸	ランティ 550	イ・チョンヨン 24	孤雲 ▶オームズビ
黒川眸 189	桑原一 192	辛鳳祚 260	ゴーゴリ
塩沼英之助 240	け	福永五三男 427	小田切秀雄 124
林文雄 409	ゲイガン 192	ブラット 437	ザメンホフ 236
光田健輔 480	ケイシー 193	安井義雄 511	郡山千里
村上信彦 498	景定成 ▶景梅九	黄源	中村正美 366
山名実 527	景梅九 192	中村伯三 365	古賀定雄
黒木親慶 189	大杉栄 96	黄興	古賀千年 197
黒木浩 189	劉師培 553	黄乃 194	古賀十二郎 197
黒崎誠 189	ケラー,ヘレン	神阪博通 195	古賀史郎 197
児島壮一 199	岩橋武夫 63	孔子	古賀千年 197
黒沢良平 189	斎藤百合 219	藤枝了英 430	高橋省三郎 292
黒沢民平 ▶黒沢良平	剣花坊	高自性	古賀洞庵
黒沢涼之助 190	白石朝太郎 257	巴金 394	阪谷朗廬 222
黒沢良平 ▶黒沢良平	元洪九	香草院 ▶暁烏敏	小金井良精
黒田源次 190	石宙明 276	黄尊生	柿内三郎 131
黒田高守 ▶黒田正幸	こ	エロシェンコ 86	古賀寛定
黒田寿男 190	五井修	黄乃 194	古賀千年 197
河合徹 149	五井義雄 193	鄧克強 334	古賀文一郎
川上理一 151	小池英三 193	中垣虎児郎 349	問田直幹 333
黒田正幸 190	島津末二郎 250	長谷川テル 398	古賀美津子
俣野四郎 458		上妻武次 195	古賀史郎 197
黒田礼二 191		神津康人 195	古河力作

あいうえおかきくけこさしすせそたちつてとなにぬねのはひふへほまみむめもやゆよらりるれろわ

索引

613

古河三樹松	438	古関吉雄	200	マラン	470	許斐三夫	204
小口多計士		古関吉雄	200	後藤栄吉	▶西村栄吉	小田達太郎	123
当摩憲三	283	植木太郎	66	後藤敬三	202	木場一夫	204
国分敬治	197	川上憲一	151	高橋邦太郎（文学者）		木庭二郎	204
国分一太郎	198	水野義明	477		291	坂田昌一	222
小久保覚三	198	小平房吉	200	後藤貞治	202	小林勇	204
斎藤秀一	218	小高神孫		後藤静	▶後藤静香	寺島岩次郎	331
吹田好雄	263	伊藤栄蔵	46	後藤新平		小林卯三郎	205
小久保恵作	198	小高美沙子		何盛三	130	鳥居篤治郎	344
古在澄江		小高英雄	123	鶴見祐輔	327	小林歌子	205
古在由重	198	平塚らいてう	419	松本正雄	469	小林英二	205
古在由重	198	古田大次郎		後藤静香	202	小林えりか	
粟田賢三	22	平松義輝	421	石黒修	36	小林司	206
石田啓次郎	37	小谷徳水	200	後藤静香	202	小林恭一	205
曽田長宗	281	児玉栄一郎	200	下村芳司	253	小林紫峰	205
竹田清	302	児玉源太郎		田代晃二	305	小林省三	205
古在由直		穂積重遠	447	福本美代治	429	小林多喜二	
古在由重	198	児玉鹿三	200	水野輝義	476	岡本唐貴	112
小酒井潔		伊吹武彦	59	宗近真澄	497	勝本清一郎	139
▶依田喜代次		児玉四郎	201	後藤善四郎	203	栗栖継	183
越上良一		王祖派	88	後藤宙外		中村日出男	365
須藤実	273	蘇壁輝	280	小西伝助	203	貫名美隆	384
越中浩	198	速水真曹	410	後藤斉		長谷川テル	398
小島三郎	199	連温卿	554	柴田巌	245	米村健	548
小島昭三	▶木島始	児玉広夫		平野宗浄	420	小林武三	205
小島末吉	▶大畑末吉	相沢治雄	1	後藤正則	203	小林多津衛	205
児島壮一	199	岡本義雄	112	後藤三男	203	小林龍男	206
辻利助	322	児玉礼子		後藤隆三	203	小林司	206
森田正信	505	児玉四郎	201	小西綾		岡一太	106
児島襄		コットレル	201	駒尺喜美	210	梶弘和	134
十田斉	323	喜多源逸	165	松本員枝	467	庄子時夫	256
小島秋	199	宍戸圭一	242	小西岳		竹内次郎	298
葛谷信夫	178	小寺菊子		飯田精次郎	25	田所作太郎	308
小島霊光	199	小寺健吉	201	上山政夫	71	ノイマン	385
櫻井肇山	225	小寺健吉	201	小田切秀雄	124	眞壁禄郎	455
越水武夫		小寺駿吉	201	川人芙美子	156	宮本正男	491
林道治	410	小寺廉吉	201	岐田晴湖	165	山口美智雄	521
越村信三郎	199	小寺駿吉	201	栗原貞子	186	小林鉄太郎	208
渡辺輝一	562	小寺健吉	201	駒尺喜美	210	上野孝男	69
越山良一	199	小寺融吉		手塚治虫	329	川原次吉郎	155
小杉重太郎	199	小寺駿吉	201	宮本正男	491	谷亀之助	312
小杉天外		小寺廉吉	201	村田慶之助	499	徳川家達	336
小西伝助	203	青木宣也	3	小西伝助	203	豊川善曄	343
コスチン	200	小寺健吉	201	小西紀生	203	小林東二	208
阿閉温三	16	小寺駿吉	201	小西干比古	204	小林利二昌	
カジ=ギレイ	135	志甫三郎平	248	小西保平	204	▶小林紫峰	
高橋邦太郎（技師）		多田浩子	306	小西行恵	204	小林留木	208
	290	中村誠司	364	近衛文麿		南見善	481
呉世民	▶谷田部勇司	平岡伴一	418	窪田角一	181	山鹿泰治	517
古関裕而		松下理八	462	木島嘉一郎	204	小林英夫	209

奥宮衛 116	小宮敬子	岡本義雄 112	北政一 165
片岡好亀 137	小川鼎三 114	近藤鋭矢 214	斉木正幸
近三四二郎 214	小宮義和 212	近藤一夫 214	──▶西園寺正幸
斎藤百合 219	神先藤五郎 146	田代晃二 305	三枝彦雄 216
服部静夫 404	清川安彦 174	西川豊蔵 376	土井晩翠 333
藤岡勝二 430	小宮良太郎 212	近藤国臣 214	林鶴一 409
宮下義信 488	小室庄八 212	宍戸圭一 242	蔡元培
小林尋次 209	小森和子	野村理兵衛 392	エロシェンコ 86
久保田満年 181	安孫子貞治郎 16	近藤駿四郎 214	西光義敞 216
小林南 ▶池原南	小森盛	近藤光 215	西光万吉 216
小林茂吉 209	高村光太郎 295	近藤秀敏	駒井喜作 210
小林ゆき	小森太郎 212	石川雄 34	西須諸次 ▶和達清夫
福本新吉 429	小森正鋭 212	近藤正秋	斉藤英子
小林胖 209	小森芳樹	片岡好亀 137	斎藤勝 219
小林りさ	小森太郎 212	近藤政市 215	斎藤英三 216
小林司 206	古屋野宏平 212	池田長守 30	川上喜光 151
駒井喜作 210	小山秋雄 213	宍戸圭一 242	長戸恭 357
駒井鋼之助 210	田中房雄 310	内藤良一 346	羽根田明 405
小牧近江 210	小山一郎 213	近藤兵雄	宮本正男 491
佐々木孝丸 228	小山磐 213	近藤養蔵 215	斎藤清衛 217
駒尺喜美 210	小山英吾 213	近藤養蔵 215	斎藤賢一
新村猛 263	森毅 504	江口音吉 82	松田周次 463
竹内義一 300	小山香	坂下清一 222	斉藤賢二 217
小松清 210	小山英吾 213	金野巌男 ▶金野細雨	斎藤三酉 ▶細川三酉
乙部泉三郎 124	児山敬一 213	金野細雨 215	齋藤襄治 217
高橋邦太郎（文学者）	小山助三郎 213	小川久三郎 113	斎藤武弥
291	小山武	近三四二郎 214	斎藤百合 219
吉野作造 544	中沢英昭 351	奥宮衛 116	斎藤武幸 ▶松尾武幸
小松左京 211	山崎勝 524	塩野下家 241	斎藤太治男 218
梅棹忠夫 76	小山庸太郎	長谷川信六 398	斎藤玉男 218
高橋和巳 290	小山英吾 213	横尾安夫 538	斎藤力 218
野上素一 386	小山了	今和次郎	丘英通 107
小松七郎 211	島田虔次 249	田辺茂一 312	沖中重雄 115
小松勝子	胡愈之	吉田謙吉 542	藤田恒太郎 432
石内茂吉 31	エロシェンコ 86		斎藤久子
小原清吉 ▶五味清吉	コルバ	**さ**	古谷綱正 440
小松宣也 ▶青木宣也	オームズビ 103	ザールプスキー	山内昇 529
小松文夫 211	コルベ	栗栖継 183	斎藤秀一 218
小松文彦 211	八巻頴男 519	藤森成吉 435	石賀修 32
冨田冨 341	呉朗西	西園寺公望	加藤隆通 141
三浦つとむ 473	中村伯三 365	大石和三郎 89	喜安善市 173
小松実 ▶小松左京	コロミエツ 213	勝沼精蔵 138	国分一太郎 198
小松雄一郎	コロミエツ，キヨコ	宰園寺正幸	小久保覚三 198
石内茂吉 31	コロミエツ 213	西園寺正幸 216	小林司 206
小松良彦 211	コワラ	西園寺正幸 216	吹田好雄 263
小松蘭雪	碓井亮 73	篠田秀男 243	野原休一 389
茅原茂 149	コンガー	雑賀須美	宮武正道 489
胡麻本蔦一 211	金子喜一 144	松葉菊延 464	向井豊昭 495
五味清吉 212	今官之助 213	斎木正 ▶浅見正	柳田為正 515
込田保雄 212		斎木正幸	葉籟士 537

索引

615

斎藤秀三郎
　小坂狷二 ……… 118
斎藤実
　今牧嘉雄 ……… 61
斎藤勝 ……… 219
斎藤美和
　斎藤百合 ……… 219
斎藤茂吉
　篠田秀男 ……… 243
　西山徳助 ……… 381
斎藤百合 ……… 219
　小林英夫 ……… 209
斎藤与一郎 ……… 219
蔡利斯
　浪越春夫 ……… 369
佐伯操
　王雨卿 ……… 88
早乙女勝元
　林健 ……… 407
酒井勝軍 ……… 220
　島貫兵太夫 ……… 250
さかい　かつとき
　　　　　▶酒井勝軍
酒井鼎 ……… 220
　久保貞次郎 ……… 180
　露木清彦 ……… 325
　渡部秀男 ……… 563
酒井喜太郎 ……… 220
坂井田梅吉
　速水真曹 ……… 410
酒井董
　福井一明 ……… 424
酒井董　▶井上照月
坂井徳三郎
　　　　　▶坂井徳三
坂井徳三 ……… 220
堺利彦 ……… 220
　相坂佶 ……… 1
　荒川銜次郎 ……… 20
　荒畑寒村 ……… 21
　井伏太郎 ……… 59
　大須賀里子 ……… 96
　岡林真冬 ……… 111
　ガントレット, エドワード ……… 160
　北一輝 ……… 165
　木下順二 ……… 170
　黒板勝美 ……… 188
　中村有楽 ……… 366
　福田武三郎 ……… 426

古河三樹松 ……… 438
連温卿 ……… 554
堺勝 ……… 220
坂井松太郎 ……… 221
　秋田雨雀 ……… 5
　伊東三郎 ……… 48
　大木貞夫 ……… 92
　下中弥三郎 ……… 252
　高山図南雄 ……… 295
　中垣虎児郎 ……… 349
　福田正男 ……… 426
堺屋梅子
　相坂佶 ……… 1
酒井瞭吉 ……… 221
　太田和子 ……… 97
　辻直四郎 ……… 321
　堀田幹雄 ……… 447
　松本浩太郎 ……… 468
　渡辺はつえ ……… 563
坂上佐兵衛
　高尾亮雄 ……… 284
阪上佐兵衛 ……… 221
　相坂佶 ……… 1
　富井荘雄 ……… 340
　龍吐源一 ……… 553
　阪上睦郎 ……… 221
榊後彫 ……… 222
坂口主税
　平野雅曠 ……… 420
坂口英夫
　竹内登美子 ……… 299
坂崎延喜　▶野崎延喜
坂下清一 ……… 222
坂田昌一 ……… 222
　加藤正 ……… 141
　上谷良吉 ……… 147
　木庭二郎 ……… 204
阪田隆 ……… 222
　出沢三太 ……… 329
阪谷琴子
　阪谷朗廬 ……… 222
阪谷素　▶阪谷朗廬
阪谷芳郎
　阪谷朗廬 ……… 222
坂千秋
　奥宮衛 ……… 116
坂本イク子
　坂本昭二 ……… 223
酒本俊平 ……… 223

坂本昭二 ……… 223
　梅棹忠夫 ……… 76
　岸田佳宣 ……… 164
　岐田晴湖 ……… 165
　竹内義一 ……… 300
　野島安太郎 ……… 388
　松本清 ……… 467
　宮本正男 ……… 491
　無漏田慶哉 ……… 502
阪本清一郎
　駒井喜作 ……… 210
坂本清馬 ……… 224
坂本庸彦　▶山本庸彦
坂本鶴子 ……… 224
坂本ハルエ ……… 224
阪本勝 ……… 224
坂本義夫
　坂本鶴子 ……… 224
佐川幸一 ……… 224
向坂逸郎
　山川均 ……… 519
佐久間鼎 ……… 224
桜井重雄 ……… 225
桜井茂治 ……… 225
桜井静枝 ……… 225
桜井純
　桜井静枝 ……… 225
桜居甚吉 ……… 225
　泉正路 ……… 40
　二神種郎 ……… 435
櫻井肇山 ……… 225
桜井信夫
　江森巳之助 ……… 85
櫻井肇
　福永和利 ……… 428
桜井秀男　▶篠田秀男
桜井安右衛門
　桜井静枝 ……… 225
桜井八洲雄
　伊藤栄蔵 ……… 46
桜井八洲雄　▶桜井重雄
桜木武雄
　藤田九十九 ……… 432
桜田一郎 ……… 225
　喜多源逸 ……… 165
　清川安彦 ……… 174
　小宮義和 ……… 212
　斎藤英三 ……… 216
　宍戸圭一 ……… 242
　杉田正臣 ……… 265

太宰不二丸 ……… 305
谷山弘蔵 ……… 314
田宮博 ……… 315
内藤良一 ……… 346
細川憲寿 ……… 446
松下進 ……… 462
八木日出雄 ……… 509
桜田儀七 ……… 226
桜田佐 ……… 226
　植木庚子郎 ……… 65
　江川英文 ……… 82
　小松清 ……… 210
　渡瀬亮輔 ……… 560
桜谷正雄 ……… 226
桜田文吾 ……… 226
　桜田一郎 ……… 225
桜根孝之進 ……… 226
桜根たか
　桜根孝之進 ……… 226
桜山壮次 ……… 226
酒向三五郎 ……… 226
　酒向元 ……… 226
酒向元 ……… 226
　酒向三五郎 ……… 226
左近義弼 ……… 227
佐々木一夫 ……… 227
佐々木勝治
　佐々木孝丸 ……… 228
佐々木喜善 ……… 227
　大井学 ……… 89
　関登久也 ……… 276
　水野葉舟 ……… 476
　宮沢賢治 ……… 487
　柳田國男 ……… 515
佐々木銀一
　伊藤敏男 ……… 51
佐々木憲護 ……… 227
佐々木憲徳 ……… 227
佐々木滋 ……… 228
佐々木繁 ……… 228
　石内茂吉 ……… 31
　川名信一 ……… 154
佐々木祐正 ……… 228
佐々木孝丸 ……… 228
　秋田雨雀 ……… 5
　井川幸雄 ……… 27
　石黒修 ……… 36
　江口廉 ……… 82
　岡本好次 ……… 112
　小牧近江 ……… 210

清水勝雄	251	佐々木まゆみ	230	佐藤香	232	石黒彰彦	35
相馬黒光	280	佐々城本支		高木仁三郎	285	真田慶順	
高杉一郎	287	佐々城佑	229	佐藤孝一郎	232	真田増丸	235
田畑喜作	314	佐々木安子		佐藤広次		真田昇連	235
豊川善曄	343	阪田隆	222	金野細雨	215	瓜生津隆雄	80
中村喜久夫	362	佐々木行忠	230	佐藤繁治	232	中井玄道	347
佐々城佑	229	佐々木米子		佐藤勝一	232	真田増丸	235
岩下順太郎	62	佐々木行忠	230	松坂勝郎	461	実吉捷郎	235
梶弘和	134	笹田繁	▶安東仁兵衛	佐藤正二		実吉安純	
佐々城松栄	230	笹原耕春		佐藤香	232	実吉捷郎	235
相馬黒光	280	雀部顕宜	231	佐藤申一	233	佐野学	
ディック	327	藤岡勝二	430	木村又一郎	173	平田勲	419
西川義治	376	笹森順造		佐藤惣之助		佐原新月	▶阿部政雄
日吉フミ	417	柳田英二	514	椎橋好	239	佐村隆英	235
佐々木照央		笹山晋夫	231	佐藤董	▶林董	鮫島宗也	236
長谷川テル	398	菊地盛	162	佐藤忠三郎	233	ザメンホフ	236
佐々木到一	229	深谷昌次	423	佐藤時郎	233	浅野孟府	12
長谷川理衛	401	山茶花究		足立直次	15	足助素一	13
佐々木時雄	229	三浦信夫	473	中垣虎児郎	349	安孫子貞治郎	16
駒尺喜美	210	佐高信		中塚吉次	356	石山徹郎	39
新村猛	263	植村達男	70	山田正男	527	伊藤栄蔵	46
竹内義一	300	金子鋭	145	佐藤徳意	233	伊東幹治	46
佐々城トシ		佐竹正夫		南雲道夫	368	伊東三郎	48
佐々城佑	229	阪上睦郎	221	福原満洲雄	428	上田挨一	67
佐々木富雄	230	佐竹結実	231	山口喜一	520	上田幸太郎	67
佐々城信子		林文雄	409	佐藤矩方	233	内村鑑三	75
佐々城佑	229	光田健輔	480	佐藤春夫	233	小田切秀雄	124
佐々木信綱		佐多芳彦		佐藤方哉	234	ガントレット，エドワード	
丘浅次郎	105	佐多芳久	231	佐藤政資	234		160
佐々木久子		佐多芳久	231	河村北星	158	城戸崎益敏	170
丘浅次郎	105	佐多芳郎		角田俊徹	324	清見陸郎	175
田中政夫	310	佐多芳久	231	藤田槌三	432	桐生潤三	175
佐々木秀一	230	佐々一雄	231	佐藤方哉	234	黒板勝美	188
佐々城開		サットン		佐藤春夫	233	桑田春風	191
佐々城佑	229	菊池貞一	163	佐藤義雄	234	ゲイガン	192
佐々木文綱		佐藤愛子		佐藤義人	234	香村小録	196
丘浅次郎	105	高尾亮雄	284	佐藤了	234	小林司	206
佐々城松栄	230	佐藤一英	231	佐藤亘		佐藤方哉	234
岩下五百枝	62	石黒修	36	野村正太郎	391	佐村隆英	235
河崎なつ	153	内藤為一	346	里見弴		柴田義勝	247
佐々城佑	229	山田弘	526	有島生馬	21	周作人	254
徳永恕	339	佐藤栄吉		里吉重時	235	寿岳静子	255
平川さだの	418	▶エラケツ，アテム		石黒彰彦	35	進藤静太郎	260
三宅ヒサノ	486	佐藤栄作		江森巳之助	85	新村出	262
三輪田元道	494	由比忠之進	533	田沼利男	314	関口存男	276
矢次とよ子	514	佐藤栄三		多羅尾一郎	316	田中正平	310
山川菊栄	519	古河三樹松	438	月洞譲	321	田畑喜作	314
山川振作	519	佐藤悦三	231	比嘉春潮	413	坪田幸紀	325
佐々木正通		大山時雄	104	宗近真澄	497	中川時雄	350
丘浅次郎	105	間山直幹	333	サドラー		中村正美	366

難波金之助	371
野村理兵衛	392
パーマー	393
彦坂本輔	415
ピサロ	415
二葉亭四迷	435
プリヴァ	437
堀田幹雄	447
堀内敬三	449
前田喜美子	454
松下理八	462
松田恒治郎	463
松本浩太郎	468
松本日宗	469
丸山幸男	472
ミスレル	478
宮本百合子	493
山田耕筰	525
山本有三	532
横山健堂	539
吉永義光	544
義本正男	546

ザメンホフ, レオノ
ザメンホフ	236
進藤静太郎	260

更井啓介	238
更科源蔵	238
高村光太郎	295
向井豊昭	495

ザレスキ＝ザメンホフ
小林司	206
ザメンホフ	236

沢井順次郎
　　　　　▶高楠順次郎
沢井博
八木仁平	509

沢木淳吉	238
佐和慶太郎	238
沢田勇	238
澤田和子	238
長谷川テル	398

沢田正二郎
秋田雨雀	5

沢たまき
笠松エト	133

澤地久枝
鹿野武一	145

沢村光子
磯辺弥一郎	41

沢柳政太郎	239

谷本富	314
パーマー	393
中田久和	355

三谷 ▶岡麓
傘谷 ▶岡麓

し

椎名順二	239

椎名誠
渡辺良一	563

椎野悦朗	239

椎野武 ▶椎野悦朗

椎橋好 239
富永慶順	342
中平孔三	360
プロクター	441

シーラカンス
　　　　　▶三ッ石清

シェークスピア
ザメンホフ	236
野崎貞夫	387

シェーラー 240
粟飯原晋	2
池田善政	30
石井菊三郎	31
磯部幸子	41
小川久太郎	113
萱場真	148
清見陸郎	175
太宰不二丸	305
中大路政次郎	348
林好美	410
福田正男	426
松木慎吾	460
南見善	481
村田正太	500
本野精吾	503
山添三郎	524

ジェリー藤尾
三浦信夫	473

シェロシェフスキ
黒川眸	189

塩井年雄	240
塩川新助	240
田宮博	315
横井領郎	538
横山喜之	539

塩田智江子
川平浩二	156
津田松苗	322

塩谷キヨ	
樋口幸吉	414

潮地ルミ
松崎克己	462

塩沼英之助	240
石賀修	32
黒川眸	189
林文雄	409
光田健輔	480
宮川量	484
山名実	527

塩沼みつ
塩沼英之助	240

塩野正家	241
近三四二郎	214
長谷川信六	398
横尾安夫	538

塩見勝孝	241

塩見元彦
菅波任	264

塩山寛市	241

志賀潔
佐藤政資	234

志賀直哉
伊藤巳西三	48
梶弘和	134
北村信昭	168

式場隆三郎	241
重枝四四男	241
滋野清武	241
重松俊	241
重松鷹泰	242
宮村摂三	490

重松太喜三	242
加藤明子	142
寺井利一	330

重松達一郎	242
大野直枝	100
加納哲雄	146
杉森此馬	267
石宙明	276
中目覚	359
矢住みきの	513

重松みきの
　　　　　▶矢住みきの

重光葵
エッケルマン	84

茂森唯士	242
宍戸圭一	242
池田長守	30

喜多源逸	165
桑原利秀	191
コットレル	201
近藤国臣	214
近藤政市	215
嶋田卓弥	250
竹広登	304
内藤良一	346
野村理兵衛	392
八木日出雄	509
レオ	554

宍戸武志	243

宍戸正
宍戸圭一	242

幣原喜重郎	243
幣原坦	243
清野長太郎	275

幣原坦	243
古在由重	198

篠邦彦	243

篠田秀男	243
加藤静一	141
國井勝夫	179
庄子時夫	256
田中菊雄	309
長岡二郎	348
吉田常	543

篠田光信	244

シノット	244
ケイシー	193

篠遠喜人	244
市川重一	43
河合秀夫	150
八代英蔵	514

篠遠喜彦	
篠遠喜人	244

篠原久子
佐々城佑	229
マッケンジー	461
松田周次	463

信夫淳平	244

四野宮豊治	244

柴垣三市
須藤実	273

斯波邦夫	244

司馬江漢
平出種作	419

柴崎芳太郎
柴崎芳博	245

柴崎芳博	245

柴田至	245	オームズビ	103	平松義輝	421	松原言登彦	466
柴田巖	245	鹿野武一	145	古河三樹松	438	志村吉衛	▶河本吉衛
杉谷洋子	266	上出金太郎	147	安井義雄	511	志村喬	252
柴田一雄		真田昇連	235	山鹿泰治	517	志村保一	252
岩田宗一郎	63	佐村隆英	235	島津次雄	250	速水真曹	410
柴田恭二	245	太宰不二丸	305	島津徳三郎	250	久内清孝	415
柴田皎		ツースベルト	319	島津末二郎	250	下河原政治	252
梶弘和	134	中大路政次郎	348	島貫きよ	▶大泉きよ	麻生介	14
柴田潤一	246	平野宗浄	420	島貫武治		竹崎虎惣太	301
浅田一	11	フェドルチャク	423	大泉きよ	90	下村鉱造	▶下村芳司
伊藤徳之助	51	山田義秀	527	島貫徳三郎		下瀬謙太郎	252
尾坂政男	120	渋川正治	248	大泉きよ	90	下竹吉一	252
斎藤玉男	218	渋沢栄一		島貫兵太夫	250	下斗米秀次郎	
鈴木正夫	271	阪谷朗廬	222	酒井勝軍	220		▶田中館秀三
田村於兎	315	穂積陳重	447	相馬黒光	280	下中弥三郎	252
土岐善麿	335	渋谷定輔	248	島野広	251	阿部政雄	18
永浜寅二郎	359	志甫三郎平	248	島袋盛敏	251	下野信之	253
西成甫	373	島尾四郎	248	島文次郎	248	下村愛子	253
村田正太	500	島尾敏雄		内野仙治	74	下村芳司	253
八木日出雄	509	島尾四郎	248	島村抱月		下村海南	▶下村宏
山田貞元	525	島木健作	248	秋田雨雀	5	下村信夫	
柴田潤公	▶柴田潤一	相沢良	2	小西伝助	203	野村正太郎	391
柴田澄雄	246	一木誠也	44	清水幾太郎		下村駿	
斯波忠夫		野崎貞夫	387	浅野孟府	12	曾根原博利	281
斯波邦夫	244	島倉平作	248	平野雅曠	420	下村宏	253
柴田武	246	島崎菊枝	▶牧瀬菊枝	清水卯之助	251	下村房次郎	
小林胖	209	島崎捨三	249	清水勝雄	251	下村宏	253
柴田武福	246	金野細雨	215	内田雄太郎	74	下村正夫	
朴烈	443	セリシェフ	279	鈴木清	269	下村宏	253
柴田衛	246	島崎藤村		清水孝一		八田元夫	403
柴田実	246	伊藤長七	51	阪田隆	222	下村芳司	253
岡田幸一	109	相馬黒光	280	清水庚子郎		大島義夫	95
宍戸圭一	242	島崎敏一	249		▶植木庚子郎	中井保造	347
林稲苗	407	島崎康雄		清水新平	251	浜田直助	407
柴田泰弘	247	島崎捨三	249	大木喬之助	92	松原言登彦	466
柴田雄次	246	島崎洋一	249	難波経一	371	三宅史平	484
田辺尚雄	312	島地威雄	249	宮田聰	488	山県光枝	518
柴田義勝	247	大井学	89	山越邦彦	522	ジャーヴィス	254
石黒修	36	高山図南雄	295	清水他喜雄		釈彰敏	▶暁烏敏
沢柳政太郎	239	永浜寅二郎	359	清水勝雄	251	釈堆青	
ペレール	442	島地黙雷		清水武雄	251	秋田雨雀	5
横井憲太郎	537	島地威雄	249	清水千里		ジャック滋野	
斯波忠三郎		島地久治	249	清水勝雄	251	滋野清武	241
斯波邦夫	244	島地虔次	249	清水登	252	ジャン・コクトー	
斯波貞吉	245	嶋田卓弥	250	清水一	252	高田博厚	289
柴山慶	▶柴山全慶	島谷剛		岡田家武	109	周恩来	
柴山全慶	247	小林司	206	中村幸四郎	363	長谷川テル	398
秋山文陽	7	島田養之輔	250	清水宏子		周作人	254
浅野研真	11	島津二二郎	250	松原言登彦	466	エロシェンコ	86
浅野三智	12	島津徳三郎	250	清水真照		張継	319

619

ヨネダ，カール 547	小川鼎三 114	森毅 504	八木日出雄 509
魯迅 555	東海林敬子	山田弘 526	ランティ 550
周樹人 ▶魯迅	酒井瞭吉 221	由比忠之進 533	新藤英松 261
周力 254	阪田隆 222	横井憲太郎 537	進藤復三
寿岳章子	門間祐太郎 508	白土三平	梅原義一 79
寿岳静子 255	庄子時夫 256	岡本唐貴 112	進藤静太郎 260
寿岳しづ ▶寿岳静子	長岡二郎 348	白鳥省吾 258	福永和利 428
寿岳静子 255	庄子博子	富田砕花 341	新橋アイ
岩橋武夫 63	庄子時夫 256	白鳥敏夫	高宮アイ 294
丹羽吉子 383	荘田達弥 256	広田洋二 422	シンプキンズ 261
ブレールスフォード 440	荘田平五郎	白根松介 259	神保格 261
和田達源 560	荘田達弥 256	白畠正雄 259	神保規一 262
寿岳文章	荘豊之祐 256	木崎宏 163	藤岡勝二 430
寿岳静子 255	庄野信司 256	白水ミツ子 259	神保規一 262
ブレールスフォード 440	城谷三郎 257	城内忠一郎 259	神保格 261
祝振綱 255	昭和天皇	城内信衛	辛鳳祚 260
祝明義	伊藤洋 52	城内忠一郎 259	福永和利 428
葉籠士 537	ジョン万次郎	城谷文城 259	山本作次 530
守随一 255	中浜明 359	高須正末 286	李光洙 552
秋田雨雀 5	白石浅太郎	中山元雄 368	新保外志
大島義夫 95	▶白石朝太郎	城谷文四郎	角尾政雄 132
菊地盛 162	白石朝太郎 257	▶城谷文城	須山幸男 274
笹山晋夫 231	白石健 257	シン ボンジョ	新名直和 262
宋禹憲 280	殷武巌 64	▶辛鳳祚	新村出 262
高木市之助 284	水野義明 477	神潔 260	岩波雄二郎 63
中村春二 365	白石茂生 257	山賀勇 517	黒板勝美 188
新国康彦 372	井沢万里 31	神宮裏 260	小林英夫 209
巴金 394	岩崎剛 62	進士正夫 260	近藤国臣 214
土方辰三 416	上山政夫 71	進藤次郎 260	ザメンホフ 236
深谷昌次 423	杉下瓢 265	進藤静太郎 260	新村猛 263
シュタイネル	寺島岩次郎 331	進藤静太郎 260	関口泰 276
栗栖継 183	白石徹生 257	浅井恵倫 8	内藤馬蔵 346
首藤基	白井好巳 257	石井菊三郎 31	中原脩司 360
杉若金一郎 268	前田一三 454	伊藤幸一 48	八木日出雄 509
古沢末次郎 439	山本洋一 532	岩下順太郎 62	柳田國男 515
シュバイツァー	白岩俊雄 258	大谷正一 98	吉町義雄 545
向井正 495	白神寿吉 258	小笠原誉至夫 108	新村猛 263
朱文央 254	白壁傑次郎 258	奥村林蔵 117	駒尺喜美 210
シュミット 255	沢潟久孝 128	カール王子 130	新村出 262
伊藤敏夫 51	白壁武弥	草刈孟 177	**す**
江森巳之助 85	白壁傑次郎 258	進藤次郎 260	
車谷宙平 188	白川英樹	隅谷信三 273	吹田好雄 263
シュミット 佳子 256	宮川量 484	中村春二 365	末川博 263
シュミット佳子 256	白木欽松 258	西村正雄 380	末広忠介 263
シュミット 255	ヴァン・ヒンテ 65	丹羽吉子 383	末松豫彦 263
シュレーダー	佐藤一英 231	パーマー 393	菅波つとむ ▶菅波任
土井英一 332	柴田義勝 247	パブロフ 406	菅波任 264
東海林信行	竹中治助 304	本郷秀規 451	菅沼隆 264
	中村季男 364	松崎克己 462	菅野祐治 264
	堀栄二 448	南見善 481	萩原謙造 394

620

菅野竹雄		杉村広太郎		ポストニコフ	444	青島友治	4
飯田廣	25	薄井秀一	72	宮地伝三郎	488	香川昇三	131
十河博志	281	杉村章三郎	266	鈴木北夫	269	北原二郎	167
菅野尚明	264	杉村楚人冠		大泉八郎	90	田村憲造	316
川俣浩太郎	156	薄井秀一	72	パブロフ	406	水口俊明	475
久保貞次郎	180	杉本健吉	267	鈴木亨市	269	鈴木ますみ	
鶴田俶功	326	杉本武夫		鈴木清	269	鈴木正夫	271
三上英生	474	八木日出雄	509	中村喜久夫	362	中山知雄	368
菅村輝彦	264	杉本ゆめ		鈴木金之助	269	西成甫	373
菅原慶一	264	小林司	206	鈴木邦生		鈴木松雄	271
猪川城	28	杉本良	267	鈴木正夫	271	斎藤力	218
萱場晴浦	148	ポスピシル	445	鈴木恵作		竹内徳治	299
酒井瞭吉	221	杉森此馬	267	──▶小久保恵作		藤田恒太郎	432
情野鉄雄	275	大野直枝	100	鈴木重貞	269	鈴木三樹三郎	
二関孝紀	382	中目覚	359	鈴木二郎　▶矢川徳光		小野圭次郎	125
菅原菅雄	265	杉山幹三	267	鈴木鎮一		鈴木安恒	271
菅原虎彦	265	杉山彦六　▶土屋彦六		村松清江	501	鈴木義男	271
木下康民	171	杉山益夫	267	鈴木真言		鈴木嬉子	271
山本耕一	530	杉山隆治	267	鈴木正夫	271	鈴田文次郎	272
杉井絹子	265	伊藤徳之助	51	鈴木誠司　▶中村誠司		鈴森淑	272
杉井幸一		エロシェンコ	86	鈴木清順		スター	272
杉井和一郎	265	小倉金悦郎	117	坂本昭二	223	須田朱八郎	272
杉井和一郎	265	後藤敬三	202	二葉亭四迷	435	スタンダール	
杉浦武雄	265	山羽儀兵	530	鈴木清蔵	269	佐々木孝丸	228
黒田礼二	191	椙山隆治　▶杉山隆治		鈴木宗作		須藤蔀	273
田誠	332	杉若金一郎	268	鈴木正夫	271	須藤信夫	273
杉浦竜二		古沢末次郎	439	鈴木泰	269	須藤実	273
倉地治夫	183	助川貞利	268	鈴木大拙		ストパニ	
杉下瓢	265	助川貞次郎		竹内藤吉	299	川上喜光	151
鮎川常基	1	助川貞利	268	ランティ	550	洲之内道子	
杉田直		菅生哲雄	263	薄田泣菫		情野鉄雄	275
杉田正臣	265	スコルニク	268	小西伝助	203	スピノザ	
杉谷洋子	266	藤沢親雄	430	薄田研二	272	高橋清七	292
杉谷文之	266	洲崎敬三	268	鈴木唯一	270	住井すゑ	
杉谷文之	266	松葉菊延	464	三沢正博	475	木村京太郎	172
杉谷洋子	266	調所一郎		鈴木立春	270	住谷悦治	273
杉田秀夫　▶瑛九		安武直夫	513	鈴木保	270	隅谷信三	273
杉田正臣	265	鈴江懐	268	鈴木忠治		黒田正幸	190
瑛九	80	鈴置二郎		鈴木松雄	271	進藤静太郎	260
黒木浩	189	小坂由須人	120	竹内徳治	299	橋田慶蔵	396
中村重利	363	楠田善助	177	鈴木貞	270	住吉勝也	274
マラン	470	須々木景光		河田三治	154	永田明子	354
無漏田慶哉	502	須々木要	268	南英一	481	松本健一	468
杉野耕平	266	徳田六郎	337	村田治郎	500	住吉知恵子	
西川敏彦	376	須々木要	268	用瀬英	502	松本健一	468
杉野万亀夫		秋田雨雀	5	鈴木天生		住吉智恵子	274
増田英一	457	安黒才一郎	8	鈴木北夫	269	スミルニツキー	274
杉村謙吉	266	清水勝雄	251	鈴木秀四郎	270	巣山毅	274
中田勝造	354	杉本良	267	鈴木筆太郎	270	杉田正臣	265
西岡知男	375	巴金	394	鈴木正夫	271	橋本竹彦	397

あいうえおかきくけこさしすせそたちつてとなにぬねのはひふへほまみむめもやゆよらりるれろわ

索引

621

日野巌	417	関本至	277	高橋邦太郎	290	園池公功	282
山下巌	524	関本太郎		千住武次郎	280	園池公致	
須山幸男	274	関本至	277	広田直三郎	422	園池公功	282
角尾政雄	132	関谷泉	277			園乾治	282
スリンガー		三島一	475	**そ**		粟飯原晋	2
シェーラー	240	関谷正純	277	宋禹憲	280	鎌田栄吉	146
		ランティ	550	井上万寿蔵	56	園田敏男	282
せ		セケリ	277	宋在東		園部三郎	282
盛国成		菅原慶一	264	宋禹憲	280	蘇壁輝	280
高橋邦太郎(技師)		長岡二郎	348	相馬愛蔵		稲垣藤兵衛	53
	290	花本英三	405	エロシェンコ	86	王祖派	88
清野暢一郎	274	瀬尾達太郎		臼井吉見	73	児玉四郎	201
清野長太郎	275	伊東三郎	48	相馬黒光	280	比嘉春潮	413
谷川徹三	313	瀬下清		相馬黒光	280	連温卿	554
蠟山政道	555	瀬下良夫	278	秋田雨雀	5	蘇壁琮	280
清野長太郎	275	瀬下良夫	278	臼井吉見	73	ソン ウホン ▶宋禹憲	
清野暢一郎	274	瀬戸内晴美		エロシェンコ	86	孫文	
情野鉄雄	275	大杉栄	96	酒井勝軍	220	佐々木到一	229
酒井瞭吉	221	妹尾義郎	278	佐々城佑	229		
菅原慶一	264	セミョーノフ		島貫兵太夫	250	**た**	
瀬川重礼	275	黒木親慶	189	中沢信午	351	ダーウィン	
エッケルマン	84	芹沢光治良	278	ソク チュソン		大杉栄	96
瀬川昌男	275	市河彦太郎	43	▶石宙善		泰井俊三	283
瀬川行有 ▶福田定良		河田ユキ	154	ソク チョミン		大道安次郎	283
関和男	275	北川三郎	166	▶石宙明		当摩憲三	283
関口出 ▶新村出		小岩井浄	194	相馬良 ▶相馬黒光		竹吉正広	305
関口清江 ▶村松清江		西村光月	379	添田寿一		平良文太郎	283
関口泰	276	セリシェフ	279	徳川家達	336	田内森三郎	283
猪谷六合雄	27	浅田幸政	11	十河信二	281	田江時次郎	
関口存男	276	ヴォーン	71	池田勝三郎	29	▶榎山時次郎	
関口春夫	277	大山時雄	104	種田虎雄	88	田岡典夫	283
関口芳三		金億	176	田誠	332	田岡嶺雲	
相沢平吉	2	島崎捨三	249	十河孝子		田岡典夫	283
関口隆吉		清水勝雄	251	十河博志	281	高石綱	284
関口泰	276	多羅尾一郎	316	十河晴美		大場秋雄	100
関定則 ▶三田定則		萩原謙造	394	十河博志	281	高井修一	
石宙善	275	松葉菊延	464	十河博志	281	橋本雅義	397
石宙明	276	松本正雄	469	飯田廣	25	高尾亮雄	284
石宙明	276	由里忠勝	535	ソシュール		岩橋武夫	63
重松達一郎	242	李光洙	552	小林英夫	209	北村兼子	167
石宙善	275	ゼルテン		曽田長宗	281	熊谷鉄太郎	181
関戸勲	277	眞壁禄郎	455	粟田賢三	22	小林卯三郎	205
関登久也	276	瀬脇寿雄	279	石田啓次郎	37	高瀬嘉男	288
関根憲司		東久世昌枝	414	古在由重	198	富井荘雄	340
相沢治雄	1	千賀郁夫	279	西村浩	380	中原脩司	360
関久子		梶弘和	134	曽根原博利	281	難波金之助	371
松本員枝	467	銭玄同		野村正太郎	391	藤間常太郎	434
関本至	277	魯迅	555	曽根広		古屋登代子	440
齋藤襄治	217	仙石貢		及川周	88	森本二泉	507
関本幸太郎		カジ=ギレイ	135	萱場真	148	和田達源	560

高岡日宗 ▶松本日宗	土岐善麿 335	大谷正一 98	向井豊昭 495
高尾平兵衛	鳥居篤治郎 344	乙部泉三郎 124	高橋運 293
塚元周三 320	長谷川テル 398	カジ＝ギレイ 135	南見善 481
城谷文城 259	三ッ石清 479	コスチン 200	高橋基 293
永田秀次郎 355	宮沢俊義 488	後藤敬三 202	高橋元吉
高木市之助 284	早稲田裕 558	小松清 210	高橋清七 292
高木香 ▶佐藤香	高須正末 286	田上政敏 294	高橋八重子
高木和男 284	高瀬明 288	多田斎司 306	▶袴田八重子
福地誠一 427	高瀬好子 288	田辺朔郎 312	高橋要一 293
高木岩太郎	高瀬帝子	富永勇 342	吉原正八郎 545
相沢良 2	徳川夢声 336	富永斎 342	高畠清 293
鳴海完造 370	高瀬正栄 288	中目覚 359	大井学 89
高木光司郎	高瀬嘉男 288	速水真曹 410	高畠学 ▶大井学
高木仁三郎 285	高瀬好子 288	原田勇美 412	高畠素之
高岸栄次郎 285	高瀬明 288	古田立次 439	矢部周 516
磯英治 40	長岡二郎 348	前田三遊 454	高浜虚子
鷹樹寿之介	高田集蔵 289	桝野助治郎 458	木村貫一郎 172
▶菊岡久利	高橋金一郎 290	松隈健彦 461	高原憲 293
高木俊蔵 285	竹森一則 305	美野田琢磨 482	東龍太郎 14
青野武雄 4	出口王仁三郎 328	武藤於菟 496	石丸鎮雄 39
高木仁三郎 285	三田村四郎 479	横井憲太郎 537	王光華 88
佐藤香 232	高田隆之	高橋邦太郎（文学者）	小野興作 125
高木貞一 285	福田正男 426	291	加藤美之 143
大島義夫 95	高田知一郎 289	高橋謙 291	周力 254
高岸栄次郎 285	高見和平 294	高橋孝吉 291	高見和平 294
竹内寿太郎 299	高田一燈子	高橋公三 291	谷口恒二 313
高木弘 ▶大島義夫	高田集蔵 289	木庭二郎 204	符悩武 423
高木陸奥男 ▶菊岡久利	高田博厚 289	白井好巳 257	高部益男 294
高木正乃	高田聖史 289	山本洋一 532	高間芳雄 ▶高見順
高木貞一 285	高田休広 289	高橋功三 291	高見沢仲太郎
高久甚之助 285	日高第四郎 416	高橋順太郎 291	▶田河水泡
高楠順次郎 286	高月勝四郎 290	林春雄 409	高見順 294
高倉新一郎 286	高津正道 289	高橋真太郎 292	田上政敏 294
高倉テル 286	エロシェンコ 86	高橋省三郎 292	中村久雄 365
大島義夫 95	高杉一郎 287	上田精一 68	高見元男
沢瀉久孝 128	高梨百合子	古賀千年 197	▶出口日出麿
斎藤秀一 218	上農勝弘 69	西山徳助 381	高宮アイ 294
高倉輝 ▶高倉テル	高野好子 ▶高瀬好子	藤原教悦郎 435	高宮愛子 ▶高宮アイ
高倉輝豊 ▶高倉テル	高橋和巳 290	高橋清七 292	高宮篤 294
高桑正吾 286	小松左京 211	高橋宅治 292	田宮博 315
虎渡乙松 344	出口王仁三郎 328	高橋琢也 292	高見和平 294
亘理俊雄 564	由比忠之進 533	竹下文隆 302	高村光太郎 295
高桑守二 286	髙橋菊蔵 290	高橋達治 292	小林英夫 209
高島律三 286	高橋金一郎 290	永田明子 354	斎藤玉男 218
高杉一郎 287	高田集蔵 289	高橋俊人 292	更科源蔵 238
飯塚伝太郎 26	高橋邦太郎（技師） 290	高橋とみ	白石朝太郎 257
伊東幹治 46	浅井恵倫 8	▶高橋とみ子	相馬黒光 280
ウースター 65	阿閉温三 16	高橋とみ子 292	高田博厚 289
エロシェンコ 86	出水才二 40	高橋農夫吉 293	本郷新 450
大井上康 90	ヴォナゴ 72	高橋宏幸	水野葉舟 476

623

宮静枝 483	伊藤恭吉 48	竹下文隆 302	竹吉正広 305
向井豊昭 495	藤原咲平 435	竹下外来男 302	木津義雄 168
高村智恵子	竹内朔敬 298	渡部隆志 561	タゴール
斎藤玉男 218	竹内次郎 ▶栗栖継	竹下文隆 302	平出種作 419
高村利義 295	竹内次郎 298	竹島豊雄 302	太宰治
高柳光子 ▶熊沢光子	竹内孝	中田勝造 354	竹下外来男 302
高山樗牛	保見国治 513	竹田吉郎 302	野崎貞夫 387
島文次郎 248	竹内千栄	藤田重明 432	太宰不二丸 305
高山図南雄 295	鈴木松雄 271	山口良哉 521	秋山文陽 7
下中弥三郎 252	竹内知得子 298	竹田清 302	浅野三智 12
八田元夫 403	竹内藤吉 299	西村浩 380	甘蔗要 159
宝井琴桜	浅野研真 11	橋本弘 397	真田昇連 235
長谷川テル 398	エッケルマン 84	武田晋一郎 302	柴山全慶 247
宝木武則 295	梶間百樹 135	竹田資俊 ▶中條資俊	三輪義明 494
河合勇吉 150	島文次郎 248	武田貴美 303	田坂具隆
萩原謙造 394	ランティ 550	武田虎之助 303	清見陸郎 175
ヨネダ, カール 547	竹内徳治 299	武谷広	田崎直夫 ▶安武直夫
宝木実	井上万寿蔵 56	武谷止孝 305	田崎正浩 305
宝木寛 296	鈴木松雄 271	武谷三男 303	田島泰秀 305
宝木寛 296	長谷川理衛 401	服部亨 404	ダシュグプタ
河合勇吉 150	舟橋譚一 437	菊沢季生 162	菊池貞一 163
宝木武則 295	竹内寿太郎 299	高橋邦太郎 290	田代晃二 305
中塚吉次 356	竹内登美子 299	武田凞 303	近藤一夫 214
田河水泡 296	竹内義一 300	竹田平一 303	西川豊蔵 376
田川大吉郎 297	竹内孫次郎 300	武田正雄 303	田代光雄 306
田木襄 ▶岡一太	竹内義一 300	竹田峯子	夛田渥美 306
滝田陽之助	西光万吉 216	武田正雄 303	多田斎司 306
▶小野俊一	佐々木時雄 229	武田八洲満	土井英一 332
多木英勝	澤田和子 238	武田虎之助 303	多田巧 306
多木燐太郎 297	新村猛 263	武智正寛 303	多田ツヤ ▶多田浩子
多木燐太郎 297	竹内登美子 299	武富英雄 304	多田留治 306
伊藤巳酉三 48	西川豊蔵 376	竹中治助 304	多田浩子 306
大島義夫 95	武岳巌 ▶殷武巌	金子美雄 145	芦田弘 13
清水卯之助 251	武上耕一 301	白木欽松 258	小寺廉吉 201
馬場清彦 406	武隈徳三郎	谷村正夫 313	田村はるゑ 316
田鎖綱紀 297	浅田幸政 11	内藤為一 346	松下理八 462
二葉亭四迷 435	竹崎虎惣太 301	矢崎富美人 511	ランティ 550
ヘイデン 441	麻生介 14	由比忠之進 533	立花久和吉 307
田口卯吉	市村宏 45	葉籟士 537	橘健二 307
乗竹孝太郎 392	下河原政治 252	竹花稔一	橘善三 307
田口弼一 298	竹崎靖一	後岡満寿次郎 389	橘東海
田口龍雄 297	竹崎虎惣太 301	竹林熊彦 304	柿内三郎 131
田口稔 298	竹崎睦子	武林無想庵	立原道造 307
田口喜雄	藤田啓介 432	脇清吉 557	舘正人 307
浦良治 79	竹沢啓一郎 301	竹広登 304	タッカー 307
田熊健二	岩田宗一郎 63	河瀬収 154	辰野金吾
川平浩二 156	角尾政雄 132	田野良雄 314	辰野隆 307
宅間清太郎 298	野村理兵衛 392	竹本温 ▶福谷温	辰野隆 307
武石巌 298	竹下和 302	竹森一則 305	小松清 210
武居哲太郎 298	竹下かな江	武谷止孝 305	巽馨 308

立野信之	田中長三郎	谷川徹三 ……… 313	梶弘和 ……… 134
蔵原惟人 ……… 183	……… ▶秋山長三郎	谷川徹三 ……… 313	田平正子
伊達政宗	田中定二	清野暢一郎 ……… 274	上山政夫 ……… 71
萱場真 ……… 148	柳田英二 ……… 514	谷口光平 ……… 313	久津内猶一 ……… 179
田所作太郎 ……… 308	田中豊彦	伊藤庸二 ……… 52	幡山二三郎 ……… 403
ブラット ……… 437	向井孝 ……… 494	清水新平 ……… 251	平井征夫 ……… 417
堀正一 ……… 448	田中久夫 ……… 310	浜田成徳 ……… 407	玉井英次郎 ……… 315
田中丑雄 ……… 308	田中秀夫 ……… 310	山越邦彦 ……… 522	玉井つる子
田中ウタ ……… 308	田中寛	谷口高 ……… 313	玉井英次郎 ……… 315
秋山長三郎 ……… 7	田中久夫 ……… 310	谷口恒二 ……… 313	玉井磨輔 ……… 315
牧瀬菊枝 ……… 456	田中宏 ……… 310	谷口道夫 ……… 313	玉川勝太郎（2代）……… 315
田中角栄	田中房雄 ……… 310	谷口ミヤ子	玉川久雄 ……… 315
新関勝芳 ……… 372	河本吉衛 ……… 158	瑛九 ……… 80	玉木幸之助 ……… 315
田中覚太郎 ……… 308	田中政明	谷口都	玉木英彦
小松文夫 ……… 211	田中丑雄 ……… 308	瑛九 ……… 80	清水武雄 ……… 251
長谷川朝一 ……… 401	田中政夫 ……… 310	谷崎潤一郎	畑晋 ……… 402
田中克三 ……… 309	田中正盛 ▶井上正盛	石黒彰彦 ……… 35	藤川義太郎 ……… 430
田中克彦	田中まち子	藤城謙三 ……… 431	宮村摂三 ……… 490
谷川徹三 ……… 313	田中久夫 ……… 310	谷林正敏 ……… 313	森本重武 ……… 507
田中菊雄 ……… 309	田中丸重雄	灘尾弘吉 ……… 369	山川振作 ……… 519
篠田秀男 ……… 243	田中丸益一 ……… 312	難波経一 ……… 371	玉木文之進
田中軍吉 ……… 309	田中丸益一 ……… 312	タニヒロユキ	内田荘一 ……… 73
田中顕道 ……… 309	江口廉 ……… 82	川崎直一 ……… 152	山口清子
田中小実昌	田中美知太郎	谷博之	山崎桂男 ……… 523
田中種助 ……… 310	赤司裕 ……… 5	李士俊 ……… 552	田丸久竹
田中貞美 ……… 309	田中光顕 ……… 311	谷正守 ……… 312	土師孝三郎 ……… 395
加納哲雄 ……… 146	田中弥 ……… 311	谷村正夫 ……… 313	太丸マツ
金明烈 ……… 176	田中康信	谷村道夫	福田仁一 ……… 425
竹内義一 ……… 300	竹田平一 ……… 303	金子美雄 ……… 145	田宮博 ……… 315
土屋哲郎 ……… 323	横山重夫 ……… 539	谷本富 ……… 314	桜田一郎 ……… 225
中島光風 ……… 352	田中淑 ▶鈴森淑	谷本誠 ……… 314	塩川新助 ……… 240
中村日出男 ……… 365	田中佳子	谷山弘蔵 ……… 314	高宮篤 ……… 294
山県光枝 ……… 518	……… ▶シュミット佳子	細川憲寿 ……… 446	田村於兎 ……… 315
田中早智子	田中吉野	谷幸子 ▶磯部幸子	尾坂政男 ……… 120
前田喜美子 ……… 454	阪田隆 ……… 222	田沼利男 ……… 314	西成甫 ……… 373
田中正平 ……… 310	鈴木清 ……… 269	川崎直一 ……… 152	宮路重嗣 ……… 488
田中館愛橘 ……… 311	田中義弘 ……… 311	里吉重時 ……… 235	田村憲造 ……… 316
田中孝幸	田辺朔郎 ……… 312	比嘉春潮 ……… 413	三田定則 ……… 478
三ッ石清 ……… 479	三宅雪嶺 ……… 485	南英一 ……… 481	森於菟 ……… 503
田中館愛橘 ……… 311	田辺二吉 ▶原二吉	宗近真澄 ……… 497	田村貞吉 ……… 316
井口在屋 ……… 57	田辺治夫 ……… 312	田野崎和夫 ……… 314	田村はるゑ ……… 316
田中正平 ……… 310	田辺尚雄 ……… 312	田野多喜子	カール王子 ……… 130
田中館秀三 ……… 311	柴田雄次 ……… 246	青島友治 ……… 4	田村復之助 ……… 316
穂積陳重 ……… 447	田辺茂一 ……… 312	田野良雄 ……… 314	北村信昭 ……… 168
堀内庸村 ……… 449	谷亀之助 ……… 312	河瀬収 ……… 154	宮武正道 ……… 489
田中館秀三 ……… 311	上野孝男 ……… 69	竹広登 ……… 304	田村実
田中館愛橘 ……… 311	川原次吉郎 ……… 155	田畑喜作 ……… 314	田村はるゑ ……… 316
田中種助 ……… 310	小林鉄太郎 ……… 208	内田雄太郎 ……… 74	田村義也
伊藤八郎 ……… 52	豊川善暉 ……… 343	谷村正夫 ……… 313	野島安太郎 ……… 388
田中民蔵 ……… 310	谷川俊太郎	田原春次 ……… 315	田山花袋

625

鳴海要吉 370	千布利雄 318	張継 319	塚本赳夫 320
田山春夫	赤司裕 5	周作人 254	都川正 320
▶江森巳之助	安孫子貞治郎 16	魯迅 555	津川弥三郎 321
多羅尾一郎 316	上田嘉三郎 66	長梧子 ▶薄井秀一	粟屋真 22
石黒彰彦 35	エレデル 85	張作霖	桑島新 191
上田嘉三郎 66	大島義夫 95	佐々木到一 229	橋詰直英 396
押田徳郎 123	大杉栄 96	張順姫	月洞譲 321
里吉重時 235	岡一郎 106	洪亨義 194	月本一豊 321
多羅尾次郎 317	辛川武夫 149	D.M. チョーン	池垣岩太郎 28
露木清彦 325	木村自老 172	ケイシー 193	石井一二三 31
槙田長亀 457	黒板勝美 188	チョン サソプ	月本喜多治 321
松本正雄 469	後藤敬三 202	▶鄭四燮	津路道一 321
矢住みきの 513	宍戸圭一 242	知里真志保 319	月本喜多治 321
多羅尾次郎 317	島津次雄 250	露木清彦 325	カール王子 130
多羅尾一郎 316	杉山隆治 267	宗近真澄 497	月本一豊 321
多羅淳一	高橋順太郎 291	知里幸恵	渡辺輝一 562
多羅尾一郎 316	田中克三 309	相沢治雄 1	津久井英喜
田和一夫	多羅尾一郎 316	知里真志保 319	栗栖継 183
丘文夫 107	坪田幸紀 325	陳旺生 319	斉藤賢一 217
丹後関太郎 317	東宮豊達 334	陳原	白水ミツ子 259
壇辻浩 317	中田勝造 354	安偶生 23	辻堯格
丹貞一 317	永浜寅二郎 359	葉籟士 537	関口春夫 277
右近秀蔵 72	中村静雄 363	陳舜臣	辻潤
桑原一 192	成田常次郎 370	石浜純太郎 38	脇清吉 557
藤野謙助 433	難波金之助 371		辻千早
団義秋 ▶奥平光	西川義治 376	ツースベルト 319	辻利助 322
	野島安太郎 388	甘蔗要 159	逢寅吉 321
ち	速水真曹 410	塚田菊子	加茂秀雄 148
ちあきなおみ	彦坂本輔 415	伊藤敏夫 52	久留威 187
笠松エト 133	福田国太郎 425	塚田貞雄 320	辻直四郎 321
千秋実	フレイレ 441	塚田勝 320	井上万寿蔵 56
佐々木孝丸 228	堀真道 448	塚田正勤	酒井瞭吉 221
チェーホフ	前田健一 454	市川重一 43	藤岡勝二 430
秋庭俊彦 6	宮地伝三郎 488	篠遠喜人 244	辻久夫 ▶平松義輝
チェルニン 317	村本達三 501	八代英蔵 514	津路道一 321
チェンバーズ 317	山羽儀兵 530	塚田勝 320	池垣岩太郎 28
梅田善美 77	横山健堂 539	塚田貞雄 320	石井一二三 31
中島恭平 352	千布利雍	塚本克子	月本一豊 321
近松門左衛門	千布利雄 318	塚本赳夫 320	辻本進 322
橘健二 307	チャイレ 318	塚本玄門	辻泰規 322
千谷利三 317	中条資俊	塚本赳夫 320	辻利助 322
千野栄一	▶中條(なかじょう)資俊	塚元周三 320	相坂佶 1
梅田善美 77	中條百合子	川名信一 154	児島壮一 199
千野かほる	大倉斐子 92	武藤丸楠 496	阪上佐兵衛 221
八木日出雄 509	中條百合子	塚本赳夫 320	高尾亮雄 284
千葉正一	▶宮本百合子	伊藤巳西三 48	龍吐源一 553
櫻井肇山 225	中馬興丸 319	塚本憲甫	津浦清一 322
千葉胤成 317	林春雄 409	塚本赳夫 320	津田千秋 322
辛鳳祚 260	張赫宙	塚本ハマ	河北真太郎 152
遅筆堂 ▶井上ひさし	大島義夫 95		津田昌夫

中川時雄	350	坪井潔		槙田長亀	457	出口日出麿	329
津田松苗	322	吉川一水	540	松田周次	463	永田明子	354
津田幹夫	322	壺井繁治		鶴見俊輔		出口聖子	328
津田安次郎		坂井德三	220	鶴見祐輔	327	出口日出麿	329
今井楢三	59	坪内逍遥		鶴見祐輔	327	出口紅	
津田安治郎	322	内田魯庵	74	池田勝三郎	29	広瀬静水	422
津田幸男		坪内由市	325	市河彦太郎	43	出口神暁	329
花沢正純	404	マラン	470	十河信二	281	出口すみ	
土井晩翠		坪田一男	325	田誠	332	出口直日	329
▶土井（どい）晩翠		坪田幸紀	325	宮寛	483	出口敏夫	329
土田清	322	上出金太郎	147	渡辺鋠蔵	562	石川雄	34
横田甚太郎	538	吉田栄子	541	津脇喜代男	327	出口なお	
土田八朗	322	ランティ	550			出口王仁三郎	328
土田斉	323	津村公平	325	**て**		出口直日	329
土屋秀一		露木清彦	325	ディエッテルレ		鈴森淑	272
土屋哲郎	323	青木武造	3	ザメンホフ	236	出口聖子	328
土谷壮一	323	五十嵐正巳	27	鄭四燮	327	出口日出麿	329
奥平光	116	石黒彰彦	35	ディック	327	広瀬静水	422
徳田六郎	337	上田嘉三郎	66	佐々城佑	229	出口日出麿	329
土屋哲郎	323	大島義夫	95	ディミトロフ		出口王仁三郎	328
土屋彦六	323	久保貞次郎	180	河合勇吉	150	出口聖子	328
土屋文雄	323	酒井鼎	220	宝木武則	295	出口日出麿	329
土屋文明		多羅尾一郎	316	宝木寛	296	広瀬静水	422
利根光一	339	知里真志保	319	ヨネダ，カール	547	出口真弓	329
土屋元作	323	松葉菊延	464	貞明皇后		出谷根庵	
筒井和幸		宮武正道	489	九条良政	177	礒部晶之助	41
栗原貞子	186	山本有三	532	迪生 ▶今井勇之進		出久根達郎	
筒井研		渡部秀男	563	出口麻子		白木欽松	258
筒井祥子	323	鶴我盛隆	326	広瀬静水	422	出沢三太	329
筒井純		赤松定雄	5	出口伊佐男		星新一	444
筒井祥子	323	大場格	100	▶出口宇知麿		出島利一 ▶寺井利一	
筒井祥子	323	都留重人	326	出口宇知麿	328	手塚治 ▶手塚治虫	
鹿児島茂	132	加藤隆通	141	出口王仁三郎	328	手塚治虫	329
筒井徳光		鶴田甕子		重栖度哉	83	江上不二夫	81
鹿児島茂	132	鶴田俶功	326	筧邦麿	132	手束五郎	330
筒井祥子	323	鶴田吾郎		加藤明子	142	手塚多喜雄	330
筒井百平	324	エロシェンコ	86	重松太喜三	242	手塚登士雄	
筒井康隆		相馬黒光	280	高橋和巳	290	片岡敏洋	137
林健	407	鶴野寿栄子		出口宇知麿	328	出渕勝彌	
都筑喜三	324	鶴野六良	326	出口直日	329	葛西勝彌	133
堤庄左衛門	324	鶴田勤		出口日出麿	329	出淵勝次	
堤友久	324	鶴田俶功	326	西村光月	379	葛西勝彌	133
常見喜久之		鶴田俶功	326	矢野祐太郎	516	デボーリン	
須藤実	273	菅野尚明	264	由里忠勝	535	井上満	57
常見誠一郎	324	鶴野六良	326	ルート	553	デ・マンジーニ	330
鳥居篤治郎	344	石崎分一	37	出口京太郎		出村悌三郎	330
角田俊徹	324	大場格	100	梅棹忠夫	76	寺井利一	330
佐藤政資	234	問田直幹	333	梅田善美	77	橋爪慶蔵	396
山本庸彦	531	中山種秋	368	大原喬	102	寺尾敏	
壺井伊八	324	深井正淑	423	住吉勝也	274	石内茂吉	31

寺尾亨
　寺尾寿 ……… 330
寺尾寿 ……… 330
寺尾浩 ……… 331
寺尾三千春 ……… 331
　鶴野六良 ……… 326
寺崎忍助 ……… 331
　榎山時次郎 ……… 85
　野見山丹次 ……… 391
寺島岩次郎 ……… 331
寺島儀蔵 ……… 331
寺島俊穂
　平井征夫 ……… 417
寺田寅彦
　田内森三郎 ……… 283
寺田治二
　橋口英雄 ……… 396
寺本哲夫 ……… ▶木寺清一
寺本義男
　春名一郎 ……… 412
寺山正三郎 ……… 331
照井瑩一郎 ……… 331
照内豊 ……… 331
照屋輝一 ……… 332
　伊波普猷 ……… 58
　比嘉春潮 ……… 413
田英夫
　田誠 ……… 332
田誠 ……… 332
　池田勝三郎 ……… 29
　黒田礼二 ……… 191
　杉浦武雄 ……… 265
　十河信二 ……… 281

と

土井英一 ……… 332
　大泉きよ ……… 90
　多田斎司 ……… 306
　鶴見祐輔 ……… 327
　土井晩翠 ……… 333
　土井八枝 ……… 333
　林文雄 ……… 409
　宮川量 ……… 484
土居貞子 ……… ▶栗原貞子
問田クン
　問田直幹 ……… 333
問田直幹 ……… 333
　石賀修 ……… 32
　大場格 ……… 100
　佐藤悦三 ……… 231

鶴野六良 ……… 326
深井正淑 ……… 423
松田周次 ……… 463
問田亮次
　問田直幹 ……… 333
土居智江子
　大谷正一 ……… 98
　川平浩二 ……… 156
　殿待好俊 ……… 340
　八木日出雄 ……… 509
土井照子
　土井晩翠 ……… 333
土井晩翠 ……… 333
　岩名義文 ……… 63
　大泉きよ ……… 90
　三枝彦雄 ……… 216
　土井英一 ……… 332
　土井八枝 ……… 333
　林鶴一 ……… 409
　宮川量 ……… 484
土居敬和
　和田嘉子 ……… 559
　川平浩二 ……… 156
土居博
　近藤国臣 ……… 214
土井八枝 ……… 333
　大泉きよ ……… 90
　土井英一 ……… 332
　土井晩翠 ……… 333
土井林吉 ……… ▶土井晩翠
東宮エルザ
　東宮豊達 ……… 334
東宮豊達 ……… 334
　芥川龍之介 ……… 8
　谷亀之助 ……… 312
　東宮豊守 ……… 335
　古沢末次郎 ……… 439
　真崎健夫 ……… 457
　武者小路実篤 ……… 496
　吉川貫夫 ……… 541
東宮豊守 ……… 335
　東宮豊達 ……… 334
　堀見俊吉 ……… 450
峠一夫
　須田朱八郎 ……… 272
峠三吉
　須田朱八郎 ……… 272
道家樹 ……… 335
鄧克強 ……… 334
黄乃 ……… 194

中垣虎児郎 ……… 349
長谷川テル ……… 398
東條操
　斎藤秀一 ……… 218
　小野忠正 ……… 126
鄧乃燕
　鄧克強 ……… 334
銅直杉造 ……… 335
遠州国夫
　小俣郁夫 ……… 128
　車谷宙平 ……… 188
　シュミット ……… 255
　本田光次 ……… 451
土樫士作
　土師孝三郎 ……… 395
富樫東十郎 ……… 335
土岐善麿 ……… 335
　伊庭孝 ……… 58
　上野孝男 ……… 69
　丘英通 ……… 107
　新村出 ……… 262
　高杉一郎 ……… 287
　高瀬嘉男 ……… 288
　徳田六郎 ……… 337
　中野重治 ……… 357
　中村誠司 ……… 364
　馬場清彦 ……… 406
　宮沢俊義 ……… 488
　由比忠之進 ……… 533
　由里忠勝 ……… 535
時永一男 ……… 336
土岐勇太郎 ……… 336
徳江徳 ……… 336
徳岡毅 ……… 336
徳川家達 ……… 336
　何盛三 ……… 130
徳川夢声 ……… 336
　村上冨士太郎 ……… 499
徳川義親 ……… 337
　大岩誠 ……… 91
徳重武雄 ……… 337
禿氏祐祥 ……… 337
徳田球一
　須田朱八郎 ……… 272
　西沢隆二 ……… 377
徳田実 ……… 337
徳田六郎 ……… 337
　梅田善美 ……… 77
　岡本和夫 ……… 111
　小田利三郎 ……… 123

土岐善麿 ……… 335
中豊次郎 ……… 346
長岡二郎 ……… 348
プロクター ……… 441
徳冨藍 ……… ▶徳冨愛子
徳冨愛子 ……… 338
　大石和三郎 ……… 89
　徳冨蘆花 ……… 338
　脇清吉 ……… 557
徳冨健次郎
　　　 ……… ▶徳冨蘆花
徳富蘇峰
　徳冨蘆花 ……… 338
徳富初子
　湯浅半月 ……… 532
徳冨蘆花 ……… 338
　大石和三郎 ……… 89
　須々木要 ……… 268
　徳冨愛子 ……… 338
　湯浅半月 ……… 532
　脇清吉 ……… 557
徳永一男 ……… 338
　宗像勝太郎 ……… 497
徳永邦弘
　森田安雄 ……… 506
徳永晋作 ……… 338
徳永直
　三宅ヒサノ ……… 486
徳永正勝 ……… 338
徳永恕 ……… 339
　新国康彦 ……… 372
徳久三種 ……… 339
戸倉章 ……… 339
ドストエフスキー
　市橋善之助 ……… 44
　内田魯庵 ……… 74
戸田興朝 ……… ▶秋元興朝
鳥取春陽
　八木日出雄 ……… 509
戸根堅次郎 ……… 339
　大久保和夫 ……… 92
利根光一 ……… 339
　寺島岩次郎 ……… 331
　長戸恭 ……… 357
　長谷川テル ……… 398
殿井一郎 ……… 339
殿待好俊 ……… 340
鳥羽修
　内田荘一 ……… 73
　尾花芳雄 ……… 127

鳥羽正雄 340	富田芳明 ▶富田嘉明	鳥居市松 344	永井荷風
古谷善亮 440	富田眞雄 342	鳥居伊都	早稲田裕 558
土肥賢一郎 340	富田嘉明 342	鳥居篤治郎 344	永井錦三郎 347
土肥実雄 340	富永勇 342	鳥居栄子 ▶吉田栄子	中井玄英
土肥実雄 340	富永斎 342	鳥居篤治郎 344	中井玄道 347
勝枝利潤 138	富永斎 342	アレキサンダー 22	中井玄乗 347
ドブジンスキ	富永勇 342	岩橋武夫 63	中井玄道 347
小林司 206	富永慶順 342	エロシェンコ 86	中井常次郎 347
トマ	富松正雄 342	小野兼次郎 125	永井鶴子 ▶坂本鶴子
和田誠一 559	磯部幸一 41	片岡好亀 137	中井虎一 347
富井荘平	浦田種一 79	熊谷鉄太郎 181	安積得也 16
▶阪上佐兵衛	周力 254	小林卯三郎 205	栗原美能留 186
富井荘雄 340	朝永振一郎 343	常見誠一郎 324	中村純一 363
富岡謙蔵 340	岡田幸一 109	富田伴七 341	宮脇参三 494
鳥文次郎 248	坂田昌一 222	鳥養利三郎 345	永井道雄
富岡純	友松圓諦 343	中井常次郎 347	永井柳太郎 348
八木仁平 509	浅野研真 11	鳥原茂之	中井保造 347
富岡鉄斎	豊川善可 ▶豊川善曄	瑛九 80	永井叔 347
富岡謙蔵 340	豊川善曄 343	トルストイ	梶弘和 134
富岡トシ子	石黒修 36	市橋善之助 44	田原春次 315
富岡謙蔵 340	上野孝男 69	内田魯庵 74	永井柳太郎 348
富岡正己 340	川原次吉郎 155	大賀彊二 91	中江兆民
富岡益太郎	小林鉄太郎 208	徳冨蘆花 338	前田三遊 454
富岡謙蔵 340	谷亀之助 312	百島操 503	中大路栄子
冨田敦夫	中村喜久夫 362	ドレーゼン	中大路政次郎 348
冨田冨 341	豊蔵正吾 343	小林勇 204	中大路淳
冨田戒治郎	豊沢武 343	松葉菊延 464	中大路政次郎 348
▶富田砕花	豊島恭敏	トロツキー	中大路政次郎 348
冨田寛次 341	立原道造 307	布施勝治 435	長岡二郎 348
エロシェンコ 86	豊島竜象		佐藤勝一 232
冨田砕花 341	真田増力 235	**な**	庄子時大 256
冨田只二	中西義雄 357	内藤馬蔵 346	高瀬好子 288
藤田九十九 432	豊田久和保	内藤湖南	長岡禮子
冨田冨 341	豊田百合子 344	石浜純太郎 38	長岡二郎 348
足立公平 15	豊田作太郎 343	内藤為一 346	長尾堅造 348
大久保和夫 92	豊田元樹 344	石黒修 36	長尾有 348
岡一太 106	加藤隆通 141	佐藤一英 231	中尾徳寿 ▶村井徳寿
木下忠三 171	豊田百合子 344	山田弘 526	中垣虎児郎 349
小松文彦 211	豊野令 344	内藤良一 346	石内茂吉 31
鈴木唯一 270	豊原五郎	池田長守 30	伊東三郎 48
須藤実 273	田中ウタ 308	近藤政市 215	大島義夫 95
塚元周三 320	杉下瓢 265	宍戸圭一 242	太田慶太郎 98
中台一郎 356	豊辺新作 344	苗村恵美	大山時雄 104
中平孔三 360	豊森親	中村久雄 365	岡本利吉 113
西岡知男 375	鮎川常基 1	直木三十五	小沢信俊 122
三浦つとむ 473	豊森徹	植村清二 70	小野忠正 126
三ッ木金蔵 480	鮎川常基 1	直原慶三 ▶森本慶三	賀川庸夫 131
依田喜代二 546	虎渡乙松 344	永井海乗 346	熊沢光子 182
冨田伴七 341	小森正鋭 212	永松カズ	黄乃 194
冨田弘 342	桜井静枝 225	高田聖史 289	小林勇 204

629

坂井松太郎	221	中沢英昭	351	永田秀次郎	355	長野文子	
佐々木一夫	227	長沢米蔵	352	福田赳夫	426	西山徳助	381
佐藤時郎	233	中島敦		中塚吉次	356	中埜平吉	359
柴田巌	245	中島洠	353	大屋安雄	103	矢内原忠雄	514
下中弥三郎	252	中島恭平	352	鬼頭豊	169	中野雅夫	
曾根原博利	281	中島清次	352	佐藤時郎	233	宮本正男	491
高宮篤	294	中島光風	352	東宮豊守	335	中野政野	
高山図南雄	295	田中貞美	309	堀見俊吉	450	中野重治	357
寺島岩次郎	331	東亮明	413	大和庄祐	527	中目覚	359
鄧克強	334	中島栄	▶原口栄	吉田清	542	ヴォナゴ	72
冨田冨	341	中嶋信	352	若松寿郎	557	大野直枝	100
野村正太郎	391	中島千鶴		中塚公夫		コスチン	200
長谷川テル	398	中島恭平	352	中野英子	357	重松達一郎	242
初芝武美	403	長島知行	352	長塚節		杉森此馬	267
比嘉春潮	413	中島豊子	352	松田周次	463	高橋邦太郎 (技師)	
平岡昇	418	永島直昭	352	中庸雄	346		290
福田正男	426	中島英信	353	谷口光平	313	中野陽明	▶山内陽明
堀真道	448	中島洠	353	浜出成徳	407	中野好夫	
マラン	470	中島又十郎	353	中出丑三	356	土井晩翠	333
三田村四郎	479	中嶋元子		岸本通智	165	中浜明	359
三ッ石清	479	中島恭平	352	長戸恭	357	永浜寅二郎	359
三宅史平	484	中條資俊	353	北村信昭	168	大栗清実	93
宮本百合子	493	永末英一		熊沢光子	182	大島義夫	95
武藤丸楠	496	伊東幹治	46	斎藤英三	216	渋谷定輔	248
森山稔	508	長洲一二	353	長谷川テル	398	寺尾三千春	331
八木仁平	509	中瀬古六郎	353	宮武正道	489	中島光風	352
山崎桂男	523	永瀬實恵	353	中豊次郎	346	畑正世	402
山田とく	526	仲宗根源和	354	なかにし礼		比嘉春潮	413
山本実彦	531	川上喜光	151	古賀十二郎	197	東亮明	413
葉君健	536	永田明子	354	中西義雄	357	光武文男	480
葉籟士	537	住吉勝也	274	浅野研真	11	山本斉	532
李益三	551	中台一郎	356	上田順三	67	中林恭夫	360
劉仁	553	中田勝造	354	真田増丸	235	中原健次	360
中川紀元		杉村謙吉	266	長沼智恵子		中原脩司	360
田辺茂一	312	竹島豊雄	302	小林英夫	209	一木誠也	44
中川純一	350	永田伸一		中根正方	▶鵜野正方	大場秋雄	100
緒方富雄	110	永田明子	354	中野英子	357	オームズビ	103
中川勝八	350	中田輝生	355	中野馥		岡一郎	106
中川時雄	350	中田久和	355	坪田幸紀	325	コットレル	201
中川年男	351	沢潟久孝	128	中野勝政	357	新村出	262
中川尋子		菊沢季生	162	中野重治	357	中瀬古六郎	353
中川勝八	350	藤本豊吉	434	丘英通	107	野島安太郎	388
長坂雄二郎	351	中田穎郎	355	土岐善麿	335	林稲苗	407
藤田源蔵	432	中田秀子		中野昇一	358	中原進	▶佐藤時郎
竜神厚	553	中田輝生	355	中野正剛	358	仲原善忠	360
中里和夫	351	永田秀次郎	355	中野太吉	358	比嘉春潮	413
中里弥惣治		井上万寿蔵	56	熊沢光子	182	中原中也	
福本新吉	429	永田秀次郎	355	中野忠一郎	358	永井叔	347
中沢信午	351	永田亮一	356	中埜肇		中原信子	
中沢誠一郎	351	永田亮一	356	中埜平吉	359	中原脩司	360

中平孔三	360	中村静雄	363	進藤静太郎	260	高部益男	294
椎橋好	239	中村實郎	363	中村久雄	365	西成甫	373
長町重昭		中村秀一	363	スミルニツキー	274	中山信次	
石川雄	34	中村秋香		田上政敏	294	中山知雄	368
永松之幹	361	中村春二	365	竹吉正広	305	中山ますみ	
伊藤徳之助	51	中村純一	363	中村寿夫	365	鈴木正夫	271
大島広	95	宮脇参三	494	中村日出男	365	中山緑	
賀川正彦	131	西園寺正幸	216	中村伯三	365	金子愛司	144
平岡昇	418	中村祥子		中村有楽	366	中山元雄	368
松田正夫	464	大島義夫	95	羽根田明	405	高須正末	286
村上知行	498	水野義明	477	中村フミ		長与善郎	
利斎潔	552	中村真一	363	中村真一	363	田中宏	310
中溝新一	361	淵田多穂理	436	中村正美	366	南雲道夫	368
大橋宇之吉	101	中村季男	364	井川幸雄	27	佐藤徳意	233
永峰清秀	361	中村誠司	364	江口一久	82	福原満洲雄	428
伊東三郎	48	小寺廉吉	201	川平浩二	156	三村征雄	483
永峰末次郎		中村貴義	364	小林司	206	名児耶馨	369
→永峰清秀		中村竹四郎		松葉菊延	464	成塚惣右衛門	
永見正夫	361	中村有楽	366	中村ますみ		→近藤光	
中村亥一	361	中村田鶴雄		中村陽宇	364	那須辰造	369
藤田恒太郎	432	中村陽宇	364	中村又五郎		灘尾弘吉	369
中村夘三	361	中村彝		清見陸郎	175	難波経一	371
中大路政次郎	348	エロシェンコ	86	中村光夫		西尾寿男	375
中村栄治	362	相馬黒光	280	木庭二郎	204	堀真道	448
中村員重 →中室員重		中村鶴三 →中村陽宇		中村弥二郎		夏川静江	
中村亀次郎	362	中村陽宇	364	→中村伯三		飯田信夫	25
中村喜久男		伊東三郎	48	中村有楽	366	夏目漱石	
豊川善曄	343	小坂狷二	118	安孫子貞治郎	16	植木太郎	66
中村喜久夫	362	小野田幸雄	127	中村伯三	365	角尾政雄	132
石黒修	36	金松賢諒	144	中村日出男	365	高橋邦太郎	290
鈴木清	269	橘健二	307	山鹿泰治	517	竹沢啓一郎	301
多木憐太郎	297	田畑喜作	314	中村幸雄	367	浜田直助	407
中村精男	362	露木清彦	325	中村百合子		名渡山愛仁	369
エロシェンコ	86	西村正雄	380	中村日出男	365	名取木之助	369
黒岩涙香	188	長谷川テル	398	中室員重	367	名取洋之助	
初鹿野潤三	395	服部亨	404	中室嘉祐	367	名取木之助	369
パブロフ	406	福田正男	426	中森晶三		田中丸善輔	
三田定則	478	松原言登彦	466	中森泰蔵	367	田中丸益一	312
中村粂吉		三宅史平	484	中森泰蔵	367	鍋山貞親	
中村精男	362	中村富強	365	中森蔣人		平田勲	419
中村敬宇		中村伸郎		中森泰蔵	367	浪越徳治郎	
石川照勤	34	小寺駿吉	201	中山昭彦	367	浪越春夫	369
中村幸一	362	中村パク三		中山大樹	368	浪越春夫	369
中村幸四郎	363	→中村伯三		中山和久	368	奈良宏志 →小林司	
久保田満年	181	中村伯三	365	中山欽二		成田重郎	369
中村三郎		中村日出男	365	岩永和朗	63	宇佐美珍彦	72
東宮豊守	335	中村有楽	366	中山種秋		エロシェンコ	86
堀見俊吉	450	中村春二	365	鶴野六良	326	小川長松	114
中村重利	363	岩下順太郎	62	中山知雄	368	近藤養蔵	215
エブナー	24	守随一	255	鈴木正夫	271	平出種作	419

成田常次郎 370	高山図南雄 295	祝振綱 255	伊藤敏男 51
中野昇一 358	西海智恵子 375	進士正夫 260	仁科進 378
成田良子 370	西海智恵子 375	竹下外来男 302	江森巳之助 85
鳴海完造 370	西海太郎 374	田所作太郎 308	仁科芳雄
秋田雨雀 5	西海真樹	谷亀之助 312	有山兼孝 22
鳴海要吉 370	西海太郎 374	田村於兎 315	仁科圭一 378
秋田雨雀 5	西尾勝也 375	田村憲造 316	畑晋 402
南郷茂章	西岡知男 375	塚田勝 320	西野忠男 378
南郷次郎 370	足立公平 15	東宮豊達 334	西野瑠美子
南郷次郎 370	吹田好雄 263	中山知雄 368	山崎良文 524
難波義亭 ▶難波停吉	中台一郎 356	西謙一郎 373	西橋富彦 378
難波金之助 371	吉田清 542	長谷川信六 398	伊藤敏男 51
赤司裕 5	西岡直一郎 375	藤浪鑑 433	久山専一郎 182
葛山覃 140	山田弘 526	堀正一 448	仁科圭一 378
河本一止 196	西岡沆 375	真崎健夫 457	西畑常 378
宮地伝三郎 488	西尾務	三田定則 478	西原武宣 378
難波経一 371	坂本昭二 223	宮路重嗣 488	西彦太郎 374
清水新平 251	西尾寿男 375	村上寿一 498	西村勇 379
西尾寿男 375	樋口政和 415	村田正太 500	舟阪渡 437
樋口政和 415	舟橋諄一 437	村松清江 501	西村栄吉 379
難波停吉 371	西川景文 375	八木日出雄 509	脇中郎 557
難波英夫 371	安孫子貞治郎 16	山添三郎 524	西村光月 379
平出種作 419	西川禎造 ▶西川義治	由比忠之進 533	小高英雄 123
南部環 371	西川敏彦 376	吉武義之 544	桜井静枝 225
南部長人 ▶八木長人	杉野耕平 266	渡辺武夫 562	芹沢光治良 278
南部寛人 371	西川豊蔵 376	西田市太郎	西村祭喜 379
	大場秋雄 100	▶西田天香	西村繁治 379
に	近藤一人 214	西田幾太郎	長谷川朝一 401
新国康彦 372	西川義治 376	星野芳樹 444	西村哲也 379
守随一 255	西吉兵衛	西忠雄	西村那智子 380
土方辰三 416	西成甫 373	西田亮哉 374	西村輝雄 ▶西村光月
新島繁 372	西木正明	西田貞亮	西村那智子 380
曾根原博利 281	二葉亭四迷 435	西田亮哉 378	西村哲也 379
竹内藤吉 299	西亀正夫 376	西田天香 377	西村浩 380
新島襄	西謙一郎 373	岩橋武夫 63	橋本弘 397
片桐清治 138	西沢隆二 377	伯左門 395	福田武雄 425
新島迪夫 372	西島悦枝	西田信春 377	西村正雄 380
新関勝芳 372	富松正雄 342	潮田富貴蔵 72	伊藤幸一 48
二井谷松輔 372	西成甫 373	大野俊一 100	西村ユキ 380
新出政雄 372	浅田一 11	西田英夫 377	西村保男 380
新美南吉	石丸鎮雄 39	橘善三 307	西村ユキ 380
林健 407	いそだ まさよし 40	細江逸記 446	磯部幸子 41
新村栄 372	浦良治 79	西田秀雄 ▶久保秀雄	西村正雄 380
ニールセン民子	緒方知三郎 110	西田正一 377	長谷川テル 398
川上理一 151	小川鼎三 114	西田光徳 378	マイヤー，カール 453
仁木偉瑳夫 373	小野興作 125	西田光徳 378	西村幸子
西海香子	木戸又次 169	西田亮哉 378	池川清 28
西海太郎 374	桐沢長徳 175	マックギル 460	奥村林蔵 117
西海太郎 374	阪田隆 222	米田徳次郎 548	西村嘉彦 380
鎌田定夫 146		仁科圭一 378	野間宏 390

山田務名 …………… 526	貫名初子 …………… 384	野木一雄 …………… 386	足立武 ……………… 15
西村龍介 …………… 381	貫名美隆 …………… 384	野口市郎 …………… 387	平山重勝 …………… 421
レオ ……………… 554	貫名美隆 …………… 384	野口雨情	野々村一雄 ………… 389
西本寛一 …………… 381	勝本清一郎 ……… 139	中村有楽 ………… 366	都留重人 …………… 326
西本伸	上谷良吉 ………… 147	山本作次 ………… 530	野原休一 …………… 389
亀沢深雪 ………… 147	中川時雄 ………… 350	野口援太郎 ………… 387	東原兵吉 ………… 14
西山策	藤間常太郎 ……… 434	野口喜久弥 ………… 387	粟屋真 …………… 22
植田高三 …………… 67	松本清 …………… 467	野口喜三雄 ………… 387	上山政夫 …………… 71
西山徳助 …………… 381	宮本正男 ………… 491	野口小つる	梶間百樹 ………… 135
日蓮	和田美樹子 ……… 560	▶斎藤百合	佐々木秀一 ……… 230
松本日宗 ………… 469	ぬやまひろし	野口松陽	彦坂本輔 …………… 415
新川正一 …………… 381	▶西沢隆二	島次次郎 ………… 248	延島英一 …………… 390
新田次郎		野口寧斎	信原済夫 …………… 390
大森虎之助 ……… 103	**ね**	島次次郎 ………… 248	野間口兼孝
柴崎芳博 ………… 245	根岸貫 ……………… 385	野口博子 ▶梶博子	▶有山兼孝
藤原咲平 ………… 435	根岸春江 …………… 385	野口文次郎	野間宏 ……………… 390
新田為男 …………… 381	根岸博 ……………… 385	▶島文次郎	伊東幹治 ………… 46
岡本義雄 ………… 112	池原南 …………… 30	野坂宏次 …………… 387	木下順二 ………… 170
今官之助 ………… 213	根道広吉 …………… 385	野坂竹太郎 ………… 387	西村嘉彦 ………… 380
新渡戸稲造 ………… 382	小椋広勝 ………… 118	野崎一雄	矢野笹雄 ………… 516
安達峰一郎 ……… 15	細野日出男 ……… 446	野崎又太郎 ……… 388	山田務名 ………… 526
宇佐美珍彦 ……… 72	根本潔 ……………… 385	野崎貞夫 …………… 387	野見山丹次 ………… 391
内村鑑三 ………… 75	横井領郎 ………… 538	上山政夫 ………… 71	榎山時次郎 ……… 85
佐藤勝一 ………… 232		河合秀夫 ………… 150	野村篤司
永田秀次郎 ……… 355	**の**	佐藤矩方 ………… 233	椎橋好 …………… 239
藤沢親雄 ………… 430	ノイマン …………… 385	田中貞美 ………… 309	中平孔三 ………… 360
プリヴァ ………… 437	伊藤敏夫 ………… 51	谷口高 …………… 313	野村あや
堀真道 …………… 448	野上巌 ▶新島繁	野崎延喜 …………… 388	野村理兵衛 ……… 392
柳田國男 ………… 515	野上清 ……………… 386	加藤勤也 ………… 140	野村堅 ……………… 391
蜷川ひさし	阪上睦郎 ………… 221	野崎広太 …………… 388	吉川岩喜 ………… 540
堀内庸村 ………… 449	佐和慶太郎 ……… 238	野崎又次郎 ……… 388	野村佐一郎 ………… 391
二関孝紀 …………… 382	八木仁平 ………… 509	野崎又次郎 ……… 388	野村正太郎 ………… 391
二宮尊徳	野上素一 …………… 386	野崎ミチ子	春日正一 ………… 137
井口丑二 ………… 57	入山実 …………… 61	野崎貞夫 ………… 387	野村誠四郎 ………… 391
二瓶貢 ……………… 382	小松左京 ………… 211	野島安太郎 ……… 388	野村理兵衛 ……… 392
饒村佑一 …………… 383	高木市之助 ……… 284	中原倚司 ………… 360	野村達 ……………… 391
丹羽善次	野上弥生子 ……… 386	ランティ ………… 550	野村広 ▶大島広
横谷甚太郎 ……… 538	野上照代	野地里慶助	野村正次 …………… 391
丹羽正久 …………… 383	新島繁 …………… 372	中川勝八 ………… 350	野村理兵衛 ………… 392
都留重人 ………… 326	野上豊一郎 ………… 386	能勢淡二 …………… 389	岩田宗一郎 ……… 63
向井豊昭 ………… 495	野上素一 ………… 386	野田秀二 …………… 389	角尾政雄 ………… 132
早稲田裕 ………… 558	野上弥生子 ……… 386	中塚吉次 ………… 356	ザメンホフ ……… 236
丹羽吉子 …………… 383	野上八郎	野田淳子	宍戸圭一 ………… 242
岩橋武夫 ………… 63	阪上睦郎 ………… 221	宝木寛 …………… 296	竹沢啓一郎 ……… 301
寿岳静子 ………… 255	野上清 …………… 386	野田駿太郎 ………… 389	西村勇 …………… 379
	野上弥生子 ………… 386	野田毅	野村誠四郎 ……… 391
ぬ	大崎和夫 ………… 93	田中軍治 ………… 309	藤城謙三 ………… 431
額田年 ……………… 383	島地威雄 ………… 249	野田有望 ▶北川豊	能本乙彦 …………… 392
額田豊	野上素一 ………… 386	後岡満寿次郎 …… 389	野本寛 ……………… 392
額田年 …………… 383	牧瀬菊枝 ………… 456	野知里慶助 ……… 389	乗竹孝太郎 ………… 392

633

野呂正子
　大谷正一 98

は

パーシー・プレス・ジュニア
　川尻泰司 153
パーマー 393
　池川清 28
　沢柳政太郎 239
ハウペンタール
　伊東幹治 46
パウロ6世
　鈴森淑 272
南風原朝保 393
袴田里見
　田中ウタ 308
　袴田八重子 393
袴田陸奥男
　袴田八重子 393
　高杉一郎 287
　土岐善麿 335
袴田八重子 393
芳我康衛 393
バギー
　池川清 28
　ヴォナゴ 72
　大場嘉藤 101
　巴金 394
萩野末吉 393
萩原時夫 394
萩原謙造 394
　菅野祐治 264
　高桑正吾 286
　宝木武則 295
萩原孝徳　▶荻原孝徳
萩原ナカ 394
萩原信行
　片桐清治 138
萩原洋子
　小林司 206
巴金 394
　秋田雨雀 5
　徳田六郎 337
　李士俊 552
パク　ホンヨン
　　　　　　▶朴憲永
パク　ヨル　▶朴烈
伯左門 395
バゲ
　万沢まき 472

箱崎孝平 395
間泰蔵 395
初鹿野潤三 395
橋口成幸
　森田玲子 506
橋口英雄 396
　黒田正幸 190
　橋口良彦 396
　俣野四郎 458
橋口良彦 396
　橋口英雄 396
　山川一弥 519
土師孝三郎 395
土師双太郎
　土師孝三郎 395
橋本慶蔵 396
　隅谷信三 273
橋本信行
　古沢肥後男 439
橋詰直英 396
　伊藤幸一 48
　小田利三郎 123
　須々木要 268
　宮本新治 490
　由里忠勝 535
橋本喜四郎
　岩橋武夫 63
　小林卯三郎 205
　鳥居篤治郎 344
橋本五郎 397
橋本茂
　西園寺正幸 216
橋本静雄 397
橋本竹彦 397
　巣山毅 274
　日野巌 417
　山下巌 524
橋本春雄 397
橋本弘 397
　福田武雄 425
　藤岡由夫 430
橋本文寿 397
橋本雅邦
　清見陸郎 175
橋本雅義 397
　青木一郎 2
　塩川新助 240
　吉町義雄 545
橋本萬太郎 397
橋本靖昭

青木鈴 3
巴心太　▶杉田正臣
蓮沼左千雄
　伴達郎 412
蓮実停吉　▶難波停吉
長谷川暁子
　澤田和子 238
　宝木武則 295
　長谷川テル 398
長谷川謙 398
　長谷川信六 398
　渡辺孫一郎 563
長谷川伸
　杉本健吉 267
　山田弘 526
長谷川進一 398
　小栗孝則 118
長谷川信六 398
　近三四二郎 214
　塩野正家 241
　長谷川謙 398
　横尾安夫 538
長谷川浅吉
　　　　　▶長谷川朝一
長谷川丈夫 398
長谷川辰之助
　　　　　▶二葉亭四迷
長谷川テル 398
　安偶生 23
　池田英 30
　磯部幸子 41
　碓井亮 73
　川田泰代 154
　貴司山治 164
　北村信昭 168
　黃乃 194
　斎藤英三 216
　澤田和子 238
　柴田巌 245
　高杉一郎 287
　高部益男 294
　宝木武則 295
　多田浩子 306
　鄧克強 334
　利根光一 339
　中垣虎児郎 349
　長戸恭 357
　西村正雄 380
　西村ユキ 380
　辺見和郎 442

法華暉良 447
マイヤー，カール 453
松本員枝 467
宮武正道 489
宮本正男 491
安井義雄 511
由比忠之進 533
葉籟士 537
劉仁 553
長谷川照子
　　　　　▶長谷川テル
長谷川朝一 401
　田中覚太郎 308
長谷川如是閑 401
　金子鋭 145
　福岡誠一 424
長谷川寛 401
長谷川ユキ
　　　　　▶西村ユキ
長谷川理衛 401
　浅田栄次 10
　足立武 15
　井上裕 55
　井上万寿蔵 56
　河邑光城 158
　木崎宏 163
　北原二郎 167
　佐々木到一 229
　佐藤了 234
　柴田至 245
　城内忠一郎 259
　鈴木唯一 270
　竹内徳治 299
　中垣虎児郎 349
　堀真道 448
　三浦元春 474
　三島章道 475
　ラムステット 550
　ランティ 550
支倉常長
　萱場真 148
長谷部文雄 402
　松本重治 469
　宮沢俊義 488
長谷部美枝子
　長谷部文雄 402
波多江嘉一郎 402
　波多江嘉兵衛 402
波多江嘉兵衛 402
　波多江嘉一郎 402

畑晋	402	花室憲章	405	伊藤庸二	52	林富美子	409
波多野完治	402	花本英三	405	谷口光平	313	光田健輔	480
波多野則三郎	402	花柳伊寿穂		浜田辰弥 ▶田中光顕		林富美子	409
波多野正信	403	和田誠一	559	浜田直助	407	林文雄	409
福富義雄	427	塙保己一		月洞譲	321	林夫門	409
山田武一	525	山名実	527	山県光枝	518	林昌隆	410
波多野幸好		羽仁五郎	405	浜田正栄	407	林学	410
横田甚太郎	538	小此木真三郎	118	浜田増治		上田春治郎	67
畑正世	402	河原一弥	155	古田立次	439	脇中郎	557
大栗清実	93	佐々木時雄	229	はまのや ▶伊波普猷		林道倫	410
仲宗根源和	354	西海太郎	374	浜部寿次	407	林道治	410
永浜寅二郎	359	羽仁説子		早川完吾	407	林茂	408
新関勝芳	372	羽仁五郎	405	早川昇	407	林みつ	
林昌隆	410	羽仁結		高橋達治	292	林文雄	409
光武文男	480	羽仁五郎	405	林愛作	407	林八枝 ▶土井八枝	
畠村易	403	羽根田明	405	林稲苗	407	林貫夫 ▶吉川貫夫	
土師孝三郎	395	中村日出男	365	岡田幸一	109	林屋清次郎	410
幡山二三郎	403	馬場清彦	406	柴田実	246	林好美	410
蜂谷千寿子		井川幸雄	27	中原脩司	360	工藤鉄男	179
福永五三男	427	大島義夫	95	安田勇吉	512	福田正男	426
上山政夫	71	清水卯之助	251	林克行		南見善	481
初芝武美	403	高瀬好子	288	夘田渥美	306	速水信宗 ▶速水真曹	
ラムステット	550	山ノ井愛太郎	529	林健	407	速水真曹	410
服田美喜	403	馬場孤蝶		植木太郎	66	浅井恵倫	8
八田三喜		金野細雨	215	林佐智子		桑島新	191
八田元夫	403	馬場栄夫	406	太田和子	97	高橋邦太郎（技師）	
八田元夫	403	川上理一	151	渡辺はつえ	563		290
服部健三	404	馬場恒吾	406	林茂	408	間泰蔵	395
服部繁	404	馬場マコト		林静江		吉川桂太郎	541
服部静夫	404	馬場八十松	406	林健	407	速水千枝	
小野英輔	125	馬場八十松	406	林正之助		速水真曹	410
和達清夫	561	パブロフ	406	宝木寛	296	速水益男	
服部四郎		井上万寿蔵	56	林龘	408	速水真曹	410
小林英夫	209	何盛三	130	林董	409	原泉	
服部亨	404	河合秀夫	150	林千鶴子		中野重治	357
一木誠也	44	桑原利秀	191	磯辺弥一郎	41	原喜一 ▶山口喜一	
高石綱	284	鈴木北夫	269	林鶴一	409	原木文夫	411
武谷三男	303	山中英男	528	三枝彦雄	216	原口栄	411
服部実	404	由比忠之進	533	土井晩翠	333	内野仙治	74
花沢正純	404	浜尾四郎		林春雄	409	原田藍 ▶徳冨愛子	
花田信之	405	増田七郎	457	伊馬興丸	319	原田三雄	411
花田凌雲		浜口雄幸		三田定則	478	梶山亀久男	136
花田信之	405	清野長太郎	275	林房雄		原田三馬	411
花田緑朗	405	浜口儀兵衛		梶弘和	134	塚田勝	320
花村秋義	405	奥宮衛	116	林不二夫		三田智大	478
大場格	200	浜口勉太		榊後彫	222	原田信一	411
深井正淑	423	奥宮衛	116	山賀勇	517	原田孝子	
松田周次	463	浜田健三		林文雄	409	碓井亮	73
花村幾代		杉田正臣	265	黒川眸	189	原田忠雄	412
花村秋義	405	浜田成徳	407	塩沼英之助	240	原田真粗	

原田勇美	412
原田真矩	▶原田真粔
原田勇美	412
浅井恵倫	8
高橋邦太郎 (技師)	
	290
美野田琢磨	482
原二吉	411
バルコヴィッチ	
栗栖継	183
春名一郎	412
春名馥	
津田松苗	322
坪田幸紀	325
バルビュス	
小牧近江	210
ハルベルト	
伊藤栄蔵	46
バローグ	412
伴達郎	412
半田正身	412
潘逖書	
星野芳樹	444
伴野穣	▶前田穣

ひ

ピアス	
ウースター	65
ピーコック	412
日笠祐一郎	
	▶日笠祐太郎
日笠祐太郎	413
東浦庄治	413
小池経策	193
東久世昌枝	414
瀬脇寿雄	279
東久世通禧	
東久世昌枝	414
東君平	
東信一郎	413
東信一郎	413
東亮明	413
中島光風	352
東元慶喜	414
東山あかね	
小林司	206
比嘉春朝	▶比嘉春潮
比嘉春潮	413
伊波普猷	58
大島義夫	95

大杉栄	96
大田黒年男	98
小河原幸夫	115
木下忠三	171
清見陸郎	175
里吉重時	235
蘇鐵輝	280
田沼利男	314
照屋輝一	332
冨田冨	341
中垣虎児郎	349
仲宗根源和	354
仲原善忠	360
本田直一	451
マーティン	453
マラン	470
宗近真澄	497
由比忠之進	533
連温卿	554
引田重夫	414
堀真道	448
比企元	414
栗山一郎	187
樋口勘次郎	414
樋口勘治郎	
	▶樋口勘次郎
樋口清之	
伯左門	395
樋口幸吉	414
石川道彦	34
福井愛親	424
樋口彰一	414
樋口政和	415
彦坂重雄	415
彦坂本輔	415
久板栄二郎	415
村山知義	501
久内清孝	415
ピサロ	415
久保貞次郎	180
土方辰三	416
菱岡恭子	▶丸岡共子
菱沼平治	416
ビショップ	416
日高第四郎	416
日高智恵子	
	▶西海智恵子
人見誠治	416
人見亨	416
火野葦平	

前田徳泰	455
日野巖	417
巣山毅	274
橋本竹彦	397
日野巌	417
日野強	
日野巖	417
日野禎助	▶河本禎助
日野虎彦	
城内忠一郎	259
日野捷郎	▶実吉捷郎
ビハリ・ボース	
相馬黒光	280
檜山実	417
日向美則	
マックギル	460
日吉フミ	417
奥平光	116
平井征夫	417
平岩健吉	
吉川友吉	541
小坂丈予	120
平井倭佐子	
平井征夫	417
平岩馨邦	418
江崎悌三	83
北川三郎	166
三浦元春	474
宮下義信	488
吉岡俊亮	540
吉田洋一	544
平岡正三	
横山甚太郎	538
平岡伴一	418
小寺廉吉	201
平岡昇	418
大島義夫	95
平生釟三郎	
生駒篤郎	31
平川さだの	418
佐々城松栄	230
平川寿	418
和気寛太郎	558
平沢義一	419
難波亭吉	371
平沢貞通	
松井不朽	459
平田勲	419
平田岩雄	419
平田義次	419

平塚明	
	▶平塚らいてう
平塚雷鳥	
	▶平塚らいてう
平塚らいてう	419
小高英雄	123
平出種作	419
難波英夫	371
平野有益	
平野雅曠	420
平野亥一	420
平野威馬雄	
ブイ	423
平野子平	420
平野宗浄	420
平野長克	420
相坂佶	1
有島生馬	21
伊藤徳之助	51
長谷川如是閑	401
福田国太郎	425
藤沢親雄	430
森内英太郎	504
平野長裕	
平野長克	420
平野長祥	
平野長克	420
平野廣子	
平野宗浄	420
平野雅曠	420
平野利助	421
平野レミ	
ブイ	423
平林繁雄	421
根本潔	385
平間一弥	▶河原一弥
平松喜三郎	421
平松金次	421
森田誠	505
平松義輝	421
村上信彦	498
安井義雄	511
平山重勝	421
平山智啓	
小坂狷二	118
昼間和男	421
比留間恭平	
	▶中島恭平
広岡隆	
小久保覚三	198

広瀬香苗	樋口幸吉 414	▶福田武三郎	福原英蔵 428
殿待好俊 340	福井一明 424	福田武三郎 426	福原芙美子
広瀬錦一 ▶結城錦一	福井敬一	福谷温 427	田村はるゑ 316
広瀬武夫 ▶安藤武夫	工藤勝隆 179	福谷元次	福原満洲雄 428
広瀬基 422	福井謙一	福谷温 427	佐藤徳意 233
広瀬静水 422	喜多源逸 165	福田正男 426	南雲道夫 368
広高正昭	福井聖子	青木秋雄 2	吉田洋一 544
小野隆夫 126	工藤勝隆 179	梅川文男 76	福本新吉 429
広田直三郎 422	福岡誠一 424	大木貞夫 92	福本美代治 429
千住武次郎 280	長谷川如是閑 401	加藤隆通 141	後藤静香 202
広田洋二 422	正木ひろし 457	五井義雄 193	藤井英一 429
山本実彦 531	魯迅 555	坂井松太郎 221	幸村恭典 535
弘田龍太郎	福生祐郎 424	下中弥三郎 252	藤井制心 429
八木日出雄 509	福沢諭吉	寺島岩次郎 331	藤井昇
弘中一雄 422	朝吹英二 12	平野利助 421	井上万寿蔵 56
広松武夫 422	土屋元作 323	深谷昌次 423	藤井秀旭 429
弘好文 422	福士幸次郎	福田栄一 424	藤井英男
北条春光 442	柳田英二 514	松岡武一郎 460	宝木寛 296
ピロン	福島直四郎	山賀勇 517	藤井浩
大原歌子 102	▶辻直四郎	由比忠之進 533	松本清 467
	福島要一 424	福田万七 427	藤井崇治
ふ	福田アジオ	福田良太郎 427	森原圭二 507
ファーブル	福田正男 426	福地剣吉 427	藤枝晃 429
大杉栄 96	福田栄一 424	福地誠一	藤枝了英 430
ブーイ 423	福田正男 426	高木和男 284	藤岡勝二 430
プーシキン	福田国太郎 425	福富義雄 427	岡倉由三郎 108
三ッ石清 479	相坂佶 1	三雲隆三郎 474	雀部顕宜 231
ブールデル	天野忠慶 19	山田武一 525	藤岡作太郎
▶ブリデル	アレキサンダー 22	福永五三男 427	藤岡由夫 430
フェドルチャク 423	岩橋武夫 63	桂井富之助 139	藤沢威雄
フォワシィ	駒井喜作 210	米山修一 548	藤沢親雄 430
和田誠一 559	西光万吉 216	福永和利 428	藤岡一
深井正淑 423	坂本清馬 224	梅原義一 79	中垣虎児郎 349
大場格 100	原田勇美 412	辛鳳祚 260	藤岡由夫 430
松田周次 463	平野長克 420	福永武彦	山越邦彦 522
深川三代吉	松田恒治郎 463	奥宮衛 116	藤尾専一 430
石井通則 31	三田村四郎 479	近三四二郎 214	藤川哲蔵 430
深堀義文	武藤於菟 496	福永盾雄 428	藤川ハナ
森祥寅 504	百島操 503	熊谷鉄太郎 181	▶アンナ・ライヘンベルヒ
深見弾 423	森内英太郎 504	福永津義	藤川義太郎 430
深海政夫	福田国弥	福永盾雄 428	加藤孝一 140
保見国治 513	福田万七 427	福永みね	森本重武 507
深谷昌次 423	福田源蔵 425	熊谷鉄太郎 181	藤沢親雄 430
菊地盛 162	福田定良 425	福永盾雄 428	東季彦 13
笹山晋夫 231	福田仁一 425	福永陽一郎	宇佐美珍彦 72
高木市之助 284	福田武雄 425	福永盾雄 428	遠藤戎三 88
普川洋一	藤岡由夫 430	福永芳蔵 428	大庭柯公 101
中島豊子 352	山越邦彦 522	福西清二	クズネツォフ 177
セリシェフ 279	福田赳夫 426	石川惣七 34	口田康信 178
福井愛親 424	福田竹三郎	福原駿雄 ▶徳川夢声	佐々城佑 229

637

高見順	294	三田定則	478	武居哲太郎	298	竹内徳治	299
ディック	327	村田正太	500	**藤原三千丸**		広田洋二	422
成田重郎	369	森茂樹	504	▶浅野三智		山口啓志	520
新渡戸稲造	382	**藤浪鑑太郎** ▶藤浪鑑		藤原寛人 ▶新田次郎		符悩武	423
長谷川如是閑	401	**藤野謙助**	433	**不尽** ▶石川三四郎		**ブハーリン**	
速水真曹	410	丹貞一	317	**布施勝治**	435	井上満	57
福岡誠一	424	**藤野靖**	433	**布施行雄**		**ププノワ, アンナ**	
プリヴァ	437	瀬川重礼	275	関口春夫	277	小野俊一	126
マイヤー, レオ	453	**藤林房蔵**	434	**二神種郎**	435	**プフュッツェ**	437
万沢まき	472	**藤巻謙一**		**二葉亭四迷**	435	**ブラウン**	437
三田定則	478	植木太郎	66	秋田雨雀	5	**ブラット**	437
ラムステット	550	**富士正晴**		暁烏敏	8	石黒彰彦	35
藤沢桓夫		伊東幹治	46	植村清二	70	石黒羙子	35
石浜純太郎	38	高橋和巳	290	内田魯庵	74	洪亨義	194
藤沢利喜太郎		**藤間常太郎**	434	大橋宇之吉	101	武者小路実篤	496
藤沢親雄	430	天野忠慶	19	岡麓	108	**ブラット, アンナ**	
藤島敏子		伊東三郎	48	尾花芳雄	127	ブラット	437
佐々木孝丸	228	大栗清実	93	坂本昭二	223	**ブランケ**	
萩原ナカ	394	大島義夫	95	ザメンホフ	236	伊東幹治	46
藤城謙三		高瀬嘉男	288	重松達一郎	242	**プリヴァ**	437
野崎貞夫	387	中井虎一	347	杉田正臣	265	安達峰一郎	15
藤田篤	432	貫名美隆	384	田鎖綱紀	297	ガントレット恒子	161
宮下義信	488	**伏見康治**	434	月本喜多治	321	黒田正幸	190
藤田啓介	432	**藤本円次郎**	434	徳富蘆花	338	古関吉雄	200
藤田源蔵	432	大崎和夫	93	中垣虎児郎	349	斎藤太治男	218
長坂雄二郎	351	**藤本達生**		林鶴一	409	新渡戸稲造	382
藤田定	432	伊東幹治	46	ポストニコフ	444	藤沢親雄	430
藤田重明	432	梅棹忠夫	76	三田智大	478	松本日宗	469
竹田吉郎	302	桂枝雀（2代）	139	柳沢保恵	514	柳田國男	515
山口良哉	521	シンプキンズ	261	**二村四郎**	436	吉永義光	544
藤田稚三	432	坪田幸紀	325	**淵田多穂理**	436	**プリデル**	438
藤田順子		中野忠一郎	358	有馬芳治	21	**古市茂**	438
藤田稚三	432	平井征夫	417	稲垣刀利能子	53	**古河三樹松**	438
藤田武男		松原言登彦	466	里吉重時	235	平松義輝	421
梶山亀久男	136	三浦信夫	473	住吉勝也	274	安井義雄	511
原田三雄	411	**藤本豊吉**	434	鶴野六良	326	山鹿泰治	517
藤田九十九	432	菊沢季生	162	永田明子	354	**古川緑波**	
藤田恒太郎	432	中田久和	355	中村真一	363	増田七郎	457
藤田敏郎	433	**藤本豊久**	434	**淵田多穂里**		**古沢末次郎**	439
藤田富枝	433	**藤本正人**	435	加藤孝一	140	東宮豊達	334
富士渓猛雄	433	**藤本洋一郎**		小池常作	194	**古沢肥後男**	439
藤田文蔵	433	▶藤本豊久		**物外** ▶伊波普猷		**古荘雄二**	439
藤直幹	429	**藤森成吉**	435	**福喜多脩**		**古瀬利徳**	439
藤浪鑑	433	**藤山禎子**	435	鳥居篤治郎	344	**古田達贄** ▶古田立次	
浅田一	11	**藤原教悦郎**	435	**舟岡イク子**		**古田立次**	439
小野興作	125	上田精一	68	坂本昭二	223	吉永義光	544
清野謙次	175	高橋省三郎	292	**舟岡省吾**	437	**プルダ**	
下瀬謙太郎	252	西山徳助	381	**舟阪渡**	437	山田雪子	527
西成甫	373	**藤原咲平**	435	荒井誠一	19	**古野健雄**	439
真崎健一	457	大島広	95	**舟橋諄一**	437	**古野虎雄**	

大場格 ……………… 100	北条春光 ……………… 442	二葉亭四迷 ……………… 435	穂積重遠 ……………… 447
古橋柳太郎 ……………… 440	弘好文 ……………… 422	宮本新治 ……………… 490	堀内恭二 ……………… 449
古畑昭正	北條元一 ……………… 443	ポスピシル ……………… 445	今井四郎 ……………… 59
河野正彰 ……………… 196	ポールシャ	細井一六 ……………… 445	巣山毅 ……………… 274
古谷善亮 ……………… 440	秋田雨雀 ……………… 5	福原満洲雄 ……………… 428	橋本竹彦 ……………… 397
鳥羽正雄 ……………… 340	ホーレー，フランク	細井末夫 ……………… 445	日野巌 ……………… 417
古谷綱武	美野田琢磨 ……………… 482	橋原慶蔵 ……………… 396	山下巌 ……………… 524
古谷綱正 ……………… 440	ホキ徳田	細江逸記 ……………… 446	吉川春寿 ……………… 541
古谷綱正 ……………… 440	徳田六郎 ……………… 337	浅田栄次 ……………… 10	堀内敬三 ……………… 449
古屋登世子	朴栄来	天野忠慶 ……………… 19	堀内秀太郎
▶古屋登代子	山本作次 ……………… 530	大崎和夫 ……………… 93	堀内恭二 ……………… 449
古屋登代子 ……………… 440	朴憲永 ……………… 443	西田英夫 ……………… 377	堀内健一 ▶堀内庸村
岩橋武夫 ……………… 63	大山時雄 ……………… 104	細江静男 ……………… 446	堀内庸村 ……………… 449
高尾亮雄 ……………… 284	山本作次 ……………… 530	細川憲寿 ……………… 446	堀栄二 ……………… 448
フレイレ ……………… 441	朴烈 ……………… 443	谷山弘蔵 ……………… 314	堀江勝巳 ……………… 450
山鹿泰治 ……………… 517	木内禎一 ……………… 161	細川三酉 ……………… 446	信原済夫 ……………… 390
ブレールスフォード … 440	柴田武福 ……………… 246	河本吉衛 ……………… 158	渡部寿 ……………… 563
岩橋武夫 ……………… 63	保坂成之 ……………… 443	細田悟一	堀江誠一 ▶江藤誠一
ヴォーン ……………… 71	根本潔 ……………… 385	細田省吾 ▶舟岡省吾	堀江清弥 ……………… 450
奥平光 ……………… 116	平林繁雄 ……………… 421	細田民樹	堀江槌雄
プロクター ……………… 441	星三太 ▶出沢三太	三上英生 ……………… 474	土師孝三郎 ……………… 395
大山時雄 ……………… 104	星新一 ……………… 444	細田友雄 ……………… 446	堀尾太郎 ……………… 450
ケイシー ……………… 193	柿内禎一 ……………… 131	細田文夫 ……………… 446	楠田善助 ……………… 177
	出沢三太 ……………… 329	江上武夫 ……………… 81	堀かた
へ	星親一 ▶星新一	細野晴臣	碧川澄 ……………… 480
ヘイデン ……………… 441	星田淳	細野日出男 ……………… 446	堀要 ……………… 448
ベークマン	相沢治雄 ……………… 1	細野日出男 ……………… 446	堀川太一
向井豊昭 ……………… 495	当摩憲三 ……………… 283	小椋広勝 ……………… 118	大久保和夫 ……………… 92
ベリー ……………… 441	星亨	細野日出雄	堀尚一
ベルツ	伊庭孝 ……………… 58	松田惇雄 ……………… 463	野村理兵衛 ……………… 392
チャイレ ……………… 318	星豊寿	細野正文	堀正一 ……………… 448
ベルトロー ……………… 441	佐々城佑 ……………… 229	細野日出男 ……………… 446	吉武義之 ……………… 544
ベレール ……………… 442	星野孝平 ……………… 444	細谷資明 ……………… 447	堀すみ
麻生介 ……………… 14	田代晃二 ……………… 305	法華滋子 ……………… 447	堀正一 ……………… 448
黒川眸 ……………… 189	星野直樹	法華暉良 ……………… 447	堀種治 ……………… 448
小林武三 ……………… 205	星野芳樹 ……………… 444	法華暉良 ……………… 447	堀玉江
山田弘 ……………… 526	星信雄 ……………… 444	難波金之助 ……………… 371	堀正一 ……………… 448
辺見和郎 ……………… 442	星野行恒 ……………… 444	星野芳樹 ……………… 444	堀場信吉 ……………… 450
辺見庸	星野芳樹 ……………… 444	法華滋子 ……………… 447	堀場雅夫
辺見和郎 ……………… 442	江口廉 ……………… 82	三木行治 ……………… 474	堀場信吉 ……………… 450
	法華暉良 ……………… 447	法華梨良子	堀真道 ……………… 448
ほ	松原雪江 ……………… 466	法華滋子 ……………… 447	安積得也 ……………… 16
帆足計 ……………… 442	星野芳郎	堀田健蔵 ……………… 447	市河彦太郎 ……………… 43
ホイットマン	武谷三男 ……………… 303	堀田幹雄 ……………… 447	井出徳男 ……………… 45
伊藤勇雄 ……………… 45	星みどり ▶野上清	松本浩太郎 ……………… 468	木崎宏 ……………… 163
白鳥省吾 ……………… 258	星良 ▶相馬黒光	穂積重遠 ……………… 447	柴田義勝 ……………… 247
貫名美隆 ……………… 384	ポストニコフ ……………… 444	新国康彦 ……………… 372	清野暢一郎 ……………… 274
吉武好孝 ……………… 544	小坂狙二 ……………… 118	穂積陳重 ……………… 447	竹内徳治 ……………… 299
包叔元 ▶葉籟士	多木燐太郎 ……………… 297	穂積陳重 ……………… 447	新渡戸稲造 ……………… 382
北条清一 ▶北條元一	萩野末吉 ……………… 393	田中館愛橘 ……………… 311	平林繁雄 ……………… 421

あいうえおかきくけこさしすせそたちつてとなにぬねのはひふへほまみむめもやゆよらりるれろわ

索引

639

広田洋二 422	前川典子 453	藤浪鑑 433	町田一郎 459
舟橋諄一 437	前川治哉	三田定則 478	松井菊子
前原準一郎 455	楠田善助 177	宮路重嗣 488	河田ユキ 154
山口啓志 520	前田一三 454	村田正太 500	松井繁 459
蠟山政道 555	白井好巳 257	山添三郎 524	松井須磨子
堀見克礼 450	高橋公三 291	横山武三 538	秋田雨雀 5
堀見俊吉 450	前田喜美子 454	渡辺正亥 563	松井知時 459
堀見俊吉 450	前田和彦 ▶前田重作	正木ひろし 457	松井直吉
東宮豊守 335	前田健一 454	高杉一郎 287	和田万吉 560
堀見克礼 450	小田利三郎 123	福岡誠一 424	松井不朽 459
前田義徳 455	前田三遊 454	正木昊 ▶正木ひろし	松井文司 ▶天野文司
堀見末子	前田重作 454	正宗白鳥	松浦乙蔵 ▶尾畑乙蔵
堀見俊吉 450	前田勤 454	河本一止 196	松浦国夫 459
堀泰雄	前田貞次郎	真下信一	松浦新之助 459
堀正一 448	▶前田三遊	大久保和夫 92	松枝茂夫 459
堀義路 449	前田達	木下忠三 171	松尾音治郎 459
ボレル	▶桂枝雀（2代）	新村猛 263	松岡國男 ▶柳田國男
秋田雨雀 5	前田俊太郎 455	吹田好雄 263	松岡脩吉 460
ホン ヒョンイ	前田直平 455	冨田冨 341	松岡正剛
▶洪亨義	前田徳泰 455	羽仁五郎 405	伊東三郎 48
ホン ミョンヒ	前田華子	俣野四郎 458	松岡武一郎 460
▶洪命憙	渡辺正亥 563	宮本正男 491	五井義雄 193
本郷新 450	前田穣 455	山本安英 532	松尾繁一
本郷秀規 451	前田義徳 455	貫名美隆 384	村上秀夫 499
本多勝一	堀見俊吉 450	増北美郎 ▶桑原利秀	松尾隆 459
梅棹忠夫 76	前田米美	増田英一 457	松尾武幸 460
多羅尾一郎 316	ペレール 442	岩下順太郎 62	松尾秀郎 460
本田喜代治 451	前原準一郎 455	大石和三郎 89	マッカーサー
森村義行 507	木戸又次 169	清水勝雄 251	ポストニコフ 444
本多孝一 451	斎藤玉男 218	増田七郎 457	松方正義
本多光太郎 451	眞壁禄郎 455	増田豊子	森村義行 507
本田直一 451	小林司 206	増田七郎 457	松方義行 ▶森村義行
本田旗男	牧島五郎 ▶塚元周三	増田貢 457	松樹明
麻生介 14	牧瀬菊枝 456	増永茂重郎 458	吉田栄 542
本田光次 451	牧瀬五一郎 456	桝野助治郎 458	松木慎吾 460
小俣郁夫 128	牧田定丸 456	坪田一男 325	井川静 28
渡辺則夫 563	槇田長亀 457	増山元次郎	大川晃 91
本田洋子	牧敏弘 456	宮村摂三 490	マックギル, ステファン
本田光次 451	槇正博 456	増山元三郎 458	460
本間登亀	馬越恭平	マダーチ	西田亮哉 378
磯辺弥一郎 41	足助素一 13	今岡十一郎 60	マックギル, ロウィーナ
本間英 ▶池田英	正岡子規	俣野四郎 458	マックギル 460
本村肇 451	岡麓 108	池田一三 29	マックス・ミューラー
	浅田一 11	岡芳包 108	高楠順次郎 286
ま	小野興作 125	黒田正幸 190	松久保國奉
マーティン 453	工藤得安 179	小松文彦 211	河原一弥 155
マイヤー, カール 453	久保義郎 181	野木一雄 386	松隈健彦 461
周力 254	東宮豊達 334	南見善 481	マッケンジー 461
マイヤー, レオ 453	西成甫 373	森田正信 505	阿閉温三 16
前川周治 453		俣野仁一 458	ガントレット, エドワード

ーーー	160	由比忠之進	533	松葉重雄	465	松本清彦	▶馬場清彦
酒井瞭吉	221	松田心一	463	三田定則	478	松本重一	469
ユンケル	536	松田武夫		村田正太	500	稲垣和一郎	53
松坂勝郎	461	松田恒治郎	463	松場勢太郎	466	松本茂雄	
佐藤勝一	232	松田正夫	464	松原言登彦	466	伊藤幸一	48
松崎克己	462	八木日出雄	509	下村芳司	253	松本重樹	
足助素一	13	松田恒治郎	463	浜田直助	407	松本重一	469
古関吉雄	200	ザメンホフ	236	山県光枝	518	松本重治	469
柴田義勝	247	松田正夫	464	松原茂	466	長谷部文雄	402
進藤静太郎	260	八木日出雄	509	松原八郎		宮沢俊義	488
多羅尾一郎	316	松田解子	464	川崎直一	152	村田治郎	500
難波停吉	371	松田久子		田沼利男	314	松本清一	
三島一	475	阿閉温三	16	南英一	481	田中政夫	310
碧川澄	480	佐々城佑	229	松原満	▶松原言登彦	松本耐子	
由里忠勝	535	マッケンジー	461	松原雪江	466	松本健一	468
松崎すみ	▶碧川澄	松田周次	463	星野芳樹	444	安井義雄	511
松崎寿三	462	松田孫治郎	464	松前重義		松本宙	
松沢あかし		松田正夫	464	宗像勝太郎	497	坂本昭二	223
八木日出雄	509	風間恒弘	133	松村直	467	二関孝紀	382
松沢一鶴		津路道一	321	松村武雄	466	松本常重	469
八木日出雄	509	松田恒治郎	463	松村みね子		松本照男	
松沢太治郎	462	松田道雄	464	吉村鉄太郎	546	古関吉雄	200
松下進	462	松田ユキ	464	松本以策		碧川澄	480
小宮義和	212	松永浩介		片桐清治	138	松本日宗	469
平田義次	419	根岸春江	385	松本員枝	467	大川晃	91
松下理八	462	松永親義		松本量枝	▶松本員枝	宮静枝	483
小寺廉吉	201	大場格	100	松本鼎		松本政雄	470
多田浩子	306	白石茂生	257	松田勝彦	463	松本正雄	469
松田惇雄	463	松葉菊延	464	松本清	467	多羅尾一郎	316
細野日出男	446	粟屋真	22	松本清	467	松本冷鹿	
松田まゆみ		飯島正	25	貫名美隆	384	藤田穐三	432
古関吉雄	200	飯塚羚児	26	松本清彦		古沢肥後男	439
松平春嶽		石川惣七	34	青木武造	3	松山尚夫	470
徳川義親	337	石渡博	39	伊藤巳西三	48	一木誠也	44
松田勝彦	463	岩崎剛	62	大島義夫	95	松山敏	▶勝本清一郎
小笠原誉至夫	108	小河原幸夫	115	多木燐太郎	297	的場勝英	
隅谷信三	273	梶弘和	134	松本圭一	468	角尾政雄	132
松田克進		小林武三	205	松本健一	468	須山幸男	274
奥村林蔵	117	清水勝雄	251	今里進三	60	前川典子	453
松田シゲ		洲崎敬三	268	江森巳之助	85	的場朋子	
松田恒治郎	463	セリシェフ	279	小池英三	193	角尾政雄	132
松田周次	463	露木清彦	325	島津徳三郎	250	前川典子	453
大場格	100	林学	410	住吉勝也	274	須山幸男	274
斉藤賢一	217	星新一	444	武田熙	303	真船豊	
佐々城佑	229	松本健一	468	安井義雄	511	野崎貞夫	387
佐藤己	234	三浦幸一	473	山県光枝	518	マフリア	
鈴森淑	272	宗近真澄	497	松本源太郎		伊藤幸一	48
坪田一男	325	村上沢	498	馬場清彦	406	真山政之	
深井正淑	423	用瀬英	502	松本浩太郎	468	櫻井肇山	225
マッケンジー	461	山口安夫	521	堀田幹雄	447	眉村卓	

林健	407
マヨール	470
井上照月	54
大崎勝夫	94
小高英雄	123
小林留木	208
深井正淑	423
宮武正道	489
マラン	470
河野誠恵	195
小寺廉吉	201
村田慶之助	499
丸岡共子	471
マルクス	
大田黒年男	98
坂井松太郎	221
ヨネダ，カール	547
丸佐十郎 ▶加藤静一	
丸佐十郎 ▶福田正男	
丸本晋	471
丸谷喜市	471
丸山喜一郎	471
丸山吉郎 ▶竹田吉郎	
丸山順太郎	471
丸山丈作	472
石黒修	36
奥村林蔵	117
土岐善麿	335
森田玲子	506
安河内次雄	512
丸山通一	472
丸山丈作	472
丸山博	472
丸山ハル	
丸山丈作	472
丸山眞男	
安東仁兵衛	23
小山磐	213
丸山幸男	472
万沢まき	472
市河彦太郎	43
神津康人	195
小松文夫	211
高見順	294
多田浩子	306
月洞譲	321
藤沢親雄	430
万沢まき子	
▶万沢まき	

み

三浦元三	
鳴海完造	370
三浦幸一	473
山口安夫	521
三浦二郎	
▶三浦つとむ	
三浦隆	
麻生介	14
下河原政治	252
三浦つとむ	473
小松文彦	211
冨田冨	341
三浦信夫	473
三浦元春	474
平岩馨邦	418
南英一	481
吉田洋一	544
三尾良次郎	474
鮎川常基	1
三上英生	474
川俣浩太郎	156
久保貞次郎	180
三木恵教	474
三木慧猛	
三木恵教	474
三木たか	
碧川澄	480
三木鉄夫	474
三木行治	474
久米田克哉	182
三木露風	
碧川澄	480
三雲隆三郎	474
磯部美知	41
岩佐愛重	61
山田武一	525
三崎明麿	474
美沢進	475
小坂ミツ	120
三澤尚子	
田代晃二	305
三沢正博	475
鈴木唯一	270
美沢ミツ ▶小坂ミツ	
三島章道	475
有島生馬	21
松本正雄	469
三島中洲	

三島一	475
三島一	475
三島通庸	
三島章道	475
三島通陽 ▶三島章道	
水川潔	475
水口俊明	475
水科篤郎	
水科吉郎	476
水科吉郎	476
水島久馬	476
水藤勢子	
小林司	206
水野明善	476
水野あゆ	
水野義明	477
水野恵子	
水野義明	477
水野輝義	476
水野盈太郎	
▶水野葉舟	
水野葉舟	476
佐々木喜善	227
水野義明	477
殷武巌	64
栗栖継	183
古関吉雄	200
宮崎公子	486
三角省三	478
福島要	424
ミスレル	478
黒板勝美	188
溝上竹雄	478
阪上睦郎	221
溝口康人	478
三田定則	478
三田智太	
伊藤長右衛門	51
三田智大	478
三田村四郎	479
美智子皇后	
西海智恵子	375
道原雄治	
石井菊三郎	31
進藤静太郎	260
三石五六	479
大井学	89
根本潔	385
保坂成之	443
三ッ石清	479

岩永和朗	63
当摩憲三	283
高杉一郎	287
向井豊昭	495
若松寿郎	557
渡辺輝一	562
三石清 ▶三ッ石清	
光川澄子	
澤田和子	238
三ッ木金蔵	480
箕作大麓 ▶菊池大麓	
光武文男	480
大栗清実	93
永浜寅二郎	359
新関勝芳	372
畑正世	402
林昌隆	410
光田健輔	480
上山満之進	147
黒川眸	189
塩沼英之助	240
林文雄	409
林富美子	409
宮川量	484
柳田國男	515
山名実	527
光照三郎 ▶ミスレル	
三戸章方	480
緑川英子	
▶長谷川テル	
碧川かた	
碧川澄	480
碧川企救男	
碧川澄	480
碧川清	
碧川澄	480
碧川澄	480
松崎克己	462
和田美樹子	560
碧川道夫	
碧川澄	480
碧川芳子	
碧川澄	480
南方熊楠	
小笠原誉至夫	108
南英一	481
川崎直一	152
河田三治	154
荘田達弥	256
鈴木貞	270

田沼利男 ……… 314	山本庸彦 ……… 531	佐々城松栄 ……… 230	宮路重嗣 ……… 488
宮村摂三 ……… 490	三村常信 ……… 483	田原春次 ……… 315	工藤得安 ……… 179
村田治郎 ……… 500	三村征雄 ……… 483	三宅雄二郎	田村於兎 ……… 315
用瀬英 ……… 502	南雲道夫 ……… 368	▶三宅雪嶺	西成甫 ……… 373
山口与平 ……… 522	三森重義 ……… 483	都川一止 ▶都川正	宮静枝 ……… 483
南薫 ……… 481	宮川一郎 ……… 483	宮崎巌 ▶伊東三郎	宮下義信 ……… 488
南見善 ……… 481	宮川友枝	宮崎和子 ▶太田和子	池田英苗 ……… 30
上出金太郎 ……… 147	里吉重時 ……… 235	宮崎基一 ……… 486	内田亨 ……… 74
小林留木 ……… 208	宮川量 ……… 484	宮崎公子 ……… 486	奥宮衛 ……… 116
林好美 ……… 410	土井英一 ……… 332	伊東三郎 ……… 48	宮地伝三郎 ……… 488
南晶世	光田健輔 ……… 480	伊藤敏夫 ……… 51	赤司裕 ……… 5
南見善 ……… 481	宮川和一郎	殷武巌 ……… 64	難波金之助 ……… 371
南洋一郎 ……… 482	▶杉井和一郎	宮崎珠太郎	宮島きく子
源綱紀	宮城音弥 ……… 484	伊東三郎 ……… 48	佐々城佑 ……… 229
田鎖綱紀 ……… 297	磯部幸子 ……… 41	宮崎公子 ……… 486	宮島宗三郎
源孝強 ……… 482	江上武夫 ……… 81	宮崎孝政	河本吉衛 ……… 158
源照子	小河原幸夫 ……… 115	瀬川重礼 ……… 275	宮島宗三
源孝強 ……… 482	宮城幸子 ▶磯部幸子	宮崎虎之助 ……… 486	細川三西 ……… 446
皆吉爽雨	三宅亥四郎 ……… 484	飯森正芳 ……… 26	宮田聰 ……… 488
城谷文城 ……… 259	三宅花圃	宮崎春治郎	大木喬之助 ……… 92
峰下銕雄 ……… 482	三宅雪嶺 ……… 485	伊東三郎 ……… 48	清水新平 ……… 251
安部浅吉 ……… 17	三宅史平 ……… 484	宮崎英子	宮武正道 ……… 489
荒川衛次郎 ……… 20	淺川桂 ……… 10	小野隆夫 ……… 126	エラケツ, アテム ……… 85
三根隆雄 ……… 482	大泉きよ ……… 90	宮崎道治 ……… 487	北村信昭 ……… 168
三根孝子 ……… 482	大島義夫 ……… 95	宮崎与志雄	露木清彦 ……… 325
三根孝子 ……… 482	長田正之助 ……… 122	佐藤一英 ……… 231	長戸恭 ……… 357
三根隆雄 ……… 482	川崎直一 ……… 152	宮沢明長	長谷川テル ……… 398
峰芳隆	北尾虎男 ……… 166	宮沢俊義 ……… 488	宮田幸一 ……… 488
岡一郎 ……… 106	児山敬一 ……… 213	宮沢賢治 ……… 487	宮田政子
柴田巌 ……… 245	佐藤義人 ……… 234	井上ひさし ……… 55	中野太吉 ……… 358
杉谷文之 ……… 266	ザメンホフ ……… 236	上野孝男 ……… 69	宮田裕
多木燐太郎 ……… 297	石宙善 ……… 275	川原次吉郎 ……… 155	中垣虎児郎 ……… 349
竹内登美子 ……… 299	高杉一郎 ……… 287	近三四二郎 ……… 214	宮堂一郎
平井征夫 ……… 417	中垣虎児郎 ……… 349	佐々木喜善 ……… 227	関口春夫 ……… 277
向井孝 ……… 494	西海智恵子 ……… 375	関登久也 ……… 276	宮西直輝
美野田琢磨 ……… 482	長谷川テル ……… 398	竹下外来男 ……… 302	宝木寛 ……… 296
高橋邦太郎 ……… 290	パブロフ ……… 406	土田八朗 ……… 322	宮野三良 ……… 489
美野田俊子	ブラット ……… 437	照井瑩一郎 ……… 331	宮野武雄 ……… 489
美野田琢磨 ……… 482	武者小路実篤 ……… 496	中室員重 ……… 367	宮原将平 ……… 489
美野田モト	由比忠之進 ……… 533	松田周次 ……… 463	宮原正春 ……… 489
美野田琢磨 ……… 482	渡辺照宏 ……… 561	松本日宗 ……… 469	宮寛 ……… 483
美濃部俊吉 ……… 483	三宅正一 ……… 485	水野葉舟 ……… 476	宮部金吾
美濃部達吉	三宅雪嶺 ……… 485	宮静枝 ……… 483	黒沢良平 ……… 189
美濃部俊吉 ……… 483	田辺朔郎 ……… 312	山中英男 ……… 528	宮保勇夫
美濃部亮吉	中野正剛 ……… 358	ラムステット ……… 550	エッケルマン ……… 84
美濃部俊吉 ……… 483	三宅田鶴	宮沢清六	宮村摂三 ……… 490
箕輪重胤 ……… 483	三宅史平 ……… 484	松本日宗 ……… 469	重松鷹泰 ……… 242
三原新太郎 ……… 483	三宅徳嘉 ……… 485	宮沢俊義 ……… 488	増山元三郎 ……… 458
三村信常	三宅ヒサノ ……… 486	長谷部文雄 ……… 402	宮本一郎 ……… 490
角田俊徹 ……… 324	梶弘和 ……… 134	松本重治 ……… 469	宮本幾美

643

河崎なつ	153
宮本馨太郎	490
宮本顕治	
高杉一郎	287
宮本百合子	493
宮本幸三郎	490
宮本新治	490
小田利三郎	123
カオ	131
須々木要	268
坪田幸紀	325
橋詰直英	396
ポストニコフ	444
由里忠勝	535
宮本正男	491
浅野孟府	12
石黒彰彦	35
石堂清倫	38
伊東幹治	46
伊東三郎	48
梅棹忠夫	76
重栖度哉	83
大杉栄	96
オールド	105
岡一太	106
小坂狷二	118
小田切秀雄	124
小野田幸雄	127
梶弘和	134
桂枝雀（2代）	139
加藤孝一	140
金松賢諒	144
川原次吉郎	155
栗原佑	186
栗山仁	187
黒田正幸	190
国分一太郎	198
小林司	206
斎藤英三	216
坂本昭二	223
篠田光信	244
高橋運	293
竹内登美子	299
竹内義一	300
竹下外来男	302
橘健二	307
谷口高	313
田畑喜作	314
露木清彦	325
津脇喜代男	327

寺島岩次郎	331
戸根堅次郎	339
冨田冨	341
長戸恭	357
西村正雄	380
貫名美隆	384
野崎貞夫	387
巴金	394
長谷川テル	398
服部亭	404
林健	407
久板栄二郎	415
福田正男	426
福本美代治	429
藤城謙三	431
松浦国夫	459
松本員枝	467
三宅史平	484
宮沢賢治	487
武者小路実篤	496
無漏田慶哉	502
森田正信	505
八木仁平	509
葉籟士	537
宮本正夫	
坪田幸紀	325
宮本新治	490
宮本康子	
宮本新治	490
宮本ユリ	
▶宮本百合子	
宮本百合子	493
大倉斐子	92
高杉一郎	287
中垣虎児郎	349
牧瀬菊枝	456
水野明善	476
宮本義人	
宮本正男	491
宮るり	
吉井孝子	539
宮脇参三	494
三好鋭郎	
湯川スミ	534
ミラー，ヘンリー	
徳田六郎	337
三輪田元道	494
三輪田真佐子	
三輪田元道	494
三輪和	

三輪義明	494
三輪義明	494
中野昇一	358
脇坂智証	558
三輪竜一	
鮎川常基	1

む

向井孝	494
向井正	495
向井敏明	
田中軍吉	309
向井豊昭	495
更科源蔵	238
高村光太郎	295
武笠三	496
高木市之助	284
武者小路実篤	496
淡谷悠蔵	22
飯河琢也	30
市橋善之助	44
伊藤勇雄	45
何盛三	130
木村荘太	172
周作人	254
ブラット	437
マラン	470
ムッソリーニ	
萱場真	148
武藤於菟	496
ヴォナゴ	72
及川周	88
萱場真	148
高橋邦太郎（技師）	290
武藤丸楠	496
武藤潔　▶武藤丸楠	
武藤貞一	
中村陽宇	364
武藤シメ	
武藤於菟	496
武藤丸楠	496
武藤たつこ	
福永五三男	427
武藤丸楠	496
栗原佑	186
小林勇	204
鈴木義男	271
葉籟士	537
吉井正敏	540

吉田松一	543
宗像勝太郎	497
徳永一男	338
棟方志功	
青山士	4
宗近真澄	497
尾崎行輝	121
里吉重時	235
田沼利男	314
比嘉春潮	413
村石昭三	
石黒修	36
村井徳寿	497
村井正男	
幸村恭典	535
村井ミツヨ	
石丸鎮雄	39
村上和三	497
村上沢	498
河田ユキ	154
村上寿一	498
木戸又次	169
西成甫	373
村上知行	498
伊藤徳之助	51
鶴野六良	326
永松之幹	361
村上浪六	
村上信彦	498
村上信彦	498
小池英三	193
平松義輝	421
村上秀夫	499
椎橋好	239
中平孔三	360
村上浩	
松本清	467
村上房雄　▶田中房雄	
村上冨士太郎	499
宇佐美珍彦	72
北岡寿逸	166
徳川夢声	336
村上正己	499
村上義豊　▶和佐田芳雄	
村上吉蔵	499
米原昶	548
村川重郎	499
村瀬守保	499
村田慶之助	499
ヴォーン	71

野崎貞夫 387	坂井松太郎 221	田村憲造 316	森真
南見善 481	李士俊 552	森上富夫 505	赤木久太郎 4
山中英男 528	モーパッサン	森久仁子 504	森幹郎
村田治郎 500	佐々木孝丸 228	森五郎 ▶羽仁五郎	堀内庸村 449
鈴木貞 270	黙斎	森茂樹 504	森村義行 507
松本重治 469	オームズビ 103	森下公平 505	本田喜代治 451
南英一 481	用瀬英 502	森下二郎 505	森本啓子
用瀬英 502	鈴木貞 270	森祥寅 504	藤城謙三 431
村田尊夫 500	南英一 481	森尻進 505	森本慶三 507
村田正太 500	村田治郎 500	森真吾	森本謙蔵 507
浅田一 11	望月周三郎 502	李益三 551	森本重武 507
緒方富雄 110	川上理一 151	森田明	森本二泉 507
緒方知三郎 110	望月百合子	野間宏 390	森本良平 508
小野興作 125	小野兼次郎 125	森田安雄 506	森山稔 508
城井尚義 161	本岡尚雄 ▶田辺尚雄	森田伊助 505	門間祐太郎 508
篠田秀男 243	元田英三 ▶斎藤英三	森田菊枝 ▶山川菊栄	**や**
鈴木北夫 269	本野桂次 502	森琢磨 ▶美野田琢磨	
高木貞一 285	前田勤 454	森卓明 504	矢川澄子
筒井祥子 323	八木憲一 509	森田桂次 505	矢川徳光 509
西成甫 373	本野精吾 503	森毅 504	矢川徳光 509
フェドルチャク 423	梅棹忠夫 76	小山英吾 213	新島繁 372
藤浪鑑 433	脇清吉 557	森武彦 ▶伊吹武彦	八木金之丞 509
真崎健夫 457	和崎洋一 558	森田庄三郎	八木憲一 509
松葉重雄 465	本野盛亨	後岡満寿次郎 389	本野桂次 502
三田定則 478	本野精吾 503	森田誠 505	八木長人 509
山田武一 525	本野洋一 ▶和崎洋一	平松金次 421	内田亨 74
吉田清 542	本屋久子	森田健夫	吉岡俊亮 540
村林孫四郎 500	松田周次 463	林健 407	八木仁平 509
松村あや子	百島増千代	守田文治 ▶守田有秋	八木日出雄 509
松村幸喜 501	徳永恕 339	森田正信 505	粟飯原晋 2
村松清江 501	百島操 503	守田正義 506	青木保雄 3
村松幸歓 ▶村松幸喜	西光万吉 216	エロシェンコ 86	飯塚忠治 26
村松幸喜 501	徳永恕 339	森田松栄	ウースター 65
村本達三 501	三田村四郎 479	▶佐々城松栄	植田高三 67
ガントレット，エドワード 160	桃井鶴夫 503	森田茂介 506	梅原義一 79
黒板勝美 188	モラエス	植村清二 70	瓜生津隆雄 80
千布利雄 318	岡本和夫 111	梅田善美 77	岡本好次 112
村山知義 501	守逸記 ▶細江逸記	森田安雄 506	賀川正彦 131
川尻東次 154	森内英太郎 504	守田有秋 506	風間恒弘 133
薄田研二 272	相坂佶 1	森田洋子	神先藤五郎 146
久板栄二郎 415	平野長克 420	梅田善美 77	清川安彦 174
無漏田慶哉 502	福国国太郎 425	森田茂介 506	久米田克哉 182
め	モリエール	森田玲子 506	小島秋 199
メゼイ 502	斎藤百合 219	丸山丈作 472	小谷徳水 200
池川清 28	森鷗外	森鉄太郎	桜田一郎 225
も	恩田重信 129	▶小林鉄太郎	重松太喜三 242
毛沢東	森於菟 503	森敏郎 504	宍戸圭一 242
	宮本正男 491	森永善一 507	進藤静太郎 260
	森於菟 503	森原圭二 507	新村出 262
	何盛三 130	森原奎二 ▶森原圭二	菅村輝彦 264

645

杉田正臣	265	安田清次郎	512	小原国芳	128	矢野泰	
巽馨	308	内山信愛	75	何盛三	130	平川寿	418
東宮豊達	334	安田善次郎		河合秀夫	150	矢野祐太郎	516
鳥居篤治郎	344	小野英輔	125	小寺廉吉	201	藪木菅太郎	▶片山潜
内藤良一	346	安田龍夫	512	佐々木喜善	227	矢部周	516
中野忠一郎	358	松本重治	469	椎橋好	239	山内祥子	▶筒井祥子
永松之幹	361	村田治郎	500	周作人	254	山内二郎	▶山内陽明
難波金之助	371	安田長久	▶向井孝	守随一	255	山内豊中	516
西成甫	373	安田実	512	竹内義一	300	山内房子	
丹羽吉子	383	安田勇吉	512	田中貞美	309	山内陽明	517
藤井制心	429	辛川武夫	149	土井晩翠	333	山内安太	516
マーティン	453	斎藤英三	216	徳川家達	336	山内陽明	517
松田恒治郎	463	桜田一郎	225	土肥実雄	340	山賀勇夫	
松田正夫	464	林稲苗	407	新渡戸稲造	382	高橋達治	292
三島一	475	林好美	410	野崎貞夫	387	山賀勇	517
横山良国	539	八木日出雄	509	野島安太郎	388	相沢治雄	1
吉町義雄	545	矢住清亮		比嘉春潮	413	高橋達治	292
ラムステット	550	矢住みきの	513	藤沢親雄	430	高橋要一	293
利斎潔	552	保見国治	513	藤城謙三	431	山鹿清華	
八木富士雄		桐生悠々	176	プリヴァ	437	山鹿泰治	517
八木日出雄	509	矢住みきの	513	松原言登彦	466	山鹿泰治	517
八雲高		太田和子	97	水野葉舟	476	アレキサンダー	22
細井末夫	445	重松達一郎	242	光田健輔	480	石川三四郎	33
矢崎富美人	511	渡辺はつえ	563	宮本正男	491	内野仙治	74
矢島さだの		安村和雄	513	無漏田慶哉	502	大杉栄	96
▶平川さだの		菅野尚明	264	安武直夫	513	北一輝	165
矢島英男	511	鶴田俶功	326	柳田為正	515	栗原貞子	186
安井喜久江		安村マドカ		山田忠弘	526	小池英三	193
安井義雄	511	菅波任	264	山中英男	528	鳥文次郎	248
安井義雄	511	保村翠		吉町義雄	545	島津末二郎	250
岩下順太郎	62	鶴野六良	326	ラムステット	550	島津徳三郎	250
洪亨義	194	安本徹	513	柳田為正	515	竹内藤吉	299
島津末二郎	250	谷田部勇司	513	柳田國男	515	中村有楽	366
平松義輝	421	武石厳	298	柳宗悦		福田国太郎	425
古河三樹松	438	矢次一夫		小林多津衛	205	古河三樹松	438
山鹿泰治	517	矢次とよ子	514	八巻頴男	519	フレイレ	441
安江松子		矢次とよ子	514	山本作次	530	安井義雄	511
依田きくえ	546	八代英蔵	514	柳八重子		谷田部勇司	513
安賀君子		市川重一	43	小林英夫	209	連温卿	554
安賀秀三	511	荻原孝徳	115	近三四二郎	214	山県五十雄	518
安賀昇		矢内原忠雄	514	斎藤百合	219	山県卯之吉	
安賀秀三	511	守随一	255	柳瀬寛	515	▶大橋宇之吉	
安賀秀三	511	中埜平吉	359	柳瀬正夢	515	山形和子	▶澤田和子
八杉貞利	512	柳敬助		柳瀬正六	▶柳瀬正夢	山県重郎	▶村川重郎
安河内次雄	512	小林英夫	209	ヤノーシェク	516	山県千里	
丸山丈作	472	柳沢保恵	514	矢野笹雄	516	大橋宇之吉	101
安武直夫	513	柳田英二	514	矢野武雄		山県光枝	518
保田収蔵	512	柳田國男	515	▶久留島義忠		浜田直助	407
西村栄吉	379	池田弘	30	矢野登	516	山家信次	518
脇中郎	557	伊波普猷	58	工藤鉄男	179	山鹿ミカ	

島津末二郎 250	山口安夫 521	真崎健夫 457	足立直次 15
山川石太郎 518	三浦幸一 473	山田あい子	佐藤時郎 233
山川一弥 519	山口良哉 521	▶大倉斐子	山田昌吉
山川菊栄 519	竹田吉郎 302	山田綾子 ▶大倉斐子	山田とく 526
佐々城松栄 230	藤田重明 432	山田勝次郎	山田稔 527
徳永恕 339	山口義郎 522	山田とく 526	山田雪子 527
山川振作 519	山口与平 522	山田金雄 525	宮本正男 491
山川均 519	山越邦彦 522	山田義秀 527	山田洋次
山口小静 520	谷口光平 313	山田耕筰 525	新島繁 372
連温卿 554	難波経一 371	石井漠 31	山田貞芳
山川強四郎 519	山崎功 522	ガントレット, エドワード	山田貞元 525
山川振作 519	山崎一雄 522	160	山田六左衛門
山川菊栄 519	山崎桂男 523	ガントレット恒子 161	宮本正男 491
山川均 519	山崎久蔵 523	山田貞元 525	山田雪子 527
大須賀里子 96	山崎定雄 523	伊東三郎 48	大和庄祐 527
ガントレット, エドワード	山崎静光	山田正三 525	浅井喜一郎 9
160	本村肇 451	山田清一 525	山中吾郎 528
佐々城松栄 230	山崎禎一 523	山田荘一 ▶内田荘一	山中清太郎 528
守田有秋 506	俣野四郎 458	山田隆雄	須藤実 273
山川菊栄 519	山崎豊子	小川清一 114	山中英男 528
山川振作 519	ヨネダ, カール 547	山田貴子	ウースター 65
山口小静 520	山崎直方	東宮豊達 334	パブロフ 406
連温卿 554	丘英通 107	山田武一 525	村田慶之助 499
山川方夫	山崎弘幾 523	山田忠 ▶深見弾	山中福太郎 529
和田誠一 559	相沢平吉 2	山田忠弘 526	山中峯太郎
山川吉男	中森泰蔵 367	山田務名 526	薄井秀一 72
吉田栄 542	山崎不二夫 523	西村嘉彦 380	山名清隆
八巻穎男 519	山崎勝 524	野間宏 390	野坂宏次 387
出村悌三郎 330	山崎雄一 524	山田恒	山名実 527
八巻信夫	山崎百合子	▶ガントレット恒子	黒川眸 189
篠遠喜人 244	▶豊田百合子	山田恒子	塩沼英之助 240
山極勝三郎	山崎良文 524	▶ガントレット恒子	山名義鶴 528
市川厚一 43	山崎隆三	山田鉄夫 ▶古在由重	山根茂 529
山口喜一 520	浅岡馨 9	山田天風 ▶山田弘	山根千世子
佐藤徳意 233	中村日出男 365	山田とく 526	高尾亮雄 284
山口国太郎	山里宗伝	蠟山政道 555	山ノ井愛太郎 529
片岡好亀 137	碧川澄 480	山田尚枝	栗栖継 183
山口啓志 520	山路愛山	宮本正男 491	佐々木孝丸 228
山口小静 520	斯波貞吉 245	山田弘 526	馬場清彦 406
河崎なつ 153	山下巌 524	阿閉温三 16	山之内一郎 529
山川菊栄 519	山下静枝	石黒修 36	山之内一次
連温卿 554	太宰不二丸 305	桐生悠々 176	山之内一郎 529
山口慎一 520	山下民之	佐藤一英 231	山内七郎 529
山口豊雄 521	巣山毅 274	杉本健示 267	青木鈴 3
山口昇 521	山下富五郎	内藤為一 346	山内昇 529
青山士 4	▶三輪田元道	西岡直一郎 375	山羽儀兵 530
山口登之	山下勇吉 ▶酒井勝軍	堀栄二 448	伊藤徳之助 51
村上秀夫 499	山添三郎 524	保見国治 513	山村敬一 530
山口勝 521	浅見正 13	山田房一 527	木下康民 171
山口美智雄 521	堀正一 448	山田正男 527	喜安善市 173

山村聰
　古賀千年 197
　三浦信夫 473
山村義信 530
山本有成
　片桐清治 138
山本一清 530
山本鼎
　竹内藤吉 299
山本匡介 530
山本源太
　山本寅雄 531
山本康一
　相沢良 2
山本耕一 530
　木下康民 171
　菅原虎彦 265
山本栄 530
山本作次 530
　内田馨 73
　大山時雄 104
　朴憲永 443
　森尻進 505
　山本佐三 531
山本佐三 531
　佐藤悦三 231
　中大路政次郎 348
　パブロフ 406
　山本作次 530
山本実彦 531
山本準一 531
山本辰太郎
　小林多津衛 205
　山本作次 530
　山本佐三 531
山本達雄
　後岡満寿次郎 389
山本千代 ▶山本安英
山本常雄 531
山本庸彦 531
　角田俊徹 324
山本登美子
　　　▶竹内登美子
山本寅雄 531
　栗原美能留 186
山本鳩江
　山本作次 530
　山本佐三 531
山本はる
　山本作次 530

山本光 531
山本斉 532
　寺尾三千春 331
　野崎延喜 388
　マラン 470
山本泱 ▶中島泱
山本藤枝
　相馬黒光 280
山本安英 532
山本有三 532
　梶弘和 134
　露木清彦 325
山本洋一 532
　高橋公三 291
　前田一三 454
山本洋行 532
山本洋二 ▶木庭二郎

ゆ

ユ　ポンヨン ▶劉鳳栄
湯浅克衛
　松田周次 463
湯浅治郎
　湯浅半月 532
湯浅辰子
　湯浅半月 532
湯浅半月 532
湯浅啓温 533
湯浅三千子
　野崎貞夫 387
湯浅吉郎 ▶湯浅半月
由比忠之進 533
　伊東三郎 48
　ヴァン・ヒンテ 65
　上山政夫 71
　小坂狷二 118
　長田正之助 122
　小沢信俊 122
　片岡好亀 137
　酒向元 226
　佐藤時郎 233
　白木欽松 258
　高橋和巳 290
　竹中治助 304
　土岐善麿 335
　冨田冨 341
　西成甫 373
　パブロフ 406
　比嘉春潮 413
　福田正男 426

ペレール 442
辺見和郎 442
松井不朽 459
三宅史平 484
向井正 495
安井義雄 511
葉籠士 537
結城錦一 534
伴達郎 412
結城登代子
　　　▶古屋登代子
結城無二三
　古屋登代子 440
湯川スミ 534
　湯川秀樹 535
湯川澄子 ▶湯川スミ
湯川秀樹 535
　勝守寛 139
　坂田昌一 222
　湯川スミ 534
幸松巳酉三
　　　▶伊藤巳酉三
幸村恭典 535
ユッソン
　和田誠一 559
弓山重雄 535
夢野久作
　林健 407
湯本アサ
　湯本昇 535
湯本昇 535
由里忠勝 535
　安達隆一 15
　カオ 131
　梶弘和 134
　ガントレット、エドワード 160
　ケイシー 193
　重松太喜三 242
　須々木要 268
　土岐善麿 335
　西村光月 379
　宮本新治 490
　山崎久蔵 523
由利皆吉 536
　木戸又次 169
　前原準一郎 455
ユンケル 536
　マッケンジー 461
ユン　ミョンソン

　　　▶尹明善

よ

葉君健 536
　中垣虎児郎 349
　巴金 394
楊春揮
　劉仁 553
楊世民 ▶谷部勇司
葉籠士 537
　安偶生 23
　江口廉 82
　斎藤秀一 218
　高杉一郎 287
　徳田六郎 337
　長谷川テル 398
　宮本正男 491
　由比忠之進 533
余川久雄
　大場格 100
　深井正淑 423
　松田周次 463
横井憲太郎 537
横井恭 ▶長戸恭
横井領郎 538
　塩川新助 240
　横山喜之 539
横尾安夫 538
横川誠一 538
横田伊佐秋 538
　横田武三 538
横田甚太郎 538
　野上清 386
横田武三 538
　勝沼精蔵 138
　久保義郎 181
　真崎健夫 457
　山賀勇 517
　横田伊佐秋 538
横田勇治 538
横山一郎 538
横山健堂 539
　千布利雄 318
横山重次 539
　竹田平一 303
横山末次郎
　　　▶古沢末次郎
横山武人 539
横山忠一 539
　今田英作 61

横山達三 ▶横山健堂		吉川貫夫 541	吉谷吉蔵 544	安積得也 16
横山寅一郎 539		東宮豊達 334	吉田常 543	木崎宏 163
横山良国 539		吉木地香 ▶吉木文平	吉田正憲	楠井隆三 177
横山喜之 539		吉木文平 541	徳冨愛子 338	谷林正敏 313
塩川新助 240		吉沢久子	徳冨蘆花 338	芳村真理
横井領郎 538		古谷綱正 440	吉田松一 543	大伴峻 99
与謝野鉄幹		山内昇 529	鈴木北夫 269	吉村良一 546
富田砕花 341		吉田敦子	昼間和男 421	吉本健輔 ▶光田健輔
吉井勇		佐々木時雄 229	武藤丸楠 496	義本正男 546
吉井ちよ田 540		吉田栄子 541	吉田みどり	依田きくえ 546
吉井孝子 539		吉田於兔 ▶田村於兔	青木鈴 3	依田喜代次 546
萩原ナカ 394		吉田寛一 542	吉田ミナ	米井太郎 546
吉井ちよ田 540		吉田清 542	坂本昭二 223	米沢秀夫 547
吉井正敏 540		足立公平 15	吉田洋一 544	米沢富美子
吉井宗武 540		丹羽吉子 383	平岩馨邦 418	米沢允晴 547
吉岡義一 540		村田正太 500	三浦元春 474	米沢允晴 547
吉岡俊亮 540		吉田九洲穂	吉永小百合	ヨネダ，カール 547
内田亨 74		佐々木時雄 229	川田泰代 154	宝木武則 295
江崎悌三 83		下中弥三郎 252	吉永義光 544	宝木寛 296
奥宮衛 116		新村猛 263	吉野作蔵 ▶吉野作造	米田剛三
近三四二郎 214		吉武好孝 544	吉野作造 544	─── ▶ヨネダ，カール
平岩馨邦 418		吉武義之 544	赤松信麿 5	米田とく
宮下義信 488		吉田謙吉 542	井上ひさし 55	米田徳次郎 548
八木長人 509		吉田絃二郎	岩住良治 63	米田徳次郎 548
吉川庄一		佐々城松栄 230	川原次吉郎 155	石井漠 31
吉川春寿 541		吉田栄 542	小松清 210	隅谷信三 273
吉岡力		井上久 55	鈴木義男 271	辻利助 322
奥宮衛 116		高桑正吾 286	藤沢親雄 430	中西義雄 357
吉岡俊亮 540		吉田貞子	柳田國男 515	西田亮哉 378
吉岡春之助 540		宮本新治 490	山崎一雄 522	橋田慶蔵 396
吉岡正明 540		吉田周平 542	芳野任四郎 545	南見善 481
吉川一水 540		吉田漱 ▶利根光一	吉野楢三 545	米田博
吉川岩喜 540		吉田静一	菊沢季生 162	八木仁平 509
吉川英治		難波金之助 371	吉原正八郎 545	米田由紀
杉本健吉 267		吉田正二	吉原英史 545	江上不二夫 81
吉川喜八郎 541		吉田栄 542	岸本通智 165	米原昶 548
吉川桂太郎 541		吉田宗達 ▶吉田常	中出丑三 356	井上ひさし 55
吉川奨一		吉田素兄 543	吉町義雄 545	米原章三
川平浩二 156		吉田太市 543	吉町義雄 545	米原昶 548
柴田巌 245		吉田たか子	浅野三智 12	米原万里
坪田幸紀 325		─── ▶吉田隆子	尹明善 65	米原昶 548
林健 407		吉田隆子 543	瓜津隆雄 80	米原美智子
吉川友吉 541		飯島正 25	辛川武夫 149	米原昶 548
浅井恵倫 8		吉田肇夫 543	真田昇連 235	米原ゆり
阿閉温三 16		平川寿 418	橋本雅義 397	米原昶 548
吉川信男		俣野仁一 458	八木日出雄 509	米村健 548
吉川友吉 541		吉田正 ▶飯島正	吉原英史 545	岡一太 106
吉川春寿 541		吉田辰夫 543	吉道光一 546	米村理子
今井四郎 59		吉田夏彦	吉村哲二 546	米村健 548
堀内恭一 449		吉田洋一 544	吉村鉄太郎 546	米山修一 548

桂井富之助 139
福永五三男 427
与良ヱ
　与良松三郎 549
与良松三郎 549

ら

ラーゲルレーヴ
　石賀修 32
　万沢まき 472
ライヘンベルヒ，アンナ
　藤川義太郎 430
ラゲ
　武笠三 496
ラフカディオ・ハーン
　金松賢諒 144
ラブンスキ
　石黒修 36
ラペンナ
　ザメンホフ 236
ラムステット 550
　粟飯原晋 2
　市河彦太郎 43
　金田常三郎 145
　鎌田栄吉 146
　北村兼子 167
　斎藤清衛 217
　中野重治 357
　萩原謙造 394
　初芝武美 403
　林学 410
　松本正雄 469
　三島章道 475
　三島一 475
　宮沢賢治 487
　森本二泉 507
　山本実彦 531
　由里忠勝 535
　吉町義雄 545
ランティ 550
　足立長太郎 15
　池田薫 29
　石川三四郎 33
　島田虔次 249
　竹内藤一 299
　多田浩子 306
　坪田幸紀 325
　長谷川理衛 401

り

リー イーサン
　　　　　▶李益三
李殷相 551
李益三 551
　今井正毅 60
　中垣虎児郎 349
李堯棠　　　▶巴金
陸式楷
　高橋邦太郎 (技師) 290
李光洙 552
　大山時雄 104
　洪命憙 195
利斎潔 552
李士俊 552
　巴金 394
李種永
　　　　　▶イ・チョンヨン
リディア
　ルート 553
劉暁嵐
　宝木武則 295
　西村ユキ 380
　長谷川テル 398
　川田泰代 154
劉師培 553
　大杉栄 96
　景梅九 192
劉仁 553
　長谷川テル 398
竜神厚 553
劉星
　川田泰代 154
　西村ユキ 380
　長谷川テル 398
劉吐源一 553
　相坂佶 1
　阪上佐兵衛 221
　高尾亮雄 284
劉鳳栄 553
リンス
　桑原利秀 191
　阪田隆 222
　竹内次郎 298
林武安　　　▶殷武厳

る

ルート 553
出口王仁三郎 328
ルール
　樋口勘次郎 414
ルクリュ，エリゼ
　マラン 470
ルドビキート
　　　　　▶伊東幹治

れ

レーニン
　大田黒年男 98
　布施勝治 435
レオ 554
　西村龍介 381
連温卿 554
　稲垣藤兵衛 53
　王祖派 88
　児玉四郎 201
　蘇璧輝 280
　西岡知男 375
　野田秀二 389
　山鹿泰治 517
　山口小静 520

ろ

老舎
　李士俊 552
蠟山政道 555
　市河彦太郎 43
　川原次吉郎 155
　清野暢一郎 274
　山田とく 526
呂運亨
　洪亨義 194
ローズ 554
　黒板勝美 188
ロード　　　▶ピサロ
呂吟声
　島田虔次 249
魯迅 555
　エロシェンコ 86
　小坂狷二 118
　朱文央 254
　周作人 254
　チャイレ 318
　張継 319
　福岡誠一 424
　ヨネダ，カール 547
ロスコー 555
　ヴォーン 71

ロセッティ
　野崎貞大 387
ロッシィ秀子
　　　　　▶柏原秀子
ロッシ，ダニエラ・ユキコ
　柏原秀子 136
ロラン，ロマン
　高田博厚 289
　プリヴァ 437

わ

ワーズワース
　中川時雄 350
若井泉
　根岸春江 385
若井正道
　坪田幸紀 325
若崎浩
　中平孔三 360
若槻福義 557
若槻礼次郎
　青木道 3
若林明　　　▶高瀬明
若林勲 557
若林好子　　▶高瀬好子
若松寿郎 557
　大屋安雄 103
　中塚吉次 356
　吉田清 542
脇坂圭治 557
　岡崎霊夢 108
脇坂智証 558
　三輪義明 494
脇清吉 557
　本野精吾 503
脇田はるゑ
　　　　　▶田村はるゑ
脇トヨ
　脇清吉 557
脇中郎 557
　上田春治郎 67
　西村栄吉 379
　林学 410
脇山俊一 558
ワグネル
　植田豊橘 68
和気寛太郎 558
和崎信哉
　和崎洋一 558
和崎洋一 558

梅棹忠夫	76	坪田幸紀	325
本野精吾	503	渡辺武夫	562
和佐田芳雄	558	渡辺武	
和才斉	▶土田斉	大川晃	91
早稲田みか		渡辺侃	562
早稲田裕	558	渡邊龍雄	562
早稲田裕	558	渡辺知恵子	
片岡好亀	137	大神朝喜	91
国分敬治	197	渡辺哲	562
髙杉一郎	287	渡辺銕蔵	562
和田清	559	鶴見祐輔	327
内田荘一	73	宮寛	483
和田幸太郎	559	渡辺輝一	562
和田嘉子	559	越村信三郎	199
和田誠一	559	長洲一二	353
松浦国夫	459	渡辺敏郎	▶藤田敏郎
森久仁子	504	渡辺則夫	563
渡瀬亮輔	560	島崎洋一	249
和田達源	560	本田光次	451
岩橋武夫	63	渡辺はつえ	563
寿岳静子	255	太田和子	97
和田立美	560	渡部寿	563
和達清夫	561	信原済夫	390
小野英輔	125	堀江勝巳	450
服部静夫	404	渡辺孫一郎	563
和田とみ	▶髙良とみ	長谷川謙	398
和田豊種	560	渡辺正亥	563
渡部秀男	563	久保義郎	181
久保貞次郎	180	真崎健夫	457
酒井鼎	220	横田武三	538
露木清彦	325	渡辺康夫	
渡辺梅代		三ッ石清	479
小林留木	208	渡辺行隆	
渡辺一枝		依田きくえ	546
渡辺良一	563	渡辺洋子	
渡辺一雄	561	渡辺則夫	563
渡辺喜久造	561	渡辺龍瑞	563
渡辺毅		渡辺良一	563
橋本竹彦	397	渡部キヨミ	
渡邊慧	561	渡部隆志	561
渡辺茂	▶小岩井茂	渡部毅	▶巣山毅
渡辺照宏	561	和田万吉	560
東元慶喜	414	和田美樹子	560
渡辺晋道		竹下和	302
河原一弥	155	碧川澄	480
渡部隆志	561	亘理誠五郎	564
竹下外来男	302	亘理俊雄	564
新田為男	381		
三田智大	478		
渡辺隆志			

編者・監修者紹介

柴田巌（しばた いわお）
◎略歴
1963年大阪府出身。広島大学大学院社会科学研究科博士後期課程中退。学術修士。中国・四川連合大学出国留学予備人員培訓部外籍教師を経て、千葉工業大学工学部専任講師、助教。2010年没。
◎主な著作
『中国・民主への提言――日本人は"六・四"をどう見たか』（共著, 谷沢書房, 1990）,「日中戦争期・中国「抗戦文化」の研究――文化工作委員会の組織と活動を中心に」（共著,『広島平和科学』19, 1996）,「長谷川テルの「遺言」」（『状況と主体』259号, 1997）,「長谷川テル研究――日中戦争・中国における反戦活動の軌跡」（『千葉工業大学研究報告 人文編』35号, 1998）,「栗栖継主要著作目録」（『千葉工業大学研究報告 人文編』40号, 2003）,『中垣虎児郎――日中エスペランチストの師』（リベーロイ社, 2010）など。

後藤斉（ごとう ひとし）
◎略歴
1955年宮城県出身。東北大学大学院文学研究科博士後期課程中退。文学修士。山形県立米沢女子短期大学講師、東北大学文学部助教授を経て、現在、東北大学大学院文学研究科教授。財団法人日本エスペラント学会評議員、理事などを歴任。2006年小坂賞受賞（共同）。
◎主な著作
R. H. ロウビンズ『言語学史 第三版』（共訳, 研究社, 1992）,『エスペラント常用6000語』（大学書林, 1993）,『エスペラント日本語辞典』（共編, 日本エスペラント学会, 2006）,『エスペラントを育てた人々――仙台での歴史から』創栄出版, 2008）, 野間秀樹編『韓国語教育論講座 第4巻』（分担執筆, くろしお出版, 2008）, 樺山紘一責任編集『歴史学事典 第15巻 コミュニケーション』（分担執筆, 弘文堂, 2008）, 木村護郎クリストフ・渡辺克義編『媒介言語論を学ぶ人のために』（分担執筆, 世界思想社, 2009）など。

峰芳隆（みね よしたか）
◎略歴
1941年兵庫県出身。新日本製鐵株式会社に勤務しつつ、鉄鋼短期大学（現産業技術短期大学）を卒業。1967年エスペラント運動史研究会設立に参加。関西エスペラント連盟で事務局長、編集長を歴任し、現在、顧問。その間、"Riveroj"誌（全26号）を編集。日本エスペラント図書刊行会とリベーロイ社で書籍の編集。Grabowski賞選考委員。2008年小坂賞受賞。
◎主な著作
『日本エスペラント運動人名小事典』（共編, 日本エスペラント図書刊行会, 1984）, "Verkoj de V. Eroŝenko〔エロシェンコ選集〕"全6巻（編, 日本エスペラント図書刊行会, 1979〜1996）,「宮沢賢治におけるエスペラント」（『国文学 解釈と鑑賞』65巻2号, 2000）,「ラムステット公使とエスペラント仲間」（百瀬宏・石野裕子編著『フィンランドを知るための44章』明石書店, 2008）など。

日本エスペラント運動人名事典

発行	2013年10月3日 初版1刷
定価	15000円+税
編者	柴田巖・後藤斉
監修者	峰芳隆
発行者	松本功
装丁・本文デザイン	中垣信夫+川瀬亜美
印刷所	三美印刷株式会社
製本所	三省堂印刷株式会社
発行所	株式会社ひつじ書房
	〒112-0011
	東京都文京区千石2-1-2
	大和ビル2階
	Tel.03-5319-4916
	Fax.03-5319-4917
	郵便振替 00120-8-142852
	toiawase@hituzi.co.jp
	http://www.hituzi.co.jp/

ISBN978-4-89476-664-8
造本には充分注意しておりますが、落丁・乱丁などがございましたら、小社かお買上げ書店にておとりかえいたします。ご意見、ご感想など、小社までお寄せ下されば幸いです。

校正協力	小内一　境田稔信　清水和美
	滝田恵　田村和子　冨板敦
	藤原正樹